欽定詞譜

上 册

〔清〕 王奕清等 編纂
孫通海 王景桐 校點

學苑出版社

图书在版编目（CIP）数据

钦定词谱／（清）王奕清等编纂；孙通海，王景桐校点 .—北京：学苑出版社，2008.6（2022年7月重印）

ISBN 978-7-5077-2311-3

Ⅰ．钦⋯　Ⅱ．①王⋯②孙⋯　③王⋯Ⅲ．词（文学）—作品集—中国—古代　Ⅳ．① I222.82

中国版本图书馆 CIP 数据核字 (2008) 第 068480 号

责任编辑：战葆红
出版发行：学苑出版社
社　　址：北京市丰台区南方庄 2 号院 1 号楼
邮　　编：100079
网　　址：www.book001.com
电子信箱：xueyuanpress@163.com
联系电话：010-67601101（营销部）　010-67603091（总编室）
经　　销：新华书店
印　刷　厂：北京建宏印刷有限公司
开本尺寸：880×1230　1/32
印　　张：64.875
版　　次：2008 年 6 月北京第 1 版
印　　次：2022 年 7 月北京第 6 次印刷
定　　价：480.00 元

校點説明

　　詞興起於隋唐的燕樂,至兩宋而達到高峰,隨後延續於元明,入清後更是呈現繁盛的景象。詞最初稱爲"曲子"或"曲子詞",其文字之詞與歌唱之曲本是相互依存、渾然一體的。後來由於衆多文人的介入,充分運用和展示了文辭内在的韵律之美,特别是淋漓盡致地發揮了文辭在平仄四聲等方面的音樂屬性,加之南宋之後宫調的失傳,遂使原本爲民間藝人歌唱的"曲子詞"演化爲一種專門講究文辭平仄四聲等聲律的長短句參差組合的文學樣式。

　　兩宋時期詞人詞作的成熟與鼎盛,爲後來應運而生的詞譜著述,奠定了基礎。如明代張綖撰寫了《詩餘圖譜》,首先對詞作的聲律特色以及創作要求做出了總結和介紹。它按小令、中調、長調分爲三卷,收録了一百四十九調。它用黑白圈代表平仄,首創"圖列於前,詞綴於後,韵脚句法,犁然井然",使讀者"調可守,音可循",可謂填詞的入門指南。

　　對於詞譜的撰寫與探討,隨着清代詞學的繁榮,也出現了興盛局面。其中影響較大的力作有《詞律》。《詞律》,萬樹撰於康熙二十六年(1687),全書規模已達二十卷,收録唐、宋、金、元詞六百六十調,一千一百八十餘體。正如《四庫全書總目》所評,"唐宋以來,倚聲度曲之法久已失傳,如樹者,固已十得八九矣"。對於詞調詞體的網羅,《詞律》不可謂不豐,但是還有不少的重要的調式遺漏了。對於詞調詞體聲律的考辨，《詞律》多有發明，但是還有不少的地方由於考辨疏忽而訛誤或不足。這就給後來的詞譜編纂提出了更高要求。時隔二十八年之後問世的《欽定詞譜》（簡稱《詞譜》），可謂基本上彌補了《詞律》的欠缺。

《詞譜》由王奕清等人奉敕編纂，完成於康熙五十四年（1715）。全書四十卷，收詞八百二十六調，二千三百零六體，基本上包括了比較重要的詞調詞體。在編排上，它借鑑了各譜的長處，如采用了圖標與詞文對照，用黑白圈表示平仄，即用 ○ 代表平聲，● 代表仄聲，◐ 表示平聲亦可用仄聲，◑ 表示仄聲亦可用平聲。這樣的標示，平仄的運用一目瞭然。又如在作品總體安排上，采取了按詞調字數多寡來排列先後次序，對於添字、減字、攤破、偷聲、促拍、近拍以及慢詞亦同樣按字數多寡相應編排。這樣的編排顯得更加合理有序。在選用詞作時，更加注重分辨作品的創作時代先後和正體與變體的淵源關係。又如在考據方面，《詞譜》既汲取了《詞律》的考辨成果，又對其存在的訛誤或不足予以辨析指正，體現了較爲審慎嚴謹的態度。當然在體調的選錄與辨析上並非沒有紕漏，但從總體上來說，不失爲集大成之作。在《詞譜》之後，又陸續有《碎金詞譜》、《白香詞譜》等詞譜問世，它們雖各有特色，但從體制規模和作用影响上，仍是不能與《詞譜》比擬。

鑑於此，我們很高興把整理後的《詞譜》獻給詞學的研究者和愛好者，希望詞學之光綿遠流長。

對《詞譜》的整理，我們采用了北京市中國書店據清康熙五十四年內府刻本的影印本爲底本，對全書文字加以標點和校勘。具體做法如下：

一，原書分設總目和卷目兩項，現避免重復，合二目爲一目。并在原詞調目録下增添了所選詞作的首句,以便翻閲索引。

二,原書標題下的雙行小注是很重要的説明文字,爲了醒目,現一律改爲提出另行。

三,對詞作正文加以標點,即韵脚處用句號,斷句處用逗號,頓讀處用頓號,——與原書所標"韵"(包括"叶"、"疊")、"句"、"頓"相應。

四,對於全書説明性的文字(即注釋部分),采用通行的新式標點加以標點。

五,由於各種原因,原書存在不少的訛誤。對於正文部分明顯的訛誤,我們通過比勘後逕改,不出校。對於注釋文字部分,主要通過理校、比勘等方式予以改正,出校。

本書的整理由本人與景桐先生合作進行,標點風格不盡相同,祈讀者鑒諒。爲方便讀者使用,書後附有冀勤先生所撰的詞名索引。

孫通海　謹識
二〇〇七年十二月

目　錄

上　册

御製詞譜序 …………………………………………… （1）
詞譜凡例 ……………………………………………… （3）

卷一
（起十四字，至二十八字）

竹枝三體
　　竹枝（芙蓉並蒂）………………………………… 皇甫松(5)
　　又一體（山頭桃花）……………………………… 皇甫松(6)
　　又一體（門前春水）……………………………… 孫光憲(6)
歸字謠一體　　蒼梧謠　十六字令
　　歸字謠（歸。獵獵薰風颭繡旗）………………… 張孝祥(7)
漁父引一體
　　漁父引（新婦磯邊月明）………………………… 顧　況(8)
閒中好二體
　　閒中好（閒中好，塵務不縈心）………………… 段成式(8)
　　又一體（閒中好，盡日松爲侶）………………… 鄭　符(9)
紇那曲一體
　　紇那曲（楊柳鬱青青）…………………………… 劉禹錫(9)

1

拜新月一體
　拜新月（開簾見新月）……………………………李　端（10）
梧桐影一體　明月斜
　梧桐影（明月斜）…………………………………呂　巖（11）
囉嗊曲三體　望夫歌
　囉嗊曲（不喜秦淮水）……………………………劉採春（11）
　又一體（昨夜黑風寒）……………………………劉採春（12）
　又一體（閒向江頭採白蘋）………………………劉採春（12）
醉妝詞一體
　醉妝詞（者邊走）…………………………………王　衍（13）
慶宣和一體
　慶宣和（雲影天光乍有無）………………………張可久（13）
南歌子七體　春宵曲　水晶簾　碧窗夢　十愛詞　南柯子
　　　　　　望秦川　風蝶令
　南歌子（手里金鸚鵡）……………………………温庭筠（14）
　又一體（錦薦紅鸂鶒）……………………………張　泌（15）
　又一體（惹恨還添恨）……………………………毛熙震（15）
　又一體（散髮披襟處）……………………………辛棄疾（16）
　又一體（夕露霑芳草）……………………………無名氏（17）
　又一體（膩頸凝酥白）……………………………周邦彥（17）
　又一體（春淺梅紅小）……………………………石孝友（18）
荷葉杯三體
　荷葉杯（一點露珠凝冷）…………………………温庭筠（19）
　又一體（春盡小庭花落）…………………………顧　敻（19）
　又一體（記得那年花下）…………………………韋　莊（20）
回波樂二體
　回波樂（回波爾時酒卮）…………………………李景伯（21）

又一體(回波爾時栲栳)……………………無名氏(21)
舞馬詞二體
　　舞馬詞(綵旄八佾成行)……………………張　說(22)
　　又一體(天鹿遙徵衛叔)……………………張　說(23)
三臺二體　開元樂　翠華引
　　三臺(池北池南草綠)………………………王　建(23)
　　又一體(樹頭花落花開)……………………王　建(24)
柘枝引一體
　　柘枝引(將軍奉命即須行)…………………無名氏(24)
塞姑一體
　　塞姑(昨日盧梅塞口)………………………無名氏(25)
晴偏好一體
　　晴偏好(平湖千頃生芳草)…………………李霜崖(26)
憑闌人二體
　　憑闌人(誰寫江南一段秋)…………………邵亨貞(26)
　　又一體(客有吳郎吹洞簫)…………………倪　瓚(27)
花非花一體
　　花非花(花非花)……………………………白居易(27)
摘得新一體
　　摘得新(摘得新)……………………………皇甫松(28)
梧葉兒五體
　　梧葉兒(韶華過)……………………………吳西逸(29)
　　又一體(鴛鴦浦)……………………………張可久(29)
　　又一體(花垂露)……………………………張可久(29)
　　又一體(移家去)……………………………張　雨(30)
　　又一體(乘興詩人棹)………………………張可久(30)

漁歌子六體　　漁父　漁父樂
　　漁歌子(西塞山前白鷺飛)……………………………張志和(31)
　　又一體(松江蟹舍主人歡)…………………………張志和(32)
　　又一體(閬苑有情千里雪)……………………………李　煜(32)
　　又一體(漁父飲)………………………………………蘇　軾(32)
　　又一體(曉風清)………………………………………顧　夐(33)
　　又一體(汎流螢)………………………………………孫光憲(33)
憶江南三體　　謝秋娘　江南好　春去也　望江南　夢江南
　　　　　　　夢江口　望江梅　安陽好　夢仙游　步虛聲
　　　　　　　壺山好　望蓬萊　歸塞北
　　憶江南(江南好)………………………………………白居易(34)
　　又一體(江南蝶)………………………………………歐陽修(35)
　　又一體(去歲迎春樓上月)……………………………馮延巳(35)
瀟湘神一體
　　瀟湘神(斑竹枝)………………………………………劉禹錫(36)
章臺柳二體
　　章臺柳(章臺柳)………………………………………韓　翃(37)
　　又一體(楊柳枝)………………………………………柳　氏(37)
解紅一體
　　解紅(百戲罷)…………………………………………和　凝(38)
赤棗子一體
　　赤棗子(夜悄悄)………………………………………歐陽炯(39)
南鄉子九體
　　南鄉子(畫舸停橈)……………………………………歐陽炯(39)
　　又一體(路入南中)……………………………………歐陽炯(40)
　　又一體(細雨濕秋風)…………………………………馮延巳(40)
　　又一體(煙漠漠)………………………………………李　珣(41)

又一體(翠密紅繁)……………………… 歐陽修(41)
　　又一體(細雨濕流光)…………………… 馮延巳(42)
　　又一體(天際彩虹垂)…………………… 王之道(42)
　　又一體(簾幕閟深沈)…………………… 黃　機(43)
　　又一體(楚楚窄衣裳)…………………… 趙長卿(43)
搗練子二體　搗練子令　深院月
　　搗練子(深院静)………………………… 馮延巳(44)
　　又一體(心自小)………………………… 李　石(44)
春曉曲二體　西樓月
　　春曉曲(西樓月落鷄聲急)……………… 朱敦儒(45)
　　又一體(瑶軒綺檻春風度)……………… 張元幹(46)
桂殿秋一體
　　桂殿秋(秋色裏)………………………… 向子諲(46)
壽陽曲三體　落梅風
　　壽陽曲(東風景)………………………… 張可久(47)
　　又一體(彈初罷)………………………… 張可久(47)
　　又一體(載酒人何處)…………………… 張可久(48)
陽關曲一體
　　陽關曲(渭城朝雨裛輕塵)……………… 王　維(48)
欸乃曲一體
　　欸乃曲(千里楓林煙雨深)……………… 元　結(50)
采蓮子一體
　　采蓮子(菡萏香連十里陂)……………… 皇甫松(51)
浪淘沙一體
　　浪淘沙(蠻歌豆蔻北人愁)……………… 皇甫松(51)
楊柳枝一體
　　楊柳枝(金縷毿毿碧瓦溝)……………… 溫庭筠(52)

5

八拍蠻二體
  八拍蠻（孔雀尾拖金線長）…………………… 孫光憲(53)
  又一體（雲鎖嫩黃煙柳細）…………………… 閻　選(53)
字字雙一體
  字字雙（床頭錦衾斑復斑）…………………… 王麗貞(54)
十樣花二體
  十樣花（陌上風光濃處）……………………… 李彌遜(54)
  又一體（陌上風光濃處）……………………… 李彌遜(55)
天净沙二體　塞上秋
  天净沙（一從鞍馬西東）……………………… 喬　吉(55)
  又一體（枯藤老樹昏鴉）……………………… 馬致遠(56)

卷二

（起二十九字，至三十六字）

甘州曲二體　甘州子
  甘州曲（畫羅裙）……………………………… 王　衍(57)
  又一體（一爐龍麝錦帷旁）…………………… 顧　夐(57)
醉吟商一體
  醉吟商（正是春歸）…………………………… 姜　夔(58)
乾荷葉二體
  乾荷葉（乾荷葉）……………………………… 劉秉忠(59)
  又一體（乾荷葉）……………………………… 劉秉忠(59)
喜春來四體　陽春曲
  喜春來（江梅的的依茅舍）…………………… 張　雨(60)
  又一體（閒花醞釀蜂兒蜜）…………………… 周德清(60)
  又一體（歲云暮矣雖無補）…………………… 司馬九皋(61)

又一體（海棠過雨紅初淡）…………………… 無名氏（61）
踏歌詞一體
　　踏歌詞（綵女迎金屋）………………………… 崔　　液（62）
秋風清三體　秋風引　江南春　新安路
　　秋風清（秋風清）……………………………… 李　　白（63）
　　又一體（波渺渺）……………………………… 寇　　準（63）
　　又一體（新安路）……………………………… 劉長卿（63）
拋毬樂四體　莫思歸
　　拋毬樂（五色繡團圓）………………………… 劉禹錫（64）
　　又一體（金蹙花毬小）………………………… 皇甫松（65）
　　又一體（雪積秋山萬樹紅）…………………… 馮延巳（65）
　　又一體（曉來天氣濃淡）……………………… 柳　　永（66）
法駕導引一體
　　法駕導引（朝元路）…………………………… 陳與義（67）
蕃女怨一體
　　蕃女怨（萬枝香雪開已遍）…………………… 溫庭筠（68）
一葉落一體
　　一葉落（一葉落）……………………………… 後唐莊宗（69）
憶王孫三體　獨脚令　憶君王　豆葉黃　畫蛾眉
　　　　　　闌干萬里心　怨王孫
　　憶王孫（萋萋芳草憶王孫）…………………… 秦　　觀（70）
　　又一體（瑤階月色晃疏櫺）…………………… 白　　樸（70）
　　又一體（湖上風來波浩渺）…………………… 無名氏（71）
金字經三體　閱金經
　　金字經（水冷溪魚貴）………………………… 張可久（72）
　　又一體（犀箸絲魚膾）………………………… 徐失名（72）
　　又一體（紫燕尋舊壘）………………………… 徐失名（72）

古調笑一體　宮中調笑　轉應曲　三臺令
　　古調笑(蝴蝶)……………………………………王　建(73)
遐方怨二體
　　遐方怨(憑繡檻)…………………………………溫庭筠(74)
　　又一體(紅綬帶)…………………………………孫光憲(74)
後庭花破子二體
　　後庭花破子(綠樹遠連洲)………………………王　惲(76)
　　又一體(清溪一葉舟)……………………………趙孟頫(76)
如夢令六體　憶仙姿　宴桃源　不見　比梅　古記
　　　　　　無夢令　如意令
　　如夢令(曾宴桃源深洞)…………………………後唐莊宗(77)
　　又一體(臘半雪梅初綻)…………………………無名氏(78)
　　又一體(疑是水晶宮殿)…………………………無名氏(78)
　　又一體(學道非難非易)…………………………無名氏(78)
　　又一體(鞦韆爭鬧粉牆)…………………………吳文英(79)
　　又一體(炎暑尚餘八日)…………………………魏　泰(79)
訴衷情五體　桃花水
　　訴衷情(鶯語)……………………………………溫庭筠(81)
　　又一體(碧沼紅芳煙雨靜)………………………韋　莊(81)
　　又一體(永夜拋人何處去)………………………顧　敻(82)
　　又一體(桃花流水漾縱橫)………………………毛文錫(82)
　　又一體(春深花簇小樓臺)………………………魏承班(83)
西溪子二體
　　西溪子(捍撥雙盤金鳳)…………………………牛　嶠(84)
　　又一體(昨夜西溪游賞)…………………………毛文錫(84)
天仙子五體　萬斯年
　　天仙子(晴野鷺鷥飛一隻)………………………皇甫松(85)

8

又一體(洞口春紅飛蔌蔌)……………………… 和　凝(86)
　　又一體(深夜歸來長酩酊)……………………… 韋　莊(86)
　　又一體(長望前回夢裏期)……………………… 韋　莊(86)
　　又一體(醉笑相逢能幾度)……………………… 張　先(87)
風流子九體
　　風流子(樓倚長衢欲暮)………………………… 孫光憲(88)
　　又一體(楓林凋晚葉)…………………………… 周邦彥(89)
　　又一體(亭皋木葉下)…………………………… 張　耒(90)
　　又一體(扁舟南浦岸)…………………………… 王之道(91)
　　又一體(夜久燭花暗)…………………………… 王千秋(91)
　　又一體(新綠小池塘)…………………………… 周邦彥(92)
　　又一體(金谷已空塵)…………………………… 吳文英(93)
　　又一體(何處最難忘)…………………………… 賀　鑄(94)
　　又一體(書劍憶游梁)…………………………… 吳　激(95)
歸自謠一體　風光子　思佳客
　　歸自謠(春艷艷)………………………………… 歐陽修(96)
飲馬歌一體
　　飲馬歌(邊城春未到)…………………………… 曹　勛(97)
定西番五體
　　定西番(漢使昔年離別)………………………… 溫庭筠(97)
　　又一體(細雨曉鶯春晚)………………………… 溫庭筠(98)
　　又一體(桃盡金燈紅爐)………………………… 韋　莊(98)
　　又一體(雞祿山前遊騎)………………………… 孫光憲(99)
　　又一體(捍撥紫檀金襯)………………………… 張　先(100)
江城子五體　江神子　村意遠
　　江城子(髻鬟狼籍黛眉長)……………………… 韋　莊(101)
　　又一體(晚日金陵岸草平)……………………… 歐陽炯(101)

又一體（極浦烟消水鳥飛）……………………… 牛　嶠（102）

又一體（裙拖碧）…………………………………… 尹　鶚（102）

又一體（鳳凰山下雨初晴）……………………… 蘇　軾（102）

望江怨一體

　望江怨（東風急）………………………………… 牛　嶠（103）

長相思五體　吳山青　山漸青　青山相送迎　長相思令
　　　　　　相思令

　長相思（汴水流）………………………………… 白居易（104）

　又一體（深畫眉）………………………………… 白居易（105）

　又一體（長相思）………………………………… 晏幾道（105）

　又一體（蘋滿溪）………………………………… 歐陽修（105）

　又一體（玉尊凉）………………………………… 劉光祖（106）

思帝鄉三體

　思帝鄉（花花）…………………………………… 温庭筠（107）

　又一體（春日遊）………………………………… 韋　莊（107）

　又一體（雲髻墜）………………………………… 韋　莊（108）

卷三

（起三十六字，至四十字）

相見歡五體　秋夜月　上西樓　西樓子　憶真妃　月上瓜州
　　　　　　烏夜啼

　相見歡（羅襦繡袂香紅）……………………… 薛昭蘊（109）

　又一體（不禁枕簟新凉）……………………… 楊无咎（110）

　又一體（樓前流水悠悠）……………………… 蔡　伸（110）

　又一體（曉來閒立回塘）……………………… 張　鎡（111）

　又一體（西風先到巖扃）……………………… 吳文英（111）

河滿子五體　何滿子
　　河滿子(寫得魚牋無限) …………………… 和　凝(112)
　　又一體(正是破瓜年紀) …………………… 和　凝(112)
　　又一體(雲雨常陪勝會) …………………… 尹　鶚(113)
　　又一體(寂寞芳菲暗度) …………………… 毛熙震(113)
　　又一體(急雨初收珠點) …………………… 毛　滂(114)

風光好一體
　　風光好(柳陰陰) ………………………………… 歐　良(115)

誤桃源一體
　　誤桃源(砥柱勒銘賦) …………………………… 無名氏(116)

望梅花五體　望梅花令
　　望梅花(春草全無消息) …………………… 和　凝(117)
　　又一體(數枝開與短墻平) ………………… 孫光憲(117)
　　又一體(寒梅堪羨) ………………………… 蒲宗孟(117)
　　又一體(一陽初起) ………………………… 蒲宗孟(118)
　　又一體(何處仙家方丈) …………………… 張　雨(119)

醉太平三體　凌波曲　醉思凡　四字令
　　醉太平(情高意真) ………………………… 劉　過(120)
　　又一體(態濃意遠) ………………………… 辛棄疾(121)
　　又一體(釵分鳳凰) ………………………… 無名氏(122)

上行杯三體
　　上行杯(草草離亭鞍馬) …………………… 孫光憲(123)
　　又一體(離棹逡巡欲動) …………………… 孫光憲(123)
　　又一體(芳草灞陵春岸) …………………… 韋　莊(124)

感恩多二體
　　感恩多(兩條紅粉淚) ……………………… 牛　嶠(125)
　　又一體(自從南浦別) ……………………… 牛　嶠(125)

長命女一體　薄命女
　　長命女(春日宴) …………………………… 馮延巳(126)
春光好八體　愁倚闌令　愁倚闌　倚闌令
　　春光好(紗窗暖) …………………………… 和　凝(127)
　　又一體(蘋葉軟) …………………………… 和　凝(128)
　　又一體(天初暖) …………………………… 歐陽炯(128)
　　又一體(疏雨洗) …………………………… 張元幹(129)
　　又一體(花陰月) …………………………… 晏幾道(130)
　　又一體(冰肌玉骨精神) …………………… 無名氏(130)
　　又一體(鸞屏掩) …………………………… 蔡　伸(131)
　　又一體(看看臘盡春回) …………………… 無名氏(131)
酒泉子二十二體
　　酒泉子(花映柳條) ………………………… 溫庭筠(132)
　　又一體(曲檻小樓) ………………………… 孫光憲(133)
　　又一體(楚女不歸) ………………………… 溫庭筠(133)
　　又一體(月落星沈) ………………………… 韋　莊(134)
　　又一體(寂寞青樓) ………………………… 李　珣(134)
　　又一體(羅帶縷金) ………………………… 顧　敻(135)
　　又一體(羅帶惹香) ………………………… 溫庭筠(135)
　　又一體(春雨打窗) ………………………… 張　泌(136)
　　又一體(黛薄紅深) ………………………… 顧　敻(136)
　　又一體(黛怨紅羞) ………………………… 顧　敻(137)
　　又一體(芳草長川) ………………………… 馮延巳(137)
　　又一體(春色融融) ………………………… 馮延巳(138)
　　又一體(買得杏花) ………………………… 司空圖(138)
　　又一體(小檻日斜) ………………………… 顧　敻(139)
　　又一體(記得去年) ………………………… 牛　嶠(139)
　　又一體(掩却菱花) ………………………… 顧　敻(140)

又一體(紫陌青門) ……………………………… 張　泌(140)
　　又一體(綠樹春深) ……………………………… 毛文錫(141)
　　又一體(秋雨聯綿) ……………………………… 李　珣(142)
　　又一體(深院空幃) ……………………………… 馮延巳(142)
　　又一體(水碧風清) ……………………………… 顧　夐(143)
　　又一體(秋月嬋娟) ……………………………… 李　珣(143)

怨回紇二體
　　怨回紇(祖席駐征棹) ……………………………… 皇甫松(144)
　　又一體(曾聞瀚海使難通) ………………………… 無名氏(145)

生查子五體　楚雲深　梅和柳　晴色入青山
　　生查子(侍女動妝奩) ……………………………… 韓　偓(145)
　　又一體(深秋更漏長) ……………………………… 劉侍讀(146)
　　又一體(春山煙欲收) ……………………………… 牛希濟(147)
　　又一體(暖日策花驄) ……………………………… 孫光憲(147)
　　又一體(相見稀) …………………………………… 張　泌(148)

蝴蝶兒一體
　　蝴蝶兒(蝴蝶兒) …………………………………… 張　泌(149)

添聲楊柳枝三體　賀聖朝影　太平時
　　添聲楊柳枝(秋夜香閨思寂寥) …………………… 顧　夐(150)
　　又一體(蜀錦塵香生襪羅) ………………………… 賀　鑄(150)
　　又一體(江南岸) …………………………………… 朱敦儒(151)

醉公子四體　四換頭
　　醉公子(河漢秋雲澹) ……………………………… 顧　夐(152)
　　又一體(暮煙籠蘚砌) ……………………………… 尹　鶚(153)
　　又一體(岸柳垂金線) ……………………………… 顧　夐(153)
　　又一體(神仙無膏澤) ……………………………… 史達祖(154)

昭君怨三體　洛妃怨　宴西園
　　昭君怨(春到南樓雪盡) ················ 万俟咏(155)
　　又一體(一曲雲和鬆響) ················ 蔡　伸(155)
　　又一體(滿院融融花氣) ················ 周紫芝(156)

卷四

(起四十一字,至四十三字)

玉蝴蝶七體　玉蝴蝶慢
　　玉蝴蝶(秋風淒切傷離) ················ 温庭筠(157)
　　又一體(春欲盡) ······················ 孫光憲(157)
　　又一體(望處雨收雲斷) ················ 柳　永(158)
　　又一體(是處小街斜巷) ················ 柳　永(159)
　　又一體(坐久燈花開盡) ················ 李之儀(160)
　　又一體(留得一團和氣) ················ 張　炎(161)
　　又一體(貴賤偶然) ···················· 辛棄疾(161)
女冠子七體　女冠子慢
　　女冠子(含嬌含笑) ···················· 温庭筠(162)
　　又一體(火雲初布) ···················· 康與之(163)
　　又一體(帝城三五) ···················· 李　邴(164)
　　又一體(淡烟飄薄) ···················· 柳　永(165)
　　又一體(蕙風香也) ···················· 蔣　捷(166)
　　又一體(斷烟殘雨) ···················· 柳　永(167)
　　又一體(同雲密布) ···················· 無名氏(167)
中興樂三體　濕羅衣
　　中興樂(豆蔻花繁烟艷深) ·············· 毛文錫(168)
　　又一體(池塘暖碧浸晴暉) ·············· 牛希濟(169)

又一體（後庭寂寞日初長）……………………… 李　珣（169）
紗窗恨二體
　　紗窗恨（新春燕子還來至）……………………… 毛文錫（170）
　　又一體（雙雙蝶翅塗鉛粉）……………………… 毛文錫（171）
醉花間三體
　　醉花間（深相憶）………………………………… 毛文錫（172）
　　又一體（休相問）………………………………… 毛文錫（172）
　　又一體（晴雪小園春未到）……………………… 馮延巳（173）
點絳唇三體　　點櫻桃　十八香　南浦月　沙頭雨　尋瑤草
　　點絳唇（蔭緑圍紅）……………………………… 馮延巳（174）
　　又一體（不用悲秋）……………………………… 蘇　軾（174）
　　又一體（病起懨懨）……………………………… 韓　琦（175）
平湖樂三體　　小桃紅　採蓮詞
　　平湖樂（安仁雙鬢已驚秋）……………………… 王　惲（176）
　　又一體（飛梅和雪灑林梢）……………………… 張可久（176）
　　又一體（採蓮人語隔秋烟）……………………… 王　惲（177）
歸國遙三體　　歸平遙
　　歸國遙（雙臉）…………………………………… 溫庭筠（178）
　　又一體（春欲暮）………………………………… 韋　莊（178）
　　又一體（春風拂拂）……………………………… 顏　奎（179）
戀情深二體
　　戀情深（滴滴銅壺寒漏咽）……………………… 毛文錫（180）
　　又一體（玉殿春濃花爛漫）……………………… 毛文錫（180）
贊浦子一體　　贊普子
　　贊浦子（錦帳添香睡）…………………………… 毛文錫（181）

15

浣溪沙五體　小庭花　減字浣溪沙　滿院春　東風寒
　　　　　　醉木犀　霜菊黃　廣寒枝　試香羅　清和風
　　　　　　怨啼鵑
　　浣溪沙（宿醉離愁慢鬌鬟）……………………… 韓　偓（182）
　　又一體（紅蓼渡頭秋正雨）……………………… 薛昭蘊（182）
　　又一體（風撼芳菲滿院香）……………………… 孫光憲（183）
　　又一體（紅藕香寒翠渚平）……………………… 顧　敻（183）
　　又一體（紅日已高三丈透）……………………… 李　煜（184）
醉垂鞭一體
　　醉垂鞭（醉面灧金魚）…………………………… 張　先（185）
雪花飛一體
　　雪花飛（携手青雲路穩）………………………… 黃庭堅（185）
沙塞子四體　沙磧了
　　沙塞子（萬里飄零南越）………………………… 朱敦儒（186）
　　又一體（天生玉骨冰肌）………………………… 葛立方（187）
　　又一體（玉溪秋月浸寒波）……………………… 周紫芝（187）
　　又一體（春水綠波南浦）………………………… 趙彥端（188）
殿前歡二體　鳳將雛
　　殿前歡（水晶宮）………………………………… 張可久（188）
　　又一體（歎詩癯）………………………………… 張可久（189）
水仙子二體
　　水仙子（天邊白雁寫寒雲）……………………… 張可久（190）
　　又一體（東風花外小紅樓）……………………… 倪　瓚（191）
霜天曉角九體　月當窗　踏月　長橋月
　　霜天曉角（冰清霜潔）…………………………… 林　逋（191）
　　又一體（吳頭楚尾）……………………………… 辛棄疾（192）
　　又一體（雨餘風勁）……………………………… 趙師俠（193）

又一體(五羊安在)……………………葛長庚(193)
又一體(幾夜瑣窗揭)…………………程 垓(194)
又一體(香莓幽徑滑)…………………吳文英(194)
又一體(玉粲冰寒)……………………黃 機(195)
又一體(人影窗紗)……………………蔣 捷(195)
又一體(閣兒幽靜處)…………………趙長卿(196)

清商怨三體　關河令　傷情怨

清商怨(關河愁思望處滿)……………晏 殊(197)
又一體(枝頭風信漸小)………………周邦彥(197)
又一體(城上鴉啼斗轉)………………沈會宗(198)

傷春怨一體

傷春怨(雨打江南樹)…………………王安石(199)

卷五

（起四十四字,至四十六字）

菩薩蠻三體　重叠金　子夜歌　菩薩鬘　花間意　梅花句　花溪碧　晚雲烘日

菩薩蠻(平林漠漠煙如織)……………李 白(200)
又一體(秋風乍起梧桐落)……………朱敦儒(201)
又一體(絲絲楊柳鶯聲近)……………樓 扶(202)

采桑子三體　醜奴兒令　羅敷媚歌　醜奴兒　羅敷媚

采桑子(蝤蠐領上訶梨子)……………和 凝(202)
又一體(窗前誰種芭蕉樹)……………李清照(203)
又一體(王孫去後無芳草)……………朱淑真(204)

後庭花四體　玉樹後庭花

後庭花(輕盈舞妓含芳艷)……………毛熙震(204)

又一體（景陽鐘動宮鶯囀）……………………孫光憲（205）
　　又一體（石城依舊空江國）……………………孫光憲（206）
　　又一體（華燈火樹紅相闘）……………………張　先（206）
訴衷情令三體　漁父家風　一絲風
　　訴衷情令（青梅煮酒闘時新）…………………晏　殊（207）
　　又一體（清晨簾幕卷輕霜）……………………歐陽修（208）
　　又一體（八年不見荔枝紅）……………………張元幹（208）
減字木蘭花一體　減蘭　木蘭香　天下樂令
　　減字木蘭花（歌檀斂袂）………………………歐陽修（209）
卜算子七體　缺月挂疏桐　百尺樓　楚天遥　眉峰碧
　　卜算子（缺月挂疏桐）…………………………蘇　軾（210）
　　又一體（見也如何暮）…………………………石孝友（211）
　　又一體（胸中千種愁）…………………………徐　俯（211）
　　又一體（薄宦各東西）…………………………黃公度（212）
　　又一體（夢短寒夜長）…………………………張　先（212）
　　又一體（深院花鋪地）…………………………杜安世（213）
　　又一體（幽花帶露紅）…………………………無名氏（213）
一落索八體　洛陽春　玉連環　一絡索
　　一落索（臘後東風微透）………………………無名氏（214）
　　又一體（宮錦裁書寄遠）………………………呂渭老（215）
　　又一體（月下花前風畔）………………………毛　滂（215）
　　又一體（來時露浥衣香潤）……………………張　先（216）
　　又一體（楊花終日飛舞）………………………秦　觀（216）
　　又一體（清曉鶯啼紅樹）………………………嚴　仁（217）
　　又一體（蜀江春色濃如霧）……………………陳鳳儀（217）
　　又一體（紅紗未曉黃鸝語）……………………歐陽修（218）

好時光一體
　好時光(賓鬢偏宜宮樣) ……………………………… 唐明皇(219)
謁金門四體　空相憶　花自落　垂楊碧　楊花落　出塞
　　　　　東風吹酒面　不怕醉　醉花春　春早湖山
　謁金門(空相憶) …………………………………… 韋　莊(220)
　又一體(留不得) …………………………………… 孫光憲(220)
　又一體(梅午吐) …………………………………… 周必大(221)
　又一體(江上路) …………………………………… 程　過(221)
柳含煙一體
　柳含煙(河橋柳) …………………………………… 毛文錫(222)
杏園芳一體
　杏園芳(嚴妝嫩臉花明) …………………………… 尹　鶚(223)
好事近二體　釣船笛　翠圓枝
　好事近(睡起玉屏風) ……………………………… 宋　祁(224)
　又一體(客路苦思歸) ……………………………… 陸　游(225)
華清引一體
　華清引(平時十月幸蓮湯) ………………………… 蘇　軾(225)
天門謠一體
　天門謠(牛渚天門險) ……………………………… 賀　鑄(226)
憶悶令一體
　憶悶令(取次臨鸞勻畫淺) ………………………… 晏幾道(227)
散餘霞一體
　散餘霞(牆頭花口寒猶噤) ………………………… 毛　滂(228)
好女兒三體　繡帶兒
　好女兒(小院一枝梅) ……………………………… 黃庭堅(228)
　又一體(春去幾時還) ……………………………… 黃庭堅(229)
　又一體(綠遍西池) ………………………………… 晏幾道(229)

19

萬里春一體
 萬里春(千紅萬翠)……………………………周邦彥(230)
綵鸞歸令一體　青山還
 綵鸞歸令(珠履爭圍)…………………………張元幹(231)
錦園春一體
 錦園春(醉痕潮玉)……………………………張孝祥(232)
太平年一體
 太平年(皇州春滿群芳麗)……………………無名氏(232)
清平樂三體　清平樂令　憶蘿月　醉東風
 清平樂(禁闈清夜)……………………………李　白(233)
 又一體(鴻來燕去)……………………………趙長卿(234)
 又一體(畫堂晨起)……………………………李　白(234)
憶秦娥十一體　秦樓月　雙荷葉　蓬萊閣　碧雲深
    花深深
 憶秦娥(簫聲咽)………………………………李　白(235)
 又一體(牽人意)………………………………晁補之(236)
 又一體(秦樓月)………………………………石孝友(237)
 又一體(灞橋雪)………………………………秦　觀(237)
 又一體(扶疏玉)………………………………倪　瓚(238)
 又一體(風淅淅)………………………………馮延巳(238)
 又一體(參差竹)………………………………張　先(239)
 又一體(夜夜)…………………………………毛　滂(239)
 又一體(曉朦朧)………………………………賀　鑄(240)
 又一體(曲江花)………………………………秦　觀(240)
 又一體(水雲幽)………………………………顏　奎(241)

卷六

（起四十六字,至四十七字）

更漏子八體
更漏子(玉爐香) …………………………… 温庭筠(242)
又一體(鐘鼓寒) …………………………… 韋　莊(243)
又一體(上東門) …………………………… 賀　鑄(243)
又一體(玉闌干) …………………………… 歐陽炯(244)
又一體(掌中珠) …………………………… 孫光憲(244)
又一體(解語花) …………………………… 無名氏(245)
又一體(三十六宮秋夜永) ………………… 歐陽炯(245)
又一體(遥遠途程) ………………………… 杜安世(246)

巫山一段雲三體
巫山一段雲(蝶舞梨園雪) ………………… 唐昭宗(247)
又一體(縹緲雲間質) ……………………… 唐昭宗(247)
又一體(雨霽巫山上) ……………………… 毛文錫(248)

望仙門一體
望仙門(玉池波浪碧如鱗) ………………… 晏　殊(249)

占春芳一體
占春芳(紅杏了) …………………………… 蘇　軾(250)

朝天子一體　思越人
朝天子(酒醒情懷惡) ……………………… 晁補之(250)

憶少年二體　隴首山　十二時　桃花曲
憶少年(無窮官柳) ………………………… 晁補之(251)
又一體(年時酒伴) ………………………… 曹　組(252)

西地錦三體
　　西地錦（寂寞悲秋懷抱）……………………蔡　伸（253）
　　又一體（回望玉樓金闕）……………………石孝友（253）
　　又一體（不與群花相續）……………………無名氏（254）
相思引三體　玉交枝　定風波令　琴調相思引　鏡中人
　　相思引（曉鑑胭脂拂紫綿）…………………袁去華（254）
　　又一體（笑盈盈）……………………………無名氏（255）
　　又一體（柳煙濃）……………………………無名氏（256）
落梅風一體
　　落梅風（宮烟如水濕芳晨）…………………無名氏（257）
江亭怨一體　清平樂令　荆州亭
　　江亭怨（簾卷曲闌獨倚）……………………無名氏（257）
喜遷鶯十七體　鶴冲天　萬年枝　春光好　喜遷鶯令
　　　　　　　燕歸來　早梅芳　烘春桃李
　　喜遷鶯（街鼓動）……………………………韋　莊（258）
　　又一體（霧濛濛）……………………………馮延巳（259）
　　又一體（金門曉）……………………………薛昭蘊（260）
　　又一體（曉月墜）……………………………李　煜（260）
　　又一體（芳草景）……………………………毛文錫（261）
　　又一體（文倚馬）……………………………張元幹（261）
　　又一體（秋寒初勁）…………………………康與之（262）
　　又一體（遊絲纖弱）…………………………蔣　捷（263）
　　又一體（凡塵流水）…………………………吳文英（264）
　　又一體（商颷輕透）…………………………趙長卿（264）
　　又一體（月波凝滴）…………………………史達祖（265）
　　又一體（玉珂朱組）…………………………姜　夔（266）
　　又一體（南枝向暖）…………………………無名氏（267）

又一體（昇平無際）………………………… 江　漢（267）
又一體（素娥呈瑞）………………………… 蔡　伸（268）
又一體（臘殘春未）………………………… 無名氏（269）
又一體（瓊姿冰體）………………………… 無名氏（270）

烏夜啼三體　聖無寧　錦堂春
烏夜啼（昨夜風兼雨）……………………… 李　煜（271）
又一體（樓上縈簾弱絮）…………………… 趙令畤（271）
又一體（墻外雨肥梅子）…………………… 程　垓（272）

相思兒令一體　相思令
相思兒令（昨日探春消息）………………… 晏　殊（273）

阮郎歸二體　碧桃春　醉桃源　宴桃源　濯纓曲
阮郎歸（東風吹水日銜山）………………… 李　煜（274）
又一體（烹茶留客駐雕鞍）………………… 黃庭堅（274）

賀聖朝十一體　轉調賀聖朝
賀聖朝（金絲帳暖牙牀穩）………………… 馮延巳（275）
又一體（脫霜披茜初登第）………………… 黃庭堅（276）
又一體（滿斟綠醑留君住）………………… 葉清臣（276）
又一體（千林脫落群芳息）………………… 趙師俠（277）
又一體（一江風月同君住）………………… 趙彥端（277）
又一體（河陽桃李開無數）………………… 趙彥端（278）
又一體（牡丹盛坼春將暮）………………… 杜安世（278）
又一體（東君造物無凝滯）………………… 杜安世（279）
又一體（漸覺一日）………………………… 無名氏（279）
又一體（野僧歸後）………………………… 無名氏（280）
又一體（草堂初寐）………………………… 無名氏（280）

甘草子二體
甘草子（春早）……………………………… 寇　準（281）

又一體(秋暮) ……………………………… 柳　永(282)
珠簾卷一體
　　珠簾卷(珠簾卷) ……………………………… 歐陽修(282)
畫堂春五體
　　畫堂春(落紅鋪徑水平池) ……………………… 秦　觀(283)
　　又一體(西風庭院雨垂垂) ……………………… 謝　懋(284)
　　又一體(小亭煙柳水溶溶) ……………………… 趙長卿(284)
　　又一體(摩圍小隱枕蠻江) ……………………… 黃庭堅(285)
　　又一體(當時巧笑記相逢) ……………………… 趙長卿(285)
喜長新一體
　　喜長新(秋風朔吹曉徘徊) ……………………… 王勝之(286)
金盞子令一體
　　金盞子令(東風報暖) …………………………… 無名氏(286)
獻天壽一體
　　獻天壽(日暖風和春更遲) ……………………… 無名氏(287)

卷七

（起四十八字，至四十九字）

三字令二體
　　三字令(春欲盡) ………………………………… 歐陽炯(288)
　　又一體(春盡日) ………………………………… 向子諲(288)
山花子一體　南唐浣溪沙　添字浣溪沙　攤破浣溪沙
　　　　　　感恩多令
　　山花子(菡萏香銷翠葉殘) ……………………… 李　璟(289)
憶餘杭二體
　　憶餘杭(長憶西湖) ……………………………… 潘　閬(290)

24

又一體(長憶孤山) ………………………… 潘　閬(291)
秋蕊香三體
　　秋蕊香(梅蕊雪殘香瘦) ……………………… 晏　殊(292)
　　又一體(乳鴨池塘水暖) ……………………… 周邦彥(293)
　　又一體(一夜金風) …………………………… 趙以夫(293)
胡搗練三體　望仙樓
　　胡搗練(夜來江上見寒梅) …………………… 晏　殊(294)
　　又一體(小春花信日邊來) …………………… 晏幾道(295)
　　又一體(數枝半斂半開時) …………………… 杜安世(295)
桃源憶故人二體　虞美人影　胡搗練　桃園憶故人
　　　　　　　　　醉桃園　杏花風
　　桃源憶故人(梅梢弄粉香猶嫩) ……………… 歐陽修(296)
　　又一體(催花一霎清明雨) …………………… 王庭珪(297)
撼庭秋一體　感庭秋
　　撼庭秋(別來音信千里) ……………………… 晏　殊(298)
慶金枝三體　慶金枝令
　　慶金枝(莫惜金縷衣) ………………………… 無名氏(298)
　　又一體(青螺添遠山) ………………………… 張　先(299)
　　又一體(新春入舊年) ………………………… 無名氏(299)
燭影搖紅三體　憶故人　歸去曲　玉珥墜金環　秋色橫空
　　燭影搖紅(老景蕭條) ………………………… 毛　滂(300)
　　又一體(燭影搖紅) …………………………… 王　詵(301)
　　又一體(香臉輕勻) …………………………… 周邦彥(301)
朝中措四體　照江梅　芙蓉曲　梅月圓
　　朝中措(平山闌檻倚晴空) …………………… 歐陽修(302)
　　又一體(年年金蕊艷西風) …………………… 辛棄疾(303)
　　又一體(荷錢浮翠點前溪) …………………… 趙長卿(304)

25

又一體(章臺楊柳自依依) ……………… 蔡　伸(304)
洞天春一體
　　洞天春(鶯啼綠樹聲早) ……………… 歐陽修(305)
慶春時一體
　　慶春時(倚天樓殿) ……………… 晏幾道(305)
眼兒媚三體　小闌干　東風寒　秋波媚
　　眼兒媚(樓上黃昏杏花寒) ……………… 左　譽(306)
　　又一體(蕭蕭江上荻花秋) ……………… 賀　鑄(307)
　　又一體(南枝消息杳然間) ……………… 趙長卿(308)
人月圓三體　青衫濕
　　人月圓(小桃枝上春來早) ……………… 王　詵(308)
　　又一體(風和日薄餘煙嫩) ……………… 楊无咎(309)
　　又一體(月華鐙影光相射) ……………… 楊无咎(310)
喜團圓二體　與團圓
　　喜團圓(危樓靜鎖) ……………… 晏幾道(310)
　　又一體(輕攢碎玉) ……………… 無名氏(311)
海棠春三體　海棠花　海棠春令
　　海棠春(流鶯窗外啼聲巧) ……………… 秦　觀(312)
　　又一體(天涯芳草迷征路) ……………… 吳　潛(313)
　　又一體(柳腰暗怯花風弱) ……………… 馬莊父(313)
武陵春三體　武林春
　　武陵春(風過冰簷環佩響) ……………… 毛　滂(314)
　　又一體(風住塵香春已盡) ……………… 李清照(315)
　　又一體(燕子飛來春在否) ……………… 万俟咏(315)
東坡引五體
　　東坡引(涼飆生玉宇) ……………… 曹　冠(316)
　　又一體(隴頭梅半吐) ……………… 袁去華(316)

又一體（相看情未足）……………………趙師俠（317）
　　又一體（玉纖彈舊怨）……………………辛棄疾（318）
　　又一體（花梢紅未足）……………………辛棄疾（318）
雙鸂鶒一體
　　雙鸂鶒（拂破秋江煙碧）…………………朱敦儒（319）
鬲溪梅令一體　高溪梅令
　　鬲溪梅令（好花不與殢香人）……………姜　夔（320）
伊州三臺一體
　　伊州三臺（桂花移自雲巖）………………趙師俠（320）
雙頭蓮令一體
　　雙頭蓮令（太平和氣兆嘉祥）……………趙師俠（321）
梅弄影一體
　　梅弄影（雨晴風定）………………………岳　窞（322）
茅山逢故人一體
　　茅山逢故人（山下寒林平楚）……………張　雨（322）
陽臺夢二體
　　陽臺夢（薄羅衫子金泥縫）………………唐莊宗（323）
　　又一體（仙姿本寓）………………………解　昉（323）
月宮春二體　月中行
　　月宮春（水晶宮裏桂花開）………………毛文錫（324）
　　又一體（蜀絲趁日染乾紅）………………周邦彥（325）
河瀆神二體
　　河瀆神（河上望叢祠）……………………溫庭筠（326）
　　又一體（古樹噪寒鴉）……………………張　泌（327）
歸去來二體
　　歸去來（初過元宵三五）…………………柳　永（328）
　　又一體（一夜狂風雨）……………………柳　永（328）

惜春郎一體
　　惜春郎（玉肌瓊艷新妝飾）……………………… 柳　　永（329）
極相思一體　極相思令
　　極相思（柳煙霽色方晴）……………………… 無名氏（330）
雙韻子一體
　　雙韻子（鳴鞘電過）…………………………… 張　　先（331）
鳳孤飛一體
　　鳳孤飛（一曲畫樓鐘動）……………………… 晏幾道（331）
柳梢青八體　雲淡秋空　雨洗元宵　玉水明沙　早春怨
　　　　　　隴頭月
　　柳梢青（岸草平沙）…………………………… 秦　　觀（332）
　　又一體（乾鵲收聲）…………………………… 劉　　鎮（333）
　　又一體（面目冰霜）…………………………… 張　　雨（333）
　　又一體（子規啼血）…………………………… 賀　　鑄（334）
　　又一體（連璧尋春）…………………………… 蔡　　伸（335）
　　又一體（衰翁自謫）…………………………… 趙彥端（335）
　　又一體（墻角孤根）…………………………… 吳　　瓘（336）
　　又一體（依稀曉星明滅）……………………… 無名氏（336）
醉鄉春一體　添春色
　　醉鄉春（喚起一聲人悄）……………………… 秦　　觀（337）
太常引二體　太清引　臘前梅
　　太常引（仙叢似欲織纖羅）…………………… 辛棄疾（338）
　　又一體（玉肌輕襯碧霞衣）…………………… 高觀國（338）

卷八

（五十字）

應天長十二體　應天長令　應天長慢

 應天長（綠槐陰里黃鸝語）……………………韋　莊(340)
 又一體（瑟瑟羅裙金線縷）……………………顧　夐(341)
 又一體（一彎初月臨鸞鏡）……………………馮延巳(341)
 又一體（平江波暖鴛鴦語）……………………毛文錫(342)
 又一體（殘蟬聲斷絶）…………………………柳　永(342)
 又一體（松陵秋已老）…………………………葉夢得(343)
 又一體（雕鞍成漫駐）…………………………無名氏(344)
 又一體（條風布暖）……………………………周邦彦(344)
 又一體（麗花鬭靨）……………………………吳文英(345)
 又一體（管弦繡陌）……………………………康伯可(346)
 又一體（疏簾蝶粉）……………………………王沂孫(347)
 又一體（流鶯喚夢）……………………………陳允平(347)

滿宮花二體

 滿宮花（月沈沈）………………………………尹　鶚(348)
 又一體（花正芳）………………………………張　泌(349)

少年遊十五體　玉臘梅枝　小闌干

 少年遊（芙蓉花發去年枝）……………………晏　殊(350)
 又一體（江國陸郎封寄後）……………………李　甲(350)
 又一體（日高花榭懶梳頭）……………………柳　永(351)
 又一體（一生贏得是凄涼）……………………柳　永(351)
 又一體（簾銷寶篆卷宮羅）……………………周　密(352)
 又一體（小軒深院是秋時）……………………杜安世(352)

又一體（去年同醉酴醿下）……………向子諲（353）
又一體（雙螺未合）………………………姜　夔（353）
又一體（閒尋杯酒）………………………韓　淲（354）
又一體（綠勾欄畔）………………………晏幾道（354）
又一體（小樓歸燕又黃昏）………………杜安世（355）
又一體（去年相送）………………………蘇　軾（355）
又一體（西樓別後）………………………晏幾道（356）
又一體（江南節物）………………………楊　憶（356）
又一體（當年携手）………………………晁補之（357）

偷聲木蘭花一體
偷聲木蘭花（落梅著雨消殘粉）…………馮延巳（358）

滴滴金四體
滴滴金（帝城五夜宴遊歇）………………李遵勖（359）
又一體（梅花漏泄春消息）………………晏　殊（359）
又一體（相逢未盡論心素）………………楊无咎（360）
又一體（日光飛入林前屋）………………孫道絢（360）

憶漢月四體　望漢月
憶漢月（紅艷幾枝輕裊）…………………歐陽修（361）
又一體（明月明月明月）…………………柳　永（361）
又一體（紅杏一枝遙見）…………………杜安世（362）
又一體（黃菊一叢臨砌）…………………李遵勖（363）

西江月五體　白蘋香　步虛詞　江月令
西江月（鳳額繡簾高卷）…………………柳　永（363）
又一體（點點樓頭細雨）…………………蘇　軾（364）
又一體（枝裊一痕雪在）…………………吳文英（365）
又一體（月映長江秋水）…………………歐陽炯（365）
又一體（夜半沙痕依約）…………………趙以仁（366）

惜春令二體
　　惜春令（今日重陽秋意深）…………… 杜安世（367）
　　又一體（春夢無憑猶懶起）…………… 杜安世（367）
留春令四體
　　留春令（畫屏天畔）………………… 晏幾道（368）
　　又一體（夢斷難尋）………………… 李之儀（369）
　　又一體（舊家元夜）………………… 沈端節（369）
　　又一體（江南一雁橫秋水）………… 黃庭堅（370）
梁州令四體　涼州令　梁州令叠韻
　　梁州令（莫唱陽關曲）……………… 晏幾道（371）
　　又一體（二月春猶淺）……………… 晁補之（371）
　　又一體（夢覺紗窗曉）……………… 柳　永（372）
　　又一體（翠樹芳條颭）……………… 歐陽修（372）
鹽角兒一體
　　鹽角兒（開時似雪）………………… 晁補之（373）
歸田樂五體　歸田樂引
　　歸田樂（春又去）…………………… 晁補之（374）
　　又一體（風生蘋末蓮香細）………… 蔡　伸（375）
　　又一體（試把花期數）……………… 晏幾道（375）
　　又一體（水繞溪橋渌）……………… 無名氏（376）
　　又一體（暮雨濛階砌）……………… 黃庭堅（376）
惜分飛五體　惜雙雙　惜雙雙令　惜芳菲
　　惜分飛（淚濕闌干花著露）………… 毛　滂（377）
　　又一體（風外橘花香暗度）………… 劉　弇（378）
　　又一體（城上層樓天邊路）………… 張　先（378）
　　又一體（庾嶺香前親寫得）………… 無名氏（379）
　　又一體（冒雪披風開數點）………… 無名氏（379）

孤館深沈一體
　　孤館深沈（瓊英雪艷嶺梅芳）……………………權無染（380）
促拍采桑子一體　促拍醜奴兒
　　促拍采桑子（清露濕幽香）………………………朱敦儒（381）
怨三三一體
　　怨三三（清溪一派瀉柔藍）………………………李之儀（382）
使牛子一體
　　使牛子（晚天雨霽橫雌霓）………………………曹　冠（382）
折丹桂一體
　　折丹桂（風漪欲皺春江碧）………………………王之道（383）
竹香子一體
　　竹香子（一桁窗兒明快）…………………………劉　過（384）
城頭月一體
　　城頭月（城頭月色明如晝）………………………馬天驥（385）
四犯令一體　四和香　桂華明
　　四犯令（月破輕雲天淡注）………………………侯　寘（385）
醉高歌一體
　　醉高歌（十年燕月歌聲）…………………………姚　燧（386）
黃鶴洞仙一體
　　黃鶴洞仙（終日駕鹽車）…………………………馬　鈺（387）
破字令一體
　　破字令（縹緲三山島）……………………………無名氏（388）
花前飲一體
　　花前飲（雨餘天色漸寒滲）………………………無名氏（388）

卷九
（起五十字，至五十二字）

導引五體
　　導引（皇家盛事）……………………………… 無名氏（390）
　　又一體（五年一狩）…………………………… 無名氏（391）
　　又一體（民康俗阜）…………………………… 無名氏（391）
　　又一體（春融日暖）…………………………… 無名氏（392）
　　又一體（我皇纘位）…………………………… 無名氏（393）

思越人一體
　　思越人（古臺平）……………………………… 孫光憲（394）

探春令十三體　景龍燈
　　探春令（簾旌微動）…………………………… 宋徽宗（395）
　　又一體（雪梅風柳）…………………………… 楊无咎（395）
　　又一體（數聲回雁）…………………………… 趙長卿（396）
　　又一體（溪橋山路）…………………………… 趙長卿（397）
　　又一體（而今風韻）…………………………… 趙長卿（397）
　　又一體（清江平淡）…………………………… 趙長卿（398）
　　又一體（冰澌池面）…………………………… 趙長卿（398）
　　又一體（冰簪垂箸）…………………………… 趙長卿（399）
　　又一體（梅英粉淡）…………………………… 楊无咎（399）
　　又一體（綠楊枝上曉聲啼）…………………… 晏幾道（400）
　　又一體（草堂三鼓夢遊仙）…………………… 無名氏（400）
　　又一體（去年元夜正錢塘）…………………… 趙長卿（401）
　　又一體（笙歌間錯華筵啓）…………………… 趙長卿（401）

越江吟二體　宴瑤池　瑤池宴　瑤池宴令
　　越江吟（非煙非霧瑤池宴）…………………… 蘇易簡（402）

又一體(飛花成陣) ……………………… 蘇　軾(403)
燕歸梁四體
　　燕歸梁(雙燕歸飛遶畫堂) ……………… 晏　殊(404)
　　又一體(獨卧秋窗桂未香) ……………… 史達祖(404)
　　又一體(織錦裁篇寫意深) ……………… 柳　永(405)
　　又一體(輕躡羅鞋掩綺寮) ……………… 柳　永(405)
雨中花令十二體　送將歸
　　雨中花令(剪翠妝紅欲就) ……………… 晏　殊(406)
　　又一體(寒浸東傾不定) ………………… 毛　滂(407)
　　又一體(千古都門行路) ………………… 歐陽修(407)
　　又一體(池上水寒欲霧) ………………… 毛　滂(408)
　　又一體(淚眼江頭看錦樹) ……………… 趙長卿(408)
　　又一體(舊日愛花心未了) ……………… 程　垓(409)
　　又一體(清滑京江人物秀) ……………… 賀　鑄(410)
　　又一體(早已是花魁柳冠) ……………… 楊无咎(410)
　　又一體(龜甲爐煙輕裊) ………………… 趙長卿(411)
　　又一體(百尺清泉聲陸續) ……………… 王　觀(411)
　　又一體(近鬢綵鈿雲雁細) ……………… 張　先(412)
　　又一體(山雨細泉生幽谷) ……………… 周紫芝(412)
鳳來朝一體
　　鳳來朝(逗曉看嬌面) …………………… 周邦彥(413)
秋夜雨一體
　　秋夜雨(黃雲水驛秋箛咽) ……………… 蔣　捷(414)
伊州令一體　伊川令
　　伊州令(西風昨夜穿簾幕) ……………… 無名氏(415)
木笪一體
　　木笪(海棠初雨歇) ……………………… 白　樸(416)

迎春樂七體
　　迎春樂（近來憔悴人驚怪）……………… 柳　　永（416）
　　又一體（長安紫陌春歸早）……………… 晏　　殊（417）
　　又一體（菖蒲葉葉知多少）……………… 秦　　觀（417）
　　又一體（新來特特更門地）……………… 楊无咎（418）
　　又一體（雲鮮日嫩東風軟）……………… 賀　　鑄（418）
　　又一體（神州麗景春先到）……………… 無名氏（419）
　　又一體（清池小圃開雲屋）……………… 周邦彥（420）
夢仙郎一體
　　夢仙郎（江東蘇小）………………………… 張　　先（421）
青門引一體
　　青門引（乍暖還輕寒）……………………… 張　　先（421）
菊花新二體
　　菊花新（墮髻慵妝來日暮）………………… 張　　先（422）
　　又一體（怎奈花殘鶯又老）………………… 杜安世（423）
醉紅妝一體
　　醉紅妝（瓊林玉樹不相饒）………………… 張　　先（424）
思遠人一體
　　思遠人（紅葉黃花秋意晚）………………… 晏幾道（424）
醉花陰一體
　　醉花陰（檀板一聲鶯起速）………………… 毛　　滂（425）
望江東一體
　　望遠東（江水西頭隔煙樹）………………… 黃庭堅（426）
入塞一體
　　入塞（好思量）……………………………… 程　　垓（427）
品令十二體
　　品令（乍寂寞）……………………………… 曹　　組（428）

又一體(情難托) …………………………… 趙長卿(429)
又一體(夜闌人静) …………………………… 周邦彦(429)
又一體(玉壺塵静) …………………………… 陳允平(430)
又一體(飛瓊環佩) …………………………… 王　行(430)
又一體(山重雲起) …………………………… 無名氏(431)
又一體(霜蓬零亂) …………………………… 周紫芝(432)
又一體(紋漪漲淥) …………………………… 曾　紆(432)
又一體(立秋十日) …………………………… 卓　田(433)
又一體(急雨驚秋曉) …………………………… 李清照(433)
又一體(鳳舞團團餅) …………………………… 黄庭堅(434)
又一體(敗葉霜天曉) …………………………… 黄庭堅(434)

卷十

（起五十二字，至五十四字）

引駕行四體　長春
　引駕行(梅梢瓊綻) …………………………… 晁補之(436)
　又一體(虹收殘雨) …………………………… 柳　永(436)
　又一體(春雲輕鎖) …………………………… 晁補之(437)
　又一體(紅塵紫陌) …………………………… 柳　永(438)
玉團兒一體
　玉團兒(鉛華淡濘新妝束) …………………………… 周邦彦(439)
傾杯令一體
　傾杯令(楓葉飄紅) …………………………… 吕渭老(440)
鋸解令一體
　鋸解令(送人歸後酒醒時) …………………………… 楊无咎(441)

雙雁兒一體　雙燕子
　　雙雁兒(窮陰急景暗推遷)……………………楊无咎(442)
尋芳草一體　王孫信
　　尋芳草(有得許多淚)………………………辛棄疾(442)
恨來遲二體　恨歡遲
　　恨來遲(柳暗汀洲)…………………………王　灼(443)
　　又一體(獨占江梅)…………………………無名氏(443)
珍珠令一體
　　珍珠令(桃花扇底歌聲杳)…………………張　炎(444)
壽延長破字令一體
　　壽延長破字令(青春玉殿和風細)…………無名氏(445)
獻天壽令一體
　　獻天壽令(閬苑人間雖隔)…………………無名氏(445)
折花令一體
　　折花令(翠幕華筵)…………………………無名氏(446)
紅窗聽一體　紅窗睡
　　紅窗聽(淡薄梳妝輕結束)…………………晏　殊(447)
上林春令一體
　　上林春令(蝴蝶初翻簾繡)…………………毛　滂(448)
紅窗迥二體
　　紅窗迥(幾日來)……………………………周邦彥(449)
　　又一體(河可挽)……………………………歐　良(449)
紅羅襖一體
　　紅羅襖(畫燭尋歡去)………………………周邦彥(450)
折桂令四體　秋風第一枝　天香引　蟾宮曲
　　折桂令(片帆輕水遠山長)…………………倪　瓚(451)
　　又一體(紅塵不到山家)……………………張可久(451)

37

又一體（寫黃庭換得白鵝）……………… 張可久(452)
　　又一體（敝裘塵土壓征鞍）……………… 白无咎(452)
荔子丹一體
　　荔子丹（鬬巧宮妝掃翠眉）……………… 無名氏(453)
臨江仙十一體　謝新恩　雁後歸　畫屏春　庭院深深
　　臨江山（海棠香老春江晚）……………… 和　凝(455)
　　又一體（煙消湘渚秋江静）……………… 張　泌(455)
　　又一體（柳帶摇風漢水濱）……………… 牛希濟(456)
　　又一體（庭空客散人歸後）……………… 李　煜(457)
　　又一體（碧染長空池似鏡）……………… 顧　敻(457)
　　又一體（飲散離亭西去）………………… 徐昌圖(458)
　　又一體（新月低垂簾額）………………… 向子諲(459)
　　又一體（巧翦合歡羅勝子）……………… 賀　鑄(459)
　　又一體（東野亡來無麗句）……………… 晏幾道(460)
　　又一體（冷紅飄起桃花片）……………… 馮延巳(460)
　　又一體（別浦相逢何草草）……………… 王　觀(461)
浪淘沙令六體　曲入冥　賣花聲　過龍門　煉丹砂
　　浪淘沙令（簾外雨潺潺）………………… 李　煜(462)
　　又一體（後約無憑）……………………… 杜安世(463)
　　又一體（簾外微風）……………………… 杜安世(464)
　　又一體（有箇人人）……………………… 柳　永(464)
　　又一體（少年不管）……………………… 宋　祁(465)
　　又一體（又是春暮）……………………… 杜安世(465)
金錯刀三體　醉瑶瑟　君來路
　　金錯刀（雙玉斗）………………………… 馮延巳(466)
　　又一體（日融融）………………………… 馮延巳(467)
　　又一體（余歸路）………………………… 葉　李(467)

端正好二體　於中好
　端正好(檻菊愁煙露秋露)……………………杜安世(468)
　又一體(濺濺不住溪流素)……………………楊无咎(469)
杏花天三體　杏花風
　杏花天(淺春庭院春風曉)……………………朱敦儒(470)
　又一體(寶釵整鬌雙鸞鬪)……………………侯　寘(470)
　又一體(鏤冰翦玉工夫費)……………………盧　炳(471)
天下樂一體
　天下樂(雪後雨兒雨後雪)……………………楊无咎(472)
戀繡衾五體　淚珠彈
　戀繡衾(木落江南感未平)……………………朱敦儒(472)
　又一體(粉黃衣薄沾麝熏)……………………周　密(473)
　又一體(長夜偏冷添被兒)……………………辛棄疾(474)
　又一體(歡濃兩點笑靨兒)……………………韓　淲(474)
　又一體(柳絲空有萬千條)……………………趙汝茪(475)
擷芳詞五體　折紅英　清商怨　惜分釵　釵頭鳳　玉瓏璁
　擷芳詞(風搖動)………………………………無名氏(476)
　又一體(春愁遠)………………………………史達祖(476)
　又一體(重簾掛)………………………………呂渭老(477)
　又一體(桃花暖)………………………………程　垓(478)
　又一體(世情薄)………………………………唐　氏(479)
鬢邊華一體
　鬢邊華(小梅香細艷淺)………………………無名氏(479)
玉樓人一體
　玉樓人(去年尋處曾持酒)……………………無名氏(480)
江月晃重山一體
　江月晃重山(芳草洲前道路)…………………陸　游(481)

39

南鄉一翦梅一體
 南鄉一翦梅(南阜小亭臺) ················· 虞 集(482)
鸚鵡曲一體 黑添弩 學士吟
 鸚鵡曲(儂家鸚鵡洲邊住) ················· 白无咎(482)

卷十一
(五十五字)

一七令四體
 一七令(詩) ····························· 白居易(484)
 又一體(竹) ····························· 韋 氏(485)
 又一體(花) ····························· 張南史(485)
 又一體(竹) ····························· 張南史(486)
河傳二十七體 怨王孫 慶同天 月照梨花 秋光滿月
 河傳(湖上) ····························· 溫庭筠(487)
 又一體(花落) ··························· 孫光憲(488)
 又一體(棹舉) ··························· 顧 敻(488)
 又一體(春水) ··························· 辛棄疾(489)
 又一體(紅杏) ··························· 張 泌(489)
 又一體(秋雨) ··························· 閻 選(490)
 又一體(錦浦) ··························· 韋 莊(491)
 又一體(海寓) ··························· 張 先(492)
 又一體(帝里) ··························· 李清照(492)
 又一體(小院) ··························· 張元幹(493)
 又一體(悶已縈損) ······················· 陸 游(494)
 又一體(霽景) ··························· 陸 游(494)
 又一體(晝景) ··························· 黃 昇(495)

又一體(春暮) …………………… 李　珣(496)
又一體(去去) …………………… 李　珣(496)
又一體(風颭) …………………… 孫光憲(497)
又一體(曲檻) …………………… 顧　敻(498)
又一體(燕颺) …………………… 顧　敻(498)
又一體(太平天子) ……………… 孫光憲(499)
又一體(柳拖金縷) ……………… 孫光憲(499)
又一體(渺莽) …………………… 張　泌(500)
又一體(淮岸) …………………… 柳　永(501)
又一體(翠深紅淺) ……………… 柳　永(501)
又一體(秋光滿目) ……………… 徐昌圖(502)
又一體(斜紅照水) ……………… 呂渭老(502)
又一體(心情老懶) ……………… 黃庭堅(503)
又一體(香苞素質) ……………… 無名氏(504)

望遠行七體

望遠行(碧砌花光照眼明) ……… 李　景(505)
又一體(春日遲遲思寂寥) ……… 李　珣(505)
又一體(欲別無言倚畫屏) ……… 韋　莊(506)
又一體(當時雲雨夢) …………… 無名氏(507)
又一體(繡幃睡起) ……………… 柳　永(507)
又一體(長空降瑞) ……………… 柳　永(508)
又一體(重陰未解) ……………… 無名氏(509)

木蘭花令三體

木蘭花令(獨上小樓春欲暮) …… 韋　莊(510)
又一體(掩朱扉) ………………… 毛熙震(510)
又一體(小芙蓉) ………………… 魏承班(511)

金蓮繞鳳樓一體

金蓮繞鳳樓(絳燭朱籠相隨映) … 宋徽宗(512)

睿恩新一體
　　睿恩新（芙蓉一朵霜秋色）……………………… 晏　殊（512）
芳草渡五體
　　芳草渡（梧桐落）………………………………… 歐陽修（513）
　　又一體（主人宴客玉樓西）……………………… 張　先（514）
　　又一體（雙門曉鎖響朱扉）……………………… 張　先（515）
　　又一體（昨夜裏）………………………………… 周邦彥（515）
　　又一體（芳草渡）………………………………… 陳允平（516）
夜行船十一體　明月棹孤舟
　　夜行船（憶昔西都歡縱）………………………… 歐陽修（517）
　　又一體（寒滿一衾誰共）………………………… 毛　滂（518）
　　又一體（不剪春衫愁意態）……………………… 史達祖（518）
　　又一體（蛩老無聲深夜靜）……………………… 周　密（519）
　　又一體（綠鎖窗紗梧葉底）……………………… 趙長卿（519）
　　又一體（綠蓋紅幢籠碧水）……………………… 趙長卿（520）
　　又一體（不假鉛華嫌太白）……………………… 楊无咎（520）
　　又一體（曲水濺裙三月二）……………………… 王　嵎（521）
　　又一體（怪被東風相誤）………………………… 楊无咎（521）
　　又一體（何處採菱歸暮）………………………… 孫浩然（522）
　　又一體（夾岸綺羅歡聚）………………………… 楊无咎（522）
金鳳鈎二體
　　金鳳鈎（春辭我）………………………………… 晁補之（523）
　　又一體（雪晴閒步花畔）………………………… 晁補之（524）
鷓鴣天一體　思越人　思佳客　翦朝霞　驪歌一疊
　　　　　　　醉梅花
　　鷓鴣天（彩袖殷勤捧玉鍾）……………………… 晏幾道（524）

42

鼓笛令一體
　　鼓笛令（寶犀未解心先透）……………………黃庭堅（526）
徵招調中腔一體
　　徵招調中腔（紅雲蒨霧籠金闕）………………王安中（526）

卷十二

（起五十五字，至五十七字）

虞美人七體　虞美人令　玉壺冰　憶柳曲　一江春水
　　虞美人（風迴小院庭蕪綠）……………………李　煜（528）
　　又一體（修眉刷翠春痕聚）……………………張　炎（529）
　　又一體（玉鈎鸞柱調鸚鵡）……………………馮延巳（529）
　　又一體（寶檀金縷鴛鴦枕）……………………毛文錫（530）
　　又一體（原桑飛盡霜空杳）……………………晁補之（531）
　　又一體（觸簾風送景陽鐘）……………………顧　敻（531）
　　又一體（少年艷質勝瓊英）……………………顧　敻（532）
瑞鷓鴣六體　舞春風　桃花落　鷓鴣詞　拾菜孃　天下樂
　　　　　　太平樂　五拍
　　瑞鷓鴣（纔罷嚴妝怨曉風）……………………馮延巳（533）
　　又一體（月痕依約到西廂）……………………賀　鑄（533）
　　又一體（三吳嘉景占風流）……………………柳　永（534）
　　又一體（臨鸞常恁整妝梅）……………………無名氏（535）
　　又一體（寶髻瑤簪）……………………………柳　永（536）
　　又一體（吳會風流）……………………………柳　永（536）
玉樓春四體　惜春容　西湖曲　玉樓春令　歸朝歡令
　　玉樓春（拂水雙飛來去燕）……………………顧　敻（537）
　　又一體（月照玉樓春漏促）……………………顧　敻（538）

43

又一體(春入橫塘搖淺浪)……………………牛　嶠(539)
　　又一體(晚妝初了明肌雪)……………………李　煜(539)
鳳銜杯四體
　　鳳銜杯(青蘋昨夜秋風起)……………………晏　殊(541)
　　又一體(追悔當初辜深願)……………………柳　永(541)
　　又一體(柳條花纇惱青春)……………………晏　殊(542)
　　又一體(留花不住怨花飛)……………………杜安世(542)
鵲橋仙七體　鵲橋仙令　憶人人　金風玉露相逢曲
　　　　　　廣寒秋
　　鵲橋仙(月波清霽)……………………………歐陽修(544)
　　又一體(餘霞散綺)……………………………盧　炳(544)
　　又一體(溪邊白鷺)……………………………辛棄疾(545)
　　又一體(少年風月)……………………………辛棄疾(545)
　　又一體(八年不見)……………………………黃庭堅(546)
　　又一體(今朝念九)……………………………方　岳(546)
　　又一體(屆征途)………………………………柳　永(547)
玉闌干一體
　　玉闌干(珠簾怕卷春殘景)……………………杜安世(548)
思歸樂一體
　　思歸樂(天幕清和堪宴聚)……………………柳　永(549)
遍地錦一體
　　遍地錦(白玉闌邊自凝佇)……………………毛　滂(549)
翻香令一體
　　翻香令(金爐猶暖麝煤殘)……………………蘇　軾(550)
茶瓶兒三體
　　茶瓶兒(去年相逢深院宇)……………………李元膺(551)
　　又一體(淡月華燈春夜)………………………趙彥端(552)

又一體（相對盈盈一水）…………………… 石孝友（552）

柳搖金一體
　柳搖金（相將初下蕊珠殿）………………… 沈會宗（553）

卓牌子三體　卓牌子令　卓牌子慢
　卓牌子（西樓天將晚）……………………… 楊无咎（554）
　又一體（東風綠楊天）……………………… 万俟咏（554）
　又一體（當年早梅芳）……………………… 無名氏（555）

清江曲一體
　清江曲（屬玉雙飛水滿塘）………………… 蘇　庠（556）

樓上曲一體
　樓上曲（樓外夕陽明遠水）………………… 張元幹（557）

廳前柳三體　亭前柳
　廳前柳（晚秋天）…………………………… 趙師俠（558）
　又一體（拜月南樓上）……………………… 朱　雍（558）
　又一體（佇立東風里）……………………… 朱　雍（559）

二色宮桃一體
　二色宮桃（鏤玉香葩酥點萼）……………… 無名氏（560）

市橋柳一體
　市橋柳（欲寄意渾無所有）………………… 蜀　妓（560）

一斛珠三體　一斛夜明珠　醉落魄　怨春風　醉落拓
　一斛珠（晚妝初過）………………………… 李　煜（561）
　又一體（山圍畫障）………………………… 張　先（562）
　又一體（茸金細弱）………………………… 周邦彥（563）

夜遊宮二體　新念別
　夜遊宮（長記勞君送遠）…………………… 毛　滂（564）
　又一體（湖上蘭舟暮發）…………………… 賀　鑄（565）

45

梅花引四體　貧也樂　小梅花
　　梅花引（城下路）…………………………賀　鑄（566）
　　又一體（曉風酸）…………………………万俟咏（567）
　　又一體（縛虎手）…………………………賀　鑄（567）
　　又一體（園林靜）…………………………無名氏（569）
荷葉鋪水面一體
　　荷葉鋪水面（春光艷冶）…………………康與之（570）
家山好一體
　　家山好（桂冠歸去舊煙蘿）………………無名氏（570）
步虛子令一體
　　步虛子令（碧雲籠曉海波閒）……………無名氏（571）

卷十三

（起五十八字，至六十一字）

小重山四體　小冲山　小重山令　柳色新
　　小重山（春到長門春草青）………………薛昭蘊（572）
　　又一體（一夜中庭拂翠條）………………趙長卿（573）
　　又一體（不是蛾兒不是酥）………………無名氏（573）
　　又一體（一點斜陽紅欲滴）………………黃子行（574）
踏莎行三體　喜朝天　柳長春　踏雪行　轉調踏莎行
　　踏莎行（細草愁煙）…………………………晏　殊（575）
　　又一體（翠幄成陰）…………………………曾　覿（576）
　　又一體（洛浦塵生）…………………………陳　亮（577）
宜男草二體
　　宜男草（舍北煙霏舍南浪）………………范成大（578）
　　又一體（籬菊灘蘆被霜後）………………范成大（578）

花上月令一體
　花上月令(文園消渴愛江清) ……………… 吳文英(579)
倚西樓一體
　倚西樓(禁鼓初傳時下打) ……………… 韋彥溫(580)
掃地舞一體　掃市舞
　掃地舞(酥點萼) ……………………… 無名氏(581)
接賢賓二體　集賢賓
　接賢賓(香轤鏤襜五花驄) ……………… 毛文錫(581)
　又一體(小樓深巷狂遊遍) ……………… 柳　永(582)
步蟾宮五體　釣臺詞　折丹桂
　步蟾宮(蟲兒真箇惡靈利) ……………… 黃庭堅(583)
　又一體(桂花馥郁清無寐) ……………… 楊无咎(584)
　又一體(玉窗掣鎖香雲漲) ……………… 蔣　捷(585)
　又一體(玉京此去春猶淺) ……………… 汪　存(585)
　又一體(未開大如木犀蕊) ……………… 章失名(586)
恨春遲一體
　恨春遲(好夢才成成又斷) ……………… 張　先(587)
冉冉雲二體　弄花雨
　冉冉雲(雨洗千紅又春晚) ……………… 盧　炳(587)
　又一體(倚遍闌干弄花雨) ……………… 韓　淲(588)
蝶戀花三體　鵲踏枝　黃金縷　卷珠簾　明月生南浦
　　　　　　細雨吹池沼　鳳棲梧　一籮金　魚水同歡
　　　　　　轉調蝶戀花
　蝶戀花(六曲闌干偎碧樹) ……………… 馮延巳(589)
　又一體(漸近朱門香夾道) ……………… 沈會宗(590)
　又一體(別來相思無限期) ……………… 石孝友(591)

47

壽山曲一體
　　壽山曲（銅壺滴漏初盡）………………………… 馮延巳（592）
秋蕊香引一體
　　秋蕊香引（留不得）……………………………… 柳　永（593）
惜瓊花一體
　　惜瓊花（汀蘋白）………………………………… 張　先（593）
朝玉階一體
　　朝玉階（簾卷春寒小雨天）……………………… 杜安世（594）
散天花一體
　　散天花（雲淡長空落葉秋）……………………… 舒　亶（595）
荷華媚一體
　　荷華媚（霞苞露荷碧）…………………………… 蘇　軾（596）
少年心一體　添字少年心
　　少年心（對景惹起愁悶）………………………… 黃庭堅（596）
七娘子三體
　　七娘子（山屏霧帳玲瓏碧）……………………… 毛　滂（597）
　　又一體（天涯觸目傷離緒）……………………… 蔡　伸（598）
　　又一體（暗香浮動到黃昏）……………………… 無名氏（599）
一翦梅七體　臘梅香　玉簟秋
　　一翦梅（一翦梅花萬樣嬌）……………………… 周邦彥（600）
　　又一體（遠目傷心樓上山）……………………… 吳文英（600）
　　又一體（燈火樓臺萬斛蓮）……………………… 盧　炳（601）
　　又一體（剩蕊驚寒減艷痕）……………………… 張　炎（602）
　　又一體（一片春愁帶酒澆）……………………… 蔣　捷（602）
　　又一體（不占前邨占瑤階）……………………… 曹　勛（603）
　　又一體（霽靄迷空曉未收）……………………… 趙長卿（603）

尋梅二體
    尋梅（今年早覺花信蹉）……………………沈會宗（604）
    又一體（幽香淺淺濕未透）…………………沈會宗（605）
錦帳春四體
    錦帳春（春色難留）…………………………辛棄疾（605）
    又一體（最是春來）…………………………程　珌（606）
    又一體（處處逢花）…………………………戴復古（607）
    又一體（翠竹如屏）…………………………丘　崈（607）
唐多令三體　餹多令　南樓令　箜篌曲
    唐多令（蘆葉滿汀洲）………………………劉　過（608）
    又一體（何處合成愁）………………………吳文英（609）
    又一體（絲雨織鶯梭）………………………周　密（609）
攤破采桑子一體
    攤破采桑子（樹頭紅葉飛都盡）……………趙長卿（610）
後庭宴一體
    後庭宴（千里故鄉）…………………………無名氏（611）
輕紅一體
    輕紅（粉香猶嫩）……………………………無名氏（612）
賀熙朝二體
    賀熙朝（憶昔花間相見後）…………………歐陽炯（613）
    又一體（憶昔花間初識面）…………………歐陽炯（613）
撥棹子三體
    撥棹子（風切切）……………………………尹　鶚（614）
    又一體（歸去來）……………………………黃庭堅（615）
    又一體（煙姿媚）……………………………無名氏（615）
玉堂春一體
    玉堂春（斗城池館）…………………………晏　殊（616）

繫裙腰三體　芳草渡
　　繫裙腰(清霜蟾照夜雲天)……………………張　先(617)
　　又一體(山兒矗矗水兒清)……………………劉仙掄(618)
　　又一體(燈花耿耿漏遲遲)……………………魏　氏(618)

卷十四

（起六十二字，至六十六字）

贊成功一體
　　贊成功(海棠未坼)………………………………毛文錫(620)
定風波八體　定風流　定風波令
　　定風波(暖日閒窗映碧紗)………………………歐陽炯(621)
　　又一體(簾拂疏香斷碧絲)………………………孫光憲(622)
　　又一體(一曲離歌酒一鍾)………………………蔡　伸(622)
　　又一體(點點行人趁落暉)………………………李　泳(623)
　　又一體(萬箇琅玕篩日影)………………………曹　冠(623)
　　又一體(好睡慵開莫厭遲)………………………蘇　軾(624)
　　又一體(何必穿針上綵樓)………………………京　鏜(625)
　　又一體(慵拂妝臺懶畫眉)………………………陳允平(625)
破陣子一體　十拍子
　　破陣子(海上蟠桃易熟)…………………………晏　殊(626)
金蕉葉四體
　　金蕉葉(厭厭夜飲平陽第)………………………柳　永(628)
　　又一體(江楓半赤)………………………………袁去華(628)
　　又一體(行思坐憶)………………………………袁去華(629)
　　又一體(雲裹翠幕)………………………………蔣　捷(629)

漁家傲四體
　　漁家傲(畫鼓聲中昏又曉)……………………晏　殊(630)
　　又一體(遇坎乘流隨分了)……………………周紫芝(631)
　　又一體(疏雨才收淡净天)……………………杜安世(632)
　　又一體(煙銷池塘秋欲暮)……………………蔡　伸(633)
蘇幕遮一體　鬢雲鬆令
　　蘇幕遮(碧雲天)………………………………范仲淹(634)
攤破南鄉子二體　青杏兒　似孃兒　慶靈椿　閙閙令
　　攤破南鄉子(休賦惜春詩)……………………程　垓(635)
　　又一體(最苦是離愁)…………………………趙長卿(636)
明月逐人來一體
　　明月逐人來(星河明澹)………………………李持正(637)
甘州遍一體
　　甘州遍(春光好)………………………………毛文錫(638)
別怨一體
　　別怨(驕馬頻嘶)………………………………趙長卿(639)
麥秀兩岐一體
　　麥秀兩岐(涼簟鋪斑竹)………………………和　凝(639)
獻衷心二體
　　獻衷心(見好花顏色)…………………………歐陽炯(640)
　　又一體(繡鴛鴦帳暖)…………………………顧　敻(641)
黃鍾樂一體
　　黃鍾樂(池塘煙暖草萋萋)……………………魏承班(641)
醉春風一體　怨東風
　　醉春風(陌上清明近)…………………………趙德仁(642)
握金釵二體　戛金釵
　　握金釵(風日困花枝)…………………………呂渭老(643)

51

又一體(梅蕊破春寒) ……………… 無名氏(644)
侍香金童三體
　　侍香金童(寶臺蒙繡) ……………… 無名氏(645)
　　又一體(寶馬行春) ………………… 蔡　伸(645)
　　又一體(一種春光) ………………… 趙長卿(646)
緱山月一體
　　緱山月(急雨響巖阿) ……………… 梁　寅(647)
喝火令一體
　　喝火令(見晚情如舊) ……………… 黄庭堅(647)
芭蕉雨一體
　　芭蕉雨(雨過凉生藕葉) …………… 程　垓(648)
淡黄柳三體
　　淡黄柳(空城畫角) ………………… 姜　夔(649)
　　又一體(楚腰一捻) ………………… 張　炎(650)
　　又一體(花邊短笛) ………………… 王沂孫(650)
輥繡毬一體
　　輥繡毬(流水奏鳴琴) ……………… 趙長卿(651)
錦纏道三體　錦纏頭　錦纏絆
　　錦纏道(燕子呢喃) ………………… 宋　祁(652)
　　又一體(雨過園林) ………………… 無名氏(653)
　　又一體(屈曲新隄) ………………… 江　衍(653)
厭金杯一體　獻金杯
　　厭金杯(風軟香遲) ………………… 賀　鑄(654)
慶春澤三體
　　慶春澤三體(飛閣危橋相倚) ……… 張　先(655)
　　又一體(艷色不須妝樣) …………… 張　先(655)
　　又一體(曉風嚴) …………………… 無名氏(656)

52

行香子八體

行香子（前歲栽桃） ……………………… 晁補之(657)
又一體（携手江村） ……………………… 蘇　軾(658)
又一體（綺席纔終） ……………………… 蘇　軾(658)
又一體（樹繞村莊） ……………………… 秦　觀(659)
又一體（一剪梅花） ……………………… 韓　玉(660)
又一體（黃金葉細） ……………………… 杜安世(660)
又一體（驕馬花驄） ……………………… 趙長卿(661)
又一體（草際鳴蛩） ……………………… 李清照(661)

卷十五

（起六十六字，至六十八字）

酷相思一體

酷相思（月挂霜林寒欲墜） ……………… 程　垓(663)

解佩令五體

解佩令（玉階秋感） ……………………… 晏幾道(664)
又一體（蕙蘭無韻） ……………………… 許沖元(664)
又一體（湘江停瑟） ……………………… 王庭珪(665)
又一體（人行花塢） ……………………… 史達祖(665)
又一體（春晴也好） ……………………… 蔣　捷(666)

垂絲釣四體

垂絲釣（鏤金翠羽） ……………………… 周邦彥(667)
又一體（燕將舊侶） ……………………… 楊无咎(668)
又一體（聽風聽雨） ……………………… 吳文英(668)
又一體（江楓秋老） ……………………… 袁去華(669)

謝池春三體　風中柳　風中柳令　玉蓮花　賣花聲
　謝池春(賀監湖邊) ………………………… 陸　游(670)
　又一體(我本漁樵) ………………………… 劉　因(671)
　又一體(愛鬢雲長) ………………………… 無名氏(671)
勝勝令二體　聲聲令
　勝勝令(梅風吹粉) ………………………… 曹　勛(672)
　又一體(簾移碎影) ………………………… 俞克成(673)
玉梅令一體
　玉梅令(疏疏雪片) ………………………… 姜　夔(673)
青玉案十三體　西湖路
　青玉案(凌波不過橫塘路) ………………… 賀　鑄(674)
　又一體(三年枕上吳中路) ………………… 蘇　軾(676)
　又一體(楊花儘教難拘管) ………………… 李彌遜(676)
　又一體(芙蕖花上濛濛雨) ………………… 毛　滂(677)
　又一體(蕙花老盡離騷句) ………………… 史達祖(678)
　又一體(萬紅梅裏幽深處) ………………… 張　炎(678)
　又一體(人生南北如岐路) ………………… 吳　潛(679)
　又一體(宜霜開盡秋光老) ………………… 胡　銓(679)
　又一體(征鞍不見邯鄲路) ………………… 李清照(680)
　又一體(碧山錦樹明秋霽) ………………… 曹　組(680)
　又一體(今宵月好來同看) ………………… 毛　滂(681)
　又一體(恍如遼鶴歸華表) ………………… 趙長卿(682)
　又一體(梅黃又見纖纖雨) ………………… 趙長卿(682)
感皇恩七體　叠蘿花
　感皇恩(綠水小河亭) ……………………… 毛　滂(683)
　又一體(蝴蝶滿西園) ……………………… 晁冲之(684)
　又一體(蘭芷滿汀洲) ……………………… 賀　鑄(685)

又一體(露柳好風標) ………………………… 周邦彥(685)

又一體(無事小神仙) ………………………… 周紫芝(686)

又一體(景物一番新) ………………………… 趙長卿(687)

又一體(年少尋芳) …………………………… 汪　莘(687)

鈿帶長中腔一體

鈿帶長中腔(鈿帶長) ………………………… 万俟咏(688)

夢行雲一體　六幺花十八

夢行雲(簟波皺纖縠) ………………………… 吳文英(689)

三奠子一體

三奠子(悵神光奕奕) ………………………… 王　惲(690)

鳳凰閣三體　數花風

鳳凰閣(匆匆相見) …………………………… 柳　永(691)

又一體(遍園林綠暗) ………………………… 葉清臣(691)

又一體(正薰風初扇) ………………………… 趙師俠(692)

看花回八體

看花回(玉城金階舞舜干) …………………… 柳　永(693)

又一體(屈指勞生百歲期) …………………… 柳　永(694)

又一體(夜永蘭堂) …………………………… 黃庭堅(694)

又一體(惠風初散輕暖) ……………………… 周邦彥(695)

又一體(夜久凉生庭院) ……………………… 蔡　伸(696)

又一體(愛日) ………………………………… 趙彥端(697)

又一體(注目) ………………………………… 趙彥端(697)

又一體(端有恨) ……………………………… 趙彥端(698)

殢人嬌五體

殢人嬌(二月春風) …………………………… 晏　殊(699)

又一體(露下天高) …………………………… 楊无咎(700)

又一體(小院桃花) …………………………… 王庭珪(701)

又一體（多少燕支）……………………… 張智宗（701）

又一體（雪做屏風）……………………… 毛　滂（702）

卷十六

（起六十八字，至七十二字）

兩同心六體

　　兩同心（佇立東風）……………………… 柳　永（703）

　　又一體（秋水明眸）……………………… 楊无咎（704）

　　又一體（行看不足）……………………… 楊无咎（704）

　　又一體（楚鄉春晚）……………………… 晏幾道（705）

　　又一體（巧笑眉顰）……………………… 黃庭堅（706）

　　又一體（巍巍劍外）……………………… 杜安世（706）

拾翠羽一體

　　拾翠羽（春入園林）……………………… 張孝祥（707）

連理枝二體　紅孃子　小桃紅　灼灼花

　　連理枝（雪蓋宮樓閉）……………………… 李　白（708）

　　又一體（澹泊疏籬隔）……………………… 邵叔齊（709）

月上海棠五體　玉關遙　月上海棠慢

　　月上海棠（南枝昨夜先回暖）……………… 無名氏（710）

　　又一體（小樓舞徹雙垂手）……………… 段克己（711）

　　又一體（酒杯何似浮名好）……………… 段成己（711）

　　又一體（紅妝艷色）……………………… 姜　夔（712）

　　又一體（遊絲弄晚）……………………… 陳允平（713）

惜黃花二體

　　惜黃花（涵秋寒渚）……………………… 史達祖（714）

　　又一體（雁聲晚斷）……………………… 許冲元（714）

且坐令一體
　　且坐令(閒院落) ················· 韓　玉(715)
佳人醉一體
　　佳人醉(暮景蕭蕭雨霽) ············· 柳　永(716)
西施二體
　　西施(柳街燈市好花多) ············· 柳　永(717)
　　又一體(苧蘿妖艷世難儕) ············ 柳　永(718)
小鎮西犯三體　小鎮西　鎮西
　　小鎮西犯(水鄉初禁火) ············· 柳　永(719)
　　又一體(意中有箇人) ·············· 柳　永(719)
　　又一體(秋風吹雨) ··············· 蔡　伸(720)
千秋歲八體　千秋節
　　千秋歲(柳邊沙外) ··············· 秦　觀(721)
　　又一體(小春時候) ··············· 周紫芝(722)
　　又一體(金風玉宇) ··············· 石孝友(722)
　　又一體(雨聲蕭瑟) ··············· 葉夢得(723)
　　又一體(玉京仙侶) ··············· 晁補之(723)
　　又一體(數聲鶗鴂) ··············· 歐陽修(724)
　　又一體(曉煙溪畔) ··············· 葉夢得(725)
　　又一體(臘殘春近) ··············· 無名氏(725)
惜奴嬌五體
　　惜奴嬌(歌闋瓊筵) ··············· 晁補之(726)
　　又一體(香剝酥痕) ··············· 史達祖(727)
　　又一體(莫如勝概) ··············· 無名氏(728)
　　又一體(景雲披靡) ··············· 無名氏(729)
　　又一體(春早皇都冰泮) ············· 無名氏(729)

57

卓牌子近一體
　卓牌子近(曲沼朱闌)……………………袁去華(730)
三登樂二體
　三登樂(一碧鱗鱗)………………………范成大(731)
　又一體(過了元宵)………………………羅子衎(732)
檐前鐵一體
　檐前鐵(悄無人)…………………………無名氏(733)
甘露歌一體　古祝英臺
　甘露歌(折得一枝香在手)………………王安石(734)
憶帝京二體
　憶帝京(薄衾小枕涼天氣)………………柳　永(734)
　又一體(銀燭生花如紅豆)………………黃庭堅(735)
于飛樂三體　鴛鴦怨曲
　于飛樂(曉日當簾)………………………晏幾道(736)
　又一體(寶奩開)…………………………張　先(737)
　又一體(水邊山)…………………………毛　滂(737)
撼庭竹二體
　撼庭竹(鳴咽南樓吹落梅)………………黃庭堅(739)
　又一體(綽略青梅弄春色)………………王　詵(739)
粉蝶兒二體
　粉蝶兒(雪遍梅花)………………………毛　滂(740)
　又一體(繞舍清陰)………………………曹　冠(741)
遶池遊一體
　遶池遊(漸春工巧)………………………無名氏(742)

卷十七

（起七十三字,至七十五字）

師師令一體
　師師令（香鈿寶珥）………………………張　先(743)
隔浦蓮近拍五體　隔浦蓮　隔浦蓮近
　隔浦蓮近拍（新篁搖動翠葆）……………周邦彥(744)
　又一體（西風吹斷夢草）…………………趙彥端(745)
　又一體（榴花依舊照眼）…………………吳文英(746)
　又一體（飛花如趁燕子）…………………陸　游(746)
　又一體（夜寒晴早人起）…………………彭元遜(747)
郭郎兒近拍一體
　郭郎兒近拍（帝里）………………………柳　永(748)
臨江仙引二體
　臨江仙引（渡口）…………………………柳　永(748)
　又一體（上國）……………………………柳　永(749)
碧牡丹二體
　碧牡丹（翠袖疏紈扇）……………………晏幾道(750)
　又一體（睡起情無著）……………………程　垓(751)
百媚娘一體
　百媚娘（珠閣五雲仙子）…………………張　先(752)
風入松四體　風入松慢　遠山橫
　風入松（柳陰庭院杏梢牆）………………晏幾道(753)
　又一體（傳聞天上有星楡）………………趙彥端(754)
　又一體（一宵風雨送春歸）………………康與之(754)
　又一體（畫船簾密不藏香）………………吳文英(755)

59

傳言玉女三體
　　傳言玉女(一夜東風) …………………… 晁沖之(756)
　　又一體(鳳閣龍樓) ……………………… 曾　覿(757)
　　又一體(眉黛輕分) ……………………… 袁　裪(757)
枕屏兒一體
　　枕屏兒(江國春來) ……………………… 無名氏(758)
剔銀鐙五體　剔銀鐙引
　　剔銀鐙(何事春工用意) ………………… 柳　永(759)
　　又一體(簾下風光自足) ………………… 毛　滂(760)
　　又一體(好事爭如不遇) ………………… 杜安世(760)
　　又一體(昨夜因看蜀志) ………………… 范仲淹(761)
　　又一體(古來五子伊誰有) ……………… 衷長吉(762)
隔簾聽一體
　　隔簾聽(咫尺鳳衾鴛帳) ………………… 柳　永(762)
越溪春一體
　　越溪春(三月十三寒食日) ……………… 歐陽修(763)
長生樂二體
　　長生樂(玉露金風月正圓) ……………… 晏　殊(764)
　　又一體(閬苑神仙平地見) ……………… 晏　殊(765)
訴衷情近三體
　　訴衷情近(雨晴氣爽) …………………… 柳　永(765)
　　又一體(景闌晝永) ……………………… 柳　永(766)
　　又一體(小園過午) ……………………… 晁補之(767)
下水船四體
　　下水船(總領神仙侶) …………………… 黃庭堅(767)
　　又一體(芳草青門路) …………………… 賀　鑄(768)
　　又一體(百紫千紅翠) …………………… 晁補之(769)

60

又一體（上客驪駒繫）……………………… 晁補之（769）
解蹀躞六體　玉蝶躞
　　解蹀躞（候館丹楓吹盡）………………………… 周邦彥（770）
　　又一體（迤邐韶華將半）………………………… 楊无咎（771）
　　又一體（醉雲又兼醒雨）………………………… 吳文英（771）
　　又一體（院宇無人清晝）………………………… 方千里（772）
　　又一體（雨過池臺秋靜）………………………… 曹　勛（773）
　　又一體（金谷樓中人在）………………………… 楊无咎（773）
撲蝴蝶四體　撲蝴蝶近
　　撲蝴蝶（人生一世）……………………………… 曹　組（774）
　　又一體（清和時候）……………………………… 趙師俠（775）
　　又一體（蘭摧蕙折）……………………………… 邵叔齊（775）
　　又一體（鳴鳩乳燕）……………………………… 丘　崈（776）
千年調二體　相思會
　　千年調（卮酒向人時）…………………………… 辛棄疾（777）
　　又一體（人無百年人）…………………………… 曹　組（778）
蕊珠閒一體
　　蕊珠閒（浦雲融）………………………………… 趙顏端（779）
瑞雲濃一體
　　瑞雲濃（睽離漫久）……………………………… 楊无咎（779）
番槍子一體　春早碧
　　番槍子（莫把團扇雙鸞隔）……………………… 韓　玉（780）

卷十八

（起七十六字，至七十九字）

荔枝香十體　荔枝香近
　　荔枝香（甚處尋芳賞翠）………………………… 柳　永（782）

又一體（照水殘紅零亂）……………… 周邦彥(783)
又一體（勝日登臨幽趣）……………… 方千里(784)
又一體（瞰水素多佳趣）……………… 楊澤民(784)
又一體（杜宇聲聲頻喚）……………… 陳允平(785)
又一體（錦帶吳鈎）…………………… 吳文英(785)
又一體（輕睡時聞）…………………… 吳文英(786)
又一體（夜來寒侵酒席）……………… 周邦彥(786)
又一體（未論離亭話別）……………… 楊澤民(788)
又一體（臉霞香消粉薄）……………… 陳允平(788)

婆羅門引四體　婆羅門　望月婆羅門引

婆羅門引（漲雲暮卷）………………… 曹　組(789)
又一體（浮雲霽色）…………………… 李俊民(790)
又一體（風漣亂翠）…………………… 吳文英(791)
又一體（江南地暖）…………………… 無名氏(791)

御街行六體　孤雁兒

御街行（燔柴煙斷星河曙）…………… 柳　永(792)
又一體（前時小飲春庭院）…………… 柳　永(793)
又一體（夭非花艷輕非霧）…………… 張　先(793)
又一體（紛紛墜葉飄香砌）…………… 范仲淹(794)
又一體（香波半窣深深院）…………… 高觀國(795)
又一體（霜風漸緊寒侵被）…………… 無名氏(796)

韻令一體

韻令（是男是女）……………………… 程大昌(797)

春聲碎一體

春聲碎（津館貯輕寒）………………… 譚明之(797)

鳳樓春一體

鳳樓春（鳳髻綠雲叢）………………… 歐陽炯(798)

祝英臺近八體　寶釵分　月底修簫譜　燕鶯語　寒食詞
　　祝英臺近(墜紅輕) ……………………… 程　垓(799)
　　又一體(柳枝愁) ……………………… 史達祖(800)
　　又一體(館娃宮) ……………………… 韓　淲(801)
　　又一體(水痕深) ……………………… 張　炎(802)
　　又一體(笑天涯) ……………………… 劉　過(802)
　　又一體(寶釵分) ……………………… 辛棄疾(803)
　　又一體(澹煙橫) ……………………… 岳　珂(804)
　　又一體(待春來) ……………………… 陳允平(804)
四園竹三體
　　四園竹(浮雲護月) ……………………… 周邦彥(805)
　　又一體(殘霞殿雨) ……………………… 楊澤民(806)
　　又一體(昏昏暝色) ……………………… 陳允平(807)
側犯四體
　　側犯(暮霞霽雨) ……………………… 周邦彥(808)
　　又一體(恨春易去) ……………………… 姜　夔(809)
　　又一體(四山翠合) ……………………… 方千里(809)
　　又一體(晚凉倦浴) ……………………… 陳允平(810)
離亭宴二體
　　離亭宴(捧黃封詔卷) ……………………… 張　先(811)
　　又一體(一帶江山如畫) ……………………… 張　昇(811)
陽關引一體　古陽關
　　陽關引(塞草煙光闊) ……………………… 寇　準(813)
一叢花一體
　　一叢花(今年春淺臘侵年) ……………………… 蘇　軾(814)
甘州令一體
　　甘州令(凍雲深) ……………………… 柳　永(815)

山亭柳二體
　　山亭柳（家住西秦）……………………晏　殊（816）
　　又一體（曉來風雨）……………………杜安世（817）
夢還京一體
　　夢還京（夜來匆匆飲散）………………柳　永（817）
憶黃梅一體
　　憶黃梅（枝上葉兒未展）………………王　觀（818）
紅林檎近一體
　　紅林檎近（高柳春纔軟）………………周邦彥（819）
快活年近拍一體
　　快活年近拍（千秋萬歲君）……………万俟咏（821）
金人捧露盤五體　銅人捧露盤　上平西　上西平　西平曲
　　　　　　　　上平南
　　金人捧露盤（念瑤姬）…………………高觀國（822）
　　又一體（愛春歸）………………………程　垓（822）
　　又一體（九衢中）………………………辛棄疾（823）
　　又一體（恨如新）………………………辛棄疾（824）
　　又一體（控滄江）………………………賀　鑄（824）

卷十九

（起八十字，至八十三字）

過澗歇三體
　　過澗歇（淮楚）…………………………柳　永（826）
　　又一體（歸去）…………………………晁補之（827）
　　又一體（酒醒）…………………………柳　永（827）

瑶階草一體
 瑶階草(空山子規叫) ………………… 程　垓(828)
安公子六體
 安公子(長川波瀲灔) ………………… 柳　永(829)
 又一體(遠岸收殘雨) ………………… 柳　永(830)
 又一體(弱柳絲千縷) ………………… 袁去華(831)
 又一體(柳老荷花盡) ………………… 晁補之(832)
 又一體(又是春將半) ………………… 杜安世(832)
 又一體(風雨初經社) ………………… 陸　游(833)
應景樂一體
 應景樂(金陵故國) …………………… 蕭　回(834)
柳初新二體
 柳初新(東郊向晚星杓亞) …………… 柳　永(835)
 又一體(千林凋謝嚴凝日) …………… 無名氏(836)
鬭百花三體　夏州
 鬭百花(煦色韶光明媚) ……………… 柳　永(836)
 又一體(颯颯霜飄鴛瓦) ……………… 柳　永(837)
 又一體(斜日東風深院) ……………… 晁補之(838)
皂羅特髻一體
 皂羅特髻(採菱拾翠) ………………… 蘇　軾(839)
最高樓十一體　醉高春
 最高樓(花知否) ……………………… 辛棄疾(840)
 又一體(秋崖底) ……………………… 方　岳(841)
 又一體(商於路) ……………………… 元好問(842)
 又一體(登高懶) ……………………… 司馬昂父(842)
 又一體(微雨過) ……………………… 毛　滂(843)
 又一體(春乍透) ……………………… 陳　亮(844)

又一體（新睡起）………………………… 毛　滂（844）
　　又一體（舊時心事）……………………… 程　垓（845）
　　又一體（司春有序）……………………… 無名氏（846）
　　又一體（人間最苦）……………………… 柳　富（846）
　　又一體（梅花好）………………………… 無名氏（847）
倒垂柳二體
　　倒垂柳（曉來煙露重）…………………… 楊无咎（848）
　　又一體（南州初曾遇）…………………… 楊无咎（848）
彩鳳飛一體　彩鳳舞
　　彩鳳飛（人立玉）………………………… 陳　亮（849）
有有令一體
　　有有令（前山減翠）……………………… 趙長卿（850）
拂霓裳二體
　　拂霓裳（樂秋天）………………………… 晏　殊（851）
　　又一體（喜秋成）………………………… 晏　殊（852）
柳腰輕一體
　　柳腰輕（英英妙舞腰肢軟）……………… 柳　永（853）
爪茉莉一體
　　爪茉莉（每到秋來）……………………… 柳　永（853）
驀山溪十三體　上陽春
　　驀山溪（老來風味）……………………… 程　垓（854）
　　又一體（與鷗爲客）……………………… 姜　夔（855）
　　又一體（青梅如豆）……………………… 張　震（856）
　　又一體（春光如許）……………………… 張　震（856）
　　又一體（海棠枝上）……………………… 易　祓（857）
　　又一體（樓前疏柳）……………………… 周邦彦（858）
　　又一體（楚鄉新歲）……………………… 賀　鑄（858）

又一體（芳菲葉底） ………………………… 万俟咏（859）
　　又一體（鴛鴦翡翠） ………………………… 黃庭堅（860）
　　又一體（輕衫短帽） ………………………… 晁端禮（860）
　　又一體（鶯鶯燕燕） ………………………… 石孝友（861）
　　又一體（新正初破） ………………………… 歐陽修（861）
　　又一體（窮山孤叠） ………………………… 陸　游（862）
千秋歲引四體　千秋歲令　千秋萬歲
　　千秋歲引（別館寒砧） ……………………… 王安石（863）
　　又一體（杏花好） …………………………… 李　冠（864）
　　又一體（想風流態） ………………………… 無名氏（865）
　　又一體（詞賦偉人） ………………………… 無名氏（866）
早梅芳三體　早梅芳近
　　早梅芳（繚墻深） …………………………… 周邦彥（866）
　　又一體（雪初晴） …………………………… 李之儀（868）
　　又一體（冰惟清） …………………………… 無名氏（868）
新荷葉四體　折新荷引　泛蘭舟
　　新荷葉（落日銜山） ………………………… 黃　裳（869）
　　又一體（欲暑還凉） ………………………… 趙彥端（870）
　　又一體（日晚芳塘） ………………………… 趙　抃（871）
　　又一體（冷徹蓬壺） ………………………… 趙長卿（872）
南州春色一體
　　南州春色（清溪曲） ………………………… 汪梅溪（873）

卷二十
（八十三字）

長壽樂二體
　　長壽樂（尤紅殢翠） ………………………… 柳　永（874）

又一體(繁紅嫩翠) ………………………… 柳　永(875)
迷仙引二體
　　迷仙引(才過笄年) ………………………… 柳　永(876)
　　又一體(春陰霽) …………………………… 無名氏(876)
促拍滿路花十一體　滿路花　滿園花　歸去難　一枝花
　　　　　　　　　喝馬一枝花
　　促拍滿路花(香靨融春雪) ………………… 柳　永(877)
　　又一體(雨霽煙波闊) ……………………… 廖行之(878)
　　又一體(西風秋日短) ……………………… 呂渭老(879)
　　又一體(秋風吹渭水) ……………………… 無名氏(880)
　　又一體(栽花春爛漫) ……………………… 趙師俠(880)
　　又一體(清都山水客) ……………………… 曹　勛(881)
　　又一體(露顆添花色) ……………………… 秦　觀(882)
　　又一體(金花落燼燈) ……………………… 周邦彥(882)
　　又一體(江上西風晚) ……………………… 袁去華(884)
　　又一體(千丈擎天手) ……………………… 辛棄疾(884)
　　又一體(雨過山花綻) ……………………… 牛真人(885)
黃鶴引一體
　　黃鶴引(生逢垂拱) ………………………… 方失名(886)
洞仙歌四十體　洞仙歌令　羽仙歌　洞仙詞　洞中仙
　　　　　　　洞仙歌慢
　　洞仙歌(冰肌玉骨) ………………………… 蘇　軾(887)
　　又一體(璚樓十二) ………………………… 葛　郯(889)
　　又一體(野鵑啼月) ………………………… 張　炎(889)
　　又一體(婆娑欲舞) ………………………… 辛棄疾(890)
　　又一體(西園春暮) ………………………… 汪元量(891)
　　又一體(細風輕霧) ………………………… 劉一止(891)

又一體（黃花滿地） …………………… 趙長卿（892）
又一體（三年錦里） …………………… 京　鏜（893）
又一體（花中慣識） …………………… 吳文英（893）
又一體（春殘雨過） …………………… 晏幾道（894）
又一體（廉纖細雨） …………………… 李元膺（895）
又一體（梳風洗雨） …………………… 無名氏（895）
又一體（世間言笑） …………………… 黃　裳（896）
又一體（江梅吹盡） …………………… 周紫芝（897）
又一體（群芳老盡） …………………… 晁補之（897）
又一體（趙家姊妹） …………………… 阮　閱（898）
又一體（東皇著意） …………………… 京　鏜（899）
又一體（風屬雨足） …………………… 劉子寰（899）
又一體（玉肌翠袖） …………………… 盧祖皋（900）
又一體（雪雲散盡） …………………… 李元膺（901）
又一體（蓬萊宮殿） …………………… 無名氏（901）
又一體（年年青眼） …………………… 晁補之（902）
又一體（一團嬌軟） …………………… 李　邴（902）
又一體（摧殘萬物） …………………… 無名氏（903）
又一體（月中丹桂） …………………… 黃庭堅（904）
又一體（青煙羃處） …………………… 晁補之（904）
又一體（芳辰良宴） …………………… 吳文英（905）
又一體（鶯鶯燕燕） …………………… 蔡　伸（906）
又一體（飛梁皷水） …………………… 林　外（907）
又一體（斷雲疏雨） …………………… 無名氏（908）
又一體（芰荷已老） …………………… 趙長卿（908）
又一體（若耶溪路） …………………… 康與之（909）
又一體（廣寒宮殿） …………………… 趙長卿（910）
又一體（雕簷綺户） …………………… 潘　牥（910）

69

又一體（廣寒曉駕）…………………………無名氏（911）
又一體（嘉景）………………………………柳　永（912）
又一體（乘興）………………………………柳　永（913）
又一體（佳景留心慣）………………………柳　永（914）
又一體（當時我醉）…………………………晁補之（915）
又一體（花恨月惱）…………………………晁補之（915）

望雲涯引一體
　　望雲涯引（秋空江上）……………………………李　甲（917）
泛蘭舟一體
　　泛蘭舟（霜月亭亭時節）…………………………無名氏（918）
踏歌二體
　　踏歌（宴闋）………………………………………朱敦儒（919）
　　又一體（帶雪）……………………………………無名氏（919）

下　册

卷二十一
（起八十四字，至八十九字）

秋夜月二體
　　秋夜月（三秋佳節）………………………………尹　鶚（921）
　　又一體（當初聚散）………………………………柳　永（922）
祭天神二體
　　祭天神（歎笑歌筵席輕拋嚲）……………………柳　永（922）
　　又一體（憶繡衾相向輕輕語）……………………柳　永（923）
鶴冲天三體
　　鶴冲天（閒窗漏永）………………………………柳　永（924）

又一體（清明天氣）……………………………… 杜安世（925）
　　又一體（黃金榜上）……………………………… 柳　永（926）
少年遊慢一體
　　少年遊慢（春城三二月）………………………… 張　先（927）
兀令一體
　　兀令（盤馬樓前風日好）………………………… 賀　鑄（927）
踏青遊四體
　　踏青遊（改火初晴）……………………………… 蘇　軾（928）
　　又一體（濯錦江頭）……………………………… 陳濟翁（929）
　　又一體（金勒狨鞍）……………………………… 王　詵（930）
　　又一體（識箇人人）……………………………… 無名氏（930）
夢玉人引五體
　　夢玉人引（追舊遊處）…………………………… 沈會宗（931）
　　又一體（漸東風暖）……………………………… 李　甲（932）
　　又一體（浪萍風梗）……………………………… 朱敦儒（933）
　　又一體（送行人去）……………………………… 范成大（933）
　　又一體（上危梯望）……………………………… 呂渭老（934）
蕙蘭芳引一體　蕙蘭芳
　　蕙蘭芳引（寒瑩晚空）…………………………… 周邦彦（935）
傾杯近一體
　　傾杯近（邃館金鋪半掩）………………………… 袁去華（936）
清波引二體
　　清波引（冷雲迷浦）……………………………… 姜　夔（937）
　　又一體（江濤如許）……………………………… 張　炎（938）
簇水一體
　　簇水（長憶當初）………………………………… 趙長卿（938）

71

受恩深一體　愛恩深
　　受恩深（雅致裝庭宇）…………………… 柳　永（939）
婆羅門令一體
　　婆羅門令（昨宵裏恁和衣睡）…………… 柳　永（940）
華胥引一體
　　華胥引（川原澄映）……………………… 周邦彥（941）
五福降中天一體　五福降中天慢
　　五福降中天（喜元宵三五）……………… 江致和（943）
離別難二體
　　離別難（寶馬曉鞴雕鞍）………………… 薛昭蘊（944）
　　又一體（花謝水流倏忽）………………… 柳　永（944）
江城梅花引八體　攤破江城子　四笑江梅引　梅花引
　　　　　　　　明月引　西湖明月引
　　江城梅花引（娟娟霜月冷侵門）………… 程　垓（945）
　　又一體（對花時節不曾歡）……………… 趙汝茪（946）
　　又一體（白鷗問我泊孤舟）……………… 蔣　捷（947）
　　又一體（江頭何處帶春歸）……………… 吳文英（948）
　　又一體（雁霜苔雪冷飄蕭）……………… 周　密（948）
　　又一體（年年江上見寒梅）……………… 王　觀（949）
　　又一體（瑤妃鸞影逗仙雲）……………… 周　密（950）
　　又一體（漢宮嬌額倦塗黃）……………… 李獻能（951）
寰海清一體
　　寰海清（畫鼓轟天）……………………… 王庭珪（952）
勸金船二體
　　勸金船（無情流水多情客）……………… 蘇　軾（953）
　　又一體（流泉宛轉雙開寶）……………… 張　先（953）

醉思仙四體
　　醉思仙(斷人腸) …………………………… 呂渭老(954)
　　又一體(霽霞紅) …………………………… 孫道絢(955)
　　又一體(倚晴空) …………………………… 朱敦儒(956)
　　又一體(記華堂) …………………………… 曹　勛(956)
玉人歌一體
　　玉人歌(西風起) …………………………… 楊炎昶(957)
惜紅衣四體
　　惜紅衣(枕簟邀凉) ………………………… 姜　夔(958)
　　又一體(笛送西泠) ………………………… 李萊老(959)
　　又一體(鷺老秋絲) ………………………… 吳文英(959)
　　又一體(雨剪秋痕) ………………………… 張　炎(960)
魚遊春水二體
　　魚遊春水(秦樓東風裏) …………………… 無名氏(961)
　　又一體(青樓臨遠水) ……………………… 趙聞禮(962)
卜算子慢二體
　　卜算子慢(江楓漸老) ……………………… 柳　永(963)
　　又一體(溪山別意) ………………………… 張　先(964)
雪獅兒二體
　　雪獅兒(斷雲低晚) ………………………… 程　垓(964)
　　又一體(含香弄粉) ………………………… 張　雨(965)
石湖仙一體
　　石湖仙(松江煙浦) ………………………… 姜　夔(966)

卷二十二

（起九十字，至九十三字）

八六子六體　感黃鸝
　　八六子（洞房深）…………………………杜　牧（967）
　　又一體（喜秋晴）…………………………晁補之（968）
　　又一體（怨殘紅）…………………………楊　纘（969）
　　又一體（倚危亭）…………………………秦　觀（969）
　　又一體（乍鷗邊）…………………………李　演（970）
　　又一體（掃芳林）…………………………王沂孫（971）

謝池春慢一體
　　謝池春慢（繚墻重院）……………………張　先（971）

采桑子慢五體　醜奴兒慢　愁春未醒　醜奴兒近　疊青錢
　　采桑子慢（金風顫葉）……………………吳禮之（973）
　　又一體（明眸秀色）………………………蔡　伸（973）
　　又一體（愁春未醒）………………………潘元質（974）
　　又一體（千峰雲起）………………………辛棄疾（975）
　　又一體（夏日正長）………………………無名氏（976）

探芳信四體　西湖春
　　探芳信（謝池曉）…………………………史達祖（977）
　　又一體（夜寒重）…………………………吳文英（978）
　　又一體（轉芳徑）…………………………吳文英（978）
　　又一體（暖風定）…………………………吳文英（979）

遙天奉翠華引一體
　　遙天奉翠華引（雪消樓外山）……………侯　寘（980）

夏雲峰五體
　　夏雲峰（宴堂深）……………………………柳　永（981）
　　又一體（紹洪基）……………………………曹　勛（982）
　　又一體（湧冰輪）……………………………張元幹（982）
　　又一體（瓊結苞）……………………………無名氏（983）
　　又一體（露華清）……………………………趙長卿（984）
採蓮令一體
　　採蓮令（月華收）……………………………柳　永（985）
醉翁操一體
　　醉翁操（琅然）………………………………蘇　軾（986）
紅芍樂一體
　　紅芍樂（人生百歲）…………………………王　觀（987）
法曲獻仙音六體　　獻仙音　越女鏡心
　　法曲獻仙音（蟬咽涼柯）……………………周邦彥（988）
　　又一體（風竹吹香）…………………………姜　夔（989）
　　又一體（虛閣籠寒）…………………………姜　夔（989）
　　又一體（雲木槎枒）…………………………李彭老（990）
　　又一體（追想秦樓心事）……………………柳　永（991）
　　又一體（青翼傳情）…………………………柳　永（991）
金盞倒垂蓮三體
　　金盞倒垂蓮（休說將軍）……………………晁補之（992）
　　又一體（依約疏林）…………………………無名氏（993）
　　又一體（穀雨初晴）…………………………曹　勛（994）
塞翁吟一體
　　塞翁吟（暗葉啼風雨）………………………周邦彥（995）
意難忘一體
　　意難忘（花擁鴛房）…………………………蘇　軾（996）

東風齊著力一體
　　東風齊著力（殘臘收寒）……………………胡浩然（997）
遠朝歸一體
　　遠朝歸（金谷先春）…………………………趙耆孫（998）
露華二體　露華慢
　　露葉（紺葩乍坼）……………………………王沂孫（1000）
　　又一體（晚寒竚立）…………………………王沂孫（1001）
薄媚摘遍一體
　　薄媚摘遍（桂香消）…………………………趙以夫（1002）
戀香衾一體
　　戀香衾（記得花陰同携手）…………………呂渭老（1003）
滿江紅十四體
　　滿江紅（暮雨初收）…………………………柳　永（1004）
　　又一體（春水連天）…………………………張元幹（1005）
　　又一體（赤壁磯頭）…………………………戴復古（1006）
　　又一體（燕拂危檣）…………………………呂渭老（1007）
　　又一體（晚浴新涼）…………………………呂渭老（1008）
　　又一體（東武城南）…………………………蘇　軾（1008）
　　又一體（慘結秋陰）…………………………趙　鼎（1009）
　　又一體（點火櫻桃）…………………………辛棄疾（1010）
　　又一體（萬恨千愁）…………………………柳　永（1011）
　　又一體（無名無利）…………………………杜　衍（1011）
　　又一體（雪後郊原）…………………………葉夢得（1012）
　　又一體（一朵黃花）…………………………葉夢得（1013）
　　又一體（竹馬來迎）…………………………王之道（1013）
　　又一體（仙姥來時）…………………………姜　夔（1014）

卷二十三

（起九十三字，至九十五字）

淒凉犯三體　瑞鶴仙影
　　淒凉犯（緑楊巷陌）……………………………姜　夔(1016)
　　又一體（西風暗翦荷衣碎）…………………張　炎(1017)
　　又一體（蕭疏野柳嘶寒馬）…………………張　炎(1018)
浣溪沙慢一體　浣溪紗慢
　　浣溪沙慢（水竹舊院落）……………………周邦彦(1019)
四犯剪梅花三體　轆轤金井　三犯錦園春　月城春
　　　　　　　　　錦園春
　　四犯剪梅花（水殿風涼）……………………劉　過(1020)
　　又一體（翠眉重掃）…………………………劉　過(1021)
　　又一體（五雲騰曉）…………………………盧祖皋(1022)
高平探芳新一體
　　高平探芳新（九街頭）………………………吳文英(1023)
臨江仙慢一體
　　臨江仙慢（夢覺小庭院）……………………柳　永(1024)
雪明鳷鵲夜一體
　　雪明鳷鵲夜（望五雲多處）…………………宋徽宗(1025)
玉漏遲七體
　　玉漏遲（杏香飄禁苑）………………………宋　祁(1026)
　　又一體（絮花寒食路）………………………吳文英(1027)
　　又一體（病懷因酒惱）………………………張　翥(1028)
　　又一體（雁邊風信小）………………………吳文英(1028)
　　又一體（一春渾不見）………………………程　垓(1029)

又一體(翠鴛雙穗冷)……………………………… 蔣　捷(1030)
　　又一體(問誰争乞巧)……………………………… 滕　賓(1030)
尾犯五體　碧芙蓉
　　尾犯(夜雨滴空階)…………………………………… 柳　永(1031)
　　又一體(夜倚讀書牀)……………………………… 蔣　捷(1033)
　　又一體(晴煙羃羃)………………………………… 柳　永(1034)
　　又一體(廬山小隱)………………………………… 晁補之(1034)
　　又一體(輕風淅淅)………………………………… 無名氏(1035)
駐馬聽一體
　　駐馬聽(鳳枕鴛幃)…………………………………… 柳　永(1036)
雪梅香二體
　　雪梅香(景蕭索)……………………………………… 柳　永(1037)
　　又一體(歲將暮)……………………………………… 無名氏(1038)
六幺令三體　綠腰　樂世　録要
　　六幺令(澹煙殘照)…………………………………… 柳　永(1039)
　　又一體(暮雲消散)…………………………………… 賀　鑄(1040)
　　又一體(授衣時節)………………………………… 陳允平(1041)
保壽樂一體
　　保壽樂(和氣暖回元日)…………………………… 曹　勛(1042)
惜秋華五體
　　惜秋華(思渺西風)………………………………… 吳文英(1043)
　　又一體(路遠仙城)………………………………… 吳文英(1044)
　　又一體(細響殘蛩)………………………………… 吳文英(1044)
　　又一體(數日西風)………………………………… 吳文英(1045)
　　又一體(露胃蛛絲)………………………………… 吳文英(1046)
古香慢一體
　　古香慢(怨蛾墜柳)………………………………… 吳文英(1047)

芙蓉月一體
　　芙蓉月(黃葉舞空碧)……………………… 趙以夫(1048)
一枝春二體
　　一枝香(竹爆驚春)………………………… 楊　纘(1049)
　　又一體(竹外橫枝)………………………… 張　炎(1050)
梅子黃時雨一體
　　梅子黃時雨(流水孤村)…………………… 張　炎(1051)
如魚水一體
　　如魚水(輕靄浮空)………………………… 柳　永(1052)
賞松菊一體
　　賞松菊(涼飆應律驚潮韻)………………… 曹　勛(1053)
二色蓮一體
　　二色蓮(鳳沼湛碧)………………………… 曹　勛(1054)
塞孤二體
　　塞孤(一聲雞)……………………………… 柳　永(1055)
　　又一體(雪江明)…………………………… 朱　雍(1055)
水調歌頭八體　元會曲　凱歌
　　水調歌頭(九金增宋重)…………………… 毛　滂(1056)
　　又一體(歲晚念行役)……………………… 周紫芝(1058)
　　又一體(明月幾時有)……………………… 蘇　軾(1059)
　　又一體(南國本瀟灑)……………………… 賀　鑄(1060)
　　又一體(斜陽明薄暮)……………………… 王之道(1061)
　　又一體(雪洗鹵塵淨)……………………… 張孝祥(1061)
　　又一體(一諾與金重)……………………… 劉　因(1062)
　　又一體(草草三間屋)……………………… 傅公謀(1063)

79

卷二十四

（起九十五字，至九十六字）

掃地遊三體　掃花遊
 掃地遊（曉陰翳日）……………………… 周邦彥（1064）
 又一體（乳鶯囀午）……………………… 楊无咎（1066）
 又一體（小亭蔭碧）……………………… 王沂孫（1066）

滿庭芳七體　鎖陽臺　滿庭霜　瀟湘夜雨　話桐鄉
    江南好　滿庭花　轉調滿庭芳
 滿庭芳（南苑吹花）……………………… 晏幾道（1067）
 又一體（風老鶯雛）……………………… 周邦彥（1069）
 又一體（一徑叉分）……………………… 黃公度（1069）
 又一體（南月驚烏）……………………… 程　垓（1070）
 又一體（斜點銀釭）……………………… 趙長卿（1071）
 又一體（天上殷韓）……………………… 元好問（1072）
 又一體（風急霜濃）……………………… 無名氏（1073）

白雪一體
 白雪（檐收雨脚）………………………… 楊无咎（1074）

徵招三體
 徵招（玉壺凍裂琅玕折）………………… 趙以夫（1075）
 又一體（可憐張緒門前柳）……………… 張　炎（1076）
 又一體（人間無欠秋風處）……………… 彭元遜（1077）

雙瑞蓮一體
 雙瑞蓮（千機雲錦裏）…………………… 趙以夫（1078）

玉京秋一體
 玉京秋（煙水闊）………………………… 周　密（1079）

小聖樂一體　驟雨打新荷
　　小聖樂(緑葉陰濃)……………………………元好問(1080)
玉女迎春慢一體
　　玉女迎春慢(纔入新年)………………………彭元遜(1081)
玉梅香慢一體
　　玉梅香慢(寒色猶高)…………………………無名氏(1082)
金浮圖一體
　　金浮圖(繁華地)………………………………尹　鶚(1083)
陽臺路一體
　　陽臺路(楚天晚)………………………………柳　永(1084)
黄鶯兒三體
　　黄鶯兒(園林晴晝誰爲主)……………………柳　永(1085)
　　又一體(南園佳致偏宜暑)……………………晁補之(1086)
　　又一體(香梢匀蕊先回暖)……………………無名氏(1087)
天香八體
　　天香(煙絡横林)………………………………賀　鑄(1088)
　　又一體(霜瓦鴛鴦)……………………………王　觀(1089)
　　又一體(進止詳華)……………………………毛　滂(1090)
　　又一體(碧藕藏絲)……………………………吴文英(1091)
　　又一體(漠漠江皋)……………………………劉　儗(1091)
　　又一體(蟬葉黏霜)……………………………吴文英(1092)
　　又一體(市遠人稀)……………………………景　覃(1093)
　　又一體(百歲中分)……………………………景　覃(1093)
熙州慢一體
　　熙州慢(武林鄉占第一湖山)…………………張　先(1094)
漢宫春十體　漢宫春慢
　　漢宫春(黯黯離懷)……………………………晁冲之(1095)

81

又一體(點點江梅)……………………… 無名氏(1097)
　　又一體(梅萼知春)……………………… 無名氏(1098)
　　又一體(玉減香消)……………………… 無名氏(1098)
　　又一體(十日春風)……………………… 彭元遜(1099)
　　又一體(紅粉苔墻)……………………… 張　先(1100)
　　又一體(別酒初醒)……………………… 沈會宗(1101)
　　又一體(暖律初回)……………………… 京　鏜(1101)
　　又一體(雲海沈沈)……………………… 康與之(1102)
　　又一體(江月初圓)……………………… 無名氏(1103)
倦尋芳二體　倦尋芳慢
　　倦尋芳(露晞向曉)……………………… 王　雱(1104)
　　又一體(獸鐶半掩)……………………… 潘元質(1105)
劍器近一體
　　劍器近(夜來雨)………………………… 袁去華(1106)
秋蘭香一體
　　秋蘭香(未老金莖)……………………… 陳　亮(1107)
鳳鸞雙舞一體
　　鳳鸞雙舞(慈元殿)……………………… 汪元量(1108)
行香子慢一體
　　行香子慢(瑞景光融)…………………… 無名氏(1109)
甘露滴喬松一體
　　甘露滴喬松(沙堤路近)………………… 無名氏(1110)
慶千秋一體
　　慶千秋(點檢堯蓂)……………………… 無名氏(1111)

卷二十五

（起九十六字，至九十七字）

塞垣春四體
　塞垣春（暮色分平野）……………………………周邦彥（1112）
　又一體（四遠天垂野）……………………………方千里（1113）
　又一體（繡閣臨芳野）……………………………楊澤民（1114）
　又一體（漏瑟侵瓊管）……………………………吳文英（1114）
望雲間一體
　望雲間（雲朔南陲）………………………………趙　可（1115）
步月二體
　步月（翦柳章臺）…………………………………史達祖（1116）
　又一體（玉宇薰風）………………………………施　岳（1117）
早梅香一體
　早梅香（北帝收威）………………………………無名氏（1118）
八聲甘州七體　甘州　蕭蕭雨　譙瑤池
　八聲甘州（對蕭蕭暮雨灑江天）…………………柳　永（1119）
　又一體（記玉關踏雪事清遊）……………………張　炎（1120）
　又一體（問紫巖去後漢公卿）……………………劉　過（1121）
　又一體（摘青梅薦酒）……………………………湯　恢（1121）
　又一體（可憐生飄零到酴醾）……………………蕭　列（1122）
　又一體（卷絲絲雨織半晴天）……………………姚雲文（1123）
　又一體（漸鶯聲近也）……………………………鄭子玉（1124）
迷神引二體
　迷神引（紅板橋頭秋光暮）………………………柳　永（1125）
　又一體（白玉樓高雲光繞）………………………朱　雍（1126）

83

醉蓬萊二體　雪月交光　冰玉風月
　　醉蓬萊（漸亭皋葉下）……………………………………柳　　永（1127）
　　又一體（笑勞生一夢）……………………………………蘇　　軾（1129）
鳳凰臺上憶吹簫六體　憶吹簫
　　鳳凰臺上憶吹簫（千里相思）……………………………晁補之（1130）
　　又一體（碧玉煙塘）………………………………………曹　　勛（1131）
　　又一體（長天霞散）………………………………………張臺卿（1131）
　　又一體（更不成愁）………………………………………吳元可（1132）
　　又一體（香冷金猊）………………………………………李清照（1133）
　　又一體（琪樹鏘鳴）………………………………………張　　耒（1134）
夜合花五體
　　夜合花（百紫千紅）………………………………………晁補之（1135）
　　又一體（冷截龍腰）………………………………………史達祖（1136）
　　又一體（斑駁雲開）………………………………………高觀國（1137）
　　又一體（星拱堯眉）………………………………………曹　　勛（1137）
　　又一體（風葉敲窗）………………………………………孫惟信（1138）
採明珠一體
　　採明珠（雨乍收小院塵消）………………………………杜安世（1139）
慶清朝四體　慶清朝慢
　　慶清朝（調雨為酥）………………………………………王　　觀（1140）
　　又一體（墜絮孳萍）………………………………………史達祖（1141）
　　又一體（絳羅縈色）………………………………………曹　　勛（1142）
　　又一體（禁幄低張）………………………………………李清照（1142）
黃鸝繞碧樹一體
　　黃鸝繞碧樹（雙闕籠佳氣）………………………………周邦彥（1143）
帝臺春一體
　　帝臺春（芳草碧色）………………………………………李　　甲（1144）

瑤臺第一層三體
　　瑤臺第一層（寶曆祥開）…………………… 張元幹（1145）
　　又一體（江左風流）………………………… 張元幹（1146）
　　又一體（嶰管聲催）………………………… 趙與鍬（1147）
暗香二體　紅晴
　　暗香（舊時月色）…………………………… 姜　夔（1148）
　　又一體（無邊香色）………………………… 張　炎（1149）
夢芙蓉一體
　　夢芙蓉（西風搖步綺）……………………… 吳文英（1150）
西子妝一體
　　西子妝（流水麴塵）………………………… 吳文英（1151）
玉京謠一體
　　玉京謠（蝶夢迷清曉）……………………… 吳文英（1152）
被花惱一體
　　被花惱（疏疏宿雨釀輕寒）………………… 楊　纘（1153）
綠蓋舞風輕一體
　　綠蓋舞風輕（玉立照新妝）………………… 周　密（1154）
月邊嬌一體
　　月邊嬌（酥雨烘晴）………………………… 周　密（1155）
松梢月一體
　　松梢月（院靜無聲）………………………… 曹　勛（1156）
四檻花一體
　　四檻花（鴛瓦霜凝）………………………… 曹　勛（1157）
長亭怨慢四體　長亭怨
　　長亭怨慢（漸吹盡枝頭香絮）……………… 姜　夔（1158）
　　又一體（記千竹萬荷深處）………………… 周　密（1159）
　　又一體（記橫笛玉關高處）………………… 張　炎（1159）

又一體(望花外小橋流水)……………………張　炎(1160)
玉簟凉一體
　玉簟凉(秋是愁鄉)……………………………史達祖(1161)

卷二十六
（起九十八字,至九十九字）

留客住二體
　留客住(偶登眺)………………………………柳　永(1163)
　又一體(嗟烏兔)………………………………周邦彥(1164)
晝夜樂二體
　晝夜樂(洞房記得初相遇)……………………柳　永(1165)
　又一體(一陽生後風光好)……………………無名氏(1166)
雨中花慢十三體
　雨中花慢(今歲花時深院)……………………蘇　軾(1167)
　又一體(一葉凌波)……………………………張孝祥(1168)
　又一體(縹蒂緗枝)……………………………劉　褒(1169)
　又一體(墜髻慵梳)……………………………柳　永(1169)
　又一體(眷濃恩重)……………………………吳禮之(1170)
　又一體(玉局祠前)……………………………京　鏜(1171)
　又一體(旆拂西風)……………………………高觀國(1171)
　又一體(寄徑睢陽)……………………………葛立方(1172)
　又一體(事往人離)……………………………無名氏(1173)
　又一體(指點虛無征路)………………………秦　觀(1174)
　又一體(夢破江南春信)………………………無名氏(1174)
　又一體(正樂中和)……………………………黃庭堅(1175)
　又一體(宴闋倚闌郊外)………………………無名氏(1176)

萬年歡十一體
　　萬年歡（雅出群芳）………………………………王安禮（1177）
　　又一體（禁籞初晴）………………………………無名氏（1178）
　　又一體（電繞神樞）………………………………趙師俠（1178）
　　又一體（淑質柔情）………………………………賀　鑄（1179）
　　又一體（十里環溪）………………………………晁補之（1180）
　　又一體（心憶春歸）………………………………晁補之（1181）
　　又一體（歲歲梅花）………………………………程大昌（1182）
　　又一體（老鈍迂疏）………………………………程大昌（1182）
　　又一體（兩袖梅風）………………………………史達祖（1183）
　　又一體（憶昔論心）………………………………晁補之（1184）
　　又一體（天上春來）………………………………趙孟頫（1185）

燕春臺四體　夏初臨
　　燕春臺（麗日千門）………………………………張　先（1186）
　　又一體（翠竹扶疏）………………………………王之道（1187）
　　又一體（夏景舒長）………………………………黃　裳（1187）
　　又一體（翠入煙嵐）………………………………曹　冠（1188）

逍遙樂一體
　　逍遙樂（春意漸芳草）……………………………黃庭堅（1189）

八節長歡二體
　　八節長歡（名滿人間）……………………………毛　滂（1190）
　　又一體（澤國秋深）………………………………毛　滂（1191）

憶東坡一體
　　憶東坡（雪霽柳舒容）……………………………王之道（1192）

粉蝶兒慢一體
　　粉蝶兒慢（宿霧藏春）……………………………周邦彥（1192）

並蒂芙蓉一體
 並蒂芙蓉（太液波澄）……………………晁端禮（1194）
黃河清慢一體
 黃河清慢（晴景初升風細細）………………晁端禮（1194）
春草碧一體
 春草碧（又隨芳渚生）………………………万俟詠（1195）
芰荷香二體
 芰荷香（小瀟湘）……………………………万俟詠（1196）
 又一體（燕初歸）……………………………趙彥端（1197）
繡停鍼一體
 繡停鍼（歎半紀）……………………………陸　游（1198）
揚州慢三體
 揚州慢（淮左名都）…………………………姜　夔（1199）
 又一體（露葉猶青）…………………………吳元可（1200）
 又一體（弄玉輕盈）…………………………鄭覺齋（1201）
舞楊花一體
 舞楊花（牡丹半坼初經雨）…………………康與之（1202）
雙雙燕二體
 雙雙燕（過春社了）…………………………史達祖（1203）
 又一體（小桃謝後）…………………………吳文英（1204）
孤鸞四體
 孤鸞（天然標格）……………………………朱敦儒（1205）
 又一體（沙堤香軟）…………………………馬莊父（1206）
 又一體（江頭春早）…………………………趙以夫（1206）
 又一體（荊溪清曉）…………………………張　榘（1207）
雲仙引一體
 雲仙引（紫鳳臺旁）…………………………馮偉壽（1208）

玲瓏玉一體
 玲瓏玉（開歲春遲）……………………… 姚雲文（1209）
陌上花一體
 陌上花（關山夢裏歸來）………………… 張　翥（1210）
福壽千春一體
 福壽千春（柳暗三眠）…………………… 盧　摯（1211）
夏日燕黌堂二體
 夏日燕黌堂（日初長）…………………… 無名氏（1212）
 又一體（赤城中）………………………… 趙必璵（1213）
水晶簾一體
 水晶簾（誰道秋期遠）…………………… 無名氏（1214）
三部樂四體
 三部樂（美人如月）……………………… 蘇　軾（1215）
 又一體（浮玉飛瓊）……………………… 周邦彥（1215）
 又一體（簾卷窗明）……………………… 方千里（1216）
 又一體（江鵙初飛）……………………… 吳文英（1217）
夢揚州一體
 夢揚州（晚雲收）………………………… 秦　觀（1218）

卷二十七
（九十九字）

聲聲慢十四體　勝勝慢　人在樓上
 聲聲慢（朱門深掩）……………………… 晁補之（1219）
 又一體（園林幕翠）……………………… 賀　鑄（1220）
 又一體（素商吹景）……………………… 曹　勛（1221）
 又一體（檀欒金碧）……………………… 吳文英（1221）

89

又一體（啼螿門靜）…………………… 王沂孫（1222）
又一體（妝額黃輕）…………………… 周　密（1223）
又一體（花前月下）…………………… 石孝友（1223）
又一體（林間雞犬）…………………… 元好問（1224）
又一體（壺天不夜）…………………… 高觀國（1225）
又一體（金風玉露）…………………… 趙長卿（1226）
又一體（澄空初霽）…………………… 陳　合（1227）
又一體（西風墜綠）…………………… 張　壽（1227）
又一體（尋尋覓覓）…………………… 李清照（1228）
又一體（人間六月）…………………… 何夢桂（1229）

紫玉簫一體
紫玉簫（羅綺圍中）…………………… 晁補之（1230）

無悶一體
無悶（天與多才）……………………… 程　垓（1231）

月下笛五體
月下笛（小雨收塵）…………………… 周邦彥（1232）
又一體（千里行秋）…………………… 張　炎（1232）
又一體（萬里孤雲）…………………… 張　炎（1233）
又一體（吹老楊花）…………………… 曾允元（1234）
又一體（江上行人）…………………… 彭元遜（1235）

玲瓏四犯七體
玲瓏四犯（穠李夭桃）………………… 周邦彥（1236）
又一體（一架幽芳）…………………… 曹　邍（1236）
又一體（雨入愁邊）…………………… 史達祖（1237）
又一體（水外輕陰）…………………… 高觀國（1238）
又一體（流水人家）…………………… 張　炎（1239）
又一體（波暖塵香）…………………… 周　密（1239）

又一體（疊鼓夜寒）……………………… 姜　夔（1240）
丁香結一體
　　丁香結（蒼蘚延階）……………………… 周邦彥（1241）
瑣窗寒五體　鎖寒窗
　　鎖窗寒（暗柳啼鴉）……………………… 周邦彥（1242）
　　又一體（亂雨敲春）……………………… 張　炎（1243）
　　又一體（柳暗藏鴉）……………………… 楊无咎（1244）
　　又一體（斷碧分山）……………………… 張　炎（1245）
　　又一體（雨洗紅塵）……………………… 程　先（1246）
大有一體
　　大有（戲馬臺前）………………………… 潘希白（1247）
燕山亭一體
　　燕山亭（河漢風清）……………………… 曾　覿（1248）
聒龍謠二體
　　聒龍謠（肩拍洪厓）……………………… 朱敦儒（1249）
　　又一體（憑月攜簫）……………………… 朱敦儒（1250）
金菊對芙蓉一體
　　金菊對芙蓉（梧葉飄黃）………………… 康與之（1251）
催雪一體
　　催雪（風急還收）………………………… 姜　夔（1253）
十月桃三體　十月梅
　　十月桃（年華催晚）……………………… 張元幹（1254）
　　又一體（東籬菊盡）……………………… 無名氏（1255）
　　又一體（千林凋盡）……………………… 無名氏（1255）
蜀溪春一體
　　蜀溪春（蜀景風遲）……………………… 曹　勛（1256）

91

秋宵吟一體
　秋宵吟（古簾空）…………………………………… 姜　夔（1257）
三姝媚三體
　三姝媚（煙光搖縹瓦）……………………………… 史達祖（1258）
　又一體（醉春清鏡裏）……………………………… 吳文英（1259）
　又一體（薔薇花謝去）……………………………… 薛夢桂（1260）
鳳池吟一體
　鳳池吟（萬丈巍臺）………………………………… 吳文英（1261）
新雁過妝樓四體　雁過妝樓　瑤臺聚八仙　八寶妝
　　　　　　　百寶妝
　新雁過妝樓（閬苑高寒）…………………………… 吳文英（1262）
　又一體（夢醒芙蓉）………………………………… 吳文英（1263）
　又一體（風雨不來）………………………………… 張　炎（1264）
　又一體（一抹絃器）………………………………… 無名氏（1264）
月華清一體
　月華清（花影搖春）………………………………… 洪　瑹（1265）
國香二體　國香慢
　國香（空谷幽人）…………………………………… 張　炎（1267）
　又一體（十月新陽）………………………………… 曹　勛（1268）
飛龍宴一體
　飛龍宴（炎炎暑氣時）……………………………… 宋媛蘇氏（1269）

卷二十八
（一百字）

御帶花一體
　御帶花（青春何處風光好）………………………… 歐陽修（1270）

92

定風波慢四體
　　定風波漫(自春來慘綠愁紅)………………… 柳　　永(1271)
　　又一體(恨行雲特地高寒)………………… 張　　翥(1272)
　　又一體(漏新春消息前村)………………… 無名氏(1272)
　　又一體(竚立長亭)………………………… 柳　　永(1273)
芳草五體　鳳簫吟
　　芳草(鎖離愁)……………………………… 韓　　縝(1274)
　　又一體(笑湖山)…………………………… 奚　　㵆(1275)
　　又一體(曉曈曨)…………………………… 晁補之(1275)
　　又一體(列旍常)…………………………… 曹　　勛(1276)
　　又一體(雨溟濛)…………………………… 王之道(1277)
念怒嬌十二體　　大江東去　酹江月　赤壁詞　酹月
　　　　　　　　壺中天慢　大江西上曲　太平歡
　　　　　　　　壽南枝　古梅曲　湘月　淮甸春
　　　　　　　　白雪詞　百字令　百字謠　無俗念
　　　　　　　　千秋歲　慶長春　杏花天
　　念奴嬌(憑空眺遠)………………………… 蘇　　軾(1278)
　　又一體(大江東去)………………………… 蘇　　軾(1279)
　　又一體(五湖舊約)………………………… 姜　　夔(1281)
　　又一體(鬧紅一舸)………………………… 姜　　夔(1281)
　　又一體(行行且止)………………………… 張　　炎(1282)
　　又一體(長流萬里)………………………… 張　　炎(1283)
　　又一體(嫩凉生曉)………………………… 張　　輯(1284)
　　又一體(銀蟾光滿)………………………… 趙長卿(1284)
　　又一體(漢江露冷)………………………… 陳允平(1285)
　　又一體(吳淞初冷)………………………… 張元幹(1286)
　　又一體(故山漸近)………………………… 葉夢得(1287)
　　又一體(半陰未雨)………………………… 曹　　勛(1287)

解語花三體
  解語花(窗涵月影)……………………秦　觀(1288)
  又一體(雲容冱雪)……………………施　岳(1289)
  又一體(晴絲胃蝶)……………………周　密(1290)
遶佛閣一體
  遶佛閣(暗塵四斂)……………………周邦彥(1291)
渡江雲三體　三犯渡江雲
  渡江雲(晴嵐低楚甸)…………………周邦彥(1292)
  又一體(桐花寒食近)…………………陳允平(1293)
  又一體(風流三徑遠)…………………陳允平(1294)
臘梅香二體
  臘梅香(錦里陽和)……………………吳師益(1295)
  又一體(愛日初長)……………………無名氏(1296)
大椿一體
  大椿(梅擁繁枝)………………………曹　勛(1297)
八音諧一體
  八音諧(芳景到橫塘)…………………曹　勛(1298)
絳都春八體
  絳都春(情黏舞綫)……………………吳文英(1299)
  又一體(平生相遇)……………………趙彥端(1300)
  又一體(春愁怎畫)……………………蔣　捷(1301)
  又一體(和風乍扇)……………………劉　鎮(1302)
  又一體(東君運巧)……………………無名氏(1302)
  又一體(平山老柳)……………………張　榘(1303)
  又一體(昇平似舊)……………………京　鏜(1304)
  又一體(鞦韆倦倚)……………………陳允平(1305)

琵琶仙一體
　琵琶仙（雙槳來時）……………………………… 姜　夔（1306）
換巢鸞鳳一體
　換巢鸞鳳（人若梅嬌）…………………………… 史達祖（1307）
東風第一枝四體
　東風第一枝（草脚愁蘇）………………………… 史達祖（1308）
　又一體（傾國傾城）……………………………… 吳文英（1309）
　又一體（臘雪初凝）……………………………… 無名氏（1310）
　又一體（溪側風回）……………………………… 無名氏（1310）
高陽臺三體　慶春澤慢　慶宮春
　高陽臺（鐙火烘春）……………………………… 劉　鎮（1311）
　又一體（燕卷晴絲）……………………………… 蔣　捷（1312）
　又一體（接葉巢鶯）……………………………… 張　炎（1313）
春夏兩相期一體
　春夏兩相期（聽深深謝家庭館）………………… 蔣　捷（1314）
垂楊二體
　垂楊（銀屏夢覺）………………………………… 陳允平（1315）
　又一體（關山杜宇）……………………………… 白　樸（1316）
采綠吟一體
　采綠吟（采綠鴛鴦浦）…………………………… 周　密（1317）
長壽仙一體
　長壽仙（瑞日當天）……………………………… 趙孟頫（1318）
雪夜漁舟一體
　雪夜漁舟（晚風歇）……………………………… 虛靖真人（1319）
惜寒梅一體
　惜寒梅（看盡千花）……………………………… 無名氏（1320）

95

惜花春起早慢一體
　　惜花春起早慢（向春來）……………………無名氏（1321）

卷二十九
（一百一字）

鳳歸雲三體
　　鳳歸雲（向深秋）……………………………柳　永（1322）
　　又一體（正愁予）……………………………趙以夫（1323）
　　又一體（戀帝里金谷園林）…………………柳　永（1323）
木蘭花慢十二體
　　木蘭花慢（坼桐花爛漫）……………………柳　永（1324）
　　又一體（倚危樓竚立）………………………柳　永（1326）
　　又一體（傍池闌倚遍）………………………蔣　捷（1326）
　　又一體（斷虹收霽雨）………………………曹　勛（1327）
　　又一體（倩嬌鶯姹燕）………………………程　垓（1328）
　　又一體（占西風早處）………………………李芸子（1329）
　　又一體（東風吹霧雨）………………………嚴　仁（1329）
　　又一體（石榴花謝了）………………………呂渭老（1330）
　　又一體（梅妝堪點額）………………………劉應雄（1331）
　　又一體（正枝頭荔子）………………………曾　覿（1332）
　　又一體（汀蓮彫晚艷）………………………盧祖皋（1332）
　　又一體（飽經霜古樹）………………………無名氏（1333）
彩雲歸一體
　　彩雲歸（蘅皋向晚艤輕航）…………………柳　永（1334）
滿朝歡二體
　　滿朝歡（花隔銅壺）…………………………柳　永（1335）

又一體（一點箕星）……………………… 李　劉（1336）

桂枝香六體　疏簾淡月
　　桂枝香（登臨送目）……………………… 王安石（1337）
　　又一體（天高氣肅）……………………… 陳　亮（1338）
　　又一體（梧桐雨細）……………………… 張　輯（1338）
　　又一體（琴書半室）……………………… 張　炎（1339）
　　又一體（巖飛逗綠）……………………… 周　密（1340）
　　又一體（插雲翠壁）……………………… 黃　裳（1340）

錦堂春慢五體　錦堂春
　　錦堂春慢（紅日遲遲）…………………… 司馬光（1341）
　　又一體（天女多情）……………………… 黃　裳（1342）
　　又一體（臘雪初晴）……………………… 無名氏（1343）
　　又一體（氣應三陽）……………………… 葛立方（1344）
　　又一體（淺幘分秋）……………………… 王夢應（1344）

喜朝天二體
　　喜朝天（曉雲開）………………………… 張　先（1345）
　　又一體（衆芳殘）………………………… 晁補之（1346）

翦牡丹二體
　　翦牡丹（野綠連空）……………………… 張　先（1347）
　　又一體（破鏡重圓）……………………… 李致遠（1348）

馬家春慢一體
　　馬家春慢（珠箔風輕）…………………… 賀　鑄（1349）

梅香慢一體
　　梅香慢（高閣寒輕）……………………… 賀　鑄（1350）

玉燭新二體
　　玉燭新（溪源新臘後）…………………… 周邦彥（1351）
　　又一體（荒山藏古寺）…………………… 楊无咎（1352）

六花飛一體
　六花飛（寅朾乍正）……………………………曹　勛（1353）
清風滿桂樓一體
　清風滿桂樓（凉飆霽雨）………………………曹　勛（1354）
映山紅慢一體
　映山紅慢（穀雨風前）…………………………元　載（1355）
真珠簾四體
　真珠簾（山村水館參差路）……………………陸　游（1356）
　又一體（寶階斜轉春宵霽）……………………周　密（1356）
　又一體（雲深別有深庭宇）……………………張　炎（1357）
　又一體（綠房幾夜迎清曉）……………………張　炎（1358）
曲江秋二體
　曲江秋（香消爐歇）……………………………楊无咎（1359）
　又一體（明軒快目）……………………………韓　玉（1360）
翠樓吟一體
　翠樓吟（月冷龍沙）……………………………姜　夔（1361）
霓裳中序第一三體
　霓裳中序第一（亭皋正望極）…………………姜　夔（1362）
　又一體（湘屏展翠疊）…………………………周　密（1363）
　又一體（青顰粲素靨）…………………………尹　煥（1364）
月當廳一體
　月當廳（白璧舊帶秦樓夢）……………………史達祖（1365）
壽樓春一體
　壽樓春（裁春衫尋芳）…………………………史達祖（1366）
秋色橫空一體
　秋色橫空（搖落秋冬）…………………………白　樸（1367）

舜韶新一體
　　舜韶新(香滿西風)……………………郭子正(1368)

卷三十
(一百二字)

西平樂七體　西平樂慢
　　西平樂(盡日憑高寓目)…………………柳　永(1369)
　　又一體(夜色娟娟皎月)…………………朱　雍(1370)
　　又一體(鳳韶傳來絳闕)…………………晁補之(1371)
　　又一體(穉綠蘇晴)………………………周邦彥(1371)
　　又一體(園韭畦蔬)………………………楊澤民(1372)
　　又一體(倦踏征塵)………………………方千里(1373)
　　又一體(泛梗飄萍)………………………陳允平(1374)
山亭宴一體
　　山亭宴(宴堂永晝喧簫鼓)………………張　先(1375)
望春回一體
　　望春回(霽霞散曉)………………………李　甲(1376)
水龍吟二十五體　豐年瑞　鼓笛慢　龍吟曲　小樓連苑
　　　　　　　　莊椿歲
　　水龍吟(霜寒煙冷蒹葭老)………………蘇　軾(1377)
　　又一體(酒潮勻頰雙眸溜)………………趙長卿(1379)
　　又一體(西湖天下應如是)………………楊无咎(1379)
　　又一體(天教占得如簧巧)………………趙長卿(1380)
　　又一體(夜深客子移舟處)………………姜　夔(1381)
　　又一體(夜來深雪前村路)………………晁端禮(1382)
　　又一體(煙姿玉骨塵埃外)………………趙長卿(1382)

99

  又一體（韶華迤邐三春暮）………………… 趙長卿（1383）
  又一體（亂花叢裏曾攜手）………………… 秦　觀（1384）
  又一體（小樓連苑橫空）…………………… 秦　觀（1385）
  又一體（清江滾滾東流）…………………… 黃　機（1386）
  又一體（有人獨立空山）…………………… 吳文英（1386）
  又一體（夜來風雨匆匆）…………………… 程　垓（1387）
  又一體（望春樓外滄波）…………………… 吳文英（1388）
  又一體（謫仙狂客何如）…………………… 劉　過（1389）
  又一體（夜分溪館漁鐙）…………………… 吳文英（1389）
  又一體（九州雄傑溪山）…………………… 葛立方（1390）
  又一體（古來宰相神仙）…………………… 張　雨（1391）
  又一體（曉天穀雨晴時）…………………… 曹　組（1392）
  又一體（先來天與精神）…………………… 趙長卿（1392）
  又一體（淡煙輕霧濛濛）…………………… 趙長卿（1393）
  又一體（洞天景色常春）…………………… 無名氏（1394）
  又一體（晚風輕拂）………………………… 李之儀（1395）
  又一體（聽兮清佩瓊瑤）…………………… 辛棄疾（1395）
  又一體（玉皇金闕長春）…………………… 無名氏（1396）

鬭百草二體

  鬭百草（別日常多）…………………………… 晁補之（1397）
  又一體（往事臨邛）………………………… 晁補之（1398）

石州慢六體　柳色黃　石州引

  石州慢（薄雨催寒）………………………… 賀　鑄（1399）
  又一體（雲海蓬萊）………………………… 蔡松年（1400）
  又一體（寒水依痕）………………………… 張元幹（1400）
  又一體（野色驚秋）………………………… 張　炎（1401）
  又一體（落日空城禾黍）…………………… 張　雨（1402）
  又一體（天迥樓高）………………………… 王之道（1403）

上林春慢二體
    上林春慢（帽落宮花）………………………… 晁冲之（1404）
    又一體（天惜中秋）…………………………… 晁補之（1405）

宴清都九體　四代好
    宴清都（地僻無鐘鼓）………………………… 周邦彦（1406）
    又一體（春訊飛瓊管）………………………… 盧祖皋（1407）
    又一體（鳳苑東風軟）………………………… 曹　勛（1408）
    又一體（萬里關河眼）………………………… 吳文英（1409）
    又一體（聽徹南樓鼓）………………………… 陳允平（1409）
    又一體（暮雨消煩暑）………………………… 袁去華（1410）
    又一體（細草沿階軟）………………………… 何　籀（1411）
    又一體（翠幕東風早）………………………… 程　垓（1411）
    又一體（野水澄空）…………………………… 曹　勛（1412）

慶春宮二體　慶宮春
    慶春宮（雲接平岡）…………………………… 周邦彦（1413）
    又一體（明玉擎金）…………………………… 王沂孫（1415）

憶舊遊六體　憶舊遊慢
    憶舊遊（記愁橫淺黛）………………………… 周邦彦（1416）
    又一體（記瓊筵卜夜）………………………… 張　炎（1417）
    又一體（送人猶未苦）………………………… 吳文英（1418）
    又一體（記移鐙剪雨）………………………… 周　密（1419）
    又一體（記花陰剪燭）………………………… 周　密（1419）
    又一體（正落花時節）………………………… 劉將孫（1420）

花犯四體　繡鸞鳳花犯
    花犯（粉墻低）………………………………… 周邦彦（1421）
    又一體（剪橫枝）……………………………… 吳文英（1422）
    又一體（小娉婷）……………………………… 吳文英（1423）

101

又一體(楚江湄) …………………………… 周　密(1424)
倒犯三體　吉了犯
　倒犯(霽景對霜蟾乍昇) ………………… 周邦彥(1425)
　又一體(茂苑共鶯花醉吟) ……………… 吳文英(1425)
　又一體(百尺鳳凰樓) …………………… 陳允平(1426)

卷三十一
（起一百二字,至一百三字）

瑞鶴仙十六體　一捻紅
　瑞鶴仙(悄郊園帶郭) …………………… 周邦彥(1428)
　又一體(陡寒生翠幕) …………………… 曾　覿(1429)
　又一體(聽梅花再弄) …………………… 楊无咎(1430)
　又一體(柳風清晝溽) …………………… 毛　开(1430)
　又一體(綠楊深似雨) …………………… 趙　文(1431)
　又一體(暖煙籠細柳) …………………… 周邦彥(1432)
　又一體(杏煙嬌濕鬢) …………………… 史達祖(1432)
　又一體(郊原初過雨) …………………… 袁去華(1434)
　又一體(鴛行舊儔侶) …………………… 劉一止(1435)
　又一體(敗荷擎沼面) …………………… 趙長卿(1435)
　又一體(卷簾人睡起) …………………… 張　樞(1436)
　又一體(聽梅花吹動) …………………… 洪　瑹(1437)
　又一體(夕陽王謝宅) …………………… 白　樸(1437)
　又一體(盈盈羅襪) ……………………… 張　肎(1438)
　又一體(玉霜生穗也) …………………… 蔣　捷(1439)
　又一體(一年寒盡也) …………………… 方　岳(1440)

齊天樂八體　臺城路　五福降中天　如此江山
　齊天樂(綠蕪彫盡臺城路)……………………周邦彥(1441)
　又一體(疏疏幾點黃梅雨)……………………周邦彥(1442)
　又一體(麴塵猶沁傷心水)……………………吳文英(1443)
　又一體(角殘鐘晚關山路)……………………陸　　游(1444)
　又一體(庾郎先自吟愁賦)……………………姜　　夔(1444)
　又一體(紅香飄沒明春水)……………………呂渭老(1445)
　又一體(芙蓉心上三更露)……………………吳文英(1446)
　又一體(碧紗窗外黃鸝語)……………………方千里(1447)
晝錦堂五體
　晝錦堂(雨洗桃花)……………………………周邦彥(1448)
　又一體(染柳煙消)……………………………蔣　　捷(1449)
　又一體(荷葉龜游)……………………………宋自遜(1449)
　又一體(薄袖禁寒)……………………………孫惟信(1450)
　又一體(上苑寒收)……………………………陳允平(1451)
氐州第一二體　熙州摘遍
　氐州第一(波落寒汀)…………………………周邦彥(1452)
　又一體(閒倚江樓)……………………………陳允平(1453)
花發狀元紅慢一體
　花發狀元紅慢(三春向暮)……………………劉　　几(1454)
戀芳春慢一體
　戀芳春慢(蜂蕊分香)…………………………万俟詠(1455)
瑤華二體　瑤華慢
　瑤華(朱鈿寶玦)………………………………周　　密(1456)
　又一體(篩冰為霧)……………………………張　　雨(1457)
湘春夜月一體
　湘春夜月(近清明)……………………………黃孝邁(1458)

103

曲遊春三體
　　曲遊春(禁苑東風外)……………………………… 周　密(1459)
　　又一體(畫舸西泠路)……………………………… 施　岳(1459)
　　又一體(千樹玲瓏罩)……………………………… 趙　文(1460)
竹馬兒二體　　竹馬子
　　竹馬兒(登孤壘荒涼)……………………………… 柳　永(1461)
　　又一體(與君記平山堂前細柳)…………………… 葉夢得(1462)
長相思慢四體
　　長相思慢(畫鼓喧街)……………………………… 柳　永(1463)
　　又一體(夜色澄明)………………………………… 周邦彥(1463)
　　又一體(鐵甕城高)………………………………… 秦　觀(1464)
　　又一體(葉舞殷紅)………………………………… 袁去華(1465)
雨霖鈴三體　　雨霖鈴慢
　　雨霖鈴(寒蟬淒切)………………………………… 柳　永(1466)
　　又一體(瓊樓玉宇)………………………………… 王庭珪(1467)
　　又一體(天南遊客)………………………………… 黃　裳(1467)
還京樂六體
　　還京樂(禁煙近)…………………………………… 周邦彥(1468)
　　又一體(綵鷺去)…………………………………… 陳允平(1469)
　　又一體(歲華慣)…………………………………… 方千里(1470)
　　又一體(春光至)…………………………………… 楊澤民(1471)
　　又一體(宴蘭漵)…………………………………… 吳文英(1471)
　　又一體(勝遊處)…………………………………… 張　炎(1472)
雙頭蓮四體
　　雙頭蓮(一抹殘霞)………………………………… 周邦彥(1473)
　　又一體(華鬢星星)………………………………… 陸　游(1474)
　　又一體(風卷征塵)………………………………… 陸　游(1475)

又一體(觸目庭臺)……………………無名氏(1475)
憶瑤姬四體　別素質　別瑤姬慢
　　憶瑤姬(雨細雲輕)……………………曹　　組(1476)
　　又一體(可惜香紅)……………………万俟咏(1477)
　　又一體(微雨初晴)……………………蔡　　伸(1478)
　　又一體(嬌月籠煙)……………………史達祖(1478)

卷三十二

（起一百三字，至一百四字）

安平樂慢二體
　　安平樂慢(瑞日初遲)……………………万俟咏(1480)
　　又一體(聖德如堯)……………………曹　　勛(1481)
望南雲慢一體
　　望南雲慢(木葉輕飛)……………………沈公述(1482)
情久長一體
　　情久長(瑣窗夜永)……………………呂渭老(1483)
西江月慢二體
　　西江月慢(春風淡淡)……………………呂渭老(1484)
　　又一體(煙籠細柳)……………………無名氏(1485)
杏花天慢一體
　　杏花天慢(桃蕊初謝)……………………曹　　勛(1486)
探春慢五體　探春
　　探春慢(衰草愁煙)……………………姜　　夔(1487)
　　又一體(銀浦流雲)……………………張　　炎(1488)
　　又一體(綵勝宜春)……………………周　　密(1489)
　　又一體(上苑烏啼)……………………陳允平(1489)

又一體（苔徑曲深深）………………………… 吳文英（1490）
眉嫵三體　百宜嬌
　眉嫵（看垂楊連苑）………………………… 姜　夔（1491）
　又一體（漸新痕懸柳）……………………… 王沂孫（1492）
　又一體（又蛛分天巧）……………………… 張　翥（1492）
湘江静二體　瀟湘静
　湘江静（春草堆青雲浸浦）………………… 史達祖（1493）
　又一體（畫簾微卷香風逗）………………… 無名氏（1494）
金盞子五體
　金盞子（賞月梧園）………………………… 吳文英（1495）
　又一體（練月縈窗）………………………… 蔣　捷（1496）
　又一體（獎綠催紅）………………………… 史達祖（1496）
　又一體（得水能仙）………………………… 趙以夫（1497）
　又一體（麗日舒長）………………………… 無名氏（1498）
龍山會二體
　龍山會（九日無風雨）……………………… 趙以夫（1499）
　又一體（石徑幽雲罅）……………………… 吳文英（1500）
春雲怨一體
　春雲怨（春風惡劣）………………………… 馮艾子（1501）
昇平樂一體
　昇平樂（水閣層臺）………………………… 吳　奕（1502）
迎新春一體
　迎新春（嶰管變青律）……………………… 柳　永（1503）
歸朝歡二體　菖蒲綠
　歸朝歡（別岸遍舟三兩隻）………………… 柳　永（1504）
　又一體（透隙敲窗聲摵摵）………………… 王之道（1505）

雙聲子一體
 雙聲子(晚天蕭索)……………………… 柳　永(1506)
永遇樂七體　消息
 永遇樂(明月如霜)……………………… 蘇　軾(1507)
 又一體(紅日葵開)……………………… 晁補之(1509)
 又一體(熏風解慍)……………………… 柳　永(1509)
 又一體(天闕英遊)……………………… 柳　永(1510)
 又一體(月印金盆)……………………… 張元幹(1511)
 又一體(孤衾不暖)……………………… 無名氏(1511)
 又一體(玉腕籠寒)……………………… 陳允平(1512)
二郎神九體　轉調二郎神　十二郎
 二郎神(炎光謝)………………………… 柳　永(1513)
 又一體(深深院)………………………… 王十朋(1514)
 又一體(坐中客)………………………… 張安國(1515)
 又一體(悶來彈鵲)……………………… 徐　伸(1515)
 又一體(野塘暗碧)……………………… 趙以夫(1517)
 又一體(半陰未雨)……………………… 曹　勛(1517)
 又一體(日高睡起)……………………… 馬莊父(1518)
 又一體(瑣窗睡起)……………………… 湯　恢(1519)
 又一體(西池舊約)……………………… 呂渭老(1520)
傾杯樂十體　古傾杯　傾杯
 傾杯樂(樓鎖輕煙)……………………… 柳　永(1521)
 又一體(木落霜洲)……………………… 柳　永(1522)
 又一體(禁漏花深)……………………… 柳　永(1522)
 又一體(鑾殿秋深)……………………… 程　玼(1523)
 又一體(飛雲過盡)……………………… 張　先(1524)
 又一體(離謙殷勤)……………………… 柳　永(1525)

又一體(凍水消痕)……………………………… 柳　永(1526)
　　又一體(水鄉天氣)……………………………… 柳　永(1527)
　　又一體(金風淡蕩)……………………………… 柳　永(1527)
　　又一體(皓月初圓)……………………………… 柳　永(1528)
百宜嬌一體
　　百宜嬌(隙月垂筦)……………………………… 呂渭老(1529)
月中桂三體　月中仙
　　月中桂(露醑無情)……………………………… 趙彥端(1530)
　　又一體(日色西沈)……………………………… 無名氏(1531)
　　又一體(春滿皇州)……………………………… 趙孟頫(1531)
澡蘭香一體
　　澡蘭香(盤絲繫腕)……………………………… 吳文英(1532)

卷三十三

（起一百四字，至一百五字）

宴瓊林二體
　　宴瓊林(紅紫趁春闌)…………………………… 黃　裳(1534)
　　又一體(霜月和銀鐙)…………………………… 黃　裳(1535)
瀟湘逢故人慢二體
　　瀟湘逢故人慢(薰風微動)……………………… 王安禮(1536)
　　又一體(深秋村落)……………………………… 錢應金(1536)
惜餘歡一體
　　惜餘歡(四時美景)……………………………… 黃庭堅(1537)
拜星月慢四體　拜新月
　　拜星月慢(夜色催更)…………………………… 周邦彥(1538)
　　又一體(膩葉陰清)……………………………… 周　密(1539)

又一體(漏閣閒籖)……………………陳允平(1540)
　　又一體(霧滑觚稜)……………………彭泰翁(1541)
綺寮怨三體
　　綺寮怨(上馬人扶殘醉)………………周邦彥(1542)
　　又一體(滿架醾醿開盡)………………陳允平(1543)
　　又一體(又見花陰如水)………………鞠華翁(1544)
花心動九體　好心動　桂香飄　上昇花　花心動慢
　　花心動(風約簾波)……………………史達祖(1545)
　　又一體(簾卷青樓)……………………周邦彥(1546)
　　又一體(十里東風)……………………吳文英(1547)
　　又一體(偏憶江梅)……………………劉　燾(1547)
　　又一體(風軟寒輕)……………………趙長卿(1548)
　　又一體(風裏楊花輕薄性)……………謝　逸(1549)
　　又一體(椒柏稱觴)……………………曹　勛(1550)
　　又一體(綠水平湖)……………………趙長卿(1550)
　　又一體(忽覰菱花)……………………無名氏(1551)
向湖邊一體
　　向湖邊(退處鄉關)……………………江　緯(1552)
陽春二體　陽春曲
　　陽春(蕙風輕)…………………………楊无咎(1553)
　　又一體(杏花煙)………………………史達祖(1554)
送入我門來一體
　　送入我門來(荼䕷安扉)………………胡浩然(1555)
遶池游慢一體
　　遶池游慢(荷花好處)…………………韓　淲(1556)
索酒一體
　　索酒(乍喜惠風初到)…………………曹　勛(1557)

109

瑞雲濃慢一體
 瑞雲濃慢(蔗漿酪粉)……………………… 陳　亮(1558)
霜花腴一體
 霜花腴(翠微路窄)……………………… 吳文英(1559)
綺羅香三體
 綺羅香(做冷欺花)……………………… 史達祖(1560)
 又一體(萬里飛霜)……………………… 張　炎(1561)
 又一體(候館深鐙)……………………… 張　炎(1562)
玉連環一體
 玉連環(謫仙往矣)……………………… 馮艾子(1563)
春從天上來四體
 春從天上來(海角飄零)………………… 吳　激(1564)
 又一體(裊裊秋風)……………………… 張　壽(1565)
 又一體(海上回槎)……………………… 張　炎(1565)
 又一體(浩蕩青冥)……………………… 周伯陽(1566)
西湖月二體
 西湖月(初弦月挂林梢)………………… 黃子行(1567)
 又一體(湖光冷浸玻璃)………………… 黃子行(1568)
愛月夜眠遲慢一體
 愛月夜眠遲慢(禁鼓初敲)……………… 無名氏(1569)
合歡帶二體
 合歡帶(身材兒早是妖嬈)……………… 柳　永(1570)
 又一體(樓臺高下玲瓏)………………… 杜安世(1570)
曲玉管一體
 曲玉管(隴首雲飛)……………………… 柳　永(1571)
早梅芳慢一體
 早梅芳慢(海霞紅)……………………… 柳　永(1572)

尉遲杯七體
　　尉遲杯（寵嘉麗）……………………………… 柳　　永(1573)
　　又一體（歲雲暮）……………………………… 無名氏(1574)
　　又一體（勝遊地）……………………………… 賀　　鑄(1575)
　　又一體（隋堤路）……………………………… 周邦彥(1575)
　　又一體（碎雲薄）……………………………… 万俟咏(1576)
　　又一體（長亭路）……………………………… 陳允平(1577)
　　又一體（去年時）……………………………… 晁補之(1578)
花發沁園春二體
　　花發沁園春（換譜伊凉）……………………… 劉圻父(1579)
　　又一體（帝里春歸）…………………………… 王　　詵(1580)
賞南枝一體
　　賞南枝（暮冬天氣閉）………………………… 曾　　覿(1581)
南浦五體
　　南浦（金鴨懶熏香）…………………………… 程　　垓(1582)
　　又一體（淺帶一帆風）………………………… 周邦彥(1582)
　　又一體（玉樹曉飛香）………………………… 史達祖(1583)
　　又一體（波暖綠粼粼）………………………… 張　　炎(1584)
　　又一體（風悲畫角）…………………………… 魯逸仲(1585)

卷三十四

（起一百五字,至一百八字）

西河六體　西河慢　西湖
　　西河（佳麗地）………………………………… 周邦彥(1586)
　　又一體（西江水）……………………………… 辛棄疾(1587)
　　又一體（長安道）……………………………… 周邦彥(1588)

111

又一體(形勝地)……………………………陳允平(1589)
　　又一體(山驛晚)……………………………劉一止(1589)
　　又一體(天下事)……………………………王　毂(1590)
夢橫塘一體
　　夢橫塘(浪痕經雨)…………………………劉一止(1591)
西吳曲一體
　　西吳曲(說襄陽舊事重省)…………………劉　過(1592)
秋霽四體　春霽
　　秋霽(江水蒼蒼)……………………………史達祖(1593)
　　又一體(一水盈盈)…………………………吳文英(1594)
　　又一體(千頃琉璃)…………………………陳允平(1595)
　　又一體(木落山明)…………………………曾　紆(1595)
清風八詠樓一體
　　清風八詠樓(遠興引遊蹤)…………………王　行(1596)
暗香疏影一體
　　暗香疏影(冰肌瑩潔)………………………張　翁(1597)
真珠髻一體
　　真珠髻(重重山外)…………………………無名氏(1598)
征部樂一體
　　征部樂(雅歡幽會)…………………………柳　永(1599)
解連環三體　望梅　杏梁燕
　　解連環(小寒時節)…………………………柳　永(1600)
　　又一體(怨懷無託)…………………………周邦彥(1601)
　　又一體(素書誰託)…………………………楊无咎(1602)
內家嬌一體
　　內家嬌(煦景朝升)…………………………柳　永(1603)

112

夜飛鵲慢二體　夜飛鵲
　　夜飛鵲慢（河橋送人處）…………………… 周邦彥（1604）
　　又一體（凝雲拂斜月）………………………… 趙以夫（1605）
泛清波摘遍一體
　　泛清波摘遍（催花雨小）……………………… 晏幾道（1606）
望明河一體
　　望明河（華旌耀日）…………………………… 劉一止（1607）
楚宮春慢二體
　　楚宮春慢（輕盈絳雪）………………………… 僧　揮（1608）
　　又一體（香迎曉日）…………………………… 周　密（1609）
望海潮三體
　　望海潮（東南形勝）…………………………… 柳　永（1610）
　　又一體（梅英疏淡）…………………………… 秦　觀（1611）
　　又一體（雲雷天塹）…………………………… 鄧千江（1612）
望湘人一體
　　望湘人（厭鶯聲到枕）………………………… 賀　鑄（1613）
青門飲三體
　　青門飲（風起雲間）…………………………… 秦　觀（1614）
　　又一體（山靜煙沈）…………………………… 曹　組（1615）
　　又一體（邊馬嘶風）…………………………… 無名氏（1615）
落梅二體　落梅慢
　　落梅（壽陽妝晚）……………………………… 王　詵（1616）
　　又一體（帶煙和雪）…………………………… 無名氏（1617）
飛雪滿群山二體　扁舟尋舊約　飛雪滿堆山
　　飛雪滿群山（冰結金壺）……………………… 蔡　伸（1618）
　　又一體（愛日烘晴）…………………………… 張　榘（1619）

113

角招一體
　　角招（曉寒薄）……………………… 趙以夫（1620）
一寸金五體
　　一寸金（井絡天開）………………… 柳　永（1621）
　　又一體（州夾蒼崖）………………… 周邦彥（1621）
　　又一體（仙李盤根）………………… 李彌遜（1623）
　　又一體（霜落鴛鴦）………………… 曹　勛（1623）
　　又一體（堪歎群迷）………………… 無名氏（1624）
繫梧桐三體
　　繫梧桐（香臘深深）………………… 柳　永（1625）
　　又一體（雪葉紅彫）………………… 無名氏（1626）
　　又一體（杳杳春江闊）……………… 李　甲（1626）
折紅梅二體
　　折紅梅（覷南翔征雁）……………… 杜安世（1627）
　　又一體（喜輕澌初泮）……………… 杜安世（1628）

卷三十五
（起一百八字，至一百十二字）

泛青苔一體　感皇恩慢
　　泛青苔（綠淨無痕）………………… 張　先（1630）
薄倖三體
　　薄倖（淡妝多態）…………………… 賀　鑄（1631）
　　又一體（桂輪香滿）………………… 沈端節（1632）
　　又一體（送君南浦）………………… 韓元吉（1632）
倚蘭人一體
　　倚蘭人（清明池館）………………… 曹　勛（1633）

惜黄花慢三體
　　惜黄花慢（霽空如水）……………………楊无咎（1634）
　　又一體（衆芳凋謝）………………………趙以夫（1635）
　　又一體（送客吴皋）………………………吴文英（1636）
一萼紅四體
　　一萼紅（古城陰）…………………………姜　夔（1637）
　　又一體（過薔薇）…………………………李彭老（1638）
　　又一體（擁孤衾）…………………………劉天迪（1639）
　　又一體（斷雲漏日）………………………無名氏（1640）
奪錦標三體　清溪怨
　　奪錦標（涼月横舟）………………………張　埜（1641）
　　又一體（孤影長嗟）………………………白　樸（1642）
　　又一體（老氣盤空）………………………滕應賓（1642）
菩薩蠻慢一體
　　菩薩蠻慢（曉鶯催起）……………………羅志仁（1643）
杜韋娘二體
　　杜韋娘（暮春天氣）………………………杜安世（1644）
　　又一體（華堂深院）………………………無名氏（1645）
無愁可解二體
　　無愁可解（光景百年）……………………蘇　軾（1646）
　　又一體（返照人間）………………………無名氏（1647）
過秦樓一體
　　過秦樓（賣酒壚邊）………………………李　甲（1648）
江城子慢二體　江神子慢
　　江城子慢（新枝媚斜日）…………………吕渭老（1649）
　　又一體（紫雲點楓葉）……………………蔡松年（1650）

江南春慢一體
　　江南春慢(風響牙籤)……………………………吳文英(1651)
冒馬索一體
　　冒馬索(曉窗明)…………………………………無名氏(1652)
八寶妝二體　八寶玉交枝
　　八寶妝(門掩黃昏)………………………………李　甲(1653)
　　又一體(滄島雲連)………………………………仇　遠(1653)
疏影五體　綠意　解佩環
　　疏影(苔枝綴玉)…………………………………姜　夔(1654)
　　又一體(柳黃未結)………………………………張　炎(1655)
　　又一體(千峰玉立)………………………………陳允平(1656)
　　又一體(雪空四野)………………………………張　炎(1657)
　　又一體(山陰賦客)………………………………張　翥(1658)
大聖樂三體
　　大聖樂(千朶奇峰)………………………………康與之(1659)
　　又一體(虹雨霓風)………………………………周　密(1660)
　　又一體(隱市山林)………………………………張　炎(1660)
高山流水一體
　　高山流水(素弦一一起秋風)……………………吳文英(1661)
慢卷綢二體
　　慢卷綢(閒窗燭暗)………………………………柳　永(1662)
　　又一體(絶羽沈鱗)………………………………李　甲(1663)
選冠子十六體　選官子　轉調選冠子　惜餘春慢　蘇武慢
　　　　仄韻過秦樓
　　選冠子(水浴清蟾)………………………………周邦彦(1664)
　　又一體(雁落平沙)………………………………蔡　伸(1665)
　　又一體(藻國淒迷)………………………………吳文英(1665)

116

又一體(細柳排空)…………………… 曹　勛(1666)
又一體(弄月餘花)…………………… 魯逸仲(1667)
又一體(嫩水拖藍)…………………… 張景修(1668)
又一體(憔悴江山)…………………… 無名氏(1668)
又一體(澹靄空濛)…………………… 陸　游(1669)
又一體(歸去來兮)…………………… 虞　集(1670)
又一體(穀雨收寒)…………………… 陳允平(1671)
又一體(倦聽蛩砧)…………………… 陳允平(1672)
又一體(雲淡風輕)…………………… 虞　集(1673)
又一體(清露晨流)…………………… 張　雨(1674)
又一體(雨濕花房)…………………… 呂渭老(1674)
又一體(裊裊芙蕖)…………………… 張　肎(1675)
又一體(秀木撐空)…………………… 曹　勛(1676)

露葉飛七體　鬪嬋娟
　露葉飛(露迷衰草)…………………… 周邦彥(1677)
　又一體(寒雲垂地)…………………… 方千里(1678)
　又一體(舊家池沼)…………………… 張　炎(1679)
　又一體(故園空杳)…………………… 張　炎(1679)
　又一體(霜林凋晚)…………………… 沈　唐(1680)
　又一體(故宮秋晚)…………………… 沈　唐(1681)
　又一體(誰能留得年華住)…………… 黃　裳(1681)

五綵結同心二體
　五綵結同心(人間塵斷)……………… 趙彥端(1682)
　又一體(珠簾垂戶)…………………… 無名氏(1683)

透碧霄三體
　透碧霄(月華邊)……………………… 柳　永(1684)
　又一體(檥蘭舟)……………………… 查　荎(1685)
　又一體(閬苑喜新晴)………………… 曹　勛(1685)

117

卷三十六

（起一百十三字,至一百二十六字）

玉山枕一體
 玉山枕（驟雨新霽）………………………… 柳　永（1687）

期夜月一體
 期夜月（金鈎花綬繫雙月）………………… 劉　潛（1688）

輪臺子二體
 輪臺子（一枕清宵好夢）…………………… 柳　永（1689）
 又一體（霧斂澄江）………………………… 柳　永（1690）

沁園春七體　東仙　壽星明　洞庭春色
 沁園春（孤館鐙青）………………………… 蘇　軾（1691）
 又一體（宮燭分煙）………………………… 賀　鑄（1692）
 又一體（黃鶴樓前）………………………… 葛長庚（1693）
 又一體（子陵先生）………………………… 林正大（1694）
 又一體（玉露迎寒）………………………… 李　劉（1695）
 又一體（宿靄迷空）………………………… 秦　觀（1696）
 又一體（錦字親裁）………………………… 程　垓（1697）

丹鳳吟三體
 丹鳳吟（迤邐春光無賴）…………………… 周邦彥（1698）
 又一體（麗錦長安人海）…………………… 吳文英（1699）
 又一體（蓬萊花鳥）………………………… 張　翥（1700）

紫萸香慢一體
 紫萸香慢（近重陽偏多風雨）……………… 姚雲文（1701）

瑤臺月三體　瑤池月
 瑤臺月（嚴風凛冽）………………………… 無名氏（1702）

118

又一體(煙霄凝碧)……………………… 葛長庚(1703)

又一體(扁舟寓興)……………………… 無名氏(1703)

宣清一體

宣清(殘月朦朧)………………………… 柳　永(1704)

八歸二體

八歸(芳蓮墜粉)………………………… 姜　夔(1705)

又一體(楚峰翠冷)……………………… 高觀國(1706)

摸魚兒九體　買陂塘　陂塘柳　邁陂塘　山鬼謠　雙蕖怨

摸魚兒(買陂塘旋栽楊柳)……………… 晁補之(1707)

又一體(更能消幾番風雨)……………… 辛棄疾(1709)

又一體(又西風四橋疏柳)……………… 李　演(1710)

又一體(愛吾廬傍湖千頃)……………… 張　炎(1710)

又一體(問雙星有情幾許)……………… 白　樸(1711)

又一體(指庭前翠雲合雨)……………… 趙從橐(1712)

又一體(對茱萸一年一度)……………… 徐一初(1713)

又一體(卷繡簾梧桐秋院落)…………… 歐陽修(1714)

又一體(歲華向晚)……………………… 無名氏(1714)

賀新郎十一體　金縷歌　金縷曲　金縷詞　乳燕飛
　　　　　　　　賀新涼　風敲竹　貂裘換酒

賀新郎(睡起流鶯語)…………………… 葉夢得(1716)

又一體(瑞氣籠清曉)…………………… 辛棄疾(1717)

又一體(乳燕飛華屋)…………………… 蘇　軾(1718)

又一體(柳暗凌波路)…………………… 辛棄疾(1719)

又一體(春色元無主)…………………… 平江妓(1719)

又一體(西子相思切)…………………… 史達祖(1720)

又一體(綠障南城樹)…………………… 史達祖(1721)

又一體(流落今如許)…………………… 李南金(1722)

又一體(客裏傷春淺)……………………… 馬莊父(1723)
　　又一體(斜日封殘雪)……………………… 呂渭老(1723)
　　又一體(白首歸何晚)……………………… 周紫芝(1724)
子夜歌一體
　　子夜歌(視春衫篋中半在)……………… 彭元孫(1725)
弔嚴陵一體　暮雲碧
　　弔嚴陵(蕙蘭香泛)………………………… 李　甲(1726)
金明池二體　昆明池　夏雲峰
　　金明池(瓊苑金池)………………………… 秦　觀(1727)
　　又一體(天闊雲高)………………………… 僧　揮(1728)
送征衣一體
　　送征衣(過昭陽)…………………………… 柳　永(1729)
笛家二體　笛家弄慢
　　笛家(花發西園)…………………………… 柳　永(1730)
　　又一體(璨質仙姿)………………………… 朱　雍(1731)
秋思耗一體　畫屏秋色
　　秋思耗(堆枕香鬟側)……………………… 吳文英(1732)
春風裊娜一體
　　春風裊娜(被梁間雙燕)…………………… 馮艾子(1733)
春雪間早梅一體
　　春雪間早梅(梅將雪共春)………………… 無名氏(1734)
白苧二體
　　白苧(繡簾垂)……………………………… 柳　永(1735)
　　又一體(正春晴)…………………………… 蔣　捷(1736)

卷三十七

（起一百二十六字，至一百三十九字）

翠羽吟一體
    翠羽吟（紺露濃）……………………蔣　捷(1738)

六州一體
    六州（良夜永）……………………無名氏(1739)

十二時慢四體
    十二時慢（晚晴初）…………………柳　永(1740)
    又一體（粉痕輕）……………………朱　雍(1741)
    又一體（素馨花）……………………葛長庚(1742)
    又一體（聖明代）……………………無名氏(1743)

蘭陵王五體
    蘭陵王（雨初歇）……………………秦　觀(1744)
    又一體（柳陰直）……………………周邦彥(1745)
    又一體（一丘壑）……………………辛棄疾(1746)
    又一體（古堤直）……………………陳允平(1747)
    又一體（送春去）……………………劉辰翁(1748)

大酺二體
    大酺（對宿煙收）……………………周邦彥(1749)
    又一體（又子規啼）…………………周　密(1751)

破陳樂二體
    破陳樂（露花倒影）…………………柳　永(1752)
    又一體（四堂互映）…………………張　先(1753)

瑞龍吟四體
    瑞龍吟（章臺路）……………………周邦彥(1754)

又一體（大溪面）……………………… 吳文英（1755）
又一體（長安路）……………………… 陳允平（1756）
又一體（清明近）……………………… 翁元龍（1757）

浪淘沙慢四體
　浪淘沙慢（夢覺透窗風一綫）……………… 柳　永（1758）
　又一體（萬葉戰秋深露結）………………… 周邦彥（1759）
　又一體（曉陰重）……………………… 周邦彥（1760）
　又一體（暮煙愁）……………………… 陳允平（1761）

歌頭一體
　歌頭（賞芳春暖風飄箔）…………………… 唐莊宗（1762）

多麗九體　鴨頭綠　隴頭泉
　多麗（新秋近）………………………… 晁補之（1763）
　又一體（晚雲收）……………………… 晁端禮（1764）
　又一體（好人人）……………………… 李　漳（1766）
　又一體（景蕭疏）……………………… 張孝祥（1767）
　又一體（晚山青）……………………… 張　翥（1768）
　又一體（静中看）……………………… 傅按察（1769）
　又一體（破波光如鏡）……………………… 葛立方（1770）
　又一體（想人生）……………………… 聶冠卿（1771）
　又一體（喜雨薰泛景）……………………… 曹　勛（1772）

卷三十八

（起一百三十九字，至一百六十字）

玉女搖仙佩二體
　玉女搖仙佩（飛瓊伴侶）……………… 柳　永（1773）
　又一體（灰飛嶰谷）…………………… 朱　雍（1774）

六醜三體
 六醜（正單衣試酒）……………………………… 周邦彥（1775）
 又一體（漸新鵝映柳）……………………………… 吳文英（1776）
 又一體（似東風老大）……………………………… 詹　正（1777）

玉抱肚一體
 玉抱肚（同行同坐）………………………………… 楊无咎（1778）

六州歌頭九體
 六州歌頭（少年俠氣）……………………………… 賀　鑄（1779）
 又一體（綠蕪城上）………………………………… 汪元量（1780）
 又一體（東風著意）………………………………… 韓元吉（1781）
 又一體（秦亡草昧）………………………………… 李　冠（1782）
 又一體（憑深負阻）………………………………… 劉　褒（1783）
 又一體（紫桑高隱）………………………………… 袁去華（1784）
 又一體（鎮長淮）…………………………………… 劉　過（1785）
 又一體（向來抵掌）………………………………… 程　珌（1786）
 又一體（詩成雪嶺）………………………………… 盧　摯（1787）

夜半樂二體
 夜半樂（凍雲黯淡天氣）…………………………… 柳　永（1788）
 又一體（艷陽天氣）………………………………… 柳　永（1789）

寶鼎現八體　三段子　寶鼎兒
 寶鼎現（夕陽西下）………………………………… 康與之（1790）
 又一體（囂塵盡埽）………………………………… 趙長卿（1792）
 又一體（東君著意）………………………………… 無名氏（1793）
 又一體（層林煙霽）………………………………… 李彌遜（1794）
 又一體（山莊圖畫）………………………………… 張元幹（1795）
 又一體（虞絃清暑）………………………………… 陳　合（1796）
 又一體（六鼇初駕）………………………………… 陳允平（1797）

又一體(紅妝春騎)……………………………………劉辰翁(1798)
箇儂一體
　箇儂(恨箇儂無賴)…………………………………廖瑩中(1799)
解紅慢一體
　解紅慢(杖藜徐步)…………………………………無名氏(1800)

卷三十九
（起一百六十九字,至二百四十字）

穆護砂一體
　穆護砂(底事蘭心苦)………………………………宋　裒(1802)
三臺一體
　三臺(見梨花初帶夜月)……………………………万俟咏(1804)
哨遍九體　稍遍
　哨遍(爲米折腰)……………………………………蘇　軾(1805)
　又一體(睡起畫堂)…………………………………蘇　軾(1807)
　又一體(世有達人)…………………………………王安中(1808)
　又一體(壬戌孟秋)…………………………………曹　冠(1809)
　又一體(勝處可宮)…………………………………劉克莊(1810)
　又一體(池上主人)…………………………………辛棄疾(1811)
　又一體(一壑自專)…………………………………辛棄疾(1813)
　又一體(近臘景和)…………………………………汪　莘(1814)
　又一體(太皥司春)…………………………………無名氏(1816)
戚氏三體　夢遊仙
　戚氏(晚秋天)………………………………………柳　永(1817)
　又一體(玉龜山)……………………………………蘇　軾(1818)
　又一體(夢遊仙)……………………………………丘處機(1819)

勝州令一體
　勝州令（杏花正噴火）……………………………鄭意娘(1821)
鶯啼序五體　豐樂樓
　鶯啼序（殘寒正欺病酒）…………………………吳文英(1822)
　又一體（橫塘棹穿艷錦）…………………………吳文英(1824)
　又一體（銀雲卷晴縹緲）…………………………黃公紹(1825)
　又一體（初荷一番濯雨）…………………………趙　文(1826)
　又一體（金陵故都最好）…………………………汪元量(1828)

卷四十
(附編)

清平調辭三首 …………………………………………李　白(1830)
水調歌十一首 …………………………………………無名氏(1831)
涼州歌五首 ……………………………………………無名氏(1834)
伊州歌十首 ……………………………………………無名氏(1836)
陸州歌七首 ……………………………………………無名氏(1839)
調笑令十首 ……………………………………………毛　滂(1840)
又一體八首　調笑集句 ………………………………無名氏(1845)
又一體十二首　調笑轉踏 ……………………………鄭　僅(1849)
九張機十一首 …………………………………………無名氏(1853)
又一體九首 ……………………………………………無名氏(1856)
梅花曲三首 ……………………………………………劉　几(1858)
薄媚十首 ………………………………………………董　穎(1860)

詞名索引

御製詞譜序

　　詞之有圖譜,猶詩之有體格也。詩本於古歌謠,詞本於詩。《詩》三百篇皆可歌,凡散見於《儀禮》、《禮記》、《春秋左氏傳》者,班班可考也。漢初樂府亦期協律。魏晋迄唐,諸體雜出,而比於律者蓋寡。唐之中葉,始爲填詞,製調倚聲,歷五代、北宋而極盛。崇寧間,大晟樂府而集有十二律、六十家、八十四調,後遂增至二百餘,換羽移商,品目詳具。迨南渡後,宮調失傳,而詞學亦漸紊矣。
　　夫詞寄於調,字之多寡有定數,句之長短有定式,韻之平仄有定聲,杪忽無差,始能諧合,否則音節乖舛,體製混淆,此圖譜之所以不可略也。間覽近代《嘯餘》、《詞統》、《詞匯》、《詞律》諸書,原本《尊前》、《花間》、《草堂》遺說,頗能發明,尚有未備。既命儒臣先輯《歷代詩餘》,親加裁定;復命校勘《詞譜》一編,詳次調體,剖析異同,中分句讀,旁列平仄,一字一韻,務正傳訛。按譜填詞,渢渢乎可赴節族而諧筦絃矣。《樂記》曰:"凡音者,生人心者也。"哀樂喜怒,感於心而傳於聲。詞之有調,亦各以類應,不可牽合。而起調畢曲,七聲一均,旋相爲宮,更與《周體‧大司樂》三宮、《漢志》三統之製相準,故紫陽大儒而詩餘不廢。是編之集，不獨俾承學之士攎情綴採，有所據依，從此討論宮商，審定調曲，庶幾古昔樂章之遺響亦可窺見於萬一云。
康熙五十四年七月十六日

　　日講官起居注翰林院侍講學士加三級臣陳邦彥敕來敬書。

詞譜凡例

一、詞者古樂府之遺也，前人按律以製調，後人按調以填詞。宋元以來，調名日多，舊譜未備，今廣搜博採，次第編輯，俾倚聲者知所考焉。

一、宋元人所撰詞譜流傳者少，明《嘯餘譜》諸書不無舛誤，近刻《詞律》時有發明，然亦得失並見。是譜繙閱群書，互相參訂，凡舊譜分調分段及句讀音韻之誤，悉據唐宋元詞校定。

一、調以長短分先後。若同一調名，則長短彙列，以"又一體"別之。其添字、減字、攤破、偷聲、促拍、近拍以及慢詞，皆按字數分編。至唐人大曲如《凉州》、《水調歌》，宋人大曲如《九張機》、《薄媚》，字數不齊，各以類附，輯爲末卷。

一、唐人長短句，悉照《尊前》、《花間》、《花庵》諸選收入。其五六七言絕句，亦各採一二首，以備其體。至元人小令，略仿《詞林萬選》之例，取其尤雅者，非以曲混詞也。

一、每調選用唐宋元詞一首，必以創始之人所作本詞爲正體，如《憶秦娥》創自李白，四十六字，至五代馮延巳則三十八字，宋毛滂則三十七字，張先則四十一字，皆李詞之變格也，斷列李詞在前，諸詞附後。其無考者，以時代爲先後。

一、引用之詞皆宋元選本及各人本集，其無名氏詞亦注明出某書，以便校勘。

一、圖譜專主備體，非選詞也。然間有俚俗不成句法，並無別首可錄者，雖系宋詞，仍不採入。

一、詞名原委及一調異名之故，散見群書者，悉爲採注。

一、詞中句讀不可不辨，有四字句而上一下一中兩字相連者，有五字句而上一下四者，有六字句而上三下三者，有七字句而上三下四者，有八字句而上一下七或上五下三、上三下五者，有九字句而上四下五或上六下三、上三下六者，此等句法不可枚舉。譜內以整句爲句，半句爲讀；直截者爲句，蟬聯不斷者爲讀，逐一注明行間。至詞有拗句，尤關音律，如溫庭筠之"斷腸瀟湘春雁飛，萬枝香雪開已遍"，皆是。又有一句五字皆平聲者，如史達祖《壽樓春》詞之"夭桃花清晨"句；一句五字皆仄聲者，如周邦彥《浣溪沙慢》之"水竹舊院落"句，俱一定不可易，譜內各爲注出。

一、韻有三聲叶者，有間入仄韻於平韻中者，有換韻者，有叠韻者，有短韻藏於句中者，逐一注明。至宋人填詞，間遵古韻，不外《禮部韻略》所注通轉之法，或有從中原雅音者，俱照原本採錄。

一、每調一詞旁列一圖，以虛實朱圈分別平仄，平用虛圈，仄用實圈。字本平而可仄者，上虛下實；字本仄而可平者，上實下虛。至詞中句法如詩中五言七言者，其第一字第三字類多可平可仄，似不必拘，譜內亦參校舊詞始爲作圖。至一定平仄，別詞有異同者，必引證其句，注明本詞之下。又可平可仄中遇去聲字，最爲緊要。平聲可以入聲替，上聲不可以去聲替，宋沈伯時《樂府指迷》論之最詳。譜內凡用去聲字不可易者，悉爲標出。

一、宋人集中，如柳永、姜夔詞間存宮調，悉照原注備載。若夫四聲二十八調，或爲禹指之聲，或爲三犯四犯之曲，以至按律諧聲所以被諸管絃者，在宋張炎已云"舊譜零落，姑置勿論"云。

詞譜卷一

竹枝三體

　　唐教坊曲名。元郭茂倩《樂府詩集》云："《竹枝》本出於巴渝。唐貞元中，劉禹錫在沅湘，以里歌鄙陋，乃依騷人《九歌》，作《竹枝》新調九章①，交里中兒歌之。由是盛於貞元、元和之間。"按《劉禹錫集》，與白居易倡和《竹枝》甚多，其自序云："《竹枝》，巴渝也。巴兒聯歌，吹短笛，擊鼓以赴節。歌者揚袂睢舞，其音協黃鐘羽。"但劉、白詞俱無和聲，今以皇甫松、孫光憲詞作譜，以有和聲也。

竹枝

皇甫松

單調十四字，兩句兩平韻。

芙蓉并蒂 竹枝 一心連。女兒 花侵橘子 竹枝 眼應穿。女兒
○○●● 　　 ●○○韻　　 ○○●● 　　 ●○○韻

　　《尊前集》載皇甫松《竹枝》詞六首，皆兩句體，平韻者五，仄韻者一。每句第二字俱用平聲，餘字平仄不拘，所注"竹枝""女兒"叶韻，乃歌時群相隨和之聲。"枝""兒"，猶《採蓮》之有"舉棹"、"年少"也。按古樂府《江南弄》等曲，皆有

---

①新調：按《樂府詩集》卷八一原作"新辭"。

和聲。如《江南曲》和云："陽春路,時使佳人度。"《龍笛曲》和云①："江南弄,真能下翔鳳。"《採蓮曲》和云："採蓮居②,淥水好沾衣。"亦各叶韻。此其遺意耳。

又一體

皇甫松

單調十四字,兩句兩仄韻

山頭桃花 竹枝 谷底杏。女兒 兩花窈窕 竹枝 遥相映。女兒
〇〇〇〇　　●●●韻　　●〇●●　　　〇〇〇韻

此首用仄韻

又一體

孫光憲

單調二十八字,四句三平韻

門前春水 竹枝 白蘋花。女兒 岸上無人 竹枝 小艇斜。女兒
〇〇〇●　　●・〇〇韻　●●〇〇　　　●●〇韻
商女經過 竹枝 江欲暮。女兒 散抛殘食 竹枝 飼神鴉。女兒
〇●〇〇　　〇●●韻　　●〇〇●　　　●〇〇韻

---

① 《龍笛曲》和云:原誤作"龍笛和云云",據《樂府詩集》及上下文例改。
② 採蓮居:《樂府詩集》作"採蓮歸"。

歸字謠一體

蔡伸詞名《蒼梧謠》，周玉晨詞名《十六字令》，袁去華詞亦名《歸字謠》。有刻"歸梧謠"者誤。

歸字謠

張孝祥

單調十六字，四句三平韻。

歸。獵獵薰風颭繡旗。闌教住，重舉送行杯。
○韻●●○○⊝●○韻○○●句⊝●●○○韻

按張孝祥詞三首，皆以"歸"字起韻。蔡伸詞以"天"字起韻，袁去華詞亦以"歸"字起韻，皆一字句也。元《天機餘錦》周玉晨詞："眠。月影穿窗白玉錢。無人弄，移過枕函邊。"本以一字句起，《詞統》及《草堂別集》訛"眠"字爲"明"，遂以"明月影"三字爲起句者誤。

按張詞別首第二句"十萬人家兒樣啼"，"兒"字平聲；蔡伸詞第二句"休使圓蟾照客眠"，"休"字平聲，第四句"桂影自嬋娟"，"桂"字仄聲。譜內可平可仄據此。

漁父引一體

唐教坊曲名。

7

漁父引

顧　況

單調十八字,三句三平韻。

新婦磯邊月明。女兒浦口潮平。沙頭鷺宿魚驚。
○●○○●●韻●○●●○○韻○○●●○○韻

此與張志和《漁歌子》極爲宋人傳誦。黃庭堅、徐俯曾取二詞合爲《浣溪沙》歌之。見《樂府雅詞》注。

閒中好二體

調見唐段成式《酉陽雜俎》,有平韻、仄韻二體,即以首句三字爲調名也。

閒中好

段成式

單調十八字,四句兩平韻。

閒中好,塵務不縈心。坐對當窗木,看移三面陰。
○○●句○●●○○韻●●○○●句○○○●○韻

按《酉陽雜俎》有張希復平韻詞,與此悉同。

又一體

鄭　符

單調十八字，四句兩仄韻。
閒中好，盡日松爲侶。此趣人不知，輕風度僧語。
○○●句●●○○●韻●●○○○句○○●●●韻
此詞用仄韻。

紇那曲一體

明胡震亨《唐音癸籤》云："《紇那曲》，不知所出。考唐天寶中，崔成甫翻《得體歌》，有'得體紇那也，紇囊得本那'之句，豈其所本與？"按唐人於舟中唱《得體歌》，有號頭，即和聲，"紇那"者，或曲之和聲也。

紇那曲

劉禹錫

單調二十字，四句三平韻。
楊柳鬱青青。竹枝無限情。同郎一回顧，聽唱紇那聲。
●●●○○韻●○○●●韻○◐●●句○●●○○韻
此即唐平韻五言絕句。按《尊前集》劉詞別首第一句"蹋曲興無窮"，"蹋"字仄聲。第三句"願郎千萬壽"，"願"字仄聲，"千"字平聲，"萬"字仄聲。

拜新月一體

唐教坊曲名。

拜新月

李　端

單調二十字，四句兩仄韻。
開簾見新月，便即下階拜。細語人不聞，北風吹裙帶。
○○●○●句●●●○●韻●●○○句●●○○●韻

此即唐仄韻五言絕句，而語氣微拗。填此詞者，其平仄當從之。

梧桐影一體

宋周紫芝《竹坡詩話》云："大梁景德寺峨嵋院壁間，有呂巖題字。寺僧相傳，有蜀僧號峨嵋道者，戒律甚嚴，不下席者二十年。一日，有布衣青裘，昂然一偉人來，與語良久，期以明年是日，復相見於此，願少見待。明年是日，日方午，道者沐浴端坐而逝。至暮，偉人果來，問道者，曰亡矣。偉人歎息良久，忽不見。明日，書數語於堂側壁間絕高處。宣和間，余遊京師，猶及見之。"

按《庚溪詩話》亦載此事，與此小異。後人因詞中有"明月斜"句，更名《明月斜》。

梧桐影

吕　巖

　　單調二十字，四句兩仄韻。
明月斜，秋風冷。今夜故人來不來，教人立盡梧桐影。
○●○句○○●韻○●●○○●○句○○●●●○○●韻
　　　　按《竹坡詩話》作"落日斜，西風冷。幽人今夜來不來，教人立盡梧桐影"，與此小異。今照《庚溪詩話》校定。

囉嗊曲三體

　　唐范攄《雲溪友議》云："金陵有囉嗊樓，乃陳后主所建。《囉嗊曲》，劉采春所唱，皆當代才子所作五六七言絕句。一名《望夫歌》，元稹詩所謂'更有惱人腸斷處，選詞能唱望夫歌'也。"

囉嗊曲

劉采春

　　單調二十字，四句兩平韻。
不喜秦淮水，生憎江上船。載兒夫壻去，經歲又經年。
●◐○◐●句◐○◐●○韻◐○○●●句◐●●○○韻
　　　　按《雲溪友議》所載《囉嗊曲》，其起句不用韻者凡五首，其第四首云："那年離別日，只道往桐廬。桐廬人不見，今得廣州書。"第五首云："昨日勝今日，今年老去年。黃河清有日，白髮黑無緣。"譜內可平可仄據此。

11

又一體

劉采春

單調二十字，四句三平韻。
昨夜黑風寒。牽船浦裏安。潮來打纜斷，搖櫓始知難。
●●●○○韻○○●●○韻○○●●●句○●●○○韻
此首起句用韻。

又一體

劉采春

單調二十八字，四句三平韻。
閒向江頭採白蘋。常隨女伴賽江神。眾中不敢分明語，
○●○○●●韻○○●●●○○韻●○●●○○●句
暗擲金錢卜遠人。
●●○○●●○韻
此本七言絕句，因亦名《囉嗊曲》，故並列之。

醉妝詞一體

唐孫光憲《北夢瑣言》："蜀王衍嘗裹小巾，其尖如錐。宮人皆衣道服，簪蓮花冠，施胭脂夾臉，號醉妝，因作《醉妝詞》。"

醉妝詞

王　衍

　　　單調二十二字,六句三仄韻三叠韻。
者邊走。那邊走。只是壽花柳。那邊走。者邊走。莫厭
●○●韻●○●叠●●●○○韻●○●叠●○●叠●●
金杯酒。
○○●韻
　　　此調衹此一詞。

慶宣和一體

　　　元張可久《小山樂府》,自註"雙調"。按《唐書·禮樂志》雙調乃夾鍾之商聲也。

慶宣和

張可久

　　　單調二十二字,五句三平韻兩叶韻。
雲影天光乍有無。老樹扶疏。萬柄高荷小西湖。聽雨。
○●○●●○韻●●○○韻●●○○●○○韻●●叶
聽雨。
●●叶
　　　此元人小令,亦名《葉兒樂府》,即元曲所自始也。因倣明楊慎《詞林萬選》例,擇其尤雅者,採入以備一體。

南歌子七體

唐教坊曲名。此詞有單調、雙調,單調者始自溫庭筠詞,因詞有"恨春宵"句,名《春宵曲》。張泌詞本此添字,因詞有"高卷水晶簾額"句,名《水晶簾》。又有"驚破碧窗殘夢"句,名《碧窗夢》。鄭子聃有"我愛沂陽好詞"十首,更名《十愛詞》。雙調者有平韻仄韻兩體。平韻者始自毛熙震詞,周邦彥、楊无咎、僧揮五十四字體,無名氏詞五十三字體,俱本此添字。仄韻者始自《樂府雅詞》,惟石孝友詞最爲諧婉,周邦彥詞名《南柯子》,程垓詞名《望秦川》,田不伐詞有"簾風不動蝶交飛"句,名《風蝶令》。

南歌子

溫庭筠

單調二十三字,五句三平韻。

手裏金鸚鵡,胸前繡鳳凰。偷眼暗形相。不如從嫁與,
●●○○●句○○●●○韻○●●○○韻●○○●●句
作鴛鴦。
●○○韻

按溫庭筠詞共七首,平仄如一,填者宜遵之。

又一體

張　泌

單調二十六字，五句三平韻。
錦薦紅鸂鶒，羅衣繡鳳凰。綺疏飄雪北風狂。簾幕晝垂
●●○○●句○○●●○韻⊙○●●●○韻○●●
無事，鬱金香。
○●句●○○韻

此詞第三句七字、第四句六字異。按歐陽炯詞第三句"迢迢永夜夢難成"，上"迢"字平聲，"永"字仄聲。

又一體

毛熙震

雙調五十二字，前後段各四句三平韻。
惹恨還添恨，牽腸即斷腸。凝情不語一枝芳。獨映畫簾
⊙●○●句○○●●○韻●●●○○韻●●●○
閒立、繡衣香。　　暗想爲雲女，應憐傅粉郎。晚來輕
⊙●讀●○○韻　　⊙●●○●句○○●●○韻⊙○⊙
步出閨房。髻慢釵橫爲力、縱猖狂。
●●○○韻⊙●⊙○⊙●讀●○○韻

此詞前後兩結，或上六字讀，下三字句；或上四字讀，下五字句。須蟬聯不斷，可讀不可句。詞中此等句法最多，可以類推。如此詞兩結，俱作上六下三句讀。宋詞本此填者甚多，蘇軾詞"正是一年春好、近清明"、"此樂無聲無味、最難名"，秦觀詞"天外不知音耗、百般猜"、"只恐又拋人去、幾時來"，正

與此同。

《花間集》毛詞別首起句"遠山愁黛碧","山"字平聲,"黛"字仄聲。又秦觀詞起句"愁鬢香雲墜","愁"字平聲;第二句"嬌眸冰雪裁","冰"字平聲;第三句"月明風幌爲誰開","月"字仄聲、"風"字平聲。陳師道詞第四句"人在笙歌聲裏暗生春","人"字"笙"字俱平聲;後段起句"今代無雙士","今"字平聲;第三句"杯行到手莫辭頻","杯"字平聲、"到"字仄聲;第四句"明日鳳池歸路、隔清塵","明"字平聲、"鳳"字仄聲。又賀鑄詞前後兩結句"何處飛來白鷺、立移時"、"睡起芭蕉葉上、自題詩","白"字"葉"字俱仄聲。譜內可平可仄據此。

又一體

辛棄疾

雙調五十二字,前後段各四句三平韻。

散髮披襟處, 浮瓜沈李時。 淂淂流水細侵階。 鑿箇池
●●○●句 ○○●●○韻 ○○●●●○○韻 ●●○
兒、喚箇月兒來。　　畫棟頻搖動, 紅蕖盡倒開。闞勻
兒讀●●●○○韻　　●●○○●句 ○○●●○韻 ●○
紅粉照香腮。有箇人兒、把箇鏡兒猜。
○●●○○韻 ●●○○讀 ●●●○○韻

此詞前後兩結,上作四字一讀,下作五字一句,與毛詞小異。宋詞如此填者甚多,趙師俠詞"喚渡沙頭、款款話離情"、"一片瀟湘、真箇畫難成",范成大詞"可惜高樓、不近木蘭舟"、"江已東流、那肯更西流",正與此同。

又一體

《花草粹編》無名氏

雙調五十三字，前後段各四句三平韻。

夕露霑芳草，斜陽帶遠邨。幾聲殘角起譙門。撩亂栖
●●○○句○○●●○韻●●●●○○韻●●○
鴉、飛舞鬧黃昏。　　天共高城遠，香餘繡被溫。客程
○讀○●●○○韻　　○●○○●句○○●●○韻●○
常是可銷魂。怎向人心頭、橫著箇人人。
○●●○○韻●●○○○讀○●●○○韻

此與辛詞同，惟後結多一字。

又一體

周邦彥

雙調五十四字，前後段各四句三平韻。

膩頸凝酥白，輕衫淡粉紅。碧油涼氣透簾櫳。指點庭花
◐●○○●句○○●●○韻●●○●●○○韻●●○○
低映、雲母屏風。　　恨逐瑤琴寫，書勞玉指封。等閒
○●讀○●○○韻　　●●○○●句○○●●○韻●○
贏得瘦儀容。何事不教雲雨、略下巫峰。
○●●○○韻○●●○○●讀●●○○韻

此詞前後兩結，俱上六下四句法，較毛詞各多一字。

按僧揮詞起句"金甃蟠龍尾"，"金"字平聲；第三句"涼生宮殿不因秋"，"涼"字平聲；第四句"門外莫尋塵世、捲地江流"，"門"字平聲、"莫"字"捲"字俱仄聲。又楊无咎詞後段起

句"羅綺紛香陌","羅"字平聲；結句"借問謫仙何在、今爲誰明","借"字仄聲、"今"字平聲。又一首後段第三句"蓬山應是隱鰲頭","蓬"字平聲；結句"誰道於今雙鬢、猶自淹留","於"字平聲。譜內可平可仄據此。

又一體

石孝友

雙調五十二字，前後段各五句三仄韻。

春淺梅紅小， 山寒嵐翠薄。 斜風吹雨入簾幕。 夢覺西
〇●〇●句 〇〇〇●韻 〇〇〇●〇●韻 ●〇
樓、嗚咽數聲角。 歌酒工夫懶，別離情緒惡。舞衫
〇讀〇●●〇●韻 〇〇〇●句〇〇〇●●韻 ●〇
寬盡不堪著。若比那回、相見更消削。
〇●●〇●韻●●〇〇讀〇●●〇●韻

此詞用仄韻，其字句與毛熙震平韻詞同。

按宋沈伯時《樂府指迷》"論平聲字可以入聲替"，如此詞本平聲韻，今更入聲韻是也。曾慥《樂府雅詞》錄無名氏詞亦入聲韻，前段："閣兒雖不大，都無半點俗。窗兒根底數竿竹。畫展江南山景、兩三幅。"後段："彝鼎燒異香，膽瓶插嫩菊。翛然無事净心目。共那人人、相對弈棋局。"其前後段起二句平仄微拗，不若此詞諧婉也。

荷葉杯三體

唐教坊曲名。此詞有單調、雙調，單調者有溫庭筠、顧敻

二體,雙調者只韋莊一體,俱見《花間集》。

荷葉杯

温庭筠

單調二十三字,六句四仄韻兩平韻。

一點露珠凝冷。 波影。滿池塘。 綠莖紅艷兩相
●●●●●●仄韻○●韻●○○平韻●○○●●○
亂。 腸斷。水風凉。
●換仄韻○●韻●○○平韻

此調三換韻,以平韻爲主,兩仄韻即間於平韻之內。温詞三首,平仄悉同。

又一體

顧敻

單調二十六字,六句兩仄韻三平韻一叠韻。

春盡小庭花落。 寂寞。憑檻歛雙眉。 忍教成病憶佳
◐●◐○○●仄韻●●韻●●○○平韻◐◐○●●○
期。知麼知。知麼知。
○韻○●○韻○●○叠

按顧敻詞九首,內一首起二句:"我憶君詩最若。知否。"故此詞"春"字可仄,"小"字可平,"花"字可仄,"寂"字可平。第三四句:"字字最關心。紅牋寫寄表情深。"故此詞"憑"字可仄,"忍"字可平,"成"字可仄。若第六句即叠第五句平韻,其第五句第一字即煞尾平韻也。明程明善《嘯餘譜》於第五句第一字注"可仄",則是仄韻煞尾矣,不可從。

又一體

韋莊

雙調五十字，前後段各五句兩仄韻三平韻。

記得那年花下。　深夜。初識謝娘時。　水堂西面畫簾
●●○○●●仄韻　○●韻●●●○○平韻　●○●●●○
垂。携手暗相期。　惆悵曉鶯殘月。　相別。從此
○韻●●●○○韻　○●●○○●換仄韻●●韻●●
隔音塵。　如今俱是異鄉人。相見更無因。
●○○換平韻　○○●●●○○韻●●●○○韻

此即顧夐詞體又加一段，惟結句五字不叠韻，更減去一字耳。但兩段各自換韻，舊譜或注一韻者誤。

按韋詞別首前段起句"絕代佳人難得"，"佳"字平聲；結句"不忍更思維"，"不"字仄聲；後段第四句"碧天無路信沈沈"，"碧"字仄聲。許棐詞前段第四句"歸程能隔幾重山"，"歸"字平聲；後段起句"準備繡雕鞍"，"準"字仄聲；第三句"說與百花知"，"說"字仄聲。譜內可平可仄據此。

回波樂二體

唐劉肅《大唐新話》：景龍中，中宗嘗遊興慶池，侍宴者遞起鼓舞，并唱《回波詞》。給事中李景伯亦起舞，歌詞云云。《樂府詩集》：《回波》，商調曲，唐中宗時造，蓋出於曲水引流泛觴也。後亦爲舞曲。《教坊記》謂之軟舞。

回波樂

李景伯

單調二十四字，四句三平韻。
回波爾時酒卮。微臣職在箴規。侍宴既過三爵，諠譁
○○●○●○韻○●●●○○韻●●●○●●句○●
竊恐非儀。
●●○○韻

此即唐六言絕句，但第一句俱用"回波爾時"四字起。按沈佺期詞："回波爾時佺期。流向嶺外生歸。身名已蒙齒録，袍笏未復牙緋。"其平仄不同，其體則同也。

又一體

《本事詩》無名氏

單調二十四字，四句三仄韻。
回波爾時栲栳。怕婦也是大好。外邊祇有裴談，內裏
○○●○●●韻●●●●●●韻●○●●○○句●●
無過李老。
○○●●韻

此詞用仄韻。按楊廷玉詞起句"回波爾時廷玉"，正與此同。但唐人風氣初開，猶有古樂府遺意，其平仄往往不拘，故不復校註。

舞馬詞二體

　　《唐書·禮樂志》：明皇嘗命教舞馬四百蹄，各爲左右，分部目，衣以文繡，絡以金珠，每千秋節舞於勤政樓下。賜譙設酺，其曲數十叠。馬聞聲奮首鼓尾，縱橫應節。又施三層板床，乘馬而上，抃轉如飛。或命壯士舉榻，馬舞其上。歲以爲常。①

舞馬詞

張　説

　　　　單調二十四字，四句三平韻。

綵旄八佾成行。時龍五色因方。屈膝銜杯赴節，傾心獻
●○●○○韻○○●○○韻●●○○●●句○○●
壽無疆。
●○○韻

　　　　此亦唐人六言絶句，其平仄不拘。
　　　　按張説本集詞六首，惟此一首起句用韻。和聲云："四海和平樂"。

---

①　按此條引文，除："每千秋節舞於勤政樓下"十字外，其他文字並不見於《唐書·禮樂志》，實際上多見於《明皇雜録》。此種引書方法，屢屢見於本書，與現代的嚴格意義上的"引文"不同，務請徵引者注意。

又一體

張　說

單調二十四字,四句兩平韻。

天鹿遙徵衛叔,　日龍上借羲和。　將共兩駿爭舞,　來隨八
○●○●●句●○●●○○韻○●●○●句○○●
駿齊歌。
●○○韻

此首起句不用韻。按張說詞五首皆然。和聲云:"聖代昇平樂"。

三臺二體

唐教坊曲名。宋李濟翁《資暇錄》:《三臺》,今之啐酒三十拍促曲。啐,送酒聲也。宋張表臣《珊瑚鈎詩話》:樂部中有促拍催酒,謂之《三臺》。沈括詞名《開元樂》。因結有"翠華滿陌東風"句,名《翠華引》。

三臺

王　建

單調二十四字,四句兩平韻。

池北池南草綠,　殿前殿後花紅。　天子千秋萬歲,　未央
○●○●●句●○●●○○韻○●●○●句●○

明月清風。
○●○○韻

　　此亦六言絕句,平仄不拘。按《王建集》有"宮中三臺"、"江南三臺"之分,大約如《竹枝詞》有"蜀中、江南漁父"之目,各隨其所詠之事而名之也。

又一體

王　建

　　單調二十四字,四句三平韻。
樹頭花落花開。道上人去人來。朝愁暮愁即老,百年幾
●○○●○○韻●●○○○○韻○○●○●●句●○●
度三臺。
●○○韻

　　此詞首句用韻。

柘枝引一體

　　唐教坊曲名。《樂府雜錄》:健舞曲。《樂苑》:羽調曲。按此舞因曲爲名,用二女童,帽施金鈴,抃轉有聲。其來也,藏二蓮花中,花坼而後見,對舞相占。實舞中雅妙者也。

柘枝引

無名氏

　　單調二十四字,四句三平韻。

將軍奉命即須行。塞外領強兵。聞道烽煙動，腰間寶劍
〇〇●〇〇〇韻●●●〇〇韻〇●〇〇●句〇〇●●
匣中鳴。
●〇〇韻

按《宋史・樂志》：小兒舞隊有《柘枝》。又沈括《筆談》：柘枝舊曲，遍數極多。今已不傳，存此以誌其概。

塞姑一體

見《樂府詩集》，蓋唐時邊塞閨人之詞也。

塞姑

《樂府詩集》無名氏

單調二十四字，四句三仄韻。

昨日盧梅塞口。整見諸人鎮守。都護三年不歸，折盡江
●●〇〇●●韻●●〇〇●●韻〇●〇〇●〇句●●〇
邊楊柳。
〇〇●韻

此亦六言絕句，其平仄不拘。

晴偏好一體

明陳耀文《花草粹編》云："西湖雖有山泉，而大旱亦嘗龜坼。嘉熙庚子水涸，茂草生焉。"李霜崖作《晴偏好》詞紀之，

取詞中結句爲調名。

晴偏好

李霜崖

單調二十四字，四句四仄韻。
平湖千頃生芳草。芙蓉不照紅顛倒。東坡道。波光瀲灩
○○○●○○●韻○○●●○○●韻○○●韻○○●●
晴偏好。
○○●韻

此調止此一詞，無別首可校。

憑闌人二體

《太平樂府》注"越調"。按《唐書·禮樂志》：越調，即黃鍾之商聲也。

憑闌人

邵亨貞

單調二十四字，四句四平韻。
誰寫江南一段秋。妝點錢塘蘇小樓。樓中多少愁，楚
⊙●○○●●○韻●●○○○●○韻○○●●○韻●
山無盡頭。
○○●○韻

此亦元人小令，可平可仄，系下倪詞。

又一體

倪瓚

單調二十五字,五句三平韻一叶韻。

客有吴郎吹洞簫。明月沈江春霧曉。湘靈不可招。水
●●○○○●○韻○●○○○●●叶○○●●○韻●
雲中,環珮摇。
○○句○●○韻

此詞第二句用仄韻,結作三字兩句,與邵詞小異。按元人小令,俱叶北音,所謂《中原音韻》也,與古韻三聲叶者微不同。蓋三聲叶只平上去三聲,若《中原音韻》則入聲作平,無所不叶也。

花非花一體

調見白居易《長慶集》,以首句爲調名。

花非花

白居易

單調二十六字,六句三仄韻。

花非花,霧非霧。夜半來,天明去。來如春夢不多時,
○○○句●○●韻●●○句○○●韻○○●●●○○句
去似朝雲無覓處。
●●○○●●韻

此本《長慶集》長短句詩,後人採入詞中,其平仄亦不拘。

摘得新一體

唐教坊曲名。

摘得新

皇甫松

單調二十六字,六句四平韻。

摘得新。枝枝葉葉春。管絃兼美酒,最關人。平生都得
●●○韻○○●●○韻●○○●●句●○○韻○○●●
幾十度,展香茵。
●●●句●○○韻

皇甫松詞別首第五句"繁紅一夜驚風雨","一"字仄聲,
"驚"字"風"字俱平聲。

梧葉兒五體

《太平樂府》註"商調"。《唐書·禮樂志》:商調,乃夷則
之商聲也。

梧葉兒

吳西逸

單調二十六字，七句四平韻一叶韻。
韶華過，春色休。紅瘦綠陰稠。花凝恨，柳帶愁。泛蘭
○○●句○●○韻●●●○韻○○●句◐●○韻●○
舟。明日尋芳載酒。
○韻○●○○●●叶

此在元人爲小令，其實則曲也。但其詞未至俚鄙，故并採入以備體。其可平可仄，參後張可久"鴛鴦浦"一詞。

又一體

張可久

單調二十七字，七句五平韻。
鴛鴦浦，鸚鵡洲。竹葉小漁舟。煙中樹，山外樓。水邊
○○●句○●○韻●●●○韻○○●句○●○韻●○
鷗。扇面兒、瀟湘暮秋。
○韻●●○讀○○●○韻

此與吳詞同，惟結句多一襯字。

又一體

張可久

單調三十二字，七句五平韻。

花垂露，柳散烟。蘇小酒樓前。舞隊飛瓊珮，遊人碾玉
○○●句●●○韻○●●○○韻●●○○●句○○●●
鞭。詩句縷金箋。懶上蘇堤畫船。
○韻●●●○○韻●●●○○●○韻

此亦與吳詞同，惟第四、五、六句各多二襯字。可平可仄，
糸張雨詞。

又一體

張　雨

單調三十三字，七句五平韻。

移家去，市隱間。幽事頗相關。劉商觀棋罷，韓康賣藥
○○●句●●○韻○●●○○韻○○○●句○○●●
還。點檢綠雲鬟。數不盡、龜溪好山。
○韻●●●○○韻●●●讀○○●○韻

此與張可久"花垂露"詞同，惟結句多一字。

又一體

張可久

單調三十七字，七句四平韻一叶韻。

乘興詩人棹，新烹學士茶。風味屬誰家。瓦甃懸冰筯，
○●○○●句○○●○○韻●●●○○韻●●○○●句
天風起玉沙。海樹放銀花。愁厭擁、藍關去馬。
○○●●○韻●●●○○韻○●●讀○○●●叶

此與張雨"移家去"詞同，惟第一二句各多二襯字，結句
用仄韻異。

漁歌子六體

　　唐教坊曲名。按《唐書·張志和傳》，志和居江湖，自稱烟波釣徒，每垂釣不設餌，志不在魚也。憲宗圖真，求其人不能致。嘗撰《漁歌》，即此詞也。單調體實始於此。至雙調體，昉自《花間集》顧敻、孫光憲。有魏承班、李珣諸詞可校。若蘇軾單調詞，則又從雙調詞脫化耳。和凝詞更名《漁父》，徐積詞名《漁父樂》。

漁歌子

張志和

　　單調二十七字，五句四平韻。
西塞山前白鷺飛。桃花流水鱖魚肥。青箬笠，綠蓑衣。
⊖●●○●○韻●○●●●○韻●○●句●○○韻
斜風細雨不須歸。
⊖○●●●○韻

　　按張志和所撰《漁歌子》詞五首，體調如一，可以參校。其一首起句"釣臺漁父褐爲裘"，"釣"字仄聲；第二句"兩兩三三舴艋舟"，上"兩"字仄聲。又一首第三句"釣車子"，"釣"字仄聲，"車"字平聲。譜內據之。其餘可平可仄，參後"松江蟹舍"一詞。

又一體

張志和

單調二十七字,五句四平韻。
松江蟹舍主人歡。菰飯蓴羹亦共餐。楓葉落,荻花乾。
○○●●○○韻○●●○○韻○○●句●○○韻
醉宿漁舟不覺寒。
●●○○●●○韻

此詞第一二句及第五句,平仄與前詞異。

又一體

(南唐)李　煜

單調二十七字,五句三平韻。
閬苑有情千里雪,桃李無言一隊春。一壺酒,一竿身。
●●●○○●●句○●○○●●○韻●○●句●○○韻
快活如儂有幾人。
●●○○●●○韻

此詞起句不用韻。

又一體

蘇　軾

單調二十五字,五句三仄韻。
漁父飲,誰家去。魚蟹一時分付。酒無多少醉爲期,彼
○●●句○○●韻●●●○○●韻●○○●●○○句●

此不論錢數。
●●○○●韻

　　此與顧敻、孫光憲兩段詞中一段略同,惟第三句六字、第四五句作七字一句耳。因其單調,故列於前。

又一體

　　　　　　　　　　　　　　　顧　敻

　　雙調五十字,前後段各六句四仄韻。
曉風清,幽沼綠。倚欄凝望珍禽浴。畫簾垂,翠屏曲。
●○○句○●●韻●○○●○○●韻●○句●●●韻
滿袖荷香馥鬱。　　好擡懷,堪寓目。身閒心靜平生
●●○○●●韻　　●○○句○●●韻○○○●○○
足。酒杯深,光影促。名利無心較逐。
●韻●○○句○●●韻●●○○●●韻

　　按李珣詞四首,其一首前段第三句"春風淡蕩看不足",間作拗句。又一首前段第二句"瀟湘夜","湘"字平聲;第五句"明月下","明"字平聲,月字仄聲;後段結句"名利不將心掛","不"字仄聲。又一首前段結句"漁艇棹歌相續","漁"字平聲,"棹"字仄聲。譜內可平可仄據此,餘參後詞。

又一體

　　　　　　　　　　　　　　　孫光憲

　　雙調五十字,前後段各六句三仄韻。
汎流螢,明又滅。夜涼水冷東灣闊。風浩浩,水寥寥,
●○○句○●●韻●○●●○○●韻○●●句●○○句

萬頃金波重叠。　　杜若洲，香鬱烈。一聲宿雁霜時
●●○○●●韻　　●●○句○●●韻●○●○○
節。經雪水，過松江，盡屬儂家風月。
●韻○●●句●○○句●●○○●韻

此詞前後段第五句俱不用韻，《花間集》孫詞皆然。

憶江南三體

宋王灼《碧雞漫志》：此曲自唐至今，皆南吕宮，字句皆同，止是今曲兩段，蓋近世曲子無單遍者。按唐段安節《樂府雜錄》，此詞乃李德裕爲謝秋娘作，故名《謝秋娘》。因白居易詞更今名，又名《江南好》。又因劉禹錫詞有"春去也，多謝洛城人"句，名《春去也》；溫庭筠詞有"梳洗罷，獨倚望江樓"句，名《望江南》；皇甫松詞有"閒夢江南梅熟日"句，名《夢江南》。又名《夢江口》。李煜詞名《望江梅》。此皆唐詞單調。至宋詞始爲雙調，王安中詞有"安陽好，曲水似山陰"句，名《安陽好》；張滋詞有"飛夢去，閑到玉京遊"句，名《夢仙遊》；蔡真人詞有"鏗鐵板，閑引步虛聲"句，名《步虛聲》。宋自遜詞名《壺山好》，丘長春詞名《望蓬萊》。《太平樂府》名《歸塞北》，注大石調。

憶江南

白居易

單調二十七字，五句三平韻。

江南好，風景舊曾諳。日出江花紅勝火，春來江水綠
○◐●句◐●○○韻◐●●○○●●句○○●●
如藍。能不憶江南。
○○韻◐●●○○韻

　　按溫庭筠詞："千萬恨，恨極在天涯。山月不知心裏事，水風空落眼前花。搖曳碧雲斜。"正與此同，平仄叅之。

又一體

歐陽修

　　雙調五十四字，前後段各五句三平韻。

江南蝶，斜日一雙雙。身似何郎曾傅粉，心如韓壽愛
○○●句◐●●○○韻◐●◐○○●●句○○◐●●
偷香。天賦與輕狂。　微雨過，薄翅膩煙光。纔伴遊
○○韻◐●●○○韻　◐●●句●●●○○韻◐●○
蜂來小苑，又隨飛絮過東墻。長是爲花忙。
○○●●句●○○●●○○韻○●●○○韻

　　此即單調詞加一叠，其可平可仄，與單調同。按《嘯餘譜》錄李煜作，本單調詞兩首，故前後段各韻。且雙調始自宋人，從無用兩韻者，即《海山記》僞托隋詞八闋，亦前後一韻，不可不辨。

又一體

馮延巳

　　雙調五十九字，前後段各五句兩仄韻兩平韻。

去歲迎春樓上月。　正是西窗，夜涼時節。玉人貪睡墜
●●○○●●仄韻●●○○句●○○●韻●○●●
釵雲。　粉消妝薄見天真。　人非風月長依舊。
○○平韻●○○●●○○韻　○○○○●●○●換仄韻
破鏡塵箏，一夢今年瘦。今宵簾幕颺花陰。　空餘枕
●●○○句●●○○●韻○○○●●○○換平韻○○●
淚獨傷心。
●●○○韻

　　按《陽春集》馮詞二首，前後段俱兩平兩仄四換韻，實與
唐宋《憶江南》本調不同。因調名同，故爲類列。

瀟湘神一體

　　調始自唐劉禹錫詠湘妃詞，所謂賦題本意也。

瀟湘神

劉禹錫

單調二十七字，五句四平韻。
斑竹枝。斑竹枝。淚痕點點寄相思。楚客欲聽瑤瑟怨，
○●韻○●○叠●○◐●●○○韻●●●○○●句
瀟湘深夜月明時。
○○○●●○○韻

　　此詞首三字例用叠句，如劉詞別首之"湘水流。湘水流"
是也。其第三句"九疑雲物至今秋"，"雲"字平聲。

章臺柳二體

唐韓翃制，以首句爲調名。

章臺柳

韓　翃

單調二十七字，五句三仄韻一叠韻。
章臺柳。章臺柳。昔日青青今在否。縱使長條似舊垂，
○⊖●韻○○叠●●○○●韻●●○○●●○句
也應攀折他人手。
●⊖○⊖●○●韻

起二句亦可不用叠句，觀柳氏作可見。

又一體

柳　氏

單調二十七字，五句三仄韻。
楊柳枝，芳菲節。可恨年年贈離別。一葉隨風忽報秋，
○●○句○○●韻●●○○●●●韻●●○○●●○句
縱使君來豈堪折。
●●○○●○●韻

此詞起句不用韻。

解紅一體

按《宋史·樂志》，小兒舞隊有《解紅》，其曲失傳。陳暘《樂書》載和凝作，乃唐詞也。若《鳴鶴餘音》有《解紅兒慢》，系元人所製，與此不同。

解紅

和　凝

單調二十七字，五句三平韻。

百戲罷，五音清。解紅一曲新教成。兩箇瑤池小仙子，
●●●句●○○韻●○●●○○韻●●○○●●句
此時奪却柘枝名。
●○●●●○○韻

此與《赤棗子》、《搗練子》、《桂殿秋》諸詞字句悉同，所辨在每句平仄之間，皆昔人音律所寓，填者宜悉遵之。

赤棗子一體

唐教坊曲名。

赤棗子

　　　　　　　　　　　　　　　　歐陽炯

　　單調二十七字，五句三平韻。
夜悄悄，燭熒熒。金爐香盡酒初醒。春睡起來回雪面，
◐●●句●○○韻◐○○●●○○韻●●○○◐●●句
含羞不語倚雲幈。
◐○◐●●○○韻

　　此調見《尊前集》。按歐詞別首第一句"蓮臉薄"，"蓮"字平聲；第三句"等閒無事莫思量"，"等"字仄聲；第四句"每一見時明月夜"，"每"字仄聲；第五句"損人情思斷人腸"，"損"字仄聲，"情"字平聲。餘無別詞可校，填者宜從之。

南鄉子九體

　　唐教坊曲名。此詞有單調雙調，單調者始自歐陽炯詞，馮延巳、李珣俱本此添字。雙調者始自馮延巳詞，《太和正音譜》註越調，歐陽修本此減字，王之道、黃機、趙長卿俱本此添字也。

南鄉子

　　　　　　　　　　　　　　　　歐陽炯

　　單調二十七字，五句兩平韻三仄韻。
畫舸停橈。　槿花籬外竹橫橋。水上遊人沙上女。　迴
●●○○平韻◐●◐○◐●○韻◐●◐○○●●仄韻○

顧。笑指芭蕉林裏住。
●韻○●●○●●韻

此詞單遍，平仄兩韻，與宋人兩段全押平韻者異。其可平可仄，即參譜內諸詞。

又一體

歐陽炯

單調二十八字，五句兩平韻三仄韻。
路入南中。　桄榔葉暗蓼花紅。　兩岸人家微雨後。
●●○○平韻　○○●●●○○韻　●●○○●●仄韻
收紅豆。葉底纖纖抬素手。
○○●韻●●○○○●●韻

此與"畫舸停橈"詞同，惟第四句添一字。歐詞六首，與此悉同。

又一體

馮延巳

單調二十八字，五句兩平韻三仄韻。
細雨濕秋風。　金鳳花殘滿地紅。　閒蹙黛眉慵不語。
●●●○○平韻　○○●●●○○韻　○●●○○●●仄韻
情緒。寂寞相思知幾許。
○●韻●●○○○●●韻

此與歐陽炯"畫舸停橈"詞同，惟起句添一字。按《陽春集》馮詞二首悉同。

又一體

李　珣

單調三十字,六句兩平韻三仄韻。

煙漠漠，　雨淒淒。　岸花零落鷓鴣啼。　遠客扁舟臨野
○●●句　●○○平韻　●○○●●○○韻　●●○○●
渡。　思鄉處。潮退水平春色暮。
●仄韻　○○●韻○●●○○●●韻

此亦與歐陽炯"路入南中"詞同,惟起作三字兩句異。唐人知音律,類能添字,此即宋詞襯字所自出也。

按《花間集》李詞十首,其第一句或作"攏雲髻";其第四句或作"迴塘深處遥相見",或作"帶香遊女偎伴笑",或作"春酒香熟鱸魚美",或作"綠鬢紅臉誰家女";其第五句或作"爭窈窕",或作"送春浦";結句或作"緩唱棹歌極浦去"。譜內可平可仄據此。

又一體

歐陽修

雙調五十四字,前後段各五句四平韻。

翠密紅繁。水國涼生未是寒。雨打荷花珠不定，輕翻。
●●○○韻●●○○●●○韻●●○○○●●句○○韻
冷濺鴛鴦錦翅斑。　盡日憑欄。弄蕊拈花子細看。偷
●●○○●●○韻　●●○○韻●●○○●●○韻○
得裹蹄新鑄樣，無端。藏在紅房粉艷間。
●●●○○●句○○韻○●○○●●○韻

此即歐陽烱"畫舸停橈"詞體再加一叠,惟第四五句仍用平韻耳。按歐集三詞悉同。

又一體

馮延巳

雙調五十六字,前後段各五句四平韻。

細雨濕流光。　芳草年年與恨長。　回首鳳樓無限事,　茫
●●●○韻　○●○○●●韻　○●●○○●●句　○
茫。鸞鏡鴛衾兩斷腸。　魂夢任悠揚。睡起楊花滿繡
○韻●●○○●●韻　　○●●○○韻●●○○●●
床。薄幸不來門半掩,斜陽。負你殘春淚幾行。
○韻●●●○○●●句○○韻●●○○●●韻

此即"細雨濕秋風"詞體再加一叠,只第四五句仍用平韻耳。宋元人俱如此填。

又一體

王之道

雙調五十六字,前後段各五句四平韻。

天際彩虹垂。　風起凝雲快一吹。　原隰畇畇,　春水更瀰
○●●○韻　○●○○●●韻　○●●●句　○●●○
瀰。布穀聲從野鳥知。　初霽捲簾時。巷陌泥融燕子
○韻●●○○●●韻　　○●●○○韻●●○○●●
飛。午醉醒來,紅日欲平西。一碗新茶乳面肥。
○韻●●○○句●●●○○韻●●○○●●○韻

此即"細雨濕流光"詞體,惟前後段第三四句作四字一

42

句、五字一句異。

又一體

黃機

雙調五十八字，前後段各六句四平韻。

簾幕悶深沈。燈暗香銷夜正深。花落畫屏，簷鳴細雨，
○●●○○韻○●○○●●○韻○●●○句○○●●句

岑岑。滴破相思萬里心。　　曉色未平分。翠被寒生不
○○韻●●○○●●○韻　　●●●○○韻●●○○●

自禁。待得夢成，翻多惡況，堪顰。飛雁新來也誤人。
●○韻●●●○句○○●●句○○韻○●○○●●○韻

此亦"細雨濕流光"詞體，惟前後段第三句添一字，作四
字兩句異。

又一體

趙長卿

雙調五十八字，前後段各六句四平韻。

楚楚窄衣裳。腰身占却，多少風光。共說春來春去事，
●●●○○韻○○●●句○●○○韻●○○○●●●句

淒凉。懶對菱花暈曉妝。　　閑立近紅芳。遊蜂戲蝶，
○○韻●●○○●●○韻　　○●●○○韻○○●●句

悞採真香。何事不歸巫峽去，思量。故到人間惱客腸。
●●○○韻○●●○○●●句○○韻●●○○●●○韻

此亦"細雨濕流光"詞體，惟前後段第二句添一字作四字
兩句異。

搗練子二體

《太和正音譜》註"雙調"。一名《搗練子令》。因馮廷巳詞起結有"深院靜"及"數聲和月到簾櫳"句，更名《深院月》。

搗練子

馮延巳

單調二十七字，五句三平韻。

深院靜，小庭空。斷續寒砧斷續風。無奈夜長人不寐，
⊖●●句●○○韻⊖●○○●●韻⊖●⊖○○●●句

數聲和月到簾櫳。
●○⊖●●○○韻

按《梅苑》無名氏詞八首，其一首起句"搗練子"，"搗"字仄聲；第三句"枝上商量細細生"，"枝"字平聲；第四句"不是根株貪結子"，"不"字仄聲，"根"字平聲。又一首第三句"蕙魄蘭魂人再陽"，"人"字平聲；第五句"更須插向鬢雲傍"，"插"字仄聲。譜內可平可仄據此。

又一體

李 石

雙調三十八字，前後段各五句三平韻。

心自小，玉釵頭。月娥飛下白蘋洲。水中仙，月下遊。
○●●句●○○韻⊖●⊖○●○○韻●○○句⊖●○韻

江漢佩，洞庭舟。香名薄幸寄青樓。問何如，打
○⊖●句●○○韻⊖○●●●○○韻●○⊖句⊖
拍浮。
⊖○韻

　　按《全芳備祖》李詞二首，其平仄悉同。惟《天機餘錦》無名氏詞前段第三句"凉吹水曲散餘酲"，"凉"字平聲，"水"字仄聲；後段第三句"翠荷鬧雨做秋聲"，"翠"字仄聲；前結"小藤床，隨意橫"，"隨"字平聲；後結"憑時節，不堪聽"，"節"字仄聲，"堪"字平聲。又《梅苑》無名氏詞，後段起二句"孤標韻，暗香奇"，"標"字平聲；結句"借陽和，天付伊"，"天"字平聲。譜內可平可仄參之。

春曉曲二體

朱敦儒詞有"西樓月落鷄聲急"句，又名《西樓月》。

春曉曲

朱敦儒

單調二十七字，四句三仄韻。
西樓月落鷄聲急。夜浸疏香淅瀝。玉人酒渴嚼春冰，曉
○○●●○○●韻●●○○●●韻●○⊖●●○○句●
色入簾橫寶瑟。
●●○●●韻

　　此詞見《花草粹編》，第二句本六字，乃舊譜於"香"字下增一"寒"字，作七言四句，名《阿那曲》。查唐宋詞並無"阿那

曲"名,自明楊慎以唐詩絕句僞托爲詞,今正之。

又一體

張元幹

單調二十七字,五句三仄韻。
瑤軒綺檻春風度。柳垂煙,花帶露。半閒鴛被怯餘寒,
○○●●○○●韻●○○句○●●韻●○○●●○○句
燕子時來窺繡户。
●●○○○●●韻

此與朱詞同,惟第二句作三字兩句異。

桂殿秋一體

本唐李德裕《送神》、《迎神》曲,有"桂殿夜凉吹玉笙"句,取爲調名。

桂殿秋

向子諲

單調二十七字,五句三平韻。
秋色裏,月明中。紅旌翠節下蓬宫。蟠桃已結瑤池露,
○●●句●○○韻●○●●●○○韻○○●●○○●句
桂子初開玉殿風。
●●○○●●○韻

按李德裕詞二首,其一首第二句"玉鍊顔","鍊"字仄聲;

46

其一首第三句"桂殿夜涼吹玉笙","桂"字"殿"字俱仄聲；"涼"字"吹"字俱平聲；"玉"字仄聲。譜內可平可仄據此。

壽陽曲三體

《太平樂府》註"雙調"。一名《落梅風》。

壽陽曲

張可久

單調二十七字，五句一平韻三叶韻。
東風景，西子湖。濕冥冥、柳煙花霧。黃鶯亂啼蝴蝶
○○●句⊖●○韻●○○讀●○○叶○○○●
舞。幾鞦韆、打將春去。
●叶○⊖⊖讀●○○●叶

此亦元人小令。平仄韻互叶者，其可平可仄，悉糸譜內二詞。

又一體

張可久

單調二十八字，六句四仄韻。
彈初罷，酒暫歇。醉詩人、滿山紅葉。問山中、許由何
○○●句●●●韻●○○讀●○○●韻●○○讀●○○
處也。剩猿啼、冷泉秋月。
●●韻●○○讀●○○●韻

此詞全用仄韻,其第四句八字,較"東風景"詞添一襯字。

又一體

張可久

單調三十二字,五句一平韻三叶韻。
載酒人何處、倚蘭花又開。憶秦娥、遠山眉黛。錦雲
●●○○●句●○○●○韻●○○讀●○○●叶●○
香、鑑湖寬似海。還不了、五年詩債。
○讀●○○●●叶○●●讀●○○●叶

此與"彈初罷"詞同,惟第一、二句各添二襯字。

陽關曲一體

本名《渭城曲》。宋秦觀云:"《渭城曲》絕句,近世又歌入《小秦王》,更名《陽關曲》。屬雙調,又屬大石調。"按唐《教坊記》有《小秦王曲》,即《秦王小破陣樂》,屬坐部伎。

陽關曲

王　維

單調二十八字,四句三平韻。
渭城朝雨裛輕塵。客舍青青柳色新。勸君更盡一杯酒,
●○○●●○○韻●●○○●●○韻●○●●●○●句
西出陽關無故人。
○●○○●●○韻

宋蘇軾詞三首，其第二句，一首云"銀漢無聲轉玉盤"，一首云"纔到龍山馬足輕"，則此詞"客"字可平也。至第三句"仄平仄仄仄平仄"，蘇詞三首皆然。若平仄一誤，即非此調。按此亦七言絶句，唐人爲送行之歌，三叠其歌法也。蘇軾論三叠歌法云："舊傳《陽關》三叠，然今世歌者，每句再叠而已。若通一首言之，又是四叠。皆非是。或每句三唱以應三叠之説，則叢然無復節奏。余在密州，文勛長官以事至密，自云得古本《陽關》，其聲宛轉悽斷，不類向之所聞。每句皆再唱，而第一句不叠，乃知古本三叠蓋如此。及在黃州，偶讀樂天對酒詩云：'相逢且莫推辭醉，聽唱陽關第四聲。'註云：'第四聲，勸君更盡一杯酒。'以此驗之，若一句再叠，則此句爲第五聲。今爲第四聲，則第一句不叠審矣。"查元《陽春白雪集》有大石調《陽關三叠》，詞云："渭城朝雨，一霎裛輕塵。更灑遍客舍青青，弄柔凝，千縷柳色新。更灑遍客舍青青，千縷柳色新。休煩惱，勸君更盡一杯酒，人生會少，自古富貴功名有定分，莫遣容儀瘦損。休煩惱，勸君更盡一杯酒，只恐怕西出陽關，舊遊如夢，眼前無故人。只恐怕西出陽關，眼前無故人。"與蘇論吻合，并附錄之。

欸乃曲一體

唐元結詩自序：大歷初，結爲道州刺史，以軍事詣都，使還州，逢春水，舟行不進，作《欸乃曲》，令舟子唱之，以取適於道路云。

宋程大昌《演繁露》云："元次山《欸乃曲》五章，全是絶句，如《竹枝》之類。其謂欸乃者，殆舟人於歌聲之外，別出一聲，以互相其歌也。《柳枝》、《竹枝》尚有存者，其語度與絶句無異，但於句末，隨加'竹枝'或'柳枝'等語，遂即其語以名其歌。'欸乃'亦其例也。"

黃公紹《韻會》云："欸，嘆聲也，讀若哀，烏來切。又應聲也，讀若鶴上聲，倚亥切。又去聲，於代切。無襖音。乃，難辭，又繼事之辭，無靄音。今二字連讀之，爲棹船相應聲。"

按《廣韻》十五"海"："欸"於改切，相然應也。"乃"，奴亥切，語辭也。"欸乃"之聲，或如唐人唱歌和聲，所謂號頭者。蓋逆流而上，棹船勸力之聲也。《黃山谷題跋》、《洪駒父詩話》皆音作"襖"，"藹"者誤。

欸乃曲

元　結

單調二十八字，四句三平韻。
千里楓林煙雨深。無朝無暮有猿吟。停橈靜聽曲中意，
○●○○●●韻○○○●●○○韻○○●●●○●句
好似雲山韶濩音。
●●○○●●○韻

按《欸乃曲》五首，平仄不拘，本唐七言絕句，如《竹枝》、《柳枝》之類。今江南棹船有棹歌，每歌一句，則群和一聲，猶見遺意。其"欸乃"二字，乃人聲，或注作船聲者非。

采蓮子一體

唐教坊曲名。

采蓮子

皇甫松

單調二十八字,四句三平韻。

菡萏香連十里陂。　　小姑貪戲采蓮遲。　　晚來弄水
●●○○●●○舉棹韻●○○●●○○年少韻●○●●
船頭濕,　　更脫紅裙裹鴨兒。
○○●舉棹句●●○○●●○年少韻

此亦七言絕句,其"舉棹""年少",乃歌時相和之聲,與《竹枝》體同。但《竹枝》以"竹枝"二字和於句中,"女兒"二字和於句尾,此則一句一和聲耳。

浪淘沙一體

唐教坊曲名。

浪淘沙

皇甫松

單調二十八字,四句三平韻。

蠻歌豆蔻北人愁。蒲雨杉風野艇秋。浪起鵁鶄眠不得,
○○●●●○韻○●○○●●○韻●●○○○●●句
寒沙細細入江流。
○○●●●○韻

此與宋人《浪淘沙令》、《浪淘沙慢》不同,蓋宋人借舊曲

名，另倚新腔，此七言絕句也。按《浪淘沙》詞，創自劉、白，劉詞九首與此同，惟白詞六首皆拗體耳。

楊柳枝一體

　　唐教坊曲名。按白居易詩注：《楊柳枝》，洛下新聲。其詩云"聽取新翻楊柳枝"是也。薛能詩序：令部妓作楊柳枝健舞，復度新聲。其詩云"試蹋吹聲作唱聲"是也。蓋樂府橫吹曲有《折楊柳》名，此則借舊曲名，另創新聲，後遂入教坊耳。此本唐人七言絕句，與顧敻詞四十字體、朱敦儒詞四十四字體添聲者不同。

楊柳枝

溫庭筠

單調二十八字，四句三平韻。
金縷毵毵碧瓦溝。六宮眉黛惹香愁。晚來更帶龍池雨，
○●○○●●○韻 ●○○●●○○韻 ●○●●○○●句
半拂闌干半入樓。
●●○○●●○韻

　　按劉自倡和以後，爲此詞者甚多，皆賦柳枝本意。原屬絕句，因《花間集》載此，故採以備調。

八拍蠻二體

　　唐教坊曲名。按孫光憲詞所詠俱越中事，或即八拍之蠻歌也。

八拍蠻

孫光憲

單調二十八字，四句三平韻。
孔雀尾拖金線長。怕人飛起入丁香。越女沙頭爭拾翠，
◐●●○○●○韻◐○○●●○○韻●●◐○○●●句
相呼歸去背斜陽。
○○◐●●○○韻

此詞起句用韻，可平可仄即系後詞。

又一體

閻選

單調二十八字，四句兩平韻。
雲鎖嫩黃煙柳細，風吹紅蒂雪梅殘。光景不勝閨閣恨，
○●●○○●●句○○○●●○○韻○●●○○●●句
行行坐坐黛眉攢。
○○●●●○○韻

此詞起句不用韻。按《花間集》孫光憲詞一首、閻選詞二首，俱拗體七言絕句，不似《竹枝》、《柳枝》平仄可以不拘也，作者辨之。

以上六調皆唐人七言絕句，當時音律必有所屬，今歌法不傳矣，聊為類列。至《清平調》三首，《水調》、《梁州》、《伊州》諸詞，此宋人大曲之源，另輯一卷，附於卷末。

字字雙一體

見《才鬼記》。因每句有叠字,故名《字字雙》。

字字雙

王麗貞

單調二十八字,四句四平韻。
床頭錦衾斑復斑。架上朱衣殷復殷。空庭明月閒復閒。
○○●●○●○韻●●○○●●○韻○○○●●●○韻
夜長路遠山復山。
●○●●○●○韻

此調無他詞可校。

十樣花二體

宋李彌遜詞十首,分詠十樣花,故名。

十樣花

李彌遜

單調二十八字,六句四仄韻。
陌上風光濃處。第一寒梅先吐。待得春來也,香消減,
●●○○●韻●●○○●韻●●○○句○○●句

態凝佇。百花休漫妒。
●○●韻●○○●●韻

此詞以"陌上風光濃處"爲起句,李詞十首皆然。譜中止採其二,可平可仄即參後詞。

又一體

李彌遜

單調二十八字,六句五仄韻。
陌上風光濃處。紅藥一番經雨。把酒繞芳叢, 花解語。
●●○○●韻○●●○○●韻●●●○○句○●●韻
勸春住。莫教容易去。
●○●韻●○○●●韻

此詞第四句多押一韻。

天净沙二體

《太平樂府》註"越調"。無名氏詞有"塞上清秋早寒"句,又名《塞上秋》。

天净沙

喬 吉

單調二十八字,五句四平韻一叶韻。
一從鞍馬西東。幾番衾枕朦朧。薄幸雖來夢中。爭如無
⊖●●○○韻●○○●○○韻●●○○●○韻○○

夢。那時真個相逢。
●叶●○○●○○韻

　　此亦元人小令,第四句叶一仄韻。《老學叢譚》有無名氏詞二首,正與此同。

　　譜內可平可仄即參後詞。

又一體

馬致遠

　　單調二十八字,五句三平韻兩叶韻。

枯藤老樹昏鴉。小橋流水平沙。古道凄風瘦馬。夕陽西
○○●●○○韻●○○●○○韻●●○○●●叶○○
下。斷腸人在天涯。
●叶●○○●○○韻

　　此詞第三四句俱叶仄韻。按孟昉詞十二首,其十首俱與此同,惟一首起句"七十二候環催","七"字"十"字俱仄聲。又一首第四句"風高露下","風"字平聲,"露"字仄聲。

詞譜卷二

甘州曲二體

唐教坊曲名。《唐書·禮樂志》：天寶間樂曲，皆以邊地爲名，《甘州》其一也。顧敻詞名《甘州子》。

甘州曲

（蜀）王　衍

單調二十九字，六句五平韻。
畫羅裙。能結束，稱腰身。柳眉桃臉不勝春。薄媚足精
●〇〇韻〇●●句●〇〇韻●〇〇●●〇〇韻●●●〇
神。可惜許、淪落在風塵。
〇韻●●●讀〇●●〇〇韻

此調起句三字，顧敻詞添作七字，其實即此體也。結句，《詞律》本落去"許"字，今從《花草粹編》增定。

又一體

顧　敻

單調三十三字，六句五平韻。
一爐龍麝錦帷旁。屏掩映，燭熒煌。禁城刁斗喜初長。
◐〇〇●●〇〇韻〇●●句●〇〇韻●◐●●●〇〇韻

羅薦繡鴛鴦。山枕上、私語口脂香。
◐●●○○韻○●●讀◐●●○○韻

　　此詞即王詞體，惟起句多四字。舊譜泥於"甘州曲"、"甘州子"兩名小異，而另列之，不知"曲""子"二字互爲省文，並無分別也。

　　按顧詞五首俱有"山枕上"三字，其一首第一句"紅鑪深夜醉調笙"，"紅"字平聲；第四句"小屏古畫岸低平"，"古"字仄聲。又一首第五句"月色照衣襟"，"月"字仄聲；結句"翠鈿鎮眉心"，"翠"字仄聲。譜內可平可仄據此。

醉吟商一體

　　姜夔自序云："石湖老人爲予言琵琶有四曲，今不傳矣，曰濩索《梁州》，轉關《綠腰》，醉吟商《胡渭州》，歷絃《薄媚》也。予每念之。辛亥夏，謁楊廷秀於金陵邸中，遇琵琶工，解作醉吟商《胡渭州》，因求得品絃法，譯成《醉吟商》小令，實雙調也。"

　　按《胡渭州》，唐教坊曲名；醉吟商，其宮調也。姜夔自度，乃夾鍾商曲，蓋借舊曲名，另倚新腔耳。

醉吟商

姜　夔

　　雙調二十九字，前段三句兩仄韻，後段三句三仄韻。

正是春歸，　細柳暗黃千縷。　暮鴉啼處。　　夢逐金鞍
●●○○句　●●●○○●韻　●○○●韻　　●●○○

去。一點芳心休訴。琵琶解語。
●韻●●○○●韻○○●●韻

此調平仄無他首可校。

乾荷葉二體

元劉秉忠自度曲,屬南呂宮,取起句三字爲調名。

乾荷葉

劉秉忠

單調二十九字,七句四平韻兩叶韻。
乾荷葉,色蒼蒼。老柄風搖蕩。減清香。越添黃。都因
○○●句●○○韻●●○○●叶●○○韻●○○韻○○
昨夜一番霜。寂寞秋江上。
●●●○○韻●●○○●叶

此亦元人小令,平仄韻互叶,劉作三首皆然。

又一體

劉秉忠

單調三十字,七句四平韻兩叶韻。
乾荷葉,映枯蒲。柄折難擎露。藕絲蕪。倩風扶。待擎
○○●句●○○韻●●○○●叶●○○韻●○○韻●○
無力不成珠。難蓋宿、灘頭鷺。
○●●○○韻○●●讀○○●叶

此詞結句作六字一句，較前詞多一襯字。

喜春來四體

《太平樂府》注"中呂宮"，《太和正音譜》注"正宮"。一名《陽春曲》。

喜春來

張　雨

單調二十九字，五句一叶韻四平韻。

江梅的的依茅舍。石瀨濺濺漱玉沙。瓦甌篷底送年華。
◐○●●○○●叶●●○○●●○韻◐○◐●●○○韻
問暮鴉。何處阿戎家。
◐●○韻●●●○○韻

此亦元人小令，平仄韻互叶者。

按元好問詞起句"春盤宜翦三生菜"，"宜"字平聲。姚燧詞第三句"山河判斷筆尖頭"，"山"字平聲。元好問詞結句"且唱喜春來"，"且"字仄聲。其餘平仄，糸校周德清、司馬九皋兩詞。

又一體

周德清

單調二十九字，五句兩叶韻三平韻。

閒花醞釀蜂兒蜜。細雨調和燕子泥。綠窗蝶夢覺來遲。
○○●●○○●叶●●○○●●○韻●○●●●○○韻

誰喚起。簾外曉鶯啼。
〇●●叶〇●●〇〇韻

　　此詞第四句亦叶仄韻，與張詞異。

又一體

　　　　　　　　　　司馬九皋

　　單調三十字，六句兩叶韻三平韻。
歲云暮矣雖無補。時復中之盡有餘。老來吾亦愛吾廬。
●〇●●〇〇●叶〇●〇〇●●〇韻●〇●●●〇〇韻
清債苦。尊有酒，且消除。
〇●●叶〇●●句●〇〇韻

　　此詞與周詞同，惟結句多一襯字，作三字兩句異。

又一體

　　　　　　　　《太平樂府》無名氏

　　單調三十一字，七句一叶韻四平韻。
海棠過雨紅初淡。楊柳無風睡正寒。杏燒紅，桃翦錦，
●〇●●〇〇●叶〇●〇〇●●〇韻●〇〇句〇●●句
草拖藍。三月三。和氣盛東南。
●〇〇韻〇●〇韻〇●●〇〇韻

　　此詞第三句作三字三句異。

踏歌詞一體

唐《輦下歲時記》：先天初，上御安福門觀燈，令朝士能文者爲《踏歌》。陳暘《樂書》云："《踏歌》，隊舞曲也。"

踏歌詞

崔　液

單調三十字，六句四平韻。
綵女迎金屋，仙姬出畫堂。鴛鴦裁錦袖，翡翠貼花黃。
◐●○○●句○○●●○韻○○●●句◐●●○○韻
歌響舞分行。艷色動流光。
○●●○○韻●●●○○韻

此調五字六句，崔詞二首皆然。舊譜於此詞第五句作七字、第六句作三字者非。

按崔詞別首第一句"庭際花微落"，"庭"字平聲；第四句"羅袖覺寒輕"，"羅"字平聲。

秋風清三體

一名《秋風引》。寇準詞名《江南春》，劉長卿仄韻詞名《新安路》。

秋風清

李　白

單調三十字,六句四平韻。

秋風清。秋月明。落葉聚還散,寒鴉棲復驚。相思相見
○○○韻○●○韻●●●○●句○○●●○韻○○○●
知何日,此時此夜難爲情。
○○●句●○●●○○韻

此本三五七言詩,後人採入詞中,其平仄不拘。

又一體

寇　準

單調三十字,六句三平韻。

波渺渺,柳依依。孤邨芳草遠,斜日杏花飛。江南春盡
○●●句●○○韻○○○●●句○●●○○韻○○○●
離腸斷,蘋滿汀洲人未歸。
○○●句○●○○○●○韻

此即李白《秋風清》詞體,但首句不用韻,且聲調亦較諧婉,故列又一體。

又一體

劉長卿

單調三十字,六句四仄韻。

新安路。人來去。早潮復晚潮，明日知何處。潮水無情
○○●韻○○●韻●○●●○句○●○○●韻○●○○
亦解歸，自憐長在新安住。
●●○句●○○●○○●韻

　　　此詞用仄韻，其字句與李詞同。

拋毬樂四體

　　　唐教坊曲名。《唐音癸籤》云："《拋毬樂》，酒筵中拋毬爲令，其所唱之詞也。"《宋史·樂志》：女弟子舞隊，三日拋毬樂。
　　　按此調三十字者，始於劉禹錫詞。皇甫松本此塡，多一和聲。三十三字者，始於馮延巳詞，因詞有"且莫思歸去"句，或名《莫思歸》，然皆五七言小律詩體。至宋柳永，則借舊曲名別倚新聲，始有兩段一百八十七字體。《樂章集》注"林鍾商調"，與唐詞小令體製迥然各別，以同一調名，故類列之。

拋毬樂

劉禹錫

　　　單調三十字，六句四平韻。
五色繡團圓。登君玳瑁筵。最宜紅燭下，偏稱落花前。
◐●○○韻○○●●○韻●○○●●句◐●●○○韻
上客如先起，應須贈一船。
●●○○●句◐○◐●○韻

　　　此本唐人小律，後入教坊，被之管絃，遂相沿爲詞。中二

句必用對偶,諸作皆然。

按劉詞別首第四句"却憶未開時","却"字仄聲;結句"一杯君莫辭","一"字仄聲,"君"字平聲。譜內可平可仄據此。其首句五字可平,則糸皇甫松詞也。

又一體

皇甫松

單調三十三字,七句三平韻一叠韻。
金蹙花毬小,真珠繡帶垂。繡帶垂。幾回衝蠟燭,千度
○●○○●句○○●●○韻●●○叠●○○●●句○●
入香懷。上客終須醉,觥盂且亂排。
●○○韻●●○○●句○○●●○韻

此詞起句不用韻,第二句下多三字叠句。按古樂府"賤妾與君共餔糜","共餔糜"有叠句和聲。此詞叠"繡帶垂"三字,亦和聲也。

又一體

馮延巳

單調四十字,六句四平韻。
霜積秋山萬樹紅。倚巖樓上掛朱櫳。白雲天遠重重恨,
○●○○●●○韻●○○●●○○韻●○○●●○●句
黃葉烟深漸漸風。仿佛梁州曲,吹在誰家玉笛中。
○●○○●●○韻●●○○●句○●○○●●○韻

此詞惟第五句五字,餘皆七字。按《陽春集》馮詞八首皆然。其一首起句"坐對高樓千萬山","坐"字仄聲,"千"字平

65

聲；第三句"燒殘紅燭暮雲合"，"燒"字平聲，"暮"字仄聲；第四句"飄盡碧梧金井寒"，"碧"字仄聲，"金"字平聲。又一首第二句"登高歡醉夜忘回"，"登"字平聲；第三句"歌闌賞盡珊瑚樹"，"賞"字仄聲。又一首第四句"滿面西風憑玉闌"，"滿"字仄聲；第五句"歸去須沉醉"，"歸"字平聲；結句"小院新池月乍寒"，"小"字仄聲。又一首結句"金菊年年秋解開"，"秋"字平聲。譜內可平可仄據此。舊譜未注平仄，今增入。

又一體

柳　永

雙調一百八十七字，前段十九句七仄韻，後段十七句七仄韻。

曉來天氣濃淡，微雨輕灑。近清明、風絮巷陌，烟草池
●○○●○●，○●○●。●○○讀○●●句○●○
塘，盡堪圖畫。艷杏暖、妝臉勻開，弱柳困、宮腰低
○句●○○●韻　●●●讀○●○○句●●●讀○○○
亞。是處麗質盈盈，巧笑嬉嬉，爭簇秋千架。戲綵毬羅
●韻●●●●○○句●●○○句○●○○●韻●●○○
綬，金鷄芥羽，少年馳騁，芳郊綠野。占斷五陵遊，奏
●句○○●●句●○○●句○○●●韻●●●○○句●
脆管、繁絃聲和雅。向名園深處，爭泥畫輪，競鬥寶
●●讀○○○●●韻●○○○●句○○●○句●●●
馬。取次羅列杯盤，就芳樹、綠影紅陰下。舞婆
●韻　●●○●○○句●○●讀●●○○●韻●○
娑，歌宛轉，仿佛鶯嬌燕妊。寸珠片玉，爭似濃歡無
○句○●●句●●○○●●韻●○●●句○●○○○

價。任他美酒，十千一斗，飲竭仍解金貂貰。恣幕天席
●韻　○●●句●○○●句●○○●○○韻●●○●
地，陶陶盡醉太平，且樂唐虞景化。須信艷陽天，看
句　○○●●○句●●○●●○韻○●●○句●
未足、已覺鶯花謝。對綠蟻翠蛾，怎生輕捨。
●●讀●●○●韻●●●○●句●○○●韻

　　按《宋史·樂志》有夾鍾商《拋毬樂》，其詞不傳。元人有
黃鍾宮《拋毬樂》，字數參差，詞亦俚鄙。《樂章集》亦僅見此
作，別無可校，平仄宜遵之。

法駕導引一體

　　宋陳與義詞序云："世傳頃年都下市肆中，有道人攜烏衣
椎髻女子，買斗酒獨飲。女子歌詞以侑，凡九闋，皆非人世語。
或記之，以問一道士。道士驚曰：'此赤城韓夫人所製水府蔡
真人《法駕導引》也。'烏衣女子疑龍云。得其三而忘其六，擬
作三闋。"

法駕導引

陳與義

　　單調三十字，六句三平韻。
朝元路，朝元路，同駕玉華君。千乘載花紅一色，人間
○○●句○○●叠○●●○○韻○●●○○●●句○○
遙指是祥雲。回望海光新。
○●●○○韻○●●○韻

67

此詞與《望江南》相近，但起句下多一叠句耳。

按陳詞別首起二句"烟漠漠，烟漠漠"，上兩"漠"字俱仄聲；第三句"海上百花搖"，"海"字仄聲；第四句"十八風鬟雲半動"，"十"字仄聲，"風"字平聲；第五句"月華微映是空舟"，"月"字仄聲。譜內可平可仄據此。

蕃女怨一體

唐温庭筠二詞俱詠蕃女之怨，故詞中有"雁門沙磧"諸語。

蕃女怨

温庭筠

單調三十一字，七句四仄韻兩平韻。

萬枝香雪開已遍。　細雨雙燕。鈿蟬箏，金雀扇。畫梁
●○○●○●仄韻◐●○●韻●○○句○●●韻◯○
相見。雁門消息不歸來。　又飛迴。
○●韻●○○●●○○平韻●○○韻

此調四仄韻，結換二平韻，温詞二首並同。其起句"已"字，第二句"雨"字，例用仄聲。温詞別首"磧南沙上驚雁起。飛雪千里"，"雁"字"雪"字俱仄聲，舊譜注"可平"者誤，惟第二句"飛雪千里"，"飛"字，第五句"年年爭戰"，上"年"字，可用平聲也。

一葉落一體

《五代史》云："後唐莊宗能自度曲。"此其一也。取首句爲調名。

一葉落

後唐莊宗

單調三十一字，七句五仄韻一叠韻。
一葉落。寒珠箔。此時景物正蕭索。畫樓月影寒，西風
●●●韻○○●韻●○●●●○●韻●○●●○句○○
吹羅幕。吹羅幕。往事思量著。
○○●韻○○●叠●●○○●韻

此詞第六句，即叠第五句，亦是和聲，填者宜遵之。

憶王孫三體

此詞單調三十一字者，創自秦觀。宋元人照此填。《太平樂府》注"黃鍾宮"，《太和正音譜》注"仙呂宮"。《梅苑》詞名《獨脚令》，謝克家詞名《憶君王》，吕渭老詞名《豆葉黄》。陸游詞有"畫得蛾眉勝舊時"句，名《畫蛾眉》。張輯詞有"幾曲闌干萬里心"句，名《闌干萬里心》。雙調五十四字者，見《復雅歌詞》，或名《怨王孫》，與單調絕不同。坊刻又有仄韻

單調《憶王孫》，查系《漁家傲》一段，故譜內不收。

憶王孫

秦　觀

單調三十一字，五句五平韻。

萋萋芳草憶王孫。柳外樓高空斷魂。杜宇聲聲不忍聞。
◐○◐●●○○韻◐●○○◐●○韻●●○○●●○韻
欲黃昏。雨打梨花深閉門。
●○○韻◐●○○◐●○韻

宋元人詞悉與此同。按姜夔詞第一句"冷紅葉葉下塘秋"，"冷"字"葉"字俱仄聲；第二句"長與行雲共一舟"，"長"字平聲，"共"字仄聲。李甲詞第三句"沉李浮瓜冰雪涼"，"沉"字"冰"字俱平聲；結句"鍼線慵拈午夢長"，"鍼"字平聲，"午"字仄聲。譜內可平可仄據此。

又一體

白　樸

單調三十一字，五句三平韻兩叶韻。

瑤階月色晃疏櫺。銀燭秋光冷畫屏。消遣此時此夜景。
○○●●●○○韻○●○○●●○韻●●●○●●●叶
步閒庭。苔浸凌波羅襪冷。
●○○韻○●○○○●●叶

此亦元人小令，其字句與秦詞同，惟第三句與末句用叶韻異，可見詞曲一源，所辨只在用韻不同也。明楊慎《詞林萬選》云："元曲《一半兒》，即此詞。"蓋其末句"一半兒行書，一半兒草"，兩"兒"字皆襯字也，益可知詞與曲之分矣。

又一體

《復雅歌詞》無名氏

雙調五十四字，前後段各四句三仄韻。

湖上風來波浩渺。秋已暮、紅稀香少。水光山色與人
○●○○●●韻○●讀●○○●韻●○○●●○
親，說不盡、無窮好。　　蓮子已成荷葉老。清露洗、
○句●●讀○○●韻　　○●●○○●●韻○●●讀
蘋花汀草。眠沙鷗鷺不回頭，似應恨、人歸早。
○○○●韻○○●●●○○句●●讀○○●韻

按周紫芝詞與此同，惟換頭句"思量千里鄉關道"，平仄全異。又前段第二句"紅滿地落花誰掃"，"落"字仄聲；後段第二句"山共水幾時得到"，"幾"字"得"字俱仄聲；第三句"杜鵑只解怨殘春"，"杜"字"只"字俱仄聲；結句"也不管人煩惱"，"不"字仄聲。譜內可平可仄據此。

金字經三體

《太平樂府》注"南呂宮"。《元史·樂志》說法舞隊有《金字經》曲，一名《閱金經》。

金字經

張可久

單調三十一字，七句五平韻一叶韻。

水冷溪魚貴，酒香霜蟹肥。環綠亭深掩翠微。梅。落花
●●○●●句●○○●●韻○●○○●●韻○韻●○
浮玉杯。山翁醉。笑隨明月歸。
●●○韻○○●叶●○○●○韻

此亦元人小令，平仄韻互叶者。因《元史》採入舞曲，且各有宮調，故存之。其可平可仄，悉參後詞，故不復注。

又一體

《太平樂府》徐失名

單調三十二字，七句五平韻一叶韻。

犀箸絲魚膾，象盤水蔗漿。池閣南風紅藕香。將。紫霞
○○○●句●○●●○韻○●○○○●○韻○韻●○
白玉觴。低低唱。唱著道、今夜涼。
●●○韻○○●叶●●●讀○●○韻

此與張詞同，惟結句添一襯字異。

又一體

《太平樂府》徐失名

單調三十四字，七句四平韻兩叶韻。

紫燕尋舊壘，翠鴛棲暖沙。一處處、綠楊堪繫馬。他。
●●○●●句●○○●●韻●●●讀●○○●●叶○韻
問前村、沽酒家。秋千下。粉墻邊、紅杏花。
●○○讀○●○韻○○●叶●○○讀○●○韻

　　　此與前詞同，惟第三句、第五句各添一襯字異。

古調笑一體

　　　《樂苑》商調曲。一名《宮中調笑》。白居易詩"打嫌調笑易"，自注：調笑，拋打曲名也。戴叔倫詞名《轉應曲》，馮延巳詞名《三臺令》，與宋詞《調笑令》不同。

古調笑

王　建

　　　單調三十二字，八句四仄韻兩平韻兩叠韻。
蝴蝶。　蝴蝶。飛上金枝玉葉。君前對舞春風。百葉
○●仄韻○●叠●●●●●韻●●●●○平韻●●
桃花樹紅。紅樹。　紅樹。燕語鶯啼日暮。
○○●韻○●換仄韻○叠●●●●●韻

　　　此詞凡三換韻。起用叠句，第六七句即倒叠第五句末二字，轉以應之，戴叔倫所謂"轉應"者，意蓋取此。
　　　按此調王建詞四首，韋應物詞二首，戴叔倫詞一首，馮延巳三首。其第一二句、第六七句平仄皆同，惟第三句，王詞別首"美人並來遮面"，"美"字"並"字俱仄聲，"遮"字平聲。第四句，馮詞"日斜柳暗花蔫"，"日"字仄聲，戴詞"山北山南雪晴"，"北"字

"雪"字俱仄聲,"山""南"二字俱平聲。第五句,王詞別首"商人少婦斷腸","商""人"二字俱平聲,"少""婦"二字仄聲。結句,戴詞"蘆笳一聲愁絕","蘆"字"笳"字"愁"字俱平聲,"一"字仄聲。譜內可平可仄據此。但唐人製調,審音必精,其平仄不同,自中律呂,填者或擇一體宗之,更爲嚴謹也。

遐方怨二體

唐教坊曲名。此調有兩體,單調者始於溫庭筠,雙調者始於顧夐、孫光憲,惟《花間集》有之,宋人無填此者。

遐方怨

温庭筠

單調三十二字,七句四平韻。

憑繡檻,解羅幃。未得君書,斷腸瀟湘春雁飛。不知征
○●●句●○○韻●●○○句●○○◐●○韻●○○
馬幾時歸。海棠花盡也,雨霏霏。
●●○○韻●○○●●句●○○韻

此調第四句例作拗句,溫詞別首"夢殘惆悵聞曉鶯",正與此同,惟"悵"字仄聲異。

又一體

孫光憲

雙調六十字,前後段各六句四平韻。

紅綬帶，錦香囊。爲表花前意，殷勤贈玉郎。此時更自
○●●句●○○韻⊖●○●句⊖○⊖●○○韻●○●
役心腸。轉添秋夜夢魂長。　　思艷質，想嬌妝。願早
●○○韻●○○●●○○韻　　⊖●●句●○○韻⊖●
傳金盞，同歡臥醉鄉。任人猜妒儘隄防。到頭須使是
○○●句⊖○⊖●○○韻●○○●●○○韻⊖○●●
鴛鴦。
○○韻

　　此與溫庭筠一段詞大同小異，惟第三四句減一字，作五字兩句，第六七句減一字，作七字一句耳。顧敻"簾影細"詞正與此同。
　　顧詞前段第三句"象紗籠玉指"，"紗"字平聲，"玉"字仄聲；第四句"縷金羅扇輕"，"縷"字仄聲，"羅"字平聲；第五句"嫩紅雙臉似花明"，"雙"字平聲。後段第一句"鳳簫歇"，"鳳"字仄聲，"簫"字平聲；第三句"遼塞音書絕"，"遼"字平聲；第四句"夢魂長暗驚"，"夢"字仄聲，"長"字平聲；結句"教人爭不恨無情"，"教"字平聲。譜內可平可仄據此。

後庭花破子二體

　　《太平樂府》注"仙吕調"。《唐書·禮樂志》：夷則羽，俗呼仙吕調。此金元小令，與唐詞《後庭花》、宋詞《玉樹後庭花》異。所謂破子者，以其繁聲入破也。

後庭花破子

王　惲

單調三十二字，七句五平韻。

綠樹遠連洲。青山厭樹頭。落日高城望，烟霏翠滿樓。
⊖●●○⊖韻⊖○⊖●○韻●●○○●句○○●●○韻
水蘭舟。彼汾一曲，春風佳可遊。
●○○韻⊖○⊖●句⊖○⊖●○韻

此調創自金元，有邵亨貞、趙孟頫詞及《太平樂府》、《花草粹編》無名氏詞可校。

按邵詞第一句"刺船鸚鵡洲"，"鸚"字平聲。《太平樂府》詞第二句"寸心千古愁"，"寸"字仄聲，"千"字平聲。《花草粹編》詞"瑤草妝鏡邊"，"草"字仄聲。邵詞第三句"江上花無語"，"江"字平聲。《花草粹編》詞"去年花不老"，"不"字仄聲。邵詞第四句"天涯人未還"，"人"字平聲。《太平樂府》詞第六句"風帆無數"，"風"字平聲。邵詞結句"隔江何處山"，"隔"字仄聲。《太平樂府》詞"斜陽獨倚樓"，"獨"字仄聲。譜內可平可仄據此。餘參下詞。

又一體

趙孟頫

單調三十三字，七句五平韻。

清溪一葉舟。芙蓉兩岸秋。採菱誰家女，歌聲起暮鷗。
○○●●○韻○○●●○韻●○○●句○○●●○韻
亂雲愁。滿頭風雨，戴荷葉、歸去休。
●○○韻●○○●句●●讀○●○韻

此與王詞同，惟結句多一襯字，作折腰句法異。

如夢令六體

宋蘇軾詞注：此曲本唐莊宗製，名《憶仙姿》，嫌其名不雅，故改爲《如夢令》，蓋因此詞中有"如夢如夢"叠句也。周邦彥又因此詞首句，改名《宴桃源》。沈會宗詞有"不見不見"叠句，名《不見》。張輯詞有"比著梅花誰瘦"句，名《比梅》。《梅苑》詞名《古記》。《鳴鶴餘音》詞名《無夢令》。魏泰雙調詞名《如意令》。

如夢令

後唐莊宗

單調三十三字，七句五仄韻一叠韻。

曾宴桃源深洞。一曲舞鸞歌鳳。長記別伊時，和淚出門
◐●○○◐●韻◐●◐○◐●韻◐●●○○句◐●●○
相送。如夢。如夢。殘月落花烟重。
◐●韻◐●韻◐●叠◐●◐○◐●韻

此調以此詞爲正體，第五六句例用叠句，若《梅苑》、《鳴鶴餘音》詞皆變體也。

按白居易詞首句"前度小花靜院"，"靜"字仄聲。沈會宗詞第五六句"不見。不見"，兩"不"字俱仄聲。白詞第七句"記取釵橫鬢亂"，"鬢"字仄聲。譜內可平可仄據此，其餘悉參後詞。

又按蘇軾詞第三句"喚起百舌兒"，"舌"字入聲，宋元人

此字從無用仄聲者,當是以入作平,不可泛用上去聲字。

又一體

《梅苑》無名氏

單調三十三字,七句六仄韻。

臘半雪梅初綻。玉悄瓊英碎剪。素艷與清香,別有風流
●●●○○●韻●●○○●●韻●●●○○句●●○○
堪羨。苞嫩。蕊淺。羞破壽陽人面。
○●韻○●韻●●韻○●●○○●韻

此詞第五六句不叠。

又一體

《梅苑》無名氏

單調三十三字,七句五仄韻一叠韻。

疑是水晶宮殿。雲女天仙寶宴。吟賞欲黃昏,風送一聲
○●●○○●韻○●○○●●韻○●●○○句○●●
羌管。烟淡。霜淡。月在畫樓西畔。
○●韻○●韻○●叠●●●○○●韻

此詞第五六句,但叠韻而不叠句。

又一體

《鳴鶴餘音》無名氏

單調三十三字,六句四仄韻一叠韻。

學道非難非易。怎敢已而不已。專下死工夫,悟得長生
●●○○●韻●●●○●●韻○●●○○句●●○○
活計。長生活計。收得精光神氣。
●●韻○●●疊○●○○●韻

　　此詞第五六句作四字一句,即叠上句下四字,與前二體又異。

　　按此體見《鳴鶴餘音集》,有一段者,有兩段者,詞極鄙俚,故止採一首以備體。

　　又按宋趙長卿詞第四句"目斷行雲凝佇",第五六句"凝佇。凝佇",即叠第四句韻,與此略同。但"凝佇"叠句,與"如夢"叠句同,故不另列。

又一體

吳文英

單調三十三字,七句五平韻一叠韻。

鞦韆爭鬧粉墻。閒看燕紫鶯黃。啼到綠陰處,喚回浪子
○○○●●○韻○●●○○韻○●●○●句●○●●
閒忙。春光。春光。正是拾翠尋芳。
○○韻○○韻○○叠●●●●○○韻

　　此調用平韻,宋人惟吳文英一首,無別詞可校。

又一體

魏　泰

雙調六十六字,前後段各七句五仄韻一叠韻。

炎暑尚餘八日。火老金柔時節。聞道間生賢，儲秀降神
◐●◐○●韻●◐○●●韻●◐○○句●◐○
崧極。無敵。無敵。當代人倫準的。　　射策當爲第
○●韻○●韻○●叠◐●○○●韻　　●◐○●
一。高躍龍門三級。榮看綠袍新，帝渥必加寵錫。
●韻◐●○○●韻◐●●○○句●●●○◐●韻
良弼。良弼。真個國家柱石。
○●叠○●叠◐●●○●韻

　　此詞合兩段《如夢令》爲一闋，有李、劉詞可校。
　　李詞前段第一句"久羨龐眉鶴髮"，"久"字仄聲，"龐"字平聲；第二句"聞望孔堂烜赫"，"烜"字"孔"字俱仄聲；第三句"信得彭喬仙"，"信"字仄聲，"彭"字平聲；第四句"秘受長生真訣"，"秘"字仄聲，"長"字平聲；第七句"呂望師周時節"，"呂"字仄聲，"時"字平聲。後段第一句"纔過中秋六日"，"纔"字平聲；第二句"對此稱觴忻懌"，"對"字仄聲；第四句"金縷輕調鶯舌"，"金"字"輕"字"鶯"字俱平聲；末句"九九算猶千百"，上"九"字仄聲，"千"字平聲。譜內可平可仄據此。

訴衷情五體

　　唐教坊曲名。毛文錫詞有"桃花流水漾縱橫"句，又名《桃花水》。
　　按《花間集》此調有兩體，單調者或間入一仄韻，或間入兩仄韻，韋莊、顧敻、溫庭筠三詞略同。雙調者全押平韻，毛文錫、魏承班二詞略同。

訴衷情

温庭筠

單調三十三字，十一句五仄韻六平韻。

鶯語。　花舞。　春晝午。雨霏微。　金帶枕。　宮錦。
○●仄韻○●韻○●●韻●○○平韻○●●換仄韻○●韻
鳳凰帷。　柳弱燕交飛。依依。遼陽音信稀。夢中歸。
●○○平韻◐●●○○韻○○韻◐○○●○韻●○○韻

此詞以平韻爲主，間兩仄韻於平韻之內。

按《花間集》此體第九句類用叠字，如"輕輕"、"迢迢"、"沉沉"皆然。其第八句"柳"字可平，第十句"遼"字可仄，則叅韋莊詞也。

又一體

韋　莊

單調三十三字，九句六平韻兩仄韻。

碧沼紅芳煙雨静，倚蘭橈。　垂玉佩。　交帶。裊纖
●●○○○●●句　●○○平韻　○●●仄韻　○●韻　●○
腰。　鴛夢隔星橋。迢迢。越羅香暗銷。墜花翹。
○平韻○●●○○韻○○韻●○○●○韻●○○韻

温詞起七字作三句，間入三仄韻。此詞起七字作一句，不間入仄韻，"倚蘭橈"以下俱同。或云"佩""帶"非韻，不知韋詞又有"花欲謝。深夜"，顧夐詞有"羅帶重。雙鳳"，正與温作相合。但温詞起句間入仄韻，第三句又換仄韻，韋、顧詞祇於第三句間入仄韻耳。

又一體

顧 敻

單調三十七字,九句六平韻兩仄韻。

永夜拋人何處去,絕來音。香閣掩。眉斂。月將
●●○○●●句 ●○○平韻 ○●●仄韻 ○●韻 ●○
沉。爭忍不相尋。怨孤衾。換我心、爲你心。始知相
○平韻 ○●○○韻 ●○○韻 ●●○讀○●○韻 ●○○
憶深。
●○韻

按《花間集》顧詞二首,其一首與韋詞同。此亦韋詞體,惟第七句添一字,第八句添一字,作折腰句法,結句添二字,即開宋人添字之法,元詞襯字實本於此。

又一體

毛文錫

雙調四十一字,前段五句四平韻,後段四句四平韻。

桃花流水漾縱橫。春晝彩霞明。劉郎去,阮郎行。惆悵
○○○●●○○韻 ○●●○○韻 ○○● 句 ●○○韻 ○●
恨難平。愁坐對雲屏。算歸程。何時携手洞邊迎。
●○○韻 ○●●○○韻 ●○○韻 ○○○●●○○韻
訴衷情。
●○○韻

此兩段詞全押平韻,與單調詞間入仄韻者不同。按《花間集》顧詞別首結句亦用"訴衷情"三字,與此同。但前段第

二句"碧沼藕花馨","碧"字仄聲；後段第三句"何時解佩掩雲屏","解"字仄聲。又魏承班詞五首，其一首前段起句"春情滿眼臉紅消","滿"字仄聲；結句"幾共醉春朝","幾"字仄聲。又一首後段第三句"夢魂幾度遶天涯","夢"字仄聲。與此平仄小異。惟一首前段起句"銀漢雲晴玉漏長","漢"字"漏"字俱仄聲,"晴"字平聲，與此平仄全異。至第二句平平仄仄平，五首皆然，亦與此詞平仄全異。譜內可平可仄據此，餘見下詞。

又一體

魏承班

雙調四十一字，前段五句四平韻，後段四句三平韻。

春深花簇小樓臺。風飄錦繡開。新夢覺，步香階。山枕
○○○●●○○韻○○●●○韻○●●句●○○韻○●
映紅腮。　　鬢亂墜金釵。語檀偎。臨行執手重重囑，
●○○韻　　●●●○○韻●○○韻○○●●○○●句
幾千迴。
●○○韻

按魏詞五首，其四首與毛詞同，惟此首後段第三句不用韻異。

西溪子二體

唐教坊曲名。

西溪子

牛　嶠

單調三十三字，八句四仄韻一叠韻兩平韻。
捍撥雙盤金鳳。　蟬鬢玉釵搖動。畫堂前，人不語。
●●○○●仄韻○●●○○●韻●○○句○●●換仄韻
絃解語。彈到昭君怨處。翠蛾愁。　不抬頭。
○●●叠○●○○●●韻●○○平韻●○○韻

此詞三換韻，兩仄一平，與間叶者不同。其第四五句用叠韻，或非定格，校下毛詞可見。

又一體

毛文錫

單調三十五字，八句五仄韻兩平韻。
昨夜西溪遊賞。　芳樹奇花千樣。鎖春光，金尊滿。
●●○○●仄韻○●●○○●韻●○○句●●●換仄韻
聽絃管。嬌妓舞衫香暖。不覺到斜暉。　馬馱歸。
●○●韻●●●○○●韻●●●○○平韻●○○韻

此與牛詞同，惟第七句添二字作五字句異，有李珣詞二首可校。

按李珣詞起句"金縷翠鈿浮動"，"金"字平聲，"翠"字仄聲；第二句"認得臉波相送"，"認"字"臉"字俱仄聲；第四五句"無限意。夕陽裏"，"限"字"夕"字俱仄聲；第六句"滿地落花慵掃"，"滿"字仄聲；第七八句"無語倚屏風。泣殘紅"，"無"字平聲。譜內可平可仄據此。

天仙子五體

　　唐教坊曲名。按段安節《樂府雜録》，《天仙子》本名《萬斯年》，李德裕進，屬龜茲部舞曲。因皇甫松詞有"懊惱天仙應有以"句，取以爲名。

　　此詞有單調、雙調兩體。單調始於唐人，或押五仄韻，或押四仄韻，或押兩仄韻三平韻，或押五平韻。雙調始於宋人，兩段俱押五仄韻。

天仙子

皇甫松

　　單調三十四字，六句五仄韻。
晴野鷺鷥飛一隻。水蕸花發秋江碧。劉郎此日別天仙，
◐●●○○●●韻◐○○●●○●韻◯○◐●●○○句
登綺席。淚珠滴。十二晚峰高歷歷。
◯●●韻◐○●韻◐●○○○●●韻

　　此調以此詞爲正體，若和凝詞之少押一韻，韋莊詞之平仄換韻，或全押平韻，皆變體也。按和凝"柳色披衫"詞正與此同，惟第二句"纖手輕拈紅豆弄"，平仄全異；第四五句"桃花洞。瑤臺夢"，平仄小異。宋人兩段詞即本之。此詞可平可仄詳見後詞，故不復注。

又一體

和　凝

單調三十四字，六句四仄韻。
洞口春紅飛蔌蔌。仙子含愁眉黛綠。阮郎何事不歸來，
●●○○○●●韻○●○○○●●韻●○○●●○○句
懶燒金，慵篆玉。流水桃花空斷續。
●○○句○●●韻○●○○○●●韻

此詞第四句不用韻。

又一體

韋　莊

單調三十四字，六句兩仄韻三平韻。
深夜歸來長酩酊。　扶入流蘇猶未醒。醺醺酒氣麝蘭
○●○○○●●仄韻○●○○○●●韻○○●●●○○
和。　驚睡覺，笑呵呵。長道人生能幾何。
○平韻　○●●句●○○韻○○○●○○韻

此詞第三句以下換平韻。

又一體

韋　莊

單調三十四字，六句五平韻。
悵望前回夢裏期。看花不語苦尋思。露桃宮裏小腰肢。
⊖●○○●●○韻●○●●●○○韻●○○●●○○韻

眉眼細，鬢雲垂。惟有多情宋玉知。
⊖●●句●○○韻⊖●●○⊖●○韻

　　此詞全押平韻，其第三句亦押韻，與仄韻體不同。韋詞四首並同。

　　按韋詞，其一首第二句"天外鴻聲枕上聞"，與此平仄全異。又一首起句"夢覺雲屏依舊空"，"依"字平聲；第二句"杜鵑聲咽隔簾櫳"，"杜"字仄聲；第四五句"一日日，恨重重"，"一"字仄聲；結句"淚界蓮腮兩線紅"，"淚"字仄聲。又一首起句"金似衣裳玉似身"，"金"字平聲；第三句"霞裙月帔一群群"，"霞"字平聲，"月"字仄聲；結句"劉阮不來春自曛"，"不"字仄聲，"春"字平聲，俱與此詞平仄小異。譜內可平可仄據此。

又一體

張　先

　　雙調六十八字，前後段各六句五仄韻。

醉笑相逢能幾度。爲報江頭春且住。主人今日是行人，
●●⊖○⊖●韻●●○⊖○●●韻⊖○●⊖●○○句
紅袖舞。清歌女。憑仗東風交點取。　　三月柳枝柔似
⊖⊖●韻○⊖●韻⊖●○○⊖●●韻　　⊖●●○○●
縷。落葉倦飛還戀樹。有情寧不惜西園，鶯解語。花無
韻⊖●⊖○○●韻●○⊖●●○○句⊖⊖●韻○○
數。應訝使君何處去。
●韻⊖●●○○●韻

　　此即和凝"柳色披衫"詞體，和詞單調，此則加一段爲雙調，但和詞第四句不用韻，此第四句用韻也。

按張詞別首前段第一句"持節來時初有雁","持"字平聲。又一首"水調數聲持酒聽","數"字仄聲。又一首第二句"因愛弄妝偷傅粉","因"字平聲,"弄"字仄聲;第三句"金蕉併爲舞時空","金"字平聲,"併"字仄聲;第六句"往事後期空記省","往"字"後"字俱仄聲。後段可平可仄同。又趙令畤詞,前後段第四五句"春欲竟。愁未醒","閒展興。臨好景",或作平仄仄,平仄仄。《翰墨全書》詞"玉繩轉。銀河淡","漏聲緩。珂聲遠",又作仄平仄,平平仄。均與此詞小異。譜內可平可仄據此。

風流子九體

唐教坊曲名。單調者,唐詞一體。雙調者,宋詞三體。有前後段兩起句不用韻者,有前段起句用韻,後段起句不用韻者,有前後段起句俱用韻者,諸體中有句讀異同,各依其體類列。

風流子

孫光憲

單調三十四字,八句六仄韻。
樓倚長衢欲暮。瞥見神仙伴侶。微傅粉,攏梳頭,隱映
○●○○●韻●●○○●韻○●●句●○○句○●
畫簾開處。無語。無緒。慢曳羅裙歸去。
●○●韻○●韻○●韻●●○○●韻

《花間集》孫光憲詞三首,每首第六七句俱用兩韻。其一

首"聽織聲促","屋"與"織"古韻本通,《嘯餘譜》注作四字句者誤。

按孫詞別首第一二句"金絡玉銜嘶馬。繫向綠楊陰下","玉"字"綠"字俱仄聲,"嘶"字"陰"字俱平聲;結句"猶在九衢深夜","猶"字平聲,"九"字仄聲。又一首第二句"雞犬自南自北","雞"字平聲;第五句"門內春波漲綠","門"字"春"字俱平聲,"漲"字仄聲。譜內可平可仄據此。

又一體

周邦彥

雙調一百十字,前段十二句四平韻,後段十句四平韻。

風林凋晚葉,關河迥、楚客慘將歸。望一川暝靄,雁聲哀怨,半規涼月,人影參差。酒醒後、淚花銷鳳蠟,風幕卷金泥。砧杵韻高,喚回殘夢,綺羅香減,牽起餘悲。　亭皋分襟地,難堪處、偏是掩面牽衣。何況怨懷長結,重見無期。想寄恨書中,銀鉤空滿,斷腸聲裏,玉箸還垂。多少暗愁密意,惟有天知。

此詞前後段第一句俱不用韻,後段第二句作三字一讀、六字一句,宋元詞多如此填。

按秦觀詞後段第七句"奈何綿綿","綿綿"二字俱平聲。

又方岳詞前段第二句"花正鬧燈火競元宵","正"字仄聲;第四句"飛金叵羅","飛"字平聲,"叵"字仄聲;第七句"香塵路雲松鸞髻鬢","雲"字平聲;十一句"分明富貴","分"字平聲。後段第二句"君不見迷樓春綠迢迢","不"字仄聲,"樓"字"春"字平聲;第九十句"俯仰人間陳迹,莫惜金貂","人"字平聲,"莫"字仄聲。譜內可平可仄據此,其餘悉校所列諸詞。

又一體

張　耒

雙調一百十字,前段十二句四平韻,後段十一句四平韻。
亭皋木葉下,　重陽近、又是搗衣秋。奈愁入庾腸,老侵
○○●●句　○○讀●●○○韻　●○●●句●○
潘鬢,誤簪黃菊,花也應羞。楚天晚、白蘋煙盡處,紅
○●句●○○●句○●○○韻　●○讀●○○●●句○
蓼水邊頭。芳草有情,夕陽無語,雁橫南浦,人倚西
●●○○韻　○●●○句●○○●句●○○●句○●○
樓。　玉容知安否,香箋共錦字,兩處悠悠。空恨白
○韻　　●○○○●句●○●●●句●●○○韻○●●
雲離合,青鳥沉浮。向風前懊惱,芳心一點,寸眉兩
○○●句○●○○韻●○○●●句○○●●句●○●
葉,禁甚閒愁。情到不堪言處,分付東流。
●句○●○○韻○●●○○●句○●○○韻

此與"楓林凋晚葉"詞同,惟後段第二句作五字一句、四字一句異。按張元幹詞"秦箏弄哀怨,雲鬟分行",史達祖詞"尋芳縱來晚,尚有他年",正與此同。

又一體

王之道

雙調一百十一字,前段十二句四平韻,後段十一句四平韻。

扁舟南浦岸,分携處、鳴佩憶珊珊。見十里長堤,數聲
○○○●●句○○●讀●●●○○韻●●●○○句●○
啼鳩,至今清淚,襟袖爛斑。誰信道、沈腰成瘦損,潘
○●句●○○●句○●○○韻○●●讀●○○●●句○
鬢就衰殘。漫把酒臨風,看花對月,不言挂笏,無緒憑
●●○○韻●●●○○句●○●●句●○●●句○●○
闌。　相逢還相感,但凝情秋水,送恨青山。應念馬
○韻　　○○○●●句●○○●●句●●○○韻●●●
催行色,泥濺征衫。況芳菲將過,紅英晼晚,追隨正
○○●句○●○○韻●○○●●句○●●●句○○●
樂,黃鳥間關。爭得此心無著,渾是雲閒。
●句○●●○韻○●●○○●句○●○○韻

此與"楓林凋晚葉"詞同,惟前段第九句多一字,後段第二句作五字一句、四字一句異。

又一體

王千秋

雙調一百十字,前後段各十二句四平韻。

夜久燭花暗,仙翁醉、豐頰縷紅霞。正三行鈿袖,一聲
●●●○●句○○●讀○●●○○韻●○○●●句●○

金縷，卷茵停舞，側火分茶。笑盈盈、濺湯溫翠碗，拆
〇●句●〇〇句●●〇〇韻●〇〇讀●〇〇●●句●
印啓緗紗。玉笋緩搖，雲頭初起，竹龍停戰，雨脚微
●●〇〇韻●●●〇句〇〇〇●句●〇〇句●〇
斜。　　清風生兩腋，塵埃盡，留白雪，長黃芽。解使
〇韻　　〇〇●●句●〇●句〇●●句〇〇韻●●
芝眉長秀，潘鬢休華。想行宮異日，袞衣寒夜，小團分
〇〇〇●句〇●〇〇韻●〇〇●●句〇〇〇●句●〇〇
賜，新樣金花。還記玉麟春色，曾在仙家。
●句〇●〇〇韻〇●●〇〇句〇●〇〇韻

　　此亦與"楓林凋晚葉"詞同，惟後段第二句作三字三句
異。按元羅志仁詞"飛不去，有落日，斷猿啼"，正與此同，但
"不"字"有"字俱仄聲。

又一體

周邦彥

　　雙調一百九字，前段十二句五平韻，後段十句四平韻。

新緑小池塘。風簾動、碎影舞斜陽。羨金屋去來，舊時
〇●●〇韻〇〇讀●●●〇韻●〇●●〇句●〇
巢燕，土花繚繞，前度莓墻。繡閣鳳幃深幾許，聽得理
〇●句●〇〇句〇〇〇韻●●〇〇〇●●句●●
絲簧。欲説又休，慮乖芳信，未歌先咽，愁近清觴。
〇〇韻●●●〇句●〇〇句●〇〇句〇●〇〇韻
　　遥知新妝了，開朱户、應自待月西廂。最苦夢魂，
　　〇〇〇●●句〇〇●讀〇●●●〇韻●●〇句

今宵不到伊行。問甚時説與，佳音密耗，寄將秦鏡，偷
⊙○●●○○韻●●○●●句○○●●句●○○●句○
換韓香。天便教人，霎時厮見何妨。
●○○韻○●○○句●○○●○○韻

　　此詞前段起句用韻，後段起句不用韻，其前段第七句七字，後段第三句四字，第四句六字，第九句四字，結句六字，俱與諸家小異。按陳允平和周詞前段第七句"對握寶箏斜度曲"，後段第三四句"十二畫橋，一堤煙樹成行"，結句"春已無多，衹愁風雨相妨"，正與此同。

　　汲古閣《片玉集》刻此詞，前段第七句誤作"繡閣裏鳳幛深幾許"八字句，今從《花草粹編》校正，又有陳允平和詞可據。

又一體

吳文英

　　雙調一百九字，前段十二句五平韻，後段十句四平韻。
金谷已空塵。薰風轉、國色返春魂。半敧雪醉霜，舞低
○●●○韻○○●讀●●●○○韻●○●●○句●○
鸞翅，絳籠蜜炬，綠映龍盆。窈窕繡窗人睡起，臨砌默
○●句○●●●句●●○○韻●●●○○●●句○●●
無言。慵整墮鬟，怨時遲暮，可憐憔悴，啼雨黄昏。
○○韻○●●○句●○○●句●○○●句○●○○韻

　　輕撓移花市，秋孃渡、飛浪濺濕行裙。二十四橋南
○○○●●句○○●讀○●●●○○韻●●●○○
北，羅薦香分。念碎劈芳心，縈思千縷，贈將幽素，偷
●句○●○○韻●●●○○句○○○●句●○○●句○

蔫重雲。終待鳳池歸去，催旺紅翻。
●○○韻○●●○○●句◐●●○○韻

此與"新緑小池塘"詞同，惟後段第三四句、第九句十句仍作六字、四字句異。按吳詞別首前段第七句"自別楚嬌天已遠"，後段第三四句"惆悵舞衣叠損，露綺千重"，第九第十句"猶記弄花相謔，十二闌東"，正與此同。

又一體

賀　鑄

雙調一百八字，前段十二句五平韻，後段十一句五平韻。
何處最難忘。方豪健、放樂五雲鄉。採筆賦詩，禁池芳
○●●○○韻○○●讀●●●○○韻●●●○句●○○
草，香韉調馬，輦路垂楊。綺筵上、扇偎歌黛淺，汗裹
●句○○○●句●●○○韻●○●讀●○○●●句●●
舞衣香。蘭燭伴歸，繡輪同載，閉花別館，隔水深坊。
●○○韻○●●○句●○○●句●○●●句●●○○韻

零落少年場。琴心漫流怨，帶眼偷長。無奈占床
○●●○○韻○○●●句●●○○韻○●●○
燕月，欺鬢吳霜。塞北音塵，魚對永斷，便橋烟雨，鶴
○●句○○○○韻●●○○句○●●●句●○○●句●
表相望。好在後庭桃李，應記劉郎。
●○○韻●●●○○●句○●○○韻

此詞前後段起句俱用韻，後段第二句作五字、四字兩句，其前段第三句四字，後段第六句四字，更與各家不同。賀鑄集僅見此一體。

又一體

吳激

雙調一百十一字，前段十二句五平韻，後段十一句五平韻。

書劍憶遊梁。當時事、厎處不堪傷。望蘭楫嫩漪，向吳
○●●○○韻○○●讀●○●●○○韻●○●●●句●○
南浦，杏花微雨，窺宋東牆。鳳城外、燕隨青步障，絲
○句●○○●句○●○○韻●○●讀●○○●●句○
惹紫遊韁。曲水古今，禁煙前後，暮雲樓閣，春草池
●●○○韻●●●○句●○○●句●○○●句○●○
塘。　回首斷人腸。年芳但如霧，鏡髮已成霜。獨自
○韻　●●●○○韻○○●○●句●●●○○韻●●
蟻尊陶寫，蝶夢悠颺。聽出塞琵琶，風沙淅瀝，寄書鴻
●○○●句●●○○韻●●●○○句○○●●句●○○
雁，烟月微茫。不似海門潮信，猶到潯陽。
●句○●○○韻●●●○○●句○●○○韻

此詞前後段起句俱用韻，與賀鑄詞同。而前段第三句、後段第六句仍用五字，與前各體同，至後段第二句作五字兩句，則與各家迥異矣。按楊慎《詞品》無名氏詞，後段第一二句"馬嵬西去路，愁來無會處，但淚滿關山"，正與此同，惟前後段起句不用韻小異，因字句同不另錄。

歸自遙一體

《樂府雅詞》注"道調宮"。一名《風光子》。趙彥端詞名《思佳客》。《詞律》編入《歸國謠》者誤。

歸自謠

歐陽修

雙調三十四字,前後段各三句三仄韻。

春艷艷。江上晚山三四點。柳絲如翦花如染。　　香閨
〇●●韻●●〇〇●●韻●〇〇●〇〇●韻　　●〇
寂寞門半掩。愁眉斂。淚珠滴破臙脂臉。
●●〇●韻〇●韻〇〇●●〇●韻

按此詞後段起句,歐陽別首云"離人幾歲無消息","消"字平聲;趙彥端詞云"歷歷黃花矜酒美","歷歷"二字俱仄聲,"黃花"二字俱平聲。第二句,趙彥端詞云"清露委","露"字仄聲。至末句,或云"不眠特地重相憶",或云"來朝便是關山隔",或云"山間有箇閒人喜",第三四字俱用仄仄,《詞律》於第三字注"可平"者誤。又姚述堯詞二首,前段第二句"雨過池塘荷蓋小","雨"字仄聲,"池"字平聲;第三句"薰風習習生庭戶","薰"字平聲,上"習"字仄聲;其後段第三句,一云"玉人笑擁金尊倒",一云"闌干倚遍憑誰訴",句中第三四字亦用仄仄,更可證《詞律》之誤。

飲馬歌一體

調見《松隱集》，自序：此曲自金源傳至邊城，飲牛馬即橫笛吹之，不鼓不拍，聲甚淒斷。

飲馬歌

曹　勛

單調三十四字，八句六仄韻。
邊城春未到。雪滿交河道。暮沙明殘照。塞烽雲間小。
〇〇〇●韻●●〇〇韻●〇〇●韻●〇〇●韻
斷鴻悲，隴月低，淚濕征衣悄。歲華老。
●〇〇句●●〇句●●〇〇●韻●〇●韻

此詞第五六句"悲"、"低"二字，疑是間押二平韻，然無他首可校。

定西番五體

唐教坊曲名。

定西番

温庭筠

雙調三十五字，前段四句一仄韻兩平韻，後段四句兩仄韻兩平韻。
漢使昔年離別。　攀弱柳，折寒梅。　上高臺。　千
●●●○○●仄韻○●●句●○○平韻●○○韻　○
里玉關春雪。　雁來人不來。　羌笛一聲愁絕。　月徘
●●○○●仄韻●○○●○平韻○●●○○●仄韻●○
徊。
○平韻

此詞前後段起句及後段第三句俱間押仄韻。溫庭筠別首"海燕欲飛"詞與此同，其平仄如一。

又一體

溫庭筠

雙調三十五字，前後段各四句一仄韻兩平韻。
細雨曉鶯春晚。　人似玉，柳如眉。　正相思。　羅
●●●○○●仄韻○●●句●○○平韻●○○韻　○
幕翠簾初卷。　鏡中花一枝。　腸斷塞門消息，雁來
●●○○●仄韻●○○●○平韻○●○○●句●○
稀。
○韻

此詞前後段起句間押仄韻，後段第三句不用韻，與前首異。

又一體

韋莊

雙調三十五字，前段四句兩平韻，後段四句兩仄韻兩平韻。

挑盡金燈紅爐，人灼灼，漏遲遲。　未眠時。　斜倚
◐●●○○●句○●●句●○○平韻●○○韻　○●
銀屏無語。　閒愁上翠眉。　悶煞梧桐殘雨。　滴相
◐○○●仄韻◐○●◐○平韻●●◐○○●仄韻●○
思。
○平韻

　　此詞前段起句不用韻，後段第一句、第三句間押仄韻，牛嶠"紫塞月明"詞正與此同。

　　按牛詞前段起句"紫塞月明千里"，"紫"字"月"字俱仄聲。後段起句"鄉思望中天闊"，"望"字仄聲；第二句"漏殘星亦殘"，"漏"字仄聲，"星"字平聲；第三句"畫角數聲嗚咽"，"數"字仄聲。

又一體

孫光憲

雙調三十五字，前後段各四句兩平韻。

鷄禄山前遊騎，邊草白，朔天明。馬蹄輕。　鵲面弓
○●○○●句○●●句●○○韻○○韻　●◐
離短韉，彎來月欲成。一支鳴骲雲外，曉鴻驚。
○◐●句○○●◐○韻●◐○○●句●○○韻

　　此詞不問入仄韻，韋莊"芳草叢生"詞，毛熙震"蒼翠濃陰"詞，皆與此同。

　　按韋詞前段第一句"芳草叢生縷結"，"縷"字仄聲。毛詞後段第一句"斜日倚闌風好"，"斜"字平聲，"倚"字仄聲，"風"字平聲；第三句"未得玉郎消息"，"玉"字仄聲。

又一體

張　先

雙調四十一字,前段五句兩平韻,後段四句兩平韻。

捍撥紫檀金襯, 雙秀菶, 兩回鶯。齊學漢宮妝樣, 競嬋
●●●○○●句　●●●句●○○韻　●●○○●句●○
娟。　三十六絃蟬鬧, 小絃蜂作團。聽盡昭君幽怨,
○韻　　○●●○●句●○○●句●●○○●句
莫重彈。
●○○韻

此詞亦不問入仄韻,前段第三句下多六字一句,與孫詞異。

按張詞三首皆然。其一首前段第四句"盡帶江南春色","盡"字仄聲,"江"字平聲。換頭句"鴛鴦願從今夜","鴦"字平聲。

江城子五體

唐詞單調,以韋莊詞爲主,餘俱照韋詞添字。至宋人始作雙調,晁補之改名《江神子》。韓淲詞有"臘後春前村意遠"句,更名《村意遠》。

江城子

韋　莊

單調三十五字，七句五平韻。

髻鬟狼籍黛眉長。出蘭房。別檀郎。角聲鳴咽、星斗漸
⊖●○●●○韻●○○韻●●○韻●●●●讀●●
微茫。露冷月殘人未起，留不住，淚千行。
○○韻●●●○○●●句○●●句●○○韻

　　此詞起句，韋詞別首"恩重嬌多情易傷"，"恩"字"多"字
"情"字俱平聲，"重"字"易"字俱仄聲。第三句，和凝詞"連
理枝"，"連"字平聲，"理"字仄聲。第四句，張泌詞"飛絮落
花"，"飛"字"花"字平聲，"絮"字"落"字仄聲。第五句，和詞
"含恨含嬌獨自語"，兩"含"字平聲，"獨"字仄聲。第六句，
和詞"待梅綻"，"待"字仄聲，"梅"字平聲。

又一體

歐陽炯

單調三十六字，七句五平韻。

晚日金陵岸草平。落霞明。水無情。六代繁華、暗逐逝
●●○○●●○韻●○○韻●○○韻●●○○讀●●●
波聲。空有姑蘇臺上月，如西子鏡，照江城。
○○韻○●○○●●句○○●●句●○○韻

　　此詞第六句較各家多一字，即開宋詞襯字之法。

又一體

牛嶠

單調三十七字，七句五平韻。

極浦烟消水鳥飛。離筵分手時。送金卮。渡口楊花、如
●●○○●●○韻○○●●○韻●○○韻●●○○讀○
雪任風吹。日暮空江波浪急，芳草岸，雨如絲。
●●○○韻●●○○●●句○●●句●○○韻

此詞第二句五字，較韋詞多二字，即開宋詞添字之法。

又一體

尹鶚

單調三十六字，八句五平韻。

裙拖碧，步飄香。纖腰束素長。鬢雲光。拂面瓏璁、膩
○○●句●○○韻○○●●○韻○○○韻●●○○讀●
玉碎凝妝。寶柱秦箏彈向晚，絃促雁，更思量。
●●○○韻●●○○●●句○●●句●○○韻

此詞起作三字兩句，即開宋詞減字攤破之法。

又一體

蘇軾

雙調七十字，前後段各七句五平韻。

鳳凰山下雨初晴。水鳳清。晚霞明。一朵芙蕖、開過尚
⊖○●●●○○韻●○○韻●○○韻●●○○讀●●

盈盈。何處飛來雙白鷺，如有意，慕娉婷。　忽聞江
○○韻●●○○●●句○●●句●○○韻　●○○
上弄哀箏。苦含情。遣誰聽。烟斂雲收、依約是湘靈。
●●○韻●○○韻●○○韻○讀●●●○○韻
欲待曲終尋問取，人不見，數峰青。
●●●○○●●句○●●句●○○韻

　　此詞兩段，俱照韋莊體填，內第四句平仄乃照張泌"飛絮落花"句體填。細查宋詞，其可平可仄，不甚異同，惟秦觀詞前結"雖同處，不同枝"，後結"重相見，是何時"；又方岳詞前段第四句云"幾雨幾晴，做得這些春"，後段第四句云"吹得灑痕，如洗一番新"，平仄略爲小異，餘只七言句第一字、第三字，九言句第一字、第五字大概不拘也。

　　按黃庭堅有仄韻《江城子》詞，其字句與蘇詞同，惟韻脚改爲仄聲耳，因詞俚不錄。

望江怨一體

調見《花問集》。

望江怨

牛　嶠

單調三十五字，七句六仄韻。
東風急。惜別花時手頻執。羅幃愁獨入。馬嘶殘雨春
○○●韻●●○○●●韻○○○●韻●○○●○

103

蕉濕。倚門立。寄語薄情郎。粉香和淚泣。
○●韻●○●韻●●●○○句●○○●●韻
　　　按《花間集》，此調止有牛嶠一詞，平仄當遵之。
《嘯餘譜》所注平仄，及《詞統》所採明詞，皆誤。

長相思五體

　　唐教坊曲名。林逋詞有"吳山青"句，名《吳山青》。張輯詞有"江南山漸青"句，名《山漸青》。王行詞名《青山相送迎》。《樂府雅詞》名《長相思令》，又名《相思令》。

長相思

白居易

雙調三十六字，前後段各四句三平韻一叠韻。
汴水流。泗水流。流到瓜洲古渡頭。吳山點點愁。
⊖○○韻●○○叠○●○○●●○韻○○●●○韻
思悠悠。恨悠悠。恨到歸時方始休。月明人倚樓。
●○○韻⊖○○叠●●○○○●●韻●○○●○韻
　　此調以此詞及歐詞爲正體，其餘押韻異同，皆變格也。
　　此詞前後段起二句，俱用叠韻，如馮延巳詞之"紅滿枝，綠滿枝"、"憶歸期，數歸期"，張輯詞之"山無情，水無情"、"擬行行，重行行"，皆照此填。

又一體

白居易

雙調三十六字，前段四句三平韻一疊韻，後段四句三平韻。

深畫眉。淺畫眉。蟬鬢鬅鬙雲滿衣。陽臺行雨回。
◐●○韻●●○疊○●●○●○韻○○○●○韻
巫山高，巫山低。暮雨蕭蕭郎不歸。空房獨守時。
◐○○句◐○○韻●●○○●●○韻○○●●○韻

此詞後段起句不用韻，如李煜詞之"菊花開，菊花殘"，歐陽修詞之"長江東，長江西"，皆照此填。

又一體

晏幾道

雙調三十六字，前後段各四句三平韻一疊韻。

長相思。長相思。若問相思甚了期。除非相見時。
○○○韻○○○疊●●○○●●○韻○○●●○韻
長相思。長相思。欲把相思說與誰。淺情人不知。
○○○韻○○○疊●●○○●●○韻●○○●○韻

此詞前後段起，疊用"長相思"四句，又與各家不同。

又一體

歐陽修

雙調三十六字，前後段各四句四平韻。

蘋滿溪。柳繞堤。相送行人溪水西。回時隴月低。
⊖⊖○韻●⊖○韻○●○○●○韻○○●●○韻
烟霏霏。雨淒淒。重倚朱門聽馬嘶。寒鴉相對飛。
⊖⊖○韻⊖⊖○韻○●○○●○韻○○●●○韻

　　此詞前後段起二句不作叠韻,如周邦彥詞之"沙棠舟。小棹遊"、"烟雲愁。簫鼓休",万俟咏詞之"一聲聲。一更更"、"夢難成。恨難平",曾覿詞之"清夜長。泛玉觴"、"圖艷妝。留醉鄉",俱照此填。

又一體

　　　　　　　　　　　　　　劉光祖

　　雙調三十六字,前段四句三平韻一叠韻,後段四句三平韻。

玉尊涼。玉人涼。若聽離歌須斷腸。休疑成鬢霜。
●○○韻●○○叠●●○○●○韻○○●●○韻
畫橋西,畫橋東。　有淚分明清漲同。如何留醉翁。
●○○句●○○換韻●●○○●○韻○○●●○韻

　　此詞後段平韻另換,與各家異。

思帝鄉三體

　　唐教坊曲名。

思帝鄉

温庭筠

單調三十六字，七句五平韻。

花花。滿枝紅似霞。羅袖畫屏腸斷，卓金車。回面共人
○○韻●○○●○韻●●●○○●句●○○韻●●○
閒語，戰箆金鳳斜。惟有阮郎春盡、不還家。
⊖●句○○●○韻●●●○○●讀●○○韻

此調創自溫詞，若韋作則本此減字者。《詞律》列韋詞在前，此詞在後，失其源流矣。

按孫光憲詞正與此同，惟第三句"永日水堂簾下"，"永"字仄聲；第五句"六幅羅裙窣地"，"六"字"窣"字仄聲，"羅"字平聲；第六句"微行曳碧波"，"微"字平聲，"曳"字仄聲；第七句"看盡滿池疏雨"，"看"字仄聲。譜內可平可仄據此。

又一體

韋莊

單調三十四字，七句五平韻。

春日遊。杏花吹滿頭。陌上誰家年少，足風流。妾擬將
○●●韻●○●○○韻●○○○●句●○○韻●●○
身嫁與，一生休。縱被無情棄、不能羞。
○●●句●○○韻●●○○●讀●○○韻

此詞起句比溫詞多一字，第六句比溫詞少二字，第七句比溫詞少一字，餘俱同。此所謂本溫詞減字也。

又一體

韋　莊

單調三十三字，八句四平韻。

雲髻墜，鳳釵垂。髻墜釵垂無力，枕函欹。翠翠屏深月
〇●●句●〇〇韻●●〇〇●句●〇〇韻●●〇〇●
落，漏依依。說盡人間天上，兩心知。
●句●〇〇韻●●〇〇●句●〇〇韻

此詞較前詞第二句又減二字,惟第七句六字仍照溫詞填。

詞譜卷三

相見歡五體

唐教坊曲名。南唐李煜詞有"無言獨上西樓，月如鈎"句，更名《秋夜月》，又名《上西樓》，又名《西樓子》。康與之詞名《憶真妃》。張輯詞有"唯有漁竿明月上瓜州"句，因名《月上瓜州》。或名《烏夜啼》。

相見歡

薛昭蘊

雙調三十六字，前段三句三平韻，後段四句兩仄韻兩平韻。
羅襦繡袂香紅。　畫堂中。細草平沙蕃馬、小屏風。
⊖○●○○平韻●○○韻●⊖●○●讀●○○韻
卷羅幕。　憑妝閣。思無窮。　暮雨輕煙魂斷、隔簾
⊖●●仄韻⊖●●韻●○○平韻●●○○●●讀●○
櫳。
○韻

此詞換頭間入兩仄韻，如李煜詞之"剪不斷。理還亂"，毛滂詞之"中庭樹。空階雨"，元好問詞之"人欲去。花無語"，如此者多。或不間入仄韻者，止一兩體耳。前後兩結句，或上四下五，或上六下三，句法俱蟬聯不斷。按石孝友詞前段第三句"愁見拍天滄水"，"拍"字可仄。譜內據此，其餘

109

可平可仄悉条後詞。

又一體

楊无咎

雙調三十六字,前段三句三平韻,後段四句一叶韻一叠韻兩平韻。

不禁枕簟新凉。夜初長。又是驚回好夢、葉敲窗。
●○●●○○韻●○○韻●●○○●●讀●○○韻
江南望。江北望。水茫茫。贏得一襟清淚、伴餘香。
○○●叶○●●叠●○○韻○●●○○●●讀●○○韻

此詞換頭句仄韻,即用三聲叶,與間入別韻者異。黃機詞"路漸遠。家漸遠。恨難堪",其體正與此同。

又一體

蔡　伸

雙調三十六字,前段三句三平韻,後段四句兩平韻。

樓前流水悠悠。駐行舟。滿目寒雲衰草、使人愁。
○○○●○○韻●○○韻●●○○●●讀●○○韻
多少恨,多少淚,漫遲留。何事驀然拌捨、去來休。
○●●句○●●句●○○韻○●●○○●●讀●○○韻

此詞換頭不間入仄韻,張輯詞"英雄恨,古今淚,水東流",其體正與此同。

又一體

張鎡

雙調三十六字,前段三句三平韻,後段三句兩平韻。
曉來閒立回塘。一襟香。玉颭雲妝風外、數枝凉。
●○●○○韻●○○韻●●○○●讀●○○韻
相並渾如私語,惱人腸。飛去方知白鷺、在花傍。
○●○○●句●○○韻●●○○●讀●○○韻

此詞換頭作六字一句,亦不間入仄韻。

又一體

吴文英

雙調三十六字,前段三句三平韻,後段四句三平韻。
西風先到巖扃。月朧明。金露啼珠滴碎、小雲屏。
○○○●○○韻●○○韻○●○○●●讀●○○韻
一顆顆,一星星。是秋情。香裂碧窗煙破、醉魂醒。
●●●句●○○韻●○○韻○●●○○●讀●○○韻

此詞後段第二句亦押平韻。

河滿子五體

唐教坊曲名。一名《何滿子》。白居易詩注:開元中,滄州歌者姓名。元稹詩云"便將何滿爲曲名,御府新題樂府篆"是也。又《盧氏雜説》:唐文宗命宮人沈翹翹舞《河滿子》詞。

又屬舞曲。

河滿子

和　凝

單調三十六字,六句三平韻。

寫得魚牋無限,其如花鎖春輝。目斷巫山雲雨,空教殘
⊖●●〇⊖●句⊖〇●●〇〇韻●●〇〇〇●句⊖〇〇
夢依依。却愛熏香小鴨,羨他長在屏幃。
●〇〇韻⊖●⊖〇●●句⊖〇⊖●〇〇韻

此詞六句俱六字,毛文錫"紅粉樓前"詞與此同。尹鶚兩段詞,前一段本此。

譜內可平可仄悉參後詞。

又一體

和　凝

單調三十七字,六句三平韻。

正是破瓜年紀,含情慣得人饒。桃李精神鸚鵡舌,可堪
●●●〇〇●句〇〇●●〇〇韻〇●〇〇〇●●句●〇
虛度良宵。却愛藍羅裙子,羨他長束纖腰。
〇●〇〇韻●●〇〇〇●句●〇〇●〇〇韻

此詞第三句七字,孫光憲"冠劍不隨"詞與此同。毛熙震兩段詞本此。

又一體

尹鶚

雙調七十三字，前後段各六句三平韻。

雲雨常陪勝會，笙歌慣逐閒遊。錦里風光應占，玉鞭金
○●○○●●句○○●●●○○韻●●○○○●句●○○
勒驊騮。戴月潛穿深曲，和香醉脫輕裘。　方喜正同
●○○韻●●○○○●句○○●●○○韻　　○●●○
鴛帳，又言將往皇州。每憶良宵公子伴，夢魂長挂紅
○●句●○○●○○韻●●○○○●●句●○○●○
樓。欲表傷離情味，丁香結在心頭。
○韻●●○○○●句○○●●○○韻

此詞前段三十六字，後段三十七字，唐詞原有此兩體，或於前段第三句增一字者非。

又一體

毛熙震

雙調七十四字，前後段各六句三平韻。

寂寞芳菲暗度，歲華如箭堪驚。緬想舊歡多少事，轉添
●●○○●●句●○○●○○韻●●●○○●●句●○
春思難平。曲檻絲垂金柳，小窗遊斷銀箏。　深院空
○●○○韻●●○○○●句●○○●○○韻　　○●○
聞燕語，滿園閒落花輕。一片相思休不得，忍教長日愁
○●●句●○○●○○韻●●○○○●●句●○○●○

生。誰見夕陽孤夢，覺來無限傷情。
○韻○●●○○●句●○○●○○韻

　　宋詞兩段者，俱照此填。前後段可平可仄已詳見單調詞，惟晏幾道詞前後段第三句"五陵年少渾薄幸"、"蕙樓多少鉛華在"，又杜安世詞"雨餘天氣來深院"、"年年依舊無情緒"，平仄獨異，餘則相同也。

　　按王灼《碧雞漫志》云："白居易詩'一曲四詞歌八叠，從頭便是斷腸聲'，此指薛逢五言四句《何滿子》也。歌八叠，疑有和聲。今《花間集》詞屬雙調，有兩段各六句，內五句六字、一句七字者，亦有只一段而六句各六字者。"按此則和詞與尹詞、毛詞各自一體，並無脫誤。其云"雙調"者是宮調名，《唐書·禮樂志》所謂夾鍾商也。《詞律》不知白詩所指，又誤認雙調爲兩段，乃云"和凝詞僅得其半"，并云"尹鶚詞少一字"，俱失於辨證。

又一體

毛　滂

雙調七十四字，前後段各六句四仄韻。

急雨初收珠點，雲峰巉絕天半。轆轤金井卷甘冽，簾外
●●○○●韻○○●●○韻●○○●●○○句○●
翠陰遮遍。波翻水晶重箔，秋在瑠璃雙簟。　　漏永流
●○○●韻●○●○○●句○●○○○●韻　　●●○
花緩緩。未放崦嵫晼晚。紅荷綠芰暮天好，小宴水亭風
○●●韻●●○○●●韻○○●●●○●句●●●○○
館。雲亂香噴寶鴨，月冷釵橫玉燕。
●韻○●○○●●句●●○○●●韻

此詞用仄韻,其字句與毛熙震平韻詞同。宋詞中僅見此作,平仄當遵之。

風光好一體

調見《本事曲》,陶穀作。

風光好

歐良

雙調三十六字,前段四句四平韻,後段四句兩仄韻兩平韻。

柳陰陰。 水沈沈。風約雙鳧立不禁。碧波心。 孤
●○○平韻●○○韻◑●○○●●○韻●○○韻　○
邨橋斷人迷路。 舟橫渡。旋買邨醪淺淺斟。 更微
○◑●○○●仄韻○○●韻◑●○○●●○平韻●○
吟。
○韻

此詞換頭間入兩仄聲,其體始於陶穀,因陶詞涉俚,故採此詞作譜。

陶詞前段第三句"祇得郵亭一夜眠","祇"字仄聲。後段第一句"琵琶撥盡相思調","撥"字仄聲;第三句"安得鸞膠續斷絃","安"字平聲。譜內可平可仄據此。

誤桃源一體

宋張耒《明道雜志》云："掌禹錫學士考試太學生，出《砥柱勒銘賦》題。此銘今具在，乃唐太宗銘禹功，而掌公誤記爲太宗自銘其功。宋渙中第一，其賦悉是太宗自銘，有無名子作此嘲之。"

誤桃源

《明道雜志》無名氏

雙調三十六字，前段四句三平韻，後段四句兩平韻。
砥柱勒銘賦，本贊禹功勳。試官親處分。贊唐文。
●●●●句●●●○○韻●○○●○韻●○○韻
秀才冥子裏，鑾駕幸并汾。恰似鄭州去，出曹門。
●○●●句○●●○○韻●●●○●句●○○韻

原注：冥字上聲。冥子裏，俗謂昏也。此詞平仄無他首可校。

望梅花五體

唐教坊曲名。《梅苑》詞作《望梅花令》。

望梅花

和　凝

單調三十八字,六句六仄韻。
春草全無消息。臘雪猶餘踪跡。越嶺寒枝香自坼。冷艷
○●○○●韻●●○○●韻●●○○●●韻●●
奇芳堪惜。何事壽陽無處覓。吹入誰家橫笛。
○○○●韻○●●○○●●韻○●○○○●韻

　　此詞若照孫光憲平韻體,亦宜上下各三句分段,但《花間集》舊本刻作單調。

又一體

孫光憲

雙調三十八字,前段三句兩平韻,後段三句三平韻。
數枝開與短墻平。見雪萼、紅跗相映,引起離人邊塞
●○○●●○韻●●讀○○●句●●○○●
情。　　簾外欲三更。吹斷離愁月正明。空聽隔江聲。
○韻　　○●●○韻○●○●●○韻○●●○韻

　　此詞用平韻,亦無他首可校。以下三體字句迥異,但調名相同,故類列於後。

又一體

蒲宗孟

雙調七十字,前後段各六句六仄韻。

寒梅堪羨。堪羨輕苞初展。被天人、製巧妝素艷。群芳
○○●韻○●○●韻●○○讀●○●●韻○○
皆賤。碎剪月華千萬片。綴向瓊枝欲遍。　小庭幽
○●韻●●●○○●韻●●○○●●韻　●○○
院。雪月相交無辨。影玲瓏、何處臨溪見。謝家新宴。
●韻●●○○○●韻●○○讀○●○○●韻●○●韻
別有清香風際轉。縹緲著人頭面。
●●○○○●●韻●●●○○●韻

蒲宗孟二詞見《梅苑》，較唐詞迥異。

又一體

蒲宗孟

雙調七十二字，前後段各六句四仄韻。

一陽初起。暖力未勝寒氣。堪賞素華長獨秀，不並開紅
●○○●韻●●●○○●韻○●●○○●●句●●○○
抽紫。青帝只應憐潔白，不使雷同衆卉。　淡然難
○●韻○●●○○●●句●●○○●●韻　●○○
比。粉蝶豈知芳蕊。夜半卷簾如乍失，只在銀蟾影裏。
●韻●●●○○●韻●●●○○●●句●●○○●●韻
殘雪枝頭君認取，自有清香旖旎。
○●○○○●●句●●○○●●韻

此詞前後段第三、五句不用韻，與前詞異。

又一體

張　雨

雙調八十二字，前後段各八句五仄韻。

何處仙家方丈。渾連水、隔他塵堨。放鶴天空，看雲窗
●●○○●韻○●讀●○●韻●●○○句●○
小，萬幅丹青圖障。憑高望。笑製金鰲，人道是、蓬萊
●句●●○○●韻●○●韻●●○○句●●讀○○
頂上。　　時問葛陂龍杖。更準備、雪中鶴氅。修月吳
●●韻　　○●●○○●韻●●●讀●○●●韻○●○
剛，收書東老，消得百壺春釀。無盡藏。莫傲清閒，怕
○句○○●●句●●●○○●韻●●韻●●○○句●

詔起、山中宰相。
●●讀○○●●韻

　　按《鳴鶴餘音》無名氏詞六首，其二首前後段第二句結句俱作六字，因詞俚不錄。又四首字句俱與此同。惟前段第一句"密密彤雲覆地"，"密"字"覆"字俱仄聲；第二句"搜已過不教自亂"，"已"字"自"字俱仄聲；又"疏篁外柴門從閉"，"柴"字平聲，又"蓬蓬然朔風又起"，"然"字平聲；第三四句"饑則求餐，渴而索飲"，"饑"字平聲，"渴"字"索"字俱仄聲；第五句"纔是轉身慵起"，"纔"字平聲，"轉"字仄聲；又"只管改頭換面"，"換"字仄聲；第六句"要得免"，"要"字"得"字俱仄聲；第八句"問人間甚物堪比"，"問"字仄聲，"人"字"間"字俱平聲，"甚"字"物"字俱仄聲，"堪"字平聲。後段第一句"好把塵緣拂散"，"好"字仄聲，"塵"字平聲，"拂"字仄聲；第二句"忘驚悸"，"忘"字"驚"字俱平聲；又"教神仙別無手

段"，"仙"字平聲；第三四句"地久天長，虛心實腹"，"地"字"實"字俱仄聲；第五句"射透玉鑪金殿"，"射"字仄聲；又"難免韶華易換"，"韶"字平聲，"易"字仄聲；第六句"氣神鍊"，"氣"字仄聲，"神"字平聲；第八句"希夷理説與一遍"，"希"字"夷"字俱平聲，"説"字"與"字俱仄聲；又"去朝元得居仙館"，"元"字"仙"字俱平聲。譜內可平可仄據此。至詞中連用兩仄聲字者，或上去，或去上，從無兩上聲兩去聲者，宋元諸詞可證。此詞兩結，俱用上去兩聲，最合。

醉太平三體

　　一名《凌波曲》。孫惟信詞名《醉思凡》，周密詞名《四字令》。《太平樂府》注"南吕宫"，《太和正音譜》注"正宫"，又入"仙吕宫"、"中吕宫"。

醉太平

劉　過

　　雙調三十八字，前後段各四句四平韻。
情高意真。眉長鬢青。小樓明月調箏。寫春風數聲。
○○●○韻○○●○韻◐○◐●○○韻●○○●○韻
　思君憶君。魂牽夢縈。翠綃香暖銀屏。更那堪酒醒。
●○●○韻○○●○韻◐○◐●○○韻●○○●○韻
　　宋沈伯時《樂府指迷》論詞中有用去聲字者，不可以別聲替，蓋調貴抑揚，去聲字取其激越也。如此調前後段起二句第三字，孫惟信詞"吹簫跨鸞"、"香銷夜闌"、"衣寬帶寬"、"千山萬山"，周密詞"眉消睡黃"、"春凝淚妝"、"箏塵半床"、"綃痕半方"，俱用去聲。此詞前段"意"字"鬢"字俱去聲，後段"憶"字入聲，"夢"字去聲。按《中原雅音》，"憶"字作"意"字讀，亦去聲也。

前段第三句，戴復古詞"無端惹起離情"，"無"字平聲，"惹"字仄聲。後段第一二句，顏奎詞"小冠晉人，小車洛人"，兩"小"字俱仄聲；第三句，周密詞"愁心欲訴垂楊"，"愁"字平聲，"欲"字仄聲；第四句，孫惟信詞"更斜陽暮寒"，"斜"字平聲。譜內可平可仄據此。

又一體

辛棄疾

雙調四十五字，前段四句四仄韻，後段五句四仄韻。

態濃意遠。眉颦笑淺。薄羅衣窄絮風軟。鬢雲欹翠卷。
◐○●●韻○○●●韻○○●●○●韻●○○●●韻

南園花樹春光暖。香逕裏，榆錢滿。欲上鞦韆又驚
○○○●○○●韻○●●句○○●韻●●○○●○

懶。且歸休怕晚。
●韻●◐●◐●韻

按《高麗史‧樂志》有《醉太平》仄韻詞，前段第一句"懨懨悶著"，上"懨"字平聲；第四句"把初心忘却"，"忘"字平聲。後段第一句"教人病深漫摧折"，"病"字仄聲；"深"字平聲，"漫"字仄聲；第二句"憑誰與我分說"，"誰"字平聲，"我"字仄聲；末句"見了伏些弱"，"了"字"伏"字俱仄聲，"些"字平聲。譜內可平可仄據此。

又一體

《太平樂府》無名氏

雙調四十六字，前段四句四平韻，後段四句兩叶韻兩平韻。

釵分鳳凰。被剩鴛鴦。錦箋遺恨愛花香。寫新愁半張。
○○●○韻●●○○韻◐○●●○○韻●○○●○韻
晚妝樓閣空凝望。舊遊臺榭添惆悵。落花庭院又
◐○○◐○○●叶◐○○●●○●叶●○○●●
黃昏。正離人斷腸。
○○韻●○○●○韻

此元人小令三聲叶者。其前段第三句、後段第一二三句皆七字，亦與宋詞異，元查德輝詞正與此同。查詞前段第三句"香風冷冷月娟娟"，"香"字平聲，上"冷"字仄聲。後段第一句"香消玉腕黃金釧"，"香"字平聲，"玉"字仄聲；第二句"歌殘素手白羅扇"，"歌"字平聲，"素"字"白"字俱仄聲；第三句"汗溶粉面翠花鈿"，"粉"字仄聲。譜內可平可仄據此。

按古韻有三聲叶，如"東"、"董"、"送"，原就平聲本韻切出去上仄聲也。自元周德清雜以北音，已失古人之意。此詞以二十三漾叶七陽，猶存古法。

上行杯三體

唐教坊曲名。

上行杯

孫光憲

單調三十八字，九句兩平韻五仄韻。

草草離亭鞍馬，從遠道、此地分襟。　燕宋秦吳千萬
●●○○●●句○●●讀●●○○平韻　○●○○●
里。　無辭一醉。野棠開，江草濕。　佇立。沾泣。
●仄韻　○○●●韻●○○句○●●換仄韻　●●韻○●韻
征騎駸駸。
○●○○平韻

　　此詞以平韻爲主，間用仄韻於平韻之內，凡兩換仄韻。唐詞中無他首可校。

　　按《花間集》所載孫詞二首，俱於第三句分段，但此詞前段文勢直至"無辭一醉"句始足，況"醉"字仍押"里"字韻，"野棠開"句後又換韻，其界限甚明，不宜於第三句截住。《詞律》則云"當合爲單調"，今從之。

又一體

孫光憲

單調三十九字，九句八仄韻。

離棹逡巡欲動。臨極浦、故人相送。去住心情知不共。
○●○○●●韻○●●讀●○○韻●●○○○●●韻
金船滿捧。綺羅愁，絲管咽。　迴別。帆影滅。江浪如
○○●●韻●○○句●●●換韻●●韻○●●韻○●○

雪。
●韻

　　此詞全用仄韻,與前詞異。

又一體

　　　　　　　　　　　　韋　莊

　　單調四十一字,八句七仄韻。
芳草灞陵春岸。柳煙深、滿樓絃管。一曲離聲腸欲斷。
●●●○○●韻●○○讀⊖⊖○●韻●⊖●○○●●韻
今日送君千萬。紅縷玉盤金鏤盞。須勸。珍重意,莫辭
○●●○○●韻●⊖●○⊖●●韻○●韻⊖●句●○
滿。
●韻

　　此詞不換韻,又全用仄韻,與孫詞異。
　　韋詞別首第一句"白馬玉鞭金轡","白"字仄聲;第二句"少年郎離別容易","離"字平聲"別"字仄聲;第三句"迢遞去程千萬里","迢"字平聲"去"字仄聲;第五句"滿酌一杯勸和淚","滿"字"勸"字俱仄聲,"和"字平聲。譜內可平可仄據此。

感恩多二體

　　唐教坊曲名。

感恩多

牛　嶠

雙調三十九字,前段四句兩仄韻兩平韻,後段五句兩平韻一叠韻。

兩條紅粉淚。　多少香閨意。強攀桃李枝。　斂愁眉。
●○○●●仄韻○●●○○韻●○○●○平韻●○○韻
陌上鶯啼蝶舞,柳花飛。柳花飛。願得郎心,憶家
●●○○●●句●○○韻●○○叠●●○○句●○
還早歸。
○●○韻

此詞後段第三句必用叠句。

又一體

牛　嶠

雙調四十字,前段四句兩仄韻兩平韻,後段五句兩平韻一叠韻。

自從南浦別。　愁見丁香結。近來情轉深。　憶鴛衾。
●○○●●仄韻○●○○●韻●○○●○平韻●○○韻
幾度將書托煙雁,淚盈襟。淚盈襟。禮月求天,願
●●○○●●●句●○○韻●○○叠●●○○句●
君知我心。
○○●○韻

此詞換頭七字句,與前詞小異。

長命女一體

　　唐教坊曲名。杜佑《理道要訣》：《長命女》在林鍾羽,時號平調,今俗呼高平調。《碧雞漫志》：《長命女令》,前七拍,後九拍,屬仙呂調。按仙呂調即夷則羽,皆羽聲也。和凝詞名《薄命女》。

長命女

馮延巳

雙調三十九字,前段三句三仄韻,後段四句三仄韻。

春日宴。綠酒一杯歌一遍。再拜陳三願。　　一願郎君
○●●韻●○●○●韻●●○○●韻　　●●○○
千歲,二願妾身長健。三願如同梁上燕。歲歲長相見。
●●句○●●○○●韻○●○○○●韻●●○○●韻

　　和凝詞前段第二句"宮漏穿花聲繚繞","宮"字"穿"字俱平聲;第三句"窗裏星光少","窗"字平聲。後段第一句"冷霞寒侵帳額","霞"字平聲,"帳"字仄聲;第二句"殘月光沈樹杪","殘"字"光"字俱平聲,"樹"字仄聲;第三句"夢斷錦幃空悄悄","夢"字"錦"字俱仄聲。譜內可平可仄據此。

春光好八體

　　唐教坊曲名。《碧雞漫志》：《羯鼓錄》云:"明皇尤愛羯

鼓、玉笛，爲八音之領袖。時春雨始晴，景色明麗，帝曰：'對此，豈可不爲判斷？'命取羯鼓，臨軒縱擊，曲名《春光好》。回顧柳、杏，皆已微坼，上曰：'此一事，不喚我作天工乎？'今夾鍾宮《春光好》，唐以來多有此曲。或曰：夾鍾宮屬二月之律，明皇依月用律，故能判斷如神。予曰：二月柳杏坼久矣，此必正月用二月律催之也。"按《羯鼓錄》載《春光好》曲入太簇宮，本正月律也，豈明皇所作乃太簇宮，而和凝等詞入夾鍾宮耶？今明皇詞已不傳，所傳止《花間》、《尊前》集中詞也。因晏幾道詞有"拼却一襟懷遠淚，倚闌看"句，改名《愁倚闌令》，或名《愁倚闌》，或《倚闌令》。

春光好

和　凝

雙調四十字，前段五句三平韻，後段四句兩平韻。

紗窗暖，畫屛閒。鶄雲鬟。睡起四肢無力，半春閒。
○○●句●○○韻●○○韻●●●○○句●○○韻

玉指剪裁羅勝，金盤點綴酥山。窺宋深心無限事，
●●●○○●句○○●●○○韻●●○○○●●句

小眉彎。
●○○韻

按唐詞此體前段第四句俱七字，惟此六字，見《花間集》，無別首可校。

又一體

和　凝

雙調四十一字，前段五句四平韻，後段四句兩平韻。

蘋葉軟，杏花明。畫船輕。雙浴鴛鴦出綠汀。棹歌聲。
◐●●句●○○韻●○○韻○●●○●○○韻●○○韻

春水無風無浪，春天半雨半晴。紅粉相隨南浦晚，
◐●○○◐●句○○●●●○韻◐●◐○○●●句

幾含情。
●○○韻

此詞前段第四句七字，押韻。歐陽炯"磧香散"詞、"垂繡幔"詞二首，正與此同。按歐陽炯詞前段第一句"磧香散"，"磧"字仄聲，"香"字平聲；第四句"飛絮悠揚遍虛空"，"虛"字平聲；又"雙枕珊瑚無限情"，"無"字平聲。後段第一句"柳眼煙來點綠"，"柳"字"點"字俱仄聲；第二句"花心日與妝紅"，"妝"字平聲；第三句"却出錦屏妝面了"，"却"字"錦"字俱仄聲。譜內可平可仄據此。

又一體

歐陽炯

雙調四十一字，前段五句三平韻，後段四句兩平韻。

天初暖，日初長。好春光。萬彙此時皆得意，競芬芳。
○◐●句●○○韻●○○韻●◐●○○●●句●○○韻

筍迸苔錢嫩綠，花偎雪塢濃香。誰把金絲裁剪却，
●●○○●●句○○●●○○韻○●○○○●●句

挂斜陽。
●○○韻

　　此詞前段第四句七字，不押韻。歐陽詞六首皆同。宋詞各體，似出於此。

　　歐陽別首前段第一句"鷄樹緑"，"樹"字仄聲；第四句"纖指飛翻金鳳語"，"纖"字"金"字俱平聲。後段第一句"無處不携絃管"，"無"字"絃"字俱平聲，"不"字仄聲；第二句"未聞韓壽分香"，"未"字仄聲，"韓"字平聲；第三句"曲罷問郎名箇甚"，"曲"字"問"字俱仄聲。譜內可平可仄據此。

又一體

張元幹

　　雙調四十一字，前段五句三平韻，後段四句三平韻。

疏雨洗，細風吹。淡黄時。不分小亭芳草緑，映簷低。
○●●句●○○韻●○○韻●●●○○●●句●○○韻

樓下十二層梯。日長影裏鶯啼。倚遍闌干看盡柳，
○●●○○韻●○●●○○韻●●○○●●句

憶腰肢。
●○○韻

　　此即歐陽詞體，惟換頭句用韻異耳。《蘆川集》"吳綾窄"詞，正與此同，惟前段第四句"翠被眠時要人暖"，間作拗句，與此小異。

又一體

晏幾道

雙調四十二字，前段五句三平韻，後段四句三平韻。

花陰月，柳梢鶯。近清明。長恨去年今夜雨，灑離亭。
◐●◐句●○○韻●○○韻◐●◐○◐●句●○○韻

枕上懷遠詩成。紅箋紙、小硏吳綾。寄與征人教念
◐●◐○◐○韻●◐●讀◐●○○韻●●○○◐

遠，莫無情。
●句●○○韻

此詞後段第二句七字，作上三下四句法。宋人俱照此填，與唐詞不同。

前段第一句，盧祖皋詞"惜春心"，"惜"字仄聲，"心"字平聲。後段第二句，張元幹詞"未放筯金盤已空"，"未"字"放"字俱仄聲，"金"字"盤"字俱平聲，"已"字仄聲。譜內可平可仄據此，其餘叅校所列諸詞。

又一體

《梅苑》無名氏

雙調四十二字，前後段各四句三平韻。

冰肌玉骨精神。不風塵。昨夜窗前都坼盡，忽疑君。
○○●●○○韻●○○韻●●○○○●句●○○韻

清淚拂拂沾巾。誰相念、折贈芳春。羌笛休吹關塞
○●●●○○韻○○●讀●●○○韻○●○○○●

曲，有人聽。
●句●○○韻

此詞前起作六字一句異，餘與晏詞同。

又一體

蔡　伸

雙調四十三字，前段五句三平韻，後段四句三平韻。
鸞屏掩，翠衾香。小蘭房。回首當時雲雨夢，兩難忘。
○○●句●○○韻○○●韻●●○○●●句●○○韻
如今水遠山長。憑鱗翼、難叙衷腸。況是教人無可
○○●●○○韻○○●讀○○●○○韻●●○○●
恨，一味思量。
●句●●○○韻

此詞後結作四字句異，餘與晏詞同。

又一體

《梅苑》無名氏

雙調四十八字，前後段各四句三平韻。
看看臘盡春回。消息到、江南早梅。昨夜前村深雪裏，
○○●●○○韻○●●讀○○●○韻●●○○○●●句
一朵先開。　盈盈玉蕊如裁。更風細、清香暗來。空
●●○○韻　　○○●●○○韻●○●讀○○●○韻○
使行人腸欲斷，駐馬徘徊。
●○○●●句●●○○韻

此詞前後段起句皆六字，第二三句皆七字，第四句皆四

131

字,有葛立方詞可校。

葛詞前段第一句"去年魯壽生朝","去"字仄聲,"魯"字平聲;第二句"正黃菊初舒翠翹","正"字仄聲,"黃"字平聲;第三句"今歲雕堂重預宴","今"字平聲;第四句"梨雪香飄","梨"字平聲。後段第一句"歸時元已臨流","元"字平聲;第二句"要綺陌芳郊恣遊","綺"字仄聲;第三句"鵲尾吹香籠繡段","鵲"字仄聲。譜內可平可仄據此。

酒泉子二十二體

唐教坊曲名。

酒泉子

溫庭筠

雙調四十字,前段五句兩平韻兩仄韻,後段五句三仄韻一平韻。

花映柳條。　閒向綠萍池上。　憑闌干,窺細浪。雨瀟
◐●●○平韻　◐●◐○◐●仄韻　◐○○句○◐●韻●○
瀟。　　近來音信兩疏索。　　洞房空寂寞。掩銀
○平韻　　◐○◐●●○●換仄韻　●○○●●韻●○
屏,垂翠箔。度春宵。
○句◐●●韻●○○平韻

自此至張泌"春雨打窗詞",共八首,皆以平韻爲主,前後段間入兩仄韻。但前段起句,有用韻者,有不用韻者;後段起句,有換仄韻者,有仍押前段仄韻者,有押平韻者。後段第二

句,或五字,或六字,或七字不同,各以類列。譜內可平可仄悉參類列諸詞,故不復注。

又一體

孫光憲

雙調四十字,前段五句兩仄韻一平韻,後段五句三仄韻一平韻。

曲檻小樓, 正是鶯花二月。 思無憀, 愁欲絕。 鬱 離
●●●○句 ●●●○●●仄韻 ●○○句 ○●●韻 ● ○

襟。 展屏空對瀟湘水。 眼前千萬里。 淚掩
○平韻 ●○○●○○●換仄韻 ●○○●●韻 ●●

紅, 眉斂翠。恨沈沈。
○句○●●韻●○○平韻

此與溫庭筠"花映柳條"詞同,惟前段起句不用韻,孫詞二首皆然。

又一體

溫庭筠

雙調四十字,前段五句兩平韻兩仄韻,後段五句三仄韻一平韻。

楚女不歸。 樓枕小河春水。 月孤明, 風又起。 杏花
●●●○平韻○●●○○●仄韻 ●○○句 ○●●韻 ● ○

稀。 玉釵斜篸雲鬢髻。 裙上金縷鳳。 八行
○平韻 ●○○●○○●仄韻 ○●●●●換仄韻 ● ○

書，千里夢。雁南飛。
○句○●●韻●○○平韻

　　此即"花映柳條"詞體,惟後段起句仍押前段仄韻,與別換仄韻者不同。詞內"篸"字去聲,白居易詩"銀篦穩篸烏羅帽",亦作去聲讀。

又一體

　　　　　　　　　　　　　　韋　莊

　　雙調四十一字,前段五句兩平韻兩仄韻,後段五句三仄韻一平韻。

月落星沈。　樓上美人春睡。　綠雲傾,金枕膩。畫屏
●●○○平韻○●●○○●仄韻●○○句○●●韻●○
深。　子規啼破相思夢。　曙色東方纔動。柳煙
○平韻　●○○●●○●換仄韻●●○○●●韻●○
輕,花露重。思難任。
○句○●●韻●○○平韻

　　此即"花映柳條"詞體,惟後段第二句六字異。

又一體

　　　　　　　　　　　　　　李　珣

　　雙調四十三字,前段五句兩平韻兩仄韻,後段五句三仄韻一平韻。

寂寞青樓。　風觸繡簾珠碎撼。　月朦朧,花黯淡。鎖
●●○○平韻○●●○○●●仄韻●○○句○●●韻●

春愁。　　尋思往事依稀夢。　　淚臉露桃紅色重。
○○平韻　　○○●●○○●換仄韻　●●●○○●●韻
鬢欹蟬，釵墜鳳。思悠悠。
●○○句○●●韻●○○平韻

此即"花映柳條"詞體，惟前後段第二句各七字異。

又一體

顧　夐

雙調四十字，前後段各五句兩平韻兩仄韻。

羅帶縷金。　蘭麝煙凝魂斷。　畫屏欹，雲鬢亂。恨難
○●●○平韻　○●●○○●仄韻　●○○句○●●韻●○
任。　　幾回垂淚滴鴛衾。薄情何處去。　　月臨
○平韻　　●○○●●○○韻●○○●●換仄韻　●○
窗，花滿樹。信沈沈。
○句○●●韻●○○平韻

此詞後段起句仍押前段平韻。

又一體

温庭筠

雙調四十一字，前後段各五句兩平韻兩仄韻。

羅帶惹香。　猶繫別時紅豆。　淚痕新，金縷舊。斷離
○●●○平韻　○●●○○●仄韻　●○○句○●●韻●○
腸。　　一雙嬌燕語雕梁。還是去年時節。　　綠楊
○平韻　　●○○●●○○韻●●●○○●換仄韻　●○

濃，芳草歇。柳花狂。
〇句〇●●韻●〇〇平韻

此即"羅帶縷金"詞體，惟後段第二句六字異。

又一體

張　泌

雙調四十三字，前後段各五句兩平韻兩仄韻。
春雨打窗。　驚夢覺來天氣曉。　畫堂深，紅焰小。背
〇●●〇平韻　●●●●〇〇●仄韻●〇〇句〇●●韻●
蘭釭。　酒香噴鼻懶開缸。　惆悵更無人共醉。
〇〇平韻　●〇〇●●〇〇韻〇●●〇〇●●換仄韻
舊巢中，新燕子。語雙雙。
●〇〇句〇●●韻●〇〇平韻

此即"羅帶縷金"詞體，惟前後段第二句各七字異。
以上八詞，俱前後段間入兩仄韻。

又一體

顧　夐

雙調四十二字，前段五句兩平韻兩仄韻，後段五句三仄韻
一平韻。
黛薄紅深。　約掠綠鬟雲膩。　小鴛鴦，金翡翠。稱人
●●〇〇平韻●●●〇〇仄韻●〇〇句〇●●韻●〇
心。　錦鱗無處傳幽意。　海燕蘭堂春又至。隔年
〇平韻　●〇〇●●〇●仄韻●●〇〇〇●●韻●〇

書，千點淚。恨難任。
○句○●●韻●○○平韻

　　　自此至顧敻"小檻日斜"詞，共六首，皆前後段間入一仄韻。其前段起句亦有用韻者，不用韻者；後段起句有仄韻者，有平韻者；第二句亦有七字、六字、五字不同，故又類列如左。

又一體

顧　敻

　　　雙調四十四字，前段五句三平韻兩仄韻，後段五句三仄韻一平韻。

黛怨紅羞。　掩映畫堂春欲暮。　殘花微雨。　隔青
●●○○平韻　●●●○○●●仄韻　○○○●韻　●○
樓。　思悠悠。　　芳菲時節看將度。　寂寞無人還
○平韻　●○○韻　　○○○●●○●仄韻　●●○○
獨語。畫羅襦，香粉污。不勝愁。
●●韻●○○句○●●韻●○○平韻

　　　此即"黛薄紅深"詞體，但前段第三句四字、第四句用平韻異。

又一體

馮延巳

　　　雙調四十二字，前後段各五句兩仄韻兩平韻。

芳草長川。　柳下危橋橋下路。　歸鴻飛，行人去。碧
○●○○平韻●●○○○●●平韻○○○句○○●韻●

山邊。　　風微煙淡雨蕭然。隔岸馬嘶何處。　九迴
○○平韻　　○○○●●○○韻●●●○○●仄韻●○
腸,雙臉淚。夕陽天。
句○●●韻●○○平韻

　　　此亦"黛薄紅深"詞體,但顧詞後段第一句押仄韻,馮詞押平韻異。

又一體

馮延巳

　　　雙調四十二字,前後段各五句兩平韻一仄韻。

春色融融。　飛燕乍來鶯未語。　小桃寒,垂楊晚,玉
○●○○平韻○●○○○●●仄韻●○○句○○●句●
樓空。　　天長煙遠恨重重。消息燕鴻歸去。　枕前
○○平韻　　○○○●●○○韻○●●○○●仄韻●○
鐙,窗外月,閉朱櫳。
句○●●句●○○平韻

　　　此即"芳草長川"詞體,但前後段第四句不押仄韻異。

又一體

司空圖

　　　雙調四十五字,前段四句一仄韻兩平韻,後段四句一仄韻三平韻。

買得杏花,十載歸來方始坼。　假山西畔藥闌東。　滿
●●●○句●●○○○●●仄韻●○○●●○○平韻●

枝紅。　　旋開旋落旋成空。白髮多情人更惜。　黃昏
○○韻　　●○●●○○韻●●○○○●●仄韻○○
把酒祝東風。　且從容。
●●●○○平韻●○○韻

此詞後段起句押平韻，與馮詞同，但前段起句不用韻異。

又一體

顧 敻

雙調四十三字，前段四句一仄韻兩平韻，後段四句三平韻
一仄韻。

小檻日斜，風度綠窗人悄悄。　翠幄閒掩舞雙鸞。　舊
●●●句○●●○○●●仄韻●○●●●○○平韻●
香寒。　別來情緒轉難拌。韶顏看却老。　依稀粉上
○○韻　　●○●●●○○韻○○●●仄韻○○●●
有啼痕。　暗消魂。
●○○平韻●○○韻

此即"買得杏花"詞體，惟後段第二句五字異。
以上六詞皆前後段間入一仄韻。

又一體

牛 嶠

雙調四十二字，前段五句兩平韻，後段四句三叶韻一平
韻。

記得去年，煙暖杏園花正發，雪飄香。江草緑，柳 絲
●●●○句○●●○○●●句●○○韻○●●句●○

長。　鈿車纖手卷簾望。眉學春山樣。鳳釵低裊翠鬟
○韻　　●○○●○●叶○●○○●叶●○○●○
上。落梅妝。
●叶●○○韻

　　　此詞惟後段間入仄韻，但"望"與"長"叶，亦是三聲叶。

又一體

顧　敻

　　雙調四十三字，前段五句兩仄韻兩平韻，後段四句三平
韻。
掩却菱花，收拾翠鈿休上面。　金蟲玉燕，鎖香奩。
●●○○句○●○○●●仄韻　○○●●韻●○○平韻
恨厭厭。　雲鬟半墜懶重簪。淚侵山枕濕，銀鐙背帳
●○○韻　○○●●●○○韻○○○●●句○●●●
夢方酣。雁飛南。
●○○韻●○○韻

　　　此詞惟前段間入仄韻。

又一體

張　泌

　　雙調四十三字，前段四句兩平韻，後段四句三平韻。
紫陌青門，三十六宮春色，御溝輦路暗相通。杏園風。
●●○○句○●●○○●句●○●●●○○韻●○○韻
咸陽沽酒寶釵空。笑指未央歸去，插花走馬落殘
○○○●●○韻●●●○○●句●○●●●○

紅。月明中。
○韻●○○韻

自此至馮延巳"深院空幃"詞共四首,俱全押平韻。

又一體

毛文錫

雙調四十五字,前段四句兩平韻,後段四句三平韻。

綠樹春深, 燕語鶯啼聲斷續, 惠風飄蕩入芳叢。 惹 殘
⊖●●○句 ⊖●⊖○●●句 ⊖○●●○○韻 ● ○

紅 。 柳絲無力裊煙空。金盞不辭須滿酌, 海棠花下
○韻 ●○○●●○韻●●●○○●●句 ●○○●

思朦朧。醉春風。
●○○韻●○○韻

此即"紫陌青門"詞體,惟前後段第二句各七字異。宋晏殊、晁補之、辛棄疾、曹勛詞俱照此填。

晏詞前段起句"三月暖風","三"字平聲,"暖"字仄聲;第二句,"閒却好花無限了","閒"字平聲,"好"字仄聲;第三句"流鶯粉蝶鬪翻飛","流"字平聲,"粉"字仄聲。後段起句"長安多少利名身","長"字平聲;又"勸君莫惜縷金衣","莫"字仄聲;第二句"把酒看花須強飲","把"字仄聲;又曹詞"常記孤山殘雪路","孤"字平聲;晏詞第三句"明朝後日漸離披","明"字平聲,"後"字仄聲。譜內可平可仄據此。

141

又一體

李　珣

雙調四十三字，前段四句兩平韻，後段五句兩平韻。

秋雨聯綿， 聲散敗荷叢裏， 那堪深夜枕前聽。酒初醒。
○●○○句○●●○○●句●○○●●○○韻●○○韻
　牽愁惹思更無停。 燭暗香凝天欲曉， 細和煙，
○○●●●○○韻　●●○○●●句　●○○句
冷和雨， 透簾旌。
●○●句●○○韻

此詞亦全押平韻，但前段與張泌詞同，後段第一二句與毛文錫同，第三四五句作三字三句又異。

又一體

馮延巳

雙調四十二字，前後段各五句兩平韻。

深院空幃。 廊下風簾驚宿燕， 香印灰， 蘭燭小， 覺來
○●○○韻 ○●○○●●句　○●○句 ○●●句 ●○
時。　月明人自搗寒衣。 剛來無端惆悵， 階前行， 闌
○韻　　●○○●●○○韻○○●●○●句○○○句○
畔立， 欲鷄啼。
●●句●○○韻

此詞亦全押平韻，但句讀與前詞異。

又一體

顧 敻

雙調四十三字,前段四句兩平韻,後段四句三平韻。

水碧風清, 入檻細香紅藕膩, 謝娘斂翠恨無涯。 小屏
●●〇〇句 ●●●〇〇●●句 ●〇〇●●〇〇韻 ●〇
斜。 堪傷遊子不還家。謾留羅帶結,帳深枕膩炷沈
〇韻　　〇〇〇●●〇〇韻●〇〇●●句●〇●●〇
煙。負當年。
〇韻●〇〇韻

此詞亦全押平韻,而後結則又換韻,在《花間集》亦僅見兩體。

又一體

李 珣

雙調四十二字,前段四句兩平韻,後段五句兩平韻。

秋月嬋娟, 皎潔碧紗窗外, 照花穿竹冷沈沈。 印池心。
〇●〇〇句 ●●●〇〇●句 ●〇〇●●●〇〇韻 ●〇〇韻
凝露滴, 砌蛩吟。 驚覺謝娘殘夢, 夜深斜傍枕邊
〇●●句●〇〇韻●●●〇〇●句●〇〇●●〇
來。 影徘徊。
〇換韻●〇〇韻

此即"水碧風清"詞體,惟換頭作三字兩句,及第三句作六字句異。

按《花間》、《尊前》及《陽春》諸集《酒泉子》詞,諸家大同小

異者二十二闋，約計不過五體，有前段間入仄韻，後段換仄韻者，如溫庭筠"花映柳條"以下八詞是也。有前段間入仄韻，後段即押前仄韻者，如顧敻"黛薄紅深"以下六詞是也。有前段全押平韻，後段間入仄韻；後段全押平韻，前段間入仄韻者，如牛嶠之"記得去年"、顧敻之"掩却菱花"二詞是也。有全押平韻者，如張泌"紫陌青門"以下四詞是也。有全押平韻，結又換韻者，如李珣"秋月嬋娟"、顧敻之"水碧風清"二詞是也。譜內各以類列。凡舊譜淆亂者，悉爲校定。至《詞律》所收潘閬"長憶孤山"，與"長憶西湖湖上水"二詞，按《湘山野錄》本名《憶餘杭》，且與以上諸詞體製不合，故仍按字數，另列在後。

怨回紇二體

此調本五言律詩，見《尊前集》。皇甫詞第一首云："白首南朝女，愁聽異域歌。收兵頡利國，飲馬胡盧河。"結二句云："雕窠城上宿，吹笛淚滂沱。"蓋戍婦之怨詞也。

怨回紇

皇甫松

雙調四十字，前後段各四句兩平韻。

祖席駐征棹，開帆候信潮。隔庭桃葉泣，吹管杏花飄。
●●○●句○○●●○韻◐○○●句●●●○○韻
　　船去鷗飛閣，人歸塵上橋。別離惆悵淚，江路濕紅
　　○●○○●句○○○●○韻◐○○●●句○●●○
蕉。
○韻

按皇甫詞別首後段第二句"穹廬歲月多","歲"字可仄，譜內據之，餘詳見調注。

又一體

《樂府詩集》無名氏

單調四十字，六句四平韻。

曾聞瀚海使難通。幽閨少婦罷裁縫。緬想邊庭征戰苦，
○○●●●○○韻○○●●●○○韻●●○○○●●句
誰能對鏡冶愁容。久成人將老，須臾變作白頭翁。
○○●●●○○韻●●○○●句○○●●●○○韻

此見《樂府詩集》，名《回紇》。《樂苑》注"商調曲也"，與皇甫松詞句讀不同。元郭茂倩編入"近代曲辭"，故亦採入以備一體。

生查子五體

唐教坊曲名。《尊前集》注"雙調"，元高拭詞注"南吕宮"。朱希真詞有"遙望楚雲深"句，名《楚雲深》。韓淲詞有"山意入春晴，都是梅和柳"句，名《梅和柳》。又有"晴色入青山"句，名《晴色入青山》。

生查子

韓偓

雙調四十字，前後段各四句兩仄韻。

侍女動妝奩，故故驚人睡。那知本未眠，背面偸垂淚。
◐●◐◐句◐●○○●韻◐●◐◐○句◐●○○●韻
懶御鳳頭釵，羞入鴛鴦被。時復見殘鐙，和煙墜金
◐●◐◐○句◐●○○●韻◐●●○○句◐●●○○
穗。
●韻

　　此調以此詞爲正體，若劉詞之多押一韻，孫詞之添字，牛詞、張詞之攤破句法，皆變格也。但五言八句，每句第二字例用仄聲，如魏承班詞："煙雨晚晴天，零落花無語。難話此時心，梁燕雙來去。琴韻對薰風，有恨和情撫。腸斷斷絃頻，淚滴黃金縷。"宋詞照此塡者甚多。間有前後段起句第二字用平聲者，如歐陽修詞："含羞整翠鬟，得意頻相顧。雁柱十三絃，一一春鶯語。嬌雲容易飛，夢斷知何處。深院鎖黃昏，陣陣芭蕉雨。"晏幾道、呂渭老、向子諲、吳文英集中，亦有此體。因此調創自韓偓，故以韓詞作譜。

　　譜內可平可仄悉參後詞，若前段起句第五字可仄，則照牛希濟詞"終日擘桃穰"，"穰"字仄聲也。

又一體

劉侍讀

雙調四十字，前段四句兩仄韻，後段四句三仄韻。
深秋更漏長，滴盡銀臺燭。獨步出幽閨，月晃波澄綠。
○○●○句●●○○●韻●●●○○句●●○○●韻
芰荷風乍觸。一對鴛鴦宿。虛掉玉釵驚，驚起還相
●○○●●韻●●○○●韻○●●○○句○●○○

續。
●韻

　　此詞後段第一句用韻，見《尊前集》，唐詞僅有此體。

又一體

牛希濟

　　雙調四十一字，前段四句兩仄韻，後段五句三仄韻。
春山煙欲收，天澹星稀少。殘月臉邊明，別淚臨清曉。
○○●○句○●○○●韻○●●○○句●●○○●韻
　　語已多，情未了。回首猶重道。記得綠羅裙。處處
　　●○○句○●●韻○●○○●韻●●●○○句●●
憐芳草。
○○●韻

　　此詞換頭作三字兩句，用韻。按孫光憲詞，《花間集》二首、《尊前集》四首皆然。坊本或作"語多情更深"，或作"語了情未了"，删作五字句者誤。
　　孫詞別首換頭句"繡工夫，牽心緒"，"工"字"心"字俱平聲。

又一體

孫光憲

　　雙調四十二字，前後段各四句兩仄韻。
暖日策花驄，嚲鞚垂楊陌。芳草惹煙青，落絮隨風白。
●●●○○句●●○○●韻○●●○○句●●○○●韻

147

誰家繡轂動香塵，隱映神仙客。狂煞玉鞭郎，咫尺
〇〇●●〇〇句●●〇〇●韻〇●●〇〇句●●
音容隔。
〇〇●韻

此詞換頭句作七字異。按《尊前集》魏承班詞後段第一句"花紅柳録間晴空"，《青箱雜記》陳亞詞後段第一句"分明記得約當歸"，俱七字，其體正與此同。

又一體

張　泌

雙調四十二字，前後段各五句三仄韻。
相見稀，喜相見。相見還相遠。檀畫荔枝紅，金蔓蜻蜓
〇●〇句●〇●韻〇〇〇●韻〇●●〇〇句〇●〇〇
軟。　　魚雁疏，芳信斷。花落庭陰晚。可惜玉肌膚，
●韻　　〇●〇句〇●●韻〇●〇●韻●●●〇〇句
消瘦成慵懶。
〇●〇〇●韻

此詞前後段起句作三字兩句，又各用韻，蓋詞家攤破句法之例。如此詞句本五字，添一字，即破作三字兩句；或句本七字，添二字，即破作四字一句、五字一句。即此可以類推。

蝴蝶兒一體

調見《花間集》，取詞中起句爲名。

蝴蝶兒

張　泌

　　雙調四十字，前段四句四平韻，後段四句三平韻。
蝴蝶兒。晚春時。阿嬌初著淡黃衣。倚窗學畫伊。
○●○韻●○○韻●○○●●○○韻●○●●○韻
還似花間見，雙雙對對飛。無端和淚拭臙脂。惹教雙翅
○●○○●句○○●●○韻○○●●●○○韻●○○●
垂。
○韻

　　按此調無唐宋別詞可校，《詞律》所注可平可仄，無本，不可從。

添聲楊柳枝三體

　　按《碧雞漫志》云："黃鍾商有《楊柳枝曲》，仍是七言四句詩，與劉、白及五代諸子所製並同，但每句下各添三字一句，乃唐時和聲，如《竹枝》、《漁父》，今皆有和聲也。舊詞多側字起頭，第三句亦復側字起，聲度差穩耳。"今名《添聲楊柳枝》，歐陽修詞名《賀聖朝影》，賀鑄詞名《太平時》。《宋史·樂志》：《太平時》，小石調。

添聲楊柳枝

顧敻

雙調四十字，前段四句四平韻，後段四句兩仄韻兩平韻。

秋夜香閨思寂寥。　漏迢迢。　鴛幃羅幌麝香銷。　燭光
◐●○○●●◎平韻　●○○韻　○○◐●●○○韻　●○
搖。　　正憶玉郎遊蕩去。　無尋處。更聞簾外雨瀟
○韻　　◐●◐○○●●仄韻○○●韻◐○◐●●○
瀟。　滴芭蕉。
○平韻●○○韻

此調有唐宋兩體，唐詞換頭句押仄韻，宋詞換頭句即押平韻。

按張泌詞前段起句"膩粉瓊妝透碧紗"，"膩"字仄聲；第三句"金鳳搔頭墜鬢斜"，平仄全異。後段起句"倚著雲屏新睡覺"，"雲"字平聲；第二句"思夢笑"，"夢"字仄聲；第三句"紅腮隱出枕函花"，"紅"字平聲，"隱"字仄聲。許棐詞前段第三句"不知屏裏畫瀟湘"，"不"字仄聲；後段起句"重叠衾羅猶未暖"，"重"字平聲。此兩詞皆換頭押仄韻者，故譜內可平可仄據之。

又一體

賀鑄

雙調四十字，前段四句四平韻，後段四句三平韻。

蜀錦塵香生襪羅。　小娑娑。　箇人無賴動人多。　見橫波。
◐●○○●●○韻●○○韻◐○◐●●○○韻●○○韻

樓角雲開風卷幕， 月侵河。 纖纖持酒艶聲歌。
●●○○●●句 ●○○韻 ⊖○○●●○○韻

奈情何。
●○○韻

　　此詞後段第二句仍押平韻，每句添聲俱用仄平平，宋詞皆照此填，與唐詞小異。按此體見《梅苑》及《樂府雅詞》，皆作《楊柳枝》。又按賀詞八首，名《太平時》，多用前人絶句，添入和聲，蓋即《添聲楊柳枝》也。《詞律》以《太平時》另列一體者誤。

　　按歐陽修詞前段第三句"垂楊慢舞緑絲縧"，"慢"字可仄，譜内據此，其餘參校唐詞。

又一體

朱敦儒

　　雙調四十四字，前段七句三平韻兩重韻，後段七句四平韻三重韻。

江南岸，柳枝。江北岸，柳枝。 折送行人無盡時。 恨
○○●句●○韻○●●句●○重韻 ●●○○○●○韻 ●

分離。柳枝。 酒一杯。柳枝。淚雙垂。柳枝。君到
○○韻●○重 ●●○韻●○韻●●○韻●○重 ○●

長安百事違。幾時歸。柳枝。
○○●●○韻●○○韻●○重

　　此見朱敦儒《樵歌詞》，一名《柳枝》。

　　按《竹枝詞》以"竹枝"二字爲和聲，此以"柳枝"二字爲和聲，亦其例也。但"枝"字即本詞韻，亦添聲之意，故爲類列。

醉公子四體

唐教坊曲名。薛昭蘊、顧敻詞俱四換韻,一名《四換頭》。此調有兩體,四十字者昉自唐人,一百六字者昉自宋人。

醉公子

顧　敻

雙調四十字,前後段各四句兩仄韻兩平韻。

河漢秋雲澹。　紅藕香侵檻。枕倚小山屏。　金鋪向晚
●●○●●仄韻　●●○●●韻　●●●○○平韻　○●●
扃。　　睡起橫波慢。　　獨坐情何限。　衰柳數聲
○韻　　●●○●●換仄韻　●●○○●韻　　●●●○
蟬。　魂銷似去年。
○換平韻○○●●○韻

此調以此詞爲正體,若尹詞及顧詞別首押韻異同皆變格也。

此詞四換韻,與薛昭蘊"慢綰青絲髮"詞同。其可平可仄,參下尹詞及顧詞。至《詞律》所收唐詞,平仄換韻,終近古詩,刪之。

又一體

尹鶚

雙調四十字,前後段各四句兩仄韻兩平韻。

暮煙籠蘚砌。 戟門猶未閉。盡日醉尋春。 歸來月滿
●○○●●仄韻●○○●●韻●●●○○平韻○○●●
身。 離鞍偎繡袂。 墜巾花亂綴。何處惱佳人。
○韻 ○○○●●仄韻●○○●●韻○●●○○平韻
檀痕衣上新。
○○○●○韻

此詞後段仄韻、平韻即用前段原韻,與各家小異。

又一體

顧敻

雙調四十字,前後段各四句兩仄韻兩叶韻。

岸柳垂金線。雨晴鶯百囀。家住綠楊邊。往來多少年。
●●○○●韻●○○●●韻○●●○○叶●○○●○叶
馬嘶芳草遠。高樓簾半卷。斂袖翠眉攢。相逢爾許
●○○●●韻○○○●●韻●●●○○叶○○●●
難。
○叶

此詞以"邊"、"年"叶"綠"、"囀"韻,以"攢"、"難"叶"遠"、"卷"
韻,近三聲叶,與前首截然四換韻者不同,故又列一體。

153

又一體

史達祖

雙調一百六字，前段十二句六仄韻，後段十句六仄韻。

神仙無膏澤。瓊琚珠佩，卷下塵陌。秀骨依依，誤向山
○○○●●韻○○○●句●●○○韻●○○句●○
中，得與相識。溪岸側。倚高情、自鎖煙翠，時點空
○句●●●韻○●●韻●○○讀●●●●句○○
碧。念香襟沾恨，酥手剪愁，今後夢魂隔。　相思暗
●韻●○○●句○●●句○●●●韻　○○●
驚清吟客。想玉照堂前、樹三百。雁翅霜輕，鳳羽寒
○○●韻●●●○○讀●○●韻●●○○句●●○
深，誰護春色。詩鬢白。總多因、水村携酒，煙墅留
○句○●○●韻○●●韻●○○讀●○○●句○●○
屐。更時帶、明月同來，與花爲表德。
●韻●○●讀○●○○句●○○●●韻

此詞僅見《梅溪集》，無宋元詞可校，填者平仄當依之。

昭君怨三體

朱敦儒詞詠洛妃，名《洛妃怨》。侯寘詞名《宴西園》。

昭君怨

万俟咏

雙調四十字,前後段各四句兩仄韻兩平韻。

春到南樓雪盡。　驚動鐙期花信。小雨一番寒。　倚闌
●●○○●●仄韻●●○○●●韻●●●○○平韻●○

干。　莫把闌干頻倚。　一望幾重煙水。何處是京
○韻　●●○○●●換仄韻●●○○●●韻●●●○

華。　暮雲遮。
○換平韻●○○韻

此詞四換韻。按坊本後段第一句或作"莫把闌干倚",疑"頻"字乃後人增入,然觀蘇軾詞之"欲去又還不去",及秦觀、朱希真、侯寘等詞俱作六字句,故當以六字句換頭者爲正格。

前段第一句,秦觀詞"隔葉乳鴉聲轉","乳"字仄聲;第二句,劉克莊詞"只許姚黃獨步","只"字"獨"字俱仄聲;第三句,秦詞"楊柳小腰肢","楊"字平聲。後段第一句,蘇軾詞"欲去又還不去","又"字"不"字俱仄聲;韓駒詞"留戀芳叢深處","留"字平聲;第三句秦詞"極目送行雲","極"字仄聲。譜內可平可仄據此,其餘參校蔡詞、周詞。

又一體

蔡伸

雙調三十九字,前後段各四句兩仄韻兩平韻。

一曲雲和鬆響。　多少離愁心上。寂寞掩屏幃。　淚沾
●●○○●●仄韻○●●○○●韻●●●○○平韻●○

衣。　　最是銷魂處。　　夜夜綺窗風雨。風雨伴愁
○韻　　●●○○●換仄韻●●○○●韻○●●○
眠。　夜如年。
○換平韻●○○韻

　　此詞後段第一句五字,宋詞僅見此作,無別首可校。

又一體

周紫芝

　　雙調四十字,前段四句兩仄韻兩平韻,後段五句三仄韻兩平韻。

滿院融融花氣。　紅映繡簾垂地。往事憶年時。　只春
●●○○●仄韻○●●○●韻●●●○○平韻●○
知。　風又暖。　　花漸滿。人似行雲不見。無計奈
○韻　　○●●換仄韻○●●韻○●○○●韻○●●
離情。　黯消凝。
○○換仄韻●○○韻

　　此詞後段起句作三字兩句,多押一韻,有朱希真詞"襟上淚。難再會"可校。

詞譜卷四

玉蝴蝶七體

小令始於温庭筠,長調始於柳永。《樂章集》注"仙吕調"。一名《玉蝴蝶慢》。

玉蝴蝶

温庭筠

雙調四十一字,前段四句四平韻,後段四句三平韻。
秋風凄切傷離。　行客未歸時。　塞外草先衰。　江南雁到
○○○●○○韻　●○●●○韻　●●●○○韻　○　○　●　●
遲。　芙蓉凋嫩臉,楊柳墮新眉。搖落使人悲。斷腸
○韻　　　○○○●●句○●●○○韻○●●○○韻●○
誰得知。
○●○韻

按《詞律》謂此調與《蝴蝶兒》相近,不知《蝴蝶兒》第三句俱七字,此則五字,即孫光憲詞亦然,不可類列也。孫詞第三句即是此詞第二句,平仄互異,宜參之。

又一體

孫光憲

雙調四十二字,前段五句四平韻,後段五句兩仄韻三平韻。

157

春欲盡，景仍長。　滿園花正黃。粉翅兩悠揚。翩翩過
〇●●句●〇〇平韻●〇●〇韻●●●〇〇韻〇〇●
短墻。　鮮颸暖。牽遊伴。飛去立殘陽。　無語對
●〇韻　〇〇●仄韻〇●●韻〇●●〇〇平韻〇●●
蕭娘。舞衫沈麝香。
〇〇韻●〇〇●〇韻

　　此詞前後段起俱作三字兩句，換頭又間入兩仄韻，與溫詞不同。

又一體

柳　永

　　雙調九十九字，前段十句五平韻，後段十一句六平韻。
望處雨收雲斷，憑闌悄悄，目送秋光。晚景蕭疏，堪動
〇●●〇〇●句〇〇●●句●●〇〇韻●〇〇句●
宋玉悲涼。水風輕、蘋花漸老，月露冷、梧葉飄黃。遣
●●〇〇韻●〇〇讀〇〇●●句●●●讀〇●〇〇韻●
情傷。故人何在，煙水茫茫。　難忘。文期酒會，幾
〇〇韻●〇〇●句〇●〇〇韻　〇〇韻〇〇●●句●
孤風月，屢變星霜。海闊山遥，未知何處是瀟湘。念雙
〇〇●句●●〇〇韻●●〇〇句●〇〇●●●〇〇韻●〇
燕、難憑遠信，指暮天、空識歸航。黯相望。斷鴻聲
●讀〇〇●●句●●〇讀〇●〇〇韻●〇韻●〇〇
裏，立盡斜陽。
●句●●〇〇韻

　　此詞前段第四五句上四下六，後段第五六句上四下七，王

158

安中、史達祖、高觀國、陸游皆照此填。

沈伯時《樂府指迷》云："詞中多有句中韻，人多不曉，不惟讀之可聽，而歌時最要叶韻應拍，不可以爲閒字而不叶。"如此詞後段起句"難忘"二字是也。《滿庭芳》、《木蘭花慢》等詞皆同此例。

前段第一句，柳詞別首"誤入平康小巷"，"小"字仄聲。第三句，辛棄疾詞"香滿紅樹"，"滿"字仄聲。第五句，辛棄疾詞"高處都被雲遮"，"都"字平聲。第六句，柳別首"銀蟾静魚鱗簟展"，"銀"字平聲，"静"字仄聲；高觀國詞"古臺荒斷霞殘照"，"殘"字平聲。後段換頭短韻，尹濟翁詞"怎知"，"怎"字仄聲。譜内可平可仄據此，其餘參校後列諸詞。

又一體

柳　永

雙調九十九字，前段十句五平韻，後段十一句六平韻。

是處小街斜巷，爛遊花館，連醉瑤巵。選得芳容端麗，
●●●○○●句●○○●句○●○○韻●●○○○●句
冠絕吳姬。絳唇輕、笑歌盡雅，蓮步穩、舉措皆奇。出
●●○○韻●○○讀●○●●句○●●讀●●○○韻●
屏幃。倚風情態，約素腰肢。　　當時。綺羅叢裏，知
○○韻●○○●句●●○○韻　　○○韻●○●●句○
名雖久，識面何遲。見了千花萬柳，比並不如伊。未同
○○●句●●○○韻●●○○●●句●●●○○韻●○
歡、寸心暗許，欲話別、纖手重攜。結前期。美人才
○讀●○●●句●●讀○●○○韻●○○韻●○○

子，合是相知。
●句●●○○韻

　　此詞前段第四五句上六下四,後段第五六句上六下五,與前詞異。按晁補之、晁沖之二詞,其前段第四五句用柳永"是處小街"詞體,後段第五六句用柳永"望處雨收"詞體,前後糸用兩詞,與各家微異,因字數相同,故不另列一體。

又一體

李之儀

　　雙調九十八字,前段十句五平韻,後段十一句六平韻。

坐久燈花開盡，暗驚風葉，初報霜寒。冉冉年華催暮，
●●○○●句●○○●句○●○○韻●●○○●句

顏色非丹。攪迴腸、蛩吟似織，留恨意、月彩如攢。慘
○●○○韻●○○讀○●●句○●●讀●●○○韻●

無歡。篆煙縈素，空轉雕盤。何難。別來幾日，信
○○韻●○○●句○●○○韻　○○韻●○●●句●

沈魚鳥，情滿關山。依約耳邊常記，巧語綿蠻。聚愁
○○●句○●○○韻●●●○○●句●●○○韻●○

棄、蜂房未密，傾淚眼、海水猶慳。掩英關。漸移銀
○讀○○●●句○●●讀●●○○韻○○韻●○○

漢，低泛簾顏。
●句○●○○韻

　　此詞與柳永"是處小街"詞同,惟後段第六句少一字異。

又一體

張炎

雙調九十九字,前後段各十句五平韻。

留得一團和氣,此花開盡,春已規圓。虛白窗深,恍訝
○●●○○●句●○○句○●○○韻○●○○句●●
碧落星懸。颺芳叢、低翻雪羽,凝素艷、爭簇水蟬。向
●●○○韻○○○讀○●●○句○●●讀○●○○韻●
西園。幾回錯認,明月秋千。　欲覓生香何處,盈盈
○○韻●○●●句○●○○韻　●●○○●●句○○
一水,空對娟娟。待折歸來,倩誰偷解玉連環。試結
●●句○●○○韻●●○○句●○○●●○○韻●●
取、鴛鴦錦帶,好移傍、鸚鵡珠簾。晚階前。落梅無
●讀○○●●句●○●讀○●○○韻●○○韻●○○
數,因甚啼鵑。
●句○●●○韻

此即柳永"望處雨收"詞體,惟換頭句不用短韻。

又一體

辛棄疾

雙調九十九字,前段十句五平韻,後段十一句六平韻。

貴賤偶然,渾似隨風簾幕,籬落飛花。空使兒曹馬上,
●●●○句○●○○○●句●●○○韻○●○○●●句
羞面頻遮。向空江、誰捐玉佩,寄離恨、應折疏麻。暮
○●○○韻●○○讀○○●●句●○●讀○●○○韻●

雲多。佳人何處，數盡歸鴉。　儂家。生涯蠟屐，功
○○韻○○●句●●○○韻　○○韻○○●●句○
名破甑，交友摶沙。往日曾論，淵明似勝臥龍些。算從
○●○句○●○○韻●●○○句○○●●●○○韻●○
來、人生行樂，休便說、日飲亡何。快剚呵。裁詩未
○讀○○○●句○●●讀●●○○韻●○○韻○○●
穩，得酒良佳。
●句●●○○韻

　　此詞前段第一句四字，第二句六字，與各家異。按葛郯
"憶昨苕溪"詞與此同，惟後段第六句"聽隔墻，無事高歌"作
上三下四句法小異。

女冠子七體

　　唐教坊曲名。小令始於溫庭筠，長調始於柳永。《樂章
集》"淡煙飄薄"詞注"仙呂調"，"斷烟殘雨"詞注"大石調"。
元高拭詞注"黃鍾宮"。柳永詞一名《女冠子慢》。

女冠子

溫庭筠

　　雙調四十一字，前段五句兩仄韻兩平韻，後段四句兩平
韻。
含嬌含笑。　宿翠殘紅窈窕。鬢如蟬。　寒玉簪秋水，
●●●●仄韻　●●○○●●韻●○○平韻　●●○○●句

輕紗卷碧煙。雪肌鸞鏡裏,琪樹鳳樓前。寄語青娥
○○●●○韻　●○○●●句●●●○○韻○●○
伴,早求仙。
●句●○○韻

此詞前段起二句間入仄韻,唐詞二十首皆然,《嘯餘譜》不注韻者誤。

前段第一句,韋莊詞"四月十七","四"字"月"字"十"字俱仄聲。第二句,李珣詞"愁聞洞天疏磬","愁"字"聞"字"疏"字俱平聲,"洞"字仄聲。第四句,韋詞"忍淚佯低面","忍"字仄聲。後段第一句,牛嶠詞"鴛鴦排寶帳","鴛"字平聲。第二句,韋詞"欲去又依依","欲"字仄聲。第三句,牛詞"青鳥傳心事","青"字平聲;韋詞"覺來知是夢","來"字平聲,"是"字仄聲。譜內可平可仄據此。

又一體

康與之

雙調一百七字,前段十二句六仄韻,後段十一句六仄韻。
火雲初布。遲遲永日炎暑。濃陰高樹。黃鸝葉底,羽毛
●○○●韻○○●●○●韻○○○●韻⊖●○●句●
學整,方調嬌語。薰風時漸動,峻閣池塘,芰荷爭吐。
●●句○○○●韻○○○●●句●●○○句●○○韻
畫梁紫燕,對對銜泥,飛來又去。　想佳期、容易成
●○●●句●●○○句○○●●韻　●○○讀○●○
辜負。共人人、同上畫樓斟香醑。恨花無主。卧象床犀
○●韻●○○讀○●●○○○●韻●○○●韻●●○○

枕，成何情緒。有時魂夢斷，半窗殘月，透簾穿户。去
●句○○○●韻●○○●●句●○○●句●○○●韻●
年今夜，扇兒扇我，情人何處。
○○●句●○◐●句◐○○●韻

此詞平仄俱參後詞。

又一體

李 邴

雙調一百十字，前段十一句六仄韻，後段十二句六仄韻。
帝城三五。鐙光花市盈路。天街遊處。此時方信，鳳闕
●○○●韻○○○●●韻○○●韻●○●句●●
都民，奢華豪富。紗籠纔過處，喝道轉身，一壁小來且
○○句○○○●韻○句○○●句●●○句●●●
住。見許多才子艷質，携手並肩低語。　東來西往誰
●韻●●○○●句○●●○○●韻　○○○○
家女。買玉梅争戴，緩步香風度。北觀南顧。見畫燭影
○●韻●●○○●句●●○○●韻●○○●韻●●●●
裏，神仙無數。引人魂似醉，不如趁早，步月歸去。這
●句○○○●韻●○○●●句●○●●句●○○●韻●
一雙情眼，怎生禁得，許多胡覷。
●○○●句●○○●句●○○●韻

此詞前段第九句六字，第十句七字，第十一句六字，後段
第一句七字，第二三句皆五字，第十句五字，俱與康詞異。

按此詞，元曲用爲黃鍾引子，但元曲前後段多用兩韻耳。

又一體

柳　永

雙調一百十一字,前段十句六仄韻,後段十一句四仄韻。
淡烟飄薄。鶯花謝、清和院落。樹陰密、翠葉成幄。麥
●○○●韻○○●讀○○●●韻●○●讀●●○●韻●
秋霽景,夏雲忽變奇峰、倚寥廓。波暖銀塘,漲新萍綠
○●●句○●●●讀○○韻○●○○句●●○●
魚躍。想端憂多暇,陳王是日,嫩苔生閣。　　正鑠石
○●韻○○○●句○○●●句●●○●韻　　●●●
天高,流金晝永,楚榭光風轉蕙,披襟處、波翻翠幕。
○○句○○●●句●●○○●●句○○讀○○●●韻
以文會友,沈李浮瓜忍輕諾。別館清閒,避炎蒸、豈須
●○●●句○●○○●○●韻●●○○句●○○讀●○
河朔。但尊前隨分,雅歌艷舞,盡成歡樂。
○●韻●○○●●句●●●●句●○○●韻

　　此詞"麥秋"以下二十三字,《詞律》不分句讀,今照《嘯餘譜》點定,只"夏雲忽變奇峰"六字須作微讀,"波暖銀塘"十字須上四下六分句,稍爲妥適耳。至"端憂多暇",本謝莊《月賦》中語,乃改"端憂"爲"憂端"。後段"光風轉蕙",本宋玉《招魂》中語,乃改"轉蕙"爲"轉惡",而以"惡"字爲叶韻,俱《嘯餘》之誤。

又一體

蔣　捷

雙調一百十二字，前段十一句六仄韻，後段十二句七仄韻。

蕙風香也。雪晴池館如畫。春風飛到，寶釵樓上，一片
●○○韻●○○●●韻○○●句●○○●句●●
笙簫，琉璃光射。而今鐙謾挂。不是暗塵明月，那時元
○○句○○●韻○○●韻●●●○○句●○○
夜。況年來、心懶意怯，羞與蛾兒爭耍。　　江城人悄
●韻●○○讀○●●●句○●○○●韻　　○○●
初更打。問繁華誰解，再向天公借。剔殘紅炧。但夢裏
○○●韻●○○○●句●●○○●韻●○○●韻●●●
隱隱，鈿車羅帕。吳牋銀粉砑。待把舊家風景，寫成閒
●●句○○○●韻○○○●韻●●●○○●句●○○
話。笑緑鬟鄰女，倚窗猶唱，夕陽西下。
●韻●●○○●句●○○●句●○○●韻

此即李詞體，惟前段第八句六字、第九句四字，後段"舊家風景"句比李詞多"待把"二字。

按蔣詞別首，前段第二句"雙龍還又爭渡"，"雙"字平聲；第八九句"不似素車白馬，卷潮起怒"，"白"字"起"字俱仄聲；第十第十一句"但悄然千載舊跡，時有人來弔古"，"悄"字"弔"字俱仄聲。後段第一句"生平慣受椒蘭苦"，"慣"字仄聲；第二句"甚魄沈寒浪"，"魄"字仄聲；第六句"騎鯨烟霧"，"騎"字平聲；第七句"楚妃花倚暮"，"楚"字仄聲。譜內可平可仄據此。

又一體

柳永

雙調一百十三字,前段十二句七仄韻,後段十一句五仄韻。

斷烟殘雨。灑微涼,生軒户。動清籟、蕭蕭庭樹。銀河
●○○●韻●○○句○○●韻●○●讀○○○●韻○○
濃淡,華星明滅,輕雲時度。莎階寂靜無睹。幽蛩切切
○●句○○○●句○○○●韻●○●○○●韻○○●●
秋吟苦。疏篁一徑,流螢幾點,飛來又去。　對月
○○●韻○○●●句○○●●句○○●●韻　　●●
臨風,空恁無眠耿耿,暗想舊日牽情處。綺羅叢裏,
○○句○●○○●●句●●●●○○●韻●○○●句
有人人、那回飲散,略略曾諧鴛侶。因循忍便暌阻。相
●○○讀●●●●句●●○○○●韻○○●●○●韻○
思不得長相聚。好天良夜,無端惹起,千愁萬緒。
○●●○○●韻●○○●句○○●●句○○●●韻

此詞《樂章集》注"大石調",與前首"淡烟飄薄"詞注"仙呂調"者不同,宋詞中亦無他首可校。

又一體

《花草粹編》無名氏

雙調一百十四字,前段十二句六仄韻,後段十句六仄韻。

同雲密布。撒梨花、柳絮飛舞。樓臺悄似玉。向紅鑪暖
○○●●韻●○○讀●●○●韻○○●●叶●○○●

閣，院宇深沈，廣排筵會。聽笙歌猶未徹，漸覺輕寒，
●句●●○○句●○○●叶●○○○●●句●●○○句
透簾穿戶。亂飄僧舍，密灑歌樓，灑帘如故。
●○○●韻●○○●句●●○○句●○○●韻
想樵人、山徑迷踪路。料漁人、收綸罷釣歸南浦。路無
●○○讀○○○●●韻●○○讀○○○●●韻●○
伴侶。見孤邨寂寞，招颭酒旗斜處。南軒孤雁過，嚦嚦
●●韻●○○●●句○●●○○韻○○●●句●●
聲聲，又無書度。見臘梅、枝上嫩蕊，兩兩三三微吐。
○○句●○○●韻●●○讀○●●●句●●○○●韻

　　此詞或刻柳永，或刻周邦彥。自"樓臺悄似玉"以下三十二字，至"戶"字方押韻，必無此理。按《嘯餘譜》以"玉"字"會"字爲叶韻，當從之。然音調未諧，字句亦恐有脫譌，姑存以備叅考。

中興樂三體

見《花間集》。牛希濟詞有"淚濕羅衣"句，名《濕羅衣》。

中興樂

毛文錫

　　雙調四十一字，前段五句三平韻兩仄韻，後段五句四仄韻一平韻。

豆蔻花繁烟艷深。　丁香軟結同心。　翠鬟女。　相與。
●●○○○●○平韻　○○●●○○韻　●○●仄韻　○●韻

共淘金。　　紅蕉葉裏猩猩語。　鴛鴦浦。鏡中鸞
●　○　○平韻　　○○●●○○仄韻○○●韻●○
舞。絲雨。隔荔枝陰。
●韻○●韻●●○○平韻

　　此詞六仄韻,即間入平韻之內。舊譜失注,今照《詞嘰》
本點定。

又一體

牛希濟

　　雙調四十二字,前段四句三平韻,後段五句三平韻。
池塘暖碧浸晴暉。　濛濛柳絮輕飛。　紅蕊凋來,醉夢還
○○●●●○韻○○●●○○韻○●○○句●●○
稀。　春雲空有雁歸。珠簾垂。東風寂寞,恨郎拋
○韻　　○○○●●○韻○○韻○○●●句●○
擲,淚濕羅衣。
●句●●○○韻

　　此詞不間入仄韻,兩結句讀亦與毛詞異。李珣兩段者即
照此體填。

又一體

李珣

　　雙調八十四字,前後段各九句六平韻。
後庭寂寞日初長。　翩翩蝶舞紅芳。　繡簾垂地,金鴨無
●○●●●○○韻○○●●○○韻●○○●句○●○

香。誰知春思如狂。憶蕭郎。等閒一去，程遥信斷，五
〇韻〇〇●〇〇韻●〇〇韻●〇●●句〇〇●●句●
嶺三湘。　　休開鸞鏡學宮妝。可能更理笙簧。倚屏凝
●〇〇韻　　〇〇〇●●〇〇韻●〇●●〇〇韻●〇
睇，淚落成行。手尋裙帶鴛鴦。暗思量。忍辜前約，
●句●●〇〇韻●〇〇●〇〇韻●〇〇韻●〇●●句
教人花貌，虛老風光。
〇〇〇●句〇●〇〇韻

　　此詞前後段即牛詞體加一叠，但"繡簾垂地，倚屏凝睇"，
平仄與牛詞小異

紗窗恨二體

　　唐教坊曲名。毛文錫詞有"月照紗窗，恨依依"句，取以
爲名。

紗窗恨

毛文錫

　　雙調四十一字，前段四句兩仄韻兩平韻，後段四句兩平
韻。
新春燕子還來至。　一雙飛。　壘巢泥濕時時墜。　浣
〇〇●●〇〇●仄韻●〇〇平韻●〇●〇〇●仄韻●
人衣。　　後園裏、看百花發，香風拂、繡户金扉。
〇〇平韻　　●〇●讀●〇〇句〇〇●讀●〇〇韻

月照紗窗，恨依依。
●●○○句●○○韻

此詞前段起句乃間入仄韻，非本韻也。《詞律》於第二句注"換平"者誤。

譜內可平可仄參校下詞。

又一體

毛文錫

雙調四十二字，前段四句兩仄韻兩平韻，後段四句兩平韻。

雙雙蝶翅塗鉛粉。　唖花心。　綺窗繡戶飛來穩。　畫
○○●●○○●仄韻　●○○平韻　●○●●○○●仄韻　●
堂陰。　　二三月、愛隨風絮，伴落花、來拂衣襟。
○○平韻　　●○●讀●○○●句●●○讀○●○○韻
更翦輕羅片，傅黃金。
●●○○●句●○○韻

此詞後段第三句較前詞多一字，宋詞謂之添字，元曲謂之襯字。

醉花間三體

唐教坊曲名。《宋史·樂志》雙調。

醉花間

毛文錫

雙調四十一字,前段五句三仄韻一叠韻,後段四句三仄韻。

深相憶。莫相憶。相憶情難極。銀漢是紅墻,一帶遥相
〇〇●韻●〇●叠〇●●〇●韻〇●●〇〇句〇●〇〇
隔。　金盤珠露滴。兩岸榆花白。風摇玉佩清,今夕
●韻　〇〇〇●●韻●●〇〇●韻〇〇●●〇句〇●
爲何夕。
〇〇●韻

《嘯餘譜》注《生查子》調,與《醉花間》調相近。不知《生查子》正體前後段皆五字句起,間有用六字者變格耳。《醉花間》正體則前必六字,後必五字也。譜內可平可仄參下毛詞。

又一體

毛文錫

雙調四十一字,前段五句三仄韻一叠韻,後段四句兩仄韻。

休相問。怕相問。相問還添恨。春水滿塘生,鸂鶒還相
〇〇●韻●〇●叠〇●●〇●韻〇●●〇〇句〇●〇〇
趁。　昨日雨霏霏,臨明寒一陣。偏憶戍樓人,久絶
●韻　●●●〇〇句〇〇〇●●韻〇●●〇〇句●●
邊庭信。
〇〇●韻

此詞後段第一句少押一韻，與前詞異。

又一體

馮延巳

雙調五十字，前段四句三仄韻，後段六句四仄韻。

晴雪小園春未到。池邊梅自早。高樹鵲銜窠，斜月明寒
⊖●●○○●●韻●○○●●韻○●●○○句○●○○
草。　山川風景好。自古金陵道。少年看却老。相逢
●韻　⊖○○●●韻●●○○●韻⊖○●●韻⊖○
莫厭醉金杯，別離多，歡會少。
⊖●●○○句●○○句⊖●●韻

此詞前段第二三四句與毛詞同，惟起句作七字異。後段第一二句與毛詞同，以下句讀全異。《陽春集》中四首皆然。

前段第一句，馮詞別首"月落霜繁深院閉"，"月"字仄聲，"霜"字平聲；第二句"洞房人正睡"，"洞"字仄聲。後段第一句"夜深寒不徹"，"夜"字仄聲；第三句"雙眉愁幾許"，"雙"字平聲；第四句"兩條玉筯爲君垂"，"兩"字仄聲；又"人心情緒自無端"，"情"字平聲。譜內可平可仄據此。

點絳唇三體

元《太平樂府》注"仙呂宮"，高拭詞注"黃鍾宮"，《正音譜》注"仙呂調"。宋王禹偁詞名《點櫻桃》，王十朋詞名《十八香》。張輯詞有"邀月過南浦"句，名《南浦月》；又有"遙隔沙頭雨"句，名《沙頭雨》。韓淲詞有"更約尋瑤草"句，名《尋瑤草》。

173

點絳唇

馮延巳

雙調四十一字，前段四句三仄韻，後段五句四仄韻。

蔭綠圍紅，飛瓊家在桃源住。畫橋當路。臨水開朱戶。
◐●○○句◐○◐●○○●韻◐○◐●韻◐●○○●韻

柳逕春深，行到關情處。鬟不語。意憑風絮。吹向
◐●○○句◐●○○●韻◐○●韻◐○◐●韻◐●

郎邊去。
○○●韻

此調以此詞為正體，若蘇詞之藏韻，韓詞之添字，皆變格也。

前段第一句，趙抃詞"秋氣微涼"，"秋"字平聲；第二句，寇準詞"社公雨足東風慢"，"社"字"雨"字俱仄聲。後段第一句，趙鼎詞"美酒一杯"，"一"字仄聲；第二句，寇詞"拂曉停針線"，"拂"字仄聲；第三句，張炎詞"竹西好"，"竹"字仄聲；第四句，毛滂詞"蜂勞蝶攘"，"蜂"字平聲，"蝶"字仄聲；第六句，寇詞"側臥珠簾捲"，"側"字仄聲。譜內可平可仄據此，其餘悉校下詞。

又一體

蘇軾

雙調四十一字，前後段各五句四仄韻。

不用悲秋，今年身健。還高宴。江邨海甸。總作空花
●●○○句○○○●韻○○●韻○○●●韻●●○○

觀。　　尚想橫汾，蘭菊紛相半。樓船遠。白雲飛亂。
●韻　　●●○○句○●○○●韻○○●韻●○○●韻
空有年年雁。
○●○○●韻

　　此詞前段第二句本七字句，但於第四字藏一韻，可作兩句。宋吳琚詞"憔悴天涯，故人相遇。情中故"，舒亶詞"紫霧香濃，翠華風轉。花隨輦"，"遇"字"轉"字用韻，正與此同。元詞如應次蘧、蕭允之諸作皆然，實本蘇詞也。

又一體

韓　琦

　　雙調四十三字，前段四句三仄韻，後段五句四仄韻。
病起懨懨，　對堂階花樹添憔悴。亂紅飄砌。滴盡真珠
●●○○句　●○○●○○●韻●○○●韻●　○○
淚。　　惆悵前春，誰相向花前醉。愁無際，武陵凝
●韻　　○●○○句○●●○○●韻○○●韻●○○
睇。人遠波空翠。
●韻○●○○●韻

　　此詞見《花草粹編》，前後段第二句俱多一字。《詞律》疏於考據，反駁《草堂》之誤，非也。

平湖樂三體

　　《太平樂府》注"越調"。金詞名《平湖樂》，取王惲詞"人在平湖醉"句也。元詞名《小桃紅》，取無名氏詞"宜插小桃

紅"句也。亦名《採蓮詞》，取《太平樂府》"採蓮湖上採蓮嬌"句也。

平湖樂

王　惲

雙調四十二字，前段四句兩平韻兩叶韻，後段四句一叶韻一平韻。

安仁雙鬢已驚秋。更甚眉頭皺。一笑相逢且開口。玉爲
⊖○○●●○○韻⊖●●○○●叶⊖●⊖○⊖●●葉●○
舟。　　新詞淡似鵝黃酒。醉扶歸路，竹西歌吹，人道
○韻　　⊖○●●○○●叶●○⊖●句⊖○⊖●句⊖●
是揚州。
●○○韻

此金人小令，猶遵古韻，以本部平上去三聲叶者。若元詞此調，則依《中原音韻》，平上去入四聲，別部北音無不叶矣。詞與曲之分，正於此辨之。

後段第一句，王詞別首"凌波幽夢誰驚破"，"幽"字平聲。《太平樂府》詞後段第三四句"詩籌酒令，不管翠眉顰"，"酒"字"不"字俱仄聲。其餘平仄見下所採二詞。

又一體

張可久

雙調四十二字，前段四句兩平韻兩叶韻，後段四句三叶韻一平韻。

飛梅和雪灑林梢。花落春顛倒。驢背敲詩暮寒峭。路迢
○○○●●○○韻○●●○○叶○●○○●○●叶●○
迢。　　相逢不滿疏翁笑。寒郊瘦島。塵衣風帽。詩在
○韻　　○○●●○○叶○○●●叶○○○●叶○●
灞陵橋。
●○○韻

　　此懷王詞同，惟後段第二三句多叶兩韻異。按張可久
《小山樂府》十二首，後段第二三句莫不叶韻，如"紅衫舊腔。
花鈿新樣。對寄柳枝孃"，又"今番瘦了。多情知道。寬盡翠
裙腰"是也。喬吉詞"春風告示。梅花資次。攢到北邊枝"，
又"蒲葵策勳。桃花風韻。涼滲小烏巾"亦然。但"腔"字
"勳"字用平韻小異。

又一體

王　惲

　　雙調四十三字，前段四句兩平韻兩叶韻，後段四句一叶韻
一平韻。
採蓮人語隔秋烟。波靜如橫練。入手風光莫流轉。共留
●○○●●○○韻○●●○○叶●●○○●○●叶●○
連。　　畫船一笑春風面。江山信美，終非吾土，問何
○韻　　●○●○○●叶○○●●句○○○●句●○
日、是歸年。
●讀●○○韻

　　此詞後段結句六字，王詞別首"道別後意如何"，正與此
同，皆襯字也。若《太平樂府》無名氏詞，後段第二三四句"問
誰家有酒，見青帘高掛，高掛在楊柳杏花村"，襯字太多，則曲

而非詞矣,故不採入。

歸國遙三體

唐教坊曲名。元顔奎詞名《歸平遥》。

歸國遥

温庭筠

雙調四十二字,前後段各四句四仄韻。

雙臉。小鳳戰篦金颭艷。舞衣無力風軟。藕絲秋色染。
○●韻 ●●○○●●韻 ●●○○●韻 ○○●●韻
錦帳繡幃斜掩。露珠清曉簟。粉心黄蕊花靨。黛眉
●●●○○●韻 ●○○●●韻 ●○●○●韻 ●○
山兩點。
○●●韻

此調以温、韋二詞爲正體,若顔詞之攤破句法乃變體也。按温詞二首起句皆二字,韋詞起句增出一字,即是此體,故此詞平仄悉參韋詞。又韋別首前段第二句"爲我南飛傳我意","南"字平聲,譜內據之。

又一體

韋莊

雙調四十三字,前後段各四句四仄韻。

春欲暮。滿地落花紅帶雨。惆悵玉籠鸚鵡。單棲無伴
●●●韻●●○○●●韻○●●●●●韻○○●
侶。　南望去程何許。問花花不語。早晚得同歸去。
●韻　○●●○●韻●○○●韻●●●○○●韻
恨無雙翠羽。
●○○●●韻

　　　此與溫詞同,惟前段起句多一字異。韋詞三首皆然。

又一體

顏　奎

　　　雙調四十二字,前後段各四句四仄韻。
春風拂拂。簷花雙燕入。少年湖上風日。問天何處覓。
○○●●韻○○●●韻○○○●韻●○○●●韻
　　湖山畫屏晴碧。夢華知夙昔。東風忘了前跡。上青
　　○○●○○●韻●○○●韻○○●○●韻●○
蕪半壁。
○●●韻

　　　前段起句四字,第二句五字,與溫、韋詞異。

戀情深二體

　　　唐教坊曲名。

179

戀情深

毛文錫

雙調四十二字，前段四句兩仄韻兩平韻，後段四句三平韻。

滴滴銅壺寒漏咽。　醉紅樓月。宴餘香殿會鴛衾。　蕩
●●○○○●●仄韻　●○○●韻　●○○●●○○平韻　●
春心。　真珠簾下曉光侵。鶯語隔瓊林。寶帳欲開慵
○○韻　　○○○●●○○韻　●●●○○韻　●●●○○
起，戀情深。
●句●○○韻

毛詞二首俱以"戀情深"三字結，如《訴衷情》例。其前後第二句"醉紅樓月"、"簇神仙伴"俱作上一下一、中二字相連句法，填此調者宜從之。此詞可平可仄，系下"玉殿春濃"詞。

又一體

毛文錫

雙調四十二字，前段四句兩仄韻兩平韻，後段四句三平韻。

玉殿春濃花爛漫。　簇神仙伴。羅裙窣地縷黃金。　奏
●●○○○●●仄韻　●○○●韻　○○●●●○○平韻　●
清音。　酒闌歌罷兩沈沈。一笑動君心。永願作、鴛
○○韻　　●○○●●○○韻　●●●○○韻　●●●讀○
鴦伴，戀情深。
○●句●○○韻

後段第三句六字折腰句法,與前詞微異。

贊浦子一體

唐教坊曲名。一名《贊普子》。

贊浦子

毛文錫

雙調四十二字,前後段各四句兩平韻。
錦帳添香睡, 金鑪換夕熏。懶結芙蓉帶, 慵拖翡翠裙。
●●○○●句 ○○●●○韻 ●●○○●句 ○○●●○韻
　　正是桃夭柳媚, 那堪暮雨朝雲。宋玉高唐意, 裁瓊
　　●●○○●●句 ●○●●○○韻 ●●○○●句 ○○
欲贈君。
●●○韻

詞見《花間集》,無別首可校,平仄當依之。

浣溪沙五體

唐教坊曲名。張泌詞有"露濃香泛小庭花"句,名《小庭花》。賀鑄名《減字浣溪沙》。韓淲詞有"芍藥酴醾滿院春"句,名《滿院春》;有"東風拂檻露猶寒"句,名《東風寒》;有"一曲西風醉木犀"句,名《醉木犀》;有"霜後黃花菊自開"句,名《霜菊黃》;有"廣寒曾折最高枝"句,名《廣寒枝》;有

"春風初試薄羅衫"句,名《試香羅》;有"清和風裏緑陰初"句,名《清和風》;有"一番春事怨啼鵑"句,名《怨啼鵑》。

浣溪沙

韓　偓

雙調四十二字,前段三句三平韻,後段三句兩平韻。

宿醉離愁慢髻鬟。六銖衣薄惹輕寒。慵紅悶翠掩青鸞。
◐●◐○●●○韻◐○◐●●○○韻◐○◐●●○○韻

羅襪況兼金菡萏,雪肌仍是玉琅玕。骨香腰細更沈檀。
◐●◐○○●●句◐○◐●●○○韻◐○◐●●○○韻

此調以此詞爲正體,若薛詞之少押一韻,孫詞、顧詞之攤破句法,李詞之換仄韻,皆變體也。

前段第二句,韋莊詞"孤鐙照壁背窗紗","孤"字平聲,"照"字仄聲。後段第二句,歐陽炯詞"園中緩步折花枝","緩"字仄聲。第三句,李煜詞"登臨不惜更沾衣","登"字平聲,"不"字仄聲。譜内可平可仄據此,其餘悉糸後詞。至《花草粹編》所載李氏一詞,前段第三句"流水飄香乳燕啼",歷查唐宋元諸家平韻詞,此句從無第二第六字用仄、第四字用平者,李詞誤填,不可從。

又一體

薛昭蘊

雙調四十二字,前後段各三句兩平韻。

紅蓼渡頭秋正雨，印沙鷗跡自成行。整鬟飄袖野風香。
○●●○○●●句●○○●●●○○韻●○○●●○○韻
　　不語含顰深浦裏，幾回愁煞棹船郎。燕歸帆盡水
●●○○○●●句●○○●●●○○韻●○○●●
茫茫。
○○韻

　　　此詞首句不起韻，薛詞別首"越女淘金春水上，步搖雲鬟佩鳴璫"，正與此同。

又一體

孫光憲

　　　雙調四十四字，前段三句三平韻，後段五句兩平韻。
風撼芳菲滿院香。四簾慵卷日初長。鬢雲垂枕響微鍠。
○●○○●●○韻●○○●●●○○韻●○○●●○○韻
　　春夢未成愁寂寂，佳期難會信茫茫。萬般心，千點
　○●●○○●●句●○○●●●○○韻●○○句○●
淚，泣蘭堂。
●句●○○韻

　　　此詞後結作三字三句，唐宋元詞僅見此作。

又一體

顧　夐

　　　雙調四十六字，前段五句三平韻，後段五句兩平韻。
紅藕香寒翠渚平。月籠虛閣夜蛩清。天際鴻，枕上夢，
○●○○●●○韻●○○●●●○○韻○●○句●●●句

兩牽情。　　寶帳玉鑪殘麝冷，羅衣金縷暗塵生。小窗
●○○韻　　●●●○○●●句○○●●○○韻●○
涼，孤燭背，淚縱橫。
○句○●●句●○○韻

　　此詞前後結，皆三字三句。按《花間集》本，前後兩結仍作七字一句，今從《花草粹編》，以備一體。

又一體

（南唐）李　煜

　　雙調四十二字,前後段各三句三仄韻。
紅日已高三丈透。金鑪次第添香獸。紅錦地衣隨步皺。
○●●○○●●韻○○●●○○●韻○●●○●●韻
　　佳人舞點金釵溜。酒惡時拈花蕊嗅。別殿遙聞簫
　　○○●●○○●韻●●○○○●●韻●●○○○
鼓奏。
●●韻

　　此調全押仄韻者,止此一詞,無別首可校。

醉垂鞭一體

　　詞見張先集。

醉垂鞭

張　先

雙調四十二字,前後段各五句三平韻兩仄韻。

醉面灧金魚。　吳娃唱。　吳潮上。玉殿白麻書。　待
●●●○○平韻○○●仄韻○○●韻●●●○○平韻●
君歸後除　。　勾留風月好。　平湖曉。翠峰孤。
○●●○韻　●○○●●換仄韻○○●韻●○○平韻
此景出關無　。西州空畫圖。
●●●○○韻○○○●○韻

　　此詞凡三用韻,兩仄韻即間押於平韻之內,以平韻爲主,亦《花間》體也。張詞三首並同。

　　按張詞別首,前段第一句"雙蝶繡羅裙","雙"字平聲;第四句"朱粉不深勻","朱"字平聲;第五句"閒花淡淡春","閒"字平聲,"淡"字仄聲。後段第一句"細看諸處好","細"字仄聲。譜內可平可仄據此。

雪花飛一體

《宋史·樂志》"高角調"。按高角乃大吕之角聲也。

雪花飛

黃庭堅

雙調四十二字,前後段各四句兩平韻。

携手青雲路穩，天聲迤邐傳呼。袍笏恩章乍賜，春滿皇
○●○○●●句○○●●○○韻○●○○●●句○●○
都。　　何處難忘酒，瓊花照玉壺。歸嫋絲鞘競醉，雪
○韻　　○●○●句○○●●○韻○●○○●●句●
舞街衢。
●○○韻

　　此詞僅見山谷一詞，無別首可校。

沙塞子四體

　　唐教坊曲名。一名《沙磧子》。

沙塞子

朱敦儒

　　雙調四十三字，前後段各五句兩平韻。
萬里飄零南越，山引淚，酒催愁。不見鳳樓龍闕，又經
●●○○●句○●●句●○○韻●●○○●句●○
秋。　　九口江亭閒望，蠻樹遠，瘴烟浮。腸斷紅蕉花
○韻　　●●○○●句○●⊙句●○○韻○●○○○
晚，水西流。
●句●○○韻

　　此詞前後段字句相同，朱詞二首皆然。《花草粹編》刻此
詞，後段第二句落一"遠"字，今從《詞緯》增定。
　　朱詞別首後段第一句"莫作楚囚相泣"，"楚"字仄聲；第
二句"傾銀漢"，"銀"字平聲。

又一體

葛立方

雙調四十九字,前後段各四句三平韻。

天生玉骨冰肌。 瘦損也、知他爲誰。 寒澗底、傲霜凌
○○●●○○韻 ●●● 讀 ○○○韻 ○●● 讀●○○
雪,不敎春知。　　高樓橫笛試輕吹。要一片、花飛酒
●句●●○○韻　　○○○●●○○韻●●● 讀○○●
巵。伴沈醉、帽簪斜插,折取南枝。
○韻○○● 讀●○○●句●●○○韻

《詞律》於前段第三句脫去"澗"字,今從《詞緯》增定。
按此詞兩起句用韻,第二句以下較朱詞各添一字。

又一體

周紫芝

雙調五十字,前後段各四句三平韻。

玉溪秋月浸寒波。忍持酒、重聽驪歌。不堪對、綠陰飛
◐○○●●○○韻◐●● 讀◐●○○韻●○● 讀◐○○
閣,月下羞蛾。　　夜深驚鵲轉南柯。慘別意、無奈愁
●句●●○○韻　　●○○●●○○韻●●● 讀○●○
何。他年事、不須重問,轉更愁多。
○韻◐○● 讀●○○●句●●○○韻

此詞前起作七字句,比葛詞多一字,周紫芝二首皆然。
周詞別首前段第一句"秋雲微淡月微羞","秋"字平聲;
第二句"雲黯黯月彩難留","雲"字平聲,"黯"字"月"字俱仄

聲;第三句"只應是嫦娥心裏","嫦"字平聲。後段第二句"人共月同上南樓","人"字平聲;第三句"却重聽畫闌西角","却"字仄聲。譜内可平可仄據此。

又一體

趙彥端

雙調四十九字,前後段各四句三仄韻。

春水綠波南浦。 漸理棹、行人欲去。 黯消魂、柳際輕
○●●○○●韻●●讀○○●●韻●○○讀●●○
煙,花梢微雨。　　長亭放餞無計住。但芳草、迷人去
○句○○●韻　　○○●●○●●韻●○●讀●○●
路。忍回頭、斷雲殘日,長安何處。
●韻●○○讀●○○●句○○○●韻

此詞用仄韻,其字句與葛立方平韻詞同。

殿前歡二體

《太平樂府》注"雙調"。一名《鳳將雛》。

殿前歡

張可久

雙調四十二字,前段四句三平韻一叶韻,後段五句兩平韻兩叶韻。

水晶宮。四圍添上玉屏風。姮娥碎翦銀河凍。攪盡春
●○○韻○○●●○○韻○●○○○●叶●○
紅。　梅花紙帳中。香浮動。一片梨雲夢。曉來詩
○韻　　○○●●○韻○○●叶●●○○叶○○
句，畫出漁翁。
●句●●○○韻

　　朱子有云："古樂府只是詩中間添却許多泛聲，後人怕失
了那泛聲，逐一聲添箇實字，遂成長短句，今曲子便是。"按朱
子所云，爲詩之變而爲詞也。若詞變而爲曲，則又就長短句之
泛聲，添上實字，如元人之過曲。有與詞同一調名而字句不同
者，蓋以虛聲多而音節異也。其流爲襯字之雜，即一調中亦多
寡不一，如《殿前歡》、《水仙子》，襯字不拘，知音者可以類推。
　　張詞別首前段第二句"蓮花白酒綠荷杯"，"蓮"字平聲，
"白"字仄聲；第三句"起來搔首人獨自"，"起"字"獨"字俱仄
聲，"搔"字平聲。後段第三句"花底佳人醉"，"花"字平聲；
第五句"涼月纖纖"，"涼"字平聲。譜內可平可仄據此，其餘
參校下詞。

又一體

張可久

　　雙調四十四字，前段四句三平韻一叶韻，後段五句兩平韻
兩叶韻。
欺詩癯。十年香夢老江湖。笙歌又是錢塘路。往事如
●○○韻●○○●●○○韻○○●●○○●叶●●○
何。　青鸞寫恨書。紅錦題情疏。翠館酬春句，桃花
○韻　　○○●●○韻●○○●叶●●○○●叶○○

結子，乳燕將雛。
●●句●●○○韻

此與前詞同，惟後段第二句多二字作五字句異。《小山樂府》中，此調甚多，襯字各異，錄一二體可概其餘。

水仙子二體

唐教坊曲名。《太平樂府》注"雙調"。

水仙子

張可久

雙調四十二字，前後段各四句三平韻一叶韻。

天邊白雁寫寒雲。鏡裏青鸞瘦玉人。秋風昨夜愁成陣。
○○●●○○韻●●○○●○韻○○●●○○●叶
思君不見君。　緩歌獨自開尊。鐙挑盡。酒半釂。如
○○●●○韻　●○●●○○韻○○●叶●●●韻○
此黃昏。
●○○韻

張可久《小山樂府》中，此調凡十餘首，自四十二字起，至五十一字，襯字遞增，長短不一，蓋元人小令之漸流於曲者，故不多錄。

張詞別首前段第一句"席間談笑欠嘉賓"，"席"字仄聲；第三句"玉波流煖迎蘭棹"，"玉"字仄聲，"流"字平聲；第四句"可憐辜負春"，"可"字仄聲，"辜"字平聲，或作"香塵隨去馬"，換叶仄韻。後段第一句"孤山誰弔逋魂"，"誰"字平聲。

譜內可平可仄據此，餘參下詞。

又一體

倪瓚

雙調四十四字，前段四句三平韻一叶韻，後段四句三平韻。

東風花外小紅樓。南浦山橫翠黛愁。春寒不管花枝瘦。
○○○●●○○韻○●○○●●○韻○○●●○○●叶
無情水自流。　　簷前燕語嬌柔。驚回幽夢，難尋舊
○○●●韻　　○○●●○○韻○○○●句○○●
遊。落日簾鈎。
韻●●○○韻

前段與張詞同，後段第二三句俱四字，與張詞異。

霜天曉角九體

元高拭詞注"越調"。張輯詞有"一片月當窗白"句，名《月當窗》。程垓詞有"須共踏夜深月"句，名《踏月》。吳禮之詞有"長橋月"句，名《長橋月》。

霜天曉角

林逋

雙調四十三字，前段四句三仄韻，後段五句四仄韻。

水清霜潔。昨夜梅花發。甚處玉龍三弄，聲搖動、枝頭
◐○●韻◐●○○●韻●●●○○●句●◐●讀○○
月。　　夢絕。金獸熱。曉寒蘭爐滅。更卷珠簾清賞，
●韻　　◐●韻◐●○○●韻◐●○○○●句
且莫掃、階前雪。
◐●●讀○○●韻

　　此調押仄韻者，以林詞、辛詞爲正體。若趙詞、葛詞之多
押兩韻，程詞、吳詞之添字，皆變格也。
　　前段第三句，蕭泰來詞"賴是生來瘦硬"，"瘦"字仄聲；第
四句，張輯詞"又爭似不相識"，"又"字仄聲。後段第一二句，
蕭詞"清絕。影也別"，"清"字平聲，"影"字仄聲；第三句，韓
玉詞"翠袖倚修竹"，"倚"字仄聲；第五句，甄龍友詞"前赤壁
後赤壁"，下"赤"字仄聲。譜內可平可仄據此，其餘悉參所列
仄韻諸詞。

又一體

辛棄疾

　　雙調四十三字，前後段各四句三仄韻。
吳頭楚尾。一棹人千里。休說舊愁新恨，長亭樹、今如
○○●韻●●○○●韻◐●●○○●句○○●讀○○
此。　　宦途吾倦矣。玉人留我醉。明日落花寒食，得
●韻　　◐○○●韻◐○○●韻◐●●○○●句●
且住、爲佳耳。
●●讀○○●韻

　　此詞換頭五字句，不押短韻異。《嘯餘譜》刻此詞，於
"亭"字下落一"樹"字，《圖譜》因之，遂誤作五字，不可從。

按呂勝己詞換頭句"村酒頻斟酌"，正與此同。但"村"字"斟"字俱平聲，"酒"字仄聲。

又一體

趙師俠

雙調四十三字，前後段各四句四仄韻。

雨餘風勁。霧重千山暝。茅屋寒林相映。分明是、畫圖
●○○●韻●●○○●韻○●○○○●韻○○●讀●○
景。　　去程何日定。天遠長安近。喚起新愁無盡。全
●韻　　●○○●●韻○●○○●韻●●○○○●韻○
沒箇、故園信。
●●讀●○●韻

此詞前後段第三句俱用韻，與各家不同。

又一體

葛長庚

雙調四十三字，前段五句五仄韻，後段六句五仄韻。

五羊安在。城市何曾改。十萬人家闤闠。東亦海。西亦
●○○●韻○●○○●韻●●○○○●韻○●●韻○●
海。　　歲歲。蒲澗會。地接蓬萊界。老樹知他一劫，
●韻　　●●韻○●●韻●●○○●韻●●○○●●句
千山外。萬山外。
○○●韻●○●韻

此詞前後結並作三字兩句，且於上三字句亦用韻，與各家作六字折腰句法者不同。

193

又一體

程垓

雙調四十四字，前後段各四句三仄韻。

幾夜瑣窗揭。素蟾光似雪。恰恨照人欹枕，紗幮爽、簟
○●●○●韻●○○●●韻●●●○○●句○○●讀●
紋滑。　迤邐篆香裊。好懷誰共說。若是知人風味，
○●韻　○●●○●韻●○○●●韻●●●○○●句
來分付、半床月。
○○●讀●○●韻

此詞前段起句五字，與趙長卿"玉清冰樣"詞同，但平仄互異。趙詞前段第一二句"玉清冰樣潔。幾夜相思切"，後段第一二句"匆匆休惜別。還有來時節"，譜內可平可仄汆之。

又一體

吳文英

雙調四十四字，前段四句三仄韻，後段五句四仄韻。

香莓幽逕滑。縈繞秋曲折。簾額紅搖波影，魚驚墜，暗
○○○●●韻●●●○●韻●●○○○●句○○●句●
吹沫。　浪闊。輕棹撥。武陵曾話別。一點烟紅春
○●韻　●●韻○●●韻●○○●●韻●●○○○
小，桃花夢，半林月。
●句○○●句●○●韻

此詞前段起句五字，與程詞同，但換頭仍用短頭。按吳詞別首前段第一二句"烟林退葉紅，偶藉遊人屧"，若一句四字、

一句六字,則無此體。若改五字兩句,則無別本可校,應有衍字,故不類列。

又一體

黃　機

雙調四十三字,前後段各四句三平韻。

玉粲冰寒。月痕侵畫闌。客裏安愁無地,爲徙倚、到更
⊖●○○韻⊖○●●○韻⊖●○○●●句⊖●●讀●○
殘。　問花花不言。嗅香香欲闌。消得箇溫存處,三
○韻　　●⊖○⊖●韻⊖○○●○韻⊖●●○○●句⊖
六曲、翠屏間。
●●讀●○○韻

此調押平韻者,以黃詞、蔣詞爲正體,若趙詞之添字,乃變體也。

按樓槃詞前段第三句"吟到十分清處","吟"字平聲;第四句"都不是我知音","都"字平聲。後段第一句"誰是我知音","誰"字"知"字俱平聲,"是"字"我"字俱仄聲;第二句"孤山人姓林","孤"字平聲;第三句"一自西湖別後","西"字平聲;第四句"説得盡我平生","説"字仄聲。譜内可平可仄據此,其餘參下二詞。

又一體

蔣　捷

雙調四十三字,前段四句三平韻,後段五句四平韻。

人影窗紗。是誰來折花。折則從他折去，知折去、向誰
○●○○韻●○○●韻●●○句●●●句○●●讀●○
家。　　簪牙。枝最佳。折時高折些。說與折花人道，
○韻　　○○韻○●○韻●○○●韻●●○○●○句
須插向、鬢邊斜。
○●●讀●○○韻

此詞用平韻，與黃詞同，但換頭句押短韻。

又一體

趙長卿

雙調四十四字，前後段各四句兩平韻。

閣兒幽靜處，圍鑪面小窗。好似關頭兒坐，梅烟炷、返
●○○●●句○○●●○韻●●○○●句○○●讀●
魂香。　　對火怯夜冷，猛飲消漏長。飲罷且收拾睡，
○○韻　　●●●●●句●●○●○韻●●●○●●句
斜月照、滿林霜。
○●●讀●○○韻

此詞亦押平韻者，但前後段起句皆五字，又各不用韻。

清商怨三體

古樂府有清商曲辭，其音多哀怨，故取以爲名。周邦彥以
晏詞有"關河愁思"句，更名《關河令》，又名《傷情怨》。

清商怨

晏　殊

雙調四十三字，前後段各四句三仄韻。

關河愁思望處滿。　漸素秋向晚。　雁過南雲，行人回淚
○○○●●●●韻●●○●●韻●●○○句○○●
眼。　雙鴛衾裯悔展。　夜又永、枕孤人遠。　夢未成
●韻　　○○○●●韻●●讀●○○●韻●●○
歸，梅花聞塞管。
○句○○○●●韻

此詞前段起句七字，趙師俠詞二首、周邦彥詞一首皆同。按趙詞前段起句"亭皋霜重飛葉滿"，"飛"字平聲，又"江頭伊軋動柔櫓"，"柔"字平聲；第二句"聽西風斷雁"，"西"字平聲；第三句"閒憑危闌"，"閒"字平聲；第四句"波間自容與"，"自"字仄聲，"容"字平聲。後段第一句"岸蓼汀蘋無緒"，"岸"字"蓼"字俱仄聲，"無"字平聲；第二句"誤仿佛征帆幾點"，"幾"字仄聲。晏幾道詞後段起句"廻文錦字暗翦"，"錦"字仄聲。方千里詞第二句"度寒食禁烟須到"，"寒"字平聲。譜內可平可仄據此，餘參周、沈二詞。

又一體

周邦彥

雙調四十二字，前後段各四句三仄韻。

枝頭風信漸小。看暮鴉飛了。又是黃昏，閉門收晚照。
○○○●●●韻●●○○●韻●●○○句●○○●●韻

江南人去路杳。信未通、愁已先到。怕見孤燈，霜
〇〇〇●●韻●●〇讀〇●〇●韻●●〇〇句〇
寒催睡早。
〇〇●●韻

　　此詞起作六字句，晏幾道、方千里、楊澤民、陳允平詞皆與
　　此同。但此調前段第二句五字，例須上一下四句法，晏、趙、
　　方、楊莫不皆然，惟陳允平詞"籬菊都荒了"小異，不可從。

又一體

沈會宗

　　雙調四十三字，前後段各四句三仄韻。
城上鴉啼斗轉。漸玉壺水滿。月淡寒梅，清香來小院。
〇●〇〇●●韻●●〇〇●韻●●〇〇句〇〇〇●●韻
　　誰遣鶯箋寫怨。翻錦字、叠叠和愁卷。夢破秋筇，
　　〇●〇〇●●韻〇●●讀●●〇〇●韻●●〇〇句
江南烟樹遠。
〇〇〇●●韻

　　此與周詞同，惟後段第二句八字異。誰遣，坊本作"誰
　　遺"，今照《天機餘錦》改正。或云"遣"字亦短韻。

傷春怨一體

見《能改齋漫錄》，王安石夢中作。

傷春怨

王安石

雙調四十三字，前後段各四句三仄韻。

雨打江南樹。一夜花開無數。綠葉漸成陰，下有遊人
●●○○●韻 ●●○○○●韻 ●●●○○句 ●●○○
歸路 。　　與君相逢處。不道春將暮。把酒祝東風，
○●韻　　●○○○●韻 ●●○○●韻 ●●●○○句
且莫恁、匆匆去 。
●●●讀○○●韻

此調惟此一詞，無他首可校。

詞譜卷五

菩薩蠻三體

　　唐教坊曲名。《宋史·樂志》：女弟子舞隊名。《尊前集》注"中呂宮"，《宋史·樂志》亦"中呂宮"，《正音譜》注"正宮"。唐蘇鶚《杜陽雜編》云："大中初，女蠻國入貢，危髻金冠，纓絡被體，號菩薩蠻隊。當時倡優遂製《菩薩蠻》曲，文士亦往往聲其詞。"孫光憲《北夢瑣言》云："唐宣宗愛唱《菩薩蠻》詞，令狐綯命溫庭筠新撰進之。"《碧雞漫志》云："今《花間集》溫詞十四首是也。"按溫詞有"小山重叠金明滅"句，名《重叠金》。南唐李煜詞名《子夜歌》，一名《菩薩鬟》。韓淲詞有"新聲休寫花間意"句，名《花間意》，又有"風前覓得梅花"句，名《梅花句》，有"山城望斷花溪碧"句，名《花溪碧》，有"晚雲烘日南枝北"句，名《晚雲烘日》。

菩薩蠻

李　白

雙調四十四字，前後段各四句兩仄韻兩平韻。

平林漠漠煙如織。　寒山一帶傷心碧。　暝色入高樓。
⊖○●●○○●仄韻　⊖○⊖●○○●韻　⊖●●○○平韻

有人樓上愁。　玉階空佇立。　宿鳥歸飛急。　何處
⊖○⊖●○韻　⊖○○●●換仄韻　⊖●○○●韻　⊖●

是歸程。　　長亭連短亭。
●○　○換平韻 ⊖○⊖●○韻

　　此調以此詞爲正體，若朱詞之不換韻，樓詞之三聲叶韻，皆變格也。

　　按元好問《中州集樂府》王庭筠詞"斷腸人恨餘香換。塵暗瑣窗春。小花簷月曉。屏掩半山青"，李晏、孟宗獻俱有之，蓋廻文體也。每句一廻，即同李白詞體，或以單調另分一體者誤。

　　溫庭筠詞前段起句"牡丹花謝鶯聲歇"，"牡"字仄聲。後段起句"無言勻睡臉"，"無"字平聲；第二句"釵上蝶雙舞"，"蝶"字仄聲；結句"無憀獨倚門"，"獨"字仄聲。譜内可平可仄據此，餘參下詞。

又一體

朱敦儒

　　雙調四十四字，前後段各四句兩仄韻兩平韻。
秋風乍起梧桐落。　　蠻吟唧唧添蕭索。　　蒔枕背鐙眠。
○○●●○○●仄韻 ○○●●○○●韻 ○●●○○平韻
月和殘夢圓。　　起來鉤翠箔。　　何處寒砧作。獨倚小
●○○●○韻　　●○○●●仄韻 ○●○●韻 ●●●
闌干。　　逼人風露寒。
○○平韻 ●○○●○韻

　　此即李詞體，但後段仄韻平韻即押前段原韻。

又一體

扶樓

雙調四十四字,前後段各四句兩叶韻兩平韻。

絲絲楊柳鶯聲近。晚風吹過秋千影。寒色一簾輕。鐙殘
○○●●○○●叶●○○●○○●叶○●●○○韻○○
夢不成。　耳邊消息在。　笑指花梢待。又是不歸
●●○韻　●○○●●換叶●●○○叶●●●○
來。　滿庭花自開。
○換韻●○○●○韻

按《太平樂府》無名氏詞"鏡中兩鬢皤然矣。心頭一點愁而已。清瘦仗誰醫。羈情只自知",仄韻即叶平韻,名"三聲叶",元人多宗之。此詞即其體也。

采桑子三體

唐教坊曲有《楊下採桑》,調名本此。《尊前集》注"羽調",《樂府雅詞》注"中呂宮"。南唐李煜詞名《醜奴兒令》,馮延巳詞名《羅敷媚歌》,賀鑄詞名《醜奴兒》,陳師道詞名《羅敷媚》。

采桑子

和凝

雙調四十四字,前後段各四句三平韻。

蜻蟧領上詞梨子，繡帶雙垂。椒戶閒時。競學挦蒲賭
○○●●○○句●●○○韻●○○●韻●●○○●
荔枝。　叢頭鞋子紅編細，裙窣金絲。無事顰眉。春
●○韻　　○○●●○○●句●○○韻●●○○韻●
思翻教阿母疑。
●○○●●○韻

　　此調以此詞爲正體，若李詞、朱詞之添字皆變體也。按馮延巳詞前段第一句"馬嘶人語春風岸"，"馬"字仄聲，"人"字平聲；第二句"芳草綿綿"，"芳"字平聲；第三句"夢過金扉"，"夢"字仄聲；結句"花謝窗前夜合枝"，"花"字平聲；又"落盡鐙花鷄未啼"，"鷄"字平聲。後段第一句"起來撿點經遊地"，"起"字"檢"字俱仄聲；第二句"處處新愁"，上"處"字仄聲；第三句"不語含情"，"不"字仄聲；結句"水調何人吹笛聲"，"水"字仄聲，"吹"字平聲。譜內可平可仄據此。若兩結句第三四字例用平平，則不可移易也。

又一體

李清照

雙調四十八字，前後段各四句兩平韻一叠韻。
窗前誰種芭蕉樹，陰滿中庭。陰滿中庭。葉葉心心、舒
○○○●●○○句○●●○○韻○●●○○叠●●○○讀○
卷有餘情。　傷心枕上三更雨，點滴凄清。點滴凄
●●○韻　　○○●●○○●句●●○○韻●●○
清。愁損離人、不慣起來聽。
○叠○●○○讀●●●○○韻

　　此詞前後段第三句即叠上句,兩結句較和凝詞各添二字,

203

或名《添字采桑子》。

又一體

朱淑真

雙調五十四字，前段五句四平韻，後段五句三平韻。
王孫去後無芳草，綠遍香階。塵滿妝臺。粉面羞搽淚
○○●●○○●句●●○○韻○●○○韻●●○○●
滿腮。教我甚情懷。　去時梅蕊全然少，等到花開。
●○韻○●●○○韻　●○○●●○句●●○○韻
花已成梅。梅子青青又帶黃，兀自未歸來。
○●○○韻○●○○●●○句●●●○○韻

此詞見《花草粹編》選本，皆集唐宋女郎詩句也。較和凝詞，前後段各添五字一結句，採入以備一體。

後庭花四體

唐教坊曲名。張先詞名《玉樹後庭花》。《碧雞漫志》云："《玉樹後庭花》，陳後主造。其詩皆以配聲律，遂取一句爲曲名。僞蜀時，孫光憲、毛熙震、李珣有《後庭花曲》，皆賦後主故事，不著宮調，兩段各四句，似令也。"

後庭花

毛熙震

雙調四十四字，前後段各四句四仄韻。

輕盈舞妓含芳艷。競妝新臉。步搖珠翠修蛾斂。膩鬟雲
◐○●◐○○●韻◐○◐●韻◐○◐●◐○●韻●◐○
染。　　歌聲慢發開檀點。繡衫斜掩。時將纖手勻紅
●韻　　◐○◐●◐○●韻●○◐●韻◐◐◐●◐○
臉。笑拈金靨。
●韻●◐○●韻

　　此調以此詞爲正體,若孫詞之添字,張詞之少押一韻,攤
破句法,皆變體也。
　　按毛詞別首後段第三句"爭不教人長相見",或作拗句,
間一爲之,不必從。譜內可平可仄,詳見下詞,故不復注。

又一體

孫光憲

　　雙調四十六字,前後段各四句四仄韻。
景陽鐘動宮鶯囀。露涼金殿。輕飈吹起瓊花旋。玉葉如
●○○●○○●韻●○○●韻○○○●○○●韻●●○
剪。　　晚來高閣上、珠簾卷。見墜香千片。修蛾曼臉
●韻　　●○○●●讀○○●韻●●○○●韻○○●●
陪雕輦。後庭新宴。
○○●韻●○○●韻

　　此與毛詞同,惟後段起句添一字作八字句,第二句添一字
作五字句異。

又一體

孫光憲

雙調四十六字,前後段各四句四仄韻。

石城依舊空江國。故宮春色。七尺青絲芳草碧。絕世難
●○○●○●韻,●○○●韻,●●○○○●●韻,●●○
得。　玉英凋落盡、更何人識。野棠如織。只是教人
●韻　　●○○●●讀○○●韻,●○○●韻,●●○○
添怨憶。悵望無極。
○●●韻,●●○●韻。

此亦與毛詞同,惟後段起句添二字作九字句異。

又一體

張　先

雙調四十四字,前後段各四句三仄韻。

華燈火樹紅相鬭。往來如畫。橋河水白天清,訝別生星
○○●●○○●韻,●○○●韻,○○●○○○句,●●○○
斗。　落梅穠李還依舊。寶釵沽酒。曉蟾殘漏心情,
●韻　　●○○●○○●韻,●○○●韻,●○○●○○句,
恨雕鞍歸後。
●○○○●韻。

此亦毛詞體,惟前後段第三句減一字,作六字句,不押韻;
第四句添一字,作上一下四句法。張集三首,平仄如一。

訴衷情令三體

《樂章集》注"林鍾商"。張元幹以黃庭堅詞曾咏"漁父家風",改名《漁父家風》。張輯詞有"一釣絲風"句,名《一絲風》。

訴衷情令

晏　殊

雙調四十四字,前段四句三平韻,後段六句三平韻。

青梅煮酒鬭時新。天氣欲殘春。東城南陌花下,逢著意
⊖○●●●○○韻⊖●⊖●○韻⊖○⊖●●○句●●
中人。　　回繡袂,展香茵。叙情親。此時拚作,千尺
○○韻　　⊖●●句●○○韻●○○韻⊖○⊖●句⊖●
遊絲,惹住朝雲。
⊖○句⊖●○○韻

此調以此詞爲正體,若歐、張詞之添字,皆變體也。前段第二句,晏幾道詞"綠腰沉水熏","綠"字"水"字俱仄聲,"腰"字"沉"字俱平聲;第三句,柳永詞"不堪更倚危闌","不"字仄聲,"闌"字平聲;毛滂詞"行雲自隨語燕","隨"字平聲,"語"字仄聲。後段第四句,僧揮詞"三千粉黛","粉"字仄聲;第五句,僧揮詞"水風長在","風"字平聲,"在"字仄聲;沈會宗詞"睡起雲時","雲"字仄聲;結句,黃庭堅詞"權典青山","權"字平聲。譜內可平可仄據此,餘参下詞。

又一體

歐陽修

雙調四十五字,前段四句三平韻,後段六句三平韻。

清晨簾幕卷輕霜。 呵手試梅妝。 都緣自有離恨, 故 畫
○○●●●○○韻 ○●●○○韻 ○○●●○●句 ● ●
作、遠山長。　　思往事, 惜流光。 易成傷。 擬歌先
● 讀●○○韻　　○●●句 ●○○韻 ●○○韻 ● ○○
斂, 欲笑還顰, 最斷人腸。
●句 ●●○○句 ●●○○韻

此詞前段結句六字,黃庭堅詞"供愁黛不須多",其體正與此同。又趙長卿詞"臂間皓齒留香",亦作六字,但句讀與此又異,因詞俚不錄。

又一體

張元幹

雙調四十五字,前段四句三平韻,後段六句三平韻。

八年不見荔枝紅。 腸斷故園東。 風枝露葉誰新採, 悵望
●○●●●○○韻 ○●●○○韻 ○○●●○○●句 ●●
冷香濃。　　冰透骨, 玉開容。 想筠籠。 今宵歸夢, 滿
●○○韻　　○●●句 ●○○韻 ●○○韻 ○○●●句 ●
頰天漿, 更御泠風。
●○○句 ●●○○韻

此詞前段第三句七字,按嚴仁詞"無情江水東流去",正與此同。

減字木蘭花一體

《樂章集》注"仙呂調"。《梅苑》李子正詞名《減蘭》,徐介軒詞名《木蘭香》,《高麗史·樂志》名《天下樂令》。

減字木蘭花

歐陽修

雙調四十四字,前後段各四句兩仄韻兩平韻。

歌檀斂袂。 繚遶雕梁塵暗起。 柔潤清圓。 百琲明珠
◐○◐●仄韻 ●●○○●●韻 ●◐○○平韻 ●●○○
一線穿。 櫻唇玉齒。 天上仙音心下事。 留住行
◐●○韻 ◐○◐●仄韻 ●●○○○●●韻 ◐●○
雲。 滿座迷魂酒半醺。
○平韻 ●●○○●●○韻

按《木蘭花令》始於韋莊,系五十五字,全用仄韻者。《花間集》魏承班有五十四字詞一體,毛熙震有五十三字詞一體,亦用仄韻,皆非減字也。自南唐馮延巳製《偷聲木蘭花》,五十字,前後起兩句仍作仄韻七言,結處乃偷平聲,作四字一句,七字一句,始有兩仄兩平四換韻體。此詞亦四換韻,蓋又就偷聲詞兩起句各減三字,自成一體也。

蘇軾詞前段起句"曉來風細","曉"字仄聲,"風"字平聲;第二句"不會鵲聲來報喜","不"字"鵲"字俱仄聲;第三句"玉座金盤","玉"字仄聲;第四句"先覺春風一夜來","先"字平聲。後段起句"不如歸去","不"字仄聲,"歸"字平

聲；第二句"總是少年行樂處"，"總"字"少"字俱仄聲；第三句"不是秋光"，"不"字仄聲；第四句"慚愧青松守歲寒"，"慚"字平聲。又宋媛蔣氏詞前後段兩結句"月照孤邨三兩家"，"回首鄉關行路難"，"三"字"行"字俱平聲。譜內可平可仄據此。

卜算子七體

元高拭詞注"仙呂調"。蘇軾詞有"缺月挂疏桐"句，名《缺月挂疏桐》。秦湛詞有"極目烟中百尺樓"句，名《百尺樓》。僧皎詞有"目斷楚天遙"句，名《楚天遙》。無名氏詞有"蹙破眉峰碧"句，名《眉峰碧》。

卜算子

蘇　軾

雙調四十四字，前後段各四句兩仄韻。

缺月挂疏桐，漏斷人初靜。時見幽人獨往來，縹緲孤鴻
⊙●●○句●●○○●韻⊙●○○⊙●●句●●○○
影。　　驚起却回頭，有恨無人省。揀盡寒枝不肯棲，
●韻　　⊙●●○○句⊙●○○●韻⊙●○○⊙●●句
寂寞沙洲冷。
●●○○●韻

此調以此詞爲正體，若石詞之多押兩韻，徐、黃、張、杜四詞之添字，皆變體也。

蘇詞別首前段第二句"長憶吳山好"，"長"字平聲，譜內

據之。其餘可平可仄悉參下詞。

又一體

石孝友

雙調四十四字，前後段各四句三仄韻。

見也如何暮。別也如何遽。別也應難見也難，後會難憑
●●○○●韻●●○○●韻●●○○●●○句●●○○
據。　　去也如何去。住也如何住。住也應難去也難，
●韻　　●●○○●韻●●○○●韻●●○○●●○句
此際難分付。
●●○○●韻

此與蘇詞同，惟前後段兩起句各用韻異。

又一體

徐俯

雙調四十五字，前段四句兩仄韻，後段四句三仄韻。

胸中千種愁，挂在斜陽樹。綠葉陰陰自得春，草滿鶯啼
○○○●○句●●○○●韻●●○○●●○句●●○○
處。　　不見凌波步。空想如簧語。門外重重叠叠山，
●韻　　●●○○●韻○●○○●韻○○○○●●○句
遮不斷、愁來路。
○●●讀○○●韻

此亦蘇詞體，惟後段起句用韻，結句添一字作折腰句法
異。《古杭雜紀》無名氏詞，前結"把定纖纖手"，後結"瞞不
得、橋頭柳"，正與此同。

又一體

黃公度

雙調四十五字,前後段各四句兩仄韻。

薄宦各東西,往事隨風雨。先是驪歌不忍聞,又何況、
●●●○○句●●○○●韻○●○○●●句●○●讀
春將暮。　　愁共落花多,人逐征鴻去。君向瀟湘我向
○○●韻　　○●●○○句○●○○●韻○●○○●
秦,後會知何處。
○句●●○○●韻

此亦蘇詞體,惟前段結句作六字折腰句法異。《古今詞話》無名氏詞,前結"終不似、伊家好",後結"滿目圍芳草",正與此同。按黃童和此詞,前段結句"奚止朝朝暮暮",句法又異。

又一體

張　先

雙調四十六字,前段四句兩仄韻,後段四句三仄韻。

夢短寒夜長,坐待清霜曉。臨鏡無人爲整妝,但自學、
●●○●長句●●○○●韻○●○○●●句●●●讀
孤鸞照。　　樓臺紅樹杪。風月依前好。江水東流郎在
○○●韻　　○○○●●韻○●○○●韻○●○○●
西,問尺素、何由到。
○句●●●讀○○●韻

此亦蘇詞體,惟前後段兩結句俱六字異。杜安世"尊前

一曲"詞,正與此同。

按黃庭堅此調詞前後段兩起句"要見不得見,要近不得近","禁止不得淚,忍管不得悶","見"字"淚"字俱仄聲,連用四"不得"字,皆以入替平之法,因謔詞不錄。

又一體

杜安世

雙調四十六字,前後段各四句三仄韻。

深院花鋪地。淡淡陰天氣。水榭風亭朱明景,又別是、
○●○○●韻●●○○●韻●●○○○○●句●●●讀
愁情味。　有情奈無計。漫惹成憔悴。欲把羅巾暗傳
○○●韻　●○●○●韻●●○○●韻●●○○●○
寄,細認取、斑點淚。
●句●●●讀○●●韻

此與張詞同,惟前後段起句俱用韻異。按《玉照新志》"蹙破眉峰"詞,正與此同。但此詞前後段第三句第七字仄聲,各家則用平聲也。

又一體

《花草粹編》無名氏

雙調四十六字,前後段各四句兩仄韻。

幽花帶露紅,濕柳拖烟翠。花柳分春各自芳,惟有人憔
○○●●○句●●○○●韻○●○○●●○句○●○○○
悴。　寄與手中書,問肯歸來未。正是東風料峭寒,
●韻　●●●○○句●●○○●韻●○○○●●○句

213

如何獨自教人睡。
○○●●○○●韻

　　此詞見《花草粹編》,本《清湖三塔記》,亦蘇詞體,惟後段結句七字,添二襯字異。

一落索八體

　　歐陽修詞名《洛陽春》,張先詞名《玉連環》,辛棄疾詞名《一絡索》。

一落索

《梅苑》無名氏

　　雙調四十四字,前後段各四句三仄韻。
臘後東風微透。越梅時候。一枝芳信到江南,來報先春
●●○○●韻●○○●韻○○●●○○句○●○○
秀。　宿醉頻拈輕嗅。堪醒殘酒。笛聲容易莫相催,
●韻　●●○○●韻○○○●韻○○●●●○○句
留待纖纖手。
○●○○●韻

　　此詞見宋黃大輿《梅苑》選本,前後段兩起句六字,第二句四字,結句五字。宋詞僅得此首,若兩結各添一字,即後毛詞體也。

又一體

呂渭老

雙調四十五字，前後段各四句三仄韻。

宮錦裁書寄遠。意長辭短。香蘭泣露雨催蓮，暑氣昏池
○●○○●●韻●○○●韻○○●●●○○句●●○○
館。　向晚小園行遍。石榴紅滿。花花葉葉盡成雙，
●韻　●●○○●韻●○○●韻○○●●●○○句
渾似我、梁間燕。
○●●讀○○●韻

此與《梅苑》無名氏詞同，惟後段結句作六字折腰句法異。

又一體

毛 滂

雙調四十六字，前後段各四句三仄韻。

月下花前風畔。此情不淺。欲留風月守花枝，却不道、
●●○○○●韻●○○●韻●○○●●○○句●●●讀
而今遠。　檻外鷺飛沙晚。烟斜雨短。青山祇管一重
○○●韻　●●●○○●韻○○●●韻○○●●●○
重，向東下、遮人眼。
○句●○●讀○○●韻

此調以毛詞及秦、歐二詞爲正體，其餘皆變格也。而毛詞此體，則宋人填者尤多。

前段起句，辛棄疾詞"羞見鑑鸞孤却"，"鑑"字仄聲；第二

句,王安中詞"霜華催鬢","霜"字平聲;結句周邦彥詞"恐花也如人瘦","花"字平聲,朱敦儒詞"容易放春歸去","容"字平聲。後段起句,方岳詞"葉下亭皐渺渺",上"渺"字仄聲。譜內可平可仄據此,餘參前後所列諸詞。

又一體

張　先

雙調四十七字,前後段各四句三仄韻。

來時露浥衣香潤。　綵縧垂鬢。　卷簾還喜月相親,　把酒
◐●●◐●韻　●○○●韻　●○○●●○○句　●●
與 、花相近。　　西去陽關休問。未歌先恨。玉峰山下
●讀○○●韻　　○●○○●韻　●○○●韻●○○●
水長流,流水盡、情無盡。
●○○句○●●讀○○●韻

此亦毛詞體,惟前段起句七字異。賀鑄、呂渭老詞正與此同,但賀詞起句"初見碧紗窗下繡",呂詞"蟬帶殘聲移別樹",平仄與此異。

又一體

秦　觀

雙調四十八字,前後段各四句三仄韻。

楊花終日飛舞。奈久長難駐。海潮雖是暫時來,　却 有
○○◐●○●韻●●○○●韻　●○○●●○○句　●●
箇 、堪憑處。　紫府碧雲爲路。好相將歸去。肯如薄
●讀○○●韻　　●●●○○●韻●○○●韻●○●

倖五更風，不解與、花爲主。
●●○○句●●讀○○●韻

　　此亦毛詞體，惟前後段第二句各添一字，作五字句異。程垓"門外烟寒"詞，辛棄疾"錦帳如雲"詞，正與此同。但程詞起句"門外烟寒楊柳"，辛詞"歸帳如雲開處"，平仄與此異。

又一體

嚴　仁

　　雙調四十八字，前後段各四句三仄韻。
清曉鶯啼紅樹。　又一雙飛去。　日高花氣撲人來，獨自
○●○●○●韻　●●●○●韻　●○○●●○句●●
箇、傷春無緒。　別後暗寬金縷。倩誰傳語。一春不
●讀○○●韻　　●●●○○●韻●○○●韻○○●
忍上高樓，爲怕見、分携處。
●●○○句●●讀○○●韻

　　此詞前段第二句五字，後段第二句四字，前結七字，後結六字，於各家中極爲參差，錄備一體。

又一體

陳鳳儀

　　雙調四十九字，前後段各四句三仄韻。
蜀江春色濃如霧。擁雙旌歸去。海棠也似別君難，一點
●○○●○●韻●○○●韻●○●●●○句●●
點、啼紅雨。　此去馬蹄何處。向沙堤新路。禁林賜
●讀○○●韻　●●●○○●韻●○○●韻●○●

宴賞花時，還憶著、西樓否。
●●〇〇句〇●●讀〇〇●韻

此與張先詞同，惟前後段第二句五字異。

又一體

歐陽修

雙調五十字，前後段各四句三仄韻。

紅紗未曉黃鸝語。蕙鑪消殘炷。錦屏羅幕護春寒，昨夜
〇〇●●〇〇●韻●〇〇●●韻●〇〇●●●〇〇句●●
裏、三更雨。　　繡簾閒倚吹輕絮。斂眉山無緒。看花
●讀〇〇●韻　　●〇〇●〇〇●韻●〇〇〇●韻〇〇
拭淚向歸鴻，問來處、逢郎否。
●●●〇〇句●〇●讀〇〇●韻

此詞前後段起句七字，第二句五字，餘與毛詞同。坊本前結作五字句，今從《高麗史・樂志》改定。黃庭堅"誰道秋來"詞，正與此同，但前段第二句"任遊人不顧"句法小異。按此詞第二句應作上一下四句法，黃詞爲正。

黃詞前段起句"誰道秋來烟景素"，"道"字"景"字俱仄聲，"秋"字"來"字俱平聲；第二句"任遊人不顧"，"不"字仄聲。後段第二句"對月亭風露"，"月"字仄聲；第四句"更作甚、悲秋賦"，"作"字仄聲。譜內可平可仄據此。

好時光一體

詞見《尊前集》，唐明皇製，取結句三字爲調名。

好時光

唐明皇

雙調四十五字,前後段各四句兩平韻。

寶髻偏宜宮樣, 蓮臉嫩、體紅香。眉黛不須張敞畫, 天
●●○○●句○●●讀●○○韻○●●○○●●句○
教入鬢長。　　莫倚傾國貌, 嫁取箇、有情郎。彼此當
教入鬢長。
○●●○韻　　●●●●●句●●●讀●○○韻●●○
年少,莫負好時光。
○●句●●●○○韻

或疑此詞非明皇筆,然《尊前集》所收,固唐詞也,編入以備一體。

謁金門四體

唐教坊曲名。元高拭詞注"商調"。宋楊湜《古今詞話》因韋莊詞起句名《空相憶》。張輯詞有"無風花自落"句,名《花自落》;又有"樓外垂楊如此碧"句,名《垂楊碧》。李清臣詞有"楊花落"句,名《楊花落》。李石名《出塞》。韓淲詞有"東風吹酒面"句,名《東風吹酒面》;又有"不怕醉。記取吟邊滋味"句,名《不怕醉》;又有"人已醉。溪北溪南春意。擊鼓吹簫花落未"句,名《醉花春》;又有"春尚早。春入湖山漸好"句,名《春早湖山》。

謁金門

韋莊

雙調四十五字,前後段各四句四仄韻。

空相憶。無計得傳消息。天上嫦娥人不識。寄書何處
○○●韻 ●●●○○●韻 ●○○○○●●韻 ●○○●
覓。　新睡覺來無力。不忍看伊書迹。滿院落花春寂
●韻　 ●●●○○●韻 ●●○○○●韻 ●●●○○
寂。斷腸芳草碧。
●韻 ●○○●●韻

　　此調以此詞爲正體,若孫詞、周詞之攤破句法,程詞之添字,皆變格也。
　　前段起句,閻選詞"美人浴","美"字仄聲;第二句,袁去華詞"開了酴醿一半","酴"字平聲,"一"字仄聲;第四句,蘇庠詞"茅屋疏疏雨","屋"字仄聲,下"疏"字平聲。換頭句,魏承班詞"雁去音徽斷絕","斷"字仄聲;第二句,吳文英詞"錦瑟華年一箭","華"字平聲,"一"字仄聲;第四句,蘇庠詞"柳浪迷烟渚","浪"字仄聲,"烟"字平聲。譜內可平可仄據此,餘參下詞。

又一體

孫光憲

雙調四十五字,前段四句四仄韻,後段五句四仄韻。

留不得。留得也應無益。白紵春衫如雪色。揚州初去
○●●韻 ○●●○○●韻 ●●○○○●●韻 ○○○●

日。　　輕別離，甘拋擲。江上滿帆風疾。却羨綵鴛三
●韻　　○●句○○●韻○●●●○○韻●●●○○
十六。孤鸞還一隻。
●●韻○○○●●韻

　　　此詞換頭作三字兩句，餘悉同韋詞。

又一體

　　　　　　　　　　　　　　　　　周必大

　　　雙調四十五字，前後段各四句四仄韻。
梅乍吐。趁宴席、香風度。人與此花俱獨步。風流天付
○●●韻●●●讀○○●韻○●●○○●●韻○○○●
與。　　好在青雲岐路。願共作、和羹侶。歸訪赤松辭
●韻　　●●○○●韻●●●讀○●韻●●●○○
萬戶。鶯花猶是主。
●●韻○○○●●韻

　　　此詞前後段第二句俱六字折腰，餘與韋詞同。

又一體

　　　　　　　　　　　　　　　　　程　過

　　　雙調四十六字，前後段各四句四仄韻。
江上路。依約數家烟樹。一枕歸心邨店暮。更亂山深
○●●韻●●●○○●韻●●○○○●●韻●●○○
處。　　夢過江南芳草渡。曉色又催人去。愁似遊絲千
●韻　　●●○○○●●韻●●●○○●韻○●○○○

221

萬縷。倩東風約住。
●●韻●○●●韻

　　此亦韋詞體，惟換頭句七字，前後兩結俱作上一下四句法異。
　　《能改齋漫録》有王安石詞，後段第一句"紅箋寄與添煩惱"，"紅"字"箋"字"煩"字俱平聲，"寄"字"與"字俱仄聲。

柳含煙一體

　　唐教坊曲名。《花間集》毛文錫詞有"河橋柳，占芳春。映水含煙拂露"句，取爲調名。

柳含煙

毛文錫

　　雙調四十五字，前段五句三平韻，後段四句兩仄韻兩平韻。
河橋柳，占芳春。　映水含烟拂露，幾回攀折贈行人。
◐○●句●○○平韻●◐○●●句◐○●●●○○韻
暗傷神。　樂府吹爲橫笛曲。　能使離腸斷續。不如
●○○韻　●●○○●●仄韻　◐●○○●韻●○
移植在金門。　近天恩。
◐●●○○平韻●○○韻

　　此調換頭二句例用仄韻，餘皆平韻，毛詞三首同。但此詞後結兩平韻，與前韻本通，按別首俱各換韻，則不必仍押前韻也。

毛詞別首,前段起句"御溝柳","御"字仄聲;第三句"低拂往來冠蓋","低"字"冠"字俱平聲,"往"字仄聲;第四句"朦朧春色滿皇州","朦"字平聲;又"有時倒影蘸輕羅","倒"字仄聲。後段起句"直與路邊江畔別","路"字仄聲;第二句"免被離人攀折","免"字仄聲,"攀"字平聲;又"風亞舞腰纖軟","舞"字仄聲;第三句"栽培得地近皇州","栽"字平聲,"得"字仄聲。譜內可平可仄據此。

杏園芳一體

調見《花間集》。

杏園芳

尹 鶚

雙調四十五字,前段四句四平韻,後段四句三平韻。
嚴妝嫩臉花明。教人見了關情。含羞舉步越羅輕。稱娉
○○●●○○韻○○●●○○韻○○●●●○○韻●○
婷。　終朝咫尺窺香閣,迢遙似隔層城。何時休遣夢
○韻　○○●●○○●句○○●●○○韻○○●●
相縈。入雲屏。
○○韻●○○韻

夢相縈,或作"夢相迎",今照《花間集》改定。無別首可校,平仄當遵之。

好事近二體

張輯詞有"誰謂百年心事,恰釣船橫笛"句,名《釣船笛》。韓淲詞有"吟到翠圓枝上"句,名《翠圓枝》。

好事近

宋　祁

雙調四十五字,前後段各四句兩仄韻。

睡起玉屏風, 吹去亂紅猶落。天氣驟生輕暖, 襯沈香帷
⊖●●○○句●●●○○●韻●●●○○●句●●○○
箔。　　珠簾約住海棠風, 愁拖兩眉角。 昨夜一庭明
●韻　　⊖○●●●○○句●●●○○●韻●●●○○
月,冷秋千紅索。
●句●⊖○○●韻

此調以此詞爲正體,若陸詞之多押兩韻,乃變格也。前段第一句,鄭獬詞"江上探春回","江"字平聲;第二句,洪适詞"底事催人行色","底"字仄聲,"催"字平聲;第三句,范成大詞"應是高唐小婦","高"字平聲,"小"字仄聲;第四句,蘇軾詞"看洞天星月","洞"字仄聲;朱子詞"變珠幢玉節","玉"字仄聲。換頭句,王益詞"不須指粉污天真","不"字仄聲;蘇軾詞"當時張范風流在","風"字平聲,"在"字仄聲;第二句,蘇詞"況一尊浮雪","況"字仄聲,"尊"字平聲;第三句,王益詞"留取黛眉淺處","淺"字仄聲;陳克詞"醉帽風鬢歸去","風"字平聲;結句,張先詞"幸雨收風息","雨"字仄聲;洪适

詞"聽歌聲不得","不"字仄聲。譜內可平可仄據此,餘參陸詞。

又一體

陸　游

雙調四十五字,前後段各四句三仄韻。

客路苦思歸,愁似繭絲千緒。夢裏鏡湖烟雨。看山無重
●●●○○句○●●○○韻●●●○○韻●○○○
數。　尊前消盡少年狂,慵著送春語。花落燕飛庭
●韻　　○○●●●○○句○●●○●韻○●●○○
戶。歎年光如許。
●韻●○○●韻

此即宋詞體,惟前後段第三句俱多押一韻。

華清引一體

詞賦華清舊事,因以名調。

華清引

蘇　軾

雙調四十五字,前後段各四句三平韻。

平時十月幸蓮湯。玉甃瓊梁。五家車馬如水,珠璣滿路
○○●●●○○韻●●○○韻●○○●●句○○●●

旁。　　翠華一去掩方床。獨留烟樹蒼蒼。至今清夜
○韻　　●○●●○○韻●○○●○○韻●○○●
月，依舊過繚墻。
句○●●○○韻

　　此調止此一詞，平仄當遵之。

天門謠一體

　　賀鑄詞有"牛渚天門險"句，因取爲調名。李之儀《姑溪詞》注：賀方回登採石蛾眉亭作也。

天門謠

賀　　鑄

雙調四十五字，前後段各四句四仄韻。
牛渚天門險。限南北、七雄豪占。清霧斂。與閒人登
○●○○韻●○⊙讀●○○韻○●●韻○○○
覽。　　待月上潮平波灔灔。塞管輕吹新阿濫。風滿
●韻　　●⊙●○○●●韻●●○○●●韻○●
檻。歷歷數、西州更點。
●韻●●讀○○⊙●韻

　　按李之儀詞前段第二句"盡遠目、與天俱占"，"遠"字仄聲。後段第一句"正風静雲閒平瀲灔"，"風"字平聲；末句"杳杳落、沙鷗數點"，"數"字仄聲。譜內可平可仄據此。

憶悶令一體

調見《小山樂府》。

憶悶令

晏幾道

雙調四十五字，前後段各四句三仄韻。

取次臨鸞勻畫淺。酒醒遲來晚。多情愛惹閒愁，長黛眉
●●○○●●韻●○○○●韻○●●●○○句○●○
低斂。　　月底相逢見。有深深良願。願期信、似月如
○●韻　　●●○○●韻●○○○●韻●○●讀●●○
花，須更教長遠。
○句○●●○○●韻

"酒醒遲來晚"，"醒"字作平聲讀，與後"有深深良願"句法同。此調止此一詞，無他作可校。

散餘霞一體

謝朓詩"餘霞散成綺"，調名本此。

散餘霞

毛滂

雙調四十五字,前後段各四句三仄韻。

墻頭花口寒猶噤。 放繡簾晝靜。 簾外時有蜂兒, 趁楊花
○○●○●●韻●●○●●韻○●●○○句●○○
不定。 闌干又還獨憑。 念翠低眉暈。 春夢枉惱人
●●韻　○○●●●韻●●○○●韻○●●○
腸,更懨懨酒病。
○句●○○●●韻

此詞止此一詞,無別首可校。

好女兒三體

此調有兩體,四十五字者起於黃庭堅,因詞有"嫩繫酥胸羅帶,羞兒繡鴛鴦"句,名《繡帶兒》,《花草粹編》一作《繡帶子》。六十二字者起於晏幾道,與黃詞迥別。

好女兒

黃庭堅

雙調四十五字,前段四句三平韻,後段五句三平韻。

小院一枝梅。 衝破曉寒開。 偶到芳園遊戲, 滿袖帶香
⊙●●○○韻⊙●●○○韻⊙○⊙●○●句●●○

回。　　玉酒覆銀杯。盡醉去、猶待重來。東鄰何事，
○韻　　●●●○○韻●●讀●●○○韻○○●句
驚吹怨笛，雪片成堆。
○○●●句●●○○韻

　　　黃詞此體較爲整齊，有曾覿詞可校。前段第三句，曾詞
"還是東風來也"，"還"字平聲。後段第二句，黃詞別首"怎奈
向、目下棲惶"，"目"字仄聲；第三句，曾詞"暮寒香細"，"暮"
字仄聲。譜內可平可仄據此，餘參下詞。

又一體

黃庭堅

　　　雙調四十五字，前後段各四句三平韻。
春去幾時還。問桃李無言。燕子歸棲風急，梨雪亂西
○●●○○韻●○●○○韻●●○○●句○●●○
園。　　惟有月嬋娟。似人人、難近如天。願教清影常
○韻　　○●●○○韻●○○讀○●○○韻●○●○
相見，更乞取團圓。
○●句●●●○○韻

　　　此即前詞體，惟後段第三句七字，第四句五字異。

又一體

晏幾道

　　　雙調六十二字，前段六句三平韻，後段六句兩平韻。
綠遍西池。梅子青時。儘無端、盡日東風惡，更霏微細
●●○○韻○●○○韻●○讀●●○○●句●○○●

雨，惱人離恨，滿路春泥。　　應是行雲歸路，有閒
●句○○●●句●●○○韻　　●句○●○○●句○●
淚、灑相思。想旗亭、望斷黄昏月，又依前誤了，紅箋
●讀●○○韻●○○讀●●○○●句●○○●句○○
香信，翠袖歡期。
○●句●●○○韻

　　此調衹有晏詞別首及賀鑄詞可校。賀詞前段起句"車馬匆匆"，"車"字平聲；第二句"會國門東"，"會"字仄聲；第三句"記六朝、舊數閨房秀"，"六"字仄聲；第五句"挐捕局上"，"挐"字平聲，"局"字仄聲；第六句"黄葉西風"，"黄"字平聲。後段第一句"不減麗華標韻"，"不"字"麗"字俱仄聲；第二句"從今夜、與誰同"，"從"字平聲；第四句，晏詞別首"向水沉烟底"，"水"字仄聲，"烟"字平聲；第五句，賀詞"悔分釵燕"，"悔"字仄聲；又"吴蠶八繭"，"八"字仄聲；結句"長望書鴻"，"長"字平聲。譜内可平可仄據此。

萬里春一體

　　調見周邦彦《片玉詞》。《清真集》不戴，故方千里、楊澤民、陳允平俱無和詞。

萬里春

周邦彦

雙調四十五字，前後段各四句三仄韻。

千紅萬翠。簇清明天氣。爲憐他、種種清香，好難爲不
○○●●韻●○○○●韻●○○讀●●○○句●○●

醉。　　　我愛深如你。我心在、箇人心裏。便相看、
●韻　　●●○○●韻●○、讀●○○●韻●○○讀
老却春風,莫無些歡意。
●●○○句●○○○●韻

　　　此調止此一詞,無別首可校。

綵鸞歸令一體

袁去華詞名《青山遠》。

綵鸞歸令

張元幹

雙調四十五字,前段四句四平韻,後段四句三平韻。
珠履爭圍。小立春風趁拍低。態閒不管樂催伊。整朱
○●○○韻●●○○●●○韻●○○●●○韻●　○
衣。　粉融香潤隨人勸,玉困花嬌越樣宜。鳳城鐙夜
○韻　●○○●○○句●●○○●●○韻●○○●
舊家時。數他誰。
●○○韻●○○韻

　　　按袁去華《青山遠》一詞與此詞平仄皆同。

錦園春一體

調見《全芳備祖》樂府。

錦園春

張孝祥

雙調四十五字，前後段各五句三仄韻。

醉痕潮玉。乘柔英未吐，霧華如簇。絶艷矜春，分流芳
●○○●韻○○○●●句●○○●韻●●○○句●○○
金谷。　風疏雨沐。耿空抱、夜闌清淑。杜老情疏，
○●韻　○○●●韻●○讀●○○●韻●●○○句
黃州賦冷，誰憐幽獨。
○○●●句○○○●韻

按此詞《于湖集》不載，舊譜亦遺之，今從《全芳備祖》採入。

太平年一體

見《高麗史・樂志》。

太平年

《高麗史・樂志》無名氏

雙調四十五字，前後段各四句四仄韻。

皇州春滿群芳麗。散異香旖旎。鼇宮開宴賞佳致。舉笙
○○○●○○●韻●●○○●韻○○○●●○●韻●○
歌鼎沸。　永日遲遲和風媚。柳色烟凝翠。惟恐日西
○●●韻　●●○○○●●韻●●○○●韻○●●○

墜。且樂歡醉。
●韻●●○●韻

此調止此一詞,平仄當依之。

清平樂三體

《宋史·樂志》屬大石調,《樂章集》注"越調"。《碧雞漫志》云:"歐陽烱稱李白有應制《清平樂》四首,此其一也,在越調,又有黃鍾宫、黃鍾商兩音。"《花庵詞選》名《清平樂令》。張輯詞有"憶著故山蘿月"句,名《憶蘿月》。張翥詞有"明朝來醉東風"句,名《醉東風》。

清平樂

李白

雙調四十六字,前段四句四仄韻,後段四句三平韻。
禁闈清夜。　月探金窗罅。玉帳鴛鴦噴蘭麝。時落銀鐙
⊖⊖⊖●仄韻　●⊖○○●韻●●○○⊖●韻⊖●⊖○
香炧。　女伴莫話孤眠。　六宫羅綺三千。　一笑皆生
⊖●韻　⊖●⊖⊖○○平韻　●●⊖○⊖○韻●●⊖○
百媚,宸遊教在誰邊。
⊖●句⊖⊖●●○○韻

此調以此詞爲正體,若趙詞之前結句法小異,李詞之或押仄韻,皆變體也。但此調亦有填單遍者,宋施岳詞:"水遥花暝。隔岸炊烟冷。十里垂楊摇嫩影。宿酒和愁多醒。"又元張肯詞:"孤邨雖小。幾簇人家繞。菰葉纖纖波渺渺。摘得

菰根多少。"即此前段也。注明不列。

　　韋莊詞前段起句"何處遊女","處"字仄聲；第二句"金線飄千縷","金"字平聲；第三句"門外馬嘶郎欲別","門"字平聲"馬"字仄聲；第四句"惆悵香閨暗老","暗"字仄聲；又"燕拂畫簾金額","燕"字"畫"字俱仄聲。換頭句"盡日相望王孫","相"字平聲；第二句"塵滿衣上淚痕","塵"字平聲，"滿"字"淚"字俱仄聲；又"含羞待月鞦韆","待"字仄聲；第四句"埽即郎去歸遲","即"字仄聲。譜內可平可仄據此，餘參趙詞。

又一體

趙長卿

　　雙調四十六字，前段四句四仄韻，後段四句三平韻。

鴻來燕去。　又是秋光暮。冉冉流年嗟暗度。這心事、
○○●仄韻　●●○○●韻　●●○○○●●韻　●◐●讀
還無據。　寒窗露冷風清。　旅魂幽夢頻驚。何日利
○○●韻　　○○●●○○平韻●○○●○○韻○●●
名俱賽，爲予笑下愁城。
○○●句●○○●○○韻

　　此詞前結六字折腰。

　　柳永詞前段結句"那特地、柔腸斷","特'字仄聲。

又一體

李　白

　　雙調四十六字，前段四句四仄韻，後段四句三仄句。

畫堂晨起。來報雪花墜。高卷簾櫳看佳瑞。皓色遠迷
●〇〇●韻〇●●〇●韻〇●●〇〇●韻●●●〇
庭砌。　　盛氣光引鑪烟，素影寒生玉佩。應是天仙狂
〇●韻　　●●〇●〇〇句●●〇〇●●韻●●〇〇〇
醉。亂把白雲揉碎。
●韻●●●〇●韻

此詞全用仄韻，與前詞前仄後平者不同。

憶秦娥十一體

元高拭詞注"商調"。按此詞昉自李白，自唐迄元，體各不一，要其源皆從李詞出也。因詞有"秦娥夢斷秦樓月"句，故名《憶秦娥》，更名《秦樓月》。蘇軾詞有"清光偏照雙荷葉"句，名《雙荷葉》。無名氏詞有"水天搖蕩蓬萊閣"句，名《蓬萊閣》。至賀鑄始易仄韻爲平韻。張輯詞有"碧雲暮合"句，名《碧雲深》。宋媛孫道絢詞有"花深深"句，名《花深深》。

憶秦娥

李　白

雙調四十六字，前後段各五句三仄韻一叠韻。
簫聲咽。秦娥夢斷秦樓月。秦樓月。年年柳色，灞橋傷
〇〇●韻〇〇●●〇〇●韻〇〇●叠〇〇●●句●〇〇
別。　　樂遊原上清秋節。咸陽古道音塵絕。音塵絕。
●韻　　●〇〇●〇〇●韻〇〇●●〇〇●韻〇〇●叠

西風殘照，漢家陵闕。
◑○◑●句◐◐○●韻

　　此調押仄韻者，以此詞爲正體，若晁詞之不作叠句，石詞之少押一韻，秦詞之多口號四句，倪詞之減去叠句，雖爲變格，猶與李詞大同小異。至馮延巳創爲減字之體，張詞由此添字，毛詞由此偷聲，在變格中更與諸家不同。

　　前段起句，周邦彥詞"香馥馥"，上"馥"字仄聲；第二句，趙師俠詞"不堪涼月穿珠箔"，"不"字仄聲，"涼"字平聲；第四句，李之儀詞"迎得雲歸"，"得"字仄聲，"歸"字平聲；第五句，李詞"還送雲別"，"送"字仄聲。換頭句，蘇軾詞"背風迎雨淚珠滑"，"淚"字仄聲；第五句，周紫芝詞"西樓殘月"，"西"字平聲。譜內可平可仄據此，餘叅晁、石、秦、倪四詞。

又一體

晁補之

雙調四十六字，前後段各五句四仄韻。

牽人意。高堂照碧臨烟水。清秋至。東山時伴，謝公携
○○●韻○○●○○●韻○○●韻○○○●句●○○
妓。　黃菊雖殘堪泛蟻。乍寒猶有重陽味。應相記。
●韻　　○●○○○●韻○○○○○●韻○○●韻
坐中少箇，孟嘉狂醉。
●○●●句●○○●韻

　　此與李詞同，惟前後段第三句不作叠句體異。

又一體

　　　　　　　　　　　　　　　石孝友

　　雙調四十六字,前段五句三仄韻一叠韻,後段五句兩仄韻一叠韻。

秦樓月。秦娥本是秦宮客。秦宮客。夢雲風韻　借仙標
○○●韻○○●●○○●韻○○●叠●○○●句●○○
格　。　　相從無計不如休,如今去也空相憶。空相憶。
●韻　　　○○○●●○○句○○●●○○●韻○○●叠
尊前歡笑,夢中尋覓。
○○○●句●○○●韻

　　此與李詞同,惟換頭句第七字用平聲不押仄韻異。

又一體

　　　　　　　　　　　　　　　秦　觀

　　雙調四十六字,前後段各五句三仄韻一叠韻。

驢背吟詩清到骨,人間別是閒勳業。雲臺烟閣久銷
沉,千載人圖灞橋雪。
灞橋雪。茫茫萬逕人蹤滅。人蹤滅。此時方見,乾坤空
●○○韻○○●●○○●韻○○●叠●○○●句○○○
闊　。　　騎驢老子真奇絕。肩山吟聳清寒洌。清寒洌。
●韻　　　○○●●○○●韻○○○●○○●韻○○●叠
祇緣不禁,梅花撩撥。
●○●●句○○○●韻

　　此即李詞體,惟詞首多口號四句異。按秦詞四首,每首前

各有口號四句，即以口號末句三字爲起句，亦如《調笑令》例，樂府舞曲轉踏類如此。

又一體

倪瓚

雙調四十字，前後段各四句三仄韻。

扶疏玉。蟾宮樹影闌干曲。一襟香霧，幾枝金粟。
○○●韻○○●●○○●韻●○○●句●●○●韻
姮娥鏡掩秋雲緑。無端風雨聲相續。不須澄霽，爲沽
○○●●○○●韻○○○●○○●韻●○○●句●○
醽醁。
○●韻

此亦李詞體，惟前後段減去兩叠句異。

又一體

馮延巳

雙調三十八字，前後段各四句四仄韻。

風淅淅。夜雨連雲黑。滴滴。窗外芭蕉鐙下客。除
○●●韻●●○○●韻●●韻○●○○○●●韻　○
非魂夢到鄉國。免被關山隔。憶憶。一句枕前争忘得。
○○●●○○●韻●●○○●韻●●韻●●○○○●●韻

此詞前後段起句與李白詞同，惟第二句各減二字，第三句各減一字，第四五句減一字，祇作七字一句。此體僅見《陽春集》，無別首可校。

又一體

張　先

雙調四十一字，前後段各四句四仄韻。

參差竹。吹斷相思曲。情不足。西北高樓窮遠目。
○○●韻○●○●韻○●●韻○●○○○●●韻
憶苕溪、寒影透清玉。秋雁南飛速。菰草綠。應下溪頭
●○○讀○●●○○●韻○●○○●韻○●●韻○●○
沙上宿。
○●●韻

此與馮詞同，惟換頭添一字，前後段第三句各添一字，仍照李白詞體作三字句異。

又一體

毛　滂

雙調三十七字，前後段各四句兩仄韻兩平韻。

夜夜。　夜了花開也。連忙。　指點銀瓶索酒嘗。
●●仄韻●●○○●韻○○平韻●●○○●●○韻
明朝花落知多少。　莫把殘紅掃。愁人。　一片花
○○○●○○●換仄韻●●○○●韻○○換平韻●●○
飛減却春。
○●●○韻

此詞句讀與馮詞同，但馮詞起句三字，此詞兩字，馮詞全押仄韻，此詞前後第三四句偷用平聲，雖同本李詞，亦自成一體耳。

毛詞別首前段第四句"先借春光與酒家","先"字平聲。換頭句"夜寒我醉誰扶我","夜"字"我"字俱仄聲；第二句"應抱瑤琴臥","應"字平聲。餘平仄悉同。

又一體

賀　鑄

雙調四十六字，前後段各五句三平韻一叠韻。

曉朦朧。前溪百鳥啼匆匆。啼匆匆。凌波人去，拜月樓
●○○韻●○●●○○韻●○○韻●○●○句●●○
空。　去年今日東門東。鮮妝輝映桃花紅。桃花紅。
○韻　●○●●○○韻○○○●○○韻○○○叠
吹開吹落，一任東風。
○○●句●●○○韻

此調押平韻，以此詞爲正體，若秦詞之多口號四句，顏詞之減去叠句，皆變格也。

前段起句，程垓詞"青門深"，"青"字平聲。後段起句，賀詞別首"粉娥採葉共親蠶"，"共"字仄聲；第二句，孫道絢詞"畫眉樓上愁登臨"，"畫"字仄聲。譜內可平可仄據此，餘參秦詞、顏詞。

又一體

秦　觀

雙調四十六字，前後段各五句三平韻一叠韻。

帝城東畔富韶華，滿路飄香爛綵霞。多少風流年少客，馬蹄踏遍曲江花。

曲江花。宜春十里錦雲遮。錦雲遮。水邊院落，山下人
●○○韻○○●●○○韻●○○叠●○●●句○●○
家。　　茸茸細草承香車。金鞍玉勒爭年華。爭年華。
○韻　　○○●●○○韻●○○●●○○韻○○○叠
酒樓青旆，歌板紅牙。
●○○●句○●○○韻

　　此即賀詞體，惟詞前多口號四句異。

又一體

顏　　奎

雙調四十字，前後段各四句三平韻。

水雲幽。怕黄霜竹生新愁。如今何處，倚月明樓。
●○○韻●○●●○○韻○○○●句●●○○韻
龍吟杳杳天悠悠。騰蛟起舞鳴空篌。聽吹短氣，江上
○○●●○○韻○○●●○○韻○○●●句○●
無秋。
○○韻

　　此詞見元《天下同文錄》，亦賀詞體，惟前後段各減兩叠
句異。倪瓚仄韻詞，正與此同。

241

詞譜卷六

更漏子八體

此調有兩體，四十六字者始於溫庭筠，唐宋詞最多，《尊前集》注"大石調"，又屬"商調"；一百四字者，止杜安世詞，無別首可錄。

更漏子

温庭筠

雙調四十六字，前段六句兩仄韻兩平韻，後段六句三仄韻兩平韻。

玉爐香， 紅蠟淚。 偏照畫堂秋思。 眉翠薄， 鬢雲
⊙●○句 ⊙●●仄韻 ⊙●⊙○⊙●韻 ⊙●●句 ●○
殘。 夜長衾枕寒。 梧桐樹。 三更雨。 不道離
○平韻 ⊙○⊙●○韻 ⊙○●換仄韻 ⊙●●韻 ●●○
情正苦。一葉葉，一聲聲。 空階滴到明。
⊙●●韻●●●句●⊙○換平韻⊙○●●○韻

此調以溫、韋二詞爲正體，唐人多宗溫詞，宋人多宗韋詞，其餘押韻異同，或有減字，皆變格也。

後段第二句，牛嶠詞"寸腸結"，"寸"字仄聲；第四句，馮延巳詞"星移後"，"移"字平聲。譜內可平可仄據此，餘參下所採各詞。

又一體

韋　莊

雙調四十六字，前後段各六句兩仄韻兩平韻。

鐘鼓寒，　樓閣暝。　月照古桐金井。　深院閉，　小庭
○●○句　○●●仄韻　●●●○○●韻　○●●句　●○
空。　落花香露紅。　烟柳重，春霧薄。　鐙背水窗
○平韻　●○○●○韻　◐○○句○●●換仄韻○●●○
高閣。閒倚户，暗沾衣。　待郎郎不歸。
○●韻○●●句●○○換平韻●○○●○韻

此即温詞體，惟換頭句不用韻異。按宋詞換頭句多不用韻，但唐人此句第三字用仄聲，宋人此句第三字則用平聲。晏殊詞後段起句"探花開"，"探"字仄聲，"花""開"二字俱平聲。譜内參之，餘詳温詞。

又一體

賀　鑄

雙調四十六字，前後段各六句兩仄韻兩平韻。

上東門，　門外柳。　贈別每煩纖手。　一葉落，　幾番
●○○句　○●●仄韻　●●●○○韻　●●●句　●○
秋。　江南獨倚樓。　曲闌干，凝佇久。　薄暮更堪
○平韻○○●●○韻　●○○句○●●仄韻●●○
搔首。無際恨，見閒愁。　侵尋天盡頭。
○●韻○●●句●○○平韻○○○●○韻

此即韋詞體，惟後段仄韻平韻即押前段原韻異。賀詞凡

四首皆同。

又一體

歐陽炯

雙調四十五字,前段六句兩仄韻兩平韻,後段六句三仄韻兩平韻。

玉闌干, 金轆井。 月照碧梧桐影。 獨自箇, 立多
●○○句 ○●●仄韻 ●●●○○●韻 ●●●句 ● ○
時。 露華濃濕衣。 一晌。 凝情望。待得不成
○平韻 ●○○●韻 ●●換仄韻○○●韻 ●○●○
模樣。雖叵耐, 又尋思。 怎生噴得伊。
○●韻○●●句●○○平韻●○○●韻

此亦溫詞體,惟換頭句減一字,其後結平韻,即押前韻異。

又一體

孫光憲

雙調四十六字,前段六句兩仄韻兩平韻,後段六句四平韻。

掌中珠, 心上氣。 愛惜豈將容易。 花下月, 枕前
●○○句 ○●●仄韻 ●●●○○●韻 ○●●句 ● ○
人。 此生誰更親。 交頸語, 合歡身。 便同比目
○平韻 ●○○●韻 ○●●句 ●○○韻 ●○●●
金鱗。連繡枕, 卧紅茵。霜天似煖春。
○○韻○●●句●○○韻○○●●○韻

此詞句讀與溫、韋詞同,惟後段第一二三句不押仄韻異。

又一體

《天機餘錦》無名氏

雙調四十五字,前後段各六句兩仄韻兩平韻。

解語花, 斷腸草。 諳盡風流煩惱。 合歡少, 別離
●●〇句 ●〇●仄韻 〇●〇〇〇●韻 ●〇●句 ● 〇
多 。 此情無奈何。 帳前鐙,窗間月。 記得那
〇平韻 ●〇〇●〇韻 ●〇〇句〇〇●換仄韻 ●●●
時節。繡被剩,畫屏空。 如今在夢中。
〇●韻●●●句〇●〇換仄韻〇〇●●〇韻

此亦韋詞體,惟後段第三句五字異。

又一體

歐陽炯

雙調四十九字,前段四句三平韻,後段五句四平韻。

三十六宮秋夜永, 露華點滴高梧。丁丁玉漏咽銅壺。明
〇●●〇〇●句●〇●●〇〇韻〇〇●●●〇〇韻〇
月上金鋪 。 紅線毯,博山鑪。香風暗觸流蘇。羊車
●●〇〇韻 〇●●句〇〇〇韻〇〇●●〇〇韻〇〇
一去長青蕪。鏡塵鸞綵孤。
●●〇〇韻●〇〇●〇韻

此詞前後段全押平韻,見《尊前集》。唐人亦無填此體者。

又一體

杜安世

雙調一百四字，前後段各十句五平韻。

遥遠途程。算萬水千山，路入神京。暖日春郊、綠柳紅
○●○○韻●●●○○句●●○○讀●●○
杏，香迾舞燕流鶯。客館悄悄閒庭，堪惹舊恨深。有多
●句○●●○○韻●●●●○○句○●●○○韻●○
少馳驅，蓦嶺涉水，枉廢身心。　思想厚利高名。漫
●○○句●●●○句●●○○韻　○●●○○韻●
惹得憂煩，枉度浮生。幸有青松、白雲深洞，清閒且樂
●●○○句●●○○韻●●○○讀●●○○句○○●●
昇平。長是宦遊羈思，別離淚滿襟。望江鄉踪跡，舊遊
○○韻●●●●○○句●●●●○韻●○○●●句●○
題書，尚自分明。
○○句●●○○韻

此與唐詞迥別，即宋詞中亦無他首可校，因調名相同，故附列於此。

巫山一段雲三體

唐教坊曲名。《樂章集》注"雙調"。

巫山一段雲

唐昭宗

雙調四十六字，前段四句三平韻，後段四句兩仄韻兩平韻。

蝶舞梨園雪，鶯啼柳帶烟。　小池殘日艷陽天。芋蘿山
⊖●○○●句○○●●●平韻⊖○○●●○○韻⊖●●
又山　。　　青鳥不來愁絕。忍看鴛鴦雙結。春風一等少
⊖○韻　　⊖●●○○●韻●●○○○●韻○○●●●
年心　。　　閒情恨不禁。
○○韻　　⊖○●●○韻

此詞後段第一二句間入仄韻，結處又另換平韻，宋柳永詞五首與此同。

柳詞前段起句"琪樹羅三殿"，"琪"字平聲；第三句"人間三度見河清"，"人"字平聲。後段起句"昨夜紫微詔下"，"詔"字仄聲；又"昨夜麻姑陪宴"，"麻"字平聲；第二句"留宴鰲峰真客"，"留"字平聲；又"不道九關齊閉"，"九"字仄聲；第三句"幾回山脚弄雲濤"，"幾"字仄聲；後結"仿佛見金鰲"，"仿"字仄聲。譜內可平可仄據此，餘參下詞。

又一體

唐昭宗

雙調四十六字，前段四句三平韻，後段四句兩仄韻兩平韻。

縹緲雲間質，盈盈波上身。袖羅斜舉動埃塵。明艷不
●●○○●句○○●●○平韻●○○●●○○韻○●●
勝春。　翠鬟晚妝烟重。寂寂陽臺一夢。水眸蓮臉
○○韻　●●●●○●仄韻●●●●●○●韻○○○
見長新。巫峽更何人。
●○○平韻○●●○○韻

此即前詞體，惟後結平韻，仍押前韻異。

又一體

毛文錫

雙調四十四字，前後段各四句三平韻。

雨霽巫山上，雲輕映碧天。遠風吹散又相連。十二晚峰
●●○○●句○○●●○韻●○○●●●○韻●●●○

前。　暗濕啼猿樹，高籠過客船。朝朝暮暮楚江邊。
○韻　●●○○●句○○●●○韻○○●●●○○韻

幾度降神仙。
●●●○○韻

此詞全押平韻，換頭兩句又各減去一字，與昭宗詞異。唐歐陽炯、李珣詞，元趙孟頫詞，俱與此同。

前段第一句，趙孟頫詞"松雪堆嵐靄"，"松"字平聲；第三句"風清月冷好花時"，"風"字平聲，"月"字仄聲；第四句"新恨怯逢秋"，"新"字平聲。後段第一句，李珣詞"塵暗珠簾卷"，"塵"字平聲；第二句"烟花春復秋"，"春"字平聲；第三句，歐陽炯詞"遠遊蓬島降人間"，"遠"字仄聲，"蓬"字平聲；第四句，毛文錫別詞"年代屬元和"，"年"字平聲。譜內可平可仄據此。

望仙門一體

調見《珠玉詞》，取詞中結句爲名。

望仙門

晏　殊

雙調四十六字，前段四句四平韻，後段五句三平韻一叠韻。

玉池波浪碧如鱗。露蓮新。清歌一曲翠眉顰。舞華茵。
●○○●●○○韻●○○韻◐○◐●●○○韻●○○韻
滿酌蘭英酒，須知獻壽千春。太平無事荷君恩。荷
◐●●○○句○○●●○○韻●○○●●○○韻●
君恩。齊唱望仙門。
○○叠○●●○○韻

後結"荷君恩"三字例用叠句，晏詞別首"慶相逢"、"泛濃香"皆然。

前段第三句，晏詞別首"管弦聲細出簾櫳"，"管"字仄聲，"聲"字平聲。後段第一句"仙酒斟雲液"，"仙"字平聲。譜內可平可仄據此。

占春芳一體

蘇軾咏梨花製此調，取詞中第三句爲名。

占春芳

蘇軾

雙調四十六字,前段五句兩平韻,後段四句三平韻。

紅杏了,夭桃盡,獨自占春芳。不比人間蘭麝,自然透
○●●句○○●句●●●○○韻●●○○●●句●○●
骨生香。　　對酒莫相忘。似佳人、兼合明光。只憂長
●○○韻　　●●●○○韻●○○讀○●○○韻●○○
笛吹花落,除是寧王。
●○○●句○●●○韻

此調只此一詞,無別首可校。

朝天子一體

唐教坊曲名。《陽春集》名《思越人》。

朝天子

晁補之

雙調四十六字,前後段各四句四仄韻。

酒醒情懷惡。金縷褪、玉肌如削。寒食過却。早海棠零
●●○○韻　⊖●●讀●○○●韻○⊖●●韻●●○○
落。　　漸日照、闌干煙淡薄。繡額珠簾籠畫閣。春睡
●韻　　●●讀○○○●●韻●●○○●●●韻○●

著。覺來失、鞦韆期約。
●韻●○●讀○○○●韻

　　此調祇有楊无咎詞可校。楊詞前段第二句"占螺浦、山川彝曠","占"字仄聲,"螺"字"山"字俱平聲;第三句"千奇萬狀","奇"字平聲;第四句"見雲煙收放","雲"字平聲。後段第四句"徙倚撫、危闌吟望","倚"字仄聲。譜內可平可仄據此。

憶少年二體

　　万俟咏詞有"上隴首、凝眸天四闊"句,名《隴首山》。朱敦儒詞名《十二時》。元劉秉忠詞有"恨桃花流水"句,更名《桃花曲》。

憶少年

晁補之

雙調四十六字,前段五句兩仄韻,後段四句三仄韻。
無窮官柳，無情畫舸，無根行客。南山尚相送，只高城
⊖○●●句⊖○●●句⊖○●●韻○○●⊖●句●⊖○
人隔。　　罨畫園林溪紺碧。算重來、盡成陳迹。劉郎
○●韻　　●●⊖○○●●韻●⊖○讀●⊖○●韻○○
鬢如此,況桃花顏色。
●●●句●○○●韻

　　此調以此詞爲正體,若曹詞不過於換頭句添一字也。前段第一二三句,万俟咏詞"隴雲溶曳,隴山峻秀,隴泉

嗚咽"，三"隴"字俱仄聲；第二句，趙彥端詞"逢花如露"，"如"字平聲；第三句，無名氏詞"盈盈脈脈"，上"脈"字仄聲；第五句，万俟詞"已不勝愁絶"，"不"字仄聲。後段第二句，万俟詞"更一聲塞雁棲切"，"一"字"雁"字俱仄聲；謝懋詞"秋千外臥紅堆碧"，"秋"字平聲，"外"字仄聲；第三句，趙詞"與君醉千歲"，"與"字仄聲；万俟詞"征書待寄遠"，"寄"字仄聲；第四句，無名氏詞"忽一聲長笛"，"一"字仄聲。譜內可平可仄據此，餘參曹詞。

又一體

曹　組

雙調四十七字，前段五句兩仄韻，後段四句三仄韻。
年時酒伴，年時去處，年時春色。清明又近也，却天涯
〇〇●●句〇〇●●句〇〇〇●韻〇〇●●●句●〇〇
爲客。　念過眼、光陰難再得。想前歡、盡成陳迹。
●●韻　●●●讀〇〇●●韻〇〇讀●〇〇●韻
登臨恨如此，把闌干暗拍。
〇〇●〇●句●〇〇●●韻

此即晁詞體，惟換頭添一字，作八字句異。万俟咏詞"上隴首、凝眸天四闊"，孫道絢詞"正雨後、梨花幽艷白"，並與此同。《詞律》謂無第二首可訂非也。

西地錦三體

元高拭詞第三句七字者，注"黄鍾宫"。

西地錦

蔡　伸

雙調四十六字，前後段各五句三仄韻。

寂寞悲秋懷抱。掩重門悄悄。清風皓月，朱闌畫閣，雙
⊖●⊖○●韻●⊖○●韻○○●●句●○●●句
鴛池沼。　　不忍今宵重到。惹離愁多少。蓬山路杳，
○○●韻　　⊖●⊖○⊖●韻⊖○⊖●●韻⊖○●●句
藍橋信阻，黃花空老。
○○●●句○○○●韻

此詞前後段兩結句各四字，章華"重過黃糧"詞正與此同。按章詞前段起句"重過黃糧古驛"，"古"字仄聲；末句"不禁攀折"，"不"字仄聲。後段第三句"紫泥誥下"，"紫"字仄聲。譜內可平可仄據此，餘參下詞。

又一體

石孝友

雙調四十八字，前後段各五句三仄韻。

回望玉樓金闕。正水遮山隔。風兒又起，雨兒又急，好
○●●○○●韻●●○●韻○○●句●○●●句●
愁人天色。　　兩岸荻花楓葉。爭舞紅吹白。中秋過
○○●韻　　●●●○○●韻○○○●韻○○●
也，重陽近也，作天涯孤客。
●句○○●●句●○○○●韻

此詞前後段兩結句各五字，周紫芝"雨細欲收"詞正與此

同，平仄亦如一。

又一體

《梅苑》無名氏

　　雙調四十七字，前後段各四句三仄韻。
不與群花相續。獨占春光速。幽香遠遠散西東，惟竹籬
●●○○○●韻●●○○●韻○○●●●○○句○●○
茅屋。　　羌管誰調一曲。送月夜、猶芬馥。忍君折取
○●韻　　○●○○●●韻●●讀○○●韻●○●●
向玉堂，只這些清福。
●●○句●●○○●韻

　　此詞前後段第三句各七字，其前段第二句不作上一下四句法，後段第二句六字折腰，自成一體。

相思引三體

　　此調有兩體，四十六字者押平聲韻，房舜卿詞名《玉交枝》，周紫芝詞名《定風波令》，趙彥端詞名《琴調相思引》。四十九字者押仄聲韻，《古今詞話》無名氏詞名《鏡中人》。

相思引

袁去華

　　雙調四十六字，前段四句三平韻，後段四句兩平韻。

曉鑑胭脂拂紫綿。未忺梳掠鬢雲偏。日高人靜，沈水裊
⊖●○○●●○韻●○⊖●●○○韻●○⊖●句⊖●●
殘烟。　　春老菖蒲花未著，路長魚雁信難傳。無端風
○○韻　　●●○○○●●句⊖○⊖●●○○韻○⊖
絮，飛到繡牀邊。
●句⊖●●○○韻

　　前段第一句，趙彥端詞"曾躡姑蘇城上臺"，"曾"字"城"
字俱平聲；第二句，趙與仁詞"晴塵不動地衣平"，"晴"字平
聲，"不"字仄聲；第三句，趙彥端詞"幾回徙倚"，"徙"字仄
聲；劉仲尹詞"羅敷猶小"，"羅"字平聲；第四句，趙彥端詞"月
裏暮雲開"，"月"字仄聲。後段第一句，趙彥端詞"燕語自知
懷舊壘"，"燕"字"自"字俱仄聲；第二句"水聲只解送行人"，
"只"字仄聲；劉仲尹詞"輕花吹隴麥初勻"，"輕"字平聲；第
三句，周紫芝詞"斷霞消盡"，"斷"字仄聲；房舜卿詞"千鍾玉
酒"，"玉"字仄聲；第四句，許棐詞"雨外一鳩啼"，"雨"字仄
聲。譜內可平可仄據此。

又一體

《梅苑》無名氏

　　雙調四十九字，前段五句四仄韻，後段四句四仄韻。
笑盈盈，香噴噴。姑射仙人風韻。天與肌膚常素嫩。玉
●○○句○●●韻○●●○○●韻○●●○●●韻⊖
面猶嫌粉。　　斜倚小樓凝遠信。多少往來人恨。只恐
●○○●韻　　●●●○○●韻○●●○○●韻●●
秉春雲雨困。迤邐嬌容褪。
●○○●●韻○●●○○●韻

《梅苑》無名氏詞二首，押仄聲韻，亦名《相思引》，雖與袁體迥別，因調名同，故爲類列。
　　《梅苑》詞別首，前段第三句"瀟灑早梅猶嫩"，"早"字仄聲；第四句"香入夢魂殘酒醒"，"夢"字仄聲。譜內可平可仄據此，餘參下詞。

又一體

《古今詞話》無名氏

　　雙調四十八字，前段五句四仄韻，後段四句四仄韻。
柳煙濃，梅雨潤。芳草綿綿離恨。花塢風來幾陣。羅袖
●○○句○●●韻○○○○●韻○●○○●韻○●
沾香粉。　　獨上小樓迷遠近。不見浣溪人信。何處笛
○○●韻　　●●●○○●韻●●●○○●韻○●●
聲飄隱隱。吹斷相思引。
○○●●韻○●○○●韻

　　此與"笑盈盈"詞同，惟前段第四句少一字異。

落梅風一體

　　調見《梅苑》。按《梅苑》別有"落梅風"長調二首，俱一百六字，因《花草粹編》名《落梅》，亦名《落梅慢》，另編一體，不爲類列。

落梅風

《梅苑》無名氏

雙調四十六字,前段四句四平韻,後段四句三平韻。

宮烟如水濕芳晨。寒梅似雪相親。玉樓側畔數枝春。惹
○○●●●○○韻○○●●○○韻●○●●●○○韻●
香塵。　壽陽嬌面偏憐惜，妝成一面花新。鏡中重把
○○韻　　●○●●○○●句○○●●○○韻●○○
玉纖勻。酒初釃。
●○○韻●○○韻

此詞見《梅苑》，字多脫誤，今照《詞鵠》訂定，其平仄無別首可校。

江亭怨一體

《花庵詞選》名《清平樂令》。按《冷齋夜話》云："黃魯直登荆州亭，見亭柱間有此詞，夜夢一女子云'有感而作'。魯直驚悟曰：'此必吳城小龍女也。'因又名《荆州亭》。"

江亭怨

《冷齋夜話》無名氏

雙調四十六字,前後段各四句三仄韻。

簾卷曲闌獨倚。江展暮雲無際。淚眼不曾晴，家在吳頭
○●●○●●韻○●●○○●韻●●●○○句○●○○

楚尾。　　數點落花亂委。撲漉沙鷗驚起。詩句欲成
●●韻　　●●●○●●韻●●○○●韻○●●○
時，沒入蒼煙叢裏。
○句●●○○○●韻

　　此詞無他首可校，平仄宜遵之。

喜遷鶯十七體

　　此調有小令、長調兩體。小令起於唐人，《太和正音譜》注"黃鍾宮"。因韋莊詞有"鶴沖天"句，更名《鶴沖天》。和凝詞有"飛上萬年枝"句，名《萬年枝》。馮延巳詞有"拂面春風長好"句，名《春光好》。宋夏竦詞名《喜遷鶯令》。晏幾道詞名《燕歸來》。李德載詞有"殘臘裏早梅芳"句，名《早梅芳》。長調起於宋人，《梅溪集》注"黃鍾宮"，《白石集》注"太簇宮"，俗名"中管高宮"。江漢詞一名《烘春桃李》。

喜遷鶯

韋　莊

　　雙調四十七字，前段五句四平韻，後段五句兩仄韻兩平韻。
街鼓動，禁城開。　天上探人回。鳳銜金榜出雲來。平
●●●句●○○平韻　●●○○韻●○●●●○○韻○
地一聲雷。　鶯已遷，龍已化。　一夜滿城車馬。家
●●○韻　●◐○句●●●仄韻●●○○●韻◐

258

家樓上簇神仙。　　争看鶴冲天。
　○●●○　換平韻●●●○○韻

　　唐人填此調者,換頭下二句例押仄韻,惟後結押平韻或有異同,及前段第二句、後段第一句或押韻或不押韻耳。若毛詞之後結亦押仄韻,宋張元幹詞之全押平韻,皆變格也。此詞兩結各用平韻,韋詞別首亦然。周邦彥二詞,李德載二詞,俱照此填。

　　和凝詞後段第三句"紅日漸長一線","紅"字平聲,"一"字仄聲,譜內據之,餘參后詞。惟馮詞首二句平仄全異,因不參校入譜。

又一體

馮延巳

　　雙調四十七字,前段五句三平韻,後段五句兩仄韻兩平韻。

霧濛濛,風淅淅,楊柳帶疏煙。　飄飄輕絮滿南園。牆
●○○句○●●句○●●○○平韻　○○●●●○○韻○
下草芊綿 。　燕初飛,鶯已老。　拂面春風長好。相
●●○○韻　●○○句○●●仄韻　●●○○○●韻○
逢携酒且高歌。　人生得幾何。
○○●●○　換平韻○○●●○韻

　　此詞前段第二句不用韻異,馮詞別首亦然。晏殊"燭飄花"、"曙河低"二詞照此填。

又一體

薛昭蘊

雙調四十七字,前段五句四平韻,後段五句兩仄韻兩平韻。

金門曉,玉京春。 駿馬驟輕塵。樺烟深處白衫新。認
○○●句●○○平韻●●●○○韻●○○●●○○韻●
得化龍身。 九陌喧,千門啓。 滿袖桂香風細。杏
●●○○韻 ●●○句○○●仄韻●●●○○●韻●
園歡宴曲江濱。 自此占芳辰。
○○●●○○平韻●●●○○韻

此詞後結即押前段平韻,薛詞三首皆然,許棐"鳩雨細"詞照此填。

又一體

(南唐)李　煜

雙調四十七字,前段五句四平韻,後段五句三仄韻兩平韻。

曉月墜,宿烟微。 無語枕頻敧。夢回芳草思依依。天
●●●句●○○平韻○●●○○韻●○○●●○○韻○
遠雁聲稀。 啼鶯散。 餘花亂。寂寞畫堂深院。片
●●○○韻 ○○●仄韻○○●韻●●●○○●韻●
紅休掃儘從伊。 留待舞人歸。
○○●●○○平韻○●●○○韻。

此詞換頭第一句用韻,後結即押前段平韻,和凝"曉月

墜"詞、晏幾道"蓮葉雨"詞、夏竦"霞散綺"詞照此填。按晏殊"風轉蕙"、"歌斂黛"二詞,換頭第一句亦用韻,但後結不押前段平韻。歐陽修"梅謝粉"、"花不謝"二詞正與晏同,注明不錄。

又一體

毛文錫

雙調四十七字,前段五句四平韻,後段五句三仄韻。

芳草景,暖晴烟。 喬木見鶯遷。傅枝偎葉語關關。飛
○●●句●○○平韻○●●○○韻●○○●●○○韻○
過綺叢間。 錦翼鮮,金毳軟。 百囀千嬌相喚。碧
●●○○韻 ●●○句○●●仄韻●●○○○韻●
紗窗曉怕聞聲,驚破鴛鴦暖。
○○●●○○句○●○○●韻

此詞後段全押仄韻,唐宋詞中僅見此作。

又一體

張元幹

雙調四十六字,前段五句四平韻,後段五句三平韻。

文倚馬,筆如椽。桂殿早登仙。舊遊册府記當年。袞繡
○●●句●○○韻●●●○○韻●○●●●○○韻●●
合貂蟬。 慶天申,瞻玉座,鵷鷺正陪班。看君穩步
●○○韻 ●○○句●●●句●●●○○韻○○●●
過花甎。歸院引金蓮。
●○○韻○●●○○韻

此詞前後段全押平韻,即宋詞中亦僅見此作。

又一體

康與之

雙調一百三字,前後段各十一句五仄韻。

秋寒初勁。看雲路雁來,碧天如鏡。湘浦煙深,衡陽沙遠,風外幾行斜陣。回首塞門何處,故國關河重省。漢使老,認上林欲下,徘徊清影。　江南煙水暝。聲過小樓,燭暗金猊冷。送目鳴琴,裁詩挑錦,此恨此情無盡。夢想洞庭飛下,散入雲濤千頃。過盡也,奈杜陵人遠,玉關無信。

長調以康詞及蔣詞爲正體,其餘攤破句法皆變體也。若姜夔詞之添字,自注"高宮"者,又與各家不同。

前段第七句王千秋詞"靜久聲鳴檻竹","聲"字平聲;第八句王詞"寄驛勝傳緘紙","勝"字仄聲;程珌詞"誰信千齡際遇","際"字仄聲。後段第一句王千秋詞"誰爲停征騎","爲"字仄聲,"征"字平聲;第四句黃機詞"桃李陰邊","桃"字平聲;何夢桂詞"舊日沈腰","沈"字仄聲;第六句程珌詞"須是人間紫府","須"字"人"字俱平聲,"紫"字仄聲;第七句曹冠詞"棋戰新來常勝","棋"字"新"字俱平聲;吳禮之詞

"巷陌笑聲不斷","不"字仄聲。譜內據此,餘參後詞。

又一體

蔣　捷

雙調一百三字,前段十一句五仄韻,後段十二句一叠韻四仄韻。

遊絲纖弱。漫著意絆春,春難憑託。水暖成紋,雲晴生
○○○●韻●●●●○句○○○●韻●●○○句○○○
影,芳草漸侵裙裓。露添牡丹新艷,風擺秋千閒索。對
●句○●●○●韻●○●○○●句○●○○○●韻●
此景,動高歌一曲,何妨行樂。　　行樂。君聽取,鶯
●●句●○○●句○○○●韻　○●叠○●●句○
囀綠窗,也似來相約。粉壁題詩,香街走馬,爭奈鬢絲
●●○句●●○○●韻●●○○句○○●●句○○●○
輸却。夢回晝長無事,聊倚闌干斜角。翠深處,看悠悠
○●韻●○●●○●句○●○○○●韻●●●句●○○
幾點,楊花自落。
●●句○○●●韻

此詞換頭句用短韻,餘與康詞同。

按康詞換頭句本押韻,此用短韻叠上,句末即不更押。若高觀國詞"轉盼。塵夢斷",則又押一韻,蔣詞別首"別浦。雲斷處"亦然,注明不錄。

263

又一體

吳文英

雙調一百三字，前段十句五仄韻，後段十二句六仄韻。

凡塵流水。正春在、絳闕瑤階十二。暖日明霞，天香盤
○○○●韻　●○讀●●○○●●韻　●●○○句○○
錦，低映曉光梳洗。故苑浣花沈恨，化作夭桃斜紫。困
●句　○●●○○●韻　●●●○○●句　●●○○○●韻　●
無力，倚闌干，還倩東風扶起。　公子。留意處。羅
○●句　●○○句　○●○○○●韻　　○●韻　○●●韻　○
蓋牙簽，一一花名字。小扇翻歌，密園留客，雲葉翠溫
●○○句　●●○○●韻　●●○○句　●○○●句　○●●○
羅綺。艷波紫金杯重，人倚妝臺微醉。夜和露，剪殘
○●韻　●○●○○●句　○●○○○●韻　●○●句　●○
枝，點點花心清淚。
○句　●●○○○●韻

此詞前段第二句作三字一讀，下六字一句，又前後結各三字兩句，六字一句。吳詞別首"江亭年暮"詞、"烟空白鷺"詞皆然。吳禮之、易祓二詞亦與此同。

又一體

趙長卿

雙調一百三字，前段十二句五仄韻，後段十三句五仄韻。

商飇輕透。動簾幕飛梧，亂飄庭甃。瑞氣氤氳，沈檀初
○○○●韻　●○●○○句　●○○●韻　●●○○句　○○

爇，煙噴寶臺金獸。黄花美酒，天教占得，先他時候。
●句○●●○○●韻○○●●句○○●●句○○○●韻
誕元老，慶有聲，此夕降生華胄。　　歡笑，宜稱壽。
●○句●●○句●●●○○●韻　　○●句○○●韻
弦管鼎沸，宫商方頻奏。滿捧瑶卮，華堂歌舞，拍轉金
○●●●句○○○●韻●●○○句○○●●句●●○
釵斜溜。朱顏緑鬢，殷勤深願，鎮長如舊。歎濱海，道
○○●韻○○●●句○○●●句●●○○●韻●○●句●
難留，指日榮遷飛驟。
○○句●●●○○●韻

　　此詞前後段第七八句攤破六字兩句，作四字三句，與各家不同。

　　按此詞前後兩結各三字兩句，六字一句，正與吴文英詞同。《詞律》乃於前結以"慶有聲此夕"五字爲一句，"降生華胄"四字爲一句，後結則以"道難留指日榮遷飛驟"九字爲一句，不可從。

又一體

史達祖

　　雙調一百三字，前段十一句五仄韻，後段十二句六仄韻。
月波凝滴。望玉壺天近，了無塵隔。翠眼圈花，冰絲織
●○○●韻●●○○句●○○●韻●●○○句○○●
練，黄道寶光相直。自憐詩酒瘦，難應接、許多春色。
●句○●●○○●韻●○○●●句○○●讀●○○●韻
最無賴，是隨香趁燭，曾伴狂客。　　蹤跡。漫記憶。
●○句●○○●●句○●○●韻　　○●韻●●●韻

265

老了杜郎，忍聽東風笛。柳院鐙疏，梅廳雪在，誰與細
●●●○句●●○○●韻●●○○句○○●●句○●●
傾春碧。舊情拘未定，猶是學、當年遊歷。怕萬一，悮
○○●韻●○●●●句○○●讀○○○●韻●●●句●
玉人夜寒，窗際簾隙。
●○●○句○●○●韻。

此詞前後段第七八句攤破六字兩句，作五字一句，七字一
句，亦與諸家不同。

又一體

姜　夔

雙調一百五字，前段十一句六仄韻，後段十二句七仄韻。

玉珂朱組。又占了道人，林下真趣。窗户新成，青紅猶
●○○●韻●●●●○句○●○●韻○●○○句○○○
潤，雙燕爲君胥宇。秦淮貴人第宅，問誰記、六朝歌
●句○●●○○●韻○○●○●●句●○●讀●○○
舞。總付與。在柳橋花館，玲瓏深處。　居士。閒記
●韻●●●韻●●○○●句○○○●韻　○●韻●●
取。高卧未成，且種松千樹。覓句堂深，寫經窗静，他
●韻○●●○句●●○○●韻●●○○句●○○●句○
日任聽風雨。列仙更教誰做，伴一院、雙成儔侶。世間
●●●○●韻●○●○○●句●●●讀○○●韻●○
住。且休將鷄犬，雲中飛去。
●韻●○○●●句○○○●韻

此詞前後段第八句各添一字，作七字句，兩結又多押一

韻,自注"太簇宮",俗名"中管高宮"。按大呂宮爲高宮,太簇宮與大呂宮同,《字譜》故名中管高宮。但宮調失傳,其義則不可考矣。

又一體

《梅苑》無名氏

雙調一百三字,前後段各十一句四仄韻。

南枝向暖, 乍秀出庾嶺, 梅英初吐。玉頰輕勻, 瓊腮淡
○○●●句●●●●●句○○○●韻●●○○句○○●
抹, 姑射水容相許。幾回立馬凝佇, 影映寒光霜妒。拌
●句○●●○○●韻●○●●○○句●●○○○●韻○
盡占, 在百花頭上, 嚴冬獨步。　　芳華春意早, 昨夜
●●句●●○○●句○○●●韻　　○○○●●句●●
一番, 雪裏開無數。萬蕊千稍, 鉛堆粉污, 總是化工偏
●○句●●○○●韻●●○○句○○●●句●●●○○
賦。月明暗香浮動, 休使龍吟聲苦。且留取, 待時時頻
●韻●○●○○●句○●○○○●韻●○●句●○○○
倚, 闌干重顧。
●句○○○●韻

此與康詞同,惟前後段起句不用韻異。

又一體

江漢

雙調一百三字,前段十一句五仄韻,後段十二句六仄韻。

昇平無際。慶八載相業，君臣魚水。填撫風稜，調燮精
〇〇〇●韻●●〇●●句〇〇〇●韻●●〇〇句〇●〇
神，合是聖朝房魏。鳳山政好，還被畫轂朱輪催起。按
〇句●●●〇〇●韻〇●●●句〇●●〇〇〇●韻●
錦轡，映玉帶金魚，都人爭指。　　丹陛。常注意。追
●●句●●●〇〇句〇〇〇●韻　　〇●韻〇●●韻〇
念裕陵，元佐今無幾。繡衮香濃，鼎槐風細，榮耀滿門
●●〇句〇●〇〇●韻●●〇〇句●〇〇●句〇●●〇
朱紫。四方具瞻師表，盡道一夔足矣。運化筆，又管領
〇●韻●〇●〇〇●句●●●〇●●韻●●●句●●●
年年，烘春桃李。
〇〇句〇〇〇●韻

　　　　　此亦康、蔣二詞體，惟前段第七句四字、第八句八字異。

又一體

　　　　　　　　　　　　蔡　伸

　　雙調一百三字，前段十二句五仄韻，後段十一句五仄韻。

素娥呈瑞。正慘慘暮寒，同雲千里。翦水飛花，漸漸瑤
●〇〇●韻●●●●〇句〇〇〇●韻●●〇〇句●●〇
英，密灑翠筠聲細。邃館静深，金鋪半掩，重簾垂地。
〇句●●●〇〇●韻●●●〇句〇〇●●句〇〇〇●韻
明窗外，伴疏梅瀟灑，玉肌香膩。　　幽人當此際。醒
〇〇●句●〇〇〇●句●〇〇●韻　　〇〇〇●韻●
魂照影，漏永愁無寐。強拚清尊，慵添寶鴨，誰會黯然
〇●●句●●〇〇●韻●〇〇〇句〇〇●●句〇●●〇

情味。幸有賞心人，奈咫尺、重門深閉。今夜裏，莫忍
○●韻●●●○○句●●●讀○○○韻○●●句●●
教孤負，濃香鴛被。
○○●句○○○●韻

　　　此亦康詞體，惟前段第七八句作四字三句，後段第七八句
作五字一句、七字一句異。
　　　按江詞、蔡詞句讀參差，不足爲法，譜中採入，聊以備體。

又一體

《梅苑》無名氏

　　　雙調一百二字，前段十一句五仄韻，後段十句四仄韻。
臘殘春未。正候館梅開，牆陰雪裏。冷艷凝寒，孤根回
●○○●韻●●○○句○●●韻●●○○句○○○
暖，昨夜一枝春至。素苞暗香浮動，別有風流標致。謝
●句●●●○○●韻●○●○○●句●●○○○●韻●
池月，最相宜，疏影橫斜臨水。　誰爲傳驛隴上，故
○●句●○○句○●○○●韻　○●○●●句●
人不見今千里。寄與東君，從教知人，別後歲寒清意。
○●●○○●韻●●○○句○○○○句●●●○●韻
亂山萬叠何在，但有飛雲天際。故園好，早歸來，休戀
●○●●○●句●●○○○●韻●○●句●○○句○
繁花濃李。
○○●韻

　　　此詞換頭作六字一句、七字一句，與各家異。

又一體

《梅苑》無名氏

雙調一百三字,前段十二句五仄韻,後段十一句四仄韻。
瓊姿冰體。料瑩光乍傳,廣寒宮裏。北陸寒深,南園春
○○○●韻●○○○○句●○○●韻●●○○句○○○
早,此後萬花方起。翦霞鬭萼,裁雲砌蕊,天與高致。
●句●●●○○●韻●○○●句○●○●句○●○●韻
太瀟灑,最宜雪宜月,宜亭宜水。　好是天涯庾嶺
●○●句●○●○●句○○○●韻　●●○○●●
上,萬株浮動香千里。屏寫橫斜,鬢插垂裊,占盡秀骨
●句●○○●○○●韻●●○○句●●○●句●●●●
清意。醉魂易醒,吟興信來,佳思無際。爲傳語,向東
○●韻●○●●句○●●○句○○○●韻●○●句●○
風,甘使無言桃李。
○句○●○○○●韻

此詞換頭作七字兩句,與各家異。

按《梅苑》兩詞亦是異體,但句讀較江、蔡二詞稍覺整齊。至《詞律》收張元幹一詞,字多脫誤,無從校對,刪之。

烏夜啼三體

唐教坊曲名。《太和正音譜》注"南呂宮",又"大石調"。宋歐陽修詞名《聖無憂》,趙令時詞名《錦堂春》。

按郭茂倩《樂府詩集》有清商曲《烏夜啼》,乃六朝及唐人

古今體詩，與此不同。此蓋借舊曲名，另翻新聲也。

烏夜啼

（南唐）李　煜

　　雙調四十七字，前後段各四句兩平韻。
昨夜風兼雨，簾幃颯颯秋聲。燭殘漏斷頻欹枕，起坐不
●●○○●句○○●●○○韻○○●●○○●句●●●
能平。　　世事漫隨流水，算來一夢浮生。醉鄉路穩宜
○○韻　　●●●○○●句●○●●○○韻●○●●○
頻到，此外不堪行。
○●句●●●○○韻

　　此詞前段起句五字，歐陽修"聖無憂"詞及權無染詞正與此同。

　　歐詞前段第二句"十年一別須臾"，"十"字仄聲。權詞後段第三句"與君高却看花眼"，"高"字平聲。譜內據此，餘系下詞。

又一體

趙令畤

　　雙調四十八字，前後段各四句兩平韻。
樓上縈簾弱絮，牆頭礙月低花。年年春事關心事，腸斷
⊖●⊖○●句○○●●○○韻⊖⊖●●○○●句●●
欲棲鴉。　　舞鏡鸞衾翠減，啼珠鳳蠟紅斜。重門不鎖
●○○韻　　●●○○●●句○○●●○○韻●○●●

相思夢，隨意繞天涯。
○●●句◐●●○○韻

按此調五字起者或名《聖無憂》，六字起者或名《錦堂春》。宋人俱填《錦堂春》體，其實始於南唐李煜，本名《烏夜啼》也，《詞律》反以《烏夜啼》爲別名者誤。惟《相見歡》一詞乃別名《烏夜啼》，與此無涉。

此調前段起句六字，宋人皆同，惟蘇軾詞前後段第三句"若見故人須細問"，"更有鱸魚堪切鱠"，平仄獨異。

前段第一句，盧祖皋詞"柳色津頭泫緑"，"柳"字仄聲；劉迎詞"離恨遠縈楊柳"，"遠"字仄聲，"楊"字平聲。譜内據此，餘詳前詞。

又一體

程　垓

雙調五十字，前後段各五句兩平韻。

墙外雨肥梅子，階前水繞荷花。陰陰庭户薰風灑，冰紋
○●●○○●句◐○●●○○韻○○○●○○●句○○
簟，怯菱芽。　　春盡難憑燕語，日長惟有蜂衙。沈香
●句●○○韻　　◐●○○●●句●○○●○○韻○○
火冷珠簾暮，筒人在，碧窗紗。
●●○○●句●●句●○○韻

此詞前後段結句作三字兩句異。汲古閣本《書舟詞》誤刻《西江月》，《詞律》猶沿其誤，今從《詞緯》改定。至《詞律》收程玼詞，乃《錦帳春》，與《錦堂春》迥别，另編不列。

相思兒令一體

《花草粹編》名《相思令》。

相思兒令

晏　殊

雙調四十七字，前段四句兩平韻，後段四句三平韻。

昨日探春消息，湖上綠波平。無奈繞堤芳草，還向舊痕
●●●○○●句○●●○○韻●●●○○●句○●●○
生。　有酒且醉瑤觥。更何妨、檀板新聲。誰教楊柳
○韻　　●●●○○韻●○○讀○●●○○韻○○○●
千絲，就中牽繫人情。
○○句●○○●○○韻

此調只晏殊一詞，無別首可校。

阮郎歸二體

宋丁持正詞有"碧桃春晝長"句，名《碧桃春》。李祁詞名《醉桃源》，曹冠詞名《宴桃源》。韓淲詞有"濯纓一曲可流行"句，名《濯纓曲》。

阮郎歸

（南唐）李　煜

雙調四十七字，前段四句四平韻，後段五句四平韻。

東風吹水日銜山。春來長自閒。落花狼籍酒闌珊。笙歌
⊖○●●●○○韻●○⊖●○韻●○⊖●●○○韻○○
醉夢間。　春睡覺，晚妝殘。無人整翠鬟。留連光景
⊖●○韻　⊖⊖●句●○○韻⊖○●●○韻○⊖●
惜朱顔，黃昏獨倚闌。
●○○韻⊖○●●○韻

唐宋人填此調者祇此一體，若黃詞押韻遊戲，非正體也。前段第一句，蘇軾詞"綠槐高柳咽新蟬"，"綠"字仄聲；秦觀詞"宮腰裊裊翠鬟鬆"，上"裊"字仄聲；第二句，李詞別首"孤窗月影低"，"月"字仄聲；第三句，秦觀詞"秋千未拆水平堤"，"秋"字平聲，"未"字仄聲。後段第一句，歐陽修詞"淺螺黛"，"淺"字仄聲，"螺"字平聲；第四句，司馬光詞"落花寂寂水潺潺"，"落"字、上"寂"字俱仄聲。譜內可平可仄據此，餘參黃詞。

又一體

黃庭堅

雙調四十七字，前段四句三平韻一重韻，後段五句兩平韻兩重韻。

烹茶留客駐雕鞍。有人愁遠山。別郎容易見郎難。月斜
○○○●●○○韻●○○●○韻●○○●●○○韻●○

窗外山。　　歸去後，憶前歡。畫屏金博山。一杯春
○●○重韻　　○●●句●○○韻●○○●○重●○○
露莫留殘，與郎扶玉山。
●●○○韻●○○●○重

　　此即李詞體，惟前後段重押四"山"字韻，自注"效獨木橋
體"，宋人亦間一爲之。

賀聖朝十一體

　　唐教坊曲名。《花間集》有歐陽炯詞，本名《賀明朝》，《詞
律》混入《賀聖朝》誤。

賀聖朝

馮延巳

　　雙調四十七字，前段五句三仄韻，後段六句兩仄韻。
金絲帳暖牙牀穩。懷香方寸。輕顰輕笑，汗珠微透，柳
○○●●○○韻○○●韻○○●句●○○句●
沾花潤。　　雲鬟斜墜，春應未已，不勝嬌困。半蒔犀
○○●韻　　○○●句○●●句●○○韻●○
枕，亂纏珠被，轉羞人問。
●句○○●句●●○韻

　　此調昉自此詞，如杜詞、黃詞、葉詞、趙詞皆由此添字，或
攤破句法，其實同出一原也。若無名氏之《轉調賀聖朝》，另
押平韻，與此不同；因調名同，故爲類列。
　　譜內可平可仄悉參後列七詞句法同者。

又一體

黃庭堅

雙調四十七字,前段四句三仄韻,後段五句三仄韻。

脫霜披茜初登第。名高得意。櫻桃榮宴玉池遊,領群仙
●○○●○○●韻○○●●韻○○●●○○句●○○
行綴。　佳人何事,輕相戲道,得之何濟。君家聲譽
○●韻　○○○●句○○●●句●○○●韻○○●
古無雙,且均平爲二。
●○○句●○○○●韻

此即馮詞體,惟前段第三四五句,後段第四五六句,俱攤破句法,作七字一句、五字一句異。

又一體

葉清臣

雙調四十九字,前段四句三仄韻,後段五句三仄韻。

滿斟綠醑留君住。莫匆匆歸去。三分春色二分愁,更一
◐○●●○○●韻●○○●韻○○●●●○○句●●
分風雨。　花開花謝,都來幾許。且高歌休訴。不知
○○●韻　○○○●句○○●●韻●○○●韻●○
來歲牡丹時,再相逢何處。
◐●●○○句●●○○●韻

此亦馮詞體,惟前段第二句添一字,後段第三句添一字,前段第三四五句、後段第四五六句俱攤破句法,作七字一句、五字一句異。趙鼎、馬莊父詞正與此同。別本前結或作"三

分春色,二分愁悶,一分風雨",後起或作"花開花謝花無語",後結或作"知他來歲,牡丹時候,相逢何處",即後趙彥端"一江風月"詞體。今照《花庵詞選》本。

前段起句,趙詞"斷霞收盡黃昏雨","收"字平聲;馬詞"遊人拾翠不知遠","遊"字平聲,"不"字仄聲;第二句,馬詞"被子規呼轉","子"字仄聲;第三句,趙詞"簾櫳不卷夜深沈","不"字仄聲。後段第二句,馬詞"海棠紅淺","海"字仄聲,"紅"字平聲;第四句,馬詞"花前一笑不須慳","花"字平聲,"一"字仄聲;結句,趙詞"有許多言語","許"字仄聲。譜內可平可仄據之。

又一體

趙師俠

雙調四十九字,前段四句三仄韻,後段五句兩仄韻。

千林脫落群芳息。有一枝先白。孤標疏影厭花叢,更清
○○●●○○●韻●●○○●韻○○○●●○○句●○
香堪惜。　吟情無盡,賞音未已,早紛紛籍籍。想貪
○○●韻　○○●句○○●●句●○○●●韻●○
結子去調羹,任叫雲橫笛。
●●●○○句●●○○●韻

此與葉詞同,惟後段第二句不用韻異

又一體

趙彥端

雙調四十八字,前段五句三仄韻,後段四句三仄韻。

277

一江風月同君住。了不知秋去。賞心亭下，過帆如馬，
●○○●○●韻●●○○●韻●○○●句●○○●句
墮楓如雨。　　相將莫問興亡事。舉離觴誰訴。垂楊指
●○○●韻　　○○●●○○●韻●○○●韻○○●
點，但歸來、有溫柔佳處。
●句●○○讀●○○○●韻

　　此詞前段即馮詞體，惟第二句添一字，後段則攤破句法，
另成變調，與馮詞異。

又一體

趙彥端

　　雙調四十八字，前後段各四句三仄韻。
河陽桃李開無數。待乘春歸去。小園幾片忽驚飛，恨主
○○○●○○●韻●○○○●韻●○●●●○○句●●
人難駐。　　雛鶯乳燕愁相語。道留君不住。願君隨處
○○●韻　　○○●●○○●韻●○○●●韻●○○●
作東風，與群芳爲主。
●○○句●○○●●韻

　　此與葉詞同，惟換頭處攤破句法異。

又一體

杜安世

　　雙調四十七字，前段四句三仄韻，後段五句兩仄韻。
牡丹盛圻春將暮。群芳羞妒。幾時流落在人間，半開仙
●○●●○○●韻○○○●韻●○○●●○○句●○○

露。　　馨香艷冶，吟看醉賞，歎誰能留住。莫離持燭
●韻　　○○●●句○○●●句●○○●韻●○●
夜深深，怨等閒風雨。
●○○句●●○○●韻

　　　此亦馮詞體，惟後段第三句添一字，前段第三四五句攤破作七字一句、四字一句，後段第四五六句攤破作七字一句、五字一句異。

又一體

杜安世

　　　雙調四十七字，前段四句三仄韻，後段六句三仄韻。
東君造物無凝滯。芳容相替。杏花桃萼一時開，就中明
○○●●○○●韻○○●●韻●○●●●○○句●○○
媚。　　緑叢金朶，枝長葉細。稱花王相待。萬般堪
●韻　　●○○句○○●●韻●○○●韻●○○
愛，暫時見了，腸斷無計。
●句●○●句○●○●韻

　　　此即馮詞體，惟前段第三四五句攤破作七字一句、四字一句，後段第三句添一字異。
　　　杜詞二首句讀參差，不足爲法，採入以備一體。

又一體

《古今詞話》無名氏

　　　雙調四十九字，前段五句兩平韻，後段五句一平韻一叠韻。

279

漸覺一日，濃如一日，不比尋常。若知人、爲伊瘦損，
●○○●句　○○●●句　○●○○韻　●○○讀○●●句
成病又何妨。　　相思到了，不成模樣，收淚千行。把
◐●●○○韻　　○○●●句◐○○●句◐●○○韻●
從前、淚來做水，流也流到伊行。
○○讀●○●●句○●○●○○叠

　　　此見《古今詞話》，名《轉調賀聖朝》，押平聲韻，與押仄韻
者不同。譜內可平可仄悉紏下詞。

又一體

《鳴鶴餘音》無名氏

　　雙調五十字，前後段各五句兩平韻。
野僧歸後，漁舟纜纜，綠檜生烟。對寒鐙、瀟灑枕書
●○○●句○○●●句●●○○韻●○○讀○●●
眠，聽石漱流泉。　　丹鑪火滅，琴房人靜，風自調
○句●●○○韻　　○○●●句○○○●句○●○
絃。待孤峰、項上月明時，正一夢遊仙。
○韻●○○讀●●●○○句●●●○○韻

　　　此與轉調詞同，惟前後段第四句各添一字，作八字句異。

又一體

《鳴鶴餘音》無名氏

　　雙調五十字，前後段各六句兩平韻。
草堂初寐，青衣扃戶，丹頂歸巢。抱瑤琴高枕，夢遊仙
●○○●句○○○●句○●○○韻●○○○●句◐○○

島，物外逍遥。　　中宵睡覺，聲如鳴佩，竹被風敲。
●句●●○○韻　　○○●句○○○●句●●○○韻
隔疏林斜望，斷雲飛去，月上松梢。
●○○○●句●○○●句●●○○韻

　　此亦轉調詞體，惟前段第四五句添一字，後段第四五句攤破句法，俱作五字一句、四字兩句異。

甘草子二體

《樂章集》注"正宮"。

甘草子

寇　準

　　雙調四十七字，前段五句四仄韻，後段四句四仄韻。
春早。柳絲無力，低拂青門道。暖日籠啼鳥。初坼桃花
○●韻●○○●句○●●○○韻●●○○韻○●○○
小。　　遥望碧天净如掃。曳一縷、輕烟縹緲。堪惜流
●韻　　○●●○○●韻●●讀○○●韻○●○
年謝芳草。任玉壺傾倒。
○●●韻●●○○●韻

　　此調前段第四句押韻者，祇有此詞。柳詞二首自注"宮調"。又有楊无咎詞可校，故可平可仄悉注於柳詞之下。

又一體

柳　永

雙調四十七字，前段五句三仄韻，後段四句四仄韻。

秋暮，亂灑衰荷，顆顆真珠雨。雨過月華生，冷徹鴛鴦浦。池上憑闌愁無侶。奈此箇、單棲情緒。却傍金籠教鸚鵡。念粉郎言語。

換頭句"愁無侶"三字，《詞律》譌爲"愁無似"，今從《花草粹編》改正。

柳詞別首前段結句"還有邊庭信"，"還"字平聲。後段第二句"動羅幕、曉寒猶嫩"，"羅"字平聲，"曉"字仄聲；第三句"中酒殘妝慵整頓"，"慵"字平聲，"整"字仄聲；楊詞"誰與浮家五湖去"，"誰"字平聲。譜內可平可仄據此。

珠簾卷一體

調見歐陽修詞，因詞有"珠簾卷"句，取以爲名。

珠簾卷

歐陽修

雙調四十七字，前段五句三平韻，後段五句兩平韻。

珠簾卷，暮雲愁。垂楊暗鎖青樓。煙雨濛濛如畫，輕風
○○●句●○○韻○○●●○○韻○●○○●句○○
吹旋收。　香斷錦屏新別，人閒玉簟初秋。多少舊歡
○●○韻　○●●○○句○●●○○韻○●●
新恨，書杳杳，夢悠悠。
○●句○●句●○○韻

此調僅見此詞，無他作可校。

畫堂春五體

調見《淮海集》，即咏畫堂春色，取以爲名。

畫堂春

秦　觀

雙調四十七字，前段四句四平韻，後段四句三平韻。
落紅鋪徑水平池。弄晴小雨霏霏。杏花憔悴杜鵑啼。無
●○○●●○○韻○○●●○○韻●○○●●○○韻○
奈春歸。　柳外畫樓獨上，憑闌手撚花枝。放花無語
●○○韻　●●●○●句○○●●○○韻●○○●
對斜暉。此恨誰知。
●○○韻●●○○韻

此調以此詞爲正體，其餘減字添字皆變格也。
秦詞別首前段結句"睡損紅妝"，"睡"字仄聲，譜内據之，
餘參所採諸詞。

又一體

謝 懋

雙調四十六字,前段四句四平韻,後段四句三平韻。

西風庭院雨垂垂。黃花秋閏遲。已涼天氣未寒時。才褪
○○○●●○○韻○○●●○韻●○○●●○○韻○●
單衣。　睡起枕痕猶在,鬢鬆釵壓雲低。玉奩重拂淡
○○韻　●●●○○●句●○○●○○韻●○○●●
胭脂。青入雙眉。
○○韻○●○○韻

此詞前段第二句五字,較秦詞減一字。

又一體

趙長卿

雙調四十八字,前段四句四平韻,後段四句三平韻。

小亭煙柳水溶溶。野花白白紅紅。惱人池上晚來風。吹
●○○●●○○韻●○●●○○韻●○○●●○○韻○
損春容。　又是清明天氣,記當年、小院相逢。憑闌
●○○韻　●●○○○●句●○○讀●●○○韻○○
幽思幾千重。殘杏香中。
○●●○○韻○●○○韻

此詞後段第二句七字,較秦詞添一字。

又一體

黃庭堅

雙調四十九字，前段四句四平韻，後段四句三平韻。

摩圍小隱枕蠻江。蛛絲閒鎖晴窗。水風山影上修廊。不
○○●●●○○韻○○○●○○韻●○○●●○○韻●
到晚來涼。　相伴蝶穿花逕，獨飛鷗舞溪光。不因送
●●○○韻　○●●○○●句●○○●○○韻●○○
客下繩牀。添火炷鑪香。
●●○○韻○●●○○韻

此詞前後段結句皆五字，較秦詞各添一字，張先"外湖蓮子"詞與此同。

又一體

趙長卿

雙調四十九字，前後段各四句四平韻。

當時巧笑記相逢。玉梅枝上玲瓏。酒杯流處已愁濃。寒
○○●●●○○韻●○○●○○韻●○○●●○○韻○
雁摩空。　去程無計更從容。到歸來、好事匆匆。一
●○○韻　●○○●●○○韻●○○讀●●○○韻●
時分付不言中。此恨難窮。
○○●●○○韻●●○○韻

此詞換頭二句皆七字，多押一韻，較秦詞添二字。

285

喜長新一體

唐教坊曲名。

喜長新

王勝之

雙調四十七字,前段四句四平韻,後段四句三平韻。

秋風朔吹曉徘徊。雪照樓臺。梁王宴召有鄒枚。相如獨
○○●●●○○韻●●○○韻○○●●●○○韻○○●
逞英才。　明燭熏鑪香暖, 深勸金杯。庭前艷粉有寒
●○○韻　○●○○○●句○●○○韻○○●●●○
梅。一枝昨夜先開。
○韻●○●●○○韻

此詞無他首可校,平仄當遵之。

金盞子令一體

見《高麗史·樂志》。

金盞子令

《高麗史·樂志》無名氏

雙調四十七字,前後段各五句兩平韻。

東風報暖，到頭嘉氣漸融怡。巍峨鳳闕，起鼇山萬仞，
○○●●句●○○●●○○韻○○●●句●○○●●句
爭聳雲涯。　　梨園子弟，齊奏新曲，半是塤篪。
○●○○韻　　○○●●句○●●○句●●○○韻
見滿筵、簪紳醉飽，頌鹿鳴詩。
●●○讀○○●●句●●○○韻

此詞亦無他首可校。

獻天壽一體

見《高麗史·樂志》。

獻天壽

《高麗史·樂志》無名氏

雙調四十七字，前段四句四平韻，後段五句三平韻。
日暖風和春更遲。是太平時。我從蓬島整容姿。來降賀
●●○○○●○韻●●○○韻●○○●●○○韻○●●
丹墀。　　幸逢鐙夕真佳會，喜近天威。神仙壽算永無
○○韻　　●○○●○○●句●●○○韻○○●●●○
期。獻君壽，萬千斯。
○韻●○●句●○○韻

此詞亦無他首可校。

詞譜卷七

三字令二體

調見《花間集》,前後段俱三字句,故名。

三字令

歐陽炯

雙調四十八字,前後段各八句四平韻。

春欲盡, 日遲遲。牡丹時。羅幌卷, 翠簾垂。彩箋書,
○●●句●○○韻●○○韻○●●句●○○韻●○○句
紅粉淚, 兩心知。　　人不在, 燕空歸。負佳期。
○●●句　●○○韻　　○●●句　●○○韻　●○○韻
香爐落,枕函攲。月分明,花淡薄,惹相思。
○●●句●○○韻●○○句○●●句●○○韻

此調始於此詞,向詞即本此添字也。

按前後段第四句"幌"字"爐"字俱用仄聲,與向詞"滿"字"我"字同,《圖譜》注可平者非。

又一體

向子諲

雙調五十四字,前後段各九句四平韻。

春盡日，雨餘時。紅蔌蔌，綠漪漪。花滿地，水平池。
○●●句●○○韻○●●句●○○韻○●●句●○○韻
煙光裏，雲影上，畫船移。　　文鴛並，白鷗飛。
⊖○●句　○●●句　●○○韻　　○⊖●句　●○○韻
歌韻響，酒行遲。將我意，入新詩。春欲去，留且住，
○●●句●○○韻○●●句●○○韻○⊖●句○●●句
莫教歸。
●○○韻

較歐詞前後段各多第三句三字，兩詞平仄略同，惟"煙光裏"、"春欲去"兩句，與歐詞"彩箋書"、"月分明"平仄異。

山花子一體

唐教坊曲名，一名《南唐浣溪沙》。《梅苑》名《添字浣溪沙》，《樂府雅詞》名《攤破浣溪沙》，《高麗史·樂志》名《感恩多令》。

山花子

(南唐)李　　璟

雙調四十八字，前段四句三平韻，後段四句兩平韻。
菡萏香銷翠葉殘。西風愁起綠波間。還與韶光共憔悴，
⊖●○○●●○韻○○⊖●●○○韻●●⊖○○●●句
不堪看。　　細雨夢回鷄塞遠，小樓吹徹玉笙寒。多少
●○○韻　　●●⊖○○●●句●○⊖●●○○韻○●

淚珠何限恨，倚闌干。
◐○○●●句●○○韻

　　此調即《浣溪沙》之別體，不過多三字兩結句，移其韻於結句耳，此所以有添字、攤破之名。然在《花間集》和凝時已名《山花子》，故另編一體。

　　和凝詞前段起句"銀字笙寒調正長"，"銀"字平聲；第二句"水紋簟冷畫屏涼"，"水"字"簟"字俱仄聲；第三句"玉腕重因金捉臂"，"玉"字"重"字俱仄聲，"金"字平聲。毛文錫詞後段起句"羅襪生塵遊女過"，"羅"字"生"字俱平聲。賀鑄詞第二句"遲回顧步佩聲微"，"遲"字平聲，"顧"字仄聲；第三句"宛是春風蝴蝶舞"，"宛"字仄聲，"春"字平聲。譜內可平可仄據此。

憶餘杭二體

　　見《湘山野錄》。潘閬自度曲，因憶西湖諸勝，故名《憶餘杭》。《詞律》編入《酒泉子》者誤。

憶餘杭

潘　閬

　　雙調四十八字，前段四句兩平韻，後段四句兩仄韻兩平韻。

長憶西湖，盡日憑闌樓上望，三三兩兩釣魚舟。　島嶼
○●○○句◐●○○●●句◐○◐●●○○平韻●●
正清秋。　笛聲依約蘆花裏。　白鳥數行驚起。別來
●○○韻　●○○●○○●仄韻●●●○○●韻●○

閒想整漁竿。　　思入水雲寒。
◐●●○○換平韻◐●●○○韻

　　此調衹有潘詞三首,故可平可仄悉依之。潘詞別首前段第三句"冷泉亭上幾曾遊","冷"字仄聲,"亭"字平聲。後段第三句"別來幾向畫圖看","幾"字仄聲。餘參校下首。
　　坊本後段第二句或作"白鳥成行忽驚起",今從《湘山野録》改正。

又一體

潘　閬

　　雙調四十九字,前段四句兩平韻,後段四句兩仄韻兩平韻。
長憶孤山,山在湖心如黛簇,僧房四面向湖開。　輕棹
○●○○句○●○○●●句○○●●●○○平韻○●
去還來。　芰荷香細連雲閣。　閣上清聲簷下鐸。別
去還來。　○○●●●○●仄韻●●○○○●●韻●
來塵土污人衣。　空役夢魂飛。
○○●●○○換平韻○●●○○韻

　　後段第二句較前詞多一字,潘詞別首"長嘯一聲何處去",正與此同。

秋蕊香三體

　　此調有兩體,四十八字者始於晏殊,九十七字者始於趙以夫。兩詞迥別,因調名同,故爲類列。若柳永六十字《秋蕊香

引》，仍即挨字另編。

秋蕊香

晏　殊

雙調四十八字，前後段各四句四仄韻。

梅蕊雪殘香瘦。羅幕輕寒微透。多情只似春楊柳。占斷
⊖●●○○●韻⊖●●○○●韻⊖○⊖●○○●韻⊖●
可憐時候。　蕭娘勸我杯中酒。翻紅袖。金烏玉兔長
⊖○○●韻　⊖○⊖●○○●韻⊖○●韻⊖●⊖○⊖
飛走。爭得朱顏依舊。
○●韻⊖●⊖○⊖●韻

　　此調衹有此體，但周邦彥以前悉照此詞平仄填，周邦彥以後即照周詞平仄填，故兩收之。此詞前段起句第五字平聲，前後段第三四句第五字俱平聲，有晏幾道、張耒諸詞可證。
　　晏幾道詞前段第二句"別恨遠山眉小"，"別"字仄聲；第三句"眼前人去歡難偶"，"人"字平聲；第四句"誰共一杯芳酒"，"誰"字平聲。張耒詞後段第一句"別離滋味濃如酒"，"別"字仄聲，"滋"字平聲；第二句"著人瘦"，"著"字仄聲。楊澤民詞第三句"良人貪逐利名遠"，"貪"字平聲；第四句"不憶幽花静院"，"不"字仄聲；方千里詞"春鎖緑沉小院"，"緑"字仄聲。譜内可平可仄據此。楊詞中"利"字"静"字，方詞中"小"字，此正晏、周二詞體例所分，概不校注，餘參周詞。

又一體

周邦彥

雙調四十八字，前後段各四句四仄韻。

乳鴨池塘水暖。風緊柳花迎面。午妝粉指印窗眼。曲裏
●●○○●●韻○●●○○●韻●○●●○●韻●●
長眉翠淺。　　聞知社日停鍼線。探新燕。寶釵落枕夢
○○●●韻　　○○●●○○●韻●○●韻●●●●
魂遠。簾影參差滿院。
○●韻○●○○●●韻

此即晏詞體，所異者惟前段第一句第五字、前後段第三四句第五字，俱用仄聲耳，有方千里、楊澤民、陳允平和詞及吳文英諸作可證。大概南宋人俱宗之，故採入以備參考。

又一體

趙以夫

雙調九十七字，前段十句五平韻，後段九句五平韻。

一夜金風，吹成萬粟，枝頭點點明黃。扶疏月殿影，雅
●●○○句○○●●句○○●●○○韻○○●●句●
淡道家妝。阿誰倩、天女散濃香。十分熏透霓裳。徘徊
●●○○韻●○●讀○●●○○韻●○○●○○韻○○
處，玉繩低轉，人靜天涼。　　底事小山幽咏，渾未識
●句●○○●句○●○○韻　　●●●○○●句○●●
清妍，空自神傷。憶佳人、執手訴離湘。招蟾魄、和淚
○○句○●○○韻●○○讀●●●○○韻○○●讀●●

293

吸秋光。碧雲日暮何妨。惆悵久，瑤琴微弄，一曲清
●〇〇韻●〇〇●〇〇韻〇●●句〇〇〇●句●●〇
商。
〇韻

　　此調見《虛齋樂府》。詠木犀，即賦題本意也。無別作可校，平仄宜依之。

胡搗練三體

　　此調與《搗練子》異。或云似《桃源憶故人》，但前後段起句有押韻不押韻之分。惟《望仙樓》調本此減字，觀《梅苑》刻《望仙樓》詞仍名《胡搗練》，可知矣。

胡搗練

晏　殊

雙調四十八字，前後段各四句三仄韻。

夜來江上見寒梅，自逞芳妍標格。爲甚東風先圻。分付
●〇〇●●〇〇句●〇〇〇●韻〇〇〇〇●韻〇●
春消息。　　佳人釵上玉尊前，朵朵濃香堪惜。誰把彩
〇〇●韻　　〇〇〇●●〇〇句●●〇〇〇●韻〇●〇
毫描得。免恁輕拋擲。
〇〇●韻●●〇〇●韻

　　汲古閣本此詞前段第一二三句作"小桃花與早梅花，盡是芳妍品格。未上東風先圻"，今從《梅苑》及《花草粹編》改正。

此調以此詞爲正體，若晏幾道詞之減字，杜安世詞之添字，皆變格也。此詞有《梅苑》詞可校，前後段起句俱不押韻。坊本張先集有《胡擣練》詞，查係《桃源憶故人》，故不編入。

　　《梅苑》詞前段結句"水漾橫斜影"，"水"字仄聲。後段起句"異香直到醉鄉中"，"異"字仄聲。譜內可平可仄據此，餘參下詞。

又一體

晏幾道

　　雙調四十七字，前後段各四句三仄韻。

小春花信日邊來，隴上江梅先坼。今歲東君消息。還自
●○○●●○○句●●○○○●韻○●○○○●韻○●
南枝得。　素衣染盡天香，玉酒添成國色。一自故溪
○○●韻　●○●●○○句●●○○●●韻●●●○
疏隔。腸斷長相憶。
○●韻○●○●●韻

　　此詞一名《望仙樓》，即前"夜來江上"詞體，惟後段起句少一字。按《梅苑》本作"素衣洗盡九天香"，仍七字句，因《花草粹編》與本集同，故從本集。

又一體

杜安世

　　雙調五十字，前後段各四句三仄韻。

數枝半斂半開時，洞閣曉、寶妝新注。香格艷姿天賦。
●○●●●○○句●●●讀●○○●韻○●●○○●韻

甘被群芳妒。　　狂風橫雨且相饒，又恐有、彩雲迎
○●○○●韻　　○○●●●○○句●●讀●○○
去。牽破少年心緒。無計長爲主。
●韻○●●○○●韻○●○○●韻

此亦晏殊詞體，惟前後段第二句各添一字，作上三下四句法異。坊本前段第三句作"寶香格艷姿天賦"，今照《詞緯》改定。

桃源憶故人二體

一名《虞美人影》。張先詞或名《胡搗練》，陸游詞名《桃園憶故人》，趙鼎詞名《醉桃園》。韓淲詞有"杏花風裏東風峭"句，名《杏花風》。

桃源憶故人

歐陽修

雙調四十八字，前後段各四句四仄韻。
梅梢弄粉香猶嫩。欲寄江南春信。別後愁腸縈損。說與
⊙○⊙●○○韻⊙●○○⊙●韻⊙●⊙○○●韻⊙●
伊爭穩。　　小鑪獨守寒灰燼。忍淚低頭畫盡。眉上萬
○○●韻　　⊙○⊙●○○韻⊙●⊙○⊙●韻⊙●⊙
重新恨。竟日無人問。
○○●韻⊙●○○●韻

此調以此詞爲正體，宋人多依此填，若王詞之添字乃變格也。

前段起句,朱敦儒詞"雨斜風橫香成陣","雨"字仄聲,"風"字平聲;第二句,鄭域詞"低下繡簾休卷","繡"字仄聲;第三句,管鑑詞"惟有綠窗朱戶","惟"字平聲;馬古洲詞"雪後又開半樹","半"字仄聲;結句,黃庭堅詞"花底鶯聲嫩","花"字平聲。後段第二句,秦觀詞"驚破一番新夢","驚"字平聲,"一"字仄聲,"新"字平聲;第三句,史達祖詞"十五年來凝佇","年"字平聲;馬詞"我是西湖處士","處"字仄聲;結句,陸游詞"芳草連天暮","芳"字平聲。譜內可平可仄據此,餘參王詞。

又一體

王庭珪

雙調四十九字,前後段各四句四仄韻。

催花一霎清明雨。　留得東風且住。　兩岸柳汀烟塢。　未放
○○●○○●韻○●○○●韻●●●○○●韻●●
行人去。　　人如雙鵠雲間舉。　明月夜、扁舟何處。　只
○○●韻　　○○●●○○●韻●●讀○○●韻●
向武陵南渡。便是長安路。
●●○○●韻●●●○●韻

　　此即歐詞體,惟後段第二句添一字,作上三下四句法異。

撼庭秋一體

唐教坊曲名。一作《感庭秋》。

撼庭秋

晏　殊

雙調四十八字，前段五句三仄韻，後段六句兩仄韻。

別來音信千里。恨此情難寄。碧紗秋月，梧桐夜雨，幾
●○○●●韻●●○○●韻●○○●句○○●●句●
回無寐。　　高樓目斷，天涯雲黯，只堪憔悴。念蘭堂
○●韻　　○○●●句○○○●句●○○●韻●○○
紅燭，心長焰短，向人垂淚。
○●句○○●●句●○○●韻

此調平仄無別首可校。

慶金枝三體

《高麗史・樂志》名《慶金枝令》。

慶金枝

《高麗史・樂志》無名氏

雙調四十八字，前後段各四句三平韻。

莫惜金縷衣。勸君惜、少年時。花開堪折直須折，莫待
●●○○●韻●○●讀●○○韻○○○●●○●句●●
折空枝。　　一朝杜宇纔鳴後，便從此、歇芳菲。有花
●○○韻　　●○●●○○●句●○●讀●○○韻●○

有酒且開眉。莫待滿頭絲。
⊖●●●○韻●●●○○韻

　　　此調三體,每體止有一詞,可平可仄即以三詞紊定。

又一體

　　　　　　　　　　　　　張　先

　　　雙調五十字,前段四句四平韻,後段四句三平韻。
青螺添遠山。兩嬌靨、笑時圓。抱雲勾雪近鐙看。算何
○○○●○韻●●●讀●○○韻●●○○●○○韻●⊖
處、不堪憐。　　今生但願無離別,花月下、繡屏前。
●讀●○○韻　　○○●●○○●句○●●讀●○○韻
雙蠶成繭工纏綿。更重結、後生緣。
○○○●○○韻●○●讀●○○韻

　　　此詞前後段第三句押韻,兩結句俱六字折腰。

又一體

　　　　　　　　　　　　《梅苑》無名氏

　　　雙調五十字,前後段各四句四平韻。
新春入舊年。綻梅萼、一枝先。隴頭人待信音傳。算楚
○○●●○韻●○●讀●○○韻●○○●●○○韻●●
岸、未香殘。　　小桃風雪憑闌干。下簾幕、護輕寒。
●讀●○○韻　　●○○●●○○韻●○●讀●○○韻
年華永占入芳筵。付尊酒、漸成歡。
○○●●●○○韻●○●讀●○○韻

　　　此詞換頭句押韻,餘與張詞同。

燭影搖紅三體

宋吴曾《能改齋漫録》：王都尉詵有《憶故人》詞，徽宗喜其詞意，猶以不豐容宛轉爲恨，乃令大晟樂府別撰腔，周邦彦增益其詞，而以首句爲名，謂之《燭影搖紅》。按王詵詞本小令，原名《憶故人》。或名《歸去曲》，以毛滂詞有"送君歸去添淒斷"句也。若周邦彦詞則合毛、王二體爲一闋。元趙雍詞更名《玉珥墜金環》，元好問詞更名《秋色橫空》。

燭影搖紅

毛　滂

雙調四十八字，前段四句兩仄韻，後段五句三仄韻。

老景蕭條，送君歸去添淒斷。贈君明月滿前溪，直到西
⊖●○○韻●○⊖○○●韻●○⊖●●○○句●●○
湖畔。　門掩緑苔應遍。爲黄花、頻開醉眼。橘奴無
○●韻　　⊖●⊖○●韻●○讀⊖○●●韻●○○
恙，蝶子相迎，寒窗日短。
●句●●○○句⊖○●●韻

周詞前段即此詞體也，故可平可仄即可参之，餘校毛詞別首及賀鑄詞。

賀詞前段第三句"離魂十里念佳期"，"十"字仄聲。後段第二句"但衾枕、餘芳剩煖"，"枕"字仄聲。毛詞別首"唤人醒、不教夢去"，"不"字仄聲；第三四五句"他年尋我，水邊月底，一蓑烟短"，"他"字"邊"字"烟"字俱平聲，"月"字"底"字

"一"字俱仄聲。

又一體

王詵

雙調五十字,前段五句兩仄韻,後段五句三仄韻。

燭影搖紅,向夜闌,乍酒醒、心情懶。尊前誰爲唱陽
●●○○句●●○句●●●讀○○●韻○○○●●○
關。離恨天涯遠。　　無奈雲沈雨散。憑闌干、東風淚
○句○●○○●韻　　○●○○●韻●○○讀○○●
眼。海棠開後,燕子來時,黃昏庭院。
●韻●○○●句●●○○句○○○●韻

周詞後段即此詞也。但此詞前段第二三句共九字,疑
"向"字"乍"字或歌者所添襯字耳。

又一體

周邦彥

雙調九十六字,前後段各九句五仄韻。

香臉輕勻,黛眉巧畫宮妝淺。風流天付與精神,全在嬌
○●○○句●○●●○○●韻○○○●●○○句●●○
波轉。早是縈心可慣。那更堪、頻頻顧盼。幾回得見,
○●韻●●○○●●韻●●○讀○○●●韻●○●●句
見了還休,爭如不見。　　燭影搖紅,夜闌飲散春宵
●●○○句○○●●韻　　●●○○句●○●●○○
短。當時誰解唱陽關,離恨天涯遠。無奈雲收雨散。
●韻○○○●●○○句○●○○●韻●●○○●●韻

憑闌干、東風淚眼。海棠開後，燕子來時，黃昏庭院。
●●●讀●○●●韻●○●●句●●●●句○●●●韻

　　此調前段即毛詞體，後段即用王詞。但第二三句，王詞九字，此則刪去二字，作七字句，仍是毛詞體也。

　　此詞可平可仄，查宋詞悉與小令同，惟前後段第八句或作仄仄平平，或作平仄平平，則與小令異。又前段第二句，方岳詞"宮雲透曉青旗報"，"宮"字平聲；前後段第六句，高觀國詞"正慘慘、雲橫疏影"，孫惟信詞"軟紅街、清明還又"，"疏"字"還"字俱平聲，亦與小令異。

朝中措四體

　　《宋史·樂志》屬黃鍾宮。李祁詞有"初見照江梅"句，名《照江梅》。韓淲詞名《芙蓉曲》，又有"香動梅梢圓月"句，名《梅月圓》。

朝中措

歐陽修

　　雙調四十八字，前段四句三平韻，後段五句兩平韻。
平山闌檻倚晴空。山色有無中。手種堂前垂柳，別來幾
⊖○●●●○○韻⊖●●○○韻⊖○⊖●○○句●○
度春風。　　文章太守，揮毫萬字，一飲千鍾。行樂直
●○○韻　　⊖○●●句⊖○⊖●句●●○○韻⊖●●
須年少，尊前看取衰翁。
○⊖●句⊖○⊖●●○○韻

此調以此詞爲正體,宋人填者甚多,若辛詞、趙詞之攤破句法,蔡詞之添字,皆變體也。

　　前段起句,向子諲詞"滿城臘雪净無埃","滿"字"臘"字俱仄聲;第二句"觸處是花開","觸"字仄聲;第三句,蔡伸詞"萬里閒雲散盡","散"字仄聲;結句,趙師俠詞"歸時秋滿山川","秋"字平聲。後段起句,歐詞別首"客程無盡","客"字仄聲,"無"字平聲;第二句,范成大詞"夕陽如錦","夕"字仄聲,"如"字平聲;第三句,周紫芝詞"人在天涯","人"字平聲;第四句,趙師俠詞"鬢影黃邊漸綠","黃"字平聲,"漸"字仄聲;結句,李祁詞"隔江煙雨樓臺","隔"字仄聲,"煙"字平聲。譜内可平可仄據此,餘校所採三詞。

又一體

辛棄疾

　　雙調四十八字,前後段各四句三平韻。

年年金蕊艷西風。人與菊花同。霜鬢經春曾綠,仙姿不
○○●●●○○韻○●●○○韻○○○●句○○●
飲長紅。　　焚香度日儘從容。笑語調兒童。一歲一杯
●○○韻　　○○●●●○○韻●●○○韻●●●○
爲壽,從今更數千鍾。
○●句○○●●○○韻

　　此亦歐詞體,惟後段第一二三句攤破四字三句,作七字一句、五字一句異。坊本或刻"焚香度日,從容笑語,儘調兒童",今照稼軒本集。

又一體

趙長卿

雙調四十八字,前段四句三平韻,後段四句兩平韻。

荷錢浮翠點前溪。梅雨日長時。恰是清和天氣,雕鞍又
〇〇〇●●〇〇韻〇●●〇〇韻●●〇〇〇●句〇〇●
作分攜。　別來幾日愁心折,鍼線小蠻衣。羞對綠陰
●〇〇韻　　●〇〇●●〇〇句〇●●〇〇韻〇●●〇
庭院,銜泥燕燕於飛。
〇●句〇〇●●〇〇韻

此與辛詞同,惟後段起句不押韻異。洪咨夔"荷花香裏"
詞換頭句"去天尺五城南路",正與此同。

又一體

蔡伸

雙調四十九字,前段四句三平韻,後段五句兩平韻。

章臺楊柳自依依。飛絮送春歸。院宇日長人靜,園林綠
〇〇〇●●〇〇韻〇●●〇〇韻●●〇〇〇●句　〇〇●
暗紅稀。　庭前花謝了,行雲散後,物是人非。惟有
●〇〇韻　　〇〇〇●●句〇〇●●句●●〇〇韻〇●
一襟清淚,憑闌灑遍殘枝。
●〇〇●句〇〇●●〇〇韻

此即歐詞體,惟後段起句添一字,作五字句異。

洞天春一體

調見《六一詞》，蓋賦院落之春景如洞天也。

洞天春

歐陽修

雙調四十八字，前段四句四仄韻，後段五句三仄韻。

鶯啼綠樹聲早。檻外殘紅未掃。露點真珠遍芳草。正簾
○○●●○●　韻　●●○○●●　韻　●●○○●○●　韻　●○
幃清曉。　鞦韆宅院悄悄。又是清明過了。燕蝶輕
○○●　韻　　　○○●●○●　韻　●●○○●●　韻　●●○
狂，柳絲撩亂，春心多少。
○　句　●○○●　句　○○○●　韻

此調宋人填者絕少，無從校對平仄。

慶春時一體

調見《小山樂府》，凡二首，俱慶賞春時讌樂之詞。

慶春時

晏幾道

雙調四十八字，前段六句兩平韻，後段五句兩平韻。

305

倚天樓殿，昇平風月，彩仗春移。鶯絲鳳竹，長生調
◐○●●句○○○●句◐●○○韻○○●●句○○●
裏，迎得翠輿歸。　　雕鞍遊罷，何處還有心期。濃熏
●句○●●○○韻　　○○○●句○●◐●○○韻○○
翠被，深停畫燭，人約月西時。
●●句○○●●句◐●●○○韻

晏詞二首平仄略同，惟別首起句"梅梢已有"，"梅"字平
聲，"已"字仄聲；第三句"風意猶寒"，"風"字平聲。《詞律》
謂前段第五句"調"字可平，後段第四句"畫"字可平，無據，不
必從。

眼兒媚三體

左譽詞有"斜月小闌干"句，名《小闌干》。韓淲詞有"東
風拂檻露猶寒"句，名《東風寒》。陸游詞名《秋波媚》。

眼兒媚

左　譽

雙調四十八字，前段五句三平韻，後段五句兩平韻。
樓上黃昏杏花寒。斜月小闌干。一雙燕子，兩行歸雁，
○●○○●●○韻　◐●●○○韻　◐○◐●句◐○◐●句
畫角聲殘。　　綺窗人在東風裏，灑淚對春閒。也應似
◐●○○韻　　◐○◐●○○●句◐●●○○韻◐○●
舊，盈盈秋水，淡淡春山。
●句◐○◐●句◐●○○韻

此調以左詞、賀詞爲正體，若趙詞之換頭句多押一韻，乃變格也。左詞前段起句拗體，如王雱詞之"楊柳絲絲弄輕柔"，曾覿詞之"花近清明晚風寒"，尹煥詞之"裊裊垂楊醮清漪"，皆是，故兩詞俱採。其兩起句之平仄不可相通，任填者自擇一體宗之。

　　前段第三句，黃公度詞"如今憔悴"，"如"字"憔"字俱平聲。後段第一二句，王雱詞"而今往事難重省，歸夢繞秦樓"，"而"字平聲，"往"字仄聲，"歸"字平聲；第三句黃機詞"離愁多在"，"多"字平聲；第四句，薛夢桂詞"雁飛不到"，"雁"字"不"字俱仄聲。譜內可平可仄據此，餘參賀詞、趙詞。

又一體

賀　鑄

雙調四十八字，前段五句三平韻，後段五句兩平韻。

蕭蕭江上荻花秋。做弄許多愁。半竿落日，兩行新雁，
◐○○●●○○韻●●●○○韻●○●句●○○○句
一葉扁舟。　惜分長怕君先去，且待醉時休。今宵眼
●●○○韻　●○○●○●句●●●○○韻○○●
底，明朝心上，後日眉頭。
●句○○○●句●●○○韻

　　此與左詞同，惟前段起句不作拗體，如盧祖皋詞之"玉鈎清曉上簾衣"，史達祖詞之"兒家七十二鴛鴦"，皆是。以下可平可仄即同左詞。

又一體

趙長卿

雙調四十八字,前後段各五句三平韻。

南枝消息杳然間。寂寞倚雕闌。紫腰艷艷,青腰裊裊,
○○●●○○韻●●●○○韻●○●●句○○●●句
風月俱閒。　　佳人環佩玉闌珊。作惡探花還。玉纖撚
○●○○韻　　○○●●●○○韻●●●○○韻●○●
粟,櫻脣呵粉,愁點眉彎。
●句○○○●句○●○○韻

此即賀詞體,惟換頭句多押一韻異。

人月圓三體

《中原音韻》注"黃鍾宮"。此調始於王詵,因詞中"人月圓時"句,取以爲名。吳激詞有"青衫淚濕"句,又名《青衫濕》。

人月圓

王詵

雙調四十八字,前段五句兩平韻,後段六句兩平韻。

小桃枝上春來早,　初試薄羅衣。年年此夜,華鐙競處,
◐○○●○○●句◐●●○○韻●○●句○○●●句

人月圓時。　禁街簫鼓，寒輕夜永，纖手同攜。夜闌
⊖●○○韻　⊖○⊖●句⊖○⊖●句⊖●○○韻●○
人靜，千門笑語，聲在簾幃。
⊖●句○○⊖●句⊖●○○韻

　　此調以此詞爲正體，即《中原音韻》所注"黃鍾宮"者。若楊詞之攤破句法，或押仄韻，皆變格也。

　　前段第三四句，倪瓚詞"畫屏雲嶂，池塘春草"，"畫"字仄聲，"雲"字"春"字俱平聲。後段第一二句，劉因詞"門前報道，麯生來謁"，"門"字平聲，"麯"字仄聲；第四句，趙鼎詞"芳尊美酒"，"芳"字平聲，"美"字仄聲；第五句，張可久詞"香鑪峰下"，"峰"字平聲；第六句，趙詞"月滿高樓"，"月"字仄聲。譜內可平可仄據此，餘參下詞。

又一體

楊无咎

　　雙調四十八字，前後段各五句兩平韻。

風和日薄餘煙嫩，　惻惻透鮫綃。相逢且喜，人圓玳席，
○○●●○●句●●●○○韻○○●●句○○●●句
月滿丹霄。　爛遊勝賞，高低鐙火，鼎沸笙簫。一年
●●○○韻　●○●●句○○○●句●●○○韻●○
三百六十日，願長似今宵。
○●●●句●○⊖○○韻

　　此亦王詞體，惟後段第四五六句攤破句法，作七字一句、五字一句異。

又一體

楊无咎

雙調四十八字,前段五句三仄韻,後段五句兩仄韻。
月華鐙影光相射。還是元宵也。綺羅如畫,笙歌遞響,
●○○●○○●韻○●○○●韻●○○●句○○●●句
無限風雅。　　鬧蛾斜插,輕衫乍試,閒趁尖耍。百年
○●○●韻　●○○●句○○●●句○●○●韻●○
三萬六千夜,願長如今夜。
○●●○●句●○○●韻

此與无咎平韻詞悉同,惟押仄聲韻及前段起句用韻異耳。至前段第三句"畫"字,後段第四句"夜"字非韻,或注作"韻"者誤。

楊詞兩體俱無他詞可校,《詞律》所注"可平可仄"無據,不可從。

喜團圓二體

調見《小山樂府》。《花草粹編》無名氏詞有"與箇團圓"句,更名《與團圓》。

喜團圓

晏幾道

雙調四十八字,前段五句兩平韻,後段六句兩平韻。

危樓靜鎖，窗中遠岫，門外垂楊。珠簾不禁春風度，解
○○●●句○○●●句●●○○韻○○●●○○●句●
偷送餘香。　　眠思夢想，不如雙燕，得到蘭房。別來
○●○○韻　　●●●●句●○●●句●●○○韻●○
只是，憑高淚眼，感舊離腸。
●●句○○●●句●●○○韻

此與《梅苑》詞同，惟前段第四五句讀不同耳。其餘字句同者，可平可仄，可以參校。

《花草粹編》無名氏詞，前段第三四句"孜孜覷著，算前生，只結得眼因緣"，句讀雖異，因詞俚不錄。

又一體

《梅苑》無名氏

雙調四十八字，前後段各六句兩平韻。

輕攢碎玉，玲瓏竹外，脫去繁華。尤殢東君，最先點
●●●●句○○●●句●●○○韻○○●●句●○●
破，壓倒群花。　　瘦影生香，黃昏月館，深淺溪沙。
●句●●○○韻　　●●○○句●●●●句○●○○韻
仙標淡濘，偏宜幺鳳，肯帶棲鴉。
○○●●句○○○●句●●○○韻

此亦晏詞體，前段第四五句攤破句法，作四字三句異。《花草粹編》前段第四五六句作"殢東君，先點破，壓群花"，今從《梅苑》改定。

海棠春三體

此調始自秦觀，因詞中有"試問海棠花，昨夜開多少"句，故名。馬莊父詞名《海棠花》，史達祖詞名《海棠春令》。

海棠春

秦　觀

雙調四十八字，前後段各四句三仄韻。

流鶯窗外啼聲巧。睡未足、把人驚覺。翠被曉寒輕，寶
◐○●○○●韻●●●讀◐●○○●韻●●●○○句◐
篆沈烟裊。　　宿酲未解宮娥報。道別院、笙歌宴早。
●○○●韻　　●○◐●○○●韻●◐●讀○○●●韻
試問海棠花，昨夜開多少。
●●●○○句●●○○●韻

此調以此詞爲正體，若吳詞之攤破句法，馬詞之減字，皆變體也。或疑此詞換頭亦可照吳詞點定四字兩句，六字一句，然有史達祖詞可證，則固七字兩句也。

史詞前段第二句"錦宮外、烟輕雨細"，"宮"字平聲，"雨"字仄聲；換頭兩句"燭花偏在紅簾底。想人怕、春寒正睡"，"偏"字"人"字俱平聲。譜內可平可仄據之，餘參吳詞、馬詞。

又一體

吴　潛

雙調四十八字,前段四句三仄韻,後段五句三仄韻。

天涯芳草迷征路。還又是、匆匆春去。烏兔裏光陰，鶯
○○○●○○●韻○●●讀○○○●韻○●○○句○
燕邊情緒。　雲梢霧末，溪橋野渡。盡是春愁落處。
●○○●韻　○○●●句○○●●韻●●○○●●韻
把酒勸斜陽，小向花間駐。
●●●○○句●●○○●韻

此亦秦詞體,惟換頭攤破七字兩句,作四字兩句,六字一句異。

又一體

馬莊父

雙調四十六字,前後段各四句三仄韻。

柳腰暗怯花風弱。紅映秋千院落。歸逐雁兒飛，斜撼真
●○●●○○●韻○●○○●●韻○●●○○句○●○
珠箔。　滿林翠葉臙脂萼。不忍頻頻覷著。護取一庭
○●韻　●○●●○○●韻●●○○●●韻●●●○
春，莫彈花間鵲。
○句●●○○●韻

此即秦詞體,惟前後段第二句各減一字,作六字句異。

武陵春三體

《梅苑》名《武林春》。

武陵春

毛滂

雙調四十八字，前後段各四句三平韻。
風過冰簹環佩響，宿霧在華茵。剩落瑤花襯月明。嫌怕
◐●◐〇◐●句◐●●〇〇韻◐●〇〇●●〇韻◐●
有纖塵。　鳳口銜鐙金炫轉，人醉覺寒輕。但得清光
●〇〇韻　◐●◐〇〇●●句◐●●〇〇韻◐●〇〇
解照人。不負五更春。
●●〇韻◐●●〇〇韻

此調以此詞爲正體，若李詞、万俟詞之添字，皆變格也。按晏幾道詞三首，換頭句或作"梁王苑路香英密"或作"年年歲歲登高節"，或作"熏香繡被心情嬾"，與此詞平仄全異。宋媛魏氏詞"玉人近日書來少"，或宗之。餘與此詞同。

毛詞別首前段起句"城上落梅風料峭"，"落"字仄聲；第二句"寒馥逼清尊"，"寒"字平聲。晏詞第三句"誰似龍山秋興濃"，"誰"字"秋"字俱平聲；後段第三句"曾看飛瓊戴滿頭"，"曾"字平聲；結句"浮動舞梁州"，"浮"字平聲。譜內可平可仄據之，餘參下詞。

又一體

李清照

雙調四十九字,前後段各四句三平韻。

風住塵香春已盡,日曉倦梳頭。物是人非事事休。欲語
○●○○●●句●●●○○韻●●○○●●○韻●●
淚先流。　聞說雙溪春尚好,也擬泛輕舟。只恐雙溪
●○○韻　　○●○○●●句●●●○○韻●●○○
舴艋舟。載不動、許多愁。
●●○韻●●●讀●○○韻

此即毛詞體,惟後段結句添一字,作六字句異。趙師俠"乍雨籠晴"詞,後結"流不盡、許多愁",正與此同。

又一體

万俟詠

雙調五十四字,前段四句三平韻,後段四句四平韻。

燕子飛來春在否,微雨過、掩重門。正滿院梨花雪照
●●○○○●●句○●●讀●○○韻●●●○○●●
人。獨自箇、憶黄昏。　清風淡月總銷魂。羅衣暗、
○韻●●●讀●○○韻　○○●●●○○韻○○●讀
惹啼痕。漫覷著秋千腰褪裙。可煞是、不宜春。
●○○韻●●●○○●●○韻●●●讀●○○韻

此與毛詞同,惟前後段第二三四句各添一字,換頭句又押韻異。

東坡引五體

此調前後段兩結,宋人類用叠句,惟曹冠、袁去華詞二首獨無,舊譜遺之,今并增定。

東坡引

曹　冠

雙調四十八字,前段四句四仄韻,後段五句四仄韻。

涼颸生玉宇。黃花曉凝露。汀蘋岸蓼秋將暮。登高開鷺
◐○○●●韻◐○◐○●韻○○●●○●韻●○○●
俎　。　　傳杯興逸,分詠得句。思戲馬、常懷古。東籬
●韻　　　○○●●句◐●◐●韻●●●讀○○●韻◐○
候酒人何處。芳尊須送與。
●●○●韻○○○●●韻

此調採詞五體,無叠句者兩體,有叠句者三體。曹詞換頭第三句六字折腰,袁詞七字折腰。趙詞換頭與曹詞同。辛詞換頭,一首與曹詞同,而起句多一字;一首與袁詞同而句法不作上三下四,其餘則無不同也。故此詞可平可仄即校後詞。

又一體

袁去華

雙調四十九字,前段四句四仄韻,後段五句四仄韻。

隴頭梅半吐。江南歲將暮。閒窗盡日將愁度。黃昏愁更
●○○●●韻○○●○●韻○○●●●○●韻○○○●
苦。　　歸期望斷，雙魚尺素。念嘶騎、今到何處。殘
●韻　　○○●●句○○●●韻●○●讀○●○●韻○
鐙背壁三更鼓。斜風吹細雨。
○●●○○●韻○○○●●韻

此與曹詞同，惟後段第三句添一字作七字句異。

又一體

趙師俠

雙調五十八字，前段五句四仄韻一叠韻，後段六句四仄韻
一叠韻。

相看情未足。離鵾已催促。停歌欲語眉先蹙。何期歸太
○○○●●韻○○●○●韻○○●●○○●韻○○○●
速。何期歸太速。　　如今去也，無計追逐。怎忍聽、
●韻○○○●●叠　　○○●●句○●○●韻●●讀
陽關曲。扁舟後夜灘頭宿。愁隨煙樹簇。愁隨煙樹簇。
○○●韻○○●●○○●韻○○○●●韻○○○●●叠

此詞前後段兩結俱有叠句，汲古閣本於前段脫一叠句，
《詞律》因之，今從《花草粹編》校定。

趙詞凡三首，字句悉同，平仄亦如一。辛棄疾"君如梁上
燕"詞，趙長卿"茅齋無客"詞，正與此同。

又一體

辛棄疾

雙調五十九字，前段五句四仄韻一叠韻，後段六句四仄韻一叠韻。

玉纖彈舊怨。還敲繡屏面。清歌目送西風雁。雁行吹字
●〇〇●●韻〇〇●●韻〇〇●〇〇●韻●〇〇●
斷。雁行吹字斷。　　夜深拜半月，瑣窗西畔。但桂
●韻〇〇●●叠　　　●〇●●●句●〇〇●韻●●
影、空階滿。翠帷自掩無人見。羅衣寬一半。羅衣寬一
●讀〇〇●韻●〇●●〇〇●韻〇〇〇●韻〇〇〇●
半。
●叠

此與趙詞同，惟後段起句五字異。《圖譜》於"夜深拜半"，點句者誤。

又一體

辛棄疾

雙調五十九字，前段五句四仄韻一叠韻，後段六句四仄韻一叠韻。

花梢紅未足。條破驚新綠。重簾下遍闌干曲。有人春睡
〇〇〇●●韻〇●〇〇●韻〇〇●●〇〇●韻●〇〇●
熟。有人春睡熟。　　鳴禽破夢，雲偏目惑。起來香腮
●韻●〇〇●●叠　　〇〇●●句〇〇●●韻●〇〇〇

褪紅玉。花時愛與愁相續。羅裙過半幅。羅裙過半幅。
●○●韻○○●●○○●韻○○○●●韻○○○●●叠

此亦與趙詞同,惟後段第三句七字異。或疑此詞前段第二句平仄小異,按趙長卿"茅齋無客至"詞,正與此同。

雙鸂鶒一體

調見朱敦儒《樵歌》詞,因詞有"一對雙飛鸂鶒"句,故名。元高拭詞注"正宮"。

雙鸂鶒

朱敦儒

雙調四十八字,前後段各四句四仄韻。
拂破秋江煙碧。一對雙飛鸂鶒。應是遠來無力。相偎揹
●●○○○●韻●●○○○●韻○●●○○●韻○○○
下沙磧。　小艇誰吹橫笛。驚起不知消息。悔不當時
●○●韻　●●○○○●韻●●●○○●韻●●○○
描得。如今何處尋覓。
○●韻○○○●○●韻

此調無宋詞可校,平仄當遵之。

鬲溪梅令一體

姜夔自度曲,注"宮調"。原注"仙呂調"。一作《高溪梅令》。

鬲溪梅令

姜　夔

雙調四十八字，前後段各四句四平韻。
好花不與殢香人。浪粼粼。又恐春風歸去、綠成陰。玉
●〇●●〇〇韻●〇〇韻●●〇〇●●讀●〇〇韻●
鈿何處尋。　木蘭雙槳夢中雲。水橫陳。漫向孤山山
〇〇●〇韻　●〇〇●●〇〇韻●〇〇韻●●〇〇
下、覓盈盈。翠禽啼一春。
●讀●〇〇韻●〇〇●〇韻

此調宋人無填者，其平仄當悉遵之。

伊州三臺一體

按唐有《宫中三臺》、《江南三臺》等曲，此云"伊州"者，亦本唐曲取邊地爲名也。《三臺》皆用六字成句，觀趙師俠詞前後起二句亦作六言，猶沿唐人舊體。若兩結攤破六字二句爲五字一句、七字一句，則新聲矣，故另編一體。

伊州三臺

趙師俠

雙調四十八字，前後段各四句四平韻。
桂花移自雲巖。更被靈砂染丹。清露濕酡顏。醉乘風、
●〇〇●●〇韻●●〇〇●〇韻〇●●〇〇韻●〇〇讀

下臨世間。　素娥襟韻蕭閒。不與群芳並看。蕨蕨絳
●○○韻　●○○○○韻●○○○●○韻●●
綃單。覺身輕、夢回廣寒。
○○韻●○○讀●○○●○韻
　　　此調見金元曲子,注"正宮",平仄一定,填者宜遵之。

雙頭蓮令一體

　　　調見趙師俠《坦庵集》,詠信豐雙蓮,故製此詞。

雙頭蓮令

趙師俠

　　　雙調四十八字,前後段各四句四平韻。
太平和氣兆嘉祥。草木總成雙。紅苞翠蓋出橫塘。兩兩
●○○●●○○韻●●○○韻○○●●●○○韻●●
鬪芬芳。　幹搖碧玉並青房。仙髻擁新妝。連枝不解
●○○韻　●○●●●○○韻○●●○○韻○○●●
引鸞凰。留取映鴛鴦。
●○○韻○●●○○韻
　　　此詞無別首可校。

梅弄影一體

　　　調見丘崟集詠梅詞,因結句有"巡池看弄影"句,取以為名。

321

梅弄影

丘崈

雙調四十八字,前后段各五句四仄韻。

雨晴風定。一任春寒逞。要勒群芳未醒。不廢梅花,晚
●〇〇●韻●●〇〇●韻〇●●〇●韻●●〇〇句●
來妝面靚。　曲闌斜憑。水檻臨清鏡。翠竹蕭騷相
〇〇●●韻　●〇〇●韻●〇〇〇●韻●●〇〇
映。付與幽人,巡池看弄影。
●韻●●〇〇句〇〇●●韻

此調衹有此詞,無他首可校。

茅山逢故人一體

調見元人《葉兒樂府》。張雨句曲道中送友,自製詞也。

茅山逢故人

張雨

雙調四十八字,前段五句三仄韻,後段五句兩仄韻。

山下寒林平楚。山外雲帆煙渚。不飲如何,吾生如夢,
〇●〇〇●韻〇●〇〇●韻●●〇〇句〇〇〇●句
鬢毛如許。　能消幾度相逢,遮莫而今歸去。壯士黃
●〇〇●韻　〇〇●●〇〇句〇●〇〇●韻●●〇

金，仙人黃鶴，美人黃土。
〇句〇〇〇●句●〇〇●韻

此詞亦無他首可校。

陽臺夢二體

此調有兩體，四十九字者調見《尊前集》，唐莊宗製，因詞有"又入陽臺夢"句，取以爲名。五十七字者調見《花草粹編》，宋解昉製，即賦陽臺夢題。兩體截然不同。

陽臺夢

唐莊宗

雙調四十九字，前段四句三仄韻，後段四句兩仄韻。

薄羅衫子金泥縫。困纖腰怯銖衣重。笑迎移步小蘭叢，
●〇〇●〇〇●韻●〇〇●〇〇●韻●〇〇●●〇〇句
嚲金翹玉鳳。　嬌多情脈脈，羞把同心撚弄。楚天雲
●〇〇●●韻　〇〇〇●●句〇●〇〇●韻●〇〇
雨却相和，又入陽臺夢。
●●〇〇句●●〇〇●韻

此詞全押仄韻，宋元人無填者，平仄當從之。

又一體

解昉

雙調五十七字，前段五句三仄韻兩平韻，後段五句兩仄韻

兩平韻。
仙姿本寓。十二峰前住。千里行雲行雨。偶因鶴馭過
○○●●仄韻●●○○●韻○●●○●韻●○●●●
巫陽。 邂逅他、楚襄王。 無端宋玉誇才賦。 誣
○ ○平韻●●讀●○○韻 ○○●●○●仄韻○
誕人心素。至今狂客到陽臺。 也有癡心，望妾人、
●●○●韻●○○●●○○換平韻●●○○句●●●讀
夢中來。
●○○韻

此詞平仄換韻，宋人中亦僅見此體。

月宮春二體

調見《花間集》毛文錫詞。周邦彥更名《月中行》。《宋史・樂志》屬小石角。

月宮春

毛文錫

雙調四十九字，前段四句四平韻，後段四句兩平韻。
水晶宮裏桂花開。神仙探幾回。紅芳金蕊繡重臺。低傾
●○○●●○○韻○○●●○韻○○○●●○○韻○○
瑪瑙杯。 玉兔銀蟾爭守護，姮娥姹女戲相偎。遙聽
●●○韻 ●●○○○●●句○○●●●○○韻○●
鈞天九奏，玉皇親看來。
○○●●句●○○●○韻

此詞與周詞異者，在後段第二句不作上三下四句法，及第三句少一字，不押韻耳。但兩詞前段第二句、結句，後段起句、結句，平仄迥別，難以条校，不若韓淲詞之字句悉同，故此詞可平可仄衹条韓詞。

　　韓詞前段第二句"斷腸空眼穿"，"斷"字仄聲，"空"字平聲；第三句"一春風雨夜懺懺"，"一"字仄聲；結句"不聞鐘鼓傳"，"不"字仄聲，"鐘"字平聲。後段起句"香冷曲屛羅帳掩"，"香"字平聲，"曲"字仄聲；第二句"園林誰與上秋千"，"誰"字平聲；第三句"憶得年時鳳枕"，"憶"字仄聲。

又一體

周邦彥

雙調五十字，前段四句四平韻，後段四句三平韻。

蜀絲趁日染乾紅。微暖口脂融。博山細篆靄房櫳。静看
◐○●●●○○韻　◐●●○○韻　●○◐●●○○韻　●●
打窗蟲。　　愁多膽怯疑虛幕，聲不斷、暮景疏鐘。團
●○○韻　　○○◐●○○●句○●●讀●●○○韻　○
圍四壁小屛風。淚盡夢啼中。
○●●●○韻●●●○○韻

　　此詞後段第三句七字，押韻，吳文英"疏桐翠井"詞，陳允平"鬢雲斜插"詞，正與此同。

　　前段起句，吳詞"疏桐翠井蚤驚秋"，"疏"字平聲；陳詞"鬢雲斜插映山紅"，"斜"字平聲；第二句，吳詞"葉葉雨聲愁"，上"葉"字仄聲；第三句"燈前倦客老貂裘"，"燈"字平聲；陳詞"自携紈扇出簾櫳"，"紈"字平聲；結句，陳詞"闌外撲飛蟲"，"闌"字平聲。後段第二句，陳詞"纖纖手、自引金鍾"，

下"纖"字平聲；第三句"倦歌伴醉倚東風"，"倦"字仄聲，"伴"字平聲；結句"愁在落花中"，"愁"字平聲。譜內可平可仄據此。

河瀆神二體

唐教坊曲名。《花庵詞選》云："唐詞多緣題所賦，《河瀆神》之咏祠廟，亦其一也。"

河瀆神

温庭筠

雙調四十九字，前段四句四平韻，後段四句四仄韻。
河上望叢祠。　廟前春雨來時。楚山無限鳥飛遲。蘭棹
◐●●○○平韻◐○◐●○○韻◐○◐●●○○韻◐●
空傷別離。　何處杜鵑啼不歇。　艷紅開盡如血。蟬
◐○○韻　◐●◐○○●仄韻◐○◐●○○韻◐
鬢美人愁絶。百花芳草佳節。
●◐○◐●韻◐○○●○●韻

此詞前段押平韻，後段押仄韻者，唐宋人間一爲之。若全押平韻，則惟唐詞一體也。

前段第二句，孫光憲詞"春晚湘妃廟前"，"春"字平聲，"晚"字仄聲，"妃"字平聲，"廟"字仄聲；第三句"一方卵色楚南天"，"卵"字仄聲，辛棄疾詞"山頭人望翠雲旗"，"山"字平聲；第四句，温詞別首"淚流玉筯千條"，"淚"字仄聲，"流"字平聲，"玉"字"筯"字俱仄聲，"千"字平聲。後段換頭句"暮

天愁聽思歸樂"，"暮"字仄聲，"天"字"愁"字俱平聲，"聽"字仄聲，"歸"字平聲；第二句，孫詞"依舊瓊輪羽駕"，"依"字平聲，"舊"字仄聲，"輪"字平聲，"羽"字仄聲；第三句，孫詞"小殿沉沉清夜"，"小"字仄聲，上"沉"字平聲；溫詞別首"青麥燕飛落落"，上"落"字仄聲；第四句，孫詞"銀鐙飄落香炧"，"銀"字平聲。譜內可平可仄據此。若前段起句"河"字可仄，則參張詞。

又一體

張　泌

　　雙調四十九字，前段四句四平韻，後段四句兩平韻。
古樹噪寒鴉。滿庭楓葉蘆花。晝鐙當午隔輕紗。畫閣朱
●●●○○韻●○●●○○韻●○○●●○○韻●○●
簾影斜。　　門外往來祈賽客，翩翩帆落天涯。回首隔
○●○韻　　○●○●○○句○○○●○○韻○●●
江煙火，渡頭三兩人家。
○○●句●○○●○○韻

　　此體全押平韻，無唐宋詞可校。

歸去來二體

　　調見《樂章集》詞二首。因詞有"歌筵舞、且歸去"、"休惆悵、好歸去"句，取以爲名。四十九字者自注"正平調"，五十二字者自注"中呂調"。按《唐書‧樂志》仲呂羽爲正平調，夾鍾羽爲中呂調，燕樂七羽之二也。

327

歸去來

柳永

雙調四十九字，前後段各四句四仄韻。

初過元宵三五。　慵困春情緒。　鐙月闌珊嬉游處。　游人
○●○○○●韻　○●○○●韻　○●○○○●韻　○○
盡、厭歡聚。　　憑仗如花女。持杯謝、酒朋詩侶。餘
●讀●○●韻　　○●○○●韻　○○讀●○●韻○
醒更不禁香醑。歌筵舞、且歸去。
○●○○●韻○○讀●○●韻

此調祇有柳詞二首，無宋元詞可校。雖前段第三四句，後段第二三四句，兩調相同，但自注宮調，恐乖律呂，不必參校平仄。

又一體

柳永

雙調五十二字，前後段各四句四仄韻。

一夜狂風雨。花陰墜、碎紅無數。垂楊漫結黄金縷。儘
●●○○●韻○○讀●●○●韻○○●●○○●韻●
春殘、縈不住。　　蝶稀蜂散知何處。殢尊酒、轉添愁
○○讀○●●韻　　●○○●○○●韻●○●讀●○○
緒。多情不慣相思苦。休惆悵、好歸去。
●韻○○●●○○●韻○○●讀●○●韻

此即前詞體，惟前段起句減一字，作五字句，第二句添二字作上三下四七字句，後段起句添二字作七字句異。

惜春郎一體

調見《花草粹編》柳永詞，因《樂章集》不載，故宮調無考。

惜春郎

柳　永

雙調四十九字，前段五句三仄韻，後段四句三仄韻。
玉肌瓊艷新妝飾。好壯觀歌席。潘妃寶釧，阿嬌金屋，
●○○●○○●韻　●●○○●韻　○○●●句　●○○●句
應也消得。　屬和新詞多俊格。敢共我勍敵。恨少
○●○●韻　　●●○○○●●韻　●●●○●韻　●●
年、枉費疏狂，不早與伊相識。
○讀●●○○句●●●○○●韻

此調亦無別詞可校。

極相思一體

宋彭乘《墨客揮犀》云："仁廟時，皇族中太尉夫人，一日入內，再拜告帝曰：'臣妾有夫，不幸爲婢妾所惑。'帝怒，流婢於千里。夫人亦得罪，居瑤華宮，太尉罰俸而不得朝。經歲，方春暮，夫人爲詞曲，名《極相思》，或加'令'字。"

極相思

《墨客揮犀》無名氏

雙調四十九字，前段五句三平韻，後段五句兩平韻。

柳煙霽色方晴。花露逼金莖。秋千院落，海棠漸老，纔
○◐●○○韻◐●●○○韻○○●●句◐○●●句◐
過清明。　　嫩玉腕托香脂臉，相傅粉、更與誰情。秋
●○○韻　　●●●●○○句◐●●讀●●○○韻◐
波綻處，相思淚迸，天阻深誠。
○●●句◐○●●句◐●○○韻

此調衹此一體，有呂渭老、蔡伸、陸游、吳文英詞可校。

前段起句，陸詞"江頭疏雨輕煙"，"江"字"疏"字俱平聲；第二句，呂詞"隔葉囀黃鸝"，"隔"字仄聲；第三四五句，吳詞"乘鸞歸後，生綃淨翦，一片冰心"，"歸"字"生"字俱平聲，"一"字仄聲。後段第一二句，吳詞"心事孤山春夢在，到思量、猶斷詩魂"，"心"字"孤"字"山"字俱平聲，"夢"字"到"字俱仄聲，"思"字"量"字"猶"字俱平聲；第三句，呂詞"別房初睡"，"別"字仄聲，"初"字平聲；第四五句，陸詞"漫空相趁，柳絮榆錢"，"相"字平聲，"柳"字仄聲。譜內可平可仄據此。

雙韻子一體

調見張先詞集。按金元曲子有雙聲叠韻，調名疑出於此。

雙韻子

張　先

雙調四十九字,前段五句兩仄韻,後段五句四仄韻。

鳴鞘電過， 曉闈靜斂， 龍旂風定。鳳樓遠出霏煙， 聞笑
○○●●句　○○●●句　○○●○韻　●○●●○○句○●

語、中天迥。　　清光近。歡聲競。鴛鴦集、仙花鬪
●讀○○●韻　　○○●韻　○○●韻　○○●讀○○

影。更聞度曲瑤山，升瑞日、春宮永。
●韻　●○●●○○句　○●●讀○○●韻

此調僅見此詞,無別首可校。

鳳孤飛一體

調見《小山樂府》。

鳳孤飛

晏幾道

雙調四十九字,前段四句三仄韻,後段四句四仄韻。

一曲畫樓鐘動， 宛轉歌聲緩。綺席飛塵座滿。更小待、
●●●○○●句　●●○○●韻　●●○○●●韻　●●●讀

金蕉暖。　　細雨輕寒今夜短。依前是、粉牆別館。端
○○●韻　　●●○○○●●韻　○○●讀●○●●韻　○

的歡期應未晚。奈歸雲難管。
●○○○●●韻●○○○●韻
　　此詞平仄亦無別首可校。

柳梢青八體

　　此調兩體，或押平韻，或押仄韻，字句悉同。押平韻者，宋韓淲詞有"雲淡秋空"句，名《雲淡秋空》；有"雨洗元宵"句，名《雨洗元宵》；有"玉水明沙"句，名《玉水明沙》。元張雨詞名《早春怨》。押仄韻者，《古今詞話》無名氏詞有"隴頭殘月"句，名《隴頭月》。

柳梢青

秦　觀

　　雙調四十九字，前段六句三平韻，後段五句三平韻。
岸草平沙。吳王故苑，柳裊煙斜。雨後寒輕，風前香
●●○○韻◐○●●句◐●○○韻◐●○○句◐○◐
細，春在梨花。　　行人一棹天涯。酒醒處、殘陽亂
●句◐●○○韻　　　◐○◐●○○韻◐◐●讀○○
鴉。門外秋千，牆頭紅粉，深院誰家。
○韻◐●○○句◐○◐●句◐●○○韻
　　押平韻者以此詞及劉詞為正體，若張詞後段第二句添字乃變格也。
　　前段第二句，周邦彥詞"海棠標韻"，"標"字平聲；第四句，張炎詞"因甚春深"，"因"字平聲；第六句"綠水人家"，

"綠"字仄聲。後段換頭句,趙長卿詞"鑑河煙水連天","煙"字平聲;第二句,曹冠詞"人面與荷花共紅","人"字平聲;趙師俠詞"映煙樹雲間渺茫","煙"字平聲。譜內可平可仄據此,餘矣所採平韻二詞。

按盧炳詞前段第四五六句"春艷一枝,鵝兒顏色,染就纖裳","一"字仄聲。楊无咎詞後段第二句"算除是、鐵心石腸",又第四五六句"一自別來,百般宜處,都入思量","鐵"字"別"字俱仄聲,然皆以入替平,不可泛用上去聲字。

又一體

劉　鎮

雙調四十九字,前段六句兩平韻,後段五句三平韻。

乾鵲收聲, 濕螢度影, 庭院秋香。 步月移陰, 梳雲約
○●○○句 ●○●●句 ○●○○韻 ●●○○句 ○○●
翠, 人在迴廊。　　醺醺宿酒殘妝。　待付與、温柔醉
●句 ○●○○韻 　　○○●●○○韻 ●●讀 ○○●
鄉。郤扇藏嬌, 牽衣索笑, 今夜差凉。
○韻 ●●○○句 ○○●●句 ○●○○韻

此與秦詞同,惟前段起句不押韻小異。

按趙長卿詞前段第一二三句"千林落葉,聲聲悽慘,江皋雁飛",起句亦不押韻,而平仄不同,注明不錄。

又一體

張　雨

雙調五十字,前段六句三平韻,後段五句三平韻。

面目冰霜。逃禪正派，只讓花光。怪底徐卿，爲渠描
●●○○韻○○●●句●●○○韻●●○○句●○○
貌，縈損柔腸。　　有誰步屧長廊。更折竹聲中、吹細
●句○●○○韻　　●●●○○韻●●○○讀○●
香。酒半醒時，雪晴寒夜，月上西窗。
○韻●●○○句○○○句●●○○韻

此亦秦詞體,惟後段第二句添一字,作八字句異。

又一體

賀　鑄

雙調四十九字,前段六句三仄韻,後段五句兩仄韻。
子規啼血。可憐又是，春歸時節。滿院東風，海棠鋪
○○●韻●○●句○○●韻●●○○句●○○
繡，梨花飛雪。　　丁香露泣殘枝，算未比、愁腸寸
●句○○●韻　　●○●○○句●●讀○○
結。自是休文，多情多感，不干風月。
●韻●●○○句○○●●句●○○●韻

押仄韻者以此詞及蔡詞、趙詞爲正體,若吳詞之添字,無
名氏詞之攤破句法,皆變體也。

前段第二句,葛剡詞"翠桁香濃","濃"字平聲;第三句
"瑣窗紗薄","瑣"字仄聲;楊无咎詞"容易眠熟","易"字仄
聲;趙師俠詞"凝情獨立","獨"字仄聲;第四句,朱敦儒詞"帆
展霜風","帆"字平聲;楊无咎詞"鍼線倦拈","倦"字仄聲。
後段換頭句,趙師俠詞"海山雲樹微茫","海"字仄聲,"雲"
字平聲;第二句,趙彥端詞"又争倩、薔薇戀得","争"字平聲;
第三句,楊无咎詞"桑柘影深","桑"字平聲,"影"字仄聲。

譜內可平可仄據此,餘參所採仄韻諸詞。

又一體

蔡　伸

雙調四十九字,前段六句兩仄韻,後段五句兩仄韻。

連璧尋春,　踏青尚憶,　年時携手。　此際重來,　可憐　還
〇●〇〇句●〇●●句〇〇〇●韻●●〇〇句●　〇〇
是,去年時候。　　陰陰柳下人家,　人面似、桃花依
●句●〇〇●韻　　〇〇●〇〇句〇●●讀〇〇〇
舊。但願年年,春風有信,人心長久。
●韻●●〇〇句〇〇●●句〇〇〇●韻

此亦賀詞體,惟前段起句不押韻異。

又一體

趙彥端

雙調四十九字,前段六句三仄韻,後段五句三仄韻。

衰翁自謫。　堪笑忘了,　山林閒適。　一歲花黄,　一秋酒
〇〇●●韻〇●〇●句〇〇〇●韻●●〇〇句●〇●
綠,一番頭白。　　浮生似醉如客。　問底事、歸來未
●句●〇〇●韻　　〇〇●●〇●韻●●讀〇〇●
得。但願長年,故人相與,春朝秋夕。
●韻●●〇〇句●〇〇●句〇〇〇●韻

此亦賀詞體,惟後段起句亦押韻異。

335

又一體

吴　瓘

雙調五十字，前段六句兩仄韻，後段五句兩仄韻。

墻角孤根，　株身纖小，　嬌羞無力。蟹眼微紅，　粉容未
○●○○句○○○●句○○○●韻●●○○句●○●
露，不禁春色。　　怕東君、　汩没芳姿，　漸迤邐、
●句●○○●韻　　　●○○讀●●○○句●●●讀
檀心半坼。緩步迴廊，黄昏月淡，那時相得。
○○●●韻●●○○句○○●●句●○○●韻

此與蔡詞同，惟換頭句添一字，作七字句異。

又一體

《古今詞話》無名氏

雙調五十字，前段五句三仄韻，後段五句兩仄韻。

依稀曉星明滅。白露點、蒼苔敗葉。斷址頹垣，荒烟衰
○○●○○●韻●●●讀○○●●韻●●○○句○○○
草，漢家宮闕。　　咸陽道上行人，　依舊是、利覢名
●句●○○●韻　　　○○●●○○句○●●讀●○○
切。改换容顏，消磨今古，隴頭殘月。
●韻●●○○句○○○●句●○○●韻

此亦賀詞體也，但攤破賀詞前段第一二三句四字三句，作六字一句、七字一句異。元倪瓚詞前段起二句"樓上玉笙吟徹，白露冷、飛瑤佩玦"，正與此同。

醉鄉春一體

宋惠洪《冷齋夜話》云："少游在黃州，飲於海棠橋。橋南北多海棠，有書生家於海棠叢間，少游醉宿於此，題詞壁間。"按此則知此調創自秦觀，因後結有"醉鄉廣大人間小"句，故名《醉鄉春》；又因前結有"春色又添多少"句，一名《添春色》。

醉鄉春

秦　觀

雙調四十九字，前後段各五句三仄韻。

喚起一聲人悄。衾冷夢寒窗曉。瘴雨過，海棠開，春色
●●●○○韻○●○○○●韻●●●句●○○句○
又添多少。　　社甕釀成微笑。半缺椰瓢共舀。覺顛
●○○●韻　　●●●○○●韻●●○○●●韻●○
倒，急投床，醉鄉廣大人間小。
●句●○○句●○●●○○●韻

按《廣韻》上聲三十"小"部有"舀"字，以沼切，正與"悄"字押。若"覺顛倒"句，與前"瘴雨過"句同，其"倒"字非韻，《圖譜》注"韻"者誤。

太常引二體

《太和正音譜》注"仙呂宮"。一名《太清引》。韓淲詞有

337

"小春時候臘前梅"句,名《臘前梅》。

太常引

辛棄疾

雙調四十九字,前段四句四平韻,後段五句三平韻。

仙叢似欲織纖羅。仿佛度金梭。無奈玉纖何。却彈作、
◐○●●●○○韻●●●○○韻●●●○○韻●◐●讀
清商恨多。　珠簾影裏,如花半面,絕勝隔簾歌。世
○○●○韻　○○●●句○○●●句●●●○○韻●
路苦風波。且痛飲、公無渡河。
●●○○韻◐●●讀○○●○韻

此調衹此二體,所異者前段第二句或五字或六字耳,俱有宋元人詞可校。此詞前段第二句五字。別首前段第二三句"飛鏡又重磨。把酒問姮娥","飛"字平聲,"把"字仄聲。許有壬詞後段第三句"雙檜插天青","雙"字平聲。辛詞別首第五句"人道是、清光更多","人"字平聲;張埜詞"趁秋滿、天香桂枝","秋"字平聲。譜內可平可仄據此,餘參高詞。

又一體

高觀國

雙調五十字,前段四句四平韻,後段五句三平韻。

玉肌輕襯碧霞衣。似爭駕、翠鸞飛。羞問武陵溪。笑女
●○○●●○○韻●◐●讀●○○韻○○●○○韻●●
伴、東風醉時。　不飄紅雨,不貪青子,冷淡却相
●讀○○●○韻　●○○●句●○○●句●●●○

宜。春晚涌金池。問一片、將愁寄誰。
○韻○●●○○韻●●●讀○○●○韻

　　此詞前段第二句六字，如韓淲詞之"還知道、爲誰開"，《梅苑》詞之"梅梢上、又春歸"，沈端節詞之"都只解、送人行"，韓玉詞之"幾曾放、夢魂閑"，陳孚詞之"記生母、在今朝"，俱與此詞同，但平仄小異耳。譜內糸之，餘與辛詞無異。

詞譜卷八

應天長十二體

此調有令詞、慢詞。令詞始於韋莊,又有顧敻毛文錫兩體。宋毛开詞名《應天長令》。慢詞始於柳永,《樂章集》注"林鍾商調"。又有周邦彥一體,名《應天長慢》。

應天長

韋　莊

雙調五十字,前後段各五句四仄韻。

綠槐陰裏黃鸝語。深院無人春晝午。畫簾垂,金鳳舞。
●●●○○●●韻●●○○○●●韻●○○句●●●韻
寂寞繡屏香一炷。　碧天雲,無定處。空有夢魂來
●●●○○●●韻　●○○句○●●韻●●●○○
去。夜夜綠窗風雨。斷腸君信否。
●韻●●●○○●韻●○○●●韻

此調始於此詞,顧詞、馮詞由此減字,毛詞由此或添字或減字,實正體也。韋詞別首"別來半歲"詞,牛嶠"雙眉淡薄"詞,宋毛开"曲闌十二"詞,正與之同。

按牛詞前段起句"雙眉淡薄藏心事","深"字仄聲。韋詞別首第三四句"難相見,易相別","易"字仄聲。牛詞結句"寶帳鴛鴦春睡美","鴛"字平聲。譜內可平可仄據之,其餘參下所採令詞。

又一體

顧　敻

雙調四十九字,前段五句四仄韻,後段四句四仄韻。

瑟瑟羅裙金線縷。輕透鵝黃香畫褲。垂交帶,盤鸚鵡。
●●○○○●●韻　○●●○○●●韻　○○●句○○●韻
裏裏翠翹移玉步。　背人勻檀注。慢轉橫波偷覷。斂
●●●○○●●韻　　●○○○●韻　●●○○○●韻●
黛春情暗許。倚屏慵不語。
●○○●韻●○○●●韻

此與韋詞同,惟後段第一二句減去一字,作五字句異。
換頭句"背"字可平,"檀"字可仄,參下馮、毛二詞。

又一體

馮延巳

雙調四十九字,前段五句五仄韻,後段四句四仄韻。

一彎初月臨鸞鏡。雲鬢鳳釵慵不整。珠簾靜。重樓迥。
●○○●○○●韻　○●●○○●●韻　○○●韻○○●韻
惆悵落花風不定。　綠煙低柳徑。何處轆轤金井。昨
○●●○○●●韻　　●○○●●韻　○●●○○●韻●
夜更闌酒醒。春愁勝却病。
●○○●●韻○○●●●韻

此與顧詞同,惟前段第三句押韻異。按此體祗馮集有之,
唐宋人不作也。

又一體

毛文錫

雙調五十字，前後段各四句四仄韻。

平江波暖鴛鴦語。兩兩釣船歸極浦。蘆洲一夜風和雨。
○○○●●○○●韻●●●○○●●韻○○●●○○●韻
飛起淺沙翹雪鷺。　　漁鐙明遠渚。蘭棹今宵何處。羅
○●●○○●●韻　　○○○●●韻○●○○●●韻○
袂從風輕舉。愁殺採蓮女。
●○○●●韻○●●○●韻

此亦與顧詞同，惟前段第三四句添一字，攤破三字兩句，作七字一句異。牛嶠"玉樓春望"詞正與此合。

按牛詞前段第三句"黃鸝嬌囀聲初歇"，"嬌"字平聲，譜內據之，其餘可平可仄已見上三詞。

又一體

柳　永

雙調九十四字，前段十句六仄韻，後段十句七仄韻。

殘蟬聲斷絕。傍碧砌修梧，敗葉微脫。風露淒清，正是
○○○●●韻●●●○○句●●○●韻○●○○句●
登高時節。東籬霜乍結。綻金蕊、嫩香堪折。聚宴處，
○○○●韻○○○●韻●○●讀●○○韻●●●句
落帽風流，未饒前哲。　　把酒與君說。恁好景良辰，
●●○○句●○○●韻　　●●●○●韻●●●○○句

怎忍虛設。休效牛山，空對江天凝咽。塵勞無暫歇。遇
●●●●韻○●●○○句●●○○●韻○○○●●韻●
良會、剩偸歡悅。歌未闋。杯興方濃，莫便中輟。
○●讀●○○●韻●●韻○●○○句●●○●韻

　　此調九十四字者始於此詞，葉詞之少押四韻，無名氏詞之多押一韻，皆從此詞出也，故譜內可平可仄即參兩詞。

又一體

葉夢得

　　雙調九十四字，前段十句四仄韻，後段十句五仄韻。

松陵秋已老，正柳岸田家，酒醅初熟。鱸膾蓴羹，萬里
○○○●●句●●●○○句●●○○●韻○●○○句●●
水天相續。扁舟臨浩渺，寄一葉、暮濤吞沃。青篛笠，
●○○●韻○○○●●句●●●讀●○○●韻○●●句
西塞山前，自翻新曲。　　來往未應足。便細雨斜風，
○●○○句●○○●韻　　●●●○●韻●●●○○句
有誰拘束。陶寫中年，何待更須絲竹。鷗鷩千古意，算
●○○●韻●●○○句○●●○○●韻○○○●●句●
入手、比來尤速。最好是，千點雲屏，半篙澄綠。
●●讀●○○●韻●●●句○●○○句●○○●韻

　　此與柳詞同，惟前段起句，前後段第六句，後段第八句，俱不押韻異。

343

又一體

《古今詞話》無名氏

雙調九十四字,前後段各十句七仄韻。

雕鞍成漫駐。望斷也不歸,院深天暮。倚遍舊日,曾共
憑肩門户。踏青何處所。想醉拍、春衫歌舞。征旆舉。
一步紅塵,一步回顧。　行行愁獨語。想媚容今宵,
怨郎不住。來爲相思,却又空將愁去。人生無定據。嘆
後會、不知何處。愁萬縷。憑仗東風,和淚吹與。

此亦柳詞體,惟前段第八句亦押韻異。

又一體

周邦彥

雙調九十八字,前後段各十一句五仄韻。

條風布暖,霏霧弄晴,池塘遍滿春色。正是夜臺無月,
沈沈暗寒食。梁間燕,社前客。似笑我、閉門愁寂。亂
花過,隔院雲香,滿地狼籍。　長記那回時,邂逅相

逢，郊外駐油壁。又見漢宮傳燭，飛煙五侯宅。青青
○句○●●○韻●●○○●句○○●●韻●○
草，迷路陌。強載酒、細尋前跡。市橋還，柳下人家，
●句○●●韻●●●讀●○○●韻●●○句●●○○句
猶自相識。
○●○●韻

此調九十八字者始於此詞，前後段第七句以下猶沿柳詞
句讀，宋元人俱依此填。若吳詞之多押一韻，康詞之句韻異
同，王詞之多押兩韻，陳詞之句讀小異，皆變體也。

前段第九十句，蔣捷詞"似瓊花，謫下紅裳"，"花"字平
聲；張榘詞"算惟有，塔起半輪"，"半"字仄聲。後段第九十句
張詞"夢仙遊，倚遍霓裳"，"遊"字平聲。譜內可平可仄據此，
其餘悉參吳、康、王、陳四詞。

又一體

吳文英

雙調九十八字，前段十一句五仄韻，後段十一句六仄韻。
麗花鬥靨，清麝濺塵，春聲偏漏芳陌。竟路障空雲幕，
●○●●句○●●○句○○●○●韻●●●○○句
冰壺浸霞色。芙蓉鏡，詞賦客。競繡筆、醉嫌天窄。素
○○●●韻○○●句○●韻●●●讀●○○●韻●
娥下，小駐輕鑣，眼亂紅碧。　　前事頓非昔。故苑年
○●句●●○○句●●○●韻　　○●●○●韻●●○
光，渾與世相隔。向暮巷空人絕，殘鐙耿塵壁。凌波
○句○●●○●韻●●●○○●句○○●○●韻○○

恨,簾戶寂。聽怨寫、墮梅哀笛。佇立久,雨暗河橋,
●句○●●韻●●●讀●○○●韻●●●句●●○○句
譙漏疏滴。
○●○●韻

　　此即周詞體,惟換頭句押韻異。

又一體

康伯可

　　雙調九十八字,前段十一句六仄韻,後段十一句七仄韻。
管弦繡陌,鐙火畫橋,塵香舊時歸路。腸斷蕭孃,舊日
●●●●句○●●●句○○●●○●韻○●○○句●●
風簾映朱戶。鶯能舞。花解語。念後約、頓成輕負。緩
○○●●韻○○●韻○●●韻●●讀●○○●韻●
雕轡,獨自歸來,憑闌情緒。　　楚岫在何處。香夢悠
○●句●●○○句○○○●韻　　●●●○●韻○●○
悠,花月更誰主。惆悵後期,空有鱗鴻寄紈素。枕前
○句○●●○●韻○●●○句○●○○●●●韻●○
淚。窗外雨。翠幕冷、夜涼虛度。未應信,此度相思,
●韻○●●韻●●●讀●○○●韻●○●句●●○○句
寸腸千縷。
●○○●韻

　　此詞前後段第四五句俱作四字一句、七字一句,其換頭句及前後段第六句又多押一韻,與周詞異。

又一體

王沂孫

雙調九十八字,前後段各十一句六仄韻。

疏簾蝶粉, 幽逕燕泥, 花間小雨初足。 又是禁城寒食。
○○●●句 ○●●○句 ○○●●○●韻 ●●●○○●韻
輕舟泛晴淥。 尋芳地, 來去熟。 尚仿佛, 大堤南北。 望
○○●○韻 ○○●句 ○●●韻 ●●句 ●○○●韻 ●
楊柳、一片陰陰, 搖曳新綠。 重訪艷歌人, 聽取春
○●讀 ●○○句 ○●○韻 ○●●○○句 ●●○
聲, 猶是杜郎曲。 蕩漾去年春色。 深深杏花屋。 東風
○句 ○●●○韻 ●●●○○韻 ○○●●韻 ○○
裏, 曾與宿。 記小刻、近窗新竹。 舊遊遠, 沈醉歸來,
●句 ○●●韻 ●●讀 ●○○韻 ●○●句 ○●○○句
滿院銀燭。
●●○●韻

此亦周詞體,惟前段第四句押韻異。

又一體

陳允平

雙調九十八字,前後段各十句五仄韻。

流鶯喚夢, 芳草帶愁, 東風料峭寒色。 又見杏漿餳粥,
○○●●句 ○●●○句 ○○●●○●韻 ●●●○○●句
家家禁烟食。 江湖幾年倦客。 曾慣識、淒凉岑寂。 苦吟
○○●●韻 ○○●●●韻 ○●●讀 ○○○●韻 ●○

瘦，蕭索詩腸，空媿郊籍。　　春事正溪山，柳霧花
●句○●○○句○●○●韻　　○●●○○句●●○
塵，深映翠蘿壁。更謝多情雙燕，歸來舊庭宅。晴絲亂
○句○●●○●韻●●○○●●句○○●○●韻○○●
遊巷陌。悵容易、萬紅陳迹。酒旗直，綠水橋邊，猶記
○●●韻●○●讀●○○●韻●○●句●●○○句○●
曾識。
○●韻

此即和周詞也，惟前後段第六七句俱作六字一句異。

滿宮花二體

調見《花間集》。尹鶚賦宮怨詞，有"滿地禁花慵掃"句，取以爲名。

滿宮花

尹　鶚

雙調五十字，前後段各五句三仄韻。

月沈沈，人悄悄。一炷後庭香裊。草深輦路不歸來，滿
⊖⊖○句○●●韻●●●○○●韻○●●●●○○句⊖
地禁花慵掃。　　離恨多，相見少。何處醉迷三島。漏
●●○○●韻　　⊖●○句⊖●●韻○●●○○●韻⊖
清宮樹子規啼，愁鎖碧窗春曉。
○○●●○○句⊖●●○○●韻

此詞換頭作三字兩句，與前段同，有宋許棐詞可校。許詞

前段第三句"猶帶清醒微困","猶"字"清"字俱平聲；第四句"金鞍何處掠新歡","金"字平聲。後段第一句"柳供愁"，"柳"字仄聲，"供"字平聲；結句"又是一番春盡","又"字仄聲。譜內可平可仄據此,餘參張詞。

又一體

張　泌

雙調五十一字,前段五句三仄韻,後段四句三仄韻。

花正芳，樓似綺。寂寞上陽宮裏。鈿籠金鎖睡鴛鴦，簾
○●○句○●●韻●●●○○●韻●○○●○○句○
冷露華珠翠。　嬌艷輕盈香雪膩。細雨黃鶯雙起。東
●●○○●韻　　○●○○○●韻●●○○○●韻○
風惆悵欲清明，公子橋邊沈醉。
○○●●●○句○●○○○●韻

此詞換頭作七字一句,魏承班"雪霏霏"詞正與此同。但魏詞換頭句"春朝秋夜思君甚","朝"字"君"字俱平聲,"夜"字仄聲,平仄與此詞又異。

少年遊十五體

調見《珠玉集》。因詞有"長似少年時"句,取以爲名。《樂章集》注"林鍾商調"。韓淲詞有"明窗玉蠟梅枝好"句,更名《玉蠟梅枝》。薩都刺詞名《小闌干》。

此調最爲參差,今分七體,其源俱出於晏詞；或添一字,攤破前後段起句,作四字兩句者；或減一字,攤破前後段第三四

句,作七字一句者;或於前後段第二句添一字者;或於兩結句添字減字者,悉爲類列,以便按譜查填。

少年遊

晏　殊

雙調五十字,前段五句三平韻,後段五句兩平韻。

芙蓉花發去年枝。　雙燕欲歸飛。　蘭堂風軟,　金鑪香暖,
◐○●●○○韻　●●●○○韻　◐○◐●句　◐○○●句
新曲動簾帷。　　家人並上千春壽,　深意滿瓊巵。　綠鬢
○●●○○韻　　◐○◐●○○句　◐●●○○韻　●●
朱顏,　道家裝束,　長似少年時。
○○句●○◐●句◐●●○○韻

自晏殊詞至周密詞共四首,其前後段起句皆七字,第三四句皆四字,所不同者前後段第二句及結句添字減字耳。而晏詞實爲正體,宋元人悉依此填。

前段第四句,陳允平詞"簫吹紫玉","紫"字仄聲。換頭句,吳元可詞"釧脫釵斜渾不省","脫"字"不"字俱仄聲,"釵"字"斜"字俱平聲;結句,柳永詞"獨上木蘭橈","獨"字仄聲。譜內可平可仄據此,餘參類列李詞、柳詞、周詞。

又一體

李　甲

雙調五十字,前後段各五句兩平韻。

江國陸郎封寄後,　獨自冠群芳。　折時雪裏,　帶時鐙下,
○●◐○○●句●●●○○韻　◐○●句●○●句

香面訝爭光。　而今不怕吹羌管，一任更繁霜。玳筵
○●●○○韻　　○○●●○○●句●●●○○韻●○
賞處，玉纖整鬠後，猶勝嶺頭香。
●●句●○●●句○●●○○韻

　　此詞見《梅苑》，與晏詞同，惟前段起句不押韻異。

又一體

柳　永

　　雙調五十一字，前段五句三平韻，後段五句兩平韻。
日高花榭懶梳頭。無語倚妝樓。修眉斂黛，遠山橫翠，
●○○●●○○韻○●●○○韻○●●○句●○○●句
相對結春愁。　王孫走馬長楸陌，貪迷戀、少年遊。
○●●○○韻　　○○●●○○●句○●●讀●○○韻
似恁疏狂，費人拘管，爭似不風流。
●●○○句●○○●句○●●○○韻

　　此與晏詞同，惟後段第二句添一字，作六字異，《樂章集》
四首皆然。歐陽修二詞"追往事、又成空"，"忍拋棄、向秋
光"，亦與此同。

又一體

柳　永

　　雙調五十二字，前段五句三平韻，後段五句兩平韻。
一生贏得是淒涼。追往事、暗心傷。好天良夜，深屏香
●○○●●○○韻○●●讀●○○韻●○○●句○○○

被，争忍便相忘。　　王孫動是經年去，貪迷戀、有何
●句○●●○○韻　　○○●●○○●句○○讀●○
長。萬種千般，把伊情分，顛倒盡猜量。
○韻●○○句●○○●句○●●○○韻

　　此亦與晏詞同，惟前後段第二句各添一字，俱作六字句
異。

又一體

周　密

　　雙調四十八字，前段五句三平韻，後段五句兩平韻。
簾銷寶篆卷宮羅。蜂蝶撲飛梭。一樣東風，燕梁鶯院，
○○●●●○○韻○●●○○韻●●○○句●○○●句
那處春多。　　曉妝日日隨香輦，多在牡丹坡。花深深
●●○○韻　　●○●●○○●句○●●○○韻○○○
處，柳陰陰處，一片笙歌。
●句●○○●句●●○○韻

　　此亦晏詞體，惟前後段兩結句各減一字，作四字句異。

又一體

杜安世

　　雙調五十字，前段五句三平韻，後段四句三平韻。
小軒深院是秋時。風葉墜高枝。疏簾靜永，薄帷清夜，
●○○●●○○韻○●●○○韻○○●●句●○○●句
暑退覺寒微。　　淒涼天氣離愁意，肯信杳難期。多情
●●●○○韻　　○○○●○○●句●●●○○韻○○

成病不須醫。更憔悴、轉尋思。
○●●●○韻●●●讀●○○韻

　　此與向詞俱後段第三句減一字,改晏詞四字兩句作七字句,結句添一字作六字者。歐陽修詞"那堪疏雨滴黃昏。更特地、憶王孫",張耒詞"相見時稀隔別多。又春盡、奈愁何",正與此同。

又一體

　　　　　　　　　　　　　　　　向子諲
　　雙調五十字,前段五句兩平韻,後段四句兩平韻。
去年同醉酴醿下,　盡筆賦新詞。今年君去,酴醿欲破,
●○○●●○句●●●○○韻○○○●句○○●●句
誰與醉爲期。　舊曲重歌傾別酒,風露泣花枝。章水
○●●○○韻　●●○○○●句○●●○○韻○●
能長湘水遠,流不盡、兩相思。
○○○●●句○●●讀●○○韻

　　此與杜詞同,惟前段起句、後段第三句不押韻異。

又一體

　　　　　　　　　　　　　　　　姜　夔
　　雙調五十一字,前段六句兩平韻,後段五句兩平韻。
雙螺未合,雙蛾先斂,家在碧雲西。別母情懷,隨郎滋
○○●●句○○○●句○●●○○韻●●○○句○○○
味,桃葉渡江時。　扁舟載了匆匆去,今夜泊前溪。
●句○●●○○韻　○○●●○○句○●●○○韻

353

楊柳津頭，梨花墻外，心事兩人知。
〇●〇〇句〇〇〇●句〇●●〇〇韻

　　此詞攤破晏詞前段起句七字一句，作四字兩句，周邦彥"并刀如水"詞正與此同。此與下韓淲詞又自成一體。

又一體

韓　淲

　　雙調五十二字，前段六句兩平韻，後段五句兩平韻。
閒尋杯酒，清翻曲譜，相與送殘冬。天地推移，古今興
〇〇〇●句〇〇●●句〇●●〇〇韻〇●〇〇句〇〇
替，斯道豈雷同。　明窗玉蠟梅枝好，人情澹、物華
●句〇●●〇〇韻　〇〇●●〇〇●句〇〇●讀●〇
濃。箇裏風光，別般滋味，無夢聽飛鴻。
〇韻●●〇〇句●〇〇●句〇●●〇〇韻

　　此與姜詞同，惟後段第二句添一字，作六字折腰異。

又一體

晏幾道

　　雙調五十二字，前後段各六句兩平韻。
綠勻欄畔，黃昏淡月，携手對殘紅。紗窗影裏，朦朧春
●〇〇〇句〇〇●●句〇●●〇〇韻〇〇●●句〇〇
睡，繁杏小屏風。　須愁別後，天高海闊，何處更相
●句〇●●〇〇韻　〇〇●●句〇〇●●句〇●●〇
逢。幸有花前，一杯芳酒，歸計莫匆匆。
〇韻●●〇〇句●〇〇●句〇●●〇〇韻

此詞攤破"芙蓉花發"詞,前後段起句七字一句,各添一字作四字兩句,《小山樂府》三首皆然。高觀國"春風吹碧"詞正與之同。此又自爲一體。

又一體

杜安世

雙調五十一字,前後段各五句三平韻。

小樓歸燕又黃昏。寂寞鎖高門。輕風細雨,惜花天氣,
●○○●●○○韻●●○○韻○○●●句●○○●句
相次過春分。　畫堂無緒,初燃絳蠟,羅帳掩餘熏。
○●●○○韻　●○○●句○○●●句○●●○○韻
多情不解怨王孫。任薄倖、一從君。
○○●●●○○韻●●讀●○○韻

此詞攤破晏詞換頭七字一句,作四字兩句;攤破晏詞第三四句四字兩句,作七字一句,結句又添一字作六字折腰句法。宋元人無依此填者,自成一體。

又一體

蘇　軾

雙調五十一字,前段六句兩平韻,後段四句兩平韻。

去年相送,餘杭門外,飛雪似楊花。今年春盡,楊花似
●○○●句○○○●句○●●○○韻○○●●句○○●
雪,猶不見還家。　對酒卷簾邀明月,風露透窗紗。
●句○●●○○韻　●●●○○●●句○●●○○韻

355

恰似嫦娥憐雙燕，分明照、畫梁斜。
●●○○○○●句○○●讀●○○韻

此詞攤破晏詞前段起句七字一句，作四字兩句；又攤破後段第三四句四字兩句，作七字一句；結句又添一字，作六字折腰。晁補之"前時相見"詞，正與之同。此亦自成一體。

又一體

晏幾道

雙調五十一字，前段六句兩平韻，後段五句三平韻。

西樓別後，風高露冷，無奈月分明。飛鴻影裏，搗衣砧
○○●●句○○●●句●●●○○韻○○●●句●○○

外，總是玉關情。　王孫此際，山重水遠，何處賦西
●句●●●○○韻　○○●●句○○●●句○●●○

征。金閨魂夢柱叮嚀。尋遍短長亭。
○韻○○○●●○○韻○●●○○韻

此詞攤破"芙蓉花發"詞前後段起句七字一句，俱作四字兩句；又攤破後段第三四句四字兩句，作七字一句。晏殊"重陽過後"詞、"霜華滿樹"詞、幾道"雕梁燕去"詞，正與之同。此亦自成一體。

又一體

楊　億

雙調五十二字，前段六句兩平韻，後段五句三平韻。

江南節物，水昏雲淡，飛雪滿前邨。千尋翠嶺，一枝芳
○○●●句●○○●句○●●○○韻○○●●句●○○

艷、迢遞寄歸人。　　壽陽妝罷，冰姿玉態，的的寫天
●句○●●○○韻　　●○○●句○○●●句●●●○
真。等閑風雨又紛紛。更忍向、笛中聞。
○韻●○○●●○○韻●●●讀●○○韻

　　此調見《梅苑》，與晏詞同，惟後段結句添一字，作六字折腰句法異。

又一體

晁補之

　　雙調四十九字，前後段各五句兩仄韻。
當年携手，是處成雙，無人不羨。自間阻五年也，一夢
○○○●句●●○○句○○●●韻●●●○●句●●
擁、嬌嬌粉面。　　柳眉輕掃，杏腮微拂，依前雙靨。
●讀○○●●韻　　●○○●句●○○●句○○○●韻
甚睡裏、起來尋覓，却眼前不見。
●●●讀●○○●句●●○○●韻

　　此詞用仄韻，宋元人無填此者。因見《琴趣外篇》，採之以備一體。

偷聲木蘭花一體

　　此調亦本於《木蘭花令》，前後段第三句減去三字，另偷平聲，故云"偷聲"。若《減字木蘭花》前後起句四字，則又從此調減去三字耳。

偷聲木蘭花

馮延巳

雙調五十字，前後段各四句兩仄韻兩平韻。

落梅著雨消殘粉。　雲重煙深寒食近。羅幕遮香。　柳
◐○◐●○○●仄韻◐○◐●○○●韻◐●○○平韻●
外秋千出畫墻。　春山顛倒釵橫鳳。　飛絮入簾春
●○○●●○韻　○○◐●○○●換仄韻◐●○○
睡重。夢裏佳期。祗許庭花與月知。
●●韻◐●○○換平韻●●○○◐●○韻

此調祇此一體，《陽春集》刻"上行杯"，今從張先集改定。張詞前段起句"雲籠瓊苑梅花瘦"，"雲"字"瓊"字俱平聲；第二句"外院重扉聯寶獸"，"外"字仄聲；第三句"海月新生"，"海"字仄聲。後段起句"簾波不動銀釭小"，"不"字仄聲；第二句"寶帶垂魚金照地"，"寶"字仄聲，"垂"字平聲；第三句"和氣融人"，"和"字平聲；結句"清霄千家日日春"，"清"字平聲；又"祇恐覺來添斷腸"，"覺"字仄聲，"添"字平聲。譜內可平可仄據此。

滴滴金四體

蔣氏《九宮譜目》入黃鍾宮。

滴滴金

李遵勗

雙調五十字,前後段各四句三仄韻。

帝城五夜宴遊歇。殘鐙外、看殘月。都來猶在醉鄉中。
⊖○⊕●⊕●韻●⊕●讀●○●韻⊕●○●●○句
聽更漏初徹。　　行樂已成閒話說。如春夢、覺時節。
●⊕●○●韻　　⊕●●○⊕●韻⊖○●讀●○●韻
大家同約探春行,問甚花先發。
⊕○⊖●⊕○○句●⊕○○●韻

此調以此詞及晏詞爲正體,若楊詞之押韻參差,宋媛孫氏詞之添字,皆變體也。按《中吳紀聞》內一詞,前後段第二句"引得都來胡道","都教一時閒了",俱不作折腰句法,因屬譾詞不列。

譜內可平可仄悉參下諸詞。

又一體

晏　殊

雙調五十字,前後段各四句四仄韻。

梅花漏泄春消息。柳絲長、草芽碧。不覺星霜鬢邊白。
○○●●○○●韻●○○讀●○●韻●●○○●○●韻
念時光堪惜。　　蘭堂把酒留佳客。對離筵、駐行色。
●○○●韻　　○○●●○○●韻●○○讀●○●韻
千里音塵便疏隔。合有人相憶。
○●○○●○●韻●●○○●韻

此與李詞同，惟前後段第三句俱押韻異。

又一體

楊无咎

雙調五十字，前段四句四仄韻，後段四句三仄韻。
相逢未盡論心素。早容易、背人去。憶得歌翻腸斷句。
○○●●○○●韻●○●讀●○●韻●●○○○●●韻
更惺惺言語。　萋萋芳草迷南浦。正風吹、打船雨。
●○○○●韻　○○○●○○●韻●○○讀●○●韻
靜聽愁聲夜無眠，到水邨何處。
●●○○●○○句●●○○●韻

此即晏詞體，惟後段第三句不押韻。楊詞別首前段第三四句"表裏冰清誰與比。占無雙兩地"，後段第三四句"歲歲今朝捧瑤觴，勸南園桃李"，一押韻，一不押韻，正與此同。

又一體

孫道絢

雙調五十一字，前後段各四句三仄韻。
月光飛入林前屋。風策策、度庭竹。夜半江城擊柝聲，
●○○●○○●韻○●●讀●○●韻●●○○●●○句
動寒梢棲宿。　等閒老去年華促。祇有江梅伴幽獨。
●○○●韻　●○●●○○●韻●●○○●○●韻
夢繞夷門舊家山，恨驚回難續。
●●○○●○○句●○○●●韻

此與李詞同，惟後段第二句添一字，作七字句異。

憶漢月四體

唐教坊曲名。柳永詞名《望漢月》。《樂章集》注"正平調"。

憶漢月

歐陽修

雙調五十字,前段四句三仄韻,後段四句兩仄韻。

紅艷幾枝輕裊。早被東風開了。倚煙啼露爲誰嬌,故惹
○●●○○韻●●○○●韻●○○●●○句●●
蝶憐蜂惱。　　多情遊賞處,留戀向、綠叢千繞。酒闌
●○○●韻　　○○○●●句○●●讀●○○●韻●○
歡罷不成歸,腸斷月斜人老。
○●●○句○●●○○●韻

此調衹有兩體,前後段結句或六字,或七字。柳詞雖注宮調,然句讀參差,非正體也。

此詞兩結句六字,無宋元詞可校。

又一體

柳　永

雙調五十字,前段四句三仄韻,後段四句兩仄韻。

明月明月明月。何事乍圓還缺。恰如年少洞房人,歡會
○●○●○●韻○●●○○●韻●○○●●○句○●

依前離別。　　小樓憑檻處，正是去年時節。千里清光
○○●●韻　　●○●●●句●●●○●韻○●○○
又依舊，奈夜永、厭厭人絕。
●○●句●●●讀○○○●韻

此亦歐詞體，惟後段第二句減一字作六字句，結句添一字
作七字句異，亦無宋元人別詞可校。

按前段起句疊用三"明月"，本系游戲筆墨，無關體例。
至第四字"月"字仄聲，乃以入替平之法，若用上去，便不協律
矣。

又一體

杜安世

雙調五十二字，前後段各四句三仄韻。

紅杏一枝遙見。凝露粉愁香怨。吹開吹謝任春風，恨流
○●●○●韻○●●○●韻●○●●○○句●○
鶯、不能拘管。　　曲池連夜雨，綠水上、碎紅千片。
○讀●○○●韻　　●○○●●句●●●讀●○○●韻
直擬移來向深苑。任凋零、不孤雙眼。
●●○○●○●韻●○○讀●○●●韻

此詞兩結句各七字，後段第三句又押韻，晏殊"千縷萬
條"詞，正與之同。

晏詞前段第三四句"謝孃春晚先多愁"，"先"字平聲；"更
撩亂、絮飛如雪"，"亂"字仄聲。後段第二句"長憶得、醉中攀
折"，"長"字平聲；第三句"年年歲歲好時節"，上"年"字平
聲，上"歲"字仄聲。譜內可平可仄據此，餘參李詞。

又一體

李遵勖

雙調五十二字,前後段各四句三仄韻。

黃菊一叢臨砌。顆顆露珠裝綴。獨教冷落向秋天,恨東
〇●●〇〇●韻●●●〇〇●韻●〇●●〇〇句●〇
風、不曾留意。　雕闌新雨霽。綠蘚上、亂鋪金蕊。
〇讀●〇〇●韻　〇〇〇●●韻●●●讀●〇〇●韻
此花開後更無花,願愛惜、莫同桃李。
●〇〇●●〇〇句●●●讀●〇〇●韻

此與杜詞同,惟後段起句押韻,第三句不押韻異。

西江月五體

唐教坊曲名。《樂章集》注"中呂宮"。歐陽炯詞有"兩岸
蘋香暗起"句,名《白蘋香》。程垓詞名《步虛詞》。王行詞名
《江月令》。

西江月

柳　永

雙調五十字,前後段各四句兩平韻一叶韻。

鳳額繡簾高卷,獸鐶朱戶頻搖。兩竿紅日上花梢。春睡
●●●〇〇●句●〇〇●〇〇韻●〇●●〇〇韻〇●

363

憽憽難覺。　好夢枉隨飛絮，閒愁濃勝香醪。不成雨
○○●●叶　　●●●○●●句○○○●○○韻●○●
暮與雲朝。又是韶光過了。
●●○○韻●●●○●叶

　　此調始於南唐歐陽炯，前後段兩起句俱叶仄韻，自宋蘇
軾、辛棄疾外，填者絕少，故此調必以柳詞爲正體。沈伯時
《樂府指迷》云："《西江月》第二句平聲韻，第四句就平聲切去
押仄韻，如平聲押'東'字，仄聲須押'董'、'凍'字韻，不可隨
意押入他韻。"其説正與柳詞體合。吳詞之兩段各韻，歐詞之
添字，趙詞之不叶仄韻，皆變體也。

　　前段第四句，晏幾道詞"曉鏡心情更懶"，"更"字仄聲。
後段第三句，司馬光詞"笙歌散後酒微醒"，"笙"字平聲。末
句，歐陽炯詞"猶占鳳樓春色"，"鳳"字仄聲。譜內可平可仄
據之，餘參下詞。

又一體

蘇　軾

雙調五十字，前後段各四句兩平韻兩叶韻。
點點樓頭細雨。重重江外平湖。當年戲馬會東徐。今日
●●○○●●叶○○○●○○韻○○●●●○○韻○●
淒涼南浦。　莫恨黃花未吐。且教紅粉相扶。酒闌不
○○○●叶　　●●○○●●叶●○○●○○韻○●
必看茱萸。俯仰人間今古。
●●○○韻●●○○○●叶

　　此詞兩起句俱叶仄韻，歐陽炯"水上鴛鴦"詞，辛棄疾"貪
數明朝"詞，即此體也。其可平可仄與柳詞同，故不復注。

按歐詞韻以"力"、"色"叶"衣"、"眉"、"期"、"枝",蓋遵古韻"陌"、"錫"、"職"通"寘"、"未",以四支無入聲也,不若蘇詞韻之"虞"、"麌"、"遇"本部三聲者爲合法,故採蘇詞爲譜。

又一體

吴文英

雙調五十字,前後段各四句兩平韻一叶韻。

枝裊一痕雪在, 葉藏幾豆春濃。 玉奴最晚嫁東風。 來結
●●●●○●句●●●○○韻○●●●○○韻○●
梨花幽夢。　香力添熏羅被, 瘦肌猶怯冰綃。　綠陰
○○○●叶　○●○○○●句●○○●○○換韻●○
青子老溪橋。 羞見東鄰嬌小。
○●●○○韻○●○○○●換叶

此與柳詞同,惟前後段各韻異。周紫芝"池面風翻"詞,正與之合。

又一體

歐陽炯

雙調五十一字,前後段各四句兩平韻兩仄韻。

月映長江秋水。　分明冷浸星河。　淺沙汀上白雲多。
●●○○●仄韻○○●●○○平韻●○○●●○○韻
雪散幾叢蘆葦。　扁舟倒影寒潭裏。　烟光遠罩輕
●●●○○●仄韻　○○●●○○●仄韻○○●●○

波。　笛聲何處響魚歌。兩岸蘋香暗起。
〇平韻●〇〇●●〇〇韻●●〇〇●●仄韻

　　此見《尊前集》。換頭句較"水上鴛鴦"詞多一字，但此詞押韻，又與諸家不同。按古韻從無五"歌"通四"真"之例，此蓋以"葦"、"起"押"水"、"裏"，"多"、"歌"押"河"、"波"也。唐人有間押之法，採以備體。

又一體

趙以仁

　　雙調五十六字，前後段各四句三平韻。
夜半沙痕依約，雨餘天氣溟濛。起行微月遍池東。水影
●●〇〇●句●〇〇●●〇〇韻●〇〇●●〇〇韻●●
浮花、花影動簾櫳。　　量減難追醉白，恨長莫盡題
〇〇讀〇●●〇〇韻　　●●〇〇●●句●〇●●〇
紅。雁聲能到畫樓中。也要玉人、知道有秋風。
〇韻●〇〇●●〇〇韻●●●〇讀〇●●〇〇韻

　　此詞兩結句不叶仄韻，又各添三字作九字句，見周密《絕妙好詞》選本。宋元人無填此者，採之以備一體。

惜春令二體

　　宋周密《天基聖節樂次》有"方響獨打正宮惜春"。

惜春令

杜安世

雙調五十字，前後段各四句三平韻。

今日重陽秋意深。籬邊散、嫩菊開金。萬里霜天林葉
○●○○○●韻○○●讀●●○○韻●●○○●
墜，蕭索動離心。　　臂上茱萸新。似前歲、堪賞光
●句○●●○○韻　　●●○○韻●○○讀○○○
陰。一盞香醪聊寄興，牛嶺會難尋。
○韻●●○○○●●句○●●○○韻

調見《壽域詞》，祇此二首，而下首字句亦同，所異者前後段起句叶仄韻耳。宋元人無別首可校，其平仄當依之。

又一體

杜安世

雙調五十字，前後段各四句一叶韻兩平韻。

春夢無憑猶懶起。銀燭盡、畫簾低垂。小庭楊柳黃金
○●○○○●叶○●讀●○○○韻●○●○○
翠，桃臉兩三枝。　　妝閣纔梳洗。悶無緒、玉簫慵
●句○●●○○韻　　○○○●叶●○●讀●○○
吹。紛紛飄絮人疏遠，空對日遲遲。
○韻○○○●○○●句○●●○○韻

此詞兩起句叶仄韻，以下仍照前詞押平韻。

留春令四體

調見《小山樂府》。

留春令

晏幾道

雙調五十字，前段五句兩仄韻，後段四句三仄韻。

畫屏天畔，夢回依約，十洲雲水。手撚紅箋寄人書，寫
●○○●句●○●句⊖○○●韻●●●○○●○句●
無限、傷春事。　　別浦高樓曾漫倚。對江南千里。樓
⊖●讀○○●韻　　●●○○○●韻●○○●韻⊖
下分流水聲中，有當日、憑高淚。
●○○●○○句●⊖●讀○○●韻

　　此調以此詞爲正體，若李詞、沈詞、黃詞之攤破句法，皆變體也。此詞前段第四句、後段第三句例作拗句，如晏詞別首之"懊惱黃花暫時香"、"水濕紅裙酒初消"，高觀國詞之"柳影人家起炊煙"、"花裏清歌酒邊情"，三首皆然。

　　晏詞別首前段第二句"夜來陡覺"，"陡"字仄聲；第三句"香紅強半"，"香"字平聲；第五句"仔細把、殘春看"，"細"字仄聲。高觀國詞換頭句"歷盡冰霜空嗟怨"，"嗟"字平聲；第二句"怨粉香消減"，"粉"字仄聲；第五句"奈笛裏、關山遠"，"笛"字仄聲。譜內可平可仄據此。

又一體

李之儀

雙調五十字,前段六句兩仄韻,後段五句三仄韻。

夢斷難尋, 酒醒猶困, 那堪春暮。 香閣深沈, 紅窗翠
●●○○句 ●○○●句 ●○○●韻 ○●○○句 ○○●
暗, 莫羨顛狂絮。　綠滿當時攜手路。 懶見同歡處。
●句●●○○●韻　●●○○○●●韻 ●●○○●韻
何時却得, 低幃昵枕, 盡訴情千縷。
○○●●句○○●●句●●○○●韻

此詞攤破晏詞前段第四句、後段第三句七字一句,各添一字,作四字兩句,兩結各減一字,作五字句異。宋詞衹此一首,無別詞可校。

又一體

沈端節

雙調五十二字,前段五句兩仄韻,後段四句三仄韻。

舊家元夜, 追隨風月, 連宵歡宴。 被那們、引得滴流
●○○●句○○○●句○○○●韻 ●●○讀●●●○
地, 一似蛾兒轉。　而今百事心情懶。 鐙下幾曾忺
●句 ●●○○●韻　○○●●○○●韻 ○●●○○
看。算靜中、唯有窗間梅影, 合是幽人伴。
●韻●●○讀○●○○○●句●●○○●韻

此較晏詞,前段第四句添一字,作八字句;後段第二句添一字,作六字句;第三句添二字,作九字句;兩結亦減去一字,

俱作五字句。宋詞亦祇此一體，無可校對。

又一體

黃庭堅

雙調五十四字，前後段各四句三仄韻。

江南一雁橫秋水。嘆咫尺、斷行千里。迴文機上字縱
○○●●○○韻　●●讀　●○○●韻　○○●●●○
橫，欲寄遠、憑誰是。　　謝客池塘春都未。微微動、
○句　●●讀　○○●韻　　●●○○○●韻　○○●讀
短墻桃李。半陰纔暖却清寒，是瘦損人天氣。
●○○●韻　●○●●●○○句　●●●○○●韻

此詞前後段第三四句俱與晏詞同，所不同者惟前段起句七字，第二句七字折腰，後段第二句亦七字折腰耳。亦無宋元詞別首可校。

梁州令四體

唐教坊曲名。一名《涼州令》。晁補之詞名《梁州令疊韻》，蓋合兩首爲一首也。

《碧雞漫志》云："涼州即梁州，有七宮曲。"按柳永《樂章集》注"中呂宮"。

梁州令

晏幾道

雙調五十字，前段四句三仄韻，後段四句四仄韻。

莫唱陽關曲。淚濕當年金縷。離歌自古最銷魂，於今更
●●○○●韻●●○○●韻○○●●●○○句○○
在魂銷處。　　南橋楊柳多情緒。不繫行人住。人情却
●○○●韻　　○○○○○●韻●●○○●韻○○
似飛絮。悠揚便逐春風去。
●○●韻○○●●○○●韻

此調小令有三體，大同小異。而晁詞一體實與歐詞長調體同，故可平可仄即以晁詞爲譜，以其字句相同可以參校也。

此詞兩結句俱作七字，與晁詞不同。

《詞律》云前段起句"曲"字音"去"，"北音也"，即是起韻。按《中原音韻》魚模上聲中，有"縷"、"處"等韻，以入聲作上聲中，有"曲"字，從之。

又一體

晁補之

雙調五十二字，前段五句三仄韻，後段四句四仄韻。

二月春猶淺。去年櫻桃開遍。今年春色怪遲遲，紅梅常
●●○○●韻◐○○○●韻○○●●●○○句◐○
早，未露胭脂臉。　　東君故遣春來緩。似會人深願。
●句●●○○●韻　　◐○●●○○●韻●●○○●韻

蟠桃新縷雙盞。相期似此春長遠。
●○◐●●○韻○○●●○○●韻

　　此詞再加一叠即《梁州令叠韻》，故譜內可平可仄即糸歐詞。

又一體

　　　　　　　　　　　　　　　　　柳　永

　　雙調五十五字，前後段各五句三仄韻。

夢覺紗窗曉。殘鐙黯然空照。因思人事苦縈牽，離愁別
●●○○●韻○○●○●韻○○○●●○○句○○●

恨，無限何時了。　　憐深定是心腸小。往往成煩惱。
●句○●○●韻　　○○●●○○●韻●●○○●韻

一生惆悵情多感，月不長圓，春色易不老，
●○○●○○●句●●○○句○●●●●韻

　　此詞前後段結俱四字一句、五字一句，與晁詞不同。

又一體

　　　　　　　　　　　　　　　　　歐陽修

　　雙調一百四字，前後段各九句六仄韻。

翠樹芳條颭。的的裙腰初染。佳人携手弄芳菲，綠陰紅
●●○○●韻●●○○●韻○○○●●○○句●○◐

影，共展雙紋簟。插花照影窺鸞鑑。只恐芳容減。不堪
●句●●○○●韻●○●●○○●韻●●○○●韻●○

零落春晚，青苔雨後深紅點。　　一去門閒掩。重來却
◐●○●句○○●●○○●韻　　●●○○●韻○○●

尋朱檻。離離秋實弄輕霜，嬌紅脈脈，似見胭脂臉。人
○○●韻　○○●●○○句○●●●句●●○○●韻○
非事往眉空斂。誰把佳期賺。芳心只願依舊，春風更
●●●○○●韻○●●○●韻○○●●○●句○○●
放明年艷。
●○○●韻

按晁補之《琴趣外篇》詞《梁州令叠韻》，正與此同。
前段起句"田野閒來慣"，"田"字平聲；第二句"睡起初驚曉燕"，"曉"字仄聲；第三句"樵青走掛小簾鉤"，"走"字仄聲；第四句"南園昨夜"，"南"字平聲，"昨"字仄聲；第六句"平蕪一帶烟花淺"，"平"字平聲；第八句"江雲渭樹俱遠"，"江"字平聲，"渭"字仄聲。後段第二句"過眼韶華如箭"，"過"字"眼"字俱仄聲，"韶"字平聲；第三句"莫教鶗鴂送韶華"，"莫"字仄聲；第四句"多情楊柳"，"楊"字平聲。其餘平仄悉同。

鹽角兒一體

《碧雞漫志》云："始教坊家人市鹽，於紙角中，得一曲譜翻之，遂以爲名，今雙調《鹽角兒令》是也。"

鹽角兒

晁補之

雙調五十字，前段六句三仄韻一叠韻，後段五句三仄韻。
開時似雪。謝時似雪。花中奇絕。香非在蕊，香非在
○○●韻●○●●叠○○○●韻○○●句○○●

萼，骨中香徹。　　占溪風，留溪月。　堪羞損山桃如
●句●○○●韻　　●○○句○○●韻○○●●○○
血。直饒更、疏疏淡淡，終有一般情別。
●韻●○●讀○○●●句○●●○○●韻

　　　此調只晁補之一詞，別無可校。

歸田樂五體

黃庭堅詞名《歸田樂引》。

歸田樂

晁補之

　　雙調五十字，前段六句三仄韻，後段四句兩仄韻。
春又去，似別佳人幽恨積。　閒庭院，翠陰滿、添晝寂。
○●●句●●○○●●韻○○句●○●讀○●●韻
一枝梅最好，至今憶。　　正夢斷、鑪煙裊，參差疏簾
●○○●●句●○●韻　　●●讀○○●句○○○○
隔。爲何事、年年春恨，問花應會得。
●韻●○●讀○○●句●○○●●韻

　　　此調名《歸田樂》無"引"字，惟晁詞、蔡詞二體，然兩詞亦
　　各不同，無別首可校。

又一體

蔡　伸

雙調五十字,前後段各四句三仄韻。

風生蘋末蓮香細。新浴晚涼天氣。獨自倚朱闌,波面雙
○○●●○○●韻○●●●○○●韻●●●○○句○●●
雙彩鴛戲。　　鸞釵委墜雲堆鬢。誰會此時情意。冰簟
○●●韻　　○○●●○○●韻○●●○○●韻○●
玉琴橫,還是月明人千里。
●○○句○●●○○●韻

此詞前後段字句相同,極爲整齊,然亦無他詞可校。

又一體

晏幾道

雙調七十一字,前段六句五仄韻,後段七句五仄韻。

試把花期數。便早有、感春情緒。看即梅花吐。願花更
●●○○●韻●●●讀●○○●韻●●○○●韻●○●
不謝,春且長住。只恐花飛又春去。　　花開還不語。
●●句○●○●韻●●○○●○●韻　　○○○●●韻
問此意、年年春會否。絳唇青鬢,漸少花前侶。對花又
●●●讀○○○●●韻●○○●句●●○○●韻●○●
記得,舊曾遊處。門外垂楊未飄絮。
●●句●○○●韻○●○○●○●韻

此調名《歸田樂引》,有三體,大同小異,可以糸校。故此
詞可平可仄,即參無名氏詞及黃詞。

又一體

《樂府雅詞》無名氏

雙調七十一字,前段六句五仄韻一叠韻,後段七句五仄韻一叠韻。

水繞溪橋淥。泛蘋汀、步迷花曲。衣巾散餘馥。種竹更洗竹。咏竹題竹。日暮無人伴幽獨。　光陰雙轉轂。可惜許、等閑愁萬斛。世間種種,只是榮和辱。念足又願足。意足心足。忘了眉頭怎生蹙。

此與晏詞同,惟前段第四句、後段第五句各用一叠韻異。

又一體

黃庭堅

雙調七十字,前段六句四仄韻一叠韻,後段七句五仄韻一叠韻。

暮雨濛階砌。漏漸移、轉添寂寞,點點心如碎。怨你又戀你。恨你惜你。畢竟教人怎生是。　前歡算未已。奈何如今愁無計。爲伊聰俊,消得人憔悴。這裏消睡裏。夢裏心裏。一向無言但垂淚。
●●韻●●○●叠●●○○●○●韻

此亦晏詞體,惟前段第二句不押韻,後段第二句減一字作七字句異。其用叠韻,則與無名氏詞同。

按黃詞別首後段第五六句"拌了又捨了。一定是這回休了",多襯字三字,因詞俚不錄。

惜分飛五體

賀鑄詞名《惜雙雙》,劉弇詞名《惜雙雙令》,曹冠詞名《惜芳菲》。

惜分飛

毛 滂

雙調五十字,前後段各四句四仄韻。

淚濕闌干花著露。愁到眉峰碧聚。此恨平分取。更無言
●●○○○●韻●●○○●●韻●●○○●韻●○○
語空相覷。　斷雨殘雲無意緒。寂寞朝朝暮暮。今夜
●○○●韻　●●○○○●韻●●○○●●韻○●
山深處。斷魂分付潮回去。
○○●韻●○○●○○●韻

此調以此詞爲正體,宋元人俱照此填,其餘添字皆變體也。

毛詞別首前段第二句"望盡冷煙衰草","望"字"冷"字俱仄聲,"衰"字平聲;第三句"驚散雕闌晚","驚"字平聲。

後段起句"雲斷月斜紅燭短","雲"字平聲,"月"字仄聲。賀鑄詞第二句"偏照空牀翠被","偏"字平聲;袁去華詞"翠竹短窗無暑","無"字平聲。譜內可平可仄據之,餘悉所採諸詞。

按前段第三句第四字諸家俱用平聲,惟吕渭老詞"簾映春窈窕","窈"字仄聲;其後段第三句"歸去城南道","南"字仍用平聲,故"分"字不注可仄。

又一體

劉弇

雙調五十二字,前後段各四句四仄韻。

風外橘花香暗度。飛絮縮、殘春歸去。釀造黃梅雨。冷
○●●○○●●韻⊖●●讀●○○●韻●●○○韻●
烟曉占橫塘路。　　翠屏人在天低處。驚夢斷、
○●●○○韻　　●○○●○○●韻⊖●●讀
行雲無據。此恨憑誰訴。恁時却倩危弦語。
○○○●韻●●○○●韻●○●●○○●韻

此與毛詞同,惟前後段第二句各添一字,作七字句異。

此詞前後段第二句內可平可仄,即參後所列三體,其餘已見前詞。

又一體

張先

雙調五十四字,前後段各四句四仄韻。

城上層樓天邊路。殘照裏、平蕪綠樹。傷遠更惜春暮。
○●○○○●●韻○●●讀○○●●韻○●●●○●韻

有人還在高高處。　　斷夢歸雲經日去。無計使、哀弦
●○○●○○●韻　　●●○○●●韻○●●讀○○
寄語。相望恨不相遇。倚橋臨水誰家住。
●●韻○●●●○●韻●○○●○●韻

　　　此亦毛詞體，惟前後段第二句各添一字作七字句，第三句又各添一字作六字句異。

又一體

《梅苑》無名氏

　　雙調五十六字，前後段各四句四仄韻。
庾嶺香前親寫得。仔細看、粉勻無跡。月殿休尋覓。姑
●●○○○●●韻●●讀●○○●韻●○●●韻○
射人來、知是曾相識。　　不要青春閒用力。也合寄、
●○○讀○●○○●韻　　●●○○○●●韻●●讀
江南信息。著意應難摘。留與梨花、比並真顏色。
○○●●韻●●○○●韻○○○○讀●●○○●韻

　　　此亦毛詞體，惟前後段第二句各添一字作七字句，兩結句又各添二字作九字句異。

又一體

《梅苑》無名氏

　　雙調五十六字，前後段各四句四仄韻。
冒雪披風開數點。萬花壓、欺寒探暖。掩映閒庭院。月
●●○○○●●韻●○●讀○○●●韻●●○○●韻●

379

下疏影橫斜、幽香遠。命友開尊閒宴飮。聽麗質、
●○●○○讀○○●韻　●●○○●●韻●●讀
歌聲宛轉。對景側金盞。任他結實和羹、歸仙館。
○○●●韻●●●●韻●○●●○○讀○○●韻

　　此與"庾嶺香前"詞同，而兩結句法作上六下三，與上四下五者不同。

孤館深沈一體

　　調見宋黃大輿《梅苑詞》。

孤館深沈

權無染

　　雙調五十字，前段五句三平韻，後段五句兩平韻。
瓊英雪艷嶺梅芳。天付與清香。向臘後春前，解壓萬
○○●●●○○韻○●●○○韻●●●○○句●●
花，先占東陽。　擬待折、一枝相贈，奈水遠天長。
○句○●○○韻　●●讀○○●句●●●○○韻
對妝面，忍聽羌笛，又還空斷人腸。
●○●句●○○句●○○●○○韻

　　此詞祇此一體，無別首可校。

促拍采桑子一體

調見朱希真《太平樵唱詞》。一名《促拍醜奴兒》。促拍者,即促節繁聲之意,《中原音韻》所謂急曲子也。字句與《采桑子》、《添字采桑子》迥別。

促拍采桑子

朱敦儒

雙調五十字,前段五句三平韻,後段五句兩平韻。

清露濕幽香。　想瑶臺、無語凄凉。飄然欲去,依然似
○●●○○韻　●○○讀○●○○韻○○●●句○○
夢,雲渡銀潢。　又是天風吹澹月,佩丁東、携手西
●句○●○○韻　　●●○○○●●句●○○讀○●○
厢。泠泠玉磬,沈沈素瑟,舞遍霓裳。
○韻○○●●句○○●●句●●○○韻

此調亦祇此詞,無別首可校。

按《黃山谷集》,《醜奴兒》詞六十二字者,減去前後段第三句即是此詞,但換頭句黃詞止五字耳。因黃體已編入《似孃兒》調,茲不類列。

怨三三一體

調見李之儀《姑溪詞》,取詞中前段結句意爲名。

381

怨三三

李之儀

雙調五十字,前段四句四平韻,後段五句四平韻。

清溪一派瀉柔藍。　岸草毿毿。　記得黃鸝語畫簷。　喚狂
○○●●●○○韻●●○○韻●●○○●●○韻●　○
裏、醉重三。　　春風不動垂簾。似三五、初圓素蟾。
●讀●○○韻　　○○●●○○韻●○●讀○○●○韻
鎮淚眼廉纖。何時歌舞,再和池南。
●●●○○韻○○●●句●●○○韻

此李端叔登姑孰堂寄舊遊,用賀方回韻也。今所傳《東山詞》中缺此調,其平仄亦無可校對矣。

使牛子一體

調見曹冠《燕喜詞》。

使牛子

曹　冠

雙調五十字,前後段各四句三仄韻。

晚天雨霽橫雌霓。簾卷一軒月色。紋簟坐苔茵,乘興高
●○●●○○●韻○●●○○●韻●●●○○句○○
歌飲瓊液。　翠瓜冷浸冰壺碧。茶罷風生兩腋。四座
○●●●韻　●○●●○○●韻○●○○●●韻●●

沸歡聲，喜我投壺全中的。
●〇〇句●●〇〇●●韻

此調止此一體。

折丹桂一體

調見《相山詞》。送人應舉之作，取詞中"仙籍桂香浮"句意爲名，與《步蟾宮》別名《折丹桂》者不同。

折丹桂

王之道

雙調五十字，前後段各四句三仄韻。

風漪欲皺春江碧。我寄江城北。子今東去赴春官，挽不
〇〇●●〇〇●韻●●〇〇●韻◐〇●●●〇〇句●●

住、搏風翼。　　修程好近天池息。何處堪留客。預知
●讀〇〇●韻　　◐〇●●●〇〇●韻●●〇〇●韻◐〇

仙籍桂香浮，語祝史、休占墨。
〇●●〇〇句●●●讀〇〇●韻

此調以此詞爲正體，有程大昌詞可校。若王詞別首後段第二句"算不是西風客"，多一襯字，乃變體也，注明不錄。

程詞前段第三句"雙親帶笑酌天杯"，"雙"字平聲，"帶"字仄聲。王詞別首換頭句"晚來江上西風急"，"晚"字仄聲，"江"字平聲。程詞第二句"桂是蟾宮種"，"桂"字仄聲；第三句"詩書濃處便生枝"，"詩"字平聲。譜內可平可仄據此。

竹香子一體

調見劉過《龍洲集》。

竹香子

劉 過

雙調五十字,前後段各四句三仄韻。

一桁窗兒明快。料想那人不在。熏籠脱下舊衣裳,件件
●●○○●韻 ●●●○●韻○○●●●○○句●●
香難賽。　匆匆去得忒嚛。這鏡兒、也不曾蓋。千朝
○○●韻　○○●●●韻●●讀●●○●韻○○
百日不曾來,没這些兒箇採。
●●●○○句●●○○●●韻

此調似近譴詞,因其調僻,採以備體。

城頭月一體

調見李昂英《文溪詞》,和廣帥馬天驥韻,贈道士梁青霞作。此調蓋馬天驥所倡也,取詞中起句爲名。

城頭月

馬天驥

雙調五十字,前後段各五句三仄韻。

城頭月色明如畫。總是青霞有。酒醉茶醒,饑餐困睡,
○○●●○○●韻●●○●韻⊖●○○句○○●●句
不把雙眉皺。　坎離龍虎勤交媾。煉得丹將就。借問
●●○○●韻　●○⊖●○○●韻●●○○●韻●●
羅浮,蘇耽鶴侶,還似先生否。
○○句○○●●句○●○○●韻

　　此調祇有李昴英詞可校。李詞前段第三句"真氣長存","真"字平聲;後段第一句"一身二五之精媾","二"字仄聲。其餘平仄皆同。

四犯令一體

調見侯寘《嬾窟詞》。李處全詞更名《四和香》。關注詞又名《桂華明》。

四犯令

侯　寘

雙調五十字,前後段各四句四仄韻。

月破輕雲天淡注。夜悄花無語。莫聽陽關牽離緒。拌酩
●●⊖○○●●韻●●○●韻⊖●○○○●●韻○●

酊、花深處。　　明日江郊芳草路。春逐行人去。不是
●讀○○●韻　　●●○○●●韻○●○○●韻○●
酴醾開獨步。能著意、留春住。
○○○●●韻○●●讀○○●韻

　　此調有李詞、關詞可校，但關詞前後段第二句"遇廣寒宮
女"，"爲按歌宮羽"，俱作上一下四句法，與此又小異。
　　李詞前段第三句"華節良辰人有分"，"華"字平聲，"有"
字仄聲；後段第一句"莫向春風尋舊恨"，"莫"字仄聲；第二句
"樂事隨方寸"，"樂"字仄聲；第三句"眉壽固應天不吝"，
"眉"字平聲，"固"字仄聲。關詞"晧月滿窗人何處"，"何"字
平聲。譜內可平可仄據此。

醉高歌一體

元姚燧自度曲。《太平樂府》注"中呂宮"。

醉高歌

姚　燧

雙調五十字，前後段各四句一平韻三叶韻。
十年燕月歌聲。幾點吳霜鬢影。西風吹起鱸魚興。已在
●○○●○○韻●●○○○●叶○○●●○○●叶●●
桑榆暮景。　　榮枯枕上三更。媿儡場中四并。人生幻
○○●叶　　○○●●○○韻●●○○●●叶○○●
化如泡影。幾箇臨危自省。
●○○●叶●●○○●●叶

此元人葉兒樂府也,平仄互叶,採入以備一體。

黃鶴洞仙一體

調見元彭致中《鳴鶴餘音》詞。

黃鶴洞仙

馬　鈺

雙調五十字,前段五句三仄韻,後段五句一仄韻兩重韻。
終日駕鹽車, 鞭棒時時打。自數精神久屈沈, 如病馬。
○●●○○句○●○○●韻●●○○●●○句○●●韻
怎得優游也。　伯樂祖師來, 見後頻嗟訝。巧計多方
●●○○●韻　●●●○○句●●○○●韻●●○○
贖了身, 得志馬。　須報恩師也。
●●○句●●●重韻●○●○●重

此亦元人小令也,重押兩"馬"字兩"也"字韻,想其體例應爾,惜無別首可校。

破字令一體

調見《高麗史·樂志》。

破字令

《高麗史·樂志》無名氏

雙調五十字,前段四句三仄韻,後段五句三仄韻。

縹緲三山島、十萬歲。方分昏曉。春風開遍碧桃花,爲
●●○○●讀●●●韻○○●●韻○○●●●○○句●
東君一笑。　　詳颸暫引香塵到。祝嵩齡、後天難老。
○○●●韻　　○○●●○○韻●○○讀●○○●韻
瑞烟散碧,歸雲弄煖,一聲長嘯。
●○●●句○○●●句●○○●韻

此宋賜高麗五羊仙舞隊曲也,名曰"唐樂",故採入以備一體。

花前飲一體

調見宋楊湜《古今詞話》,取詞中前段結句爲名。

花前飲

《古今詞話》無名氏

雙調五十字,前後段各四句三仄韻。

雨餘天色漸寒滲。海棠綻、胭脂如錦。告你休看書,且
●○○●●○●韻●●讀○○○●韻●●●●○句●
共我、花前飲。　　皓月穿簾未成寢。篆香透、鴛鴦雙
●●讀○○●韻　　●●○○●○韻●○●讀○○○

枕。似恁天色時，你道是、好做甚。
●韻●●○●○句●●●讀●●●韻
　亦近謔詞，以其調僻，採以備體。

詞譜卷九

導引五體

按宋鼓吹四曲，悉用教坊新聲，車駕出入奏導引，此調是也。《宋史·樂志》：正宮，道調宮，黃鍾宮，大石調，黃鍾羽調，正平調，仙呂調，凡七曲。或五十字，或加一疊一百字。《金史·樂志》：五十字者，屬無射宮。按無射宮俗呼黃鍾宮。

導引

《宋史·樂志》無名氏

雙調五十字，前段五句三平韻，後段四句三平韻。

皇家盛事，三殿慶重重。聖主極推崇。瑤編寶列相輝
⊖○●●句○●●○○韻●●●○○韻⊖○●●○
映，歸美意何窮。　　鈞韶九奏度春風。彩仗煥儀容。
●句⊖●●○○韻　　⊖○●●●○○韻●●●○○韻
歡聲和氣彌寰宇，皇壽與天同。
⊖○⊖●○○●句⊖●●○○韻

按《宋史·樂志》，郊祀、藉田、明堂，各有導引。或五十字者，此體居多。或一百字者，後段即用此體。

譜內可平可仄悉參後詞，故不復注。

又一體

《金史‧樂志》無名氏

雙調五十字，前段五句三平韻，後段四句兩平韻。

五年一狩，仙仗到人間。問稼穡艱難。蒼生洗眼秋光
⊖○●●句⊖●●○○韻⊖●●○○韻⊖○●●○○
裏，今日見天顏。　　金戈玉斧臨香火，馳道六龍閑。
●句⊖●●○○韻　　⊖○⊖●○○●句⊖●●○○韻
歌謠到處皆相似，天子壽南山。
⊖○⊖●○○●句⊖●●○○韻

此與《宋史‧樂志》詞同，惟換頭句不押韻。宋兩段詞亦間用其體，譜中平仄即參之。

又一體

《宋史‧樂志》無名氏

雙調一百字，前段九句五平韻，後段九句六平韻。

民康俗阜，萬國樂昇平。慶海晏河清。唐堯虞舜垂衣
⊖○●●句⊖●●○○韻⊖●●○○韻⊖○⊖●○○
化，詎比我皇明。九天寶命垂丕貺，雲物效祥英。星羅
●句⊖●●○○韻⊖○⊖●○○●句⊖●●○○韻⊖○
羽衛登喬嶽，親告禪雲亭。　　我皇垂拱，惠化洽文
⊖●●○○●句⊖●●○○韻　　⊖○⊖●句⊖●●●
明。盛禮慶重行。登封降禪燔柴畢，天仗入神京。雲雷
○韻⊖●●○○韻⊖○⊖●○○●句⊖●●○○韻⊖○

布澤遍寰瀛。遐邇振歡聲。巍巍聖壽南山固，千載賀
●●●○○韻●●●○○韻○○●○○●句○●●
承平。
○○韻

　　此詞前段《金史·樂志》詞體，後段《宋史·樂志》詞體。
《宋史·樂志》別詞，前段第一句"紫霄金闕"，"金"字平
聲；第三句"尊祖奉高穹"，"尊"字平聲；第六句"嘉禾甘露登
歌薦"，"甘"字平聲。後段第四五句"道高堯舜垂衣治，日月
並文明"，"堯"字平聲，"日"字仄聲；第六句"洞開霞館法虛
晨"，"洞"字仄聲，"霞"字平聲；第八句"九清祚聖鴻基永"，
"九"字仄聲。譜內可平可仄據之，餘悉所採二詞。

又一體

　　　　　　　《宋史·樂志》無名氏
　　雙調一百字，前後段各九句五平韻。
春融日暖，四野瑞煙浮。柳菀更桑柔。土高脈起條風
○○●●句●●●○○韻●●●○○韻●○●●○○
扇，宿雪潤田疇。金根轂轉如雷動，羽衛擁貔貅。扶携
句●●●○○韻○○●●○○●句●●●○○韻○○
老稚康衢滿，延跂望凝旒。　　斗移星轉，一氣又環
●●○○●句○●●○○韻　　●○○●句●●●○
周。六府要時修。務農重穀人胥勸，耕藉禮殊尤。壇壝
○韻●●●○○韻●○●●○○●句○●●○○韻○○
嶽峙文明地，黛耜駕青牛。雍容南畝三推了，玉趾更
●●○○●句●●●○○韻○○○●○○●句●●●

遲留。
○○韻

此詞兩段俱用《金史·樂志》五十字詞體。

又一體

《宋史·樂志》無名氏

雙調一百字，前後段各九句六平韻。

我皇纘位，覆幬合穹旻。祕籙示靈文。齋居紫殿脤元
●○●●句●●●○○韻●●●○○韻○○●●○
貺，降寶命氤氳。奉符讓德事嚴禋。檢玉陟天孫。垂鴻
●句●●●○○韻●●●●●○○韻●●●○○韻○
紀號光前古，邁八九爲君。　靈臺偃武，書軌慶
●●●○○句●●●○○韻　○○●●句●○●
同文。奄六合居尊。圓穹錫命垂真籙，清曉降金門。升
○○韻●●●○○韻○○●●○○●句○●●○○韻○
中報本禋云云。嚴祀事惟寅。無爲致治臻清凈，見反
○●●○○韻●●●○○韻○○●●○○●句●●
樸還醇。
●○○韻

此詞兩段俱用《宋史·樂志》五十字詞體。

思越人一體

調見《花間集》。按孫光憲詞"館娃宮外春深"，又"魂消目斷西子"，張泌詞"越波堤下長橋"，俱咏西子事，故名《思越

393

人》，與《鷓鴣天》詞別名《思越人》者不同。

思越人

孫光憲

雙調五十一字，前段五句兩平韻，後段四句四仄韻。

古臺平，芳草遠，館娃宮外春深。　翠黛空留千載恨，
●○○句○●●句●○○●●○○平韻●●○○○●●句

教人何處相尋。　綺羅無復當時事。　露花點滴香
○○○●○○韻　●○○●○○●仄韻　●○●●○

淚。惆悵遙天橫淥水。鴛鴦對對飛起。
●韻●●○○○●韻○○●●○●韻

此詞後段第二句，考孫詞別首及鹿虔扆詞、張泌詞俱六字一句，張詞"黛眉愁聚春碧"，孫、鹿詞即見後注，或分作三字兩句者非。

按此調祇有唐詞可校，宋人無填此者。孫詞別首前段第三句"長洲廢苑蕭條"，"長"字平聲，"廢"字仄聲。鹿詞第四句"雙帶繡窠盤錦薦"，"雙"字平聲，"繡"字仄聲。孫詞第五句"月明獨上溪橋"，"月"字"獨"字俱仄聲。鹿詞後段起句"珊瑚枕膩鴉鬟亂"，"珊"字平聲，"枕"字仄聲。孫詞第二句"紅蘭綠蕙愁死"，"紅"字平聲；鹿詞"玉纖慵整雲散"，"慵"字平聲。張詞第三句"滿地落花無消息"，"滿"字"落"字俱仄聲，"消"字平聲；結句"月明腸斷空憶"，"月"字仄聲，"腸"字平聲。譜內可平可仄據此。

探春令十三體

此調宋人俱咏初春風景,或咏梅花,故名《探春》。韓淲詞有"景龍燈火昇平世"句,名《景龍燈》。

探春令

宋徽宗

雙調五十一字,前段五句三仄韻,後段四句三仄韻。

簾旌微動,峭寒天氣,龍池冰泮。杏花笑吐香紅淺。又
⊖○●句●○○●句●○○●韻●○○●○○●韻●
還是、春將半。　　清歌妙舞從頭按。等芳時開宴。記
⊖●讀○○●韻　　⊖○⊖●○○●韻●○○●韻●
去年、對著東風,曾許不負鶯花願。
●○讀●●○○句●●●●○○●韻

此調有兩體,或前段四字三句起,或前段七字一句、五字一句起。此體乃四字三句起者,於中又有前結六字句,後結五字、七字句,或兩結皆五字句,或兩結皆六字句,悉以類列,按譜時便於糸校也。

此詞可平可仄悉糸類列八詞。

又一體

楊无咎

雙調五十二字,前段五句三仄韻,後段四句四仄韻。

雪梅風柳，弄金鉤粉，峭寒猶淺。又還近、三五銀蟾
●○○●句●○○●句●○○●韻●○●讀○●○○
滿。漸玉漏、聲初短。　　尊前重約年時伴。揀鐙詞先
●韻●●●讀○○●韻　　○○○●○○●韻●○○
按。便直饒、心似蛾兒撩亂。也有春風管。
●韻●●●讀○●○○●韻●●○○韻

此與徽宗詞同，惟前段第四句多一字，後結攤破句法多押一韻異。趙長卿"疏籬橫出"詞正與此同。趙詞前段第四句"悄一似、初睹東鄰女"，"一"字仄聲，譜內據之。其餘可平可仄已詳前詞，故不復注。

又一體

趙長卿

雙調五十二字，前後段各五句三仄韻。

數聲回雁，幾番疏雨，東風回暖。甚今年、立得春來
●○○●句●○○●句○○○●韻●○○讀●●○○
晚。過人日、方相見。　　縷金幡勝教先辦。著工夫裁
●韻●○●讀○○●韻　　●○○●○○●韻●○○○
剪。到那時賭當，須教滴惜，稱得梅妝面。
●韻●●○○●句○○●●句●●○○●韻

此與"雪梅風柳"詞同，惟後段第三句攤破句法作兩句，不用韻異。

又一體

趙長卿

雙調五十二字，前段六句兩仄韻，後段五句三仄韻。

溪橋山路，竹籬茆舍，淒涼風雨。被摧殘沮挫，精神依
○○○●句●○○●句○○○●韻●⊙○●句○○
舊，無奈相思苦。　　東風故與收拾取。忍教他塵土。
●句⊙●○●●韻　　○○●●○○●韻●○○○●韻
向綠窗繡戶，朱闌小檻，做箇名花主。
●●○○●句○○●●句●●○○●韻

此亦徽宗詞體，惟前段第四句添二字，作五字一句、四字
一句，又結句減一字亦作五字句異。趙詞別首"雕墻風定"
詞，楊无咎"東風初到"詞，正與此同。

按趙詞別首第四五句"料雪霜深處，司花神女"，"雪"字
仄聲，"深"字平聲；楊无咎詞"料天臺不比，人間日月"，"日"
字仄聲。趙詞別首結句"暗裏焚百和"，"暗"字"百"字俱仄
聲。

又一體

趙長卿

雙調五十二字，前段五句兩仄韻，後段四句三仄韻。

而今風韻，舊時標致，總皆奇絕。再相逢、還是春前臘
○○○●句○○○●句●○○●韻●○○讀○●○○●
後，粉面凝香雪。　　芳心自與群花別。儘孤高清潔。
●句●●○○●韻　　○○●●○○●韻●○○○●韻

那情懷、最是與人好處，冷淡黃昏月。
●○○讀●●○●●句●●○○●韻

此與"溪橋山路"詞同，惟前段第四句、後段第三句作上三下六句法異。趙詞別首"雨屨風瘦"詞正與此同。

又一體

趙長卿

雙調五十二字，前段五句三仄韻，後段四句三仄韻。

清江平淡，暗香瀟灑，滿林風露。漸枝上、也學楊花飛
○○○●句●○○句●○○●韻●○●讀●●○○
絮。輕逐春歸去。　東君著意勤遮護。總留他不住。
●韻○●○○●韻　○○●●○○●韻●○○●●韻
幸西園、別有能言花貌，委曲關心愫。
●○○讀●●○○●句●●○○●韻

此與"而今風韻"詞同，惟前段第四句押韻異。趙詞別首"樓頭月滿"詞正與此同。

按趙詞別首前段第四句"爲多情、役得神魂撩亂"，"情"字平聲。

又一體

趙長卿

雙調五十二字，前段五句四仄韻，後段五句三仄韻。

冰澌池面。柳搖金線。春光無限。問梅花底事、收香藏
○○○●韻●○○●韻○○○●韻●○○●●讀○○

蕊，到此方舒展。　　百花頭上俱休管。且驚開俗眼。
●句●●○○●韻　　●○○●○●韻●○○●●韻
看綠陰結子，成功調鼎，有甚遲和晚。
●●○●●句○○○●句●●○○●韻

　　此亦與"而今風韻"詞同，惟前段第一二句俱押韻異。

又一體

趙長卿

　　雙調五十三字，前段六句兩仄韻，後段五句三仄韻。
冰簷垂箸，雪花飛絮，時方嚴肅。向尋常搖曳，凡花野
○○○●句●○○●句○○○●韻●○○●●句○○●
草，怎生敢、誇紅綠。　　江梅孤潔無拘束。秖溫然如
●句●○●讀○○●韻　　○○○●○○●韻●○○○
玉。自一般天賦，風流清秀，總不同粗俗。
●韻●●●○●句○○○●句●●○○●韻

　　此亦與"而今風韻"詞同，惟前段結句六字異。

又一體

楊无咎

　　雙調五十二字，前段五句三仄韻，後段四句四仄韻。
梅英粉淡，柳梢金軟，蘭芽依舊。見萬家、燈火明如
○○●●句●○○●句○○○●韻●●○讀○●○○
畫。正人月、圓時候。　　挨香傍玉偷攜手。儘輕衫寒
●韻●○●讀○○●韻　　○●●●○○●韻●○○○

399

透。聽一聲、畫角催殘漏。惜歸去、頻回首。
●韻●●○讀●●○○●韻●●●讀○○●韻

此詞後段第三句八字押韻，結句六字折腰，楊詞別首"搦兒身分"詞，正與此同。

按楊詞別首後段第三句"奈月華、燈影交相照"，"燈"字平聲；結句"俏没箇、商量地"，"没"字仄聲。

又一體

晏幾道

雙調五十二字，前後段各四句三仄韻。

綠楊枝上曉鶯啼，　報融和天氣。被數聲、吹入紗窗裏。
○○●●●○○句●●○○●韻●●○讀●●○○●韻

又驚起、嬌娥睡。　　綠雲斜嚲金釵墜。惹芳心如醉。
●●●讀○○●韻　　●○○●○○●韻●○○○●韻

為少年、濕了鮫綃帕，上都是、相思淚。
●●○讀●●○○●句●○●讀○○●韻

此詞前段七字一句、五字一句起者，有蔣捷、韓淲詞可校。韓詞前段第三句"問而今、風轉蛾兒底"，"而"字平聲。蔣詞結句"未抵我、愁痕膩"，"抵"字仄聲。韓詞後段第三句"這山城、不道人能記"，"山"字平聲。蔣詞結句"向粉奩空彈淚"，"粉"字仄聲。譜內可平可仄據此，餘參下詞。

又一體

《鳴鶴餘音》無名氏

雙調五十二字，前段四句兩仄韻，後段四句三仄韻。

草堂三鼓夢遊仙，到蓬萊閬苑。正白雲、滿地無人掃，
●○○●●○○句●○●●●韻●●○讀●●○○●句
信幽圃、香風旋。　　群真朝列黃金殿。醉流霞瓊宴。
●○●讀○○●韻　　○○●●○○●韻●○○●韻
頓覺來、一片清凉意，似明月、山頭見。
●●○讀●●○○●句●○●讀○○●韻

　　　此與晏詞同，惟前段第三句不押韻異。

又一體

趙長卿

　　雙調五十二字，前段五句兩仄韻，後段五句三仄韻。
去年元夜正錢塘，看天街鐙火。鬧蛾兒轉處，熙熙笑
●○○●●○○句●○○●●韻●○○●●句○○●
語，百萬紅妝女。　　今年肯把輕辜負。列熒煌千炬。
●句●●○○●韻　　○○●●○○●韻●○○○●韻
趁閒身未老，良辰美景，款醉新歌舞。
●○○●●句○○●●句●●○○●韻

　　　此亦晏詞體，惟前段第三句各添一字，作五字一句、四字
　　一句，兩結各減一字作五字句異。

又一體

趙長卿

　　雙調五十二字，前後段各五句四仄韻。
笙歌間錯華筵啓。喜新春新歲。菜傳纖手，青絲輕細。
○○●●○○●韻●○○○●韻●○○●句○○○●韻

401

和氣入、東風裏。　　幡兒勝兒都姑姊。戴得更忔戲。
○●●讀○○●韻　　○○●○○●韻●●●●●韻
願新春已後，吉吉利利。百事都如意。
●○○●●句●●●●韻●●○○●韻

　　此亦晏詞體，惟前段第三句作四字兩句，後段第三句作五字一句、四字一句，兩結又前六字句、後五字句異。

　　趙詞喜用方言，此更句讀參差不足爲法，採之聊以備體。

越江吟二體

　　按宋釋文瑩《續湘山野録》云："太宗酷愛琴曲十小詞，命近臣十人各探一調，撰一詞。蘇翰林易簡探得《越江吟》，遂賦此調。"後賀鑄詞因蘇詞起句有"瑤池宴"字，更名《宴瑤池》。蘇軾詞名《瑤池宴》，《樂府雅詞》名《瑤池宴令》。

越江吟

蘇易簡

　　雙調五十一字，前後段各六句六仄韻。

非煙非霧瑤池宴。片片。碧桃冷落誰見。黃金殿。蝦須
○○○●○●韻●●韻●○●●○●韻○○●韻○○
半卷。天香散。　　春雲和、孤竹清婉。入霄漢。紅顔
●●韻○○●韻　　○○讀○●○●韻●○●韻○○
醉態爛漫。金輿轉。霓旌影亂。簫聲遠。
●●●韻○○●韻○○●●韻○○●韻

　　按《湘山野録》載易簡詞云："神仙神仙瑤池宴。片片

碧桃零落春風晚。翠雲開處，隱隱金輿挽。玉麟背冷清風遠。"與此不同，今從《花草粹編》訂定。

賀鑄詞後段第一句"命閨人、金徽重按"，"徽"字平聲；第二句"商歌怨"，"商"字平聲；第三句"依稀廣陵清散"，"陵"字平聲。譜內可平可仄據之，餘參下詞。

又一體

蘇　軾

雙調五十一字，前段七句七仄韻，後段六句六仄韻。

飛花成陣。春心困。寸寸。別腸多少愁悶。無人問。偷
○○○●韻○○●韻●●韻●○○●●韻○○●韻○
啼自搵。殘妝粉。　抱瑤琴、尋出新韻。玉纖趁。南
○●韻○○●韻　●○○讀○●○●韻●○●韻○
風未解幽愠。低雲鬢。眉峰斂暈。嬌和恨。
○●●○●韻○○●韻○○●●韻○○●韻

此與蘇易簡詞同，惟前段起句攤破七字一句，作四字一句、三字一句，又多押一韻。按賀鑄詞"瓊鈎褰幔。秋風觀"，正與此同。

燕歸梁四體

調見《珠玉詞》。因詞有"雙燕歸飛遶畫堂。似留戀虹梁"句，取以爲名。柳永"纖錦裁篇"詞注"正平調"，"輕躡羅鞋"詞注"中呂調"。

燕歸梁

晏　殊

雙調五十一字，前段四句四平韻，後段五句三平韻。

雙燕歸飛遶畫堂。似留戀虹梁。清風明月好時光。更何
●●○○●●○韻●●○○韻○○●●●○○韻●●
況、綺筵張。　　雲衫侍女，頻傾桂醑，加意動笙簧。
●讀●○○韻　○○●●句○○●●句●●●○○韻
人人心在玉鑪香。逢佳會、祝延長。
○○○●●○○韻○○●讀●○○韻

此調始於此詞。換頭四字兩句者，有張先、石延年、謝逸、周邦彥諸作，其餘或攤破句法，或減字，或添字，變格頗多，其源皆出於此也。此詞前段第二句作上一下四句法，張先詞作"河漢淨無雲"，周邦彥詞作"短燭散飛蟲"，與此小異。

晏詞別首前段第二句"呈妙舞開筵"，"呈"字平聲，"妙"字仄聲。張先詞換頭二句"水晶宮殿，琉璃臺閣"，"水"字仄聲，"宮"字"臺"字俱平聲。謝逸詞第三句"錦字杳無期"，"錦"字仄聲。譜內可平可仄據此，餘參所採諸詞。

又一體

史達祖

雙調五十一字，前段四句四平韻，後段四句三平韻。

獨臥秋窗桂未香。怕雨點飄涼。玉人只在楚雲傍。也著
●●○○●●○韻●●●○○韻●○●●●○○韻●●

淚、過昏黃。　西風今夜梧桐冷，斷無夢、到鴛鴦。
●讀●〇〇韻　　〇⊖●〇〇●句⊖⊖●讀●〇〇韻
秋鉦二十五聲長。請各自、耐思量。
〇〇●●●〇〇韻●●●讀●〇〇韻

　　此詞前段與晏詞同，惟換頭攤破晏詞四字二句作七字一句，第二句校晏詞添一字，有呂渭老、吳文英詞可校。吳詞換頭句"夢飛不到梨花外"，"夢"字"不"字俱仄聲。呂詞第二句"無箇事、淚盈盈"，"無"字平聲，"箇"字仄聲。

又一體

柳　永

雙調五十字，前段五句四平韻，後段四句三平韻。

織錦裁篇寫意深。字值千金。一回披翫一愁吟。腸成
●●〇〇●●韻●●〇〇韻●〇〇●●〇〇韻〇〇
結，淚盈襟。　幽歡已散前期遠，無聊賴、是而今。
●句●〇〇韻　　〇〇●●〇〇句●〇●讀●〇〇韻
密憑歸燕寄芳音。恐冷落、舊時心。
●〇〇●●〇〇韻●●●讀●〇〇韻

　　此與史詞同，惟前段第二句減一字，杜安世"鳳擺紅綃"詞，正與此同，其第二句"寶鑑慵拈"，平仄如一。

又一體

柳　永

雙調五十二字，前段四句四平韻，後段四句三平韻。

輕躚羅鞋掩綺寮。傳音耗。若相招。語聲猶顫不成嬌。
○●○○●●○韻⊖⊖●讀●○○韻●○○●●○○韻
乍得見、兩魂消。　　忽忽草草難留戀，還歸去、又無
●●●讀●○○韻　　○○●●○○●句○○●讀●○
聊。若諧雨夕與雲朝。得似箇、有嚞嚞。
○韻●○●●●○○韻●●●讀●○○韻

　　此亦與史詞同，惟前段第二句添一字，作六字折腰異。蔣捷"我夢唐宮"詞，正與之合，其第二句"正舞到、曳裙時"，"正"字"舞"字俱仄聲。

雨中花令十二體

　　王觀詞名《送將歸》。按《雨中花》調，與《夜行船》調最易相混，宋人集中每多誤刻，今照《花草粹編》所編，以兩結句五字者爲《雨中花》，兩結句六字、七字者爲《夜行船》。

雨中花令

晏　殊

雙調五十一字，前後段各四句三仄韻。
翦翠妝紅欲就。折得清香滿袖。一對鴛鴦眠未足，葉下
⊖●○○●●韻●●○○●●韻●●○○○●●句●●
長相守。　　莫傍細條尋嫩藕。怕綠刺、冒衣傷手。可
○○●韻　　●⊖●○○●●韻●●●讀●○○●韻●
惜許、月明風露好，恰在人歸後。
●●讀●○○●●句●●○○●韻

此調始於此詞。宋人照此填者，或於前段起句添一字，或於前段第二句添一字，或於後段第二句減一字，或於前後段第三句添一字，攤破句法一句作兩句，其源皆出於此。惟周紫芝詞則又裁截慢詞，與此不同，故譜內但以兩段起結句法同者參校平仄。
　　按此體前後段第三句例各七字，此詞後段多一"許"字，乃襯字也，與下歐詞"且"字同。

又一體

毛　滂

　　雙調五十一字，前段四句三仄韻，後段五句三仄韻。

寒浸東傾不定。更奈櫓聲催緊。堤樹朧明孤月上，黯淡
○●○○●●韻●●○○○●韻○●○○○●句●●
移船影。　舊事十年愁未醒。漸老可奈離恨。今夜有
○○●韻　●●○○○●韻●●●○○韻○●●
誰知，風中露裏，目斷雲空盡。
○○句○○●●句●●○○●韻

　　此亦晏詞體，惟後段第二句減一字，第三句又添一字，作五字一句、四字一句異，若減去"有"字"中"字，即是七字句，亦襯字也。

又一體

歐陽修

　　雙調五十二字，前後段各五句三仄韻。

千古都門行路。能使離歌聲苦。送盡行人，花殘春晚，
○●○○○●韻○●○○○●韻●●○○句○○○●句

又別東君去。　　醉藉落花吹暖絮。多少曲堤芳樹。且
●●○○●韻　　●●●○○●●韻○●●○○●韻●
携手留連，良辰美景，留作相思處。
○●○○句○○●●句○●●○●韻

　　　　此亦晏詞體，但攤破晏詞前後段第三句,作四字兩句異。
　　　　按此詞後段第三句"且"字,亦襯字。

又一體

　　　　　　　　　　　　　　　　　　毛　滂

　　　　雙調五十二字,前後段各五句三仄韻。
池上水寒欲霧。竹暗小窗低户。數點秋聲，來侵短夢,
○●●○●●韻●●●○○●韻●●○○句○○●●句
簷下芭蕉雨。　　白酒浮蛆鷄啄黍。問陶令、幾時歸
○●○○●韻　　●●○○○●●韻●○●讀●○○
去。溪月嶺雲，蘋汀蓼岸，總是相思處。
●韻●●○○句○○●●句●●○○●韻

　　　　此與歐詞同,惟後段第三句減去襯字耳。句讀最爲整齊，
　　然宋人照此填者亦少。

又一體

　　　　　　　　　　　　　　　　　　趙長卿

　　　　雙調五十二字,前後段各五句三仄韻。
淚眼江頭看錦樹。別離又還秋暮。細水浮浮，輕風冉
●●○○●●韻●○●●○●韻●●○○句○○●

冉，穩送扁舟去。　　歸去江山應得助。　新詩定須多
●句●●○○●韻　　○●○○●●韻 ○○●○○
賦。有雁南來，槐溪千萬，寄我驚人句。
●韻●●○○句○○○●句●●○○●韻

此與歐詞同，惟前段起句作七字句異。

又一體

程　垓

雙調五十四字，前後段各五句三仄韻。

舊日愛花心未了。緊峭得、花時一笑。幾日春寒，連宵
●●●○○●韻●●讀●○○●韻●●○○句●○
雨悶，不道幽歡少。　　記得去年深院悄。畫梁畔、一
●●句●●○○●韻　　●●●○○●●韻●○讀●
枝香嫋。說與西樓，後來明月，莫把梨花照。
○○●韻●●○○句●○●●句●●○○●韻

此詞前後段第一二句俱七字，有程詞別首"聞說海棠"詞、"卷地芳春"詞、劉一止"十頃疏梅"詞、趙長卿"短棹輕舟"詞可校。劉詞前段第二句"折長條、嫩香滿袖"，"條"字平聲；第三句"今慶元宵"，"今"字平聲；結句"花共人俱瘦"，"花"字平聲。

趙詞後段第二句"歎光陰、自來堪笑"，"陰"字平聲。譜內可平可仄據此，餘參所採賀詞、楊詞、王詞。

趙詞後段結句"正是楚天曉"，"楚"字仄聲，但宋詞此字從無用仄之例，偶誤不可從。

又一體

賀　鑄

雙調五十五字，前後段各五句三仄韻。

清滑京江人物秀。富美髮、豐肌素手。寶子餘妍，阿嬌
〇〇〇〇●●韻●●●讀〇〇〇●韻●●〇〇句●〇
餘韻，獨步秋孃後。　　奈倦客、情懷先怯酒。問何
〇●句●●〇〇●韻　　●●●讀〇〇〇●●韻●〇
意、歌顰易皺。弱柳飛綿，繁花結子，做弄場春瘦。
●讀〇〇●●韻●●〇〇句〇〇●●句●●〇〇●韻

此與程詞同，惟換頭句添一字，作八字句異。

又一體

楊无咎

雙調五十四字，前後段各五句三仄韻。

早已是、花魁柳冠。更絕唱、不容同伴。畫鼓低敲，紅
●●●讀〇〇●●韻●●●讀〇〇〇●韻●●〇〇句〇
牙隨應，著箇人勾喚。　　慢引鶯喉千樣囀。聽過處、
〇〇●句●●〇●●韻　　●●〇〇〇●●韻〇●●讀
幾多嬌怨。換羽移宮，偷聲減字，不顧人腸斷。
●〇〇●韻●●〇〇句〇〇●●句●●〇〇●韻

此與程詞同，惟前段起句作上三下四句法異。按《逃禪集》三首皆然，故採以備體。

楊詞別首前段起句作"堪惆悵、紅塵千里"，"堪"字"惆"字"千"字俱平聲，譜內參之，其餘可平可仄詳見程詞。

又一體

趙長卿

雙調五十三字，前後段各五句三仄韻。

龜甲爐煙輕裊。簾櫳靜、乳鶯啼曉。拂掠新妝，時宜頭面，繡草冠兒小。　衫子揉藍初著了。身材稱、就中恰好。手撚雙紈，菱花重照，帶朵宜男草。

此與毛詞同，惟前段第二句添一字，作七字句異。

又一體

王　觀

雙調五十六字，前後段各五句三仄韻。

百尺清泉聲陸續。映瀟灑、碧梧翠竹。面千步迴廊，重重簾幕，小枕欹寒玉。　試展鮫綃看畫軸。見一片、瀟湘凝綠。待玉漏穿花，銀河垂地，月上闌干曲。

此亦與程詞同，惟前後段第三句添一字，作五字句異。按《樂府雅詞》選此詞，前後段起二句作"白石清泉聲陸續。瀟灑碧梧翠竹"、"閒拂霜綃開畫軸。一片瀟湘秋綠"，各減一字，今從《花草粹編》刊本。

又一體

張　先

雙調六十一字，前後段各四句四仄韻。

近鬌綵鈿雲雁細。大雲雁小雲雁好容貌、花枝爭媚。花枝
●●●○○●●韻　　　　　　●○●讀○○○●韻
十二學雙燕、同栖還並翅。雙燕子我合著、你難分離。
●○●讀○○○●●韻　　　●●●讀●○○●韻
合著　　這佛面、前生應布施。浮金圖你更看、蛾眉下
　　　　●●●讀○○●●●韻　　●●●讀○○●
秋水。眉十似賽九底、見他三五二。胡草正悶裏、也須
○●韻　●●●●讀●○●●韻　　　●●●讀●○
歡喜。悶子
○●韻

　　此詞異於各家者，以前後段第三句押韻，又攤破四字兩句，作八字一句耳。按前段結句"我"字"你"字，後段起句"這"字，第二句"下"字，第三句"底"字，結句"正"字"也"字，此皆襯字，若都減去，亦是此調正格，前後未嘗不整齊也。

　　每句下，皆自注骰子格名。

又一體

周紫芝

雙調七十字，前後段各七句三平韻。

山雨細、泉生幽谷，水滿平田。雪繭紅鱗熟後，黃雲隴
○●●讀○○○●句●●○○韻●●○○●●句○○●

麥秋間。式陵煙暖，數聲鷄犬，別是山川。　嗟老
●○○韻●○○句●●○○句●●○○韻　　○●
去、倦遊蹤跡，長恨華顛。行盡吳頭楚尾，空慚萬壑
●讀●○○●句○●○○韻●●○○○●句○○●●
千巖。不如休也，一菴歸去，依舊雲山。
○○韻●○○●句●●●●句○●○○韻

　　此詞裁截《雨中花慢》平韻詞，其前後段第三句以下悉皆
慢詞中句讀也。因《竹坡詞》有此調，名《雨中花令》，并爲編
入，平仄無別首可校。

鳳來朝一體

調見周邦彥《清真詞》。

鳳來朝

周邦彥

　　雙調五十一字，前後段各四句四仄韻。
逗曉看嬌面。小窗深、弄明未辨。愛殘朱宿粉、雲鬟
●●○○韻●○○讀●○●韻●○○●●讀○○
亂。最好是、帳中見。　說夢雙蛾微斂。錦衾溫、酒
●韻●●●讀●○●韻　　●●○○○●韻●○○讀●
香未斷。待起又、如何拌。任日炙、畫樓暖。
○●●韻●●●讀○○●韻●●●讀●○●韻

　　此詞後段第三句，《片玉集》作"待起難捨拌"，《清真集》
作"待起又、如何拌"。按史達祖詞"扇底弄、團圓影"，陳允平

413

和詞"買一笑、千金拚",俱六字折腰,應以六字者爲定本。又前後段第二句,史達祖詞"掩金閨、綵絲未整"、"墮銀瓶、脆繩挂井","未"字"挂"字俱去聲,"井"字"整"字俱上聲,與此詞兩"未"字去聲、"辨"字"斷"字俱上聲同。陳允平詞"鳳簫吹、六幺舞遍"、"繡芙蓉、香塵未斷",因"舞"字上聲,"遍"字即用去聲,可悟詞中兩仄字連用之法。

　　史詞、陳詞與此平仄如一,惟史詞前段結句"恨誰踏、蘚花徑","誰"字平聲。陳詞換頭句"曲歇弓彎袖斂","袖"字仄聲。譜內參之。

秋夜雨一體

　　調見蔣捷《竹山樂府》,題"咏秋雨"。

秋夜雨

蔣　捷

雙調五十一字,前後段各四句三仄韻。
黃雲水驛秋笳咽。　吹人雙鬢如雪。　愁多無奈處,　漫碎
○○●●○○●韻　○○○●○●韻　⊙○○●●句　●●
把、寒花輕撚。　　紅雲轉入香心裏,　夜漸深、人語初
●讀○○○●韻　　○○●●○○●句　●●○讀○●○
歇。此際愁更別。雁落影、西窗殘月。
●韻⊙●○⊙●韻●●●讀○○○●韻

　　蔣詞四首平仄如一,惟前段第二句或作"春情不解分雪","不"字仄聲;第三句作"寶箏弦斷盡","寶"字仄聲;後

段第三句作"今夜休要別","今"字平聲,譜內可平可仄據之。

伊州令一體

唐教坊曲名。一名《伊川令》。《碧雞漫志》云:"伊州有七商曲。"

伊州令

《花草粹編》無名氏

雙調五十一字,前後段各四句三仄韻。

西風昨夜穿簾幕。閨院添蕭索。攬是梧桐零落時,又迤
○○●●○○● 韻○●○○● 韻●●○○○●○ 句●○
邐、秋光過却。　　人情音信難托。魚雁成耽閣。教奴
● 讀○○●● 韻　　○○○●○● 韻○●○○● 韻○○
獨自守空房,淚珠與、燈花共落。
●●●○○ 句●○ 讀○○●● 韻

此詞坊本俱有脱誤,今從《詞緯》抄本。

木笪一體

唐《教坊記》有《木笪》大曲,宋修內司所刊《樂府渾成集》,亦有《木笪》曲名。周密《齊東野語》以爲此音世人罕知,今《太平樂府》有白樸《喬木笪》詞一套,疑其遺制。因《太和正音譜》採其首作,亦錄以備一體。或名"喬木查"者誤。

木笪

白樸

雙調五十一字，前後段各五句四仄韻。

海棠初雨歇。楊柳輕煙惹。碧草茸茸鋪四野。俄然回首
●○○●韻○●●○●韻●○○○●●韻○○○●
處，亂紅堆雪。　恰春光也。梅子黃時節。映石榴華
●句●○○●韻　●○○●韻○●○●韻●●○○
紅似血。胡葵開滿院，碎剪宮纈。
○●●韻○○●●句●●○●韻

此元人套數樂府，以其猶近宋詞體製採之。

迎春樂七體

宋柳永詞注"林鍾商"，元王行詞注"夾鍾商"。

迎春樂

柳永

雙調五十二字，前段四句四仄韻，後段四句三仄韻。

近來憔悴人驚怪。為別後、相思瞰。我前生、負汝愁煩
◐○○●○●韻●●讀◐○●韻●○○讀●●○○
債。便苦恁、難開解。　良夜永、牽情無奈。錦被
●韻●●讀○○●韻　●●讀○○●韻●●

裏、餘香猶在。怎得依前鐙下，恣意憐嬌態。
●讀◐○○●韻●●○○◐●句●●○○●韻

　　　後段第三句六字,結句五字。此體始於晏詞,因晏詞換頭句八字,宋人無照此填者,故取此詞作譜。其可平可仄,即參下晏、秦、楊三詞。

又一體

　　　　　　　　　　　　　　　　晏　殊

　　　雙調五十三字,前段四句四仄韻,後段四句三仄韻。
長安紫陌春歸早。颭垂楊、染芳草。被啼鶯、語燕催清
○○●●○○●韻●○○讀●○●韻●○○讀●●○○
曉。正好夢、頻驚覺。　　當此際、青樓臨大道。幽會
●韻●●●讀○○●韻　　○●●讀○○○●●韻○
處、兩情多少。莫惜明珠百琲，占取長年少。
●讀●○○●韻●●○○●●句●●○○●韻

　　　此與柳詞同,惟換頭句多一字,作八字句異。

又一體

　　　　　　　　　　　　　　　　秦　觀

　　　雙調五十一字,前段四句四仄韻,後段四句三仄韻。
菖蒲葉葉知多少。唯有箇、蜂兒妙。雨晴紅粉齊開了。
○○●●○○●韻○●●讀○○●韻●○○●●○○●韻
露一點、嬌黃小。　　早是被、曉風力暴。更春共、斜
●●●讀○○●韻　　●●●讀○○●韻●○●讀○

陽俱老。怎得花香深處，作箇蜂兒抱。
○○●韻●●○○○●句●●○○●韻

此與柳詞同，惟前段第三句減一字作七字句異。

又一體

楊无咎

雙調五十一字，前段四句四仄韻，後段四句三仄韻。

新來特特更門地。都收拾、山和水。看明年、事事如
○○●●○○●韻○○讀○○●韻●○○讀●●○
意。迎福祿、俱來至。　　莫管明朝添一歲。儘同向、
●韻○●●讀○○●韻　　●●○○○●●韻●○●讀
尊前沈醉。且共唱、迎春樂，祝母千秋歲。
○○●韻●●●讀○○●句●●○○●韻

此亦秦詞體，惟前段第三句作上三下四句法，後段第三句六字折腰，換頭句又不作上三下四句法異。

又一體

賀　鑄

雙調五十一字，前段四句四仄韻，後段四句三仄韻。

雲鮮日嫩東風軟。雪初融、水清淺。低鬟舞按迎春遍。
◐○●●○○●韻●○○讀●○●韻○◐●●○○●韻
似飛動、釵頭燕。　　漫折梅花曾寄遠。問誰爲、倚樓
◐◐●讀○○●韻　　●●○○○●●韻●○●讀●○
悽怨。身伴未歸鴻，猶顧戀、江南暖。
○●韻○●●○句○●●讀○○●韻

此詞後段第三句五字,結句六字,與晏、柳、秦詞體又微異。《東山集》四首皆同。周邦彥詞又本此添字也。
　　賀詞別首前段起句"六華應臘妝吳苑","六"字仄聲;第三句"玉環風調依然在","玉"字仄聲,"風"字平聲;結句"都付與、弦聲寫","都"字平聲,"付"字仄聲。後段起句"三月十三寒食夜","三"字平聲,"十"字仄聲;第二句"歸路指、玉溪南館","歸"字平聲,"路"字仄聲;第三句"細語人不聞","細"字"不"字俱仄聲,"人"字平聲;結句"久背面、秋千下","久"字仄聲;又"微風動、雙羅帶","風"字平聲。譜內可平可仄據此。至前段第二句,或作"指尖纖、態閒暇",或作"小櫻唇、淺蛾黛",或作"小山堂、晚張宴",平仄如一,當是音律所寓,不可參校別詞。

又一體

《高麗史・樂志》無名氏

雙調五十一字,前後段各四句三仄韻。

神州麗景春先到。看看是、韶光早。園林深處東風過,
○○●●○○●韻○○●讀○○●韻○○○○●句
紅杏裏、鶯聲好。　漠漠青烟遠遠道。觸目是、綠楊
○●●讀○○●韻　●●○○●●●韻●●●讀●○
芳草。莫惜醉重遊,逡巡又、年華老。
○●韻●●●○○句○○●讀○○●韻

　　此與賀詞同,惟前段第三句不押韻異。
　　按宋以大晟樂賜高麗,其樂章皆北宋人作,故《高麗史・樂志》有宋詞一卷,間亦採之。

419

又一體

周邦彥

雙調五十二字，前段四句四仄韻，後段五句三仄韻。

清池小圃開雲屋。結春伴、往來熟。憶年時、縱酒杯行
○○●●○○●韻●○●讀○●韻●○●讀●○○
速。看月上、歸禽宿。　　墻裏修篁森似束。記名字、
●韻●●●讀○○●韻　　●●○○○●韻●○●讀
曾刊新錄。見說別來長，冷翠蘚，封寒玉。
○○○●韻●●●○○句●●●句○○●韻

此與賀詞同，惟前段第三句添一字，作八字句，仍照柳永、晏殊體填。王元行詞注"夾鍾商"者，即此體也。宋人有方千里、楊澤民、陳允平和詞可校。

陳詞前段第二句"都未識、行人手"，"都"字平聲，"未"字仄聲，"行"字平聲；結句"花底帽、任欹側"，"花"字平聲，"任"字仄聲。換頭句"斗酒百篇呼太白"，"斗"字"百"字俱仄聲；第二句"傲人世、醉中一息"，"醉"字"一"字俱仄聲；又"香不散、綵雲春透"，"香"字平聲，"不"字仄聲；第三句"何日賦歸來"，"何"字平聲；結句"羞人問，連環玉"，"羞"字"人"字俱平聲。又方詞前段第三句"看夕陽、倒影花陰速"，"夕"字仄聲。譜內可平可仄據此。

夢仙郎一體

調見張先詞集。

夢仙郎

張　先

雙調五十二字，前後段各五句三仄韻兩平韻。

江東蘇小。　夭斜窈窕。都不勝、綵鸞嬌妙。春艷上新
○○○●仄韻○○●●韻○●●讀●○○●韻○●●
妝　。　肌肉過人香。　　佳樹陰陰池院。　華鐙繡
○平韻○●●○○韻　　○●○○●●換仄韻○○●
幔。花月好、豈能長見。離聚此生緣。　何計問高
●韻○●●讀●○○●韻○●●○○換平韻○●●○
天。
○韻

此詞兩仄兩平四換韻，宋人止此一體，無別首可校。

青門引一體

調見《樂府雅詞》及《天機餘錦》詞，張先本集不載。

青門引

張　先

雙調五十二字，前段五句三仄韻，後段四句三仄韻。

乍暖還輕冷。風雨晚來方定。庭軒寂寞近清明，殘花中
●●○●韻○●●○●韻○○●●●○○句●○◐

酒，又是去年病。樓頭畫角風吹醒。入夜重門靜。那堪
●句●●●○●韻○○●●○○韻●●○○●韻●○
更被明月，隔墙送過秋千影。
●●○●句●○●●○○●韻

　　按《全芳備祖》樂府，馬古洲詞前結"十分風味，獨向暑天足"，"十"字仄聲，"風"字平聲；後結"刀圭倘是神仙藥，地皮卷盡猶飛肉"，校此詞多一字，因詞俚不錄。

菊花新二體

　　《樂章集》注"中呂調"。《齊東野語》云："《菊花新》譜，教坊都管王公謹作也。"

菊花新

張　先

雙調五十二字，前後段各四句三仄韻。

墮髻慵妝來日暮。家在柳橋堤下住。衣緩絳綃垂，瓊樹
●●○○○●●韻○●●○○●●韻○●●○○句○●
裊、一枝紅霧。　　院深池靜花相妒。粉墻低、樂聲時
●讀●○○●韻　　●○○●○○●韻●○○讀●○○
度。長恐舞筵空，輕化作、綵雲飛去。
●韻○●●○○句●●●讀●○○●韻

　　此調以此詞為正體，有柳永詞可校，若杜安世詞之多押一韻，或少押一韻，皆變格也。

　　柳詞前段結句"先去睡、鴛衾圖暖"，"鴛"字平聲；後段起

句"須臾放了殘鍼線","放"字仄聲。杜詞別首後段起句"兒夫心腸多薄倖","腸"字平聲;第二句"百計思、難爲拘檢","難"字平聲;第三句"幾回向伊言","回"字平聲。柳詞結句"待時時、看伊嬌面","待"字仄聲,"時時"二字俱平聲。譜內可平可仄據之,餘參下詞。

又一體

杜安世

雙調五十二字,前段四句四仄韻,後段四句三仄韻。

怎奈花殘鶯又老。檻裏青梅數枝小。新荷長池沼。當晴
●●○○●●韻●●○○●●韻○○●●韻○○
晝、燕子聲鬧。　亭闌花綻顏色好。風雨催、等閒開
●讀●●○●韻　○○○●●●韻○○●讀●○○
了。酒醒暗思量,無箇事、著甚煩惱。
●韻●●●○○句○●●讀●●○●韻

此與張詞同,惟前段第三句押韻異。按《壽域詞》杜作二首平仄微拗,別首換頭句不押韻,與此又小異。

醉紅妝一體

調見張先詞集。因詞中有"一般妝樣百般嬌",及"郎未醉有金貂"句,取以爲名。

醉紅妝

張　先

雙調五十二字，前段六句四平韻，後段六句三平韻。
瓊林玉樹不相饒。薄雲衣，細柳腰。一般妝樣百般嬌。
○○●●●○○韻　●○○句　●●○韻　●○○●●○○韻
眉兒秀，總如描。　東風搖草雜花飄。恨無計，上青
○○●句　●○○韻　　○○●●●○○韻　●○●句　●○
條。更起雙歌郎且飲，郎未醉，有金貂。
○韻　●●○○○●●句　○●●句　●○○韻

此調近《雙雁兒》，惟後段第四句不押韻異，宋詞中亦無別首可校。

思遠人一體

調見《小山樂府》。因詞有"千里念行客"句，取其意以爲名。

思遠人

晏幾道

雙調五十二字，前段五句兩仄韻，後段五句三仄韻。
紅葉黃花秋意晚，　千里念行客。看飛雲過盡，歸鴻無
○●○○○●●句　○●●○●韻　●○○●●句　○○○

信，何處寄書得。　　淚彈不盡臨窗滴。就枕旋研墨。
●句○●●○●韻　　●○●●○○●韻●●●○●韻
漸寫到別來，此情深處，紅箋爲無色。
●●●●○句●○○●句○○●○●韻

此詞亦無別首宋詞可校。《詞律》云："前後段第二句、第五句'念'、'寄'、'旋'、'爲'四字,皆用去聲。"

醉花陰一體

《中原音韻》注"黃鍾宮"，《太平樂府》注"中呂宮"。

醉花陰

毛滂

雙調五十二字,前後段各五句三仄韻。

檀板一聲鶯起速。　山影穿疏木。　人在翠陰中，欲覓殘
⊖●●○⊖●韻　⊖●⊖○●韻　●●●○○句⊖●○
春，春在屏風曲。　　勸君對客杯須覆。　鐙照瀛洲綠。
○句⊖●○○●韻　　●○●●○○●韻　⊖●○○●韻
西去玉堂深，魄冷魂清，獨引金蓮燭。
⊖●●○○句⊖●○○句⊖●○○●韻

此調祇有此體,諸家所填多與之合,但平仄不同,句法間有小異耳。如前段起句,楊无咎詞"淋灘盡日黃梅雨",舒亶詞"粉輕一捻和香聚",辛棄疾詞"黃花漫說年年好",張元幹詞"紅萸紫菊開還早",沈會宗詞"微含清霧真珠滴",平仄俱與此詞異。又前後段第二句,舒亶詞"正千山雲盡"、"更玉釵斜襯",與別

首之"教露華休妒","指廣寒歸去",沈會宗詞之"怯曉寒脉脉"、"有動人標格",俱作上一下四句法,亦與此詞異。

按此詞換頭句"客"字疑韻,如楊无咎詞之"撲人飛絮。渾無數",李清照詞之"東籬把酒黃昏後","絮"字"酒"字俱韻,此即《樂府指迷》所謂藏短韻於句內者,然宋詞如此者亦少。

舒亶詞前段第三句"冷對酒尊傍","冷"字仄聲;第四句"無語含情","無"字平聲;結句"別是江南信","別"字仄聲。後段第三句"去後又明年","去"字仄聲;第四句"人在江南","人"字平聲;結句"羞上潘郎鬢","羞"字平聲,譜內據之。若前後段第一二句,可平可仄,詳見辨體,故不復注。

望江東一體

調見《山谷集》。因詞有"望不見江東路"句,取以爲名。

望江東

黃庭堅

雙調五十二字,前後段各四句四仄韻。

江水西頭隔煙樹。望不見、江東路。思量只有夢來去。
○●○●○●韻●●讀○○●韻○○●●●○●韻
更不怕、江闌住。　　鐙前寫了書無數。算没箇、人傳
●●讀○○●韻　　　○○●●○○韻●●讀○○
與。直教尋得雁分付。又還是、秋將暮。
●韻●○○●●○●韻●○●讀○○●韻

此調衹此一詞,無別首可校。

入塞一體

古樂府橫吹曲有《入塞辭》,調名本此。

入塞

程垓

雙調五十二字,前段六句四平韻一叠韻,後段五句四平韻一叠韻。

好思量。正秋風、半夜長。奈銀釭一點,耿耿背西窗。
●○○韻●○○讀●●○韻○○●●句●●●○○韻
衾又涼。枕又涼。　露華淒淒月半牀。照得人、真箇
○●○韻●●○叠　●○○○●●○韻●●○讀○●
斷腸。窗前誰浸木犀黃。花也香。夢也香。
●○韻○○●●●○韻○●○韻●●○叠

《書舟集》只此一詞,宋詞亦無別首可校。
前後段兩結句俱押叠韻,當是體例,填者遵之。

品令十二體

王行詞注"夷則商"。

品令

曹　組

雙調五十二字，前段四句三仄韻，後段四句兩仄韻。

乍寂寞。簾櫳靜、夜久寒生羅幕。　窗兒外、有箇梧桐
●●韻　〇〇●讀●●〇〇●●韻　〇〇讀●〇●〇
樹，早一葉、兩葉落。　　獨倚屛山欲寐，月轉驚飛烏
●句●●●讀●●●韻　　●●〇〇●●句●●〇〇〇
鵲。促織兒、聲響雖不大，敢教賢、睡不著。
●韻●●〇讀〇●〇●●句●〇〇讀●●●韻

宋人填《品令》者，類作俳語，其句讀亦不一，即前段起句或三字，或四字，或五字不同，今擇其尤雅者，各以類列。

此詞前段起句三字，有秦觀"掉又㩦"詞、顏博文"夜蕭索"詞、辛棄疾"更休説"詞可校。惟秦詞別首"幸自得"詞、石孝友"困無力"詞，前段第二三句作四字兩句，而秦詞前後段第三句又各押韻，因詞俚不錄。

顏詞前段起句"夜蕭索"，"蕭"字平聲；第二句"側耳聽、青海樓頭吹角"，"側""耳"字俱仄聲，"青"字平聲；秦詞"天然箇、品格於中壓一"，"壓"字仄聲。辛詞第三句"甚今年、容貌八十歲"，"甚"字仄聲，"年"字"容"字俱平聲，"八""十"二字俱仄聲。秦詞結句"語低低、笑咭咭"，"低低"二字俱平聲；辛詞"見底道、纔十八"，"纔"字平聲。秦詞後段起句"每每秦樓相見"，"相"字平聲；顏詞"偷想紅啼深怨"，"偷"字平聲；辛詞"莫獻壽星香燭"，"壽"字仄聲。秦詞第二句"見了無限憐惜"，"限"字仄聲。顏詞第三句"紗窗外、厭厭新月上"，"紗窗"二字俱平聲，"外"字仄聲；辛詞"只消得、把筆輕輕

去"，"把"字仄聲，"輕"字平聲。秦詞結句"把不定、臉兒赤"，"不定"二字俱仄聲，"兒"字平聲；顏詞"應也則、睡不著"，"應"字平聲；辛詞"十字上、添一筆"，"添"字平聲。譜內可平可仄據此。

又一體

趙長卿

雙調五十一字，前段五句三仄韻，後段四句兩仄韻。

情難托。離愁重，悄愁沒處安著。那堪更一葉知秋，天
○○●韻○○●句●●●●●韻●○●●●○○句○
色兒、漸冷落。　馬上征衫頻搵淚，一半斑斑污却。
●○讀●●●韻　●●○○○●句○●○○○●韻
別來爲憶叮嚀語，空贏得、瘦如削。
●○●●○○●句○○●讀●○●韻

此即曹詞體，惟換頭句七字多一字，前後段第三句七字各少一字異。按汲古閣刻《惜香樂府》，此詞作《思越人》，注"向刻《品令》非"，不知《思越人》從無仄韻之體，應照舊刻編入《品令》。

又一體

周邦彦

雙調五十五字，前段五句四仄韻，後段五句五仄韻。

夜闌人静。月痕寄、梅梢疏影。簾外曲角闌干近。舊携
●○○●韻●○讀○○○●韻●●●○○●韻●○

手　處，花霧寒成陣。　　應是不禁愁與恨。縱相逢難
●　●　句●●○○●韻　　●●●○○●●韻●○○○
問。黛眉曾把春山印。後期無定。腸斷香銷盡。
●韻●○○●○○●韻●○○●韻●●○○●韻

　　　　此詞前段起句四字,有方千里、楊澤民和詞可校。
　　　　楊詞後段第三句"便如喝採爭堂印","喝"字仄聲;結句
"有倖君須盡","有"字仄聲。又楊无咎和詞前段第四句"笛
聲誰噴","誰"字平聲。譜內可平可仄據之,餘參陳、王二詞。

又一體

　　　　　　　　　　　　　　　　　陳允平

　　　　雙調五十五字,前後段各五句四仄韻。
玉壺塵静。蟾光透、一簾疏影。偏愛水月樓臺近。畫簾
●○○●韻○●讀●○○●韻○●●○○●韻●○
獨倚，風度寒香陣。　　猶記曲江煙水恨。歎淒涼誰
●●句○●○○●韻　　○●●○○●●韻●○○○
問。夜深沙觜霜痕印。嚼花拌醉，枝上春無盡。
●韻●○○●○○●韻●○●●句○●○○●韻

　　　　此和周詞也,惟後段第四句不押韻異。

又一體

　　　　　　　　　　　　　　　　　王　行

　　　　雙調五十五字,前後段各五句五仄韻。
飛瓊環佩。立縹緲、香雲影裏。冰絲縈蹙霞綃帔。瑤階
○○○●韻●●●讀○○●●韻○○○●○○●韻○○

玉砌。雪月看初霽。　　不待夭妍相嫵媚。任天然豐
●●韻●●○○●韻　　●●○○●●韻●○○
致。綽約仙姿真絶世。衆芳無地。先得東風意。
●韻●●○○●●韻●○○韻○○●韻

此即周詞體,惟前後段第四句俱押韻異。

又一體

《梅苑》無名氏

雙調六十四字,前後段各七句四仄韻。

山重雲起。斷橋外、池塘水。晚來風定，竹枝相亞，殘
○○●韻●●●讀○○●韻●●●句●○○●句○
陽影裏。多少風流，都在冷香疏蕊。　　江南千里。問
●●韻●●○○句●●●○●●韻　　○○●韻●
折得、誰能寄。幾番歸去，酒醒月滿，闌干十二。且隱
●●讀○○●韻●○○●句●●●●句○○●●韻●●
深溪,免笑等閒桃李。
○○句●●●○●韻

此詞前後段起句俱四字,押韻,第二句俱六字,有《梅苑》
詞三首、周紫芝、呂渭老、趙長卿諸詞可校。

《梅苑》詞別首前段第三四五句"瓊枝玉樹,渾如傅粉,壽
陽妝面","瓊"字"渾"字俱平聲,"傅"字仄聲;後段第六七句
"且與從容,來歲和羹未晚","和"字平聲,"未"字仄聲。譜
内可平可仄據之,餘參周、曾、卓三詞。

又一體

周紫芝

雙調六十四字，前後段各七句四仄韻。

霜蓬零亂。笑緑鬢、光陰晚。紫荣時節，小樓長醉，
○○○●韻 ●●●讀○○●韻 ●○○●句 ●○○●句
一川平遠。休説龍山佳會，此情不淺。　黄花香滿。
●○○●韻○●○○●○句●○●●韻　○○○●韻
記白苧、吴歌軟。如今却向，亂山叢裏，一枝重看。對
●●●讀○○●韻●○●●句○○●●句●○○●韻●
著西風搔首，爲誰腸斷。
●○○●句●○○●韻

此與《梅苑》詞同，惟前後段第六七句攤破句法，作六字一句、四字一句異。

又一體

曾紆

雙調六十三字，前後段各七句四仄韻。

紋漪漲渌。疏靄連孤鶩。一年春事，柳飛輕絮，笋添新
○○●●韻○●○○●韻●○○●句●○○●句●○○
竹。寂寞幽花，獨殿小園嫩緑。　登臨未足。悵遊
●韻●●○○句●●●○●●韻　○○●●韻●○
子、歸期促。他年清夢，千里猶到，城陰溪曲。應有凌
●讀○○●韻○○●●句○●○●句○○○●韻○●○

波，時爲故人凝目。
○句○●●○○●韻

　　　此與《梅苑》詞同，惟前段第二句五字異。

又一體

　　　　　　　　　　　　卓　田

　　　雙調六十字，前後段各六句三仄韻。

立秋十日，早露出、新凉面。斜風急雨，戰退炎光一
●○●●句●●讀○○●韻○○●●句●●○○●
半。月上紗窗，疑是廣寒宮殿。　無端宋玉，恁撩
●韻●●○○句○●●○○●韻　○○●●句●○
亂、生悲怨。一年好處，都被秋光占斷。你且思量，今
●讀○○●韻●○●●句○●○○●●韻●●○○句○
夜怎生消遣。
●●○○●韻

　　　此亦《梅苑》詞體，惟前後段第三四五句各減二字，作四字一句、六字一句異。

又一體

　　　　　　　　　　　　李清照

　　　雙調六十五字，前後段各六句四仄韻。

急雨驚秋曉。今歲較、秋風早。一觴一咏，更須莫負、
●●○○●韻○●●讀○○●韻○○●●句●○●●讀
晚風殘照。可惜蓮花已謝，蓮房尚小。　汀蘋岸草。
●○○●韻●●○○●●句○○●●韻　⊖○●●韻

怎稱得、人情好。有些言語，也待醉折、荷花向道。道
●●●讀○○●韻●○○●句●●●●讀○○●●韻●
與荷花，人比去年總老。
●○○句○●●●●●韻

　　　此詞前段起句五字，有類列黃詞二首可校，平仄俱參之。
　　　前段第五句六字，第六句四字，與前周紫芝"霜蓬零亂"
詞，及後黃庭堅"敗葉霜天曉"詞同。

又一體

黃庭堅

　　　雙調六十六字，前後段各七句四仄韻。
鳳舞團團餅。恨分破、教孤另。金渠體淨，隻輪慢碾，
●●○○●韻●○●讀○○●韻○●●●句●●●●句
玉塵光瑩。湯響松風，早減了二分酒病。　　味濃香
●○○●韻○●○○句●●●●●●韻　　●○○
永。醉鄉路、成佳境。恰如鐙下，故人萬里，歸來對
●韻●○●讀○○●韻●○○●句●●●●句○○●
影。口不能言，心下快活自省。
●韻●●○○句○●●●●韻

　　　此即"急雨驚秋"詞體，惟前段第六七句仍照《梅苑》詞，
於結句多一字，作七字句異。此亦襯字，採以備體。

又一體

黃庭堅

　　　雙調六十五字，前後段各六句四仄韻。

434

敗葉霜天曉。漸鼓吹、催行棹。栽成桃李未開，便解銀
●●○○韻●●讀○○●韻○○○●●○句●●○
章歸早。去取麒麟圖畫，要及年少。　勸君醉倒。別
○○●韻●●○●●○句●●○●韻　●○●●韻●
語怎、醒時道。楚山千里暮雲，鎮鎖離人懷抱。記取江
●●讀●○●韻○○○●●○句●●○○○●韻●●○
州司馬，座中最老。
○○●句●○●●韻

　　此亦"急雨驚秋"詞體，惟攤破前段第三四句，作六字兩句，後段第三四五六句作六字三句、四字一句異。

　　以上詞十三首，各以類列。起句三字者，以曹詞爲正體，趙詞及注中秦詞、石詞皆變格也。起句四字，第二句七字者，以周詞爲正體，若陳詞、王詞皆變格也。起句四字、第二句六字者，以《梅苑》詞爲正體，若周詞、曾詞、卓詞皆變格也。起句五字者，以李詞爲正體，若黃詞二首皆變格也。此調體雖不一，亦稍盡其正變源流矣。

詞譜卷十

引駕行四體

　　此調有五十二字者，有一百字者，有一百二十五字者。五十二字詞，即一百字詞前段。一百二十五字詞，亦就一百字詞多五句也。晁補之一百字詞名《長春》。柳永一百字詞注"中呂調"，一百二十五字詞注"仙呂調"。

引駕行

晁補之

　　雙調五十二字，前段四句兩仄韻，後段六句四仄韻。

梅梢瓊綻，東同次第開桃李。痛年年、好風景，無事對
○○●句○○●●○○●韻●○○讀○●句○●●
花垂淚。　園裏。舊賞處幽葩，柔條一一動芳意。恨
○○●韻　○●韻　●●●○○句○○●●●○●韻●
心事、春來問阻，憶年時、把羅袂。雅戲。
○●讀○○●●句●○○讀●○●韻●●韻

　　此即柳永仄韻詞前段體，句讀照柳詞點定。

又一體

柳　永

　　雙調一百字，前段十句六仄韻，後段十句五仄韻。

虹收殘雨，蟬嘶敗柳長堤暮。背都門、動銷黯，西風片
○○○●句○○●●○○●韻●○○讀●○●句○●●
帆輕舉。愁睹。泛畫鷁翩翩，靈鼉隱隱下前浦。忍回
○○●韻○●韻○○●●○句○○●●●○●韻●○
首、佳人漸遠，想高城、隔煙樹。幾許。　秦樓晝
●讀○○●●句●○○讀○●⊖韻●●韻　　○○●
永，謝閣連宵奇遇。算贈笑千金，酬歌百琲，盡成輕
句●●○○○●韻●●●○○句○○●●句●○○
負。南顧。念吳邦越國，風煙蕭索在何處。獨自箇、
●韻⊖●韻●○●●句○○○●●○●韻●●●讀
千山萬水，指天涯去。
○○●●句●○○●韻

　　此詞前段即晁"梅梢瓊綻"詞體，後段結句作上一下一中
二字相連句法，晁詞亦然，填者依之。譜內可平可仄，悉參前
後二晁詞。

又一體

晁補之

雙調一百字，前段十句五仄韻，後段十句六仄韻。
春雲輕鎖，春風乍扇園林曉。掃華堂、正桃李芳時，誕
○○○●句○○●●○○●韻●○○讀●○●○○句●
辰還到。年少。記絳蠟光搖，金猊香鬱寶妝了。驟駿
○○●韻○●韻●●●○○句○○○●●○●韻●●
馬、天街向晚，喜同車、詠窈窕。多少。　盧家壺
●讀○○●●句●○○讀●●●韻○●韻　　○○●

範,杜曲家聲榮耀。慶德耀齊眉,馮唐白首,鎮同歡
●句●●○○●韻●●●○○句○○●●句●○○
笑。縹緲。待琅函深討,芝田高隱去偕老。自別有、
●韻●●韻●○○●句○○●●●韻●●讀
壺中永日,比人間好。
○○●●句●○○●韻

　　此與柳詞同,惟前段第三四句攤破句法,於第三句多二字作八字句,於第四句少二字作四字句異。又前結二字短韻,或有移作後段起句者,今從《詞律》。

又一體

柳　永

　　雙調一百二十五字,前段十五句七平韻,後段十句五平韻。

紅塵紫陌,斜陽暮草長安道,是誰人、斷魂處,迢迢匹
○○●●句○○●●○○●句○○○讀●○●句○○●
馬西征。新晴。韶光明媚,輕烟淡薄和氣暖,望花邨、
●○○韻○○韻○○●●句●●●○●●句●○○讀
路隱映,搖鞭時過長亭。愁生。傷鳳城仙子,別來千里
●●●句○○○●○○韻○○韻○○○●句●○○●
重行行。又記得臨歧,淚眼濕、蓮臉盈盈。銷凝。
○○○韻●●●○○句●●●讀○●○○韻○○韻
花朝月夕,最苦冷落銀屏。想媚容耿耿,無眠屈指,已
○○●●句●●●●○○韻●●○●●句○○●●句●
算回程。相縈。空萬般思憶,爭如歸去睹傾城。向繡
●○○韻○○韻○●○○●句○○○●●○○韻●●

幛、深處並枕，說如此牽情。
○讀○●●●句●○●○○韻

此詞後段即柳仄韻詞體,惟結句多一字。若前段則起結亦同,惟起五句後又多五句不同。其自注"仙吕調",即夷則羽,亦與中吕調之爲夾鍾羽者不同。

玉團兒一體

調見周邦彥《片玉詞》。因《清真集》不載,故方千里、楊澤民、陳允平俱無和詞,宋惟盧炳、袁去華兩詞可校。

玉團兒

周邦彥

雙調五十二字,前後段各五句三仄韻。

鉛華淡濘新妝束。好風韻、天然異俗。彼此知名，雖然
○○●●○○●韻●●●讀○○●●韻●●●○○句○○
初見，情分先熟。　鑪烟淡淡雲屏曲。睡半醒、生香
●●句○●○●韻　　○●●○○韻●●●讀○○
透肉。賴得相逢，若還虛過，生世不足。
●●韻●●○○句●○○●句○●●●韻

此詞前後段兩結句第二字例用仄聲,有盧炳詞"全似深熟"、"心事忒足",袁去華詞"緑蓋紅頰"、"相應相答","似"字"事"字"蓋"字"應"字俱仄聲可證。

按袁詞前段第二句"獨著我、扁舟一葉","著"字仄聲。盧詞前段第四句"情懷雅合","雅"字仄聲。後段第一句"耳

邊笑語論心曲","耳"字仄聲;第四句"清風明月","清"字平聲。譜內可平可仄據此。

傾杯令一體

唐教坊曲有《傾杯樂》,調名本此。但此令詞與慢詞名《傾杯樂》者不同。

傾杯令

呂渭老

雙調五十二字,前段五句三仄韻,後段四句三仄韻。
楓葉飄紅, 蓮房浥露, 枕席嫩凉先到。簾外蟾華如掃。
⊖●○○句○○●●句●●●●○○●韻○○●●○○●韻
枝上啼鴉催曉。　秋風又送潘郎老。小窗明、疏紅殘
○●●○○●韻　　○○●●○○●韻●○○讀○○
照。登高送遠惆悵, 白髮新愁未了。
●韻○○●●○句●●○○●●韻

此調衹有呂詞二首,宋元人無填此者。
呂詞別首前段起句"隔座藏鈎","隔"字仄聲;第四句"箏按教坊新譜","教"字仄聲;結句"樓外月生春浦","月"字仄聲。後段起句"徘徊爭忍忙歸去","爭"字平聲。餘與此詞平仄如一。

鋸解令一體

調見《逃禪詞》。

鋸解令

楊无咎

雙調五十二字，前段四句兩仄韻，後段四句三仄韻。

送人歸後酒醒時， 睡不穩、衾翻翠縷。 應將別淚灑西
●〇〇●〇〇句 ●●讀〇〇●●韻 ●〇〇●〇
風， 盡化作、斷腸夜雨。　　卸帆浦漵。一種悽惶兩
〇句 ●●讀〇〇●●韻　　●〇●●韻●〇〇●
處。尋思却是我無情， 便不解、寄將夢去。
●韻〇〇●●●〇〇句 ●●●讀●〇●●韻

此調衹有此詞，無別首可校。

雙雁兒一體

一名《雙燕子》，《中原音韻》入商調。按此調微近《醉紅妝》，但《醉紅妝》後段第三句不用韻，此則前後俱用韻也。

雙雁兒

楊无咎

雙調五十二字，前後段各四句四平韻。

窮陰急景暗推遷。減綠鬢、損朱顏。利名牽役幾時閒。
○○●●●○○韻●●讀●○○韻●○○●●○○韻
又還驚、一歲圓。　勸君今夕不須眠。且滿滿、泛觥
●○○讀●●○韻　●○○●●○○韻●●●讀●○
船。大家沈醉對芳筵。願新年、勝舊年。
○韻●○○●●○○韻●○○讀●●○韻

按《花草粹編》兩段刻作兩首，今依本集訂定。此詞無別首可校。

尋芳草一體

調見《稼軒詞》，自注：一名《王孫信》。

尋芳草

辛棄疾

雙調五十二字，前段四句四仄韻，後段四句三仄韻。

有得許多淚。更閒却、許多駕被。枕頭兒、放處都不
●●●○●韻●○●讀●○○●韻●○○讀●●○●
是。舊家時、怎生睡。　更也沒書來，那堪被、雁兒
●韻●○○讀●○●韻　●●●○句●○●讀●○

調戲。道無書、却有書中意。排幾箇、人人字。
○●韻●○○讀●●○○韻○●●讀○○●韻

此調祇有此詞，無別首可校。

恨來遲二體

《梅苑》詞名《恨歡遲》。

恨來遲

王　灼

雙調五十二字，前段六句兩平韻，後段五句三平韻。

柳暗汀洲，最春深處，小宴初開。似泛宅浮家，水平風
●●○○句●⊖○●句●●○○韻●●●○○句●○○
軟，咫尺蓬萊。　　更勸君、吸盡紫霞杯。醉看鸞鳳徘
●句●●○○韻　　●●⊖讀●⊖●○○韻●●●○○
徊。正洞裏桃花，盈盈一笑，依舊憐才。
○韻●●●○○句⊖○●句⊖●○○韻

此調以此詞爲正體，若《梅苑》詞之襯字亦變格也。但宋元人填此調者甚少，故此詞可平可仄悉參後詞。

又一體

《梅苑》無名氏

雙調五十三字，前段五句兩平韻，後段四句三平韻。

443

獨占江梅，淡薄情懷，淺綴胭脂。最好是、嚴凝苦寒天
●●○○句●●○○句●●○○韻●●●讀○○●○○
氣，却是開時。　　也不許、桃李鬭妍媸。也不許、霜
●句●●○○韻　　●●●讀○○●○○韻●●●讀○
雪相欺。又只恐、誰家一聲羌笛，落盡南枝。
●○○韻●●●讀○○●●○○句●●○○韻

此較王詞多一襯字，前段第四句、後段第三句，句法亦異。

珍珠令一體

調見張炎《山中白雲詞》。

珍珠令

張　炎

雙調五十二字，前段五句四仄韻，後段五句三仄韻一叠韻。

桃花扇底歌聲杳。愁多少。便覺道、花陰閒了。因甚不
○○●●○○●韻○●韻●●●讀○○○●韻○●●
歸來，甚歸來不早。　　滿院飛花休要掃。待留與、薄
○○句●○○●韻　　●●○○●●韻●●●讀●
情知道。知道。怕一似飛花，和春都老。
○○●韻○●叠●●●○○句●○○●韻

此本張炎自度曲，無別首宋詞可校。

壽延長破字令一體

調見《高麗史·樂志》。

壽延長破字令

《高麗史·樂志》無名氏

雙調五十二字,前後段各四句四仄韻。
青春玉殿和風細。奏簫韶絡繹。韻繞行雲飄飄曳。泛金
○○●●○○●韻●○○●●韻●○●○○○●韻●○
尊、流霞灧溢。　　瑞日暉暉臨丹扆。布仁慈德意。遐
○讀○○●●韻　　●●○○○○●韻●○○●●韻○
邇願聽歌聲綴。萬萬年、仰瞻宴啓。
●●●○●韻●●○讀●○●●韻

此高麗壽延長舞隊曲也,因其雜用唐樂故採之。

獻天壽令一體

調見《高麗史·樂志》。

獻天壽令

《高麗史·樂志》無名氏

雙調五十二字,前後段各四句三平韻。

閬苑人間雖隔，遥聞聖德彌高。西離仙境下雲霄。來獻
●●○○●句○●●○○韻○○○●●○○韻○●
千歲靈桃。　　上祝皇齡齊天久，猶舞蹈、賀賀聖朝。
○●○○韻　　●●○○●●句○●●讀●●●○韻
梯航交轙四方遥。端拱永保宗祧。
○○●●●○韻○●●●○韻

　　此高麗獻仙桃舞隊曲也，因所用唐樂故採之。

折花令一體

調見《高麗史·樂志》。

折花令

《高麗史·樂志》無名氏
　　雙調五十二字，前後段各五句三仄韻。
翠幕華筵，相將正是多歡宴。舉舞袖、回旋遍。羅綺簇
●●○○句○○●●○○韻●●讀○○韻○●●
宮商，共歌清羨。　　莫惜沈醉，瓊漿泛泛金尊滿。當
○○句●○○●韻　　●●○○句○○●●○○韻○
永日、長游衍。願燕樂嘉賓，嘉賓式燕。
●●讀○○●韻●●●○○句○○●●韻

　　此高麗拋球樂舞隊曲也，因所用唐樂故採之。

紅窗聽一體

柳永詞注"仙呂調"。一名《紅窗睡》。

紅窗聽

晏　殊

雙調五十三字，前段四句三仄韻，後段五句三仄韻。
淡薄梳妝輕結束。　天付與、臉紅眉綠。　連環書素傳情
⊖●○○●●韻　⊖●讀●○○●韻　⊖○○●○○
久，許雙飛同宿。　　一晌無端分比目。　誰知道、風前
●句●○○○●韻　　●●○○●●韻○○讀○○
月底，相看未足。　此心終擬，覓鸞弦重續。
●●句○○●●韻●○○●句●○○⊖●●韻

此調衹此一體，有晏詞別首及柳永詞可校。

按晏詞別首前段第二句"彼此有、萬重心訴"，亦七字句。柳詞前段第二句"舉措有、許多端正"，正與此同。汲古閣本多一"峰"字者誤。至晏詞別首兩結句"隔桃源無處"、"託鴛鴦飛去"，柳詞兩結句"表溫柔心性"、"却冤人薄倖"，俱作上一下四句法。

柳詞前段起句"如削肌膚紅玉瑩"，"如"字平聲；第三句"二年三歲同鴛寢"，"二"字仄聲，譜內據之。若前段第二句之"天"字可仄，後段結句之"重"字可仄，亦本柳詞，詳見本詞注中。

上林春令一體

《宋史·樂志》屬中呂宮。

上林春令

毛 滂

雙調五十三字,前後段各四句三仄韻。

蝴蝶初翻簾繡。萬玉女、齊回舞袖。落花飛絮濛濛,長
○●○○○●韻●●●讀○○●●韻●○○○○句●
憶著、灞橋別後。　　濃香斗帳自永漏。任滿地、月深
●●讀●○●●韻　　○○●●●●韻●●●讀●○
雲厚。夜寒不近流蘇,祇憐他、後庭梅瘦。
○●韻●○●●○○句●○○讀●○○●韻

《詞律》錄楊无咎詞四十字一體,脱去前段第三四句兩句。今按楊本集作:"穠李夭桃堆繡。正暖日、如熏芳袖。流鶯恰恰嬌啼,似爲勸、百觴進酒。少年不用稱遐壽。願來歲、如今時候。相將得意皇都,同携手、上林春晝。"即毛詞五十三字體也。譜內可平可仄參之。

紅窗迥二體

調見周邦彥《片玉詞》。

紅窗迥

周邦彥

雙調五十三字，前段六句四仄韻，後段五句三仄韻。

幾日來，真箇醉。早窗外亂紅，已深半指。花影被風搖
○●○句○●●韻●○●○句●○●●韻○●●○●
碎。擁春醒未起。　有箇人人生濟楚，向耳邊問道，
●韻●○○●●韻　●●○○○●●句●●○●●句
今朝醒未。情性漫騰騰地。惱得人越醉。
○○○●韻○●●○○●韻●●○●●韻

此詞坊刻向多脫誤，今從《詞緯》本改正。
此惟歐良一詞可校，故可平可仄悉參歐詞。

又一體

歐良

雙調五十三字，前段六句五仄韻，後段四句四仄韻。

河可挽。石可轉。那一箇愁字，却難驅遣。眉向酒邊暫
○●●韻●●●韻●●○●句●○○●韻○●●○●
展。酒後依舊見。　楓葉滿階紅萬片。待拾來、一一
韻●●○●●韻　○●●○○●韻●●○讀●●
題寫教遍。却倩霜風吹卷。直到沙島遠。
○●○●韻●●○○○●韻●●○●●韻

此與周詞同，惟前後段起句多押一韻，後段第二三句作九字一句異。

紅羅襖一體

唐教坊曲名。

紅羅襖

周邦彥

雙調五十三字,前段六句兩平韻,後段四句四平韻。

晝燭尋歡去,贏馬載愁歸。念取酒東壚,尊罍雖近,採
●●○●●句○●●●韻●●○○句○○○●句●
花南圃,蜂蝶須知。　自分袂、天闊鴻稀。空懷夢約
○○●句○●○○韻　●○●讀○●○○韻○●●
心期。楚客憶江籬。算宋玉、未必爲秋悲。
○○韻●●●○○韻●●●讀●●●○○韻。

汲古閣本後段第二句"空懷乖夢約心期",誤多一"乖"字,今從《花草粹編》改正。

此詞前段第一二句及三四五六句例作對偶,陳允平和詞亦然,其平仄亦如一,惟前段起句"別來書漸少","來"字平聲,"漸"字仄聲,與此小異。

折桂令四體

《中原音韻》注"雙調"。一名《秋風第一枝》,又名《天香引》,又名《蟾宮曲》。

折桂令

倪瓚

雙調五十三字，前段六句三平韻，後段五句一叶韻三平韻。

片帆輕、水遠山長。鴻雁將來，菊蕊初黃。碧海鯨鯢，
●○○讀●●○韻●●○○句●●○○韻●●○○句

蘭茗翡翠，風露鴛鴦。　　問音信、何人諦當。想情
○○●●句●●○○韻　　●○●讀○○●●叶　　○

懷、舊日風光。楊柳池塘。隨處凋零，無限思量。
○讀●●○○韻　●●○○韻　○●○○句●●○○韻

元人小令不拘襯字者，莫過此詞，茲擇其尤雅者，採以備體，更列減字一體、添字二體，以盡其變。

按張可久詞前段起句"俯蒼波、樓觀烟霞"，"樓"字平聲；第三句"歌韻流鶯"，"歌"字平聲；第四句"紅線幽歡"，"紅"字平聲。後段起句"留過客、江山自靈"，"留"字平聲，"過"字仄聲。譜內可平可仄據此，其餘參校下二張詞。

又一體

張可久

雙調五十字，前段六句三平韻，後段五句三平韻。

紅塵不到山家。贏得清閒，當了繁華。畫列青山，烟鋪
○○●●○○韻○●●○句●●○○韻●●○○句○○

細草，鼓奏鳴蛙。　　楊柳邨中賣瓜。蒺藜沙上看花。
●●句●●○○韻　　○●○○●○韻●○○●●○韻

生計無多，陶令琴書，杜曲桑麻。
〇●〇〇句〇●〇〇句●●〇〇韻

此與倪詞同，惟前段起句，後段起句、第二句，各減一字。

又一體

張可久

雙調六十三字，前段六句三平韻，後段十句一叶韻四平韻。

寫黃庭、換得白鵝。舊酒猶香，小玉能歌。命友南山，
●〇〇讀●●●〇韻●●〇〇句●●〇〇韻●●〇〇句
懷人北海，遯世東坡。　昨日春，今日秋，清閒在
〇〇●●句●●〇〇韻　●●〇句〇●〇句〇〇●
我。百年人，千年調，煩惱由他。樂事無多。良夜如
●叶●〇〇句〇〇●句〇〇〇〇韻●●〇〇韻〇●〇
何。去了朱顏，還再來麼。
〇韻●●〇〇句〇●〇〇韻

此與倪詞同，惟後段第一二句各添三字，第三句以下多四字一句。

又一體

白无咎

雙調一百字，前段十一句五平韻，後段八句四平韻。

敝裘塵土壓征鞍，鞭絲倦裊蘆花。弓劍蕭蕭，一徑入烟
●〇〇●●〇〇句〇〇●●〇〇韻〇●〇〇句●●●〇

霞。動羈懷、西風木葉，秋水蒹葭。千點萬點，老樹昏
○韻●○○讀○○●●句○●○○韻○●●句●●○
鴉。三行兩行，寫長空啞啞，雁落平沙。　　曲岸西
○韻○○●○句●○○●●句●○○韻　　●●○
邊，近水灣、漁網綸竿釣槎。斷橋東壁，傍溪山、竹籬
○句●●○讀○●●○○●韻○○●●句●○○讀●○
茅舍人家。滿山滿谷，紅葉黃花。正是淒涼時候，離人
○●○○韻●●●●句○●○○韻●●○○○●句○○
又在天涯。
●●○○韻

此詞一名《百字折桂令》。按《太和正音譜》所錄："壓征
鞍、鞭裊蘆花。弓劍蕭蕭，一徑烟霞。秋水蒹葭，老樹昏鴉，雁
落平沙。近水灣、綸竿釣槎。傍溪山、茅舍人家。紅葉黃花。
淒涼時候，人在天涯。"實則五十三字，即倪瓚體也。可見元
人小令襯字之多，與宋詞不同。

荔子丹一體

調見《高麗史・樂志》。

荔子丹

《高麗史・樂志》無名氏

雙調五十三字，前後段各四句三平韻。

鬭巧宮妝掃翠眉。相喚折花枝。曉來深入艷芳裏，紅香
●●○○●●○韻○●●○○韻●○○●●○句○○

散、露浥在羅衣。　　盈盈巧笑咏新詞。舞態畫嬌姿。
●讀●●●○○韻　　○○●●●○○韻●●●○○韻
裊娜又回迎宴處，簇神仙、會赴瑤池。
●●○○●●句●○○讀●●○○韻

　　宋賜高麗大晟樂，故《樂志》中猶存宋人詞，此亦其一也。無別首可校。

臨江仙十一體

　　唐教坊曲名。《花庵詞選》云，唐詞多緣題所賦，《臨江仙》之言水仙，亦其一也。宋柳永詞注"仙呂調"，元高拭詞注"南呂調"。李煜詞名《謝新恩》。賀鑄詞有"人歸落雁後"句，名《雁後歸》。韓淲詞有"羅帳畫屏新夢悄"句，名《畫屏春》。李清照詞有"庭院深深深幾許"句，名《庭院深深》。

　　按《樂章集》又有七十四字一體、九十三字一體，汲古閣本俱刻《臨江仙》，今據《花草粹編》校定，一作《臨江仙引》，一作《臨江仙慢》，故不類列。

　　按《臨江仙》調起於唐時，惟以前後段起句結句辨體。其前後兩起句七字、兩結句七字者，以和凝詞為主，無別家可校。其前後兩起句七字、兩結句四字五字者，以張泌詞為主，而以牛希濟詞之起句用韻、李煜詞之前後換韻、顧敻詞之結句添字類列。其前後兩起句俱六字、兩結俱五字兩句者，以徐昌圖詞為主，而以向子諲詞之第四句減字類列。其前後兩起句俱七字、兩結俱五字兩句者，以賀鑄詞為主，而以晏幾道詞之第二句添字、馮延巳詞之前後換韻、後段第四句減字、王觀詞之後段第四句減字類列。蓋詞譜專主辨體，原以創始之詞正體者列前，減字添字者列後，茲從體製編次，稍詮世代，故不能仍挨字數多寡也。他調準此。

臨江仙

和　凝

雙調五十四字，前後段各四句三平韻。

海棠香老春江晚，小樓霧縠空濛。翠鬟初出繡簾中。麝
●○○●○○句●○●●○○韻●○○●●○○韻●
煙鸞佩惹蘋風。　碾玉釵搖鸂鶒戰，雪肌雲鬢將融。
○○●●○○韻　●●○○○●●句●○○●●○○韻
含情遙指碧波東。越王臺殿蓼花紅。
○○○●●○○韻●○○●●○○韻

此詞前後段兩結句俱七字，見《花間集》和詞二首，唐宋元人無照此填者。

按和詞別首前段起句"披袍窣地紅宮錦"，"披"字平聲，"窣"字仄聲；第二句"鶯語時囀輕音"，"鶯""時"字俱平聲，"語"字仄聲。後段起句"肌骨細勻紅玉軟"，"肌"字平聲，"細"字仄聲；第三句"嬌羞不肯入羅衾"，"不"字仄聲；結句"蘭膏光裏兩情深"，"蘭"字平聲。譜內可平可仄據此。

又一體

張　泌

雙調五十八字，前後段各五句三平韻。

煙消湘渚秋江靜，蕉花露泣愁紅。五雲雙鶴去無蹤。幾
⊙○○●○○句●○●●○○韻⊙○⊙●●○○韻●

回魂斷，凝望向長空。　　翠竹暗流珠淚怨，閒調寶瑟
○◐●句◐●●○○韻　　◐●◐●○○●句◐○◐●
波中。花鬟月鬢綠雲重。古祠深處，香冷雨和風。
○○韻◐○◐●●○○韻◐○◐●句◐●●○○韻

　　此詞前後段兩結，俱四字一句、五字一句。按《花間集》顧敻、尹鶚、毛熙震詞與此同。惟孫光憲詞前段起句"暮雨淒淒深院閉"，與鹿虔扆詞"金鎖重門荒苑靜"同，宋歐陽修、蔡伸、趙彥端、張掄諸詞本之。又李煜詞後段起句"春光鎮在人空老"，宋柳永詞本之，皆與此詞平仄全異。至平仄小異者，李煜詞前後段第二句"蝶翻輕粉雙飛"、"望殘烟草低迷"，"蝶"字"望"字俱仄聲，"輕"字"烟"字俱平聲。歐陽修詞前段第三句"如今薄宦老天涯"，"如"字平聲，"薄"字仄聲。孫光憲詞後段第三句"不堪心緒正多端"，"不"字仄聲，"心"字平聲。尹鶚詞兩結"逡巡覺後，特地恨難平"、"梧桐葉上，點點露珠零"，"逡"字"梧"字俱平聲，"覺"字"葉"字"特"字"點"字俱仄聲。譜內可平可仄據此。

又一體

牛希濟

　　雙調五十八字，前段五句四平韻，後段五句三平韻。
柳帶搖風漢水濱。平蕪兩岸爭勻。鴛鴦對浴浪痕新。弄
●◐○○●◐○韻○○◐●○○韻◐○◐●●○○韻●
珠遊女，微笑自含春。　　輕步暗移蟬鬢動，羅裙風惹
○○●句○○●●○韻　　○●●○○●●句○○○●
輕塵。水晶宮殿豈無因。空勞纖手，解佩贈情人。
○○韻●○○●●○○韻○○◐●句●●●○○韻

此即張詞體，但前段起句用韻。按《花間集》牛詞七首皆然，惟一首前段起句或作"謝家仙觀寄雲岑"，又一首或作"洞庭波浪颭晴天"，與毛文錫詞"暮蟬聲裏落斜陽"，閻選詞"雨停荷芰逗濃香"句同，俱與此詞平仄全異。其餘可平可仄已見張詞，故不復注。

又一體

（南唐）李　煜

雙調五十八字，前後段各五句三平韻。

庭空客散人歸後，畫堂半掩珠簾。林風淅淅夜厭厭。小
○○●●○○●句●○●●○○韻○○●●●○○韻●
樓新月，回首自纖纖。　春光鎮在人空老，新愁往恨
○○●句●●●○○韻　○○●●○○●句○○●●
何窮。　金刀力困起還慵。一聲羌笛，驚起醉怡容。
○○換韻　○○●●●○○韻●○○●句○●●○○韻

此亦張詞體，惟前後段換韻異。此詞字句悉同張詞、牛詞，其可平可仄亦同，不復注。

又一體

顧　夐

雙調六十字，前後段各六句三平韻。

碧染長空池似鏡，倚樓閒望凝情。滿衣紅藕細香清。象
●●○○○●●句●○○●○○韻●○○●●○○韻●
牀珍簟，山障掩，玉琴橫。　暗想昔時歡笑事，如今
○○●句○●●句●○○韻　●●●○○●●句○○

贏得愁生。博山鑪煖淡烟輕。蟬吟人靜，殘日傍，小窗
○●○○韻●○○●●○○韻○○○●句○●●句●○
明。
○韻

此亦張詞體，惟兩結句各添一字，作三字兩句異。在《花間集》亦僅見此體，無別首可校。

又一體

徐昌圖

雙調五十八字，前後段各五句三平韻。

飲散離亭西去，浮生長恨飄蓬。回頭烟柳漸重重。淡雲
⊙●○○●句⊙○⊙●○○韻○○⊙●●○○韻●○
孤雁遠，寒日暮天紅。　　今夜畫船何處，潮平淮月朦
○●句⊙○●●○○韻　　⊙●●○○●句⊙○⊙●●
朧。酒醒人靜奈愁濃。殘鐙孤枕夢，輕浪五更風。
○韻⊙○○●●○○韻○○○●●句⊙●●○○韻

此詞前後段第一二句俱六字兩句，校張詞減一字，兩結俱五字兩句，校張詞添一字。宋晏幾道、陳師道、陸游、史達祖、高觀國、趙長卿、元詹正諸詞，俱本此填。但前段第一句，如晏詞之"旖旎仙花解語"，陳詞之"曲巷閒街信馬"，趙詞之"春事猶餘十日"，史詞之"草脚青回細膩"，後段第一句，如晏詞之"沈水濃熏繡被"，趙詞之"香淡無心浸酒"，陸詞之"只道真情易寫"，高詞之"前度詩留醉袖"，第五字皆用仄聲，與此小異。又晏幾道詞後段第四五句"相尋夢裏路，飛雨落花中"，"夢"字仄聲，又與諸家小異。譜內據之，其餘即參向詞。

又一體

向子諲

雙調五十六字，前後段各五句三平韻。

新月低垂簾額，小梅半出簷牙。高堂開宴静無譁。麟孫
○●○○●句●○●●○○韻○○●●●○○韻○○

鳳女，學語正咿啞。　　寶鼎臍熏沈水，瓊彝爛醉流
●●句●●●○○韻　　●●●○○●句○○●●○

霞。薌林同老此生涯。一川風露，總道是仙家。
○韻○○○●●○○韻○○○●句●●●○○韻

此詞前後段起二句與徐昌圖詞同，第三句以下仍與張詞同。按《惜香樂府》"破靨盈盈"詞、"夜久笙簫"詞，正與此同。

又一體

賀　鑄

雙調六十字，前後段各五句三平韻。

巧翦合歡羅勝子，釵頭春意翩翩。艷歌淺笑拜嫣然。願
⊖●●○○●●句○○○●○○韻●○●●●○○韻●

郎宜此酒，行樂駐華年。　　未至文園多病客，幽襟凄
○⊖●●句○●●○○韻　　⊖●⊖○○●●句○○○

斷堪憐。舊遊夢挂碧雲天。人歸落雁後，思發在花前。
●○○韻⊖○●●●○○韻⊖○●●●句○●●○○韻

此詞前後段第四句校張詞各添一字，宋元詞俱照此填。惟秦觀詞前段起句"千里瀟湘接藍浦"，"藍"字平聲。葛勝仲

詞後段起句"今夜那愁煞風景","今"字平聲,"那"字仄聲,"風"字平聲,間作拗句。又黃機詞前後兩結"驛程那復記,魂夢已先飛"、"緑陰幽邃處,不管盡情啼","那"字仄聲,"幽"字平聲。譜内據此。若趙長卿詞後段第四句"仙源正閒散","閒"字或用平聲,此偶誤,不必從。其餘字句,與諸家同者,可平可仄,悉可糸校,故不復注。

又一體

晏幾道

雙調六十二字,前後段各五句三平韻。

東野亡來無麗句, 於君去後少交親。 追思往事好沾巾。
○●○○●●句○○●●●○○韻○○●●●○○韻
白頭王建在, 猶見咏詩人。　學道深山空自老, 留名
●○○●●句○●●○○韻　●●○○○●●句○○
千載不干身。 酒筵歌席莫辭頻。 爭如南陌上, 占取一
○●●○韻●○○●●○○韻○○○●●句●●●
年春。
○○韻

此與賀詞同,惟前後段第二句各添一字作七字句異。宋詞僅見此體,無別首可校。

又一體

馮延巳

雙調五十九字,前後段各五句三平韻。

冷紅飄起桃花片，青春意緒闌珊。畫樓簾幕卷輕寒。酒
●○●○●●句○○●●○○韻●○○●●○○韻●
餘人散後，獨自憑闌干。　　夕陽千里連芳草，萋萋愁
○○●●句●●○○韻　　●○○●●○○句○○○
殺王孫。　徘徊飛盡碧天雲。鳳笙何處，圓月照黃昏。
●○○換韻○○●●●○○韻●○○●句●●●○○韻

此亦張詞體，惟前結五字兩句，又前後段換韻異。

又一體

王　觀

雙調五十九字，前後段各五句三平韻。

別浦相逢何草草，扁舟兩岸垂楊。繡屏珠箔綺香囊。酒
●●○○○●●句○○●●○○韻●○○●●○○韻●
深歌拍緩，愁入翠眉長。燕子歸來人去也，此時無奈
○○●●句○●●○○韻●●○○○●●句●○○●
昏黃。桃花應似我愁腸。不禁微雨，流淚濕紅妝。
○○韻○○●●●○○韻●○○●句○●●○○韻

此與馮詞同，惟前後段不換韻異。

按馮延巳"秫陵江上"詞，前結"青簾斜挂裏，新柳萬枝金"，後結"天長烟遠，凝恨獨沾襟"，又秦觀"髻子偎人"詞，前結"斷腸携手處，何事太匆匆"，後結"夕陽流水，紅滿淚痕中"，正與此同。但馮詞前後段兩起句"秫陵江上多離別"、"隔江何處吹橫笛"，平仄與此異。

浪淘沙令六體

　　《樂章集》注"歇指調"，蔣氏《九宮譜目》越調。按《唐書·禮樂志》，歇指調乃林鍾律之商聲，越調乃無射律之商聲也。賀鑄詞名《曲入冥》，李清照詞名《賣花聲》，史達祖詞名《過龍門》，馬鈺詞名《煉丹砂》。

　　按唐人《浪淘沙》本七言斷句，至南唐李煜始製兩段令詞，雖每段尚存七言詩兩句，其實因舊曲名另創新聲也。杜安世詞於前段起句減一字，柳永詞於前後段起句各減一字，均爲令詞，句讀悉同。即宋祁、杜安世仄韻詞稍變音節，然前後第二句四字、第三句七字，其源亦出於李煜詞也。至柳永、周邦彥別作慢詞，與此截然不同，蓋調長拍緩，即古曼聲之意也。《詞律》於令詞強爲分體，於慢詞或爲類列者誤。

浪淘沙令

（南唐）李　煜

雙調五十四字，前後段各五句四平韻。

簾外雨潺潺。春意闌珊。羅衾不耐五更寒。夢裏不知
●●●○○韻●●○○韻●○●●●○○韻●●●○
身是客，一晌貪歡。　　獨自莫憑闌。無限江山。別時
○●●句●●○○韻　　●●●○○韻●●○○韻●○
容易見時難。流水落花春去也，天上人間。
●●●○○韻●●●○○●●句○●○○韻

　　此調平韻者，以此詞爲正體。若杜詞之或減字，或添字，

柳詞之減字,皆變格也。此詞前後段兩起句俱五字,宋元人俱本此填。

　　按李詞別首前段第一句"往事只堪哀","往"字仄聲。晏幾道詞前段第四句"惟恨花前携手處","惟"字平聲。後段第四句"曳雨牽雲留客醉","牽"字平聲。歐陽修詞後段結句"特地魂消","特"字仄聲。譜內可平可仄據之,餘糸杜詞、柳詞。

　　又按石孝友詞:"好恨這風兒。催俺分離。船兒吹得去如飛。因甚眉兒吹不展,叵耐風兒。不是這船兒。載起相思。船兒若念我孤恓。載取人人篷底睡,感謝風兒。"前後段叠用四"兒"字韻,此乃獨木橋體,用韻遊戲,非別是一體也。

又一體

杜安世

雙調五十三字,前後段各五句四平韻。

後約無憑。往事堪驚。秋蛩永夜繞牀鳴。展轉尋思求
●●○○韻●●○○韻○○●●●○○韻●●○○
好夢,還又難成。　　愁思若浮雲。消盡重生。佳人何
●●句○●○○韻　　○●●○○韻○●○○韻○○
處獨盈盈。可惜一天無用月,空爲誰明。
●●○○韻●●○○●●句○●○○韻

　　此即李詞體,惟前段起句減一字異。此詞汲古閣本後段結句多一"照"字。按李之儀"霞卷雲舒"詞正與此同,後段結句"略借工夫",原只四字,因爲校正。《詞律》論李詞前段起句,疑脱一字,按杜詞二首前段起句皆四字,後段起句皆五字可證。蓋詞中換頭句或多一字,或多二三字,謂之過變,原不

拘定前後如一也。

又一體

杜安世

雙調五十五字，前段六句四平韻，後段五句四平韻。
簾外微風。雲雨回蹤。銀釭爐冷錦幃中。枕上深盟，年
○●○○韻○●○○韻○○●●●○○韻●●○○句○
少心事，陡頓成空。　嶺外白頭翁。到沒由逢。一床
●○●句●●○○韻　●●●○○韻●●○○韻●○
鴛被疊香紅。明月滿庭花似繡，悶不見蟲蟲。
○●●○○韻○●●○○●●句●●●○○韻

此詞前段"年少心事"句，後段"悶不見蟲蟲"句，疑有脫誤，但按安世仄韻詞，句讀與此如一，自應採入以備一體，舊譜刪之者誤。

又一體

柳　永

雙調五十二字，前後段各五句四平韻。
有箇人人。飛燕精神。急鏘環佩上華裀。促拍盡隨紅
●●○○韻○●○○韻●○●●●○○韻●●●○○
袖舉，風柳腰身。　蔌蔌輕裙。妙盡尖新。曲終獨立
●●句○●○○韻　●●○○韻●●○○韻●○●●
斂香塵。應是四肢嬌困也，眉黛雙顰。
●○○韻○●●○○●●句○●○○韻

此詞汲古閣本首句誤刻"有一箇人人"，第四句"促拍"脫

一"拍"字,今從《花草粹編》改定。又《高麗史・樂志》載宋所賜大晟樂有此詞,與《花草粹編》同。

按此即李煜詞體,不過前後段兩起句各減去一字耳。《詞律》因《樂章集》調名加以"令"字,另收在後,不知宋詞字數少者爲令,字數多者爲慢,即李煜詞在本集原名《浪淘沙令》,《詞律》自未考索耳。

又一體

宋　祁

雙調五十四字,前後段各四句四仄韻。

少年不管。流光如箭。因循不覺韶華換。到如今、始惜
●○●●韻○○●●韻○○●●○●韻●○○讀●●
月滿花滿酒滿。　扁舟欲解垂楊岸。尚同歡宴。日斜
●●○●韻　　○○●●○○●韻●○○●韻●○
歌闋將分散。倚蘭橈、望水遠天遠人遠。
○●○○●韻●○○讀●●●○●○●韻

押仄韻者,祇有宋、杜二詞,句讀各異,俱無宋元詞可校。

此詞前結三"滿"字,後結三"遠"字,皆上聲,不可用去聲字替。按何籀《宴清都》詞,前段結句"天遠山遠水遠人遠",疊用四"遠"字,其源蓋出於此。

又一體

杜安世

雙調五十五字,前段六句三仄韻,後段五句四仄韻。

又是春暮。落花飛絮。子規啼盡斷腸聲,秋千庭院,紅
●●○●韻●○○●韻●○○●●○○句○○○●句○

旗綵索。淡烟疏雨。　　念念相思苦。黛眉長聚。碧池
○●●句●●○○韻　　●●○○韻●○○●韻●○
驚散睡鴛鴦，當初容易分飛去。恨孤負歡侶。
○●●○○句○○●●○○●韻●○●●●韻

此與押平韻"簾外微風"詞句讀悉同。

金錯刀三體

漢張衡詩"美人贈我金錯刀"，調名本此。此調見《花草粹編》，一名《醉瑤瑟》。葉李押仄韻詞，名《君來路》。

金錯刀

馮延巳

雙調五十四字，前後段各五句三平韻。

雙玉斗，百瓊壺。佳人歡飲笑喧呼。麒麟欲畫時難偶，
◐●●句●○○韻○●○●●○○韻○●●○○●句
鷗鷺何猜興不孤。　　歌婉轉，醉模糊。高燒銀燭
○●○○●●○韻　　○●句●○○韻○○○●
卧流蘇。只銷幾覺憎騰睡，身外功名任有無。
●○○韻◐●◐●○●句○●○○●●○韻

此詞《陽春集》不載，見《花草粹編》，採以備調。
此詞可平可仄即參馮詞別首。

又一體

馮延巳

雙調五十四字,前後段各五句三平韻一叶韻。

日融融,草芊芊。黃鶯求友啼林前。柳條裊裊拖金線。
●○○句●○○韻○○○●○○韻●○●●○○●叶
花蕊茸茸簇錦氈。　　鳩逐婦,燕穿簾。狂蜂浪蝶相翩
○●○○●●○韻　　○●句●○○韻○○●●○○
翩。春光堪賞還堪玩。惱殺東風誤少年。
○韻○○○●○○●叶●●○○●●○韻

此即"雙玉斗"詞體,惟前後段第四句各叶一仄韻異。

又一體

葉　李

雙調五十四字,前後段各五句三仄韻一叠韻。

余歸路。君來路。天理昭昭胡不悟。公田關子竟何如,
○○●韻○○●叠○●○○○●●韻○○●●●○○句
子細思量真自誤。　　雷州戶。崖州戶。人生會有相逢
●●○○○●●韻　　○○●韻○○●叠○○●●○○
處。客中邂逅乏蒸羊,聊贈一篇長短句。
●韻●○●●●○○句○●●○○●●韻

此與馮詞押平韻者句讀悉同,惟前後段起句用韻異。

端正好二體

楊无咎詞名《於中好》，《中原音韻》注"正宮"。

端正好

杜安世

雙調五十四字，前後段各四句四仄韻。

檻菊愁煙霑秋露。天微冷、雙燕辭去。月明空照別離
●●○○○●韻○○●讀○○●韻●○○●○
苦。透素光、穿朱戶。　　夜來西風彫寒樹。憑闌望、
●韻●●○讀○○●韻　　●○○○○●韻○○●讀
迢遥長路。花箋寫就此情緒。待寄傳、知何處。
○○○●韻○○●○●●韻●●○讀○○●韻

此詞句讀悉與楊詞同，惟平仄不同，即本集詞四首其平仄亦各異，想即音律所寓，若互相糸校，便易混淆，倚聲者無所適從。附錄三詞，以聽按譜者之選聲焉。

其一詞："每逢春來長如病。玉容瘦、薄妝相稱。雙歡未久成孤冷。奈後約、全無定。衆禽啾唧聲愁聽。相思事、多少春恨。孤眠帳外銀釭耿。透一點、鑪烟暝。"又一詞："露落風高桐葉墜。小庭院、秋凉佳氣。蘭堂聚飲華筵啓。罷令曲、呈珠綴。晚天行雲凝香袂。新聲內、分明心意。玉鑪初噴檀烟起。斂愁在、雙蛾翠。"又一詞："野禽林棲啾唧語。閒庭院、殘陽將暮。蘭堂靜悄珠簾窣。想玉人、歸何處。喜鵲幾回空無據。愁都在、雙眉頭聚。淒凉方感孤鴛侶。對夜永、成愁緒。"

以上三詞平仄各異，附録以備叅考。

又一體

楊无咎

雙調五十四字，前後段各四句四仄韻。

濺濺不住溪流素。憶曾記、碧桃紅露。別來寂寞朝朝
○○●●○○●韻　●○●讀　●○○●韻　●○●○○
暮。恨遮斷、當時路。　　仙家豈解空相誤。歎塵世、
●韻　●○●讀　○○●韻　　○○●●○○●韻　●○●讀
自難知處。而今重與春爲主。儘浪蕊、浮花妒。
●○○●韻　○○●●○○●韻　●●●讀　○○●韻

此與杜詞同，因平仄妥順，採以爲式，有楊詞別首可校。按楊詞別首前後段第二句"遶珠叢、細捼紅蕊"、"早一葉、兩葉飛墜"，"叢"字平聲，"一"字及下"葉"字俱仄聲。後段第三句"晚來旋旋深無地"，"晚"字、上"旋"字俱仄聲；結句"更聽得、東風起"，"聽"字平聲。譜内可平可仄據此。

杏花天三體

蔣氏《九宮譜目》入越調。辛棄疾詞名《杏花風》。此調微近《端正好》，坊本頗多誤刻，今以六字折腰者爲《端正好》，六字一氣者爲《杏花天》。

杏花天

朱敦儒

雙調五十四字，前後段各四句四仄韻。

淺春庭院東風曉。細雨打、鴛鴦寒悄。花尖望見秋千
了。無路踏青鬭草。　　人別後、碧雲信杳。對好景、
愁多歡少。等他燕子傳音耗。紅杏開還未到。

此調以此詞爲正體，若侯詞、盧詞之添字皆變格也。

按宋元人俱照此填，惟汪莘詞前段起句"殘雪林塘春意淺"，周密詞後段第三句"一色柳烟三十里"，平仄全異。謝懋詞後段起句"琵琶淚、搵青衫淺"，句法全異。至江開詞前段第二句"四無人、花梢轉影"，高觀國詞後段第二句"怕行人、秋千徑裏"，兩"人"字俱平聲。周密詞前後段第二句"眉柳嫩、不禁愁積"、"歌舞夢、欲尋無跡"，"眉"字"歌"字俱平聲，"不"字"欲"字俱仄聲；後段結句"日暮石城風急"，"石"字仄聲，"風"字平聲。又高觀國詞換頭句"春禽靜、來窺晴晝"，"禽"字"晴"字俱平聲；前結"舒卷清寒時候"，"清"字"時"字俱平聲。平仄各異，譜內據之，餘參侯詞、盧詞。

又一體

侯寘

雙調五十五字，前後段各四句四仄韻。

寶釵整鬟雙鸞鬭。睡纔醒、薰風襟袖。綵絲皓腕宜清
●○●●○○●韻●○●讀○○●●○韻●○●●○○
晝。更艾虎、衫兒新就。　　玉杯共飲菖蒲酒。願耐
●韻●●●讀○○●●韻　　●○●●○○●韻●●
夏、宜春厮守。榴花故意紅添皺。映得人來越瘦。
●讀○○●韻○○●●○○●韻●●○○●●韻

　　此與朱詞同，惟前段結句添一襯字，換頭七字不作上三下
四句法異。

又一體

盧　炳

　　雙調五十六字，前後段各四句四仄韻。

鏤冰翦玉工夫費。做六出、飛花亂墜。舞風情態誰相
●○●●○○●韻●●●讀●○●●韻●○○●○○
似。算只有、江梅可比。　　極目處、瓊瑤萬里。
●韻●●●讀○○●●韻　　●●●讀○○●●韻
海天闊、清寒似水。從教高卷珠簾起。看三白、豐年瑞
●○●讀○○●●韻○○○●○○●韻●○●讀○○●
氣。
●韻

　　此亦與朱詞同，惟前後段兩結句各添一字異。

天下樂一體

　　唐教坊曲名。

天下樂

楊无咎

雙調五十四字,前後段各四句四仄韻。

雪後雨兒雨後雪。鎮日價、長不歇。今番爲寒忒太切。
●●●○●●●韻●●讀○●●韻○○○●●●韻
和天地、也來厮別。　　睡不著、身心自暗擷。這況
○○●讀●○○●韻　　●●●讀○●●●韻●●
味、憑誰説。枕衾冷得渾似鐵。祇心頭、些箇熱。
●讀○○●韻●○●●●●●韻●○○讀○●●韻

此見《逃禪詞》,止此一首,無別詞可校。

戀繡衾五體

韓淲詞有"淚珠彈、猶帶粉香"句,名《淚珠彈》。

戀繡衾

朱敦儒

雙調五十四字,前段四句三平韻,後段四句兩平韻。

木落江南感未平。雨瀟瀟、衰鬢到今。甚處是、長安
●●○○●●○韻●○○讀○●●○韻●●●讀○○
路,水連空、山鎖暮雲。　　老人對酒今如此,一番
●句●○○讀○●●○韻　　●○●●○○●句●○

新、殘夢暗驚。又是灑、黃花淚，問明年、此會怎生。
○讀◐●●○韻●●讀○○●句●○●讀◐●●○韻

此調以此詞爲正體，若周詞之句法小異，辛、韓、趙三詞之添字，皆變格也。

按南宋詞前段起句俱作拗體，如史達祖詞之"黃花驚破九日愁"，又"吳梅初試澗谷春"，與陸游詞之"無方能駐臉上紅"，吳文英詞之"頻摩書眼怯細文"，蔣捷詞之"舊金小袖花下行"，陳允平詞之"緗桃紅淺柳褪黃"，皆同。至辛棄疾詞之"長夜偏冷添被兒"，張翥詞之"醉鄉殘夢驚喚醒"，句法又變，俱與此詞平仄全異。填詞者選擇一體宗之，自無混淆之弊。譜內可平可仄悉茶所採諸詞，惟前段第三句"甚"字可平，則據陸游詞"歸棹借、輕風便"，"歸"字平聲也。

又一體

周　密

雙調五十四字，前段四句三平韻，後段四句兩平韻。

粉黃衣薄沾麝熏。作南華、春夢乍醒。活計一生花裏，
●○○●●○韻●○○讀○●●韻●●●○○句

恨曉園、花露正深。　　芳溪有恨時時見，趁游絲、高
●●讀○●●○韻　　○○●●○●句●○○讀○

下弄晴。生怕被春歸了，趁春風、低度柳陰。
●●○韻○●●○○●句●○○讀○●●○韻

《詞律》駁《圖譜》於此調第三句誤注"六字"，若此詞則六字一氣，原不折腰也，但可謂之變體，不可爲正體耳。

又一體

辛棄疾

雙調五十五字，前段四句三平韻，後段四句兩平韻。

長夜偏冷添被兒。枕頭兒、移了又移。我自是、笑別人
○●○○●●○韻●○○讀○●●○韻●●●讀●●○
底，却原來、當局者迷。　　如今只恨因緣淺，也不
●句●○○讀○●●○韻　　○○●●○●句●●
會、抵死恨伊。合手下、安排了，那筵席、須有散時。
●讀●●●○韻●●●讀○○●句●○●讀○●●○韻

此詞見《稼軒集》，前段第三句校朱詞多一襯字。

又一體

韓淲

雙調五十五字，前段四句三平韻，後段四句兩平韻。

歡濃兩點笑靨兒。雪初消、梅欲放時。不信道、傷春
○○●●●○韻●○○讀○●●○韻●●●讀○○
瘦，怕人猜、猶待皺眉。　　香濃翠被屏山曲，把珊瑚
●句●○○讀○●●○韻　　○○●●○○●句●○○
枕、側過又移。試與伴、江頭去，但醉翁亭上要詩。
●讀●●●○韻●●●讀○○●句●●○○●●○韻

此詞見《澗泉詩餘》，後段第二句校朱詞多一襯字。

又一體

趙汝茞

雙調五十六字，前段四句三平韻，後段四句兩平韻。

柳絲空有萬千條。繫不住、溪頭畫橈。想今宵、也對新
●○○●●○○韻●●讀○○●○韻●○○讀●●○
月，過輕寒、何處小橋。　　玉簫臺榭春多少，溜啼
●句●○○讀○●●○韻　　●○○●○○●句●○
痕、盈臉未消。怪別來、臙脂慵傅，被東風、偷在杏
○讀○●●○韻●●讀○○●●句●○○讀●●●
梢。
○韻

此詞見周密《絕妙好詞》選本，前後段第三句校朱詞各多一襯字。

擷芳詞五體

《古今詞話》云："政和間，京師妓之姥曾嫁伶官，常入內教舞，傳禁中《擷芳詞》以教其妓。人皆愛其聲，又愛其詞，類唐人所作。張尚書帥成都，蜀中傳此詞，競唱之。"却於前段下添"憶憶憶"三字，後段下添"得得得"三字。又名《摘紅英》，殊失其義，不知禁中有擷芳園，故名《擷芳詞》也。

按程垓詞名《折紅英》，曾覿詞名《清商怨》，呂渭老詞名《惜分釵》。陸游因詞中有"可憐孤似釵頭鳳"句，改名《釵頭鳳》。《能改齋漫錄》無名氏詞名《玉瓏璁》。

475

擷芳詞

《古今詞話》無名氏

雙調五十四字，前後段各七句六仄韻。

風搖動。雨濛茸。翠條柔弱花頭重。春衫窄。香肌
○○●韻 ⊖⊖●韻 ●○○⊖○○●韻 ○⊖●換韻 ⊖○
濕。記得年時，共伊曾摘。 都如夢。何曾共。可憐
●韻 ●●○○句 ●○○●韻 ○○●韻 ⊖○●韻 ⊖○
孤似釵頭鳳。關山隔。 晚雲碧。燕兒來也。又無消
⊖●⊖○●韻 ○○●換韻 ⊖○●韻 ⊖⊖⊖●句 ●○⊖
息。
●韻

此詞每段六仄韻，上三句一韻，下四句又換一韻，後段即同前段押法。但上三韻用上去聲，下三韻必用入聲。如此詞上三韻，前段用上聲之一董二腫，後段即用去聲之一送二宋，下三韻則用入聲之十一陌十三職，合觀程垓、陸游、曾覿、史達祖、無名氏諸詞，莫不皆然。惟張翥詞上用入聲韻，下用上去聲韻，與此小異。其後段第三句"殘香剩粉那禁得"，結二句"晚風又起，倚闌怎忍"，平仄亦與此詞小異。譜內據之，餘纍下所採仄韻詞。

又一體

史達祖

雙調五十八字，前後段各九句七仄韻一疊韻。

春愁遠。春夢亂。鳳釵一股輕塵滿。江烟白。　江波
○○●韻○●●韻●○●●○○●韻○○●換韻○○
碧。柳户清明，燕簾寒食。憶。憶。　　鶯聲晚。簫聲
●韻●●○○句●●○●韻●韻●叠　○○●韻○○
短。落花不許春拘管。新相識。　休相失。翠陌吹衣。
●韻●○●●○○●韻○○●換韻○○●韻●●○○韻
畫樓橫笛。得。得。
●○○●韻●韻●叠

　　此見周密《絕妙好詞》選本，較"風搖動"詞，兩結各添二字叠韻，要其每段兩仄韻，則同一體也。

又一體

呂渭老

　　雙調五十八字，前後段各九句三仄韻四平韻一叠韻。

重簾掛。　微燈下。背闌同説春風話。月盈樓。　淚盈
◐○●仄韻○○●韻●●○○●○●韻●○○平韻●○
眸。覷著紅裀，無計遲留。休。休。　　鶯花謝。春
○韻●◐○◐句◐●●○○韻○韻○叠　○○●仄韻○
殘也。等閒泣損香羅帊。見無由。　恨難收。夢短屏
○●韻●○●●○○●韻●○○平韻●○○韻●●◐
深，清夜濃愁。悠。悠。
◑句●●○○韻○韻○叠

　　此與史達祖詞句讀同，惟前後段第三句以下即換平韻。宋沈伯時《樂府指迷》云："入聲字，可以平聲替。"此調每段下三韻例用入聲，此詞換平聲，亦無不可也。按呂詞二首句韻悉同，惟前段第三句"柳絲拂馬花迎面"，"拂"字仄聲；第七句

"暝色連空","暝"字仄聲。後段第三句"寶釵斜照春妝淺","斜"字平聲;第六句"試問別來","別"字仄聲;第七句"近日情悰","近"字仄聲。與此詞平仄小異。譜內據之,餘糸下所採換平韻詞。

又一體

程垓

雙調六十字,前後段各十句七仄韻兩叠韻。

桃花暖。 楊花亂。 可憐朱户春强半。 長記憶。 探芳
〇〇●韻 〇〇●韻 ●〇〇●〇●韻 〇◐●換韻 ● 〇
日 。笑憑郎肩, 嫊紅偎碧。 惜。 惜。 惜。 春宵短。
●韻 ●◐〇〇句 ●〇〇●韻 ●韻 叠 ●叠 〇〇●韻
離腸斷。 淚痕長向東風滿 。憑青翼。 問消息。花謝春
◐〇●韻 ●〇〇●〇〇●韻 ●〇●換韻 ●〇●韻 〇●〇
歸, 幾時來得 。憶。 憶。 憶。
◐句 ● 〇〇●韻 ●韻 ●叠 ●叠

此亦"風摇動"詞體,惟兩結各添三字叠韻異。按陸游"紅酥手"詞,無名氏"城南路"詞,正與此同。惟陸詞前後段第六七句"一懷愁緒,幾年離索"、"山盟雖在,錦書難托","懷"字"盟"字俱平聲,"緒"字"在"字俱仄聲。無名氏詞前段第四五句"新相識。舊相識""舊"字仄聲;換頭句"劉郎去。阮郎住","阮"字仄聲。譜內可平可仄據之,餘詳前詞。

又一體

(宋媛)唐　氏

雙調六十字，前後段各十句三仄韻四平韻兩叠韻。

世情薄。　人情惡。雨送黃昏花易落。曉風乾。　淚痕
●○●仄韻○○●韻●●○○○●●韻●○○平韻●○
殘。欲箋心事，獨語斜闌。難。難。難。　人成各。
○韻●○○●句●●○○韻○韻○叠○叠　○○●仄韻
今非昨。病魂嘗似秋千索。角聲寒。　夜闌珊。怕人尋
○○●韻●○○●●○○韻●○○平韻○○韻●○○
問，咽淚妝歡。瞞。瞞。瞞。
●句●●○○韻○韻○叠○叠

此詞見《齊東野語》，蓋唐氏答陸游作也。即呂渭老平仄換韻詞體，兩結又添一字，惟前段第三句仄仄平平平仄仄，與各家異。

鬢邊華一體

調見《梅苑》詞。因詞中有"映青鬢、開人醉眼"句，取以爲名。

鬢邊華

《梅苑》無名氏

雙調五十四字，前段四句三仄韻，後段四句兩仄韻。

小梅香細艷淺。過楚岸、尊前偶見。愛閒談、天與精
●○○●●韻○●●讀○●●●韻●○○讀○●○
神，映青鬢、開人醉眼。　　如今拋擲經春，恨不見、
○句●○●讀○○●●韻　　○○○●○○句●●讀
芳枝寄遠。向心上、誰解相思，賴長對、妝樓粉面。
○○●●韻●○●讀○●○○句●●讀○○●●韻

　　前後段字句悉同，惟後段起句不押韻，換頭過變，例須如
此。

玉樓人一體

調見《梅苑》詞選本。

玉樓人

《梅苑》無名氏

雙調五十四字，前後段各四句三仄韻。
去年尋處曾持酒。還是向、南枝見後。宜霜宜雪精神，
●○○●○○●韻○●●讀○○●●韻○○○○○句
沒些兒、風味減舊。　　先春似與群芳鬭。暗度香、不
●●○讀○●●韻　　○○●●○○●韻●●○讀●
待頻嗅。有人笑折歸來，玉纖長、儘露衫袖。
●○●韻●○●●○○句●○○讀●●○●韻

　　此詞前段第二句，《花草粹編》本多一"又"字，今照《梅
苑》詞校正。

480

江月晃重山一體

調見楊慎《詞林萬選》。每段上三句《西江月》體,下二句《小重山》體。

江月晃重山

陸　游

雙調五十四字,前後段各五句三平韻。

芳草洲前道路,夕陽樓上闌干。碧雲何處望歸鞍。從軍
○●○○●●句●○○●●○韻●○○●●○韻○○
客,耽樂不思還。　　洞裏神仙種玉,江邊騷客滋蘭。
●句○●●○韻　　●●○○●●句○○●●○韻
鴛鴦沙暖鶺鴒寒。菱花晚,不奈鬢毛斑。
○○○●●○韻○○●句●●●○韻

元好問詞與此平仄如一。

南鄉一翦梅一體

每段上三句《南鄉子》體,下二句《一翦梅》體。

南鄉一翦梅

虞　集

雙調五十四字，前後段各五句三平韻一叠韻。

南阜小亭臺。薄有山花取次開。寄語多情熊少府，晴也
〇●●〇〇韻●●〇〇●●〇韻●●〇〇〇●●句〇●
須來。雨也須來。　　隨意且銜杯。莫惜春衣坐綠苔。
〇〇韻●●〇〇叠　　〇●●〇〇韻●●〇〇●●〇韻
若待明朝風雨過，人在天涯。春在天涯。
●●〇〇〇●●句〇●〇〇韻〇●〇〇叠

　　舊譜以此與《江月晃重山》詞皆爲犯調，不知宋詞名犯者，取宮調相犯之義，如仙呂調犯商調爲羽犯商類，從未有以兩調相犯爲犯者。南北曲如此者更多，其誤至今猶相沿也。

鸚鵡曲一體

　　一名《黑漆弩》，又名《學士吟》。白无咎詞有"儂家鸚鵡洲邊住"句，故名《鸚鵡曲》。《太平樂府》注"正宮"。

鸚鵡曲

白无咎

雙調五十四字，前段四句三仄韻，後段四句兩仄韻。

儂家鸚鵡洲邊住。　是箇不識字漁父。浪花中、一葉扁
〇〇〇●〇〇●韻●●●●●〇●韻●〇〇讀●●〇

舟，睡煞江南煙雨。　　覺來時、滿眼青山，抖擻綠簑
○句●●○○○●韻　　●●○讀⊖●○○句●●●○
歸去。算從前、錯怨天公，甚也有、安排我處。
○●韻●○○讀⊖●●○句●●●讀○○●●韻

　　此亦元人小令，採以備體。按《太平樂府》馮子振和此詞三十六首，前段第二句"恰做了白髮儈父"，後段起句"故人曾、喚我歸來"，第二句"逝水看年華去"，俱與此詞句法小異。又前段起句"團團話裏禪龕住"，"話"字仄聲；第二句"空桑子伊尹無父"，"空"字"桑"字"伊"字俱平聲；第三句"坐燒丹、忘記春秋"，"忘"字平聲。後段起句"總不如、水北相逢"，"不"字仄聲；又"曉鐘殘紅被留温"，"紅"字平聲；第三句"恨無題、亭影樓心"，"亭"字平聲。俱與此詞平仄小異。譜內可平可仄據之。

　　又馮詞序云："結句"甚也有、安排我處"，"甚"字必須去聲字，"我"字必須上聲字，音律始諧，不然不可歌。"按詞句轉腔例用去聲，凡句中兩仄字相連，或去上，或上去，從無兩上聲字、兩去聲字者。至去聲韻、上聲韻煞尾叠用兩仄字，尤不可誤。觀此可以類推。

詞譜卷十一

一七令四體

按計敏夫《唐詩紀事》，白樂天分司東洛，朝賢悉會興化池亭送別，酒酣，各請一字至七字詩，以題爲韻，後遂沿爲詞調。

一七令

白居易

單調五十五字，十三句七平韻。

詩。綺美，環奇。明月夜，落花時。能助歡笑，亦傷別
○韻　●●句　○○韻　●○●句　●○○韻　○●●●句　●○●
離。調清金石怨，吟苦鬼神悲。天下只應我愛，世間惟
○韻　●○○●●句　○●●○韻　●●●○●●句　●○○
有君知。自從都尉別蘇句，便到司空送白辭。
●○韻　●○○●●●句　●●○○●●○韻

按魏扶詩亦以一字起，不叠韻，與此同。惟第七句"風塵遠遊"，"風"字平聲；第八句"巴猿啼不住"，"巴"字平聲；第九句"谷水咽還流"，"谷"字仄聲；第十句"送客泊舟入浦"，"送"字仄聲；第十二句、十三句"烟波早晚長羈旅，弦管終年樂五侯"，"烟"字"弦"字俱平聲，"早"字仄聲。譜內可平可仄據此，其餘糸下平聲韻張詞。

又一體

韋　式

單調五十五字,十三句七仄韻。
竹。臨池,似玉。裹露静,和烟緑。抱節寧改,貞心自
●韻 ○○句 ●●韻 ●●●句 ○○●韻 ●●●○●句○○●
束。渭曲種偏多,王家看不足。仙仗正驚龍化,美實當
●韻 ●●●○○句○○●●●韻○●●○○●句●●○
從鳳熟。唯愁吹作別離聲,回首驚驂舞陣速。
○●●韻 ○○●●●○○句○●○●●●●韻

此與平韻體同,其可平可仄然下仄聲韻張詞。

又一體

張南史

單調五十六字,十四句七平韻一叠韻。
花。花。深淺,芬葩。凝爲雪,錯爲霞。鶯和蝶到,
○韻 ○叠 ○●句 ○○韻 ○○●句 ●○○韻 ○○●●句
苑占宮遮。已迷金谷路,頻駐玉人車。芳草欲陵芳樹,
●●○○韻 ●●○○●句 ○●●○○韻 ○○●○○●句
東家半落西家。願得春風相伴去,一攀一折向天涯。
○○●●○○韻 ●●○○○●●句 ●○●●●○○韻

此即白詞體,惟起處"花"字多叠一韻異。

又一體

張南史

單調五十六字，十四句七仄韻一叠韻。

竹。竹。被山，連谷。出東南，殊草木。葉細枝勁，霜
●韻●叠●〇句〇●韻●〇〇句〇●●韻●●〇●句〇
停露宿。成林處處雲，抽筍年年玉。天風乍起争韻，池
〇●韻〇〇●●〇句〇●〇〇●韻〇〇〇〇●句〇
水相涌更綠。却尋庾信小園中，閒對數竿心自足。
●〇〇●●韻●〇●●〇〇句〇●●〇〇●韻

此即韋詞體，惟起處"竹"字多叠一韻異。

河傳二十七體

宋王灼《碧雞漫志》云，《河傳》，唐曲，今存者二。其一屬南吕宫，前段仄韻，後段平韻。其一屬無射宫，即《怨王孫》曲，外又有越調、仙呂調兩曲。按《河傳》之名始於隋代，其詞則創自温庭筠。《花間集》所載唐詞，句讀韻叶頗極參差，然約計不過三體。有前後段兩仄兩平四換韻者，如温庭筠"湖上"詞以下十五首是也。内韋莊詞名《怨王孫》，宋人多宗之。歐陽修詞注"越調"。張先詞有"海寓。稱慶"、"與天同"句，更名《慶同天》。李清照詞有"人静皎月初斜。浸梨花"句，更名《月照梨花》。有前段仄韻，後段仄韻平韻者，如孫光憲"風颭"詞以下五首是也。宋詞無填此調者。有前後段皆仄韻者，如張泌"渺莽"詞以下七首是也。宋詞亦宗之。《樂章集》

注"仙吕調"。徐昌圖詞有"秋光滿目"句,更名《秋光滿目》。歷來舊譜大都挨字類列,其體莫辨,閲者茫然。譜内劃清三體,每體中細辨句讀韻叶,各以類列,庶按譜時,各有所宗,不致混淆矣。

河傳

温庭筠

雙調五十五字,前段七句兩仄韻五平韻,後段七句三仄韻四平韻。

湖上。　閒望。雨蕭蕭。　烟浦花橋路遥。謝孃翠蛾愁
◐●仄韻◐●韻●○○平韻◐●●○○韻●○◐○○
不銷 。終朝。夢魂迷晚潮。　蕩子天涯歸棹遠。
◐○韻◐○韻◐○○●●○韻　●●○○◐●●換仄韻
春已晚 。鶯語空腸斷。若邪溪。　溪水西。柳堤。不
○●●韻○●○○●韻●○○換平韻●●○韻◐○韻◐
聞郎馬嘶 。
○○●○韻

此調創自此詞,換頭七字一句,三字一句,五字一句,各體皆然,其源蓋出於此。按《花間集》温詞三首,前段第四句"夢裏每愁依違","夢"字"每"字俱仄聲,"依"字平聲;又"仙景箇女採蓮","女"字仄聲;第五句"仙客一去燕已飛","仙"字平聲,"客"字仄聲。後段起句"紅袖搖曳逐風暖",逐字仄聲。譜内可平可仄據此。此詞前後段兩仄兩平四換韻,兩結俱二字一句,五字一句,與下孫、顧、辛三詞爲一類。

又一體

孫光憲

雙調五十四字，前後段各七句三仄韻四平韻。

花落。　烟薄。謝家池閣。寂寞春深。　翠蛾輕斂意沈
○●仄韻○●韻●○○韻●●○○平韻●○○●○
吟。沾襟。無人知此心。　玉鑪香斷霜灰冷。　簾
○韻○○韻○○○●○韻　●○○●○●換仄韻○
鋪影。梁燕歸紅杏。晚來天。　空悄然。孤眠。枕檀
○●韻○●○○●韻●○○換平韻○●○韻○○韻●○
雲鬢偏。
○●○韻

此與温庭筠"湖上閒望"詞同，惟第三句四字仍押仄韻，第四句四字始起平韻異。

又一體

顧　敻

雙調五十四字，前段七句三仄韻三平韻，後段七句三仄韻四平韻。

棹舉。　舟去。波光渺渺，不知何處。岸花汀草共依
●●仄韻○●韻○○●●句●○○●韻●○○●○
依。　雨微。鴛鷺相逐飛。　天涯離恨江聲咽。
○平韻●○韻○●○●○韻　○○○●○○●換仄韻
啼猿切。此意向誰說。艤蘭橈。　獨無憀。魂銷。小
○○●韻●●●○●韻●○○換平韻●○○韻○○韻●

鑪香欲焦。
○○●○韻

此亦與溫詞同,惟前段第三句四字不用韻,第四句四字仍押仄韻異。

又一體

辛棄疾

雙調五十四字,前段七句四仄韻三平韻,後段七句三仄韻四平韻。

春水。　千里。孤舟浪起。夢攜西子。覺來村巷夕陽
○●仄韻○●韻○○●●韻●○○韻○○●●○
斜。　幾家。短墻紅杏花。　晚雲做造些兒雨。
○平韻●○韻●●○●韻　●○●●○○●換仄韻
折花去。岸上誰家女。太狂顛。　笑那邊。柳綿。被
●○韻●●○○韻●○○換平韻●○韻●○韻●
風吹上天。
○○●○韻

此與顧敻"棹舉舟去"詞同,惟前段第三句亦用仄韻異。

又一體

張泌

雙調五十三字,前段七句兩仄韻一叠韻四平韻,後段六句三仄韻三平韻。

紅杏。　紅杏。交枝相映。密密濛濛。　一庭濃艷倚東
○●仄韻○●叠○○●●韻●●○○平韻●○○●○

風。香融。透簾櫳。　　斜陽似共春光語。　　蝶争
○韻　○○韻　●○○韻　　　○○●●○○●換仄韻　●○
舞。更引流鶯妒。魂銷千片玉尊前。　　神仙。瑤池醉
●韻●●○○●韻○○●●○○換平韻○○韻○○●
暮天。
●○韻

　　此詞亦與溫詞體同，惟前段第二句即叠上句，第三句四字用仄韻，第四句四字用平韻，結句三字，後段第四五句作七字一句異。

　　坊刻起句脫"紅杏"叠字，今照《詞緯》本增定。

　　此詞亦四換韻，但前段結句三字，後段結句五字，與下闋詞又自爲一類。

又一體

閻　選

　　雙調五十三字，前段七句一仄韻一叠韻四平韻，後段六句三仄韻三平韻。

秋雨。　秋雨。無晝無夜，滴滴霏霏。　暗鐙凉簟怨分
○●仄韻○●叠○●○●句●●○○平韻●○○●○
離。妖姬。不勝悲。　　西風稍急喧窗竹。　停又
○韻　○○韻　●○○韻　　　○○●●○○●換仄韻　○●
續。膩臉懸雙玉。幾回邀約雁來時。　違期。雁歸人不
●韻●●○○●韻●●○○●○○平韻○○韻●○○●
歸。
○韻

　　此與張泌詞同，惟前段第三句不用仄韻，後段平韻即用前

段原韻異。

按《河傳》詞體，凡兩結平韻者，其兩起皆仄韻，如溫庭筠之"湖上。閒望"四字押兩仄韻。此詞"秋雨。秋雨"四字正與溫詞同，《詞律》不注仄韻非。

又一體

韋　莊

雙調五十三字，前段七句三仄韻三平韻，後段六句三仄韻兩平韻。

錦浦。　春女。繡衣金縷。霧薄雲輕。　花深柳暗，時
⊖●仄韻　⊖●韻⊖⊖●韻●⊖⊖平韻　⊖⊖●●句⊖
節正是清明。雨初晴。　玉鞭魂斷烟霞路。　鶯鶯
●⊖●⊖⊖韻●⊖⊖韻　⊖⊖⊖●⊖⊖●仄韻　⊖⊖
語。一望巫山雨。香塵隱映，遥見翠檻紅樓。　黛眉
●韻●●⊖⊖●韻⊖⊖●●句⊖●●●⊖⊖換平韻　●⊖
愁。
⊖韻

此即溫詞體，但前段第五六句，後段第四五句俱四字六字，兩結句皆三字，另開宋詞一派。張先、陸游、張元幹、李清照、黃昇等詞，皆出於此。又此詞後段仄韻，即押前段原韻，與溫詞小異。

按《花間集》韋詞三首名《河傳》，《尊前集》韋詞一首名《怨王孫》，平仄如一，惟"何處烟雨"詞前段起句"何"字平聲。又前段第五六句"畫橈金縷，翠旗高颭香風"，"金"字"高"字俱平聲；後段第四五句"江都宮闕，清淮月映迷樓"，"宮"字"淮"字俱平聲。譜內可平可仄據之，餘條以下類列六詞。

又一體

張　先

雙調五十三字，前段七句兩仄韻三平韻，後段六句三仄韻兩叶韻。

海寓，稱慶。　復生元聖。風入南薰。　拜恩遥闕，衣
●●句　○●仄韻　●○○●韻　○●○○平韻　●○○●句　○
上曉色猶春。望堯雲。　游鈞廣樂人疑夢。　仙聲
●●●○○韻　●○○韻　　○○●●○○●換仄韻　○○
共。日轉旗光動。無疆聖算，何待更祝華封。與天同。
●韻●●○○●韻　○○●●句　○●●●○○叶　●○○叶

此與韋詞同，惟前段起句不用韻異。

又按此詞後段平韻，即叶本部三聲，與另換別韻者不同，下李清照詞亦然。

又一體

李清照

雙調五十三字，前段七句三仄韻三平韻，後段六句三仄韻兩叶韻。

帝里，春晚。　重門深院。草綠階前。　暮天雁斷。
●●句　○●仄韻　○○○●韻　●●○○平韻　●○●●仄韻
樓上遠信誰傳。　恨綿綿。　多情自是多沾惹。
○●●●○○平韻　●○○韻　　○○●●○○●換仄韻
難拌捨。又是寒食也。鞦韆巷陌，人靜皎月初斜。
○●●韻●●○●韻　○○●●句　○●●●○○叶

浸梨花。
●○○叶

此與張詞同，惟前段第五句仍押仄韻異。

按韋莊"何處烟雨"詞，前段第五句"畫橈金縷"，"縷"字仍押仄韻，正與此同。但此詞起句"帝里"，"里"字不用韻，而韋詞起句"何處"，"處"字則用韻，又稍不同耳。

又按《漱玉詞》李詞別首，其前段第五句亦仍押仄韻，但前段第一二三句"夢斷，漏悄。愁濃酒惱"，"漏"字"酒"字俱仄聲，後段第一二句"玉簫聲斷人何處。春又去"，"又"字亦仄聲，與諸家稍異。

又一體

張元幹

雙調五十三字，前段七句三仄韻兩平韻，後段六句三仄韻兩平韻。

小院，春晝。　晴窗霞透。著雨胭脂，倚風翠袖。芳意
●●句○●仄韻○○○●韻○○●○句●●●●韻○●
惱亂人多。　暖金荷。　多情不分群葩後。　傷春
●●○○平韻●●○韻　○○●●○●仄韻○○
瘦。淺黛眉尖秀。紅潮醉臉，半掩花底重門。　怨黃
●韻●●○○●韻○○●●句●●○●○○換平韻●○
昏。
○韻

此與李清照"帝里春晚"詞同，惟前段第四句不押平韻。按《蘆川集》張詞二首皆然，其後段仄韻即用前段原韻又與韋詞一例。

又一體

陸　游

雙調五十四字，前後段各六句三仄韻兩平韻。

悶已縈損。　那堪多病。幾曲屏山，伴人晝靜。梁燕催
●●○●仄韻●○○●韻●●○○句●○●●韻○○
起猶慵。　換熏籠。　新愁舊恨何時盡。漸彫綠
●○　○平韻●○○韻　○○●●○●仄韻　●●
鬢。小雨知花信。芳蕩寄與，何處繡閣珠櫳。　柳陰
●韻●●○○韻○●●句○●●○○平韻　●○
中。
○韻

此與張元幹詞同，惟前段起句四字，後段第二句四字異。

又一體

陸　游

雙調五十四字，前段七句兩仄韻兩平韻，後段六句三仄韻兩平韻。

霽景，風軟，烟江春漲。　小閣無人，繡簾半上。花外
●●句○●句○○○●仄韻●●○○句●○●●韻○●
姊妹相呼。　約挦蒲。　修蛾忘了章臺樣。　細思一
●●○○平韻●○○韻　○○●●○○●仄韻●○
晌。感事添惆悵。胸酥臂玉消減，擬覓雙魚。　倩傳
●韻●●○○●韻○●●●○●句●●○○平韻●○

書。
○韻

　　此亦與張元幹詞同，惟前段第二句不用韻，後段第四五句作六字一句、四字一句異。
　　按陸游詞二首，後段所押仄韻平韻即用前段原韻，與各家另換別韻者不同。

又一體

黃　昇

　　雙調五十四字，前段七句四仄韻兩平韻，後段六句三仄韻兩平韻。

晝景。　方永。重簾花影。好夢猶酣，鶯聲喚醒。門外
●●仄韻　○●韻○●○●韻○○●●句○○●●韻○●
風絮交飛。　送春歸。　修蛾畫了無人問。　幾多
○●○○平韻　●○○韻　○○●●○○●換仄韻　●○
別恨。淚洗殘妝粉。不知郎馬何處，烟草萋迷。
●●韻●●○○●韻　●○○●○●句　○●○○換平韻
鷓鴣啼。
●○○韻

　　此與陸游"霽景風軟"詞同，惟前段起二句俱用韻。
　　按坊本後段第四句作"不知郎馬何處嘶"，多一"嘶"字，今從《花庵詞選》改定，且此句亦無用韻之例，觀各家體可知。

又一體

李　珣

雙調五十五字，前段七句四仄韻三平韻，後段六句三仄韻兩平韻。

春暮。　微雨。　送君南浦。　愁斂雙蛾。　落花深處。
○●仄韻　○●韻　●○○●韻　○○○平韻　●○○●仄韻
啼鳥似逐離歌。　粉檀珠淚和。　臨流更把同心
○●●●○○平韻　●○○●○韻　○○●●○○
結。　情哽咽。後會何時節。不堪迴首，相望已隔
●換仄韻　○●●韻　●●○○●韻　●○○●句　○●●
汀洲。　艣聲幽。
○○換平韻　●○○韻

此詞前段第四句"蛾"字起下平韻，第五句"處"字仍押上仄韻，是唐詞間押法，亦名隔句押。按《花間集》李詞二首皆然，在諸家中又自成一體。

又一體

李　珣

雙調五十五字，前段七句四仄韻三平韻，後段六句三仄韻兩平韻。

去去。　何處。　迢迢巴楚。　山水相連。　朝雲暮雨。
●●仄韻　○●韻　○○●●韻　○○○平韻　○○●●仄韻
依舊十二峰前。　猿聲到客船。　愁腸豈異丁香
○●●●○○平韻　○○●●○韻　○○●●○○

結。　　因離別。故國音書絕。想佳人花下，對明月春
●換仄韻　○○●韻●●○○●韻●○○○●句●○●○
風。　　恨應同。
○換平韻●○○韻

　　　此與"春暮微雨"詞同，惟後段第四五句俱五字異。
　　　以上詞十五首悉四換韻者。溫詞以下四首皆前結五字，後結五字；張泌以下二首皆前結三字，後結五字；韋詞以下七首皆前結三字，後結三字；李詞二首皆前結五字，後結三字。譜內各以類列，故不挨字編次。

又一體

孫光憲

　　　雙調五十五字，前段七句六仄韻，後段七句三仄韻三平韻一叠韻。

風颭。　波斂。圓荷閃閃。珠傾露點。木蘭舟上，何處
⊖●仄韻○●韻⊖○●●韻⊖○●韻●○○●句○●
吳娃越艷。藕花紅照臉。　　大堤狂殺襄陽客。　烟波
⊖○●韻●○○●韻　　●●○●●○●換韻○○
隔。渺渺湖光白。身已歸。心不歸。斜暉。遠汀鸂鶒
●韻●●○○●韻⊖●○平韻⊖●叠⊖○韻⊖○●
飛。
○韻

　　　此詞前段全用仄韻，與諸家異，若後段上仄下平，則猶然溫詞體也。譜內可平可仄悉參後四詞，無別首宋詞可校。

497

又一體

顧 夐

雙調五十三字，前段八句五仄韻，後段七句三仄韻四平韻。

曲檻。　春晚。　碧流紋細，　綠楊絲軟。　露華鮮，　杏枝
●●仄韻　○●韻　●○○●句　●○○●韻　●○○句　●○
繁，　鶯囀。　野蕪平似翦。　　　　直是人間到天上。
○句　○●韻　●○○●韻　　　　●●○○●○●換韻
堪遊賞。醉眼疑屏幛。對池塘。　惜韶光。斷腸。
○○●韻●●○○●韻●○○平韻●○○韻●○韻
爲花須盡狂。
●○○●○韻

此即孫光憲"風颭波斂"詞體，惟前段第三句不用韻，第五六句作三字兩句、兩字一句異。

《詞律》於"露華鮮，杏枝繁"句，注兩平韻。按此詞前段本全押仄韻，有顧詞別首可證，豈又間入平韻？況兩句兩韻亦無一先十三元邊用古韻之理。

又一體

顧 夐

雙調五十四字，前段七句四仄韻，後段七句三仄韻四平韻。

燕颺，晴景。　小窗屏暖，　鴛鴦交頸。菱花掩却翠鬟
●●句○●仄韻●○○●句○○○●韻○○●●●○

敧，慵整。 海棠簾外影。 繡幃香斷金鸂鶒。
○句 ○●韻 ●○○●●韻 ●○○●○○●換韻
無消息。心事空相憶。倚東風。 春正濃。愁紅。淚痕
○○●韻○●○○●韻●○○平韻○●○韻○○韻●○
衣上重。
○●○韻

此與"曲檻春晚"詞同,惟前段起句不用韻,第五六句作七字一句異。

又一體

孫光憲

雙調五十四字,前段六句五仄韻,後段七句三仄韻四平韻。

太平天子。 等閒遊戲。疏河千里。柳如絲, 偎倚綠波
●○○●仄韻●○○●韻○○○●韻●○○句○●●○
春水。長淮風不起。 如花殿脚三千女。 爭雲雨。
○●韻○○○●●韻 ○○●●○○●換韻○○●韻
何處留人住。錦帆風。 烟際紅。燒空。魂迷大業中。
○●○○●韻●○○平韻○●○韻○○韻○○●●○韻

此亦"風颭波斂"詞體,惟前段起句四字,第四句三字,第五句六字異。

又一體

孫光憲

雙調五十三字,前段六句六仄韻,後段七句三仄韻四平韻。

499

柳拖金縷。　著烟籠霧。濛濛落絮。鳳凰舟上楚女。妙
●○○●仄韻●○○●韻○○●●韻●○○●●韻●
舞。雷喧波上鼓。　龍爭虎戰分中土。人無主。桃葉
●韻○○○●●韻　○○●●○○●韻○○●韻○●
江南渡。擘花牋。　艷思牽。成篇。宮娥相與傳。
○○●韻●○○平韻●●○韻○○韻○○○●○韻

此與"太平天子"詞同，惟前段第四五句作六字一句、二字一句，又第四句多押一韻，換頭仍押前段仄韻異。

以上詞五首皆前段仄韻，後段仄韻平韻者，在唐詞中又自成一體。

又一體

張　泌

雙調五十一字，前段七句四仄韻，後段五句五仄韻。

渺莽，雲水。惆悵暮帆，去程迢遞。夕陽芳草，千里萬
⊖●句⊖●韻⊖○●句⊖●⊖●韻⊖○⊖●句○●●
里。雁聲無限起。　夢魂悄斷烟波裏，心如醉。相見
●韻⊖○⊖●●韻　⊖○⊖●○○●韻○○●韻⊖●
何處是。錦屏香冷無睡。被頭多少淚。
○●韻●⊖●○●韻⊖○○●●韻

此詞前後段全押仄韻，宋柳永、徐昌圖、秦觀、黃庭堅、呂渭老、《梅苑》無名氏諸詞皆原於此。至換頭三句，猶然溫詞體也，但前後段兩結句俱五字，與柳永二詞一類。若徐昌圖詞，前後段兩結句俱六字，又與呂渭老、黃庭堅、《梅苑》詞自爲一類。譜內可平可仄即參以下類列諸詞。

又一體

柳永

雙調五十七字，前段七句五仄韻，後段六句五仄韻。

淮岸。漸晚。圓荷向背，芙蓉深淺。仙娥畫舸，露影紅
●○韻●●韻○○●●句○○○●韻○○●●句●●○
芳交亂。難分花與面。　採多漸覺輕舸滿。呼歸伴。
○○●韻○○○●●韻　　●○●●○●韻○○●韻
急槳烟波遠。隱隱棹歌，漸被蒹葭遮斷。曲終人不見。
●●○○●韻●●●○句●●○○○●韻●○○●●韻

此照張泌詞填，惟前段第五六句，後段第四五句，俱四字一句、六字一句，較爲整齊。

又一體

柳永

雙調五十七字，前段六句四仄韻，後段六句五仄韻。

翠深紅淺。愁蛾黛蹙，嬌波刀翦。奇容妙伎，互逞舞裀
●○○●韻○○●●句○○○●韻○○●●句●●●○
歌扇。妝光生粉面。　坐中醉客風流慣。尊前見。特
○●韻○○○●●韻　　●○●●○○●韻○○●韻●
地驚狂眼。不似少年時節，千金争選。相逢何太晚。
●○○●韻●●●○○●句○○○●韻○○○●●韻

此與"淮岸漸晚"詞同，惟前段起句四字，後段第四句六字，第五句四字異。

又一體

徐昌圖

雙調六十字，前後段各六句三仄韻。

秋光滿目。風清露白，蓮紅水綠。何處夢回，弄珠拾翠
○○●●韻○○●●句○○●●韻○●●○句●●●●
盈盈，倚蘭橈、眉黛蹙。　　採蓮調穩聲相續。吳兒伴
○○句●○○讀○●●韻　●●○○○●韻○○●
侶，倚棹吳江曲。驚起暮天，幾雙交頸鴛鴦，入蘆花、
●句●●○○●韻○●●○句○●○●○○句●○○讀
深處宿。
○●●韻

　　按徐昌圖，宋太祖時人，在柳永之前。柳永"淮岸向晚"
詞，前段第五六句，後段第四五句，句法即本此詞填也。至前
後段第五句俱不押韻，黃庭堅詞及《梅苑》無名氏詞皆宗之。
但兩句俱不押韻則爲正體，或前段不押，或後段不押，則爲變
體耳。

　　《尊前集》刻此詞微有脫誤，今從《花草粹編》改定。

又一體

呂渭老

雙調六十一字，前段六句五仄韻，後段六句四仄韻。

斜紅照水。似晴空萬里。明霞相倚。逐伴笑歌，小立綠
○○●●韻●○○●●韻○○○●韻●●●○句●●

槐陰裏。誚没些、春氣味。　　紛紛覷著閒桃李。淺淺
〇〇●韻●●〇讀〇●●韻　　〇〇●●〇●韻●●
深深，不滿遊人意。幽艷一枝，向晚重簾深閉。是青
〇〇句●●〇〇●韻●●〇句●●〇〇●韻●〇
君、愛惜底。
〇讀●●●韻

　　此與"秋光滿目"詞同,惟前段第二句添一襯字,又押韻,前後段第五句仍押韻異。按秦觀"恨眉醉眼"詞與此同,因秦詞俚,故採此作。

又一體

黃庭堅

　　雙調六十一字,前段六句三仄韻,後段六句四仄韻。

心情老懶。對歌對舞，猶是當時眼。巧笑靚妝，近我衰
〇〇●●韻●〇●●句〇●〇〇韻●●●〇句●●〇
容華鬢，似扶著、賣卜算。　　思量好箇當年見。催酒
〇〇●句●〇●讀●●●韻　　〇〇●●〇〇●韻〇●
催更，只怕歸期短。飲散鐙稀，背鎖落花深院。好殺
〇〇句●●〇〇●韻●●〇〇句●●●〇〇●韻●●
人、天不管。
〇讀〇●●韻

　　此和秦觀詞也,但前段第二句四字,第三句五字,第五句不用韻,與秦詞小異。

又一體

《梅苑》無名氏

雙調五十九字,前段五句四仄韻,後段六句三仄韻。

香苞素質。天賦與、傾城標格。應是曉來,暗傳東君消
〇〇〇●韻〇●●讀〇〇〇●韻〇●●〇句●〇〇〇
息。把孤芳、回暖律。　　壽陽粉面曾妝飾。說與高
●韻●〇〇讀〇●●韻　　●〇●●〇●韻●●〇
樓,休更吹羌笛。花下醉賞,留取時倚闌干,鬭清香、
〇句〇●〇〇●韻●●●句〇●〇●〇〇句●〇〇讀
添酒力。
〇●●韻

黃庭堅詞前段第五句不用韻,此詞後段第五句不用韻,均爲仄韻《河傳》變體。又《花草粹編》無名氏詞:"雙花對植。似黃封、和了龍香難敵。悶把琵琶,試把幺弦輕轢。算行家、纔認得。朱窩戲捻骰兒擲。惟有燒盆,貢採偏難覓。常把那目字橫書,謝三娘、全不識。"後段第四五句作七字一句,亦不用韻,疑有脫誤不錄。

以上詞七首,皆前後段全押仄韻者。張詞以下三首兩結句俱五字,徐詞以下四首兩結句俱六字。

按《河傳》詞共二十七首,約分三體,有兩仄兩平四換韻者,有前段仄韻、後段仄韻平韻者,有前後段皆仄韻者。譜內每體,悉爲類列注明,此調之源流正變,盡於此矣。

望遠行七體

唐教坊曲名。令詞始自韋莊。《中原音韻》注"商調",《太和正音譜》亦注"商調"。慢詞始自柳永,"繡幃睡起"詞注"中呂調","長空降瑞"詞注"仙呂調"。

望遠行

(南唐)李　景

雙調五十五字,前段四句四平韻,後段五句四平韻。
碧砌花光照眼明。朱扉長日鎮長扃。餘寒欲去夢難成。
●●○○●●○韻○○○●●○○韻○○●●●○○韻
鑪香烟冷自亭亭。　遼陽月,秣陵砧。不傳消息但傳
○○○●●○○韻　○○●句●○○韻○○●●●○
情。黃金臺下忽然驚。征人歸日二毛生。
○韻○○○●●○○韻○○○●●○○韻

按《花草粹編》前段第二句"朱扉鎮日長扃",換頭句"殘月秣陵砧",各少一字,今從二主詞原本校定。

又一體

李　珣

雙調五十三字,前段四句四平韻,後段五句四平韻。
春日遲遲思寂寥。行客關山路遙。瓊窗時聽語鶯嬌。柳
⊖●○○●●○韻○●○○●○韻●○○●●○○韻●

絲牽恨一條條。休暈繡，罷吹簫。貌逐殘花暗彫。
○○●●○○韻　○●●句●○○韻●○○●●○韻
同心猶結舊裙腰。忍辜風月度良宵。
○○◐●●○○韻●○○●●○○韻

　　　此與李景詞同,惟前段第二句、後段第三句各少一字異。
　　　按《花間集》李詞別首前段第一句"露滴幽庭落葉時"，"露"字仄聲;第三句"玉郎一去負佳期"，"玉"字"一"字俱仄聲。後段第四句"吟螿斷續漏頻移"，"斷"字仄聲。譜內可平可仄據此。

又一體

韋　莊

　　　雙調六十字,前段四句四平韻,後段七句五平韻。
欲別無言倚畫屏。含恨暗傷情。謝家庭樹錦雞鳴。殘月
●●○○●●○韻○●●○○韻●○○●●●○韻○●
落邊城。　人欲別，馬頻嘶。綠槐千里長堤。出門
●○○韻　○●●句●○○換韻●○○●●○韻●○
芳草路萋萋。雲雨別來易東西。不忍別君後，却入舊
○●●○○韻○●●○○韻●●●○●句●●
香閨。
○○韻

　　　此詞前後段換韻,前段第二句、第四句各五字,後段結多五字兩句,與諸家不同,無可叅校。

又一體

《樂府雅詞》無名氏

雙調七十八字，前段六句四平韻，後段七句四平韻。

當時雲雨夢，不負楚王期。翠峰中、高樓十二掩瑤扉。
○○○●●句●●●○○韻●○○讀○○●●●○○韻
儘人間歡會，只有兩心自知。漸玉困花柔香汗揮。
●○○●●句●●●○●○韻●●○○○●○韻
歌聲翻別怨，雲馭欲回時。這無情紅日，何似且休西。
○○○●●句○○●○○韻●○○●●句○●●●○韻
但涓涓珠淚，滴濕仙郎羽衣。怎忍見雙鴛相背飛。
●○○○●句●●○○●○韻●●●○○●○韻

此見《樂府雅詞》本，宋人無填此格者。惟黃庭堅集有入聲韻詞一體，與此字句悉同，只前後兩結皆七字句，少一字，因詞俚不錄。

又一體

柳　永

雙調一百七字，前段十句四仄韻，後段十一句六仄韻。

繡幃睡起，殘妝淺、無緒勻紅鋪翠。藻井凝塵，金階鋪
⊖○●●句⊖●●讀●○○○●韻●●○⊖句●●○
蘚，寂寞鳳樓十二。風絮紛紛，烟蕪苒苒，永日畫闌，
⊖句●●●○●韻●○○句○○●●句●●●○句
沉吟獨倚。望遠行、南陌春殘悄歸騎。　　凝睇。消遣
○○●●韻●●○讀○●○○⊖●韻　　○●韻○●

離愁無計。但暗擲、金釵買醉。對此好景，空飲香醪，
○○○●韻●●●讀○○●韻●●●●句●●○○句
爭奈轉添珠淚。待伊遊冶歸來，故故解放，翠羽輕裾
●●●○○●韻●●○○●句●●●●句●●○○
重繫。見纖腰圍小，信人憔悴。
●●韻●○○○●句●○○●韻

　　汲古閣本後段第四句脫去"對此"二字，結句"圍"字訛作"圖"字，又脫去"小"字，今從《花草粹編》增定。按宋人填此調者，只柳永詞二首、《梅苑》詞一首，故譜內可平可仄，悉參後詞，無他首相校。

又一體

柳　永

　　雙調一百六字，前段九句四仄韻，後段十一句五仄韻。
長空降瑞，寒風翦、淅淅瑤華初下。亂飄僧舍，密灑歌
○○●●句○○●讀●●○○●韻●○○●句●○○
樓，迤邐漸迷鴛瓦。好是漁人，披得一蓑歸去，江上晚
○句○●●○○●韻●●○○句●●●○○●句○●●
來堪畫。滿長安、高却旗亭酒價。　幽雅。乘興最宜
○○●韻●○○讀○●○○●●韻　○●韻○●●○
訪戴，泛小棹、越溪瀟灑。晧鶴奪鮮，白鷴失素，千里
●●句●●●讀●○○●韻●●●○句●○●●句○●
廣鋪寒野。須信幽蘭歌斷，同雲收盡，別有瑤臺瓊榭。
●○○●韻○●○○○●句○○○●句●●○○○●韻
放一輪明月，交光清夜。
●●○○●句○○○●韻

此與"繡幃睡起"詞同,惟前段第六七八句句讀小異,結句六字較前詞亦少一字。

又一體

《梅苑》無名氏

雙調一百六字,前段九句四仄韻,後段十句五仄韻。

重陰未解,又早是、年時梅花争綻。暗香浮動,疏影橫
○○●●句●●●讀○○○○○●韻●○○●句○●○
斜,月澹水清亭院。好是前邨,雪裏一枝開處,昨夜東
○句●●○○●韻○○●句●●○○●句●●○
風布暖。動行人、多少離愁腸斷。　　凝戀。天賦自然
○●●韻●○○讀○●○○●韻　　○●韻○●●○
雅態,似壽陽、初勻粉面。故人折贈,欣逢驛使,只恐
●●句●●○讀○○●●韻●○●●句○○●●句●●
隴頭春晚。寄與高樓,休學龍吟三弄,留取瓊花爛漫。
●○○●韻●●○○句○●○○○●句○●●○●●韻
正有人、同倚闌干争看。
●●○讀○●○○●韻

此與"長空降瑞"詞同,惟後段第七八句句讀小異。
按柳詞句讀未免參差,此詞最爲整齊,填者宜宗之。

木蘭花令三體

唐教坊曲名。《太和正音譜》注"高平調"。按《花間集》載《木蘭花》、《玉樓春》兩調,其七字八句者爲《玉樓春》體,

《木蘭花》則韋詞、毛詞、魏詞共三體,從無與《玉樓春》同者。自《尊前集》誤刻以後,宋詞相沿,率多混填,今照《花間集》本分列,舊譜誤者悉爲校正。

木蘭花令

韋　莊

雙調五十五字,前段五句三仄韻,後段四句三仄韻。

獨上小樓春欲暮。愁望玉關芳草路。消息斷、不逢人,
●●●○○●韻○●●●○○●韻○●●句●○○句
却斂細眉歸繡戶。　坐看落花空歎息。羅袂濕斑紅
●●●○○●韻　●●●○○●換韻●●○○
淚滴。千山萬水不曾行,魂夢欲教何處覓。
●●韻○○●●●○○句●●●○○●●韻

宋人《木蘭花》詞,皆《玉樓春》體,惟此與毛、魏二詞乃《木蘭花》正體。但此詞前後段換韻,與毛、魏詞前後一韻者小異。

譜內可平可仄,即以後詞中句法相同者叅校。

又一體

毛熙震

雙調五十二字,前後段各六句三仄韻。

掩朱扉,鉤翠箔。滿院鶯聲春寂寞。勻粉淚,恨檀郎,
●○○句○●●韻●●○○○●●韻○●●句●○○句
一去不歸花又落。　對斜暉,臨小閣。前事豈堪重想
●●●○○●韻　●○○句○●●韻○●●●○○●

著。金帶冷,畫屏幽,寶帳慵熏蘭麝薄。
●韻○●●句●○○句●●●○○●●韻

　　此即韋詞體,惟前段第一句,後段第一句、第三句,俱作三字兩句異。

又一體

魏承班

　　雙調五十四字,前段六句三仄韻,後段四句三仄韻。

小芙蓉,香旖旎。碧玉堂深清似水。 開寶匣,掩金鋪,
●○○句○●●韻●●○○○●●韻○●●句●○○句
倚屏拖袖愁如醉。　　遲遲好景煙花媚。曲渚鴛鴦眠錦
●○○●●○●韻　　○○●●○○●韻●●○○○●
翅。凝然愁望靜相思,一雙笑靨嚬香蕊。
●韻○○○●●○○句●○●●○○●韻

　　此亦韋詞體,惟前段第一句作三字兩句異。按《花間集》魏承班詞有《木蘭》花一調、《玉樓春》兩調。此名《木蘭花》,其七言八句者,則名《玉樓春》,可知宋詞之誤矣。

金蓮繞鳳樓一體

　　調見《花草粹編》。此宋徽宗觀鐙詞也,故名《金蓮繞鳳樓》。

金蓮繞鳳樓

宋徽宗

雙調五十五字,前後段各四句四仄韻。
絳燭朱籠相隨映。馳繡轂、塵清香襯。萬金光射龍軒
●●○○○●韻○●●讀○○○●韻●○○●○○
瑩。繞端門、瑞雷輕振。　元宵爲開勝景。嚴黼座、
●韻●○○讀●○○●韻　○○●○●●韻○●●讀
觀鐙錫慶。帝家華燕乘春興。褰珠簾、望堯瞻舜。
○○●●韻●○○●○○韻○○●讀●○○●韻

前後段字句整齊,惟後段起句較前段起句減一字,所謂換
頭者,非添字即減字也。平仄無別詞可校。

睿恩新一體

調見《珠玉詞》。此調近《金蓮繞鳳樓》,但前後段第三句
亦用上三下四句法,不押韻,與《金蓮繞鳳樓》詞全屬七言詩
句押韻者不同。

睿恩新

晏　殊

雙調五十五字,前後段各四句三仄韻。
芙蓉一朵霜秋色。迎曉露、依依先坼。似佳人、獨立傾
○○●●○●●韻○●●讀◐○○●韻●○○讀●●○

城，傍朱檻、暗傳消息。　　静對西風脉脉。金蕊綻、
○句●○●讀●○○●韻　　●●○○●韻○●●讀
粉紅如滴。向蘭堂、莫厭重新，免清夜、微寒漸逼。
●○○●韻●○○讀●●○○句●○●讀○○●●韻

　　按晏詞別首前段起句"紅絲一曲傍階砌"，"傍"字仄聲；第二句"珠露下、獨呈纖麗"，"獨"字仄聲；結句"分彩線、簇成嬌蕊"，"分"字平聲，"彩"字仄聲。後段起句"向晚群花新悴"，"新"字平聲；第二句"放朵朵、似延秋意"，"放"字仄聲；結句"更裊裊、低臨鳳髻"，上"裊"字仄聲。譜內可平可仄據此。

芳草渡五體

　　此調有兩體，令詞始自歐陽修，有張先詞可校。慢詞始自周邦彥，有陳允平詞可校。

芳草渡

歐陽修

　　雙調五十五字，前段八句四平韻，後段八句五仄韻兩平韻。

梧桐落，蓼花秋。　烟初冷，雨纔收。蕭條風物正堪
○○●句●○○平韻○○●句●○○韻○○●●○
愁。人去後，多少恨，在心頭。　　燕鴻遠。羌笛
○韻○●●句○●●句●○○韻　　○○●仄韻○●

怨。渺渺澄波一片。山如黛，月如鈎。　笙歌散。
●韻●●○○●韻○○●句●●○○平韻○○●仄韻
魂夢斷。倚高樓。
○●●韻●○○平韻

　　此詞換頭及第六七句俱間入仄韻，結處仍押前段平韻，蓋以平韻爲主。宋人填此調者，多不押仄韻，故可平可仄於張先詞作譜。

　　此詞亦刻《陽春集》，後段起句作"燕鴻羌笛怨"，脱一"遠"字。又坊本後段第四句作"遠山如黛月如鈎"，多一"遠"字，今從《六一詞》本。

又一體

張　先

　　雙調五十七字，前後段各七句四平韻。
主人宴客玉樓西。風飄忽，雪紛霏。唐昌花蕊漸平枝。
⊙○⊙●●○○韻○⊙●句●○○韻○⊙⊙●●○○韻
浮光裹，寒聲聚，隊禽棲。　驚曉日，喜春遲。野橋
○⊙●句⊙⊙●句●○○韻　⊙●●句●○○韻●⊙
時伴梅飛。山明日遠霽雲披。溪上月，堂下水，併春
○●○○韻⊙○⊙●●○○韻⊙●●句⊙⊙●句●○
暉。
○韻

　　此即歐陽詞體，惟前起二句作七字一句，後段不間入仄韻，第四五句作七字一句異。

　　前段第五六句魏夫人詞"誰念我，就單枕"，"念"字"就"字俱仄聲。後段第五句"我恨你"，"我"字仄聲。其餘可平可

仄糸下張詞。

又一體

張　先

雙調五十七字,前段七句四平韻,後段八句四平韻。

雙門曉鎖響朱扉。千騎擁,萬人隨。風烏弄影畫船移。
○○●●●○○韻○●●句●○○韻○○●●●○○韻
歌時淚, 和別怨, 作愁悲。　　寒潮小, 渡淮遲。
○○●句 ○●●句 ●○○韻　　○○●句 ●○○韻
吳越路, 漸天涯。楚王臺上爲相思。江雲下, 日西盡,
●●●句●○○韻●○○●●○○韻○○●句●○●句
雁南飛。
●○○韻

此與"主人宴客"詞同,惟後段第三句作三字兩句異。

又一體

周邦彥

雙調八十九字,前段十句五仄韻,後段九句五仄韻。

昨夜裏, 又再宿桃源, 醉邀仙侶。聽碧窗風快, 疏簾半
⊖●●句●●●○○句●○●●韻●●○○●句○○●
卷愁雨 。多少離恨苦。方留連啼訴。鳳帳曉, 又是匆
●○●韻⊖●○●●韻○○○○●韻●●●句●●○
匆, 獨自歸去。　　愁顧。滿懷淚粉, 瘦馬衝泥尋去
○句●●○●韻　　○●韻●●●●句●●○○○●

路。謾回首、烟迷望眼，依稀見朱户。似癡似醉，暗惱
●韻●○●讀○○●●句○○●●韻●○●●句●●
損、憑闌情緒。澹暮色，看盡栖鴉亂舞。
●讀─○○●韻●●●句●●○○●●韻

　　此慢詞也,押仄韻。宋人填此調者絕少,即方千里、楊澤
民皆無和詞,惟陳允平集有之,但校周詞少換頭短韻二字句,
故此調可平可仄悉參陳詞。

又一體

陳允平

　　雙調八十七字,前段十句五仄韻,後段八句四仄韻。
芳草渡，漸迤邐分飛，鴛儔鳳侶。灑一枝香淚，梨花寂
○●●句●○●○○句○○●●韻●○○●句○○●
寞春雨。惜別情思苦。匆匆深盟訴。翠浪遠，六幅蒲
●○●韻●●○○●韻○○○●韻●●●句●●○
帆，縹緲東去。　　夕陽冉冉，恨逐潮回南浦路。
○句●●○●韻　　●○●●句●●○○○●●韻
漫空念、歸來燕子，雙棲舊庭户。市橋細柳，尚不減、
●○●讀○○●●句○○●●韻●○●●句●●●讀
少年張緒。漸瘦損、懶照秦鸞對舞。
●○○●韻●●●句●●○○●●韻

　　此見《西麓繼周詞》,即和《片玉詞》韻也。以其減換頭二
字短韻,採以備體。

夜行船十一體

《太平樂府》、《中原音韻》、元高拭詞俱注"雙調"，黃公紹詞名《明月棹孤舟》。《詞律》以《夜行船》混入《雨中花》，今照《花草粹編》分列。

夜行船

歐陽修

雙調五十五字，前後段各四句三仄韻。

憶昔西都歡縱。自別後、有誰能共。伊川山水洛川花，
⊖●⊖○韻●⊖⊖讀○○●韻○●○○●○○句
細尋思、舊遊如夢。　今日相逢情愈重。愁聞唱、畫
⊖○○讀●○⊖●韻　○●○○⊖●韻○○●讀●
樓鐘動。白髮天涯逢此景，倒金尊、殢誰相送。
○⊖●韻●⊖○○⊖●句●○⊖讀●○⊖●韻

此調五十五字者以歐詞爲正體，五十六字者以史詞爲正體，五十八字者以趙詞爲正體，其餘或攤破句法，或句讀參差，或添韻，或添字，皆變格也。

此詞前段起句六字，前後段第三句皆七字，兩結句皆七字，有歐詞別首及毛滂、謝絳詞可校。按歐詞別首後段第三句"手把金尊難爲別"，毛詞別首"莫把鴛鴦驚飛去"，正與此同。所小異者，惟"爲"字"飛"字俱平聲耳。謝絳詞"相看送到斷腸時"，平仄與此詞全異。又歐詞別首前段結句"看看是、斷腸南浦"，上"看"字平聲，"是"字仄聲。後段結句"更那聽、

517

亂鶯疏雨","那"字"聽"字俱仄聲。譜內可平可仄據此,餘悉所採毛詞。

又一體

毛滂

雙調五十五字,前後段各四句三仄韻。

寒滿一衾誰共。夜沈沈、醉魂朦鬆。雨呼烟喚付淒凉,
●●●○○●韻○○讀●○○●韻●○○●●○○句
又不成、那些好夢。　　忽明日、烟江暝濛。扁舟繫、
●●○讀●○●●韻　　●○●讀○○●●韻○○●讀
一行蝀蝀。季鷹生事水彌漫,過鱸船、再三目送。
●○●韻●○○●●○○句●○○讀●○●●韻

此與歐詞同,惟換頭作上三下四句法異。

又一體

史達祖

雙調五十六字,前後段各五句三仄韻。

不剪春衫愁意態。過收鐙、有些寒在。小雨空簾,無人
●●○○○●●韻●○●讀●●○●韻●●○○句○○
深巷,已早杏花先賣。　　白髮潘郎寬沈帶。怕看山、
○●句●●●○○●韻　　●●○○○●●韻●○○讀
憶他眉黛。草色拖裙,烟光惹鬢,常記故園挑菜。
●○○●韻●●○○句○○●●句○●●○○●韻

此亦歐詞體,惟前段起句七字,前後段第三句俱作四字兩句,兩結句俱六字異。按宋吳文英、周密、黃機、高觀國諸詞,

俱如此填。惟許棐詞換頭句"文君自被琴心誤","文""君"二字俱平聲,"自""被"二字俱仄聲,"心"字平聲,與此詞平仄全異。又黃機詞前段第二句"露桃開、柳綿又起",結句"判與南園一醉",吳文英詞前段第二句"歸期杳、畫簷鵲喜",結句"月落桂花影裏","又"字"一"字"鵲"字"影"字俱仄聲,"南"字平聲,與此詞平仄小異。譜内據之,餘糸下周、趙二詞。

又一體

周　密

雙調五十六字,前後段各五句三仄韻。

蛩老無聲深夜靜。新霜燦、一簾鐙影。妒夢鴻高,借愁
○●●○○●●韻○○●讀●○○●韻●●○○句●○
月淺,縈恨亂絲難整。　　笙譜字、嬌娥誰靚。香襟
●●句○●●○○●韻　　○●●讀○○○●韻○○
冷、懶看妝印。繡閣藏春,海棠偷暖,還似去年風景。
●讀●○○●韻●●○○句●●○○句○●●○○●韻

此與史詞同,惟換頭作上三下四句法異。

又一體

趙長卿

雙調五十六字,前段五句三仄韻,後段五句四仄韻。

綠鎖窗紗梧葉底。麥秋時、曉寒慵起。宿酒厭厭,殘香
●●○○○●●韻●○○讀●○○●韻●●○○句○○

冉冉,渾似那時天氣。　到日不堪頻屈指。回頭早、
●●句○●●○○●韻　●●●○○●●韻○○●讀
一年不啻。搔首無言,闌干十二。倚了又還重倚。
●○●韻○●○○句○○●●韻●●●○○●韻

此亦與史詞同,惟後段第四句多押一韻異。按元《太平樂府》雙調詞照此填。

又一體

趙長卿

雙調五十八字,前後段各五句三仄韻。

綠蓋紅幢籠碧水。魚跳處、浪痕匀碎。惜別殷勤,留連
●●○○○●●韻⊖○●讀●○○●韻●●○○句⊖○
無計,歌聲與、淚珠柔脆。　一葉扁舟烟浪裏。曲灘
●句⊖●讀●○○●韻　●●○○○●●韻●○
頭、此情無際。窈窕眉山,暮霞紅處,雨雲想、翠峰十
⊖讀●○●●韻○○●●句○○●●句●○●讀●○
二。
●韻

此亦史詞體,惟前後兩結俱作七字句異。按元《中原音韻》雙調照此填。

譜内可平可仄參後諸詞。

又一體

楊无咎

雙調五十六字,前後段各五句三仄韻。

不假鉛華嫌太白。玉搓成、體柔腰搦。明月堂深，蓮花
●●○○●●韻●○○讀●○○韻○●○○句○○
杯軟，情重自斟瓊液。　　寄語砥跌休並立。信秦城、
○●句○●●●●韻　　●●●●○●●韻●○○讀
未教輕易。絳闕樓成，藍橋藥就，好吹簫、乘鸞翼。
●○○●韻●●○○句○●●●句⊖⊖讀○○●韻

　　此亦史詞體，惟後結作折腰句法異。按无咎"寶髻雙垂"
詞後結"悔不做、閒男女"，黃公紹"雁帶愁來"詞後結"時有陣
香吹到"，俱作六字折腰句法，正與此同，但平仄小異。

又一體

王　嵎

　　雙調五十八字，前後段各五句三仄韻。

曲水濺裙三月二。馬如龍、鈿車如水。風刋游絲，日烘
●●○○●●韻●○○讀●○○韻○●○○句●○
晴晝，人共海棠俱醉。　　客裏光陰難可意。掃芳塵、
○●句○●●○○●韻　　●●○○○●韻●○○讀
舊遊誰記。午夢醒來，不覺小窗人靜，春在賣花聲裏。
●○○●韻●●○○句●●●○○●句○●●○○●韻

　　此亦史詞體，惟後段第四句六字，多二襯字異。

又一體

楊无咎

　　雙調五十五字，前後段各五句三仄韻。

521

怪被東風相誤。落輕帆、暫停烟渚。桐樹陰森，茅簷瀟
●●○○○●韻●○○讀●○○●韻○●○○句○○○
灑，元是那回來處。　相與狂朋沽綠醑。聽吴姬、隔
●句○●●○○●韻　○●○○○●韻●○○讀●
窗言語。我既癡迷，君還留戀，明日慢移船去。
○○●韻●●○○句○○○●句○●○○●韻
　　此亦史詞體，惟前段起句仍作六字異。

又一體

孫浩然

　　雙調五十五字，前段四句三仄韻，後段五句四仄韻。
何處採菱歸暮。隔宵烟、菱歌輕舉。白蘋風起月華寒，
○●●○○●韻●○○讀○○○●韻●○○●○○句
影朦朧、半和梅雨。　脉脉相逢心似許。扶蘭棹、黯
●○○讀●○○●韻　●●○○○●韻○○●讀●
然凝佇。遥指前邨，依依烟樹。含情背人歸去。
○○●韻○●○○句○○○●韻○○●○○●韻
　　此與楊无咎"怪被東風"詞同，惟前段第三四句仍作七字
　　一句，結句亦七字，又後段第四句多押一韻異。

又一體

楊无咎

　　雙調五十六字，前後段各五句三仄韻。
夾岸綺羅歡聚。看喧喧、彩舟來去。晴放湖光，雨添山
●●○○●韻●○○讀●○○●韻○●○○句●○○

色，誰識總相宜處。　　輪與騷人，却知勝趣。醉臨
●　句　○●●○○●韻　　　○●○○句　●○●●韻　●○
流、戲評坡句。若把西湖比西子，這東湖、似東鄰女。
○讀●○○●韻●●○○●○●句●○○讀●○○●韻

　　此與"怪被東風"詞同，惟後段第一句作四字兩句，第三
四句仍作七字一句，結句亦七字異。

金鳳鉤二體

　　見晁補之《琴趣外篇》。此調微近《夜行船》，其實不同
也。

金鳳鉤

晁補之

　　雙調五十五字，前段六句三仄韻，後段五句四仄韻。
春辭我，向何處。怪草草、夜來風雨。一簪華髮，少歡
○○●句●○●韻●●●讀●○○●韻●○○●句●○
饒恨，無計殢春且住。　　春回常恨尋無路。試向我、
○●句○●●○●●韻　　　○○○●○○●韻●●●讀
小園徐步。一闌紅藥，倚風含露。春自未曾歸去。
●○○●韻●○○●句●○○●韻○●●○○●韻

　　或以此詞近《夜行船》史達祖詞體，然前段起句作三字兩
句，實與史詞不同。

又一體

晁補之

雙調五十四字，前後段各四句三仄韻。

雪晴閒步花畔。試屈指、早春將半。櫻桃枝上最先到，
●○○●○●韻●●●讀●○○韻○○○●●○●句
却恨小梅芳淺。　忽驚拂水雙來燕。暗自憶、故人猶
●●●○○●韻　●○●●○○韻●●●讀●○○
遠。一分風雨占春愁，一來又對花腸斷。
●韻●○○●●○○句●○●●○○●韻

或以此詞近《夜行船》毛滂詞體，然前段結句六字，實與毛詞不同。

鷓鴣天一體

《樂章集》注"正平調"，《太和正音譜》注"大石調"，蔣氏《九宮譜目》入仙呂引子。趙令畤詞名《思越人》，李元膺詞名《思佳客》。賀鑄詞有"翦刻朝霞釘露盤"句，名《翦朝霞》。韓淲詞有"只唱驪歌一叠休"句，名《驪歌一叠》。盧祖皋詞有"人醉梅花卧未醒"句，名《醉梅花》。

鷓鴣天

晏幾道

雙調五十五字，前段四句三平韻，後段五句三平韻。

彩袖殷勤捧玉鍾。當年拌却醉顔紅。舞低楊柳樓心月，
●●●○●●○韻●○○●●○○韻●○○●●○●句
歌盡桃花扇影風。　　從別後，憶相逢。幾回魂夢與君
●●○○●●○韻　　○●●句●○○韻●○○●●○
同。今宵剩把銀釭照，猶恐相逢是夢中。
○韻○○●●○○●句○●○○●●○韻

　　宋人填此調者，字句韻悉同。趙長卿詞前段起"新晴水暖藕花紅"，"新""晴"二字俱平聲，"水""暖"二字俱仄聲，"花"字平聲，與此平仄全異。又晏詞別首前段起句"一醉醒來春又殘"，"春"字平聲。高觀國詞第二句"最憐一曲鳳簫吟"，"最"字"一"字俱仄聲。晏詞別首第三句"雲隨綠水歌聲轉"，"雲"字平聲，"綠"字仄聲。又"年年底事不歸去"，"不"字仄聲。第四句"怨月愁烟長爲誰"，"怨"字仄聲，"長"字平聲。趙長卿詞後段第一二句"憶携手，過階墀"，"憶"字仄聲，"携"字平聲。黃庭堅詞第三句"斜風細雨不須歸"，"斜"字平聲，"細"字仄聲。柳永詞第四句"只因曾向前生裏"，"只"字仄聲，"曾"字平聲。晏詞別首第五句"曼倩天涯猶未歸"，"曼"字仄聲，"猶"字平聲。俱與此詞平仄小異，譜内可平可仄據之。

　　按《花草粹編》趙介之詞後段第五句"杜宇一聲腸斷人"，無名氏詞"圖得不知郎去時"，"一"字"不"字俱仄聲。但宋元人此句第三字從無用仄聲者，此乃以入聲字替平聲，不可泛用上去聲。

鼓笛令一體

　　調見《黃山谷集》。按宋詞有《鼓笛慢》，乃《水龍吟》別

體,與此無涉。

鼓笛令

黃庭堅

雙調五十五字,前後段各四句四仄韻。

實犀未解心先透。惱殺人、遠山微皺。意淡言疏情最
●○●●○○韻　●●○讀●○○●韻　●●○○○●
厚。枉教作、著行官柳。　小雨勒花時候。抱琵琶、
韻　●○●讀●○○韻　　●●●○○韻　●○○讀
爲誰消瘦。翡翠金籠思珍偶。忽伴與、山鷄傔偬。
●○○韻　●●○○○●韻　●○●讀○○●●韻

此調衹有此詞,無別首可校。

徵招調中腔一體

唐段安節《樂府雜錄》云,徵音有其聲而無其字。宋大晟樂府始補《徵招》調。凡曲有歌頭,有中腔,此《徵招》調之中腔也。

徵招調中腔

王安中

雙調五十五字,前段五句三仄韻,後段四句三仄韻。

紅雲蒨霧籠金闕。聖運叶、星虹佳節。紫禁曉風馣天
○○●●○○●韻　●●●讀○○○●韻　●●●○●○

香，奏九韶，帝心悦。　　瑶階萬歲蟠桃結。睿算永、
〇句●●〇句●〇●韻　　〇〇●●〇〇●韻●●●讀
壺天風月。日觀幾時六龍來，金鏤玉牒告功業。
〇〇〇●韻●●●〇●〇〇句〇●●●●〇●韻

　　按宋姜夔製《徵招》調，今周密、張炎集中有之，然與此詞不同，故不類列。

詞譜卷十二

虞美人七體

　　唐教坊曲名。《碧雞漫志》云："《虞美人》舊曲三，其一屬中呂調，其一屬中呂宮，近世又轉入黃鍾宮。"元高拭詞注"南呂調"。《樂府雅詞》名《虞美人令》。周紫芝詞有"只恐怕寒難近玉壺冰"句，名《玉壺冰》。張炎詞賦柳兒，因名《憶柳曲》。王行詞取李煜"恰似一江春水向東流"句，名《一江春水》。

虞美人

（南唐）李　煜

雙調五十六字，前後段各四句兩仄韻兩平韻。

風迴小院庭蕪緑。　柳眼春相續。憑闌半日獨無言。
●○●●○○●仄韻　●●○○●韻●○●●●○○平韻
依舊竹聲新月　、似當年。　笙歌未散尊罍在。　池
●●●○○●讀●○○韻　○○●●○○●換仄韻
面冰初解　。燭明香暗畫闌深。　滿鬢清霜殘雪、
●○○●韻●○○●●○○換平韻●●○○○●讀
思難禁。
●○○韻

　　此調以李詞、毛詞爲正體，而宋元詞依李體填者尤多，若顧詞二體則惟唐人有之，皆變格也。

此詞前後段四換韻，其兩結係九字句，或兩字微讀，或四字微讀，或六字微讀，以蟬聯不斷爲合格。

按蘇軾詞前段結句"便使尊前醉倒、且徘徊"，後段結句"對月逢花不飲、待何時"，"醉"字"不"字俱仄聲。又馮延巳詞後結"塵掩玉筝弦柱、畫堂空"，"塵"字平聲，"玉"字仄聲。譜內可平可仄據此，餘參張、馮二詞。

又一體

張　炎

雙調五十六字，前後段各四句兩仄韻兩平韻。

修眉刷翠春痕聚。　難剪愁來處。斷絲無力綰繁華。
○○●●○○●仄韻　●●○○●韻　●○○●●○○平韻
也學落花流水、到天涯。　那時錯認章臺去。　却是
●●●○○●讀●○○韻　　●○●●○○●仄韻　●●
陽關路。等將心恨趁楊花。　不識相思一點、在誰家。
○○●韻　●○○●●○○平韻　●●○○●●讀●○○韻

此與李詞同，惟前後段不換韻異。按周邦彥詞前段"戀""遠""顋""來"四韻，後段"按""看""煤""灰"四韻，葛勝仲詞前段"樹""暮""時""池"四韻，後段"露""語""詩""歸"四韻，俱不換韻，正與此同。

又一體

馮延巳

雙調五十六字，前後段各四句兩仄韻兩平韻。

玉鈎鸞柱調鸚鵡。　宛轉留春語。雲屏冷落畫堂空。
●○○●○○●仄韻　●●○○●韻　○○●●●○○平韻

529

薄晚春寒無奈、落花風。　裹簾燕子低飛去。　拂鏡
●●○○●讀●○○韻　○○●●○○●仄韻●●
塵鸞舞。不知今夜月眉彎。　誰佩同心雙結、倚闌
○○●韻●○○●●○○換平韻○●○○●讀●○
干。
○韻

此詞後段不另換仄韻，但換平韻，與張詞異。

又一體

毛文錫

雙調五十八字，前後段各五句兩仄韻三平韻。

寶檀金縷鴛鴦枕。　綬帶盤宮錦。夕陽低映小窗明。
◐○●●○○●仄韻●●○○●韻●○◐●●○○平韻
南園綠樹語鶯鶯。夢難成。　玉鑪香煖頻添注。
◐○●●●○○韻●○○韻　◐○○●○○●換仄韻
滿地飄輕絮。珠簾不卷度沈烟。　庭前閒立畫秋千。
●●○○●韻○○●●●○○換平韻○○○●●○○韻
艷陽天。
●○○韻

此詞前後段亦四換韻，但兩結俱七字一句、三字一句，多一字，多押一韻，與李煜詞體又異。

《花間集》孫光憲、顧敻、鹿虔扆、李珣、閻選詞，《陽春集》馮延巳詞，俱如此填，宋詞有歐陽修、杜安世諸作可校。按歐陽修詞前段第四句"睡容初起枕痕圓"，"睡"字仄聲，"初"字平聲。後段第四句"故生芳草碧連雲"，"故"字仄聲。譜內可平可仄據此，其餘悉同李詞。

又一體

晁補之

雙調五十八字,前後段各五句兩仄韻三平韻。

原桑飛盡霜空杳。　霜夜愁難曉。油鐙野店怯黃昏。
○○○●○●仄韻　○●○○●韻　○○●●●○○平韻
窮途不減酒杯深。故人心。　羊山故道行人少。　也
○○●●●○○韻●○○韻　　○○●●○○●仄韻●
送行人老。一般別語重千金。　明年過我小園林。話如
●○○韻●○○●●○○平韻　○○●●●○○韻●○
今。
○韻

此與毛詞同,惟前後段不換韻異。按杜安世"江亭春晚"詞,前段"盡""近""情""行""清"五韻,後段"舜""峻""人""淪""巾"五韻,俱不換韻,正與此同。

又一體

顧敻

雙調五十八字,前後段各五句五平韻。

觸簾風送景陽鐘。鴛被繡花重。曉幃初卷冷烟濃。翠勻
●○○●●○○韻○●●○○韻●○○●●○○韻●○
粉黛好儀容。思嬌慵。　起來無語理朝妝。寶匣鏡
●●●○○韻○○韻　　●○○●●○○換韻●●●
凝光。綠荷相倚滿池塘。露清枕簟藕花香。恨悠揚。
○○韻●○○●●○○韻●○●●●○○韻●○○韻

此調字句悉同毛詞，惟前後段全押平韻異。《花間集》亦僅見此體，無宋詞別首可校。

又一體

顧敻

雙調五十八字，前段五句五平韻，後段五句兩仄韻三平韻。

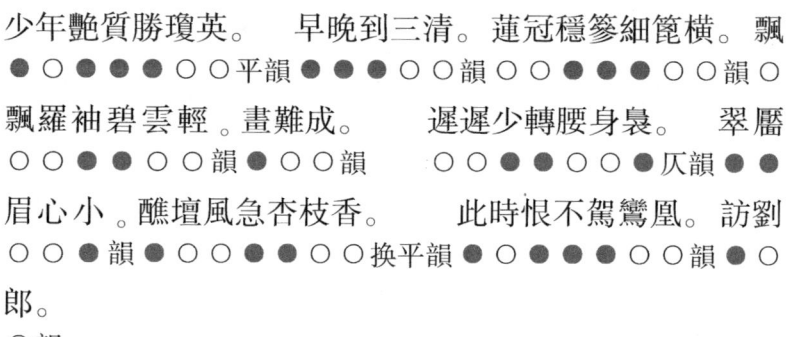

少年艶質勝瓊英。　早晚到三清。蓮冠穩簪細篦橫。飄
●○●●●○平韻　●●●○韻　○○●○●●○韻　○
飄羅袖碧雲輕。畫難成。　遲遲少轉腰身裊。　翠靨
○○●●○韻●○○韻　○○●●○○●仄韻　●●
眉心小。醮壇風急杏枝香。　此時恨不駕鸞凰。訪劉
○○●韻●○○●●○○換平韻　●○●●●○○韻●○
郎。
○韻

此詞字句亦與毛詞同，惟前段全押平韻，用"觸簾風送"詞體，後段兩仄韻三平韻，仍用毛詞體。見《花間集》，採入以備一體。

瑞鷓鴣六體

《宋史·樂志》中呂調，元高拭詞注"仙呂調"。《苕溪詞話》云："唐初歌詞，多五言詩，或七言詩。今存者止《瑞鷓鴣》七言八句詩，猶依字易歌也。"按《瑞鷓鴣》原本七言律詩，因唐人歌之，遂成詞調。馮延巳詞名《舞春風》，陳彭年詞名《桃花落》,尤袤詞名《鷓鴣詞》,元丘長春詞名《拾菜孃》,《樂府紀聞》名《天下樂》。《梁溪漫錄》詞有"行聽新聲太平樂"句,名《太平樂》;有"猶傳五拍到人間"句,名《五拍》。此皆七言八句也。至柳永有添字體,自注"般涉調",有慢詞體,自注"南呂宮",皆與七言八句者不同。

瑞鷓鴣

馮延巳

雙調五十六字,前段四句三平韻,後段四句兩平韻。

纔罷嚴妝怨曉風。 粉墙畫壁宋家東。 蕙蘭有恨枝猶綠,
○●○○●○韻●○○●●○韻●○●●○○●句
桃李無言花自紅。　　燕燕巢時羅幕卷, 鶯鶯啼處鳳
○●○○●●○韻　　●●○○○●●句○○○●●
樓空。少年薄倖知何處, 每夜歸來春夢中。
○韻●○●●○○●句●●○○○●○韻

此調本律詩體,七言八句,宋詞皆同,其小異者惟各句平仄耳。此詞前後段起句、結句第二字、第六字俱仄聲,中二句第二字、第六字俱平聲。宋人如此填者甚少,惟陳彭年詞:"盡出花鈿散寶津。雲鬟初翦向殘春。因驚風燭難留世,遂作池蓮不染身。貝葉乍疑翻錦袖,梵聲纔學誤梁塵。從兹艷質歸空後,湘浦應無解佩人。"平仄同此。餘皆照賀體填。

又一體

賀　鑄

雙調五十六字,前段四句三平韻,後段四句兩平韻。

月痕依約到西廂。曾羨花枝拂短墻。初未識愁那是淚，
●○○●●○○韻○●○○●●○韻○●●○○●●句
每渾疑夢奈餘香。　　歌逢嫋處眉先嫵，酒半醒時眼更
●○○●●○○韻　　○○●●○○●句●●○○●●
狂。閒倚繡簾吹柳絮，問人何似冶遊郎。
○韻○●●○○●●句●○○●○○韻

　　此詞前後段起句、結句第二字、第六字俱平聲，中二句第
二字、第六字俱仄聲，宋人俱照此填，其餘平仄惟取協調，可不
必拘，故不復注。

又一體

柳　永

　　雙調六十四字，前後段各五句三平韻。

三吳嘉景占風流。渭南往歲憶來遊。西子方來，越相功
◐○○●●○○韻◐○●●●○○韻◐●○○句●●○
成去，千里滄波一葉舟。　　至今無限盈盈者，盡來拾
○●句◐●○○●●○韻　　◐○◐●○○●句●○◐
翠芳洲。最好簇簇寒村，遙認南朝路、晚烟收。三兩人
●○○韻◐●◐◐○○句◐●○○●讀●○○韻◐●○
家古渡頭。
○●●○韻

　　此詞前段起二句、結句，後段起句、結句，仍作七言，與
《瑞鷓鴣》同，餘則攤破句讀，自度新聲。如前段第三句作四
字一句、五字一句，即詞家添字法；後段第二句作六字句，即減
字法；第三句作六字一句、八字一句，即添字法；多押一韻，即
偸聲法。本集自注般涉調，爲黃鍾之羽聲，與中呂調爲夾鍾之

羽聲，仙呂調爲夷則之羽聲，皆羽聲也。

按柳詞別首，晏殊詞二首，俱與此同。惟晏詞前段起句"越娥紅淚泣朝雲"，"越"字仄聲。後段起句"前村昨夜深深雪"，"前"字平聲，"昨"字仄聲；第三四句"何時驛使西歸，寄與相思路、一枝新"，"何""時"二字俱平聲，"寄"字仄聲。又柳詞別首後段第三四句"恨聽烟塢深中，誰恁吹羌笛、逐風來"，"烟"字平聲。譜內可平可仄據此，餘爰所採《梅苑》詞。

又一體

《梅苑》無名氏

雙調六十四字，前段五句三平韻，後段六句三平韻。

臨鸞常恁整妝梅。枝枝仙艷月中開。可煞天心，故與多
○○○●●○○韻○○●●●○○韻●●○○句●●○
端麗，那更羅衣峭窄裁。　　幾回瞻覷魂銷黯，芙蕖匀
○●句●●○○●●○韻　　●○○●○○●句○○○
透雙腮。好將心事，都分付與，時暫到、小庭來。玉砌
●○○韻●○○●句○○●●句○●●讀●○○韻●●
紅芳點綠苔。
○○●●○韻

此與柳詞同，惟後段第三四句作四字兩句、六字一句異。

宋李之儀《姑溪詞話》云："唐人歌詞，但以詩句而用和聲，抑揚以就之。至唐末，遂因其聲之長短，而以意填之，始一變以成音律。"按此則知賀體猶沿唐調，柳詞、晏詞及此詞，惟起結猶作七言，中間長短錯綜，實係新聲也。所以元曲用宋調，不增減者名爲引子，添入新聲則爲過曲，亦此意耳。

535

又一體

柳永

雙調八十八字，前後段各九句五平韻。

寶髻瑤簪。嚴妝巧，天然綠媚紅深。綺羅叢裏，獨逞謳
◐●○○韻○○●句○◐●●○○韻◐○●●句◐●○
吟。一曲陽春定價，何啻值千金。傾聽處、王孫帝子，
○韻●●○○●●句○◐●○○韻●●讀○○●●句
鶴蓋成陰。　凝態掩霞襟。動象板聲聲，怨思難任。
●●○○韻　　○●●○○韻●●●○○句●○○○韻
嘹亮處，迥壓弦管低沈。時恁迴眸斂黛，空役五陵心。
○●●句●●○○○●韻◐●●○○●句○●●○○韻
須信道、緣情寄意，別有知音。
○●●讀○○●●句●◐○○韻

此詞見《樂章集》，亦名《瑞鷓鴣》，其字句與前兩體截然不同，因調名同，故爲類列。其可平可仄，有柳詞別首可校。

又一體

柳永

雙調八十六字，前後段各九句五平韻。

吳會風流。人烟好，高下水際山頭。瑤臺絳闕，依約蓬
○●○○韻○○●句○●●○○韻○●●●句○○
丘。萬井千閭富庶，雄壓十三州。觸處青蛾畫舫，紅粉
○韻●●○○●●句○●●○○韻●●○○●●句○●

朱樓。　　方面委元侯。致訟簡時豐，繼日歡遊。襦溫
○○韻　　○●●○○韻●●○○句●●○○韻○○
褲暖，已扇民謳。旦暮鋒車命駕，重整濟川舟。當恁
●●句●●○○韻●●○○●●句○●●○○韻○●
時、沙堤路穩，歸去難留。
○讀○○●●句○●○○韻

　　此詞《樂章集》不載，見《花草粹編》。與前"寶髻瑤簪"
詞同，惟前段第八句作六字句，少一字，後段第四五句作四字
兩句，少一字異。

玉樓春四體

　　《花間集》顧敻詞起句有"月照玉樓春漏促"句，又有"柳
映玉樓春日晚"句，《尊前集》歐陽炯詞起句有"春早玉樓煙雨
夜"句，又有"日照玉樓花似錦。樓上醉和春色寢"句，取爲調
名。李煜詞名《惜春容》，朱希真詞名《西湖曲》，康與之詞名
《玉樓春令》，《高麗史·樂志》詞名《歸朝歡令》。《尊前集》
注"大石調"，又"雙調"。《樂章集》注"大石調"，又"林鍾商
調"，皆李煜詞體也。《樂章集》又有仙呂調詞，與各家平仄
不同。

玉樓春

顧　敻

　　雙調五十六字，前後段各四句三仄韻。
拂水雙飛來去燕。曲檻小屏山六扇。春愁凝思結眉心，
◐●○○○●●韻●●○○○●●韻○○○●●○○句

綠綺懶調紅錦薦。　　話別多情聲欲戰。玉筯痕留紅粉
●●●○○●●韻　　●⊖●○○●●韻●●⊖○○●
面。鎮長獨立到黃昏，却怕良宵頻夢見。
●韻⊖○⊖●●○○句●●⊖○○●●韻

　　按《花間集》顧敻詞四首、魏承班詞二首，《尊前集》歐陽
烱詞二首，其前後段起二句第二字、第六字俱仄聲，第三句第
二字、第六字俱平聲，第四句第二字、第六字亦俱仄聲。宋人
惟杜安世詞五首、錢惟演"錦籜參差"詞一首、歐陽修"美酒花
濃"詞一首本此填，餘皆南唐李煜體也。

　　歐陽烱詞後段第三句"青娥紅臉笑來迎"，"青"字平聲。
又一首後段結句"留待玉郎歸日畫"，"留"字平聲。譜內平仄
據此，其餘悉糸顧、牛二詞。

　　又宋汪莘詞："一片江南春色晚。牡丹花謝鶯聲懶。問
君離恨幾多長，芳草連天猶覺短。昨夜溪頭新溜滿。尊前自
起噴龍管。明朝飛棹下錢塘，心共白蘋香不斷。"起結雖與此
詞同，而前後段第二句乃作平平仄仄平平仄，則與此詞異。又
柳永仙呂調詞："有箇人人真堪羨。問却佯羞回却面。你若
無意向咱行，爲甚夢中頻相見。不如及早還却願。免使牽人
魂夢亂。風流腸肚不堅牢，只恐被伊牽惹斷。"平仄亦與此詞
異。此二首若糸校打圖，恐平仄混淆，難以按譜，特爲附注，不
另列體。

又一體

顧　敻

　　雙調五十六字，前段四句三仄韻，後段四句兩仄韻。
月照玉樓春漏促。颯颯風搖庭砌竹。夢驚鴛被覺來時，
●●⊖○○●●韻●●⊖○○●●韻●⊖●●●○○句

何處管弦聲斷續。　惆悵少年遊冶去。枕上兩蛾攢細
〇●〇〇〇●韻　〇●●〇〇●句●●〇〇〇
綠。曉鶯簾外語花枝,背帳猶殘紅蠟燭。
●韻●〇〇●〇〇句●●〇〇〇●●韻

　　此詞後段起句不押韻,顧敻別首"柳映玉樓"詞,正與此
同。

又一體

牛　嶠

　　雙調五十六字,前後段各四句三仄韻。
春入橫塘搖淺浪。花落小園空惆悵。此情誰信爲狂夫,
〇●〇〇〇●韻〇●●〇〇●韻●〇〇●〇〇句
恨翠愁紅流枕上。　小玉窗前嗔燕語。　紅淚滴穿金
●●〇〇〇●韻　●●〇〇〇●●換韻　〇●●〇〇
線縷。雁歸不見報郎歸,錦字織成對過與。
●●韻●〇●●●〇〇句●●●〇●●韻

　　此詞見《花間集》,前後段兩韻,唐宋詞無照此填者。

又一體

李　煜

　　雙調五十六字,前後段各四句三仄韻。
晚妝初了明肌雪。春殿嬪娥魚貫列。鳳簫聲斷水雲間,
●〇〇●〇〇●韻〇●〇〇〇●●韻●〇〇●●〇〇句
重按霓裳歌遍徹。　臨風誰更飄香屑。醉拍闌干情未
〇●〇〇〇●●韻　〇〇〇●〇〇●韻●●〇〇〇●

切。歸時休放燭花紅，待踏馬蹄清夜月。
●韻○○○●●○○句●●●○○●●韻

　　此即顧敻"拂水雙飛"詞體，惟前後段兩起句平仄全異。宋元詞俱如此填，故爲分列。

　　晏殊詞前段起句"東風昨夜回梁苑"，"東"字平聲，"昨"字仄聲。歐陽修詞後段起句"也知自爲傷春瘦"，"也"字"自"字俱仄聲。譜內據此作圖，其餘可平可仄已見顧詞。

　　按《尊前集》歐陽炯"兒家夫婿"詞，庾傳素"木蘭紅艷"詞，即此詞體也。因歐詞結句有"同在木蘭花下醉"句，庾詞起句有"木蘭紅艷多情態。不似凡花人不愛"句，遂別名《木蘭花》，其實乃《玉樓春》，非《木蘭花》也，宋人傳訛，幾不能辨，今照《花間集》校正。

　　又《尊前集》許岷詞二首，一首與此同，一首前段四句"江南日暖芭蕉展。美人折得親裁翦。書成小簡寄情人，臨行更把輕輕撚。"平仄全異。後段與此同。

　　又錢惟演"城上風光"詞，前段照顧敻詞填，後段照李煜詞填。歐陽修"常憶洛陽"詞，毛滂"壓玉爲漿"詞，均傚錢體，向俱誤刻《木蘭花》調，今悉校正。

　　又晏殊"簾旌浪卷"詞，本李煜此詞填，惟換頭句"美酒一杯誰與共"，平仄異。又吳文英"茸茸狸帽"詞，亦本李煜此詞填，只前段第二句"金蟬羅翦胡衫窄"，平仄異。蓋此詞辨體，止在平仄異同，若彙糸各體則平仄紛紜，難以分別，故各爲注明，不取作圖。

鳳銜杯四體

　　此調有平韻、仄韻兩體。仄韻者，《樂章集》注"大石調"。

鳳銜杯

晏　殊

雙調五十六字，前段四句四仄韻，後段五句四仄韻。

青蘋昨夜秋風起。無限箇、露蓮相倚。獨憑朱闌、愁放
○○●●○○●韻○●●讀●○○●韻●●○○讀○●
晴天際。空目斷、遥山翠。　　彩牋長，錦書細。誰信
○○●韻●●●讀○○●韻　　●○○句●○●韻○○
道、兩情難寄。可惜良辰好景、歡娛地。只恁空憔悴。
●讀●○○●韻●●○○●●讀○○●韻●●○○●韻

此詞前段第三句、後段第四句俱九字蟬聯不斷，即平韻體亦然，填者宜遵之。

又一體

柳　永

雙調六十三字，前段五句四仄韻，後段六句四仄韻。

追悔當初辜深願。經年價、兩成幽怨。任越水吳山，似
⊙●○○○●●韻○⊙●讀●○○●韻●⊙⊙●○○句●
屏如障堪遊玩。奈獨自、慵抬眼。　　賞烟花，
○⊙●○○●韻⊙●●讀○○●韻　　●○○句
聽弦管。圖歡娛、轉加腸斷。縱時展丹青，強拈書信頻
⊙⊙●韻○⊙●讀●○○●韻⊙●●○○句●○○●⊙
頻看。又争似、親相見。
○●韻●⊙●讀○○●韻

此與仄韻晏詞同，惟前段第三句、後段第四句各添三字，

兩結句俱六字異。

　　柳詞別首前段起句"有美瑤卿能染翰","有"字"染"字俱仄聲；三四句"想初擘苔牋,旋揮翠管紅窗畔","初"字平聲,"翠"字仄聲；換頭句"錦囊收,犀軸卷","犀"字平聲,"軸"字仄聲；第四句"更寶若珠璣","寶"字仄聲；結句"似頓見、千嬌面","頓"字仄聲。譜內可平可仄據此,餘參仄韻晏詞。

又一體

晏　殊

　　雙調五十六字,前段四句四平韻,後段五句四平韻。

柳條花類惱青春。　更那堪、飛綠紛紛。一曲細絲清脆、
●○○●●○○韻●●○讀○●●○○韻●●○○●●讀

倚朱唇。斟綠酒、掩紅巾。　　追往事,惜芳辰。暫時
●○○韻○●●讀●○○韻　　○●●句●○○韻●○

間、留住行雲。端的自家心下眼中人。到處覺尖新。
○讀○●○○韻○●●○○●●○○韻●●●○○韻

　　此與仄韻詞同。起句"類"字,《廣韻》注"粗絲也",或作"類"字者誤。

又一體

杜安世

　　雙調五十七字,前段四句四平韻,後段五句四平韻。

留花不住怨花飛。向南園、情緒依依。可惜歕紅斜白、
⊖○●●●○○韻●○○讀○●○○韻⊖●●○●讀

一　枝　枝　。經宿雨、又離披。　　憑朱檻，把金卮。
●　○　○韻　○●●讀　●○○韻　　○●●句　●○○韻
對芳叢、惆悵多時。何況舊歡新恨、阻心期。空滿眼、
●　○○讀　○●○○韻　○●●●○●讀　●○○韻　○●●讀
是相思。
●○○韻

　　晏殊《珠玉集》亦載此詞，後段結句少一字，今從《壽域
詞》本。按杜詞別首前後兩結俱六字，原自相同也。
　　杜詞別首前段第三句"悽慘斷雲片雨、各江天"，"悽"字
平聲，"片"字仄聲。後段第三句"想至今、誰爲相憐"，"至"
字仄聲；第四句"多少舊歡往事、一潸然"，"往"字仄聲；結句
"空牽惹、病纏綿"，"牽"字平聲。譜內可平可仄據此，餘參平
韻晏詞。

鵲橋仙七體

　　此調有兩體。五十六字者，始自歐陽修，因詞中有"鵲迎
橋路接天津"句，取爲調名。周邦彥詞名《鵲橋仙令》。《梅
苑》詞名《憶人人》。韓淲詞取秦觀詞句，名《金風玉露相逢
曲》。張輯詞有"天風吹送廣寒秋"句，名《廣寒秋》。元高拭
詞注"仙呂調"。八十八字者，始自柳永，《樂章集》注云："歇
指調。"

鵲橋仙

歐陽修

雙調五十六字，前後段各五句兩仄韻。

月波清霽，烟容明淡，靈漢舊期還至。鵲迎橋路接天
●〇●句〇〇●句●●●〇●韻●〇●●〇
津，映夾岸、星榆點綴。　　雲屏未卷，仙雞催曉，腸
〇句●●●讀〇〇●韻　〇〇●句〇〇●句〇
斷去年情味。多應天意不教長，恁恐把、歡娛容易。
●●〇〇●韻〇〇〇●●〇句●●●讀〇〇●韻

此調多賦七夕，以此詞爲正體，餘俱從此偷聲添字也。譜內可平可仄俱參後詞，故不復注。

按曾覿詞前段結句"滿座賓朋俄弁側"，不作上三下四句法。又向子諲詞前段第一二句"合卺風流，擘釵情態"，平仄全異。此亦偶誤，不必從。

又一體

盧　炳

雙調五十六字，前後段各五句三仄韻。

餘霞散綺，明河翻雪。隱隱鵲橋初結。牛郎織女乍逢
〇〇●●句〇〇〇●韻●●●〇●韻〇〇●●●〇
迎，卻勝似、人間歡悅。　　一宵相會，經年離別。此
〇句●●●讀〇〇〇●韻　●〇〇●句〇〇〇●韻●
語真成浪說。細思怎得似嫦娥，常獨宿、廣寒宮闕。
●〇〇●韻●〇●●●〇〇句〇●●讀●〇〇●韻

此與歐詞同，惟前後段第二句俱押韻異。按元好問"梨花春暮"詞，張埜"瓊林纖弱"詞，滕賓"斜陽一抹"詞，第二句俱押韻，正與此同。

又一體

辛棄疾

雙調五十六字，前後段各五句四仄韻。

溪邊白鷺。來吾告汝。溪裏魚兒堪數。主人憐汝汝憐
○○●● 韻 ○○●● 韻 ○●○○○● 韻 ●○●●○
魚，要物我、欣然一趣。　　白沙遠浦。青泥別渚。剩
○ 句 ●● 讀 ○○● 韻　　●○●● 韻 ○○●● 韻 ●
有蝦跳鰍舞。聽君飛去飽時來，看頭上、風吹一縷。
●○○● 韻 ●○○●●○○ 句 ●○● 讀 ○○●● 韻

此亦與歐詞同，惟前後段第一二句俱押韻異。按辛詞別首"松岡避暑"詞，曹伯啓"杜鵑聲訴"詞，劉因"紇干生處"詞，第一二句俱押韻，正與此同。

又一體

辛棄疾

雙調五十八字，前後段各五句兩仄韻。

少年風月，少年歌舞，老去方知堪羨。歎折腰、五斗賦
●○○● 句 ●○○● 句 ●●○○○● 韻 ●●○ 讀 ●●●
歸來，走下了、羊腸幾遍。　　高車駟馬，金章紫綬，
○○ 句 ●●● 讀 ○●●● 韻　　○○●● 句 ○○●● 句

545

傳語渠儂穩便。問東湖、帶得幾多春，且看取、凌雲筆
○●○●●韻●○○讀●●●○○句●●●讀○○●
健。
●韻

此校歐詞,前後段第四句各添一襯字,若減去"歎"字"問"字仍是歐詞體也。按趙師俠詞前段第四句"摩孩羅荷葉傘兒輕",亦多一字。

又一體

黃庭堅

雙調五十七字,前後段各五句兩仄韻。

八年不見，清都絳闕，望銀漢、溶溶漾漾。年年牛女恨
●○●●句○○●●句●○讀○○●●韻○○○●●
風波。算此事、人間天上。　野麋豐草，江鷗遠水，
○○句●●●讀○○○●韻　●○○●句○○●●句
老去惟便疏放。百錢端往問君平，早晚具、歸田小舫。
●●○○●●韻●○○●●○○句●●●讀○○●●韻

此校歐詞,前段第三句添一襯字,若減去"望"字即歐詞體也。

又一體

方　岳

雙調五十八字,前後段各五句三仄韻。

今朝念九，明朝初一。怎欠箇、秋崖生日。客中情緒老
○○●●句○○○●韻●●讀○○○●韻●○○●●

天知，道這月不消三十。　　春盤縷菜，春缸搖碧。便
○○句●●●●○○韻　　○○●句○○○●韻●
擬做、梅花消息。雪邊試問是耶非，笑今夕不知何夕。
●●讀○○○●韻●○○●●○○句●○●●○○●韻

　　此校歐詞，前後段第三句各多一字，又前後段第二句俱押韻異。

又一體

柳　永

　　雙調八十八字，前段十句四仄韻，後段八句七仄韻。
屆征途，携書劍，迢迢匹馬東歸去。慘離懷，嗟少年易
●○○句○○●句○○●●○○●韻○○句○●●
分難聚。佳人方恁繾綣，便忍分鴛侶。當媚景，算密意
○○●韻○○○●●●○句●●○○●韻○○●句●●●
幽歡，盡成輕負。　　此際寸腸萬緒。慘愁顔，斷魂無
○○句●○○●韻　　●●●○●●韻●○○句●○○
語。和淚眼、片時幾番回顧。傷心脉脉誰訴。但黯然凝
●韻○●●讀●○●○○●韻○○●●○●韻●●○○
佇。暮烟寒雨，望秦樓何處。
●韻●○○●韻●○○○●韻

　　此詞句韻與《鵲橋仙令》不同，蓋慢詞體也。因調名同，故爲類列，亦無宋詞別首可校。
　　《詞律》誤從汲古閣本，前段第三句少一字，今照《花草粹編》增定。

547

玉闌干一體

調見《壽域詞》。

玉闌干

杜安世

雙調五十六字,前後段各四句三仄韻。

珠簾怕卷春殘景。小雨牡丹零欲盡。庭軒悄悄燕高空,
○○●●○○●韻●●●○○●●韻○○●●●○○句
風飄絮、綠苔侵徑。　　欲將幽恨傳愁信。想後期、無
○○●讀●○○●韻　　●○○●○○●韻●●○讀○
箇憑定。幾回獨睡不思量,還悠悠、夢裏尋趁。
●○○韻●○●●●○○句●○○讀●●○●韻

　　《詞律》誤從汲古閣本,前段第二句少一字,今照《花草粹編》校正。平仄無他首可校。

思歸樂一體

《樂章集》注"林鍾商"。

思歸樂

柳　永

雙調五十六字，前後段各四句四仄韻。

天幕清和堪宴聚。相得盡、高陽儔侶。皓齒善歌長袖
○●○○○●●韻○●●讀○○○●韻●●●●○○
舞。漸引入、醉鄉深處。　　晚歲光陰能幾許。這巧
●韻●●●讀●○○●韻　　●●○○○●●韻●●
宦、不須多取。把酒共君聽杜宇。解再三、勸人歸去。
●讀●○○●韻●●●○○●●韻●●○讀●○○●韻

《詞律》誤從汲古閣本，後段結句脱一字，今從《花草粹編》校正。平仄無他首可校。

遍地錦一體

調見毛滂《東堂詞》，孫守席上詠牡丹花作也。《花草粹編》注"小石調"。

遍地錦

毛　滂

雙調五十六字，前段四句三仄韻，後段四句兩仄韻。

白玉闌邊自凝佇。滿枝頭、彩雲雕霧。甚芳菲、繡得成
●●○○●○●韻●○○讀●○○●韻●○○讀●●○

團，砌合出、韶華好處。　　暖風前、一笑盈盈，吐檀
○句●●●讀○○●●韻　　●○○讀●●○○句●○
心、向誰分付。莫與他、西子精神，不枉了、東君雨
○讀●○○●韻●●○讀○●○○句●●讀○○
露。
●韻

《詞律》誤從汲古閣本，前段第二句作"滿枝頭、新彩雲雕霧"，多一"新"字，今從《花草粹編》改正，平仄宜遵之。

翻香令一體

此調始自蘇軾，取詞中第二句"惜香愛把寶釵翻"句為名。

翻香令

蘇　軾

雙調五十六字，前後段各五句三平韻。

金鑪猶暖麝煤殘。惜香愛把寶釵翻。重勻處，餘熏在，
○○○●●●○韻●○●●●○○韻○○●句○○●句
這一般、氣味勝從前。　　背人偷蓋小重山。更拈沈水
●●○讀●●●○○韻　　●○○●●○○韻●○○●
與同然。且圖得，氤氳久，為情深、嫌怕斷頭烟。
●○○韻●○●句○○●句●○○讀○●●○○韻

按《詞律》載此詞，前段"重勻處"作"重聞處"，"這一般"作"這一番"，後段"小重山"作"小蓬山"，"更拈沈水與同然"

作"更將沈水與同然"，今從《樂府雅詞》本，平仄無別首可校。

茶瓶兒三體

調見《花庵詞選》。始自北宋李元膺，至南宋趙彥端、石孝友二家，又攤破兩結句法，減去兩起句字，自成新聲。

茶瓶兒

李元膺

雙調五十六字，前段五句四仄韻，後段五句五仄韻。
去年相逢深院宇。　海棠下、曾歌金縷。　歌罷花如雨。
●○○○●●韻　●○●讀　○○○●韻　○●○○●韻
翠羅衫上，點點紅無數。　　今歲重尋携手處。空物是
●○○●句●●○○韻　　　○●○○○●韻○●●
人非春暮。回首青雲路。亂英飛絮。相逐東風去。
○○○●韻○●○○●韻●○○●韻○●○○●韻

此詞無別首可校，後採趙、石二詞，其源雖出於此，然句讀不同，音律亦變，未可条校，舊譜混注平仄者誤。

《詞律》以後結"絮"字非韻，不知前句不押韻，後句押韻者詞中儘多，若在換頭後結更多，蓋詞以韻爲拍，過變曲終，不妨多加拍也。

又一體

趙彥端

雙調五十四字,前後段各四句四仄韻。

淡月華燈春夜。　送東風、柳烟梅麝。　寶釵宮髻連嬌馬。
●●○○●韻●○○讀●○○●韻●○○○●韻
似記得、帝鄉遊冶。　　悦親戚之情話。况溪山、坐中
●●●讀●○○●韻　　●○●○○●韻●○○讀●○
如畫。凌波微步人歸也。看酒醒、鳳鸞誰跨。
○●韻○○○●○○●韻●●●讀●○○●韻

此詞兩起句照李詞各減去一字,其第三第四第五句又破作兩句,雖字數同而句法已不同矣。

又一體

石孝友

雙調五十四字,前段四句四仄韻,後段五句四仄韻一叠韻。

相對盈盈一水。多聲價、問名得字。剛能見也還抛棄。
○●○○●●韻○○●讀●○●●韻○○●●○○●韻
孤負了、萬紅千翠。　　留無計。來無計。悶厭厭、幾
○●●讀●○○●韻　　○○●韻○○●韻●○○讀●
何况味。而今若没些兒事。却枉了、做人一世。
○●●韻○○●●○○●韻●●●讀●○●●韻

此詞舊多脱誤,今照《詞緯》本校正。《花草粹編》有梁意孃詞,與此同。

梁詞前段第一句"滿地落花鋪繡","滿"字"落"字俱仄聲,"鋪"字平聲;第二句"正麗色、著人如酒","正"字"麗"字俱仄聲,"如"字平聲;第三句"曉鶯窗外啼楊柳","曉"字仄聲,"窗"字平聲。後段第二句"音信悄","信"字仄聲;第三句"那堪是、昔年時候","是"字仄聲,"時"字平聲;第四句"盟言孤負知多少","孤"字平聲;結句"對好景、頓成消瘦","消"字平聲。譜內可平可仄據此。

柳搖金一體

調見《梅苑》。

柳搖金

沈會宗

雙調五十六字,前段四句四仄韻,後段四句三仄韻。

相 將 初 下 蕊 珠 殿 。 似 醉 粉 、 生 香 未 遍 。 愛 惜 嬌 心 春 不
○ ○ ○ ● ● ○ 韻 ● ● ● 讀 ○ ○ ● 韻 ● ● ○ ○ ○ ●
管 。 被 東 風 、 賺 開 一 半 。　　中 黃 宮 裏 賜 仙 衣 , 鬪 淺
● 韻 ● ○ ○ 讀 ● ○ ● 韻 　　○ ○ ○ ● ● ○ 句 ● ●
深 、 妝 成 笑 面 。 放 出 妖 嬈 難 繫 綰 。 笑 東 風 、 自 家 腸 斷 。
○ 讀 ○ ○ ● ● 韻 ● ● ○ ○ ○ ● ● 韻 ● ○ ○ 讀 ● ○ ○ ● 韻

此調句讀近《思歸樂》,惟前後段兩起句平仄不同,且換頭句不押韻,故與《思歸樂》有別。

卓牌子三體

　　此調有兩體，五十六字者，始自楊无咎，一名《卓牌子令》。九十七字者，始自万俟咏，一名《卓牌子慢》。

卓牌子

楊无咎

　　雙調五十六字，前後段各五句三仄韻。
西樓天將晚。流素月、寒光正滿。樓上笑揖姮娥，似看
○○○○●韻○●●讀○●●●韻○●●●○○句●○
羅襪塵生，鬢雲風亂。　珠簾終夕卷。判不寐、闌干
○●○○句●○○●韻　○○○●●韻○●●讀○○
憑暖。好在影落清尊，冷侵香幄，歡餘未教人散。
●●韻●●●●○○句●○○●句○○●●○●韻

　　此詞前後段兩結俱十字兩句，前結上六下四，後結上四下六，句讀雖異，而平仄自同也。

又一體

万俟咏

　　雙調九十七字，前段十一句四仄韻，後段八句七仄韻。
東風綠楊天，　如畫出、清明院宇。玉艷淡薄，梨花帶
○○●○○句　○●●讀○○●●韻◐●●●句○○●

月，臙脂零落，海棠經雨。單衣怯黄昏，人正在、
⏑句 ○○○●句 ●○○●韻 ○○●○句 ○●⏑讀
珠簾笑語。相並戲蹴秋千，共携手、同倚闌干，暗香時
○○●韻○●●●○○句●●●讀○●○○句●○○
度。　翠窗繡戶。路繚繞、潛通幽處。斷魂凝佇。嗟
●韻　　●○○●韻●●●讀○○○●韻●○○●韻
不似飛絮。閒悶閒愁難消遣，此日年年意緒。無據。奈
⏑●○●韻⏑●⏑○○●句●●○○●●韻○●韻●
酒醒春去。
●○○●韻

此詞名《卓牌子慢》，宋元詞家填者甚少，惟《樂府雅詞》
有無名氏詞一首，大同小異，平仄可以參校。

又一體

《樂府雅詞》無名氏

雙調九十三字，前段十一句四仄韻，後段八句六仄韻。
當年早梅芳，曾邂逅、飛瓊侶。肌雪瑩玉，顏開嫩桃，
○○●○○句○●●讀○○●韻●●●句○●●○句
腰支輕裊，未勝金縷。佯羞整雲鬟，頻向人、嬌波寄
○○○●句●●○●韻○○●○○句○○○讀○○●
語。湘佩笑解，韓香暗傳，幽歡後期誰訴。　夢魂
●韻●●●句○○●○句○○●○●韻　　●○
頓阻。似一枕、高唐雲雨。蕙心蘭態，知何計重遇。試
●●韻●●●讀○○○●韻●○○●句○○●●韻●
問春蠶絲多少，未抵離愁半縷。凝佇。望鳳樓何處。
●○○○○●句●●○○●●韻○●韻●●○○●韻

此詞與万俟詞大同小異，前段第二句校万俟詞少一字，前結校万俟詞少三字，句讀亦異。後段則全與万俟詞同，惟第三句少押一韻耳。

清江曲一體

此宋蘇庠泛舟清江作也。體近古詩，因《花草粹編》採入，今仍之。

清江曲

蘇　庠

雙調五十六字，前段四句三平韻，後段四句三仄韻。
屬玉雙飛水滿塘。　菰蒲深處浴鴛鴦。白蘋滿棹歸來
●●○○●●○平韻○○○●●○○韻●○●●○○
晚，秋著蘆花一岸霜。　扁舟繫岸依林樾。　蕭蕭兩
●句○●○○●●○韻　○○●●○●仄韻○○●
鬢吹華髮。萬事不理醉復醒，長占烟波弄明月。
●○○●韻●●●●●●○句○●○○●○●韻

此詞前段近《瑞鷓鴣》，後段近《玉樓春》，全似七言詩句，平仄可不拘。

樓上曲一體

調見《蘆川詞》，因詞中有"樓外"、"樓中"二句，故名。

樓上曲

張元幹

雙調五十六字,前後段各四句兩仄韻兩平韻。

樓外夕陽明遠水。　樓中人倚東風裏。何事有情怨別
○●●○○●●仄韻○○○●○○●韻○●●○○●●

離。　低鬟背立君應知。　東望雲山君去路。　腸
○平韻　○○●●●○○韻　●●○○○●●換仄韻○

斷迢迢盡愁處。明朝不忍見雲山。　從今休傍曲闌
●○○●●○●韻○○●●●○○換平韻○○●●○

干。
○韻

此詞七言八句,前後段上二句近《玉樓春》,下二句換平韻,當是《玉樓春》偷聲變體,但宋元無填此者,祇有張詞別首可校。

張詞別首前段起句"清夜鐙前花報喜","鐙"字平聲;第二句"心隨社燕涼風起","社"字仄聲;第三句"雲路修成寶月時","修"字平聲。後段起句"沉漼秋香生玉井","沉"字仄聲;第二句"畫簷深轉梧桐影","畫"字仄聲,"簷"字平聲,"轉"字仄聲,"梧"字平聲;第三句"看君西去侍明光","看"字仄聲,"西"字平聲。譜內可平可仄據此。

廳前柳三體

朱雍詞名《亭前柳》。金詞注"越調"。

廳前柳

趙師俠

雙調五十六字，前段八句四平韻，後段六句三平韻。

晚秋天。過暮雨，雲容斂，月澄鮮。正風露淒清處，砌
●○○韻●●●句○○●句●○○韻●○○○●句●
蛩喧。更黃葉，舞翩翩。　念故里、千山雲水隔，被
○○韻●●●句●○○韻　●●讀○○○●●句●
名韁利鎖縈牽。莫作悲秋意，對尊前。且同樂，太平
○○●●○○韻●●○○●句●○○韻●●句●○
年。
○韻

按趙師俠《廳前柳》二首，此詞之外尚有"景清佳"一詞，字數句法相同，惟前段第七句"向碧葉"，"碧"字仄聲，其餘平仄悉如一，填者遵之。

又一體

朱雍

雙調五十五字，前後段各六句三平韻。

拜月南樓上，面嬋娟、恰對新妝。誰憑闌干處，笛聲
●●○○●句●○○讀●●○○韻○●●○句●○
長。追往事，遍淒涼。　看素質、臨風消瘦盡，
○韻●●●句●○○韻　●●讀○○○●●句
粉痕輕、依舊真香。瀟灑無塵境，過橫塘。度清影，
●○○讀●●○○韻●●○○●句●○○韻●●句

在迴廊。
●○○韻

　　此亦趙詞體,惟前段起句五字,第二三四句作七字一句,第五句少一字異。

　　按朱詞三首,内一首換頭句八字,與此同。前段第二句"問東君、曾放瑶英","曾"字平聲。後段起句"飄香信、玉溪仙佩晚","香"字平聲,"玉"字仄聲;第五六句"分春色,贈雙成","分"字平聲。譜内可平可仄據此,餘參别首"佇立東風"詞。

又一體

朱　雍

　　雙調五十四字,前後段各六句三平韻。

佇立東風裏,　放纖手、净試梅妝。　眉暈輕輕畫,　遠　山
●●○○韻　　●○●讀●○○韻　　○●○○●句●　○
長。添新恨,　更淒凉。　　嘗憶驛亭人别後,　尋春去、
○韻○○●句●○○韻　　○●○○●●句○○●讀
盡是幽香。歸路臨清淺,　在寒塘。同水月,　照虚廊。
●●○○韻○●○○●句●○○韻○●●句●○○韻

　　此與"拜月南樓"詞同,惟換頭句少一字異。

二色宮桃一體

　　調見《梅苑》。其句讀近《玉闌干》,而平仄不同。

二色宮桃

《梅苑》無名氏

雙調五十六字，前後段各四句三仄韻。

鏤玉香葩酥點萼。正萬木、園林蕭索。惟有一枝雪裏
●●○○●●韻　●●●讀○○●●韻○●○○●
開，江南信、更憑誰託。　　前年記賞登高閣。歎年
○句○○●讀●○○●韻　　○○●●○○●韻●○
來、舊歡如昨。聽取樂天一句云，花開處、且須行樂。
○讀●○○●韻●●●○○●句○○●讀●○○●韻

此與《玉闌干》異者，在前段起句平仄全異，及第二句上三下四句法耳，填此體者辨之。

市橋柳一體

調見《齊東野語》，因第二句有"折盡市橋官柳"句，取以為名。

市橋柳

蜀妓

雙調五十六字，前後段各四句三仄韻。

欲寄意、渾無所有。折盡市橋官柳。看君著上征衫，又
●●●讀○○●●韻●●●○○●韻○○●●○○句●

相將、放船楚江口。　　後會不知何日又。是男兒、休
〇〇讀●〇●〇●韻　　●●●〇〇●●韻●〇〇讀〇
要鎮長相守。苟富貴、無相忘,若相忘、有如此酒。
●●〇〇●韻●●●讀〇〇〇句●〇〇讀●〇●●韻

　　此詞平仄無他首可校。

一斛珠三體

　　《宋史·樂志》名《一斛夜明珠》,屬中呂調。《尊前集》注"商調",金詞注"仙呂調"。蔣氏《九宮譜目》入仙呂引子。晏幾道詞名《醉落魄》,張先詞名《怨春風》,黃庭堅詞名《醉落拓》。

一斛珠

(南唐)李　煜

　　雙調五十七字,前後段各五句四仄韻。

晚妝初過。沈檀輕注些兒箇。向人微露丁香顆。一曲清
⊖〇〇●韻⊖〇⊖●●〇〇韻⊖〇⊖●〇〇●韻●●〇
歌,暫引櫻桃破。　　羅袖裹殘殷色可。杯深旋被香醪
〇句⊖●〇〇●韻　　⊖●●殘⊖●●韻〇〇⊖●〇〇
涴。繡床斜憑嬌無那。爛嚼紅茸,笑向檀郎唾。
●韻●〇⊖●〇〇●韻●●〇〇句●●〇〇●韻

　　此詞後段起句第二字、第六字俱仄聲,宋蘇軾詞"自惜風流雲雨散",張先詞"今夜掩妝花下語",晏幾道詞"若問相思何處歇",三作與此同,餘俱照張先"山圍畫障"詞體填。

561

按《尊前集》李煜詞注"商調",乃夷則之商聲。金元曲子照"山圍畫障"詞體填者注"仙呂調",乃夷則之羽聲,則知兩換頭句平仄確係音律所關,故此詞作圖只就蘇、張、晏三詞校注。如晏詞之前段起句"鸞孤月缺","鸞"字平聲,"月"字仄聲;第二句"兩情惆悵音塵絕","兩"字仄聲。蘇詞第二句"垂楊亂掩紅樓半","亂"字仄聲。晏詞第三句"如今若負當時節","如"字平聲,"若"字仄聲。蘇詞結句"曾醉離歌宴","曾"字平聲;後段起句"自惜風流雲雨散","自"字仄聲,"風"字平聲。張詞第二句"明朝芳草東西路","芳"字平聲;第三句"願身不學相思樹","不"字仄聲。譜內可平可仄據之。

又一體

張　先

雙調五十七字,前後段各五句四仄韻。

山圍畫障。風溪弄月清溶漾。玉樓苔館人相望。下若釀
●●●●韻　○●○○○●●韻　●○○●○○●韻●●○
醋,競欲金釵當。　使君勸醉青蛾唱。分明仙曲雲中
●句●●○○●韻　　●○●●○○●韻　○○○●○○
響。南園百卉千家賞。和氣兼來,不獨花枝上。
●韻　○○●●○○●韻　○●○○句●●○○●韻

此與李詞同,惟換頭句平仄異。因宋詞如此填者甚多,金元曲子注仙呂調者,正與之合。此係音律所關,故亦編入,另列一體。

前段第一句,周密詞"憶憶憶憶",上"憶憶"二字俱仄聲。晏幾道詞"滿街斜月","斜"字平聲。第二句,蘇軾詞"故山歸

計何時決","故"字仄聲,"歸"字平聲。第三句,歐陽修詞"對酒當歌尋思著","酒"字仄聲,"歌"字平聲;范成大詞"垂雲卷盡添空闊","垂"字平聲,"卷"字仄聲。第四句,蘇軾詞"惟有佳人","惟"字平聲。第五句,周紫芝詞"真箇睡不著","真"字平聲,"睡"字"不"字俱仄聲。後段第一句,晁補之詞"誰家紅袖闌干①曲","誰"字"紅"字俱平聲;晏幾道詞"心心口口長恨昨","恨"字仄聲。第二句,高觀國詞"倚闌一望情何極","倚"字"一"字俱仄聲。第三句,歐陽修詞"恨別王孫愁多少","恨"字"別"字俱仄聲,"王"字"孫"字俱平聲。第四句,張元幹詞"客裏驚春","客"字仄聲。第五句,歐良詞"同和醉落魄","同"字平聲,"醉"字"落"字俱仄聲。譜內可平可仄據此。

又一體

周邦彥

雙調五十七字,前後段各五句四仄韻。

茸金細弱。秋風嫩、桂花初著。蕊珠宮裏人難學。花染
○○●●韻○○●讀●○○●韻●○○●●●韻○●
嬌黃,羞映翠雲幄。　　清香不與蘭蓀約。一枝雲鬟巧
○○句○●●○韻　　○○●●○○●韻●○○●●
梳掠。夜深輕撼薔薇索。香滿衣襟,月在鳳凰閣。
○●韻●○○●○○●韻●●○○句●●●○●韻

此與張先詞同,惟前段第二句作上三下四句法異。黃庭堅詞"韶聲斷、六幺初徹",高觀國詞"寒江上、雨晴風急",史

①干:原誤作"千",據《全宋詞》改。

達祖詞"空分付、有情眉睫"，正與此同。

夜遊宮二體

金詞注"般涉調"。賀鑄詞有"江北江南新念別"句，更名《新念別》。

夜遊宮

毛滂

雙調五十七字，前後段各六句四仄韻。

長記勞君送遠。柳烟重、桃花波暝。花外溪城望不見。
⊖●○○●●韻　⊖●讀⊖○⊖●韻●●○○●●韻
古槐邊，故人稀，秋鬢晚。　　我有凌霄伴。在何處、
⊖⊖○句⊖○句⊖●韻　　⊖●○○●韻●○●讀
山寒雲亂。何不隨君弄清淺。見伊時，話陽春，山數
○○⊖●韻⊖●⊖○●○●韻⊖⊖○句●⊖○句⊖⊖
點。
●韻

　　宋詞填此調者，其字句韻悉同，所小異者，惟句中平仄耳。前段第一句，周邦彥詞"客去車塵漠漠"，"客"字仄聲。第二句，張孝祥詞"芳郊迥、草長川永"，"芳"字平聲，"草"字仄聲；吳文英詞"叙別夢、揚州一覺"，"別"字"一"字俱仄聲。第三句，秦觀詞"巧燕呢喃向人語"，"巧"字仄聲，"人"字平聲。第四五六句，秦詞"何曾解，說伊家，些子事"，"何"字平聲，"解"字仄聲；辛棄疾詞"怎奈何，一回說，一回美"，"奈"

字"説"字、下"一"字俱仄聲,下"回"字平聲。後段第一句,周邦彦詞"池曲河聲轉","池"字平聲。第二句,周詞"聽幾片、井梧飛墜","幾"字"井"字俱仄聲;吳文英詞"舊相思、偏供閒晝","思"字平聲。第三句,張孝祥詞"好是炎天烟雨醒","好"字仄聲,"烟"字平聲,"雨"字仄聲。第四五六句,秦觀詞"連宵雨,那更堪,聞杜宇","連"字平聲,"雨"字仄聲,"更"字仄聲;辛棄疾詞"且不罪,俺略起,去洗耳","不"字"起"字"去"字俱仄聲;吳文英詞"玉痕消,似梅花,更清瘦","清"字平聲。譜内可平可仄據此。

又一體

賀　鑄

雙調五十七字,前後段各六句四仄韻。

湖上蘭舟暮發。揚州夢斷鐙明滅。想見瓊花開似雪。帽
○●○○●●韻○○●●○○●韻●●○○○●●韻●
簷香,玉纖纖,曾爲折。　　漁管吹還咽。問何意、並
○○句●○○句○●●韻　　○●○○韻●○●讀●
人愁絶。江北江南新念別。掩芳尊,與誰同,今夜月。
○○●韻○●○○○●●韻●○○句●○○句○●●韻

此與毛詞同,惟前段第二句不作上三下四句法異。按周邦彦"客去車塵"詞,前段第二句"空階暗雨苔千點",正與此同。

梅花引四體

此調有兩體,五十七字者,《中原音韻》注"越調",高憲詞

有"須信在家貧也樂"句，名《貧也樂》。一百十四字者，即五十七字體，再加一叠，賀鑄詞名《小梅花》。

梅花引

賀　鑄

雙調五十七字，前段七句三仄韻三平韻，後段六句兩仄韻兩平韻一叠韻。

城下路。　淒風露。今人犁田古人墓。岸頭沙。　帶蒹
○●仄韻　○●●韻　○○○○●●韻　●○○平韻　●○
葭　。　漫漫昔時，　流水今人家。　　黃埃赤日長安
○韻　●●●○句　○●○○韻　　　○○●●○○
道。　倦客無漿馬無草。開函關。　閉函關。千古
●換仄韻　●●○○●○●韻　○○○換平韻　●○○叠○●
如何，不見一人閒。
○○句●●●○○韻

此詞前段三仄韻三平韻，後段兩仄韻三平韻，宋詞衹此一首，《中州樂府》有三首可校。前段第一句，王特起詞"山之麓"，"之"字平聲。第二句，高憲詞"鼓笛弄"，"鼓""笛"二字俱仄聲。第三句，王特起詞"一彎秀色盤虛谷"，"一"字"秀"字"色"字俱仄聲，"盤"字平聲；高憲詞"馳驟百年塵一鬨"，"驟"字"一"字俱仄聲。第四五句，高詞"陶淵明、張季鷹"，"陶"字"張"字俱平聲，"季"字仄聲。第六七句，王特起詞"有人行李，蕭蕭落葉中"，"人"字"行"字俱平聲，"李"字仄聲，下"蕭"字平聲，"落""葉"二字俱仄聲。後段第一句，高憲詞"有溪可漁林可緻"，"有"字仄聲，"漁"字平聲，下"可"字仄聲；王特起詞"人家籬落炊烟濕"，"籬"字平聲；趙秉文詞"石頭路滑馬蹄蹶"，"馬"字仄聲。第二句，趙詞"昂

頭貪看山奇絶"，"昂""頭"二字俱平聲，"看"字仄聲，"山"字平聲；王特起詞"天外雲峰迷淡白"，"淡"字仄聲。第三句，王詞"野烟昏"，"野"字仄聲。第五六句，王詞"溪橋路滑，平沙沒舊痕"，"橋"字平聲，"路""滑"二字俱仄聲，"平""沙"二字俱平聲，"舊"字仄聲。譜內可平可仄據此。

此調作者類填古人成語，故平仄往往不同。

又一體

万俟詠

雙調五十七字，前段七句五平韻一叠韻，後段六句兩仄韻兩平韻一叠韻。

曉風酸。　曉霜乾。一雁南飛人度關。　客衣單。客衣
●○○平韻●○○韻●●○○○○○韻●○○韻●○
單。千里斷魂，空歌行路難。　寒梅驚破前村雪。
○叠○●●○句○●○○韻　○●○●○○仄韻
寒鴉啼落西樓月。酒腸寬。酒腸寬。家在日邊，
○○○●○○韻●○○平韻●○○叠○●●○句
不堪頻倚闌。
●○○●○韻

此詞字句與賀詞同，惟前段起三句用平韻異。宋元詞無填此體者。

又一體

賀鑄

雙調一百十四字，前後段各十三句五仄韻六平韻。

縛虎手。懸河口。車如雞棲馬如狗。白綸巾。撲黃
⊖⊖●仄韻 ⊖⊖●韻 ⊖⊖⊖⊖⊖● 韻 ●⊖⊖平韻 ●⊖
塵。不知我輩，可是蓬蒿人。衰蘭送客咸陽道。天
⊖韻 ⊖●●●句 ⊖●⊖⊖韻 ⊖⊖●●⊖⊖●換仄韻 ⊖
若有情天亦老。作雷顛。不論錢。誰問旗亭，美酒
●⊖⊖⊖●韻 ●⊖⊖換平韻 ●⊖⊖韻 ⊖●⊖⊖句 ●●
斗十千。酹大斗。更爲壽。青鬢長青古無有。
●⊖⊖韻 ⊖●●換仄韻 ⊖⊖●韻 ⊖●⊖⊖●⊖●韻
笑嫣然。舞翩翩。當罏秦女，十五語如弦。遺音能
●⊖⊖換平韻 ●⊖⊖韻 ⊖⊖⊖●句 ⊖●●⊖⊖韻 ⊖⊖⊖
記秋風曲。事去千年猶恨促。攬流光。繫扶
●⊖⊖換仄韻 ●●⊖⊖⊖●●韻 ●⊖⊖換平韻 ●⊖
桑。爭奈愁來，一日却爲長。
⊖韻 ⊖●⊖⊖句 ●●●⊖⊖韻

　　此即"城下路"詞體再加一叠者，有向子諲、朱雍、劉均國三詞可校。按向詞前段第三句"小時笑弄階前月"，"小"字仄聲。朱詞第六句"江上小車"，"江"字平聲。向詞第八句"十年空省春風面"，"十"字仄聲。朱詞結句"猶與幽徑通"，"猶"字"幽"字俱平聲。朱詞後段第三句"庾嶺沈沈雲暗碧"，"庾"字"暗"字俱仄聲。向詞第四五句"花陰邊。柳陰邊"，"花"字平聲。向詞第七句"偸憐不成憐"，"憐"字平聲。朱詞第八句"年來素袂香不減"，"不"字仄聲；第九句"此心無限憑誰説"，"心"字平聲，"限"字仄聲。向詞第十二句"鴛鴦翡翠"，"鴦"字平聲，"翠"字仄聲。譜內可平可仄據之，其餘參校五十七字賀詞及下《梅苑》詞。蓋《梅苑》詞之前段，即此詞前後段之第一句至第七句；《梅苑》詞之後段，即此詞前後段之第八句至第十三句也。

又一體

《梅苑》無名氏

雙調一百十四字，前段十四句六仄韻五平韻一叠韻，後段十二句四仄韻五平韻。

園林静。蕭索景。寒梅漏泄東君信。探春回。探春
○○●仄韻○●●韻○○●●●○●韻●○○平韻○
回。四時却被，伊家苦相催。江村畔。　開爛漫。看
叠●○●●句○○●○○韻○○●換仄韻　●○●韻○
看又近年光晚。綻芬芳。　噴清香。壽陽宮裏，愛學
○●●○○●韻●○○換平韻　●○○韻●○○●句●●
靚梳妝。　夭桃紅杏誇顏色。　争似情懷雪中折。
●○○韻　○○○●○○●換仄韻　○●○○●○●韻
冒嚴寒。冒嚴寒。遊蜂戲蝶，莫作等閒看。故人別
●○○換仄韻●○○叠○○●●句●●●○○韻●○●
後知何處。　春色嶺頭逢驛使。贈新詩。　折高
●○○●換仄韻　○●●○○●●韻●○○換平韻　●○
枝。樓上一聲，羌管不須吹。
○韻○●●○句○●●○○韻

此亦"城下路"詞體，前後段各加一叠，與"縛虎手"詞又不同。

荷葉鋪水面一體

調見《花草粹編》。

荷葉鋪水面

康與之

雙調五十七字,前段五句三平韻,後段五句四平韻。
春光艷冶, 遊人踏綠苔。千紅萬紫競香開。暖風拂鼻
○○●●句○○●●○韻●○●●○韻●○●
籟, 驀地暗香透滿懷。　　酴醾似錦裁。嬌紅間綠白,
●句●●●○●●○韻　　○●●○韻○●●●句
只怕迅速春回。誤落在塵埃。折向鬢雲間, 金鳳釵。
●●●●○○韻●●●○○韻●●●○○句○●○韻

此調僅見此詞,無別首可校。

家山好一體

調見《湘山野錄》,因詞中有"水晶宮裏家山好"句,取爲調名。

家山好

《湘山野錄》無名氏

雙調五十七字,前段七句四平韻,後段五句三平韻。
挂冠歸去舊煙蘿。閒身健, 養天和。功名富貴非由我,
●○○●●○○韻○○●句●○○韻○○●●○○●句
莫貪他。者岐路, 足風波。　　水晶宮裏家山好, 物外
●○○韻●○●句●○○韻　　●○○●○○●句●●

勝遊多。晴溪短棹，時時醉唱捏梭羅。天公奈我何。
●○○韻○○●●句○○●●●○○韻○○●●○韻

此調僅見此詞，無別首可校。

步虛子令一體

調見《高麗史・樂志》。

步虛子令

《高麗史・樂志》無名氏

雙調五十七字，前段六句四平韻，後段七句三平韻。

碧雲籠曉海波閒。江上數峰寒。佩環聲裏，異香飄落
●○○●●○○韻○●●○○韻●○○●句●○○●

人間。弭絳節，五雲端。宛然共指嘉禾瑞，
○○韻●●●句●○○韻●○●●○○句

開一笑，破朱顏。九重曉闕，望中三祝高天。萬萬載，
○●●句●○○韻●○○●句●○○●○○韻●●●句

對南山。
●○○韻

此宋賜高麗樂中五羊仙舞隊曲也，採以備體。

571

詞譜卷十三

小重山四體

《宋史·樂志》雙調。李邴詞名《小冲山》，姜夔詞名《小重山令》。韓淲詞有"點染烟濃柳色新"句，名《柳色新》。

小重山

薛昭蘊

雙調五十八字，前後段各四句四平韻。
春到長門春草青。 玉階華露滴、月朧明。 東風吹斷玉
⊖●○○韻 ⊖○○●讀 ●○○韻 ⊖○○●●
簫聲 。 宮漏促、 簾外曉啼鶯。 愁起夢難成。
○ ○ 韻 ○⊖● 韻 ⊖●●○○ 韻 ●●●○○韻
紅妝流宿淚、不勝情。 手挼裙帶繞花行 。思君切、
⊖○○●●讀 ●○○韻 ⊖○⊖●●○○韻 ⊖○●讀
羅幌暗塵生。
⊖●●○○韻

　　此調以此詞爲正體，宋元詞俱照此填，若趙詞之添字，《梅苑》詞之減字，黃詞之押仄韻，皆變體也。
　　按和凝詞前段第二句"群仙初折得、鄭詵枝"，"群"字平聲；第三句"曉花擎露妒啼妝"，"曉"字仄聲；結句"精神出、御陌袖鞭垂"，"御"字仄聲。後段第二句"管弦分響亮、探花期"，"管"字仄聲；第三句"光陰占斷曲江池"，"光"字平聲。

又毛滂詞前段結句"玉堂客、於此勸春耕","玉"字仄聲。譜內可平可仄據此，餘悉所採平韻二詞。

又一體

趙長卿

雙調六十字，前後段各五句四平韻。

一夜中庭拂翠條。碧紗窗外雨、長涼飚。朝來漲水恰
●●○○●●○韻●●○○●讀●○○韻○○●●
平橋。添清景，疏韻響、入芭蕉。　坐久篆香消。多
○○韻○○●句○●●讀●○○韻　●●●○○韻○
情人去後、信音遙。即今消瘦沈郎腰。悲秋切，虛過
○○●●讀●○○韻●○○●●○○韻○○●句○●
了、可憐宵。
●讀●○○韻

此與薛詞同，惟前後段兩結句各添一字異。

按張先集有《感皇恩》詞："延壽芸香七世孫。華軒承大對、見經綸。溟魚一息化天津。袍如草，三百騎、從清塵。玉樹瑩風神。同時棠棣萼、一家春。十年身是鳳池人。蓬萊闕，黃閣坐、遲談賓。"正與此同。《詞律》誤刻《感皇恩》後，不知宋詞《感皇恩》體從無用平韻者，張詞蓋《添字小重山》也，故錄趙詞以證之。

又一體

《梅苑》無名氏

雙調五十七字，前後段各四句四平韻。

不是蛾兒不是酥。化工應道也難摹。花兒清瘦影兒孤。
●●○○●●○韻●○○●●○○韻○○●●●○○韻
多情處、時有暗香浮。　　試問玉肌膚。夜來霜雪重、
○○●讀●○○●○韻　　●●●○○韻●○○●●讀
怕寒無。一枝欲寄洞庭姝。可惜許、只有雁銜蘆。
●○○韻●○●●●○○韻●●●讀●●●○○韻

　　此與薛詞同,惟前段第二句減一字異。按《梅苑》詞三首,一首"一枝照水弄精神",一首"依稀丹萼動紅雲",又元劉景翔詞"紅香浮玉醉容頹",並與此同。

　　前段結句"浮"字本十一尤韻,按《中原雅音》"浮"字付無切,又吳越間方言"浮"讀作"無",故可借押。

又一體

黄子行

　　雙調五十八字,前後段各四句四仄韻。

一點斜陽紅欲滴。白鷗飛不盡、楚天碧。漁歌聲斷晚
●●○○●●韻●○○●●讀●○●韻○○○●●
風急。攬蘆花、飛雪滿林濕。　　孤館百憂集。家山千
○●韻●○○讀○●●○○韻　　○●●○●韻○○○
里遠、夢難覓。江湖風月好收拾。故溪雲、深處著蓑
●●讀●○●韻○○○●●○●韻●○○讀●●●○
笠。
●韻

　　此調例押平聲韻,此詞押入聲韻,即《樂府指迷》所謂平聲字可以入聲替也。

踏莎行三體

金詞注"中呂調"。曹冠詞名《喜朝天》，趙長卿詞名《柳長春》，《鳴鶴餘音》詞名《踏雪行》。曾覿、陳亮詞添字者，名《轉調踏莎行》。

踏莎行

晏　殊

雙調五十八字，前後段各五句三仄韻。

細草愁煙，幽花怯露。憑闌總是消魂處，日高深院靜
⊖●○○句⊖○●●韻●○⊖●○○讀●○⊖●●
無人，時時海燕雙飛去。　　帶緩羅衣，香殘蕙炷。天
○○句⊖○⊖●○○●韻　　⊖●○○句⊖○⊖●韻⊖
長不禁迢迢路。垂楊只解惹春風，何曾繫得行人住。
○●⊖○⊖●韻⊖○●●●○○句⊖○⊖●○○●韻

此調以此詞為正體，若曾詞、陳詞之添字，攤破句法，轉換宮調，皆變體也。

按宋元人填此調者，其字句韻悉同，惟每句平仄小異。如前段第一二句，黃庭堅詞"臨水夭桃，倚牆繁李"，"臨"字平聲，"倚"字仄聲，"繁"字平聲。第三句，歐陽修詞"草薰風暖搖征轡"，"草"字仄聲，"風"字平聲。第四句，歐陽詞"離愁漸遠漸無窮"，"離"字平聲，"漸"字仄聲。第五句，晏幾道詞"粉香簾幕陰陰靜"，"粉"字仄聲，"簾"字平聲。後段第一二句，黃詞"明日重來，落花如綺"，"明"字平聲，"落"字仄聲，

"如"字平聲。第三句,陳堯佐詞"畫梁輕拂歌塵轉","畫"字仄聲,"輕"字平聲。第四句,晏詞"宿妝曾比杏腮紅","宿"字仄聲,"曾"字平聲。第五句,陳詞"主人恩重珠簾卷","主"字仄聲,"恩"字平聲。譜内可平可仄據此。至周密詞後段結句"莫聽酒邊供奉曲",平仄獨異,此亦偶誤,不必從。

又一體

曾 覿

雙調六十六字,前後段各六句四仄韻。

翠幄成陰, 誰家簾幕。綺羅香擁處、觥籌錯。清和將
●●○○句 ○○●●韻 ●○○●●讀 ●○●韻 ○○●
近, 奈春寒更薄。 高歌看蔌蔌梁塵落。 好景良辰,
句 ●○○●●韻 ○●●●○○●韻 ●●○○句
人生行樂。金杯無奈是、苦相虐。殘紅飛盡, 裊垂楊輕
⊖○○●韻 ○●○●●讀 ●○●韻 ○○○●句 ●○○
弱。來歲斷不負鶯花約。
●韻 ⊖●●●●○●韻

此詞前後段第三句減去"處"字"是"字,第五①句減去"奈"字"更"字"裊"字"輕"字,兩結句減去"看"字"斷"字,即《踏莎行》正體也。轉調者,攤破句法,添入襯字,轉換宮調,自成新聲耳。

按趙彦端"宿雨纔收"詞,正與此同。前段第三句"牡丹將綻也、近寒食","近"字仄聲;後段第三句"一月五番價、共歡集","月"字"五"字俱仄聲,"番"字平聲;第五句"且莫留

---

①五:原誤作"四",據文義改。

半滴","莫"字"半"字俱仄聲;第六句"一百二十箇好生日","一"字"好"字俱仄聲。譜内可平可仄據此,餘參陳詞。

汲古閣本前段第三句脱一字,今從《詞緯》本訂定。

又一體

陳　亮

雙調六十四字,前後段各六句四仄韻。

洛浦塵生, 巫山夢斷。 旗亭芳草裏、 春深淺。 梨花落
●●○○句 ○○●●韻 ○○○●●讀 ○○●韻 ○○●
盡, 醖釀又綻。 天氣也似、 尋常庭院。　　向晚情濃,
●句 ○○●●韻 ○●●●讀 ○○○●韻　　●●○○句
十分惱亂 。水邊佳麗地、 近前看。 娉婷笑語, 流觴美
●○○●韻 ○○○●●讀 ●○●韻 ○○●● 句 ○○●
滿。意思不到 、夕陽孤館。
●韻 ●●●●讀 ●○○●韻

　　此詞見《龍川集》,亦名《轉調踏莎行》。每段上四句與曾詞同,惟前段後段第五句各減一字異。宋人精於音律,凡遇舊腔,往往隨意增損,自成新聲。如元人度曲,或借宋人詞調,偷聲添字,名爲過曲者,其源實出於此。

宜男草二體

　　調見范成大《石湖詞》。

宜男草

范成大

雙調五十八字,前後段各四句三仄韻。

舍北煙霏舍南浪。 雨傾盆、灘流微漲。 問小橋、別後誰
◐●○○◐●韻●○○讀●○○●韻◐●○讀●●○
過,惟有迷鳥羈雌來往。　重尋山水問無恙。 掃柴
過,○●◐●○○●韻　○○●●○●韻　●○
荊、土花塵綱。留小桃、 先試光風, 從此芝草琅玕
○讀●○○○韻○●讀●●○○句○●●◐○
日長。
●●韻

　此調前後段兩起句例作拗句,觀范詞別首及陳三聘和詞
"搖落丹楓素秋後","綠水黏天净無浪",第五字必仄聲,第六
字必平聲可見。兩結句是上二下六句法,陳詞亦然。

　陳和詞前段第三四句"箇中趣、莫遣人知,容我日日扁舟
獨往","中"字平聲,"趣"字、上"日"字、"獨"字俱仄聲。後
段第三四句"春近也、梅柳頻看,枝上玉蕊金絲暗長","也"字
"玉"字俱仄聲。譜内可平可仄據此,餘見下詞。

又一體

范成大

雙調六十字,前後段各四句三仄韻。

籬菊灘蘆被霜後。 裊長風、萬重高柳。 天爲誰、展盡湖
○●○○●●韻●○○讀●○○●韻◐●○讀●●○

光渺渺，應爲我、扁舟入手。　橘中曾醉洞庭酒。輾
○●●句○●●讀○○●●韻　●○○●●○●韻●
雲濤、挂帆南斗。追舊遊、不減商山杳杳，猶有人、能
○○讀●○○●韻●○讀●●○○●●句○●○讀○
相記否。
○●●韻

此調前後段第三句俱九字，兩結句俱七字，與前詞異。
陳和詞前段第三句"別夢回、憶得雙柑分我"，"別"字仄
聲，"分"字平聲；後段第三四句"人去也、縱得相逢似舊，問當
日、紅顔在否"，"也"字"問"字俱仄聲，"當"字平聲，"日"字
仄聲。譜内據此，餘詳前詞。

花上月令一體

宋吴文英自度曲。

花上月令

吴文英

雙調五十八字，前段七句四平韻，後段七句三平韻。
文園消渴愛江清。酒腸怯，怕深觥。玉舟曾洗芙蓉水，
○○○●●○○韻●○○句●○○韻○○○●○○句
瀉清冰。秋夢淺，醉霞輕。　庭竹不收簾影去，人睡
●○○韻○●●句●○○韻　○●●○○●●句○●
起，月空明。瓦瓶汲水和秋葉，薦吟醒。夜深裹，
●句●○○韻●○●●○○●句●○○韻●○●句

怨遥更。
●○○韻

此調無別詞可校,其句讀平仄當依之。

倚西樓一體

調見《苕溪詩話》,因詞有"西樓蕭瑟有誰知"句,取以爲名。

倚西樓

韋彦温

雙調五十八字,前段四句三仄韻,後段四句兩仄韻。
禁鼓初傳時下打。虛過清明風月夜。眼如魚目幾曾乾,
●●○○○●●韻○●○○○●●韻●○○●●○○句
心似酒旗終日挂。　銀漢低垂星斗斜,　院宇空寥銀燭
○●●○○●●韻　○●○○○●○句●●○○○●●
卸。西樓蕭瑟有誰知,教我獨自上來獨自下。
韻○○○●●○○句○●●●●○●●韻

調近《玉樓春》,惟後段結句多兩字耳,無別詞可校。

掃地舞一體

唐教坊曲名。一名《掃市舞》。

掃地舞

《梅苑》無名氏

雙調五十八字,前後段各七句六仄韻一叠韻。

酥點萼。正碾萼。點時碾時香雪薄。才折得。春力弱。
○●韻●●叠●○●○○●●韻○●●韻○●●韻
半掩朱扉垂繡幕。怕吹落。　　撚一晌。　嗅一晌。撚
●●○○○●●韻●○●韻　　●●●換韻●●●叠●
時嗅時宿酒忘。春筍上。不忍放。待對菱花斜插向。寶
○○●●●○韻●●●韻●●●韻●●○○○●●韻●
釵上。
○●韻

此調無別詞可校,前後段兩起句叠韻,當是定格,填者宜依之。

接賢賓二體

此調有兩體,五十九字者始於毛文錫詞,一百十七字者始於柳永詞。《樂章集》注"林鍾商調"。一名《集賢賓》。

接賢賓

毛文錫

雙調五十九字,前段四句三平韻,後段七句三平韻。

香轞鏤襜五花驄。值春景初融。流珠噴沫蹀躞，汗血流
○○●●○○韻●○○●○韻○○○●●●句●●○
紅。　少年公子能乘馭，金鑣玉轡瓏璁。爲惜珊瑚鞭
○韻　●●○○●●句●○●●○○韻●●○○○
不下，驕生百步千蹤。信穿花，從拂柳，向九陌追風。
●●句○○●●○○韻●○○讀○●●讀●●●○○韻

　　　唐詞袛此一首，無他作可校。
　　　前段起句，坊本作"五色驄"，今從《花間集》訂正。

又一體

　　　　　　　　　　　　　柳　永

　　雙調一百十七字，前段十句五平韻，後段十句六平韻。
小樓深巷狂遊遍、羅綺成叢。就中堪人屬意，最是蟲
●○○●○○句○●○韻●○○●●句●●●
蟲。有畫難描雅態，無花可比芳容。幾回飲散良宵永，
○韻●●○○●●句○○●●○○韻●○●●○○●句
鴛衾暖、鳳枕香濃。算得人間天上，惟有兩心同。
○○●讀●●○○韻●●○○○●句○●●○○韻
近來雲雨每西東。誚惱損情悰。縱然偷期暗會，
●○○●●○○韻●●●○○韻●○○○●●句
長是匆匆。爭似和鳴偕老，免教斂翠啼紅。眼前時
○●○○韻○●○○●●句●○●●○○韻●○○
暫疏歡宴，盟言在、莫更忡忡。待作真箇宅院，方信有
●○○●句○○●讀●●○○韻●●○●●●句○●●
初終。
○○韻

此即毛詞體再加一叠，但前段起句不用韻，第二句少一字，前後段第五句減一字，第八句各添一字，兩結句讀小異耳。按宋詞無填此調者，其平仄當依之。

　　《詞律》誤從汲古閣本，其前段第八句脫一字，今從《花草粹編》校正。

　　元曲馬致遠商調《集賢賓》與此同，惟前段第二句亦作五字，前後段第九句俱作五字，亦因柳詞減字也，因詞俚不錄。

步蟾宮五體

　　蔣氏《九宮譜目》入南呂引子。韓淲詞名《釣臺詞》，劉擬詞名《折丹桂》。

步蟾宮

黃庭堅

　　雙調五十九字，前段四句三仄韻，後段六句三仄韻。

蟲兒真箇惡靈利。惱亂得、道人眠起。醉歸來、恰似出
〇〇〇●●〇● 韻 ●●● 讀 〇〇●● 韻 ●〇〇 讀 ●●

桃源，但目斷、落花流水。　　不如隨我歸雲際。共作
〇〇 句 ●●● 讀 〇〇〇● 韻 　　●〇〇●〇〇● 韻 ●●

箇、住山活計。照清溪，勻粉面，插山花，算終勝、風
● 讀 〇〇●● 韻 ●〇〇 句 〇●● 句 ●〇〇 句 ●〇● 讀 〇

塵滋味。
〇〇● 韻

　　此調昉自山谷，但宋元詞俱宗蔣捷體，惟韓淲集中一詞則

照此填，前段第三句八字，後段第三四五句各三字，正與此同。《詞律》疏於考索，謂此詞誤多一字，非也。

按韓詞前段起句"三年重到嚴灘路"，"嚴"字平聲；第二句"欹鬢髮、衣冠塵土"，"鬢"字"衣"字俱平聲；第三句"倚孤篷、閒自逐清風"，"閒"字平聲；結句"見一片、孤鴻歸去"，"孤"字平聲。後段起句"人間何用論今古"，"人"字平聲；第二句"漫贏得、箇般情緒"，"贏"字"情"字俱平聲；第三四五句"雨吹來，雲亂處，水東流"，平仄如一；結句"但只有、青山如故"，"只"字仄聲。譜內可平可仄據此。

又一體

楊无咎

雙調五十八字，前後段各四句三仄韻。

桂花馥郁清無寐。覺身在、廣寒宮裏。憶吾家、妃子舊
●○●●○○●韻●○●讀○○●韻●○○讀○●
遊時，瑞龍腦、暗藏葉底。　　不堪午夜西風起。更颭
○○句●○●讀●○●●韻　　●○●●○○●韻●●
颭、萬絲斜墜。向晚來、却似給孤園，乍驚見、黃金
讀●○○●韻●●○讀●●○○句●○●讀○○
布地。
●●韻

此詞前後段第三句俱八字，較黃詞減一字，句讀似更整齊，但宋人無填此者。

汲古閣本此詞前段第三句脫一"時"字，今從《花草粹編》增定。

又一體

蔣 捷

雙調五十六字，前後段各四句三仄韻。

玉窗掣鎖香雲漲。喚綠袖、低敲方響。流蘇拂處字微
⊖○●●○○●韻●●讀○○●韻○●●●字○
訛。但斜倚、紅梅一晌。　濛濛月在簾衣上。做池
○句●●●讀○○●韻　　○○●●○○●韻●○
館、春陰模樣。春陰模樣不如春，這催雪、曲兒休唱。
●讀○○○●韻○○○●●○○句●○●讀●○○●韻

此調以此詞爲正體，前後段第三句俱七字，較楊詞各減一字，蔣詞三首皆同。有劉儗"初秋兩兩"詞，鍾過"東風又送"詞，無名氏"東風捏就"詞可校。

前段起句，鍾詞"東風又送酴醾信"，"東"字平聲；蔣詞別首"去年雲掩冰輪皎"，"雲"字平聲。第二句，鍾詞"早吹得、愁成潘鬢"，"吹"字平聲。第三句，鍾詞"花開猶似十年前"，"猶"字平聲；劉詞"祝君壽閱八千秋"，"祝"字仄聲。第四句，鍾詞"人不似、十年前後"，"人"字平聲，"不"字仄聲。後段起句，鍾詞"水邊珠翠香成陣"，"珠"字平聲。第二句，無名氏詞"暗蹙損、眉峰雙翠"，"蹙"字仄聲。譜內可平可仄據此，餘參汪、章二詞。

又一體

汪 存

雙調五十五字，前後段各四句三仄韻。

玉京此去春猶淺。正雪絮、馬頭零亂。姮娥翦就綠雲
●○●●○○韻●●讀○○●韻○●●○○
裳，待來步、蟾宮與換。　　明年二月桃花岸。雙槳浪
○句●○●讀○○●●韻　　○○●●○○●韻○●
平烟暖。揚州十里小紅樓，盡卷上、珠簾一半。
○○●韻○○●●●○○句●●讀○○●韻

此與蔣詞同，惟後段第二句減一字異。

又一體

《全芳備祖》章失名

雙調五十七字，前後段各四句三仄韻。

未開大如木犀蕊。開後是、梅花小底。翛然只欲住山
●●●○●○●韻○●●讀○○●韻○○●●○
林，肯容易、結根城市。　　葉兒又與冬青比。算何
○句●○●讀●○○韻　　●○●●○○韻●○
止、香聞七里。不因山谷品題來，誰知道、是水仙兄
●讀○○●●韻●○○●●○○句○○●讀●●○○
弟。
●韻

此亦與蔣詞同，惟結句添一襯字異。

恨春遲一體

調見張先詞集。

恨春遲

張　先

雙調五十九字，前後段各五句兩平韻。

好夢才成成又斷，因晚起、雲朵梳鬟。秀臉拂輕紅，滴
●●○○●●句○●●讀○●●○韻●●●○○句●
入嬌眉眼，薄衣減春寒。　　紅柱溪橋波平岸，畫閣
●○○●句●○●○○韻　○●○○○●句●●
外、落日西山。不忿閒花並蒂，秋藕連根，何時重得
●讀●●○○韻●●○○●●句○●○○句○○●
雙蓮。
○○韻

坊本此前段起句或作"好夢才成又斷"，第二句或作"晚起雲朵梳鬟"，今從本集及《花草粹編》訂正。此體祇此一詞，無別首宋元詞可校。

冉冉雲二體

韓淲詞有"倚遍闌干弄花雨"句，更名《弄花雨》。

冉冉雲

盧　炳

雙調五十九字，前後段各四句四仄韻。

雨洗千紅又春晚。留牡丹、倚闌初綻。嬌婭姹、偏賦精
●●○○●●韻　●○○讀●○○●韻○●●讀●●○
神君看。算費盡、工夫點染。　　帶露天香最清遠。太
○○●韻●●讀○○●●韻　　●●○○●●韻●
真妃、曉妝體段。拌對花、滿把流霞頻勸。怕逐東風
○○讀●○●●韻●●○讀●●○○○●韻●●○○
零亂。
●●韻

　　　　宋詞惟韓淲一首可校，故平仄悉紀之。

又一體

韓　淲

　　　　雙調五十九字，前段四句三仄韻，後段四句四仄韻。
倚遍闌干弄花雨。卷朱簾、草迷芳樹。山崦裏、幾許雲
●●○○●●韻●○○讀●○○●韻○●●讀●●○
烟來往，畫不就、人家院宇。　　社寒梁燕呢喃舞。小
○○●句●●●讀○○●●韻　　●○○●○○●韻●
桃紅、海棠初吐。誰信道、午枕醒時情緒。閒整春衫
○○讀●○○●韻○●●讀●●○○○●韻○●○○
自語。
●●韻

　　　　此與盧詞同，惟前段第三句不用韻異。或云"往"字改
"去"字即韻，然《澗泉集》原本如此，仍之。

蝶戀花三體

　　唐教坊曲。本名《鵲踏枝》，宋晏殊詞改今名。《樂章集》注"小石調"，趙令畤詞注"商調"，《太平樂府》注"雙調"。馮延巳詞有"楊柳風輕，展盡黃金縷"句，名《黃金縷》。趙令畤詞有"不卷珠簾，人在深深院"句，名《卷珠簾》。司馬槱詞有"夜凉明月生南浦"句，名《明月生南浦》。韓淲詞有"細雨吹池沼"句，名《細雨吹池沼》。賀鑄詞名《鳳棲梧》，李石詞名《一籮金》，衷元吉詞名《魚水同歡》，沈會宗詞名《轉調蝶戀花》。

蝶戀花

馮延巳

　　雙調六十字，前後段各五句四仄韻。

六曲闌干偎碧樹。楊柳風輕，展盡黃金縷。誰把鈿筝
⊖●⊖○●●韻　●●○○句　●●○○●韻　○●⊖○
移玉柱。穿簾海燕雙飛去。　　滿眼遊絲兼落絮。紅杏
○●●韻　⊖○⊖●○○●韻　　●●⊖○○●●韻　○●
開時，一霎清明雨。濃睡覺來鶯亂語。驚殘好夢無
○○句　⊖●○○●韻　⊖●●○○●●韻　⊖○⊖●○
尋處。
○●韻

　　此詞爲《蝶戀花》正體，宋元人俱如此填。馮詞別首前段起句"霜落小園瑶草短"，"霜"字平聲，"小"字仄聲；第二三句"瘦葉和風，惆悵芳時換"，"瘦"字仄聲，"惆"字平聲；第四

句"舊恨新愁都不管","舊"字仄聲,"新"字平聲;第五句"卷簾雙鵲驚飛去","卷"字仄聲,"雙"字平聲。後段起句"心若垂楊千萬縷","心"字平聲;又一首"淚眼倚樓頻獨語","倚"字仄聲;第二句"水闊花飛","水"字仄聲;第三句又一首"齊奏雲和曲","齊"字平聲;第四句"忽憶當年歌舞伴","忽"字仄聲,"當"字平聲;結句"晚來雙臉啼痕滿","晚"字仄聲,"雙"字平聲。譜內可平可仄據此。至杜安世詞前段起句"秋日樓臺在空際","在"字微拗。李石詞前段起句"武陵春色濃如酒",平仄全異,宋元人無如此填者。恐彙糸作圖,其體莫辨,附注於此,填者審之。

又一體

沈會宗

雙調六十字,前後段各五句四仄韻。

漸近朱門香夾道。一片笙歌,依約樓臺杪。野色和烟滿芳草。溪光曲曲山迴抱。　物華不逐人間老。日日春風,在處花枝好。莫恨雲深路難到。劉郎可惜歸來早。

此詞與馮詞同,惟前後段第四句及換頭句平仄異。《樂府雅詞》名《轉調蝶戀花》。轉調者,移宮換羽,轉入別調也,字句雖同,音律自異,故另分列。

按沈詞別首"溪上清明"詞,及杜安世"整頓雲鬟"詞、"池上新秋"詞,賀鑄"桃葉園林"詞、"排辦張鐙"詞,張元幹"祥景飛光"詞,及魏氏"記得來時"詞,俱與此同,可以叅校。沈詞別首前段起句"溪上清明初過雨","溪"字平聲;第二三句"春色無多,葉底花如許","春"字平聲,"葉"字仄聲;第四句"輕暖時聞燕雙語","輕"字平聲;第五句"等閒飛入誰家去","等"字仄聲,"飛"字平聲。杜詞後段起句"新翻歸翅雲間燕","新"字"歸"字俱平聲;第二句"金縷衣寬","金"字平聲。賀詞第四句"離索年多故人少","離"字平聲;魏詞"淚濕海棠花枝處","海"字仄聲,"花"字平聲。沈詞別首第五句"綠楊風裏黃昏鼓","綠"字仄聲,"風"字平聲。譜內可平可仄據此。至杜安世"別浦遲留"詞與"任在蘆花"詞,兩結句亦拗體者,又與此微異。因字句悉同,注明不另錄。

又一體

石孝友

雙調六十字,前段五句兩叶韻兩仄韻,後段五句四仄韻。

別來相思無限期, 欲説相思, 要見終無計。 擬寫相思
●○○○○●叶 ●●○○句 ●●○○●韻 ●●○○
持送伊。如何盡得相思意。　眼底相思心裏事。縱把
○●○叶○○●●○○●韻　●●○○○●韻●●
相思, 寫盡憑誰寄。多少相思都做淚。 一齊淚損相
○○句 ●●○○●韻○●○○○●韻 ●○●●○
思字。
○●韻

此亦與馮詞同,惟前段平仄韻互叶異。

按此詞"期"字"伊"字在平聲四支部,餘皆上聲四寘部、

去聲四紙部中字也,即古韻所謂本部三聲叶者。宋詞間用古韻,與《中原音韻》純乎北音者不同。

壽山曲一體

調見趙德麟《侯鯖錄》,南唐馮延巳作。因詞中有"聖壽南山永同"句,故名。

壽山曲

馮延巳

單調六十字,十句五平韻。

銅壺滴漏初盡, 高閣雞鳴半空。催啓五門金鎖, 猶垂三
○○●●○●句○●●○○韻○●○○●句○○○
殿簾櫳。階前御柳搖綠, 仗下宮花散紅。鴛瓦數行曉
●○○韻○○●●○○句●●○○●●韻○●○●
白, 鸞旗百尺春風。侍臣舞蹈重拜, 聖壽南山永同。
●句○○●●○○韻●○●●○●句●●○○●●韻

此詞《陽春集》不載,今從《花草粹編》採入。

秋蕊香引一體

《樂章集》注"小石調"。

秋蕊香引

柳　永

雙調六十字，前段七句三仄韻，後段八句四仄韻。

留不得。光陰催促，有芳蘭歇，好花謝，唯頃刻。彩雲
●●韻○○●句●○○句●●句○●●韻●○
易散琉璃脆，驗前事端的。　　風月夜，幾處前蹤舊
●●○●句●○○●韻　　○●●句●●○○
跡。忍思憶。這回望斷，永作蓬山隔。向仙島，
●韻●○●韻●○●●句●●○○韻●○●句
歸雲路，兩無消息。
○○●句●○○●韻

此柳永自度曲，無別首可校，其句讀平仄當遵之。

惜瓊花一體

調見張先詞集，爲吳興守時所賦也。

惜瓊花

張　先

雙調六十字，前段七句五仄韻，後段七句四仄韻。

汀蘋白。苕水碧。每逢花駐樂，隨處歡席。別時携手看
○○●韻○●●韻●○○●句○●○●韻●○●○

春色。螢火而今，飛破秋夕。　　汴河流，如帶窄。任
〇●韻〇●〇〇句〇●〇●韻　　●〇〇句〇●●韻●
身輕似葉，何計歸得。斷雲孤鶩青山極。樓上徘徊，無
〇〇●●句〇●〇●韻●〇〇〇〇〇●韻〇〇〇句〇
盡相憶。
●〇●韻

　　《花草粹編》後段第三四句"任輕似葉，計歸得"，脱"身"字"何"字，今從本集校正。

朝玉階一體

　　見杜安世《壽域詞》。其調近《散天花》，然換頭句平仄自不同也。

朝玉階

杜安世

　　雙調六十字，前後段各五句四平韻。
簾卷春寒小雨天。牡丹花落盡，悄庭軒。高空雙燕舞
〇●〇〇●●〇韻●〇〇●●句●〇〇韻〇〇〇●●
翩翩。無風輕絮墜、暗苔錢。　　擬將幽怨寫香牋。中
〇韻〇〇〇●●讀●〇〇韻　　●〇〇●●〇韻〇
心多少事，語難傳。思量真箇惡姻緣。那堪長夢見、在
〇〇●句●〇〇韻〇〇〇●●〇韻〇〇〇●●讀●
伊邊。
〇〇韻

按《壽域集》杜詞二首，平仄如一，別無宋詞可校。

散天花一體

唐教坊曲名。

散天花

舒　亶

雙調六十字，前後段各五句四平韻。

雲淡長空落葉秋。寒江烟浪盡，月隨舟。西風偏解送
○●○○●●○韻○○○●●句●○○韻○○●●●
離愁。聲聲南去雁、下汀洲。　　無奈多情去復留。驪
○○韻○○○●●讀●○○韻　　●○○○●●○韻○
歌齊唱罷，淚爭流。悠悠別恨幾時休。不堪殘酒醒、憑
○●●句●○○韻○○●●●○韻●○○●●讀●
危樓。
○○韻

此調與《朝玉階》同，只後段起句平仄異。

荷華媚一體

調見《東坡詞集》，即賦題本意也。

595

荷華媚

蘇軾

雙調六十字，前段五句三仄韻，後段六句兩仄韻。

霞苞露荷碧。天然地、別是風流標格。重重青蓋下，千
○○●○●韻○○●讀●●○○●韻○○○●句○
嬌照水，好紅紅白白。　每悵望、明月清風夜，甚低
○●●句●○○●●韻　●●●讀○●○○●句●○
迷不語，夭邪無力。終須放、船兒去，清香深處，任看
○●●句○○○●韻○○●讀○○●句○○○●句●●
伊顏色。
○○●韻

此詞兩結句俱上一下四句法，填者宜遵之。

少年心一體

調見《山谷詞》。有兩體，一名《添字少年心》。

少年心

黃庭堅

雙調六十字，前後段各五句三仄韻一叶韻。

對景若起愁悶。染相思、病成方寸。是阿誰先有意，阿
●●●○●●韻●○○讀●○●韻●○○○●●句●

誰薄倖。斗頓恁、少喜多嗔。　合下休傳音問。你有
○●●韻●●●讀●●○○叶　●●○○○●韻●●
我、我無你分。似合歡桃核，真堪人恨。心兒裏、有兩
●讀●○●●韻●●○○句○○○●韻○○●讀●●
箇人人。
●○○叶

　　此調兩結"嗔"字"人"字，是以十一真叶十三問，蓋以真、
文通用，故震、問亦可通用也。惟"倖"字爲庚韻之上聲，在二
十三梗部，又因古韻真部間通庚、青故也。但用韻畢竟太雜，
填此調者不若只用本部三聲叶爲妥。
　　按黄集又有《添字少年心》詞，亦平仄韻互叶，但前段起
句"心裏人人，暫不見，雲時難過"，後段起句"見説那廝，如此
自大"，較此詞多七字，因詞俚不錄。

七娘子三體

蔣氏《九宫譜目》入正宫引子。

七娘子

毛　滂

雙調六十字，前後段各五句四仄韻。

山屏霧帳玲瓏碧。更倚窗、臨水新涼入。雨短烟長，柳
○○●●○○●韻●●○讀○●○○●韻●●○○句
橋蕭瑟。這番一日涼一日。　離多緑鬢年時白。這離
○○●韻●○●●○●韻　●○●●○○●韻●●

情、不似而今惜。雲外長安，斜暉脉脉。西風吹夢來無
○讀●●○○●韻○●○●句●○○●韻●○●●○○
跡。
●韻

　　此調以此詞爲正體，前後段第二句俱八字，宋賀鑄、謝逸、向子諲、王之道、陳亮諸詞俱如此填。惟賀詞後段結句"爲誰來爲誰還去"，句法小異。謝詞前段起句"風翦冰花飛零亂"，平仄微拗。

　　按毛詞別首前段第一句"月光波影寒相向"，"月"字仄聲，"波"字平聲；第五句"殷勤冰彩隨人上"，"冰"字平聲。陳詞後段起句"賣花聲斷藍橋暮"，"賣"字仄聲，"聲"字平聲。王之道詞第二句"想一聲鷄唱東城路"，"一"字仄聲，"鷄"字平聲。向子諲詞第三四句"門外落花，漫天飛絮"，"落"字仄聲。譜內可平可仄據此，餘參蔡詞及《梅苑》詞。

又一體

蔡　伸

雙調五十八字，前後段各五句四仄韻。

天涯觸目傷離緒。登臨况値秋光暮。手撚黄花，憑誰分
○○●●○○●韻○○○●○○●韻●●○○句○○
付。雝雝雁落蒹葭浦。　　憑高目斷桃溪路。屏山樓外
●韻○○●●○○●韻　　○○●●○○●韻○○○○
青無數。綠水紅橋，瑣窗朱户。如今總是消魂處。
○○●韻●●○○句●○○●韻○○●●○○●韻

　　此與毛詞同，惟前後段第二句各減一字異。按元正宫曲即宗此體。

又一體

《梅苑》無名氏

雙調六十字，前段五句一叶韻三仄韻，後段五句四仄韻。

暗香浮動到黃昏。向水邊、疏影梅開盡。溪畔清蕊，有
●○○●●○○叶　●●○讀○●●○●韻○●○●句●
如淺杏。一枝喜得東君信。　　風吹只怕霜侵損。更新
○●●韻●○●●○○韻　　○○●●○○●韻●○
來、插向多情鬢。壽陽妝鑑，雪肌玉瑩。嶺頭別自添微
○讀●●○○●韻●○●●句●●●韻●●●●○●○
粉。
●韻

此亦與毛詞同，惟前段起句叶平韻異。或疑"昏"字非韻，然《七娘子》調從無起句不用韻者。按鄭庠《古音辨》，真、文、元、寒、删、先六韻爲一部，蓋以六韻爲膺音，商聲也，故六韻平上去皆可通用。此詞"昏"字正以十三元與軫、吻等韻叶也。惟"杏"字在二十三梗部，是又因真、文之通庚、青，即通庚、青之三聲，亦本古韻耳。

一翦梅七體

元高拭詞注"南呂宮"。周邦彥詞起句有"一翦梅花萬樣嬌"句，取以爲名。韓淲詞有"一朵梅花百和香"句，名《臘梅香》。李清照詞有"紅藕香殘玉簟秋"句，名《玉簟秋》。

599

一翦梅

周邦彦

雙調六十字,前後段各六句三平韻。

一翦梅花萬樣嬌。斜插疏枝,略點梅梢。輕盈微笑舞低回,何事尊前,拍手相招。　夜漸寒深酒漸消。袖裏時聞,玉釧輕敲。城頭誰恁促殘更,銀漏何如,且慢明朝。

此調以周詞、吳詞爲正體,若盧詞、張詞、蔣詞之添韻,曹詞、李詞之減字,皆變體也。

此詞前後段第二句、第四句、第五句俱不押韻,宋詞惟周紫芝"無限江山"詞與之同。

周詞前段第二句"兩岸斜陽","兩"字仄聲,譜內據之,餘悉糺所採諸詞。

又一體

吳文英

雙調六十字,前後段各六句四平韻。

遠目傷心樓上山。愁裏長眉,別後蛾鬟。暮雲低壓小

闌干。教問孤鴻，因甚先還。　　瘦倚溪橋梅夜寒。雪
○○韻○●○○句○●○○韻　●●○○●●○韻●
欲消時，淚不禁彈。翦成釵勝待歸看。春在西窗，鐙火
●○○句●●○○韻●○○●●○韻○●○○句○●
更闌。
○○韻

　　　此詞前後段第四句押韻，宋元人俱如此填。惟汪元量詞
前後段起句"十年舊事漫咨嗟"、"玉人勸我酌流霞"，與此平
仄全異，恐非定格，不便參校。

又一體

盧　炳

　　　雙調六十字，前後段各六句五平韻。
燈火樓臺萬斛蓮。千門喜笑，素月嬋娟。幾多急管與
○●○○●●○韻○●●句●●○○韻●○●●●
繁弦。巷陌喧闐。畢獻芳筵。　　樂與民偕五馬賢。綺
○○韻●●○○韻●●○○韻　●●○○●●○韻●
羅叢裏，一簇神仙。傳柑雅晏約明年。盡夕留連。滿汎
○○●句●●○○韻○○●●●○韻●●○○韻●●
金船。
○○韻

　　　此詞前後段第五句俱押韻，宋詞無別首可校。

又一體

張　炎

雙調六十字，前後段各六句四平韻兩叠韻。

剩蕊驚寒減艷痕。蜂也消魂。蝶也消魂。醉歸無月傍
●●○○●●○韻○●○○韻●●○○叠　●○○●
黃昏。知是花村。不是花村。　　留得閒枝葉半存。好
○○韻●●○○韻●●○○叠　　●●○○●●○韻●
似桃根。可似桃根。小樓昨夜雨聲渾。春到三分。
●○○韻●●○○叠●○●●●○○韻○●○○韻
秋到三分。
○●○○叠

此詞前後段第二三句、第五六句俱叠韻，有程垓、劉克莊、劉擬、方岳、歐良、虞集諸詞可校。但劉克莊詞換頭句"階銜免得管兵農"，與此平仄全異。又宋無名氏詞前後段第二三句、第五六句俱用"量"字韻者，係獨木橋體，因詞俚不錄。

又一體

蔣　捷

雙調六十字，前後段各六句六平韻。

一片春愁帶酒澆。江上船搖。樓上簾招。秋孃容與泰
●●○○●●○韻○●○○韻○●○○韻○○○●●
孃嬌。風又飄飄。雨又蕭蕭。　　何日雲帆卸浦橋。銀
○○韻●●○○韻●●○○韻　　○●○○●●○韻○

字箏調。心字香燒。流光容易把人拋。紅了櫻桃。
●○○韻○●●○○韻○○○●●○○韻○●○○韻
緑了芭蕉。
●●○○韻

　　此詞每句有韻,與第二三句、第四五句用叠韻者不同。

又一體

曹　勛

　　雙調五十八字,前後段各五句三平韻。

不占前邨占瑤階。芳影橫斜積漸開。水邊竹外冷搖春,
●●○○●○○韻○●●○●○○韻○●○●●○○句
一帶衝寒,香滿襟懷。　管領東風要有才。頻移歌酒
●●○○句○●○○韻　●●○○●●○韻○○○●
上春臺。直須日日坐花前,金殿仙人,同往同來。
●○○韻●○●●●○○句○●○○句○●○○韻

　　此詞前後段第二三句作七字一句,與諸家異,見《松隱集》,無別首宋詞可校。

又一體

趙長卿

　　雙調五十九字,前段五句三平韻,後段六句三平韻。

霽靄迷空曉未收。羈館殘鐙,永夜悲秋。梧桐葉上三
●●○○●●○韻○●○○句●●○○韻○○●●○
更雨,別是人間一段愁。　睡又不成夢又休。多愁多
○句●●○○●●○韻　●●○○●●○韻○○○

病，當甚風流。真情一點苦縈人，纔下眉尖，恰上心
●句○●○○韻○○●●○○句○●○○句●●○
頭。
○韻

此詞前段結句七字，按李清照詞"雁字來時月滿樓"，又《樂府雅詞》"明日從教一線添"，皆作七字句，與此同，蓋《一翦梅》之變體也，舊譜謂李詞脫去一字者非。

尋梅二體

調見《樂府雅詞》及《梅苑》，蓋咏梅花也。因詞中有"朝來尋見"句，取以爲名。

尋梅

沈會宗

雙調六十字，前後段各五句四仄韻。

今年早覺花信蹉。想芳心、未應誤我。一月花徑幾回
○○●●○○●韻●○○讀○○●●韻●○○●○
過。始朝來尋見，雪痕微破。　眼前大抵情無那。好
●韻●○○○●句●○○●韻　○●●○○●韻●
景色、只消些箇。春風爛漫都且可。是而今枝上，
●●讀●○○●韻●○●●○●韻　●○○○●句
三朵兩朵。
○●●韻

此調止有沈詞二首，故可平可仄即參後詞。

按《音韻集成》五歌部:蹉,蹉跎失時也。又去聲,故圖作仄聲,若作平聲,歌哿二韻,亦是本部三聲叶。

又一體

沈會宗

雙調六十字,前後段各五句四仄韻。

幽香淺淺濕未透。 認雪底、思來始有。 翦裁尚覺瓊瑤
○○●●●●●韻●●●讀○○●韻●●●○○
皺。苦寒中, 越恁骨清肌瘦。 東風氣象園林舊。
●韻●○○句●●●○○●韻 ○○●●○○●韻
又今年、而今時候。急宜小摘當尊酒。選一枝,且付
●○○讀○○●●韻●○●●●○○●韻●●○句●●
玉人纖手。
●○○●韻

此與"今年早覺"詞同,惟前後兩結句法異。

錦帳春四體

調見《稼軒集》,因詞有"春色難留",及"重簾不卷,翠屏天遠"句,故名。

錦帳春

辛棄疾

雙調六十字,前段七句四仄韻,後段七句五仄韻。

春色難留，酒杯常淺。把舊恨新愁相間。五更風，千里
⊖●○○句⊖○●●韻●●○○●●韻●○○句○●
夢，看飛紅幾片。這般庭院。　　幾許風流，幾般嬌
●句⊖●○●●韻⊖○○●韻　　　●●○○句●○○
懶。問相見何如不見。燕飛忙，鶯語亂。恨重簾不卷。
●韻●⊖●○⊖●●韻●○○句⊖●●韻●○○●●韻
翠屏天遠。
⊖○○●韻

此調以辛詞、程詞爲正體，若戴詞、丘詞之減字，皆變體
也。但宋詞祇此四首，故此詞可平可仄即參後列三詞。

又一體

程珌

雙調六十字，前段七句三仄韻，後段七句三仄韻一叠韻。

最是春來，苦兼風雨。但只恁、匆匆歸去。看遊絲，都
●●○○句●○○●韻●●讀○○○●韻●○○句○
不恨，恨秦淮新漲，向人東注。　　醉裏仙人，惜春曾
●●句●○○●句●○○●韻　　　●●○○句●○○
賦。却不解、留春且住。問何人，留得住。怕小山
●韻●●●讀○○●●韻●○○句○●●叠●●○
更有，碧蕪春句。
●●句●○○●韻

此與辛詞同，惟前後段第六句俱不押韻異。

汲古閣本此詞誤刻《錦堂春》，《詞律》猶沿其誤，類列《錦
堂春》後，今從《花草粹編》校正。

又一體

戴復古

雙調五十八字,前後段各六句四仄韻。

處處逢花,家家插柳。正寒食清明時候。奉板輿行樂,
●●○○句○○●●韻●○●○○●●韻●●○○●句
是使星隨後。人間稀有。　出郭尋山,繡衣春晝。馬
●●○○●韻○○●●韻　●●○○句●○○●韻●
上列、兩行紅袖。對韶華一笑,勸國夫人酒。百千長
●●讀●○○●韻●○○●●句●●○○●韻●○○
壽。
●韻

此亦與辛詞同,惟前後段第四五句作五字一句,各減去一字異。

又一體

丘崈

雙調五十六字,前後段各六句四仄韻。

翠竹如屏,淺山如畫。小池面、危橋一跨。著楂亭臨
●●○○句●○○●韻●○讀○○●●韻●○○○
水,宛然郊野。竹籬茅舍。　好是天寒,倍添妍雅。
●句●○○●韻●○○韻　●●○○句●○○●韻
正雪意、垂垂欲下。更朦朧月影,弄晴初夜。梅花動
●●●讀○○●●韻○○●●句●○○●韻○○●

也。
●韻

　　此亦與辛詞同，惟前後段第四五句減去一字，第六句又各減去一字異。

唐多令三體

　　《太和正音譜》越調，亦入高平調。一名《餹多令》。周密因劉過詞有"二十年重過南樓"句，名《南樓令》。張翥詞有"花下鈿箜篌"句，名《箜篌曲》。

唐多令

劉　過

　　雙調六十字，前後段各五句四平韻。

蘆葉滿汀洲。寒沙帶淺流。二十年、重過南樓。柳下繫
●●●○○韻●○○●韻●●○讀●○○韻●●
船猶未穩，能幾日、又中秋。　　黃鶴斷磯頭。
○○●句●●○讀●○○韻　　●●●○○韻
故人曾到不。舊江山、渾是新愁。欲買桂花同載酒，
●○○●韻●○○韻●●○○韻●●●○○●句
終不似、少年遊。
○●●讀●○○韻

　　此調以此詞爲正體，宋元人俱如此填。若吳詞、周詞之添字，皆變體也。
　　按劉詞別首前段起句"解纜蓼花灣"，"解"字仄聲；第二

句"好風吹去帆","好"字仄聲;第四句"洛浦凌波人去後","凌"字平聲。周密詞後段起句"水調夜淒清","水"字仄聲。尹煥詞第三句"悵緑陰青子成雙","緑"字仄聲;第四句"説著前歡佯不保","前"字平聲。譜内可平可仄據此,餘叅所採吴詞、周詞。

又一體

吴文英

雙調六十一字,前後段各五句四平韻。

何處合成愁。離人心上秋。縱芭蕉、不雨也颼颼。都道
○●○○韻○○●●○韻●○讀●●●○○韻○●
晚涼天氣好,有明月、怕登樓。　年事夢中休。花空
●○○●句●○●讀●○○韻　○●●○韻○○
烟水流。燕辭歸、客尚淹留。垂柳不縈裙帶住,漫長
○●韻●○○讀●●○○韻○●●○○●●句●○
是、繫行舟。
●讀●○○韻

此與劉詞同,惟前段第三句多一襯字異。按此詞"也"字是襯字,《詞統》於"縱"字注"襯字",非上三下四句法矣。

又一體

周　密

雙調六十二字,前後段各五句四平韻。

絲雨織鶯梭。浮錢點翠荷。燕風清、庭宇正清和。苔面
○●○○韻○○●●○韻●○○讀○●●○○韻○●

唾絨堆繡徑，春去也、奈春何。　　宮柳老青蛾。題紅
●○○●●句○●●讀●○○韻　　○●●○韻○○
隔翠波。扇鸞孤、塵暗合歡羅。門外綠陰深似海，應未
●●○韻●○○讀●●●○○韻○●●○○●●句○●
比、舊愁多。
●讀●○○韻

此亦與劉詞同，惟前後段第三句各添一字異。

攤破采桑子一體

調見《惜香樂府》，即《采桑子令》也。因前後段俱添入和聲，自成一體。

攤破采桑子

趙長卿

雙調六十字，前段六句四平韻，後段六句三平韻一重韻。

樹頭紅葉飛都盡，景物淒涼。秀出群芳。又見江梅淺
●○○●●○句●○○韻●●○○韻●○○●
淡妝。也，囉，真箇是、可人香。　　蘭魂蕙魄應羞
●○韻●句○句●●讀●○○韻　　○○●●○○
死，獨占風光。夢斷高唐。月送疏枝過女牆。也，囉，
●句●●○○韻●●○○韻●●○○●●○韻●句○句
真箇是、可人香。
○●●讀●○○重韻

楚詞押韻句，或用助語詞，漢賦亦多如此，故此詞第四句當於

"也"字點句,坊本或於"妝"字點句,及"也""囉"二字相連點句者非。按金詞高平調《唐多令》兩結句俱有"也"字"囉"字,南北曲《水紅花》結句亦有"也"字"囉"字。又按《廣韻》七歌:囉,歌詞也。此詞兩結"香"字重押,其爲歌時之和聲無疑。

後庭宴一體

《庚溪詩話》云:"宋宣和中,掘地得石刻唐詞,調名《後庭宴》。"

後庭宴

《庚溪詩話》無名氏

雙調六十字,前段五句三仄韻,後段六句三仄韻。

千里故鄉, 十年華屋。 亂魂飛過屏山簇。 眼重眉褪不
○●○句 ●○○韻 ●○○●○○●韻 ●○○●●
勝春, 菱花知我銷香玉。 雙雙燕子歸來, 應解笑
○○句 ○○○●○○●韻 ○○●●○○句 ○●●
人幽獨。 斷歌零舞, 遺恨清江曲。 萬樹綠低迷, 一庭
○○韻 ●○○●句 ○●○○●韻 ●●●○○句 ●○
紅撲簌。
○●●韻

此詞前段近《踏莎行》,後段字句又與前段不同,《庚溪詩話》定爲唐詞,然無別首可校。

鞓紅一體

調見《梅苑》。

鞓紅

《梅苑》無名氏

雙調六十字,前後段各六句四仄韻。

粉香猶嫩, 衾寒可慣。怎奈向、春心已轉。玉容別是,
●○○● 句 ○○●● 韻 ●●● 讀 ○○●● 韻 ●○●● 句
一般閒婉。 悄不管、桃紅杏淺。　　月影簾櫳, 金堤
●○○● 韻 ●●● 讀 ○○●● 韻　　●●○○ 句 ○○
波面。 漸細細、香風滿院。 一枝折寄, 故人雖遠。
○● 韻 ●●● 讀 ○○●● 韻 ●●●● 句 ○○○● 韻
莫輒使、江南信斷。
●●● 讀 ○○●● 韻

此調起結近《鵲橋仙》詞,然中三句句讀實與《鵲橋仙》不同。

賀熙朝二體

調見《花間集》。

賀熙朝

歐陽炯

雙調六十一字,前段七句五仄韻,後段六句四仄韻。

憶昔花間相見後。只憑纖手。暗拋紅豆。人前不解,巧傳心事,別來依舊。辜負春晝。　碧羅衣上蹙金繡。睹對對鴛鴦,空裏淚痕透。想韶顏非久。終是爲伊,只恁偸瘦。

此唐調也,宋人無塡之者,故譜內可平可仄即參下詞。

又一體

歐陽炯

雙調六十一字,前段七句四仄韻,後段六句四仄韻。

憶昔花間初識面。紅袖半遮,妝臉輕轉。石榴裙帶,故將纖纖,玉指偸撚。雙鳳金線。　碧梧桐鎖深深院。誰料得兩情,何日敎繾綣。羨春來雙燕。飛到玉樓,朝暮相見。

此與前詞同,惟前段第二句不押韻異。

撥棹子三體

唐教坊曲名。

撥棹子

尹鶚

雙調六十一字,前段五句五仄韻,後段四句四仄韻。

風切切。深秋月。十朵芙蓉繁艷歇。憑小檻、細腰無
○●●韻○○●韻●●○○○●●韻○●●讀●○○
力。空贏得、目斷魂飛何處説。　寸心恰似丁香結。
●韻○○●讀●●○○○●●韻　●○●●○●●韻
看看瘦盡胸前雪。偏挂恨、少年抛擲。羞睹見、繡被堆
○○●●○○●韻○●●讀●○○●韻○●●讀●●○
紅閒不徹。
○●●韻

此調以此詞爲正體,若黃詞之三聲叶,無名氏詞之攤破句法,皆變體也。但宋元人無填此體者,衹有尹詞別首可校。前段第二句"雙臉媚","臉"字仄聲;第三句"冠字鏤金裝翡翠","冠"字平聲,"鏤"字仄聲;第四句"將一朵、瓊花堪比","瓊"字平聲;結句"窠窠繡、鸞鳳衣裳香窣地","鸞"字平聲。後段起句"銀臺蠟燭滴紅淚","銀"字平聲,"滴"字仄聲;第二句"綠酒勸人教半醉","綠""酒"二字俱仄聲,"人"字平聲,"半"字仄聲;結句"特地向、寶帳顛狂不肯睡","特"字"不"字俱仄聲。

譜內可平可仄據此。

此詞之韻本用六月九屑，而中有"力"字"擲"字，乃十一陌十三職。按《古今通韻》，月、屑可通陌、職，引古詩"石上生菖蒲，一寸八九節。仙人勸我餐，令我好顏色"爲證。又按吳棫《韻補》，十一陌古通月，故知此詞"力"字"擲"字亦韻。

又一體

黃庭堅

雙調六十一字，前段五句兩叶韻兩叠韻一仄韻，後段五句五仄韻。

歸去來。 歸去來。 携手舊山歸去來。 有人共、 對月尊
○●○叶 ○●●叠 ○●●○●●○叠 ●●○讀 ●●○
罍。 橫一琴、 甚處逍遥不自在。　　閒世界。 無利害。
○叶 ○●○讀 ●●○○●●韻　　○●韻 ○●●韻
何必向、 世間甘幻愛。 與君釣、 晚烟寒瀨。 蒸白魚稻
○●●讀 ●○○●●韻 ●○●讀 ●○○●韻 ○●○●
飯、溪僮供筍菜 。
●讀○○○●●韻

此與尹鶚詞體同，惟前段四句韻俱用三聲叶，又換頭句仍作三字兩句，第二句八字添一字，結句不作上三下七句法異。

此詞十灰韻與十一隊叶，亦是本部三聲叶。

又一體

《花草粹編》無名氏

雙調六十二字，前段七句三仄韻，後段六句三仄韻。

煙姿媚，冰容薄。芳蕚嫩，隱映新萍池閣。自擷英人去
○○●句○○●韻○○●句●●○○○●韻●●○○●
後，清香微綻，透真珠簾幕。　似無語含情垂綵佩。
●句○○○●句○○○●韻　●○●○○○●●韻
戲芳蔭，漸許纖鱗相托。西風直須愛惜，看看濃艷，伴
●○●句●●○○○●韻○○●●●●句○○○●句●
秋光零落。
○○○●韻

　　此詞之源亦出尹詞，特攤破句法，自成新聲耳。按《古今通韻》，入聲十藥間通去聲十一隊，故此詞"佩"字可押"薄"字。

玉堂春一體

調見《珠玉詞》。

玉堂春

晏　殊

　　雙調六十一字，前段七句兩仄韻兩平韻，後段五句兩平韻。
斗城池館。　二月春風煙暖。　繡戶珠簾，日影初長。
●○○仄韻　●●○○●韻　●●○○句　●●○○平韻
玉轡金鞍，繚繞沙堤路，幾處行人映綠楊。　小檻朱
●●○○句●●○○●句●●○○●●○韻　●●○
闌回倚，千花濃露香。脆管清弦，欲奏新翻曲，依約林
○○●句○○○●●韻●●○○句○○○●句●○○

間坐夕陽。
○●●○韻

　　按《珠玉詞》晏詞三首,前段第一二句俱押仄韻,當是定格,填者遵之。
　　晏詞別首前段第二句"御柳暗遮空苑","暗"字仄聲。後段第二句"新英遍舊叢","遍"字仄聲;結句"觸處楊花滿袖風","觸"字仄聲。又一首前段第二句"殘雪尚濛煙草","殘"字平聲。後段第一句"憶得往年同伴","往"字仄聲。譜内可平可仄據此。

繫裙腰三體

　　調見張先詞集。宋媛魏氏詞名《芳草渡》。

繫裙腰

張　先

　　雙調六十一字,前段六句四平韻,後段六句三平韻。
清霜蟾照夜雲天。　朦朧影、畫勾闌。人情縱似長情月,
○○●●●○韻○○●讀●○○韻○○●●○○句
算一年年。又能得,幾番圓。　欲寄西江題葉字,
●●○○韻●●●句●○○韻　●●○○○●●句
流不到、五亭前。東池始有荷新緑,尚小如錢。
○●●讀●○○韻●○●●○○●句●●○○韻
問何日藕,幾時蓮。
●○●●句●○○韻

617

此詞前後段第三句及換頭句俱用仄聲字住，不押韻。其第四句俱作四字句，各用一襯字，不獨後段第五句多一"問"字爲襯字也。按此調宋詞甚少，故此詞平仄即衹劉、魏二詞。

又一體

劉仙掄

雙調五十九字，前後段各六句五平韻。

山兒矗矗水兒清。　船兒似、葉兒輕。　風兒更沒人情。　月
○○●●●○韻○○●讀●○○韻○○●●○○韻●
兒明　。厮合造，送人行。　　眼兒蔌蔌淚兒傾。　鐙兒
○○韻　●●●句●○○韻　　●○●●●○○韻　○○
更、冷青青。遭逢著、雁兒又沒前程。　一聲聲。怎生
●讀●○○韻○○●讀●○●●○○韻●○○韻●○
得，夢兒成。
●句●○○韻

此與張詞同，惟前段後段第三句及換頭句用韻，第四句各減一字異。至後段第三句"遭逢著"三字亦襯字也，減此三字即與前"風兒"句同。

又一體

（宋媛）魏　氏

雙調五十八字，前後段各六句四平韻。

燈花耿耿漏遲遲。　人別後、夜涼時。西風瀟灑夢初回。
●○●●●○○韻○●●讀●○○韻○○●●●○○韻

誰念我，就單枕，皺雙眉。　　錦屏繡幌與秋期。腸欲
〇●●句●〇●句●〇〇韻　　●〇●●〇〇韻〇●
斷、泪偷垂。月明還到小窗西。我恨你，我憶你，
●讀●〇〇韻●〇〇●●〇〇韻●●●句●●●句
你争知。
●〇〇韻

　　此詞句讀整齊，惟前後段第四句不用韻，與前兩詞異。

词谱卷十四

赞成功一體

調見《花間集》。

贊成功

毛文錫

雙調六十二字,前後段各七句四平韻。

海棠未坼,萬點深紅。香苞緘結一重重。似含羞態,邀
●○●●句●●○○韻○○●●○○韻●○○●句○
勒春風。蜂來蝶去,任繞芳叢。　　昨夜微雨,飄灑庭
●○○韻○○●●句●○○韻　　●●○●句○●○
中。忽聞聲滴井邊桐。美人驚起,坐聽晨鐘。快教折
○韻●○○●●○韻●○○●句●●○○韻●●●
取,戴玉瓏璁。
●句●●○○韻

此調無唐宋詞別首可校。

定風波八體

唐教坊曲名。李珣詞名《定風流》,張先詞名《定風波令》。

定風波

歐陽炯

雙調六十二字,前段五句三平韻兩仄韻,後段六句四仄韻兩平韻。

暖日閒窗映碧紗。　小池春水浸明霞。數樹海棠紅欲繡
●●○○●○平韻　●○○●●○○韻●●●○○
盡。　爭忍。玉閨深掩過年華。　獨憑繡床方寸
●仄韻　○●韻●○○●●○○平韻　●●●○○
亂。　腸斷。淚珠穿破臉邊花。　鄰舍女郎相借
●換仄韻　○●韻●○○●●●○平韻　●●●○○
問。　音信。教人羞道未還家。
●換仄韻●●韻○○●●●○○平韻

此調以此詞為正體,前後段以平韻為主。前段第三四句,後段第一二句、第四五句又間入仄韻,宋詞俱如此填。若蘇詞之不押仄韻,孫詞之添字,蔡詞、京詞之攤破句法,曹詞、李詞、陳詞之減字,皆變體也。

按歐陽修詞前段第三四句"春睡覺來情緒惡。寂寞","寂"字仄聲,譜內據之,其餘可平可仄悉从所採諸詞。至閩選詞換頭句"扁舟短棹歸蘭浦","舟"字平聲,"棹"字仄聲,"蘭"字平聲。李珣詞後段第四句"更飲一杯紅霞酒","霞"字平聲。宋元詞無如此者,但附注以備參考。

又一體

孫光憲

雙調六十三字，前段五句三平韻兩仄韻，後段六句四仄韻兩平韻。

簾拂疏香斷碧絲。 淚衫還滴繡黃鸝。上國獻書人不
〇〇〇〇●平韻　●〇〇●●〇〇韻●●●〇〇
在。 凝黛。晚庭又是落紅時。 春日自長心自
●仄韻〇●韻〇●●●●〇〇平韻　〇●●〇〇●
促。 翻覆。年來年去負前期。 應是秦雲兼楚
●換仄韻〇●韻〇〇〇●●〇〇平韻　〇●〇〇〇●
雨。 留住。向花枝、誇說月中枝。
●換仄韻〇●韻●〇〇讀〇●●〇〇平韻

此與歐陽詞體同，惟後段結句多一字，亦襯字也。

又一體

蔡 伸

雙調六十二字，前段五句三平韻兩仄韻，後段六句一仄韻一叠韻兩平韻。

一曲離歌酒一鍾。 可憐分袂太匆匆。百計留君留不
●●〇〇●●〇平韻　●〇〇●●〇〇韻●●〇〇〇●
住。 君去。滿川煙暝滿帆風。 目斷魂銷人不
●仄韻〇●韻●〇〇●●〇〇平韻　●●〇〇〇●
見。 但見。青山隱隱水浮空。 擬把一襟相憶淚，
●換仄韻●●叠〇〇●●●〇〇平韻　●●〇〇〇●句

試向雲箋,密寫付飛鴻。
●●○○句●●●○○韻

此亦歐陽詞體,惟後段第五六句攤破句法,不押仄聲短韻異。

按唐李珣詞後段第四五六句"聽鵲憑龜無定處,不知淚痕,流在畫羅衣",亦不押仄聲短韻,正與此同。

又一體

李　泳

雙調六十字,前段五句三平韻兩仄韻,後段五句兩平韻兩仄韻。

點點行人趁落暉。　搖搖煙艇出漁磯。　一路水香流不
●●○○●●○平韻　○○○●●○○韻　●●●○○●
斷。　零亂。春潮綠浸野薔薇。　　南去北來愁幾
●仄韻　○●韻○○●●●○○平韻　　○●●○○●
許,登臨懷古欲沾衣。試問越王歌舞地。　佳麗。只
●句○○●●●○○韻●●●○○●●換仄韻○●韻●
今惟有鷓鴣飛。
○○●●○○平韻

此亦歐詞體,惟換頭下減去押仄聲短韻兩字句韻。

又一體

曹　冠

雙調六十字,前後段各五句兩平韻兩仄韻。

萬箇琅玕篩日影，兩堤楊柳蘸漣漪。鳴鳥一聲林愈
●●○○●●句　●○○●●○○平韻　○●●○○
靜。吟興。未曾移步已成詩。　旋汲清湘烹建
●仄韻　○●韻　●○○●●○○平韻　　●●○○●
茗，時尋野果勸金卮。況有良朋談妙理。適意。此
●句　○○●●●○○韻　●●○○○●●換仄韻●●韻●
歡不遣俗人知。
○●●○○平韻

此即李詞體，惟前段起句不用韻異。

又一體

蘇　軾

雙調六十二字，前段五句三平韻，後段六句兩平韻。
好睡慵開莫厭遲。自憐冰臉不宜時。偶作小桃紅杏色，
●●○○●●韻●○○●●○○韻●●●○●●句
閒雅，尚餘孤瘦雪霜姿。　休把閒心隨物態，何事，
○●句●○○●●○○韻　○●○○○●●句○●句
酒生微暈沁瑤肌。詩老不知梅格在，吟咏，更看綠葉
●○○●●○○韻●●●○○●●句○●句●●●●
與青枝。
●○○韻

此詞前後段俱不間入仄韻，與歐詞異。

又一體

京　鏜

雙調六十二字，前段五句三平韻，後段五句兩平韻。

何必穿針上綵樓。剖瓜插竹訴閒愁。聞道天孫相會處，
○●○○●●○韻●○●●●○○韻○●○○○●●句
銀漢無津，不待泛蘭舟。　動是隔年尋素約，何似每
○●○○句●●●○○韻　●●●○○●●句○●●
逢清景且嬉遊。但得舉杯開口笑，對月臨風，總勝鵲
○○●●○○韻●●●○○●●句●●○○句●●●
橋秋。
○○韻

此詞不間入仄韻，前後結各攤破作上四字一句、下五字一句異。至換頭第二句"何似"二字，即連下句，如襯字法，亦一格也。按京詞別首"騎氣乘風，也作等閒遊"，句法又與此有別，因注明不另錄。

又一體

陳允平

雙調六十字，前段五句三平韻，後段五句兩平韻。

慵拂妝臺懶畫眉。此情惟有落花知。流水悠悠春脉脉，
○●○○●●○韻●○○●●○○韻○●○○○●●句
閒倚繡屏，獨自立多時。　有約莫教鶯解語，多愁却
○●●○句●●●○○韻　●●●○○●●句○○●

妒燕於飛。一笑薔薇辜舊約，載酒尋歡，因甚懶支持。
●●○○韻●●○○●●句●●○○句○●●○○韻

　　此與京鏜詞體同，惟後段第二①句減二字，作七字一句異。

　　按周紫芝《琴調相思引》亦名《定風波令》，校此調前後段各少第三句七字，因已編入《琴調相思引》，故不類列。

破陣子一體

　　唐教坊曲名。一名《十拍子》。陳暘《樂書》云："唐《破陣樂》屬龜玆部，秦王所制，舞用二千人，皆畫衣甲，執旗旆。外藩鎮春衣犒軍設樂，亦舞此曲，兼馬軍引入場，尤壯觀也。"按唐《破陣樂》乃七言絕句，此蓋因舊曲名，另度新聲。元高拭詞注"正宮"。

破陣子

晏　殊

　　雙調六十二字，前後段各五句三平韻。

海上蟠桃易熟，人間秋月長圓。惟有擘釵分鈿侶，離別
●●○○●●句○○○●○○韻●●●○○●●句●●
常多會面難。此情須問天。　　蠟燭到明垂淚，熏鑪盡
○○●●○韻●○○●○韻　　●●●○○●●句○○●

---

①"二"下，原衍"三"字，據文義刪。

日生煙。一點淒涼愁絶意，漫道秦箏有剩弦。何曾爲
●〇〇韻●●●〇〇●●句●●〇〇●●〇韻〇〇
細傳。
●〇韻

　　此調始自此詞，宋詞俱照此填。
　　前段起句，晏詞別首"湖上西風斜日"，"湖"字"斜"字俱平聲。又一首"憶得去年今日"，"去"字仄聲。第二句，陸游詞"放教昨夜浮名"，"放"字"昨"字俱仄聲。第三句，程垓詞"簇定熏鑪酥酒軟"，"簇"字仄聲，"熏"字平聲。第四句，蘇軾詞"醉裏無何即是鄉"，"醉"字仄聲；趙善扛詞"陌上晴光收翠嵐"，"收"字平聲。第五句，晏詞別首"歌長粉面紅"，"歌"字平聲，"粉"字仄聲。後段起句，晏詞別首"巧笑東鄰女伴"，"東"字平聲，"女"字仄聲；又"斜日更穿簾幕"，"斜"字平聲。第二句，晏詞別首"采桑徑裏逢迎"，"采"字仄聲；程垓詞"歌聲輕度紅兒"，"輕"字平聲。第三句，晏詞別首"疑怪昨宵春夢好"，"疑"字平聲，"昨"字仄聲。第四句，晏詞別首"元是今朝鬬草贏"，"元"字平聲；趙善扛詞"夢繞清江江水南"，下"江"字平聲。第五句，晏詞別首"笑從雙臉生"，"笑"字仄聲，"雙"字平聲。譜内可平可仄據此。

金蕉葉四體

　　此調始自柳永，因詞有"金蕉葉泛金波齊"句，取以爲名。袁去華、蔣捷詞皆從柳詞減字。《樂章集》注"大石調"，元高拭詞注"越調"。

金蕉葉

柳　永

雙調六十二字，前後段各五句四仄韻。

厭厭夜飲平陽第。添銀燭、旋呼佳麗。巧笑難禁，艷歌
○○●●○○韻○○●讀●○○●韻●●○○句●○
無間聲相繼。準擬幕天席地。　金蕉葉泛金波霽。未
○○●韻●●●○●●韻　○○●●○○●韻●
更闌、已盡狂醉。就中有箇，風流暗向鐙光底。惱遍兩
○○讀●●○●韻●○●●句○○●●○○●韻●●●
行珠翠。
○○●韻

柳詞此體無別首可校。

又一體

袁去華

雙調四十八字，前後段各四句四仄韻。

江楓半赤。雨初晴、雁空紺碧。愛籬落、黃花秀色。帶
○○●●韻●○○讀●○●●韻●○●讀○○●●韻●
零露旋摘。　向晚西風淡日。髮蕭蕭、任從帽側。
○●○●韻　●●○○●●韻●○○讀●○●●韻
更莫把、茱萸歎息。且更持大白。
●●●讀○○●●韻●●○●●韻

此校柳詞，前段起句減三字，後段起句減一字，前後段第三四句各減四字，兩結句又減一字。

按袁集此調四十八字者三首，其一首前段第二句"調停得、似餳似蜜"，"調"字平聲，"得"字仄聲；第三句"試一飲、風生兩腋"，"一"字仄聲；結句"更煩襟頓失"，"襟"字平聲。後段第三句"覷得他、烘地面赤"，"他"字平聲，"地"字仄聲；又一首"試纖手、清泉戲掬"，"纖"字平聲。結句"看風動檻竹"，"風"字平聲，"動"字仄聲。譜內可平可仄據此。至前後兩結俱作上一下四句法，三首皆然。元高拭越調詞正與此同。

又一體

　　　　　　　　　　　　　　袁去華

　　雙調四十六字，前後段各四句四仄韻。
行思坐憶。知他是、怎生過日。煩惱無千萬億。誚將做
○○●韻○○●讀●○○●韻●○○●韻●○●
飯喫。　舊日輕憐痛惜。却如今、怨深恨極。不覺長
●●韻　●●○○●韻●○○讀●○●●韻●●○
吁歎息。便直恁下得。
○●●韻●●●●韻

　　此與前詞同，惟前後段第三句各減一字異。

又一體

　　　　　　　　　　　　　　蔣　捷

　　雙調四十六字，前後段各四句三仄韻。
雲褰翠幕。滿天星、碎珠迸索。孤蟾闌外照我，看看過
○○●●韻●○○讀●○○●韻○○●●●句○○●

轉角。　酒醒寒砧正作。待眠來、夢魂怕惡。枕屏那
●●韻　　●●○○●●韻●○○讀●○●●韻●○●
更畫了，平沙斷雁落。
●●●句○○●●●韻

　　此與"行思坐憶"詞同,惟前後段第三句不用韻異,其兩
結句亦不作上一下四句法。

漁家傲四體

　　明蔣氏《九宮譜目》入中呂引子。
　　按此調始自晏殊,因詞有"神仙一曲漁家傲"句,取以爲
名。如杜安世詞三聲叶韻,蔡仲詞添字者,皆變體也。外有十
二箇月鼓子詞,其十一月、十二月起句俱多一字。歐陽修詞云
"十一月新陽排壽宴"、"十二月嚴凝天地閉",歐陽原功詞云
"十一月都人居暖閣"、"十二月都人供暖箑",此皆因月令,故
多一字,非添字體也。

漁家傲

　　　　　　　　　　　　　　晏　殊

　　雙調六十二字,前後段各五句五仄韻。
畫鼓聲中昏又曉。時光只解催人老。求得淺歡風日好。
⊙●○○○●韻⊙●⊙○○●韻●●⊙○○●●韻
齊揭調。神仙一曲漁家傲。　　綠水悠悠天杳杳。浮生
○●●韻○○●●○○●韻　　●●○○○●●韻○○

豈得長年少。莫惜醉來開口笑。須信道。人間萬事何
⊙●○○●韻●●●○○●●韻⊙●●韻⊙○●●○
時了。
○●韻

此調以此詞爲正體，宋元人俱如此填。若周詞之叠韻，杜詞之三聲叶韻，蔡詞之添字，皆變體也。

按宋杜安世詞前段第一二句"每到春來長如病。玉容瘦與薄妝稱"，"如"字平聲，"薄"字仄聲；結句"奈向後期全無定"，"向"字仄聲，"期"字平聲。後段第二句"花間衆禽愁難聽"，"禽"字平聲；第三句"天賦多情翻成恨"，"成"字平聲。每句俱作拗體。又元凌彥翀詞前段起句"採芝步入南山道"，"芝"字平聲，"步"字"入"字俱仄聲，俱與此詞平仄全異。又晏詞別首前段起句"幽鷺慢來窺品格"，"幽"字平聲。歐陽修詞第二句"葉籠花罩鴛鴦侶"，"葉"字仄聲，"花"字平聲。後段起句"愁倚畫樓無計奈"，"愁"字平聲；"畫"字仄聲；第二句"亂紅飄過秋塘外"，"亂"字仄聲；第三句"腸斷樓南金鎖戶"，"腸"字平聲。杜安世詞第四句"有誰道"，"有"字仄聲。俱與此詞平仄小異。譜內可平可仄據之，餘參所採諸詞句法同者。

又一體

周紫芝

雙調六十二字，前後段各五句四仄韻一叠韻。

遇坎乘流隨分了。鷄蟲得失能多少。兒輩雌黃堪一笑。
●●○○●●韻○●●○○●韻○●○○○●●韻
堪一笑。鶴長鳬短從他道。　幾度秋風吹夢到。花姑
○●●叠●○○●○●韻　●●○○●●韻○○

631

溪上人空老。喚取扁舟歸去好。歸去好。孤篷一枕秋
○●○○●韻●●○○○●●韻○●●叠○○●○
江曉。
○●韻

　　此與晏詞同,惟前後段第四句用叠韻異。見《竹坡詞》,採入以備一體。

又一體

杜安世

　　雙調①六十二字,前後段各五句兩平韻三叶韻。
疏雨才收淡净天。微雲綻處月嬋娟。寒雁一聲人正遠。
○●○○●○韻○○●●●○○韻○●●○○●●叶
添幽怨。那堪往事思量遍。　　誰道綢繆兩意堅。水萍
○○●叶●○●●○○●叶　　○●○○●●○韻○○
風絮不相緣。舞鑑鸞腸虛寸斷。芳容變。好將憔悴教
○●●○韻●●○○○●●叶○○●叶●○○●○
伊見。
○●叶

　　此調用三聲叶,《壽域詞》二首皆然。其一首前段第四句"春色盡","色"字仄聲;第五句"蠟梅枝上櫻桃嫩","枝"字平聲。後段第二句"熏餘乍厭錦衾温","熏"字平聲,"乍"字仄聲;第三句"消減玉肌誰與問","消"字平聲,"玉"字仄聲。譜內可平可仄據此。

　　此詞一先韻本部三聲叶,而"遠""怨""斷"三字間通十

---

①調:原誤作"詞",據文義改。

四願十五翰者，以元、寒、先古韻本通也。別首十二文本部三聲叶，而間通十一軫十四願者，亦以真、文、元古韻本通耳，與曲韻平仄互叶者不同。

又一體

蔡　伸

雙調六十六字，前後段各六句五仄韻。

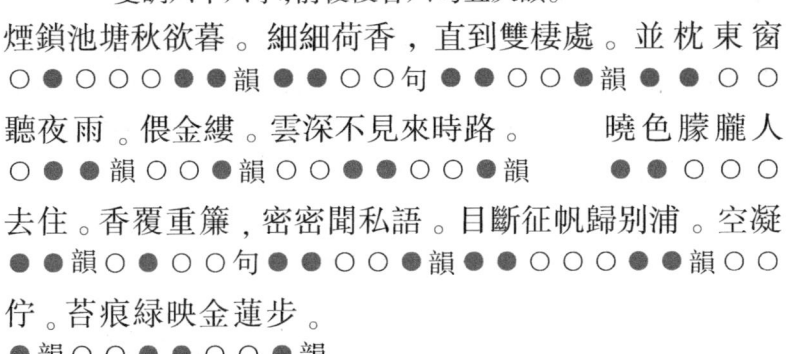

此見《友古集》。校晏詞，前後段第二句各添二字，攤破作兩句，名《添字漁家傲》，其調近《蝶戀花》，惟以前後多第五句三字爲分別也。

蘇幕遮一體

唐教坊曲名。按《唐書·宋務光傳》，比見都邑坊市，相率爲渾脫隊，駿馬戎服，名《蘇幕遮》。又按張説集有《蘇幕遮》七言絕句，宋詞蓋因舊曲名，另度新聲也。周邦彦詞有"鬢雲鬆"句，更名《鬢雲鬆令》。金詞注"般涉調"。

蘇幕遮

范仲淹

雙調六十二字,前後段各七句四仄韻。

碧雲天,黄葉地。秋色連波,波上含煙翠。山映斜陽天接水。芳草無情,更在斜陽外。　黯鄉魂,追旅思。夜夜除非,好夢留人睡。明月樓高休獨倚。酒入愁腸,化作相思淚。

此調衹有此體,宋元人俱如此填。

前段第三四句,梅堯臣詞"亂碧萋萋,雨後江天曉","亂"字"雨"字俱仄聲。第五句,蘇軾詞"一局選仙逃暑困","一"字"選"字俱仄聲。第六七句,蘇詞"笑指尊前,誰向清宵近","笑"字仄聲,"誰"字平聲。後段第三句,張先詞"回首旗亭","回"字平聲。第四句,蘇詞"誰敢爭先進","誰"字平聲。第五句,杜安世詞"獨上高樓臨暮靄","獨"字仄聲;楊澤民詞"溪上故人無恙否","故"字仄聲。第六七句,張先詞"天若有情,天也終須老",兩"天"字俱平聲,"有"字仄聲。譜內可平可仄據此。若《花草粹編》無名氏詞前段起二句"與君別,情易許","別"字仄聲,此亦偶然,不必從。

攤破南鄉子二體

　　《太平樂府》、《中原音韻》俱注"大石調"。高拭詞注"南呂宮"。《太和正音譜》注"小石調"，亦入"仙吕宫"。趙長卿詞名《青杏兒》，又名《似孃兒》。《翰墨全書》黃右曹詞有"壽堂已慶靈椿老"句，名《慶靈椿》。《中州樂府》趙秉文詞有"但教有酒身無事"句，名《閒閒令》。

攤破南鄉子

程　垓

雙調六十二字，前後段各六句三平韻。

休賦惜春詩。留春住、説與人知。一年已負東風瘦，説
● ● ● ○ ○ 韻 ● ● ● 讀 ● ● ○ ○ 韻 ● ● ● ○ ○ ● 句
愁説恨，數期數刻，只望歸時。　莫怪杜鵑啼。真箇
○ ● ● 句 ● ○ ● ● 句 ● ● ○ ○ 韻　　● ● ● ○ ○ 韻 ○ ●
也、喚得人歸。歸來休恨花開了，梁間燕子，且教知
● 讀 ● ● ○ ○ 韻 ○ ○ ● ● ○ ○ ● 句 ○ ○ ● ● 句 ● ○ ○
道，人也雙飛。
● 句 ○ ● ● ○ ○ 韻

　　此詞前後段一二三句近《南鄉子》，與《醜奴兒》無涉。自宋黃庭堅集誤刻《醜奴兒》，元好問仿其體，加以"促拍"二字，《詞律》相沿，遂編入《醜奴兒》體，今照《樂府雅詞》改定。
　　此調以此詞爲正體，宋元人俱如此填。若趙詞之攤破句法，注中向詞之添字，皆變體也。

前段第二句，鄧光薦詞"海棠花、開未開間"，"海"字仄聲，"花"字"開"字俱平聲。第三句，劉長翁詞"不記去年今夕夢"，"記"字"夕"字俱仄聲，"年"字平聲；鄧詞"莫言春色三分二"，"春"字平聲。第四五句，趙秉文詞"今年花謝，明年花謝"，兩"花"字俱平聲。後段第一句，鄧詞"侯印舊家氈"，"侯"字平聲。第二句"早天邊、飛詔催歸"，"早"字仄聲，"天"字"邊"字俱平聲。第四五句，趙詞"有花也好，無花也好"，"有"字仄聲，"無"字平聲，"也"字仄聲。第六句，趙詞"選甚春秋"，"選"字仄聲。譜內可平可仄據此，餘參下詞。

又一體

趙長卿

雙調六十二字，前段六句三平韻，後段五句三平韻。

最苦是離愁。行坐裏、只在心頭。待須作箇巫山夢，孤
●●●○○韻○●讀●●○○韻●●●○○●句○
衾展轉，無眠到曉，和夢都休。　　夢裏也無由。誰敢
○●●句○○●●句○●○○韻　　●●●○○韻○●
望、真箇綢繆。暫時不見渾閒事，只愁柳絮楊花，自來
●讀○○○韻●○●●○○●句●○●●○○句●○
擺蕩難留。
●●○○韻

此亦程詞體，惟後段第四五六句攤破四字三句，作六字兩句異。

按向鎬有六十六字詞一首，前段結句"那底都是虛脾"，後段結句"看俺麼裸而歸"，校程詞多四字，因詞俚不錄。

明月逐人來一體

按《能改齋漫録》云李持正自撰譜，蓋因詞有"皓月隨人近遠"句，故名。

明月逐人來

李持正

雙調六十二字，前段六句五仄韻，後段六句四仄韻。
星河明澹。春來深淺。紅蓮正、滿城開遍。禁街行樂，
○○○●韻○○○●韻○○●讀●○○●韻●○●●句
暗塵香拂面。皓月隨人近遠。　　天半鼇山，光動鳳樓
●●○○●韻●●○○●●韻　　○●○○句●●●○
西觀。東風靜、珠簾不卷。玉輦待歸，雲外聞弦管。認
●韻○○●讀○○●●韻●●●○句○●○○●韻●
得宮花影轉。
●○○●●韻

此調自此詞外，衹有張元幹詞可校。張詞前段第四五句"軟紅影裏，誰會王孫意"，"影"字仄聲，"誰"字平聲，"會"字仄聲，"孫"字平聲。後段第二句"五夜春風鼓吹"，"五"字仄聲，"春"字平聲，"鼓"字仄聲；第四句"鳳幢未暖"，"幢"字平聲，"暖"字仄聲；結句"更問陰晴天氣"，"天"字平聲。譜內可平可仄據此。

甘州遍一體

按唐教坊大曲有《甘州》。凡大曲多遍，此則《甘州曲》之一遍也。

甘州遍

毛文錫

雙調六十三字，前段六句三平韻，後段八句五平韻。

春光好，公子愛閒遊。足風流。金鞍白馬，雕弓寶劍，
○○●句○●●○○韻●○○韻○○●●句○○●●句
紅纓錦襜出長秋。　　花蔽膝，玉銜頭。尋芳逐勝歡
○○●●●○○韻　　○●●句●○○韻○○●●○
宴，絲竹不曾休。美人唱、揭調是甘州。醉紅樓。堯年
●句●●●○○韻●○讀●●●○○韻●○○韻○○
舜日，樂聖永無憂。
●●句●●●○○韻

按《花間集》毛詞別首與此平仄如一，惟後段第四句"往往路人迷"，上"往"字仄聲；第七句"鳳凰詔下"，"鳳"字仄聲。譜內可平可仄據此。

別怨一體

調見《惜香樂府》，因詞有"翻成別怨不勝悲"句，取以爲名。

別怨

趙長卿

雙調六十三字,前段五句四平韻,後段六句三平韻。

驕馬頻嘶。曉霜濃、寒色侵衣。鳳幃私語處,翻成別怨
○●○○韻●○○讀○●○○韻●○○●●句○○●
不勝悲。更與叮嚀囑後期。　素約諧心事,重來了、
●○○韻●●○○●●○韻　●●○○句○○●讀
比看相思。如何見得,明年春事濃時。穩乘金鐙裏,來
●●○○韻○○●●句○○○●○○韻●○○●●句○
爛醉、玉東西。
●●讀●○○韻

宋詞只此一體,無別首可校。

麥秀兩岐一體

唐教坊曲名。《碧雞漫志》云,屬黃鍾宮。

麥秀兩岐

和　凝

雙調六十四字,前後段各七句六仄韻。

涼簟鋪斑竹。鴛枕並紅玉。臉蓮紅,眉柳綠。胸雪宜新
○●○○●韻○●●○●韻●○○句○●●韻○●○○

浴。淡黃衫子裁春縠。異香芬馥。羞道交回燭。未
●韻●○○●●○●韻●○○●韻　　○●○○●韻●
慣雙雙宿。樹連枝，魚比目。掌上腰如束。嬌嬈不禁人
●○○●韻●○○句○●●韻●●○○●韻○○●●○
拳踘。黛眉微蹙。
○●韻●○○●韻

　　此調見《尊前集》，句短韻促，無他首可校，其平仄當遵之。

獻衷心二體

唐教坊曲名。

獻衷心

歐陽炯

　　雙調六十四字，前段九句四平韻，後段八句四平韻。

見好花顏色，爭笑東風。雙臉上，晚妝同。閉小樓深
●●○○●句○●○○韻○●●句●○○韻●●○○
閣，春景重重。三五夜，偏有恨，月明中。　　情未
●句○○⊙○韻⊙●●句○●●句●○○韻　　○●
已，信曾通。滿衣猶自染檀紅。恨不如雙燕，飛舞簾
●句●○○韻●○○●●○○韻●●○○●句○●○
櫳。春欲暮，殘絮盡，柳條空。
○韻○●●句○●●句●○○韻

　　調見《花間集》。宋元人無照此填者，在唐詞中亦祇有顧敻
添字一體，故譜內可平可仄即叅之。

又一體

顧敻

雙調六十九字，前後段各九句四平韻。

繡鴛鴦帳暖，畫孔雀屏攲。人悄悄，月明時。想昔年歡
●〇〇●句●●〇〇韻〇●●句●〇〇韻●●〇〇
笑，恨今日分離。銀釭背，銅漏永，阻佳期。小鑪
●句●●●〇〇韻〇〇●句〇●●句●〇〇韻　●〇
煙細，虛閣簾垂。幾多心事，暗地思惟。被嬌娥牽役。
〇●句〇●〇〇韻●〇〇●句●●〇〇韻●〇〇●●句
魂夢如癡。金閨裏，山枕上，始應知。
〇●〇〇韻〇〇●句〇〇●句●〇〇韻

此與歐陽炯詞同，惟前段第二句、第六句添一字，後段第一二句及第三四句各添一字，皆襯字也。觀此知唐時已開襯字法門。

黃鍾樂一體

唐教坊曲名。

黃鍾樂

魏承班

雙調六十四字，前後段各五句三平韻。

池塘煙暖草萋萋。悒悵閒宵含恨，愁坐思堪迷。遙想玉
〇〇〇●●〇〇韻〇●●〇〇●句〇●●〇〇韻〇●●

人情事遠，音容渾是隔桃溪。　　偏記同歡秋月低。　簾
○○●●句○○○●●○○韻　　○●○○○●○韻○
外論心花畔，和醉暗相攜。何事春來君不見，夢魂長在
●○○○句○●●○○韻○●○○○●●句●○○●
錦江西。
●○○韻

　　　　詞見《花間集》，無別首可校。

醉春風一體

　　　　趙鼎詞名《怨東風》。《太平樂府》、《中原音韻》俱入中呂類。《太和正音譜》注"中呂宮"，亦入"正宮"，又入"雙調"。蔣氏《十三調》注"中呂調"。

醉春風

　　　　　　　　　　　　　　　趙德仁

　　　　雙調六十四字，前後段各七句四仄韻兩疊韻。
陌上清明近。行人難借問。風流何處不歸來，悶。悶。
●●○○韻○○○●●韻○○●●●○○句●韻●疊
悶。回雁峰前，戲魚波上，試尋芳信。　夜永蘭膏
●疊⊙●○○句●○○●句●○○●韻　●●○○
爐。春睡何曾穩。枕邊珠淚幾時乾，恨。恨。恨。惟有
●韻⊙●○○●韻○○○●●○○句●韻●疊●疊○●
窗前，過來明月，照人方寸。
○○句●⊙○●句●○○●韻

此調衹有趙鼎詞可校,若元人王實甫、馬東籬輩於前後段第三句俱叶平韻,畢竟是曲,故不附録。按趙詞前段第三句"魚書蝶夢兩消沈","蝶"字仄聲;第五句"結盡丁香","結"字仄聲。後段第二句"羅巾空淚粉","巾"字平聲,"淚"字仄聲;第三句"欲將遠意托湘弦","遠"字仄聲;第六句"畫簾悄悄",上"悄"字仄聲。譜內可平可仄據此。

握金釵二體

《梅苑》無名氏詞名《戞金釵》。

握金釵

呂渭老

雙調六十四字,前後段各七句四仄韻。

風日困花枝，晴蜂自相趁。晚來紅淺香盡。整頓腰肢暈
⊖●●○○句○○●●韻●○○●●韻●●○○⊖
殘粉。弦上語，夢中人，天外信。　青杏已成雙，新
○●韻○●●句●○○句○●●韻　○●●○○句○
尊薦櫻笋。爲誰一和銷損。數著佳期又不穩。春去也，
○●●韻●○●○●韻●●○○●●韻○●●句
怎當他,清晝永。
●○○句○●●韻

此詞前後段第二三四句例作拗句,呂詞二首皆然。若《梅苑》詞,則惟第四句作拗體,故不条校平仄。

按呂詞別首前段起句"向晚小妝勻","向"字仄聲;第四句

"開盡繁花又春晚"，"開"字平聲。後段第三句"見來無計拘管"，"無"字平聲；第四句"心似芭蕉乍舒展"，"心"字"舒"字俱平聲。譜內可平可仄據此。

又一體

《梅苑》無名氏

雙調六十四字，前後段各六句四仄韻。

梅蕊破春寒，春來何太早。輕傅粉、向人先笑。比並年
○●●○句　○○○●韻　○●●讀●○○●韻　●●○
時較些少。愁底事，十分清瘦了。　　影靜野塘空，香
○●●韻　○●●讀●○○●●韻　　●●●○句○
寒霜月曉。風韻減、酒醒花老。可煞多情要人道。疏竹
○○●韻○●●讀●○○●韻●●○○●○●韻○●
外，一枝斜更好。
●句●○○●●韻

此與呂詞同，惟前後段第三句俱添一字，作上三下四句法，第六七句俱減一字，作五字一句異。

侍香金童三體

金詞注"黃鍾宮"，又"黃鍾調"。按《開天遺事》，王元寶常於寢帳床前，雕矮童二人，捧七寶博山鑪，自暝焚香徹曉。調名取此。無名氏詞即咏其事也。

侍香金童

《樂府雅詞》無名氏

雙調六十四字,前後段各六句四仄韻。

寶臺蒙繡,瑞獸高三尺。玉殿無風煙自直。迤邐傍懷盈
●●○⊖句●●○○●韻●●○○○●韻⊖●○○
綺席。苒苒菲菲,斷處凝碧。　　是龍涎鳳髓,惱人情
●●韻⊖●○○句●●○●韻　　●○○●●句○○○
意極。想韓壽、風流應暗識。去似彩雲無處覓。惟有多
●●韻●⊖●讀○○○●●韻●●●○○●●韻⊖●○
情。袖中留得。
○句●○○●韻

此調有蔡伸、趙長卿二詞可校。此詞後段第三句八字,蔡伸詞則前段第三句八字,趙長卿詞則前後段第三句皆八字,餘俱同,可平可仄即系二詞。

按金詞注"黃鍾宮"者,本此填,惟換頭仍作四字一句、五字一句。

又一體

蔡　伸

雙調六十四字,前後段各六句四仄韻。

寶馬行春,緩轡隨油壁。念一瞬、韶光堪重惜。還是去
●●○○句●●○○●韻●●讀○○○●●韻○●
年同醉日。客裏情懷,倍添悽惻。　　記南城錦逕,名
○○●●韻●⊖○○句●○○●韻　　●○○●●句○

園曾遍歷。更柳下、人家如織。此際憑闌愁脉脉。滿目
○○●●韻●●●讀○○○●韻●●○○●●韻●●
江山，暮雲空碧。
○○句●○○●韻

此與《梅苑》詞同，惟前段第三句八字，後段第三句七字異。

又一體

趙長卿

雙調六十五字，前後段各六句四仄韻。

一種春光，占斷東君惜。算穠李、韶華爭並得。粉膩酥
●●○○句●●○○●韻●○●讀○○○●●韻●●○
融嬌欲滴。端的尊前，舊曾相識。　向夜闌酒醒，霜
○○●韻○●○○句●○○●韻　●●○●●句○
濃寒又力。但只與、冰姿添夜色。繡幕銀屏人寂寂。只
○○●韻●●●讀○○○●●韻●●○○○●●韻●
許劉郎，暗傳消息。
●○○句●○○●韻

此亦與《梅苑》詞同，惟前後段第三句俱作八字異。

按金詞注"黃鍾調"者，本此填，惟換頭仍作四字一句、五字一句。

緱山月一體

蔣氏《九宮譜目》入正宮引子。

緱山月

梁 寅

雙調六十四字,前段七句四平韻,後段七句三平韻。

急雨響巖阿。陰晴暗薜蘿。山中春去更寒多。縱柴門不
●●●○○韻○○●●韻○○●●○○韻●○○●
閉,花滿逕,蒼苔潤,少人過。　蘭舟曾記蘭汀宿,
●句○●●句○○●句●○○韻　○○○○○●句
牽恨是煙波。而今林下和樵歌。看風風雨雨,從造物,
○●●○○韻○○○●●○○韻●○○●●句○●●句
時時變,總心和。
○○●句●○○韻

按《九宮譜》所載元詞,前後段第三句校此詞各多一字,第五六七句作四字兩句,換頭作六字句,雖句讀小異,其源實出於此詞也。但宋人無填此調者,故可平可仄無從糸校。

喝火令一體

調見《琴趣外篇》。

喝火令

黃庭堅

雙調六十五字,前段五句三平韻,後段七句四平韻。

見晚情如舊，交疏分已深。舞時歌處動人心。煙水數年
●●○○●句○○●●●○韻●○○●●○韻○●●○
魂夢，無處可追尋。　　昨夜鐙前見，重題漢上襟。便
○●句○●●○○韻　　●●○○●句○○●●○韻●
愁雲雨又難禁。曉也星稀，曉也月西沈。曉也雁行低
○○●●○○韻●●○○句●●●○○韻●●●○○
度，不會寄芳音。
●句●●●○○韻

　　此詞無他首可校，後段句法，若準前段，則第四句應作"星月
雁行低度"，今叠用三"曉也"字，攤作三句，當是體例應然，填者
須遵之。

芭蕉雨一體

　　調見程垓《書舟詞》。

芭蕉雨

程　　垓

　　雙調六十五字，前段五句四仄韻，後段六句四仄韻。
雨過涼生藕葉。晚庭消盡暑、渾無熱。枕簟不勝香滑。
●●○○●●韻○○●●●讀○○●韻●●●○○●韻
怎奈寶帳情生，金尊意愜。　　玉人何處夢蝶。思一見
●●●●○○句○○●●韻　　●○○●●●韻○●●
冰雪。須寫箇貼兒、丁寧說。試問道、肯來麼，今夜小
○●韻●●●●○讀○○●韻●●●讀●○○句○●●

院無人，重樓有月。
●○○句○○●●韻

此調僅見此詞，無別首可校。

淡黃柳三體

姜夔自度曲，《白石集》注"正平調"。

淡黃柳

姜　夔

雙調六十五字，前段五句五仄韻，後段七句五仄韻。

空城畫角。吹入垂楊陌。馬上單衣寒惻惻。看盡鵝黃嫩
⊖○●●韻○●○○●韻●●○○○●●韻●●○○
綠。都是江南舊相識。　　正岑寂。明朝又寒食。強攜
●韻○●○○●○●韻　　●○韻○○●○●韻⊖○
酒、小橋宅。怕梨花、落盡成秋色。燕燕飛來，問春何
●讀●○●韻○○讀●●○○●韻●●○○句○○
在，惟有池塘自碧。
●句○●○○●●韻

"正岑寂"三字，《詞律》移作前段結句，查張炎、王沂孫詞俱屬換頭，今改正。

此詞可平可仄即系下張、王二詞。

又一體

張　炎

雙調六十五字，前段五句五仄韻，後段七句四仄韻。

楚腰一捻。羞剪青絲結。力未勝春嬌怯怯。暗托鶯聲細
●〇●韻〇●〇〇韻●●〇〇〇●●韻●〇〇●
説。愁壓眉心鬭雙葉。　　正情切。柔條未堪折。應不
●韻〇●〇〇●●韻　　●〇韻〇〇●〇韻●●
應、管離別。如今已入東風眼，　空望斷章臺，馬蹄何
●讀●〇●韻〇〇●●〇〇●句　〇●●〇〇句●〇〇
處，閉了黃昏淡月。
●句〇●〇〇●●韻

此與姜詞同，惟後段第四句少一字，不押韻，第五句多一字異。

按此詞後段第四句本不用韻，或改"眼"字作"睫"字者非。

又一體

王沂孫

雙調六十五字，前段五句四仄韻，後段七句四仄韻。

花邊短笛。初結孤山約。雨悄風輕寒漠漠。翠鏡秦鬟釵
〇〇●●韻〇●〇〇韻●●〇〇〇●●韻●●〇〇〇
別，同折幽芳怨搖落。　　素裳薄。重拈舊紅萼。欺携
●句〇●〇〇●●韻　　●〇韻〇〇●〇韻〇〇
手、轉離索。料青禽、一夢春無幾，後夜相思，素蟾低
●讀●〇●韻●〇〇讀●●〇〇●句●●〇〇句●〇〇

照，誰掃花陰共酌。
●句○●○○●●韻

　　此亦與姜詞同，惟前後段第四句不用韻異。或引《古今通韻》，藥可通屑，疑"別"字爲韻，非也。

　　按《通韻》藥之通錫，則引《毛詩》"左手執籥"、"右手秉翟"，覺之通職，則引《毛詩》"食我場藿"、"以永今夕"，沃之通陌，則引《毛詩》"不敢不局"、"不敢不脊"，蓋以屋、沃、覺、藥、陌、錫、職即東、冬、江、陽、庚、青、蒸之入聲，平聲七韻宮音可通，則入聲七韻亦可通也。故此詞"笛"字、姜詞"角"字"綠"字可以注韻，若以藥通屑，則罕有此例。

輥繡毬一體

調見《惜香樂府》。

輥繡毬

趙長卿

雙調六十五字，前段七句兩仄韻，後段七句三仄韻。

流水奏鳴琴、風月淨、天無星斗。翠嵐堆裏，蒼巖深
○●●○○句　○●●讀　○○○●韻　●○○●句　○○○
處，滿林霜膩，暗香凍了，那禁頻嗅。　馬上再三回
●句●○○●句●○●●句●○○●韻　●●●○○
首。還記省、去年時候。十分全似，那人風韻，柔腰弄
●韻○●●讀●○○●韻●○○●句●○○●句○○●

影，冰腮退粉，做成清瘦。
●句○○●●句●○○●韻

汲古閣本後段第六句少一字，今據《詞緯》增定。平仄無他詞可校。

錦纏道三體

《全芳備祖》樂府名《錦纏頭》，江衍詞名《錦纏絆》，原注"黃鍾宮"。

錦纏道

宋　祁

雙調六十六字，前段六句四仄韻，後段六句三仄韻。

燕子呢喃，景色乍長春晝。睹園林、萬花如繡。海棠經
●●○○句●●●○○●韻●○○讀●○○●韻●○
雨胭脂透。柳展宮眉，翠拂行人首。　　向郊原踏青，
●○○●韻●●○○句●●○○●韻　●○○●○句
恣歌攜手。醉醺醺、尚尋芳酒。問牧童、遥指孤村道，
●○○●韻●○○讀●○○●韻●●○讀○●○○●句
杏花深處，那裏人家有。
○○○●句●●○○●韻

按沈際飛《續草堂詩餘》後段第三句作"尚尋芳問酒"，將下句"問"字移入上句，妄爲增損，不知此調前後段第三句例作七字上三下四句法，後段第四句例作八字上三下五句法，不押韻，有《全芳備祖》無名氏詞可校也，故此詞可平可仄悉粂無名氏詞。

又一體

《全芳備祖》無名氏

雙調六十七字，前段六句四仄韻，後段六句三仄韻。

雨過園林，觸處落紅微綠。正桑葉、新齊如沃。嬌羞只
●●○○句●●●●○●韻●○●讀○○○●韻●○●
恐人偷矚。背立牆陰，慢展纖纖玉。　聽啼鳩幾聲，
●○○●韻●●○○句●●○○●韻　●○○●●句
耳邊相促。念蠶饑、四眠初熟。勸路傍、立馬莫踟躕，
●○○●韻●○○讀●○○●韻●●○讀●●●○○句
是邦人口裏，却道秋胡曲。
●○○●●句●●○○●韻

此與宋詞同，惟後段第五句添一字異，蓋襯字也。

又一體

江 衍

雙調六十六字，前後段各六句三仄韻。

屈曲新隄，占斷滿林佳氣。畫簷兩行連雲際。亂山叠翠
●●○○句●●●○○●韻●○●○○●韻●○●●
水迴環，岸邊樓閣，金碧遥相倚。　柳陰低映，穠艷
●○○句●○○●句○●○○●韻　●○○●句○●
花光洵美。好昇平、爲誰初起。大都風物不由人，
○○●韻●○○讀●○○●韻●○○●●○○句
舊時荒壘，今日香煙地。
●○○●句○●○○●韻

此亦宋詞體，惟前段第三句不作上三下四句法，第四句不押韻，後段第一二句照前段作四字一句、六字一句，第四句減一字作七字句異。

厭金杯一體

調見《東山樂府》，一名《獻金杯》。

厭金杯

賀　鑄

雙調六十六字，前後段各七句四仄韻。

風軟香遲，花深漏短。可憐宵、畫堂春半。碧紗窗影，
○●○○句○○●●韻○○讀●○○韻●○○●句
卷帳蠟鐙紅，鴛枕畔、密寫烏絲一段。　　拾翠沙空，
●●●○○句○○●讀●●○○●●韻　　●●○○句
採蘋溪晚。儘愁倚、夢雲飛觀。木蘭艇子，幾日渡江
●○○●韻●○●讀●○○●韻●○●●句●●●○
來，心目斷。桃葉青山隔岸。
○句○●●韻○●○○●●韻

此調無他首可校。按《花草粹編》後段"採蘋溪晚"句，誤刻"拾翠沙空"句上，今從《詞緯》本訂正。

慶春澤三體

此調有兩體，六十六字者見張先詞，九十八字者見《梅苑》

詞。

慶春澤

張　先

雙調六十六字，前後段各七句四仄韻。

飛閣危橋相倚。人獨立東風，滿衣輕絮。還記憶江南，
⊖●○○●韻○●●○○句●○○●韻○○●○○句
如今天氣。正白蘋花，繞堤漲流水。　　寒梅落盡誰
⊖○○●韻●●○○句●○○●韻　　○○●●○
寄。方春意無窮，青空千里。愁草樹依依，關城初閉。
●韻○⊖●○○句○○○●韻○●●○○句○○○●韻
對月黃昏，角聲傍煙起。
●●○⊖句⊖○●○●韻

宋人無填此調者，故譜內可平可仄悉紊張詞別首。

按前段第三句"絮"字在六御韻，屬角音，通首所用乃四紙韻，屬徵音，本不相通，《詞律》注"借叶"無據。或曰吳越間方言"絮"讀作"枲"，轉入八霽便可與四紙通，然終是出韻，不可爲法。

又一體

張　先

雙調六十六字，前後段各七句四仄韻。

艷色不須妝樣。風韻好天真，畫毫難上。花影灩金尊，
●●●○○●韻○●●○○句●○○●韻○●●○○句
酒泉生浪。鎮欲留春，傍花爲春唱。　　銀塘玉宇空
●○○●韻●●○○句○○●○●韻　　○○●●○

曠。冰齒映輕脣，蕊紅新放。聲宛轉，疑隨煙香悠颺。
●韻○●●○○句●○○韻○●●句○○○○○●韻
對暮林靜，寥寥振清響。
●●○●句○○●○●韻

　　此與"飛閣危橋"詞同，惟後段第四句三字，第五句六字異。
　　按此詞兩結，"鎮"字、"爲"字、"對"字、"振"字皆用去聲，與前詞"正"字、"漲"字、"對"字、"傍"字同。

又一體

《梅苑》無名氏

雙調九十八字，前後段各十句四仄韻。

曉風嚴，正蕭然兔園，薄霧微罩。梅漸弄白，聳危苞勻
●○○句●○○●○句●●○●韻○●●●句●○○
小。胭脂半點瓊瑰勝，　望江南、信息何杳。縱壽陽妍
●韻○○●●○○●句　●○○讀●●○●韻●●○○
姿，學就新妝，暗香須少。　　幽艷滿寒梢，更遊蜂舞
○句●●○○句●○○●韻　　○●●○○句●○○●
蝶，渾無飛遶。天賦品格，借東皇施巧。孤根占得春前
●句○○○●韻○●●●句●○○○●韻○○●●○○
俊，笑雪霜、漫欺容貌。況此花高強，終待和羹，
●句●●○讀●○○●韻●●○○○句○●○○句
肯饒芳草。
●○○●韻

　　此詞見《梅苑》，亦名《慶春澤》，録之以備一體。至《詞律》所收劉鎮詞一百八字者，係《高陽臺》，與此無涉。

行香子八體

《中原音韻》、《太平樂府》俱注"雙調"。蔣氏《九宮譜目》入中呂引子。

行香子

晁補之

雙調六十六字，前段八句四平韻，後段八句三平韻。

前歲栽桃，今歲成蹊。更黃鸝久住相知。微行清露，細
●●○○句○●○○韻●○●●○○韻○○●●句●
履斜暉。對林中侶，閒中我，醉中誰。　何妨到老，
●○○韻●○○●句○○●句●○○韻　○○●●句
常閒常醉，任功名生事俱非。衰顏難強，拙語多遲。但
○○○●句●○○○●●○○韻○○●●句●●○○韻●
醉同行，月同坐，影同歸。
●●○句●○●句●○○韻

此調以晁詞、蘇詞、秦詞、韓詞爲正體，而韓詞一體填者頗少。按此五首，字句悉同，所辨者在前後段起二句或押韻或不押韻耳。若杜詞之或添字，或減字，趙詞之減字，李詞之添字，皆變體也。

此詞前段起句、後段第一二句俱不用韻，晁詞別首"雪裏清香"詞正與此同。又王銑"金井先秋"詞亦與此同，惟前段第三句"幾回驚覺夢初長"，不作上三下四句法異。

葛勝仲詞前段第三句"漸老人不奈悲秋"，"老"字仄聲。晁詞別首後段第一二三句"芳尊移就，幽葩折取，似玉人攜手同歸"，

"折"字"玉"字俱仄聲。譜內可平可仄據此,其餘悉糸類列諸詞。惟杜詞平仄獨異,即不復校。

又一體

蘇　軾

雙調六十六字,前段八句五平韻,後段八句三平韻。

携手江村。梅雪飄裙。情何限、處處銷魂。故人不見,
○●○○韻○●○○韻○○●讀●●○○韻●○●●句

舊曲重聞。向望湖樓,孤山寺,涌金門。　尋常行
●●○○韻●●○○句○○●句●○○韻　○○○

處,題詩千首,繡羅衫、與拂紅塵。別來相憶,知是何
●句○○○●句●○○讀●●○○韻●○○句○●○

人。有湖中月,江邊柳,隴頭雲。
○韻●○○●句○○●句●○○韻

此與晁詞同,惟前段起句押韻異。

按晏幾道"晚綠寒紅"詞及蘇軾別首"北望平川"詞,皆與此同。又歐陽修詞前段第三句"藍溪水、染輕裙",少一字;後段第三句"向越橋邊、青柳朱門"多一字。查張先集刻前句作"藍溪水、深染青裙",後句作"越橋邊、青柳朱門",仍與蘇詞體同,故不另錄。

又一體

蘇　軾

雙調六十六字,前段八句五平韻,後段八句四平韻。

綺席纔終。歡意猶濃。酒闌時、高興無窮。共誇君賜，
●●○○韻○●○○韻●○○讀○●○○韻○○●句
初拆臣封。看分香餅，黃金縷，蜜雲龍。　鬭贏一
○●○○韻●○○句●○●句●○○韻　●●●
水，功敵千鍾。覺凉生、兩腋清風。暫留紅袖，少却紗
句○●○○韻●○○讀●●○○韻●○●句●●○
籠。放笙歌散，庭館靜，略從容。
○韻●○○●句○●●句●○○韻

此與晁詞同，惟前段第一句押韻，後段第二句亦押韻異。
按蘇軾"一葉舟輕"詞，晁補之"歸鳥翩翩"詞，晁次膺"別恨綿綿"詞，葛勝仲"風物颼颼"詞，趙師俠"春日遲遲"詞，汪莘"策杖溪邊"詞，洪瑹"楚楚精神"詞，黃昇"寒意方濃"詞，皆與此同。

又一體

秦　觀

雙調六十六字，前後段各八句五平韻。

樹繞村莊。水滿陂塘。倚東風、豪興徜徉。小園幾許，
●●○○韻●●○○韻●○○讀○●○○韻●○●句
收盡春光。有桃花紅，李花白，菜花黃。　遠遠苔
○●○○韻●○○句●○●句●○○韻　●●○
牆。隱隱茅堂。颺青旗、流水橋傍。偶然乘興，步過東
○韻●●○○韻●○○讀●●○○韻●○○●句●●○
岡。正鶯兒啼，燕兒舞，蝶兒忙。
○韻●○○句●○●句●○○韻

此亦與晁詞同，惟前段第一句押韻，後段第一二句俱押韻異。
按辛棄疾"白露園蔬"詞，劉過"佛寺雲邊"詞，蔣捷"紅了櫻

桃"詞,張翥"水遠天低"詞,元好問"漫漫清池"詞,皆與此同。

又一體

韓　玉

雙調六十六字,前段八句四平韻,後段八句五平韻。

一翦梅花，一見銷魂。況溪橋、雪裏前村。香傳細蕊，
●●○○句●●○○韻●○○讀●●○○韻○○●●句

春透靈根。更水清泠，雲黯淡，月黃昏。　幽過溪
○●○○韻●●○○句○●●句●○○韻　○●

蘭。清勝山礬。對東風、獨立無言。霜寒塞壘，風靜譙
○韻○●○○韻●○○讀●●○○韻●○●●句○●○

門。聽角聲悲，笛聲怨，恨難論。
○韻●●○○句●○●句●○○韻

此與晁詞同,惟後段第一二句押韻異。

又一體

杜安世

雙調六十八字,前後段各八句四平韻。

黃金葉細，碧玉枝纖。初暖日、當午晴天。向武昌溪
○○●●句●●○○韻●●讀○●○○韻●○○○

畔,於彭澤門前。陶潛影,張緒態,兩相牽。　數枝
●句○○●○○韻●○●句○●●句●○○韻　●○

堤面,幾樹橋邊。嫩垂條、絮蕩輕綿。繫長江舴艋，拂
○●句●●○○韻●○○讀●○○○韻●○○●●句●

深院秋千。寒食下，半和雨，半和煙。
○●○○韻○●●句●○●句●○○韻

此亦晁詞體,惟前後段第四五句各添一字,第六句各減一字異。句中平仄亦與各家小異。

又一體

趙長卿

雙調六十四字,前後段各八句五平韻。

驕馬花驄。柳陌經從。小春天、十里和風。箇人家住,
○●○○韻●●○○韻●○○讀●●○○韻●○○●句
曲巷墻東。好軒窗,好體面,好儀容。　燭炧歌慵。
●●○○韻●○○句●●●句●○○韻　●●○○韻
斜月朦朧。夜新寒、斗帳香濃。夢回畫角,雲雨匆匆。
○●○○韻●○○讀●●○○韻●●●○句○●○○韻
恨相逢,恨分散,恨情鍾。
●○○句●○●句●○○韻

此與秦詞體同,惟前後段第六句各減一字異。

按《太平樂府》雙調詞前後兩結,一首"似夢中身,石中火,水中鹽"、"是漢張良,越范蠡,晉陶潛"者,秦觀詞體也。一首"盼佳音,無佳信,悮佳期"、"見人羞,驚人問,怕人知"者,即此詞體也。

又一體

李清照

雙調六十九字,前段八句五平韻,後段八句三平韻。

草際鳴蛩。驚落梧桐。正人間天上愁濃。雪階月色，關
●●○○韻○●●○韻●○○●○○韻●○●●句○
鎖千重。縱浮槎來，浮槎去，不相逢。　　星橋鵲駕，
●○○韻●○○○句○○●句●○○韻　○○●●句
經年纔見，想離情別恨難窮。牽牛織女，莫是離中。甚
○○○●句●●○●○○韻○●●句●●○○韻●
一霎兒晴，一霎兒雨，一霎兒風。
●●○句●●○●句●●○○韻

　　此與蘇軾"携手江村"詞同，惟後結三句各添一字異，亦襯字
也。

詞譜卷十五

酷相思一體

調見《書舟雅詞》。

酷相思

程垓

雙調六十六字，前後段各五句四仄韻一叠韻。

月挂霜林寒欲墜 。正門外、催人起 。奈離別、如今真箇
●●○○○●●韻●○●讀○○●韻●○●讀○○●
是 。欲住也、留無計 。欲去也、來無計 。　馬上離情
●韻●●●讀○○●韻●●●讀○○●叠　●●○○
衣上淚 。各自箇 、供顦悴 。問江路、梅花開也未 。春到
○●●韻●●●讀○○●韻●○●讀○○●●韻○●
也 、須頻寄 。人到也 、須頻寄 。
●讀○○●韻○●●讀○○●叠

此調祇有此詞，前後段兩結句例用叠韻，填者須遵之。

汲古閣本後段第二句脫"箇"字，今照《花草粹編》增入。

解佩令五體

調見《小山樂府》。按《楚辭》捐予佩兮澧浦，《韓詩外傳》鄭

交甫遇漢皋神女解佩，調名取此。

解佩令

晏幾道

雙調六十六字，前段六句四仄韻，後段六句三仄韻。

玉階秋感，年華暗去。掩深宮、團扇無緒。記得當時，
●○●句　○○●●韻　●●讀　○○●●韻　●●○○句
自剪下、機中輕素。點丹青、畫成秦女。　　凉襟猶
●●讀　○○●●韻　●○○讀　●○○●韻　　○○○
在，朱弦未改，忍霜紈、飄零何處。自古悲凉，是情
●句　○○●●句　●○○讀　○○●●韻　●●○○句　●○
事、輕如雲雨。倚幺絃、恨長難訴。
●讀　○○○●韻　●○○讀　●○○●韻

此調有許、王、史、蔣四詞可校，故譜內可平可仄悉系下四詞。汲古閣本前段第三①句"掩深宮、團扇無情緒"，多一字。又"團扇無緒"，一本作"扇鸞無緒"，今從《花草粹編》校定。

又一體

許冲元

雙調六十六字，前後段各六句四仄韻。

蕙蘭無韻，桃李堪掃。都不數、凡花閒草。對月臨風，
●○○●句　○●○●韻　●●讀　○○○●韻　●●○○句

---

① 三：原誤作"二"，據正文改。

長是伊、故來相惱。和魂夢、披他香到。　江頭隴
○●○讀●○●●韻○○●讀○○○●韻　○○●
畔，争先占早。一枝枝、看來總好。似恁風標，待發
句○○●●韻○○讀●○●●韻●●○○句●●
願、春前祈禱。祝東君、放教不老。
●讀○○●韻●○○讀●○●●韻

此與晏詞同，惟後段第二句用韻異。

又一體

王庭珪

雙調六十六字，前段六句四仄韻，後段六句五仄韻。

湘江停瑟，洛川回雪。是耶非、相逢飄瞥。雲鬢風裳，
○○○●句●○○●韻●○○讀○○○●韻○●○○句
照心事、娟娟山月。剪煙花、帶蘿同結。　留環盟
●○●讀○○○●韻○○讀●○○●韻　○○
切。貽珠情徹。解攜時、玉聲愁絕。羅襪塵生，早波
●韻○○○●韻●○讀●○○●韻○●○○句●○
面、春痕欲滅。送人行、水聲淒咽。
●讀○○●●韻●○○讀●○○●韻

此亦與晏詞同，惟後段第一二句俱用韻異。

又一體

史達祖

雙調六十六字，前段六句五仄韻，後段六句四仄韻一叠韻。

人行花塢。衣沾香霧。有新詞、逢春分付。屢欲傳情，
○○○●韻○○○●韻●○○讀○○○●韻●●○○句
奈燕子、不曾飛去。倚珠簾、詠郎秀句。　　相思一
●●●讀●○○●韻●○○讀●○●●韻　　○○●
度。濃愁一度。最難忘、遮鐙私語。澹月梨花，借夢
韻○○●●叠●○○讀○○○●韻●●○○句●●
來、花邊廊廡。指春衫、淚曾溅處。
○讀○○○●韻●○○讀●○●●韻

此與晏詞同，惟前後段第一句俱用韻，後段第二句叠韻異。

又一體

蔣　捷

雙調六十五字，前段六句三仄韻兩叠韻，後段六句五仄韻。

春晴也好。春陰也好。著些兒、春雨越好。春雨如絲，
○○●韻○○●叠●○○讀○●●叠○●○○句
繡出花枝紅㬳。怎禁他、孟婆合皁。　　梅花風悄。
●●○○●韻○○讀●○●●韻　　○○○●韻
杏花風小。海棠風、驀地寒峭。歲歲春光，被二十四風
●○○●叠●○○讀●●○●韻●●○○句●●●●○
吹老。楝花風、爾且慢到。
○●韻●○○讀●●●●韻

此與史詞同，惟前段第二第三句用叠韻，第五句減一字，後段第二句仍用韻，不叠上韻異。

垂絲釣四體

《中原音韻》注"商角調",《太平樂府》注"商調"。

垂絲釣

周邦彥

雙調六十六字,前段八句七仄韻,後段七句六仄韻。

鏤金翠羽。妝成纔見眉嫵。倦倚繡簾，看舞風絮。愁幾
● ○ ● 韻 ○ ● ● ○ ● 韻 ● ● ● ○ 句 ○ ● ○ ● 韻 ○ ●

許。寄鳳絲雁柱。春將暮。向層城苑路。　　鈿車似
● 韻 ● ● ○ ● 韻 ○ ○ 韻 ● ○ ● ● 韻 　　○ ○

水，時時花徑相遇。舊遊伴侶。還到曾來處。門掩風和
● 句 ○ ○ ● ● ○ 韻 ● ○ ● ● 韻 ○ ● ○ ○ 韻 ● ● ○ ○

雨。梁燕語。問那人在否。
● 韻 ○ ● 韻 ● ● ○ ● 韻

《花草粹編》以"春將暮"句作結,似語氣未完。汲古閣本以"鈿車似水"句分段,則又非韻,今照楊无咎詞體校正。

按趙彥端、方千里、陳亮諸詞俱與此同,惟陳允平和詞前段第三四句"憑闌看花柳,蜂黏絮",作五字、三字句,第六句"寶箏閒玉柱",結句"武陵溪上路",後段結句"舊夢還記否",俱不作上一下四句法。又趙彥端詞前結兩句"想芳逕,正垂垂美蔭","想"字仄聲。陳亮詞後段起句"登高未也","登"字平聲;第五句"短髮還羞覷","短"字仄聲;結句"近五雲深處","深"字平聲。陳允平詞後段第三句"鴛儔鳳侶","鴛"字平聲。譜內可平可仄據此,其

餘糸校所採諸詞。

又一體

楊无咎

雙調六十六字,前段八句七仄韻,後段七句六仄韻。

燕將舊侶。呢喃終日相語。似惜別離情,知幾許。誰與度。爲向人代訴。空朝暮。漫千言百句。怎生會得,爭如作箇青羽。又聞院宇。不在當時住。飛去無尋處。腸萬縷。寄暴風橫雨。

此與周詞同,惟前段第三句五字,第四句三字異。按楊詞別首前段第三四句"逸調響穿空,雲不度",正與此同。

又一體

吳文英

雙調六十六字,前段八句六仄韻,後段七句六仄韻。

聽風聽雨,春殘花落門掩。乍倚玉闌,旋翦夭艷。攜醉靨。放溯溪遊纜。波光閃。映燭花黯淡。碎霞澄水,吳宮初試菱鑑。舊情頓減。孤負深杯灩。衣露天香染。通夜飲。問漏移幾點。
●韻○●●韻●●○●●韻

此亦與周詞同,惟前段起句不用韻異。

或點第四句"旋翦夭艷"四字爲兩韻,引周邦彥詞"看舞風絮"、趙彥端詞"夜粉堪認"爲據,但查方、陳和詞皆不押韻,似亦不必。

按鄭庠《古音辨》侵、覃、鹽、咸四韻均爲羽音,通用,故此調"飲"字仄聲韻亦可與"掩"、"艷"、"纜"諸韻通也。

又一體

袁去華

雙調六十七字,前段七句六仄韻,後段八句六仄韻。

江楓秋老。曉來紅葉如掃。暮雨生寒,正北風低草。賓
○○○●韻●○○●○●韻●●○○句●●○○●韻○
鴻早。亂半川殘照。傷懷抱。記西園飲處,微雲弄
○●韻●●○○●韻○○●韻　●○○●●句○○●
月,梅花人面爭好。路長信杳。度日房櫳悄。還是黃昏
●句○○○●○●韻●○●●韻●●○○●韻○●○○
到。歸夢少。縱夢歸易覺。
●韻○●●韻●●○●●韻

此亦周詞體,惟前段第四句多一字,至後段起句應作前段結句,因不用韻,故不照楊詞分段。

謝池春三體

李石詞名《風中柳》,《高麗史》無名氏詞名《風中柳令》,孫道絢詞名《玉蓮花》,黃澄詞名《賣花聲》。

謝池春

陸　游

雙調六十六字,前後段各六句四仄韻。

賀監湖邊 , 初繫放翁歸棹 。 小園林 、 時時醉倒 。 春眠驚
⊖●○○句●●○○●韻●○○讀○○●●韻○⊖
起 , 聽啼鶯催曉 。 歎功名 、 誤人堪笑 。　　朱橋翠徑 ,
●句●○○●韻●⊖○讀●○○●韻　○○●●句
不許京塵飛到 。 挂朝衣 、 束歸欠早 。 連宵風雨 , 卷殘紅
●●○○⊖●韻●○○讀●○○●韻○○○●句●○○
如掃 。 恨尊前 、 送春人老 。
○●韻●○⊖讀●○○●韻

此調以此詞爲正體,若劉詞、無名氏詞之減字,皆變體也。

此詞前後段第五句例作上一下四句法,宋詞中無一異者。又宋人以換頭爲過變,故此詞前後段起句平仄不同,遍考宋詞,莫不皆然,惟孫道絢詞前句"消減芳容",後句"利鎖名韁",偶然相同,不必從也。至詞中前後段第三句,宋詞俱用仄平平平平仄仄,惟《高麗史》無名氏詞與此小異,因採以備體,原非定格,填者宜審之。

前段第一二句,李石詞"烟雨池塘,綠影乍添春漲","烟"字

平聲,"綠"字仄聲。第四五句,黃澄詞"畫樓睡起,正眼橫秋水","睡"字"眼"字俱仄聲。結句,李石詞"似玉人、瘦時模樣","玉"字仄聲。後段第四五句,李詞"重門靜院,度香風屛障","靜"字仄聲。結句,孫道絢詞"莫辜負、鳳幃人老","負"字仄聲。俱與此詞平仄小異。譜內據此,餘參劉詞。

又一體

劉　因

雙調六十四字,前後段各六句五仄韻。

我本漁樵,不是白駒空谷。對西山、悠然自足。北窗疏
●●○○句●●●○●韻●○○讀○○●●韻●○○
竹。南窗叢菊。愛村居、數閒茅屋。　　風煙草屨,滿
●韻○○●韻●○○讀●○○●韻　　○○●●句●
意一川平綠。問前溪、今朝酒熟。幽禽歌曲。清泉琴
●●○○●韻●○○讀○○●●韻○○●●韻○○○
筑。欲歸來、故人留宿。
●韻●○○讀●○○●韻

此與陸詞同,惟前後段第四句俱押韻,第五句各減一字異。

又一體

《高麗史‧樂志》無名氏

雙調六十四字,前後段各六句四仄韻。

愛鬢雲長,惜眉山翠。昨相見、一時眠起。爲伊尚未
●●○○句●●○●韻●○●讀●○●●韻●○●●

欲，將言相戲。早尊前、會人深意。雾時間阻，
●句　○○○●韻　●○○讀●○○●韻　　●○●句
眠兒早、巴巴地。便也解、封題相寄。怎生是款曲，
●○●讀○○●韻●●●讀○○○●韻　●○●●句
終成連理。管勝如、舊來識底。
○○○●韻●●○讀●○●●韻

此亦與陸詞同，惟前段第二句減二字，後段第二句句法折腰，前後段第四句五字、第五句四字異。

勝勝令二體

俞克成詞名《聲聲令》。

勝勝令

曹　勛

雙調六十六字，前段七句四平韻，後段八句四平韻。

梅風吹粉，柳影搖金。漸看春意入芳林。波明草嫩，據
○○●句　●●○○韻　●●●○○●●韻○○●●句●
征鞍，晚煙沈。向野館、愁緒怎禁。　過了燒鐙，醉
○●句●○○韻●●●讀○●●○韻　●●○○句●
別院，阻同尋。瑣窗還是冷瑶琴。鐙花謝也，擁春寒，
●句　●○○韻●○○●●○○韻●○●●句●○○句
掩閒衾。念翠屏、應倚夜深。
●○○韻●●○讀●●●○韻

此與俞詞俱用閉口韻，想是音律所寓，惜無可考，故譜內可平

可仄悉糸俞詞。

又一體

俞克成

雙調六十六字,前段七句四平韻,後段八句六平韻。

簾移碎影,香褪衣襟。舊家庭院媆苔侵。東風過盡,暮
○○●●句○●○○韻●○○●●○○韻○○●●句●
雲鎖,綠窗深。怕對人、閒枕剩衾。　　樓底輕陰。
○●句●○○韻●●○讀●●●○韻　　○●○○韻
春信斷,怯登臨。斷腸魂夢兩沈沈。花飛水遠,便從
○●●句●○○韻●○○●●●○韻○○●●句●○
今。莫追尋。又怎禁、蘚地上心。
○韻●○○韻●●○讀●●●○韻

此與曹詞同,惟後段起句及第六句俱用韻異。

玉梅令一體

姜夔自度高平調曲,因詞中有"玉梅幾樹"句,取以為名。

玉梅令

姜　夔

雙調六十六字,前段七句四仄韻,後段六句三仄韻。

疏疏雪片。散入溪南苑。春寒鎖、舊家亭館。有玉梅幾
○○●●韻●●○○韻○○●讀●○○●韻●●○●

樹，背立怨東風，花未吐，暗香已遠。　公來領客，
●句●●○○句○●●句●○●●韻　○○●●句
梅下花能勸。花長好、願公更健。便揉春爲酒，剪雪作
○●○○●韻○○讀●○●●韻●○○●句●●●
新詩，拌一日、繞花千轉。
○○句○●●讀●○○●韻

　　坊本此詞前段第六句作"高花未吐"，多一"高"字；後段第二
句作"梅花能勸"，少一"下"字，今從《詞緯》本改正。蓋以"花未
吐，暗香已遠"，正與後段"拌一日、繞花千轉"句法相對。"梅下
花能勸"，正與前段"散入溪南苑"，句法對也。
　　此詞亦無別首宋詞可校，其平仄當遵之。

青玉案十三體

　　漢張衡詩"何以報之青玉案"，調名取此。《中原音韻》注"雙
調"。《太和正音譜》注"高平調"。蔣氏《九宮譜目》入中呂引子。
韓淲詞有"蘇公堤上西湖路"句，名《西湖路》。

青玉案

賀　鑄

雙調六十七字，前後段各六句五仄韻。
凌波不過橫塘路。但目送、芳塵去。錦瑟年華誰與度。
●○●●○○●韻●●●讀○○●韻●●○○○●●韻
月樓花院，綺窗朱户。惟有春知處。　碧雲冉冉蘅皋
●○○●句●○○●韻●●○○●韻　●○●●○○

暮。綵筆空題斷腸句。試問閒愁知幾許。一川烟草，滿
●韻●●〇〇●●韻●⊖〇〇●●韻〇〇●句⊖
城風絮。梅子黄時雨。
〇⊖●韻⊖●〇〇●韻

此調以賀詞、蘇詞及毛詞、史詞爲正體。若張炎詞之叠韻,李彌遜、吳潛、胡銓詞之添字,李清照詞之句法小異,曹組詞之句法小異又添字,毛詞別首之攤破句法,趙長卿詞之減字,趙詞別首之句讀參差,皆變體也。但諸詞中,有前段第二句六字折腰,後段第二句或七字或六字或八字者;有前段第二句七字,後段第二句或七字或八字者;有前段第二句六字不折腰,後段第二句或七字或八字者;亦有前段第二句五字者;又有前後段第五句或押韻或不押韻者,各以類列,庶不混淆。

此調後段第二句例作拗句,如歐陽修詞"爭似家山見桃李",程垓詞"別後誰吟倚樓句",高觀國詞"入畫遥山翠分黛",吳文英詞"不忍輕飛送殘照",南北宋人皆然。

又此調後段起句,宋詞俱仄平仄仄平平仄,惟黄庭堅"烟中一線"詞"別恨朝朝連暮暮","恨"字、上"暮"字俱仄聲,"朝朝"二字俱平聲。第二句,宋詞俱仄仄平平仄平仄,惟曹冠"烟村茂樾"詞"枝上鶯歌如解勸","如"字平聲,"解"字仄聲。前後段第三句,宋詞俱仄仄平平平仄仄,惟石孝友詞"蕭蕭霜風落平野"、"別後知他爲何也","落"字"爲"字俱仄聲,"平"字"何"字俱平聲。此等句法,宋人間一爲之,非定格也,若彙爻入圖,恐失此調本體,故但詳注以備考證。譜内可平可仄,悉校所採諸詞。

又一體

蘇　軾

雙調六十七字,前後段各六句四仄韻。

三年枕上吳中路。遣黃耳、隨君去。若到松江呼小渡。
○○●●○○●韻●○●讀○○●韻●●○○○●●韻
莫驚鷗鷺，四橋盡是，老子經行處。　輞川圖上看春
●○○●句●○●●句●●○○●韻　●○○●○○
暮。常記高人右丞句。作箇歸期天已許。春衫猶是，小
●韻○●○○●○●韻●●○○○●●韻○○○●句●
蠻鍼線,曾濕西湖雨。
○○●句○●○○●韻

此與賀詞同,惟前後段第五句各不押韻,宋元詞如此填者甚多。

又一體

李彌遜

雙調六十八字,前後段各六句四仄韻。

楊花儘教難拘管。也解趁、飛紅伴。驄馬無情人漸遠。
○○●●○○●韻●●●讀○○●韻○●○○○●●韻
沙平淺渡，雨濕孤邨，何處長亭晚。　欲憑桃葉傳春
○○●●句●●○○句○●○○●韻　●○○●○○
怨。莫不似、斜風倩雙燕。縱得書來春又換。只將心
●韻●●●讀○○●○●韻●●○○○●●韻●○○

事，分付眉尖，寂寞梨花院。
●句○●○○句●●○○●韻

　　此即蘇詞體，惟後段第二句八字異。《松隱集》曹勛詞二首，正與此同。但曹詞前後段第三句"趁得梅花先春到"，"正怕和風都開了"，俱作拗句。

　　按此詞前後段第五句第四字俱用平聲，又與諸家異。

又一體

毛　滂

　　雙調六十六字，前後段各六句四仄韻。

芙蕖花上濛濛雨。　又冷落、池塘暮。何處風來搖碧戶。
○○●●○○●韻　●●●讀○○●韻○●○○○●●韻
卷簾凝望，淡煙疏柳，翡翠穿花去。　　玉京人去無由
●○○●句●○○●句●●○○●韻　　●○○●○○
駐。忍獨在、憑闌處。試問綠窗秋到否。可人今夜，新
●韻●●●讀○○●韻●●●○○●●韻●○○●句○
涼一枕，無計相分付。
○●●句○●○○●韻

　　此詞前後段第五句俱不用韻，與蘇詞同，惟後段第二句作六字折腰句法異。宋有呂渭老、王炎、沈端節諸詞可校。

　　元顧德輝詞，亦填此體，惟換頭句"紅入花腮青入萼"，兩"入"字俱仄聲，"腮"字平聲。

677

又一體

史達祖

雙調六十六字,前後段各六句五仄韻。

蕙花老盡離騷句、綠染遍、江頭樹。日午酒消聽驟雨。
●○●●○○韻●●讀○○●韻●●○○●●韻
青榆錢小，碧苔錢古。難買東君住。　官河不礙遺鞭
○○○●句●○○●韻●●○○●韻　○○●●○○
路。被芳草、將愁去。多定紅樓簾影暮。蘭鐙初上，夜
●韻●○●讀○○●韻○●○○○●韻○○○句●
香初炷。猶自聽鸚鵡。
○○●韻○●●○●韻

此詞前後段第五句用韻,與賀詞同,惟後段第二句作六字折腰句法異。宋有黃公紹詞可校。

又一體

張　炎

雙調六十六字,前後段各六句五仄韻一叠韻。

萬紅梅裏幽深處、甚杖屨，來何暮。草帶湘香穿水樹。
●○○●○○韻●●●句○○●韻●●○○○●韻
塵留不住。雲留却住。壺內藏今古。　獨清懶入終
○○●韻○○●叠○○○●韻　●○●●○
南去。有忙事、修花譜。騎省不須重作賦。園中成趣。
○●韻●○●讀○○●韻○●●○○●●韻○○○●韻

琴中得趣。酒醒聽風雨。
○○●叠●●○○●韻

此與史詞同,惟前後段第四句多押一韻,第五句用叠韻異。

又一體

吳潛

雙調六十八字,前後段各六句四仄韻。

人生南北如岐路。惆悵方回斷腸句。四野碧雲秋日暮。
○○○●○○●韻○●○○●●●句○●●○○●韻
葦汀蘆岸,落霞殘照,時有鷗來去。一杯眇眇懷今
●○○●句●○○●句○●○○●韻○○●●○○
古。萬事悠悠付寒暑。青箬綠蓑便野處。有山堪采,有
●韻●●○○●○●韻○●●○●●●韻●○○●句●
溪堪釣,歸計聊如許。
○○●句○●○○●韻

此即蘇詞體,惟前段第二句亦作七字異。按張榘詞前段第二句"秋在黃花羞澀處",正與此同,但"羞"字平聲,"澀"字仄聲。

又一體

胡銓

雙調六十九字,前後段各六句四仄韻。

宜霜開盡秋光老。感動節物愁多少。塵世難逢開口笑。
○○○○○●●韻●●●●○○●韻○●○○○●●韻
滿林風雨,一江煙水,颯爽驚吹帽。玉堂金馬何須
●○○●句●○○●句●●○○●韻●○○●○○

到。且鬭取、尊前玉山倒。燕寢香清官事了。紫萸黃
●韻●●●讀○○●●韻●●○○○●●韻●○○
菊，皁羅紅袂，花與人俱好。
●句●○○●句○●○○●韻

此亦蘇詞體,惟前段第二句七字,後段第二句八字異。

又一體

李清照

雙調六十七字,前後段各六句四仄韻。

征鞍不見邯鄲路。莫便匆匆歸去。秋風蕭條何以度。明
○○●●○○●韻●●○○○●韻○○○○○●●韻○
窗小酌，暗鐙清話，最好留連處。　相逢各自傷遲
○●●句●○○●句●●○○●韻　　○○●●○○
暮。猶把新詩誦奇句。鹽絮家風人所許。如今憔悴，但
●韻○●○○●○●韻○●○○○●●韻○○○●句●
餘雙淚，一似黃梅雨。
○○●句●●○○●韻

此即蘇詞體,惟前段第二句六字不折腰異。

又一體

曹組

雙調六十八字,前後段各六句四仄韻。

碧山錦樹明秋霽。路轉陡疑無地。忽有人家臨曲水。竹
●○●●○○●韻●●●○○●韻●●○○○●●韻●

籬茅舍，酒旗沙岸，一簇漁樵市。　　淒涼只恐鄉心
○○●句●○○●句●●○○●韻　　○○●●○○
起。鳳樓遠、回頭漫凝睇。何處今宵孤館裏。一聲征
●韻●　○　●讀○○●●韻●●○○○●韻●○○
雁，半窗明月，總是離人淚。
●句●○○●句●●○○●韻

　　此與李清照詞同，惟後段①第二句八字異。按曹詞別首前段
第二句"在家縱貧亦好"，後段第二句"正思鄉、驚時夢初覺"，正
與此同。

又一體

毛滂

　　雙調六十八字，前後段各五句五仄韻。
今宵月好來同看。月未落、人還散。把手留連簾兒畔。
○○●●○○●韻●●●讀○○●韻●●○○○●韻
含羞和恨轉嬌盼。任花映、春風面。　　相思不用寬金
○○●●●○●韻●○●讀○○●韻　　○○●●○○
釧。也不用、多情似玉燕。問取嬋娟學長遠。不必清光
●韻●●●讀○○●●韻●●○○●●韻●●○○
夜夜見。但莫負、團圓願。
●●●韻●●●讀○○●韻

　　此詞前段第二句六字，後段第二句八字，與李彌遜詞同。惟
前後段第四五句減一字，作七字一句，兩結添一字，俱作六字句
異。

---

① 後段：原誤作"前後段"，據正文删"前"字。

又按前後段第三句第六字用平聲,俱作拗體,所謂宋人間一爲之,原非定格也。至第四句前後平仄亦不同,惜無別首可校。

又一體

趙長卿

雙調六十六字,前後段各六句五仄韻。

恍如遼鶴歸華表。閱盡人間巧。天乞一堂山對繞。微波
●○○●○○韻●●○○●韻○●●○○●●韻○○
不動,岸巾時照。照見星星好。　舞風荷蓋從敧倒。
●●句○○●●韻●●○○●韻　●○○●○○●韻
碧樹生凉自天杪。誰識元龍胸次浩。騎鯨欲去,引杯獨
●●○○●○●韻○●○○○●●韻○○●●句●○●
嘯。醉眼青天小。
韻●●○○●韻

此即賀詞體,惟前段第二句五字異。按趙詞別首前段第一二句"結堂雄占雲烟表。萬象争呈巧",正與此同。

又一體

趙長卿

雙調六十八字,前段五句四仄韻,後段六句四仄韻。

梅黃又見纖纖雨。客裏情懷兩眉聚。何處煙村啼杜宇。
○○●●○○韻●●○○●●韻○●○○○●韻
勸人歸去早思家,轉聽得、聲聲苦。　利名縈絆何時
●○○●●○句●●讀○○●韻　●○○●○○

住。惱亂愁腸成萬縷。滿眼興亡知幾許。 不知尋箇，老
●韻●●○○●韻●●○○●●韻●○○●句●
松石畔，作箇柴門户。
○●●句●●○○●韻

　　此詞前後段第一二三句與吳潛詞同，前結二句與毛滂"今宵
月好"詞同，但少押一韻，後結三句仍照蘇詞體填，句讀參差，亦變
調也，採以備體。按後段第二句不作拗體，亦與諸家異。

感皇恩七體

　　唐教坊曲名。陳暘《樂書》:祥符中,諸工請增龜玆部如教
坊,其曲有《雙調感皇恩》。金詞注"大石調",《中原音韻》注"南
吕宫"。黨懷英詞名《疊蘿花》。

感皇恩

毛　滂

　　雙調六十七字,前後段各七句四仄韻。
緑水小河亭，朱闌碧甃。江月娟娟上高柳。 畫樓縹緲，
⊖●●○○句●○●●韻○●○○●●韻●○●●句
盡挂窗紗簾繡。月明知我意， 來相就。　　銀字吹笙，
⊖⊖○○●韻●○⊖●句○○●韻　　●●○○句
金貂取酒。小小微風弄襟袖。 寶熏濃炷，人共博山煙
○○●韻●●○○●●韻●○○●句○●●○○
瘦。露涼釵燕冷，更深後。
●韻⊖○●⊖句⊖⊖●韻

683

此調以此詞爲正體，若晁詞、賀詞之偷聲，周詞之添字，趙詞、汪詞之減字，皆變體也。

　　按此調前後段第三句，宋詞例作拗體，俱平仄平平仄平仄，惟程大昌詞"老幼歡迎僮婢喜"、"文字流傳曾貴紙"，"僮"字"曾"字俱平聲，"婢"字"貴"字俱仄聲。又前後段第六七句，宋詞俱作仄平平仄仄，平平仄，或仄仄仄，惟陸敦信詞"風頭日脚下，人空老"、"而今酒興減，詩情少"，"日"字"酒"字俱仄聲；劉鎮詞"兒孫列兩行，萊衣戲"、"十分才一分，那裏暨"，"行"字"分"字俱平聲。至前段第二句，毛詞別首云"飲少輒醉"，"飲""少"二字俱仄聲。後段第一二句，晁補之詞云"憑誰向道，流光一瞬"，"誰"字平聲，"向""道"二字俱仄聲；別首云"繁枝高蔭，疏枝低繞"，"低"字平聲；晁沖之詞云"熟睡起來，宿醒微帶"，"熟"字"宿"字俱仄聲；趙企詞云"千里斷腸，關山古道"，周紫芝詞云"此去常恨，相從無路"，《梅苑》詞云"堪賞占斷，三春先手"，平仄各自不同，填者審擇一體，庶不混淆，故詳注不取彖校，其餘可平可仄悉系譜內六詞。至周詞換頭句"洞房見說"，平仄全異，亦不校注。

又一體

晁沖之

雙調六十七字，前後段各八句五仄韻。

蝴蝶滿西園，啼鶯無數。水闊橋南路。凝佇。兩行煙
○●●○○句　○○●韻　●●○○●韻　○●韻　●○○
柳，吹落一池風絮。秋千斜挂起，人何處。　　把酒勸
●句　○●●○○●韻　○○○●●句　○○●韻　　●●●
君，閒愁莫訴。留取笙歌住。休去。幾多春色，怎禁許
○句　○○●●韻　○●○○●韻　○●韻　●○○●句　●○●

多風雨。海棠花謝也，君知否。
○○●韻●○○●●句○○●韻

　　此與毛詞同，惟前後段第三句各藏短韻。按沈伯時《樂府指迷》所謂句中韻，歌時應拍，不可不押者也。

又一體

賀　鑄

　　雙調六十七字，前後段各八句六仄韻。

蘭芷滿汀洲，游絲橫路。羅襪塵生步。迴顧。整鬟顰
○●●○○句○○○●韻○●○○●韻○●韻●○○
黛，脉脉多情難訴。細風吹柳絮。人南渡。　回首舊
●句●●○○●韻●○○●●韻○○●韻　○●●
遊，山無重數。花底深朱戶。何處。半黄梅子，向晚一
○句○○○●韻○●○○●韻○●韻●○○●句●●●
簾疏雨。斷魂分付與。春歸去。
○○●韻●○○●●韻○○●韻

　　此亦與毛詞同，惟前後段第三句藏短韻，第六句又各多押一韻異。

又一體

周邦彦

　　雙調六十八字，前後段各七句四仄韻。

露柳好風標，嬌鶯能語。獨占春光最多處。淺顰輕笑，
●●●○○句○○○●韻●●○○●●●韻●○○●句

未肯等閒分付。爲誰心子裏，長長苦。　洞房見說，
●●○○●韻●○○●句○○●韻　●○●●句
雲深無路。憑仗青鸞道情素。酒空歌斷，又被江濤催
○○○●韻●●○○●●韻●○○●句●●○○
度。怎奈何、言不盡，愁無數。
●韻●●○讀○●●句○○●韻

此亦與毛詞同，惟後段第六句添一字異。

又一體

周紫芝

雙調六十八字，前後段各七句四仄韻。

無事小神仙，世人誰會。著甚來由自縈繫。人生須是，
○●●○○句●○○●韻●●○○●●韻○○○●句
做些閒中活計。百年能幾許，無多子。　近日謝天，
●○○●●韻●○○●●句○○●韻　●●●○句
與片閒田地。作箇茅堂待打睡。酒兒熟也，贏取山中一
●●○○●韻●●○○●●韻●○○●句○●○○●
醉。人間如意事，只此是。
●韻○○○●●句●●●韻

此亦與毛詞同，惟後段第二句添一字異。

此詞前後段第五句"活"字"一"字俱入聲，此即《樂府指迷》所謂以入替平之法，不可以上去聲字替，填者審之。

又一體

趙長卿

雙調六十五字,前後段各六句四仄韻。

景物一番新, 熙熙時候。小院融和漸長晝。 東君有意,
●●●○○句 ○○●●韻 ●●○○●●韻 ○○●●句
爲念纖腰消瘦。 軟風吹破眉間皺。 嫋嫋枝頭, 輕黃
●●○○●韻 ●○○●○○●韻　●●○○句○○
微透。舞到春深轉清秀。 錦囊多感, 又更新來傷酒。 斷
○●韻●●○○●○●韻 ○○○●句●●○○○●韻●
腸無語憑闌久。
○○●○○●韻

此亦與毛詞同,惟前後結兩句,各減一字,俱作七字一句異。

又一體

汪莘

雙調六十六字,前後段各七句四仄韻。

年少尋芳, 早春時節。飛去飛來似蝴蝶。 如今老大, 嬾
○●○○句 ●○○●韻 ○●○○●○●韻 ○○●●句 ●
趁五陵豪俠。夢中時聽得, 秦簫咽。 割斷人間, 柳
●●○○●韻●○○●●句 ○○●韻　●●○○句●
枝桃葉。海上書來恨離別。 舊遊還在, 空鎖雲霞萬叠。
○○●韻●●○○●○●韻 ●○○●句 ○●○○●●韻
舉杯相憶處, 青天月。
●○○●●句○○●韻

此亦與毛詞同，惟前段第一句減一字異。按《中州樂府》黨懷英詞前起二句"碧玉撚條，藍袍裁葉"，正與此同。至後段第五句第五字，諸家例用平聲，周紫芝用以入替平之法，此詞獨用去聲，偶然不同，恐非定格也。

鈿帶長中腔一體

調見《大聲集》，即詠鈿帶香囊本意。

鈿帶長中腔

万俟詠

雙調六十七字，前段八句六平韻，後段六句四平韻。

鈿帶長。簇真香。似風前、拆麝囊。嫩紫輕紅，間鬭異
●●〇韻●〇〇韻●〇〇讀●〇〇韻●〇〇句●●
芳。風流富貴，自覺蘭蕙荒。獨占蕊珠春光。　繡結
〇韻〇〇●●句●●〇〇韻●●〇〇韻　●●
流蘇密緻，魂夢悠揚。氣融液、散滿洞房。朝寒料峭，
〇〇●●句〇〇〇韻●〇●讀●●〇〇韻〇〇●●句
殢嬌不易當。著意要待韓郎。
●〇●●韻●●●●〇〇韻

《花草粹編》少起句"鈿帶長"三字，今從本集校正。此調祇有此詞，無別首可校。

夢行雲一體

調見《夢窗詞藁》,自注一名《六幺花十八》。《碧雞漫志》云:《六幺》曲内一叠名《花十八》,前後十八拍。

夢行雲

吴文英

雙調六十七字,前段七句五仄韻,後段八句三仄韻。

簟波皺纖縠。 朝炊熟。 眠未足。 青奴細膩, 未拌真珠
●○●○●韻 ○●韻 ○●韻 ○○●●句 ●○○○
斛。 素蓮幽怨風前影, 搔頭斜墜玉。 畫闌枕水, 垂
●韻 ●○○●○○句 ○○○●●韻 ●○●●句 ○
楊梳雨, 青絲亂, 如乍沐。 嬌笙微韻, 晚蟬亂秋曲。 翠
○○●句 ○○●句 ○●●韻 ○○○●句 ●○●○●韻 ●
陰明月勝花夜, 那愁春去速。
○○●○●句 ●○○●●韻

此調僅見此詞,無別首可校。

三奠子一體

調見元好問《錦機集》。按崔令欽《教坊記》有《奠璧子》小曲,此或因奠酒奠聲奠璧爲三奠,取以名詞也。

三奠子

王惲

雙調六十七字，前後段各九句四平韻。

悵神光奕奕，天上良宵。花露濕，翠釵翹。風回鸞扇
●〇〇●句　〇●〇〇韻　〇●●句　●〇〇韻　〇〇●●
影，愁滿紫雲軺。恨相望，雖一水，隔三橋。　朱絃
句　〇●●〇〇韻　●〇●句　〇●●句　●〇〇韻　　〇〇
寂寂，心思迢迢。人未老，鬢先彫。翻騰驚世故，機巧
●●句　〇〇●〇韻　〇●●句　●〇〇韻　〇〇〇●●句　〇●
到鮫綃。涼夜永，簫聲咽，篆烟飄。
●〇〇韻　〇●●句　〇〇●句　●〇〇韻

　　元人填此詞者，其字句韻悉同。惟前段第一句，高憲詞"上楚山高處"，"楚"字仄聲，"高"字平聲。第五句，高詞"草封諸葛廟"，"草"字仄聲。第六句，元好問詞"草木動威靈"，"草"字仄聲。第七句，元詞"連環玉"，"連"字平聲。第八句，元詞"迴文錦"，"文"字平聲。後段第一句，高詞"雁橫別浦"，"雁"字仄聲。第五句，高詞"美人何處住"，"美"字仄聲。第六句，高詞"倦客若爲留"，"倦"字仄聲。第七句，高詞"習池飲"，"習"字仄聲，"池"字平聲。譜內可平可仄據此。

鳳凰閣三體

　　高拭詞注"商調"。張炎詞有"漸數花風第一"句，名《數花風》。

鳳凰閣

柳永

雙調六十八字，前後段各六句四仄韻。

匆匆相見，懊惱恩情太薄。霎時雲雨人拋却。教我行思
◐○○●句◐●○○●●韻◐○◐●○●韻●●○○
坐想，肌膚如削。恨只恨、相違舊約。　相思成病，
◐●句◐○○●韻●●●讀○○●●韻　◐○○●句
那更瀟瀟雨落。斷腸人在闌干角。山遠水遠人遠，音信
◐●◐○●●韻◐○○●○○●韻○●●○○●句◐●
難託。這滋味、黃昏更惡。
○●韻●◐●讀○○●●韻

此見《花草粹編》，因《樂章集》不載，故無宮調可考。

此調以此詞爲正體，若葉、趙詞之減字，句讀參差，皆變格也。按張炎詞與此同，惟前後段第一二句"好遊人老，秋鬢蘆花共色"、"酒樓仍在，流落天涯醉白"，"好"字"酒"字俱仄聲，"秋"字"流"字俱平聲；第三句"征衣猶戀去年客"、"孤城寒樹美人隔"，"征"字"孤"字俱平聲；第四句"古道依然黃葉"、"烟水去程應遠"，"黃"字"程"字俱平聲；譜内可平可仄據此，其餘悉校葉、趙二詞。

又按此詞前後段第二句"太"字"雨"字，兩結句"舊"字"更"字，俱用去聲。譜内葉詞"翠"字"透"字"送"字"院"字最爲合法。

又一體

葉清臣

雙調六十七字，前後段各六句四仄韻。

遍園林緑暗，漸如翠幄。下無一片是花萼。可恨狂風横
●○○●●句○○●●韻●○●●●●韻●●○○
雨，忒煞情薄。盡底把、韶華送却。　楊花無頼，是
●句●●○●韻●●●讀○○●●韻　○○●●句●
處穿簾透幕。豈知人意正蕭索。春去也、這般愁，没處
●○○●●韻●○○●●●韻○●●讀●○○句●●
安著。怎奈向、黄昏院落。
○●韻●●●讀○○●●韻

　　此與柳詞同，惟前段起句添一字，第二句減二字，後段第四句作六字折腰句法異。

　　此詞後段結句"怎奈向"，與前段"盡底把"三字相對，諸家並無用平聲者，《詞律》誤作"爭奈何"，今依《花草粹編》校正。

又一體

趙師俠

雙調六十七字，前後段各六句四仄韻。

正薰風初扇，梅黄暑湹。並摇雙槳去程速。那更黄流浩
●○○●句○○●●韻●○●●●○●韻●●○○●
淼，白浪如屋。動歸思、離愁萬斛。　平生奇觀，頗
●句●●○●韻●○●讀○○●●韻　○○●●句●
快江山寓目。日斜雲定晚風熟。白鷺飛來，點破一
●○○●●韻●○○●●○●韻●●○○句●●●
川明緑。展十幅、瀟湘畫軸。
○○●韻●●●讀○○●●韻

　　此與葉詞同，惟後段第四句四字、第五句六字異。

看花回八體

琴曲有《看花回》,調名本此。此調有兩體,六十八字者,始自柳永,《樂章集》注"大石調",《中原音韻》注"越調",無別首宋詞可校。一百一字者,始自黃庭堅,有周邦彥、蔡伸、趙彥端諸詞可校。

看花回

柳　永

雙調六十八字,前後段各六句四平韻。

玉城金階舞舜干。　朝野多歡。　九衢三市風光麗,　正萬
●●○●●○韻　○●●○韻　●●○●●●句●●
家、急管繁絃。鳳樓臨綺陌,佳氣非煙。　　雅俗熙熙
○讀●●○○韻　◐○○●●句◐●○○韻　　◐●○○
物態妍。忍負芳年。笑筵歌席連昏晝,任旗亭、斗酒十
●●○韻●●○○韻●○○●○○●句●○○讀●●
千。賞心何處好,惟有尊前。
○韻●○○●●句○●○○韻

《詞律》本前段第四句脱一字,今依本集改正。

此調止有柳詞二首,無別首宋詞可校,其平仄亦如一,惟前結及換頭句小異。

又一體

柳永

雙調六十七字，前後段各六句四平韻。

屈指勞生百歲期。榮瘁相隨。利牽名惹逡巡過，奈兩
●●○○●○韻○●●○韻●○○●○○●句●●
輪、玉走金飛。紅顏成白首，極品何爲。　　塵事常
○讀●●○○韻○○●●句●○○韻　　○●○
多雅會稀。忍不開眉。畫堂歌管深深處，難忘酒琖花
○●○韻●●○○韻●○○●○○●句○○●○○
枝。醉鄉風景好，携手同歸。
○韻●○○●●句○●○○韻

此與前詞同，惟後段第四句六字異。

又一體

黃庭堅

雙調一百一字，前段九句四仄韻，後段九句五仄韻。

夜永蘭堂，醺飲半倚頹玉。爛漫墜鈿墮履，是醉時風
●●○○句○●●●○●韻●●●○●●句●●○
景，花暗殘燭。歡意未闌，舞燕歌珠成斷續。催茗飲、
●句○●○●韻●●●○句●●○○○●●韻○●●讀
旋煮寒泉，露井瓶寶響飛瀑。　　纖指緩、連環動觸。
●●○○句●●○●●○●韻　　○●●讀○○●●韻
漸泛起、滿甌銀粟。香引春風在手，似閩嶺越溪，初采
●●●讀●○○●韻○●○○●●句●○●●○句○●

盈掬。暗想當時，探春連雲尋篁竹。怎歸得、鬢將老，
○●韻⊖⊖⊖⊖句⊖●○○⊖●●韻●○●讀●○●句
付與杯中綠。
●⊖○⊖●韻

　　宋詞填此調者,惟前段第一二句、前後段第六七句句讀異,餘俱同。

　　按周邦彥"秀色芳容"詞,正與此同。惟前段第二句"明眸就中奇絕","眸"字"中"字俱平聲;結句"半晌斜盼費貼燮","貼"字仄聲。後段第二句"帶困時、似開微合","時"字平聲;結句"與他衫袖裏","他"字平聲,"袖"字仄聲。譜內可平可仄據此,其餘悉紊周、蔡、趙詞。

又一體

周邦彥

雙調一百一字,前段九句四仄韻,後段九句五仄韻。

惠風初散輕暖，霽景澄潔。秀蕊乍開乍歛，帶雨態煙
●○○●○⊖句●●○●韻●●●●●句●●●○
痕,春思紆結。危絃弄響，來去驚人鶯語滑。無賴處、
○句○●●韻○●●●句○●○○○●●韻○●●讀
麗日樓臺，亂絲岐路總奇絕。　　何計解、黏花繫月。
●●○○句●●○●●○●韻　　○●●讀○○●●韻
歎冷落、頓辜佳節。猶有當時氣味，挂一縷相思，不斷
●●●讀●○○●韻○●○○●●句●●●○○句●●
如髮。雲飛帝國，人在雲邊心暗折。語東風、共流轉，
○●韻○○●●句○●○○○●●韻●○○讀●○●句

漫作匆匆別。
●●○○●韻

　　此與黃詞同,惟前段起句六字、第二句四字異。

　　此調惟此詞及蔡詞句讀整齊,音韻諧婉,可以爲法。若黃詞之平仄獨異,趙詞之添字,皆變格也。

又一體

蔡　伸

　　雙調一百一字,前段九句四仄韻,後段九句五仄韻。

夜久涼生庭院，漏聲頻促。念昔勝遊舊地，對畫閣層
●●○○●句●○○●韻●●●○●●句●●○
巒，雨餘煙簇。新詩暗藏小字，霜刀刊翠竹。携素手、
○句●○○●韻○○●●○●句○○○●●韻○●讀
細繞回塘，芰荷香裏彩鴛宿。　　別後想、香消膩玉。
●●○○句●○○●●○●韻　　●●讀○○●●韻
帶圍減、削寬金粟。雖有鱗鴻錦素，奈事與心違，佳期
●○●讀●○○●韻●●○○●●句●●●○○句○○
難卜。擬解愁腸萬結，惟憑尊酒綠。望天涯、斷魂處，
○●韻●●○○●●句○○○●●韻●○○讀●○●句
醉拍闌干曲。
●●○○●韻

　　此與周詞同,惟前後段第六句六字、第七句五字異。

696

又一體

趙彥端

雙調一百三字,前段十句六仄韻,後段九句五仄韻。

愛日。報疏梅動意,春前呼得。畫棟曉開壽域。度百和
●●韻●○○●●句○○○●韻●●●○●●韻●●●
溫馨,霜華無力。斑衣翠袖人面,年年照酒色。環四
○○句●○○●韻●●●○○●句○○●●●韻○●
座、璧月瓊枝,恍然江縣擬鄉國。　聞道撫、東巖舊
●讀●●○○句●○○●●○●韻　○●●讀○●●
迹。又殊勝、謝家清逸。知與桃花笑了,定何似青鳥,
●韻●○●讀●○○●韻○●○○●●句●○●○●句
層城消息。他年妙高峰上,優曇會堪折。擁輕軒、未妨
○○○●韻●○●○○●句○○●○●韻●○○讀●○
遊戲,看取朱輪十。
○●句●●○○●韻

此詞前後段第六七句與蔡詞同,惟前段起句添一字,破作兩句,又藏一短韻,第三句又多押一韻,後段第八句又添一字異。

又一體

趙彥端

雙調一百四字,前段十句六仄韻,後段九句五仄韻。

注目。正江湖浩蕩,煙雲離屬。美人衣蘭佩玉。澹秋水
●●韻●○○●●句○○○●韻●○○●●韻●○●

凝神，陽春翻曲。烹鮮坐嘯，清净五千言自足。橫劍
〇〇句〇〇〇●韻〇〇〇●句〇〇〇〇〇●韻●
氣、南斗光中，浩然一醉引雙鹿。　回雁未歸書未
●讀〇〇〇句〇〇〇●●●韻　〇●●〇●
續。夢草處、舊芳重緑。誰憶瀟湘歲晚，爲喚起長風，
●韻●●讀●〇〇●韻〇〇〇〇●●句〇〇〇〇句
吹飛黃鵠。功名異時，圯上家傳謝寵辱。待封留、
〇〇〇●韻〇〇●〇句〇〇〇〇●●韻●〇〇讀
拜公堂下，願授我、長生籙。
●〇〇●句〇●●讀〇〇●韻

此與《愛日》詞同，惟前後段第六七句仍照周詞填，又换頭句不作上三下四句法，結句又添一字作折腰句法異。

汲古閣本後段結句仍作五字，今從《花草粹編》校定。

又一體

趙彥端

雙調一百四字，前後段各十句五仄韻。

端有恨，留春無計，花飛何速。檻外青青翠竹。鎮高節
〇●●句〇〇〇●句〇〇〇●韻●●〇〇●●韻〇●
凌雲，清陰常足。春寒風袂，帶雨穿窗如利鏃。催處
〇〇句〇〇〇●韻〇〇〇●句〇●〇〇〇●●韻〇●
處、燕巧鶯慵，幾聲鈎輈叫雲木。　看波面、垂楊蘸
讀●●〇〇句〇〇〇〇●〇●韻　〇●●讀〇〇●
緑。最好是、風梳煙沐。陰重重簾未卷，正泛乳新芽，
●韻●●●讀〇〇〇●韻〇〇〇〇●●句●●●〇〇句

香飄清馥。新詩惠我，開卷醒然欣再讀。歎詞章，過人
〇〇〇●韻〇〇●●句〇●〇〇〇●●韻●〇〇句●〇
華麗，擲地勝如金玉。
〇●句●●●〇〇●韻

　　此與"注目"詞同，惟前段起句三字，第二句四字異。
　　以上六詞及周詞別首俱押入聲韻，當是體例，填者須遵之。
　　《詞律》云："此調'何速'用平仄，'翠竹'用去仄，'常足'用平仄，'利鏃'用去仄，'雲木'用平仄，'蘸綠'用去仄，'煙沐'用平仄，'未卷'用去仄，'清馥'用平仄，'再讀'用去仄，'金玉'用平仄。"其所論平仄頗細，并錄之。

殢人嬌五體

《樂章集》注"林鍾商"。

殢人嬌

晏　殊

雙調六十八字，前後段各六句四仄韻。

二月春風，正是楊花滿路。那堪更、別離情緒。羅巾掩
●●〇〇句●●〇〇●●韻●〇●讀●〇〇●韻〇〇●
淚，任粉痕霑污。爭奈向、千留萬留不住。　　玉酒頻
句●〇〇●韻●●●讀〇〇●〇●●韻　　●●〇
傾，宿眉愁聚。空腸斷、寶箏絃柱。人間後會，又不知
〇句●〇〇●韻〇〇●讀●〇〇●韻〇〇●●句●●〇

699

何處。魂夢裏、也須時時飛去。
○●韻●○●●讀●○●●●●韻

　　此調以此詞爲正體,若楊詞之句讀小異,王、張、毛三詞之減字,皆變格也。此詞前後段第五句例作上一下四句法,宋元詞莫不皆然,填者審之。

　　前段第一二句,張彥實詞"深院海棠,誰倩春工染就","海"字仄聲。第三句,毛滂詞"說歸期、喚做的當","做"字仄聲。結句,晏詞別首"喜慶口、多少世人良願","少"字仄聲。後段第一句,張詞"今日乍晴","乍"字仄聲。結句,晏詞別首"香炷遠、同祝壽期無限","祝"字仄聲;毛詞"明夜裏、與伊畫著眉上","著"字仄聲;張詞"問何似、去年看花時候","何"字平聲。譜内本此作圖,其餘可平可仄悉校所採四詞。

　　又按柳永詞與此同,因前段第五句四字、後段第五句五字,疑有脫誤,詞又鄙俚,故不錄。

又一體

楊无咎

雙調六十八字,前後段各七句四仄韻。

露下天高，最是中秋景勝。喜銀蟾、十分增量。嫦娥飛
●●○○句●●○●●韻●○○讀●○○●韻○○○
下，見霧鬢風鬟。念八景園中，畫誰能盡。　慢奏雲
●句●●○○韻●●●○句●○○●韻　●●○
韶，美斟仙醞。清不寐、桂香成陣。只愁來夕，又陰晴
○句●●○●韻○●●讀●○○●韻●○○●句●○○
無準。却待約重圓，後期難問。
○●韻●●●○○句●○○●韻

此即晏詞體,惟前後兩結各作五字一句、四字一句異。本集有"惱亂東君"詞可校。

又一體

王庭珪

雙調六十七字,前段六句四仄韻,後段五句四仄韻。

小院桃花，煙鎖幾重珠箔。更深後、海棠睡著。東風吹去，落誰家墻角。平白地教人、為他情惡。　花若有情應不薄。也須悔、從前事錯。而今夜雨，念玉顏漂泊。知那裏人家、怎生頓著。
●●○○句●●○○●韻○○●讀●○○●韻○○●句●○○○●韻○○○讀●○○●韻　○●●○○●●韻●○●讀○○●●韻○○●●句●○○●句●○○○●韻○●●○○讀●○●●韻

此亦晏詞體,惟後段第一二句減一字,作七字一句異。

又一體

張智宗

雙調六十六字,前後段各六句四仄韻。

多少燕支，勻成點就。千枝亂、攢紅堆繡。花無長好，更光陰去驟。對景憶、良朋故應招手。　曾記年時，花開把酒。枉淋漓、春衫濕透。文園今病，問速能來
○●○○句○○●●韻○○●讀●○○●韻○○○●句●○○●●韻●●●讀○○●●韻　○●○○句○○●●韻●○○讀○●●韻○○○●句●●○○

否。却道有、酴醾牡丹時候。
●韻●●●讀○○●●○●韻

　　此即晏詞體,惟前段第二句減二字異。

又一體

毛　滂

　　雙調六十四字,前後段各六句四仄韻。

雪做屏風，花爲行障。屏障裏、見春模樣。小晴未了，
●●○○句○○●●韻○●●讀●○○●韻●●●●句
輕陰一餉。酒到處、恰如把春拈上。　　官柳黃輕，河
○○●●韻●●●讀●○●○○●韻　　○●○○句○
堤綠漲。花多處、少停蘭槳。雪邊花際，平蕪叠嶂。這
○●●韻○○●讀●○○●韻○○●●句○○●●韻●
一段、淒涼爲誰悵望。
●●讀○○●○●●韻

　　此與晏詞同,惟前段第二句減二字,前後段第五句又各減一字異。有向子諲、李清照詞可校。

詞譜卷十六

兩同心六體

此調有三體,仄韻者創自柳永,《樂章集》注"大石調",平韻者創自晏幾道,三聲叶韻者創自杜安世。

兩同心

柳　永

雙調六十八字,前段七句三仄韻,後段七句四仄韻。

佇立東風，斷魂南國。花光媚、春醉瓊樓，蟾彩迥、夜
●●○○句●○○○韻　○○●讀○●○○句○●●讀●
遊香陌。憶當時，酒戀花迷，役損詞客。　　別有眼長
○○●韻●○○句●●○○句●●○●韻　　●●●○
腰搦。痛憐深惜。鴛鴦阻、夕雨朝飛，錦書斷、暮雲凝
○●韻●○○●韻○○●讀●●○○句●○●讀●○○
碧。想別來，好景良時，也應相憶。
●韻●●○句●●○○句●○○●韻

此調以此詞爲正體,若楊詞之前段起句用韻,及前後段第五句押韻,皆變格也。

按柳詞別首後段第一二句"飲散玉鑪烟裊。洞房悄悄",上"悄"字仄聲;第三句"錦帳裏、低語偏濃","錦"字仄聲;第四句"銀燭下、細看俱好","燭"字仄聲。又楊无咎詞前後段第四句"饒濟濟、入時打扮"、"唯綴得、秋波一盼","打"字"一"字俱仄

聲,"秋"字平聲。兩結"小從容,不似前回,匆匆得見","告從今,休要教人,千呼萬喚","得"字"萬"字俱仄聲,"休"字"千"字俱平聲。又一首前段第三句"見玉人、且喜且悲","人"字平聲,兩"且"字俱仄聲;後段第一二句"覺來滿船清悄。愁恨多少","來"字"愁"字俱平聲,"恨"字仄聲。譜內可平可仄據此,餘參所採楊詞二首,惟前後段第五句平仄全異,故不參校。

又一體

楊无咎

雙調六十八字,前段七句四仄韻,後段七句五仄韻。

秋水明眸,翠螺堆髮。却扇坐、羞落庭花,凌波步、塵
○●○○句●●○○韻●●讀○●○○句○○●讀○
生羅襪。芳心發。分付春風,恰當時節。　漸解愁花
○○●韻○○●韻○●○○句●○○●韻　●●○○
怨月。忒貪嬌劣。寧寧地、情態干人,惺惺處、語言低
●●韻●○○●韻○○●讀○●○○句○○●讀○○○
說。相思切。不見須臾,可堪離別。
●韻○○●韻●●○○句●○○●韻

此與柳詞同,惟前後段第五句各用韻異。

又一體

楊无咎

雙調六十八字,前段七句四仄韻一叠韻,後段七句五仄韻。

行看不足。坐看不足。柳條軟、斜倚東風,海棠睡、醉
○○●●韻●○●●叠●○●讀○●○○句○●●讀●

敧紅玉。清堪掬。桃李漫山，真成粗俗。　遙夜幾番
○○●韻○○●韻○●○○句○○○●韻　○●●○
相屬。暗魂飛逐。深酌酒、低唱新聲，密傳意、解回嬌
○●韻●○○●韻○●●讀○○○●句●●●讀●○○
目。知誰福。得似風流，可伊心曲。
●韻○○●韻●●○○句●○○●韻

　　此詞前段起句用韻，第二句叠韻，與"秋水明眸"詞又小異。
　　按《逃禪集》有"涼生秋早"詞，前段起句亦用韻，而前後段第五句仍不用韻，應分一體，因詞俚不錄。

又一體

晏幾道

雙調六十八字，前段七句三平韻，後段七句四平韻。

楚鄉春晚，似入仙源。拾翠處、漫隨流水，踏青路、暗
●○○●句◐●◐○韻●●◐讀◐○○●句◐●●讀◐
惹香塵。心心在，柳外青帘，花下朱門。　對景且醉
●○○韻◐○◐句●◐○○句◐●○○韻　●●●●
芳尊。莫話銷魂。好意思、曾同明月，惡滋味、最是黃
○○韻●●○○韻●●◐讀○○○●句●◐●讀●●○
昏。相思處，一紙紅箋，無限啼痕。
○韻◐○◐句●●○○句◐●○○韻

　　此調平韻者，祇有晏詞及黃詞三首，所不同者前段起句或用韻，或不用韻耳。按黃詞別首前段起句"秋水遙岑"，"秋"字平聲；第三句"曾共結、合歡羅帶"，"曾"字平聲；又"儘道教、心堅穿石"，"教"字平聲；第四句"更說甚、官不容鍼"，"說"字仄聲；第五六七句"許多時、靈利惺惺，驀地昏沉"，"許"字仄聲，"時"字"靈"

字俱平聲，"驀"字仄聲。後段第三句"你共人、女邊著子"，"人"字平聲，"女"字"著"字俱仄聲；第四句"爭知我、門裏桃心"，"爭"字平聲；第五六七句"最難忘，小院回廊，月影花陰"，"最"字仄聲，"忘"字平聲。譜内可平可仄據此，餘參"巧笑眉顰"詞。

又一體

黄庭堅

雙調六十八字，前後段各七句四平韻。

巧笑眉顰。行步精神。隱隱似、朝雲行雨，弓弓樣、羅
●●○○韻○●○○韻●●讀○○●句○○●讀○
襪生塵。尊前見，玉檻雕籠，堪愛難親。　自言家住
●○○韻○○句●●○○句○●○○韻　●○●●
天津。生小從人。恐舞罷、隨風飛去，顧阿母、教窣珠
○○韻○●○○韻●●讀○○●句●●●讀○○
裙。從今去，唯願銀釭，莫照離尊。
○韻○○●句○●○○句●●○○韻

此與晏詞同，惟前段起句用韻異。

又一體

杜安世

雙調七十二字，前段七句四平韻，後段七句三平韻兩叶韻。

巍巍劍外，寒霜覆林枝。望衰柳、尚色依依。暮天静、
○○●●句○○●○○韻●●讀●●○○韻●○●讀
雁陣高飛。入碧雲際，江山秋色，遣客心悲。　蜀道
●●○○韻●●○○句○○○●句●●○○韻　●●

崝嶮行遲。瞻京都迢遞。聽巴峽、數聲猿啼。惟獨箇、
○●○○韻○○○●叶●○●讀●○○○韻○●●讀
未有歸計。漫空悵望，每每無言，獨對斜暉。
●●○叶●○●●句●●○○句●●○○韻

　　此詞用三聲叶韻,其前後段第二句、第五句較晏詞又各添一字,宋詞無別首可校。

拾翠羽一體

《洛神賦》"或拾翠羽",調名取此。

拾翠羽

張孝祥

雙調六十八字,前後段各七句四仄韻。

春入園林，花信總隨遲速。聽鳴禽、稍遷喬木。夭桃弄
○●○○句○●○○●韻●○○讀●○○●韻●○●
色，海棠芬馥。風雨霽，芳徑草心頻綠。　　禊事纔
●句●○○●韻○●●句○○●○○●韻　　●●○
過，相次禁煙追逐。想千年、楚人遺俗。青旗沽酒，各
●句○●●○○●韻●○○讀●○○●韻○○○●句●
家炊熟。良夜遊，明月勝燒花燭。
○○●韻○●○句○●●○○●韻

　　此詞見《于湖集》,無宋人別首可校。

707

連理枝二體

《尊前集》注"黃鍾宮"。《宋史·樂志》琵琶曲蕤賓調。程垓詞名《紅孃子》。劉過詞名《小桃紅》,又名《灼灼花》。

連理枝

李　白

雙調七十字,前後段各七句四仄韻。

雪蓋宮樓閉。羅幕昏金翠。鬭鴨闌干,香心淡薄,梅梢
● ● ○ ○ ● 韻 ● ● ○ ○ ● 韻 ● ● ○ ○ 句 ○ ○ ● ● 句 ○ ○
輕倚。噴寶猊香燼、麝烟濃,馥紅綃翠被。　淺畫雲
⊖ ● 韻 ● ⊖ ○ ○ ● 讀 ● ○ ○ 句 ● ○ ○ ● 韻　● ● ○
垂帔。點滴昭陽淚。咫尺宸居,君恩斷絶,似遥千里。
○ ● 韻 ● ● ○ ○ ● 韻 ● ● ○ ○ 句 ○ ○ ● ● 句 ● ○ ○ ● 韻
望水晶簾外、竹枝寒,守羊車未至。
● ● ⊖ ○ ● 讀 ● ○ ○ 句 ● ⊖ ○ ● ● 韻

此調以此詞爲正體,若邵詞之攤破句法,乃變格也。

此詞見《尊前集》,有宋晏殊、程垓、劉過、余桂英諸詞可校。舊譜或分作兩首者非。

余詞前段起句"芳草連天暮","芳"字平聲。晏詞第三四五句"朱槿猶開,紅蓮尚坼,芙蓉含蕊","朱"字平聲。又一首"不寒不暖,裁衣按曲,天時正好","寒"字平聲,"不"字"暖"字"正"字俱仄聲。劉過詞"翠袖輕匀,玉纖彈去,小妝紅粉","玉"字"小"字俱仄聲,"彈"字平聲。程詞第六句"奈梅花引裏、喚人行",

"引"字仄聲。晏詞後段第一二句"嘉宴凌晨啓。金鴨飄香細"，"嘉"字"金"字俱平聲。程詞第三四五句"燒筍園林，嘗梅臺榭，有何不可"，"燒"字"臺"字俱平聲，"不"字仄聲。余詞"門外當時，薄情流水，如今何處"，"薄"字仄聲，"如"字平聲。第六句"正相思望斷、碧山雲"，"相"字平聲，"望"字仄聲。譜內可平可仄據此，餘參邵詞句法同者。

此詞前後兩結句例作上一下四句法，如晏詞之"見梧桐葉墜"、"有年年歲歲"，又"見鑪香縹緲"、"永逍遙奉道"，程詞之"也留春得麼"、"待日長間坐"，又"苦隨他無計"、"枉教人憔悴"，劉詞之"與尊前離恨"、"拭香津微搵"，余詞之"鎮輕隨飛絮"、"又鶯啼晚雨"，等句可證，即邵詞亦然。

又一體

邵叔齊

雙調七十二字，前後段各六句四仄韻。

澹泊疏籬隔。寂寞官橋側。綠萼青枝風塵外，別是一般
●●○○●韻●●○○●韻●●○○○●句●●○○
姿質。念天涯憔悴、各飄零，記初曾相識。　雪裏清
○●韻●○○●●讀●○○句●○○○●韻　　●●○
寒逼。月下幽香襲。不似薄情無憑準，一去音書難得。
○●韻●●○○●韻●●●○○●●句●●○○○●韻
看年年時候、不踰期，報陽和消息。
●○○○●讀●○○句●○○○●韻

此調見《梅苑》，與李詞同，惟前後段第三四句攤破句法，作七字一句、六字一句異。宋詞中無別首可校。

月上海棠五體

此調有兩體,七十字者,見《梅苑》無名氏詞,金詞注"雙調"。陸游詞有"幾曾傳玉關遥信"句,更名《玉關遥》。九十一字者,見姜夔《白石詞》,注"夾鍾商",曹勛詞名《月上海棠慢》。

月上海棠

《梅苑》無名氏

雙調七十字,前後段各六句四仄韻。

南枝昨夜先回暖。 便凌寒、開花暗香遠。 化工忒煞, 把
●〇●〇〇●韻●〇讀〇●〇〇●韻●〇●句●
瓊瑶、恣情裁翦。 皚皚的, 點綴梢頭又遍。　　橫斜影
〇〇讀●〇〇●韻〇〇●句●●〇〇●●韻　　〇〇●
蘸清溪淺。 似玉人、臨鸞照粉面。 大家休折, 且遲留、
●〇〇●韻●●〇讀〇〇●●●韻●〇〇●句●〇〇讀
對花開宴。 祝東風, 吹作和羹未晚。
●〇〇●韻●〇〇句〇●〇〇●●韻

此調七十字者以此詞爲正體,若段詞之减字、添字,皆變格也。此詞有陸游詞二首可校。

按陸詞前段第二句"歎春醒、和夢甚時醒","夢"字仄聲;第三句"燕子空歸","子"字仄聲,"空"字"歸"字俱平聲;第四句"也依然、點酥翦水","翦"字仄聲。黨懷英詞"尚髣髴、見山清氣","髣""髴"二字俱仄聲。陸詞後段第一句"熏籠消歇沉烟冷","消"字平聲;第二句"淚痕深、展轉看花影","展""轉"二字俱仄

聲,"花"字平聲;第三句"漫擁餘香","擁"字仄聲,"香"字平聲;結句"西窗曉,幾聲銀瓶玉井","幾"字仄聲,"聲"字平聲。譜內可平可仄據此,餘条段詞句法同者。

《詞律》以陸詞後段結句"聲"字宜仄,不知陸詞別首"楚天危樓獨倚","天"字亦平聲。

又一體

段克己

雙調七十二字,前後段各六句四仄韻。

小樓舞徹雙垂手 。 便倩雁傳書 、 寄元九 。 舉首望南山 ,
●○●●○○●韻 ●●●○○讀 ●○●韻 ●●●○○句

獨峨眉 、 數峰明秀 。 人未老 , 且任高歌對酒 。 莫將
●○○讀●○○●韻○●●句●●○○●●韻 ●○

此樂輕孤負 。 喚明月清風 、 做三友 。 纖手折黃花 , 步東
●●○○●韻 ●○●○○讀 ●○●韻○●●○○句 ●○

籬 、 爲伊三嗅 。 英雄淚 , 醉搵還須翠袖 。
○讀●○○●韻○○●句●●○○●●韻

此詞較宋詞,前後段第三句各添一字,金詞俱照此填。

又一體

段成己

雙調七十字,前後段各六句四仄韻。

酒杯何似浮名好 。 一入枯腸太山小 。 喚醒夢中身 , 鷓鴣
●○○●○○●韻 ●●○○●○●韻 ●●●○○句○●

數聲春曉。昂頭處，幾點青山屋杪。　　人生得計魚
●○○●韻○○●句●●○○●●韻　　○○●●○
游沼。視過眼光陰、向來少。須卜一枝安，笑月底、驚
●韻●●●○○讀●○●韻●●○○句●●讀○
烏三繞。無窮事，畢竟何時是了。
○○●韻○○●句●●○○●●韻

　　此詞前段第二句及第四句較前詞俱少一字，元曲亦有照此
填者，故亦採錄以備一體。

又一體

姜夔

　　雙調九十一字，前段十句四仄韻，後段十一句五仄韻。

紅妝艷色，照浣花溪影，絕代殊麗。弄輕風搖蕩，滿林
○○●●句●●○○●句●●○●韻●○○○●句●○
羅綺。自然富貴天姿，都不比、等閒桃李。簾櫳靜，悄
○●韻●○●●○○句○●●讀●○○●韻○●●句●
悄月上，正貪春睡。　　長記。初開日，逞妖艷，如與
●●●句●○○●韻　　○●韻○○●句●○●句○●
人面争媚。遇韶光一瞬，便成流水。對此自欺浮華，惜
○●●韻●○○●●句●○○●韻●●●○○○句●
芳菲，易成憔悴。留無計，惟有花邊盡醉。
○○句●○○●韻○○●句○●○○●●韻

　　此詞有自注宮調，惜無別首可校，因曹勛詞與陳允平詞同，故
以陳詞作譜。

又一體

陳允平

雙調九十一字，前段十句四仄韻，後段十一句五仄韻。

遊絲弄晚，卷簾開看，燕重來時候。正秋千亭榭，錦窠
〇〇●●句●〇●句●〇〇●韻●〇〇〇●句●〇
春透。夢回褪浴華清，凝溫泉、絳綃微縐。芳陰底，人
〇●韻●〇●●〇〇句〇〇〇讀●〇〇●韻〇〇●句〇
立東風，露華如畫。　　宜酒。啼香淚薄，醉玉痕深，
●〇〇句●●〇●韻　　〇●韻〇〇●●句●●〇〇句
與春同瘦。想當年金谷，步帷初繡。彩雲影裏徘徊，嬌
●〇〇●韻●〇〇〇●句●〇〇●韻●〇●●〇〇句〇
無語，夜寒歸後。鶯窗曉，花間重攜素手。
〇●句●〇〇●韻〇〇●句〇〇〇〇●●韻

　　此亦姜詞體，惟前段第二句四字、第三句五字，後段第二三四句皆四字異。

　　按《松隱集》曹勛詞與此同，惟前段第二句"漸是春半"，"是"字仄聲；第三句"海棠麗烟徑"，"麗"字仄聲；第四句"似蜀錦晴展"，"蜀""錦"二字俱仄聲；第八九句"濛濛雨，黃鸝飛上"，"鸝"字平聲，"上"字仄聲。後段第三句"蟾華如水"，"蟾""華"二字俱平聲，"水"字仄聲；第四句"初照清影"，"初"字平聲，"照"字仄聲；第五句"喜濃芳滿地"，"滿"字仄聲；第七句"悄如綵雲光中"，"雲"字平聲；第八九句"留翔鶯，静臨芳鏡"，"鶯"字平聲；結句"攜酒去，何妨花邊露冷"，"酒"字仄聲。譜內可平可仄據此。

惜黃花二體

調見《梅溪詞》，金詞注"仙呂調"。

惜黃花

史達祖

雙調七十字，前後段各七句五仄韻。

涵秋寒渚 。染霜丹樹 。尚依稀，是來時 、夢中行路 。時
⊙○⊖韻⊖○●韻●○○句●⊖●讀●○⊖韻○
節正思家，遠道仍懷古 。更對著 、滿城風雨 。　　黃花
●⊖○句⊖●○⊖韻⊖●讀●○⊖韻　　○○
無數 。碧雲欲暮 。美人兮 ，美人兮 、未知何處 。獨自卷
⊖●韻⊖○●韻⊖○○句●⊖○讀●○⊖韻●●
簾櫳 ，誰為開尊俎 。恨不得 、御風歸去 。
○⊖句⊖●○⊖韻●⊖●讀●○⊖韻

宋元人罕填此調，故此詞可平可仄即參許詞句法同者。

又一體

許冲元

雙調七十字，前段八句五仄韻，後段八句四仄韻。

雁聲晚斷 。寒霄雲卷 。正一枝開 ，風前看 ，月下見 。花
●○●韻○○●韻●○○句○⊖●句●●●韻○

占千花上，香笑千香淺。化工與、最先裁翦。　誰把
●○○●句○●○○●韻●○●讀○○○●韻　○●
瑤林，閒拋江岸。恁素英濃，芳心細，意何限。不恨宮
○○句●○○●韻●●○○句●○●句●○●韻●●○
妝色，不怨吹羌管。恨天遠、恨春來晚。
○●句●●○○●韻●○●讀●○○●韻

　　此亦史詞體，惟換頭句不押韻，前後段第三句四字、第五
句三字異。
　　《花草粹編》後段起句"誰把瑤林秀"，多一字，今從《梅
苑》本。

且坐令一體

　　調見《東浦詞》。

且坐令

韓　玉

　　雙調七十字，前段七句五仄韻，後段六句六仄韻。
閒院落。悮了清明約。杏花雨過臙脂綽。緊了秋千索。
●●●韻●●○○●韻●●●●○○●韻●●○○●韻
鬭草人歸，朱門悄掩，梨花寂寞。　書萬紙、恨憑誰
●●○○句○○●●句○○●●韻　○●●讀●○○
托。纔封了、又揉却。冤家何處貪歡樂。引得我、心兒
●韻○○●讀●●●韻○○○●○○●韻●●●讀○○

715

惡。怎生全不思量著。那人人情薄。
●韻●○○●○○●韻●○○○●韻

此詞無別首可校。

佳人醉一體

《樂章集》注"雙調"。

佳人醉

柳 永

雙調七十一字,前段七句五仄韻,後段八句六仄韻。
暮景蕭蕭雨霽。雲淡天高風細。正月華如水。金波銀
●●○○●●韻○●○○○●韻●●○○●韻○○
漢,瀲灩無際。冷浸書帷夢斷,却披衣重起。　臨軒
●句●●○●韻●●○○●●句●○○●韻　○○
砌。素光遥指。因念素娥,宵隔音塵何處,相望同千
●韻●○●韻○●●○句○●○○●句○○○○
里。盡凝睇。厭厭無寐。漸曉雕闌獨倚。
●韻●○●韻○○○●韻●●○○●韻

汲古閣本《樂章集》,前段於"臨軒砌"句分段,後段第四
句少二字,今從《花草粹編》,亦無別首宋詞可校。

西施二體

《樂章集》注"仙吕調"。

西施

柳　永

雙調七十一字，前段七句四平韻，後段七句三平韻。

柳街燈市好花多。盡讓美瓊娥。萬嬌千媚，的的在層
●〇〇●●〇〇韻●●●〇〇韻●〇〇●句⊖●●〇
波。取次妝梳，自有天然態，愛淺畫雙蛾。　　斷腸最
〇韻●●〇〇句●●〇〇●句●●●〇〇韻　　●〇●
是金閨客，空憐愛、奈伊何。洞房咫尺，無計枉朝珂。
●〇〇●句⊖〇●讀●〇〇韻●〇●●句〇●●〇〇韻
有意憐才，每遇行雲處，幸時恁相過。
●●〇〇句●●〇〇●句●⊖●〇〇韻

按《花草粹編》，柳詞別首："自從回步百花橋。便獨處清宵。鳳衾鴛枕，何事等閒拋。縱有餘香，也似郎恩愛，向日夜潛消。恐伊不信芳容改，將憔悴、寫霜綃。更憑錦字，字字説情憀。要識愁腸，但看丁香樹，漸結盡春梢。"惟兩三字平仄小異，其餘並同。

又一體

柳永

雙調七十三字,前段七句四平韻,後段七句三平韻。

苧蘿妖艷世難儕。善媚悅君懷。後庭恃愛寵,盡使絕嫌
●○○●●○○韻●●●○○韻●○●●●句●●●○
猜。正恁朝歡暮宴,情未足,早江上兵來。　捧心調
○韻●●○○●●句○●●句●○●○○韻　●○○
態軍前死,旋羅綺、變塵埃。至今想怨魄,無主尚徘
●○○●句●○●讀●○○韻●○●●●句○●●○
徊。夜夜姑蘇城外,當時月,但空照荒臺。
○韻●●○○○●句○○●句●○●○○韻

此與"柳街花市"詞同,惟前後段第三句各添一字異。《花草粹編》本後段第三句脫一字,今從《樂章集》校定。

小鎮西犯三體

唐教坊曲有《鎮西子》,唐樂府亦有《鎮西》七言絕句詩,此蓋以舊曲名,另創新聲也。《樂章集》有兩調,七十一字者名《小鎮西犯》,七十九字者名《小鎮西》,或名《鎮西》,俱注"仙呂調"。

小鎮西犯

柳　永

雙調七十一字，前段七句五仄韻，後段八句六仄韻。

水鄉初禁火，青春未老。芳菲滿、柳汀烟島。波際紅幖
●○·●●句○●●韻○○讀●○○●韻○●○○
縹緲。盡杯盤小。歌祓禊，聲聲諧楚調。　路繚繞。
●●韻●●○●韻○●●句○○●●韻　●○●韻
野橋新市裏，花濃妓好。引遊人、競來歡笑。酩酊誰家
●○○●●句○○●●韻●○○讀●○○●韻●●○○
年少。信玉山倒。家何處，落日眠芳草。
○●韻●●○●韻○○●句●●○○●韻

按《樂章集》，此名《小鎮西犯》，前段第一二三句，後段第一二三四句，與《鎮西》詞同，以下句讀俱異。

又一體

柳　永

雙調七十九字，前段八句四仄韻，後段九句五仄韻。

意中有箇人，芳顏二八。天然俏、自來奸黠。最奇絕。
●○●●○句○○●●韻○○●讀●○○●韻●○●韻
是笑時、媚靨深深，百態千嬌，再三偎著，再三香滑。
●●○讀●●○○句●●○○句●○○●句●○○●韻
久離缺。夜來魂夢裏，尤花殢雪。分明似、舊家時
●○●韻●○○●●句○○●●韻○○●讀●○○

節。正歡悅。被鷄聲喚起，一場寂寞，無眠向曉，空有
●韻●○●韻○○●●句●○●●句○○●●句○●
半窗殘月。
●○○●韻

　　此見《樂章集》，名《小鎮西》，與蔡伸集《鎮西》詞大同小
異。

又一體

蔡　伸

雙調七十九字，前段八句五仄韻，後段九句六仄韻。
秋風吹雨，覺重衾寒透。傷心聽、曉鐘殘漏。凝情久。
○○●句●●○○●韻○○●讀●○○●韻○○●韻
記紅窗夜雪，促膝圍鑪，交杯勸酒。如今頓孤歡偶。
●○○●●句●●○○句○○●●韻○○●○○●韻
　　念別後。菱花清鏡裏，眉峰暗鬭。想標格、怎禁消
　　●●●韻○○○●●句○○●●韻●○●讀●○
瘦。忍回首。但雲箋妙墨，鴛錦啼妝，依然似舊。臨風
●韻●○●韻●○○●●句○●○○句○○●●韻○○
淚霑襟袖。
●○○●韻

　　此見《友古集》，名《鎮西》。前段惟第三四句與柳詞同，
後段則句讀悉同，惟第八句多用一韻。

千秋歲八體

《宋史·樂志》歇指調。金詞注"中呂調"。一名《千秋節》。

千秋歲

秦　觀

雙調七十一字，前後段各八句五仄韻。

柳邊沙外。城郭輕寒退。花影亂，鶯聲碎。飄零疏酒
●○○●韻●●○○●韻●●○句○○●韻○○○●
盞，離別寬衣帶。人不見，碧雲暮合空相對。　　憶昔
●句○●○○●韻○●●句●○●●○○●韻　　●●
西池會。鴛鴦同飛蓋。携手處，今誰在。日邊清夢斷，
○○●韻○○○●●韻○●●句○○●韻●○○●●句
鏡裏朱顏改。春去也，落紅萬點愁如海。
●●○○●韻○●●句●○●●○○●韻

此調前段第三四句三字者，以此詞爲正體，宋元人皆照此填。若周詞之多押兩韻，石詞之多押四韻，葉詞之少押一韻，晁詞之少押兩韻，皆變格也。

前段第二句，黃庭堅詞"記得同朝退"，"記"字仄聲。第三四句，石孝友詞"對流景，傷淪落"，"對"字仄聲，"流"字平聲。第五句，李之儀詞"地偏人罕到"，"地"字仄聲。第七八句，謝逸詞"琴書倦，鸝鵏喚起南窗睡"，"書"字平聲。後段第三句，彭虛寮詞"堂堂去"，下"堂"字平聲。第七句及結句，石

孝友詞"心撩亂,斜陽影在闌干角","撩"字平聲。譜內可平可仄據此,餘參類列四詞。

又一體

周紫芝

雙調七十一字,前後段各八句六仄韻。

小春時候。晴日吳山秀。霜尚淺,梅先透。波翻醽醁
●○○●韻○●●○●韻○●●句○○●韻○○●
醆,霧滿芙蓉繡。持壽酒。仙娥特地回雙袖。　試問
●句●●○○●韻○●●韻○○●●○○●韻　●●
春多少。恩入芝蘭厚。松不老,山長久。星占南極遠,
○○●韻○●○○●韻○●●句○○●韻○●○●●句
家是椒房舊。君一笑。金鑾看取人歸後。
○●○○●韻○●●韻○○●●○○●韻

此與秦詞同,惟前後段第七句各押韻異。

後段起句"少"字,第七句"笑"字,俱以篠叶有,亦古韻也。

又一體

石孝友

雙調七十一字,前後段各八句七仄韻。

金風玉宇。庭院新經雨。香有露。清無暑。溪光搖几
○○●●韻○●○○●韻○●●韻○○●韻○○○●
席,嵐翠橫尊俎。烘笑語。佳時聊復鄉人聚。　門外
●句○●○○●韻○●●韻○○○●○○●韻　○●

荷花浦。秋到花無數。紅膾鯉。青浮醋。何妨文字飲，
○○●韻○●○○●韻○●●韻○●●韻○○●●句
更得江山助。從此去。蒲輪入佐中興主。
●●○○●韻○●●韻○●●○○●韻

此與周詞同，唯前後段第三句又各押韻異。

又一體

葉夢得

雙調七十一字，前段八句五仄韻，後段八句六仄韻。
雨聲蕭瑟，初到桐梧響。人不寐，秋襟爽。低簷鐙黯
●○○●句○●○○●韻○●●句○○●韻○○○●
淡，畫幕風來往。誰共賞。依稀記得船篷上。　拍岸
●句●●○○●韻○●●韻○○●●○○●韻　●●
浮輕浪。水闊菰蒲長。向別浦，收橫網。綠蓑衝暝色，
○○●韻●●○○●韻●●●句○○●韻●○○●●句
艇子搖雙槳。君莫忘。此情猶是當時唱。
●●○○●韻○●●韻●○○●○○●韻

此詞前段起句不用韻，與諸家異。

又一體

晁補之

雙調七十一字，前後段各八句四仄韻。
玉京仙侶，同受琅函結。風雨隔，塵埃絕。霞觴翻手
●○○●句○●○○●韻○●●句○○●韻○○○●

破，閬苑花前別。鵬翼歛，人間泛梗無由歇。　　豈憶
●句●●○○●韻○●●句○○●●○○●韻　　●●
山中酒，還共溪邊月。愁悶火，時間滅。何妨心似水，
○○●句○●○○●韻○●●句○○●韻○○○●●句
莫遣頭如雪。春近也，江南雁識歸時節。
●●○○●韻○●●句○○●●○○●韻

此詞前後段起句俱不用韻。

又一體

歐陽修

雙調七十二字，前段七句五仄韻，後段八句五仄韻。
數聲鶗鴂。又報芳菲歇。惜春更把殘紅折。雨輕風色
⊖○○●韻⊖●○○●韻⊖○●●○○●韻●○○●
暴，梅子青時節。永豐柳，無人盡日花飛雪。　　莫把
句⊖●○○●韻⊖●●句⊖○●●○○●韻　　●●
絲絃撥。怨極絃能説。天不老，情難絕。心似雙絲網，
○○●韻⊖●○○●韻⊖●●句⊖○●韻⊖●○○●句
中有千千結。夜過也，東窗未白殘鐙滅。
⊖●○○●韻⊖●●句○○●●○○●韻

此調前段第三句七字者，以此詞及葉詞爲正體，宋元人皆
照此填，若無名氏詞之少押一韻，乃變格也。

按李之儀詞前段第一句"深簾靜晝"，"深"字平聲，"靜"
字仄聲；第三句"鮮衣楚制非文繡"，"鮮"字平聲；又"怎生圖
畫如何繡"，"圖"字平聲；第四句"宜推蕭史伴"，"宜"字平
聲。張仲幹詞結句"泰階已應昇平象"，"泰"字仄聲。李詞後
段第二句"歌斷青青柳"，"歌"字平聲。譜內可平可仄據此，

餘糸類列二詞。

又一體

葉夢得

雙調七十二字，前段七句六仄韻，後段八句六仄韻。

曉煙溪畔。曾記東風面。化工更與重裁翦。額黃明艷
●○○●韻　○●○○●韻　●○●●○○●韻　●　○○●

粉，不共妖紅軟。凝露臉。多情正是當時見。　　誰向
●句●●○○●韻　○●●韻　○○●●○○●韻　　○●

滄波岸。特地移閒館。情一縷，愁千點。煩君搜妙語，
○○●韻　●●○○●韻　○●●句　○○●韻　○○○●●句

爲我催清燕。須細看。紛紛亂蕊空凡艷。
●●○○●韻　○●●韻　○○●●○○●韻

此與歐詞同，唯後段第七句押韻異。

又一體

《梅苑》無名氏

雙調七十二字，前段七句五仄韻，後段八句四仄韻。

臘殘春近。江上梅開粉。一枝漏泄東君信。壽陽妝面
●○○●韻　○●○○●韻　●○●●○○●韻　●　○○●

靚，姑射冰姿瑩。似淺杏，清香試與分明認。　　只恐
●句○●○○●韻　○●●句　○○●●○○●韻　　●●

霜侵破，又怕風吹損。待折取，還不忍。莫將花上貌，
○○●句●●○○●韻　●●●句　○●●韻　●○○●●句

來點多情鬢。凝睇久，行人立馬成遺恨。
○●○○●韻○●●句○○●●○○●韻

此亦與歐詞同，唯前段第六句、後段起句不押韻異。

惜奴嬌五體

元高拭詞注"雙調"。按《高麗史·樂志》宋賜大晟樂，內有《惜奴嬌曲破》，擇其雅者，亦爲類列。

惜奴嬌

晁補之

雙調七十一字，前段七句五仄韻，後段七句四仄韻一叠韻。

歌閱瓊筵，暗失金貂侶。說衷腸、丁寧囑付。棹舉帆
○●○○句●●○○●韻●○○讀○○●●韻●●○
開，黯行色、秋將暮。欲去。待却回、高城已暮。
○句●○●讀○○●韻○●韻●●○讀○○●●韻

漁火烟村，但觸目、傷離緒。此情向、阿誰分訴。那裏
○●○○句●●●讀○○●韻●○●讀○○○●韻●●
思量，爭知我、思量苦。最苦。睡不著、西風夜雨。
○○句○○●讀○○●韻●●叠●●讀○○●●韻

此調始於此詞，但前段第二句五字，宋人如此填者甚少，採之以誌淵源所自。

可平可仄詳見史詞，此不復注。

又一體

史達祖

雙調七十二字,前後段各七句五仄韻。

香剥酥痕,自昨夜、春愁醒。高情寄、冰橋雪嶺。試約
黃昏,便不誤、黃昏信。人靜。倩嬌娥、留連秀影。

吟鬢簪香,已斷了、多情病。年年待、將春管領。鏤
月描雲,不枉了、閒心性。漫聽。誰敢把、紅顏比並。

此即晁詞體,惟前段第二句六字異。蔡伸"隔闊多時"詞正與此同,惟後段第六七句"只替。那火桶兒、與奴暖被",多一襯字。石孝友"我已多情"詞亦與此同,惟前段第二句"更撞著、多情底你",亦多一襯字。又"合下相逢"詞亦與此同,惟前結"冤家。你教我、如何割捨",後結"冤家。休直待、教人咒罵",叶兩平韻。趙長卿"洛浦嬌魂"詞亦與此同,惟後段第二句"怎似妖嬈體調",不作折腰句法,第五句不押韻,均屬變格,詞又俚鄙,注明不錄。

按趙詞前段起句"落浦嬌魂","洛"字仄聲;第三句"把風流、分付花貌","把"字"付"字俱仄聲,"流"字"花"字俱平聲。石詞"把一心、十分向你","一"字"十"字俱仄聲。趙詞第五句"臘寒射、試香到","寒"字平聲,"試"字仄聲。石詞"劣心腸、偏有你","腸"字平聲,"有"字仄聲。趙詞結句"與江梅、爭相先後","先"字平聲。石詞"你教我、如何割捨",

"教"字"我"字俱仄聲。蔡詞後段起句"雪意垂垂","雪"字仄聲。石詞第二句"百忙裏、方知你","忙"字平聲。趙詞第三句"比山礬、也應錯道","比"字"也"字俱仄聲,"礬"字平聲。石詞第五句"亮從前、說風話","從"字"前"字俱平聲,"說"字仄聲。趙詞結句"拌了。仙源與、奇葩醉倒","拌"字"源"字俱平聲。譜內可平可仄據此,若無名氏詞三首句讀既異,即不条校。

又一體

《高麗史·樂志》無名氏

雙調七十一字,前後段各七句四仄韻。

莫如勝概,景壓天街際。彩鼇舉、百仞聳倚。鳳舞龍
●○●●句●●○○●韻●●●讀●●●●韻●●○
驂,滿目紅光寶翠。動霽色,餘霞映、散成綺。　漸
○句●●○○●●韻●●●句○○●讀●○●韻　●
灼蘭膏,覆滿青烟罩地。簇宮商、搊蕩紛委。萬姓瞻
●○○句●●○○●●韻●○○讀○●●●韻●●○
仰,苒苒雲龍香細。共稽首,同樂與、衆方紀。
●句●●○○●韻●○●句○●●讀●○●韻

此以下三詞,皆見《高麗史·樂志》宋賜大晟樂中,《惜奴嬌曲破》之一遍也。其源亦出於晁詞,故句讀多同者。此與晁詞較,惟前段第五句,後段第二句、第五句不作折腰句法,兩結攤破句法,不押短韻,餘俱同。

又一體

《高麗史・樂志》無名氏

雙調八十字，前後段各八句七仄韻。

景雲披靡。露挹輕寒若水。盡是游人才美。陌塵潤、寶
●○○韻●●○○●韻●●○○●韻●○●讀●
沈遞。笑指揚鞭，多少高門勝會。況是。只有今夕誓無
○●韻●●○○句●●○○●韻●●韻●●○●
寐。　　盛時凝理。簫韶可繼。閬苑金門齊啓。燭連
●韻　　●○○韻○○●韻●●○○●韻●○
宵、寧防避。暗塵隨馬，明月逐人無際。調戲。相歌穠
○讀○○●韻●○●句●●○○●韻○●韻○○○
李未闌已。
●●○●韻

此詞音節猶近晁詞體制，但前後段第二句以下各添六字一句，後段第二句減二字，前後段第三句又各減一字耳。

又一體

《高麗史・樂志》無名氏

雙調一百二字，前段九句五仄韻，後段十句六仄韻。

春早皇都冰泮。宮沼東風布輕煖。梅粉飄香，柳帶弄
○●○○○●韻○●○○●●韻○●○○句●●●
色，瑞靄祥烟凝淺。正值元宵，行樂同民總無間。肆情
●句●●○○○●韻●●○○句○●○○●●韻●○

懷、何惜相邀，是處裏容款。　　無算。仗委東君遍
○讀○●○○句●●●●●韻　　○●韻●●○○●韻
有風光、占五陵閒散。從把千金，五夜繼賞，並徹春宵
●○○讀●●○●●韻○●○○句●●●●句●●○○
游玩。借問花鐙，金鎖瓊瑰果曾罕。洞天裏、一掠蓬
○●韻●●○○句●●○○●●韻●○讀●●○
瀛，第恐今宵短。
○句●●○●韻

　　　此詞句讀與晁詞、史詞迴別。

卓牌子近一體

　　宋人填詞，有犯有近，有促拍，有近拍。近者，其腔調微近也。此調見袁宣卿集，名《卓牌子近》，因字句與《卓牌子》不同，故另錄於此。

卓牌子近

袁去華

　　雙調七十一字，前段八句五仄韻，後段六句四仄韻。
曲沼朱闌，繚墻翠竹晴晝。金萬縷、搖搖風柳。還是燕
●●○○句○●○●●○●韻○●讀○○○●韻○●●
子歸時，花信來後。看淡淨洗妝態，梅樣瘦。春初透。
●○○句○●○●韻●●●●○●句○●●韻○○●韻
盡日明窗相守。閒共我焚香，伴伊刺繡。睡眼矒
●●○○○●韻○●●○○句●○●●韻●●○

騰，今朝早是病酒。那堪更、困人時候。
〇句〇〇●●●韻●〇●讀●〇〇●韻

宋人僅見此詞，無別首可校。

三登樂二體

調見《石湖詞》。按《漢書·食貨志》："三考黜陟，餘三年食，進業曰登。再登曰平，餘六年食。三登曰泰平，二十七歲，遺九年食。然後王德流洽，禮樂成焉。"三登樂之調名取此。

三登樂

范成大

雙調七十一字，前後段各七句四仄韻。

一碧鱗鱗，橫萬里、天垂吳楚。四無人、櫓聲自語。向
●●〇句〇●●讀◐〇〇●韻●〇●讀●〇◐●韻●
浮雲、西下處，水村烟樹。何處繫船，暮濤漲浦。
〇〇讀◐◐●句◐〇〇●韻〇●◐〇句●〇◐●韻
正江南搖落後，好山無數。儘乘流、興來便去。對青
●〇〇◐●●句◐〇〇●韻●〇〇讀◐〇●●韻●〇
鐙、獨自歎，一生羈旅。敲枕夢寒，又還夜雨。
〇讀●●●句◐〇〇●韻◐〇●句●〇◐●韻

此調始自范成大，有別詞三首及陳三聘和詞四首可校。若羅詞之句讀參差，採以備體，非正格也。

按范詞別首前段第一二句"今夕何期，披岫幌、雲關初啓"，"今"字平聲；又"路轉橫塘，風卷地、水肥帆飽"，"水"字

仄聲。陳詞"注望曉山、晴色麗、晨餐應飽","曉"字仄聲。范詞第三句"荒三徑、不知何許","荒"字"何"字俱平聲,"徑"字仄聲;第四五句"問菟裘、無恙否,天教重到","天"字平聲。陳詞"望橫塘、越溪路,石湖烟水","越"字仄聲,"溪"字平聲。范詞第六七句"木落霧收,故山更好","木"字仄聲。陳詞"丹忠此日,盛名千古","忠"字"千"字俱平聲,"日"字仄聲。范詞後段第一二句"況五湖原自有,扁舟祖武","五"字仄聲,"扁"字平聲,"祖"字仄聲;第四五句"喜山林、蹤跡在,何曾如掃","蹤"字"何"字俱平聲。陳詞"問幾時、尋舊約,石磯重掃","幾"字仄聲。范詞第六七句"寂寞潮暮,喚回棹去","寂"字"暮"字俱仄聲,"潮"字平聲。陳詞"一竿釣月,更看醉裏","竿"字平聲。譜內可平可仄據此。

又一體

羅子衎

雙調七十二字,前段七句三仄韻,後段七句四仄韻。

過了元宵,見七葉蓂又飛,恰今朝昴宿降瑞。初度果生
●●〇〇句●●●〇〇〇句●〇〇●●●韻〇●●〇
賢,盡道豐姿絕異。翰林人物,雲霄富貴。　自棲鸞
〇句●●〇〇●●韻●〇〇●句〇〇●●韻　●〇〇
展驥。迤邐黃堂,每登要路無留滯。暫歸來、訪松菊,
●●韻●●〇〇句●〇●●〇〇●韻●〇〇讀●〇●句
趣裝行用濟。增崇福祿,壽延千百歲。
●〇〇●●韻〇〇●●句●〇〇●●韻

此見《翰墨全書》,無別首宋詞可校,因與范詞句讀不同,錄以備體。

檐前鐵一體

調見《古今詞話》，因詞中有"檐前鐵馬戛叮噹"句，故名。

檐前鐵

《古今詞話》無名氏

雙調七十一字，前段八句三仄韻，後段六句三仄韻。

悄無人，宿雨厭厭，空庭乍歇。聽檐前、鐵馬戛叮噹，
●○○句●●○○句○○●●韻●○○讀●●○○句
敲破夢魂殘結。丁年事，天涯恨，又早在、心頭咽。
○●●○○韻○○●句○○●句●●●讀○○●韻
　誰憐我、綺簾前，鎮日鞋兒雙跌。今番也、石人應下
　○○●讀●○○句●●○○●韻○○●讀●○○●
千行血。擬展青天，寫作斷腸文，難盡説。
○○●韻●●○○句●●●○○句○●●韻

此見宋楊湜《古今詞話》，無別首宋詞可校。

甘露歌一體

調見《樂府雅詞》，一名《古祝英臺》。

甘露歌

王安石

三段七十二字,每段各四句兩平韻兩仄韻。

折得一枝香在手。 人間應未有。疑是經春雪未消。
●●●○○●●仄韻○○○●●韻○●○○●●○平韻
今日是何朝。 盡日含毫難比興。 都無色可並。
○●●○韻 ●●○○○●●換仄韻○○●●●韻
萬里晴天何處來。 真是屑瓊瑰。 天寒日暮山谷
●●○○○●○換平韻○●●○○韻 ○○●●○●
裏。 的皪愁成水。 池上漸多枝上稀。 唯有故
●換仄韻 ●●○○●韻 ○●●○○●○換平韻 ○●
人知。
○○韻

按《花草粹編》分此詞三段爲三首,今從《樂府雅詞》訂正。

憶帝京二體

《樂章集》注"南呂調"。

憶帝京

柳永

雙調七十二字,前段六句四仄韻,後段七句四仄韻。

薄衾小枕凉天氣。乍覺別離滋味。展轉數寒更，起了還
⊖●●●○○●韻●●●○○●韻●●●○○句●●○
重睡。畢竟不成眠，一夜長如歲。　　也擬把、却回征
○●韻●●●○○句●●○○●韻　　⊖●●讀⊖○○
轡。又爭奈、已成行計。萬種思量，多方開解，只恁寂
●韻○●●讀⊖○⊖●韻●●○○句○○⊖●句●●●
寞厭厭地。繫我一生心，負你千行淚。
●○○●韻●●●○○句●●○○●韻

　　此調以此詞爲正體，故黃庭堅"鳴鳩乳燕"詞、"薄妝小
牕"詞皆與此同，若"銀燭生花"詞之添字，亦變格也。
　　按黃詞後段第一句"萬里嫁、烏孫公主"，"烏"字平聲;第
二句"對易水、明妃不渡"，"易"字仄聲，"明"字平聲，"不"字
仄聲;又"更莫問、鶯老花謝"，"老"字仄聲;第四句"紅顏片
片"，上"片"字仄聲;第五句"指下花落狂風雨"，"花"字平
聲。譜內可平可仄據此，餘叅添字詞之句法同者。

又一體

黃庭堅

　　雙調七十六字，前段六句四仄韻，後段七句六仄韻。
銀燭生花如紅豆。占好事、如今有。人醉曲屏深，借寶
○●○○○●韻○●●讀○○●韻○●●○○句●●
瑟、輕招手。一陣白蘋風，故滅燭、教相就。　　花帶
●讀○○●韻●●●○○句●●●讀○○●韻　　○●
雨、冰肌香透。恨啼烏、轆轤聲曉。柳岸微寒吹殘酒。
●讀○○●韻●●○讀●○○●韻●●○○○●韻

斷腸人，依舊鏡中銷瘦。恐那人知後。鎮把你、來
●　○○　句　○●●○○●　韻　●●●○○●　韻　●●●　讀　○
僝僽。
●●　韻

　　此詞大略與柳詞同，惟前段第二句六字折腰，第四句及結
句各添一字，俱六字折腰，後段第三四五句攤破句法，作七字
一句、三字一句、六字一句，第六句押韻，結句亦添一字異。至
"曉"字與"透"字押，亦遵古韻。

于飛樂三體

　　金詞注"高平調"，元詞注"南呂調"。史達祖詞名《鴛鴦
怨曲》。

于飛樂

晏幾道

　　雙調七十二字，前段八句四平韻，後段八句三平韻。
曉日當簾，睡痕猶占香腮。輕盈笑倚鸞臺。暈殘紅，勻
●●○○　句　●●○○●●　韻　○○●●○○　韻　●○○　句　○
宿翠，滿鏡花開。嬌蟬鬢畔，插一枝、淡蕊疏梅。
●●　句　●●○○　韻　○○●●　句　●●○　讀　●●○○　韻
每到春深，多愁饒恨，妝成懶下香階。意中人，從別
●●○○　句　○○●●　句　○○●●○○　韻　●○○　句　○●
後，縈繫情懷。良辰好景，相思字、喚不歸來。
●　句　○●○○　韻　○○●●　句　○○●　讀　●●○○　韻

此調有晏詞、張詞、毛詞三體,大同小異。按史達祖"綺翼翩翩"詞照此填。

史詞前段第七句"白頭相守","相"字平聲;後段第六句"合是單棲","合"字仄聲。譜內可平可仄據此,餘叅張詞、毛詞句法同者。

又一體

張　先

雙調七十三字,前段九句四平韻,後段七句四平韻。

寶奩開,菱鑑净,一掬清蟾。新妝臉、旋學花添。蜀紅
●○○句○●●句○○○○韻○○●讀●○○韻●○
衫，雙繡蝶，裙縷鸂鶒。尋思前事，小屏風、仍畫江
句○●●句○○○●韻○○○●句●○○讀○●○
南。　怎空教,草解宜男。柔桑暗、又過春蠶。正陰
○韻　　●○○句●●○○韻○○●讀●○○韻●○
晴天氣,更暝色相兼。幽期消息,曲房西、醉月篩簾。
○○●句●●●○○韻○○○●句●○○讀●●○○韻

此詞前後段句法多與晏詞不同,所採毛詞前段即其體也。因毛詞句讀整齊,又有別首可校,故可平可仄注毛詞下。

又一體

毛　滂

雙調七十六字,前後段各九句四平韻。

水邊山，雲畔水，新出烟林。送秋來、雙檜寒陰。檜堂
●〇〇句〇●●句〇●〇〇韻●〇〇讀〇●〇〇韻〇●
寒，香霧碧，簾箔清深。放衙隱几，誰知共、雲水無
〇句〇●●句〇●〇〇韻〇●●●句〇〇●讀〇●〇
心。　　望西園，飛蓋夜，月到清尊。爲詩翁、露冷風
〇韻　　●〇〇句〇●●句●●〇〇韻●〇〇讀●〇
清。褪紅裙，袪碧袖，花草爭春。勸翁彊飲，莫孤負、
〇韻●〇〇句〇●●句〇〇〇〇韻●〇●●句●〇●讀
風月留人。
〇●〇〇韻

　　此詞校晏詞多一句，前後段第五句以下與晏詞第四句以下同，校張詞前段俱同，金詞高平調者照此填，有毛詞別首可校。

　　按毛詞別首前段第五六七句"聽轆轤，聲斷也，井底銀瓶"，"轆"字"井"字俱仄聲。後段第一二三句"繫畫船，楊柳岸，曉月亭亭"，"畫"字仄聲；又"黛尖低，桃萼破，微笑輕顰"，"微"字平聲；第四句"早做成、役夢勞魂"，"做"字仄聲；結句"獨自箇、說與誰應"，"自"字"說"字俱仄聲。譜內可平可仄據此，餘詳晏詞句讀同者。

撼庭竹二體

　　此調有平韻、仄韻兩體。

撼庭竹

黃庭堅

雙調七十二字,前段六句五平韻,後段六句四平韻一叶韻。

嗚咽南樓吹落梅。聞鴉樹驚飛。夢中相見不多時。隔
○●○○○●○韻　○○●○○韻　●○○●●○○韻　●
城今夜也應知。坐久水空碧,山月影沈西。　　買箇
○○●●●○韻　●●●○●句　○●●○○韻　　●●
宅兒住著伊。剛不肯相隨。如今却被天嗔你。永落鷄
●○●●○韻　○●●○○韻　○○●●○○●叶　●●○
群受鷄欺。空恁惡憐惜,風日損花枝。
○●○○韻　○●●○句　○●●○○韻

按此詞後段"如今却被天嗔你"句,即前段"夢中相見不多時"句,例應押平韻,此詞用"你"字,亦是三聲叶韻。

按詞既押平聲韻,其句中平仄即與仄聲韻詞不同,《詞律》強爲糸校,終屬無據,其所注可平可仄,不必從。

又一體

王詵

雙調七十二字,前段六句五仄韻,後段六句四仄韻。

綽略青梅弄春色。真艷態堪惜。經年費盡東君力。有
●●○○●○●韻　○●●○●韻　○○●●○○●韻　●
情先到探春客。無語泣寒香,時暗度瑤席。　　月下
○○●●●○●韻　○●●○○句　○●●○●韻　　●●

風前空悵望，思携手同摘。畫闌倚遍無消息。佳辰樂
〇〇●句〇〇●●韻●〇●●〇〇韻〇〇●
事再難得。還是夕陽天，空暮雲凝碧。
●●〇●韻〇●●〇句〇●〇〇●韻

　　　此詞字句與平韻詞同，惟後段起句不押韻異。

粉蝶兒二體

　　　調見毛滂《東堂詞》，因詞有"粉蝶兒，這回共花同活"句，取以爲名。金詞注"中呂調"，《太和正音譜》中呂宮。

粉蝶兒

毛　滂

　　　雙調七十二字，前後段各八句四仄韻。

雪遍梅花，素光都共奇絕。到窗前、認君時節。下重
⊖●〇〇句⊖〇●●●韻●〇〇讀●〇〇●韻●〇
幬，香篆冷，蘭膏明滅。夢悠揚，空遠斷雲殘月。
〇句⊖●●句⊖〇〇●韻●〇〇句〇⊖●〇〇●韻
沈郎帶寬，同心放開重結。褪羅衣、楚腰一捻。正春
〇〇⊖〇句⊖〇⊖〇〇●韻●〇〇讀⊖〇●●韻●〇
風，新著摸，花花葉葉。粉蜨兒，這回共花同活。
〇句〇●●句〇〇●●韻●〇〇句●〇●〇〇●韻

　　　此調以此詞爲正體，辛棄疾、蔣捷詞俱照此填，若曹詞之攤破句法，乃變格也。
　　　蔣詞前段起句"啼鴂聲中"，"啼"字平聲。辛詞第二句

"十三女兒學繡","學"字仄聲。辛詞第五六句"便下得,雨僝風僽","便"字"雨"俱仄聲。蔣詞結句"催他柳綿狂縱","他"字平聲。辛詞後段第一二句"而今春似,輕薄蕩子難久","似"字"薄"字"子"字俱仄聲;第五六句"都釀作,一江醇酒","一"字仄聲,"醇"字平聲;結句"楊柳岸邊相候","楊"字平聲。譜內可平可仄據此,餘參曹詞。

又一體

曹　冠

雙調七十二字,前後段各七句四仄韻。

繞舍清陰,還是暮春天氣。遍蒼苔、亂紅堆砌。問留春
●●○○句○●●●韻●○○讀●○○●韻●○○
不住,春怎知人意。最關情,雲杪杜鵑聲碎。　　休怨
●●句○●○○●韻●○○句○●●○○●韻　○●
春歸,四時有花堪醉。漸紅蓮、艷妝依水。次芙蓉巖
○○句●●●○○●韻●○○讀●○○●韻●○○
桂,與菊英梅蕊。稱開尊,日日媵香偎翠。
●句●●○○●韻●○○句●●●○○●韻

此亦毛詞體,惟前後段第四五六句作五字兩句異。

遶池遊一體

調見《樂府雅詞》,蔣氏《九宮譜》注雙調。

遶池遊

《樂府雅詞》無名氏

雙調七十二字,前後段各八句五仄韻。

漸春工巧,玉漏花深寒淺。韶景變,融晴蕙風暖。都門
●○○●句●●○○○●韻○●●句○○●●暖韻○○
十二,三五銀蟾光滿。瑞烟葱蒨。禁城閬苑。　棚山
●●句○●○○○●韻●○○●韻●○●●韻　○○
雉扇。絳蠟交輝星漢。神仙籍,梨園奏絃管。都人遊
●●韻●●○○○●韻○○●句○○●●韻○○○
玩。萬井山呼歡忭。歲歲天仗,願瞻鳳輦。
●韻●●○○○●韻●●○●句●○●●韻

此詞無別首可校。

詞譜卷十七

師師令一體

楊慎《詞品》：李師師，汴京名妓，張先爲製新詞，名《師師令》。

師師令

張　先

雙調七十三字，前後段各六句五仄韻。

香鈿寶珥。拂菱花如水。學妝皆道稱時宜，粉色有、天
○○●●韻●○○○●韻●○○●○○句●●讀○
然春意。蜀綵衣長勝未起。縱亂霞垂地。　　都城池
○○韻●●○○●●韻●●○○韻　　○○○
苑誇桃李。問東風何似。不須回扇障清歌，唇一點、小
●○○韻●○○○●韻●○○●○○句○●讀●
於朱蕊。正值殘英和月墜。寄此情千里。
○○●韻●●○○●●韻●●○○●韻

此詞無別首可校，其前後段第二句、結句俱作上一下四句法，填者不可泛作五言。

隔浦蓮近拍五體

唐《白居易集》有《隔浦蓮曲》，調名本此。一名《隔浦蓮》，又名《隔浦蓮近》。

隔浦蓮近拍

周邦彦

雙調七十三字，前後段各八句六仄韻。
新篁搖動翠葆。曲徑通深窈。夏果收新脆，金丸落，驚
⊖〇●●●▲韻●●〇〇▲韻●●〇〇●句〇〇●句⊖
飛鳥。濃靄迷岸草。蛙聲鬧。驟雨鳴池沼。　　水亭
⊖●韻●●〇●▲韻〇〇▲韻●●〇〇▲韻　　●〇
小。浮萍破處，簷花簾影顛倒。綸巾羽扇，困臥北窗清
●韻〇〇●●句〇〇〇●〇▲韻〇〇●●句●●●〇〇
曉。屏裏吳山夢自到。驚覺。依然身在江表。
●韻⊖●〇〇●●▲韻〇●韻⊖〇〇●〇▲韻

　　此調以此詞及趙詞爲正體，宋元人俱照此填，若吳詞、陸詞、彭詞之少押一韻，皆變格也。
　　坊刻或於"水亭小"句分段，今照趙彥端詞訂定。
　　此詞前段第四五句，坊刻或作"金丸驚落飛鳥"，《詞律》亦併作一句，引方千里和詞證之。今按史達祖詞"虛堂中，自回互"，又一首"西風靜，不放冷"，陳允平詞"林幽樂，多禽鳥"，趙聞禮詞"楊花撲，春雲暖"，錢應庚詞"微微落，飛檐雨"，俱作三字兩句，則周詞之作兩句，是亦一體也。

按史詞前段起句"洛神一醉未醒","洛"字"一"字俱仄聲;第四五句"虛堂中,自回互","中"字平聲,"自"字仄聲;又"西風静,不放冷","放"字仄聲。陳詞第六句"斜陽堤畔草","陽"字平聲。陸游詞後段第五句"零落塞鴻清影","零"字平聲。譜内據此,其餘糸下所採諸詞。

前段起句"翠"字糸彭詞可平,第二句"徑"字糸陸詞可平,第六句"靄"字糸陳詞可平,"岸"字糸陸詞可平。但查宋詞,多用仄聲者,宜仍用仄聲。又前段結句"鳴"字糸彭詞可仄,後段第三句"顛"字糸史詞可仄,結句"江"字,糸吳詞可仄。但查宋詞,多用平聲者,亦宜仍用平聲,填者審之。

又一體

趙彦端

雙調七十三字,前段七句六仄韻,後段八句六仄韻。

西風吹斷夢草。起來芙蓉老。座上人誰在,辰參疏影
○○○●●韻○○○●韻●●○○句○○○●
相照。幽館寒意悄。簷聲小。醉語秋屏曉。
○●韻○○○●●韻○○●韻●●○○●韻
記年少。相攜勝處,黃花香滿烏帽。如今將見,
●○●韻○○●●句○○○●●韻○○○●句
璧月瓊枝空好。準擬新春待見了。不道。些兒心事
●●○○●韻●●○○●●韻●●韻○○○●
還惱。
○●韻

此與周詞同,惟前段第四五句作六字一句異,曾覿、楊无咎、高觀國詞俱照此填。

又一體

吳文英

雙調七十三字，前段八句五仄韻，後段八句六仄韻。

榴花依舊照眼。愁褪紅絲腕。夢繞烟江路，汀菰綠，薰
○○●●●●韻○●●○○韻●●○○●句○○●句○
風晚。年少驚送遠。吳鹽老，恨緒縈抽繭。　　旅情
○●韻○●●●●韻○○●句●●○○●韻　　●○
懶。扁舟繫處，青帘濁酒須換。一番重午，旋買香蒲浮
●韻○○●●句○○●●○●韻●○○●句●●○○○
醆。新月湖光蕩素練。人散。紅衣香在兩岸。
●韻○●○○●●●韻○●韻○○○●●●韻

此與周詞同，惟前段第七句不押韻異。

又一體

陸　游

雙調七十三字，前段七句五仄韻，後段八句六仄韻。

飛花如趁燕子。直度簾櫳裏。帳掩香雲暖，金籠鸚鵡
○○○●●●韻●●○○●韻●●○○●句○○○●
驚起。凝恨慵梳洗。妝臺畔，蘸粉纖纖指。　　寶釵
○●韻○●○○●韻○○●句●●○○●韻　　●○
墜。才醒又困，厭厭中酒滋味。墻頭柳暗，過盡一年春
●韻○○●●句●●○●○●韻○○●●句●●●○○
事。罨畫高樓怕獨倚。千里。孤舟何處烟水。
●韻●●○○●●●韻○●韻○○○●○●韻

此與趙詞同，惟前段第六句不押韻異，陸詞別首"烟霏散，水面飛金鏡"，正與此同。

又一體

彭元遜

雙調七十三字，前段七句六仄韻，後段八句五仄韻。

夜寒晴早人起。見柳知新翠。撼樹試花意。兩蜂狂救
●○●○●韻●●○○●韻●●●○●韻●○○●
墮蕊。見著羞懶避。春都在，時節到愁地。　屏間
●●韻●●○●韻○○句○●●○●韻　○○
字。香痕半搯，誤期一一曾記。朱絃漫鎖，不會近番慵
●韻○○●句●○●●○●韻○○●●句●●○○
脆。强踏秋千似醉裏。扶下，眼花跕跕飛墜。
●韻●●○○●●韻○●句●○●●○●韻

此詞見鳳林書院，與陸詞同，惟前段第三句押韻，後段第七句不押韻異。

郭郎兒近拍一體

調見《樂章集》，注"仙呂調"。按《樂府雜錄》：傀儡子戲，其引歌舞有郭郎者，善優笑，閭里呼爲郭郎，凡戲場必在俳兒之首。柳詞調名或取諸此。

郭郎兒近拍

柳永

雙調七十三字,前段七句五仄韻,後段八句四仄韻。

帝里。閒居小曲深坊,庭院沈沈朱户閉。新霽。畏景天
●●韻○○●●○○句○●●○○●●韻○●韻●●○
氣。薰風簾幕無人,永晝厭厭如度歲。　　愁瘁。枕簟
●韻○○○●●○句●●○○○●●韻　　○●韻●●
微涼,睡久輾轉慵起。硯席塵生,新詩小闋,等閒都盡
○○句●●●●○●韻●●○○句○○●●句●○○●
廢。這些兒、寂寞情懷,何事新來常恁地。
●韻●○○讀●●○○句○●○○○●●韻

按"愁瘁"二字是後段起句,蓋後結"何事"句,正與"永晝"句合也。《詞律》謂有脫誤,但無他闋可考,今照《詞韻》點定。

臨江仙引二體

調見《樂章集》,注"南吕調"。與《臨江仙令》、《臨江仙慢》不同。

臨江仙引

柳永

雙調七十四字,前段十句四平韻,後段六句三平韻。

渡口，向晚，乘瘦馬，陟崇岡。西郊又送秋光。對暮山
●●句●●句○●●句●○○韻●●○○韻●●○
橫翠，襯殘葉飄黃。憑高念遠，素景楚天，無處不淒
○●句●○●○○韻●○○●句●●○○句○●●
涼。　　香閨別來無信息，雲愁雨恨難忘。指帝城歸
○韻　　●○●○○●●句○○●●○○韻●●○○
路，但烟水茫茫。凝情望斷淚眼，盡日獨立斜陽。
●句●○●○○韻○○●●●●句●●●●○○韻

　　柳永二詞大同小異，其起句俱二字兩句，前段第六七
句、後段第三四句俱上一下四句法，填者審之。
　　此詞可平可仄即糸柳詞別首。

又一體

柳　永

　　雙調七十四字，前段十句兩仄韻四平韻，後段六句三平
韻。
上國。　去客。停飛蓋，促離筵。　長安古道綿綿。見
●●仄韻　●●韻○○句●○○平韻○○●●○○韻●
岸花啼露，對堤柳愁烟。物情人意，向此觸目，無處不
●○○●句●○●○○韻○○●●句●○●●句○●●
淒然。　　醉擁征驂猶佇立，盈盈淚眼相看。況繡幃
○○韻　　●●○○○●●句○○●●○○韻●●○
人靜，更山館春寒。今宵怎向漏永，頓成兩處孤眠。
○●句●○●○○韻○○●●●●句●○●●○○韻

　　此與前詞同，惟前段起二句押仄韻異。

碧牡丹二體

金詞注"中呂調"。

碧牡丹

晏幾道

雙調七十四字,前段七句五仄韻,後段八句六仄韻。

翠袖疏紈扇。涼葉催歸燕。一夜西風,幾處傷高懷遠。
●●○○●韻○●●○●韻●●○○句●●○○●韻
細菊枝頭,開嫩香還遍。月痕依舊庭院。　事何限。
●●○○句○●○○●韻●○○●●韻　●○●韻
悵望秋色晚。離人鬢華將換。静憶天涯,路比此情還
●●○●●韻○○●○○●韻●●○○句●●●○○
短。試約鶯牋,傳素期良願。南雲應有新雁。
●韻●●○○句○●○○●韻○○●●○●韻

汲古閣本於"事何限"句分段,今照《花草粹編》校定。

此詞前段第二句五字,惟《小山集》有此體,宋人皆三字兩句也,故可平可仄詳注程詞之下。

此詞前段第六句、後段第七句例應上一下四句法,與別句五字者不同。

又一體

程垓

雙調七十五字，前段九句五仄韻，後段九句六仄韻。

睡起情無著。曉雨盡，春寒弱。酒盞飄零，幾日頓疏行樂。試數花枝，問此情何若。爲誰開，爲誰落。　正愁却。不是花情薄。花元笑人蕭索。舊觀千紅，至今冷夢難託。燕麥春風，更幾人驚覺。對花羞，爲花惡。

此與晏詞同，惟前段第二句添一字作三字兩句，兩結句各攤破句法，作三字兩句異。宋有張先、晁補之兩詞可校。按晁詞前段第二句"銀箏雁"，"銀"字"箏"字俱平聲；第五句"婀娜腰肢柳細"，"腰"字平聲，"柳"字仄聲；第七句"紅浪隨鴛履"，"紅"字平聲；第八句"梁州緊"，"梁"字平聲，"緊"字仄聲。後段第五句"困入流波生媚"，"入"字仄聲，"流""波"二字俱平聲。又張詞後段第二句"閒照孤鸞戲"，"閒"字平聲。譜內可平可仄據此。

又按晁詞前後段第七句"紅浪隨鴛履"、"眼亂尊中翠"，不作上一下四句法，不若張詞"斂黛峰橫翠"、"但暮雲千里"爲合格也。

百媚娘一體

調見張先詞集,取詞中"百媚等應天乞與"句爲名。

百媚娘

張　先

雙調七十四字,前後段各六句五仄韻。

珠閣五雲仙子。未省有誰能似。百媚等應天乞與,净
○●●○○●韻●●●○○●韻●●●●○●句●
飾艷妝俱美。取次芳華皆可意。何處無桃李。　　蜀
●●○○●韻●●○○○●●韻○●○○●韻　　●
被錦文鋪水。不放彩鸞雙戲。樂事也知存後會,争奈
●●○○●韻●●●○○●韻●●●○○●●句○●
眼前心裏。綠皺小池紅叠砌。花外東風起。
●○○●韻●●●○○●●韻○●○○●韻

此詞無別首宋詞可校。

按此調十二句,每句第二字多用去聲,取其聲之激越也。惟前段第一句"閣"字、第四句"飾"字入聲,第二句"省"字上聲耳。至兩結句第二字去聲,尤不可誤。

風入松四體

古琴曲有《風入松》。唐僧皎然有《風入松歌》,見《樂

府詩集》。調名本此。《宋史·樂志》注"林鍾商"。元高拭詞注"仙呂調",又"雙調"。蔣氏《十三調》注"雙調"。亦名《風入松慢》。韓淲詞有"小樓春映遠山橫"句,名《遠山橫》。

風入松

晏幾道

雙調七十四字,前後段各六句四平韻。

柳陰庭院杏梢墻。依舊巫陽。鳳簫已遠青樓在,水沈
⊖○●●○○韻 ⊖●○○韻 ⊖●●○○●句 ⊖⊖
烟、復暖前香。臨鏡舞鸞離照,倚箏飛雁辭行。　墜
⊖讀⊖●○○韻 ⊖●●○○●句 ⊖●○○韻　●
鞭人意自淒凉。淚眼回腸。斷雲殘雨當年事,到如今、
○○●●○○韻 ●●○○韻 ●○⊖●○○●句 ●○⊖讀
幾度難忘。兩袖曉風花陌,一簾夜月蘭堂。
⊖●○○韻 ●●⊖○○●句 ⊖○●●○○韻

此調以此詞及吳詞爲正體,若趙詞、康詞之減字,皆變格也。

此詞前後段第二句各四字,宋周紫芝、趙師俠、曹冠、謝懋、陸游、高觀國、史達祖、韓淲、李肩吾、趙聞禮諸詞與此同。按晏詞別首前段起句"心心念念憶相逢",上"念"字仄聲。曹詞第三句"澄江金斗平波面","澄"字"金"字俱平聲。高詞第四句"長橋愛花柳多情","長"字平聲,"愛"字仄聲。晏詞第五句"却似桃源失路","失"字仄聲。高詞後段第四句"濃歡寄、桃葉桃根","濃"字平聲,"寄"字仄聲。晏詞第五句"若是初心未改","未"字仄聲。譜內可平可仄

據此,餘槩所采諸詞。

又一體

趙彥端

雙調七十二字,前後段各六句四平韻。

傳聞天上有星榆。歷歷誰居。淡烟暮擁紅雲暖,春寒
○○○●●○○韻●●○○韻●○●●○○●句○○
乍有還無。作態似深仍淺,多情要密還疏。　移尊
●●○○韻●●●○○●句○○●●○○韻　○○
環坐足相娛。醉影憑扶。江南歸到雖憐晚,猶勝不見
○●●○○韻●●○○韻○○●●○○●句○○●●
踟躕。儘拌綠陰青子,憑肩携手如初。
○○韻●●●○○●句○○●●○○韻

此詞前後段第四句校晏詞各減一字,宋人僅見此體。

又一體

康與之

雙調七十三字,前後段各六句四平韻。

一宵風雨送春歸。綠暗紅稀。畫樓整日無人到,與誰
●○○●●○○韻●●○○韻●○●●○○●句●○
同撚花枝。門外薔薇開也,枝頭梅子酸時。　玉人
○●○○韻○●○○○●句○○○●○○韻　●○
應是數歸期。翠斂愁眉。塞鴻不到雙魚遠,歎樓前、
○●●○○韻●●○○韻●○●●○○●句●○讀

流水難西。新恨欲題紅葉，東風滿院花飛。
○●○○韻○●●○○●句○○●●○○韻

此詞後段第四句七字，疑前段"與誰同撚"句脫去一字，因宋《花庵詞選》所載，採以備體。

又一體

吴文英

雙調七十六字，前後段各六句四平韻。

畫船簾密不藏香。飛作楚雲狂。傍懷半卷金鑪燼，怕
●○○●●○○韻 ○●●○○韻 ●○●●○○●句 ●
暖消、春日朝陽。清馥晴熏殘醉，斷烟無限思量。
●○讀○●○○韻○●○○●句●○○●○○韻
憑闌心事隔垂楊。樓燕鎖幽妝。梅花偏惱多情月，慰
○○○●●○○韻○●●○○韻○○○●○○●句●
溪橋、流水昏黄。哀曲霜鴻悽斷，夢魂寒蝶悠颺。
○○讀○●○○韻○●○○●句●○○●○○韻

此詞前後段第二句俱五字，宋于國寶、蔣捷、周密、張炎、元張翥詞皆與此同。惟侯寘詞作上一下四句法稍異，因字數與吴詞同，注明不另錄。

傳言玉女三體

高拭詞注"黃鍾宮"。按《漢武內傳》：帝閒居承華殿，忽見一女子曰："我墉宮玉女王子登也。至七月七日，王母暫來。"言訖，不知所在。世所謂傳言玉女也，調名取此。

傳言玉女

晁冲之

雙調七十四字,前後段各八句四仄韻。

一夜東風,不見柳梢殘雪。御樓烟暖,對鼇山綵結。簫鼓向晚,鳳輦初回宮闕。千門鐙火,九衢風月。　繡閣人人,乍嬉遊、困又歇。艷妝初試,把珠簾半揭。嬌羞向人,手撚玉梅低説。相逢長是,上元時節。

　　此調以此詞爲正體,後段第二句六字折腰,楊无咎、趙善扛、黄機、石孝友諸詞俱與此同。若曾詞之句法小異,袁詞之减字,皆變格也。

　　此詞前後段第四句例作上一下四句法,惟黄詞前段第四句"磣磣敲春晝",句法小異,應是偶誤。後段第四句"比年時更瘦",即合格也。

　　按黄詞前段第三句"紋楸玉子","紋"字平聲。趙詞第六句"春在暖紅温翠","春"字平聲,"暖"字仄聲。楊詞第七句"曲闌幽榭","曲"字仄聲。汪元量詞結句"潮生潮落",上"潮"字平聲。趙詞後段起句"油璧青驄","油"字平聲;第二句"第一番、共燕喜","一"字仄聲。趙詞第四句"有月如人意","月"字仄聲。楊詞第六句"贏得幾場春困","贏"字平聲。黄詞第七句"那堪又是","那"字仄聲。譜内可平可仄據此,餘參所采二詞。

楊无咎"小院春長"詞，後段第五句"只愁飛去"，"飛"字平聲，但查宋詞，無不用仄者，應以仄聲字爲定格。

又一體

曾覿

雙調七十四字，前後段各八句四仄韻。

鳳闕龍樓，清夜月華初照。萬點星毬，護花梢寒峭。華
●●○○句○●●○○●韻●●○○句●○○●韻○
胥夢裏，老去歡情終少。花愁酒悶，總消除了。　紫
○●●句●●○○●韻○○●●句●○○●韻　●
陌嬉遊，不是少年懷抱。珠簾十里，聽笙簫聲杳。幽期
●○○句●●●○○●韻○○●●句●○○●韻○○
密約，暗想淺顰輕笑。良時莫負，玉山頻倒。
●●句●●●○○●韻○○●●句●○○●韻

此與晁詞同，惟後段第二句不作折腰句法異。按汪元量詞"萬點鐙光羞照"，正與此同。

又一體

《樂府雅詞》袁綯

雙調七十三字，前後段各八句四仄韻。

眉黛輕分，慣學漢宮梳掠。艷容可畫，那精神怎貌。鮫
○●○○句●●●○○●韻○○●●句●○○●韻○
綃映玉，鈿帶雙穿纓絡。歌音清麗，舞腰柔弱。　宴
○●●句●●○○○●韻○○○●句●○○●韻　●

罷瑤池，御風跨皓鶴。鳳凰臺上，有蕭郎共約。一面笑
●○○句●○●●韻●○○句●○○●韻●●●
開，向月斜褰珠箔。東園無限，好花羞落。
○句●●○○●韻○○○●句●○○●韻

此亦晁詞體，惟後段第二句減一字異。

枕屏兒一體

調見《梅苑》。

枕屏兒

《梅苑》無名氏

雙調七十四字，前後段各九句四仄韻。

江國春來，留得素英肯住。月籠香，風弄粉，詩人盡
○●○○句○●●○●●韻●○○句○●●句○○●
許。酥蕊嫩，檀心小，不禁風雨。須東君、與他做主。
韻○●●句○○●句●○○●韻○○○讀●○●●韻
繁杏夭桃，顏色淺深難駐。奈芳容，全不稱，冰姿
○●○○句○●●○○●韻●○○句○●●句○○
伴侶。水亭邊，山驛畔，一枝風措。十分似、那人
●●韻●○○句○●●句●○○●韻●○讀●○
淡汀。
●●韻

此調惟《梅苑》有此一詞，無宋元人他作可校。

剔銀鐙五體

《樂章集》注"仙呂調",金詞亦注"仙呂調"。元高拭詞注"中呂宮"。蔣氏《九宮譜》屬中呂調,名《剔銀鐙引》。

剔銀鐙

柳　永

雙調七十五字,前後段各七句五仄韻。

何事春工用意。繡畫出、萬紅千翠。艷杏夭桃,垂楊芳
◐●○●●韻●●●讀◐○○●韻●●◐○句◐○
草,各鬬雨膏烟膩。如斯佳致。早晚是、讀書天氣。
●句●●●◐○●韻◐○○●韻●●●讀◐○◐●韻

漸漸園林明媚。便好安排歡計。論籃買花,盈車載
◐●○○◐●韻●●○○◐●韻◐○◐○句○○●
酒,百琲千金邀妓。何妨沈醉。有人伴、日高春睡。
●句●●○○◐●韻◐○◐●韻●○●讀●○○●韻

　　此詞以柳詞、毛詞、杜詞爲正體,若范詞、袁詞之添字,皆變格也。

　　此詞前段第二句七字,後段第二句六字,杜安世"夜永衾寒"詞正與此同。

　　按杜詞別首前段起句"昨夜一場風雨","一"字仄聲。後段第五句"免恁惱人腸肚","惱"字仄聲。譜內據之,其餘可平可仄悉校類列四詞。

　　又按杜詞別首前段第五句"多情怎生爲主","情"字平

聲，但查宋詞，此字無不用仄者，應以仄聲字爲定格。

又一體

毛滂

雙調七十四字，前後段各七句四仄韻。

簾下風光自足。春到席間屛曲。瑤甕酥融，羽觴蟻鬭，
○●○○●●韻○●●○○●●韻○●○○句●○●●句
花映鄮湖寒綠。汨羅愁獨。又何似、紅圍翠簇。　聚
○●●○○●韻●○○●韻●○●讀○○●●韻　●
散悲歡箭速。不易一杯相屬。頻剔銀鐙，別聽牙板，尚
●○○●●韻●●●○○●韻○●○○句●●○●句●
有龍膏堪續。羅熏繡馥。錦瑟畔、低迷醉玉。
●○○●●韻○○●●韻●●●讀○○●●韻

此詞前後段第二句俱六字，杜安世"昨夜一場"詞正與此同。

汲古閣刻《壽域詞》本，前段第二句"春忽到席間屛曲"，亦作七字，今照《花草粹編》改定。原注侑歌者以七急拍七拜勸酒，或其歌法耳。

又一體

杜安世

雙調七十六字，前後段各七句五仄韻。

好事爭如不遇。可惜許、多情相誤。月下風前，偸期竊
●●○○●●韻●●●讀○○●●韻●●○○句○○●

會，共把衷腸分付。尤雲殢雨。正繾綣、朝朝暮暮。
●句●●○○○●韻○○●●韻●●讀○○●●韻
　　無奈別離情緒。酒和病、雙眉長聚。往事淒涼，佳音
○●●○○●韻●●讀○○●●韻●●○○句○○
迢遞，似此因緣誰做。洞雲深處。暗回首、落花飛絮。
○●句●●○○●韻○○●●韻●○●讀●○○●韻
　　　前後段第二句俱七字。

又一體

范仲淹

　　雙調七十八字，前後段各七句四仄韻。
昨夜因看蜀志。笑曹操、孫權劉備。用盡機關，徒勞心
●●○○●●韻●○○讀○○○●韻●●○○句○○
力，只得三分天地。屈指細尋思，爭如共、劉伶一醉。
●句●●○○○●韻●●●○○句○○讀○○●●韻
　　人世都無百歲。少癡騃、老成尪悴。只有中間，些
○●○○●●韻●○●讀●○○●韻●●○○句○
子少年，忍把浮名牽繫。一品與千金，問白髮、如何
●●○句●○○●●韻●●●○○句●●讀○○
回避。
○●韻
　　　此與杜詞同，惟前後段第六句添一字作五字句，不用韻
　　　異。《花草粹編》採之《中吳紀聞》，無別首宋詞可校。

又一體

衷長吉

雙調七十八字,前後段各七句五仄韻。

古來五子伊誰有。唐室五王稱首。竇氏五龍,柳家五
●○●●○○韻○●●○○韻●●●○句●○●
馬,西晉室、陶家五柳。英名不朽。更東漢、馬良並
●句○●●讀○○●韻○○●●韻●○●讀●○
秀。　　君今也五男還又。應是五星孕就。腹笥五經,
●韻　　○○●○○●韻○●●○○●韻●●○句
身膺五福,指日繼、五侯之後。箇般非偶。好與醉、
○○●●句●●●讀●○○●韻●○○●韻●●讀
劉伶五斗。
○○●●韻

此亦毛詞體,惟前後段起句及第五句各添一字,作七字句異。

隔簾聽一體

唐教坊曲名。《樂章集》注"林鍾商"。

隔簾聽

柳永

雙調七十五字,前段七句五仄韻,後段八句七仄韻。

咫尺鳳衾鴛帳，欲去無因到。蝦鬚窣地重門悄。認繡
●●●○○●句●●○○●韻○○●●○○●韻●●
履頻移，洞房窅窅。強語笑。逞如簧、再三輕巧。
●○○句●○●●韻●●●韻●○○讀●○○●韻
梳妝早。琵琶閒抱。愛品相思調。聲聲似把相思告。但
○○●韻○○●●韻●●○○韻○○●●○○●韻●
隔簾贏得，斷腸多少。恁煩惱。除非是、共伊知道。
●○○●句●○○●韻●○●韻○○●讀●○○●韻

　　坊刻於"梳妝早"句分段，今照《花草粹編》校正。其平仄無別首可校。

越溪春一體

　　調見《六一居士詞》，因詞中有"春色遍天涯，越溪閬苑繁華地"句，取以爲名，蓋賦越溪春色也。

越溪春

歐陽修

　　雙調七十五字，前段七句三平韻，後段六句四平韻。
三月十三寒食日，春色遍天涯。越溪閬苑繁華地，傍
○●●○○●●句○●●○○韻●○●●○○●句●
禁垣、珠翠烟霞。紅粉墻頭，秋千影裏，臨水人家。
●○讀○●○○韻○●○○句○○●●句○●○○韻
歸來晚駐香車。銀箭透窗紗。有時三點兩點雨霎，
○○●●○○韻○●●○○韻●○○●●●●●句

763

朱門柳細風斜。沈麝不燒金鴨冷,籠月照梨花。
○●●○○韻○●●○○●●句○●●○○韻

此詞無別首宋詞可校。

結二句,《詞綜》作"沈麝不燒金鴨,玲瓏月照梨花",六字兩句,查本集"玲"字係"冷"字,"瓏"字係"籠"字,"冷"字屬上作句方有情韻,舊本皆然,今從之。

長生樂二體

調見《珠玉集》。

長生樂

晏　殊

雙調七十五字,前段八句五平韻,後段六句四平韻。
玉露金風月正圓。臺榭早涼天。畫堂佳會,組繡列芳
●●○○●●○韻◐●●○○韻●○○●句●●●○
筵。洞府星辰龜鶴,福壽來添。歡聲喜色,同入金鑪泛
○韻●●○○◐●句●●○○韻○○●●句◐●○○●
濃烟。　　清歌妙舞,急管繁絃。榴花滿酌觥船。
○○韻　　○○●●句●●○○韻○○●●○○韻
人盡祝、富貴又長年。莫教紅日西晚,留著醉神仙。
○●●讀●●●○○韻●○○●○●句◐●●○○韻

晏詞二首大同小異,其前段結句例作拗句。又前段第六句舊本作"來添福壽",應作"福壽來添"方合,觀別首"飄散歌聲","聲"字用韻可證。

譜內可平可仄即系下詞。

又一體

晏　殊

雙調七十五字，前段八句四平韻，後段六句四平韻。

閬苑神仙平地見，碧海架蓬瀛。洞門相向，倚金鋪微
●●○○○●●句●●●○○韻●○○●句●○○○
明。處處天花撩亂，飄散歌聲。裝真延壽，賜與流霞滿
○韻●●○○●●句●●○○韻●○○●句●●○○●
瑤觥。　　紅鸞翠節，紫鳳銀笙。玉女雙來近彩雲。隨
○○韻　　○●●●句●●○○韻●●○○●●○韻○
步朝夕拜三清。爲傳王母金籙，祝千歲長生。
●○●●○○韻●○○●○●句●○●●○○韻

此與前詞同，惟前段起句不用韻，後段第三四句俱七字異。

訴衷情近三體

調見《樂章集》，注"林鍾商"。與《訴衷情令》不同。

訴衷情近

柳　永

雙調七十五字，前段七句三仄韻，後段九句六仄韻。

雨晴氣爽，佇立江樓望處。澄明遠水生光，重叠暮山
●○●●句●○○●●韻○○●●○○句○●●○
聳翠。遥想斷橋幽徑，隱隱漁村，向晚孤烟起。　殘
●●韻○●●○○●句●●○○句●●○○●韻　○
陽裏。脉脉朱闌静倚。黯然情緒，未飲先如醉。愁無
○●韻●●○○●●韻●○○●句●●○○●韻○○
際。暮雲過了，秋風老盡，故人千里。竟日空凝睇。
●韻●○●●句○○●●句●○○●韻●●○○●韻

　　此調祇有柳詞二首及晁詞一首，故此詞可平可仄悉糸
所採二詞。
　　柳永、晁補之皆精於審音，故三詞糸校，其可平可仄處
不過三四字。《詞律》論"雨晴氣爽"句是上平去上，"暮雲
過了"句是去平去上，"聳翠"、"静倚"皆上去，亦細。

又一體

柳　永

　　雙調七十五字，前段七句兩仄韻，後段九句六仄韻。
景闌晝永，漸入清和氣序，榆錢飄滿閒階，蓮葉嫩生
●○●●句●●○○●●句○○○●○○句○●●○
翠沼。遥望水邊幽徑，山崦孤村，是處園林好。　閒
●●韻○●●○○●句○●○○句●●○○●韻　○
情悄。綺陌遊人漸少。少年風韻，自覺隨春老。追前
○●韻●●○○●●韻●○○●句●●○○●韻○○
好。帝城信阻，天涯目斷，暮雲芳草。佇立空殘照。
●韻●○●●句○○●●句●○○●韻●●○○●韻

　　此與"雨晴氣爽"詞同，惟前段第二句不用韻異。

又一體

晁補之

雙調七十五字,前段七句三仄韻,後段九句六仄韻。

小園過午,便覺涼生翠柏。戎葵間出牆紅,萱草靜依
●○●●句●●○○●韻○○●●○○句○●●○
徑綠。還是去年,浮瓜沈李,追涼故遶池邊竹。　小
●●韻○●●○句○○●●句○○●●○○●韻　●
筵促。忽憶楊梅正熟。下山南畔,畫舸笙歌逐。愁凝
○●韻●●○○●●韻●○○●句●●○○●韻○○
目。使君彩筆,佳人錦字,斷絃怎續。盡日闌干曲。
●韻●○●●句○○●●句●○●●韻●●○○●韻

此亦與柳詞同,惟前段第五六句俱四字,第七句七字異。

下水船四體

唐教坊曲名。按唐王保定《摭言》:裴庭裕,乾寧中在內廷,文書敏捷,號下水船。調名取此。

下水船

黃庭堅

雙調七十五字,前段七句五仄韻,後段八句六仄韻。

總領神仙侶。齊到青雲岐路。丹禁風微，咫尺諦聞天
●○○●韻○●○○●韻●●○○句●●●●
語。盡榮遇。看即如龍變化，一擲靈梭風雨。　真遊
●韻●○●韻●●○○●●句●○○●韻　○○
處。上苑尋春去。芳草芊芊迎步。幾曲笙歌，櫻桃艷
●韻●●○○●韻○●○○●●韻●●○○句○●
裏歡聚。瑤觴舉。回祝堯齡萬萬，端的君恩難負。
●○●韻○○●韻○●○○●●句○●○○○●韻

　　此調有黃詞、賀詞及晁詞二首。黃、賀二詞字句並同，應爲
此調正體。若晁作"百紫千紅"詞之句讀參差，"上客驪駒"詞之
添字，皆變格也。
　　此詞可平可仄即糸下所採三詞，故不復注。

又一體

賀　　鑄

　　雙調七十五字，前段七句六仄韻，後段八句六仄韻。
芳草青門路。還拂京塵東去。回想當年，離聲送君南
○●○○●韻○●○○●韻●●○○句○○●○○
浦。愁幾許。尊酒留連薄暮。簾卷津樓烟雨。　憑闌
●韻○●●韻○●○○●●韻○○○○○●韻　○○
語。草草蘅皋賦。分首驚鴻不駐。鐙火虹橋，難尋弄
●韻●●○○●韻○●○○●●韻○●○○句○○●
波微步。漫凝佇。莫怨無情流水，明日扁舟何處。
○○●韻●○●韻●●○○○●句○●○○○●韻

　　此與黃詞同，惟前段第六句押韻異。

又一體

晁補之

雙調七十五字,前段七句四仄韻,後段八句四仄韻。

百紫千紅翠。惟有瓊花特異。便是當年,唐昌觀中玉
●●○○●韻 ○●○○●●韻 ●●○○句 ○○●●●
蕊。尚記得,月裏仙人來賞,明日喧傳都市。　甚時
●韻 ●●●句 ●●○○○●句 ○●○○○●韻　　●○
又,分與揚州本,一朵冰姿難比。曾向無雙亭邊,半
●句 ○●○○●句 ●●○○○●韻 ○●○○○●句 ●
酣獨倚。似夢覺,曉出瑤臺千里。猶憶飛瓊標致。
○●●韻 ●●●句 ●●○○○●韻 ○●○○○●韻

此亦黃詞體,惟後段第四句六字,第五句四字,句讀參差。又前段第五句、後段第一二句、第六句俱不押韻,第七句多押一韻異。

又一體

晁補之

雙調七十六字,前段七句六仄韻,後段八句六仄韻。

上客驪駒繫。驚喚銀瓶睡起。困倚妝樓,盈盈正解羅
●●○○●韻 ○●○○●●韻 ●●○○句 ○○●●○
髻。鳳釵墜。繚繞金盤玉指。巫山一段雲委。　半窺
●韻 ●○●韻 ○●○○●●韻 ○○●●○●韻　　●○
鏡,向我橫秋水。斜領花枝交鏡裏。淡拂鉛華,匆匆
●句 ●●○○●韻 ○○○○○●韻 ●●○○句 ○○

自整羅綺。斂眉翠。雖有悁悁密意。空作江邊解佩。
●●○●韻●○●韻○●●○●韻○●○●●韻

　　此詞本集不載，從《能改齋漫録》採入，亦黃詞體，惟後段起句不押韻，第三句添一字異。

解蹀躞六體

曹勛詞名《玉蹀躞》。

解蹀躞

周邦彥

雙調七十五字，前段六句三仄韻，後段七句五仄韻。
候館丹楓吹盡，回旋隨風舞。夜寒霜月、飛來伴孤旅。
◐●○○○●句◐●○●韻●○○●讀○○●○●韻
還是獨擁秋衾，夢餘酒困都醒，滿懷離苦。　　甚情
◐●◐●○○句●○◐●○○句●○○●韻　　●○
緒。深念凌波微步。幽房暗相遇。淚珠都作、秋宵枕前
●韻◐●○○○●韻○○●○●韻◐○○●讀○○●○
雨。此恨音驛難通，待憑征雁歸時，寄將愁去。
●韻◐●○●○○句●○○●○○句●○○●韻

　　此調始見《清真集》，應以此詞爲正體。若楊詞之多押一韻，吳詞之少押一韻，方詞及楊詞別首之句讀參差，曹詞之句讀小異，皆變格也。但楊、吳、曹三體字句整齊，方詞及楊詞別首則採以備考，不可爲法。

　　按陳允平和詞後段第四句"如今憔悴、黃花慣風雨"，

"如"字平聲；第六句"醉來一枕閒窗"，"一"字仄聲。譜內據此，其餘可平可仄悉校下所採四詞。

前段起句"館"字紊吳詞可平，"丹"字"吹"字紊吳詞可仄；第三句"寒"字紊曹詞可仄，"月"字紊曹詞可平。然查宋詞，如此者甚少，自當以周詞爲定格。

又一體

楊无咎

雙調七十五字，前段六句四仄韻，後段七句五仄韻。
迤邐韶華將半。桃杏匀於染。又還撩撥、春心信悽黯。
●●○○●●韻○●○○●韻●○○●讀○○●●●韻
準擬劇飲狂吟，可憐無復當年，酒腸文膽。　　倦遊
●●●●○○句●○○●○○句●○○●韻　　●○
覽。鬒領羞窺鸞鑑。眉端爲誰斂。可堪風雨、無情暗
●韻●●○○●●韻○○●○●韻●○○●讀○○●
亭檻。觸目千點飛紅，問春爭得春愁，也隨春減。
○韻●●○○●●句●○○●○○句●○○●韻

此與周詞同，惟前段起句用韻異。按楊澤民和周詞，前段第一二句"一掬金蓮微步。堪向盤中舞"，正與此同。

又一體

吳文英

雙調七十五字，前段六句三仄韻，後段七句四仄韻。
醉雲又兼醒雨，楚夢時來往。倦蜂剛著梨花、惹遊蕩。
●○●○●●句●●○○●韻●○○●○○讀●○●韻

還做一段相思，冷波葉舞愁紅，送人雙槳。　　暗凝
○●●○○句●○●●○○句●○○●韻　　●○
想。情共天涯秋黯，朱橋鎖深巷。會稀投得輕分、頓
●韻○●○○○●句○○●○●韻●○●○○讀●
惆悵。此去幽曲誰來，可憐殘照西風，半妝樓上。
○●韻●●○●○○句●○○●○○句●○○●韻

　　此與周詞同，惟後段第二句不押韻，前後段第三句作上
六下三句法異。按陳允平和周詞"記得芙蓉江上，蕭娘舊相
遇"，正與此同。
　　又按周詞前段起句，例用仄仄平平平仄，此獨用仄平仄
平仄仄，文英精於審音，必中律呂，採入以備一體。

又一體

方千里

　　雙調七十五字，前段六句三仄韻，後段七句五仄韻。
院宇無人清晝，靜看簾波舞。自憐春晚、漂流尚羈旅。
●●○○○●句●○○●韻●○○●讀○●○●韻
那況淚濕征衣，恨添客鬢，終日子規聲苦。　　動離
●●●○○句●●○●句○●●○○●韻　　●○
緒。漫整徘徊愁步。何時再相遇。舊歡如昨、匆匆楚
●韻●●●○○●韻○○●○●韻●○○●讀○○●
臺雨。別後南北天涯，夢魂猶記關山，屢隨書去。
○●韻●●○●○○句●○○●○○句●○●●韻

　　此和周詞，惟前結作四字一句、六字一句異。

又一體

曹　勛

雙調七十五字，前段六句三仄韻，後段七句五仄韻。

雨過池臺秋静，桂影涼清晝。槁葉喧空、疏黄滿堤柳。
●●○○●句●●○○●韻●●○○讀○●●○●韻
風外殘葉枯荷，憑闌一晌，猶喜冷香襟袖。　少歡
○●○●○○句○○●●句○●●○○●韻　●○
偶。人道消愁須酒。酒又怕醒後。這般光景、愁懷煞
●韻○●○○○●韻●●●○●韻●○○●讀○○●
難受。誰念千種秋情，乍涼雖好，還恨夜長時候。
○●韻○●○○○句●○○●句○●●○○●韻

此亦周詞體，惟前後兩結俱作四字一句、六字一句異。

按周詞前段第二句平仄平平仄，後段第三句平平仄平仄，此詞後段第三句獨用仄仄仄平仄；又周詞前段第三句及後段第四句上四字例用仄平平仄，此詞前段第三句上四字獨用仄仄平平，應是偶誤，不必從。

又一體

楊无咎

雙調七十五字，前段六句三仄韻，後段七句五仄韻。

金谷樓中人在，兩點眉鬟綠。叫雲穿月、橫吹楚山竹。
○●○○●句●●○○●韻●○○●讀○○●○●韻
怨斷憂憶因誰，坐中有客，猶記在、平陽宿。　淚盈
●●○●○○句●○●●句○●●讀○○●韻　●○

目。百囀千聲相續。停杯聽難足。漫誇天海風濤、舊時
●韻●○○○●韻○○●●韻●○○●○讀●○
曲。夜深烟慘雲愁，倩君沈醉，明日看、梅梢玉。
●韻●○○●○句●○○●句○●●讀○○●韻

　　此亦周詞體，惟後段第四句作上六下三句法，及前後段
兩結句俱作六字折腰句法異。

撲蝴蝶四體

　　按周密《癸辛雜志》云："吳有小妓，善舞《撲蝴蝶》"。
疑是舞曲。邵叔齊詞名《撲蝴蝶近》。

撲蝴蝶

曹　組

　　雙調七十五字，前段七句三仄韻，後段八句四仄韻。
人生一世，思量爭甚底。花開十日，已隨塵逐水。且看
○○●●句○○○●●韻○○●●句●○○●●韻●○
欲盡花枝，未厭傷多酒盞，何須細推物理。　　幸容
●●○○句●●○○●●句○○●○●韻　　●○
易。有人爭奈，只知名與利。朝朝日日，忙忙劫劫地。
●韻●○○●句●○○●●韻○○●●句○○●●●韻
待得一晌閒時，又却三春過了，何如對花沈醉。
●●●○○句●●○○●●句○○●○●韻

　　此調有兩體，後段第三句或五字，或七字。五字者或作
仄平平仄仄，或作平平平仄仄。七字者或作仄仄平平仄仄

仄,或作仄仄平平仄平仄。又前段第二句曹、趙兩詞俱作平平平仄仄,而邵、丘兩詞則或作平仄仄平仄,或作平仄平平仄,最爲差錯不齊。填者任擇一體,遵之可也。

按吕渭老"風荷露竹"詞,前段第六句"微醉歌聲審穩","微"字平聲。後段第四句"小窗睡起","小"字仄聲;第七句"秋䒼黄花漸近","秋"字平聲。譜内可平可仄據此,餘參後詞。

又一體

趙師俠

雙調七十五字,前段七句四仄韻,後段八句五仄韻。

清和時候,薰風來小院。琅玕脱籜,方塘荷翠颭。柳絲
○○○●句○○●●韻○○●●句○○○●●韻●○
輕度流鶯,畫棟低飛乳燕。園林緑陰初遍。　景何
○●○○句●●○○●●韻○○●●○●韻　　●○
限。輕紗細葛,綸巾和羽扇。披襟散髮,心清塵不染。
●韻○○●●句○○○●●韻○○●●句○○○●●韻
一杯洗滌無餘,萬事消磨去遠。浮名薄利休羨。
○○●●○○句●●○○●●韻○○●●○●韻

此與曹詞同,惟前段第六句、後段第七句俱押韻異。

又一體

邵叔齊

雙調七十七字,前段七句四仄韻,後段八句五仄韻。

蘭摧蕙折，霜重曉風惡。長安何處，孤根漫自託。水寒
○○●●句○●●●●韻○○○句○○●●●韻●○
斷續溪橋，月破黃昏院落。相逢儼然瘦削。　　最蕭
●●○○句●●○○●●韻○○●●●韻　　●○
索。星星蓬鬢，杳杳家山路正邈。攀枝嗅蕊，露陪清淚
●韻○○○●句●●○○●●韻○○●●句●○○●
閣。已無蝶使蜂媒，不共鶯期燕約。甘心伴人淡薄。
●韻●○●●○○句●●○○●●韻○○●●●韻

　　此亦與曹詞同，惟後段第三句添三字異。無名氏"烟條
雨葉"詞，及呂渭老詞二首，俱如此填。按呂詞後段第三句
"傾人離愁萬千斗"，"傾"字平聲；無名氏詞"明月樓中畫眉
懶"，"眉"字平聲。其餘已詳曹詞。

又一體

丘 崇

　　雙調七十七字，前段七句六仄韻，後段八句五仄韻。
鳴鳩乳燕。春在梨花院。重門鎮掩。沈沈簾不卷。紗窗
○○●●韻○●●○●韻○○●●韻○○○●●韻○○
紅日三竿，睡鴨餘香一線。佳眠悄無人喚。　　漫消
○●○○句●●○○●●韻○○●●○○韻　　●○
遣。行雲無定，楚雨難憑夢魂斷。清明漸近，天涯人正
●韻○○○●句●●○○●●韻○○●●句○○○●
遠。儘教閒了鞦千，覷著海棠開遍。難禁舊愁新怨。
●韻●○○●○○句●●●○○●韻○○●○○●韻

　　此與邵詞同，惟前段第一句、第三句俱用韻異。

千年調二體

曹組詞名《相思會》，因詞有"剛作千年調"句，辛棄疾改名《千年調》。

千年調

辛棄疾

雙調七十五字，前後段各九句四仄韻。

卮酒向人時，和氣先傾倒。最要然然可可，萬事稱好。
⊖○●○○句●●○●韻●●○○●●句●⊖●●韻

滑稽坐上，更對鴟彝笑。寒與熱，總隨人，甘國老。
⊖○●●句●●○●韻⊖●●句●○○句⊖●●韻

少年使酒，出口人嫌拗。此箇和合道理，近日方曉。
⊖○●●句●●○●韻●●○●●●句●●○●韻

學人言語，未會十分巧。看他們，得人憐，秦吉了。
●○○●句●●●○●韻⊖○●句●○○句⊖●●韻

按辛詞有二首，其源似出於曹詞，但曹詞句讀參差，又添襯字，故以辛詞爲譜。

辛詞別首前段起句"左手把青霓"，"左"字仄聲；第二句"右手挾明月"，"右"字"挾"字俱仄聲；第三句"吾使豐隆前導"，"吾"字"前"字俱平聲；第四句"叫開閶闔"，"開"字平聲；第八句"萬斛泉"，"斛"字仄聲。後段第三句"帝飲予觴甚樂"，"觴"字平聲；第七句"余馬懷"，"余"字平聲；結句"下恍惚"，"下"字仄聲。譜內可平可仄據此，餘參曹詞。

《詞律》論前段第四句"事"字不可平,觀曹詞亦用"見"字;論第八句"隨"字不可仄,辛詞別首"斛"字以入作平,曹詞亦用"勞"字;至論"合"字平聲,按《中原雅音》"合"音"呵",《中原音韻》歌戈部,入聲作平聲有"合"字,此亦金元曲譜所用北方之音,不可以律宋詞,故糸辛詞別首及曹詞作譜。

又一體

曹　組

雙調七十七字,前後段各九句四仄韻。

人無百年人,剛作千年調。待把門關鐵鑄,鬼見失笑。
○○●○○句●●○○●韻●●○○●●句●●●●韻
多愁早老,惹盡閒煩惱。我惺也,枉勞心,漫計較。
○○●●句●●○○●韻●○●句○○○句●●●韻
　粗衣淡飯,贏取暖和飽。住箇宅兒,只要不大不小。
○○●●句○●●●●韻●●●○句●●●●●●韻
常教潔淨,不種閒花草。據見在,樂平生,便是神
○○●●句●●○○●韻●●●句●○○句●●○
仙了。
○●韻

　　此見《樂府雅詞》,即辛詞之所從出也。惟後段第三句四字,第四句六字,與辛詞異。結句五字,又多兩襯字。

蕊珠閒一體

調見《介庵詞》。

蕊珠閒

趙顔端

雙調七十五字,前段八句四仄韻,後段八句六仄韻。

浦雲融,梅風斷,碧水無情輕度。有嬌黃上林梢,向春
●○○句○○●句●●○○○●韻●○○●○○句●○
欲舞。綠烟迷晝,淺寒欺暮。不勝小樓凝佇。　　倦遊
●●韻●○○●句●○○●韻●○●○○●韻　　●○
處。故人相見易阻。花事從今堪數。片帆無恙,好在
●韻●○○●●●韻○○○●○●韻●○○●句●●
一篙春雨。醉袍宮錦,畫羅金縷。莫教恨傳幽句。
●○○●韻●●○○句●○○●韻●○●○○●韻

此詞前段第四①句"有嬌黃上林梢",疑有脱誤,然無別首可校。

瑞雲濃一體

調見《逃禪集》,蔣氏《九宮譜》入黃鍾宮。

瑞雲濃

楊无咎

雙調七十五字,前後段各七句四仄韻。

---

①四:原誤作"三",據文義改。

睽離漫久，年華誰信曾換。依舊當時似花面。幽歡小
○○●●句○○○●○●韻○●○○●○●韻○○●
會，記永夜、杯行無算。醉裏屢忘歸，任虛簷月轉。
●句●●●讀○○●韻●●○○句●○○●●韻
　　能變新聲，隨語意、悲歡感怨。可更餘音寄羌管。
○●○○句○●●讀○○●●韻●●○○●●韻
倦遊江淛，問似伊、阿誰曾見。度已無腸，爲伊可斷。
●○○●句●●○讀●○○●韻●●○○句●●●韻
　　此詞無別首可校。

番槍子一體

調見金韓玉《東浦詞》。李獻能因此詞後段結句有"春
草碧"句,更名《春草碧》。

番槍子

韓　玉

雙調七十五字,前段五句四仄韻,後段六句四仄韻。
莫把團扇雙鸞隔。要看玉溪頭、春風客。妙處風骨蕭
●●○●●○●韻●●●○○讀○○●韻●●○●○
閒，翠羅金縷瘦宜窄。轉面兩眉攢、青山色。　　到此
○句●○○●●○●韻●●●○○讀○○●韻●●
月想精神，花似秀質。待與不清狂、如何得。奈何難
●●○○句○●●●韻●●●○○讀○○●韻●○○

駐朝雲，易成春夢恨又積。送上七香車、春草碧。
●○○句⊖⊖⊖⊖⊖⊖●韻●●●○○讀○⊖●韻

　　此調惟金元人填之，有完顏璹、李獻能、錢抱素、錢應庚詞可校。按李獻能詞前段起句"紫簫吹破黃昏月"，"簫"字平聲。錢應庚詞第二句"還記五湖船、烟波約"，"還"字平聲。完顏璹詞第三句"底事勝賞匆匆"，"勝"字仄聲。李詞第四句"顏色如花命如葉"，"顏"字平聲，"色"字仄聲，"花"字平聲；第五句"千里涴凝塵、凌波襪"，"千"字平聲。錢抱素詞後段起句、第二句"梨花燕子清明，誰家院宇"，"梨"字"花"字"家"字俱平聲；第三句"天地一蘧廬、從棲泊"，"天"字平聲。李詞"舊時雪堂人、今華髮"，"時"字平聲。錢詞第四句"天涯行李蕭蕭"，"天"字平聲。又"自憐素髮無多"，"素"字仄聲。完顏詞第五句"故苑春光又陳迹"，"苑"字仄聲，"光"字"陳"字俱平聲。又李詞"杯深不覺琉璃滑"，"杯"字平聲，"不"字仄聲，"琉"字平聲。錢詞結句"白首友于情、同憂樂"，"憂"字平聲。譜內可平可仄據此。

詞譜卷十八

荔枝香十體

《唐史·樂志》："帝幸驪山，貴妃生日，命小部張樂"長生殿，奏新曲。未有名，會南方進荔枝，因名《荔枝香》。《碧雞漫志》："今歇指調、大石調皆有近拍，不知何者爲本曲"。按《荔枝香》有兩體，七十六字者，始自柳永，《樂章集》注"歇指調"，有周邦彥、方千里、楊澤民、陳允平及吳文英詞可校。七十三字者，始自周邦彥，有方千里、楊澤民、陳允平和詞及袁去華詞可校，一名《荔枝香近》。

荔枝香

柳　永

雙調七十六字，前後段各七句四仄韻。

甚處尋芳賞翠，歸去晚。緩步羅襪生塵，來繞瓊筵看。
●●○○●●句○●●韻●●○○○○句○●○○●韻
金縷霞衣輕褪，似覺春遊倦。遙認、衆裏盈盈好身段。
○●○○○●句●●○○●韻○●讀●●○○●●韻
擬回首，又佇立、簾帷畔。素臉翠眉，時揭蓋頭微
●○●句●●●讀○○●韻●●●○句○○●○○
見。笑整金翹，一點芳心在嬌眼。王孫空恁腸斷。
●韻●●○○句●●○○●○●韻○○●●○●韻

此調七十六字者，名《荔枝香》，無"近"字，以此詞爲正

體。周邦彥"照水殘紅"詞，正與此同，但前段結句脫落一字耳。若方詞之多押一韻，楊詞之多押兩韻，陳詞及吳詞二首之句讀小異，皆變格也。

此詞前段結句，可點四字一讀，五字一句，亦可點六字一讀，三字一句。今照《詞律》點定，二字一讀，七字一句，仄仄平平仄平仄，與後段"一點芳心"句平仄同。

此詞可平可仄悉叅周、方、楊、陳四詞及吳詞二首之句法同者。其類列《荔枝香近》三詞，恐各寓音律，不復彙校。

又一體

周邦彥

雙調七十五字，前後段各七句四仄韻。
照水殘紅零亂，風喚去。盡日惻惻輕寒，簾底吹香霧。
●●○○●句○●韻●●●○○句○●○●韻
黄昏客枕無憀，細響當窗雨。看兩兩相依燕新乳。
○○●●○○句●●○○●韻●●●○○●○●韻
樓下水，漸緑遍、行舟浦。暮往朝來，心逐片帆輕舉。
○●●句●●●讀○○●韻●●○○句○●●○○●韻
何日迎門，小檻朱籠報鸚鵡。共翦西窗蜜炬。
○●○○句●●○○●○●韻●●○○●●韻

此與柳詞同，惟前結校柳詞少一字，疑有脱誤，因《花草粹編》及《片玉集》皆如此，仍之。

按《片玉集》此詞後段結句作"如今誰念淒楚"，與柳詞平仄如一，但方千里、楊澤民、陳允平諸和詞皆押"炬"字韻，應照《清真詞》本爲是。

又一體

方千里

雙調七十六字,前段七句五仄韻,後段七句四仄韻。

勝日登臨幽趣。乘興去。翠壁古木千章,林影生寒霧。
●●○○●韻○●●韻●●●○○句○●○○●韻
空濛冷濕人衣,山路元無雨。深澗、斗瀉飛泉溜甘乳。
○○●●○○句○●○●●韻○●讀●●○○●●韻
　　漁唱晚,看小棹、歸前浦。笑指官橋,風颭酒旗斜
　　○●●句●●讀○○●句●●○○句○○●○○
舉。還脫宮袍,一醉芳杯倒鸚鵡。幸有雕章蠟炬。
●韻○●○○句●●○○●○●韻●●○○●●韻

此和周邦彥詞,亦與柳詞同,惟前段起句用韻小異。

又一體

楊澤民

雙調七十六字,前段八句六仄韻,後段七句五仄韻。

瞰水素多佳趣。春未去。繡桷陡起凌空,隱隱籠輕霧。
●●●○●韻○●●韻●●●○○句●●●○●韻
已飛畫棟朝雲,又卷西山雨。相與。共煮新茶取花乳。
●○●●○○句●●○○●韻○●韻●●○○●○●韻
　　開宴處。倚北榭、臨南浦。迤邐扁舟,雙槳棹歌齊
　　○●●韻●●讀○○●韻○●○○句○●●○○
舉。座上佳賓,妙句無非賦鸚鵡。莫惜高燒蠟炬。
●韻●●○○句●●○○●○●韻●●○○●●韻

此調前段起句用韻,與方詞同,惟前結二字一讀用韻,及換頭句用韻小異。

又一體

陳允平

雙調七十六字,前段八句四仄韻,後段七句四仄韻。
杜宇聲聲頻喚,春漸去。暗碧柳色依依,湖上迷香霧。
●●○○○●句○●●韻●●●○○句○●○●●韻
殘香凈洗紅蘭,昨夜朱鉛雨。金泥帳底,雙虹自沈乳。
○○●●○○句●●○○●韻○○●●句○●●○●韻
天際,漸迤邐、片帆南浦。一笑薔薇,別後酒杯慵
○●句●●●讀●○○●韻●●○○句●●●○○
舉。江上琵琶,莫遣東風誤鸚鵡。淚擁通宵蠟炬。
●韻○●○○句●●○○●●韻●●○○●●韻

此詞亦與柳詞同,惟前結四字一句、五字一句,換頭二字一句、七字一句異。

又一體

吳文英

雙調七十六字,前段七句四仄韻,後段七句五仄韻。
錦帶吳鈎,征思橫淮水。夜吟敲落霜紅,船傍楓橋繫。
●●○○句○○○●●韻●○○●●○句○●○○●韻
相思不管年華,喚酒吳娃市。因語、駐車新堤步秋綺。
○○●●○○句●●○○●韻○●讀●○○○●○●韻

785

淮楚尾。暮雲送、人千里。細雨南樓，香密錦溫曾
○●●韻●○●讀○○●韻●●○○句○●○○
醉。花谷依然，秀靨偷春小桃李。爲語夢窗憔悴。
●韻○●○○句●●●●●●韻●●●●○○●韻

　　此亦柳詞體，惟前段起句四字，第二句五字異。
　　《詞律》云"前段結句'車'字必是'馬'字"，但無善本可校。又夢窗精於審音，必中律呂，聊存以備叅考。填者仍照柳、周各詞用仄聲字可也。

又一體

吳文英

　　雙調七十六字，前後段各七句四仄韻。
輕睡時聞，晚鵲噪庭樹。又説今夕天津，西畔重歡遇。
○●○○句●●●○●韻●●○○○句○○●●韻
蛛絲暗鎖紅樓，燕子穿簾處。天上、未比人間更情苦。
○○●●○○句●●○○●韻○●讀●●○○●●韻
秋鬢改，妬月姊、長眉嫵。過雨西風，數葉井梧愁
○●●句●●●讀○○●韻●●○○句●●●○○
舞。夢入藍橋，幾點疏星映朱户。淚濕河邊凝佇。
●韻●●○○句●●○○●●韻●●○○●韻

　　此與"錦帶吳鈎"詞同，惟後起三字不押韻。

又一體

周邦彥

　　雙調七十三字，前段七句三仄韻，後段七句四仄韻。

夜來寒侵酒席，露微泫。烏履初會，香澤方熏，無端暗
●〇〇●●句●〇●韻◐●〇●句〇●〇〇句●〇●
雨催人。但怪鐙偏簾卷。回顧、始覺驚鴻去遠。　　大
●〇〇句◐●〇●〇●韻◐●讀●●〇〇●●韻　●
都世間，最苦唯聚散。到得春殘，看即是、開離宴。細
〇●〇句●●〇●韻●●〇〇句●●●讀〇〇●韻●
思別後，柳眼花鬚更誰翦。此懷何處消遣。
〇●●句●●〇〇●〇●韻●〇〇●〇●韻

　　此調七十三字者，名《荔枝香近》，以此詞爲正體。袁去
華"曉來丹楓"詞，方千里"小園花梢"詞，正與此同，若楊
詞、陳詞之攤破句法，皆變格也。

　　此詞之源，亦出柳詞，但與柳詞校，只前段第三句減二
字，第四句減一字，不押韻，第六句添一字，結句減一字，換
頭起句四字，第二句五字，第四句折腰句法不同耳。故名
《荔枝香近》，近者，其腔調相近也。

　　此詞前段第二句例須仄平仄，如方詞之"淚羞泫"，袁詞
之"净如掃"亦然。

　　按方詞平仄如一，惟前段第六句或作"是處池館春遍"，
不押"卷"字韻者誤。又袁詞前段第三句"霜空橫雁"，"霜"
"空"二字俱平聲；結句"轉眼、吳霜點鬢催老"，"轉"字仄
聲，"吳""霜"二字俱平聲，"點""鬢"二字俱仄聲，"催"字
平聲。後段第四句"都總似、夢初覺"，"都"字平聲，"夢"字
仄聲；第五句"錦鱗書斷"，"書"字平聲。譜內可平可仄據
此，餘爹楊、陳二詞。

又一體

楊澤民

雙調七十三字，前段八句四仄韻，後段七句四仄韻。

未論離亭話別，涕先泫。旋滌瑤觶，深挹芳醪，凝愁滿
●〇〇●●句●〇●韻●●〇〇句〇●〇〇句〇〇●
眼歌殘，偎人大白須卷。三勸。記得當時送遠。　素
●〇〇句〇〇●●〇〇●韻〇●韻●●〇〇●●韻　●
蟾屢明晦，彩雲易散。後約難知，又却似、陽關宴。烏
〇〇〇〇句●〇●●韻●●〇〇句●●●讀〇〇●韻〇
絲寫恨，杷子分香爲郎翦。願郎安信頻遣。
〇●●句●●〇〇〇〇●韻●〇〇●〇●韻

此與"夜來寒侵"詞同，惟前段結句二字一讀用韻，後段起句五字、第二句四字異。

又一體

陳允平

雙調七十三字，前段八句三仄韻，後段七句四仄韻。

臉霞香消粉薄，淚偷泫。霎霎金獸，沈水微熏，入簾綠
●〇〇〇●●句●〇●韻●●〇●句〇●〇〇句●〇●
樹春陰，糝徑紅英風卷。芳草怨碧，王孫漸遠。　錦
●〇〇句●〇〇〇〇●韻〇●●●句〇〇●●韻　●
屏夢回，恍覺雲雨散。玉瑟無心理，懶醉瓊花宴。寶釵
〇●〇句●●〇●●韻●●〇〇●句●●〇〇韻●〇

翠滑，一縷青絲爲君翦。別情誰更排遣。
●●句●●○○●●韻●○○●●韻

　　此亦與"夜來寒侵"詞同，惟前結作四字兩句，後段第三四句俱五字異。

婆羅門引四體

　　《梅苑》詞名《婆羅門》，段克己詞名《望月婆羅門引》。按唐《教坊記》有《婆羅門》小曲，《宋史·樂志》有婆羅門舞隊。《樂苑》曰："《婆羅門》，商調曲也。開元中，西涼節度楊敬述進。"《理道要訣》云："天寶十三載，改《婆羅門》爲《霓裳羽衣》，屬黃鍾商。"宋詞調名疑出於此。

婆羅門引

曹　組

　　雙調七十六字，前段七句四平韻，後段七句五平韻。
漲雲暮卷，漏聲不到小簾櫳。銀河淡掃澄空。皓月當
⊙○●●句⊙●●●○○韻⊙○●●○○韻⊙●
軒高挂，秋入廣寒宮。正金波不動，桂影朦朧。　　佳
○⊙●句●●●○○韻●○○●●句●●○○韻　⊙
人未逢。歎此夕、與誰同。望遠傷懷對景，霜滿秋紅。
○●韻⊙●●讀●○○韻●●⊙○●●句⊙●○○韻
南樓何處，想人在、長笛一聲中。凝淚眼、立盡西風。
⊙○⊙●句⊙○●讀⊙●●○○韻○●●讀●●○○韻

　　此曹組望月詞也，故金詞改名《望月婆羅門引》。

此調以此詞爲正體，宋蔡仲、嚴仁、辛棄疾、吳文英，金元好問、李晏、段成己、段克己、李俊民，元張翥諸詞，俱與此同。若吳詞別首之押韻異同，李詞之少押一韻，《梅苑》詞之前段添一字，後段減一字，皆變格也。

　　按辛詞前段起句"落花時節"，"時"字平聲。嚴詞第三句"斷鴻聲喚人愁"，"斷"字仄聲，"聲"字平聲。辛詞第四句"回首海山何處"，"回"字平聲，"海"字仄聲；第五句"後會渺難期"，"後"字仄聲。後段第二句"記花月、可憐宵"，"花"字平聲。吳詞第三句"空憶雙蟬叠翠"，"空"字平聲；嚴詞"可惜等閒孤了"，"等"字仄聲。辛詞第五六句"見君何日，待瓊林、宴罷醉歸時"，"見"字"宴"字俱仄聲，"林"字平聲；又"爭如不見，纔相見、便有別離時"，"纔"字平聲。蔡仲詞"淒凉懷抱，算此際、唯我與君同"，"此"字仄聲；吳詞"堂空露冷，倩誰喚、行雲來洞庭"，"來"字平聲。辛詞結句"人爭看、寶馬來思"，"爭"字平聲；又李詞"酒到處、莫放杯停"，"酒"字仄聲。譜内可平可仄據此，餘섮下所採三詞。

又一體

李俊民

雙調七十六字，前後段各七句四平韻。

浮雲霽色，江涵秋影雁初飛。相逢共繞東籬。點檢尊
○○●句 ○○●●●○○韻 ○○●●○○韻 ●●○
前見在，人似曉星稀。對滿山紅樹，葉葉堪題。　　大
○●●句 ○●●○○韻 ●●○○●句 ●●○○韻　　●
家露頂，任短髮、被風吹。只恐黃花人貌，不似年時。
○●●句 ●●●讀 ●○○韻 ●●○○●●句 ●●○○韻

杯添野水，更何用、頻頻望白衣。沈醉後、携手方歸。
○○●●句●○●讀○○●●○韻○●●讀○●○○韻
此與曹詞同，惟換頭句不押韻異。

又一體

吳文英

雙調七十六字，前段七句四平韻，後段七句五平韻。
風漣亂翠，酒霏飄汗洗新妝。幽情暗寄蓮房。弄雪調
○○●●句●○●●●○○韻○○●●○韻●●○
冰重會，臨水暮追涼。正碧雲不破，素月微行。　雙
○○●句○●●○韻●●○●●句●●○○韻　○
成夜笙，斷舊曲、解明璫。別有紅嬌粉潤，初試霓裳。
○●○句●●●讀●○○韻●●○○●●句○●○○韻
分蓮調郎。又拈惹、花茸碧唾香。波暈切、一盼秋光。
○○○○韻●○●讀○○●●○韻○●●讀●●○○韻
此與曹詞同，惟換頭句不押韻，第五句又多押一韻異。

又一體

《梅苑》無名氏

雙調七十六字，前段七句四平韻，後段七句五平韻。
江南地暖，數枝先得嶺頭春。分付似、翦玉裁冰。素質
○○●●句●○○●●○○韻○●●讀●●○○韻●●
偏憐勻澹，羞殺壽陽人。算多情留意，偏在東君。
○○●●句○●●○○韻●○○○●句○●○○韻

暗香旋生。對淡月、與黃昏。寂寞誰家院宇，斜掩重
●○●○韻●●●讀●○○韻●○○○●●句○●○
門。墻頭半開，却望雕鞍無故人。斷腸處、容易飄零。
○韻○○●句●●○○○●韻●○●讀○●○○韻

　　此亦與曹詞同，惟前段第三句添一字作七字句，後段第
六句減一字作七字句異。

御街行六體

　　柳永《樂章集》注"夾鍾商"。《古今詞話》無名氏詞有
"聽孤雁聲嘹唳"句，更名《孤雁兒》。

御街行

柳　永

　　雙調七十六字，前後段各七句四仄韻。
燔柴煙斷星河曙。寶輦回天步。端門羽衛簇雕闌，六
●○○●○○韻●●○○●韻○○●●●○○句●
樂舜韶先舉。鶴書飛下，鷄竿高聳，恩露均寰寓。
●●○○●韻●○○●句○○○●句○●○○●韻
赤霜袍爛飄香霧。喜色成春煦。九儀三事仰天顏，八
●○○●○○韻●●○○●韻●○○●●○○句●
彩旋生眉宇。椿齡無盡，蘿圖有慶，常作乾坤主。
●○○○●韻○○○●句○○●●句○●○○●韻

　　此調以此詞及范詞爲正體，若柳詞別首之句讀參差，張、
范、高及無名氏詞之添字，皆變格也。此詞前後段第二句俱五

字,有晏幾道、張先、晁補之、王安中、辛棄疾諸詞可校。

　　按張詞前段起句"畫船橫倚烟溪半","畫"字仄聲;第二句"春入吳山遍","春"字平聲;第四句"程入花溪遠遠",上"遠"字仄聲。王詞後段第四句"爭絢青天馥鬱","馥"字仄聲。譜內可平可仄據此,餘糸所採諸詞。

又一體

柳　永

雙調七十六字,前段六句四仄韻,後段七句四仄韻。

前時小飲春庭院。悔放笙歌散。歸來中夜酒醺醺,惹起
○○●●○○●韻●●○○●韻○○○●●○○句●●
舊愁無限。雖看墜樓換馬,爭奈不是鴛幃伴。　　朦朧
●○○●韻○○●●○○句○●●●○○●韻　　○○
暗想如花面。欲夢還驚斷。和衣擁被不成眠,一枕萬
●●○○●韻●●○○●韻○○●●●○○句●●●
回千轉。惟有畫梁,新來雙燕,徹曙聞長歎。
○○●韻○●●●句○○○●句●●○○●韻

　　此詞前段第五六句例作四字兩句,結句例作五字一句,此作六字一句、七字一句,蓋拘於用事,故句讀參差,採以備體,不可爲法。

　　後段第五句"畫梁","梁"字平聲,亦不合調,故不校注。

又一體

張　先

雙調七十七字,前後段各七句四仄韻。

夭非花艷輕非霧。來夜半、天明去。來如春夢不多時，
○○●○●○●韻○●●讀○○●韻○○●●●○○句
去似朝雲何處。乳鷄棲燕，落星沈月，紞紞城頭鼓。
●●○○●韻●○○●句●○○●句●●○○●韻
　參差漸辨西池樹。珠閣斜開户。綠苔深徑少人行，
　○○●●○○●韻○●○○●韻●○○●●○○句
苔上屐痕無數。遺香餘粉，剩衾閒枕，天把多情賦。
○●●○○●韻○○○●句●○●●句○●○○●韻

此與柳詞同，惟前段第二句添一字異。按《梅苑》無名氏詞"平生有箇風流願。願長與、梅爲伴"、"瑤臺月下分明見。依舊殘妝淺"，正與此同。又按韓師厚譀詞前段第二句"捻箇觀音樣"，作五字一句，後段第二句"料只在，船兒上"，作三字兩句，與此又異，因詞俚不錄。

又一體

范仲淹

雙調七十八字，前後段各七句四仄韻。

紛紛墜葉飄香砌。夜寂静、寒聲碎。真珠簾卷玉樓空，
○○●●○○●韻●●●讀○○●韻○○○●●○○句
天澹銀河垂地。年年今夜，月華如練，長是人千里。
○●○○○●韻○○○●句●○○●句○●○○●韻
　愁腸已斷無由醉。酒未到、先成淚。殘鐙明滅枕頭
　○○●●○○●韻●●●讀○○●韻○○○●●○
敧，諳盡孤眠滋味。都來此事，眉間心上，無計相
○句○●○○○●韻○○●●句○○○●句○○○

迴避。
○●韻

　　此詞前後段第二句校柳詞添一字，俱作六字折腰句法。按程垓詞"向客裏、方知道"、"忍雙鬢、隨花老"，又一首"記當日、香心透"，"問何事、春山鬭"；楊无咎詞"惟只愛、梅花發"、"最嫌把、鉛華拭"；辛棄疾詞"供望眼、朝與暮"、"更旋旋、真香聚"；趙長卿詞"正宮漏、沈沈夜"、"趂行色、難留也"；李清照詞"說不盡、無佳思"、"又催下、千行淚"，皆與此同，但平仄小異耳。譜內即據之，餘悉與柳詞同。

又一體

高觀國

雙調八十一字，前後段各七句四仄韻。

香波半窣深深院。　正日上、花陰淺。青絲不動玉鈎閒，
○○●●○○●韻　●●●讀○●●韻○○●●●○○句
看翠額、輕籠蔥蒨。鶯聲似隔，篆烟微度，愛橫影、參
●●●讀○○○●韻○○●●句●○○●句●○●讀○
差滿。　　那回低挂朱闌畔。念悶損、無人卷。窺春偸
○●韻　　●○○●○○●韻●●●讀○○●韻○○○
倚不勝情，彷彿見、如花嬌面。纖柔緩揭，瞥然飛去，
●●○○句●●●讀○○○●韻○○●●句●○○●句
不似春風燕。
●●○○●韻

　　此即范詞體，惟前後段第四句各添一字，作七字上三下四句法；又前段結句添一字，作六字折腰句法異。按高詞別首前後段第四句"嫌怕濕、文鴛雙履"、"恰稱得、尋春芳意"，前段

結句"纔過處、香風起",正與此同。

又一體

《古今詞話》無名氏

雙調八十字,前後段各七句四仄韻。

霜風漸緊寒侵被。聽孤雁、聲嘹唳。一聲聲送一聲悲。
○○●●○○●韻●○●讀○○●韻●○●○○●韻
雲淡碧天如水。披衣起告,雁兒略住,聽我些兒事。
○●●○○●韻○●●○句●○●●句●●○○●韻
　塔兒南畔城兒裏。第三箇、橋兒外。瀕河西岸小紅
　●○○●○○●韻●○●讀○○●韻○○○●○
橋,門外梧桐雕砌。請教且與,低聲飛過,那裏有、人
○句○●○○○●韻●●●●句○○○●句●●●讀○
人無寐。
○○●韻

後段結句減去二字即范詞體,此亦歌時襯字也。

韻令一體

按唐《教坊記》有上韻、中韻、下韻三小曲,《韻令》調名疑出於此。宋周輝《清波雜志》云:"宣和間,衣著曰韻襖,果實曰韻梅,詞曲曰韻令。"張世南《遊宦紀聞》云:"宣和間,市井競唱《韻令》。"

韻令

程大昌

雙調七十六字,前後段各九句五仄韻。

是男是女,都有官稱。兒孫仕也登。時新衣著,不待經
●○●●句○●●○○韻○○●●○韻○○○●句●●○
營。寒時火櫃,春裏花亭。星辰上履,我只喚卿卿。
○韻○○●●句○●○○韻○○●●句●●●○○韻
壽開八裘,兩鬢全青。紅顏步武輕。定知前面,大有
●○●●句○○○○韻●○●●○韻●○○●句●●
年齡。芝蘭玉樹,更願充庭。爲詢王母,桃顆幾時頳。
○○韻○○●●句●●○○韻●○○●句○●●○○韻

此見程本集後附詞,無別首可校,句讀平仄宜依之。

春聲碎一體

調見《翰墨全書》,取詞中前段結句三字爲名。

春聲碎

譚明之

雙調七十六字,前段八句三仄韻,後段七句五仄韻。

津館貯輕寒,脉脉離情如水。東風不管,垂楊無力,總
○●●○○句●●○○○●韻○○●●句○○○●句●

兩鬢烟膩。闌干外，怕春燕掠天，疏鼓叠、春聲碎。
●○○●韻○○●句●○○●○句○●●讀○○●韻
劉郎易憔悴。況是懨懨病起。花牋漫展，便寫就新
○○●○●韻●●○○●●韻○○●●句●●●○
詞、倩誰寄。當此際。渾似夢峽啼湘，攪一寸、相思
○讀●○●韻○●●韻○●●○○句●●●讀○○
意。
●韻

　　前後段起結字句整齊，中間稍有參差，無別首可校，其平仄當遵之。

鳳樓春一體

唐教坊曲名。

鳳樓春

歐陽炯

雙調七十七字，前段八句六平韻，後段九句五平韻。
鳳髻綠雲叢。深掩房櫳。錦書通。夢中相見覺來慵。勻
●●●○○韻○●○○韻●○○韻●○○●●○韻○
面淚，臉珠融。因想玉郎何處去，對淑景誰同。　小
●●句●○○韻○●●○○●●句●●●○○韻　●
樓中。春思無窮。倚闌凝望，闇牽愁緒，柳花飛起東
○○韻●●○○韻●○○●句●○○●句●○●●○

風。斜日照簾，羅幌香冷粉屏空。海棠零落，鶯語
○韻○●●○句○●●●○○韻●○○●句○●
殘紅。
○○韻

此調見《花間集》，惟歐陽炯一詞，無別首宋詞可校。
按後段第六句"斜日照簾"，《花草粹編》作"簾櫳"，《詞綜》仍之，然《花間集》無此字，又重押韻，不可從。至第七句用平仄平仄仄平平，句法微拗，當是音律宜然，填者審之。

祝英臺近八體

元高拭詞注"越調"。辛棄疾詞有"寶釵分，桃葉渡"句，名《寶釵分》。張輯詞有"趁月底重修簫譜"句，名《月底修簫譜》。韓淲詞有"燕鶯語，溪岸點點飛綿"句，名《燕鶯語》；又有"却又在他鄉寒食"句，名《寒食詞》。

祝英臺近

程垓

雙調七十七字，前段八句三仄韻，後段八句四仄韻。

墜紅輕，濃綠潤，深院又春晚。睡起懨懨，無語小妝
●○○句◐●●句◐●●○○韻●●○○句◐●◐○
懶。可堪三月風光，五更魂夢，又都被、杜鵑催趲。
●韻◐○◐●○○句◐○◐●句◐◐●讀◐○○●韻
怎消遣。人道愁與春歸，春歸愁未斷。閒倚銀屏，羞
●◐●韻◐●○●○○句○○○●●韻◐●○○句◐

怕淚痕滿。斷腸沈水重熏，瑤琴閒理，奈依舊、夜寒
⊖●○●韻●⊖●●○○句⊖○●●句⊖●●讀⊖○
人遠。
⊖●韻

　　此調以此詞爲正體，吳文英"翦紅情"詞、"間流花"詞、"採幽香"詞，張炎"水西船"詞，湯恢"宿醒蘇"詞、"月如冰"詞，李彭老"杏花初"詞，俱如此塡。若史、韓、張、劉、辛、岳六詞之押韻異同，陳詞之另押平聲韻，皆變格也。

　　按湯詞前段第五句"無人掃紅雪"，"人"字平聲；無名氏詞"全未禁風雨"，"禁"字平聲。張詞第六句"怪我流水迢遥"，"我"字仄聲。李詞結句"曾細聽、歌珠一串"，"一"字仄聲。湯詞後段第五句"瓊枝爲誰折"，"枝"字平聲；無名氏詞"冉冉如飛霧"，"如"字平聲。吳詞第六句"趁得羅蓋天香"，"得"字仄聲。李詞結句"恨楊花、遮愁不斷"，"花"字平聲，"不"字仄聲。譜內可平可仄據此，餘參下所采六詞。

又一體

史達祖

雙調七十七字，前後段各八句四仄韻。

柳枝愁，桃葉恨，前事怕重記。紅藥開時，新夢又溱
●○○句○●●句○●●○●韻○●○○句○●●○
洧。此情老去須休，春風多事。便老去、越難迴避。
●韻●⊖●●○○句○○○●韻●●●讀●○○●韻
阻幽會。應念偸翦酴醾，柔條暗縈繫。節物移人，春
●○●韻●●○●○○句○○●○●韻●●○○句○

草更憔悴。可堪竹院題詩，蘚階聽雨，寸心外、安愁
●○●●韻●○●●○○句○●●句●○●讀○○
無地。
○●韻

　　　此與程詞同，惟前段第七句押韻異。按蘇軾"挂輕帆"
詞，黃機"試單衣"詞，張炎"路重尋"詞，無名氏"翦酴醿"詞，
俱於前段第七句押韻，後段第七句不押韻，與此同。

又一體

韓　淲

雙調七十七字，前段八句三仄韻，後段八句五仄韻。
館娃宮，採香徑，范蠡五湖側。子夜吳歌，聲緩不須
●○○句●○●句●●○○●韻●●○○句○●●○
拍。崇桃積李花間，芳洲綠遍，更冉冉、柳絲無力。
●韻○○●●○○句○○●●句●●●讀●○○●韻
　　試思憶。老去一片身心，辜負好春色。古往今來，時
　　●○●韻●●●●○○句○●●○●韻●●○○句○
序惱行客。去年今日山中，如何知得。却又在、他鄉
●●○●韻●○●●○○句○○○●韻●●●讀○○
寒食。
○●韻

　　　此亦與程詞同，惟後段第七句押韻異。按王嵎"柳烟濃"
詞，高觀國"擁紅妝"詞，李彭老"杏花初"詞，俱於後段第七句
押韻，而前段第七句不押韻，與此同。

又一體

張　炎

雙調七十七字,前段八句四仄韻,後段八句五仄韻。

水痕深，花信足，寂寞溪南樹。轉首清陰，芳事頓如
●〇〇句〇●●句●●〇〇韻●●〇〇句〇●●〇
許。不知多少銷魂，夜來風雨。猶夢到、斷紅流處。
●韻●〇●●〇〇句●〇〇●韻〇●●讀●〇〇●韻
　最無據。長年息影空山，愁入庾郎句。玉老田荒，心
　●〇●韻〇〇●●〇〇句〇●●〇韻●●〇〇句〇
事已遲暮。幾回聽得啼鵑，不如歸去。終不似、舊時
●●〇韻●〇〇●〇〇句●〇〇●韻〇●●讀●〇
鸚鵡。
〇●韻

此詞前後段第七句俱押韻,按張榘"柳綿稀"詞與此同。

又一體

劉　過

雙調七十七字,前後段各八句四仄韻。

笑天涯，還倦客。欲起病無力。風雨春歸，一日近一
●〇〇句〇●●韻●●〇〇韻●●〇〇句●●●●
日。看人結束春衫，前呵騎馬，腰劍上、隴西平策。
●韻●〇●●〇〇句〇〇●●句〇●●讀●〇〇●韻
　鬢粉白。只可歸去家山，無田種瓜得。空抱遺書，顙
　●●●韻●●〇〇〇〇句〇〇●〇韻〇●〇〇句〇

領小樓側　。杜鵑不管人愁，　月明枝上，　直啼到、枕邊
●○●韻　●○○●●○○句　●○○●句　●○●讀●○
相覓。
○●韻

　　　此詞前段第二句押韻，按史達祖"縮流蘇"詞，吳文英"晚
雲開"詞，戴式之"泛杭州"詞，蔣捷"花下館"詞，張炎"占寬
閒"詞、"及春遊"詞，邵亨貞"譜天雲"詞，皆與此同。

又一體

辛棄疾

　　　雙調七十七字，前段八句四仄韻，後段八句五仄韻。
寶釵分，桃葉渡。烟柳暗南浦。陌上層樓，十日九風
●○○句　○●●韻　○○●○●韻　●●○○句　●●●○
雨　。斷腸點點飛紅，都無人管，倩誰喚、流鶯聲住。
●韻　●○●●○○句　○○○●句　●○●讀○○○●韻
　　　鬢邊覷。試把花卜歸期，纔簪又重數。羅帳鐙昏，哽
　●○●韻　●●○●○○句　○○●○●韻　●●○○句　●
咽夢中語　。是他春帶愁來，　春歸何處。却不解、帶將
●●●○●韻　●○○●○○句　○○○●韻　●●●讀●○
愁去。
○●韻

　　　此詞前段第二句，後段第七句，俱押韻。按張元幹"枕霞
紅"詞，張炎"帶飄飄"詞，與此同。

又一體

岳　珂

雙調七十七字,前後段各八句五仄韻。

澹煙橫，層霧斂。勝概分雄占。月下鳴榔，風急怒濤
●〇〇句〇●●韻●●〇〇●韻●●〇〇句〇●〇
颭。關河無限清愁，不堪臨鑑。正霜鬢、秋風塵染。
●韻〇〇●●〇〇句●〇〇●韻●〇讀〇〇〇●韻
　漫登覽。極目萬里沙場，事業頻看劍。古往今來，南
　●〇●韻●●●●〇〇句●●〇〇●韻●●〇〇句〇
北限天塹。倚樓誰弄新聲，重城正掩。歷歷數、西州
●●〇韻●〇〇●〇〇句〇〇●●韻●●●讀〇〇
更點。
〇●韻

　　此詞前段第二句,前後段第七句,俱押韻。按趙長卿"記
臨岐"詞,張輯"客西湖"詞,無名氏"倚危闌"詞,與此同。

又一體

陳允平

雙調七十七字,前段八句三平韻,後段八句四平韻。

待春來，春又到，花底自徘徊。春淺花遲，攜手爲花
●〇〇句〇●●句●●●〇韻〇●〇〇句〇●●〇
催。可堪碧小紅微，黃輕紫艷，東風外、妝點池臺。
〇韻●〇●●〇〇句〇〇●●句〇〇●讀〇●〇〇韻

且銜杯。無奈年少心情，看花能幾回。春自年年，花
●〇〇韻〇●●〇〇〇句●〇〇●韻〇●〇〇句〇
自爲春開。是他春爲花愁，花因春瘦，花殘後、人未
●●〇〇韻●〇〇●〇〇句〇〇〇●句〇〇●讀〇●
歸來。
〇〇韻

　　　　詞見《日湖漁唱》，諸家用仄韻，此獨用平韻。

四園竹三體

　　調見《片玉集》。

四園竹

　　　　　　　　　周邦彦

　　雙調七十七字，前段八句三平韻一叶韻，後段八句四平韻
　　一叶韻。
浮雲護月，未放滿朱扉。鼠搖暗壁，螢度破窗，偸入書
〇〇●●句●●●〇〇韻●〇●句〇●●〇句〇●〇
幃。秋意濃，閒佇立、庭柯影裏。好風襟袖先知。
韻〇●〇句〇●●讀〇〇●叶●〇〇●〇〇韻
夜何其。江南路繞重山，心知漫與前期。奈向鐙前墮
●〇〇韻〇〇●●〇〇句〇〇●●〇〇韻●●〇〇●
淚，腸斷蕭孃，舊日書辭。猶在紙。雁信絕、清宵夢
●句〇●〇〇句●●〇〇韻〇●叶●●讀〇〇●

又稀。
●〇韻

　　此調以此詞爲正體,方千里和詞正與此同。若楊詞之句讀小異,陳詞之攤破句法,又少押一韻,皆變格也。
　　此詞前後段第七句各叶一仄韻,平韻四支五微,仄韻四紙,亦即本部三聲叶也。方千里、楊澤民、陳允平和詞悉同。
　　按方詞前段第七句"那更雜、疏疏雨裏","那"字仄聲,譜內據之。其餘可平可仄,糸下楊、陳二詞句法同者。

又一體

楊澤民

　　雙調七十七字,前段八句三平韻一叶韻,後段八句四平韻一叶韻。

殘霞殿雨, 暍氣入窗扉。井梧墜葉, 寒砌叫蛩, 秋滿屏
〇〇●●句●●●〇〇韻●〇●●句〇●●〇句〇●〇
幛。羅袖匆匆叙別, 淒涼客裏。異鄉誰更相知。　念
〇韻〇●〇●●●句〇〇●●叶●〇〇●〇〇韻　●
伊其。當時芍藥同心, 誰知又爽佳期。直待金風到後,
〇〇韻〇〇●●〇〇句〇〇●●〇〇韻●●〇〇●●句
秋葉紅時, 細寫情辭。何用紙。又却恐、秋深葉漸稀。
〇●〇〇句●●〇〇韻〇●叶●●讀〇〇●●〇韻

　　此與周詞同,惟前段第六七句作六字一句、四字一句異。

806

又一體

陳允平

雙調七十七字，前段八句三平韻一叶韻，後段七句三平韻一叶韻。

昏昏暝色，亂葉擁雲扉。渚蘭風潤，庭桂露涼，香動秋
○○●●句●●●○○韻●○○●句○●●○句○●○
幰。獨向蘭亭步月，闌干瘦倚。此情惟有天知。　　縱
●韻●●○○●●句○○●●叶●○○●○○韻　　●
如其。黃花時却歸來，因循已誤心期。爲寫相思寄與，
○○韻○○○●○○句○○●●○○韻●●○○●●句
愁拂鸞箋，粉淚盈盈先滿紙。正寂寞、楼南雁過稀。
○●○○句●●○○○●●叶●●●读○○●●○韻

　此亦和周詞，惟前段第六七句作六字四字，後段第六七句作七字一句，少押一韻異。

　或以此詞後段第六句不押"辭"字，遂疑周詞"辭"字非韻，然方詞"無復當年，往復書辭"，楊詞亦然，的是韻脚無疑。陳詞偶然失押，非定格也。

側犯四體

　陳暘《樂書》云："唐自天后末年，劍氣入渾脱，始爲犯聲。明皇時，樂人孫處秀善吹笛，好作犯聲。時人以爲新意而效之，因有犯調。"姜夔詞注云："唐人《樂書》，以宮犯羽者爲側犯。"此調創自周邦彥，調名或本於此。

側犯

周邦彥

雙調七十七字，前段九句六仄韻，後段九句五仄韻。

暮霞霽雨，小蓮出水紅妝靚。風定。看步襪江妃、照明
●○●●句●○●●○○●韻○●韻●●●○○讀●○
鏡。飛螢度暗草，秉燭遊花徑。人靜。攜艷質，追涼就
●韻○○●●●句○●○○●韻○●韻○●●句○○●
槐影。　　金環皓腕，雪藕清泉瑩。誰念省。滿身香，
○●韻　　○○●●句●●○○●韻○●●韻●○○句
猶是舊荀令。見說胡姬，酒壚深迥。烟鎖漠漠，藻池
○●●○●韻●●○○句●○○●韻●●●●句●○
苔井。
○●韻

此調始於《清真集》，以此詞爲正體。袁去華"篆銷餘馥"詞，與此同。若姜詞、方詞之多押一韻，陳詞之攤破句法皆變格也。

坊本刻此詞，後段第七句作"酒壚寂靜"，"靜"字押韻重出。按方千里、楊澤民和詞無不押"迥"字韻者，因爲改定。

袁詞前段起句"篆銷餘馥"，"餘"字平聲；第二句"燭堆殘蠟房櫳曉"，"殘"字平聲。楊詞第六句"花底藏芳徑"，"花"字平聲。袁詞後段第四五句"最堪恨，歸雁過多少"，"恨"字仄聲。譜內可平可仄據此，餘參下所採三詞。

又一體

姜　夔

雙調七十七字，前段八句七仄韻，後段九句五仄韻。

恨春易去。甚春却向揚州住。微雨。正繭栗梢頭、弄詩
●○●●韻●○●●○○●韻○●韻●●●○○讀●○
句。紅樓二十四，總是行雲處。無語。漸半脱宮衣、笑
●韻○○●●●句●●○○●韻○●韻●●●○○讀●
相顧。　　金壺細葉，千朶圍歌舞。誰念我。鬢成絲，
○●韻　　○○●●句○●○○●韻○●韻●○○句
來此共尊俎。後日西園，緑陰無數。寂寞劉郎，自修
○●●○●韻●●○○句●○○●韻●●○○句●○
花譜。
○●韻

此與周詞同，惟前段起句多押一韻異。

按前段結句八字一氣蟬聯，楊澤民詞"將絳燭高燒、照雙影"，正與此同。

又按古韻魚虞歌麻屬角音，皆可通押，故御遇駕過亦可通押，此詞後段第三句"我"字押韻，正用古韻也。

又一體

方千里

雙調七十七字，前後段各九句六仄韻。

四山翠合，一溪碧繞秋容靚。波定。見鷺立魚跳、動平
●○●●句●○●●○○●韻○●韻●●●○○讀●○

鏡。修篁散步屧，古木通幽徑。風靜。烟霧直，池塘倒
●韻○○●●句●●○○●韻○●韻○●●句○○●
晴影。　　流年舊事，老矣塵心瑩。還暗省。點吳霜，
○●韻　　○○●●句●●○○●韻○●●韻○○句
顋領愧潘令。夢憶江南，小園路迥。愁聽。葉落轆轤
○●●○●韻●●○○句●●●●韻○●韻●●○○
金井。
○●韻

　　此亦與周詞同，惟後結作兩字一句、六字一句，又多押一短韻異。

又一體

陳允平

　　雙調七十六字，前後段各八句五仄韻。

晚涼倦浴，素妝薄試鉛華靚。凝定。似一朵芙蓉、泛清
●○●●句●○●●○○●韻○●韻●●●○○讀●○
鏡。輕紈笑自拈，撲蝶鴛鴦徑。嬌懶金鳳鈿，斜欹翠蟬
●韻○○●●○句●●○○●韻○○●●句○●●○
影。　　冰肌玉骨，襯體紅綃瑩。還暗省。青青雙鬢舊
●韻　　○○●●句●●○○●韻○●●韻○○●●●
潘令。夢想鸞箏，後堂深迥。何日西風，碧梧金井。
○●韻●●○○句●○○●韻○●○○句●○○●韻

　　此亦周詞體，惟前結不押短韻，作五字兩句，後段第四句減一字，作七字句異。

離亭宴二體

調始張先,因詞中有"隨處是、離亭別宴"句,取以爲名。

離亭宴

張　先

雙調七十七字,前後段各六句五仄韻。

捧黄封詔卷。隨處是、離亭別宴。紅翠成輪歌未遍。早
●○●●韻○●●讀○○●●韻○●○●●韻●

已恨、野橋風便。此去濟南非久,惟有鳳池鸞殿。
●●讀●○○韻●●○○○●句○●●○○●韻

三月花飛幾片。又減却、芳菲過半。千里恩深雲海淺。
○●○○●●韻●●●讀○○●●韻○●○○○●●韻

民愛比、春流不斷。更上玉樓西望,雁與征帆俱遠。
○●●讀○○●●韻●●●○○●句●●○○●●韻

坊本此詞後段第五六句"更上玉樓西,歸雁與征帆俱遠",與前段句讀參差,今照蕉雪堂《詞譜》校定。

此詞前後段第二句俱七字,第五句俱六字,無別首宋詞可校,故可平可仄悉注張昇詞下。

又一體

張　昇

雙調七十二字,前後段各六句四仄韻。

一帶江山如畫。風物向秋瀟灑。水浸碧天何處斷，翠色
⊖●○○●韻○●⊖○●韻⊖○●⊖○●句●●
冷光相射。蓼岸荻花洲，隱映竹籬茅舍。　　天際客帆
⊖○○●韻●●●○○句⊖●●⊖○●韻　　○●●○
高挂。門外酒旗低亞。多少六朝興廢事，盡入漁樵閒
○●韻⊖●⊖○○●韻⊖●⊖○○●句●●○○⊖
話。悵望倚危闌，紅日無言西下。
●韻●●●○○句○⊖○○●韻

　　此校張先詞，前段起句添一字，前後段第二句、第四五句
各減一字異。晁補之"憶向吳興"詞，黃庭堅"十載尊前"詞，
正與此同。惟晁詞別首前後段第二句"章臺墜鞭年少"、"香
鑪紫霄簪小"，兩結句"悲歌楚狂同調"、"楓林子規啼曉"，俱
作平平仄平平仄，與此小異。

　　又按晁詞前段起句"憶向吳興假守"，"假"字仄聲；又"丹
府黃香堪笑"，"丹"字平聲。第三句"儀鳳橋邊蘭舟過"，
"儀"字"橋"字"舟"字俱平聲。第四句"映水雕甍華牖"，
"雕"字平聲。後段起句"携手松亭難又"，"松"字平聲。第
三句"人去江山長依舊"，"江"字"依"字俱平聲。又黃詞後
段第二句"試看庾樓人小"，"試"字仄聲。第三句"短艇絕江
空悵望"，"短"字仄聲。譜內可平可仄據此。

陽關引一體

　　此調始自宋寇準詞，本隱括王維《陽關曲》而作，故名。
晁補之詞名《古陽關》。

陽關引

寇準

雙調七十八字，前段八句五仄韻，後段八句四仄韻。

塞草煙光闊。渭水波聲咽。春朝雨霽，輕塵斂，征鞍
●●○○●韻●●○○●韻○○●●句○○●句○○
發。指青青楊柳，又是輕攀折。動黯然、知有後會甚時
●韻●○○○●句●●○○●韻●●○讀○●●○○
節。　　更盡一杯酒，歌一闋。歎人生裏，難歡聚，易
●韻　　●●●○●句○●●韻○○●●句○○●句●
離別。且莫辭沈醉，聽取陽關徹。念故人、千里自此共
○●韻●●○○●句○●○○●韻●●○讀○●●●●
明月。
○●韻

此調祇有寇詞及晁補之詞，故此詞可平可仄悉校晁詞。前後段第六句俱上一下四句法，兩詞並同。

按晁詞前段第六句"卷書幃寂靜"，"寂"字仄聲；結句"重感歎、中秋數日又圓月"，"秋"字平聲。後段第一句"沙嘴檣竿上"，"沙"字"檣"字俱平聲；第六句"且莫教皓月"，"皓"字仄聲；結句"問幾時、清尊夜景共佳節"，"尊"字平聲。譜內平仄據此。

一叢花一體

調見《東坡詞》，有歐陽修、晁補之、秦觀、程垓詞可校。

一叢花

蘇　軾

雙調七十八字，前後段各七句四平韻。

今年春淺臘侵年。冰雪破春妍。東風有信無人見，露微
⊖○●●○○韻○●●○○韻○○●●○●句●⊖
意、柳際花邊。寒夜縱長，孤衾易暖，鐘鼓漸清圓。
⊖讀●●○○韻●●●●句●○●●句○●●○○韻

朝來初日半含山。樓閣淡疏烟。遊人便作尋芳計，
⊖○⊖●●○○韻●●●○○韻○○●●○○●句

小桃杏、應已爭先。衰病少情，疏慵自放，惟愛日
●○●讀⊖●○○韻⊖●●○句⊖○●●句⊖●●

高眠。
○○韻

此調祇有此體，宋詞俱照此填，惟句中平仄小異，詳注於後。

晁補之詞前段第一句"碧山無意解銀魚"，"碧"字仄聲；韓淲詞"翻空雪浪送飛花"，"雪"字仄聲。晁詞第四句"佩錦囊、曾憶奚奴"，"錦"字仄聲，"囊"字"曾"字俱平聲。程垓詞第五句"青驄來約"，"驄"字"來"字俱平聲，"約"字仄聲；陸詞"那堪更是"，"那"字仄聲。晁詞第六句"滿身花影"，"滿"字仄聲，"花"字平聲。後段第一句"十年一夢訪林居"，"十"字"一"字俱仄聲。程詞第二句"此恨苦天慳"，"此"字仄聲。韓詞第三句"畫簪簾卷黄昏後"，"畫"字仄聲，"簾"字平聲。晁詞第四句"寄洞庭、春色雙壺"，"洞"字仄聲，"庭"字平聲；陸詞"倩雙燕、説與相思"，"説"字仄聲。程詞第五句"歸來忍

見",“來"字平聲,“見"字仄聲;韓詞"聚散人生",“聚"字仄聲,“人"字平聲。陸詞第六句"十分憔悴",“十"字仄聲,“憔"字平聲。秦詞結句"兩處照相思",“兩"字仄聲。譜內可平可仄據此。

甘州令一體

《碧雞漫志》:仙呂調有《甘州令》。《樂章集・甘州令》注,亦"仙呂調"。字句與《甘州子》、《甘州遍》、《八聲甘州》不同。

甘州令

柳　永

雙調七十八字,前段十句四仄韻,後段九句四仄韻。

凍雲深, 淑氣淺, 寒欺綠野。輕雪伴、早梅飄謝。艷陽
●〇〇句●●●句〇〇●韻〇●●讀●〇●韻〇
天, 正明媚, 却成瀟灑。玉人歌, 畫樓酒, 對此早、驟
〇句●〇●句●〇〇●韻●〇〇句●〇●句●●●讀●
增高價。　　賣花巷陌, 放鐙臺榭。好時代、怎生輕
〇〇●韻　　●〇●●句●〇〇●韻●〇●讀●〇〇
捨。賴和風, 蕩霽靄, 廓清良夜。玉塵鋪, 桂莖滿,
●韻●〇〇句●●●句●〇〇●韻●〇〇句●〇●句
素光裏、更堪遊冶。
●〇●讀●〇〇●韻

前後段句讀相對,惟後段起句四字與前段起句三字兩句

不同，所以謂之換頭，又謂過變。

此詞有自注宮調，且無別首宋詞可校，其平仄當依之。

山亭柳二體

此調有平韻仄韻兩體，平韻者始自晏殊，仄韻者始自杜安世。

山亭柳

晏　殊

雙調七十九字，前段八句五平韻，後段八句四平韻。

家住西秦。賭博藝隨身。花柳上，鬪尖新。偶學念奴聲
○●○○韻●●●○○韻○●●句●○○韻●●○○
調，有時高遏行雲。蜀錦纏頭無數，不負辛勤。
●句●○○●○○韻●●○○○●句●●○○韻
數年來往咸京道，殘杯冷炙漫消魂。衷腸事，托何人。
●○○●○○●句○○●●●○○韻○○●句●○○韻
若有知音見采，不辭遍唱陽春。一曲當筵落淚，重掩
●●○○●●句●○●●○○韻●●○○●●句○●
羅巾。
○○韻

此調平韻者祇此一體，無別首宋詞可校。

又一體

杜安世

雙調七十九字，前段八句四仄韻，後段八句五仄韻。

曉來風雨，萬花飄落。歎韶光，虛過却。芳草萋萋，映
●○○●句●○○●韻●○○句○●●韻○●○○句●
樓臺、淡烟漠漠。紛紛絮飛院宇，燕子過朱閣。　玉
○○讀●○●●韻○○●●○●句●●●○●韻　●
容淡妝添寂寞。檀郎孤願太情薄。數歸期，絕信約。暗
○●○○●●韻○○○●●○●韻●○○句●●●韻●
恨春宵，向平康、恣迷歡樂。時時悶飲綠醑，甚轉轉、
●○○句●○○讀●○○●韻○○●●●●句●●●讀
思量著。
○○●韻

此調仄韻者亦衹此一體，無別首宋詞可校，其句讀與平韻詞大同小異。

夢還京一體

《樂章集》注"大石調"。

夢還京

柳　永

三段七十九字，前段六句兩仄韻，中段四句三仄韻，後段

六句四仄韻。
夜來匆匆飲散，攲枕背鐙睡。酒力全輕，醉魂易醒，風
●○○●●句○●●○●韻●●○○句●○●●句○
揭簾櫳，夢斷披衣重起。　　悄無寐。追悔當初，繡閣
●○○句●●○○●韻　　●○●韻○●○○句●●
話別太容易。日許時、猶阻歸計。　　甚況味。旅館虛
●●●○●韻●●○讀○●○●韻　　●●●韻●●○
度殘歲。想嬌媚。那裏獨守鴛幃静，永漏迢迢，也應
●○●韻●○●韻●●●●○○●句●●○○句●○
暗同此意。
●○●●韻

按《樂章集》及《花草粹編》俱作兩段，今依《詞緯》訂定。平仄無別首可校。

憶黃梅一體

調見《梅苑》。

憶黃梅

王　觀

雙調七十九字，前段七句五仄韻，後段八句六仄韻。

枝上葉兒未展。已有墜紅千片。春意怎生防，怎不怨。
○●●○●韻●●●○○●韻○●●○○句●●●韻
被我安排、矮牙床斗帳，和嬌艷。移在花叢裏面。
●●○○讀●○○●●句○○●韻○●○○●●韻

請君看。惹清香，偎媚暖。愛香愛暖金杯滿。問春怎
●○●韻●○○句○●●韻●●●●○○●韻●○●
管。大家便、拌做東風，總吹教零亂。猶兀自、輸我鴛
●韻●○●讀○●●○句●○○●韻○●●讀○●○
鴦一半。
○●●韻

　　此調僅見此詞，無他首可校。

紅林檎近一體

　　蔣氏《十三調》注"雙調"。

紅林檎近

周邦彥

　　雙調七十九字，前段八句五平韻，後段七句三平韻。
高柳春纔軟，凍梅寒更香。暮雪助清峭，玉塵散林塘。
○●○○●句●○○●韻●●●○●句●○●○○韻
那堪飄風遞冷，故遣度幕穿窗。似欲料理新妝。呵手
●○○○●●句●●●●○○韻●●●●○○韻○●
弄絲簧。　　冷落詞賦客，蕭索水雲鄉。援毫授簡，風
●○○韻　　●●○●●句○●●○○韻○○●●句○
流猶憶東梁。望虛簷徐轉，迴廊未掃，夜長莫惜空
○○●○○韻●○○○●句○○●●句●○●●○
酒觴。
●○韻

此調始於《清真集》，以此詞爲定格。前段起四句，後段起二句，似五言古詩，後段結句拗體，周詞二首、袁去華詞一首及方千里、楊澤民、陳允平和詞六首皆然。

　　前段第一句，方詞"曉起山光慘"，"曉"字仄聲；陳詞"三萬六千頃"，"六"字仄聲。第二句，楊詞"風稜猶壯寒"，"風"字平聲。第三句，方詞"寒色上妝閣"，"寒"字平聲；陳詞"庾嶺封的皪"，"封"字平聲，"的"字仄聲。第四句，袁詞"墻梢挂斜陽"，"墻"字平聲。第五句，周詞別首"才喜門堆巷積"，"才"字平聲，"喜"字仄聲；陳詞"妨他踏青鬭草"，"踏"字仄聲。第六句，陳詞"紛紛柳絮飛殘"，"紛""紛"二字俱平聲；楊詞"更無茅舍蓬窗"，"茅"字平聲。第七句，陳詞"先自懶弄晨妝"，"先"字平聲；袁詞"晚庭誰與追凉"，"庭"字"誰"字俱平聲。第八句，周詞別首"清池漲微瀾"，"池"字平聲。後段第一句，方詞"遊冶尋舊侣"，"遊"字平聲；陳詞"望簾尋酒市"，"簾"字平聲。第二句，袁詞"坐待月侵廊"，"坐"字仄聲。第三四句，陳詞"控持紫燕，芹泥未上雕梁"，"控"字"未"字俱仄聲。第五句，楊詞"待喬木都凍"，"木"字仄聲；袁詞"漸參橫斗轉"，"斗"字仄聲。第六句，方詞"珠簾人報"，"人"字平聲。結句，周詞別首"放杯同覓高處看"，"同"字平聲。譜內可平可仄據此。

快活年近拍一體

　　金詞注"黄鍾宫"。《太和正音譜》雙調。

快活年近拍

万俟詠

雙調七十九字，前段八句三仄韻，後段九句四仄韻。

千秋萬歲君，五帝三皇世。觀風重令節，與民樂盛際。
○○●●○句●●○○●韻○○●●句●○●●●韻
蕊闕長春，洞天不老，花艷蟾輝，十里照春珠翠。
●●○○句●○●●句○●○○句●●●○●韻
鬧羅綺。遙望太極光，一簇通明裏。鈞臺奏壽曲，蓬山
●○●韻○●●●○句●●○○●韻○○●●●句○○
呈妙戲。天上人來，五雲樓近，風送歌聲，依約睿思
○●●韻○●○○句●○○●句○●○○句○●●○
新製。
○●韻

此調無別首宋詞可校，惟金元套數樂府中有之。金詞無換頭三字句，元詞字句與此同，只前段第六句第四字、後段第七句第四字平聲，與此小異。但万俟詞當時被之管絃，其審音必精，又金元樂府所注宮調各不同，故不叅校平仄。

金人捧露盤五體

一名《銅人捧露盤》。程垓詞名《上平西》，張元幹詞名《上西平》，又名《西平曲》。劉昂詞名《上平南》。金詞注"越調"。

821

金人捧露盤

高觀國

雙調七十九字,前段八句五平韻,後段九句四平韻。

念瑤姬。翻瑤佩,下瑤池。冷香夢、吹上南枝。羅浮路
●○○韻　○●●句●○○韻●●●讀●●○○韻○●
杳,憶曾清曉見仙姿。天寒翠袖,可憐是、倚竹依依。
●句●○○●●○○韻○○●●句●●●讀●●○○韻

溪痕淺,雪痕凍,月痕淡,粉痕微。江樓怨、一笛
　○○●句●○●句●○●句●○○韻○○●讀●●

休吹。芳音待寄,玉堂烟驛兩淒迷。新愁萬斛,爲春
○○韻○○●●句●○○●●○○韻○○●●句●●

瘦、却怕春知。
●讀●●○○韻

此調以此詞及程詞爲正體,宋詞俱照此填,若辛詞之減字,賀詞之添字,皆變體也。

按劉昂詞前段第四句"恃洞庭、彭蠡狂瀾","庭"字平聲。張元幹詞第五句"小樓夢冷","小"字仄聲。譜内據之,餘條所採諸詞。

又一體

程垓

雙調七十九字,前段八句四平韻,後段九句四平韻。

愛春歸,憂春去,爲春忙。旋點檢、雨障雲妨。遮紅護
●○○句○○●句●○○韻●●●讀●●○○韻○○●

綠,翠幰羅幕任高張。海棠明月杏花天、更惜濃芳。
●句●○○●●○○句●○●○○句●●○○韻
　喚鶯吟,招蝶拍,迎柳舞,倩桃妝。盡呼起、萬籟笙
　●○○句○●●句○●●句●○○韻●○●讀●●○
簧。一觴一詠,儘教陶寫繡心腸。笑他人世漫嬉遊,擁
○韻●○●●句●●○●●○○韻●○○●●○○句●
翠偎香。
●○○韻

　　　此與高觀國詞同,惟前段起句不押韻異。按金人越調
　　《上平西纏令》,即此體也。又前後段兩結作七字一句、四字
　　一句,按韓玉詞前結"暗催霜雪鬢邊來,驚對青銅",後結"不
　　如閒早問溪山,高養吾慵",句法正與此同。

又一體

辛棄疾

　　雙調七十八字,前段八句四平韻,後段九句四平韻。
九衢中,杯逐馬,帶隨車。問誰解、愛惜瓊華。何如竹
●○○句○●●句●○○韻●○讀●●○○韻○○●
外,靜聽窣窣蟹行沙。自憐是,海山頭、種玉人家。
●句●●●●●○○韻●○●句●○○讀●●○○韻
　紛如鬭,嬌如舞,纔整整,又斜斜。要圖畫、還我漁
　○○●句○○●句○○●句●○○韻●○●讀○●○
蓑。凍吟應笑,羔兒無分漫煎茶。起來極目,向迷茫、
○韻●○●●句○○○●●○○韻●○●●句●○○讀
數盡歸鴉。
●●○○韻

此調前段第七句應四字,此①獨作三字句,查本集及《花草粹編》俱如此,採以備體。

又一體

辛棄疾

雙調七十八字,前段八句五平韻,後段九句四平韻。

恨如新。新恨了,又重新。看天上、多少浮雲。江南好
●○○韻○●●句●○○韻●●讀○●○○韻○○●
景,落花時節又逢君。夜來風雨,春歸似欲留人。
句●○○●●○○韻●○○句○○●●○○韻
尊如海,人如玉,詩如錦,筆如神。更能幾字盡殷勤。
○○●句○○●句○○●句●○○韻●○●●●○○韻
江天日暮,何時重與細論文。綠楊陰裏,聽陽關、門掩
○○●●句○○●●●○○韻●○○●句●○○讀○●
黄昏。
○○韻

此調前段結句應作七字,此獨六字,亦是變體。

又一體

賀　鑄

雙調八十一字,前段八句五平韻,後段九句四平韻。

控滄江。排清嶂,燕臺涼。駐綵仗、樂未渠央。岩花磴
●○○韻○○●句●○○韻●●●讀●●○○韻○○●

①此:原誤作"詞",據本書行文慣例改。

蔓，妒千門、珠翠倚新妝。舞閒歌悄，恨流風、不管餘
●句●●○讀○●●○○韻●○○●句●○○讀●●○
香。　　繁華夢，驚俄頃，佳麗地，指蒼茫。寄一笑、
○韻　　○○●句○○●句○●●句●○○韻●●●讀
何與興亡。量船載酒，賴使君、相對兩胡床。緩調清
○●○○韻○○●●句●●○讀○●●○○韻●○○
管，更爲儂、三弄斜陽。
●句●●○讀○●○○韻

　　此調前段第六句,後段第七句,各家俱七字,此獨作八字,
　各添一字。

825

詞譜卷十九

過澗歇三體

《樂章集》注"中呂調"。

過澗歇

柳　永

雙調八十字，前段八句五仄韻，後段八句三仄韻。

淮楚。曠望極、千里火雲燒空，盡日西郊無雨。厭行
●韻 ●●● 讀●●●○○句 ●●○○●韻 ●○
旅。數幅輕帆漸落，艤棹兼葭浦。避畏景，兩兩舟人夜
●韻 ●●○○●句●○○●韻●●●句●●○●
深語。　　此際爭可，便恁奔名競利去。九衢塵裏，衣
○●韻　　●●○●句●●○○●●韻●○○●句○
冠冒炎暑。回首江鄉，月觀風亭，水邊石上，幸有散髮
○●●韻●●○○句●●○○句●○●●句●●●●
披襟處。
○○●韻

　　此調以此詞爲正體，若晁詞換頭之句讀小異，柳詞別首前段之攤破句法，後段之多押一韻，皆變格也。

　　此詞後段第二句，《嘯餘譜》刻"便恁奔利名"，脫去二字，今從《樂章集》訂定。

　　此調祇有柳詞二首及晁詞，故此詞可平可仄悉糸下詞。

又一體

晁補之

雙調八十字，前段七句四仄韻一叠韻，後段八句三仄韻。

歸去。奈故人、尚做青眼相期，未許明時歸去。放懷
○●韻　●●○讀●●○○句　●●○○●叠　●○
處。買得東皋數畝，靜愛園林趣。任過客、剝啄相呼晝
●韻●●●○●●句●●○○●韻●●●讀●●○○●
肩戶。　堪笑兒童事業，華顛向誰語。草堂人悄，圓
○●韻　　○●○○●●句○●●○●韻●○○●句○
荷過微雨。都付邯鄲，一枕清風，好夢初覺，砌下槐影
○●○韻○●○○句●●○○句●●○●句●●○●
方亭午。
○○●韻

此與柳永"淮楚"詞同，惟前段第三句即叠首句韻，後段起句六字、第二句五字異。

又一體

柳永

雙調八十字，前段九句六仄韻，後段八句四仄韻。

酒醒。夢纔覺、小閣香灰成燼。洞戶銀蟾移影。人寂
●●韻●○讀●●○○○●韻●●○○●韻○●
靜。夜永清寒，翠瓦霜凝，疏簾風動，漏聲隱隱。飄來
●韻●●○○句●●○○句○○●●句●●●韻○○

轉愁聽。怎向心緒，近日厭厭長似病。鳳棲咫尺，
●○●韻　　●●○句●●○○○●●韻●○●句
佳期杳難定。展轉無眠，粲枕冰冷。香虯烟斷，是誰與
○○●●韻●●○句●●○●韻○○●●句●●
把重衾整。
●○○●韻

　　此詞見《花草粹編》，《樂章集》不載。其體調亦與"淮
楚"詞同，惟前段第五六句添一字，攤破六字一句、五字一句，
作四字三句，第七八句減一字，攤破三字一句、七字一句，作四
字一句、五字一句，前段第二句及後段第六句多押一韻異。

瑤階草一體

　　調見《書舟詞》。

瑤階草

程 垓

雙調八十字，前段八句四仄韻，後段九句六仄韻。
空山子規叫，月破黃昏冷。簾幕風輕，綠暗紅又盡。自
○○●●句●●○○●韻○●○○句●●●●韻●
從別後，粉消香減，一春成病。那堪晝閒日永。　　恨
○●●句●○○●句●○○●韻●○●●●韻　　●
難整。起來無語，綠萍破處池光净。悶理殘妝，照花獨
○●韻●○○●句●○●●○○●韻●●○○句●●

自憐瘦影。睡來又怕，飲來越醒。醒來却悶。看誰似我
●○●●　韻●○●●句●○●●韻●○●●韻○○●●
孤另。
○●韻

《花草粹編》本前段第三句作"又還簾幕風輕"，多二字，後段第八句作"醒來越悶"，今從本集訂正。其字句平仄無別首宋詞可校。

安公子六體

唐教坊曲名。《碧雞漫志》云："據《理道要訣》，唐時《安公子》在太簇角，今已不傳，其見於世者，中吕調有《安公子近》，般涉調有《安公子慢》。"按柳永"長川波瀲灩"詞自注"中吕調"，"遠岸收殘雨"詞自注"盤涉調"，但蔣氏《十三調譜》採柳永"長川波瀲灩"詞，又注"正宮"。

安公子

柳　永

雙調八十字，前段八句四仄韻，後段七句三仄韻。

長川波瀲灩。楚鄉淮岸迢遞，一霎烟汀雨過，芳草青如
○○○●●韻●○○●●句●●○○●●句○●○○
染。驅驅携書劍。當此好天好景，自覺多愁多病，行役
●韻○○○●韻●●●○●●句●●○○○●句○●
心情厭。　　望處曠野沈沈，暮雲黯黯。行侵夜色，又
○○●韻　　●●●●○○句●○●●韻○○●●句●

是急槳投邨店。認去程將近。舟子相呼，遥指漁鐙
●●●○○●韻●●●○○句○●○○句○●○○
一點。
●●韻

　　此調柳永有兩體，八十字者，前後段句讀參差，無宋人別詞可校。一百六字者，宋人添字減字頗有異同，故譜內可平可仄俱詳注一百六字詞下。

又一體

柳　永

　　雙調一百六字，前後段各八句六仄韻。

遠岸收殘雨。雨殘稍覺江天暮。拾翠汀洲人寂靜，立雙
●●○○●韻●●●○○●韻●●○○○●●句●⊝
雙鷗鷺。望幾點、漁鐙掩映蒹葭浦。停畫橈、兩兩舟人
○○●韻●⊝●讀○○●●○○●韻○●●讀●○○
語。道去程今夜，遥指前邨烟樹。　　遊宦成羈旅。短
●韻●●○○●句○●○○●●韻　　○●○○●韻●
檣吟倚閒凝佇。萬水千山迷遠近，想鄉關何處。自別
○○●○○●韻●●○○○●●句●○○○●韻●●
後、風亭月榭孤歡聚。剛斷腸、惹得離情苦。聽杜宇聲
●讀○○●●○○●韻●●○讀●●○○●韻●●●○
声，勸人不如歸去。
句●○●○○●韻

　　此調一百六字者以此詞爲正體，柳詞別首"夢覺清宵"詞、晁補之"少日狂遊"詞與此同。若袁詞之句讀小異，晁詞、陸詞之減字，杜詞之攤破句法，皆變格也。此詞前後段第四

句、第七句俱作上一下四句法，各家皆然。

　　按晁詞前段第二句"閬苑花間同低帽"，"苑"字仄聲，"花"字"間"字俱平聲；第七句"鎮瓊樓歸臥"，"瓊"字平聲。柳詞別首後段第二句"當初不合輕分散"，"當"字平聲，"不"字仄聲；第三四句"及至厭厭獨自箇，却眼穿腸斷"，"獨"字"眼"字俱仄聲。譜內可平可仄據此，餘參下所採諸詞。

又一體

袁去華

雙調一百六字，前後段各九句六仄韻。

弱柳絲千縷。嫩黃勻遍鴉啼處。寒入羅衣春尚淺，過一
●●○○●韻●○○●●韻○○○○○●●句●●
番風雨。問燕子來時，綠水橋邊路。曾畫樓、見箇人人
○○●韻●●●○○句●●○○●韻○●○讀●○○
否。料靜掩雲窗，塵滿哀絃危柱。　　庾信愁如許。為
●韻●●●○○句○●○○○●韻　　●●○○●韻●
誰都著眉端聚。獨立東風彈淚眼，寄烟波東去。念永
○○●○○●韻●●○○○●●句●○○○●韻●●
晝春閒，人倦如何度。閒傍枕、百囀黃鸝語。喚覺來厭
●○○句○●○○●韻○●●讀●●○○●韻●●○○
厭，殘照依然花塢。
○句○●○○○●韻

　　此與柳詞同，惟前後段第五句作五字兩句異。

又一體

晁補之

雙調一百四字,前後段各八句六仄韻。

柳老荷花盡。夜來霜落平湖净。征雁橫天鷗舞亂,魚遊
●●○○●韻●○○●○●韻○○○○○●●句○○
清鏡。又還是、當年我向江南興。移畫船、深渚蒹葭
○●韻●○●讀○○●●●○●韻○●●讀○●○○
映。對半蒿碧水,滿眼青山魂凝。　　一番傷華鬢。放
●韻●●○●●句●●○○○○韻　　●●○○●韻●
歌狂飲猶堪逞。水驛孤帆明夜事,此歡重省。夢回處、
○○●○○●韻●●○○○●●句●○○●韻●○●讀
詩塘春草愁難整。宦情與、歸思終朝競。記他年相訪,
○○○●○○●韻●○●讀○○○○●韻●○○○●句
認取斜川三徑。
●●○○○●韻

此亦與柳詞同,惟前後段第四句俱減一字作四字句異。

又一體

杜安世

雙調一百六字,前後段各十句七仄韻。

又是春將半。杏花零落閒庭院。天氣有時陰淡淡,綠楊
●●○○●韻●○○●○○●韻○●●○○●●句●○
輕軟。連畫閣、繡簾半卷。招新燕。殘黛斂、獨倚闌干
○●韻○●●讀●○●●韻○○●韻○●●讀●●○○

遍。暗思前事，月下風流，狂蹤無限。　　惜恐鶯花
●韻　●○○●句　●●○○句　○○○●韻　　　●●○○
晚。更堪容易相抛遠。離恨結成心上病，幾時消散。空
●韻　○○●●○○●韻　○○●●○○●句　●○○●韻○
際有、斷雲片片。遙峰暖。聞杜宇、終日哀啼怨。暮烟
●●讀　●○●●韻○○●韻　○●●讀　○●○○●韻　●○
芳草，寫望迢迢，甚時重見。
○●句　●●○○句　●○○●韻

　　此亦與柳詞同，惟前後段第四句各減一字作四字句，第五
句作七字一句、三字一句，多押一韻，兩結各添一字作四字三
句異。

又一體

陸　游

　　雙調一百二字，前後段各九句六仄韻。

風雨初經社。子規聲裏春光謝。最是無情，零落盡、薔
○●○○●韻　●○○●○○●韻　●●○○句　○●●讀○
薇一架。況我今年，憔悴幽窗下。人盡怪、詩酒消聲
○●●韻　●●○○句　○●○○●韻　○●●讀　○●○○
價。向藥鑪經卷，忘却鶯窗柳榭。　　萬事收心也。粉
●韻　●●○○●句　○●○○●●韻　　　●●○○●韻　●
痕猶在香羅帕。恨月愁花，爭信道、如今都罷。空憶前
○○●○○●韻　●●○○句　○●●讀　○○○●韻　○●○
身，便面章臺馬。因自來、禁得心腸怕。縱遇歌逢酒，
○句　●●○○●韻　○●○讀　●●○○●韻　●●○○●句

但説京都舊話。
●●○○●●韻

　　此亦與柳詞同，惟前後段第三四句減一字，俱作四字一句、七字一句，第五六句減一字，俱作四字一句、五字一句異。

應景樂一體

　　詞見《花草粹編》。

應景樂

蕭　回

　　雙調八十字，前段八句五仄韻，後段八句四仄韻。
金陵故國。極目長江、浩渺千里隔。山無際，臨壖怒濤
○○●●韻●●○○讀●●○○●韻○○●句○○●○
磧。俯春城葦寂。芳晝迤邐，一簇烟村將晚，嚴光舊臺
●韻●○○●●韻○●●●句●●○○●●句○○●○
側。　　何處倦遊客。對此景、惹起離懷，頓覺舊日
●韻　　○●●○●韻●●●讀●●○○句●●●
意，魂黯愁積。幽恨綿綿，何計消溺。回首洛城東，千
●句○●○●韻○●○○句●●○●韻●●●○○句○
里暮雲碧。
●●○●韻

　　此詞《花草粹編》所載，疑有脱誤，今從蕉雪堂鈔本。

柳初新二體

宋周密《天基聖節樂次》：第十三盞，觱篥起《柳初新慢》。《樂章集》注"大石調"。

柳初新

柳　永

雙調八十一字，前後段各七句五仄韻。

東郊向晚星杓亞。報帝里、春來也。柳抬烟眼，花勻露
○○●●○○● 韻 ●●● 讀 ○○● 韻 ●○○● 句 ○○●
臉，漸覺綠嬌紅姹。妝點層臺芳榭。運神功、丹青無
● 句 ●●●○○● 韻 ●●○○○● 韻 ●○○ 讀 ○○○
價。　　別有堯階試罷。新郎君、成行如畫。杏園風
● 韻　　●●○○●● 韻 ○○○ 讀 ○○○● 韻 ●○○
細，桃花浪暖，競喜羽遷鱗化。遍九陌、相將遊冶。
● 句 ○○●● 句 ●●●○○● 韻 ●●● 讀 ○○○● 韻
驟香塵、寶鞍驕馬。
●○○ 讀 ●○○● 韻

此詞前段第六句六字，後段第六句七字，沈會宗"楚天來駕"詞正與此同。按沈詞前段第一句"楚天來駕春相送"，"楚"字仄聲；第六句"誰拂瑤琴巧弄"，"巧"字仄聲。後段第三句"桃花溪上"，"桃"字平聲；第五句"愁掩五雲真洞"，"愁"字平聲；第六句"算曾挹、飛鸞雙控"，"曾"字平聲；結句"等閒入、襄王春夢"，"入"字仄聲，"襄"字平聲。譜內可平

可仄據此,餘糸無名氏詞。

又一體

《梅苑》無名氏

雙調八十二字,前後段各七句五仄韻。

千林彫謝嚴凝日。青帝許、梅花坼。孤根回暖,前邨雪
〇〇〇〇●韻〇●●讀〇〇●韻〇〇●●句〇〇●
裏,昨夜一枝凝白。天匠與、雕瓊鏤玉。淡然非、人間
●句●●〇〇〇●韻〇●●讀〇〇●●韻〇〇讀〇〇
標格。　　別有神仙第宅。繡簾垂、碧紗窗隔。月明風
〇●韻　　　●●〇〇●●韻●〇〇讀●●〇〇●韻●〇
送,清香苒苒,著摸美人詞客。向曉來、芳苞乍摘。對
●句〇〇●●句●●●〇〇●韻●●〇讀〇〇●●韻●
菱花、倍添姿色。
〇〇讀●〇〇●韻

此詞前後段第六句俱七字,與柳詞小異。

鬭百花三體

《樂章集》注"正宮"。晁補之詞一名《夏州》。

鬭百花

柳　永

雙調八十一字,前段八句五仄韻,後段七句三仄韻。

煦色韶光明媚。輕靄低籠芳樹。池塘淺蘸烟蕪，簾幕閒
垂飛絮。春困厭厭，拋擲鬭草工夫，冷落踏春心緒。終
日扃朱戶。　遠恨綿綿，淑景遲遲難度。年少傅粉，
依前醉眠何處。深院無人，黃昏乍拆鞦韆，空鎖滿庭
花雨。

　　此調以此詞爲正體，柳永"滿搦宮腰"詞，晁補之"小小盈
盈"詞，又"臉色朝霞"詞，正與此同。若柳詞別首之少押兩
韻，晁詞別首之多押一韻，皆變格也。
　　按"滿搦宮腰"詞後段第四句"不肯便入鴛被"，"不"
"肯"二字俱仄聲；結句"却道你但先睡"，"但"字仄聲。又
"小小盈盈"詞前段第二句"憶得眉長眼細"，"眼"字仄聲；結
句"轉更添姿媚"，"轉"字仄聲。又"臉色朝霞"詞後段起二
句"低問石上，鑿井何由及底"，"石"字仄聲。譜內可平可仄
據此，餘솬下二詞。
　　《詞律》論後段第三句第三字必要仄聲，觀宋詞或作平仄
仄平，或作平仄仄仄可見，填者審之。

又一體

柳　永

雙調八十一字，前段八句三仄韻，後段七句三仄韻。

飒飒霜飘鸳瓦，翠幕轻寒微透，长门深锁悄悄，满林秋
●●○○●句　●●○○○●句　○○○●●●句　●●○
色将晚。眼看菊蕊，重阳泪落如珠，长是淹残粉面。鸾
●○●韵●○●●句　○○●●○○句　○●○○●●韵○
辂音尘远。　无限幽恨，寄情空纨扇。应是帝王，
●○○●韵　　○●○●句　●○○●●韵　○●●○句
当初怪妾辞辇。陡顿今来，宫中第一妖娆，却道昭阳
○○●●○●韵●●○○句　○○●●○○句　●●○○
飞燕。
○●韵

此与"煦色韶光"词同，惟前段第一二三句俱不押韵异。

又一體

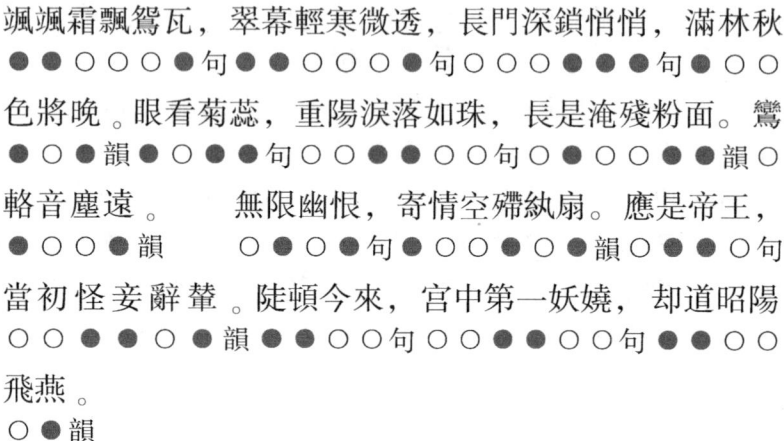

晁補之

雙調八十一字，前段八句六仄韻，後段七句三仄韻。

斜日东风深院。绣幕低迷归燕。潇洒小屏娇面。髣髴镫
○●○○●韵●●○○●韵○●●○●韵●●○
前初见。与选筵中，银盆半坼姚黄，插向凤凰钗畔。微
○○●韵●●○○句　○○●●○○句　●●○○●韵○
笑遮纨扇。　教展香茵，看舞霓裳促遍。红飐翠翻，
●○○●韵　　○○○○句　○●○○●韵　○●●○句
惊鸿乍拂秋岸。柳困花慵，盈盈自整罗巾，须劝倒垂
○○●●○●韵●●○○句　○○●●○○句　○●●○
金盏。
○●韵

此亦與柳永"煦色韶光"詞同，惟前段第三句多押一韻異。

皂羅特髻一體

調見宋蘇軾詞，詞中有"髻鬟初合"句，亦賦題也。

皂羅特髻

蘇　軾

雙調八十一字，前段九句四仄韻，後段六句三仄韻。

採菱拾翠，算似此佳名，阿誰消得。采菱拾翠，稱使君
●○●●句●●●○○句●○○●韻●○●●句●●○
知客。千金買、采菱拾翠，更羅裙、滿把真珠結。采菱
○●韻○○●讀●●●句●○○讀●●○○●韻●○
拾翠，正髻鬟初合。　　真箇采菱拾翠，但深憐輕拍。
●●句●●○○韻　　○●●●●句●○○●韻
一雙手、採菱拾翠，繡衾下、抱著俱香滑。采菱拾翠，
●○●讀●○●●句●○●讀●●○○●韻●○●●句
待到京尋覓。
●●○○●韻

此調無別詞可校，按詞中凡七用"采菱拾翠"句，想其體例應然，填者依之。

最高樓十一體

　　此調押平聲韻，或押仄聲韻，但宋金元詞押平韻者居多。其中有前段起句三字、第三句五字者，有前段起句三字、第三句六字者，有前段起句四字、第三句六字者，例於後段第一二句俱間押仄韻，此爲定格。或後段第一二句三聲叶韻，或第一句押平韻、第二句不押韻，或第一句不押韻、第二句仍押平韻，或第一二句俱不押韻，均屬變格。若全押仄韻，則惟無名氏一詞，見之《梅苑》，宋金元無填此體者。

最高樓

辛棄疾

　　雙調八十一字，前段八句四平韻，後段八句兩仄韻三平韻。

花知否，花一似何郎。　又似沈東陽。瘦稜稜地天然
○●句　○●●○○平韻　●○○●韻　●○○●○○
白，冷清清地許多香。笑東君，還又向，北枝忙。
●句○○○●●○○韻●○○句○●●句●○○韻
著一陣、霎時間底雪。　更一箇、缺些兒底月。山下
●●●讀●○○●●仄韻　●●●讀●○○●●韻○●
路、水邊墻。　風流怕有人知處，影兒守定竹旁廂。
●韻●○○平韻　○○●●○○●句●○●●●○○韻
且饒他，桃李趁，少年場。
●○○句○●●句●○○韻

此調前段起句三字、第三句五字者,以此詞爲正體,辛詞五首並同,宋金元詞俱照此填。若方詞、司馬詞之添字,元詞之減字,皆變格也。

　　按司馬別首"花信緊"詞後段第一二句"按秦箏、學弄相思調。寫幽情、恨殺知音少",與各家平仄全異,注明以備參考,不可校勘平仄。惟前段第一二句"花信緊,二十四番風","信"字"二"字俱仄聲。又後段第三句"向何處、説風流","向"字仄聲,"何"字平聲。譜内可平可仄據此,其餘參下類列三詞。

又一體

方　岳

　　雙調八十五字,前段八句四平韻,後段八句兩仄韻三平韻。

秋崖底,雲卧欲生苔。　無夢到天臺。有月鋤曉帶烏犍
○○●句○●●○○平韻●●●○○韻●●○●●○○
去,與烟蓑夜釣白魚來。問誰能,供酒料,辨詩材。
●句●○○●●●○○韻●○○句○●●句●○○韻
　君莫笑、閒忙棋得勢。　也莫笑、浮沈魚得計。胸次
　○●●讀○○○●●仄韻●●●讀○○○●●韻○●
老、雪崔嵬。　付老夫小小鷓鴣杓。儘諸公袞袞鳳凰
●讀●○○平韻●●○●●●○○句●○○●●●○
臺。且容將,多種竹,賸栽梅。
○韻●○○句○●●句●○○韻

　　此與辛詞同,惟前後段第四五句各添一襯字異。

又一體

元好問

雙調八十字，前段八句四平韻，後段八句兩仄韻三平韻。

商於路，山遠客來稀。　鷄犬靜柴扉。東家歡飲薑芽
○○●句○●●○○平韻○●●○○韻○○●○○

脆，西家留宿芋魁肥。覺重來，猿與鶴，總忘機。
●句○○●●○○韻●○○句○●●句●○○韻

問華屋高貲、誰不戀。　美食大官、誰不羨。風浪裏、
●○●○○讀○●●仄韻●●●○讀○●●韻○●●讀

竟忘歸。　雲山既不求吾是，林泉又不責吾非。任年
●○○平韻○○●●○○●句○○●●●○○韻●○

年，藜藿飯，芰荷衣。
○句○●●句●○○韻

此亦與辛詞同，惟後段第二句減一字異。

又一體

司馬昂父

雙調八十三字，前段八句四平韻，後段八句兩仄韻三平韻。

登高懶，且平地過重陽。　風雨又何妨。問牛山悲淚又
○○●句●○●●○○平韻○●●○○韻●○○●●●

何苦，龍山佳會又何狂。笑淵明，歸去來，又何忙。
○●句○○○●●○○韻●○○句○●○句●○○韻

842

也休説、玉堂金馬樂。　也休説、竹籬茅舍惡。花與
●○●讀●○○●●仄韻●○●讀●○○●●韻○●
酒、一般香。　西風莫放秋容老，時時留待客徜徉。便
●讀●○○平韻　●○●●○○●句○○●●●○○韻●
百年、渾是醉，幾千場。
●○句○●●句●○○韻

此亦辛詞體，惟前段第二句、第四句各添一襯字異。

以上四詞俱前段起句三字、第三句五字者，特爲類聚以便勘譜。

又一體

毛　滂

雙調八十二字，前段九句四平韻，後段九句兩仄韻三平韻。

微雨過，深院芰荷中。香冉冉，繡重重。玉人共倚闌干
○●●句○●●○○韻○●●句●○○韻●○●●○○
角，月華猶在小池東。入人懷，吹鬢影，可憐風。
●句●○○●●○○韻●○○句○●●句●○○韻
分散去、輕如雲與雪。　剩下了、許多風與月。侵枕
○●●讀○○○●●仄韻●●●讀○○○●●韻○●
簟，冷簾櫳。　剛能小睡還驚覺，略成輕醉早惺忪。
●句●○○平韻○○●●○○●句○○●●●○○韻
杖行雲，將此恨，到眉峰。
●○○句○●●句●○○韻

此調前段起句三字、第三句六字者，以此詞爲正體，若陳詞之換頭三聲叶韻，及毛詞別首之換頭不叶韻，皆變格也。

又一體

陳　亮

雙調八十二字,前段八句四平韻,後段八句兩叶韻三平韻。

春乍透,香早暗偷傳。　深院落、鬭清妍。紫檀枝似流
〇●●句〇●●〇〇平韻●●●讀●〇〇韻●〇〇〇
蘇帶,黄金鬚勝辟寒鈿。更朝朝,瓊樹好,笑當年。
〇●句〇〇〇●●〇〇韻●〇〇句〇●●句●〇〇韻

　　花不向、沈香亭上看。樹不著、連昌宫裏玩。衣帶
　　〇●●讀〇〇〇●●叶●●●讀〇〇〇●●叶〇●
水、隔風烟。　鉛華不御凌波處,蛾眉澹掃至尊前。
●讀●〇〇平韻〇〇●●〇〇句〇〇●●●〇〇韻
管如今,渾似了,更堪憐。
●〇〇句〇●●句●〇〇韻

　　此與毛詞同,惟換頭處用三聲叶韻異。
　　按寒、先本係通韻,詞中所叶"看"字"玩"字俱在十五翰部内,即十四寒之去聲也。

又一體

毛　滂

雙調八十二字,前段九句四平韻,後段八句三平韻。

新睡起,熏過繡羅衣。梳洗了,百般宜。東風淡蕩垂楊
〇●●句〇●●〇〇韻〇●●句●〇〇韻〇〇●●〇〇

院，一春心事有誰知。苦留人，嬌不盡，曲眉低。
●句●○○●●○○韻●○○句○●●句●○○韻
漫良夜月圓、空好意，恐落花流水、終寄恨，悲歡往往
●○●●○讀○●●句●○○●讀○●●句●●
相隨。鳳臺凝望雙雙羽，高唐愁著夢回時。又爭如，遵
○○韻●○●●○○●句○○○●●○○韻●○○句○
大路，合逢伊。
●●句●○○韻

　　　　此即前一首毛詞體，惟換頭處不押韻，諸家從無此體，恐有錯悮，姑錄以備參考。
　　　　以上三詞俱前段起句三字、第二句六字者。

又一體

程垓

　　　　雙調八十三字，前段八句四平韻，後段八句兩仄韻三平韻。

舊時心事，説著兩眉羞。　長記得、憑肩遊。緗裙羅襪
●○●●句●●●○○平韻○●●讀●○○韻○○●●
桃花岸，薄衫輕扇杏花樓。幾番行，幾番醉，幾番留。
○○●句●○○●●○○韻○○句●○●句●○○韻
　　也誰料、春風吹已斷。　又誰料、朝雲飛亦散。天
　　●○●讀○○○●●仄韻　●○●讀○○○●●韻○
易老、恨難酬。　蜂兒不解知人苦，燕兒不解説人愁。
●●讀●○○平韻○○●●○○●句●○●●●○○韻
舊情懷，銷不盡，幾時休。
●○○句○●●句●○○韻

此調前段起句四字、第三句六字者，以此詞爲正體，若柳詞之句讀參差，無名氏詞之不押仄韻，皆變格也。

又一體

《全芳備祖》無名氏

雙調八十三字，前後段各八句四平韻。

司春有序，排次到酴醾。還預報、在庭知。蕊珠宮裏晨
○○●●句○●●○○韻○●●讀●○○韻●○○●○
妝罷，披香殿下曉班齊。探花人，驅使問，採花期。
●句○○●●●○○韻●○○句●●●句●○○韻
元不遜、梅花浮月影，也知妒、梨花帶雨枝。偏恨
○●●讀○○○●●句●○●讀○○●●○韻○●
柳、綠條垂。與其向晚苞團絮，不如對酒坼芳蕤。謝東
●讀●○○韻●○●●○○●句●○●●○○韻●○
君，收拾在，牡丹時。
○句○●●句●○○韻

此與程詞同，惟後段起句不押仄韻，第二句仍押平韻異。

又一體

柳富

雙調七十八字，前後段各八句四平韻。

人間最苦，最苦是分離。伊愛我、我憐伊。青草岸頭人
○○●●句●●●○○韻○●●讀●○○韻○●●○○
獨立，畫船東去櫓聲遲。楚天低，回望處，兩依依。
●●句○○○●●○○韻●○○句●●●句●○○韻

後會也難期。未知何日重歡會,心下事、亂如絲。好
●●○○韻●○○●○○句○●●讀●○○韻●
天良夜還虛過,辜負我、兩心知。願伊家,衷腸在,一
○○●●句●●●讀●○○韻●○○句○○●句●
雙飛。
○○韻

　　此詞見《青瑣高議》,前段字句與程詞同,惟後段起句減三字,押平韻,第五句減一字,作六字折腰句法異。《情史》云:"東都柳富,別王幼玉作,名《醉高春》。"
　　以上三詞俱前段起句四字、第三句六字者。

又一體

　　　　　　　　　　《梅苑》無名氏

　　雙調八十二字,前段八句四仄韻,後段八句五仄韻。

梅花好,千萬君須愛。比杏兼桃猶百倍。分明學得嫦
○○●句○●●○○韻●●○○○●●韻○●●●○
娥樣,不施朱粉天然態。蟾宮裏,銀河畔,風霜耐。
○●句●○○●○○●韻○○●句○○●句○○●韻
　嶺上故人千里外。寄去一枝君要會。表江南信相思
　●●●○○●●韻●●●○○●●韻●○○●○○
瞰。清香素艷應難對,滿頭宜向尊前戴。歲寒心,
●韻○○●●○○●句●○○●○○●韻●○○句
春消息,年年在。
○○●句○○●韻

　　此調全押仄聲韻者祇此一詞,句讀與程垓詞同,惟前後段第三句各添一字,後段第一二句各減一字,無別首宋詞可校。

倒垂柳二體

唐教坊曲名。

倒垂柳

楊无咎

雙調八十一字,前段八句四仄韻,後段八句五仄韻。

曉來煙露重,爲重陽、增勝致。記一年好處,無似此天氣。東籬白衣至,南陌芳筵啓。風流曾未遠,登臨都在眼底。　人生如寄。漫把茱萸看子細。繫節聽高歌,痛飲莫辭醉。烏帽任教,顛倒風裏墜。黃花明日,縱好無情味。

此調惟《逃禪集》有詞二首,無別家詞可校,平仄參下"南州初會"詞。

又一體

楊无咎

雙調八十一字,前後段各八句五仄韻。

南州初曾遇。記惺惺、説厎語。而今精神爽，傾下越風
○○○●●韻●○○讀●●韻○○○○●句○●●○
措。雍門人獨夜，客舍停杯處。餘香應未泯，憑君重唱
●韻●○○●●句●●○○●韻○○●●●句○○○●
金縷。　　移宮易羽。縱有離愁休怨訴。客裏忒凄凉，
○●韻　　○○●●韻●●○○○●●韻●●●○○句
怕聽斷腸句。情山曲海，君已心相許。駸鸞乘月，正好
●●●○●韻○○●●句○●○○●韻○○○●句●●
同歸去。
○○●韻

此與"曉來烟露"詞同，惟前段起句用韻異。

彩鳳飛一體

一作《彩鳳舞》。

彩鳳飛

陳　亮

雙調八十一字，前段七句三仄韻，後段七句五仄韻。
人立玉，天如水，特地如何撰。海南沈、燒著欲寒猶
○●●句○○●句●●○○●韻●○○讀●●○●○
暖。算從頭，有多少、厚德陰功，人家上、一一舊時香
●韻●○○句●●●讀●●○○句○○●讀●●●○○
案。　　煞經慣。小住吾州纔爾，依然歡聲滿。莫也
●韻　　●○●韻●●○○○●句○○○●●韻●●

教、公子王孫眼見。這些兒、穎脫處，高出書卷。經綸
○讀○●○○●●韻●○○讀●●●句○●○●韻○○
自入手、不了判斷。
●●●讀●●●●韻

此見《龍川詞》，無別首宋詞可校。

有有令一體

調見《惜香樂府》。

有有令

趙長卿

雙調八十一字，前段八句四仄韻，後段八句七仄韻。
前山減翠。疏竹度輕風，日移金影碎。還又年華暮，看
○○●●韻○●○○句●○○●●韻○●○○●句○
看是、新春至。那更堪、有箇人人，似花似玉，溫柔伶
●●讀○○韻●●○讀●●○○句●○●●句○○●
俐。　　準擬。恩情海似。拈弄上、則人難比。我也誠
●韻　　●●韻○●●韻●●讀●○○韻●●○
心一片，你也争些氣。大家到底如此。美中更美。厮守
○●●句●●○○韻●○●●○●韻●○●●韻●●
定、共伊百歲。
●讀●○●●韻

此本謔詞，因此調無別詞可録，故採以備體。

拂霓裳二體

唐教坊曲名。《碧雞漫志》：“《拂霓裳》，般涉調。”《宋史·樂志》：“女弟子舞隊第五有拂霓裳隊。”

拂霓裳

晏 殊

雙調八十二字，前段八句六平韻，後段八句五平韻。

樂秋天。晚荷花綴露珠圓。風日好，數行新雁貼寒烟。
●○○韻●○○●●○○韻○●●句●○○●●○○韻
銀簧調脆管，瓊柱撥清絃。捧觥船。一聲聲、齊唱太平
○○○●●句○●●○○韻●○○韻●○○讀○●●○
年。　人生百歲，離別易、會逢難。無事日，剩呼賓
○韻　　○○●●句●●●讀●○○韻●●●句●○○
友啓芳筵。星霜催綠鬢，風露損朱顏。惜清歡。又何
●●○○韻●○○●●句○●●○○韻●○○韻●○
妨、沈醉玉尊前。
○讀○●●○○韻

此調以此詞爲正體，晏詞別首“慶生長”詞正與此同。若“喜秋成”詞之添一襯字，押韻異同，亦變格也。

此調前後段第五六句例作五言對句，《珠玉集》三首皆然。

按晏詞別首“慶生長”詞前段第六句“玉色受絲綸”，“玉”字仄聲；結句“望九重、天上拜堯雲”，“九”字仄聲；後段

第五六句"一聲檀板動,一炷蕙香焚",兩"一"字俱仄聲。譜內可平可仄據此,餘紊下詞。

又一體

晏　殊

雙調八十三字,前段八句五平韻,後段八句六平韻。

喜秋成。見千門萬户樂昇平。金鳳細,玉池波浪縠文
●〇〇韻●〇〇●●〇〇韻〇〇●句●〇〇●●〇
生。宿露霑羅幕,微涼入畫屏。張綺宴,傍熏鑪蕙炷、
〇韻●●〇〇句〇〇●●韻〇●●句〇〇〇●●讀
和新聲。　　神仙雅會,會此日、象蓬瀛。管絃清。旋
●〇〇韻　　〇〇●●句●●讀●〇〇韻●〇〇韻●
翻紅袖學飛瓊。光陰無暫住,歡醉有閒情。祝辰星。願
〇〇●●●〇〇韻〇〇〇●●句●●●〇〇韻●〇〇韻●
百千萬壽、獻瑶觥。
●〇●●讀●〇〇韻

此與"樂秋天"詞同,惟前段第二句添一襯字,第七句少押一韻,後段第三句多押一韻異。

柳腰輕一體

調見《樂章集》,注"中吕宫"。因詞有"英英妙舞腰肢軟。章臺柳,昭陽燕"句,取以爲名。

柳腰輕

柳　永

雙調八十二字,前段八句四仄韻,後段七句四仄韻。

英英妙舞腰肢軟。章臺柳,昭陽燕。錦衣冠蓋,綺堂筵
○○●●○○●韻○○●句○○●韻●○○句●○○
會,是處千金争選。顧香砌、絲管初調,倚輕風、佩環
●句●●○○●韻●○讀○●○○句●○○讀●○
微顫。　乍入霓裳促遍。逞盈盈、漸催檀板。慢垂霞
○●韻　　●●○○●●韻●○○讀○○○●韻●○○
袖,急趨蓮步,進退奇容千變。笑何止、傾國傾城,暫
●句●○○●句●●○○○●韻●○●讀○●○○句●
回眸、萬人腸斷。
○○讀●○○●韻

調近《柳初新》,但《柳初新》調前後段第六句押韻,此不押韻。又柳詞所注宮調不同,自應各爲一體,無宋詞別首可校。

爪茉莉一體

調見《花草粹編》,《樂章集》不載。

爪茉莉

柳　永

雙調八十二字,前段八句四仄韻,後段八句五仄韻。

每到秋來，轉添甚況味。金風動、冷清清地。殘蟬噪
●●○○句●○●●韻○○●讀●○○●韻○●●
晚，甚聒得、人心欲碎。更休道、宋玉多悲，石人也，
●句●●●讀○○●●韻●○●讀●●○○句●○●句
須下淚。　衾寒枕冷，夜迢迢、更無寐。深院靜、
○●●韻　　○○●●句●○○讀●○●韻○●●讀
月明風細。巴巴望曉，怎生捱、更迢遞。料可兒、只在
●○○●韻○○●●句●○○讀○○●韻●●○讀●●
枕頭根底。等人睡，來夢裏。
●○○●韻●○句○●●韻

　　此調無別詞可校,其平仄宜依之。

驀山溪十三體

《翰墨全書》名《上陽春》,金詞注"大石調"。

驀山溪

程垓

　　雙調八十二字,前後段各九句三仄韻。

老來風味，是事都無可。只愛小書舟，膡圍著、琅玕幾
●○○◐句◐●○○●韻●●●○○句◐○●讀○○●
箇。呼風約月，隨分樂生涯，不羨富，不憂貧，不怕烏
●韻○○●●句○●●○○句●●●句●○○句●●○
蟾墮。　三杯徑醉，轉覺乾坤大。醉後百篇詩，儘從
○●韻　　◐○●●句◐●○○●韻●●●○○句●○

他、龍吟鶴和。升沈萬事，遷與本來天，青雲上，白雲
⊖讀⊖○●韻⊖○○●句●○○○句●⊖⊖句●○
間，一任安排我。
○句⊖●○○●韻

　　宋詞填此調者，其字句並同，惟押韻各異。此詞前後段起
　　句及第七八句俱不韻，宋人如此者甚多，自應編爲正體。以下
　　悉爲類列，以備叅考。其可平可仄即叅所採各詞，故不復注。

又一體

姜　夔

　　雙調八十二字，前段九句四仄韻，後段九句三仄韻。

與鷗爲客。綠野留吟屐。兩行柳垂陰，是當年、仙翁手
●○○●韻●●○○●韻●○●○○句●○○讀○○●
植。一亭寂寞，烟外帶愁橫，荷冉冉，展凉雲，橫卧虹
●韻○○●●句○●●○○句○●●句●○○句○○○
千尺。　　才因老盡，秀句君休覓。萬綠正迷人，更愁
○●韻　　○○●●句●●○○●韻●●●○○句●○
入、山陽夜笛。百年心事，惟有玉闌知。吟未了，放船
●讀○○●韻●○○●句○●●○○句○●●句●○
回，月下空相憶。
○句●●○○●韻

　　此詞前段起句押韻，後段起句不押韻。按葛勝仲"出門
西笑"詞，張表臣"樓橫北固"詞，沈會宗"想伊不住"詞，楊无
咎"天姿雅素"詞，吳儆"清晨早起"詞，張埜"洞庭珍味"詞，
皆與此同。

又一體

張　震

雙調八十二字，前段九句三仄韻，後段九句四仄韻。

青梅如豆，斷送春歸去。小綠間長紅，看幾處、雲歌柳
〇〇〇●句●●〇〇●韻●●〇〇句〇●●讀〇〇●
舞。俔花識面，對月共論心，携素手，採香遊，踏遍西
●韻〇〇●●句●●●〇〇句●●●句〇〇〇句●●〇
池路。　　水邊朱戶。曾記銷魂處。小立背秋千，空悵
〇●韻　　●〇〇●韻〇●〇〇●韻●●●〇〇句〇●
望、娉婷韻度。楊花撲面，香糝一簾風，情脉脉，酒厭
●讀〇〇●●韻〇〇●●句〇〇●〇〇句〇●●句●〇
厭，回首斜陽暮。
〇句〇●〇〇●韻

此詞前段起句不押韻，後段起句押韻。按晁補之"金尊玉酒"詞，劉子翬"浮烟冷雨"詞，袁去華"蕊珠宮闕"詞，謝懋"厭厭睡起"詞，皆與此同。

又一體

張　震

雙調八十二字，前後段各九句四仄韻。

春光如許。春到江南路。柳眼弄晴暉，笑梅花、落英無
〇〇〇●韻〇●〇〇●韻●●●〇〇句●〇〇讀●〇
數。峭寒庭院，羅幕護窗紗，金鴨暖，錦屏深，曾記看
●韻●〇〇●句〇●●〇〇句〇●●句●〇〇句〇●〇

承處。　雲邊尺素。何許傳心縷。無處說相思，空惆
○●韻　　○○●●韻○●○○●韻○●○○句○○
悵、朝雲暮雨。曲闌干外，小立近黃昏，心下事，眼邊
●讀○●●韻○○●句○●●○○句○●●句●○
愁，借問春知否。
○句●●○○●韻

　　此調前後段起句皆押韻。按黃庭堅"山圍江暮"詞，王千
秋"清明池館"詞，皆與此同。

又一體

易　祓

　　雙調八十二字，前後段各九句四仄韻。

海棠枝上，留得嬌鶯語。雙燕幾時來，並飛入、東風院
●○○●句○●●○韻○●○○句●○●讀○○●
宇。夢回芳草，綠遍舊池塘，梨花雪，桃花雨。畢竟春
韻●○○●句●●●○○句○○●句○○●韻●●○
誰主。　東郊拾翠，襟袖霑飛絮。寶馬趁雕輪，亂紅
○●韻　　○○●●句○●○○韻●●●○○句●○
中、香塵滿路。十千斗酒，相與買春閒，吳姬唱，秦娥
○讀○○●韻●○●●句○●●○○句○○●句○○
舞。拌醉青樓暮。
●韻○●○○●韻

　　此詞前後段第八句押韻，其兩起句不押韻，宋詞惟此一
首。

又一體

周邦彥

雙調八十二字,前後段各九句五仄韻。

樓前疏柳,柳外無窮路。翠色四天垂,數峰青、高城闊
○○○●句●●○○●韻●●●○○句●○○讀○○●
處。江湖病眼,偏向此山明,愁無語。空凝佇。兩兩昏
●韻○○●●句○●●○○句○○●韻○○●韻●●○
鴉去。　平康巷陌,往事如花雨。十載却歸來,倦追
○●韻　○○●●句●●○○●韻●●●○○句●○
尋、酒旗戲鼓。今宵幸有,人似月嬋娟,霞袖舉。杯深
○讀●○●●韻●○●●句○●●○○句○●●韻○○
注。一曲黃金縷。
●韻●●○○●韻

此詞前後段第七八句俱押韻,其兩起句不押韻。按李之儀"青樓薄倖"詞,晁補之"揚州全盛"詞,周紫芝"月眉星眼"詞,皆與此同。

又一體

賀　鑄

雙調八十二字,前段九句五仄韻,後段九句四仄韻。

楚鄉新歲。不放殘寒退。月曉桂娥閒,弄珠英、因風委
●○○●韻●●○○●韻●●●○○句●○○讀○○●
墜。清淮鋪練,十二玉峰前,上簾櫳,招佳麗。置酒成
●韻○○●●句●●●○○句●○○句○○●韻●●○

高會。　江南芳信，目斷何人寄。應占鏡邊春，想晨
○●韻　　○○○●句●●○○●韻○●●○○句●○
妝、膏濃壓翠。此時乘興，半道忍迴橈，五雲溪，門深
○讀○○●●韻●○○●句●●●○○句●●○○○
閉。璧月常相對。
●韻●●○○●韻

此詞前段起句及前後段第八句皆押韻。

又一體

万俟咏

雙調八十二字，前後段各九句五仄韻。

芳菲葉底。誰會秋工意。深綠護輕黃，怕青女、霜侵憔
○○●●韻○●○○●韻○●●○○句●○●讀○○
悴。開分早晚，都占九秋天，花四出，香十里。獨步珠
●韻○○●●句○●●○○句○●●句○●●韻●●○
宮裏。　佳名岩桂。却是因遺子。不自月中來，又那
○●韻　　○○●●韻●●○○●韻●●●○○句●●
得、蕭蕭風味。霓裳舊曲，休問廣寒人，飛大白，酬仙
●讀○○○●韻○●●●句●●●○○句○●●句○○
蕊。香外無香比。
●韻○●○○●韻

此詞前後段起句及第八句俱押韻。

又一體

黃庭堅

雙調八十二字,前段九句五仄韻,後段九句六仄韻。

鴛鴦翡翠,小小思珍偶。眉黛斂秋波,儘湖南、山明水
○○●●句●●○○韻○●●○○句●●○讀○○●
秀。婷婷嫋嫋,恰近十三餘,春未透。花枝瘦。正是愁
●韻○○●●句●●○○句○●●韻○○●韻●●○
時候。　尋芳載酒。肯落他人後。只恐晚歸來,綠成
○●韻　○○●●韻●●○○●韻●●●○○句●○
陰、青梅如豆。心期得處,每自不由人,長亭柳。君知
○讀○○○●韻●○●●句●●●○○句○○●韻○○
否。千里猶回首。
●韻○●○○●韻

此詞前後段第七八句及換頭句皆押韻。

又一體

晁端禮

雙調八十二字,前段九句六仄韻,後段九句五仄韻。

輕衫短帽。重入長安道。屈指十年中,一回來、一回漸
○○●●韻○●○○●韻●●●○○句●○○讀●●
老。朋遊在否,落托更能無,朱絃悄。知音少。撥斷相
●韻○○●●句●●○○句○○●韻○○●韻●●○
思調。　花邊柳外,瀟灑愁重到。深院鎖春風,悄無
○●韻　○○●●句○●○○●韻●●●○○句●○

人、桃花自笑。金釵一股，擬欲問音塵，天杳杳。波渺
○讀○○●●韻○○●●句●●●○○句○●●韻○●
渺。何處尋蓬島。
●韻○●●○○●韻

此詞前段起句及前後段第七八句皆押韻。

又一體

石孝友

雙調八十二字，前後段各九句六仄韻。
鶯鶯燕燕。搖蕩春光懶。時節近清明，雨初晴、嬌雲弄
○○●●韻○●○○●韻○●●○○句●●○○讀○○●
煖。醉紅濕翠，春意釀成愁，花似染。草如翦。已是春
韻●○●●句○●●○○句●●●韻○●韻●●○
彊半。　小鬟微盼。分付多情管。癡騃不知愁，想怕
○●韻　●○○●韻○●○○●韻○●●○○句●●
晚、貪春未慣。主人好事，應許玳筵開，歌眉斂。舞腰
●讀○○●●韻●○●●句○○●○○句○●●韻●○
軟。怎便輕分散。
●韻●●○○●韻

此詞前後段起句及第七八句皆押韻，石詞別首"醉魂初
醒"詞正與此同。

又一體

歐陽修

雙調八十二字，前段九句三仄韻，後段九句五仄韻。

新正初破，三五銀蟾滿。纖手染香羅，翦紅蓮、滿城開
〇〇〇●句　〇●〇〇●韻　〇●●〇〇句　●〇〇讀●〇〇
遍。樓臺上下，歌管咽春風，駕香輪，停寶馬，只待金
●韻　〇〇●●句　●●●〇〇句　●〇〇句　〇●●句　●●〇
烏晚。　　帝城今夜，羅綺誰爲伴。應卜紫姑神，問歸
〇●韻　　　●〇〇●句　〇●〇〇●韻　●●●〇〇句　●〇
期、相思望斷。天涯情緒，對酒且開顏，春宵短。春寒
〇讀〇〇●●韻　〇〇〇●句　●●●〇〇句　〇〇●韻　〇〇
淺。莫待金杯暖。
●韻　●●〇〇●韻

　　此詞前段第七八句不用韻，後段第七八句用韻。按毛滂
"東堂先曉"詞，朱敦儒"東風不住"詞，吴儆"園林何有"詞，
皆與此同。

　　按此詞宋人押韻頗有異同，如黄庭堅詞兩結"斜枝倚。
風塵裏。不帶風塵氣"、"書漫寫，夢空來，只有相思是"，前段
第七八句俱押韻，後段第七八句却不用韻。張孝祥詞兩結
"繡工慵，園棋倦，香篆頻銷印"、"禽聲喜，流雲盡。明日春遊
俊"，前段第七八句、後段第七句，俱不押韻，惟第八句押韻。
周邦彦詞兩結"山四倚。雲漸起。鳥度屏風裏"、"因甚箇，烟
霞底。偏愛蓴羹美"，前段第七八句、後段第八句押韻，惟第
七句不押韻。皆韻脚參差不可爲法，故不編入。

又一體

陸　游

　　雙調八十三字，前後段各九句三仄韻。

窮山孤叠，臘盡春初破。寂寞掩空齋，好一箇、無聊賴
〇〇〇●句●●〇〇韻●●〇〇句●●讀〇〇●
底我。嘯臺龍岫，隨分有雲山，臨淺瀨，蔭長松，閒據
●●韻〇〇●〇句●●〇〇句〇●韻●〇〇句●
交床坐。　　三杯徑醉，不覺紗巾墮。畫角喚人歸，落
〇〇●韻　　〇〇●●句●●〇〇韻●●〇〇句●
梅村、籃輿夜過。城門漸近，幾點妓衣紅，官驛外，
〇〇讀〇〇●●韻〇〇●●句●●〇〇句〇●●句
酒壚前，也有閒鐙火。
●〇〇句●●〇〇●韻

　　此詞前段第四句五字，較各家多一字，蓋襯字也，減去"賴"字即是程垓詞體。

千秋歲引四體

《高麗史·樂志》名《千秋歲令》。李冠詞名《千秋萬歲》。

千秋歲引

王安石

雙調八十二字，前段八句四仄韻，後段八句五仄韻。

別館寒砧，孤城畫角。一派秋聲入寥廓。東歸燕從海
⊖●〇〇句〇〇●●韻●〇〇〇●⊖韻〇〇●⊖⊖
上去，南來雁向沙頭落。楚臺風，庾樓月，宛如昨。
●●句〇〇●●〇〇●韻⊖〇〇句⊖〇●句⊖〇●韻

863

無奈被些名利縛。無奈被他情擔閣。可惜風流總閒
○●●○○●●韻●●●○○●●韻●●○○○
却。當初漫留華表語，而今悮我秦樓約。夢闌時，
●韻○○●●○○●句○○●●○○●韻●○○句
酒醒後，思量著。
●○●句○○●韻

　　此即《千秋歲》調添字減字，攤破句法，自成一體。與《千
秋歲》較，惟前段第二句減一字，後段第一句、第二句各添二
字，第三句添一字，前後段第四五句各添兩字，結句各減一字
攤破作三字兩句，其源實出於《千秋歲》。《詞律》疏於考據，
類列於《千秋歲》後，而又云"兩調迥別"，故爲兩列而論之如
此。

　　此調始於此詞，自應以此爲定格，若李冠一詞、無名氏二
詞，則又從此詞添字耳。可平可仄即条下三詞句法同者。

又一體

李　冠

雙調八十四字，前段八句四仄韻，後段八句五仄韻。

杏花好，仔細君須辨。比早梅深、夭桃淺。把鮫綃、淡
●○●句●●○○●韻●●○○讀○○●韻●○○讀●
拂鮮紅色，蠟融紫萼重重現。烟外悄，風中笑，香滿
●○○句●●●○○●韻○○●句○○●句○
院。　欲綻全開俱可羨。粹美妖嬌無處選。除卿卿是
●韻　●●○○●●韻●●○○○●韻○○○
尋常見。倚天真、艷冶輕朱粉，分明洗出臙脂面。追往
○○●韻●○○讀●●○○●句○○●●○○●韻○●

事,遶芳榭,千千遍。
●句●○●句○○●韻

　　此即王詞體,惟前段起句三字、第二句五字、第三句上四下三作折腰句法,前後段第四句各添一襯字異。

又一體

　　　　　《高麗史·樂志》無名氏

　　雙調八十五字,前段八句五仄韻,後段八句七仄韻一疊韻。

想風流態,種種般般媚。恨別離時太容易。香牋欲寫
●○○●句●●○○●韻●●○○●●韻○○●●
相思意。相思淚滴香牋字。畫堂深,銀燭暗,重門閉。
○○●韻○○●●○○●韻●○○句●●●句○○●韻
似當日歡娛何日遂。願早早相逢重設誓。美景良
●○●○○●●韻●●●○○●●韻●●○
辰莫輕棄。鴛鴦帳裏鴛鴦被。鴛鴦枕上鴛鴦睡。似恁
○●○●韻○○●●○○●韻○○●●○○●韻●●
地。長恁地。千秋歲。
●韻○●●疊○○●韻

　　此亦王詞體,惟前段第二句添一字,後段第一二句各添一襯字,前後段第四句各多押一韻,後段第六七句多一押韻、疊韻異。

又一體

《翰墨全書》無名氏

雙調八十七字,前段八句四仄韻,後段八句五仄韻。

詞賦偉人,當代一英傑。信獨步儒林、蟾宮客。名登雁
○●●○句○●●○●韻●●●○○讀○○●韻○○●
塔正青春,更不歷、郡縣徒勞力。即趨朝,典文衡,居
●○○句●●●讀●●○○●韻●○○句●○○句○
花掖。　　　得雋詞科推第一。便掌絲綸天上尺。見說慶
○●韻　　　●●○○○●韻●●○○○●韻●●●
生辰、當此日。翠葵三四葉方新,況朱明、正屬清和
○○讀○●●韻●●○○●○句●○○讀●○○
節。行作筒,黑頭公,專調燮。
●韻○●●句●○○句○○●韻

此亦王詞體,惟前段第二句添一字,前後段第三句、第五句各多一襯字異。

早梅芳三體

一名《早梅芳近》。

早梅芳

周邦彥

雙調八十二字,前後段各九句五仄韻。

繚墻深，叢竹繞。宴席臨清沼。微呈纖履，故隱烘簾自
○○句⊙●●韻●●○○●韻○⊙●●句⊙●○●
嬉笑。粉香妝暈薄，帶緊腰圍小。看鴻驚鳳煮，滿座歎
○●韻⊙○⊙●●句●●○○●韻⊙○⊙●●句●●
輕妙。　　酒醒時，會散了。回首城南道。河陰高轉，
○●韻　　●○○句⊙●●韻⊙●○○韻○⊙●●句
露脚斜飛夜將曉。異鄉淹歲月，醉眼迷登眺。路迢迢，
●●○⊙●●韻⊙○○●●句●●○○●韻●○○句
恨滿千里草。
⊙●○●●韻

　　此調以此詞爲正體，周詞別首"花竹深"詞，陳允平和詞二首，正與此同。若李詞、無名氏詞之句讀異同，皆變格也。

　　呂渭老詞後段結句"佳期定，約秋了"，疑有脫字，故不編入。此詞前後段第五句例作拗句，第六七句例作五言對偶，填者仍之。

　　按周詞別首前段起句"花竹深"，"花"字平聲，"竹"字仄聲。呂詞第四句"風聲約雨"，"約"字仄聲。陳詞第六句"風簾銀燭暗"，"風"字平聲。呂詞第七句"勻臉霞相照"，"勻"字平聲。呂詞後段第六句"犀心通密語"，"犀"字平聲。陳詞結句"瓊簫聲漸杳"，"瓊"字"簫"字俱平聲。譜內可平可仄據此，餘条所採二詞。

　　李詞前段結句第三字平聲，後段結句第四字平聲，查諸和周詞，此兩字無不用仄者，故此詞不與叅校。

又一體

李之儀

雙調八十二字，前後段各九句五仄韻。

雪初晴，陡覺寒將變。已報梅梢暖。日邊霜外，迤邐枝條自柔軟。嫩苞勻點綴，綠萼輕裁翦。隱深心，未許清香散。　　漸融和，開欲遍。密處疑無間。天然標韻，不與群花鬪深淺。夕陽波似動，曲水風猶懶。最銷魂，弄影無人見。

此與周詞同，惟前段第二句添二字，第八句減二字異。
前後段兩結句俱作仄仄平平仄，與諸家不同。
按汲古閣本《姑溪詞》，此詞前段第二句仍作三字，第八句空白二字，今從《花草粹編》訂正。

又一體

《梅苑》無名氏

雙調八十二字，前後段各九句五仄韻。

冰惟清，玉惟潤。清潤無風韻。此花風韻，清潤自然傅

香粉。故應春意別，不使凡英混。到春前臘後，長是寄
○●韻●○○●句●●○○●韻●○○●●句○●●
芳信。　　此情閒，此意遠。一點縈方寸。風亭水館，
○●韻　　●○○句●●韻●○○●韻○○●●句
解與行人破離恨。廣寒宮未有，姑射山曾認。向雪中
●●○○●●韻●○○●●句○●○○●韻●●○
月下，吟未盡。
●●句○●●韻

　　　　此亦周詞體,惟後結作五字一句、三字一句異。

新荷葉四體

　　蔣氏《九宮譜》作"正宮引子"。趙抃詞名《折新荷引》。又因詞中有"畫橈穩泛蘭舟"句，或名《泛蘭舟》，然與仄韻《泛蘭舟》調迥別。

新荷葉

黃　裳

　　雙調八十二字,前後段各八句四平韻。

落日銜山，行雲載雨俄鳴。一頃新荷，坐間總是秋聲。
●●○○句○○●●○○韻●●○○句●○●●○○韻
烟波醉客，見快哉、風惱娉婷。香和清點，爲人吹在衣
○○●●句●●○讀●●○○韻○○●●句●○○●○
襟。　　珠佩歡言，放船且向前汀。綠傘紅幢，自從天
○韻　　●●○○句●○●●○○韻●●○○句●○○

漢相迎。飛鴻獨落，蘆邊對、幾朵繁英。侑觴人唱，乍
●○○韻●○●句●●●讀●●○○韻●○○●句●
聞應似湘靈。
○○●○○韻

　　此調以此詞及趙彥端詞爲正體，宋人皆如此填。苦趙抃
詞之句讀不同，趙長卿詞之句讀參差，皆變格也。
　　此詞換頭句不押韻，侯寘"柳幄飛綿"詞，鄭斗煥"乳鴨池
塘"詞，正與此同。
　　按侯詞前段第二句"風池烟泛新萍"，"烟"字平聲。鄭詞
後段結句"鴛鴦催起歌聲"，"鴛"字平聲。辛棄疾詞前段起句
"人已歸來"，"人"字平聲；第四句"遊絲盡日低飛"，"遊"字
平聲；第五句"兔葵燕麥"，"兔"字仄聲；第七八句"小窗人靜，
棋聲似解重圍"，"小"字仄聲，"棋"字平聲，"似"字仄聲。後
段第四句"朝來翠撲人衣"，"朝"字平聲；第六句"問騁懷、遊
目誰知"，"騁"字仄聲，"懷"字平聲。譜内可平可仄據此，餘
參所採諸詞。至前段第二句"零落一頃爲萁"，"落"字入聲，
此以入代平。查宋詞此字俱用平聲，故不校注。

又一體

　　　　　　　　　　　　　　　　趙彥端

　　雙調八十二字，前段八句四平韻，後段八句五平韻。
欲暑還凉，如春有意重歸。春若歸來，任他鶯老花飛。
●●○○句○○●●○○韻○●○○句●○○●○○韻
輕雷澹雨，似晚風、欺得單衣。簷聲驚醉，起來新綠成
○○●●句●●○讀○●○○韻○○○●句●○○●○

圍。　　回首分攜。光風冉冉菲菲。曾幾何時，故山疑
○韻　　○●○○韻○○●●○○韻○●○○句●○○
夢還非。鳴琴再撫，將清恨、都入金徽。永懷橋下，繫
●○○韻○○●●句○○●讀○○○韻●○○●句●
船溪柳依依。
○○●○○韻

　　此與黃詞同，惟換頭句押韻異。按辛棄疾詞四首、趙詞二首皆如此填。

又一體

趙　抃

雙調八十二字，前後段各八句四平韻。

日晚芳塘，圓荷嫩緑新抽。越女輕盈，畫橈穩泛蘭舟。
●●○○句○○●●○○韻●●○○句●○●●○○韻
波光艷粉，紅相間、脉脉嬌羞。菱歌隱隱漸遥，依約凝
○○●●句○○●讀●●○○韻○●●●○○句○○○
眸。　　堤上郎心，波間妝影遲留。不覺歸時，暮天碧
○韻　　○●○○句○○●●○○韻●●○○句●○●
襯蟾鈎。殘蟬噪晚，餘霞映、幾點沙鷗。漁笛不道有
●○○韻○○●●句○○●讀●●○○韻○●●●●
人，獨倚危樓。
○句●●○○韻

　　此與黃詞同，惟前後段兩結俱作六字一句、四字一句異。

又一體

趙長卿

雙調八十二字,前後段各八句四平韻。

冷徹蓬壺,翠幢鼎鼎生香。十頃瑠璃,望中無限清涼。
●●○○句●○●○○韻●●○○句●○○●○○韻
追風掩日,高低襯、密護紅妝。陰陰湖裏,羨他雙浴鴛
○○●●句○○●讀●●○○韻○○●句●○○●○
鴦。　　猛憶西湖,當年一夢難忘。折得曾將蓋雨,歸
○韻　　●●○○句○○●●○○韻●●○○●●句○
思如狂。水雲千里,不堪更、回首思量。而今把酒,為
●○韻●○○句●○●讀○●○○韻○○●●句●
伊沈醉何妨。
○○●○○韻

此亦黃詞體,惟後段第三句六字、第四句四字異。按趙彥端"玉井冰壺"詞,後段第三四句"況有雙輈舊譜,黄閣清油",正與此同。

南州春色一體

調見元陶穀《輟耕錄》,因詞中有"管取南州春色"句,取以為名。

南州春色

汪梅溪

雙調八十二字,前段九句四平韻,後段八句三平韻。

清溪曲,一株梅。無人偢採,獨立古墻隈。莫恨東風吹
○○●句●○○韻○○○●句●●●○○韻●●○○○
不到,著意挽春回。一任天寒地凍,南枝香動,花傍一
●●句●●●○○韻●●○○●●句○○○●句○●●
陽開。　　更待明年首夏,酸心結子,天自栽培。金鼎
○○韻　　●●○○●句○○●●句○●○○韻○●
調羹,仁心猶在,還種取、無限根荄。管取南州春色,
○○句○○○●句○●●讀○●○○韻●●○○○●句
都自此中來。
○●●○○韻

《花草粹編》有此詞,採之《輟耕錄》,爲汪梅溪作,元人也。其名無考。其平仄亦無別詞可校。

詞譜卷二十

長壽樂二體

《宋史·樂志》仙呂調,《樂章集》注"平調"。

長壽樂

柳　永

雙調八十三字,前段八句五仄韻,後段七句四仄韻。

尤紅殢翠。近日來、陡把狂心牽繫。羅綺叢中,笙歌筵
○○●●韻●●○讀●●○○○●韻○●○○句○○○
上,有箇人人可意。解嚴妝、巧笑姿姿,別成嬌媚。知
●句●●○○●●韻●○○讀●●○○句●○○●韻○
幾度、密約秦樓盡醉。　　仍攜手,眷戀香衾繡被。情
●●讀●●○○●●韻　　○○●句●●○○●●韻○
漸美。算好把、夕雨朝雲相繼。便是仙禁春深,御鑪香
●●韻●●●讀●●○○○●韻●●○○○○句●○○
裊,臨軒親試對。
●句○○○●●韻

調見《樂章集》,宋元人無填此調者。

又一體

柳　永

雙調一百十三字,前段十一句五仄韻,後段十句五仄韻。

繁紅嫩翠。艷陽景、妝點神州明媚。是處樓臺,朱門院
○○●●韻●○○讀○○○○●韻●●○○句○○●
落,絃管新聲騰沸。恣遊人、無限馳驟,驕馬如流水。
●句○●○○○●韻●○○讀○●○○句○○○●韻
競尋芳選勝,歸來向晚,起通衢近遠,香塵細細。
●○○●●句○○●●句●○○●●句○○●●韻
太平世。少年時、忍把韶光輕棄。況有紅妝,吳娃楚
●○●韻●○○讀●●○○○●韻●●○○句○○●
艷,一笑千金何啻。向尊前、舞袖飄雪,歌響行雲止。
韻●●○○○●韻●○○讀●●○○句○○○●韻
願長繩、且把飛鳥繫住,好從容痛飲,誰能惜醉。
●○○讀●●○●●句●○○●●句○○●●韻

詞見《花草粹編》,《樂章集》不載,前後段句讀與前"尤紅
殢翠"詞不同。

迷仙引二體

《樂章集》注"雙調"。

迷仙引

柳　永

雙調八十三字，前段十句四仄韻，後段七句五仄韻。

才過笄年，初綰雲鬟，便學歌舞。席上尊前，王孫隨分
〇●〇〇句〇●〇〇句●●〇●韻●●〇〇句〇〇〇●
相許。算等閒、酬一笑，但千金慵覷。常只恐韶華，容
〇●韻●●讀●〇●句●〇〇●韻〇●●〇〇句〇
易偷換，光陰虛度。　已受君恩顧。好與花爲主。萬
●〇●句〇〇〇●韻　●●〇〇●韻●●〇〇●韻●
里丹霄，何妨携手同歸去。永棄却、烟花伴侶。免教人
〇〇句〇〇〇〇〇●韻●●讀〇〇●●韻●〇〇
見妾，朝雲暮雨。
●●句〇〇●●韻

此見《樂章集》，無別詞可校。

又一體

《古今詞話》無名氏

雙調一百二十二字，前段十六句九仄韻，後段十句八仄韻。

春陰霽。岸柳參差，裊金絲細。畫閣晝眠鶯喚起。烟光
〇〇●韻●●〇〇句●〇●韻●●〇〇●●韻〇〇
媚。燕燕雙高，引愁人如醉。慵緩步，眉斂金鋪倚。佳
●韻●●〇〇句●〇〇〇●韻〇●●句〇〇〇●韻〇

景易失，懊惱韶光改，花空委。忍厭厭地。施朱粉，臨
●●●句●●○○●句○○●韻○●●韻○○●句○
鸞鏡，膩香銷減摧桃李。　獨自箇凝睇。暮雲暗，遥
○●句●○○●○●韻　●●●○●韻●○●句○
出翠。天色無情，四遠低垂淡如水。離恨託、征雁寄。
●●韻○●○○句●●○○●●韻○●讀○●●韻
旋嬌波、暗落相思淚。妝如洗。向高樓、日日春風裏。
●○○讀●●○○●韻○○●韻●○○讀●●○○●韻
悔憑闌、芳草人千里。
●○○讀○●○○●韻

此詞見宋楊湜《古今詞話》，與柳永詞不同，亦無別詞可校。

促拍滿路花十一體

此調有平韻、仄韻二體。平韻者，始自柳永《樂章集》，注"仙吕調"。仄韻者，始自秦觀，或名《滿路花》，無"促拍"二字。秦觀詞一名《滿園花》，周邦彥詞名《歸去難》，袁去華詞名《一枝花》，牛真人詞名《喝馬一枝花》。《太平樂府》注"南吕調"。

促拍滿路花

柳　永

雙調八十三字，前後段各八句四平韻。

香靨融春雪，翠鬟彈秋烟。楚腰纖細正笄年。鳳幃夜
●●○○●句●●○○●韻●○○●●○○韻●○●
短，偏愛日高眠。起來貪顚耍，只恁殘却黛眉，不整花
●句●●●○○韻●○○●●句●●○●●○句●●○
鈿。　　有時携手閒坐，偎倚綠窗前。溫柔情態儘人
○韻　　●○○●●句○●●○○韻○○○●●○
憐。畫堂春過，悄悄落花天。長是嬌癡處，尤殢檀郎，
○韻●○○●句●●●○○韻○●○○●句○●○○句
未敎折了秋千。
●○●●○○韻

　　此調押平韻者有兩體，前後段第三句七字者，以柳詞、廖
詞爲正體。前後段第三句八字者，以吕詞、無名氏詞爲正體。
若趙詞之押韻參差，曹詞之句讀參差，皆變格也。

　　此詞前後段兩結句讀亦參差，填者當仍照各家以上四下
六爲定格。譜内可平可仄卽系下平韻五詞。

又一體

廖行之

　　雙調八十一字，前後段各八句四平韻。

雨霽烟波闊，雁度隴雲愁。西風庭院不勝秋。桂華光
●●○○●句●●●○○韻○○○●●○○韻●○○
滿，偏照最高樓。東山携妓約，故人千里，夜來爲檥仙
●句○●●○○韻○○○●●句●○○●句●○●●○
舟。　　明眸皓齒，歌舞總名流。惱人情態物中尤。陽
○韻　　○○●●句○●●○○韻●○○●●○○韻○

春一曲，誰把萬金酬。便好拚沈醉，此夕姮娥，共須著
○●●句○●●○○韻●●●○○句●●●○○句●●●
意攀留。
●○○韻

　　此與柳詞同，但柳詞換頭校前段添一字，此詞換頭校前段減一字；柳詞兩結句讀參差，此詞兩結句讀整齊。

又一體

吕渭老

　　雙調八十三字，前後段各八句五平韻。

西風秋日短，小雨菊花寒。斷雲低古木、暗江天。星娥
○○○●●句●●●○○韻●●○●●讀●○○韻○○
尺五，佳約悮當年。小語憑肩處，猶記西園。畫橋斜月
●●句○●●○○韻●●○○●句○●○○韻●○○●
闌干。　　鳥啼花落，春信遣誰傳。尚容清夜夢、小留
○○韻　　●○○●句○●●○○韻●○○●●讀●○
連。青樓何處，寶鏡注嬋娟。應念紅箋事，微量春山。
○韻○○○●句●●●○○韻○●○○●句○●○○韻
背窗愁枕孤眠。
●○○●●○韻

　　此亦柳詞體，惟前後段第三句各添一字作折腰句法，前後段第七句皆押韻，換頭減二字，與柳詞異。

又一體

《花草粹編》無名氏

雙調八十六字，前段八句四平韻，後段八句五平韻。

秋風吹渭水，落葉滿長安。黃塵車馬道、獨清閒。自然鑪鼎，虎繞與龍盤。九轉丹砂就，琴心三疊，蕊宮看舞胎仙。任萬釘寶帶貂蟬。富貴欲熏天。黃粱炊未熟、夢驚殘。是非海裏，直道作人難。袖手江南去，白蘋紅蓼，又尋澁浦廬山。

詞見宋黃庭堅集，原注云：「往時有人書此詞於州東酒肆壁間，愛其詞，不能歌也。十年前，有醉道士歌於廣陵市中，群小兒隨歌得之，乃知其爲《促拍滿路花》也。」

按此亦柳詞體，惟前後段第三句各添一字，又換頭句添一字，多押一韻。趙師俠「連枝蟠古木」詞，正與此同。

又一體

趙師俠

雙調八十六字，前段八句四平韻，後段八句六平韻。

栽花春爛漫，疊石翠巑岏。小庭相對倚、數峰寒。主人

尋勝，接竹引清泉。鑿破蒼苔地，一曲泓澄，六花疑是
○●句●●○○韻●●○○句●●○○句●○●
深淵。　　向閒中、百慮翛然。情事寄鳴絃。鑪香陪茗
○○韻　　●○讀●●○○韻●●●○○韻○○○
椀、可忘言。噴珠濺雪，歷歷聽潺湲。塵世知何計，不
●讀●○○韻○○●●句●●●○○韻●●○○句●
老朱顏。靜看日月跳丸。
●○韻●●●○●○○韻

此與無名氏詞同，惟後段第七句押韻異。

又一體

曹　勛

雙調八十七字，前段八句四平韻，後段八句五平韻。

清都山水客，何事入臨安。珍祠天賜與、半生閒。曲池
○○○●●句○●●○○韻○○○●●讀●○○韻●○
人靜，水擊赤烏蟠。飛上烟嵐頂，三縷明霞照晚，時對
○●句●●●○○韻○●○○●句○○○●●●句○●
胎仙。　　圃中有箇小庭軒。繞到便翛然。坐來閒看
○○韻　　●○●●●○○韻●●●○○韻●○○●
了、篆香殘。道人活計，休道出塵難。歸去後、安排
●讀●○○韻●○●●句●●●○○韻○●●讀○○
著，一兩麻鞋，定期踏遍名山。
●句●●○○句●○●●○○韻

此亦無名氏詞體，惟前段起兩句不對，後段起句七字不折腰，第六句添一字六字折腰，兩結句讀參差異。

881

又一體

秦觀

雙調八十三字,前後段各八句六仄韻。

露顆添花色。月彩投窗隙。春思如中酒、恨無力。洞房
⊖●○○●韻●●○○●韻○●○○●讀●○●韻●⊖
咫尺,曾寄青鸞翼。雲散無蹤跡。羅帳春殘,夢回無處
⊖●句●●○○●韻●●○○●韻●○○●句●●○○
尋覓。　　輕紅膩白。步步薰蘭澤。約腕金環重、宜妝
○●韻　　⊖○●●韻●●○○●韻●●○○●讀○○
飾。未知安否,一向無消息。不似尋常憶。憶後教人,
●韻●⊖○●句●●○○●韻●●○○●韻●●○○句
片時存濟不得。
●○○●●韻

此調押仄韻者亦有兩體,前後段起句押韻者,以秦詞爲正體,前後段起句不押韻者,以周詞爲正體。若袁詞之句讀參差,辛詞、牛詞之添字,皆變格也。

譜內可平可仄,但參袁、辛、牛三詞,若周詞自有和詞可校,故不彙注。

又一體

周邦彥

雙調八十三字,前後段各八句五仄韻。

金花落爐燈,銀礫鳴窗雪。庭深微漏斷、行人絕。風扉
○○●⊖○句⊖●○○●韻⊖○⊖●●讀○○●韻○○

不定,竹圃琅玕折。玉人新間闊。著甚愜情,更當恁地
●句●●○○●韻●○○●●韻●●○○句●○●●
時節。　　無言欹枕,帳底流清血。愁如春後絮、來相
○●韻　　●●○○句●●○○●韻●○○●●讀○○
接。知他那裏,爭信人心切。除共天公説。不成也還,
●韻●○●●句●●○○●韻●○○●韻●○●●○句
似伊無箇分別。
●○●●○●韻

此與秦詞同,惟前後段起句不押韻異。

按《片玉詞》三首,內二首名《滿路花》,方千里、楊澤民、陳允平俱有和詞。其一首名《歸去難》,無和詞。《歸去難》詞前段第一二句"佳期人未知,背地伊先變","人"字平聲,"背"字仄聲;第三句"惡會稱停事、看深淺","惡""會"字俱仄聲,"停"字平聲。後段第一句"密意都休","密"字"意"字俱仄聲,"休"字平聲;第三句"此恨除非是、天相念","此"字"恨"字俱仄聲,"非"字平聲。又周詞別首前段結句"殢人猶要同臥","猶"字平聲;後段第五句"萬種思量過","萬"字仄聲;第六句"也須知有我","也"字"有"字俱仄聲,"須"字平聲;第七句"著甚情懷","甚"字仄聲,"情"字平聲。又方詞前段第六句"江湖波浪闊","江"字平聲。陳詞第七句"猶有疏梅","猶"字平聲。楊詞後段第一句"深盟密約","密"字仄聲;第四句"別離日久","別"字仄聲。陳詞第七句"天若有情","天"字平聲,"若"字仄聲。方詞結句"衹今問有誰呵","問"字仄聲。譜內可平可仄據之,惟周詞別首後段結句"但你忘了人呵","你"字仄聲,查諸家和詞,此字無用仄聲者,故不校注。

883

又一體

袁去華

雙調八十六字,前段八句六仄韻,後段七句五仄韻。

江上西風晚。野水兼天遠。雲衣拖翠縷、易零亂。見柳
葉滿梢,秀色驚秋變。百歲今強半。兩鬢青青,盡著吳
霜偷換。　向老來、功名心事懶。客裏愁難遣。乍飄
泊、有誰管。對照壁孤鐙,相與秋蟲歎。人間事、經了
萬千,這寂寞、幾時曾見。

此即秦詞體,惟前後段第四句各添一字,後段起句添四字,第三句減二字,第六七句減二字作七字一句,少押一韻,結句添一字異。

按秦觀"一向沈吟久"詞,即此體也。因秦詞俚鄙,故采袁詞以備體。

又一體

辛棄疾

雙調九十字,前後段各八句六仄韻。

千丈擎天手。萬卷懸河口。黃金腰下印、大如斗。任千

騎弓刀，揮霍遮前後。百計千方久。似鬭草兒童，贏箇
●○○句○●●●韻●●●●韻●●○○句○●
他家偏有。　　算枉了、雙眉長皺。白髮空回首。那時
○○○●韻　　●●讀○●○●韻●●○●韻○
間、說向山中友。看丘隴牛羊，更辨賢愚否。且自栽花
○讀●●○○●韻●○○●句●●○○●韻●●○○
柳。怕有人來，但只道、今朝中酒。
●韻●●○○句●●●讀○○○●韻

　　此亦秦觀詞體，惟前後段第四句、前段第七句、後段第八
句各添一字，換頭添三字，後段第三句作上三下五句法異。
　　按元人南呂調《一枝花》詞，皆宗此體。

又一體

牛真人

　　雙調八十八字，前後段各八句五仄韻。
雨過山花綻。霧斂雲收天漢。清閒幽雅處、耽遊玩。古
●●○○●韻●●○○○韻○○●●讀○○●韻●
洞巖前，時把金丹煉。不愛乘肥馬，富貴榮華，是非多
●○○句○●○○●韻●●○○●句●●○○句●○○
不須管。　　獨坐茅齋看。閒把道經時展。橫琴膝上
●○●韻　　●●○○●韻○●●○○●韻○○●●
撫、鶴來見。紫綬金章，是則是、官高顯。五更忙上
●讀●○●韻●●○○句●●●讀○○●韻●○○
馬，爭似我山家，日午柴門猶掩。
●句○●●○○句●●○○●韻

此亦秦詞體，惟前段第二句添一字，後段第一二句各添一字，第五句添一字，第七句添一字異。

按此詞見《鳴鶴餘音》，因前後段第六句各有"馬"字，故名《喝馬一枝花》，亦借用蜀道喝馬嶺意以警世。蓋就秦詞添數襯字，自成一體也。

黃鶴引一體

宋方勺《泊宅編》云："先子晚官鄧州，一日秋風起，思吳中山水，嘗信筆作長短句。序云：'阮田曹所制《黃鶴引》，愛其詞調清高，寄爲一闋，命稚子歌之，以侑尊焉。'"

黃鶴引

《泊宅編》方失名

雙調八十三字，前後段各八句六仄韻。

生逢垂拱。不識干戈免田隴。士林書圃終年，庸非天
〇〇〇●韻●●〇〇●●韻●〇〇〇〇句〇〇〇
寵。才粗闒茸。老去支離何用。浩然歸，算是黃鶴秋風
●韻〇〇●●韻●●〇〇●●韻●〇〇句●●〇〇〇〇
相送。　塵事塞翁心，浮世莊生夢。漾舟遙指煙波，
〇●韻　　〇●●〇〇句〇●〇〇●韻●〇〇●〇〇句
群山森動。神閒意聳。回首利韁名鞚。此情誰共。問幾
〇〇〇●韻〇〇●●韻〇●●〇〇●韻●〇〇●韻●●
許、淋浪春甕。
●讀〇〇〇●韻

此詞見《泊宅編》，乃方勺之父所作。方勺父名無可考。阮田曹，亦未知其人，錄之以存其調。原本稍有脫悮，今依《詞緯》訂定。

洞仙歌四十體

唐教坊曲名。此調有令詞，有慢詞。令詞自八十三字至九十三字，共三十五首。康與之詞名《洞仙歌令》，潘玙詞名《羽仙歌》，袁易詞名《洞仙詞》。《宋史・樂志》名《洞中仙》，注"林鍾商調"，又"歇指調"。金詞注"大石調"。慢詞自一百十八字至一百二十六字，共五首。柳永《樂章集》"嘉景"詞注"般涉調"，"乘興閒泛蘭舟"詞注"仙呂調"，"佳景留心慣"詞注"中呂調"。

按張綖《詩餘圖譜》，前段六句三韻，後段七句三韻，前後段第三句俱七字、第四句俱九字，前段結句六字，後段結句九字，此令詞正體也。間有攤破、添字句、添韻者，皆從此出，譜中句讀悉據之。

洞仙歌

蘇　軾

雙調八十三字，前段六句三仄韻，後段七句三仄韻。

冰肌玉骨，自清涼無汗。水殿風來暗香滿。繡簾開、一
⊖○◐●句⊖○○●韻⊖○○●韻●○○讀⊖
點明月窺人，人未寢，攲枕釵橫鬢亂。　　起來攜素
●○○○句⊖●●句⊖○⊖○●韻　　⊖○○●

手，庭户無聲、時見疏星渡河漢。試問夜如何、夜已三
●句●●○○句●●○○●●韻●●○●●●讀●●○
更，金波淡、玉繩低轉。但屈指、西風幾時來，又不
○句●●●讀○○●●韻●●●讀●●○●○○句●●
道、流年暗中偸换。
●讀○○●○○●韻

  宋人填《洞仙歌》令詞者，句讀韻腳互有異同，惟蘇、辛兩體填者最多。今以蘇、辛二詞爲初體，其餘添字減字各以類聚，庶不蒙混。

  按張炎"中峰壁立"詞前段結句"鷗散烟波茂陵苑"，當是傳寫之訛，多一"陵"字。張翥"功名利達"詞後段第五句"自笑萍踪久無定"亦是傳寫之訛，當作"久自笑、萍踪無定"，便合調矣。故此二體，不爲編入。又張肯"金風玉露"詞後段第五句"咸羨世稀有"，減二字；第六句"又堪憐枝上蟠桃"，減一字，恐有脱誤，亦不編入。

  此調前後段第三句第五字，後段第六句第六字例用仄聲，若換平聲便不協律，金元大石調曲子亦如此。

  譜内可平可仄悉条所採諸詞，惟晁補之"今年閏好"詞前段第二句"怪重陽菊早"，"菊"字仄聲；京鏜"三年錦里"詞前段第二句"見重陽藥市"，"藥"字仄聲。此蓋以入作平，故不注可仄。又晁補之"青烟幂處"詞前段第三句"永夜閒階卧桂影"，"桂"字仄聲；《梅苑》"摧殘萬物"詞前後段第三句"待得春來是早晚"、"只這些兒意不淺"，"早"字"不"字俱仄聲，皆非定格。又阮閲詞前段第四句"見伊底"，"底"字仄聲。王安中"深庭夜寂"詞後段起句"迎人巧笑道"，"巧"字仄聲。汪元量詞後段第四句"桑枝纔長"，"枝"字平聲，"長"字仄聲。辛棄疾詞結句"他家有箇西子"，"箇"字仄聲。查宋詞諸家，

平仄無如此者,故亦不與參校。

又一體

葛郯

雙調八十三字,前段六句四仄韻,後段七句三仄韻。

璚樓十二。無限神仙侶。紫紱丹麾彩鸞馭。步虛聲杳
○○●●韻○●●○○●韻●●○○●●●韻●○○●
靄、碧落天高,微雲澹,點破瑤階白露。　暗香來水
●讀●●○○句○○●句●●○○●●韻　○○○●
閣,冰簟紗幬,一枕風輕自無暑。更上水晶簾、斗挂闌
●句○●○○句●●○○●●●韻●●●○○讀●●○
干,銀河淺、天孫將度。終不如、歸去在苕川,看千頃
○句○○●讀○○○●韻○●○讀●●●○○句●○●
菰蒲、亂鳴秋雨。
○○讀●○○●韻

此與蘇詞同,惟前段起句押韻,第四句及後段結句作上五下四句法異。

又一體

張炎

雙調八十三字,前段六句三仄韻,後段七句四仄韻。

野鵑啼月,便角巾還第。輕擲詩瓢趁流水。最無端、小
●○○●句●●○○●韻○●○○●○●韻●○○讀●
院寂歷春空,門自掩,柳髮離離如此。　可惜歡娛
●●●○○句○●●句●●○○○●韻　●●○○

地。雨冷雲昏，不見當時譜銀字。舊曲怯重翻、總是愁
●韻●●○○句●●○○●●句韻●●●○○讀●●○
思，淚痕灑、一簾花碎。夢沈沈、不道不歸來，尚錯問
○句●○●讀●○○●韻●○○讀●●●○○句●●
桃根、醉還醒未。
○○讀●○○●韻

　　　　　此與蘇詞同,惟換頭句押韻,結句作上五下四句法異。

又一體

　　　　　　　　　　　　辛棄疾
　　　雙調八十三字,前段六句三仄韻,後段七句三仄韻。
婆娑欲舞，怪青山歡喜。分得清溪半篙水。記平沙鷗
○○●●句●○○○●韻●●○○●●韻●○○○
鷺、落日漁樵，湘江上，風景依然如此。　　東籬多種
●讀●●○○句○○●句○○○○●韻　　○○○●
菊,待學淵明，酒趣詩情不相似。十里漲清波、一櫂歸
●句●●○○句●●○○●○●韻●●●○○讀●○
來，只做得、五湖范蠡。是則是、一般弄扁舟,
○句●　●　●　讀●○○●韻●●讀●○●○○句
爭知道、他家有箇西子。
○○●讀○○●●○●韻

　　　　　此與蘇詞同,惟前段第四句作上五下四句讀小異,宋詞如
　　　　　此填者甚多。

又一體

汪元量

雙調八十三字,前段六句四仄韻,後段七句四仄韻。

西園春暮。亂草迷行路。風卷殘花墮紅雨。念舊巢燕
○○○●韻●●○○●韻○●○○●○●韻●●○
子、飛傍誰家,斜陽外,長笛一聲今古。　　繁華流水
●讀○●○○句●○●句○●●○●韻　　○○○●
去。舞歇歌沈,忍見遺鈿種香土。漸橘樹方生、桑枝纔
韻●●○○句●●○○●○●韻●●●○○讀○○
長,都付與、沙門爲主。便關防、不放貴遊來,又突兀
●句○●●讀○○●韻●○○讀●●●○○句●●●
梯空、梵王宮宇。
○○讀●○○●韻

此與辛詞同,惟前後段起句俱押韻,後段結句作上五下四句法異。

又一體

劉一止

雙調八十三字,前段六句三仄韻,後段七句三仄韻。

細風輕霧,鎖山城清曉。冷蕊疏枝爲誰好。對斜橋孤
●○○●句●○○○●韻●●○○●●韻●○○○
驛、流水濺濺,無限意,清影徘徊自照。　　何郎空立
●讀○●○○句○●●句○○○●●韻　　○○○●

891

馬，惱亂餘香，綺思憑花更娟妙。腸斷處、天涯路遠音
●句●●○○句●●○○●●韻●●讀○○●○○
稀，行人怨、角聲吹老。歎客裏、經春又三年，向月地
○句○○●讀●●●韻●●讀○○●○○句●●
雲階、負伊多少。
○○讀●●●韻

　　此亦汪詞體，惟前後段起句不用韻，後段第四句作上三下六句法異。

又一體

趙長卿

　　雙調八十三字，前段六句三仄韻，後段七句四仄韻。

黃花滿地，庭院重陽後。天氣淒清透襟袖。動離情、最
○○●句○○○●韻○●○○●●韻●○○讀●
苦旅館蕭條，那堪更，風蔫凋零飛柳。　　臨岐曾執
●●●○○句●○●句○○○○●韻　　○○○●
手。囑付叮嚀，知會別來念人否。爲多情、生怕分離，
●韻●●○○句○●●○●○●韻○○讀○●○○句
教知道、準擬別來消瘦。甚苦苦、促裝赴歸期，要趁
○○●讀●●●○○●韻●●●讀●○●○○句●●
他、橘綠橙黃時候。
○讀●●○○○●韻

　　此與蘇詞同，惟後段第四句減二字、第五句添二字異。

　　以上七詞俱八十三字者，內以蘇、葛、張、辛、汪五詞爲正體，句讀齊整，可以按譜。若劉詞、趙詞之句讀參差，亦變格也。

又一體

京　鏜

雙調八十二字，前段六句三仄韻，後段七句三仄韻。

三年錦里，見重陽藥市。車馬喧闐管絃沸。笑籬邊孤
○○●●句 ●○○●●韻 ○●○○●●韻 ●○○○
寂、臺上疏狂，爭得似，此日西南都會。　癡兒官事
●讀 ○●○○句 ○●●句 ●●○○○●韻　○○○●
了，樂與民同，況值高秋好天氣。不羞短髮、不照衰
●句 ●○○○句 ●●○○●○●韻 ●○●●讀 ●●○
顏，聊滿插、黃花一醉。道物外高人有時來，問混雜龍
○句 ○●●讀 ○○●●韻 ●●●○○●○句 ●●●○
蛇、箇中誰是。
○讀 ●○○●韻

此與辛詞同，惟後段第四句減一字異。

又一體

吳文英

雙調八十二字，前段六句三仄韻，後段八句三仄韻。

花中慣識，壓架瓏璁雪。可見湘英間琅葉。恨春風將
○○●●句 ●●○○●韻 ●●○○○●●韻 ●○○○
了、染額人歸，留得箇，裊裊垂香帶月。　鵝兒真似
●讀 ●●○○句 ○●●句 ●●○○●●韻　○○○●
酒，我愛幽芳，還比酴醾又嬌絶。自種古松根，待黃
●句 ●●○○句 ○●○○●○●韻 ●●●○○句 ●○

龍,亂飛上、蒼髯五鬣。更老仙、添與筆端香，敢喚起
○句●○○讀○○●●韻●●○讀○●●○○句●●●
桃花、問誰優劣。
○○讀●○○●韻

　　此亦與辛詞同,惟後段第五句減一字作三字句異。
　　以上二詞俱八十二字,采以備體。

又一體

　　　　　　　　　　　　　　　　晏幾道
　　雙調八十四字,前段六句三仄韻,後段八句三仄韻。
春殘雨過，綠暗東池道。玉艷藏羞媚頰笑。記當時、已
○○●●句●○○●韻●●○○●●韻●●○讀●
恨飛鏡歡疏，那至此，仍苦題花信少。　　連環情未
●○●○○句●●●句○●○○●●韻　　○○○●
已,物是人非,月下疏梅似伊好。淡秀色、黯寒香,粲
●句●●○○句●●○○●○●韻●●●讀●○○句●
若春容,何心顧、閒花凡草。但莫使、情隨歲華遷,便
●○○句○○●讀○○○●韻●●●讀○○●○○句●
杏隔秦源、也須能到。
●●○○讀●○○●韻

　　此與蘇詞同,惟後段第四句添一字,攤破句法作兩句異。
　　按蘇軾"江南臘盡"詞,後段第四五句"斷腸是、飛絮時,
綠葉成陰";又辛棄疾"飛流萬壑"詞"便此地、結吾廬,待學淵
明",蔣捷詞"更誰家、鸞鏡裏,貪學纖蛾",正與此同。

又一體

李元膺

雙調八十四字,前段六句四仄韻,後段八句三仄韻。

簾纖細雨,殢東風如困。縈斷千絲爲誰恨。向楚宮一
○○●●句●○○○●韻○●●○○●韻●●○●
夢、千古悲涼,無處問。愁到而今未盡。　分明都是
●讀○●○○句●●韻○●○○●●韻　○○○●
淚,泣柳沾花,常與騷人伴孤悶。記當年、得意處,酒
●句●●○○句○●○○●○●韻●○○讀●●●句●
力方酣,怯輕寒、玉鑪香潤。又豈識、情懷苦難禁,對
●○○句●○○讀●○○●韻●●●讀○○●○○句●
點滴簷聲、夜寒鐙暈。
●●○○讀●○○●韻

此與晏幾道"春殘雨過"詞同,惟前段第五句多押一韻異。

又一體

《梅苑》無名氏

雙調八十四字,前後段各七句四仄韻。

梳風洗雨,蘭蕙摧殘後。玉蕊檀芳做霜曉。板橋平、溪
○○●●句○●○○●韻●●○○●●韻●○○讀○
岸小。月下歸來,乘露冷,贏得清香滿抱。　一枝春
●●韻●●○○句○●●句○●○○●●韻　●○○

在手。細嗅重看，風味人間自然少。擬欲問東君、妙語
●●韻●●○○句○●●○○●韻●●●○○讀●●
難尋，搜索盡、池塘春草。想不是、詩人賞幽姿，縱竹
○○句●●讀○○○●韻●●讀○○●●句●●
外橫斜、有誰知道。
●○○讀●●○●韻

　　此與張炎詞同，惟前段第四句添一字，攤破句法作兩句，又多押一韻異。

又一體

　　　　　　　　　　　　黃　裳

　　雙調八十四字，前段六句三仄韻，後段七句三仄韻。

世間言笑，天上誰歡聚。河漢涵秋靜無暑。望丹霄杳
●○○●句○●○○●韻○●○○●●韻●○○●
杳、雲屋俄開，緣會遠，空引詩情萬縷。　綵樓人送
●讀○●○○句○●●句○○○●●韻　　●○○
目，今夕無雙，巧在靈絲暗相許。爽氣御西風、眾樂難
●句○●○○句●●○○●○●韻●●●○○讀●●○
尋，乘槎看、鵲橋初度。過幾刻良時、早已分飛，向月
○句○○●讀●○○●韻●●●○○讀●●○○句●●
下何辭、十分芳醑。
●○○讀●●○●韻

　　此詞與辛詞同，惟後段第六句添一字，結句作上五下四句法異。

又一體

周紫芝

雙調八十四字,前段六句三仄韻,後段七句三仄韻。

江梅吹盡,更幽蘭香度。可惜濃春爲誰住。更嫌他、無數輕薄桃花,推不去,偏守定東風一處。　病來應怕酒,兩眼常醒,老去羞春欲無語。准擬強追隨、管領風光,人生只、歡期難預。縱留得、梨花做寒食,怎喫他、朝來這般風雨。

此亦與蘇詞同,惟前段結句添一字異。

又一體

晁補之

雙調八十四字,前段六句三仄韻,後段七句三仄韻。

群芳老盡,海棠花時候。雨過寒輕好清晝。最妖嬈一段、全是初開,雲鬟小,塗粉施朱未就。　全開還自好,駘蕩春餘,百樣宮羅鬪繁繡。縱無語也、心應恨我

來遲、恰柳絮、將春歸後。醉猶倚柔柯、怯黃昏，這一
○○句●●●讀○○○●韻●○●○○讀●○○句●●
點愁、須共花同瘦。
●○讀○●○●韻

　　此亦與辛詞同，惟後段第四句添一字，作上四下六句法，第六句作上五下三，結句作上四下五句法異。

又一體

　　　　　　　　　　　　　　　阮　閱

　　雙調八十四字，前段六句三仄韻，後段七句三仄韻。

趙家姊妹，合在昭陽殿。因甚人間有飛燕。見伊底、盡
●○●●句●●○○●韻○●○○●●韻●○●讀●
道獨步江南，便江北，也何曾慣見。　　惜伊情性好，
●●●○○句●○●句●○○●韻　　●○○●句
不解嗔人，長帶桃花笑時臉。向尊前酒底、見了須歸，
●●○○句●●○○●○韻●○○●●讀●●○○句
似恁地、能得幾回細看。待不眨眼兒、覷著伊，將眨眼
●●●讀○●●○●韻●●●○讀●●○句○●●
工夫、看伊幾遍。
○○讀●○●●韻

　　此亦與蘇詞同，惟前段結句減一字，後段第五句添二字異。

　　以上七詞俱八十四字者，內以晏詞、李詞、無名氏詞爲正體，若黃詞、周詞之添一襯字，晁詞、阮詞之句讀參差，皆變格也。

898

又一體

京鏜

雙調八十五字，前段六句三仄韻，後段七句三仄韻。

東皇著意， 妙出妝春手。點綴名花勝於繡。 向魚鳧國
〇〇●●句 ●●〇〇●韻 ●●〇〇〇●韻　●〇〇●
裏、琴鶴堂前，仍共賞，蜀錦堆紅炫晝。　妖嬈真艷
●讀〇●〇〇句〇●●句●〇〇●●韻　〇〇〇●
艷，盡是天然，莫恨無香欠檀口。幸今年風雨、不苦摧
●句●●〇〇句●●〇〇●〇●韻●〇〇〇●讀●●〇
殘，還肯爲、遊人再三留否。算魏紫姚黃、號花王，若
〇句〇●●讀〇〇●〇〇●韻●●●〇〇讀●〇〇句●
定價收名、未應居右。
●●〇〇讀●〇〇●韻

此詞前段與辛棄疾詞同，後段與阮閱詞同。

又一體

劉子寰

雙調八十五字，前段六句三仄韻，後段七句四仄韻。

風饜雨足， 也解爲花地。收拾浮雲放新霽。愛調停小
〇〇●●句 ●●〇〇●韻〇●〇〇●〇●韻●〇〇●
翠、點滴猩紅，新妝了，妃子朝來睡起。　遥知春有
●讀●●〇〇句〇〇●句〇●〇〇●●韻　〇〇〇●
主。整頓歡娛，興在新亭錦圍底。便選歌燕趙、授簡鄒
●韻●●〇〇句●●〇〇●〇●韻●●〇〇●讀●●〇

枚，須記作、他日城山盛事。笑東君、不用管楊花，任
〇句〇●●讀〇●●〇〇●●韻●〇〇讀●●●〇〇句●
飛去天涯、在東風裏。
〇●〇〇讀●〇〇●韻

　　此與京鏜詞同，惟後段起句押韻，第六句作上三下五句法
異。

又一體

盧祖皋

　　雙調八十五字，前段六句四仄韻，後段七句四仄韻。
玉肌翠袖。較似酴醿瘦。幾度熏醒夜窗酒。問炎州何
●〇●●韻●●〇〇●韻●●〇●●〇●韻●〇〇
事、得許清涼，塵不到，一段冰壺翦就。　　晚來庭户
●讀●●〇〇句●●●句●●〇〇●●韻　　●〇〇
悄。暗數流光，細拾芳英黯回首。念日暮江東、偏爲魂
●韻●●〇〇句●●〇〇●〇●韻●●●〇〇讀●●〇
銷，人易老、幽韻清標似舊。正簟紋如水、帳如烟，更
〇句〇●●讀〇〇〇〇●●韻●●●〇〇讀●〇〇句●
奈向、月明露濃時候。
●●讀●〇●〇〇●韻

　　此與京鏜詞同，惟前後段起句押韻，及後結作上三下六句
法異。

又一體

李元膺

雙調八十五字,前段六句四仄韻,後段八句四仄韻。

雪雲散盡,放曉晴庭院。楊柳於人便青眼。更風流多
●○●●句●●○○●韻○●○○●●韻●　○○○
致、一點梅心,相映遠。約略嚬輕笑淺。　一年春好
●讀●●○○句○●●韻●○○●●韻　●○○●
處,不在穠芳,小艷疏香最嬌軟。到清明時候、百紫千
●句●●○○句●●○○●●韻●○○○●讀●●○
紅,花正亂。已失春風一半。早占取韶光、共追遊,但
○句○●●韻●●○○●●韻●●●○○讀●○○句●
莫管春寒、醉紅自暖。
●●○○讀●○●●韻

此與京鏜詞同,惟前後段第五句各多押一韻異。

又一體

《梅苑》無名氏

雙調八十五字,前段六句五仄韻,後段八句四仄韻。

蓬萊宮殿。去人間三萬。玉體仙娥有誰見。被月朋雪
○○○●韻●○○○●韻●●○○●●韻●●●
友、邀下瓊樓,溪橋畔。相對寒光淺淺。　一般天上
●讀○●○○句○○●韻○●○○●●韻　●○○●
格,獨帶真香,冰麝猶嫌未清遠。似太真望幸、一餉銷
●句●●○○句○●○○●○●韻●●○●●讀●●○

凝，愁未慣。消瘦難禁素練。又只恐、東風破寒來，伴
〇句〇●●韻〇●〇〇●●韻●●●讀〇〇●〇〇句●
神女同歸、閬峰仙苑。
〇●〇〇讀●〇〇●韻

此與李元膺"雪雲散盡"詞同，惟前段起句押韻異。

又一體

晁補之

雙調八十五字，前段六句五仄韻，後段八句五仄韻。
年年青眼。爲江梅腸斷。一句新詩思無限。向碧瓊枝
〇〇〇●韻●〇〇〇●韻●〇〇〇●●韻●〇〇
上、白玉葩中，春猶淺。一點龍香清遠。　誰拋傾國
●讀●●〇〇句〇〇●韻〇〇〇〇●韻　〇〇〇●
艷。昨夜村前，都恐東皇未曾見。正倚墻紅杏、芳意濃
●韻●●〇〇句〇●〇〇●●韻●●〇〇●讀〇〇
時，驚千片。何許飄零仙館。待冰雪叢中、看奇姿，乍
〇句〇〇●韻〇●〇〇〇●韻●〇〇〇●讀●〇〇句●
一笑能回、上林冬暖。
●●〇〇讀●〇〇●韻

此亦與李元膺"雪雲散盡"詞同，惟前後段起句各押韻
異。

又一體

李邴

雙調八十五字，前段七句三仄韻，後段八句三仄韻。

一團嬌軟，是將春揉做。撩亂隨風到何處。自長亭、人
●○○●句●○○●韻○●○○●●韻●○○讀○
去後，烟草萋迷，歸來了，裝點離愁無數。　　飄蕩無
●●句○●○○句○○●句○●○○●韻　　○●○
箇事，剛被縈牽，長是黃昏怕微雨。託那回、深院靜，
●●句○●○○句○●○○●○●韻●●○讀○●●句
簾幕低垂，花陰下、霎時留住。又只恐、伊家太輕狂，
○●○○句○○●讀●○○●韻●●●讀○○●○○句
驀地便和春、帶將歸去。
●●●○○讀●○○●韻

　　此亦蘇、辛詞體，惟前後段第四句各添一字，攤破句法作
兩句異。按管鑑詞前段第四句"翦姚黃、移魏紫"，後段第四
句"寶盆翻、銀燭爛"，正與此同。

又一體

《梅苑》無名氏

　　雙調八十五字，前段七句五仄韻，後段八句三仄韻。
摧殘萬物，不忍臨軒檻。待得春來是早晚。向紛紛、雪
○○●●句●●○○韻●●○○●●韻●○○讀●
裏開，一枝見。清香滿。漏泄東君先綻。　　暗香浮
●○句●○●韻○○●韻●●○○○●韻　　●○○
動，疏影橫斜，只這些兒意不淺。怎禁他、淡淡地，勻
●句○●○○句●●●○●●●韻●○○讀●●●句○
粉彈紅，爭些兒、羞煞桃腮杏臉。爲傳語、東風共垂
●○○句○●○讀○●○○●韻●○●讀○○●○

楊,奈辛苦、千絲萬絲撩亂。
○句●○●讀○○●○○●韻

　　此即李邴詞體,惟前段第五句減一字,多押一韻,第六句多押一韻,後段起句減一字,第六句添二字異。

又一體

　　　　　　　　　　　　　　　黃庭堅

　　雙調八十五字,前段六句三仄韻,後段八句三仄韻。

月中丹桂,自風霜難老。閱盡人間盛衰早。望中秋、纔
●○○●句●○○●韻●●○○●●韻●○○讀○
有幾日十分圓,霾風雨,雲表常如永晝。　　不得文章
●●●○○句○○●句○●●○●●韻　　●●○○
力,白首防秋,誰念雲中上功守。正注意、得人雄,静
●句●●○○句○●●○●○●韻●●●讀●○○句●
掃河西,應難指、五湖歸棹。問持節馮唐、幾時來,看
●○○句○○●讀●○○●韻●○●○○讀●○○句●
再策勳名、印窠如斗。
●●○○讀●○○●韻

　　此與晏幾道"春殘雨過"詞同,惟前段第五句添一字,後段第七句作上五下三句法異。

又一體

　　　　　　　　　　　　　　　晁補之

　　雙調八十五字,前段六句三仄韻,後段八句三仄韻。

青煙羃處，碧海飛金鏡。永夜閒階卧桂影。露涼時、零
○○●●句●●○○●●韻●○○讀○
亂多少寒螿，神京遠，唯有藍橋路近。　　水晶簾不
●○●○○句○○●句○○●○●●韻　　●○○●
下，雲母屏開，冷浸佳人淡脂粉。待都將、許多明月，
句○●○○句●●○○●●韻●○○讀○○●句
付與金尊，投曉共、流霞傾盡。更攜取胡床、上南樓，
●●○○句●●●讀○○○●韻●○○●●讀○○○句
看玉做人間、素秋千頃。
●●●○○讀●○○●韻

　　此與蘇詞同，惟後段第四句添二字，攤破句法作兩句異。
　　以上十詞俱八十五字者，内以京鏜、劉子寰、盧祖皋三詞
爲一類，李元膺、無名氏、晁補之三詞爲一類，李邴、無名氏二
詞爲一類，均爲正體。若黄庭堅"月中丹桂"詞，晁補之"青烟
羃處"詞，句讀參差，皆變格也。

又一體

吴文英

雙調八十六字，前段六句三仄韻，後段八句三仄韻。

芳辰良宴，人日春朝並。細縷青絲裹銀餅。更玉犀金
○○○●句○●○○韻●●○○●●韻●　○○○
綵、沾座分簪，歌圍暖，梅靨桃脣鬭勝。　　露房花曲
●讀○●○○句○○●句○●○●●韻　　●○○●
折，鶯入新年，添箇宜男小山枕。待枝上、飽東風，結
●句○●○○句○●○○●○●韻●○●讀●○○句●

子成陰，藍橋去、還覓瓊漿一飲。料別館、西湖最情
●○○句○○●讀○●●●●韻●●●讀○●●○
濃，爛畫舫月明、醉袍宮錦。
○句●●●○○讀●○○●韻

　　　後段第四句校蘇詞添一字，攤破句法作兩句，第六句本蘇
　　詞第五句又添二字異。按宋呂直夫詞"這言語、便夢裏，也在
　　心頭，重相見、不知伊瘦儂瘦"，楊炎昶詞"願從今、江海上，日
　　日韶華，桃李遥、總爲人間種就"，又一首"但如今、經國手，袖
　　裹偷閒，天不管、怎得關河事了"，正與此同。

又一體

蔡　伸

　　　雙調八十六字，前段七句四仄韻，後段七句三仄韻。

鶯鶯燕燕。本是于飛伴。風月佳時阻幽願。但人心、堅
○○●●韻●●○○韻○●●○●●韻●○○讀○
固後，天也憐人，相逢處，依舊桃花人面。　　緑窗携
●●句○●○○句○○●句○●○○●韻　　●○○
手乍，簾幕重重，燭影搖紅夜將半。對尊前如夢、欲語
●●句○●○○句●●○○●●韻●○○○●讀●●
魂驚，語未竟、已覺衣襟淚滿。我只是、相思特特來，
○○句●●●讀●●○○●●韻●●●讀○○●●○句
這度更休推、後回相見。
●●●○○讀●○○●韻

　　　後段第五句校蘇詞添二字，與京鏜詞同，惟前段第四句添
　　一字，攤破句法作兩句異。

又一體

林　外

雙調八十六字，前段六句三仄韻，後段八句五仄韻。

飛梁戛水，虹影澄清曉。橘里漁村半烟草。欸來今往
○○○●句　○●○○●韻　●●○○●○●韻　●○○●
古、物換人非，天地裏，惟有江山不老。　　雨巾風
●讀　●●○○句　○●●句　○●○○●韻　　●○○
帽。四海誰知我。一劍橫空幾番過。按玉龍、嘶未斷，
●韻　●●○○●韻　●●○○●○●韻　●●○讀○●●句
月冷波寒，歸去也、林屋洞門無鎖。認雲屛烟障、是吾
●●○○句　○●●讀　○●●○○●韻　●○○●●讀●○
廬，任滿地蒼苔、年年不掃。
○句　●●●○○讀　○○●●韻

此與吳文英"芳辰良宴"詞同，惟後段起句四字，第二句五字，俱押韻異。

按宋楊湜《古今詞話》云："昔有人題此詞於吳江垂虹橋，不書姓名，或疑仙作。傳入禁中，孝宗笑曰：'以"鎖"字押"老"字，則"鎖"當音"埽"，乃閩音也。'訪之，果係閩人林外所作。"但此詞後段第二三句"四海誰知我。一劍橫空幾番過"，亦"哿""箇"二韻中字，不獨一"鎖"字也。蓋古以魚、虞、蕭、肴、豪、歌、麻、尤八韻爲角聲，皆可通轉，故淮南《招隱士》首章"山氣巃嵸兮，石嵯峨。猿狖群笑兮，虎豹嗥"，四豪與五歌同叶。則知此詞"我"字"過"字"鎖"字亦以十九皓與二十哿叶，雖曰方言，實古韻也。

又一體

《梅苑》無名氏

雙調八十六字,前後段各七句三仄韻。

斷雲疏雨,冷落空山道。匹馬駸駸又重到。望孤村,兩
●○○●句●●○○●韻●○○○●●●韻●○○句●
三閒、茅屋疏籬,溪水畔,一簇蘆花晚照。　　尋思行
○○讀○●○○句●●●句●●○○●●韻　　○○○
樂地,事去無痕,回首湘波與天杳。歎人生幾度、能醉
●●句●●○○句○●○○●●韻●○○●●讀○●
金釵,青鏡裏、贏得朱顏未老。入枝頭、一點破黃昏,
○○句○●●讀○●○○●●韻●○○讀●●●○○句
問客路春風、爲誰開早。
●●●○○讀●○○●韻

後段第五句較蘇詞添二字,與京鏜詞同,惟前段第四句添一字,攤破句法作兩句異。

又一體

趙長卿

雙調八十六字,前段六句三仄韻,後段八句三仄韻。

芰荷已老,菊與芙蓉未。一夜秋容上巖桂。問繁英、嫩
●○●●句●●○○●韻●●○○●●韻●○○讀●
黃染就瓊瑰,開未足,已早香傳十里。　　從前分付
○●●○○句○●●句●●○○●●韻　　○○●●

處，明月清風，不用斜暉照佳麗。歎浮花，徒解詫、淺
●句○●○○句●●○●●○●韻●○○句○●●讀●
白深紅，爭似我、瀟灑堆金積翠。看天闊秋高、露華
●○○句○●●讀○●○●●韻○●●○○讀●○
清，見標致風流、更無塵意。
○句●●○●○○讀●○○●韻

　　後段第五句校蘇詞添二字，與京鐙詞同，惟後段第四句作三字一句、七字一句異。

　　以上五詞俱八十六字者，內以吳詞、蔡詞、林詞為正體，若無名氏詞、趙詞之句讀參差，亦變格也。

又一體

康與之

　　雙調八十七字，前段七句四仄韻，後段八句三仄韻。
若耶溪路。別岸花無數。欲斂嬌紅向人語。與綠荷、相
●○○●韻●●○●韻●●○○●○●韻●●○讀○
倚恨，回首西風，波淼淼，三十六陂烟雨。　　新妝明
●●句○●○○句○●●句○●●○○●韻　　○○○
照水，汀渚生香，不嫁東風被誰誤。遣踟躕、騷客意，
●●句○●○○句●●○○●○●韻●○○讀●●句
千里綿綿，仙浪遠、何處凌波微步。想南浦、潮生畫橈
○●○○句○●●讀○●○○○●韻●○●讀○○●○
歸，正月曉風清、斷腸凝佇。
○句●●●○○讀●○○●韻

　　此與李邴詞同，惟後段第六句添二字異。按謝懋"愁邊雨細"詞前段第四句至結句"釀輕寒、和暝色，花柳難勝，春自

老,誰管啼紅斂翠",後段第四五六句"念陽臺、當日事,好伴雲來,因箇甚、不入襄王夢裏",正與此同。

八十七字者衹此一體,句讀整齊,可以爲法。

又一體

趙長卿

雙調八十八字,前段七句三仄韻,後段八句五仄韻。

廣寒宮殿,不在人間世。分付天香與巖桂。向西風、搖
●○○●句●●○○●韻○●○○●●韻○○讀○
曳處,數十里始聞,金翠裏,別有出羣標致。　東園
●●句●●●○句○●●句●●●○○●韻　○○
盛事。五畝濃陰芘。必以詩書取榮貴。況一門、三秀
●●韻●●○○●韻●●○○●●韻●●○讀○●
才,未足欽崇,那更是、異姓同居兄弟。更細把繁英、
○句●●○○句●●●讀●●○○○●韻●●●○○讀
祝姮娥,看禹浪飛騰、定應來歲。
●○○句●●●○○讀●●○●韻

此亦康與之詞體,惟前段第五句添一字作五字句,後段起句四字,第二句五字異。

又一體

潘 牥

雙調八十八字,前段七句三仄韻,後段八句三仄韻。

雕簷綺戶,倚晴空如畫。曾是吳王舊臺榭。自浣紗人
○○●●句●○○○●韻○●○○●●韻●●○

去後，落日平蕪，行雲斷，幾見花開花謝。　　淒涼闌
●●句●●○○句○○●句●●○○○●韻　　○○○
檻外，一簇青山，多少圖王共爭霸。莫閒愁、金杯瀲
●●句●●○○句○○●●○○●韻●○○讀○○●
灩，對酒當歌，歡娛地、夢中薈騰休話。漸倚遍西風、
●句●●○○句○○●讀●○○○●韻●●●○○讀
晚潮生，明月裏、鷺鷥背人飛下。
●○○句○●●讀●○●○○●韻

　　此即康與之詞體，惟後段第四句添一字，後結句法異。
　　以上二詞俱八十八字者，句讀參差，采入譜中，聊以備體。

又一體

《梅苑》無名氏

雙調九十三字，前段七句四仄韻，後段七句三仄韻。

廣寒曉駕，姑射尋仙侶。偷被霜華送將去。過越嶺、棲
●○●●句○●●○●韻○●○○●●韻●●●讀○
息南枝，勻妝面、凝酥輕聚。愛橫管、孤吹隴頭聲，盡
●○○句○●●讀○○○●韻●○●讀○○●○○句●
拌得幽香、爲君分付。　　水亭山驛，衰草斜陽，無限
●●○○讀●○○●韻　　●○○●句○●○○句○●
行人斷腸處。盡爲我、留得多情，何須待、春風相顧。
○○●○●韻●●●讀○●○○句○○●讀○○○●韻
任倒斷、深思向梨花，也無奈、寒食幾番春雨。
●●●讀○○●○○句●○●讀○●●○○●韻

　　此詞起結與蘇詞同，而中間添字甚多，採之《梅苑》，北宋

人作也。前後段句讀最爲整齊,惜無別首宋詞可校。

以上三十五詞俱爲《洞仙歌》令詞,挨字編次中,仍爲分類。此調之源流正變,略盡於此矣。

又一體

柳永

雙調一百十八字,前段十句五仄韻,後段十四句九仄韻。

嘉景,況少年彼此,争不雨沾雲惹。奈傅粉英俊,夢蘭
○●句●●●●句○●●●●韻●●●○句●○
品雅。金絲帳暖銀瓶亞。並褧枕輕倚,綠嬌紅姹。算一
●●韻○○●●○○●韻●○●●句●○○韻●●
笑,百琲明珠非價。　　閒暇。每只向、洞房深處,痛
●句●●○○●韻　　○●韻●●●讀○○○●句●
憐極寵,似覺些子輕孤,早恁背人沾灑。從來嬌縱多猜
○●●句●●●●○○句●●●○○●韻○○○●○
訝。更對翦香雲,要深心同寫。愛印了雙眉,索人重
●韻●●●○○句●○○○●韻●●●○○句●○
畫。忍負艷冶。斷不等閒輕捨。鴛衾下。願常恁、好天
●韻●●●●韻●●●○○●韻○○●韻●○●讀●○
良夜。
○●韻

按柳永詞三首亦名《洞仙歌》,實慢詞也。《樂章集》各注宮調,雖字句參差,而音節彷彿,蓋般涉調爲黃鍾之羽聲,仙呂調爲夷則之羽聲,中呂調爲夾鍾之羽聲,同爲羽聲,故其聲亦不甚相遠也。但所注宮調既不同,字句平仄自不容相混,填此調者審之。

此調慢詞,柳詞共三體,晁詞二首即仙呂調體之一,因句讀小異,故不參校平仄。

又一體

柳　永

雙調一百二十三字,前段十一句四仄韻,後段十四句八仄韻。

乘興,閒泛蘭舟,渺渺烟波東去。淑氣散幽香,滿蕙蘭
○●句○●○○句●●●○●韻●●●○句●●○
江渚。綠蕪平畹,和風輕暖,曲岸垂楊,隱隱隔、桃花
○●韻●○○●句○○●●句●●○○句●●讀○○
塢。芳樹外,閃閃酒旗遙舉。　　羈旅。漸入三吳風
●韻○●句●●●○●韻　　○●韻●●○○○
景,水村漁浦。閒思更遶神京,拋擲幽會小歡何處。不
●句●○○●韻○○●●○○句○●○●●○●韻●
堪獨倚危樓,凝情西望日邊,繁華地、歸程阻。空自歎
○●●○○句○○○●●○句○○●讀○○●韻○●
當時,言約無據。傷心最苦。佇立對、碧雲將暮。關河
○○句○●○●韻○○●●韻●●讀●○○●韻○○
遠,怎奈向、此時情緒。
●句●●●讀●○○●韻

此與"嘉景"詞校,惟前段第二句減一字,第五句添一字,第六七八句添二字,攤破句法作四字三句、六字一句,少押一韻;後段第二句減一字,第五句添二字,第六七八句添一字,攤破句法作六字三句,少押一韻,第十二句添一字,餘皆同。

又一體

柳　永

雙調一百二十六字,前段十句七仄韻,後段十五句九仄韻。

佳景留心慣。況少年彼此,風情非淺。有笙歌巷陌,綺
○●○○●韻●●○○●句○○●●韻●○○●●句●
羅庭院。傾城巧笑如花面。恣雅態、明眸回美盼。同心
○○●韻○○●●○○●韻●●●讀○○○●●韻○○
綰。算國艷仙材,翻恨相逢晚。　　繾綣。洞房悄悄,
●韻●●●○○句○●○○●韻　　●●韻○○●●句
繡被重重,夜永歡餘,共有海約山盟,記得翠雲偷翦。
●●○○句●●○○句●●●●○○句●●●○○●韻
和鳴彩鳳于飛燕。向柳徑花陰攜手遍。情眷戀。問其
○○●●○○●韻●●●○○●●韻○●●韻●○
間,密約輕憐事何限。忍聚散。況已結、深深願。願人
○句●●○○●●韻●●●韻●●●讀○○●韻●○
間天上,暮雲朝雨長相見。
○○●句●○○●○○●韻

　　此與"嘉景"詞校,惟前段起句添三字,第三句減二字,第七八句添二字,攤破句法作八字一句、三字一句,多押一韻,第九十句添一字,作五字兩句;後段第二句添一字,作四字兩句,第七八句添一字,攤破句法作八字一句、三字一句,多押一韻,第九十句添一字,作三字一句、七字一句,第十一句減一字,第十三句添二字,餘皆同。

又一體

晁補之

雙調一百二十三字,前段十一句四仄韻,後段十六句七仄韻一叠韻。

當時我醉,美人顏色,如花堪悅。今日美人去,恨天涯
○○●●句●○○●句○○○●韻○●●○句●○○
離別。青樓朱箔,嬋娟蟾桂,三五初圓,傷二八、還又
○●韻○○●●句○○○●句○●○●句○●讀○●
缺。空佇立,一望不見心絕。　　心絕。頓成淒涼,千
●韻○●●句●●●●○●韻　　○●叠●○○○句○
里音塵,一夢歡娛,推枕驚巫山遠,灑淚對湘江闊。美
●○○句●○○○句○○○●●句●●●○○●韻●
人不見,愁人看花,心亂含愁,奏綠綺、絃清切。何處
○●●句○○○●句○○○●句●●●讀○○●韻○●
有知音,此恨難說。怨歌未闋。恐暮雨收、行雲歇。窗
●○○句●●○●韻●○●●韻●●●○讀○○●韻○
梅發。乍似睹、芳容冰潔。
○●韻●●●讀○○○●韻

此與柳永"乘興閒泛蘭舟"詞,大同小異,句讀校為整齊,可以為法。

又一體

晁補之

雙調一百二十四字,前段十一句五仄韻,後段十八句九仄

韻。
花恨月惱。更夏牖涼風，冬軒雪皎。閒事不關心，算四
〇●●韻●●〇〇句〇〇●●韻〇●●〇〇句●〇
時皆好。從來又説，春臺登覽，人意多同，常是惜、春
〇〇●韻〇〇●●句〇〇●●句〇●〇〇句〇●●讀〇
過了。須痛飲，莫放歡情草草。　　年少。尚憶瑤階，
●韻〇●●句●●〇〇●●韻　〇●韻●●〇〇句
得俊尋芳，驂驔東坡，適見垂鞭，酕醄南陌，又逢低
●●〇〇句〇〇〇●句●●〇〇句〇〇〇●句●〇〇
帽。鶯花蕩眼，功名滿意，無限嬉游，榮華事、如夢
●韻〇〇●●句〇〇●●句〇〇〇〇句〇〇●讀〇●
杳。傷富貴浮雲，曾縈懷抱。爲春醉倒。願花更好。
●韻〇●●〇〇句〇〇〇●韻〇●●韻●〇●●韻
春休老。開口笑。占醉鄉、莫教人到。
〇〇●韻●●●韻●●〇讀●〇〇●韻

　　此與"當時我醉"詞同，惟前段第二句多一字，後段第三
句以下作四字四句，第十五句多押一韻異。
　　以上五詞俱《洞仙歌》慢詞，與令詞截然不同，因調名同，
故亦類列。

望雲涯引一體

　　調見《樂府雅詞》。

望雲涯引

李　甲

雙調八十三字，前後段各十句四仄韻。

秋空江上，岸花老，蘋洲白。露濕蒹葭，淑浦漸增寒
○○○●句●○●句○○●韻●●○○句●●●○○
色。閒漁唱晚，鷟雁驚飛處，映遠磧。數點歸帆，送天
●韻○○●●句●●○○●句●●●韻●●○○句●○
際歸客。　　鳳臺人散，漫回首，沈消息。素鯉無憑，
●○●韻　　●○○●句●○●句○○●韻●●○○句
樓上暮雲凝碧。危樓靜倚，時向西風下，認遠笛。宋玉
○●●○○●韻○○●●句○●○○●句●●●韻●●
悲懷，未信金尊消得。
○○句●●○○●韻

《樂府雅詞》、《花草粹編》載此詞，皆脫落後段第六句，今從《詞緯》本增定。

此調祇有此詞，亦無別首宋詞可校。

泛蘭舟一體

調見《梅苑》。與前《新荷葉》別名《泛蘭舟》平韻詞不同。

泛蘭舟

《梅苑》無名氏

雙調八十三字,前段八句三仄韻,後段九句四仄韻。

霜月亭亭時節,野溪開冰汋。故人信付江南,歸也仗誰
○●○○●句●○○○●韻●○○●●○句○●●○
託。寒影低橫,輕香暗度,疏籬幽院,何在秦樓朱閣。
●韻○●○○句○○●●句○○○●句○●○○○●韻
稱簾幕。携酒共看,新詩乘醉更堪作。雅淡一種天
●○●韻○●●○句○○○●●○●韻●●●○○
然,如雪綴烟薄。腸斷相逢,手撚嫩枝,追思渾似,那
○句○●●○●韻○●○○句●●●○句○○○●句●
人淺妝梳掠。
○●○○●韻

換頭句"稱簾幕"三字,舊刻俱作前段結句,今從《詞緯》本改定。其平仄亦無別詞可校。

踏歌二體

調見《太平樵唱詞》,又見《梅苑》群賢詞,與唐人小令《踏歌詞》不同。

踏歌

朱敦儒

三段八十三字,前兩段各四句四仄韻,後一段六句四仄韻。

宴闋。散津亭、鼓吹扁舟發。離愁黯、隱隱陽關徹。更
●韻●○○讀●●○○●韻●○●讀●●○●韻●
風愁雨細添淒切。　　恨結。歎良朋、雅聚輕離缺。一
○○●●○○●韻　　●●韻●○○讀●●○○●韻●
年幾、把酒對花月。便山遙水遠分吳越。　　書倩燕,
○●讀●●●○●韻●○○●○○●韻　　○●句
夢借蝶。重相見、再把歸期説。只愁到他時，彼此萍踪
●●韻○●讀●●○●韻●●●○○句●●○○
別。總難如再會時節。
●韻●○○●●○●韻

此調衹有朱詞及無名氏詞,故譜内可平可仄悉參下詞。

又一體

《梅苑》無名氏

三段八十四字,前兩段各四句四仄韻,後一段五句四仄韻。

帶雪。向南枝一朵江梅坼。許多時、甚處收香白。占千
●●韻●○○●●○○●韻●○○讀●●○○●韻●○
葩百卉先春色。　　瑩潔。正廣寒宮殿人窺隔。銷魂
○●●●○○●韻　　●●韻●●○○●●○○●韻○○

919

更、畫角聲聲徹。賸暗香浮動黃昏月。　　最瀟灑處最
●讀●●○○●韻●●○○●○○●韻　　●○●●
奇絕。孤標迥、不與群芳列。吟賞竟連宵，痛飲無休
○●韻○○●讀●●○○●韻○●●○○句●●○○
歇。輸有心牧童偷折。
●韻○●○●○○●韻

　　此與朱詞同,惟第三段起二句添一字,作七字一句異。

欽定詞譜

下册

〔清〕王奕清等 編纂

孫通海 王景桐 校點

學苑出版社

詞譜卷二十一

秋夜月二體

調見《尊前集》。因尹鶚詞起結有"三秋佳節"及"夜深、窗透數條斜月"句，取以爲名。《樂章集》注夾鍾商。

秋夜月

尹　鶚

雙調八十四字，前後段各十句五仄韻。

三秋佳節。罩晴空，凝碎露，茱萸千結。菊蕊和煙輕
〇〇〇●韻●〇〇句〇●●句〇〇〇●韻●●〇〇
撚，酒浮金屑。徵雲雨，調絲竹，此時難輟。歡極、一
句〇〇〇韻〇●句〇〇●句●〇〇●韻●●讀●
片艷歌聲揭。　　黃昏慵別。炷沈煙，熏繡被，翠帷
●●〇●韻　　〇〇●韻●〇〇句●●●句●〇
同歇。醉並鴛鴦雙枕，暖偎春雪。語丁寧，情委曲，論
〇韻●●〇〇〇●句●〇〇●韻●〇〇句〇●●句〇
心正切。夜深、窗透數條斜月。
〇●●韻●〇讀〇●●〇〇●韻

此調尹詞、柳詞大同小異，但柳詞自注宮調，其平仄恐各中律呂，難以參校。今《詞律》以前後段對校，酌注可平可仄，頗與柳詞暗合，仍之。

又一體

柳永

雙調八十三字，前段八句五仄韻，後段十句五仄韻。

當初聚散。便喚作、無由再逢伊面。近日來，不期而
○○●●韻●●讀○○●○●韻●●○句●○○
會重歡宴。向尊前，閒暇裏，斂著眉兒長歎。惹起舊
●○●韻●○○向●●句●○○●韻●●
愁無限。　盈盈淚眼。漫向我耳邊，作萬般幽怨。
○○●韻　○○●●韻●●●●○句●●○○●韻
奈你自家心下，有事難見。待音信，真箇恁，別無縈
●●●○○句●●○●韻●○●句○●●句●○○
絆。不免收心，共伊長遠。
●韻●●○○句●○○●韻

此即尹詞體，然句讀參差，恐有訛脫，姑錄以備一體。

祭天神二體

調見柳永《樂章集》，八十四字詞注中呂調，八十五字詞注歇指調。

祭天神

柳永

雙調八十四字，前段六句四仄韻，後段九句四仄韻。

歡笑歌筵席輕拋嚲。背孤城、幾舍煙村停畫舸。更深
●●○○●●○●韻●○○讀●●○○○●●韻○○
釣叟歸來，數點殘鐙火。被連綿宿酒醺醺，愁無那。
●●○○句●●○○●韻●○○●●○○句○○●韻
寂寞擁、重衾臥。又聞得、行客扁舟過。蓬窗近，
●●●讀○○●韻●○●讀○●○○●韻○○●句
蘭棹急，好夢還驚破。念生平、單棲蹤跡，多感情懷，
○●●句●●○○●韻●○○讀○○○●句○○○句
到此厭厭，向曉披衣坐。
●●○○句●●○○●韻

此詞《樂章集》注中呂調，爲夾鍾之羽聲，與歇指調爲林鍾之商聲者不同，故兩詞句讀各異，且宋元人亦無填此調者，其平仄當依之。

又一體

柳　永

雙調八十五字，前段七句四仄韻，後段七句三仄韻。
憶繡衾相向輕輕語。屏山掩、紅蠟長明，金獸盛熏蘭
●●○○●○○●韻○○●讀●●○○句○●●○
炷。何期到此，酒態花情頓辜負。愁腸斷、還是黃昏，
●韻○○●●句●●○○●●韻○○●讀○●○○句
那更滿庭風雨。　聽空階和漏，碎聲鬭滴愁眉聚。
●●●○○●韻　●○○●句●○●●○○●韻
算伊還共誰人，爭知此寃苦。念千里煙波，迢迢前
●○○●○○句○○●○●韻●○●○○句○○○

約,舊歡省、一向無心緒。
●句●○●讀●●○○●韻

此與"歡笑歌"詞截然不同,其宮調亦別。因調名同,故爲類列。

鶴沖天三體

調見柳永《樂章集》。"閒窗漏永"詞注大石調,"黄金榜上"詞注正宫,與《喜遷鶯》、《春光好》別名《鶴沖天》者不同。

鶴沖天

柳　永

雙調八十四字,前段九句五仄韻,後段八句五仄韻。
閒窗漏永,月冷霜華墮。悄悄下簾幕,殘鐙火。再三
○○●●句●●○○●韻●●●○○句○○●韻●○
思往事,離魂亂、愁腸鎖。無語沈吟坐。好天好景,未
○●●句○●●讀○○●韻○●○○●韻●○●●句●
省展眉則箇。　　從前早是多成破。何況經歲月,相
●●○●韻　　○○●●○○●韻○●○●●句○
抛嚲。假使重相見,還得似、當初麼。悔恨無計那。迢
○●韻●●○○●句○●●讀○○○韻●●○●●韻○
迢良夜,自家只恁摧挫。
○○●句●●●●○●韻

此詞換頭句七字,賀鑄"鼕鼕鼓動"詞正與此同。按:《樂章集》原注大石調,爲黄鍾之商聲,與"黄金榜上"詞正宫,爲

黃鍾之宮聲者不同。宮調既別，其平仄亦不可強同，故此詞可平可仄，但與賀詞參校，不旁及他詞。

賀詞前段第二句"花外沈殘漏"，"花"字平聲。第三句"華月萬枝鐙"，"華"字、"鐙"字俱平聲。第五句"廣陌衣香度"，"陌"字仄聲，"香"字平聲。第六句"飛蓋影相先後"，"蓋"字仄聲。第七句"箇處頻回首"，"箇"字仄聲。第八、九句"錦坊西去，期約武陵溪口"，"西"字、"期"字、"溪"字俱平聲。後段第二句"可堪流浪遠"，"可"字仄聲，"堪"字平聲。第六句"不似長亭柳"，"亭"字平聲。第七、八句"舞風眠雨，伴我一春消瘦"，"舞"字、"我"字俱仄聲，"春"字平聲。譜內可平可仄據此。

又一體

杜安世

雙調八十六字，前段十句六仄韻，後段九句五仄韻。

清明天氣。永日愁如醉。臺榭綠陰濃，薰風細。燕子
○○○●韻●●○○韻○●○○○句○○●韻●●
巢方就，盆池小，新荷蔽。恰是逍遙際。單夾衣裳，半
○○●句○○●句○○●韻●●○○●韻○●○○句●
攏軟玉肌體。　石榴美艷，一撮紅綃比。窗外數修
○○●○●韻　●○●●句●●○○●韻○●●○
篁，寒相倚。有箇關心處，難相見、空凝睇。行坐深閨
○句○○●韻●●○○●句○○●讀○○●韻○●○○
裏。懶更妝梳，自知新來憔悴。
●韻●●○○句●○○○○●韻

此詞前段起句用韻，後段起句作四字一句、五字一句，校

柳永"閒窗漏永"詞添二字。

又一體

柳　永

雙調八十八字,前段九句六仄韻,後段九句五仄韻。

黃金榜上。偶失龍頭望。明代暫遺賢,如何向。未遂
○○●●韻●●○○●韻●●●○○句○○●韻●●
風雲便,爭不恣遊狂蕩。何須論得喪。才子詞人,自
○○●句○●●○○●韻○○●●韻●○○句●
是白衣卿相。　煙花巷陌,依約丹青屏障。幸有意
●●○●韻　○○●●句○●○○○●韻●●●
中人,堪尋訪。且恁偎紅倚翠,風流事、平生暢。青春
○○句○○●韻●●○○●●句○○●讀○○●韻○○
都一晌。忍把浮名,換了淺斟低唱。
○●●韻●●○○句●●●○○●韻

　　此與"閒窗漏永"詞校,前段起句押韻,換頭添三字作四字一句、六字一句,第五句添一字作六字句異。

少年遊慢一體

　　調見張先詞,因詞有"少年得意時節"句,取以爲名,與《少年遊令》不同。

少年遊慢

張先

雙調八十四字,前後段各九句五仄韻。

春城三二月。禁柳飄綿未歇。仙籞生香,輕雲凝紫,
○○●●韻●●○○●韻○●○○句○○○●句
臨層闕。歌掌明珠滑,酒臉紅霞發。華省名高,少年
○○●韻●●○○●句●●○○●韻○●○○句●○
得意時節。　畫刻三題徹。梯漢同登蟾窟。玉殿初
●●○韻　●●○○●韻○●○○○●韻●●○
宣,銀袍齊脫,生仙骨。花探都門曉,馬躍芳衢闊。宴
○句○○○●句○○●韻○○●●句●●○○●韻●
罷東風,鞭梢一行飛雪。
●○○句○○●○○●韻

此調僅見此詞,無別首宋詞可校。

兀令一體

調見《東山集》。

兀令

賀　鑄

雙調八十四字,前後段各八句六仄韻。

盤馬樓前風日好。雪消塵掃。樓上宮妝早。認簾箔微
○●○○●韻●○●韻●●○○●韻●●○
開，一面嫣妍笑。携手別院重廊，窈窕花房小。任碧
○句●○○●句○●●○○句●●○○●韻●●
羅窗曉。　　間闊時多書問少。鏡鸞空老。身寄吳雲
○○●韻　　●●○○○●韻●○○●韻○●○○
杳。想轆轆車音，幾度青門道。占得春色年年，隨處
●韻●●●○○句●●○○●韻●●○○○句○●
隨人到。恨不如芳草。
○○●韻●●○○●韻

此調亦僅見此詞，無別首宋詞可校。

踏青遊四體

調見蘇試詞，踏青作也。因詞有"踏青遊"句，取以爲名。

踏青遊

蘇　軾

雙調八十四字，前後段各九句六仄韻。

改火初晴，綠遍禁池芳草。鬭錦繡、大城馳道。踏青
◐●○○句◐●◐○○●韻●●◐讀◐○○●韻●○
遊，拾翠惜，襪羅弓小。蓮步裊。腰肢佩蘭輕妙。行過
○句●●●句◐●○●韻◐●韻◐○◐●○●韻◐●
上林春好。　　今困天涯，何限舊情相惱。念搖落、
●○○●韻　　◐●○○句◐●◐○○●韻●◐●讀

玉京寒早。任關心，空目斷，蓬山難到。仙夢杳。良宵
⊖○⊖●韻●○○句○⊖●句○○⊖●韻⊖●●韻⊖⊖
又還過了。樓臺萬象清曉。
⊖⊖●●韻⊖⊖●●○●韻

此調以此詞爲定格。王詞少押四韻，陳詞少押兩韻，猶爲正體。若無名氏詞之句讀參差，字亦脫誤，采入以備參考，不可爲法也。

此詞可平可仄悉參所采三詞。但無名氏詞前段第三句"似賭賽、六隻渾四"，"隻"字入聲。後段起句"兩日不來"，"不"字入聲。此皆以入作平，不得混注可仄，觀蘇、王、陳三詞俱用平聲可知。

又一體

陳濟翁

雙調八十四字，前後段各九句五仄韻。

濯錦江頭，羞殺艷桃穠李。縱趙昌、丹青難比。暈輕
●●○○句○●●○○●韻●●○讀○○○●韻●○
紅，留淺素，千嬌百媚。照綠水。恰如午臨鸞鏡，妃子
○句○●●句○○●●韻●●●韻●○●○○●句○●
弄妝猶醉。　詩筆因循，不曉少陵深意。但滿眼、
●○●韻　　○●○○句●●●○○●韻●●●讀
傷春珠淚。燕來時，鶯啼處，年年憔悴。便除是。秉燭
○○○●韻○○○句○○●句○○○●韻●○●韻●●
憑闌吟賞，莫教夜深花睡。
○○○●句●○●○○●韻

此與蘇詞同，惟前後段第八句俱不押韻異。

又一體

王詵

雙調八十四字，前後段各九句四仄韻。

金勒狨鞍，西城嫩寒春曉。路漸入、垂楊芳草。過平
○●○○句○○●○○●韻●●●讀○○○●韻●○
堤，穿綠徑，幾聲啼鳥。是處裏，誰家杏花臨水，依約
○句○●●句●○○●韻●●●句○○●○○●句○●
靚妝斜照。　極目高原，東風露桃煙島。望十里、
●○○●韻　●●○○句○○●○○●韻●●●讀
紅圍綠繞。更相將，乘酒興，幽情多少。待向晚，從頭
○○●●韻●○○句○●●句○○○●韻●●●句○○
記將歸去，說與鳳樓人道。
●○○●句●●●○○●韻

此亦與蘇詞同，惟前後段第七、八句俱不押韻異。

又一體

《能改齋漫錄》無名氏

雙調八十三字，前段八句六仄韻，後段八句五仄韻。

識箇人人，恰止二年歡會。似賭賽、六隻渾四。向巫
●●○○句●●●○○●韻●●●讀●●○●韻●○
山、重重去，如魚水。兩情美。同倚畫闌十二。倚了又
○讀○○●句○○●韻○○●韻○●●○○●韻●●●
還重倚。　兩日不來，時時在人心裏。擬問卜、常
○○●韻　●●●○句○○●○○●韻●●●讀○

占歸計。拌三八清齋,望永同鴛被。到夢裏。驀然被
○○●韻○○●○○句●●○○●韻●●●韻●○●
人驚覺,夢也有頭無尾。
○○●句●●●○○●韻

　　按:吳曾《能改齋漫錄》云:"政和間,一貴人未達時,不欲
書名,嘗遊妓崔念四之館,因其行第,作《踏青詞》,都下盛
傳。"即此詞也。亦與蘇詞同,惟後段第四、五、六句作五字兩
句異。其前段第六句少一字,當是"如魚得水",或傳寫之訛,
脫一字耳。

　　後段第七句"裏"字韻重出,恐亦有誤。

夢玉人引五體

此調有平韻、仄韻兩體,字句大同小異。

夢玉人引

沈會宗

雙調八十四字,前段九句四仄韻,後段八句四仄韻。
追舊遊處,思前事,儼如昔。過盡鶯花,橫雨暴風初
⊖○○●句⊖⊖●句⊖○●韻●●○○句⊖●●○
息。杏子枝頭,又自然、別是般天色。好傍垂楊,繫畫
●韻●●○○句●●○讀●●○○●韻●●○○句●
船橋側。　　小歡幽會,一霎時、光景也堪惜。對酒
○○●韻　　●○○●句●●○讀●●●○●韻●●

當歌，故人情分難覓。山遠水長，不成空相憶。這歸
○○句●○○●●韻○●●○句●○○●韻●○
去重來，又却是、幾時來得。
●○○句●●●讀●○○●韻

　　此調押仄聲韻者始於此詞。但前段第六句，北宋詞皆八
字，南宋詞皆九字。其後段結句，諸家亦互有異同。其餘句讀
並同，故可平可仄，亦可參校。
　　此詞前段結句例作上一下四句法，即平韻體亦然。
　　按：前段第一、二、三句，陳三聘詞"別來何處，酒醒後，夢
難覓"，"醒"字仄聲。第五句，陳詞"清曉便挂帆席"，"挂"字
仄聲。後段第五句，范成大詞"我欲歸耕"，"我"字仄聲。譜
內據此，餘參所采仄韻四詞。

又一體

李　甲

　　雙調八十四字，前後段各九句四仄韻。
漸東風暖，隴梅殘，霽雲碧。嫩草柔條，又迴江城春
●○○●句●○○句●○●韻●●○○句●○○○
色。乍促銀籤，便篆香紋蠟有餘迹。愁夢相兼，儘日
●韻●●○○句●●○○●●○●韻○●○○句●●
高無力。　這些離恨，依然是、酒醒又如織。料伊
○○●韻　　●○○●句○○●讀●○●○●韻●○
情懷，也應向人端的。何故近日，全然無消息。問伊
○○句●○●○○●韻○●●●句○○○○●韻●○
看伊，教人到此，如何休得。
●○句○○●●句○○○●韻

此與沈詞同,惟後結作四字三句異。

又一體

朱敦儒

雙調八十四字,前段九句四仄韻,後段八句四仄韻。

浪萍風梗,寄人間,倦爲客。夢裏瀛洲,姓名誤題仙
●○○●句●○○句●○●韻●●○○句●○●○
籍。斂翅歸來,愛小園、脫籜篔簹碧。新種幽花,戒兒
●韻●●○○句●●○讀●●○○●韻○●○○句●○
童休摘。　放懷隨分,各逍遥、飛鷃等鵬翼。舍此
○○●韻　　●○○●句●○○讀○●●○●韻●●
蕭閒、問君携杖安適。諸彥群英,詩酒皆勍敵。太平
○○句●○○●○●韻○●○○句○●○●●韻●○
時、向花前,不醉如何休得。
○讀●○○句●●○○●韻

此亦與沈詞同,惟後結作六字兩句異。

又一體

范成大

雙調八十五字,前段九句四仄韻,後段八句四仄韻。

送行人去,猶追路,再相覓。天末交情,長是合堂同
●○○●句○○●句●○●韻○○○○句○●●○○
席。從此尊前,便頓然少箇、江南羈客。不忍匆匆,少
●韻○●○○句●●○●●讀○○○●韻●●○○句●

駐船梅驛。　酒斝雖滿，尚少如、別淚萬千滴。欲
●○○●韻　　●○○●句●●○讀●●●○●韻●
語吞聲，結心相對嗚咽。鐙火淒清，笙歌無顏色。縱
●○○句●●○●●韻○●○○句○○○●●韻●
別後、儘相忘，算也難忘今夕。
●●讀●○○句●●○○●韻

此與朱詞同，惟前段第七句九字異。

又一體

呂渭老

雙調八十二字，前段九句四平韻，後段八句四平韻。
上危梯望，畫閣迴，繡簾垂。曲水飄香，小園鶯喚春
●○○●句●●句○○韻●●○○句●○○○
歸。舞袖弓彎，正滿城、煙草淒迷。結伴踏青，趁蝴蝶
○韻●●○○句●●○讀○●○○韻●●○○句●○●
雙飛。　賞心歡計，從別後、無意到西池。自檢羅
○○韻　●○●●句○●●讀○●●○○韻●●○
囊，要尋紅葉留詩。懶約無憑據，鶯花都不知。怕人
○句●○○●○○韻●●○○●句○○○●○韻●○
問，強開懷、細酌酴醿。
●句○○讀●●○○韻

此調押平聲韻者祇此一體，無別首宋詞可校。
按：此調起句，各家皆四字，此詞"上危梯望"，正與仄韻
詞同。《詞律》認"梯"字為韻，遂以三字為起句者誤。

蕙蘭芳引一體

調見《清真樂府》,方千里、楊澤民、陳允平俱有和詞。楊詞一名《蕙蘭芳》,無"引"字。

蕙蘭芳引

周邦彥

雙調八十四字,前後段各八句四仄韻。

寒瑩晚空,點青鏡、斷霞孤鶩。對客館深扃,霜草未
〇〇●〇句●〇●讀●〇〇●韻●〇●〇句〇●●
衰更綠。倦遊厭旅,但夢遶、阿嬌金屋。想故人別後,
〇●●韻●〇●句●〇●讀〇〇〇●韻●●〇●●句
盡日空疑風竹。　　塞北氈氀,江南圖障,是處溫
●●〇〇●韻　　●●〇〇句〇〇〇●句●●〇
燠。更花管雲箋,猶寫寄情舊曲。音塵迢遞,但勞遠
●韻●〇●〇〇句〇●●〇●●韻〇〇〇●句●〇●
目。今夜長、爭奈枕單人獨。
●韻〇●〇讀〇●●〇〇●韻

此調始於此詞,吳文英詞及方、楊、陳和詞俱如此填。按:方詞與此平仄如一。惟吳詞後段第二句"阿真嬌重","阿"字仄聲;第四句"弄野色煙姿","野"字仄聲;第七句"媚香傾國","傾"字平聲。楊詞前段第三句"乍風約雲開","風"字平聲;第四句"遙嶂幾層橫綠","橫"字平聲;第六句"映四岸、垂楊遮屋","垂"字平聲;後段起句"風送荷香","風"字平

聲;第五句"看舞相時麗曲","看"字仄聲;第六句"及瓜雖近","及"字仄聲。陳詞前段第六句"流水自、菊籬茅屋","流"字平聲;第七句"日暮詩吟就","吟"字平聲;後段第六句"黃蘆滿望","滿"字仄聲;第八句"但月明、長夜伴人清獨","但"字仄聲。譜內可平可仄據此。

傾杯近一體

調見《袁去華集》,與《傾杯令》、《傾杯樂》二體不同。

傾杯近

袁去華

雙調八十四字,前段七句四仄韻,後段八句四仄韻。

邃館金鋪半掩,簾幕參差影。睡起槐陰轉午,鳥啼人
●●○○●●,○●●○●韻●●○○●●句●○○
寂靜。殘妝褪粉,鬆髻攲雲慵不整。儘無言、手捘裙
●●韻○○●●句○●○○○●●韻●○○讀●○○
帶遶花徑。　　酒醒時,夢回處,舊事何堪省。共載
●●●韻　　●●○句●○●句●●○○●韻●●
尋春,並坐調箏何時更。心情盡日,一似楊花飛無
○○句●●○○○○●韻○○●●句●●○○○○
定。未黃昏、又先愁夜永。
●韻●○○讀●○○●●韻

按:柳永《傾杯樂》慢詞:"淚滴瓊臉,一枝梨花春帶雨。"又張先《古傾杯》詞:"倚瓊枝,秀挹雕鶬滿。回塘恨,零落芙

蓉春不管。"此詞句讀近之,故名《傾杯近》,但無別首宋詞可校。

清波引二體

調見《白石集》,姜夔自度曲。

清波引

姜　夔

雙調八十四字,前後段各八句六仄韻。

冷雲迷浦。倩誰喚、玉妃起舞。歲華如許。野梅弄眉
⊖○○●韻●⊖●讀○●●韻○●●韻⊖●●○
嫵。屨齒印蒼蘚,漸爲尋花來去。自隨秋雁南來,望
●韻●●●⊖●句●○○●韻●○⊖○○句⊖
江國、渺何處。　新詩漫與。好風景、長是暗度。故
○●讀●○●韻　○○●韻●○⊖讀○●●韻●
人知否。抱幽恨誰語。何時共漁艇,莫負滄浪煙雨。
○○●韻●○●⊖●韻○⊖●○●句●●○○⊖●韻
況有清夜啼猿,怨人良苦。
●●⊖●○○句●○⊖●韻

此調始於此詞,祇有張炎詞一首可校,故此詞可平可仄悉參張詞。但《詞律》論前後段第五句"印"字、"共"字必須去聲,而張詞則用平聲,想亦不拘也。

又一體

張　炎

雙調八十三字，前後段各八句七仄韻。

江濤如許。更一夜、聽風聽雨。短篷容與。盤礴那堪
○○○●韻●●讀●○○●韻●○○韻○●○
數。弭節澄江樹。不爲蓴鱸歸去。怕教冷落蘆花，誰
●韻●●○○韻●●○○●●韻●○●●○○句○
招得、舊鷗鷺。　寒汀古溆。盡日無人喚渡。此中
○●讀●○●韻　○○●●韻●●○○●●韻●○
清楚。寄情在譚麈。難覓眞閒處。肯被水雲留住。泠
○●韻●○●○○韻○●○○●韻●●●○○●韻○
然棹入中流，去天尺五。
○●●○○句●○●●韻

此詞後段第二句六字，前後段第五句俱押韻，與姜詞同。

簇水一體

調見《惜香樂府》。

簇水

趙長卿

雙調八十五字，前段七句四仄韻，後段八句五仄韻。

長憶當初，是他見我心先有。一鉤纔下，便引得、魚
○●○○句●○●●○●韻●○○句●●●讀○
兒開口。好事重門深院，寂寞黃昏後。厮覷著、一面
○○●韻●●○○●句●●○○●韻○●●讀●
兒酒。　　試撋就。便把我、得人意處，閨子裏、施纖
○●韻　　●○●韻●●●讀○●●●句●○●讀○○
手。雲情雨意，似十二巫山舊。更向枕前言約，許我
●韻○○●●句●●●○○●韻●●●○○●句●●
長相守。歡人也、猶自眉頭皺。
○○●韻○○●讀○●○○●韻

此亦謔詞，因其調僻，采入以備一體。

受恩深一體

一作《愛恩深》，《樂章集》注大石調。

受恩深

柳　永

雙調八十六字，前段八句六仄韻，後段八句五仄韻。
雅致裝庭宇。黃花開淡泞。細香明艷盡天與。助秀色
●●○○●韻○○○●●韻●○○●●○●韻●●●
堪餐，向曉自有真珠露。剛被金錢妒。擬買斷秋天，
○○句●●●●○○●韻●●○○●韻●●●○○句
容易獨步。　　粉蝶無情蜂已去。要上金尊，惟有詩
○●●●韻　　●●○○○●●韻●●○○句○●○

人曾許。待宴賞重陽,恁時盡把芳心吐。陶令輕回
○○●韻●●●○○句●●●●○○韻○●○○
顧。免憔悴東籬,冷煙寒雨。
●韻●○○●○句●○○●韻

   此詞無他作可校,平仄當遵之。

婆羅門令一體

  調見柳永《樂章集》,原注夾鍾商,與《婆羅門引》不同。

婆羅門令

柳　永

  雙調八十六字,前段六句三仄韻、一疊韻,後段十句六仄韻。

昨宵裏、恁和衣睡。今宵裏、又恁和衣睡。小飲歸來,
●○●讀●○○●韻○○●讀●●○○疊●●○○句
初更過、醺醺醉。中夜後,何事還驚起。　霜天冷,
○○●讀○○●韻●●句○●○●韻　○○●句
風細細。觸疏窗、閃閃鐙搖曳。空牀展轉重追想,雲
○●●韻●○○讀●●○○●韻○○●●○○●句○
雨夢、任敧枕難繫。寸心萬緒,咫尺千里。好景良天,
●●讀●○●○○●韻●○●●句●●○●韻●●○○句
彼此空有相憐意。未有相憐計。
●●○●○○●韻●●○○●韻

  此調祇有此詞,無別首宋詞可校。

《花草粹編》於"閃閃鐙搖曳"句分段,然前後段終不整齊,今從本集。

華胥引一體

按:《列子》:"黄帝晝寢,而夢遊於華胥。既寤,怡然自得。又二十八年,天下大治,幾若華胥國矣。"調名取此,詞見《清真集》。

華胥引

周邦彥

雙調八十六字,前段九句四仄韻,後段八句四仄韻。
川原澄映,煙月冥濛,去舟似葉。岸足沙平,蒲根水
○○●●句●●○○句●○●●韻●●○○句○○●
冷留雁唼。別有孤角吟秋,對曉風鳴軋。紅日三竿,
●○●●韻●●○○○●句●●○○●韻●●○○句
醉頭扶起還怯。　離思相縈,漸看看、鬢絲堪鑷。
●○○●○●韻　●●○○句●○○讀●○○●韻
舞衫歌扇,何人輕憐細閱。檢點從前恩愛,但鳳箋盈
●○○●句○○○○●●韻●●○○○●句●●○○
篋。愁翦鐙花,夜來和淚雙疊。
●韻○●○○句●○●●○●韻

此調祇有此體,方千里、楊澤民、陳允平、奚㳌、張炎、趙必璩諸詞俱如此填。

此詞前段第五句例作拗句,如張詞之"瑤臺月下逢太

白",奚詞之"飛飛萬里吹净碧",趙詞之"波心蕩漾魚對唼",皆然。前段第七句、後段第六句例作上一下四句法,如奚詞之"聽佩環無迹","認紫霞樓笛",趙詞之"和櫓聲伊軋","滿鮫綃羅篋",皆然。填者辨之。

按:陳詞前段第二句"掠水輕嵐","掠"字仄聲。第三句"滿天紅葉","紅"字平聲。奚詞第六句"遥想玉杵芒寒","遥"字平聲,"玉"字仄聲。張詞第七句"對東風傾國","東"字平聲。趙詞第八句"要泛五湖","要"字仄聲。張詞第九句"烱然玉樹獨立","玉"字仄聲。張詞後段第一、二句"只恐江空,頓忘却、錦袍清逸","只"字、"却"字俱仄聲。趙詞"年少飄零,鬢未霜、底須輕鑷","未"字仄聲。陳詞第三句"錦箋鄭重","鄭"字仄聲。趙詞"江南歸雁","江"字平聲。方詞第四句"那堪重翻細閲","那"字仄聲。張詞第五句"誰寫一枝淡雅","誰"字平聲,"一"字、"淡"字俱仄聲。第六句"傍沈香亭北","沈"字平聲。第七句"說與鶯鶯","說"字仄聲。第八句"怕人錯認秋色","錯"字仄聲。趙詞"琴心寸寸三疊","琴"字平聲。譜内可平可仄據此。惟張詞前段起句"温泉浴罷","浴"字入聲。結句"烱然玉樹獨立","獨"字入聲。此皆以入作平,不可泛填上、去聲字。又後段第四句,張詞"欲遠花妖未得",與陳詞"頻剔蘭鐙自閲"同,第一、二字俱可仄聲。但宋人此句,如楊詞之"幽窗時時並閲",奚詞之"還吟飄香秀筆",趙詞之"寄來鶯牋細閲",用平聲者多,附注以備參考。

五福降中天一體

調見《花草粹編》,一作《五福降中天慢》。

五福降中天

江致和

雙調八十六字,前後段各八句四平韻。

喜元宵三五,縱馬御柳溝東。斜日映珠簾,瞥見芳
●○○●句●●●○○韻○●●○○句●●○
容。秋水嬌橫俊眼,膩雪輕鋪素胸。愛把菱花,笑勻
○韻○●○○●●句●●○○●●韻●●○○句●●○
粉面露春葱。　徘徊步懶,奈一點、靈犀未通,悵
●●●○○韻　○○●●句●●讀○○●○韻●
望七香車去,慢展春風。雲情雨態,願暫入陽臺夢
●●○○●句●●○○韻●○●●句●●●○○●
中。路隔煙霞,甚時還許到蓬宮。
○韻●●○○句●○○●●○○韻

此詞采之《花草粹編》,亦無他首宋詞可校。

離別難二體

唐教坊曲名。按:段安節《樂府雜錄》:"天后朝,有士人妻配入掖庭,善吹觱篥,乃撰此曲,蓋五言八句詩也。"《白居易集》亦有七言絕句詩。薛詞見《花間集》,乃借舊曲名另倚新聲者,因詞有"羅帷乍別情難"句,取以為名。宋柳永詞則又與薛詞不同,《樂章集》注中呂調。

離別難

薛昭蘊

雙調八十七字,前段九句四平韻、四仄韻,後段十句四平韻、六仄韻。

寶馬曉鞴雕鞍。羅帷乍別情難。那堪春景媚。送君
●●●○○平韻○○●●○○韻○○●●仄韻●○
千萬里。半妝珠翠落,露華寒。紅蠟燭。青絲
○●韻●○●●句○○平韻●●換仄韻○○
曲。偏能勾引淚闌干。良夜促。香塵綠。魂欲
●韻○○○●●○○平韻○●●仄韻○○●韻○●
迷,檀眉半斂愁低。未別心先咽。欲語情難
○換平韻○○●●○○韻●●○○●換仄韻●○○
說。出芳草、路東西。搖袖立。春風急。櫻桃楊
●韻●○●讀●○○平韻○●●換仄韻○○●韻○○○
柳雨淒淒。
●●○○平韻

此調以兩平韻爲主,前段間押兩仄韻,後段間押三仄韻。

又一體

柳永

雙調一百十二字,前段九句五平韻,後段十句五平韻。

花謝水流倏忽,嗟年少光陰。有天然、蕙質蘭心。美
○●●●○●句○○●○○韻●○○讀●●○○韻●

韶容、何啻直千金。便因甚、翠弱紅衰，纏綿香體，都
○○讀○●●○○韻●○●讀●●○○句○○○●句○
不勝任。算神仙、五色靈丹無驗，中路委瓶簪。
●○○韻●○○讀●●○○●○句○●●○○韻
人悄悄，夜沈沈。閉香閨、永棄鴛衾。想嬌魂媚魄非
○●●句○○○韻●○○讀●●○○韻●○○●●○
遠，縱鴻都方士也難尋。最苦是、好景良天，尊前歌
●句●○○●●●○○韻●●讀●●○○句○○○
笑，空想遺音。望斷處、杳杳巫山十二，千古暮雲深。
●句○●○○韻●●讀●●○○●●句○●●○○韻

此與唐詞迥別，以調名同，故爲類列。

江城梅花引八體

按：万俟咏《梅花引》句讀與《江城子》相近，故可合爲一調。程垓詞換頭句藏短韻者，名《攤破江城子》。洪皓詞三聲叶韻者四首，每首有一"笑"字，名《四笑江梅引》。周密詞三聲叶韻者名《梅花引》，全押平韻者名《明月引》。陳允平詞名《西湖明月引》。

江城梅花引

程　垓

雙調八十七字，前段八句四平韻、一疊韻，後段十句六平韻、兩疊韻。

娟娟霜月冷侵門。怕黃昏。又黃昏。手撚一枝，獨自
○○○●●○○韻●○○韻●○○疊●●●○句●●
對芳尊。酒又不禁花又惱，漏聲遠、一更更、總斷魂。
●○○韻●●●○○●●句●●●句●○○讀●●○韻
斷魂。斷魂。不堪聞。被半溫。香半熏。睡也睡
●○疊●○疊●○韻●●韻●○韻●○韻●●
也，睡不穩、誰與溫存。惟有牀前，銀燭照啼痕。一夜
●句●●●讀○●○○韻●●○○句○●●○○韻●●
爲花憔悴損，人瘦也，比梅花、瘦幾分。
●○○●●句○●●句●○○讀●●○韻

　　此調有三體：換頭句藏短韻者，以程詞爲正體，趙詞多押一韻，蔣詞添一襯字。換頭句不藏短韻者，以吳詞爲正體，周詞少押一韻，陳詞減一字。後段第一句、第三、四句叶三仄韻者，以王詞爲正體，周詞少叶一仄韻，李詞少叶兩仄韻，又兩結句各減一字。譜中各以類聚，庶便於查檢。

　　此詞換頭句藏兩短韻，即疊前段結句韻脚，沈伯時《樂府指迷》所謂句中韻也，不可截然分作三句，填者辨之。

　　譜內可平可仄悉參所采全押平韻五詞，惟後段第四句"睡也睡也"，第五句"睡不穩"三字，連用疊字仄聲，此亦體例所關，不得混注可平。

又一體

趙汝茪

　　雙調八十七字，前段八句四平韻、一疊韻，後段十句七平韻、兩疊韻。

對花時節不曾歡。見花殘。任花殘。小約簾櫳，一面
●○○●●○○韻●○○韻●○○疊●●○○句●●
受春寒。題破玉箋雙喜鵲，香爐冷、遶雲屏、渾是山。
●○○韻○●●●●●●句○●●句●○○讀○●●韻
　　待眠。未眠。事萬千。也問天。也恨天。髻兒半
　　●○韻●○疊●●○韻●●○韻●●○疊●●
偏。繡裙兒、寬了還寬。自取紅氍，重坐暖金船。惟有
○韻●○○讀○●○韻●●○○句●●●○○韻○●
月知君去處，今夜月，照秦樓、第幾間。
●○○●●句○●●句●○○讀●●○韻

此與程詞同，惟後段第三句用疊韻，第四句多押一韻異。

又一體

蔣　捷

雙調八十八字，前段八句四平韻、一疊韻，後段十一句六平韻、一疊韻。

白鷗問我泊孤舟。是身留。是心留。心若留時，何事
●○●●●○○韻●○○韻●○○疊○●○○句○●
鎖眉頭。風拍小簾鐙暈舞，對閒影，冷清清，憶舊遊。
●○○韻○●●○○●●句●○●句●○○讀●●○韻
　　憶舊遊。舊遊今在不。花外樓。柳下舟。夢也夢
　　●●○疊●○○●●韻○●○韻●●○韻●●●
也，夢不到、寒水空流。漠漠黃雲，濕透木棉裘。都道
●句●●●讀○●○○韻●●○○句●●●○○韻○●
無人愁似我，今夜雪，有梅花、似我愁。
○○○●●句○●●句●○○讀●●○韻

此亦與程詞同,惟換頭句添一襯字,但藏一短韻異。

又一體

吳文英

雙調八十七字,前段八句六平韻,後段十句七平韻。

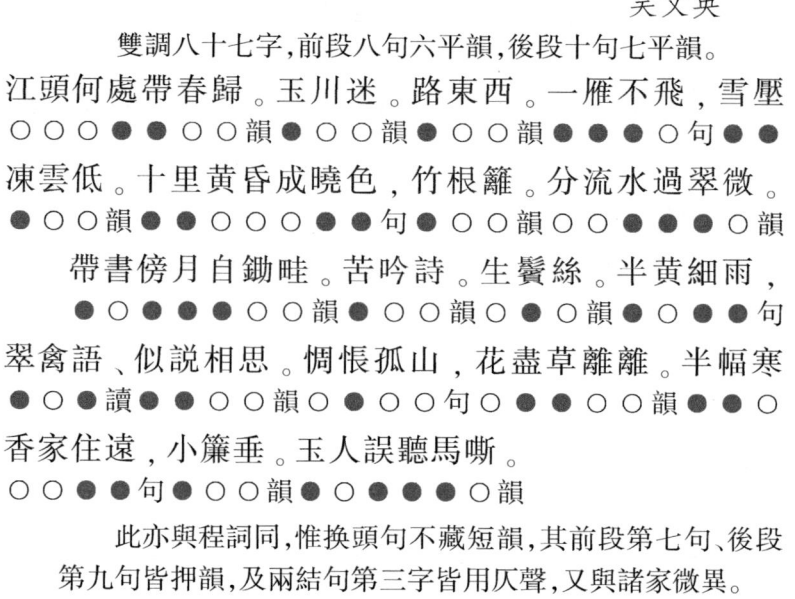

此亦與程詞同,惟換頭句不藏短韻,其前段第七句、後段第九句皆押韻,及兩結句第三字皆用仄聲,又與諸家微異。

查諸詞前後段結句俱六字折腰,此詞前後段結句六字不折腰,乃變格也,故不參校入圖。

又一體

周　密

雙調八十七字,前段八句五平韻,後段十句五平韻。

雁霜苔雪冷飄蕭。斷魂潮。送輕橈。翠袖珠樓,清語
●○●●●○○韻●○○韻●○○韻●●○○句○●

夢瓊簫。江北江南雲自碧，人不見，淚花寒、向雨飄。
●○○韻○●○○○●●句○●●句●○○讀●●○韻
愁多病多腰素消。倚青琴，調大招。江空歲晚，
○○●○○●韻●○○句●●○韻○○●●句
淒凉句、遠意難描。月影花陰，心事負春宵。幾度問
○○●讀●●○○韻●●○○句○●●○○韻●●●
春春不語，春又去，到西湖、第幾橋。
○○●●句○●●句●○○讀●●○韻

　　此與吳詞同，惟後段第二句、第九句不押韻，及兩結句第三字仍用平聲異。
　　按：《蘋洲漁笛譜》，周詞二首皆和趙白雲自度曲，換頭句"酒醒未醒香旋消"，與此詞疊用二"多"字同，張翥詞"憶卿恨卿思悠悠"，亦然，當是體例，填者辨之。

又一體

　　　　　　　　　　　　王　觀

　　雙調八十七字，前段八句五平韻，後段十句三叶韻、三平韻。

年年江上見寒梅。幾枝開。暗香來。疑是月宮，仙子
○○○●●○○韻●○○韻●○○韻○●●○句○●
下瑶臺。冷艷一枝春在手，故人遠，相思切、寄與誰。
●○○韻●●●○○●●句●○○句○○●讀●●○韻
怨極恨極魆玉蕊。念此情，家萬里。暮霞散綺。
●●●●○●●叶●●○句○●●叶●○●●叶
楚天碧、幾片斜飛。爲我多情，特地點征衣。花易飄
●○●讀●●○○韻●●○○句●●●○○韻○●○

零人易老,正心碎,那堪聞、塞管吹。
○○●●句●○●句●○○讀●●○韻

　　此詞字句與程垓詞同,惟後段第一句、第三句、第四句押三仄韻,即用本部三聲叶。洪皓所和三詞悉與此同,當是體例,填者辨之。

　　按:洪皓詞後段第一、二、三、四、五句,一首:"空恁遐想笑摘蕊。斷迴腸,思故里。漫彈綠綺。引三弄、不覺魂飛。""空"字、"遐"字俱平聲。一首:"曾動詩興笑摘蕊。效少陵,憋下里。萬株連綺。歎金谷、人墜鶯飛。""連"字平聲。一首:"貪爲結子藏暗蕊。斂蛾眉,隔千里。舊時羅綺。已零散、沈謝雙飛。""千"字平聲。譜內可平可仄據此,餘參下詞。

　　此詞換頭句連下七仄聲字,内兩"極"字,一"玉"字,乃以入作平,故周詞此三字即用平聲。若李詞第三、四、五字用平聲者,又是一體,與此不同,故不參校。

又一體

周　密

　　雙調八十七字,前段八句五平韻,後段十句兩叶韻、三平韻。

瑤妃鸞影逗仙雲。玉成痕。麝成塵。露冷鮫房,清淚
○○○●●○○韻●○○韻●○○韻●●○○句○●
霰珠零。步繞羅浮歸路遠,楚江晚,賦離騷、招斷魂。
●○○韻●●○○○●●句●○●句●○○讀○●○韻
酒醒夢醒惹新恨。褪素妝,愁涴粉。翠禽夜舞,
●○●○●●○叶●●○句○●●叶●○●●句

餘香惱、何遜多情。委佩殘鈿，空想墮樓人。欲挽湘
〇〇●讀〇●〇〇韻●●〇〇句〇●●〇〇韻●●〇
裙無處覓，靈飆御，趁江南、萬里春。
〇〇●●句〇〇●句●〇〇讀●●〇韻

此與王詞同，惟後段第四句少叶一仄韻異。

又一體

李獻能

雙調八十五字，前段八句五平韻，後段十句一叶韻、四平韻。

漢宮嬌額倦塗黃。試新妝。立昭陽。萼緑仙姿，高髻
●〇〇●●〇〇韻●〇〇韻●〇〇韻●●〇〇句〇●
碧羅裳。翠袖卷紗閒倚竹，暝雲合，瓊枝薦暮涼。
●〇〇韻●●●〇〇●句●〇●句〇〇●●〇韻
璧月浮香搖玉浪。拂春簾，瑩綺窗。冰肌夜冷滑無
●●〇〇〇●叶●〇〇句●●〇韻〇〇●●●〇
粟，影轉斜廊。冉冉孤鴻，煙水渺三湘。青鳥不來天
句●●〇〇韻●●〇〇句〇●●〇〇韻〇●●〇〇
地老，斷魂夢，清霜靜楚江。
●●句●〇●句〇〇●●〇韻

此亦與王詞同，惟後段第三句押平韻，第四句七字不叶仄韻，第五句四字，兩結句各減一字異。

寰海清一體

《宋史·樂志》:"琵琶曲名,大石調。"

寰海清

王庭珪

雙調八十七字,前段八句四平韻,後段八句五平韻。
畫鼓轟天。暗塵隨馬,人似神仙。天恁不教晝短,明月
●●○○韻●○○句○●○○韻○●○○●●句○●
長圓。天應未知道,天知道,須肯放、三夜如年。
○○韻○○●●句○○●句○●●讀○●○○韻
流蘇擁上香軿。爲箇甚、晚妝特地鮮妍。花下清陰,
○○●●○○韻●●●讀●○●●○○韻○●○○句
怎合曲水橋邊。高人到此也乘興,任橫街一一須穿。
●●●●○○韻○○●●●○○句●○○●●○○韻
莫言無國艷,有朱門、鎮嬋娟。
●○○●●句●○○讀●○○韻

此調僅見此詞,無別首宋詞可校。

勸金船二體

張先詞序:"流杯堂唱和翰林主人元素自撰腔。"蘇軾詞序:"和元素韻,自撰腔命名。"按:元素,楊繪元素也。因張先

詞有"何人窨得金船酒"句,名《勸金船》。

勸金船

蘇軾

雙調八十八字,前後段各八句六仄韻。

無情流水多情客。勸我如曾識。杯行到手休辭却。這
○○●○○●韻●●○○●韻○○●●○○●韻●
公道難得。曲水池邊,小字更書年月。如對茂林修
○●○●韻●●○○句●●●○○●韻○●●○
竹,似永和節。　纖纖素手如霜雪。笑把秋花插。
●句●●○●韻　○○●●○○●韻●●○○●韻
尊前莫怪歌聲咽。又還是輕別。此去翱翔,遍賞玉堂
○○●●○○●韻●○●○●韻●●○○句●●●○
金闕。欲問再來何歲,應有華髮。
○●韻●●●○○●句⊙●○●韻

此與張先詞同,爲和楊繪作。當時祇傳此二詞,故此詞可平可仄即參張詞句讀同者。

此詞前後段第四句,例作上一下四句法,張詞亦然。

又一體

張先

雙調九十二字,前段八句六仄韻,後段八句五仄韻。

流泉宛轉雙開竇。帶染輕紗皺。何人窨得金船酒。擁
○○●●○○●韻●●○○●韻○○●●○○●韻●

羅綺前後。綠定見花影,並照與、艷妝爭秀。行盡曲
〇●〇●韻●●●〇句●●讀〇〇●韻〇●●
名,休更再歌楊柳。　　光生飛動搖瓊甃。隔障笙簫
〇句〇●●〇●韻　　〇〇●●〇〇●韻●●〇〇
奏。須知短景歡無足,又還過清晝。翰閣遲歸來,傳
●韻〇〇●●〇〇句●〇●●〇●韻●●〇〇句●
騎恨、留連難久。異日鳳凰池上,爲誰思舊。
●●讀〇〇●韻●●●〇●句●〇〇●韻

　　此與蘇詞同,惟前後段第五、六句各添二字,又兩結句讀
參差,後段第三句不押韻異。

醉思仙四體

　　調見吕渭老詞,因詞有"怎慣不思量"及"當時醉倒殘缸"
句,取以爲名。

醉思仙

吕渭老

　　雙調八十八字,前段十一句五平韻,後段十句四平韻。
斷人腸。正西樓獨上,愁倚斜陽。稱鴛鴦鸂鶒,兩兩
●〇〇韻●〇〇●●句〇●〇〇韻〇〇〇●●句●●
池塘。春又老,人何處,怎慣不思量。到如今,瘦損
〇〇韻●●●句〇〇●句●●●〇〇韻●〇〇句●●
我,又還無計禁當。　　小院呼盧夜,當時醉倒殘
●句●〇〇●〇〇韻　　●●〇〇●句〇〇●●〇

缸。被天風吹散，鳳翼難雙。南窗雨，西樓月，尚未
○韻●◐○○●句●●○○韻◐◐●句○◐●句●●
散、拂天香。聽鶯聲，悄記得，那時舞板歌梁。
●讀●○○韻●○○句●◐●句●○◐●○○韻

　　此調以此詞及孫詞爲正體，孫詞句讀校爲整齊，若朱詞、曹詞，則又從此詞添字也。

　　此詞可平可仄即參所采三詞。

又一體

孫道絢

　　雙調八十九字，前段十一句五平韻，後段十句四平韻。
霽霞紅。看山迷暮靄，煙暗孤松。正翩翩風袂，輕若
●○○韻●○○●●句●○○韻●○○●句○●
驚鴻。心似鑑，鬢如雲，弄清影、月明中。漫悲涼，歲
○○韻○●●句●○○句●●讀●○○韻●○○句
冉冉，蕣華潛改衰容。　　前事消凝久，十年光景匆
●●句●○○●○○韻　　○●○○●句○句●○
匆。念雲軒一夢，回首春空。彩鳳遠，玉簫寒，夜悄
○韻●○○●●句●●○○韻●●●句●○○句●●
悄、恨無窮。歎黃塵，久埋玉，斷腸揮淚東風。
●讀●○○韻●○○句●○●句○○●●○○韻

　　此與呂詞同，惟前段第八句添一字異。

又一體

朱敦儒

雙調九十一字,前段十一句五平韻,後段十句四平韻。

倚晴空。正三洲下葉,七澤收虹。歎年光催老,身世
●○○韻●○○●句●●○○韻●○○●句○●
飄蓬。南冠客,新豐酒,但萬里、雲水俱重。謝故人,
○○韻○○●句○○●句●●●讀●○○韻●●○句
解繫船訪我,脫帽相從。　人老歡易失,尊前且更
●●○●●句●●○○韻　○●○●●句○○●●
從容。任酒傾波碧,燭剪花紅。君向楚,我歸秦,便分
○○韻●●○○●句●●○○韻○●●句●○○句●○
路、青竹丹楓。恁時節,漫夢憑夜蝶,書倩秋鴻。
●讀○●○○韻●○●句●●●●●句○●○○韻

此亦與呂詞同,惟前段第八句、後段第七句各添一字,又兩結句作五字一句、四字一句異。

又一體

曹勛

雙調九十一字,前段十一句五平韻,後段十句四平韻。

記華堂。對寶臺絳蠟,紅艷成行。嚲烏雲鬢映,淺淺
●○○韻●●○●●句○●○○韻●○○●●句●●
宮妝。江梅媚,生嫩臉,瑩素質、自有清香。歌喉穩,
○○韻○○●句○●●句●●●讀●●○○韻○●●句

按鏤版緩拍、嬌倚銀牀。　天外行雲駐，輕塵暗落雕
●●●●●句○●○○韻　○●○○●句○○●●○
梁。似曉鶯嚦嚦，瓊韻鏘鏘，別來久，春將老，但夢
○韻●●○○●●句○●○○韻●○●句○○●句●●
裏、也自思量。仗何人，細説與，爲伊潘鬢成霜。
●讀●●○○韻●○○句●●●句○●○●○○韻

此與朱詞同，惟後結仍照吕詞作三字一句、六字一句異。

玉人歌一體

調見《西樵語業》。

玉人歌

楊炎昶

雙調八十八字，前段九句五仄韻，後段八句五仄韻。
西風起、又老盡籬花，寒輕香細。漫題紅葉，句裏意
○○●韻●●●○○句○○○●韻●○○●句●●●
誰會。長天不恨江南遠，苦恨無書寄。最相思、盤橘
○●韻○○●●○○●句●●○○●韻●○○讀○●
千枚，膾鱸十尾。　鴻雁阻歸計。算愁滿離腸，十
○○句●○●●韻　○●●○●韻●○●○○句●
分豈止。倦倚闌干，顧影在天際。凌煙圖畫青山約，
○●韻●●○○句●●●○●韻○○○●○○●句
總是浮生事。判從今、買取朝醒夕醉。
●●○○●韻●○○讀●●○○●●韻

此調衹有此詞,其平仄無可參校。

惜紅衣四體

姜夔自度曲,屬無射宮,取詞内"紅衣半狼籍"句爲名。

惜紅衣

姜　夔

雙調八十八字,前段十句六仄韻,後段九句六仄韻。

枕簟邀涼,琴書換日。睡餘無力。細灑冰泉,并刀破
●●○○句○○●韻○○●韻●●○○句○○●
甘碧。墻頭唤酒,誰問訊、城南詩客。岑寂。高樹晚
○●韻○○●●句○●⊙讀○○●韻○●韻●●
蟬,説西風消息。　　虹梁水陌。魚浪吹香,紅衣半
○句●○○●韻　　○○●韻●●○○句○○●
狼籍。維舟試望故國。渺天北。可惜柳邊沙外,不共
○●韻○○●●●韻●○●韻●●●○○句●●
美人遊歷。問甚時同賦,三十六陂秋色。
⊙○○●韻●●○○句○●●○○●韻

　　此調始於此詞,自應以此詞爲正體。若李詞之添一襯字,張詞、吳詞之句讀小異,皆變格也。

　　此詞可平可仄即參下三詞。惟吳詞前段第三句"鬢那不白","不"字入聲,以入作平,不注可仄。

又一體

李萊老

雙調八十九字，前段十句六仄韻，後段九句六仄韻。

笛送西泠，帆過杜曲。晝陰芳綠。門巷清風，還尋故
●●○○句○○●●韻●○○●韻○●○○句○○●

人書屋。蒼華髮冷，笑瘦影、相看如竹。幽谷。煙樹曉
○○●韻○○●●句●●●讀○○○●韻○●韻○●●

鶯，訴經年愁獨。　　殘陽古木。書畫歸船，匆匆又
○句●○○●韻　　○○●●韻●●○○句○○●

南北。蘋洲鷗鷺素熟。舊盟續。甚日浩歌招隱，聽雨
○●韻○○○●●韻●○●韻●●●○○●句○●

弁陽同宿。料重來時候，香蕩幾灣紅玉。
●○○●韻●○○●句○●●○○●韻

此與姜詞同，惟前段第五句添一襯字異。

又一體

吳文英

雙調八十八字，前段九句四仄韻，後段九句五仄韻。

鷺老秋絲，蘋愁暮雪，鬢那不白。倒柳移栽，如今暗
●●○○句○○●●句○○●韻●●○○句○○●

溪碧。烏衣細語傷伴，惹茸紅、曾約南陌。前度劉郎，
○●韻○○●●○●句●○○讀○●○●韻○●○○句

尋流花蹤跡。　　朱樓水側。雪面波光，汀蓮沁顏
○○○●韻　　○○●●韻●○○句○○●●

色。當時醉近繡箔，夜吟寂。三十六磯重到，清夢冷
●韻○○●●●句●○韻●●●○○句○●●
雲南北。買釣舟溪上，應有煙蓑相識。
○○●韻●●○○●句○●○○●韻

　　　此亦姜詞體，惟前段第二句不押韻，第六句添二字，又減
　　去第八句短韻二字異。

又一體

張　炎

　　　雙調八十八字，前段十句五仄韻，後段九句四仄韻。
兩蕲秋痕，平分水影，炯然冰潔。未識新愁，眉心倩
●●○○句○●●●句○○●●韻●●○○句○○●
人貼。無端醉裏，添一笑、柔花盈睫。癡絕。不解送
○●韻○○●●句○●●讀○○○●韻○●韻●●●
情，倚銀屛斜瞥。　　長歌短舞，換羽移宮，飄飄步
○句●○○●韻　　○○●●句●●○○句○○●
迴雪。扶嬌倚扇，欲把艷懷說。舊日杜郎重到，只慮
○●韻○○●●句●●●○●韻●●●○○句●●
空江桃葉。但數峰猶在，如傍那家風月。
○○○●韻●●○○●句○●●○○●韻

　　　此亦與姜詞同，惟後段起句不押韻，第四句四字，第五句
　　五字異。
　　　按：姜詞後段第四、五句"維舟試望故國，渺天北"，亦可
　　點作四字一句、五字一句，此詞句讀所從出也。

魚遊春水二體

《復齋漫錄》："政和中，一中貴使越州回，得詞於古碑，無名無譜，錄以進御。命大晟府填腔，因詞中語，賜名《漁遊春水》。"

魚遊春水

無名氏

雙調八十九字，前後段各八句五仄韻。

秦樓東風裏。燕子還來尋舊壘。餘寒猶峭，紅日薄侵
○○○●●韻●●○○○●●韻○○●●句●●○
羅綺。嫩草方抽碧玉茵，媚柳輕窣黃金蕊。鶯囀上
●●韻●●○○●●○句●●○○○●●韻○●●
林，魚遊春水。　幾曲闌干遍倚。又是一番新桃
○句●○○●韻　●●○○●●韻●●●○○○
李。佳人應怪歸遲，梅妝淚洗。鳳簫聲絕沈孤雁，望
●韻○○●●○○句○○●●韻●○○●○○●句●
斷清波無雙鯉。雲山萬重，寸心千里。
●○○○●●韻○○●●句●○○●韻

此調以此詞爲正體，張元幹、馬莊父、盧祖皋詞悉與之同。若趙詞之多押兩韻，乃變格也。

按：盧詞前段第二句"好夢別來無覓處"，"別"字仄聲。馬詞第三句"天涯目斷"，"目"字仄聲。張詞第四句"幾片花飛點淚"，"花"字平聲，"點"字仄聲。第五句"清鏡空餘白髮

添""清"字平聲。盧詞"軟紅塵裏鳴鞭鐙","紅"字平聲,"裏"字仄聲,"鞭"字平聲。第六句"新恨誰傳紅綾寄","新"字平聲。盧詞後段第五句"寶香拂拂遺鴛錦",上"拂"字仄聲。張詞"夢想濃妝碧雲邊","碧"字仄聲,"邊"字平聲。第六句"心事悠悠尋燕語","心"字平聲。張詞"目斷孤帆夕陽裏","夕"字仄聲。第七句"芳草暮寒","草"字仄聲。譜內可平可仄據此,餘參趙詞。

又一體

趙聞禮

雙調八十九字,前後段各八句六仄韻。

青樓臨遠水。樓上東風飛燕子。玉鈎珠箔,密密鎖紅
○○○●●韻○●○○○●●韻●○○●句●●●○
關翠。翦勝裁旛春日戲。簇柳簪花元夜醉。閒憶舊
○●韻●●○○○●●韻●●○○○●●韻○●●
歡,漫撩新淚。　羅帊啼痕未洗。愁見同心雙鳳
○句●○○●韻　○●○○●●韻○●○○○●
翅。長安日日輕寒,春衫未試。過盡征鴻知幾許。不
●韻○○●●○○句○○●●韻●●○○○●●韻●
寄蕭郎書一紙。愁腸斷也,箇人知未。
●○○○●●韻○○●●句●○○●韻

此與無名氏詞同,惟前後段第五句俱押韻異。

卜算子慢二體

《樂章集》注歇指調。

卜算子慢

柳　永

雙調八十九字，前段八句四仄韻，後段八句五仄韻。

江楓漸老，汀蕙半凋，滿目敗紅衰翠。楚客登臨，正
○○●●句○●●○句●●●○○●韻●●○○句●
是暮秋天氣。引疏砧、斷續殘陽裏。對晚景、傷懷念
●●○○韻●○○讀●●○○●韻●●●讀○○●
遠，新愁舊恨相繼。　　脉脉人千里。念兩處風情，
●句○○●●○●韻　　●●○○●韻●●●○○句
萬重煙水。雨歇天高，望斷翠峰十二。儘無言、誰會
●○○●韻●●○○句●●●○●●韻●○○讀○●
憑高意。縱寫得、離腸萬種，奈歸鴻難寄。
○○●韻●●●讀○○●●句●○○○●韻

　　此調以此詞爲正體，鍾輻"桃花院落"詞與此同。若張詞之添字，乃變格也。

　　按：鍾輻，五代時人，在柳永之前，因其前段第六句脱一字，故以柳詞作譜。鍾詞前段第四句"風拂珠簾"，"風"字平聲。第五句"還記去年時候"，"還"字平聲。第七句"倚屏山、和衣睡覺"，"屏"字、"山"字俱平聲。第八句"釅釅暗消殘酒"，"消"字平聲。後段第五句"萬般自家甘受"，"般"字平聲。第六句"抽金釵、欲買丹青手"，"抽"字平聲。第七句"寫別來、容顏寄與"，"來"字平聲。譜內可平可仄據此，餘參張詞。

又一體

張　先

雙調九十三字，前段九句五仄韻，後段九句六仄韻。

溪山別意，煙樹去程，日落采蘋春晚。欲上征鞍，更掩翠簾回面。相昒。惜彎彎淺黛長長眼。奈畫閣歡遊，也學狂花亂絮輕散。　　水影橫池館。對靜夜無人，月高雲遠。一晌凝思，兩眼淚痕還滿。難遣。恨私書、又逐東風斷。縱夢澤、層樓萬丈，望湖城那見。

此與柳詞同，惟前後段第五句以下各添二字押一短韻，前段結處攤破句法異。

雪獅兒二體

調見《書舟集》。

雪獅兒

程　垓

雙調八十九字，前段九句五仄韻，後段八句七仄韻。

斷雲低晚，輕煙帶暝，風驚羅幕。數點梅花，香倚雪
◐○◐●句○○◐●句○○●●韻●●○○句◐●◐
窗搖落。紅鑪對謔。正酒面、瓊酥初削。雲屏暖、不知
○○●韻○◐●●韻●●讀◐○○●韻○◐●讀●○
門外，月寒風惡。　　迤邐慵雲半掠。笑盈盈、閒弄
○●句●○○●韻　　●●○○●●韻●○○讀○●
寶箏絃索。暖極生春，已向橫波先覺。花嬌柳弱。漸
●○○●韻●●○○句●●○○○●韻○○●●韻●
倚醉、要人摟著。低告託。早把被香熏却。
●●讀◐○○●韻○●●韻●●●○○●韻

　　此調祇有程詞及張詞，故此詞可平可仄悉參張詞，其前段
第二句句法不同，即不參校。

又一體

張　雨

　　雙調九十二字，前段九句五仄韻，後段八句七仄韻。
含香弄粉，便勾引、遊騎尋芳，城南城北。別有西村，
○○●●句●◐●讀○●○○句○○○●韻●●○○句
斷港冰澌微綠。孤山路熟。伴老鶴、晚先尋宿。怕凍
●●○○○●韻○○●●韻●●●讀●○○●韻●●
損、三花兩蕊，寒泉幽谷。　　幾番花陰濯足。記歸
●讀○○●●句○○○●韻　　●○○○●●韻●○
來、醉臥雪深平屋。春夢無憑，鬢底鬧蛾爭撲。不如
○讀●●●○○●韻○●○○句●●●○○●韻●○
圖幅。相對展、官奴風竹。燒黃獨。自聽瓶笙調曲。
○●韻○●●讀○○○●韻○○●韻●●○○○●韻

此與程詞同，惟前段第二句添三字異。

石湖仙一體

姜夔自度曲，壽范成大作也。成大號石湖，故以"石湖仙"名調。《白石集》注越調。

石湖仙

姜　夔

雙調八十九字，前後段各九句六仄韻。

松江煙浦。是千古三高，遊衍佳處。須信石湖仙，似
〇〇●韻●〇〇〇句〇●●韻〇●●〇〇句●
鴟夷、翩然引去。浮雲安在，我自愛、綠香紅嫵。容
〇〇讀〇〇●韻〇〇●●句●●讀●〇〇●韻〇
與。看世間、幾度今古。　蘆溝舊曾駐馬，爲黃花、
●韻●●〇讀●●〇●韻　〇〇●●●●句●〇〇讀
閒吟秀句。見說燕山，也學綸巾欹羽。玉友金蕉，玉
〇〇●●韻●●〇〇句●●〇〇〇●韻●●〇〇句●
人金縷。緩移箏柱。聞好語。明年定在槐府。
〇〇●韻●〇〇●韻〇●●韻〇〇●●〇●韻

此姜自度曲，有宮調，且宋人中亦無填此調者，其平仄當依之。

詞譜卷二十二

八六子六體

秦觀詞有"黃鸝又啼數聲"句，又名《感黃鸝》。

八六子

杜　牧

雙調九十字，前段九句四平韻，後段八句三平韻。

洞房深。畫屏鐙照，山色凝翠沈沈。聽夜雨冷滴芭
●○○韻●○○●句○●○●○○韻●●●○

蕉，驚斷紅窗好夢，龍煙細飄繡衾。辭恩久歸長信，
○句●●○○●●句○○●●●○韻○○●○○●句

鳳帳蕭疏，椒殿閒扃。　　輦路苔侵。繡簾垂、遲遲
●●○○句○●○○韻　　●●○○韻●○○讀○○

漏傳丹禁，蕣華偷悴，翠鬟羞整，愁坐、望處金輿漸
●○○●句●○○●句●○○●句○●讀●●○○●

遠，何時綵仗重臨。正消魂，梧桐又移翠陰。
●句○○●●○○韻●○○句○○●○●○韻

　　此詞見《尊前集》。分段處"扃"字非本韻，似宜於"輦路
苔侵"分段為允。若依宋人詞體，則當於"繡衾"句分，但不便
據宋詞以分唐詞。且前後長短太不均，在宋詞之分段，於體例
亦未盡善。欲照"苔侵"句分段以分宋詞，則晁詞於"多情"字
分，楊詞於"臨風"字分，秦詞於"柔情"字分，李詞於"春華"

字分,王詞於"庭深"字分,庶體例畫一。因前無所據,姑彼此各仍其舊。

唐詞無別首可校,故於晁補之詞作譜。

又一體

晁補之

雙調九十一字,前段六句三平韻,後段十一句六平韻。

喜秋晴。淡雲縈縷,天高群雁南征。正露冷初減蘭
●○○韻●○○●句○○○●○○韻●●○○●○
紅,風緊潛彫柳翠,愁人夢長漏驚。　重陽景物淒
○句●●○○●●句○○●●●○韻　　○○●●○
清。漸老何時無事,當歌好在多情。暗自想朱顏,並
○韻●●○○○●句○○●●○○韻●●●○○句●
遊同醉,宦名繮鎖,世路蓬萍。難相見、賴有黃花滿
○○●句●○○●句●●○○韻○○●讀●●○○●
把,從教綠酒深傾。醉休醒。醒來舊愁旋生。
●句○○●●○○韻●○○韻○○●●○韻

宋人中以此詞爲正體。按:杜詞"繡簾"起至"重臨",凡三十一字始押一韻,似太遼闊,秦、李、王三詞亦然。《詞律》以秦詞後段第七句不用韻,疑有脫誤,極是。今此詞與楊詞後段第七句用韻,較諧音律,而此詞前段與杜詞起六句悉同,故取以爲譜。譜中可平可仄悉參所採諸詞之句法同者。

又一體

楊纘

雙調八十九字,前段六句三平韻,後段十一句六平韻。

怨殘紅。夜來無賴,雨催春去匆匆。但暗水新流芳恨,蝶悽蜂慘,千林嫩綠迷空。那知國色還逢。柔弱華清扶倦,輕盈洛浦臨風。細認得凝妝,點脂勻粉,露蟬聳翠,蕊金團玉成叢。幾許愁隨笑解,一聲歌轉春融。眼朦朧。憑闌干、半醒醉中。

此與晁詞同,惟前段第五句減二字,後段第七句添二字,第八句減三字,結句添一字異。

又一體

秦觀

雙調八十八字,前段六句三平韻,後段十一句五平韻。

倚危亭。恨如芳草,萋萋剗盡還生。念柳外青驄別後,水邊紅袂分時,愴然暗驚。無端天與娉婷。

夜月一簾幽夢，春風十里柔情。奈回首歡娛，漸隨流水，素絃聲斷，翠綃香減，那堪片片飛花弄晚，濛濛殘雨籠晴。正銷凝。黃鸝又啼數聲。

此詞前結四字句，後段第七句不押韻，第八句減一字，與晁詞異。

又一體

李　演

雙調八十八字，前段六句三平韻，後段十一句五平韻。

乍鷗邊，一番腴綠，流紅又怨蘋花。看曉吹約晴歸路，夕陽分落漁家。輕寒半遮。縈情芳草無涯。還報舞香一曲，玉瓢幾許春華。正細柳青煙，舊時芳陌，小桃朱户，去年人面，誰知此日重來繫馬，東風淡墨敧鴉。黯窗紗。人歸綠陰自斜。

此與秦詞同，惟前段起句不押韻，第五句押韻異。

《詞律》本誤作李濱，又脱去後段第五句，今從周密《絕妙好詞選》增定。

又一體

王沂孫

雙調八十八字,前段六句四平韻,後段十二句六平韻。

掃芳林。幾番風雨,匆匆老盡春禽。漸薄潤侵衣不斷,
●○○韻●○○●句○○●●○○韻●●●○○●●句
嫩涼隨扇初生。晚窗自吟。　沉沉。幽徑芳尋。晻靄
●○○●○韻●○●○韻　○○韻○●○○韻○●
苔香簾净,蕭疏竹影庭深。漫淡却蛾眉,晨妝慵掃,寶
○○○●句○○●●○○韻●●●○○句○○●●句●
釵蟲坼,綃屏鸞破,當時暗水如雲泛酒,空山留月聽
○○●句○○●●句○○●●○○●●句○○○●○
琴。料如今。門前數重翠陰。
○韻●○○韻○○●●●○韻

此亦與秦詞同,惟前段第五句押韻,後段起句又押短韻異。

謝池春慢一體

調見《古今詞話》,張先玉仙觀道中逢謝媚卿作,蓋慢詞也,與六十六字《謝池春》令詞不同。

謝池春慢

張　先

雙調九十字,前後段各十句五仄韻。

繚墻重院，時聞有、流鶯到。繡被掩餘寒，畫閣明新
○○●句○●●讀○○●韻●●○○句●●○○
曉。朱檻連空闊，飛絮無多少。徑莎平，池水渺。日長
●韻●●○○句○●○○●韻○○句○●●韻●○
風静，花影閒相照。　　塵香拂馬，逢謝女、城南道。
○●句○●○○●韻　　○○●●句○●●讀○○●韻
秀艷過施粉，多媚生輕笑。鬭色鮮衣薄，碾玉雙蟬
●●●○●句○●○○●韻●●○○●句●●○○
小。歡難偶，春過了。琵琶流韻，都入相思調。
●韻○○●句○●●韻○○○●句○●○○●韻

　　此調前後段第三、四、五、六句並作五言對偶，當是體例，填者辨之。

　　按：此詞祇有李之儀詞可校。李詞前段起句"殘寒消盡"，"殘"字平聲。第二句"疏雨過、清明後"，"雨"字仄聲。第三、四句"花徑款餘紅，風沼縈新皺"，"花"字、"風"字俱平聲。第五句"乳燕穿庭户"，"乳"字仄聲。後段第三、四句"不見又思量，見了還依舊"，"又"字仄聲，"量"字平聲，"見"字仄聲。第六句"何似長相守"，"何"字平聲。第七句"天不老"，"不"字仄聲。第九句"且將此恨"，"且"字、"此"字俱仄聲。譜內可平可仄據此。

采桑子慢五體

　　一名《醜奴兒慢》。潘元質詞有"愁春未醒"句，亦名《愁春未醒》。辛棄疾詞名《醜奴兒近》。《花草粹編》無名氏詞名《疊青錢》。

采桑子慢

吴禮之

雙調九十字,前後段各九句五平韻。

金風顫葉,那更餞別江樓。聽淒切、陽關聲斷,楚館雲
○○●●句●●●○○韻●○●讀○○○●句●●○
收。去也難留。萬重煙水一扁舟。錦屏羅幌,多應換
○韻●●○○韻●○●●●○○韻●○●●句○○●
得,蓼岸蘋洲。　凝想恁時歡笑,傷今萍梗悠悠。漫
●句●●○○韻　　○●●○○●句○○○●○○韻●
回首、妖嬈何處,眷戀無由。先自悲秋。眼前景物只供
○●讀○○○●句●●○○韻○●○○韻●○●●●○
愁。寂寥情緒,也恨分淺,也悔風流。
○韻●○○●句●●○●句●●○○韻

此調宋詞並用三聲叶韻,此獨全押平韻,其平仄無別首可校。

又一體

蔡　伸

雙調九十字,前段九句三叶韻、一平韻,後段十句一叶韻、四平韻。

明眸秀色,別是天真瀟灑。更鬟髮堆雲,玉臉淡拂輕
○○●●句●●○○○●叶●●●○○句●●●●○
霞。醉裏精神,眾中標格誰能畫。當時携手,花籠淡
○韻●●○○句●○○●○○●叶○○○●句○○●

月,重門深亞。　巫峽夢回,已成陳事,豈堪重話。
●句○○○●叶　○●●○句●○○●句●○○●叶
漫贏得、羅襟清淚,鬢邊霜華。懷念傷嗟。憑闌煙水渺
●○●讀○○○●句●●○○韻○●○韻○●●
無涯。秦源目斷,碧雲暮合,難認仙家。
○○韻○○●●句●●●●句○●○○韻

　　此與潘詞、辛詞、無名氏詞俱用三聲叶韻。但潘詞與無名氏
詞於平聲中叶一去聲韻,辛詞於上、去聲中叶一平聲韻,此則平聲
與上、去聲各半,各自成一體,其平仄不必參校。
　　此詞前段第三句、後段第四句俱五字,前段第四句、後段第五
句俱六字,亦與潘詞不同。

又一體

潘元質

　　雙調九十字,前段九句一叶韻、三平韻,後段十句四平韻。

愁春未醒,還是清和天氣。對濃綠陰中庭院,燕語鶯
○○●●句○●○○●叶●○●○○●句●○○
啼。數點新荷,翠鈿輕泛水平池。一簾風絮,才晴又
○韻●●○○句●◐○●●●○韻○○●句○○●
雨,梅子黃時。　忍記那回,玉人嬌困,初試單衣。
●句◐●○○韻　●●○○句●○◐●句○●○○韻
共攜手、紅窗描繡,畫扇題詩。怎有而今,半牀明月兩
●○●讀○○◐●句●●○○韻●●○○句●○◐●●
天涯。章臺何處,多應爲我,蹙損雙眉。
○○韻○○◐句○○●●句●●○○韻

　　此詞惟前段第二句用本部三聲叶韻,以下則全押平韻矣。

吴文英"東風未起"詞、"空濛乍斂"詞及無名氏"夏日正長"詞俱與此同。

按："東風未起"詞前段第五句"鈎卷晴絲"，"鈎"字平聲。結句"客思鷗輕"，"客"字仄聲。後段第二句"倡紅冶翠"，"倡"字平聲，"冶"字仄聲。第五句"天澹無情"，"天"字平聲。第九句"越山更上"，"越"字仄聲。又按："空濛乍斂"詞前段第七句"天虛鳴籟"，"天"字平聲。後段第三句"越女低鬟"，"越"字仄聲。第四句"算堪羨、煙沙白鷺"，"白"字仄聲。結句"雲海人間"，"雲"字平聲。譜內可平可仄據此。無名氏詞前後段起句及後段第六句平仄全異，當是又一體，存以備考，不必參校。

又一體

辛棄疾

雙調九十字，前段八句三仄韻、一叶韻，後段十句四仄韻。

千峰雲起，驟雨一霎時價。更遠樹斜陽，風景怎生圖
○○○●句●●●○●韻●●●○○句○●●○○
畫。青旗賣酒，山那畔、別有人家。只消山水光中，無
●韻○○●●句○●●讀●●○○叶●○○○○句○
事過這一夏。　午睡醒時，松窗竹户，萬千瀟灑。看
●●●●●韻　●●○○句○○●●句●○●●韻○
野鳥飛來，又是一般閒暇。却怪白鷗，覷著人、欲下未
●●○○句●●●○○●韻●●●○句●●○讀●●
下。舊盟都在，新來莫是，別有說話。
●韻●○○●句○○●●句●●●韻

此詞於上去聲韻中叶一平韻，與諸家不同。其前段第六句、後段第七句俱作上三下四句法，前段第七、八、九句作六字兩句，

亦與諸家微異。

汲古閣本此詞脱落甚多，今從蕉雪堂鈔本訂正。

又一體

《花草粹編》無名氏

雙調八十九字，前段九句一叶韻、三平韻，後段十句四平韻。

夏日正長，無奈如焚天氣。火雲篜、奇峰天外，未雨先
●●○句○●○○●叶●○○讀○○○●句●●○
雷。畏日流金，六龍高駕火輪飛。紋簟紗幮，風車漫
○韻●●○○句●●○○●●○韻○●○○句○○●
攬，月扇空揮。　金鑪煙細，午風輕轉，堪避炎威。
●句●●○韻　○○●句●●○○句●●○○韻
漸涼生池閣，卷起簾幕珠璣。嬌娥美麗，天然秀色冰
●○○●句●●○●○○韻●○●●句○○●●○
肌。曲闌深徑，荷香旖旎，玉管聲齊。
○韻●○○●句○○●●句●●○○韻

此亦與潘詞同，惟後段第四、五句作五字一句、六字一句，第七句減一字異。

探芳信四體

調見《梅溪詞》。張炎次周密西泠春感韻詞，名《西湖春》。

探芳信

史達祖

雙調九十字，前段九句五仄韻，後段八句五仄韻。

謝池曉。被酒殢春眠，詩縈芳草。正一階梅粉，都未有
●○韻●●●○○句○○○●韻●○○●●句○●●
人掃。細禽啼處東風軟，嫩約關心早。未燒鐙、怕有殘
○●韻●○○●●○●句●●○○●韻●○○讀●●○
寒，故園稀到。　　説道試妝了。也爲我相思，占他懷
○句●○○●韻　　●●●○●韻●●●○○句●○○
抱。靜數窗櫺，最忺聽、鵲聲好。半年白玉臺邊話，屢
●韻●●○○句●○●讀●○●韻●○●●○○●句●
見銀鈎小。指芳期、夜月花陰夢老。
●○○●韻●○○讀●●○○●●韻

此調以此詞及吳文英"暖風定"詞爲正體，若吳詞別首之換頭句少押一韻，及前段第六、七句句讀小異，皆變格也。

此詞後段第五句六字，吳文英"探春到"詞、"爲春瘦"詞、蔣捷"翠吟嘯"詞正與此同。

按："探春到"詞前段第二、三句"見綵花釵頭，玉燕來早"，"花"字平聲，"玉"字仄聲。第七句"金盎供新澡"，"金"字平聲。後段第二、三句"問霧暖藍田，玉長多少"，"玉"字仄聲。第七句"紅軟長安道"，"紅"字平聲。又"爲春瘦"詞後段第五句"蘭膏漬透紅豆"，"蘭"字平聲。譜內可平可仄據此，餘參"夜寒重"詞及"轉芳徑"詞。若蔣詞前段第五句"識君恨不早"，"不"字入聲，此以入代平，故不注可仄。

又一體

吳文英

雙調九十字，前段九句五仄韻，後段八句四仄韻。

夜寒重。見羽葆將迎，飛瓊入夢。整素妝歸處，中宵按
●○韻●●●○○句○○●●韻●○○●句○○●
瑤鳳。舞春歌夜棠梨岸，月冷和雲凍。畫船中、太白仙
○●韻●○●●○○●句●●○●●韻●○○讀●●○
人，錦袍初擁。　應過青溪否，試笑挹中郎，還叩清
○句●○○●韻　　○●○○●句●●●○○句○●○
弄。粉黛湖山，欠攜酒、共飛鞚。洗杯時換銅觚水，待
●韻●●○○句●●●讀●○●韻●○○●○○●句●
作梅花供。問何時、帶雨鋤煙自種。
●○○●韻●○○讀●●○○●●韻

此與史詞同，惟換頭句不押韻異。

又一體

吳文英

雙調九十字，前段九句五仄韻，後段八句五仄韻。

轉芳徑。見霧卷晴漪，魚弄游影。旋解纓濯翠，臨枰
●○韻●●●○○句○○●●韻●○○●●句○○
撫瑤軫。修林竹色花香處，意足多新詠。試把龍屑，
●○韻○○●●○○●句●●○○韻●●○○句
供來時、舊寒纔定。　門巷都深静。但酒敵曉寒，
●○○讀●○○●韻　　○●○○●韻●●●○○句

棋消日永。舊曲猗蘭,待留向、月中聽。藻萍密布宮
○○●●韻●●○○句●○●讀●○●韻●○●●○
溝水,任泛流紅冷。小闌干、笑拍東風醉醒。
○●句●●○○●韻●○○讀●○●●●●韻

此亦與史詞同,惟前結作四字一句、七字一句異。

又一體

吳文英

雙調八十九字,前段九句五仄韻,後段八句五仄韻。

暖風定。正賣花吟春,去年曾聽。旋自洗幽蘭,銀瓶
●○●韻●●○○句●●○●韻●●●○○句○○
釣金井。斗窗香暖慳留客,街鼓還催暝。調雛鶯、試
●○●韻●○○●●○●句○●○○●韻●○○讀●
遣深杯,喚將愁醒。　鐙市又重整。待醉勒遊韁,
●○○句●○○●韻　　○●●○●韻●●●○○句
緩穿斜徑。暗憶芳盟,綃帕淚猶凝。吳宮十里吹笙
●○○●韻●●○○句○●●○○韻○○●●○○
路,桃李都羞靚。繡簾人、怕惹飛梅翳鏡。
●句○●○●●韻●○○讀●●○○●●韻

此詞後段第五句五字,周密、李彭老、張炎詞俱照此填。

按:周詞前段第二、三句"向水院維舟,津亭喚酒","院"字、"喚"字俱仄聲,"津"字平聲。第四句"歎劉郎重到","劉郎"二字俱平聲,"到"字仄聲。張詞第六、七句"消魂忍說銅駝事,不是因春瘦","消"字平聲,"忍"字、"不"字俱仄聲。周詞後段第二、三句"正香雪隨波,淺煙迷岫","香"字平聲。李詞"記草色薰晴,波光搖岫","波"字平聲。張詞第四、五句

"愁到今年,都似去年否","愁"字平聲。周詞第六、七句"翠雲零落空堤冷,往事休回首","翠"字仄聲,"零"字平聲,"往"字仄聲。李詞第八句"更休言、張緒風流似柳","張"字平聲。譜內可平可仄據此。

遥天奉翠華引一體

調見《孏窟詞》。

遥天奉翠華引

侯 寘

雙調九十字,前後段各八句五平韻。

雪消樓外山。正秦淮、翠溢回瀾。香梢豆蔻,紅輕猶
●○○○韻●○○讀●○○韻○○●句○○○
怕春寒。曉光浮畫戟,卷繡簾、風暖玉鈎閒。紫府仙
●○○韻●○○●●句○●○讀○●●○○韻○●○
人,花圍羽帔星冠。　蓬萊閬苑,意倦遊、常戲世
○句○○●●○韻　○○●●句●●○讀○●●
間。佩麟舊都,江左襦袴聲歡。只恐催歸覲,宴清都、
○韻●○●●句○●○●○韻●●○○●句●○○讀
休訴酒杯寬。明歲應看。盛鈞容、舞袖歌鬟。
○●●○○韻●●○○韻●○○讀●●○○韻

《詞律》論此詞後段結句宜作六字,最是,蓋與前段較,當作六字。況第六句既作上三下五句法,不應第八句又作上三下四句法也。惜無善本及別首宋詞可校,仍之。

夏雲峰五體

《樂章集》注歇指調。

夏雲峰

柳　永

雙調九十一字，前後段各八句五平韻。

宴堂深。軒楹雨、輕壓暑氣低沈。花洞彩舟泛斝，坐
●○○韻●○○讀●●●○○韻●●●●●句●
繞清潯。楚臺風快，湘簟冷、永日披襟。坐久覺、疏絃
●○○韻●○○句○●●讀●●○○韻●●●讀○○
脆管，時換新音。　　越娥蕙態蘭心。逞妖艷、昵歡
●●句◐●○○韻　　●○●●○○韻●○●讀◐○
邀寵難禁。筵上笑歌間發，烏履交侵。醉鄉深處，須
○●○○韻●●●○○句●●○○韻●○○●句○
盡興、滿酌高吟。向此免、名韁利鎖，虛費光陰。
●●讀◐●○○韻●●●讀○○●●句○●○○韻

此調以此詞爲正體。曹詞、張詞句讀雖異，猶爲整齊。若無名氏詞與趙詞之句讀參差，皆變格也。譜内可平可仄，即參下所採四詞。

又一體

曹　勛

雙調九十一字，前段九句四平韻，後段九句五平韻。

紹洪基，撫萬宇，中興寶運符千。樞電瑞繞，景命燕
●○○句●●●句○○●●○○韻○●●●句●●●

及雲天。挺生真主，平四海、復禹山川。班列立、瞻雲
●○○韻○○●句○●●讀●●○○韻●●●讀○○

就日，職貢衣冠。　　歡均鼇禁鵷鷺。望花城粉黛，
●●句●●○○韻　　○○●●○○韻●○○●●句

金獸祥煙。笙簫緩奏，化國日永流連。寶觴親勸，須
○●○○韻○○●●句●●●●○○韻●○○●句○

縱飲、歌舞韶妍。都是祝、南山聖壽，億萬斯年。
●●讀○●○○韻○●讀○○●●句●●○○韻

此與柳詞同，惟前段起句不用韻，前後段第四句俱四字，第五句俱六字，又後段第二句五字，第三句四字異。

又一體

張元幹

雙調九十一字，前段九句四平韻，後段九句五平韻。

湧冰輪，飛沉瀣，霄漢萬里雲開。南極瑞占象緯，壽
●○○句●●●句○○●●○○韻○●○●●●句●

應三台。錦腸珠唾，鍾間氣、卓犖天才。正暑、有祥光
●○○韻●○○句○●●讀●●○○韻●●讀●○○

照社,玉燕投懷。　　新堂深處捧杯。乍香泛水芝,
●●句●●○○韻　　○○●●○○韻●○●●○句
空翠風迴。凉送艷歌緩舞,醉墮瑤釵。長生難老,都
○●○○韻●●●○○●句●●○○韻●○●●句○
道是、栢葉仙階。笑傲、且山中宰相,平地蓬萊。
●●讀●●○○韻●●讀○○●●句○●○○韻

　　此亦與柳詞同,惟前段起句不押韻,又前後段第八、九句俱二字一讀,下作五字一句、四字一句異。

又一體

《梅苑》無名氏

　　雙調九十一字,前段九句四平韻,後段八句五平韻。

瓊結苞,酥凝蕊,粉心輕點胭脂。疑是素娥妝罷,玉
○●○句○○●句●○○●○○韻○●●○○●句●
翠低垂。化工深意,巧付與、別箇標儀。怎奈向、風寒
●○韻●○○●句●●●讀●●○○韻●●讀○○
景裹,獨是開時。　　緣何不與春期。此花又、豈肯
●●句●●○○韻　　○○●●○○韻●○●讀●●
争競芳菲。疑雨恨煙,忍見嶺畔江湄。冷姿幽艷,曾
○●○○韻●●●句●●●●○○韻●○○●句○
不許、霜雪相欺。只恐向、笛聲怨處,吹落殘枝。
●●讀○●○○韻●●讀●○●●句○●○○韻

　　此詞前段第四句六字,第五句四字,與柳詞同;後段第三句四字,第四句六字,與曹詞同。句讀參差,採以備體。

又一體

趙長卿

雙調九十一字,前後段各八句五平韻。

露華清。天氣爽、新秋已覺涼生。朱戶小窗,坐來低
●○○韻○●●讀○○●●○○韻○●●○句●○○
按秦箏。幾多妖艷,都總是、白雪餘聲。那更似、肌膚
●○○韻●○○句○●●讀●●○○韻●●●讀○○
韻勝,體段輕盈。　　照人雙眼偏明。況周郎、自來
●●句●●○○韻　　●○○●○○韻●○○讀●○
多病多情。把酒爲伊,再三著意須聽。銷魂無語,一
○●○○韻●●○○句●○●●○○韻○○●●句●
任側耳與心傾。是我不卿卿,更有誰可卿卿。
●●●●○○韻●●●○○句●●○●○○韻

此詞前段起句用韻,前後段第二句俱作上三下六句法,與柳詞同;前後段第三、四句四字、六字,又與曹詞同;其後段第六句不作上三下四句法,第七句五字,第八句六字,則與各家俱異。採以備體,不可爲法。

採蓮令一體

按:《宋史‧樂志》,曲宴游幸,教坊所奏十八調曲,九曰《雙調採蓮》。今柳永《樂章集》有之,亦注雙調。《碧雞漫志》:"夾鍾商,俗呼雙調。"

採蓮令

柳　永

雙調九十一字，前後段各八句四仄韻。

月華收，雲澹霜天曙。西征客、此時情苦。翠娥執手
●〇〇句〇●●〇〇韻〇〇●讀●〇〇●韻●〇●●
送臨岐，軋軋開朱户。千嬌面、盈盈竚立，無言有淚，
●〇〇句●●〇〇●韻〇〇●讀〇〇●●句〇●●●句
斷腸爭忍回顧。　　一葉蘭舟，便恁急槳凌波去。貪
●〇〇●●韻　　●●〇〇句●●●●〇〇●韻〇
行色、豈知離緒。萬般方寸，但飲恨、脉脉同誰語。更
〇●讀●〇〇●韻●〇〇●句●●讀●●〇〇●韻●
回首、重城不見，寒江天外，隱隱兩行煙樹。
〇●讀〇〇●●句〇〇〇●句●●●〇〇●韻

　　此調只此一詞，無別首可校。

醉翁操一體

　　琴曲，屬正宮。蘇軾自序："琅邪幽谷，山川奇麗，泉鳴空澗，若中音會。醉翁喜之，把酒臨聽，輒欣然忘歸。既去十餘年，好奇之士沈遵聞之往遊，以琴寫其聲，曰《醉翁操》。然有聲而無詞，好事者倚其聲製曲，粗合拍度，而琴聲爲詞所繩約，非天成也。後三十年，翁既捐館舍，遵亦殁。有廬山玉澗道人崔閑，妙於琴，恨此曲之無詞，乃譜其聲，而請東坡居士補之云。"

醉翁操

蘇軾

雙調九十一字，前段十句十平韻，後段十句八平韻。

琅然。清圓。誰彈。響空山。無言。惟翁醉中和其
○○韻○○韻○○韻●○○韻○○韻○●●○○
天。月明風露娟娟。人未眠。荷蕢過山前。曰有心也
○韻●○○●○○韻○●○韻○●●○○韻●○●
哉此賢。　　醉翁嘯詠，聲和流泉。醉翁去後，空有
○●○韻　●○●●句○●○○韻●○●●句○●
朝吟夜怨。山有時而童巔。水有時而回川。思翁無歲
○○●韻○●○○○○韻●●○○○○韻○○○●
年。翁今爲飛仙。此意在人間。試聽徽外三兩絃。
○韻○○○○○韻●●●○○韻●○●●○●○韻

　　此本琴曲，所以蘇詞不載，自辛稼軒編入詞中，復遂沿爲詞調，在宋人中，亦祇有辛詞一首可校。此詞以元、寒、刪、先四韻同用，辛詞以東、冬、江三韻同用，猶遵古韻，填者審之。

　　按：辛詞前段第六句"人心與我兮誰同"，"我"字仄聲。第七、八句"湛湛千里之江，上有楓"，下"湛"字、"上"字俱仄聲。第九、十句"噫送子於東，望君之門兮九重"，"噫"字、"君"字、"門"字俱平聲。後段第四句"或一朝兮取封"，"或"字仄聲。第五句"昔與遊兮皆童"，"昔"字仄聲。第七句"一魚兮一龍"，上"一"字仄聲。第九、十句"噫命與時逢，子之所食兮萬鍾"，"噫"字平聲，"所"字仄聲。譜內可平可仄據此。

紅芍藥一體

蔣氏《九宮譜目》入南呂調。

紅芍藥

王　觀

雙調九十一字，前後段各八句五仄韻。

人生百歲，七十稀少。更除十年孩童小。又十年昏
〇〇●●句●●〇●韻●〇〇〇●韻●●〇〇
老。都來五十載，一半被、睡魔分了。那二十五載之
●韻〇〇●●句●●●讀●〇〇韻●●●●〇
中，寧無些箇煩惱。　仔細思量，好追歡及早。遇
〇句〇〇〇●●韻　●●〇〇句●〇●●韻●
酒逢花堪笑傲。任玉山傾倒。對景且沈醉，人生似、
●〇〇〇●●韻●●〇〇●韻●●●〇〇句〇〇●讀
露垂芳草。幸新來、有酒如澠，要結千秋歌笑。
●〇〇●韻●〇〇讀●〇〇句●●〇〇〇●韻

此詞無他首可校。

法曲獻仙音六體

陳暘《樂書》云："法曲興於唐，其聲始出清商部，比正律差四律，有鐃鈸鐘磬之音，《獻仙音》其一也。"又云："聖朝法

曲樂器有琵琶、五絃箏、箜篌、笙、笛、觱篥、方響、拍板。其曲所存，不過道調《望瀛》、小石《獻仙音》而已，其餘皆不復見矣。"《樂章集》注小石調，姜夔詞注大石調。周密詞名《獻仙音》，姜夔詞名《越女鏡心》。按：唐張籍酬朱慶餘詩有"越女新妝出鏡心"句，姜詞調名本此。

法曲獻仙音

周邦彥

雙調九十二字，前段八句四仄韻，後段九句五仄韻。

蟬咽涼柯，燕飛塵幕，漏閣籤聲時度。倦脫綸巾，困
◐●○○句　◐○●●句●●○○●韻●●○○句●
便湘竹，桐陰半侵庭户。向抱影凝情處。時聞打窗
◐○●句○○●●○○●韻●●○○●韻○○●●
雨。　耿無語。歎文園、近來多病，情緒懶、尊酒易
●韻　●○●韻●○○讀●○●●句○◐●讀○●●
成間阻。縹緲玉京人，想依然、京兆眉嫵。翠幕深中，
○○●韻●●●○○句●○○讀○●○●韻●●○○句
對徽容、空在紈素。待花前月下，見了不教歸去。
●○○讀○●○●韻●○○●●句●●●○○●韻

大石調《獻仙音》詞以此詞及姜詞二首為正體，若李詞之句讀小異，乃變格也。

前段起句，吳文英詞"落葉霞翻"，"落"字仄聲。第二句，王沂孫詞"纖瓊皎皎"，"纖"字平聲，上"皎"字仄聲。第四句，張炎詞"篝密籠香"，"篝"字平聲。第六句，張詞"此景真疑舒嘯"，"此"字、"景"字俱仄聲，"真"字平聲。後段第三句，陳允平詞"心期誤、歸計欲成又阻"，"期"字平聲。第五

句,張詞"記小憐、隔水曾見","小"字仄聲。第七句,張詞"漫贏得、情緒難翦","得"字仄聲。譜內可平可仄據此,餘參姜夔、李彭老詞。若姜詞前段第六句"湖山盡入尊俎","入"字入聲,此以入代平,不注可仄。吳詞前段結句"那能語恩怨","那"字平聲,亦不注可仄。舊譜蒙混,悉爲訂正。

又一體

姜　夔

雙調九十二字,前段八句四仄韻,後段九句六仄韻。

風竹吹香,水楓鳴綠,睡覺涼生金縷。鏡底同心,枕
○●○○句●○○●句●●○○●韻●●○○句●
前雙玉,相看轉傷幽素。傍綺閣、輕陰度。飛來鑑湖
○○●句○○●●○●韻●●●讀○○●韻○○●○
雨。　近重午。燎銀篝、暗熏潕暑。羅扇小、空寫數
●韻　●○●韻○○○讀●○●●韻○●●讀○●●
行怨苦。纖手結芳蘭,且休歌、九辨懷楚。故國多情,
○●●韻○●●○○句●○○讀●●○●韻●●○○句
對溪山、都是離緒。但一川煙葦,恨滿西陵歸路。
●○○讀○●○●韻●●○○●句●●○○○●韻

此與周詞同,惟後段第二句押韻異。

又一體

姜　夔

雙調九十二字,前段八句三仄韻,後段九句六仄韻。

虛閣籠寒，小簾通月，暮色偏憐高處。樹隔離宮，水
〇●〇〇句●〇〇●句●●〇〇●韻●●〇〇句●
平馳道，湖山盡入尊俎。奈楚客、淹留久，砧聲帶愁
〇〇●句〇〇●●〇●韻●●●讀〇〇●句〇〇●●
去。　屢回顧。過秋風、未成歸計，誰念我、重見冷
●韻　　●〇韻●〇〇讀●●〇●句〇●●讀●●
楓紅舞。喚起淡妝人，問逋仙、今在何許。象筆鸞牋，
〇〇●韻●●●〇〇句〇〇〇讀〇●〇●韻●●〇〇句
甚而今、不道秀句。怕平生幽恨，化作沙邊煙雨。
●〇〇讀●●●●韻●〇〇〇句●●〇〇〇●韻

此亦與周詞同，惟前段第七句不押韻異。

又一體

李彭老

雙調九十二字，前段八句三仄韻，後段十句五仄韻。

雲木槎枒，水溓搖落，瘦影半臨清淺。翠羽迷空，粉
〇●〇〇句●〇〇●句●〇●〇〇●韻●●〇〇句●
容羞曉，年華柱絃頻換。甚何遜、風流在，相逢共寒
〇〇●句〇〇●●〇●韻●〇●讀〇〇●句〇〇●●
晚。　總依黯。念當時、看花游冶，曾錦纜移舟，寶
●韻　　●〇韻●〇〇讀●●〇●句〇●●〇〇句●
箏隨輦。池苑鎖荒凉，嗟事逐、鴻飛天遠。香徑無人，
〇〇●韻●●●〇〇句〇●●讀〇〇〇●韻〇●〇〇句
任蒼蘚黃塵自滿。聽鴉啼春寂，暗雨瀟瀟吹怨。
●〇●〇〇●韻●〇〇〇句●●〇〇〇●韻

此亦周詞體,惟後段第三句攤破上三下六句法,作五字一句、四字一句異。

按:此詞後段第三句句讀既異,其平仄亦不同,故不與周詞參校。

又一體

柳　永

雙調九十一字,前段八句四仄韻,後段九句四仄韻。

追想秦樓心事,當年便約,于飛比翼。悔恨臨岐處,
○●○○○●句○○●●句○○●●韻●●○○●句
正携手、翻成雲雨離拆。念倚玉偎香,前事頓輕擲。
●○●讀○○○●○●韻●●●○○句○●●●●韻
慣憐惜。　饒心性,正厭厭多病,柳腰花態嬌無
●○●韻　　○○●句●●●○●句●○○●○○
力。早是乍清減,別後忍教愁寂。記取盟言,少孜煎、
●韻●●●○●句●●●○○●韻●●○○句●○○讀
剩好將息。遇佳境、臨風對月,事須時恁相憶。
●●○●韻●○●讀○○●●句●○○●○●韻

小石調《獻仙音》詞以此詞為正體,句讀與周詞迥別。若"青翼傳情"詞之減字,或名《法曲第二》,想亦小石調之變體耳。

又一體

柳　永

雙調八十七字,前後段各八句四仄韻。

青翼傳情，香徑偷期，自覺當年草草。未省同衾枕，
○●○○句○●○○句●●○○●●韻●●○○●句
便輕許相將，平生歡笑。怎生向、人間好事到頭少。
●○●○○句○○●●韻●○○讀○○●●●○●韻
漫悔懊。　細追思，恨從前容易，致得恩愛成煩
●●●韻　●○○句●●○○●句●●○○○
惱。心下事、千種盡憑音耗。以此縈牽，等伊來、自家
●韻○●●讀○●●○○●韻●●○○句●○○讀●○
向道。泊相見、喜歡存問，又還忘了。
●●韻●○讀●●○●句●○○●韻

　　此詞《樂章集》不載，見《花草粹編》。前段第一、二、三句與周、姜詞同，第四句以下則與"追想秦樓"詞同，惟後段第五句減二字，結句減二字。

　　柳詞二體雖無別首宋詞可校，然有宮調，自當編入。

金盞倒垂蓮三體

　　此調有平韻、仄韻兩體：平韻者見晁无咎《琴趣外篇》及《梅苑詞》，仄韻者見《松隱詞》。

金盞倒垂蓮

晁補之

　　雙調九十二字，前後段各九句四平韻。

休説將軍，解彎弓掠地，崑嶺河源。綵筆題詩，綠水
○●○○句●○○●●句●●○○韻●●○○句●●

映紅蓮。算總是、風流餘事，會須行樂年年。只有一
●○○韻●●●讀○○○●句○○○○○韻●●
部，隨軒脆管繁絃。　　多情舊遊尚憶，寄秋風萬
●句○○●●○○韻　　○○●●●句●○●
里，鴻雁天邊。未學元龍，豪氣笑求田。也莫爲、庭槐
●句○●○○韻●●○○句○●●○○韻●●讀○○
興歎，便傷搖落淒然。後會一笑，猶堪醉倒花前。
○●句●○●●○○韻●●●句○○●●○○韻

此調押平聲韻者，有晁詞、無名氏詞兩體。此詞前後段第六句七字，第七句六字，晁詞別首"諸阮英游"詞正與此同。按："諸阮英游"詞前段第五句"螺髻小雙蓮"，"螺"字平聲。第九句"桓伊危柱哀絃"，"危"字平聲。換頭句"身閒未應無事"，"無"字平聲。譜內可平可仄據此，餘參無名氏詞。

又一體

《梅苑》無名氏

雙調九十二字，前後段各九句四平韻。

依約疏林，見盈盈春意，幾點霜蕤。應是東君，試手
○●○○句●○○●句●●○○韻○●○○句●●
作芳菲。粉面倚風微笑，是日暖、雪已晴時。人静么
●○○韻●●●○○●句●●●讀●●○○韻○●○
鳳翩翩，踏碎殘枝。　　幽香渾無著處，甚一般雨露，
●○○句●●○○韻　　○○○○●句●●○●●句
獨占清奇。淡月疏雲，何處不相宜。陌上報春來也，
●●○○韻●●○○句○●●○○韻●●●○○●句

但緑暗、青子離離。桃杏應仗先容，次第追隨。
●●●讀○●○○韻○●○●○○句●●○○韻

此詞前後段第六句皆六字，第七句皆七字，兩結皆六字一句、四字一句，與晁詞異。

又一體

曹　勛

雙調九十二字，前段九句四仄韻，後段八句六仄韻。

穀雨初晴，對鏡霞乍斂，暖風凝露。翠雲低映，捧花
●●○○句●●○●●句●○○●韻●○○●句●○
王留住。滿闌嫩紅貴紫，道盡得、韶光分付。禁籞浩
○○●韻●○○●●●句●●●讀○○○●韻●●
蕩，天香巧隨天步。　　群仙倚春似語。遮麗日、更著
●句○○●○○●韻　　○○●○●●韻○●●讀●●
輕羅深護。半開微吐。隱非煙非霧。正宜夜闌秉燭，
○○○●韻●○○●韻●○○○●韻●○●○●●句
況更有、姚黄嬌妒。徘徊縱賞，任放濛濛柳絮。
●●●讀○○○●韻○○●●句●●○○●●韻

此調押仄聲韻者，衹此一詞，無別首可校。

塞翁吟一體

調見《清真樂府》，取《淮南子》塞上叟事爲調名。

塞翁吟

周邦彥

雙調九十二字，前段十句六平韻，後段九句四平韻。

暗葉啼風雨，窗外曉色朦朧。散水麝，小池東。亂一岸芙蓉。蘄州簟展雙紋浪，輕帳翠縷如空。夢遠別，淚痕重。淡鉛臉斜紅。　　忡忡。嗟憔悴、新寬帶結，羞艷冶、都銷鏡中。有蜀紙、堪憑寄恨，等今夜、灑血書詞，剪燭親封。菖蒲漸老，早晚成花，教見薰風。

此調祇有此體，方千里、楊澤民、陳允平和詞，吳文英、張炎、趙文諸詞，俱如此填。

此詞前段第五句、第十句例作上一下四句法，惟陳允平詞"鏡裏對芙蓉"，"一葉漫題紅"，微異。

按：張詞前段起句"交到無心處"，"交"字平聲。第二句"出岫話幽期"，"出"字仄聲。趙詞"還記初度年時"，"初"字平聲。陳詞第三句"檐佩冷"，"檐"字平聲。張詞"看流水"，"流"字平聲。張詞第七句"物外共鶴忘機"，"物"字仄聲。陳詞第八句"山萬疊"，"山"字平聲。吳詞結句"爲別翦珍叢"，"別"字仄聲。方詞後段第二句"徑分散、歌稀宴少"，"徑"字仄聲。陳詞"從別後、殘雲斷雨"，"別"字仄聲。趙詞"嗟漂泊、浮雲飛絮"，"飛"字平聲。陳詞第三句"餘香在、鮫綃帳中"，"香"字平聲。吳詞第四句"轉河影、浮槎信早","河"字平聲。陳詞"更懊恨、鐙花無準","無"字平聲。張詞第六句"都付陶詩","都"字平聲。趙詞第七句"百年正爾","百"字仄聲。陳詞第九句"立盡西風","立"字仄聲。譜內可平可仄據此。

意難忘一體

元高拭詞,注南呂調。

意難忘

蘇　軾

雙調九十二字,前後段各九句六平韻。

花擁鴛房。記彈肩髻小,約鬢眉長。輕身翻燕舞,低
⊖●○○韻●⊖○●●句○⊖○○韻○○○●●句
語囀鶯簧。相見處、便難忘。肯親度瑤觴。向夜闌、歌
●●○○韻⊖●●讀●○○韻●○●⊖○韻●●⊖讀○
翻郢曲,帶換韓香。　別來音信難將。似雲收楚峽,
○●●句●●○○韻　●○○●○○韻●○○●●句
雨散巫陽。相逢情有在,不語意難量。些箇事、斷人
●●○○韻○○○●●句●●●○○韻⊖●●讀●○
腸。怎禁得悽惶。待與伊、移根換葉,試又何妨。
○韻●○●⊖○韻●●⊖讀○○●●句●●○○韻

　　此調祇有此體,宋元詞俱如此填。
　　此詞前後段第四、五句例作五言對偶,第七句例作上一下四句法,填者審之。

前段起句，陳允平詞"額粉宮黃"，"額"字仄聲。第二句，周邦彥詞"愛停歌駐拍"，"停"字平聲。劉辰翁詞"看雨中鐙市"，"鐙"字平聲。第三句，陳詞"歌送瑤觴"，"歌"字平聲。第五句，高觀國詞"露靚挹芳紅"，"露"字仄聲。第七句，周詞"拌劇飲淋浪"，"拌"字平聲，"劇"字仄聲。第八句，高詞"料認得、嬌雲媚雨"，"得"字仄聲。劉詞"更可憐、紅啼桃臉"，"桃"字平聲。趙必瑑詞"把年時、芳情分付"，"年"字平聲。第九句，何夢桂詞"孤竹空桑"，"孤"字平聲。後段起句，周詞"知音見説無雙"，"知"字平聲，"見"字仄聲。第二、三句，林正大詞"聽子規啼月，愁減朱顔"，"子"字仄聲，"啼"字、"愁"字俱平聲。第四、五句，高詞"燭搖留醉枕，塵墜戀歌鐘"，"燭"字仄聲，"塵"字平聲。第七句，陳詞"雲雨夢猶妨"，"雲"字平聲，"雨"字仄聲。第八句，高詞"但看取、天長地久"，"取"字仄聲。劉詞"漫三杯、擁鑪覓句"，"三"字平聲，"擁"字仄聲。第九句，陳詞"虛度風光"，"虛"字平聲。譜內可平可仄據此。

東風齊著力一體

調見《草堂詩餘》，胡浩然《除夕》詞也。按：《禮記·月令》："孟春之月，東風解凍。"又唐人曹松《除夜》詩"殘臘即又盡，東風應漸聞。"故云《東風齊著力》。

東風齊著力

胡浩然

雙調九十二字，前段十句四平韻，後段九句五平韻。

殘臘收寒，三陽初轉，已換年華。東君律管，迤邐到
○●○○句○○○●句●●○○韻○○●●句●●
山家。處處笙簧鼎沸，排佳宴、坐列仙娃。花叢裏，金
○○韻●●○○●●句○○讀●○○○韻○○●句○
鑪滿蓺，龍麝煙斜。　　此景轉堪誇。深意祝、壽山福
○●●句○○○韻　　●●●○○韻○●讀●○○●
海增加。玉觥滿泛，且莫厭流霞。幸有迎春綠醑，銀
●○○韻●●●●句●●●○○韻●●○○●●句○
瓶浸、幾朶梅花。休辭醉，園林秀色，百草萌芽。
○●讀●●○○韻○○●句○○●●句●●○○韻

此調祇有此詞，無別首宋詞可校。

遠朝歸一體

調見《梅苑》詞。

遠朝歸

趙耆孫

雙調九十二字，前段十句五仄韻，後段九句五仄韻。

金谷先春，見乍開江梅，晶明玉膩。珠簾院落，人靜
○●○○句●●○○句○○●●韻○○●●句○●
雨疏煙細。橫斜帶月，又別是、一般風味。金尊裏。任
●○○韻○○●●句●●●讀●○○●韻○○●韻●
遺英亂點，殘粉低墜。　　惆悵杜隴當年，念水遠天
◐○●句○●○●韻　　◐●●○○句●●○○

長，故人難寄。山城倦眼，無緒更看桃李。當時醉魄，
○句●○○●韻○○●●句○●●○○●韻○○●●句
算依舊、徘徊花底。斜陽外，漫回首畫樓十二。
●●●讀○○○●韻○○●韻○●●○●●韻

　　此調祇有趙詞及無名氏"新律纔交"詞，故此詞可平可仄，
悉參無名氏詞。

　　《花草粹編》本此詞第三句脱去"晶明"二字，今從《梅苑》
詞本校正。

　　按：《梅苑》無名氏詞前段第四句"煙籠淡妝"，"妝"字平
聲。第五句"恰值雨膏初細"，"恰"字仄聲。第七句"記他日、
酸甜滋味"，"他"字、"酸"字俱平聲。第九句"伴玉簪鳳釵"，
"玉"字仄聲，"釵"字平聲。後段第三句"竟日何際"，"日"字仄
聲。第七句"且莫負、尊前花底"，"莫"字仄聲。第九句"儘銅
壺漏傳三二"，"壺"字、"三"字俱平聲。譜内可平可仄據此。

　　前後段第八句"金尊裏"，"斜陽外"皆押韻。無名氏詞"多
應是"，"拌沉醉"亦然。或疑"外"字非韻，不知古韻以支、微、
齊、佳、灰五韻爲徵音同用，故紙、寘、尾、未、薺、霽、蟹、泰、卦、
賄、隊等韻皆可通用。歐陽修《踏莎行》詞："候館梅殘，溪橋柳
細。行人更在春山外。""細"、"外"二韻同押，亦可證也。

露華二體

　　唐李白《清平調詞》"東風拂檻露華濃"，調名本此。按：此
調有仄韻、平韻兩體，周密平韻詞名《露華慢》。

露華

王沂孫

雙調九十二字，前段十句五仄韻，後段九句五仄韻。

紺葩乍坼。笑爛漫嬌紅，不是春色。換了素妝，重把
⊙○●韻●●○○句●●○●韻●●●○句●●
青螺輕拂。舊歌共渡煙江，却占玉奴標格。風霜峭，
○○●韻●○●●○○句●●●○○●韻○○●句
瑤臺種時，付與仙骨。　　閉門晝掩淒惻。似淡月梨
○○●○句●●○●韻　　●○●●○●韻●●●○
花，重化清魄。尚帶唾痕香凝，怎忍攀摘。嫩綠漸暖
○句⊙●○●韻●●●○○○句●●○●韻●●●●
溪陰，蔌蔌粉雲飛出。芳艷冷，劉郎未應認得。
○○韻●●●○○●韻○●●句○○●○●●韻

此調押仄聲韻者祇有此體，張翥、陶宗儀詞俱如此填。

按：張詞前段起句"瀛洲種玉"，"瀛"字平聲。第四、五句"琢就瑤笄，光映鬢雲斜畫"，"瑤"字平聲，"鬢"字仄聲。第六句"幾度借取搔頭"，"度"字仄聲。第八句"風露冷"，"露"字仄聲。後段第五句"爭忍輕觸"，"爭"字平聲。第七句"珠履舊遊誰續"，"珠"字平聲。陶詞前段第五句"巧把黛螺輕幂"，"巧"字仄聲。第六句"莫是歌渡煙江"，"歌"字平聲。第九句"深宮紺袖"，"袖"字仄聲。結句"唾花猶濕"，"花"字平聲。換頭句"問他阿母消息"，"問"字仄聲。第六句"誰顧采香仙客"，"誰"字平聲。譜內可平可仄據此。

又一體

王沂孫

雙調九十四字，前段十句四平韻，後段九句四平韻。

晚寒竚立，記鉛輕黛淺，初認冰魂。碧羅襯玉，猶凝
●○●●句●○●●句○●○○韻●○●●句○○
茸唾香痕。净洗妒春顏色，勝小紅、臨水湔裙。煙渡
○●○韻●●●○○●句●●○讀○●○○韻○●
遠，應憐舊曲，換葉移根。　山中去年人別，怪月悄
●句○○●●句●●○○韻　○○●○○●句●●●
風輕，閒掩重門。瓊肌瘦損，那堪燕子黃昏。幾片過
○○句○●○○韻○○●●句●○●●○○韻●●●
溪浮玉，似夜歸、深雪前村。芳夢冷，雙禽誤宿粉痕。
○○●句●●○讀○●○○韻○●●句○○●●●○韻

此調押平聲韻者祇此一體，句讀與仄韻詞同，惟前後段第七句各添一字，周密、張炎詞俱如此填。

按：周詞後段第四、五句"選歌試舞，連宵戀醉瑶蕖"，"選"字仄聲，"連"字平聲。張詞前段第二、三句"正翠蹊誤曉，玉洞明春"，"翠"字、"玉"字俱仄聲。第四、五句"蛾眉淡掃，背風不語盈盈"，"蛾"字平聲，"背"字、"不"字俱仄聲。第七句"引劉郎、不是飛瓊"，"劉"字平聲，"不"字仄聲。後段起句"一掬瑩然生意"，"一掬"二字俱仄聲。第六、七句"花下可憐仙子，醉東風、猶自吹笙"，"花"字、"東"字俱平聲。第九句"漁翁正迷武陵"，"迷"字平聲。譜内可平可仄據此。

薄媚摘遍一體

沈括《夢溪筆談》:"所謂大遍者,凡數十解,每解有數疊,裁截用之,則謂之摘遍。"按:《薄媚》大曲凡十遍,此蓋摘其入破之一遍也。

薄媚摘遍

趙以夫

雙調九十二字,前段十一句三仄韻、一叶韻,後段十句四仄韻、一叶韻。

桂香消,梧影瘦,黄菊迷深院。倚西風,看落日,長江
●〇〇句〇●句〇●●韻〇〇句〇●●句〇〇
東去如練。先生底事,有賦飄然,剛道爲田園。獨醒
〇●〇●韻〇〇●●句●●〇〇句〇●〇〇叶●●
何爲,持杯自勸未能免。　休把茱萸吟翫。但管年
〇〇句〇〇●●●〇●韻　〇●〇〇〇●韻●●〇
年健。千古事,幾憑闌,吾生九十强半。歡娛終日,富
〇韻〇●●句〇〇〇句〇〇●●〇●韻〇〇〇●句●
貴何時,一笑醉鄉寬。倒載歸來,回廊月又滿。
●〇〇句●●●〇〇叶●●〇〇句〇〇●●●韻

此詞仄韻中入平韻,亦是本部三聲叶,與大曲《薄媚入破》第一詞大同小異,惟《虛齋樂府》有之,其平仄無別首宋詞可校。

戀香衾一體

金詞注仙呂調。

戀香衾

呂渭老

雙調九十二字，前後段各八句四平韻。

記得花陰同攜手，指定日、許我同歡。喚做真成，耳
● ● ○ ○ ○ ● 句 ● ● 讀 ● ● ○ ○ 韻 ● ● ○ ○ 句 ●
熱心安。打疊從來不成器，待做箇、平地神仙。又却
● ○ ○ 韻 ● ● ● ○ ● ● 句 ● ● ● 讀 ○ ● ○ ○ 韻 ● ●
不成些事，驀地驚殘。　　據我如今沒投奔，見著你、
● ○ ○ 句 ● ● ○ ○ 韻　　● ● ○ ○ ● ● ● 句 ● ● ● 讀
淚早偷彈。對月臨風，一味埋冤。笑則人前不妨笑，
● ● ○ ○ 韻 ● ● ○ ○ 句 ● ● ○ ○ 韻 ● ● ○ ○ ● ● ● 句
行笑裏、斗覺心煩。怎生分得煩惱，兩處勻攤。
○ ● ● 讀 ● ● ○ ○ 韻 ● ○ ○ ● ● 句 ● ● ○ ○ 韻

此亦謔詞，因其調僻，採以備體。

按：金元曲子仙呂調者，前後段第二句皆六字，較此詞各減一字，在宋詞中無別首可校。

滿江紅十四體

此調有仄韻、平韻兩體。仄韻詞,宋人填者最多,其體不一,今以柳詞爲正體,其餘各以類列。《樂章集》注仙呂調,元高拭詞注南呂調。平韻詞,祇有姜詞一體,宋元人俱如此填。

滿江紅

柳　永

雙調九十三字,前段八句四仄韻,後段十句五仄韻。

暮雨初收,長川靜、征帆夜落。臨島嶼、蓼煙疏淡,葦
●●○○句●●●讀●○●讀●●●●句
風蕭索。幾許漁人橫短艇,盡將鐙火歸村落。遣行客、
○○韻●●○○○●●句●○○●○○●韻●○●讀
當此念回程,傷漂泊。　　桐江好,煙漠漠。波似染,
●●●○○句○○韻　　○○●句○●●韻○●●句
山如削。繞嚴陵灘畔,鷺飛魚躍。遊宦區區成底事,
○○●韻●○○○●句●○○●韻○●○○○●●句
平生況有雲泉約。歸去來、一曲仲宣吟,從軍樂。
○○●●○○●韻○●○讀●●●○○句○○●韻

此調押仄聲韻者以柳詞此體爲定格。若張詞之多押兩韻,戴詞之多押一韻,呂詞之減字,蘇、趙、辛、柳、杜詞之添字,以及葉詞之句讀異同,王詞之句讀全異,皆變格也。

周紫芝詞前後兩結"問向晚、誰欲畫漁蓑,寒江立","便準擬、一醉廣寒宮,千山白","向晚"、"準擬"四字俱仄聲。

"把功名、收拾付君侯,如椽筆","正梅花、萬里雪深時,須相憶","功名"、"梅花"四字俱平聲。程垓詞"但獨褰、幽幌悄無音,傷離別","問甚時、重理錦囊書,從頭説","獨"字、"甚"字俱仄聲,"褰"字、"時"字俱平聲。均屬正體,填者不拘。又換頭四句,原屬六字折腰兩句,當以此詞之平仄爲定格,如譜內張詞、戴詞亦爲合格。若蔡伸詞起句之"並蘭舟","舟"字平聲。范成大詞起句之"志千里","志"字仄聲。袁去華詞第二句之"道傍李","道"字仄聲。曹冠詞第三句之"醉夢裏","醉"字仄聲。楊炎昶詞第四句之"酒無力","酒"字仄聲。非定格也。又侯寘詞後段第六句"經營拂掠","拂"字入聲。張炎詞結句"白鷗識","白"字入聲。此皆以入作平,不注可仄。又蘇軾詞後段第七句"欲向佳人訴離恨","離"字平聲。柳詞別首後段第九句"待到頭、終久問伊著","著"字仄聲。趙師俠詞結句"無杜宇","杜"字仄聲。此皆偶誤,亦不注可平可仄。

按:張孝祥詞前段第三、四句"動遠思、空江小艇,高丘喬木","高"字平聲。范成大詞後段第六句"桃根雙楫","桃"字平聲。譜內據此,餘參張元幹以下八詞。

又一體

張元幹

雙調九十三字,前段八句五仄韻,後段十句六仄韻。

春水連天,桃花浪、幾番風惡。雲乍起、遠山遮盡,
○●○○句○○●讀●○○韻○●●讀●○○●句
晚風還作。綠遍芳洲生杜若。楚帆帶雨煙中落。認向
●○○●韻●●○○○●●韻●○●●○○●韻●●

來、沙嘴共停橈，傷飄泊。　寒猶在，衾偏薄。腸
○讀○●●○○句○○●韻　○○●句○○●韻○
欲斷，愁難著。倚蓬窗無寐，引杯孤酌。寒食清明都
●●句○○●韻●○○●句●○○●韻○●○○○
過却。可憐辜負年時約。想小樓、日日望孤舟，人
●●韻●○○●○○●韻●○○讀●●●○○句○
如削。
○●韻

此與柳詞同，惟前段第五句、後段第七句皆押韻異。

按：程泌"頗恨登臨"詞前段第五、六句"當日臥龍商略處，秦淮王氣真何許"，後段第七、八句"可笑唐人無意度，却言此虎凌波去"，正與此同。

又一體

戴復古

雙調九十三字，前段八句四仄韻，後段十句六仄韻。

赤壁磯頭，一番過、一番懷古。想當時、周郎年少，
●●○○句●○讀●○○●韻●○讀○○○●句
氣吞區宇。萬騎臨江貔虎噪，千艘烈炬魚龍怒。卷長
●○○●韻●●○○○●●句○○●●○○●韻●○
波、一鼓困曹瞞，今如許。　江上渡。江邊路。形
○讀●●●○○句○●●韻　○●●韻○○●韻○
勝地，興亡處。覽遺蹤，勝讀史書言語。幾度東風吹
●●句○○●韻●○●句●●●○○●韻●●○○○
世換，千年往事隨潮去。問道旁、楊柳為誰春，搖
●●句○○●●○○●韻●●○讀○●●○○句○

金縷。
〇●韻

此與柳詞同，惟換頭句多押一韻。按：晁補之"莫話南征"詞："清時事。羈遊意。盡付與，狂歌醉。"段克己詞"活國手。談天口。都付與，尊中酒。"正與此同。

此詞後段第五、六句作上三下六句法，宋詞如此者甚多。如柳詞別首之"儘思量，休又怎生休得"，周紫芝詞"又何如，聊遣舞衣紅濕"，皆與此同。

又一體

呂渭老

雙調九十一字，前段八句四仄韻，後段十句五仄韻。

燕拂危檐，斜日外、數峰凝碧。正暗潮生渚，暮風飄
●●〇〇句〇●●讀●〇〇●韻●〇〇●句●〇〇
席。初過南村沽酒市，連空十頃菱花白。想故人、輕
●韻〇●〇〇〇●●句〇〇●●〇〇●韻●●〇讀〇
箎障遊絲，聞遥笛。　魚與雁，通消息。心與夢，
●●〇〇句〇〇●韻　〇●●句〇〇●韻〇●●句
空牽役。到如今相見，怎生休得。斜抱琵琶傳密意，
〇〇●韻●〇〇〇●句●〇〇●韻〇●〇〇〇●●句
一襟新月橫空碧。問甚時、同作醉中仙，煙霞客。
●〇〇●〇〇●韻●●〇讀〇●●〇〇句〇〇●韻

此亦柳詞體，惟前段第三句減二字異。按：程垓詞"況人間元似，泛家浮宅"，呂本中詞"對一川平野，數椽茅屋"，康與之詞"正青春未老，流鶯方歇"，嚴羽詞"正錢唐江上，潮頭如雪"，俱與此同。

1007

又一體

呂渭老

雙調八十九字,前段七句四仄韻,後段十句五仄韻。

晚浴新涼,風蒲亂、松梢見月。庭陰靜、暮蟬啼歇。
●●○○句○○●讀○○●●韻○○讀●○●韻
螢遶井闌簾入燕,荷香蘭氣供搖箑。賴晚來、一雨洗
○●●○○●●句○○○●○○●韻●●○讀●●●
游塵,無些熱。　心下事,峰重疊。人甚處,星明
○○句○○●韻　○●●句○○●韻○●●句○○
滅。想行雲應在,鳳凰城闕。曾約佳期同菊蕊,當時
●韻●○○●●句●○○●韻○●○○○●●句○○
共指鐙花説。據眼前、何日是西風,吹涼葉。
●●○○●韻●●○讀○●●○○句○○●韻

此亦柳詞體,惟前段第三句減四字。按:呂詞別首"笑語移時"詞"鮮明是,晚來妝飾",正與此同。

又一體

蘇　軾

雙調九十四字,前段八句四仄韻,後段十句五仄韻。

東武城南,新堤固、漣漪初溢。隱隱遍、長林高阜,
○●○○句○○●讀○○●韻●●讀○○○●句
臥紅堆碧。枝上殘花吹盡也,與君試向江邊覓。問向
●○○●韻○●○○○●●句●○●●○○●韻●●

前、猶有幾多春，三之一。　　官裏事，何時畢。風
○讀○●●○○句○○●韻　　○●●句○○●韻○
雨外，無多日。相將泛曲水，滿城争出。君不見、蘭
●●句○○●韻●●○○句●○○●韻○●●讀○
亭脩禊事，當時座上皆豪逸。到如今、修竹滿山陰，
○○●●句○○●●○●韻●○○讀●○●○○句
空陳迹。
○○●韻

此亦與柳詞同，惟後段第七句添一字。按：蘇詞別首
"憂喜相尋"詞後段第七、八句"君不見、周南歌漢廣，天教
夫子休喬木"，李嬰"荆楚風煙"詞"君不見、凌煙冠劍客，何
人氣貌長似舊"，正與此同。

又一體

趙　鼎

雙調九十四字，前段八句四仄韻，後段十句五仄韻。
慘結秋陰，西風送、絲絲雨濕，凝望眼、征鴻幾字，
●●○○句○○●讀●●○●韻○●讀○○●●句
暮投沙磧。欲往鄉關何處是，水雲浩蕩連南北。但修
●●○●韻●●○○○●●句●○●●○○●韻●○
眉、一抹有無中，遥山色。　　天涯路，江上客。腸
○讀●●●○○句○○●韻　　○○●句○●●韻○
已斷，頭應白。空搔首興歎，暮年離隔。欲待忘憂除
●●句○○●韻○○●○●句●○○●韻●●●○○
是酒，奈酒行欲盡愁無極。便挽將、江水入尊罍，澆
●●句○●○●●○○●韻●●○讀○●●○○句○

胸臆。
〇●韻

此亦與柳詞同,惟後段第八句添一字。按:李昂英"薄冷催霜"詞後段第七、八句"萬里寒雲迷北斗,望遠峰夕照頻西顧",正與此同。

又一體

辛棄疾

雙調九十四字,前段八句四仄韻,後段十句五仄韻。

點火櫻桃,照一架、酴醾如雪。春正好、見龍孫穿
●●〇〇句●●讀〇〇〇韻〇●●讀●〇〇
破,紫苔蒼壁。乳燕引雛飛力弱,流鶯喚友嬌聲怯。
●句●〇〇●韻●●●〇〇●●句〇〇●●〇〇●韻
問春歸、不肯帶愁歸,腸千結。　層樓望,春山
●〇〇讀●●●〇〇句〇〇●韻　〇〇●句〇〇
疊。家何在,煙波隔。把古今遺恨,向他誰說。蝴蝶
●韻〇〇●句〇〇●韻●●〇句●〇〇●韻〇●
不傳千里夢,子規叫斷三更月。聽聲聲、枕上勸人
●〇〇●●句●〇●●〇〇●韻●〇〇讀●●●〇
歸,歸難得。
〇句〇〇●韻

此亦與柳詞同,惟前段第三句添一字異。

又一體

柳　永

雙調九十七字，前段八句五仄韻，後段十句六仄韻。

萬恨千愁，將年少、衷腸牽繫。殘夢斷、酒醒孤館，
●●○○句○○●讀○○●韻○●●讀●○○●句
夜長滋味。可惜許、枕前多少意。到如今、兩總無終
●○○●韻●●●讀○○○●韻●○○讀●○○
始。獨自箇、贏得不成眠，成憔悴。　添傷感，消
●韻●●●讀○●●○句○○●韻　○○●句○
何計。空只恁，厭厭地。無人處思量，幾度垂淚。不
○●韻○●●句○○●韻○○●○○句●●○●韻●
會得、都來些子事。甚恁底、抵死難拌棄。待到頭、
●●讀○○●●韻●●●讀●●○○●韻●●○讀
終久問伊著，如何是。
○●●○●句○○韻

此即"暮雨初收"詞體，惟前段第五、六句，後段第七、八句，各添一襯字，又"意"字、"事"字皆押韻。

又一體

杜　衍

雙調九十四字，前段九句四仄韻，後段十句五仄韻。

無名無利，無榮無辱，無煩無惱。夜鐙前、獨歌獨
○○●●句○○●●句○○●●韻●○○讀●○

酌,獨吟獨笑。又值群山初雪滿,又兼明月交光好。便假饒、百歲擬如何,從他老。　知富貴,誰能保。知功業,何時了。算簞瓢金玉,所爭多少。一瞬光陰何足道,但思行樂常不早。待春來、攜酒殢東風,眠芳草。

此詞見《花草粹編》,採之《言行錄》,即柳詞九十三字體。惟前段第一句平仄不同,第二句添一襯字作四字兩句,若減去襯字,則"無榮辱,無煩無惱",仍是上三下四句法,便合調矣。

又一體

葉夢得

雙調九十一字,前段八句四仄韻,後段十句五仄韻。

雪後郊原,煙林外、梅花初坼。春欲半,猶自探春消息。一眼平蕪看不盡,夜來小雨催新碧。笑去年、攜酒折花人,花應識。　蘭舟漾,城南陌。雲影淡,天容窄。繞風漪十頃,暖浮晴色。恰是槎頭收釣處,坐中仍有江南客。問如何、兩槳下苕溪，吞雲澤。
●○○●○○●韻●○○讀●●●○○句○○●韻

此亦與柳詞同，惟前段第三、四句作三字一句、六字一句異。

又一體

葉夢得

雙調九十一字，前段八句四仄韻，後段九句五仄韻。

一朵黄花，先催報、秋歸消息。滿芳枝凝露，爲誰裝
●●○○句○○讀○○●韻●○○●句●○○
飾。便向尊前拚醉倒，古今同是東籬側。問何須、特
●韻●●○○●●●韻●○○●●○○●韻●○○讀●
地賦歸來，拋彭澤。　　回首去年時節。開口笑，真
●●○○句○○●韻　　○●●○○●韻○●●句○
難得。使君今那更，自成行客。霜鬢不辭重插滿，他
○●韻●○○●●句●○○●韻○●●○○●●句○
年此會何人憶。記多情、曾伴小闌干，親攀摘。
○●●○○●韻●○○讀○●●○○句○○●韻

此亦與柳詞同，惟後段起句作六字一句異。

又一體

王之道

雙調九十二字，前段八句五仄韻，後段八句七仄韻。

竹馬來迎，留不住、寸心如結。歷湖濱、須濡相望，
●●○○句○●●讀●○○●韻●○○讀○○○●句

近同吳越。闕里風流今未減。此行報政看朞月。已驗
●○●韻●●○○●●韻●●○○●●韻●●
康沂富國，千古曾無別。　　多謝潤沾枯轍。令我神
○○●●句○●●韻　　○●●○○●韻○●○
思清發。新命歡浹。兩邦情愜。明日西風帆卷席。高
○○●韻○●●韻●○○●韻○●○○○●●韻○
檣到處旌麾列。忽相思、吾當往，誰謂三山隔。
○○●●○●韻●○○讀○○●句○●○○●韻

　　此詞前後段兩結及換頭句句讀與諸家全異，譜中採入，
以備一格。

又一體

姜　夔

　　雙調九十三字，前段八句四平韻，後段十句五平韻。
仙姥來時，正一望、千頃翠瀾。旌旗與、亂雲俱下，
○●○○句●●●讀○●●韻○○●讀●○●●句
依約前山。命駕群龍金作軛，相從諸娣玉爲冠。向夜
●●○韻●●○○○●●句○○○●●○韻●●
深、風定悄無人，聞佩環。　　神奇處，君試看。奠
○讀○●●○○句○●韻　　○○●句○●韻●
淮右，阻江南。遣六丁雷電，別守東關。應笑英雄無
○●句●○○韻●●○○●句●●○○韻○●○○○
好手，一篙春水走曹瞞。又怎知、人在小江樓，簾
●●句●○○●●○○韻●●○讀○●●○○句○
影間。
●○韻

此調押平聲韻者祇有此體，句讀與仄韻詞同。
按：姜詞自序云："《滿江紅》舊詞用仄韻，多不叶律。如周邦彥詞'無心撲'句，歌者將'心'字融入去聲，方諧音律。予欲以平韻爲之，久不能成，因泛巢湖，祝曰：'得一席風，當以平韻《滿江紅》爲神姥壽。'言訖，風與帆俱駛，頃刻而成。末句云'聞佩環'，則叶律矣。"此詞兩結三字句，並用平仄平，吳文英、彭元遜、彭芳遠、李琳諸詞皆然。按：吳詞前段第一、二句"竹下門敲，又呼起、蝴蝶夢清"，"竹"字仄聲，"呼"字平聲。又一首"雲氣樓臺，分一派、滄浪翠蓬"，"分"字、"浪"字俱平聲。第三、四句"閒裏看、鄰牆梅子，幾度生仁"，"裏"字仄聲，"鄰"字平聲，"幾"字仄聲。彭詞"西樓外、天低水湧，龍挾秋吟"，"水"字仄聲。吳詞第五、六句"風送流花時過岸，浪搖晴棟欲飛空"，"風"字平聲，"浪"字仄聲。彭詞"銜盡吳花成鹿苑，人間不恨雨和風"，"不"字仄聲。吳詞第七句"算鮫宮、祇隔一紅塵"，"鮫"字平聲，"祇"字仄聲。彭詞後段第一、二、三、四句"山霧濕，倚熏籠。垂匃葉，鬢酥融"，"霧"字、"倚"字俱仄聲，"熏"字、"垂"字俱平聲，"匃"字仄聲。第五、六句"恨宮雲一朵，飛過空同"，"宮"字平聲，"一"字仄聲，"飛"字平聲。吳詞第七句"秋色未教飛盡雁"，"未"字仄聲。李詞"佛界三千籠日月"，"佛"字仄聲。第八句"仙樓十二挂星辰"，"仙"字平聲，"十"字仄聲。吳詞第九句"看高鴻、飛上碧雲中"，"高"字平聲。彭詞"問故人、忍更負東風"，"忍"字仄聲。譜內可平可仄據此。

詞譜卷二十三

淒涼犯三體

《白石詞》注仙呂調犯商調，一名《瑞鶴仙影》。其自序曰："合肥巷陌皆種柳，秋風夕起騷騷然。余客居闔戶，時聞馬嘶，出城四顧，則荒煙野草，不勝淒黯，乃著此解。琴有《淒涼調》，假以爲名。凡曲言犯者，謂以宮犯商、商犯宮之類。如道調宮上字住，雙調亦上字住，所住字同，故道調曲中犯雙調，或於雙調曲中犯道調，其他準此。唐人樂書云，犯有正、旁、偏、側：宮犯宮爲正，宮犯商爲旁，宮犯角爲偏，宮犯羽爲側。此說非也。十二宮所住字各不同，不容相犯，十二宮特可犯商、角、羽耳。"

淒涼犯

姜　夔

雙調九十三字，前段九句六仄韻，後段九句四仄韻。

綠楊巷陌。西風起、邊城一片離索。馬嘶漸遠，人歸
●○●●韻○○●讀○○●●○●韻●○●●句●○
甚處，戍樓吹角。情懷正惡。更衰草寒煙淡薄。似當
●●句●○○●韻○○●●韻●○●○○●●韻●○
時、將軍部曲，迤邐度沙漠。　　追念西湖上，小舫
○讀●○●●句●●●○●韻　　●●○○●句●●

携歌，晚花行樂。舊游在否，想如今、翠凋紅落。漫
○○句●○○●韻●○●●句●○●讀●○○●韻◐
寫羊裙，等新雁來時繫著。怕匆匆、不肯寄與，誤
●○○句●○●○○●●韻●○◐讀◐●●●句●
後約。
●●韻

　　此調爲姜夔自度曲，自應以此詞爲正體，吳文英"空江
浪闊"詞正與此同。若張詞之前段第一、二句句讀小異，或
添一字，皆變體也。
　　按：吳詞前段起句"空江浪闊"，"空"字平聲。第五句
"露搔淚濕"，"淚"字仄聲。後段起句"樊姊玉奴恨"，"玉"
字仄聲。第八句"倚瑤臺十二金錢"，"錢"字平聲。譜內可
平可仄據此，餘參張詞二首。

又一體

張　炎

雙調九十三字，前段九句五仄韻，後段九句四仄韻。

西風暗翦荷衣碎，柔絲不解重緝。荒煙斷浦，晴暉凌
○○●●○○●句○○●●○●韻○○●●句○○○
亂，半江搖碧。悠悠望極。忍獨聽、秋聲漸急。更憐
●句●○○●韻○○●●韻●●◐讀○○●●韻●○
他、柳髮蕭條，相爲動愁色。　　老態今如此，猶自
○讀●●○○句○●●○●韻　　●●○○●句○●
留連，醉筇遊屐。不堪瘦影，渺天涯、儘成行客。因
○○句●○○●韻●○●●句●○○讀●○○●韻○

甚忘歸，漫吹裂、山陽夜笛。夢三十六陂流水，去
●○○句●○●讀○○●●韻●○○●○○句●
未得。
●●韻

　　此亦姜詞體，惟前段起句七字不押韻，第二句六字，後段第八句不折腰異。

又一體

張　炎

　　雙調九十四字，前段九句五仄韻，後段九句四仄韻。

蕭疏野柳嘶寒馬，蘆花深、還見遊獵。山勢北來，甚
○○●●○○●句○○○讀○●●○韻○●●○句●
時曾到，醉魂飛越。酸風自咽。擁吟鼻、征衣暗裂。
○○●句●○○●韻○○●●韻○○●讀○○●●韻
正淒迷、天涯羈旅，不似灞橋雪。　　誰念而今老，
●○○讀○○○句●●●○●韻　　○●○○●句
懶賦長楊，倦懷休說。空憐斷梗，夢依依、歲華輕
●●○○句●○○●韻○○●●句●○○讀●○○
別。待擊歌壺，怕如意、和冰凍折。且行行、平沙萬
●韻●●○○句●○●讀○○●●韻○○○讀○○●
里，盡是月。
●句●●●韻

　　此與"西風暗翦"詞同，惟前段第二句添一字作上三下四句法異。

浣溪沙慢一體

調見《片玉集》,亦名《浣溪紗慢》。

浣溪沙慢

周邦彥

雙調九十三字,前段九句五仄韵,後段十句五仄韻。

水竹舊院落,鶯引新雛過。嫩英翠幄,紅杏交榴火。
●●●●●句○●○○●韻○●○句●○○●韻
心事暗卜,葉底尋雙朶。深夜歸青瑣。鐙盡酒醒時,
○●●●句●●○●●韻○●○○●韻●●●○句
曉窗明、釵橫鬢嚲。　　怎生那。被間阻時多,奈
●○○讀○○●●韻　　●○●韻●●○○句●
愁腸數疊,幽恨萬端,好夢還驚破。可怪近來,傳語
○○●●句○●●●句●●○○●韻●●●○句○●
也無箇。莫是嗔人呵。果若是嗔人,却因何、逢人
●○●韻●●○○●韻●●●○○句●○○讀○○
問我。
●●韻

此詞《清真集》不載,故方千里、楊澤民、陳允平皆無和詞。

前段第二句坊刻作"櫻笋新蔬果",今依《苕溪詞話》訂正。

四犯翦梅花三體

調見《龍洲詞》。前後段首句不押韻者名《四犯翦梅花》，押韻者名《轆轤金井》。盧祖皋詞名《月城春》。又名《錦園春》，一名《三犯錦園春》。

四犯翦梅花

劉　過

雙調九十三字，前段九句五仄韻，後段十句五仄韻。

水殿風凉，賜環歸、正是夢熊華旦。疊雪羅輕，稱雲
●●○○句　●●○讀　●●●○○句　●●○○句　●○
章題扇。西清侍宴。望黃傘、日華籠輦。金券三王，
○○●韻　○○●韻　●○●讀　●○○●韻　○○○句
玉堂四世，帝恩偏眷。　　臨安記、龍飛鳳舞，信神
●○●●句　●○○●韻　　○○●讀　○○●●句　●○
明有後，竹梧陰滿。笑折花看，裏荷香紅淺。功名歲
○●●句　●○○●韻　●●○○句　●○○○●韻　○○●
晚。帶河與、礪山長遠。麟脯杯行，狨韉坐穩，內家
●韻　●○讀　●○○●韻　○●○○句　○○●●句　●○
宣勸。
○●韻

此調前段第一、二句，即《解連環》之第一、二、三句；第三、四句，即《醉蓬萊》之第四、五句；第五、六句，即《雪獅兒》之第六、七句；第七、八、九句，即《醉蓬萊》之第九、第

十、第十一句；後段第一、二、三句，即《解連環》之第一、二、三句；第四、五句，即《醉蓬萊》之第五、六句；第六、七句，即《雪獅兒》之第六、七句；第八、九、十句，即《醉蓬萊》之第十、第十一、十二句。凡集四調，故曰"四犯"。本屬三調，故又曰"三犯"。細辨句讀，應以盧詞爲合格。若劉詞之前後段起句不押韻，第二句作上三下六句法，後段起句又多一字，似與《解連環》不合，因相傳已久，故仍列劉詞於前，以備參考。其可平可仄則注於盧詞之下，以見此調之正體也。

又一體

劉　過

雙調九十三字，前段九句六仄韻，後段十句六仄韻。

翠眉重掃，後房深、自喚小蠻嬌小。繡帶羅垂，報濃
●○○●韻●○○讀●●○○韻●●○○句●○
妝纔了。堂虛夜悄。但依約、鼓簫聲鬧。一曲梅花，
○○●韻○○●●韻●○○讀●○○●韻●●○○句
尊前舞徹，梨園新調。　　高陽醉、玉山未倒。看輭
○○●●句○○○●韻　　○○●讀●○●●韻○●
飛鳳翼，玉釵微裊。秋滿東湖，更西風凉早。桃源路
○●●句●○○●韻●●○○句●○○○●韻○○●
杳。記流水、泛舟曾到。桂子香濃，梧桐影轉，月寒
●韻●○○讀●○○●韻●●○○句○○●●句●○
天曉。
○●韻

此與"水殿風凉"詞同，惟前段起句及換頭句皆押韻異。

又一體

盧祖皋

雙調九十二字，前後段各十句六仄韻。

五雲騰曉。望凝香畫戟，恍然蓬島。玉露冰壺，照神
●○○●韻●○○●●句●○○●韻●○○●句●○
仙風表。詩書坐嘯。喚淮楚、滿城春好。雨谷催耕，
○○●韻○○●●韻●○●讀●○○●韻●●○○句
風帘戲鼓，家家歡笑。　　南湖細吟未了。看金蓮
○○●●句○○○●韻　　　○○●○●●韻●○○
夜直，丹鳳飛詔。鬢影青青，辦功名多少。持杯滿
●●句○●○●韻●●○○句●○○○●韻○○●
酹。聽千里、咸歌難老。試問尊前，蟠桃次第，紅芳
●韻●○●讀○○○●韻●●○○句○○●●句○○
猶小。
○●韻

　　此詞前段第一句押韻，第二句五字，第三句四字，後段第一句六字押韻，方與《解連環》調句讀合，盧詞三首並同。

　　按：盧詞別首前段第四、五句"絲雨濛晴，放珠簾高卷"，"絲"字平聲。後段第一、二、三句"洛陽畫圖舊見。向天香深處，猶認嬌面"，"洛"字仄聲，"深"字平聲。第四、五句"露縠霞綃，聞綺羅裁翦"，"聞"字平聲，"綺"字仄聲。餘參劉詞，惟前段起句劉詞第一首不押韻，換頭句劉詞二首俱七字，不便參校，因不據作譜。

高平探芳新一體

調見《夢窗詞》，吴文英自度高平調曲。

高平探芳新

吴文英

雙調九十三字，前段十二句一叶韻、四仄韻，後段十二句五仄韻。

九街頭。正軟塵酥潤，雪消殘溜。禊賞祇園，花艷雲
●〇〇叶●●〇〇●句●〇〇●韻●〇〇句〇〇
陰籠晝。層梯峭，空麝散，擁凌波，縈翠袖。歎年端，
〇〇韻〇〇句〇●●句●〇〇句●●韻●〇〇句
連環轉，爛漫遊人如繡。　　腸斷回廊竚久。便寫意
〇〇●句●●〇〇〇●韻　　〇●〇〇●●韻●●
濺波，傳愁蹙岫。漸没飄紅，空惹閒情春瘦。椒杯
〇〇句〇〇●●韻●●〇〇句〇●〇〇〇●韻〇〇
香，乾醉醒，怕西窗，人散後。暮寒深，遲回處，自攀
〇句〇●●句●〇〇句〇●●韻〇〇句〇〇●句●〇
庭柳。
〇●韻

　　此調淵源似出《探芳訊》。但攤破句法，移換宫調，自成新聲，即與《探芳訊》不同，故另編一體。
　　此詞可平可仄亦無別首可校。

臨江仙慢一體

《樂章集》注仙呂調。

臨江仙慢

柳　永

雙調九十三字，前段十一句五平韻，後段十一句六平韻。

夢覺小庭院，冷風淅淅，疏雨蕭蕭。綺窗外、秋聲敗
●●●○●句●○●句●●○○韻●○●讀○●
葉狂飄。心搖。奈寒漏永，孤幃悄，淚燭空燒。無端
●○○韻○○韻●●●句○○●句●●○○韻○○
處，是繡衾鴛枕，閒過清宵。　　蕭條。牽情繫恨，
●句●●○○●句○●○○韻　　○○韻○○●●韻
爭向年少偏饒。覺新來、憔悴舊日風標。魂消。念歡
○●○●○○韻●○○讀○●●●○○韻○○韻●○
娛事，煙波阻，後約方遙。還經歲，問怎生禁得，如
○●句○○●句●●○○韻○○●句●●○○●句○
許無聊。
●○○韻

　　此調袛有此詞，平仄無別首可校。
　　此詞押三短韻，前後段第六句作上一下三句法，第十句作上一下四句法，當是體例，填者審之。

雪明鳷鵲夜一體

調見《花草粹編》。

雪明鳷鵲夜

宋徽宗

雙調九十四字,前段十句四仄韻,後段八句四仄韻。

望五雲多處,探春開閬苑,別就瑤島。正梅雪韻清,
●●○○句　●○○●●句　●●○●韻　●○●●○句
桂月光皎。鳳帳龍簾縈嫩風,御座深、翠金間繞。半
●●○●韻　●●○○○●●句　●●○、●○○●韻　●
天中,香泛千花,鐙挂百寶。　　聖時觀風重臘,有
○○句○●○○句●●●韻　　　●○○○●●句●
簫鼓沸空,錦繡匝道。競呼盧氣貫調歡笑。袖裏金錢
○●●○句●●●●韻●○○●●●○●韻●●○○
擲下,來侍宴、歌太平睿藻。願年年此際,迎春不老。
●●句○●●讀○●○●●韻●○○●●句○○●●韻

此調僅見此詞,無別首可校。

玉漏遲七體

蔣氏《九宮譜》黃鍾宮。

玉漏遲

宋 祁

雙調九十四字，前段十句五仄韻，後段九句五仄韻。

杏香飄禁苑，須知自昔，皇都春早。燕子來時，繡陌
○○○●●句○●●●句○○○●韻●●○○句●●
漸薰芳草。蕙圃夭桃過雨，弄碎影、紅篩清沼。深院
●○○●韻●●○○●●句●●●讀○○○●韻○●
悄。綠楊巷陌，鶯聲爭巧。　早是賦得多情，更遇
●韻●○●●句○○○●韻　●●●●○○句●●
酒臨花，鎮幸歡笑。數曲闌干，故國漫勞登眺。漢外
●○○句●●○●韻●●○○句●●●○○●韻●●
微雲盡處，亂峰鎖、一竿斜照。歸路杳。東風淚零
○○●●句●○●讀●○○●韻○●●韻○○●○
多少。
○●韻

此詞前段起句不押韻，北宋詞俱照此填。按：前段起句，葛立方詞"窗戶明環堵"，"窗"字平聲。第二、三句，劉因詞"人生何必，武陵溪上"，"何"字平聲。第六句，劉詞"不似東山高臥"，"高"字平聲。第七句，周密詞"驚醉語、香紅圍繞"，"驚"字平聲。第九句，張炎詞"詩夢正迷"，"詩"字平聲，"夢"字仄聲，"迷"字平聲。後段起句，周詞"雨窗短夢無憑"，"窗"字平聲。張詞"幽趣盡屬閒僧"，"幽"字平聲。第二句，張詞"渾未識人間"，渾字平聲。第四句，何夢桂詞"何處玉堂"，"玉"字仄聲。第五句，何詞"滿地蒼苔不掃"，"蒼"字平聲。第六句，劉詞"天設四時佳

興"、"佳"字平聲。第九句，張詞"那更好遊人老"，"那更"二字俱仄聲。譜內可平可仄據此，餘參所采六詞。若吳文英詞之前段結句"分秋一半"，張埜詞之後段結句"忘却鏡中白髮"，又何夢桂詞之後段第五句"滿地蒼苔不掃"，"一"字、"白"字、"不"字俱入聲。此以入替平，不注可仄。又何夢桂詞前段起句"問春先開未"，元好問第六句"不如麒麟畫裏"，"開"字、"如"字平聲。查宋元詞，此二字並無用平聲者，故亦不注可平。

又一體

吳文英

雙調九十四字，前段十句六仄韻，後段九句五仄韻。

絮花寒食路。晴絲罥日，綠陰吹霧。客帽欺風，愁滿
●○○●●韻○○●●句●○○●韻●●○○句○●
畫船煙浦。彩挂秋千散後，悵塵銷、燕簾鶯戶。從間
●○○●韻●●○○●●句●○○讀●○○●韻○●
阻。夢雲無準，鬢霜如許。　　夜久繡閣藏嬌，記掩
●韻●○○●句●○○●韻　　●●●●○○句●●
扇傳歌，剪鐙留語。月約星期，細把花鬚頻數。彈指
●○○句●○○●韻●●○○句●●○○○●韻○●
一襟怨恨，漫空倩、啼鵑聲訴。深院宇。黃昏杏花
●○●●句●○●讀○○○●韻○●●韻○○●○
微雨。
○●韻

此與宋祁詞同，惟前段起句押韻異。按：南宋人詞俱如此填。

又一體

張翥

雙調九十四字，前後段各十句六仄韻。

病懷因酒惱。依稀夢裏，吳娃嬌小。金縷歌殘，人去
●○○●●韻○●●●句○○●●韻○●○○句○●
月斜雲杳。怕見棲香燕晚，又怕聽、啼花鶯曉。庭院
●○○●韻●●○○●●句●●△讀○○○●韻○●
悄。生衣欲試，風寒猶峭。　　窈窕。青粉牆低，送
●韻○○●●句○○○●韻　　●●韻○●○○句●
影過秋千，驀然閒笑。半朵棠梨，微露鳳釵紅裊。近
●●○○句●○○●韻●●○○句○●●○○●韻●
日琴心倦寫，更遠信、西沈青鳥。虛負了。花月一春
●○○●●句●●△讀○○○●韻●●韻○●●○
多少。
○●韻

此與吳詞同，惟換頭句多押一短韻。按：白樸詞："縹
緲。露閣雲窗，恨夢斷青鸞，夜深寒峭。"又劉因詞："且唱。
一曲漁歌，當無復當年，缺壺悲壯。"張埜詞："浪走。紫陌紅
塵，笑底用腰間，印金懸斗。"元詞無不藏短韻者，正與此同。

又一體

吳文英

雙調九十四字，前段十句五仄韻，後段九句五仄韻。

雁邊風信小，飛瓊望杳，碧雲先晚。露冷闌干，定怯
●○○●●句○○●●句●○○●韻●●○○句●●
藕絲冰腕。净洗浮雲片玉，剩花影、春鐙相亂。秦鏡
●●○●韻●●○○●●句●○●讀○○○●韻○●
滿。素娥未肯，分秋一半。　　每圓處、即良宵，甚
●韻●○●●句○○●●韻　　●○●讀●○○句●
此夕偏饒，對歌臨怨。萬里嬋娟，幾許霧屏雲幔。孤
●●○○句●○○●韻●●○○句●●●○○●韻○
兔淒涼照水，曉風起、銀河西轉。摩淚眼。瑤臺夢回
●○○●●句●○●讀○○○●韻●●韻○○●○
人遠。
○●韻

此亦與宋詞同，惟換頭作六字折腰句法異。

又一體

程垓

雙調九十六字，前段十句五仄韻，後段九句五仄韻。

一春渾不見，那堪又是，花飛時節。忍對危闌數曲，
●○○●●句●○●●句○○○●韻●●○○●●句
暮雲千疊。門外星星柳眼，看誰是、當時風月。愁萬
●○○●韻○●○○●●句●○●讀○○○●韻○●
結。憑誰問我，慇懃低說。　　不是慣却春心，奈新
●韻○○●●句○○○●韻　　●●●●○○句●○
燕傳情，舊鶯饒舌。冷篆餘香，莫放等閒消歇。縱使
●○○句●○○●韻●●○○句●●●○○●韻●●

繁紅褪盡，猶自有、酴醾堪折。魂夢切。如今不耐、
○○●●句○○●、讀○○○●韻○●●韻○○●●讀
飛來蝴蝶。
○○○●韻

此亦與宋詞同，惟前段第四句六字，第五句四字，後段結句添二字作八字句異。

又一體

蔣　捷

雙調九十三字，前段十句六仄韻，後段九句五仄韻。

翠鴛雙穗冷。鶯聲喚轉，春風芳景。花湧袖香，此度
●○○●●韻○○●●句○○○●韻○●●○句●●
徐妝偏稱。水月仙人院宇，到處有、西湖如鏡。煙岫
○○○●韻●●○○●●句●●●讀○○○●韻○●
暝。纖蔥誤指，蓮峰篁嶺。　料想小閣初逢，正浪
●韻○○●●句○○○●韻　●●●●○○句●●
拍紅猊，袖飛金餅。樓倚斜暉，剩把佳期重省。萬種
●○○句●○○●韻●●○○句●●○○○●韻●●
惺鬆笑語，一點溫柔情性。釵倦整。盈盈背鐙嬌影。
○○●●句●●○○○●韻●●●韻○○●○○●韻

此與吳文英"絮花寒食"詞同，惟後段第七句減一字異。

又一體

滕　賓

雙調九十字，前段九句六仄韻，後段八句五仄韻。

問誰争乞巧。誰知巧處成煩惱。天上佳期,底事別多
●○○●韻○○●●○○韻○●○○句●●●○
歡少。雨夢雲情半餉,又早被、西風吹曉。愁未了。
○韻●○○●●句●●讀○○○韻○●●韻
星橋隔斷,銀河深杳。　　可笑兒女浮名,似瓜果、
○○●●句○○○●韻　　●●○●○○句●○●讀
絲縈繞。百拙無能,贏得自家華皓。我笑嫦娥解事,
○○●韻●●○○句○●●○○●韻●●○○●●句
但歲歲、蛾眉空老。歸去好。江上綠波煙草。
●●●讀○○○●眉○●●韻○●●○○●韻。

此見鳳林書院元詞,亦吳詞體。惟前段第二、三句減一
字作七字一句,後段第二、三句減三字作六字一句異。

尾犯五體

調見《樂章集》,"夜雨滴空階"詞注正宮,"晴煙羃羃"
詞注林鍾商。秦觀詞名《碧芙蓉》。

尾　犯

柳　永

雙調九十四字,前段十句四仄韻,後段八句四仄韻。
夜雨滴空階,孤館夢回,情緒蕭索。一片閒愁,想丹
●●●○○句○●●○句○●○●韻●●○○句●○
青難貌。秋漸老、蛩聲正苦,夜將闌、鐙花漸落。最
○◐●韻○◐●讀○○●●句●○○讀○○●●韻◐

無端處，忍把良宵，只恁孤眠却。　　佳人應怪我，
○○●句⊖●●○句●●●○●韻　　⊖○○●●句
別後寡信輕諾。記得當時，蒻香雲爲約。甚時向、幽
●●●●○韻●●○○句●○○○●韻●●●讀○
閨深處，按新詞、流霞共酌。再同歡笑，肯把金玉珍
○○●句●○○讀○○●●韻●○⊖●句●●○●○
珠博。
○●韻

　　此調九十四字者以此詞爲正體，秦觀、吳文英、趙以夫諸詞俱如此塡。若蔣詞之後段第二句添一字，結句句法不同，乃變體也。

　　沈伯時《樂府指迷》論此詞結句"金"字應用去聲。按：吳文英"紺海掣微雲"詞"滿地桂陰無人惜"，趙以夫詞"殷勤更把茱萸囑"，"桂"字、"更"字去聲，但吳詞"陰"字平聲，趙詞"殷勤"二字平聲。吳詞別首"遠夢越來溪上月"，"上"字仄聲，則又與此詞不同。今以"滿地桂陰"句爲定格，蓋"陰"字平聲，可以"玉"字入聲替也。

　　按：趙詞前段第一句"長嘯躡高寒"，"長"字平聲。第六句"引光祿、清吟興動"，"引"字仄聲，"光"字平聲。第七句"憶龍山、舊遊夢斷"，"舊"字仄聲。秦詞第八、九、十句"闌干閒倚，庭院無人，顛倒飄黃葉"，"闌"字、"庭"字、"顛"字俱平聲。吳詞第九、十句"忍向夜深，簾戶照陳迹"，"夜"字、"照"字俱仄聲。秦詞後段第一、二句"故園當此際，遙想弟兄羅列"，"故"字仄聲，"遙"字、"兄"字俱平聲。第三句"携酒登高"，"携"字平聲。吳詞第五句"二十五、聲聲秋點"，"十"字仄聲。第六句"夢不認、屛山路窄"，"不"字、"認"字俱仄聲。秦詞第七句"長吟抱膝"，"長"字平聲，

"抱"字仄聲。譜內可平可仄據此，餘參蔣詞。

此詞前段第五句、後段第四句例作上一下四句法，如秦詞之"喜秋光清絕"，"把茱萸簪徹"，吳詞之"想清光先得"，"記年時相識"，又"冷霜波成纈"，"渺平蕉煙闊"，趙詞之"與斜陽天遠"，"覓東籬幽伴"，皆然，填者辨之。

又一體

蔣　捷

雙調九十五字，前段十句四仄韻，後段八句四仄韻。

夜倚讀書牀，敲碎唾壺，鐙暈明滅。多事西風，把齋
●●●○○句○●●○句○●○●韻○●○○句●○
鈴頻掣。人笑語、溫溫芋火，雁孤飛、蕭蕭稷雪。遍
○○●韻○●●讀○○●●句●○○讀○○●●韻●
闌干外，萬頃魚天，未了予愁絕。　　雞邊長劍舞，
○○●句●●○○句●●○●韻　　○○○●●句
念不到、此樣豪傑。瘦骨稜稜，但淒其衾鐵。是非
●●●讀●●○●韻●●○○句●○○○●韻●○
夢、無痕堪記，似雙瞳、繽紛翠纈。浩然心在，我逢
●讀○○○●句●○○讀○○●●韻●○○●句●○
著、梅花便說。
●讀○○●●韻

此與柳詞同，惟後段第二句添一字，結句作上三下四句法異。

又一體

柳永

雙調九十八字,前段十句五仄韻,後段十句六仄韻。

晴煙冪冪。漸東郊芳草,染成輕碧。野塘風暖,遊魚
○○●●韻●○○●句○○●●韻●○●●句○○
動觸,冰澌微坼。幾行斷雁,旋次第、歸霜磧。詠新
●●句○○●●韻●○●●句●●讀○○●韻●○
詩、手撚江梅,故人增我春色。　似此光陰催逼。
○讀●○○句●○●●○●韻　　●●○○●韻
念浮生,不滿百。雖照人軒冕,潤屋金珠,於身何
●○○句●●●韻○●○○●句●●○○句○○○
益。一種勞心力。圖利祿、殆非長策。除是恁、點檢
●韻●●○○●韻○●●讀●○○●韻○●●讀●
笙歌,訪尋羅綺消得。
○○句●○○●○●韻

此調九十八字者以此詞爲正體,若晁詞之添一字,無名氏詞之添二字,皆變體也。

此詞可平可仄,即參下晁詞及無名氏詞。

又一體

晁補之

雙調九十九字,前段九句五仄韻,後段十句六仄韻。

廬山小隱。漸年來疏懶,浸濃歸興。綵橋飛過深溪,
○○●●韻●○○●句●○○●韻●○○●○○句

池底奔雷餘韻。香鑪照日，望處與、青霄近。想群
○●○○●韻○○●●句●●●讀○○●韻●○
仙、呼我應還，怪曉來、鬢絲垂鏡。　海上雲車回
○讀○●○○句●○讀○○●韻　　●●○○
軔。少姑傳，金母信。森翠裾瓊佩，落日初霞，紛紜
●韻●○○句○●●韻○●○○句●●○○句○○
相映。誰見湖中景。花洞裏、杳然漁艇。別是箇、瀟
○●韻○●○○●韻○●●讀○○●韻●●●讀○
灑乾坤，世情塵土休問。
●○○句●○○●●○韻

此與柳詞同，惟前段第四、五、六句作六字兩句，結句添一字作上三下四七字句異。

又一體

《梅苑》無名氏

雙調一百字，前段十句六仄韻，後段九句六仄韻。

輕風淅淅。正園林蕭索，未回暖律。嶺頭昨夜，寒梅
○○●●韻●○○●●句●○●●韻●○●●句○○
初發，一枝消息。香苞漸坼。天不許、雪霜欺得。望
○句●○○●韻○○●●韻○●●讀●○○●韻●
東吳、驛使西來，爲誰折贈春色。　玉瑩冰清容
○○讀●●○○句●○●●○●韻　　●●○○○
質。迥不同、群花品格。如曉妝勻罷，壽陽香臉，徐
●韻●●○讀○○●●韻○●○○●句●○○●句○
妃粉額。好把瓊英摘。頻醉賞、舞筵歌席。休待聽、
○●●韻●●○○●韻○●●讀●○○●韻○●●讀

嗚咽臨風，數聲月下羌笛。
○●○○句●○○●●○●韻

　　此亦與柳詞同，惟前段第八句、後段第二句校柳詞各添一字異。

駐馬聽一體

《樂章集》注林鍾商。

駐馬聽

柳　永

　　雙調九十四字，前段十句六平韻，後段九句四平韻。
鳳枕鴛幃。二三載、如魚似水相知。良天好景，深憐
●●○○韻●○●讀○○●●○○韻○○●●句○○
多愛，無非盡意依隨。奈何伊。恣性靈、忒殺些兒。
○●句○○●●○○韻●○○韻●●○讀●●○○韻
無事孜煎，萬回千度，怎免分離。　　而今漸行漸
○●○○句●○○●句●●○○韻　　○○●●
遠，漸覺雖悔難追。漫恁寄消傳息，終久奚爲。也擬
●句●●○○●○韻●●●○○●句○●○○韻●●
重論繾綣，爭奈翻覆思惟。縱再會，祇恐恩情，難似
○○●●句○●○○○○韻●●●句●●○○句○●
當時。
○○韻

　　此調惟見《樂章集》一詞，其平仄當遵之。

雪梅香二體

《樂章集》注正宮。

雪梅香

柳　永

雙調九十四字，前段九句四平韻，後段十一句五平韻。

景蕭索，危樓獨立面晴空。動悲秋情緒，當時宋玉應
●○●句○○●●●○韻●○○●句○○●●○
同。漁市孤煙裊寒碧，水村殘葉舞愁紅。楚天闊，浪
○韻●●○○●○●句●○○●●○○韻●○●句●
浸斜陽，千里溶溶。　　臨風。想佳麗，別後愁顏，
●○○句○●○○韻　　○○韻●○●句●●○○句
鎮斂眉峰。可惜當年，頓乖雨跡雲蹤。雅態妍姿正
●●○○韻●●○○句●○●●○○韻●●○○●
歡洽，落花流水忽西東。無憀意，盡把相思，分付
○●句●○○●●○○韻○●●句●●○○句○●
征鴻。
○○韻

　　此詞前段第五句、後段第七句例作拗體，填者辨之。可平可仄參下無名氏詞。

又一體

《梅苑》無名氏

雙調九十四字,前段九句四平韻,後段十句四平韻。

歲將暮,雲帆風卷正淒涼。見梅花呈瑞,素英澹薄含
●○●句○○○●●○○韻●○○○●句●○●●○
芳。千片逞姿向江國,一枝無力倚鄰墻。凝眸望,昨
○韻○●○○●●句●○○●●○○韻○○●句●
夜前村,雅態難忘。　　爭妍鬪鮮潔,皓彩寒輝,
●○○句●●○○韻　　○○●○●句●●○○句
冷艷清香。姑射真人,更兼傅粉容光。梁苑奇才動佳
●●○○韻○●○○句●○●●○○韻○●○○●○
句,漢宮嬌態學嚴妝。無悵恨,獨對光輝,別岸
●句●○○●●○○韻○●●句●●○○句●●
垂楊。
○○韻

此與柳詞同,惟換頭句不藏短韻異。

六幺令三體

《碧雞漫志》:"《六幺》,一名《綠腰》,一名《樂世》,一名《錄要》。或云此曲拍無過六字者,故曰《六幺》。今《六幺》行於世者,曰黃鍾羽,即俗呼般涉調;曰夾鍾羽,即俗呼中呂調;曰林鍾羽,即俗呼高平調;曰夷則羽,即俗呼仙呂調,皆羽調也。"按:今《樂章集》柳永九十四字詞原注仙呂

調,即《碧雞漫志》所云羽調之一。

六幺令

柳　永

雙調九十四字,前後段各九句五仄韻。

滄煙殘照,摇曳溪光碧。溪邊淺桃深杏,迤邐染春
⊙○●●句　○●○○●韻　○○●○○●句●●●○

色。昨夜扁舟泊處,枕簞當灘磧。波聲漁笛,驚回好
●韻　●●○○●●句●●○○●韻　○●○○韻●○●

夢,夢裏欲歸怎歸得。　　展轉翻成無寐,因此傷行
●句●●●○●○●韻　　●●○○○●句○●○○

役。思念多媚多嬌,咫尺千里隔。都爲深情密愛,不
●韻●●○●○○句●●○●●韻　⊙●○○●●句●

忍輕離拆。好天良夕,鴛幃寂静,算得也應暗思憶。
●○○●韻　●○○●韻　○○●●句●●●○●○●韻

此調以此詞爲正體,若賀詞之多押三韻,辛詞、陳詞之句讀或異,皆變體也。

此詞前段第三句或作平平仄平平仄,或作仄平仄平平仄,或作平平平仄平仄。若賀詞之平平仄仄仄仄,此亦偶誤,不必從。又換頭句,晏幾道詞"遥想疏梅此際","此"字仄聲。周邦彦詞"華堂花艷對列","華堂"二字平聲,"艷"字、"對"字俱仄聲。填者或宗一體,不可三體合而爲一。

按:周密詞前段起句"癡雲翦素","癡"字平聲,"翦"字仄聲。晏幾道詞第二句"喚起懶妝束","喚"字仄聲。第三句"晚來翠眉宮樣","晚"字仄聲。又"年年花落時候","花"字平聲,"落"字仄聲。周詞第六句"寒鵲争枝曉",

"寒"字平聲。晏詞第八句"綵絃聲裏","綵"字仄聲,"聲"字平聲。李琳詞後段第三句"翠袖折取嬌紅","翠"字、"折"字俱仄聲。晏詞第五句"莫道傷高恨遠","莫"字仄聲。譜內可平可仄據此,餘參賀詞、陳詞。

李琳詞前段第五句"依約天涯芳草","芳"字平聲。辛棄疾詞第七句"故人欲接","欲"字仄聲。查宋元詞並無同此者,故不注可平可仄。

又一體

賀　鑄

雙調九十四字,前段九句六仄韻,後段九句七仄韻。

暮雲消散,簾卷畫堂曉。殘熏爐蠟隱映,綺席金壺
●○○●句○●●○●韻○○●●●●句●●○○
倒。塵送行鞭裊裊。醉指長安道。波平天杳。蘭舟欲
●韻○●○○●●韻●●○○●韻○○○●韻○○●
上,回首離愁滿芳草。　　身外浮名擾擾。已負狂年
●句○●○○●○●韻　　○●○○●●韻●●○○
少。無奈風月多情,此去應相笑。心記歌聲縹緲。翻
●韻○●○●○○句●●○○●韻○●○○●●韻○
是相思調。明年春早。宛溪楊柳,依舊青青爲誰好。
●○○●韻○○○●韻●○○●句○●○○●○●韻

此與柳詞同,惟前後段第五句及換頭句俱押韻異。按:周密詞前後段第五句"白戰清吟未了"、"玉鑑新眉未掃",換頭句"交映虛窗净沼",正與此同。

又一體

陳允平

雙調九十四字，前後段各九句五仄韻。

授衣時節，猶未定寒燠。長空雨收雲霽，湛碧秋容
● ○ ○ ● 句 ○ ● ● ○ 韻 ○ ○ ● ○ ○ 句 ● ● ○ ○
沐。還是鱸肥蟹美，橡栗村村熟。不堪追逐。龍山夢
● 韻 ○ ● ○ ○ ● ● 句 ● ● ○ ○ 韻 ● ○ ○ ● 韻 ○ ○ ●
遠，惆悵田園自黃菊。　醉中還念倦旅，觸景傷心
● 句 ○ ● ○ ○ ● ● 韻　　● ○ ○ ● ● 句 ● ● ○ ○
目。羞破帽、把茱萸，更憶尊前玉。愁立梧桐影下，
● 韻 ○ ● ● 讀 ● ○ ○ 句 ● ● ○ ○ 韻 ○ ● ○ ○ ● ● 句
月轉迴廊曲。歸期將卜。西風吹雁，懶寄斜封但相
● ● ○ ○ ● 韻 ○ ○ ● 韻 ○ ○ ○ ● 句 ● ● ○ ● ○
囑。
● 韻

此亦與柳詞同，惟後段第三句六字折腰句法異。

保壽樂一體

周密《天基聖節樂次》："再坐第六盞，觱篥獨吹商角調
筵前《保壽樂》。"

保壽樂

曹　勛

雙調九十四字，前段十句四仄韻，後段九句五仄韻。

和氣暖回元日，四海充庭琛貢至。仗衛儼東朝，鬱鬱
○●●○○●句●○○○●●韻●●○○句●●
蔥蔥，響傳環佩。鳳曆無窮，慶慈闈上壽，皇情與天
○○句●○○●韻●●○○句●○○●●句○○●○
俱喜。念永錫難老，在昔難比。　六宮嬪嬙羅綺。
○●韻●●●○●句●●○●韻　●○○○●●韻
奉聖德、坤寧俱至。簫韶動鈞奏，花似錦，廣筵
●●●讀○○●●韻○○●○●句○●●句●○
啟。同祝宴賞處，從教月明風細。億載享溫清，長生
●韻○●●●●句○○●○○●韻●●●○○句○○
久視。
●●韻

此調僅見《松隱集》一詞，無他作可校。

惜秋華五體

吳文英自度曲。

惜秋華

吴文英

雙調九十四字,前段八句五仄韻,後段九句六仄韻。

思渺西風,悵行蹤、浪逐南飛高雁。怯上翠微,危樓
●●〇〇句●〇〇讀●●〇〇〇●韻〇●●〇句〇〇
更堪憑晚。蓬萊對起幽雲,澹野色山容愁卷。清淺。
●〇●韻〇〇●●〇〇句●⊖●〇〇●韻〇●韻
瞰滄波、静銜秋痕一綫。　　十載寄吳苑。慣東籬深
●〇〇讀●⊖〇〇●韻　　●●●〇●韻●〇〇●
處,把露黃偷翦。移莫景、照越鏡,意銷香斷。秋娥
⊖句●●〇〇韻●●●讀⊖●●句〇〇〇●韻〇〇
賦得閒情,倚翠尊、小眉初展。深勸。待明朝、醉巾
●●〇〇句●⊖⊖讀⊖〇〇●韻〇●韻●〇〇讀●〇
重岸。
⊖●韻

　　此調見《夢窗詞》,凡五首,句讀韻脚互有異同,故悉載以盡其變。

　　此詞可平可仄即參下四詞句法同者。惟"路遠仙城"詞後段第六句"愁邊暮合碧雲","碧"字入聲;"數日西風"詞後段第五句"已近紫霄尺五","尺"字入聲;結句"問別來解相思否","別"字入聲。此皆以入作平,不注可仄。

又一體

吳文英

雙調九十三字,前段十句四仄韻、一叶韻,後段九句六仄韻。

路遠仙城,自玉郎去却,芳卿憔悴。錦段鏡空,重鋪
●●○○句●●●●●句○○●●韻●●●○句○○
步幛新綺。凡花瘦不禁秋,幻膩玉腴紅鮮麗。相携。
●○○●韻○●●●○○句●●●●○○●韻○○叶
試新妝乍畢,交扶輕醉。　　長記斷橋外。驟玉驄過
●○○●●句○○○●韻　　●●●○●韻●●○○
處,千嬌凝睇。昨夢頓醒,依約舊時眉翠。愁邊暮合
●句○○○●韻●●●●句○○●○○●韻○○●●
碧雲,倩唱入、六幺聲裏。風起。舞斜陽、闌干十二。
●○句●●●讀●○○●韻○●韻●○○讀○○●●韻

此與"思渺西風"詞同,惟後段第三句減一字,第五句不作六字折腰句法異。又"思渺西風"詞前段第八句短韻仍押仄聲韻,此用平聲,乃本部三聲叶。

又一體

吳文英

雙調九十三字,前段八句四仄韻,後段九句六仄韻。

細響殘蛩,傍鐙前、似說深秋懷抱。怕上翠微,傷心
●●○○句●○○讀●●○○○●韻●●●○句○○

亂煙殘照。西湖鏡掩塵沙,翳曉影、秦鬟雲擾。新
●○○●韻○○●●○○句●●●讀○○○●韻○
鴻,喚淒涼、漸入紅萸烏帽。　　江上故人老。視東
○句●○○讀●●○○○●韻　　○●○●韻●○
籬秀色,依然娟好。晚夢趁、鄰杵斷,乍將愁到。秋
○●●句○○○●韻●●讀○○●句●○○●韻○
孃淚濕黃昏,又滿城、雨輕風小。聞了。看芙蓉、畫
○●●○○句●●讀●○○●韻○●韻●○○讀●
船多少。
○○●韻

此亦與"思渺西風"詞同,惟前段第八句不押短韻,後段第三句亦減一字異。

又一體

吳文英

雙調九十三字,前段十句四仄韻,後段九句六仄韻。

數日西風,打秋林棗熟,還催人去。瓜果夜深,斜河
●●○○句●○○●●句○○○●韻●●○○句○○
擬看星度。匆匆便倒離尊,悵遇合、雲銷萍聚。留
●●○●韻○○●●○○句●●●讀○○○●韻○
連,有殘蟬韻晚,時歌金縷。　　綠水暫如許。奈南
○句●○○●●句○○○●韻　　●●●○●韻●○
牆冷落,竹煙槐雨。此去杜曲,已近紫霄尺五。扁舟
○●●句●○○●韻●●●句●●●○●●韻○○
夜宿吳江,正水佩霓裳無數。眉嫵。問別來、解相
●●○○句●●○○○●韻○●韻●●○讀●○

思否。
○●韻

此與"細響殘蛩"詞同,惟後段第五句不作折腰句法異。

又一體

吳文英

雙調九十三字,前段九句四仄韻,後段九句六仄韻。

露罥蛛絲,小樓陰墮月,秋驚華鬢。宮漏未央,當時
●●○○句●○●●句○○●韻○●●句○●
鈿釵遺恨。人間夢隔西風,算天上、年華一瞬。相
○○●韻○○●●○○句●○●讀○○●●韻○
逢,縱相疏、勝却巫陽無準。　何處動涼訊。聽露
○句●●○○讀●●○○●韻　○●●○●韻●●
井梧桐,楚騷成韻。綵雲斷、翠羽散,此情難問。銀
●○○句●○○●韻○○●讀●●●句●○○●韻○
河萬古秋聲,但望中、婺星清潤。輕俊。度金鋮、漫
○●●○○句●●○讀●○○●韻○●韻●○○讀●
牽方寸。
○○●韻

此與"數日西風"詞同,惟前段第九句作上三下五句法,後段第四句折腰句法異。

古香慢一體

吳文英自度曲,原注夷則商,犯無射宮。

古香慢

吴文英

雙調九十四字,前段九句四仄韻,後段九句五仄韻。

怨蛾墜柳,離佩搖蒎,霜訊南浦。漫惜佳人,倚竹袖
●●●句○●○○句○●○●韻●●○○句●●●
寒日暮。還問月中遊,夢飛過、金風翠羽。把殘雲剩
○●韻○●●○○句●○●讀○○●●韻●○○●
水萬頃,暗熏冷麝凄苦。　　漸浩渺、凌山高處。秋
●●●句○○●●○●韻　　●●●讀○○○●韻○
澹無光,殘照誰主。露粟侵肌,夜約羽林輕誤。翦碎
●○○句○●○●韻●●○○句●●●○○●韻●●
惜秋心,更腸斷、珠塵蘚露。怕重陽,又催近、滿城
●○○句●○●讀○○●●韻●○○句●○●讀●○
風雨。
○●韻

此吳文英自度腔,其平仄當悉依之。

芙蓉月一體

調見《虛齋樂府》,蓋詠芙蓉,因詞中有"殘月澹"句,故名《芙蓉月》。

芙蓉月

趙以夫

雙調九十四字，前段九句四仄韻，後段十一句六仄韻。

黃葉舞空碧，臨水處、照眼紅葩齊吐。柔情媚態，竚
○●●○●句○●●讀●●●○○●韻○○●●句●
立西風如訴。遙想仙家城闕、十萬綠衣童女。雲縹
●○○○●韻○●○○○●句●●●○○●韻○●
緲，玉娉婷，隱隱彩鸞飛舞。　　尊前更風度。記天
●句●○○句●●●○○●韻　○○●○●韻●○
香國色，曾占春暮。依然好在，還伴清霜涼露。一曲
○●●句○●○●韻○○●●句○●○○○●韻●●
闌干敲遍，悄無語。空相顧。殘月澹，酒闌時，滿城
○○○●句●○●韻○○●韻○●●句●○○句●○
鐘鼓。
○●韻

此趙自度曲，無別首可校。

一枝春二體

調見楊纘詞，其自度曲也。

一枝春

楊纘

雙調九十四字,前段八句四仄韻,後段八句五仄韻。

竹爆驚春,競喧闐、夜起千門簫鼓。流蘇帳暖,翠鼎
⊖●○○句●○○讀●●○○●韻○●●句●●
緩騰香霧。停杯未舉,奈剛要、送年新句。應自有、
●○○韻○○●●句●○○讀●○○韻○●⊖讀
歌字清圓,未誇上林鶯語。　　從他歲窮日暮。縱閒
○●○○句●●●○○●韻　　○○●○●●韻●○
愁、怎減劉郎風度。屠蘇辦了,迤邐柳欺梅妒。宮壺
○讀●●○○○●韻○○●●句●●●○○●韻○○
未曉,早嬌馬繡車盈路。還又把、月夜花朝,自今
●●句●⊖●●○○●韻○●●讀●●○○句●○
細數。
●●韻

此調始於此詞,當以此詞爲正體。若張炎詞之多押一韻,乃變體也。

此詞前後段第二句俱作上三下六句法,張詞則俱作上一下四五字一句、四字一句。他如周密詞之前段第二句"柳眠醒、似怯朝來疏雨",後段第二句"愛歌雲裊裊,低隨金縷",張翥詞之前段第二句"向雲窗鬭巧,宮羅輕翦",後段第二句"鬧春風、簇定冠兒爭轉",宋元人間一爲之,亦無不可。

按:周詞前段起句"簾影移陰","簾"字平聲。第七句"空自傷、楊柳風流","傷"字平聲。後段第六句"曾記是倚

嬌成妒","曾"字平聲,"記"字仄聲。第七句"深院悄、門掩梨花","門"字平聲。譜內可平可仄據此,餘參所采張詞。

又一體

張　炎

雙調九十四字,前段十句五仄韻,後段九句五仄韻。

竹外橫枝,並闌干試數,風縐一信。幺禽對語,髣髴
●●○○句●○○●●句○○●●韻○○●●句●●
醉眠初醒。遥知是雪,甚都把、暮寒消盡。清更潤。
●○○●韻○○●●句●○●讀●○○●韻○●●韻
明月飛來,瘦却舊時疏影。　　東閣漫撩詩興。料西
○●○○句●●●○○●韻　　○●●○○●韻●○
湖樹老,難認和靖。晴窗自好,勝事每來獨領。融融
○●●句○●○●韻○○●●句●●●○●●韻○○
向暖,笑塵世、萬花猶冷。須釀成、一點春腴,暗香
●●句●○●讀●○○●韻●●○讀●●○○句●○
在鼎。
●●韻

此與楊詞同,惟前後段第二句俱作五字一句、四字一句,前段第八句多押一韻異。

梅子黃時雨一體

調見《山中白雲詞》。

梅子黃時雨

張　炎

雙調九十四字，前段十句五仄韻，後段十句七仄韻。

流水孤村，愛塵事頓消，來訪深隱。向醉裏誰扶，滿
○●○○句●○●●○句○●●韻●●○○句●
身花影。鷗鷺相看如此瘦，近來不是傷春病。嗟流
○○●韻○●○○●●句●○●●○○●韻○○
景。竹外野橋，猶繫煙艇。　　誰引。斜川歸興。便
●韻●●●○句○●○●韻　○●韻○○○●韻●
啼鵑縱少，無奈時聽。待棹擊空明，魚波千頃。彈到
○○●●句○●○●韻●●●○句○○○●韻○●
琵琶留不住，最愁人是黃昏近。江風緊。一行柳絲
○○○●●句●○○●○○●韻○○●韻●○●○
吹暝。
○●韻

此張自度曲，其平仄無他詞可校。

如魚水一體

《樂章集》注仙呂調。

如魚水

柳永

雙調九十四字，前段九句六平韻，後段九句七平韻。

輕靄浮空，亂峰倒影，瀲灩十里銀塘。繞岸垂楊。紅
○●○○句●○●●句●●●●○○韻●●○○韻○
樓朱閣相望。芰荷香。雙雙戲、鸂鶒鴛鴦。乍雨過、
○○●○○韻●○○韻○○讀○●○○韻●●讀
蘭芷汀洲，望中依約似瀟湘。　風淡淡，水茫茫。
○●○○句●○●●●○○韻　○●●句●○○韻
搖動一片晴光。畫舫相將。盈盈紅粉清商。紫薇郎。
○●●●○○韻●●○○韻○○○●○○韻●○○韻
修禊飲、且樂仙鄉。便歸去、遍歷鷺坡鳳沼，此景也
○●●讀●●○○韻●○●讀●●●○●●句●●
難忘。
○○韻

此調衹有此詞，其平仄無他首可校。

賞松菊一體

調見曹勛《松隱集》。

賞松菊

曹　勛

雙調九十四字，前段九句四仄韻，後段九句五仄韻。

涼飆應律驚潮韻。曉對彩蟾如水。慶占夢月，已祥開
○○●●○○●句●●○○●韻●●●○句●○○
天地。聖主中興大業，二南化、恭勤輔翊。撫宮闈，
●韻●●○○●●句●○●讀○○●●韻●○○句
看儀型海宇，盡成和氣。　　禁掖西瑤宴席。泛天
●○○●●句●○○●韻　　●●○○●●韻●○
風、響鈞韶空外。貴是至尊母，極人間崇貴。緩引長
○讀●○○○●韻●●●○●句●○○○●韻●●○
生麗曲，翠林正、香傳瑞桂。向靈華，奉光堯，同萬
○●●句●○●讀○○●●韻○○句●○○句○●
萬歲。
●●韻

此詞係曹勛自度腔，無別首可校。
換頭"席"字，用中原韻。

二色蓮一體

調見《松隱集》，即詠《二色蓮》。

二色蓮

曹　勛

雙調九十五字,前段九句四仄韻,後段十句五仄韻。

鳳沼湛碧,蓮影明潔,清泛波面。素肌鑑玉,煙臉暈
●●●●句○●●●句○●○●韻●●●●句○●●
紅深淺。占得薰風弄色,照醉眼、梅妝相間。堤上柳
○○●韻●●○○●●句●●●讀○○○●韻○●●
垂青帳,飛塵儘教遮斷。　重重翠荷净,列向橫塘
○○●韻○○●●○●韻　○○●●句●●○○
暖。争映芳草岸。畫船未槳,清曉最宜遥看。似約鴛
●韻○●○●●韻●○●●句○●●○○●韻●●○
鴦並侣,又更與、春鋤爲伴。頻宴賞,香成陣,瑶池
○●●句●●●讀○○○●韻●●●句○○●句○○
任晚。
●●韻

此曹自度曲,其平仄無別首可校。

塞孤二體

調見《樂章集》,原注般涉調。本名《塞孤》,《詞律》編入《塞姑》詞,後者誤。

塞孤

柳　永

雙調九十五字，前段十句六仄韻，後段九句六仄韻。

一聲雞，又報殘更歇。秣馬巾車催發。草草主人鐙下
●○○句●●○○●韻●●○○●韻●●◐○○
別。山路險，新霜滑。瑤珂響、起棲烏，金鐙冷、敲殘
●韻○●●句○○●韻○○讀●○○句○●●讀○○
月。漸西風緊，襟袖凄裂。　　遙指白玉京，望斷黃
●韻●○○句●●○●韻　　○●●○○句●●○
金闕。遠道何時行徹。算得佳人凝恨切。應念念，歸
○●韻●●○○○●韻●●○○○●韻◐●●句○
時節。相見了、執柔荑，幽會處、偎香雪。免鴛衾、兩
○●韻○●●讀●○○句○●●讀○○●韻●○○讀●
恁虛設。
●○●韻

此調祇有柳詞及朱詞，故此詞平仄參下朱詞。

按：前後段第五、六句例作三字兩句，第七、八句例作六字折腰兩句，填者辨之。

又一體

朱　雍

雙調九十三字，前段九句六仄韻，後段八句六仄韻。

雪江明，練静波聲歇。玉浦梅英初發。隱隱瑤林堪乍
●○○句●●○○●韻●●○○●韻●●○○○●

別。瓊路冷、雲階滑。寒枝晚、已黃昏,鋪碎影、留新
●韻○●●句○○●韻○○●讀●○○句○●●讀○○
月。向亭臯、一任風冽。　　歌起郢曲時,目斷秦城
●韻●○○讀●●●●韻　　○●●○句●○○●
闕。遠道冰車清澈。追念酥妝凝望切。淡伫迎佳節。
韻●●●○○●韻●●○○○●●韻●○○●韻
應暗想、日邊人,聊寄與、同歡悅。勸清尊、忍負
○●●讀●○○句○●●讀○○●韻●○○讀●●
盟設。
○●韻

　　此和柳詞韻,校柳詞前段結句少一字,後段第五、六句亦少一字,作五字一句異。

水調歌頭八體

　　《碧雞漫志》屬中呂調。毛滂詞名《元會曲》,張榘詞名《凱歌》。按:《水調》乃唐人大曲,凡大曲有歌頭,此必裁截其歌頭,另倚新聲也。

水調歌頭

毛　滂

　　雙調九十五字,前段九句四平韻,後段十句四平韻。
九金增宋重,八玉變秦餘。千年清浸,先淨河洛出圖
◐◐◐●句◐●●○○韻●○○●句●○●●○

書。一段昇平光景，不但五星循軌，萬點共連珠。垂
〇韻●●〇●●句●●〇●●句●●〇〇韻●
衣本神聖，補袞妙工夫。　　朝元去，鏘環佩，冷雲
●●〇●句●〇●〇〇韻　●〇●句●●●句●〇
衢。芝房雅奏，儀鳳矯首聽笙竽。天近黃麾仗曉，
〇韻●〇●●句〇●●●〇〇韻●●〇〇●●句
春早紅鸞扇暖，遲日上金鋪。萬歲南山色，不老對
●●〇〇●●句〇●●〇〇韻●●〇〇●句●●●
唐虞。
〇〇韻

此調以此詞及周詞、蘇詞爲正體，若賀詞之偷聲，王詞、劉詞之添字，傅詞之減字，皆變體也。

此詞前後段不間入仄韻，宋詞俱如此填。其前段第三、四句，後段第四、五句，俱四字一句、七字一句，其七字句並作拗體。惟葛郯詞"翠光千頃，爲誰來去爲誰留"，"跳珠翻沫，轟雷掣電幾時收"，呂渭老詞"醉魂何在，應騎箕尾到青天"，"黃粱未熟，經遊都在夢魂間"，劉過詞"日高花困，海棠風暖想都開"，"人生行樂，且須痛飲莫辭杯"，"誰"字、"雷"字、"騎"字、"遊"字、"棠"字、"須"字俱平聲，與此異。又前段起句，毛詞別首"金馬空故事"，辛棄疾詞"四坐且勿語"，葉夢得詞"修眉掃遥碧"。換頭三句，毛詞別首"雙石健，含古色，照新堂"，"石"字、"古"字俱仄聲；蘇軾詞"衆鳥裏，真彩鳳，獨不鳴"，"彩"字、"不"字俱仄聲；辛詞"回首處，雲正出，鳥倦飛"，"首"字、"正"字、"倦"字俱仄聲，俱與此詞異。譜內可平可仄據此，其餘參下平韻詞。

又一體

周紫芝

雙調九十五字，前段九句四平韻，後段十句四平韻。

歲晚念行役，江闊渺風煙。六朝文物何在，回首更凄
●●●○●句○●●○○韻●○○●○句●○●●
然。倚盡危樓傑觀，暗想瓊枝璧月，羅襪步承蓮。桃
○韻●●○○●●句●●○○●●句●●●○○韻○
葉山前鷺，無語下寒灘。　　潮寂寞，浸孤壘，漲平
●○○●句○●●○○韻　　○●●句●○●句●○
川。莫愁艇子何處，煙樹杳無邊。王謝堂前雙燕，
○韻●○●●○●句○●●○○韻○●○○○●句
空繞烏衣門巷，斜日草連天。只有臺城月，千古照
○●○○○●句○●●○○韻●●○○●句○●●
嬋娟。
○○韻

　　此詞前段第三句六字，第四句五字，後段第四句六字，第五句五字，與毛詞異。按：蘇軾詞"中年親友離別，絲竹緩離憂"，"故鄉歸去千里，佳處輒遲留"，葉夢得詞"倚空千嶂橫起，銀闕正當中"，"遙知玉斧初斲，重到廣寒宮"，正與此同。宋詞如吳文英、劉克莊、方岳，金元詞如蔡松年、王庭筠、元好問、趙孟頫，皆如此填。

又一體

蘇　軾

雙調九十五字，前段九句四平韻、兩仄韻，後段十句四平韻、兩仄韻。

明月幾時有，把酒問青天。　不知天上宮闕，今夕是
○●●●●句●●○○平韻●○○●●句○●●
何年。我欲乘風歸去。　又恐瓊樓玉宇。高處不勝
○○韻●●○○●●仄韻　●●○○●●韻○●●●
寒。　起舞弄清影，何事在人間。　轉朱閣，低綺
○平韻　●●●○●句○●●○○韻　●○●句○●
戶，照無眠。不應有恨，何事常向別時圓。人有悲歡
●句●○○韻●○●●句○●○●●○○韻○●○○
離合。　月有陰晴圓缺。此事古難全。　但願人長
○●換仄韻　●●○○○●韻●●●○○平韻　●●○○
久，千里共嬋娟。
●句○●●○○韻

此詞前段第五、六句，後段第六、七句，間入兩仄韻。按：劉仲芳詞"極目平沙千里，惟見琱弓白羽"，"堂有經綸賢相，邊有縱橫謀將"，葉夢得詞"分付平雲千里，包卷騷人遺思"，"却歎從來賢士，如我與公多矣"，辛棄疾詞"好卷垂虹千尺，只放冰壺一色"，"寄語煙波舊侶，聞道蓴鱸正美"，段克己詞"神既來兮庭宇，颯颯西風吹雨"，"風外淵淵簫鼓，醉飽滿城黎庶"，正與此同。但葉夢得詞"里""思"、"士""矣"，段克己詞"宇""雨"、"鼓""庶"，前後段同一韻，與此詞前段各韻者又微有別。此外又有前段第五、六句押

仄韻,後段不押者,或有後段第六、七句押仄韻,前段不押者,此則偶合,不復分體。

又一體

賀　鑄

雙調九十五字,前段九句四平韻、五叶韻,後段十句四平韻、五叶韻。

南國本瀟灑。六代浸豪奢。臺城遊冶。襞牋能賦屬宮
○●●○●叶●●●○○韻○○○●叶●○○●●○
娃。雲觀登臨清夏。碧月留連長夜。吟醉送年華。回
○韻●●○○●叶●●○○○●叶○●●○○韻○
首飛鴛瓦。却羨井中蛙。　　訪烏衣,成白社。不容
●○○●叶●●●○○韻　　●○○句○●●叶●○
車。舊時王謝。堂前雙燕過誰家。樓外河橫斗挂。淮
○韻●○○●叶○○○●●○○韻○●○○●●叶○
上潮平霜下。檐影落寒沙。商女篷窗罅。猶唱後
●○○●叶○●●○○韻○●○○●叶○●●
庭花。
○○韻

此詞每句押韻,以平韻爲主,其仄韻即用本部麻、馬、禡三聲叶,間入平韻之内。宋人只此一體,並無別首可校。若其前段第三、四句,後段第五、六句,俱作四字一句、七字一句,則與毛詞同,但不作拗體耳。

又一體

王之道

雙調九十七字,前後段各十句四平韻。

斜陽明薄暮,暗雨霽涼秋。弱雲狼籍,晚來風起,席
○○○●●句●●●○○韻●○○●句●○○●句●
卷更無留。天外老蟾高挂,皎皎寒光照水,金碧共沈
●●○○韻○●●○○●句○○○●●●句○●●○
浮。賓主一時興,傾動庾公樓。　渡銀漢,溥玉
○韻○●●○○句○●●○○韻　●○●句●●
露,勢如流。不妨吟賞,坐擁紅袖舞還謳。暗祝今宵
●句●○○韻●○○●句●●○●●○○韻●●○○
素魄,助我清才逸氣,穩步上瀛洲。欲識瀛洲路,雄
●●句●●○○●●句●●●○○韻●●○○●句○
據六鼇頭。
●●●○○韻

此與毛詞同,惟前段毛詞第四句係七字,此則添二字作四字、五字兩句異。

又一體

張孝祥

雙調九十七字,前段九句四平韻,後段十一句四平韻。

雪洗鹵塵净,風約楚雲留。何人爲寫悲壯,吹笛古城
●●●○○句●●●○○韻○○●●○○句○●●○

樓。湖海平生豪氣，關塞如今風景，剪燭看吳鈎。剩
○韻○●○○●句○●○○●句●●●○○韻●
喜然犀處，駭浪與天浮。　憶當年，周與謝，富春
●○○●句●●●○○韻　●○○句○●●句●○
秋。小喬初嫁，香囊猶在，功業故優游。赤壁磯頭落
○韻●○○●句○●○●句○●●○○韻●●○○●
照，淝水橋邊衰草，渺渺喚人愁。我欲乘風去，擊楫
●句○●○○○●句●●●○○韻●●○○●句●●
誓中流。
●○○韻

此與周詞同，惟後段周詞第四句係六字，此則添二字作
四字兩句異。

又一體

　　　　　　　　　　　　　　　　　劉　因

雙調九十六字，前段九句四平韻，後段十句四平韻。
一諾與金重，一笑比河清。風花不遇真賞，終古未全
●●●○●句●●●○○韻○○●●○●句○●●○
平。前日青春歸去，今日尊前笑語，春意滿西城。花
○韻●●○○●●句○●○○●●句○●●○○韻○
鳥喜相對，賓主眼俱明。　平生事，千古意，兩忘
●●○○●句○●●○○韻　○○●句○●●句●○
情。醉眠君且去我，扶我者、有門生。窗下煙江白
○韻●○○●●●句○●●讀●○○韻○●○○●
鳥，空外浮雲蒼狗，未肯便寒盟。從此洛陽社，莫厭
●句○●○○○●句●●●○○韻○●●○●句●●

小車行。
●○○韻

此與周詞同,惟後段第五句添一字作六字折腰句法異。

又一體

傅公謀

雙調九十四字,前後段各九句四平韻。

草草三間屋,愛竹旋添栽。碧紗窗戶,眼前都是翠雲
●●○○●句●●●○○韻●●○●句●○○●○
堆。一月山翁高臥,踏雪水村清冷,木落遠山開。惟
○韻●●○○○●句●●●○○●句●●●○○韻○
有平安竹,留得伴寒梅。　　家童開門看,有誰來。
●○○●句○●●○○韻　　○○●●句●○○韻
客來一笑,清話煮茗更傳杯。有酒只愁無客,有客又
●○●●句○●●●●○○韻●●●○○●句●●●
愁無酒,酒熟且徘徊。明日人間事,天自有安排。
○○●句●●●○○韻○●○○●句○●●○○韻

此與毛詞同,惟後段第一、二句減一字作五字句異。

詞譜卷二十四

掃地遊三體

調見《清真詞》，因詞有"占地持杯，掃花尋路"句，取以爲名。又名《掃花遊》。

掃地遊

周邦彥

雙調九十五字，前段十一句六仄韻，後段十句七仄韻。

曉陰翳日，正霧靄煙橫，遠迷平楚。暗黃萬縷。聽鳴
●〇●●句●●〇〇句●〇〇●韻●〇●●韻●〇
禽按曲，小腰欲舞。細繞回堤，駐馬河橋避雨。信流
〇●●句●〇●●韻●●〇〇句●●〇〇●●韻●〇
去。問一葉怨題，今到何處。　　春事能幾許。任占
●韻●●●〇〇句●●〇●韻　　〇●〇●●韻●●
地持杯，掃花尋路。淚珠濺俎。歎將愁度日，病傷幽
●〇〇句●〇〇●韻●〇〇●韻●〇〇●●句●〇〇
素。恨入金徽，見說文君更苦。黯凝竚。掩重關、遍
●韻●●〇〇句●●〇〇●●韻●〇●韻●〇〇讀●
城鐘鼓。
〇〇●韻

此調以此詞爲正體。若楊詞之多押一韻，王詞之減字，

皆變體也。

宋元人填此調者，其字句韻悉同。惟王沂孫詞前後段第五、六句"但匆匆，暗裏換將花去"，"想參差，漸滿野塘山路"，吳文英詞前段第五、六句"想玉人，誤惜章臺春色"，張炎詞後段第五、六句"步仙風，怕有采芝人到"，俱作上三下六句法，與此詞小異。

按：前段第一句，王沂孫詞"商飆乍發"，"商"字平聲。第三句，王詞"蕭蕭還住"，上"蕭"字平聲。第五、六句，張翥詞"悵香銷塵土，淚殷玉井"，"塵"字平聲。第七句，張炎詞"幾日不來"，"不"字仄聲。第八句，張半湖詞"料想酒闌歌罷"，"酒"字仄聲，"歌"字平聲。第十句，吳文英詞"似山陰夜晴"，"山陰"二字俱平聲。第十一句，吳詞"勝看花好"，"勝"字仄聲，"看"字平聲。後段第一句，陳允平詞"後期重細許"，"後"字仄聲，"期"字平聲。吳詞"芳架雪未掃"，"雪"字仄聲。張半湖詞"窗外竹聲打"，"聲"字平聲。第二、三句，張炎詞"聽虛籟泠泠，飛下孤哨"，"虛"字、"飛"字俱平聲，"下"字仄聲。吳詞"和鳳築東風，宴歌曲水"，"曲"字仄聲。第四句，張炎詞"山空翠老"，"山"字平聲。第五句，張半湖詞"喚石鼎烹茶"，"石鼎"二字俱仄聲，"烹茶"二字俱平聲。第八句，張炎詞"芳草不除更好"，"芳"字平聲，"不"字仄聲。張半湖詞"天外新蟾低挂"，"低"字平聲。第九句，張半湖詞"涼無價"，"涼"字平聲。第十句，吳詞"掩重城、暮鐘不到"，"不"字仄聲。譜內可平可仄據此，餘參下詞。

又一體

楊无咎

雙調九十五字，前段十一句七仄韻，後段十句七仄韻。

乳鶯囀午。好夢正初醒，小軒清楚。水沈細縷。趁游
●○●●韻●●●○○句●○○●韻●○●●韻●○
絲落絮，緩隨風舞。冒起春心，又是愁雲怨雨。玉人
○●句●○○●韻●●○○句●●○○●●韻●○
去。遍徙倚舊時，曾並肩處。　相望知幾許。縱遠
●韻●●●○句○●○●韻　○●○●●韻●●
隔雲山，不遮愁路。捧杯薦俎。記低歌麗曲，共論心
●○○句●○○●韻●○●●韻●○○●●句●○○
素。薄恨斜陽，不道離情最苦。正凝佇，向譙樓、又
●韻●●○○句●●○○●●韻●○●韻●○○讀●
催笳鼓。
○○●韻

此和周詞也，惟前段起句多用一韻異。

又一體

王沂孫

雙調九十四字，前段十一句六仄韻，後段十句七仄韻。

小亭蔭碧，遇驟雨疏風，剩紅如掃。翠交徑小。問攀
●○●●句●●●○○句●○○●韻●○●●韻●○
條弄蕊，有誰重到。漫説青青，比似花時更好。怎知
○●●句●○○●韻●●○○句●●○○●●韻●○

道。一別漢南，遺恨多少。　清晝人悄悄。任密護
●韻●●○句○●○●韻　○●○●●韻●●
簾寒，暗迷窗曉。舊盟誤了。又新枝嫩子，總隨春
○○句●○○●韻●●●●韻●○○●●句●○
老。漸隔相思，極目長亭路杳。攪懷抱。聽蒙茸、數
●韻●●○○句●●○○●●韻●○●韻●○○讀●
聲啼鳥。
○○●韻

　　此亦與周詞同，惟前段第十句減一字異。

滿庭芳七體

　　此調有平韻、仄韻兩體。平韻者，周邦彥詞名《鎖陽臺》。葛立方詞有"要看黃昏庭院，橫斜映霜月朦朧"句，名《滿庭霜》。晁補之詞有"堪與瀟湘暮雨，圖上畫扁舟"句，名《瀟湘夜雨》。韓淲詞有"甘棠遺愛，留與話桐鄉"句，名《話桐鄉》。吳文英詞因蘇軾詞有"江南好，千鍾美酒，一曲滿庭芳"句，名《江南好》。張埜詞名《滿庭花》。《太平樂府》注中呂宮，高拭詞注中呂調。仄韻者，《樂府雅詞》名《轉調滿庭芳》。

滿庭芳

　　　　　　　　　　　　　　　　晏幾道

　　雙調九十五字，前後段各十句四平韻。

南苑吹花，西樓題葉，故園歡事重重。憑闌秋思，閒記舊相逢。幾處歌雲夢雨，可憐便、流水西東。別來久，淺情未有，錦字繫征鴻。　　年光還少味，開殘檻菊，落盡溪桐。漫留得，尊前淡月西風。此恨誰堪共說，清愁付、綠酒杯中。佳期在，歸時待把，香袖看啼紅。

此調以此詞及周詞爲正體。若黃詞之減字，程、趙、元三詞之添字，與無名氏詞之轉調，皆變體也。

此詞換頭句不藏短韻，宋元人如此填者亦多。

前段第三句，舒亶詞"樓臺半在雲間"，"樓"字平聲。第九句，周邦彥詞"全勝瀛海"，"瀛"字平聲。後段第一、二、三句，葛立方詞"北枝方半吐，水邊疏影，綽約娉婷"，"北"字仄聲，"疏"字平聲。第四、五句，周紫芝詞"且細看，八磚花影遲遲"，"細"字仄聲。第六句，向子諲詞"常被此花相惱"，"此"字仄聲，"相"字平聲。第九句，周邦彥詞"笛聲吹徹"，"笛"字仄聲，"吹"字平聲。譜內可平可仄據此，餘參所采平韻五詞。

此調前後段第八句例作平平仄平平仄，此詞前段第八句"別"字以入替平，如毛滂詞之後段第八句"北窗晚""北"字，又一首"玉臺畔""玉"字，亦是以入替平，不可泛填上去聲字。又蘇軾詞前段第三句"算只君與長江"，又"萬里煙浪雲帆",第二字俱用仄聲,查別首宋詞無用仄聲者,故不注可仄。

又一體

周邦彥

雙調九十五字,前段十句四平韻,後段十一句五平韻。

風老鶯雛,雨肥梅子,午陰嘉樹清圓。地卑山近,衣
○●○○句●○○●句●○●●○○韻●○○●句○
潤費鑪煙。人靜烏鳶自樂,小橋外、新綠濺濺。憑闌
●●○○韻○●○●●句●○●讀○●○○韻○○
久,黃蘆苦竹,擬泛九江船。　年年。如社燕,飄
●句○○●●句●●●○○韻　○○韻○●●句○
流瀚海,來寄修椽。且莫思身外,長近尊前。憔悴江
○●●句○●○○韻●●○○●句○●○○韻○●○
南倦客,不堪聽、急管繁絃。歌筵畔,先安枕簟,容
○●●句●○○讀●●○○韻○○●句○○●●句○
我醉時眠。
●●○○韻

此與晏詞同,惟後段第四、五句作五字一句、四字一句,又換頭句藏短韻異。

又一體

黃公度

雙調九十三字,前段十句四平韻,後段十一句五平韻。

一徑叉分，三亭鼎峙，小園別是清幽。曲闌低檻，春
●●○○句○○●●句●○●●○○韻●○○●句○
色四時留。怪石參差臥虎，長松偃蹇拏虬。携筇晚，
●●○○韻●●○○●●句○○●●○○韻○○●句
風來萬里，冷撼一天秋。　　優游。銷永晝，琴尊左
○○●●句●●●○○韻　　○○韻○●●句○○●
右，賓主風流。且偷閒，不妨身在南州。故國歸帆
●句○●○○韻●○○句●●○●○○韻●●○○
隱隱，西崑往事悠悠。都休問、金釵十二，滿酌聽
●●句○○●●○○韻○○●句○○●●句●●●
輕謳。
○○韻

　　此與周詞同，惟前後段第七句各減一字作六字句，及後
段第四、五句仍用晏詞體異。
　　按：此詞前後段第六、七句俱作對偶，填者遵之。

又一體

程　垓

　　雙調九十六字，前後段各十句四平韻。

南月驚烏，西風破雁，又還是、秋滿平湖。采蓮人
○●○○句○○●●句●○●讀○●○○韻●○○
静，寒色戰菰蒲。舊信江南好景，一萬里、輕覓尊
●句○●●○○韻●●○○●●句●●●讀○●○
鱸。誰知道，吳儂未識，蜀客已情孤。　　憑高增悵
○韻○○●句○○●●句●●●○○韻　　○○●●

望，湘雲盡處，都是平蕪。問故鄉何日，重見吾廬。
●句○○●●句○●○○韻●●○○句○●○○韻
縱有荷紉芰製，終不似、菊短籬疏。歸情遠，三更雨
●●○○●●句●●●讀●●○○韻○○●句⊖○●
夢，依舊繞庭梧。
●句○●●○○韻

此與晏詞同，惟前段第三句添一襯字異。

按：此詞起句"南月驚烏"，與晁端禮詞之"雪滿貂裘"，向子諲詞之"月窟蟠根"，石孝友詞之"修竹挼藍"等句同，偶然合韻。舊譜誤注用韻，不知此調兩句對起，必無首句用韻之理，填者辨之。

又一體

趙長卿

雙調九十六字，前後段各十句四平韻。

斜點銀釭，高擎蓮炬，夜寒不奈微風。重重簾幕，掩
○●○○句○○●句●○●●○○韻○○●句●
映畫堂中。香漸遠、長煙裊毿，光不定、寒影搖紅。
●●○○韻○●●讀○○●●句○●●讀○●○○韻
偏奇處，當庭月暗，吐焰亘如虹。　　紅裳呈艷麗，
○○●句○○●●句●●●○○韻　　○○○●●句
翠蛾一見，無奈狂蹤。試煩纖手，卷上紗籠。開正
●○●●句○●○○韻●○○●句●●○○韻○●
好、銀花照夜，堆不盡、金粟凝空。叮嚀語，煩將好
●讀○○●●句○●●讀○●○○韻○○●句○○●

事,來報主人公。
●句○●●○○韻

　　此與晏詞同,惟前後段第六句各添一字作七字句,後段第四、五句減一字作四字兩句異。
　　按:此詞前後段第六、七句亦用對偶,填者遵之。
　　汲古閣刻《惜香樂府》此詞頗有脱誤,今依《詞緯》本校定。

又一體

元好問

　　雙調九十六字,前後段各十句四平韻。

天上殷韓,解羈官府,爛遊舞榭歌樓。開花釀酒,來
○●●○句●○○句●●●○○韻○●●句○
看帝王州。常見牡丹開後,獨占斷、穀雨風流。仙家
●●○○韻○●●○○●句●●●讀●●○○韻○○
好,霜天槁葉,穠艷破春柔。　狂僧誰借手,一杯喚
●句○○●●句○●●○○韻　○○○●●句●○●
起,綠怨紅愁。天香國艷,梅菊背人羞。盡揭紗籠護
●句●●○○韻○○●●句○●●○○韻●●○○●
日,容光動、玉槃瓊舟。都人士女,年年十月,常記
●句○○●讀●○○○韻○○●●句○○●●句○●

遇仙樓。
●○○韻

　　此亦與晏詞同,惟前後段第四、五句俱作四字、五字,其後段第八句亦添一襯字異。

又一體

《古今詞話》無名氏

雙調九十六字,前段十句四仄韻,後段九句四仄韻。

風急霜濃,天低雲淡,過來孤雁聲切。雁兒且住,略
○●○○句○○○●句●○○○●韻●○●●句●
聽自家說。你爲離群到此,我共箇、人人纔別。松江
●●○韻●●○○●●句●●●讀○○○●韻○○
岸,黃蘆叢裏,天更待飛雪。　聲聲腸欲斷,和我
●句○○○●句○○●●●韻　○○○●●句○●
也、點點珠淚成血。這一江流水,流也嗚咽。告你高
●讀●●○○○●韻●●○○●句○●○●韻●●○
飛遠舉,前程事、永無磨折。休煩惱,飄零散聚,終
○●●句○○●讀●○○●韻○○●句○○●●句○
有見時節。
●●○●韻

此詞見《樂府雅詞》,又見《古今詞話》。押仄聲韻,與晏詞平韻體同,惟後段第二、三句添一字作九字一句異。

《樂府雅詞》抄本與此小異,今從《花草粹編》所采《古今詞話》原本。

白雪一體

調見《逃禪集》,楊无咎自製曲。題本賦雪,故即以"白雪"名調。

白雪

楊无咎

雙調九十五字，前段九句五平韻，後段九句四平韻。

檐收雨脚，雲乍斂、依然又滿長空。紋蠟焰低，熏鑪
〇〇●●句〇●●讀〇〇●●〇〇韻〇●●〇句〇〇
燼冷，寒衾擁盡重重。隔簾櫳。聽撩亂、撲漉青蟲。
●●句〇〇●●〇〇韻〇〇韻●〇●讀●●〇〇韻
曉來見、玉樓珠殿，恍若在蟾宮。　　長愛越水泛
●〇●讀●〇〇●句●●●〇〇韻　　〇●●●●
舟，藍關立馬，畫圖中。悵望幾多詩思，無句可形
〇句〇〇●●句●〇〇韻●●●〇〇●句〇●●〇
容。誰與問、已經三白，或是報年豐。未應真箇，情
〇韻〇●●讀●〇〇●句●●●〇〇韻〇〇〇●句〇
多老却天公。
〇●●〇〇韻

汲古閣本後段第四句缺一字，又結句或作"掃除陰翳，惟祈紅日生東"，今照《花草粹編》校定。

此詞無別首可校，其平仄須遵之。

徵招三體

《宋史·樂志》："政和間，詔以大晟雅樂施於燕饗，御殿按試，補徵、角二調，播之教坊。"調名始此。

徵招

趙以夫

雙調九十五字,前段九句五仄韻,後段八句五仄韻。

玉壺凍裂琅玕折,驂驂逼人衣袂。暖絮漲空飛,失前
●○●●○○●句○○●●○●韻●●○○句●◐
山橫翠。欲低還又起。似妝點、滿園春意。記憶當
○○●韻●○○●●韻●○●讀●○○●韻●●○
時,剗中情味,一溪雲水。　　天際絕人行,高吟
○句●○○●句●○○●韻　　●●●○○句○○
處、依稀灞橋鄰里。更翦翦梅花,落雲階月砌。化工
●讀○○●●○●韻●●●○○句●○○●●韻●○
真解事。強勾引、老來詩思。楚天暮、驛使不來,悵
○●●韻◐○●讀●○○●韻◐○●讀●●◐○句●
曲闌頻倚。
●○○●韻

此調以此詞爲正體,周密"江蘺搖落"詞、張炎"秋風吹
碎"詞俱如此填。若張詞別首之少押兩韻,彭詞之句讀小
異,皆變格也。

此詞前後段第四句及後段結句,例作上一下四句法,填
者依之。

此詞後段第四句"月"字入聲,以入替平,觀周詞之
"吹"字、張詞之"空"字可見。第七句"不"字亦以入替平,
觀周詞之"難"字、張詞之"紛"字可見。

按:周密詞前段第四句"奈曲終人杳","曲"字仄聲。
張炎詞第五句"餘音猶在耳","餘"字平聲。後段起句"客

裏可消憂","客"字仄聲。第五句"心塵聊更洗","心"字平聲。譜內可平可仄據此，餘參張詞。

彭詞平仄自成一體，故不校注。

此詞前段第二句、後段第二句下六字，俱作平平仄平平仄。周密詞"霜空雁程初到"，"寂寂怨琴淒調"，張炎詞"石床自聽流水"，"寥寥幾年無此"，"寂寂"字、"石"字俱以入作平，故不注可仄。

又一體

張　炎

雙調九十五字，前段九句四仄韻，後段八句四仄韻。

可憐張緒門前柳，相看頓非年少。三徑已荒涼，更如
●○○●○●句○○●○○●韻○●●○○句●○
今懷抱。薄遊渾是感，滿煙水、東風殘照。古調誰
○○●韻●○○●●句●○○讀○○●●韻●●○
彈，古音誰賞，歲華空老。　京洛染緇塵，悠然
○句●○○●句●○○●韻　○●●○○句○○
意、獨對南山一笑。只在此山中，甚相逢不早。瘦吟
●讀●●○○●●韻●●●○○句●○○●●韻●○
心共苦，知幾度、剪鐙窗小。何時更、聽雨巴山，賦
○●●韻○●●讀●○○●韻○○●讀●●○○句●
草池春曉。
●○○●韻

此與趙詞同，惟前後段第五句俱不押韻異。

此詞後段第二句"一"字以入作平，"對"字用去聲，與諸家不同。

又一體

彭元遜

雙調九十五字,前段九句四仄韻,後段八句四仄韻。

人間無欠秋風處,偏到霜痕月杪。細雨船篷,日夜風
○○○●○○●句○●○○●●韻●●○○句●●○
波未了。忽潮生海立,又天闊江清欲曉。孤迥幽深,
○●韻●○○●●句●○●○○●●韻○●○○句
激揚悲壯,浮沈浩渺。　　行路古來難,貂裘敝、匹
●○○●句○○●●韻　　○●●○○句○○●讀●
馬關山人老。錦字未成,寒到君邊書到。料倚門回
●○○○●韻●●●○句○●○○○●韻●●○○
首,更兒女、鐙前歡笑。早尌酌、萬里封侯,怕鏡霜
●句●○●讀○○○●韻●●讀●●○○句●●○
催照。
○●韻

　　此與張詞同,惟前後段第三句俱四字,第四句俱六字異。

　　後段第六句,《花草粹編》脱一字,今從鳳林書院元詞增定。

　　此詞平仄頗與各家不同,前後段第二句"月"字、"匹"字,皆以入作平。

雙瑞蓮一體

調見《虛齋樂府》,詞詠並頭蓮,即以爲名。

雙瑞蓮

趙以夫

雙調九十五字,前段十句六仄韻,後段九句五仄韻。

千機雲錦裏。看並蒂新房,駢頭芳蕊。清標艷態,兩
○○○●●韻●●○○句○○○●韻○○●●句●
兩翠裳霞袂。似是商量心事,倚緑蓋、無言相對。天
●●○○韻●●○○○●句●○●讀○○●●韻○
蘸水。彩舟過處,鴛鴦驚起。　縹緲漾影搖香,想
●●韻●○●●句○○○●韻　●●●●○○句●
劉阮風流,雙仙姝麗。閒情未斷,猶戀人間歡會。莫
○●○○句○○○●韻●○●●句○○○○●韻●
待西風吹老,薦玉醴、碧筒拌醉。清露底。月照一襟
●○○○●句●●●讀●○●●韻○●●韻●●○
凉思。
○●韻

此調近《玉漏遲》,但前段第二句多一字,前後段第四句平仄不同耳。然無別首宋詞可校。

玉京秋一體

調見《蘋洲漁笛譜》。

玉京秋

周　密

雙調九十五字,前段十一句六仄韻,後段九句六仄韻。

煙水闊。高林弄殘照,晚蜩淒切。畫角吹寒,碧砧度
○●●韻○○○●●句○○○●韻●●○○句●○●
韻,銀牀飄葉。衣濕桐陰露冷,采涼花、時賦秋雪。
句○○●●韻○●○○●●句●○○讀○●○●韻
難輕別。一襟幽事,砌蛩能説。　　客思吟商還怯。
○○●韻●○○●句●○○韻　　●●○○○●韻
怨歌長、瓊壺暗缺。翠扇陰疏,紅衣香褪,翻成銷
●○○讀○○●●韻●●○○句○○○●句○○○
歇。玉骨西風,恨最恨、閒却新涼時節。楚簫咽。誰
●韻●●○○句●●●讀○●○○○●韻●○●韻○
倚西樓淡月。
●○○●●韻

此周密自度腔,無別首宋詞可校,其平仄當依之。

《詞律》前段第四句脫"畫角吹寒"四字,後段第三句"翠扇陰疏"脫"陰"字,今從《詞緯》校正。

小聖樂一體

金元好問自度曲。《太平樂府》、《太和正音譜》俱注雙調，蔣氏《九宮譜目》入小石調。因詞中前結有"驟雨過"，"打遍新荷"句，更名《驟雨打新荷》。

小聖樂

元好問

雙調九十五字，前段十句三平韻、一叶韻，後段十句四平韻。

緑葉陰濃，遍池亭水閣，偏趁涼多。海榴初綻，朶朶
●●〇〇句●〇〇●●句〇〇〇韻●〇〇●句●●
蹙紅羅。乳燕雛鶯弄語，對高柳、鳴蟬相和。驟雨
●〇〇韻●●〇〇●●句●〇●讀〇〇〇●叶●●
過，似瓊珠亂撒，打遍新荷。　人生百年有幾，念
●句●〇〇●●句●●〇〇韻　〇〇●〇●●句●
良辰美景，休放虛過。富貴前定，何用苦奔波。命友
〇〇●●句●●〇〇韻●●〇〇句〇●●〇〇韻●●
邀賓宴賞，飲芳醑、淺斟低歌。且酩酊，從教二輪，
〇〇●●句●〇●讀●〇〇韻●●●句〇〇●〇句
來往如梭。
〇●〇〇韻

此元曲也，舊譜亦編入詞調，故爲采入。
前段"和"字韻，亦是三聲叶，蓋以五歌與二十二箇叶也。

玉女迎春慢一體

調見鳳林書院《元詞》。

玉女迎春慢

彭元遜

雙調九十五字,前段九句六仄韻,後段九句五仄韻。

纔入新年,逢人日、拂拂淡煙無雨。葉底妖禽自語。
○●○○句○○●讀●●●○○●韻●●○○●韻
小啄幽香還吐。東風辛苦。便怕有、踏青人誤。清明
●●○○●韻○○○●韻●●●讀●○○●韻○○
寒食,消得渡江,黃翠千縷。　　看臨小帖宜春,填
○●句○●●○句○○○●韻　　○○●●○○句○
輕暈濕,碧花生霧。爲說釵頭裊裊,繫著輕盈不住。
○●●句●○○●韻●●○○●●句●●○○●●韻
問郎留否。似昨夜、教成鸚鵡。走馬章臺,憶得畫眉
●○○●韻●●●讀○○○●韻●●○○句●●●○
歸去。
○●韻

此詞無別首可校,其平仄須遵之。

玉梅香慢一體

調見《梅苑》，與《梅香慢》、《早梅香》、《雪梅香》不同。

玉梅香慢

《梅苑》無名氏

雙調九十五字，前段十一句五仄韻，後段八句五仄韻。

寒色猶高，春力尚怯。微律先催梅坼。曉日輕烘，清
〇●〇〇句〇●●●韻〇●〇〇●韻●●〇〇句〇
風頻觸，疑散疏林殘雪。嫩英妒粉，嗟素艷、有蜂蝶。
〇〇●句〇●●〇〇●韻〇●●句〇〇讀●〇●韻
全似人人，向我依然，頓成離缺。　　徘徊寸腸萬
〇●〇〇句●●〇〇句〇〇〇●韻　　〇〇●●
結。又因花、暗成凝咽。撚蕊憐香，不禁恨深難絶。若
●韻●〇〇讀●〇〇●韻●●〇〇句●●●〇〇●韻●
是芳心解語，應共把、此情細細説。淚滿闌干，無言
●〇〇●●句〇●●讀●〇●●●韻●●〇〇句〇〇
強折。
〇●韻

此調惟有此詞，無別首可校。

金浮圖一體

調見《尊前集》。

金浮圖

尹鶚

雙調九十六字,前後段各十句七仄韻。

繁華地。王孫富貴。玳瑁筵開,下朝無事。壓紅衵、鳳
○○●韻○○●●韻●●○○句●○○●韻●○○讀●
舞黃金翅。玉立纖腰,一片揭天歌吹。滿目綺羅珠
●○○●韻●●○○句●●●○○●韻●●●○○
翠。和風淡蕩,偷送沈檀氣。　堪判醉。韶光正媚。
●韻○○●●句○○●○●韻　○○●韻○○●●韻
折盡牡丹,豔迷人意。縱金張許史應難比。貪戀歡
●●●○句●○○●韻○○○●●○●韻○○○
娛,不覺金烏西墜。還惜會難別易。金船更勸,勒住
○句●●○○○●韻○●●○●●韻○○●●句●●
花驄轡。
○○●韻

後段第五句"縱"字、第七句"西"字從《詞緯》本增入。此詞無別首可校,《詞律》以前後段對注平仄,畢竟無據。

陽臺路一體

《樂章集》注林鍾商。

陽臺路

柳　永

雙調九十六字，前段九句六仄韻，後段八句四仄韻。

楚天晚。墜冷楓敗葉，疏紅零亂。冒征塵、匹馬驅驅，
●○●韻●●○●●句○○○●韻●○○讀●●○○句
愁見水遥山遠。追念年時，正恁鳳幃、倚香偎暖。嬉
○●○○●韻○●○○句●●●○讀●○○●韻○
遊慣。又豈知、前歡雲雨分散。　　此際空勞回首，
○●韻●●○讀○○○●韻　　●●○○●句
望帝里、難收淚眼。暮煙衰草，算暗鎖、路岐無限。今
●●●讀○○●●韻●○○●句●●●讀●○○●韻○
宵又、依前寄宿，甚處葦村山館。寒鐙半夜厭厭，憑
○●讀○○●●句●●●○●韻○○●●○○句○
何消遣。
○○●韻

　　此調衹有此詞，無別首可校。柳詞俱入宮調，其句讀平仄須遵之。

黃鶯兒三體

調見《樂章集》，原注正宮。即詠黃鶯兒，取以爲名。

黃鶯兒

柳　永

雙調九十六字，前段十句四仄韻，後段十句五仄韻。

園林晴晝誰爲主。暖律潛催，幽谷暄和，黃鸝翩翩，
○○○●○●韻●●○○句○●○○句○◐○○句
乍遷芳樹。觀露濕縷金衣，葉映如簧語。曉來枝上綿
●○○●韻●●●●○○句●●○○●韻●○○●○
蠻，似把芳心，深意低訴。　　無據。乍出暖煙來，又
○句●●○○句○●○●韻　　○●韻●●●○○句●
趁遊蜂去。恣狂踪跡，兩兩相呼，終朝霧吟風舞。當
●○○●韻●○○●句●●○○句○○●○○●韻○
上苑柳濃時，別館花深處。此際海燕偏饒，都把韶
●●●○○句●●○○●韻●◐●●○○句◐●○
光與。
○●韻

此調以此詞爲正體，王詵、陳允平詞正與此同。若晁詞之句讀小異，無名氏詞之減字，皆變體也。

按：此詞前段第二句至第五句，與王詵詞："北圃人來，傳道江梅，依稀芳姿，數枝新發。"陳允平詞："南陌嚶嚶，喬木初遷，紗窗無眠，畫闌憑曉。"句讀平仄如一，俱作四字四句，《詞

律》點作六字一句、四字一句、又六字一句者誤。至前段第六句作上一下五句法，第七句即與上句作五字對偶，王詞"誇嫩臉著臙脂，膩骨凝香雪"，陳詞"看止宿暗黃深，纖霧金梭小"，後段第二、三句亦作五言對偶，第六、七句與前段同，五首皆然，當是此調體例，填者辨之。

陳詞前段起句"六波煙黛浮空杳"，"六"字仄聲。第二句"南陌嚶嚶"，"南"字平聲。譜內可平可仄據此，餘參下晁詞、《梅苑》詞。

又一體

晁補之

雙調九十七字，前段九句四仄韻，後段十句五仄韻。

南園佳致偏宜暑。兩兩三三，修篁新筍出初齊，猗猗
○○○○○●韻●●○○句○○○●○○句○○
過檐侵戶。聽亂點芰荷風，細灑梧桐雨。午餘簾影參
●○○●韻●●●○○句●●○○●韻●○○○○
差，遠樹蟬聲，幽夢殘處。　凝竚。既往盡成空，暫
○句●●○○句○○○●韻　○●韻●●●○○句●
過何曾住。算人間事，豈足追思，依依夢中情緒。觀
●○○●韻●○○●句●●○○句○○●○○●韻○
數點茗浮花，一縷香縈炷。怪來人道陶潛，做得羲
●●●○○句●●○○●韻●○○●○○句●●○
皇侶。
○●韻

此與柳詞同，惟前段第三、四、五句添一字，作七字一句、六字一句異。此詞第二句至五句，悉遵《琴趣》原本。《詞律》

改"篁"字爲"竹"字,連上作六字句,删去"出"字,點作四字句,且謂"竹"字叶"主"字,與柳詞"谷"字叶"古"字,皆中州韻,不知中州韻始自元時,全爲作北曲而發,若填詞,自依古韻,豈有宋詞在前,反遵後世曲韻之理。此論紕繆,不可從。

又一體

《梅苑》無名氏

雙調九十五字,前段十句四仄韻,後段十句五仄韻。

香梢勻蕊先回暖。點點胭脂,輕襯紅苞,隱映疏篁,
○○●●○○●韻●●○○句○○○○句●●○○句
紅翠相間。方瑞雪乍晴時,愛日初添綫。五雲樓上遙
○●●韻○●●○○句●●○○●韻●○○●○
看,似覷溪邊,仙子妝面。　堪羨。影轉玉枝斜,艷
句●●○○句○●○●韻　○●韻●●●○○句●
拂朝霞淺。就中妖嬈,獨得芬芳,偏教容易開遍。
●○○●韻●○○○句●●○○句○○○●○●韻
又報一陽時,不似鶯聲喚。肯與桃臉爭春,靚笑群
●●●○○句●●○○●韻●●○○○句●●○
芳晚。
○●韻

此與柳詞同,惟後段第七句減一字異。

天香八體

《法苑珠林》云:"天童子天香甚香。"調名本此。

天香

賀　鑄

雙調九十六字，前段十句五仄韻，後段八句六仄韻。

煙絡橫林，山沈遠照，迤邐黃昏鐘鼓。燭映簾櫳，蛩
○●○○句●○●●句●●○○○●句●●○○句○
催機杼，共惹清秋風露。不眠思婦。齊應和、幾聲砧
○●●句●●○○○●韻●○○●韻●●●讀●○○
杵。驚動天涯倦客，駸駸歲華行暮。　　當年酒狂自
●韻○●○○●●句○○●○○●韻　　○○●○●
負。謂東君、以春相付。流浪征驂北道，客檣南浦。幽
●韻●○○讀●○○●韻○●○○●●句●○○●韻○
恨無人晤語。賴明月、曾知舊遊處。好伴雲來，還將
●○○●韻●○●讀○○●○●韻●●○○句○○
夢去。
●●韻

此調以賀、王、毛、吳四詞爲正體，南宋人則填吳詞體爲多。若劉詞之減字，吳詞別首、景詞二首之句讀不同，皆變體也。

按：吳文英詞前段第二句"羅囊閒鬭"，"閒"字平聲。呂同老詞"水沈換骨"，"水"字仄聲。第三句"蜿蜒夢斷瀛島"，"蜿"字仄聲。周密詞第九、十句"金餅著衣餘潤，銀葉透簾微裊"，"著"字、"葉"字俱仄聲。後段起句"素被瓊簹夜悄"，"素"字仄聲，"瓊"字平聲。無名氏詞第二句"繡羅幃、依舊痕少"，"依"字平聲，"舊"字仄聲。譜內可平可仄據此，餘參所采諸詞。

又一體

王　觀

雙調九十六字，前段十句四仄韻，後段八句五仄韻。

霜瓦鴛鴦，風簾翡翠，今年較是寒早。矮釘明窗，側
○●○○句○○●●句○○●●●韻●●○○句●
開朱户，斷莫亂教人到。重陰未解，雲共雪、商量未
○○●句●●●○○韻○○●●句○●●讀○○●
了。青帳垂氈要密，紅鑪圍炭宜小。　　呵梅弄妝試
●韻○●○○●●句○○○●○●韻　○○●●●
巧。繡羅衣、瑞雲芝草。伴我語時同語，笑時同笑。已
●韻●○○讀●○○●韻●●●○○句●○○●韻●
被金尊勸酒，又唱箇、新詞故相惱。盡道窮冬，元來
●○○●●句●●●讀○○●○●韻●●○○句○○
恁好。
●●韻

此與賀詞同，惟前段第七句、後段第五句俱不押韻異。

《花草粹編》後段第六句脱一字，今從《樂府雅詞》校定。

《詞律》前段訛二字，脱一字，後段第三句亦脱一字，乃引毛詞殘缺者，曲爲之説，以駁《草堂》，不知《草堂》前結原作六字兩句，後段第三句亦六字，但"鑪"字訛作"窗"字，"炭"字訛作"放"字耳，句讀依然不失也。

又一體

毛 滂

雙調九十六字,前段十句四仄韻,後段八句六仄韻。

進止詳華,文章爾雅,金鑾恩異群彦。塵斷銀臺,天
●●○○句○○●●句○○●●●韻○●○○句○
低鼇禁,最是玉皇香案。燕公視草,星斗動、昭回雲
○○●句●●●●○●韻○○●●句○●●讀○○○
漢。對罷宵分還又,金蓮燭引歸院。　　年來偃藩江
●韻●●○○○●句○○●●○●韻　　○○●○○
畔。賴湖山、慰公心眼,碧瓦千家,共惜袴襦餘暖。黃
●韻●○○讀●○○●韻●●○○句●●●○○●韻○
氣珠庭漸滿。望紅日、長安殊不遠。緩轡端門,青春
●○○●韻●○●讀○○○●●韻●●○○句○○
未晚。
●●韻

此與賀詞同,惟前段第七句不押韻,後段第三句四字,第四句六字異。按:周密"碧腦浮冰"詞,前段第七、八句"濃熏淺注,疑醉度、千花春曉",後段第三、四句"一縷舊情,空趁斷煙飛繞",正與此同。

汲古閣本前段第九句脱一字,後段第四句脱一字,今從《詞緯》校定。

又一體

吴文英

雙調九十六字,前段十句四仄韻,後段八句六仄韻。

碧藕藏絲,紅蓮並蒂,荷塘水暖香斗。窈窕文窗,深
●●○○句○○●●句○○●●○●韻●●○○句○

沈書幔,錦瑟歲華依舊。洞簫韻裏,共跨鶴、青田碧
○○●句●●●○○●韻●○●●句●●●讀○○●

岫。菱鏡妝臺挂玉,芙蓉艷褥鋪繡。　　西鄰障蓬漂
●韻○●●○●●句○○●●○●韻　　○○●○○

手。並華朝、夢蘭分秀。未冷綺簾猶卷,淺冬時候。秋
●韻●○○讀●○○●韻●●●○○●句●○○●韻○

到霜黃半畝。便準擬、携花就君酒。花酒年華,天長
●○○●●韻●●●讀●○●○●韻○●○○句○○

地久。
●●韻

此與賀詞同,惟前段第七句不押韻異,吴詞別首"珠絡玲瓏"詞正與此同。按:宋《樂府補題》詠龍涎香諸詞俱本此填。

又一體

劉儗

雙調九十五字,前段十句四仄韻,後段八句四仄韻。

漠漠江皋,迢迢驛路,天教爲春傳信。萬木叢邊,百
●●○○句○○●●句○○●○○●韻●●○○句●

花頭上，不管雪飛風緊。尋交訪舊，惟翠竹寒松相
〇〇●句●●〇〇●韻〇〇●●句〇●●〇〇
認。不意牽思動興，何心襯妝添暈。　孤標最甘冷
●韻●●〇〇●句〇〇●●〇韻　〇〇●〇●
落，不許蝶親蜂近。直自從來潔白，箇中清韻。儘做
●句●●●〇〇●韻●●〇〇●●句〇〇〇韻●●
重聞塞管，也何害、香銷粉痕盡。待到和羹，纔明
〇〇●●句●〇●讀〇〇●●●韻●●〇〇句〇〇
底蘊。
●●韻

此與王觀詞同，惟後段起句不押韻，第二句減一字異。

又一體

吳文英

雙調九十六字，前段十一句四仄韻，後段八句六仄韻。

蟬葉黏霜，蠅苞綴凍，生香遠帶風峭。嶺上寒多，溪
〇●〇〇句〇〇●●句〇〇●〇●韻●●〇〇句〇
頭月冷，北枝瘦，南枝小。玉奴有姊，先占立、牆陰春
〇●●句●〇●句〇〇●韻●〇●●句〇●●讀〇〇
早。初試宮黃澹薄，偷分壽陽纖巧。　銀燭淚深未
●韻〇●〇〇●●句〇〇●〇〇●韻　〇●●〇●
曉。酒鍾慳、貯愁多少。記得短亭歸馬，暮衙蜂鬧，豆
●韻●〇〇讀●〇〇●韻●●●〇〇●句●〇〇●句●
蔻釵梁恨裊。但悵望、天涯歲華老。遠信難封，吳雲
●〇〇●●韻●●●讀〇〇●〇●韻●●〇〇句〇〇

雁杳。
●●韻

　　　　此與"碧藕藏絲"詞同，惟前段第六句作三字兩句異。

又一體

　　　　　　　　　　　　　　　　　　　景　罕

　　　　雙調九十六字，前段十一句四仄韻，後段八句五仄韻。

市遠人稀，林深犬吠，山連水村幽寂。田里安閒，東
●●○○句○○●●句○○●○○●韻○●○○句○
鄰西舍，準擬醉時歡適。社祈雩禱，有簫鼓、喧天吹
○●句●○●○○●韻●○●●句●○●讀○○○
擊。宿雨新晴，隴頭閒看，露桑風陌。　　無端曉亭
●韻●●○○句○○○●句●○○●韻　○○●○
暮驛。恨連年、此時行役。何似臨流蕭散，緩衣輕幘。
●●韻●○○讀●○○●韻○●○○○●句●○○●韻
炊黍烹雞自勞，有脆綠甘紅薦芳液。夢裏春泉，糟床
○●○○●句●●●○○●○●韻●●○○句○○
夜滴。
●●韻

　　　　此與王觀詞同，惟前結作四字三句異。

又一體

　　　　　　　　　　　　　　　　　　　景　罕

　　　　雙調九十六字，前段十一句四仄韻，後段八句五仄韻。

百歲中分，流年過半，塵勞縈人無盡。桑柘周圍，菅
●●○○句○○●●句○○●○○●韻○●○○句○
茅低架，且喜水親山近。倦飛高鳥，算也有、閒枝棲
○○●句●●●○○●韻○○●句●●讀○○○
穩。紙帳綢衾，日高睡起，懶梳蓬鬢。　　閒階土花
●韻●●○○句●○●●句●○○●韻　　○○●○
碧潤。緩芒鞵、恐傷蝸蚓。倒掩衡門，空解草元誰信。
●●韻●○○讀●○○●韻●●○○句○●●○○●韻
俗駕輕雲易散，賴獨有、蓬峰破孤悶。世事悠悠，從
●●○○●●句●●讀○○●○○●韻●●○○句○
教莫問。
○●●韻

此亦與王觀詞同，惟後段第三句四字，第四句六字異。

熙州慢一體

《唐書‧禮樂志》："天寶樂曲皆以邊地名，若伊州、甘州、涼州之類。"按：宋改鎭洮軍爲熙州，本秦漢時隴西郡，亦邊地也。調名"熙州"，義或取此。

熙州慢

張　先

雙調九十六字，前段十句三仄韻、一叶韻，後段八句六仄韻。

武林鄉、占第一湖山，詠畫爭巧。鷲石飛來，倚翠樓
●○○讀●●●○○句●●○●韻●●○○句●○
煙靄，清猿啼曉。況值禁垣師帥，惠政流入歌謠。朝
○●句○○○●韻●●○○○●句●●○○○○叶
暮萬景，寒潮弄月，亂峰迴照。　天使尋春不早。
●●句○○●●句●○○●韻　○●○○●●韻
併行樂、免有花愁花笑。持酒更聽，紅兒肉聲長調。
●○○讀●●○○○●韻●●●○句○○●○○●韻
瀟湘故人未歸，但目送、遊雲孤鳥。際天杪。離情盡
○○●●●○句●●●讀○○○●韻●○●韻○○●
寄芳草。
●○●韻

　　此調祇有此詞，無別首可校。
　　前段第七句"謠"字韻，亦用三聲叶。

漢宮春十體

　　《高麗史・樂志》名《漢宮春漫》。此調有平韻、仄韻兩體，平韻詞八首，仄韻詞二首，皆以前後段起句用韻、不用韻辨體。

漢宮春

晁沖之

　　雙調九十六字，前後段各九句四平韻。

1095

黯黯離懷，向東門繫馬，南浦移舟。薰風亂飛燕子，
⊖●○○句●●⊖○●●句⊖●○○韻○○●⊖●●句
時下輕鷗。無情渭水，問誰教、日日東流。常是送、行
⊖●○○韻○○●●句●⊖讀●●○○韻⊖●●讀⊖
人去後，煙波一向離愁。　　回首舊遊如夢，記踏青
○●●句⊖○⊖●○○韻　　●●⊖○⊖●句●●⊖
㶉飲，拾翠狂遊。無端綵雲易散，覆水難收。風流未
●●句●●○○韻⊖○⊖●⊖●句●⊖○○韻○○●
老，拌千金、重入揚州。應又似、當年載酒，依前名占
●句⊖⊖讀⊖●○○韻○●●讀⊖○⊖●句⊖○⊖
青樓。
○○韻

　　此調平韻詞前後段起句不用韻者，以晁詞及《梅苑》"點點江梅"詞爲正體，如《梅苑》別首之換頭句法不同，無名氏詞之添字，彭詞之減字，皆變體也。兩起句用韻者，以張詞爲正體，如沈詞之句讀參差，亦變體也。前段起句用韻，後段起句不用韻者，惟京詞一體，《梅苑》詞、史達祖詞俱與此同。

　　按：李邴、辛棄疾、劉鎮、陸游、周紫芝、吳文英、方岳諸詞，皆如此填。辛詞前段第四句"維摩定自非病"，"自"字仄聲，"非"字平聲。第六句"君如星斗"，"星"字平聲。第七句"覺團扇、便與人疏"，"扇"字仄聲。第八句"回首聽、月明天籟"，"天"字平聲。第九句"只今還有公無"，"只"字仄聲。後段起句"最喜陽春妙句"，"最"字、"妙"字俱仄聲。第四句"夜來歸夢江上"，"夜"字仄聲，"歸"字平聲。第六句"荻花深處"，"深"字平聲。第七句"問何不、鼓瑟吹竽"，"不"字仄聲。第八句"歸去也、絕交何必"，"絕"字仄聲。

又陸詞後段起句"何事又作南來","來"字平聲。方詞前段第四句"當年東閣詩興","東"字平聲。譜內可平可仄據此,餘參所采平韻諸詞。至辛詞前後段第六句"白頭自惜","荻花深處","白"字、"荻"字俱以入作平,前段第四句"不知雲者爲雨","不"字亦以入作平。查宋詞此三字無用仄聲者,故不注可仄。

又一體

《梅苑》無名氏

雙調九十六字,前後段各九句四平韻。

點點江梅,對寒威強出,一弄新奇。零珠碎玉,爲誰
●●○○句●○○●●句●●○○韻○○●●句●○
密上南枝。幽香冷艷,縱孤高、却遣誰知。惟只有、
●●○○韻○○●●句●○○讀●●○○韻○●●讀
江頭驛畔,征鞍獨爲遲遲。　　聊撚粉香重問,問春
○○●●句○○●●○○韻　　○○●●○○句●○
來甚日,春去何時。移將院落,算應未肯頭低。無人
○●●句○○○○韻●●●○句●○●●○○韻○○
共折,傍溪橋、雪壓霜欺。君不見、長安陌上,只誇
●●句●○○讀●●○○韻○●●讀○○●●句●○
桃李芳菲。
○●○○韻

此與晁詞同,惟前後段第四句四字,第五句六字異。

又一體

《梅苑》無名氏

雙調九十六字,前段九句四平韻,後段十句四平韻。

梅萼知春,見南枝向暖,一朵初芳。冰清玉麗,自然
○●○○句●○○●●句●○○韻○○●●句●○
賦得幽香。煙庭水榭,更無花、爭染春光。休漫說、
●●○韻○○●●句●○○讀○○○韻○●●讀
桃夭杏冶,年年蝶鬧蜂忙。　立馬竚,凝情久,念
○○●●句○○●●○韻　●●句○○●句●
美人自別,鱗羽茫茫。臨岐記伊,尚帶宿酒殘妝。雲
●○●●句●●○韻○○●○句●●●●○韻○
疏雨闊,又怎知、千里思量。除是託、多情驛使,殷
○●●句●○○讀○●○韻●●讀○○●●句○
勤折寄仙鄉。
○○●○韻

此與"點點江梅"詞同,惟換頭句作三字兩句異。按:《老學叢談》無名氏"橫笛聲沈"詞換頭句"情知道,山中好",正與此同,但前後段第四句俱六字,第五句俱四字,仍如晁詞體填。

又一體

《花草粹編》無名氏

雙調九十七字,前後段各九句四平韻。

玉減香消,被嬋娟誤我,臨鏡妝慵。無聊强開强解,
●●○○句●○○●●句○●○○韻○●○●●句
蹙破眉峰。憑高望遠,但斷腸、殘月初鐘。須信道、
●●○○韻○○●●句●●○讀○●○○韻○●讀
承恩不在貌,如何教妾爲容。　風暖鳥聲如碎,更
○○●●句○○●●○○韻　○●●○○句●
日高院靜,花影重重。愁來待只㶸酒,酒薄愁濃。長
●○●●句○○○○韻○○●●●○句●●○○韻○
門怨感,恨無金、買賦臨邛。翻動念、年年女伴,越
○●●句●○○讀●●○○韻○●●讀○○●●句●
溪共采芙蓉。
○●●○○韻

此與晁詞同,惟前段第八句添一襯字韻。

又一體

彭元遜

雙調九十四字,前後段各九句四平韻。

十日春風,又一番調弄,怕暖愁陰。夜來風雨,搖得
●●○○句●●○○●句●●○○韻●○○●句○●
楊柳黄深。熏篝未斷,夢舊寒、淺醉同衾。便是鬭鐙
○●○○韻○○●●句●●○讀●●○○韻●●●○
見月,看花對酒驚心。　携手滿身花影,香霏冉
●●句○○●●○○韻　○●●○○●句○○●
冉,露濕羅襟。笙歌㶸人歸去,回首沈沈。人間此
●句●●○○韻●○○○●●句○●○○韻○○●

夜，誤春光、一刻千金。明日問、紅巾青鳥，蒼苔自
●句●○○讀●●○○韻○●●讀○○○●句○○●
拾遺簪。
●○○韻

　　此詞前段與"點點江梅"詞同，惟第八句減一字；後段與
晁詞同，惟第二句減一字。見鳳林書院元詞，采以備體。
以上五詞皆前後段起句不用韻者。

又一體

張　先

　　雙調九十六字，前後段各九句五平韻。
紅粉苔墻。透新春消息，梅粉先芳。奇葩異卉，漢家
○●○○韻●○○○●句○○○韻○○●●句●○
宮額塗黃。何人鬬巧，運紫檀、翦出蜂房。應爲是、
○●○○韻○○●●句●●○讀●●○○韻○●●讀
中央正色，東君別與清香。　仙姿自稱霓裳。更孤
○○●●句○○●●○○韻　○○●●○○韻●○
標俊格，霏雪凌霜。黃昏院落，爲誰密解羅囊。銀瓶
○●●句○●○○韻○○●●句○○●●○○韻○○
注水，浸數枝、小閣幽窗。春睡起、纖條在手，厭厭
●●句●●○讀●●○○韻○●●讀○○●●句○○
宿酒殘妝。
●●○○韻

　　此即晁詞體，惟前後段起句各用韻，其第四、五句俱上
作四字，下作六字異。按：《高麗史·樂志》《漢宮春慢》詞
正與此同，惟換頭三句："光陰迅速如飛。邀酒朋共歡，且恁

開眉。""邀"字、"歡"字俱平聲,"酒"字、"且"字俱仄聲異。

又一體

沈會宗

雙調九十六字,前後段各九句五平韻。

別酒初醒。似一番夢覺,屈指堪驚。猶疑送消寄息,
●●○○韻●●○○●句●●○○韻○○●○●●句
遇著人聽。當初喚作,據眼前、略略看承。及去了、
●●○○韻○○●●句●●○讀●○○韻●●●讀
從頭想伊,心下始覺寧寧。　黃昏畫角重城。更傷
○○●句○●●○○韻　　○○●●○○韻●○
高念遠,懷抱何勝。良時好景,算來半爲愁生。幽期
○●●句○●○○韻○○●●句●○●●○○韻○○
暫阻,更就中、月白風清。千萬計、年年斷除不得,
●●句●●○讀●●○○韻○●●讀○○●●●句
是這些情。
●●○○韻

　　此詞兩起句亦用韻,與張詞同。但前段第四句六字,第五句四字,後段第四句四字,第五句六字,前結七字一句、六字一句,後結九字一句、四字一句,句讀參差,采以備體。
　　以上二詞皆前後段起句用韻者。

又一體

京鏜

雙調九十六字,前段九句五平韻,後段九句四平韻。

1101

暖律初回。又燒鐙市井，賣酒樓臺。誰將星移萬點，
●●○○韻●○○●●句●●○○韻○○○●●句
月滿千街。輕車細馬，隘通衢、蹴起香埃。今歲好、
●●○○韻○○●●句●○○讀●●○○韻●●讀
土牛作伴，挽留春色同來。　　不是天公省事，要一
●○●●句●○●●○○韻　　●●○○●●句●●
時壯觀，特地安排。何妨綵樓鼓吹，綺席尊罍。良宵
○●●句●○○韻●●●●○●句●●○○韻○○
勝景，語邦人、莫惜徘徊。休笑我、癡頑不去，年年
●●句●○○讀●●○○韻●●讀○○●●句○○
爛醉金釵。
●●○○韻

此與晁詞同，惟前段起句用韻異。按：《梅苑》"雨打風摧"詞，史達祖"花隔東垣"詞，及京詞別首"看透塵寰"詞，俱如此填。惟《梅苑》詞前段第八句"須憑取、東君爲我"，"憑"字平聲，史詞後段第一、二、三句"唐昌故宮何許，頓蔫霞裁霧，擺落塵緣"，"昌"字、"何"字、"裁"字俱平聲，已於晁詞體內參校作圖，茲不復注。

又一體

康與之

雙調九十六字，前段九句四仄韻，後段九句五仄韻。

雲海沈沈，峭寒收建章，雪殘鵁鶄。華鐙照夜，萬井
○●○○句●○○◐句◐○●韻○○●●句●●
禁城行樂。春隨鬢影，映參差、柳絲梅萼。丹禁杏、
●○○韻○○●句●◐讀◐○○韻○●●讀

鼇峰對聳，三山上通寥廓。　　春衫繡羅香薄。步金
○○●●句○●●○○●韻　　○○●○○●韻●○
蓮影下，三千綽約。冰輪桂滿，皓色冷侵樓閣。霓裳
○●●句●○●●韻○○●●句●●●○○●韻○○
帝樂，奏昇平、天風吹落。留鳳輦、通宵宴賞，莫放
●●句●●○、○○●●韻○●●、○○●●句●●
漏聲閑却。
●○○●韻

  此詞全押仄韻，其句讀與張先平韻體同。有《樂府雅詞》一首可校，雖用韻多少不同，均爲此調正體。

又一體

  《樂府雅詞》無名氏
  雙調九十四字，前段九句五仄韻，後段十句六仄韻。
江月初圓，正新春夜永，鐙市行樂。芙蕖萬朵，向晚
○●○○句●○○●●句○●○●韻○○●●句●●
爲誰開却。層樓畫閣。盡卷上、東風簾幕。羅綺擁、
●○○●韻○○●●韻●●●、○○○●韻○●●、
歡聲和氣，驚破柳梢梅萼。　　綽約。暗塵浮動，正
○○●●句○●●○○●韻　　●●韻○○●●句●
魚龍曼衍，戲車交作。高牙影裏，緩控玉轡金絡。鉛
○○●●句●○○●韻○○●●句●●●○○●韻○
華間錯。更一部、笙歌圍著。香散處、厭厭醉聽，南
○●韻●●●、○○○●韻○●●、●●●●句○
樓畫角。
○●●韻

此即康詞體，惟前後段第六句俱押韻，換頭句藏一短韻，結句減二字異。

倦尋芳二體

王雱詞注中呂宮，潘元質詞名《倦尋芳慢》。

倦尋芳

王　雱

雙調九十六字，前段十一句四仄韻，後段十句五仄韻。

露晞向曉，簾幙風輕，小院閒晝。翠逕鶯來，驚下亂
●○●●句○●○○句●●○●韻●●○○句○●●
紅鋪繡。倚危闌，登高榭，海棠著雨胭脂透。算韶
○○●韻●○○句○○●句●○●●○○●韻●○
華，又因循過了，清明時候。　　倦遊燕、風光滿
○句●○○●●句○○○●韻　　●○●讀○○●
目，好景良辰，誰共攜手。恨被榆錢，買斷兩眉長
●句●●○○句○●○●韻●●○○句●●●○○
鬭。憶得高陽人散後。落花流水仍依舊。這情懷，對
●韻●●○○○●●韻●○○●○○●韻●○○句●
東風，盡成消瘦。
○○句●○●○韻

此詞前段第六句作三字兩句，後段第六句押韻，宋詞無如此填者，因有宮調，錄以備體。

又一體

潘元質

雙調九十七字,前後段各十句四仄韻。

獸鐶半掩,鴛甃無塵,庭院瀟灑。樹色沈沈,春盡燕
○○●●句 ○●○○句 ○●○●韻 ●○○○句 ●●
嬌鶯姹。夢草池塘青漸滿,海棠軒檻紅相亞。聽簫
○○●韻 ●●○○○●●句 ●○○●○○●韻 ●○
聲,記秦樓夜約,彩鸞齊跨。　　漸迤邐、更催銀
○句 ●○○●● 句 ●○○●韻　　●●●讀 ●○○
箭,何處貪歡,猶繫驄馬。旋翦鐙花,兩點翠眉誰
●句 ○●○○句 ○●○●韻 ●●○○句 ●●●○○
畫。香滅羞回空帳裏,月高猶在重簾下。恨疏狂,待
●韻 ○●○○○●●句 ●○○●○○●韻 ●○○句 ●
歸來,碎揉花打。
○○句 ●○○●韻

此詞前段第五句七字,後段第五句不押韻,宋人俱如此填。

按:前段第一、二、三句,盧祖皋詞"香泥壘燕,密葉巢鶯,春晴寒淺","香"字平聲,"密"字仄聲,"晴"字平聲。湯恢詞"餳簫吹暖,蠟燭分煙,春思無限","吹"字平聲。第四、五句,湯詞"風到棟花,二十四番吹遍","風"字平聲,"棟"字、"二"字俱仄聲。第六句,湯詞"煙濕濃堆楊柳色","煙"字平聲。第七句,盧詞"秋千影落人遊倦","秋"字平聲。第九句,盧詞"記寶帳歌慵","寶帳"二字俱仄聲,"歌慵"二字俱平聲。後段第一、二、三句,吳文英詞"聽細語、琵

琶幽怨,客鬢蒼華,衫袖濕遍",“細"字、"濕"字俱仄聲。盧詞"別來悵、光陰容易,還又酴醾,牡丹開遍","牡"字仄聲,"丹"字平聲。第五句,吳詞"誰念故人遊倦","誰"字平聲。第七句,盧詞"長安猶近歸期遠","長"字平聲。結三句,盧詞"倚危樓,但鎮日,繡簾高卷","鎮日"二字俱仄聲。譜內本此作圖,其餘可平可仄悉參王詞。

劍器近一體

《宋史・樂志》:"教坊奏《劍器》曲,其一屬中呂宮,其二屬黃鍾宮,又有《劍器》舞隊。"此云"近"者,其聲調相近也。

劍器近

袁去華

雙調九十六字,前段八句八仄韻,後段十二句七仄韻。
夜來雨。賴倩得、東風吹住。海棠正妖嬈處。且留
●○●韻●●●讀○○○●韻●○○●韻●○
取。悄庭戶。試細聽、鶯啼燕語。分明共人愁緒。怕
●韻●○●韻●●●讀○○●●韻○○●○○●韻●
春去。　　佳樹。翠陰初轉午。重簾未卷,乍睡起,
○●韻　　○●韻　○●○●韻○○●●句●●●句
寂寞看風絮。偷彈清淚寄煙波,見江頭故人,爲言憔
●●●○●韻○○○●●○○句●○○●○句●○○

悴如許。彩箋無數。去却寒暄，到了渾無定據。斷腸
●○韻●○○●韻●●○○句●●○○●●韻●○
落日千山暮。
●●○○●韻

　　　此調惟有此詞，無別首可校。

秋蘭香一體

　　　調見《全芳備祖》。

秋蘭香

陳　亮

　　　雙調九十六字，前後段各九句五平韻。

未老金莖，些子正氣，東籬淡泞齊芳。分頭添樣白，
●●○○句○●●句○●●○○韻○○●●句
同局幾般黃。向閒處、須一一排行。淺深饒間新妝。
○●●○韻●○●讀○●●●○韻●○●●○韻
那陶令、漉他誰酒，趁醒消詳。　　況是此花開後，
●○●讀●○○●句●●○○韻　　●●●○○●句
便蝶亂無花，管甚蜂忙。你從今、采却蜜成房。秋英
●●○○句●●○韻●○●讀●●●○韻○○
試商量。多少爲誰，甜得清涼。待説破、長生真訣，
●○○韻○●●句○●○○韻●●●讀○○●●句
要飽風霜。
●●○○韻

此見《全芳備祖》,詠菊詞也。《龍川集》不載,亦無別首宋詞可校。

鳳鸞雙舞一體

調見《水雲詞》。

鳳鸞雙舞

汪元量

雙調九十六字,前段十二句四仄韻,後段八句六仄韻。
慈元殿,薰風寶鼎,噴香雲飄墜。環立翠羽,雙歌麗
〇〇●句〇〇〇●句●〇〇〇●韻〇●●●句〇〇●
調,舞腰新束,舞纓新綴。金蓮步、輕搖鳳兒,翩翩作
●句●〇〇●句●〇〇●韻〇〇●讀〇〇〇〇句〇〇●
勢。便似月裏姮娥謫來,人間天上,一番游戲。　聖
●韻●●●●〇〇〇句〇〇〇●句●〇〇●韻　●
人樂意。任樂部、簫韶聲沸。衆妃歡也,漸調笑微醉。
〇●●韻●●●讀〇〇〇●韻●〇〇●句●〇●●韻
競捧霞觴,深深願、聖母壽如松桂。迢遞。賞更萬年
●●〇〇句〇〇●讀●●●〇〇●韻〇●韻●●●●
千歲。
〇●韻

此詞無別首可校,其句讀平仄須從之。

行香子慢一體

調見《高麗史・樂志》。此《行香子》慢詞,與《行香子》小令不同。

行香子慢

《高麗史・樂志》無名氏

雙調九十六字,前段十句五平韻,後段十一句六平韻。

瑞景光融。煥中天霽煙,佳氣蔥蔥。皇居崇壯麗,金
●●○○韻●○○●○句○●○○韻○○○●●句○

碧輝空。彤霄外、瑤殿深處,簾卷花影重重。迎步輦,
●○○韻○○●讀○●●○句○●○●○○韻○●●句

幾簇真仙,賀慶壽新宮。　　方逢。聖主飛龍。正休
●●○○句●●●○○韻　　○○韻●●○○韻●○

盛大寧,朝野歡同。何妨宴賞,奉宸意慈容。韶音按、
●●○句○●○○韻○○●●句●○●○○韻○○●讀

霞觴將進,蕙鑪飄馥香濃。長願承顏,千秋萬歲,明
○○○●句●○○●○○韻○●○○句○○●●句○

月清風。
●○○韻

此調亦無別首可校。

甘露滴喬松一體

調見《翰墨全書》。

甘露滴喬松

《翰墨全書》無名氏

雙調九十六字，前段十句四仄韻、一叶韻，後段九句四仄韻、一叶韻。

沙堤路近，喜五年相遇，朱顏依舊。盡道名世半千，
○○●句●●○○句●●○●韻●●○●●○句
公望三九。是今日、富民侯。早生聚、考堂戶口。誰歟
○●●韻●○●讀○○叶●●讀○●●韻○○
兼致，文章燕許，歌辭蘇柳。　　更饒萬卷圖書，把
○●句○○○●句○○●韻　●○●●○句●
藤笈芸編，遍題青鏤。一經傳得，舊事韋平先後。試
○○○句●○○●韻●○○●句●●○○○●韻●
袞袞、數英游。問好事、如今能否。麴車正滿，自酌太
●●讀●○○叶●●●讀○○○●韻○○●●句●●●
和春酒。
○○●韻

此詞前後段第六句叶兩平韻，是本部三聲叶。有《鳴鶴餘音》詞可校，因詞甚鄙俚，其可平可仄恐不足據，故不校注作譜。

慶千秋一體

調見《翰墨全書》。周密《天基聖節樂次》云："第十盞,笛獨吹高平調《慶千秋》。"

慶千秋

《翰墨全書》無名氏

雙調九十六字,前後段各九句四平韻。

點檢堯蓂,自元宵過了,兩莢初飛。葱葱鬱鬱,佳氣
●●○○句●○○●●句●●○○韻○○●●句○●

喜溢庭闈。誰知降、月裏姮娥,欣對良時。但見婺星
●●○○韻○○●讀●●○○句○●○○韻●●○

騰瑞彩,年年輝映南箕。　　好是庭階蘭玉,伴一枝
○●●句○○○●○○韻　　●●○○●●句●●○

丹桂,戲舞萊衣。椒觴迭將捧獻,歌曲吟詩。如王母、
○●句●●○○韻○○●●●●句○●○○韻○○●讀

款對群仙,同宴瑤池。萱草茂、長春不老,百千祝壽
●●○○句○●○○韻●●●讀●○●●句●○●●

無期。
○○韻

此調平仄無別首可校。

詞譜卷二十五

塞垣春四體

調見《片玉詞》。

塞垣春

周邦彥

雙調九十六字,前段九句六仄韻,後段八句四仄韻。

暮色分平野。傍葦岸、征帆卸。煙深極浦,樹藏孤館,
●●○○●韻●●●讀○○●韻○○●●句●○○●句
秋景如畫。漸別離氣味難禁也。更物象、供瀟灑。念
○●○●韻●◐○●●○●韻●●讀○○●韻●
多才、渾衰減,一懷幽恨難寫。　追念綺窗人,天
○○讀○○●句●○○●●韻　◐●●○○句○
然自、風韻閒雅。竟夕起相思,漫嗟怨遙夜。又還將、
○●讀○●○●韻●●●○○句●○●○●韻●○○讀
兩袖珠淚,沈吟向、寂寥寒鐙下。玉骨爲多感,瘦來
◐●○●句○○●讀●○○●韻◐●○○●句●○
無一把。
○●●韻

此調以此詞爲正體,若方、楊和詞之減字,吳詞之添字,皆變體也。

按：陳允平詞與此句韻悉同，惟後段第四句"啼螿歎涼夜"，不作上一下四句法，其"啼"字平聲，亦與此異。其餘可平可仄，悉校方、楊、吳三詞。

吳詞後段第二句"看爭拜東風"，因與此詞字句不同，故不參校平仄。

又一體

方千里

雙調九十五字，前段九句六仄韻，後段八句四仄韻。

四遠天垂野。向晚景、雕鞍卸。吳藍滴草，塞綿藏柳，
●○○●韻●●●讀○○●韻○○●●句●○○●句
風物堪畫。對雨收霧霽初晴也。正陌上、煙光灑。聽
○●○●韻●●○●●○○●韻●●●讀○○●韻●
黃鸝、啼紅樹，短長音如寫。　　懷抱幾多愁，年時
○○讀○○●句●○○●韻　　○●●○○句○○
趁、歡會幽雅。盡日足相思，奈春晝難夜。念征塵、堆
●讀○●○●韻●●●○○句●○●○●韻●○○讀○
滿襟袖，那堪更、獨遊花陰下。一別鬢毛減，鏡中霜
●○●句○○●讀●○○○●韻●●●○●句●○○
滿把。
●●韻

此與周詞同，惟前段結句減一字異。《詞律》謂此句必脫一字，但按楊澤民詞，亦作五字句，或宋人另有此體，故爲編入。

又一體

楊澤民

雙調九十五字,前段九句六仄韻,後段九句四仄韻。

繡閣臨芳野。向晚把、花枝卸。奇容艷質,世間尋覓,
●●○○●韻●●讀○○●韻○○●●句●○○●句
除是圖畫。這歡娛已繫人心也。更翰墨、親揮灑。展
○●○韻●○○●○○●韻●●讀○○●韻●
蠻牋、明窗底,把心事都寫。　謝女與檀郎,清才
○○讀○○●句●○●○●韻　　●●●○○句○○
對真態俱雅。鳳枕樂春宵,絳帷度秋夜。便同雲黯
●○●○●韻●●●○○句●○●○●韻●○●
淡,冰霰縱橫,也共眠、鴛衾下。假使過炎暑,共將羅
●句○●●○句●●○讀○○●韻●●●○●句●○○
帊把。
●●韻

此亦與周詞同,惟前段結句減一字,後段第五、六句作五字、四字、六字三句異。

又一體

吳文英

雙調九十八字,前段九句六仄韻,後段十句四仄韻。

漏瑟侵瓊管。潤鼓借、烘鑪暖。藏鈎怯冷,畫雞臨曉,
●●○○●韻●●讀○○●韻○○●●句●○○●句

鄰語鶯囀。㼚綠窗、細咒浮梅醱。換蜜炬、花心短。夢
○●○●韻●●○讀●●○○韻●●讀○○●韻●
驚回、林鴉起，曲屏春事天遠。　迎路柳絲裙，看
○○讀○○●句●○○●○●韻　○●○○句●
爭拜東風，盈灞橋岸。髻落寶釵寒，恨花勝遲燕。漸
○●○○句○●○●韻○●○○句●○○●韻●
街簾影轉，還似新年，過郵亭、一相見。南陌又鐙火，
○○●●句○○○句●●○讀●○韻○●●○●句
繡囊塵香淺。
●○○○●韻

此亦與周詞同，惟後段第二句添二字作五字一句、四字一
句，其第五、六句亦作五字、四字、六字三句異。
後段結句，"香"字平聲，查別首宋詞，此字俱用仄聲，恐
非定格，故周詞不注可平。

望雲間一體

調見《翰墨全書》，趙可登代州南樓，自度此腔。

望雲間

趙　可

雙調九十六字，前後段各十句四平韻。

雲朔南陲，全趙寶符，河山襟帶名藩。有朱樓縹緲，
○●○○句○●●○句○○●○○韻●○○●●句

千雉回旋。雲度飛狐絕險,天圍紫塞高寒。弔興亡遺
〇●〇〇韻〇●〇〇●●句〇〇●●〇〇韻●〇〇〇
跡,咫尺西陵,煙樹蒼然。　　時移事改,極目春心,
●句●●〇〇句〇●〇〇韻　　〇〇●●句●●〇〇句
不堪獨倚危闌。惟是年年飛雁,霜雪知還。樓上四時
●〇●●〇〇韻〇●〇〇〇●句〇●〇〇韻〇●●〇
長好,人生一世誰閒。故人有酒,一尊高興,不減東
〇●句〇〇●●〇〇韻●〇●●句●〇〇●句●●〇
山。
〇韻

　　此調惟此一詞,無別首可校。

步月二體

　　此調有平韻、仄韻兩體:平韻者見史達祖《梅溪詞》,仄韻者見施岳《梅川詞》。

步月

史達祖

　　雙調九十六字,前段九句四平韻,後段十句五平韻。
翦柳章臺,問梅東閣,醉中攜手初歸。逗香簾下,璀
●●〇〇句●〇〇●句●〇〇●〇〇韻●〇〇●句〇
璨縷金衣。正依約、冰絲射眼,更荏苒、蟾玉西飛。輕
●●〇〇韻●〇●讀〇〇●●句●●●讀〇●〇〇韻〇

塵外、雙鴛細蹙，誰賦洛濱妃。霏霏。紅霧繞，步
○●讀○●●句○●●○○韻　○○韻○●●句●
搖共鬢影，吹入花圍。管絃將散，人靜燭籠稀。泥私
○●●句○●○○韻●○○●句○●●○○韻●○
語、香櫻乍破，怕夜寒、羅襪先知。歸來也，相偎未肯
●讀○○●●句●○○讀○●○○韻○○●句○●●
入重幃。
●○○韻

　　此詞押平韻。前結七字一句、五字一句，後結三字一句、
七字一句，換頭句藏短韻，較仄韻詞多二字，前段少押一韻。

又一體

施　岳

　　雙調九十四字，前後段各九句五仄韻。

玉宇薰風，寶階明月。翠叢萬點晴雪。鍊霜不就，散
●●○○句●○○●韻●○●●○●韻●○●●句●
廣寒霏屑。采珠蓓、綠萼露滋，噴銀艷、小蓮冰潔。花
●○○●韻●○●讀●●●○句●○●讀●○○●韻○
魂在、纖指嫩痕，素英重結。枝頭香未絕。還是
○●讀○●●○句●○○●韻　○○○●●韻○●
過中秋，丹桂時節。醉鄉冷境，怕翻成消歇。飫芳味、
●○○句○●○●韻●○●●句●○○○●韻●○●讀
春焙旋熏，貯穢韻、水沈頻爇。堪憐處、輸與夜涼睡
○●○○句●●韻讀●○○●韻●○●句●●●○○
蝶。
●韻

此詞押仄韻。前結七字一句、四字一句,後結三字一句、六字一句,較平韻詞少兩字。前段次句押韻,換頭句不押短韻而押於句末,較平韻詞多一韻。

早梅香一體

調見《梅苑》,因詞中有"探得早梅"及"亂飛香雪"句,故名。

早梅香

《梅苑》無名氏

雙調九十六字,前段十一句四仄韻,後段十句四仄韻。

北帝收威,又探得早梅,漏春消息。粉蕊瓊苞,擬將
●●○○句●●●○○句●○○●韻●●○○韻●○
臙脂,輕染顏色。素質盈盈,終不許、雪霜欺得。奈化
○○句○●●○●韻●●○○句○●●讀●○○●韻●●
工,偏宜賦與,壽陽妝飾。　獨自逞冰姿,比夭桃
○句○○●●句●○○●韻　●●●○○句●○○
繁杏殊別。爲報山翁,逢此有花,尊前且須攀折。醉
○●●韻●●○○句●●●○句○○●○○●韻●
賞吟戀,莫孤負、好天風月。恐笛聲悲,紛紛便似,亂
●○○句●○●讀●○○●韻●●○○句○○●●句●
飛香雪。
○○●韻

此調祇此一詞,無別首可校。

八聲甘州七體

《碧雞漫志》："《甘州》，仙呂調，有曲破，有八聲有慢①，有令。"按：此調前後段八韻，故名"八聲"，乃慢詞也，與《甘州遍》之曲破、《甘州子》之令詞不同。《樂章集》亦注仙呂調。周密詞名《甘州》；張炎詞因柳詞有"對蕭蕭暮雨灑江天"句，更名《蕭蕭雨》；白樸詞名《譙瑤池》。

八聲甘州

柳　永

雙調九十七字，前後段各九句四平韻。

對蕭蕭暮雨灑江天，一番洗清秋。漸霜風凄緊，關河
⊖●○●●○○句⊖●○○●●○○韻●⊖○○句⊖○
冷落，殘照當樓。是處紅衰綠減，苒苒物華休。惟有
⊖●句●●○○韻●●○○●●句●●●○○韻○●
長江水，無語東流。　　不忍登高臨遠，望故鄉渺
⊖○●句⊖●○○韻　　●●○○⊖●句●●○●●
渺，歸思難收。歎年來蹤跡，何事苦淹留。想佳人、妝
●句⊖●○○韻●⊖○⊖●句⊖●●○○韻●○○讀○
樓長望，誤幾回、天際識歸舟。爭知我、倚闌干處，正
○⊖●句●●○讀⊖●●○○韻○○●讀⊖○⊖●句⊖

---

①有八聲有慢：《碧雞漫志》卷三作"有八聲慢"。

恁凝愁。
●○○韻

此調以此詞爲正體，若張詞之添聲，劉過以下五詞之減字，皆變體也。

按：此詞後段第六句作上三下四句法，宋詞俱照此填，惟程垓詞"縱使梁園賦猶在"句法異，注明不另錄。

周密詞前段起二句"漸萋萋芳草綠江南，輕暉弄春容"，"芳"字平聲。後段起句"還是春光夢曉"，"還"字平聲。譜內可平據此，其餘平仄悉參所採六詞。

蕭詞前段起句"可憐生、飄零到醽醁"，"零"字平聲；鄭詞後段第四句"賴東君能容"，"容"字平聲，與諸家不同。此自成一體，譜內不注可平。

又一體

張　炎

雙調九十七字，前段九句五平韻，後段九句四平韻。

記玉關踏雪事清遊。寒氣脆貂裘。傍枯林古道，長河
●●○●●○○韻○●●○○韻●○○●句○○
飲馬，此意悠悠。短夢依然江表，老淚灑西州。一字
●●句●●○○韻●●○○●句●●●○○韻●●
無題處，落葉都愁。　　載取白雲歸去，問誰留楚
○○●句●●○○韻　　●●●○○●句●○○●
佩，弄影中洲。折蘆花贈遠，零落一身秋。向尋常、野
句●●○○韻●○○●●句○●●○○韻●○○讀●
橋流水，待招來、不是舊沙鷗。空懷感、有斜陽處，却
○○●句●○○讀●●●○○韻○○●讀●○○●句●

怕登樓。
●○○韻

　　此與柳詞同,惟前段起句押韻異。

又一體

　　　　　　　　　　　劉　過

　　雙調九十五字,前段八句四平韻,後段九句四平韻。
問紫巖去後漢公卿,不知幾貂蟬。誰能借留侯箸,著
●●○○●○○句●○○●○○韻○○●●○句●
祖生鞭。依舊塵沙萬里,河洛黯風煙。誰識道山客,
○○韻●●○○●●句○●●○○韻○●●○●句
衣鉢曾傳。　共記玉堂對策,欲先明大義,次第籌
○●○○韻　●●●○●●句●○○●●句●●○
邊。況重湖八桂,袖手已多年。望中原、馳驅去也,擁
○韻●○○●●句●●●○○韻●○○讀○○●●句●
十州、牙纛正翩翩。春風早、看東南王氣,飛繞星躔。
●○讀○●●○○韻○○●讀●○○○●句○●○○韻

　　此與柳詞同,惟前段第三、四句減三字作六字一句,後段
第八句添一字作八字句異。

又一體

　　　　　　　　　　　湯　恢

　　雙調九十五字,前後段各九句四平韻。
摘青梅薦酒,甚殘寒、猶怯苧羅衣。正柳腴花瘦,綠
●○○●●句●○○讀○●●●○韻●●○○●句●

雲冉冉，紅雪霏霏。隔屋秦箏依約，誰品春詞。回首
○●●句○●○○韻●○○○●句○●○○韻○●
繁華夢，流水斜暉。　　寄隱孤山山下，但一瓢飲
○○●句○●○○韻　　●●○○○●句●●●●
水，深掩苔扉。羨青山有思，白鶴忘機。悵年華、不禁
●句○●○○韻●○○●●句●●○○韻●○○讀●○
搔首，又天涯、彈淚送春歸。銷魂遠、千山啼鴂，十里
○●句●○○讀○●●○○韻○○●讀○○○●句●●
醲釀。
○○韻

此與柳詞同，惟前段第一句五字，第二句八字，第七句減
一字作四字句，後段第五句亦減一字作四字句異。

又一體

蕭　列

雙調九十五字，前段九句四平韻，後段十句四平韻。
可憐生、飄零到醲釀，依然舊銷魂。殘春幾許，風風
●○○讀○○●●●句○○●○○韻○○●●句○○
雨雨，客裏又黃昏。無奈一江煙霧，腥浪卷河豚。身
●●句●●●○○韻○●●○○●句○●●○○韻○
世忽如葉，那是清渾。　　莫厭悲歌笑語，奈天涯有
●●○●句●●○○韻　　●●○○●●句●○○●
夢，白髮無根。怕相思別後，無字寫回文。更月明洲
●句●●○○韻●○○●●句○●●○○韻●●○○
渚，杜鵑聲裏，立向臨分。三生石、情緣千里，風月柴
●句●○○●句●●○○韻○○●讀○○○●句○●○

門。
○韻

此亦與柳詞同,惟前段第三句减一字,第五句添一字,後段第六、七句减二字作五字一句、四字兩句異。

又一體

姚雲文

雙調九十八字,前段九句五平韻,後段九句四平韻。

卷絲絲、雨織半晴天。棹歌發清舷。甚蒼虬怒躍,靈
●○○讀●●●○○韻●○●○○韻●○○●●句○
鼉急吼,雲湧平川。樓外榴裙幾點,描破綠楊煙。把
○●句○●○○韻○●●●●句●●●○○韻●
畫羅遙指,助嘯爭先。　　憔悴潘郎,曾記得、青龍
●○○●句●●○○韻　　○●○○句○●●讀○○
千舸,采石磯邊。歎內家帖子,閒却縷金箋。覺素標、
○●句●●○○韻●○●●●句○●●○○韻●●○讀
插頭如許,儘風情、終不似鬭贏船。人聲斷、雲齋半
●○○●句●○○讀●●●○○韻○○●讀○○●
掩,月印枯禪。
●句●●○○韻

此亦與柳詞同,惟前段起句八字添一韻,與張炎"記玉關"詞同,後段起句四字,第二句七字,第七句九字,添一襯字異。

又一體

鄭子玉

雙調九十六字，前後段各九句四平韻。

漸鶯聲近也，探年芳、河畔扼輕輪。旋東風染綠，綿
●○○●●句●○○讀○●●○○韻●○○●●句○
綿平野，無際煙春。最苦夕陽天外，愁損倚闌人。無
○○●句○●○○韻●●○○●句○●●○○韻○
奈瀟湘杳，留滯王孫。　冷落池塘殘夢，是送君歸
●○○●句○●○○韻　●●○○●●句●●○○
後，南浦銷魂。賴東君能容，醉臥展香裀。儘教更、行
●句○●○○韻●○○○●句●●●○○韻●○讀○
人遠也，相伴連水復連雲。關山道、算無今古，客恨
○●●句○●○●●○○韻○○●讀●○○●句●●
長新。
○○韻

此亦與柳詞同，惟後段第七句減一字作七字拗句異。

迷神引二體

《樂章集》注中呂調。

迷神引

柳永

雙調九十七字，前段十一句六仄韻，後段十三句六仄韻。

紅板橋頭秋光暮。淡日映煙方煦。寒溪蘸碧，繞垂楊
〇●〇〇〇●韻●●〇〇●韻〇〇●●句●〇〇
路。重分飛，携纖手，淚如雨。波急隋堤遠，片帆舉。
●韻●〇〇句〇〇●句●〇●韻〇●〇〇●句●〇●韻
倐忽年華改，尚期阻。　暗覺春殘，漸漸飄花絮。
●●〇〇●句●〇●韻　●●〇〇句●●〇〇●韻
好晚涼天，長孤負。洞房閒掩，小屏空、無心覷。指歸
●●〇〇句〇〇●韻●〇〇●句●〇〇、〇〇●韻●〇
雲，仙鄉杳，在何處。遙夜香衾暖，算誰與。知他深深
〇句〇〇●句●〇●韻〇●〇〇●句●〇●韻〇〇〇〇
約，記得否。
●句●〇●韻

此調以此詞爲正體，有柳詞別首可校。若朱詞之多押兩韻，乃變體也。

此詞前段起句"橋頭秋光"四字俱平聲，如柳詞別首"一葉扁舟輕帆卷"，朱詞"白玉樓高雲光繞"，俱與此同。惟晁補之詞"黯黯青山紅日暮"，"日"字以入作平。後段第十三句"知他深深"四字俱平聲，如柳詞別首"佳人無消息"，朱詞"飛英難拘束"，俱與此同。惟晁詞"燭暗不成眠"，"燭"字、"不"字以入作平，"暗"字去聲獨異。至前段第四句、後段第三句，俱作上一下三句法，如柳詞別首之"引金筇怨"，"覺客程勞"，朱詞之"霽梅林道"，"覺璧華輕"，晁詞之"向煙波路"，"覺阮

途窮",俱與此同。

晁詞前段第八、九句"幾點漁鐙小,迷近塢","幾"字、"近"字俱仄聲,"迷"字平聲。譜內可平可仄據此,餘參朱詞。又晁詞前段第十句"一片客帆低",後段第七句"怪竹枝",第十句"猿鳥一時啼",第十二句"燭暗不成眠","客"字、"竹"字以入作平,不注可仄,其"低"字、"啼"字、"眠"字俱用平聲,與諸家異,亦不注可平。

晁詞句讀正與此同。因汲古閣刻晁詞前段第四句多一"回"字,後段第八句多一"聲"字,《詞律》誤編入九十九字內。若以柳詞二首、朱詞一首參校,便可正其句讀矣。

又一體

朱 雍

雙調九十七字,前段十一句八仄韻,後段十三句六仄韻。

白玉樓高雲光繞。望極新蟾同照。前村暮雪,霽梅林
●●○○○●韻●●○○○●韻○○●●句●○
道。澗風平,波聲渺。喜登眺。疏影寒枝裊。太春早。
●韻●○○句○○●韻●○●韻○●○○●韻●○●韻
臨水凝清淺,靚妝巧。　　瘦體傷離,向此縈懷抱。
○●○○●句●○●韻　　●●○○句●●○○●韻
覺璧華輕,冰痕小。倦聽塞管、轉嗚咽、令人老。素光
●●○○句○○●韻●○●●讀●○●讀○○●韻●○
回,長亭静,無塵到。煙鎖橫塘暖,香徑悄。飛英難拘
○句○○●句○○●韻○●○○●句○○●韻○○○○
束,任春曉。
●句●○●韻

此與柳詞同,惟前段第六句、第八句押韻異。

醉蓬萊二體

《樂章集》注林鍾商。趙磻老詞有"璧月流光,雪消寒峭"句,名《雪月交光》。韓淲詞有"玉作山前,冰爲木際,幾多風月"句,名《冰玉風月》。

醉蓬萊

柳　永

雙調九十七字,前段十一句四仄韻,後段十二句四仄韻。
漸亭皋葉下,隴首雲飛,素秋新霽。華闕中天,鎖葱
●○○●句　●●○○句　●○○●韻　○●○○句　●●
葱佳氣。嫩菊黃深,拒霜紅淺,近寶階香砌。玉宇無
○○●韻　●●○○句　●○○●句　●●○○●韻　●●○
塵,金莖有露,碧天如水。　正值昇平,萬幾多暇,
○句　○○●●句　●○○●韻　　●●○○句　●○○●句
夜色澄鮮,漏聲迢遞。南極星中,有老人呈瑞。此際
●●○○句　●○○●韻　○●○○句　●●○○●韻　●●
宸遊,鳳輦何處,度管絃清脆。太液波翻,披香簾卷,
○○句　●●○●句　●●○○●韻　●●○○句　○○○●句
月明風細。
●○○●韻

此調以此詞爲正體,若蘇詞之句讀小異,乃變格也。
此詞前段起句、第五句、第八句、後段第六句、第九句,例

作上一下四句法。惟劉圻父詞前段第五句"一點和羹信",第八句"瑞啓千年運",後段第九句"萬宇同歌詠",又王沂孫詞前段第八句"聊慰登臨眼",後段第六句"誰念幽芳遠",仍作五言,俱無領字,此亦間一爲之,不可從。

前段第一句,劉一止詞"正五雲飛仗","五"字仄聲,"飛"字平聲。第三句,吕渭老詞"裙腰芳草","裙"字平聲。第四句,万俟咏詞"絳燭銀鐙","絳"字仄聲。第五句,黄庭堅詞"鎖楚宮佳麗","楚"字仄聲。第六句,劉圻父詞"淮海維揚","淮"字平聲。第七句,謝邁詞"歸心暗折","歸"字平聲,"暗"字仄聲。第八句,楊无咎詞"冠中州雙井","中"字平聲。第九句,趙彦端詞"東閣詩成","束"①字平聲。第十句,謝詞"錦袍何處","錦"字仄聲,"何"字平聲。結句,劉詞"高空真侣","高"字平聲。後段第一、二句,万俟詞"金闕南邊,綵山北面","金"字平聲,"北"字仄聲。謝詞"好在南鄰,詩盟酒社","詩"字平聲。第三句,葉夢得詞"絃管風高","絃"字平聲。第五句,葉詞"曲水流觴","曲"字仄聲。第六句,葉詞"有山中行處","山"字平聲。第八句,無名氏詞"山中古寺","山中"二字俱平聲,"古"字仄聲。第九句,趙磻老詞"映山河多少","山"字平聲。第十句、十一句,万俟詞"太平無事,君臣宴樂","平"字平聲,"事"字、"宴"字俱仄聲。結句,葉詞"重翻新曲","重"字平聲。譜内可平可仄據此,餘參蘇詞。至前段第三句,楊无咎詞"地靈境勝","境"字仄聲。第四句,陳瓘詞"狼山相望","山"字平聲,"望"字仄聲。無名氏詞"小雨弄晴","弄"字仄聲。第六句,万俟詞"明月逐人","逐"字入聲。後段第四句,趙詞"笑花寂寞","寂"字入聲。第六句,無名氏詞"作江南一瑞","一"字入聲。結句,謝

---

①束:當作"東"。

詞"又成浩歎","浩"字仄聲。或以入作平,或偶然誤用,俱不校注平仄。

又一體

蘇　軾

雙調九十七字,前後段各十一句四仄韻。

笑勞生一夢,羈旅三年,又還重九。華髮蕭蕭,對荒
●○○●●句○●○○句●○○●韻○●○○句●○
園搔首。賴有多情,好飲無事,似古人賢守。歲歲登
○○●韻●●○○句●●○●句●●○○●韻●●○
高,年年落帽,物華依舊。　此會應須爛醉,仍把
○句○○●●句●○○●韻　　●●○○●●句○●
紫菊茱萸,細看重嗅。搖落霜風,有手栽雙柳。來歲
●●○○句●○○●韻○●○○句●●○○●韻○●
今朝,爲我西顧,酹羽觴江口。會與州人,飲公遺愛,
○○句●●○●句●●○○●韻●●○○句●○○●句
一江醇酎。
●○○●韻

此與柳詞同,惟換頭四字三句作六字兩句異。

此詞前段第七句"飲"字仄聲,查宋詞此字無用仄聲者,或是"吟"字之訛,故前譜內不注可仄。

鳳凰臺上憶吹簫六體

《列仙傳拾遺》云:"蕭史善吹簫,作鸞鳳之響。秦穆公有

女弄玉，善吹簫，公以妻之，遂教弄玉作鳳鳴。居十數年，鳳凰來止，公爲作鳳臺，夫婦止其上。數年，弄玉乘鳳，蕭史乘龍去。"調名取此。《高麗史・樂志》一名《憶吹簫》。

鳳凰臺上憶吹簫

晁補之

雙調九十七字，前段十句四平韻，後段九句四平韻。

千里相思，況無百里，何妨暮往朝還。又正是、梅初
◐●○○句◐○●句○○●●●○○韻●●●讀○○
淡泞，鶯未綿蠻。陌上相逢緩轡，風細細、雲日斑斑。
●●句○○○韻●●○○●●句○●●讀●○○韻
新晴好，得意未妨，行盡春山。　　應携後房小妓，
◐○●句●●●○句◐●○○韻　　○○●○●句
來爲我，盈盈對舞花間。便拌却、松醪翠滿，蜜炬紅
○◐●句○○●●○○韻●◐●讀○○●●句●●○
殘。誰信輕鞍射虎，清世裏、曾有人閒。都休説，簾外
○韻●●○○●●句○●●讀○●○○韻◐○●句◐●
夜久春寒。
●●○○韻

此調以晁詞爲正體，若曹詞以下，或添聲，或減字，皆變體也。

此詞前後段第四句皆上三下四七字，前結三字一句、四字兩句，後結三字一句、六字一句，權無染、侯寘、張炎、彭履道詞俱如此填。

按：張詞前段第四句"猶記得、琵琶半面"，"猶"字平聲。權詞後段第一句"應是飛瓊弄玉"，"飛"字平聲。侯詞第二、

三句"湘裙窄，一鈎龍麝隨鞍"，"一"字仄聲，"龍"字平聲。彭詞第八、九句"石城曉，數聲又遞寒砧"，"石"字仄聲。譜內可平可仄據此，餘參下詞。惟張臺卿詞起二句平仄全異，故不校注。

又一體

曹　勛

雙調九十七字，前段十句四平韻，後段十句五平韻。

碧玉煙塘，絳羅艷卉，朱清炎馭升晹。正應運、真人
●●○○句●●●○句○○○●○○韻●●●讀○○
誕節，寶緒靈光。海宇均頒湛露，環佩拱、北極稱觴。
●●句●●○○韻●●○○●●句○●●讀●●○○韻
歡聲浹，三十六宮，齊奉披香。　　芬芳。寶熏如靄，
○○●句○●●○句○●○韻　　○○韻●○○●句
仙仗捧，椒扉秀繞嬪嬙。上萬壽、雙鬟妙舞，一部絲
○●●句○○●●○○韻●●●讀○○●●句●●○
簧。花滿蓬萊殿裏，光照坐、尊俎生凉。南山祝，常對
韻○●○○●●句○●●讀○○○韻○○●句○●
化日舒長。
●●○○韻

此詞句讀悉同晁詞，惟換頭句藏短韻異。

又一體

張臺卿

雙調九十七字，前段十句四平韻，後段九句四平韻。

長天霞散，遠浦潮平，危闌注目江皋。長記年年榮
○○○●句●●○○句○○●●○○韻○●●○○
遇，同是今朝。金鑾兩回命相，對清光、頻許揮毫。雍
●句○●●○○韻○○●●●○○讀●○○讀○●○○韻○
容久，正茶杯初賜，香袖時飄。　　歸去玉堂深夜，
○●句●○○●●句○●○○韻　　●●●○○●句
泥封罷，金蓮一寸才燒。帝語丁寧曾被，華袞親褒。
○○●句○○●●○○韻●●○○○●句○●○○韻
如今漫勞夢想，歎塵跡、杳隔仙鼇。無聊意，強當歌
○○●●●●句●○●讀●●○○韻○○●句●○○
對酒怎消。
●●●○韻

　　此與晁詞同，惟前後段第四句各減一字，第九句各添一字
異。
　　此詞前段起二句第二字平仄與各家異，若起句作第二句
便與晁詞同，恐有傳寫之訛，故不彙校入圖。

又一體

吳元可

　　雙調九十六字，前段十句四平韻，後段九句四平韻。
更不成愁，何曾是醉，豆花雨後輕陰。似此心情自
●●○○句○○●●句●○●●○○韻●●○○●
可，多了閒吟。秋在西樓西畔，秋較淺、不似情深。夜
●句○●○○韻○●○○○●句○●●讀●●○○韻●
來月，爲誰瘦小，塵鏡羞臨。　　彈箏舊家伴侶，記
○●句●○●●句○●○○韻　　○○●●●○句●

雁啼秋水，下指成音。聽未穩、當時自誤，又況如今。
●○○句●●○○韻●●讀○○●●句●●○○韻
那是柔腸易斷，人間事、獨此難禁。雕籠近、數聲別
●●○○●●句○○●讀●●○○韻○●●句●○●
似春禽。
●○○韻

此亦與晁詞同，惟前段第四句減一字異。

又一體

李清照

雙調九十五字，前段十句四平韻，後段十一句五平韻。
香冷金猊，被翻紅浪，起來慵自梳頭。任寶奩塵滿，
○●○○句●○○●句●○○●○○韻●●●○○●句
日上簾鈎。生怕離懷別苦，多少事、欲說還休。新來
●●○○韻○●○○●●句○●●讀●●○○韻○○
瘦，非干病酒，不是悲秋。　休休。這回去也，千萬
●句○○●●句●●○○韻　○○韻●○●●句○○
遍陽關，也則難留。念武陵人遠，煙鎖秦樓。惟有樓
●○○句●●○○韻●●○○●句○●○○韻○●○
前流水，應念我、終日凝眸。凝眸處，從今又添，一段
○○●句○●●讀○●○○韻○○●句○○●句●●
新愁。
○○韻

此與晁詞同，惟前後段第四句各減二字，換頭句藏短韻，後段結句添二字作四字兩句異。

1133

按：趙文"白玉搓成"詞前後段第四、五句"羨司花神女，有此清閒"，"怪天上冰輪，移下塵寰"，換頭句"憑闌。幾回澹月"，後結三句"聊寄與，詩人案頭，冰雪相看"，正與此同。

又一體

張鎡

雙調九十五字，前後段各十句四平韻。

琪樹鏘鳴，春冰碎落，玉盤珠瀉還停。漸一絲風裊，
○●○○句○○●●句●○○●○○韻●●○○●句
照颭清冥。疑把紅牙趁節，想有人、記豆銀屏。何須
●●○○韻○●○○●●句●●○讀●●○○韻○○
教，琵琶漢女，錦瑟湘靈。　追思舊時勝賞，醉幾
●句○○●●句●●○○韻　　○○●○●●句●●
度西湖，山館池亭。慣倚歌花月，按舞娉婷。歲晚相
●○○句○●○○韻●●○○●句●●○○韻●●○
逢客裏，且一尊、同慰漂零。君休惜，吳音朔調，盡與
○●句●●○讀○●○○韻○○●句○○●●句●●
吹聽。
○○韻

此與李詞同，惟換頭句不藏短韻異。

夜合花五體

調見《琴趣外篇》。按：夜合花，合歡樹也。唐韋應物詩"夜合花開香滿庭"，調名取此。

夜合花

晁補之

雙調九十七字,前段十句五平韻,後段十句六平韻。

百紫千紅,占春多少,共推絕世花王。西都萬户,擅
●●○○句●○○句●○●○○韻○○●●句●
名不爲姚黄。漫腸斷巫陽。對沈香亭北新妝。記清平
○●●○韻●●○○韻●○○○●○○韻●○○
調,詞成進了,一夢仙鄉。　　天葩秀出無雙。倚朝
韻句○○●●句●●○○韻　　○○●●○○韻●○
暉,半如酣醉成狂。無言自省,檀心一點偷芳。念往
○句●●○●○○韻●○●●句○○●●○○韻●●
事情傷。又新艷曾説滁陽。縱歸來晚,君王殿後,別
●○○韻●○●○●○○韻○○●●句○○●●句●
是風光。
●○○韻

　　此調始於此詞,前後段第六句俱五字,換頭第二句三字,第三句六字。宋人如此填者止此一詞,無別首可校,故可平可仄詳注於添字史詞之下。

　　此詞前後段第八句俱作上一下三句法,如史詞之"向銷凝裏","把閒言語",曹詞之"慶天申旦","獻南山壽",最爲合法。

又一體

史達祖

雙調一百字，前段十一句五平韻，後段十一句六平韻。

冷截龍腰，偷拏鸞爪，楚山長鎖秋雲。梅花未落，年年怨入江城。千嶂碧，一聲清。枉人間、兒女簫笙。共蒼凉處，琵琶溢浦，長嘯蘇門。　　當時低度西鄰。天澹闌干欲暮，曾賦高情。子期老矣，不堪擕酒重聽。纖手静，七星明。有新聲、應更魂驚。夢回人世，寥寥夜月，空照天津。

此詞前後段第六句俱作三字兩句，較晁詞添二字；換頭第二句六字，第三句四字，較晁詞添一字。史詞別首"柳鎖鶯魂"詞，周密"月地無塵"詞，俱與此同。

按：周詞前段第五句"仙子誤入唐昌"，"子"字仄聲。吳文英詞第八句"翦蠟花、壺箭催忙"，"蠟"字仄聲。周詞第九句"梨花雲暖"，"梨"字平聲。後段第三句"素手相將"，"素"字仄聲。第五句"指痕猶映瑤房"，"猶"字平聲。譜內可平可仄據此，餘參所採四詞。

又一體

高觀國

雙調一百字,前段十一句五平韻,後段十一句七平韻。

斑駁雲開,濛鬆雨過,海棠花外寒輕。湖山翠暖,東
○●○○句○○●●句●●○●○○韻○○●●句○
風正要新晴。又喚醒,舊遊情。記年時、今日清明。隔
○●●○韻●●●句●○○韻●○○讀○●○○韻●
花陰淺,香隨笑語,特地逢迎。　人生。好景難并。
○○●句○○●●句●●○○韻　　○○韻●●○○韻
依舊秋千巷陌,花月蓬瀛。春衫抖擻,餘香半染芳
○●○○●●句○●○○韻○○●●句○○●●○
塵。念嫩約,杳難憑。被幾聲、啼鳥驚心。一庭芳草,
○韻●●●句●○○韻●●○讀●●○○韻●○○●句
危闌晚日,無限消凝。
○○●●句○●○○韻

此與史詞添字體同,惟換頭句藏短韻異。

又一體

曹　勳

雙調一百字,前後段各十句五平韻。

星拱堯眉,日臨雲幄,曉天初靜炎曦。香凝翠扆,花
○●○○句●○○●句●○○●○○韻○○●●句○
籠禁殿風遲。綵山高與天齊。奉明主、玉斝交揮。慶
●●●○○韻●○○●○○韻●○●讀●●○○韻●

天申旦,九州四海,同詠昌時。　　今年麥有雙岐。
○○●句●○○●句○●○○韻　　○○●●○○韻
別有琅玕並節,深秀聯枝。豐世瑞物,嘉祥效祉熙
●●○○●●句○●○○韻○●●●句○○●●○
熙。坐中莫惜沈醉,仰三聖、玉德光輝。獻南山壽,嚴
○韻●○●●○●讀●○○韻●○○●句○
宸萬載,永奉垂衣。
○●●句●●○○韻

此亦史詞添字體,惟前後段第六、七句合作一句,後段第六句又少押一韻異。

又一體

孫惟信

雙調九十九字,前段十一句五平韻,後段十一句六平韻。
風葉敲窗,露蛩吟甃,謝孃庭院秋宵。鳳屏半掩,釵
○●○○句●○○●句●○○●○○韻●○●●句○
花映燭紅搖。潤玉暖,膩雲嬌。染芳情、香透鮫綃。斷
○●●○○韻●●●句●○○韻●○○讀○●○○韻●
魂留夢,煙迷楚驛,月落藍橋。　　誰念賣藥文簫。
○○●句○○●●句●●○○韻　　○●●●○○韻
望仙城路杳,鶯燕迢迢。羅衫暗摺,蘭痕粉迹都銷。
●○○●●句○●○○韻○○●●句○○●●○○韻
流水遠,亂花飄。苦相思、寬盡香腰。幾時重恁,玉驄
○●●句●○○韻●○○讀○●○○韻●○○●句●○
過處,小袖輕招。
●●句●●○○韻

此亦史詞添字體,惟後段第二句減一字異。按:吳文英"柳暝河橋"詞後起三句:"十年一夢淒涼。似西湖燕去,吳館巢荒。"正與此同。

採明珠一體

曹植《洛神賦》"或採明珠",調名取此。《宋史·樂志》:"曲破中呂調,《採明珠》。"

採明珠

杜安世

雙調九十七字,前段九句四仄韻,後段十一句七仄韻。

雨乍收、小院塵消,雲淡天高露冷。坐看月華生,射
●●○讀●●○○句○●○●●韻●●●○○句●
玉樓清瑩。蟋蟀鳴金井。下簾幃、悄悄空階,敗葉墜
●○○韻●●○●韻●○○讀●●○○句●●●
風,惹動閒愁,千端萬緒難整。　　秋夜永。涼天迥。
○句●●○○句○○●●○韻　　○●●韻○○●韻
可不念光景。嗟薄命。倏忽少年,忍教孤另。鐙閃紅
●●●○●韻○●●韻●●●○句●○○●韻○●○
窗影。步回廊、懶入香閨,暗落淚珠滿面,誰人知我,
○●韻●○○讀●●○○句●●●○●●句○○○●句
為伊成病。
●○○●韻

此調惟此一詞,無別首可校。

慶清朝四體

一作《慶清朝慢》。

慶清朝

王　觀

雙調九十七字，前後段各十句四平韻。

調雨爲酥，催冰做水，東君分付春還。何人便將輕
〇●〇〇句〇〇●●句〇〇〇●〇〇韻〇〇●〇
暖，點破殘寒。結伴踏青去好，平頭鞵子小雙鸞。煙
●句●●〇〇韻●●〇〇●●句〇〇●●●〇〇韻〇
郊外，望中秀色，如有無閒。　　晴則箇、陰則箇，餂
〇●句●〇●●句〇●〇〇韻　　〇●讀〇●●句●
飣得天氣，有許多般。須教撩花撥柳，争要先看。不
●●〇●句●●〇〇韻〇〇〇〇●●句〇●〇〇韻●
道吴綾繡襪，香泥斜沁幾行斑。東風巧，盡收翠綠，
●〇〇●●句〇〇〇●●〇〇韻〇〇●句●〇●●句
吹上眉山。
〇●〇〇韻

　　此調前後段第四、五句，惟王詞作上六下四，宋人如此填者甚少。史詞作上四下六，曹詞、李詞前段用王詞體，後段用史詞體，而宋人依史詞體者爲多，故可平可仄詳注史詞之下。
　　譜内四詞字數韻脚俱同，惟句法有異耳，今各注明，分爲四體編入。

此詞前後段第四、五句俱上六下四,換頭句六字折腰。

又一體

史達祖

雙調九十七字,前後段各十句四平韻。

墜絮縈萍,狂鞭孕竹,偷移紅紫池亭。餘花未落,似
供殘蝶經營。賦得送春詩了,夏帷擅斷綠陰成。桑麻
外,乳鴉穉燕,別樣芳情。　　荀令舊香易冷,歎俊
遊疏懶,枉是銷凝。塵侵謝屐,幽徑斑駁苔生。便覺
寸心尚老,故人前度漫丁寧。空相誤,袚蘭曲水,挑
菜東城。

此詞前後段第四、五句俱上四下六,換頭句六字不折腰,李居厚、王沂孫、張炎三詞俱與此同。

按:李詞前段第二句"地鍾上瑞","地"字仄聲。第五句"幾曾鶴髮貂冠","鶴"字仄聲。王詞第六句"前度綠陰載酒","前"字平聲。李詞後段起句"運慶今朝初度","運"字仄聲,"今"字、"初"字俱平聲。王詞第六句"顛倒絳英滿徑","顛"字平聲。張詞第七句"好詩盡在夕陽山","盡"字仄聲。譜內可平可仄據此,餘參曹李二詞。

曹詞前段起句平仄與諸家異,不爲參校。第九句"崿"字

入聲,張詞後段第二句"待携琴獨去","獨"字入聲,俱以入作平,亦不注可仄。

又一體

曹 勛

雙調九十七字,前後段各十句四平韻。

絳羅縈色,茸金麗蕊,秀格壓盡群芳。人間第一嬌
●●○●句○○●●句●●●●○○韻○○●●○
嬌,深紫輕黃。乍過夜來穀雨,盈盈明艷惹天香。春
●句○○○○韻●●●○●句○○○●●○○韻○
風暖,寶幄競倚,名稱花王。　朝檻五雲擁秀,護
○●句●●●●句○●○○韻　○●○●●句●
曉日,偏宜翠幕高張。穠姿露葉,臨賞須趁韶光。最
●●句○○●●○○韻○○●●句○○○●○○韻●
喜鑑鸞初試,一枝姚魏插宮妝。燃絳蠟,共花拌醉,
●●○○●句●○○●●○○韻○●●句●○○●句
莫靳瑤觴。
●●○○韻

此詞前段用王詞體,後段用史詞體,惟後段第二句三字,第三句六字異。

又一體

李清照

雙調九十七字,前後段各十句四平韻。

禁幄低張，彤闌巧護，就中獨占殘春。容華淡佇綽
●○○句○○●●句●○●○●○韻○○●●
約，俱見天真。待得群花過後，一番風露曉妝新。妖
●句○●○○韻●●○○●●句●○○●●○○韻○
嬈態，妒風笑月，長殢東君。　東城邊、南陌上，正
○●句●○●●句○●○○韻　○○○讀○●●句●
日烘池館，競走香輪。綺筵散日，誰人可繼芳塵。更
●○○●句●●○○韻●○●●句○○●●○○韻●
好明光宮殿，幾枝先近日邊勻。金尊倒，拌了盡燭，
●○○●●句●○○●●○○韻○○●句●●●●句
不愛黃昏。
●●○○韻

　　此與曹詞同，惟換頭作三字兩句，第二、三句作五字一句、
四字一句，仍用王詞體異。

黃鸝繞碧樹一體

調見《清真樂府》。

黃鸝繞碧樹

周邦彥

雙調九十七字，前段十句四仄韻，後段八句五仄韻。
雙闕籠佳氣，寒威日晚，歲華將暮。小院閒庭，對寒
○●○○●句○○●●句●○○●韻●●○○句●○

梅照雪，淡煙凝素。忍當迅景，動無限、傷春情緒。猶
○●●句●○○●韻●○●●句●○●讀○○○●韻○
賴是、上苑風光漸好，芳容將煦。　　草莢蘭芽漸
●●讀●●○○●●句○○○●韻　　●●○●
吐。且尋芳、更休思慮。這浮世、甚驅馳利祿，奔競塵
●韻●○○讀●○○●韻●○●讀○○●●句○●○
土。縱有魏珠照乘，未買得流年住。爭如盛飲流霞，
●韻●●●○●●句●●●○○●韻○○●●○○句
醉偎瓊樹。
●○○●韻

按：方千里、楊澤民、陳允平皆無和詞，宋人亦無填此調
者，其句讀平仄宜依之。

帝臺春一體

唐教坊曲名，《宋史・樂志》琵琶曲有《帝臺春》，屬無射
宮。

帝臺春

李　甲

雙調九十七字，前段十句五仄韻，後段十一句七仄韻。
芳草碧色。萋萋遍南陌。暖絮亂紅，也似知人，春愁
○●●韻○○●●韻●●○句●●○○句○○
無力。憶得盈盈拾翠侶，共攜賞、鳳城寒食。到今來，
○●韻●●○○●●●句●○●讀●○○●韻●○○句

海角逢春，天涯倦客。　　愁旋釋。還似織。淚暗拭。
●●○○句○○●●韻　　○●●韻○●●韻●●●韻
又偸滴。漫倚遍危闌，儘黃昏，也只是、暮雲凝碧。拌
●○●韻●●●○○句●○○句●●●讀●○○●韻○
則而今已拌了，忘則怎生便忘得。又還問鱗鴻，試重
●○○●●○句●●●○●●●韻●●●○○句●○
尋消息。
○○●韻

　　此調惟此一詞，無他首可校。

瑤臺第一層三體

　　宋陳師道《後山詩話》："武才人出慶壽宮，裕陵得之。會教坊獻新聲，爲作詞，號《瑤臺第一層》。"

瑤臺第一層

張元幹

　　雙調九十七字，前段十句四平韻，後段十一句六平韻。
寶曆祥開，飛練上、青冥萬里光。石城形勝，秦淮風
◐●○○句○●●讀○●●○韻●○○●句○○
景，威鳳來翔。臘餘春色早，兆釣璜、賢佐興王。對
●句◐●○○韻●○○●●句●○○讀●●○○韻◐
熙旦，正格天同德，全魏分疆。　　熒煌。五雲深處，
○●句◐●○○●句◐●○○韻　　○○韻◐○●句

化鈞獨運斗魁旁。繡裳龍尾，千官師表，萬事平章。
●○●●●○○韻●○○●句●○●●句●○●○○韻
景鐘文瑞世，醉尚方、難老天漿。慶垂裳。看雲屏間
●○○●●句●●○讀●○○韻●○○韻●○○
坐，象笏堆床。
●句●●○○韻

　　此詞平仄祇有張詞別首及趙詞可校。

又一體

張元幹

　　雙調九十八字，前段十句四平韻，後段十一句六平韻。

江左風流，鍾間氣、洲分二水長。鳳凰臺畔，投懷玉
○●○○句○●●讀○○●●○韻●○○●句○○●
燕，照社神光。豆花初秀雨，散暑空、洗出秋凉。慶生
●句●●○○韻●○○●●句●●○讀●●○○韻●○
誕，正圓蟾呈瑞，仙粟飄香。　眉揚。掞文摘藻，看
●句●○○●●句○●○○韻　○○韻●○●●句●
乘雲跨鶴下鵷行。紫樞將命，紫微加綍，常近君王。
○○●●●○○韻●○○●句●○○●句○●○○韻
舊山同梓里，荷月旦、久已平章。九霞觴。存刀圭丹
●○○●●句○●●讀●●○○韻●○○韻○○○○
餌，袞繡朝裳。
●句●●○○韻

　　此與"寶曆祥開"詞同，惟後段第三句添一字異。

又一體

趙與鋤

雙調九十八字,前段十句五平韻,後段十一句六平韻。

巘管聲催。人報道、嫦娥步月來。鳳鐙鸞炬,寒輕簾
●●○○韻○●●讀○●●○韻○○●句○○○
箔,光泛樓臺。萬年正春未老,更傍那、日月蓬萊。從
句○●●○韻●○●○●●句●●●○○韻○
仙仗,看星河銀界,錦繡天街。　　歡陪。千官萬騎,
○●句●○○●句●●○○韻　○○韻○○●●句
九霄人在五雲堆。赭袍光裏,星毬宛轉,花影徘徊。
●○○●●○○韻●○○●句○○●●句○○○韻
未央宮漏永,散異香、龍闕崔嵬。翠輿回。奏仙韶歌
●○○●●句●●○讀○●○○韻●○韻●○○
吹,寶殿尊罍。
句●●○○韻

此亦與"寶曆祥開"詞同,惟前段起句用韻,第六句添一字異。

暗香二體

宋姜夔自度仙呂宮曲,詠梅花作也。張炎以此調詠荷花,更名《紅情》。

暗香

姜　夔

雙調九十七字，前段九句五仄韻，後段十句七仄韻。

舊時月色。算幾番照我，梅邊吹笛。喚起玉人，不管
○○●●韻●●○○句○○○●韻●●●○句●●
清寒與攀摘。何遜而今漸老，都忘却、春風詞筆。但
○○●●韻●●○○●●句○●●讀○○○●韻●
怪得、竹外疏花，香冷入瑤席。　　江國。正寂寂。歎
●●讀●○○句○●●○●韻　　○●韻●●●韻●
寄與路遥，夜雪初積。翠尊易泣。紅萼無言耿相憶。
●●●○句●●○●韻●○●●韻○●○○●○●韻
長記曾携手處，千樹壓、西湖寒碧。又片片、吹盡也，
●●○○●●句○●●讀○○○●韻●●●讀○●●句
幾時見得。
●○●●韻

此調始自此詞，有趙以夫、吴文英、陳允平、張炎諸詞可校。

按：張詞前段第二、三句"抱孤琴思遠，幾番彈徹"，"孤"字、"思"字俱平聲。陳詞第五句"閒數星河手堪摘"，"閒"字平聲。趙詞第六句"爲問玉堂富貴"，"玉"字仄聲。張詞第七句"黯消魂、恨聽啼鴂"，"黯"字仄聲，"魂"字平聲。張詞第八句"想少陵、還歎飄零"，"還"字平聲。陳詞"煙潊闊、雲遠波平"，"煙"字平聲。張詞後段第一、二句"憶昨。更情惡"，"憶"字仄聲。第三句"漫認著梅花"，"梅"字平聲。趙詞第四句"雲弄疏影"，"雲"字平聲。張詞第七句"一自飄零去

後"、"一"字仄聲。趙詞"將見青青如豆","如"字平聲。張詞第八句"有羈懷、未須輕說","有"字、"未"字俱仄聲,"羈"字、"懷"字俱平聲。張詞第九、十句"莫相忘、堤上柳,此時共折","相忘"二字俱平聲。又一首"便到此、歸未得,幾曾忘却","忘"字平聲。譜內可平可仄據此,餘參下詞。

此詞後段第八句,陳詞作"古今但、雙流一碧","一"字以入作平,故不參校入譜。

又一體

張　炎

雙調九十七字,前段九句五仄韻,後段十句七仄韻。

無邊香色。記涉江自采,錦機雲密。翦翦紅衣,學舞
○○○韻●●○●句●○○韻●●○○句●●
波心舊曾識。一見依然似語,流水遠、幾回空憶。看
○○●●韻●●○○●句○●●讀●○○●韻●
亭亭、倒影窺妝,玉潤露痕濕。　　閒立。翠屏側。愛
○○讀●●○○句●●●●韻　　○●韻●○●韻●
向人弄芳,背酣斜日。料應太液。三十六宮土花碧。
●○○句●○○●韻●○●●韻○●●○●○●韻
清興後、風更爽,無數滿、汀洲如昔。泛片葉、煙浪
○●●讀○●●句●●●讀○○○●韻●●●讀○●
裏,卧橫紫笛。
●句●○●●韻

此與姜詞同,惟後段第七句作折腰句法異。

夢芙蓉一體

吳文英自度曲，題趙昌所畫芙蓉作也，因詞有"夢斷瓊仙"句，故名《夢芙蓉》。

夢芙蓉

吳文英

雙調九十七字，前後段各十句六仄韻。

西風搖步綺。記長堤驟過，紫騮十里。斷橋南岸，人
○○○●韻●○○●●句●○●●韻●○○句○
在晚霞外。錦溫花共醉。當時曾共秋被。自別霓裳，
●●○●韻●○○○●韻○○○●●韻●●○○句
想紅消翠冷，霜枕正慵起。　　慘淡西湖柳底。搖蕩
●○○●●句○●●○●韻　　●●○○●●韻○●
秋魂，夜月歸環佩。畫圖重展，驚認舊梳洗。去來雙
○○句●●○○●韻○○○●句○●●○●韻●○○
翡翠。難傳眼恨眉意。夢斷瓊仙，悵雲深路杳，城影
●●韻○○●●○●韻●●○○句●○○●●句○●
照流水。
●○●韻

此調只此一詞，無別首可校。

西子妝一體

張炎詞序："吳夢窗自製此曲。"或加"慢"字。

西子妝

吳文英

雙調九十七字,前段十句五仄韻,後段九句六仄韻。

流水麯塵，艷陽酷酒，畫舸遊情如霧。笑拈芳草不知
○●○句●○●●句●○●○○●韻●○○●●○
名，乍凌波、斷橋西堍。垂楊漫舞。總不解、將春繫
○句●○○讀●○○●韻○○●●韻●●●讀○○●
住。燕歸來，問綵繩纖手，如今何許。　　歡盟誤。一
●韻●○○句●○○●句○○○●韻　　○○●韻●
箭流光，又趁寒食去。不堪衰鬢著飛花，傍綠陰、冷
●○○句●●○●●韻○○○●●○○句●●○讀●
煙深樹。元都秀句。記前度、劉郎曾賦。最傷心，一片
○○●韻○○●●韻●○●讀○○○●韻●○○句●●
孤山細雨。
○○●●韻

此調始自此詞,有張炎詞一首可校。按:張詞前段起三句
"白浪搖天,青陰漲地,一片野懷幽意","白"字、"野"字俱仄
聲,"搖"字、"青"字俱平聲。第四句"楊花點點是春心",
"楊"字平聲,"點"字仄聲。第七句"有誰識、朝來清氣",
"誰"字、"清"字俱平聲。第九句"甚流光輕擲","流"字平

聲。後段第三句"隔塢聞門閉","門"字平聲。第四句"漁舟何似莫歸來","漁"字平聲。第五句"想桃源、路通人世","桃"字平聲。第七句"千年事、都消一醉","千"字平聲,"一"字仄聲。結句"愁落鵑聲萬里","愁"字平聲。譜内可平可仄據此。

玉京謠一體

　　吴文英自度曲,自注夷則商,犯無射宫。按:《枕中書》:"玉京在大羅天之上。"李白詩有"手把芙蓉朝玉京"句。此文英贈陳藏一詞,見《隨隱漫録》,蓋賦京華羈旅之况,故借"玉京"以爲調名。

玉京謠

吴文英

　　雙調九十七字,前段十句五仄韻,後段九句五仄韻。

蝶夢迷清曉,萬里無家,歲晚貂裘敝。載取琴書,長
●●○○●句●●○○句●●○○●韻●●○○句○
安閒看桃李。爛錦繡、人海花塲,任客燕、飄零誰計。
○○●●韻●●●讀○●○○句●●讀○○○●韻
春風裏,香泥九陌,文梁孤壘。　　微吟怕有詩聲,
○○●韻○○●●句○○○●韻　　○○●●○○句
翳鏡慵看,但小樓獨倚。金屋千嬌,從他鴛暖秋被。
●●○○句●●○○●韻○●○○句○○○●○●韻

蕙帳移、煙雨孤山,待對景、落梅清泚。終不似。江上
●●○讀○●●○句●●●讀●○○●韻○●●韻○●
翠微流水。
●○○●韻

  此調創自此詞,無別首可校。

被花惱一體

  楊纘自度曲,因詞中有"被花惱"句,取以爲名。

被花惱

楊　　纘

  雙調九十七字,前後段各九句四仄韻。
疏疏宿雨釀輕寒,簾幕靜垂清曉。寶鴨微溫瑞煙少。
○○●●○○句○●●○○●韻●●○●●○●韻
檐聲不動,春禽對語,夢怯頻驚覺。 琥珀枕,倚銀牀,
○○●●句○○●●句●○○●韻○●●句●○○句
半窗花影明東照。　　惆悵夜來風,生怕嬌香混瑤
●○○●○○韻　　○●●○○句●●○○●○
草。披衣便起,小徑迴廊,處處都行到。正千紅萬紫
●韻○○●●句●●○○句●●○○●韻●○○●●
競芳妍,又還似、年時被花惱。驀忽地,省得而今雙
●○○句●○●讀○○●○●韻●●●句●●○○○
鬢老。
●●韻

此調衹此一詞，無別首可校。

綠蓋舞風輕一體

調見《蘋洲漁笛譜》，周密詠荷花，自度曲也。

綠蓋舞風輕

周　密

雙調九十七字，前段十一句四仄韻，後段十句五仄韻。

玉立照新妝，翠蓋亭亭，凌波步秋綺。真色生香，明
●●●○○句●●○○句○○●○●韻○●○○句○
璫搖淡月，舞袖斜倚。耿耿芳心，奈千縷、晴絲縈繫。
○○●●句●●○●韻●●○○句●○●讀○○●●韻
恨開遲，不嫁東風，顰怨嬌蕊。　　花底。漫卜幽期，
●○○句●●○○句○●○●韻　○●韻●●○○句
素手採珠房，粉艷初洗。雨濕鉛腮，碧雲深、暗聚軟
●●●○○句●●○●韻●●○○句●○○讀●●●
綃清淚。訪藕尋蓮，楚江遠、相思誰寄。棹歌回，衣露
○○●韻●●○○句●○●讀○○○●韻●○○句○●
滿身花氣。
●○○●韻

此調衹此一詞，無別首可校。

月邊嬌一體

調見《蘋洲漁笛譜》,周密自度曲。

月邊嬌

周　密

雙調九十七字,前段十句四仄韻,後段十句五仄韻。

酥雨烘晴,早柳眄嬌顰,蘭芽愁醒。九街月淡,千山
○●○○句●●●○○句○○○●韻●○●●句○○
夜暖,十里寶光花影。步襪塵凝,送艷笑、爭誇輕俊。
●●句●●●○○●韻●●○○句●●讀○○●●韻
笙簫迎曉,翠幕卷、天香宮粉。　　少年韋曲疏狂,
○○○●句●●●讀○○○●韻　　●○○●○○句
絮花蹤跡,夜蛾心性。戲叢圍錦,鐙簾轉玉,拌却舞
●○○●句●○○●韻●○○●句○○●●句○●●
勾歌引。前歡漫省。又輦路、東風吹鬢。醺醺倚醉,任
○○●韻○○●●韻●●●讀○○○●韻○○●●句●
夜深春冷。
●○○●韻

此調祇此一詞,無別首可校。

松梢月一體

調見曹勛《松隱集》,因詞有"喜挹蟾華當松頂"句,取以爲名。

松梢月

曹　勛

雙調九十七字,前段十句五平韻,後段十句四平韻。

院靜無聲。天邊正皓月,初上重城。群木搖落,松路
●●○○韻　○○●●句　○●○○韻　○●●句　○●
徑暖風輕。喜挹蟾華當松頂,照謝閣、細影縱橫。杖
●●○○韻　●●○○●●句　●●●讀●●○○韻　●
策徐步,空明裏,但襟袖皆清。　　恍如臨異境,漾
●○●句　○○●句　●●●○○韻　　●○○●●句　●
鳳沿岸闊,波淨魚驚。氣入層漢,疑有素鶴飛鳴。夜
●○●●句　○●○○韻　●●○●句　○●●●○○韻　●
色徘徊遲宮漏,漸坐久、露濕金莖。未忍歸去,聞何
●○○○●句　●●●讀●●○○韻　●●○●句　○○
處,更吹笙。
●句●○○韻

此曹勛自度曲,無別詞可校。
前後段第六句俱仄仄平平平平仄,例作拗體,填者辨之。

四檻花一體

調見曹勛《松隱集》。

四檻花

曹　勛

雙調九十七字，前段十二句六平韻，後段十一句五平韻。
鴛瓦霜凝。獸鑪煙冷，瑣窗漸明。芙蓉紅暈減，疏篁
○●○○韻●○○●句●○○●韻○○●●句○○
曉風清。睡覺猶眠，怯新寒，仍宿酒，尚有餘酲。擁閒
●○○韻●●○○句●○○句○●●句●●○○韻●
衾。先記早梅糝糝，流水泠泠。　　須知歲月堪驚。
○韻●●●○●●句○●○○韻　　○○●●○○韻
最難管、霜華滿鏡生。心地還自樂，誰能問枯榮。一
●○●讀○○●●○韻●●○●●句○○●○○韻●
味情塵，指麾盡，人間世，更没虧成。惟蕭散，眠食
●○○句●○●句○○●句●●○○韻○○●句○●
外，且樂昇平。
●句●●○○韻

此亦曹勛自度曲，無別首可校。

長亭怨慢四體

姜夔自度中呂宮曲，或作《長亭怨》，無"慢"字。

長亭怨慢

姜　夔

雙調九十七字，前後段各九句五仄韻。

漸吹盡、枝頭香絮。是處人家，綠深門戶。遠浦縈迴，
●●●讀●○●韻●●○句●●○●韻●●○○句
暮帆零亂向何處。閱人多矣，誰得似、長亭樹。樹若
⊖○●●●●韻●○●●句●●讀○○●韻●●
有情時，不會得、青青如許。　　日暮。望高城不見，
⊖○○句●⊖●讀○○○韻　⊖韻●○○●句
只見亂山無數。韋郎去也，怎忘得、玉環分付。第一
⊖●●○●韻○○●●句●●●讀●○○●韻●●
是、早早歸來，怕紅萼、無人爲主。算只有并刀，難翦
⊖讀●●○○句●⊖●讀○○●韻○●●○○句⊖●
離愁千縷。
⊖○○●韻

此調創自姜夔，應以此詞爲正體，周密、王沂孫俱照此填。若周詞別首之句法小異，張詞之添字減字，皆變格也。

按：王詞前段起三句："泛孤艇、東皋過遍。尚記當日，綠陰門巷。""過"字、"日"字俱仄聲。張詞："笑海上、白鷗盟冷。飛過前灘，又顧秋影。""海"字、"顧"字俱仄聲。張詞後

起三句:"歸去。問當初鷗鷺,幾度西湖霜露。""鷗"字、"西"字俱平聲。譜內可平可仄據此,餘參所採三詞。

前段第五句句法微拗,"向"字必須仄聲,各家皆然。

又一體

周　密

雙調九十七字,前段九句六仄韻,後段九句五仄韻。

記千竹萬荷深處。綠净池臺,翠凉庭宇。醉墨題香,
●○○●●○●韻●●○○句●○●韻●●○○句
閒簫横玉盡吟趣。勝流星聚。知幾誦、燕臺句。零落
○○●●●○●韻●○●●韻●●讀○○●韻○●
碧雲空,歎轉眼、歲華如許。　　凝竚。望瀟瀟一水,
●○○句●●●讀●○○●韻　　○●韻●○○●句
夢到隔花窗户。十年舊事,儘消得、庚郎愁賦。燕樓
●●●○○●韻●○●●句●○●讀○○○●韻●○
鶴表半漂零,算惟有、盟鷗堪語。漫倚遍河橋,一片
●●●○○句●○●讀○○○●韻●●●○○句●●
凉雲吹雨。
○○○●韻

此與姜詞同,惟前段第六句多押一韻,後段第六句不作上三下四句法異。

又一體

張　炎

雙調九十七字,前段九句六仄韻,後段九句七仄韻。

記橫笛、玉關高處。萬里沙寒，雪深無路。破却貂裘，
●○●讀●○○●韻●●○○句●○○●韻●●○○句
遠遊歸後與誰語。故人何許。渾忘了、江南舊雨。不
●○○●●○●韻●○○●韻○○●讀○○●●韻●
擬重逢，應笑我、飄零如羽。　　同去。釣珊瑚海樹。
●○○句○●●讀○○○●韻　　○●韻●○○●●韻
底事又成行旅。煙篷斷浦。更幾點、戀人飛絮。如今
●●●○○●韻○○●●韻●●●讀○○●韻○○
又、京洛尋春，定應破、薇花留住。且莫把孤愁，說與
●讀○●○○句●○●讀○○○●韻●●●○○句●●
當時歌舞。
○○○●韻

　　此詞前段第七句較姜詞添一字，第八句較姜詞減一字，前段第六句、後段第二句、第四句皆押韻，較姜詞多三韻。按：張別首"跨匹馬、東瀛煙樹"詞正與此同。

又一體

張　炎

　　雙調九十七字，前段九句四仄韻，後段九句五仄韻。
望花外、小橋流水，門巷悄悄，玉簫聲絕。鶴去臺空，
●○●讀●○○●句○●●●句●○○●韻●●○○句
佩環何處弄明月。十年前事，愁千折、心情頓別。露
●○○●●○●韻●○○●句○○●讀○○●●韻●
粉風香，誰爲主、都成消歇。　　淒咽。小窗分袂處，
●○○句○●●讀○○○●韻　　○●韻●○○●●句

同把帶鴛親結。江空歲晚，便忘了、尊前曾說。恨西
○●●○○●韻○○●●句●○●讀○○○●韻●○
風、不庇寒蟬，便掃盡、一林殘葉。謝楊柳多情，還有
○讀●●○○句●●●讀●○○●韻●○●○句○●
綠陰時節。
●○○●韻

　　此與"橫笛玉關"詞同，惟前段起句不押韻，又前段第六
句、後段第二句、第四句俱不押韻異。

玉簟涼一體

調見《梅溪詞》。

玉簟涼

史達祖

雙調九十七字，前後段各十句五平韻。

秋是愁鄉。自錦瑟斷絃，有淚如江。平生花裹活，奈
○●○○韻●●●○句●●○○韻○○○●●句●
舊夢難忘。藍橋雲樹正綠，料抱月、幾夜眠香。河漢
●●○○韻○○○●●句●●讀●●○○韻○●
阻，但鳳音傳恨，闌影敲涼。　　新妝。蓮嬌試曉，梅
●句○●○○●句○●○○韻　　○○韻○○●●句○
瘦破春，因甚却扇臨窗。紅巾銜翠翼，早弱水茫茫。
●●○句○●●●○○韻○○○●●句●●●○○韻

1161

柔情各自未蘇，問此去、莫負王昌。芳信準，更敢尋、
〇〇●●●句●●●讀●●〇〇韻〇●●句●●〇讀
紅杏西廂。
〇●〇〇韻

　　　此調無別詞可校。
　　　前段第五句、後段第六句皆五字，例作上一下四句法，與
上句五言者不同。

詞譜卷二十六

留客住二體

唐教坊曲名,《樂章集》注林鍾商。

留客住

柳　永

雙調九十八字,前段九句四仄韻,後段十句五仄韻。

偶登眺。恁小樓、艷陽時節,乍睛天氣,是處開花野
●○●韻●●○讀●○○●句●○○●句●●○○●
草。遥山萬疊雲散,漲海千里,潮平波浩渺。煙村院
●韻○○●●○○句●●○○句○○●●韻○○●
落,是誰家、綠樹數聲啼鳥。　　旅情悄。念遠信沈
●句●○○讀●●●○○韻　　●○●韻●●●○
沈,離魂杳杳。對景傷懷,度日無言誰表。惆悵舊歡
○句○○●●韻●●○○句●●○○○●韻○●●○
何處,後約難憑,看看春又老。盈盈淚眼,望仙鄉、隱
○●句●●○○句●●○●●韻○○●●句●○○讀●
隱斷霞殘照。
●●○●韻

此調惟柳、周二詞,但周詞減字,其句讀亦異,故不校注平仄。

又一體

周邦彥

雙調九十四字，前段九句三仄韻，後段九句五仄韻。

嗟烏兔。正茫茫、相催無定，只恁東生西沒，半均寒
〇〇●韻●〇〇讀〇〇〇●句●●〇〇〇●句●〇〇
暑。昨見花紅柳綠，處處林茂，又覷霜前籬畔，菊散
●韻●●〇〇●●句●●〇●句●●〇〇〇●句●●
餘香，看看又還秋暮。　　忍思慮。念古往賢愚，終
〇〇句〇〇●〇〇韻　　●〇●韻●●〇〇句〇
歸何處。爭似高堂，日夜笙歌齊舉。選甚連宵徹
〇〇●韻〇〇〇句●●〇〇〇●韻●●〇●
晝，再三留住。待擬沈醉扶上馬，怎生向、主人未肯
●句●〇〇●韻●●〇〇〇●句●〇●讀●〇●
教去。
〇●韻

此校柳詞前段第三句添二字，第四句減二字，第七句添一字少一韻，結句減三字，後段第七句多一韻，第八句添二字少一韻，第九句減四字。

柳詞前段四韻，此詞前段三韻。《詞律》誤認北音以"沒"字、"綠"字爲韻，不知宋人長調以韻多者爲急曲子，韻少者爲慢詞，原不必强注韻脚也。

晝夜樂二體

《樂章集》注中呂宮。

晝夜樂

柳　永

雙調九十八字,前段八句六仄韻,後段八句五仄韻。

洞房記得初相遇。便只合、長相聚。何期小會幽歡,
●〇●●〇〇●韻●●●讀〇〇●韻〇〇●●〇〇句
變作別離情緒。況值闌珊春色暮。對滿目、亂花狂
●●●〇〇●韻〇●〇〇〇●●韻●●●讀●〇〇
絮。直恐好風光,盡隨伊歸去。　　一場寂寞憑誰
●韻●●●〇〇句●〇〇〇●韻　　〇●●●〇〇
訴。算前言、總輕負。早知恁地難拚,悔不當初留住。
●韻●〇〇讀●〇●韻●〇〇●〇〇句●●〇〇〇●韻
其奈風流端正外,更別有、繫人心處。一日不思量,
〇●〇〇〇●●句●●●讀●〇〇●韻●●●〇〇句
也攢眉千度。
●〇〇〇●韻

此調創自柳永,有前後段第五句俱押韻者,有前段第五句押韻,後段第五句不押韻者。此詞後段第五句不押韻,黃庭堅詞正與此同。按:黃詞前段第二句"說花時、歸來去","時"字平聲。第五、六句"其奈佳音無定據。約雲朝、又還雨暮","其"字平聲,"雨"字仄聲。結兩句"將淚入鴛衾,總不成行

步"，"將"字平聲，"不"字仄聲。後段起句"元來也解知思慮"，"元"字平聲。第三句"情知玉帳堪歡"，"情"字平聲。第五句"直待腰金拖紫後"，"直"字仄聲。第六句"有夫人、縣君相與"，"人"字平聲。又柳詞別首"這歡娛、漸入佳境"，"人"字仄聲。第七句"爭奈會分疏"，"爭"字平聲。譜內可平可仄據此，餘參《梅苑》無名氏詞。

此詞前後段兩結句俱上一下四句法，與第七句衹作五言者不同。

又一體

《梅苑》無名氏

雙調九十八字，前後段各八句六仄韻。

一陽生後風光好。百花瘁、群木槁。南枝探暖欺寒，
●○○●○●韻●○●讀○●●韻○●●●○○句
嘉卉爭先占早。曉來風送清香杳。映園林、報春來
○●●●●韻●○○●○○●韻●○○讀●○○
到。素艷自超群，似姑射容貌。　畫堂開宴邀朋
●韻●●●○○句●○●○●韻　●○○●○○
友。賞瓊英、同歡笑。隴頭寄信叮嚀，樓上新妝鬬巧。
●韻●○○讀○○●韻○○●●○○句○●○○●●韻
對景乘興傾芳酒。拌沈醉、玉山頻倒。結實用和羹，
●●○●○○●韻○○●讀●○○●韻●●●○○句
是真奇國寶。
●○○●●韻

此與柳詞同，惟後段第五句押韻異。按：柳詞別首前後段第六句"愛把歌喉當筵逞"，"無限狂心乘酒興"，亦各押韻，因

词俚不录。

此词后段起句"友"字、第六句"酒"字,萧尤同押,用古韵。

雨中花慢十三体

此词有平韵、仄韵两体,平韵者始自苏轼,仄韵者始自秦观。柳永平韵词,《乐章集》注林钟商。

雨中花慢

苏　轼

双调九十八字,前段十一句四平韵,后段十句四平韵。
今岁花时深院,尽日东风,荡飏茶烟。但有绿苔芳草,
○●○○●句●●○○句●●○○韵●●○○句
柳絮榆钱。闻道城西,长林古寺,甲第名园。有国艳带
●●○○韵○○○●句○○●●句●●○○韵●○●●
酒,天香染袂,为我留连。　　清明过了,残红无处,
●句○○●●句●○○韵　　○○●●句○○●●句
对此泪洒尊前。秋向晚、一枝何事,向我依然。高会聊
●●●○○韵○●●读●○○●句●●○○韵○●○
追短景,清商不假余妍。不如留取,十分春态,付与
○●句○○●●○韵●○○●句●○○●句●●
明年。
○○韵

此调平韵词九首,惟吴礼之一体,宋人依此填者颇多,故可平

1167

可仄校注吴詞之下。若柳詞之一百字,劉詞之九十九字,雖句讀整齊,無別首可校,亦不注可平可仄。

此詞前段第六、七句作四字三句,與各家稍異。宋人仄韻詞亦有如此填者,平韻詞則祇此一體耳。

又一體

張孝祥

雙調九十八字,前後段各十句四平韻。

一葉凌波,十里御風,煙鬟雨鬢蕭蕭。認得江皋玉佩,
●●〇〇句●●●〇句〇〇●●〇〇韻●●〇〇●●句
水館冰綃。秋净明霞乍吐,曙涼宿靄初消。恨微顰不
●●〇〇韻〇●●●●句●〇●●〇〇韻●〇〇●
語,欲進還休,凝竚迢遥。　　神交冉冉,愁思盈盈,
句●●〇〇句〇●〇〇韻　　〇〇●●句〇●〇〇句
斷魂欲遣誰招。還似待、青鸞傳信,烏鵲成橋。悵望胎
●〇●●〇〇韻〇●●讀〇〇〇●句〇●〇〇韻●●〇
仙琴疊,羞看翡翠蘭苕。夢回人遠,紅雲一片,天際
〇〇●句〇〇●●〇〇韻●〇〇●句〇〇●●句〇●
笙簫。
〇〇韻

此詞前段第六、七句作六字兩句。按:《于湖集》有"一舸凌風"詞與此同。

又一體

劉褎

雙調九十九字，前後段各十句四平韻。

縹蒂緗枝，玉葉翡英，百梢爭趁春忙。正雨後、蜂粘落
●●○○句●●●○句●○○●○○韻●●●讀○○●
絮，燕撲晴香。遺策誰家蕩子，唾花何處新妝。想流紅
●句●●○○韻○●●○●●句●○●●○○韻●○○
有恨，拾翠無心，往事凄涼。　春愁如海，客思翻
●●句●●○○句●●○○韻　○○●●句●●○
空，帶圍只看東陽。更那堪、玉笙度曲，翠羽傳觴。
○句●●●●○○韻●○讀●○●●句●●○○韻
紅淚不勝閨怨，白雲應老他鄉。夢回敧枕，風驚庭
○●●○○●句●○●●○○韻●○●●句○○○
樹，月在西廂。
●句●●○○韻

此詞前段第四句七字，較張詞添一字，句讀整齊，但宋詞無如此填者。

又一體

柳永

雙調一百字，前後段各十句四平韻。

墜髻慵梳，愁蛾懶畫，心緒事事闌珊。覺新來憔悴，金
●●○○句○○●●句○●●●○○韻●○○○●句○

縷衣寬。認得這、疏狂意下，向人誚、譬如閒。把芳容
●○○韻●●●讀○○●●句●○●讀●○○韻●○○
陡頓，恁地輕孤，爭忍心安。　依前過了舊約，甚當
●●句●●○○句○●○○韻　○○●●●句●○
初賺我，偸翦香鬟。幾時得歸來，香閣深關。待伊要、
○●●句○●○○韻●●●○○句○●○○韻●○●讀
尤雲殢雨，纏鴛衾、不與同歡。儘更深款款，問伊今
○○●●句●○讀●●○○韻●●○○●句●○○
後，更敢無端。
●句●●○○韻

此詞換頭三句、前後段第六、七句句讀與各家異，雖有宮調，因無別首可校，故不注可平可仄。

又一體

吳禮之

雙調九十七字，前後段各十句四平韻。

眷濃恩重，長離永別，憑誰爲返香魂。憶湘裙霞袖，杏
●○○句●●●句○●●○○韻●○○●●句●
臉櫻脣。眉埽春山淡淡，眼裁秋水盈盈。便如何忘得，
●○○韻●●○○●●句●●○○○○韻●○○●●句
溫柔情態，恬靜天眞。　憑闌念及，夕陽西下，暮煙
○○○●句●●○○韻　○○●●句●○○●句●○
四起江村。漸入夜、疏星映柳，新月籠雲。醞造一生清
●●○○韻●●●讀○○●●句○●○○韻●●●○○
瘦，能消幾個黃昏。斷腸時候，簾垂深院，人掩重門。
●句○○●●○○韻●○○●句○○●●句○●○○韻

此詞前段第四句五字，校張詞減一字。按：辛棄疾"馬上三年"詞、"舊雨常來"詞、蘇洞"十載尊前"詞俱與此同。此詞可平可仄，即參譜內所采平韻諸詞句法同者。

又一體

京　鏜

雙調九十六字，前後段各十句四平韻。

玉局祠前，銅壺閣畔，錦城藥市爭奇。正紫芡綴席，
●●○○句○○●●句●○●●○○韻●●○●●句
黃菊浮卮。巷陌聯鑣並轡，樓臺吹竹彈絲。登高望
○●○○韻●●○○●●句○○○●○○韻○○●
遠，一年好景，九日佳期。　　自憐行客，猶對嘉賓，
●句●○●●句●●○○韻　　●○○句○●○○句
留連豈是貪癡。誰會得、心馳北闕，興寄東籬。惜別未
○○●●○○韻　●●讀○○●●句●●○○韻●●●
催鷁首，追歡且醉蛾眉。明年此會，他鄉今日，總是
○●●句○○●●○○韻○○●●句○○○●句●●
相思。
○○韻

此與吳詞同，惟前段第八句減一字異。按：張才翁"萬縷青青"詞、《松坡集》"跨鶴仙姿"詞俱與此同。

又一體

高觀國

雙調九十八字，前後段各十句四平韻。

1171

斾拂西風，客應漢星，行參玉節征鞍。緩帶輕裘，爭看
●●○○句●●●○句○○●●○○韻●●○○句○○
盛世衣冠。吟倦西湖風月，去看北塞關山。過離宮禾
●●○○韻○●●○○●句●○●●○○韻●○○○
黍，故壘煙塵，有淚應彈。　　文章俊偉，穎露囊鋒
●句●●○○句●●○○韻　　○○●●句●●○○句
名動萬里呼韓。知素有、平戎手段，小試何難。情寄吳
●●●●○○韻○●●讀○○●●句●●○○韻○○
梅香冷，夢隨隴雁霜寒。立勛未晚，歸來依舊，酒社
○○●句●○●●○○韻●●●句○○●●句●●
詩壇。
○○韻

此與張詞同，惟前段第四句四字，第五句六字異。

又一體

葛立方

雙調九十七字，前後段各十句四平韻。

寄徑睢陽，陌上忽看，夭桃穠李爭春。又見楚宮，行雨
●●○○句●●●○句○○○●○○韻●●●○句○●
洗芳塵。紅艷霞光夕照，素華瓊樹朝新。爲奇姿芳潤，
●○○韻○●○○●●句●○●●○○韻●○○●●句
擬倩游絲，留住東君。　　拾遺杜老，猶愛南塘，寄情
●●○○句○●○○韻　　●○●●句○●○○句●○
蘿薜山村。爭似此、花如姝麗，獺髓輕勻。不數江陵玉
○●○○韻○●●讀○●●○句●●○○韻●●○○●

杖，休誇花島紅雲。少須澄霽，一番清影，更待冰輪。
●句○○○●○○韻●○○●句●○○●句●●○○韻

　　此詞前段第四句四字，第五句五字，與各家異。按：《歸愚集》有"壯歲嬉遊"詞與此同。

又一體

《玉照新志》無名氏

雙調九十六字，前後段各十句四平韻。

事往人離，還似暮峽歸雲，隴上流泉。奈向分圓鏡，
●●○○句○●●○○句●●○○韻●●○○●句

已斷幺絃。長記酒闌歌罷，難忘月夕花前。相携手
●●○○韻○●●○○●句○○●●○○韻○○●

處，瓊樓朱戶，觸目依然。　　從來慣共，繡幃羅帳，
●句○○●●句●●○○韻　　○○●●句●○○●句

鎮效比翼文鴛。誰念我、而今清夜，常是孤眠。入戶不
●●●●○○韻○●●讀○○●●句●●○○韻●●●

如飛絮，傍懷爭及鑪煙。這回休也，一生心事，爲你
○○●句●○○●○○韻●○○●句●○○●句●●

縈牽。
○○韻

　　此與京鏜詞同，惟前段第二句六字，第三句四字異。
　　以上九詞皆押平韻。

又一體

秦觀

雙調九十八字,前後段各十句四仄韻。

指點虛無征路,醉乘斑虯,遠訪西極。見天風吹落,滿空寒白。玉女明星迎笑,何苦自淹塵域。正火輪飛上,霧卷煙開,洞觀金碧。　重重觀閣,橫枕鼇峰,水面倒銜蒼石。隨處有、奇香異火,杳然難測。好是蟠桃熟後,阿環偷報消息。在青天碧海,一枝難遇,占取春色。

吳禮之平韻詞句讀與此同,所小異者,惟前起三句耳。此詞可平可仄,即參所采仄韻諸詞句法同者。

又一體

《梅苑》無名氏

雙調九十八字,前段十一句四仄韻,後段十句四仄韻。

夢破江南春信,漸入江梅,暗香初發。乞與橫斜疏影,

爲憐清絕。梁苑相如，平生有賦，未甘華髮。便廣寒爭
●○○●韻○●●○○句○○●●句●○○●韻●●○○
遣，昭華驚怨，詎妨輕折。　　揚州歌吹，二十四橋，
●句○○●●句●○○●韻　　○○●●句●●●○句
不道畫樓聲歇。生怕有、江邊一樹，要堆輕雪。老去苦
●●●○○●韻○●●讀○○●●句●○○●韻●●●
無歡事，凌波空有纖襪。恨無好語，何郎風味，定教
○○●句○○○●○●韻●○●●句○○○●句●○
難説。
●●韻

此與秦詞同，惟前後段第四句多一字，第六、七句作四字三句，後段第八句少一字異。按：蘇軾平韻詞句讀與此同。

又一體

黃庭堅

雙調九十七字，前段十一句四仄韻，後段十句四仄韻。

正樂中和，夷夏燕喜，官梅乍傳消息。待新年歡計，斷
●●○○句○●●●句○○●●○●韻●○○○●句●
送春色。桃李成陰，甘棠少訟，又移旌戟。念畫樓朱
●○●韻○●○○句○●●●句●○○●韻●●○○
閣，風流高會，頓冷談席。　　西川縱有，舞裙歌板，
●句○○○●句●●○●韻　　○○●●句●○○●句
誰共茗邀棋敵。歸來未、先霑離袖，管絃催滴。樂事賞
○●●○○●韻○○●讀○○●●句●○○●韻●●●
心易散，良辰美景難得。會須醉倒，玉山扶起，更傾
○●●句○○●●○●韻●○●●句●○○●句●○

春碧。
○●韻

此與《梅苑》無名氏詞同,惟前段起二句句讀小異,第四句減一字異。

又一體

《高麗史·樂志》無名氏

雙調九十七字,前段十一句五仄韻,後段九句五仄韻。

宴闌倚闌郊外,乍別芳姿,醉登長陌。漸覺聯綿離
●○●○○●句●●○○句●●○○韻●●○○○
緒,淡薄秋色。寶馬頻嘶,寒蟬噪晚,正傷行客。念少
●句●●○●韻●●○○句○○●●句●○○●韻●●
年踪跡。風流聲價,淚珠偷滴。　從前與、酒朋花
○○●韻○○●句●○○●韻　　○○●讀●○○
侶,鎮賞畫樓瑤席。今夜裏、清風明月,水村山驛。往
●句●●●○○●韻○●●讀○○○●句●○○●韻●
事悠悠似夢,新愁苒苒如織。斷腸望極。重逢何處,暮
●○○●●句○○●●○●韻●○●●韻○○○●句●
雲凝碧。
○○●韻

此亦與《梅苑》無名氏詞同,惟換頭作七字一句、六字一句,前段第九句、後段第八句多押兩韻異。

以上四詞皆押仄韻。

萬年歡十一體

唐教坊曲名。《宋史·樂志》中吕宫,《高麗史·樂志》名《萬年歡慢》,《元史·樂志》舞隊曲。此調有三體,平韻者始自王安禮,仄韻者始自晁補之,平仄韻互叶者始自元趙孟頫。

萬年歡

王安禮

雙調九十八字,前段九句五平韻,後段九句四平韻。

雅出群芳。占春前信息,臘後風光。野岸郵亭,繁似萬
●●○○韻●〇○●●句●●○○韻●●○○句○○●
點輕霜。清淺溪流倒影,更黯淡、月色籠香。渾疑是、
●○○韻〇●○○●●句●●●讀●●○○韻○○●讀
姑射冰姿,壽陽粉面初妝。　　多情對景易感,況淮天
〇●○○句●○●●○○韻　　○○●●●●句●〇○
庾嶺,迢遞相望。愁聽龍吟凄絕,畫角悲涼。念昔因誰
●●句●●○○韻〇●●○○●句●●○○韻●●○○
醉賞,向此際、空惱回腸。終須待、結實恁時,佳味
●●句●●●讀〇●○○韻○○●讀●●●○句○●
堪嘗。
○○韻

此調押平韻者以此詞爲正體,餘皆變格也。此詞可平可仄即參下平韻詞。

1177

又一體

《高麗史・樂志》無名氏

雙調一百字,前後段各九句五平韻。

禁籞初晴。見萬年枝上,巧囀鶯聲。藻殿連雲,萍曦高
●●○○韻●●○○●句●●○○韻●●○○句○○○
照檐楹。好是簾開麗景,裊金鑪、香暖煙輕。傳呼道、
●○○韻●●○○●●句●○○讀○●○○韻○○●讀
天蹕來臨,兩行拱引簪纓。　　看看筵敞三清。洞寶玉
○●○○句●●●○○韻　　●○○●○○韻●●●
杯中,滿酌犀觥。爛漫芳葩,斜簪慶快春情。更有簫韶
○○句●●○○韻●●○○句○○●●○○韻●●○○
九奏,簇魚龍、百戲俱呈。吾皇願、永保洪圖,四方長
●●句○○讀●●○○韻○○●讀●●○○句●○○
樂昇平。
●○○韻

　　此與王詞同,惟換頭句押韻,第四、五句作四字一句、六字一句,結句添二字異。

又一體

趙師俠

雙調一百一字,前後段各十句四平韻。

電繞神樞,虹流華渚,誕彌良用佳辰。萬宇謳歌歸舞,
●●○○句○○○●句●○○●○○韻●●○○●句

寶曆增新。四七年間盛事，皇威暢、邊鄙無塵。仁恩
●●○○韻●●○○●●句○○●讀○●○○韻○○
被，華夏咸安，太平極治歡聲。　　重華道隆德茂，亘
●句○●○○句●○●●○○韻　○○●●●句●
古今希有，揖遜重聞。聖子三宮歡聚，兩世慈親。幸際
●○○●句●●○○韻●●○○●●句●●○○韻●●
千秋聖旦，霑鎬宴、普率惟均。封人祝，億萬斯年，壽
○○●●句○●●讀●●○○韻○●●句●●○○句●
皇尊並高真。
○○●○○韻

此亦與王詞同，惟前段起句不用韻，第二句四字，第三句六字，前段第四句六字，第五句四字異。

又一體

賀　鑄

雙調一百二字，前段九句四平韻，後段十句四平韻。

淑質柔情，靚妝艷笑，未容桃李爭妍。紅粉牆東，曾記
●●○○句●○●●句●○○●○○韻○●○○句○●
窺宋三年。不問雲朝雨暮，向西樓南館留連。何嘗信、
○●○○韻●●○○●●句●○○○●○○韻○○●讀
美景良辰，賞心樂事難全。　　青門解袂，畫橋回首，
●●○○句●○●●○○韻　○○●●句●○●●句
初沈漢佩，永斷湘絃。漫寫濃愁幽恨，封寄魚牋。擬話
○○●●句●●○○韻●●○○○●句○●○○韻●●
當時舊好，問同誰、與醉尊前。除非是、明月清風，向
○○●●句●○○讀●●○○韻○○●讀○●○○句●

人今夜依然。
○○●○○韻

　　此與趙詞同,惟前段第四、五句仍照王詞體,換頭添一字作四字四句異。

又一體

晁補之

　　雙調一百字,前段九句四仄韻,後段九句五仄韻。

十里環溪,記當年並遊,依舊風景。綵舫紅妝,重泛九
⊖●○○句●○○⊖●句⊖○⊖●韻●●○○句⊖●
秋清鏡。莫歎歌臺蔓草,喜相逢、歡情猶勝。蘋洲畔、
○●韻●○○○●●句●○○讀○○⊖●韻⊖○●讀
橫玉驚鸞,半天雲正愁凝。　　中秋醉魂未醒。又佳辰
⊖●○○句●○⊖●○●韻　　⊖○●●●●韻●○○
授衣,良會堪更。蚤歲功名,豪氣尚凌汝潁。能致黃金
●○句⊖●○●韻●●○○句⊖●●○●●韻○●○○
百鎰,也莫負、鴟夷高興。別有箇、瀟灑田園,醉鄉天
●●句●●●讀○○○●韻●●●讀⊖●○○句●○○
地同永。
●○●韻

　　此調押仄韻者以晁詞二首為正體。若程詞之換頭句六字折腰,程詞別首之後段第七句添字,史詞及晁詞別首之前後段第四、五句句讀參差,皆變格也。

　　按:程大昌詞前段第二句"放兩枝三朵","三"字平聲。第六句"七十古稀今獨","古"字仄聲。胡浩然詞"花艷驚郎醉目","花"字平聲。程詞第七句"花釵底、髻雲堆綠","花"字平聲。

《梅苑》詞結句"纔說清香尋得","纔"字、"香"字俱平聲,"說"字仄聲。後段起句"別來又經歲隔","別"字仄聲。結句"偏與群芳春色","偏"字、"芳"字俱平聲,"與"字仄聲。其餘可平可仄即參所采五詞。

又一體

晁補之

雙調一百字,前段九句五仄韻,後段九句六仄韻。

心憶春歸,似佳人未來,香徑無迹。雪裏江梅,因甚早
○●○○句●○○●○句○○●韻●●○○句○●●
知消息。百卉芳心正寂。夜不寐、幽姿脉脉。圖清曉、
○○●韻●●○○●韻●●●讀○○●●韻○○●讀
先作宮妝,似防人見偷得。　真香媚情動魄。算當時
○●○○句●○○●○●韻　○○●●●韻●○○
壽陽,無此標格。應寄揚州,何郎舊曾相識。花似何郎
●○句○●○●韻●●○○句○○●○○●韻○●○○
鬢白。恐多笑、逢花羞摘。那堪聽、羌管驚心,也隨繁
●●韻●○●讀○○○●韻○○●讀○●○○句●○○
杏抛擲。
●○●韻

此詞前後段第六句俱押韻。按:《梅苑》"北陸風回"詞、"天氣嚴凝"詞、胡浩然"鐙月交光"詞俱與此同。

汲古閣刻本後段第八句脫一"聽"字,今從《梅苑》增入。

又一體

程大昌

雙調一百字,前段九句四仄韻,後段十句五仄韻。

歲歲梅花,向壽尊畫閣,長報春起。恰似今朝,分外香
●●○○句●●○○●句○●○●韻●●○○句●●○
肥蕚韡。雜佩珊珊就列,映藍袂、寶熏擎跽。道這回、
○●●韻●●○○●●句●○●讀○○○●韻●●○讀
屋舍團圞,四時風月桃李。　回頭處,無限思。看秋
●●○○句●○○●○●韻　○○●句●●●韻●○
前藥裹,而今鼎匕。須把康強,收作玳筵歡喜。況是鬢
○●●句○○●●韻○●○○句○●●○○●韻●●●
雲全綠,頂珈笄、笑陪星履。新年動是擁新祺,有孫來
○○●句●○○讀●○○●韻○○●●●○○句●○○
捧醪醴。
●○●韻

此即"十里環溪"詞體,惟換頭作三字兩句異。按:程詞別首
"詩翁笑,但休問",又一首"星辰履,階庭玉",俱與此同。

又一體

程大昌

雙調一百一字,前段九句五仄韻,後段十句六仄韻。

老鈍迂疏,儘世間樂事,不忺不覰。癡向韋編,根究卦
●●○○句●●○●句●○●●韻○●○○句○●●

爻來處。渾沌包中天地。謝東家、從頭指示。便和那、
○●●韻●●○○●韻●○○讀○○●●韻●○●讀
八八機關，并將匙鑰分付。　　行年數，六十四。把一
●●○○句●○○●●韻　　○○●句●●●韻●●
年一卦，恰好相擬。妙道生生，既濟還存未濟。身願河
○●●句●●○●韻●●○○句●○○●●韻○●○
圖比似。每演九後、重從一始。待人問、甲子何其，剩
○●●韻●●●●讀○○●●韻●○讀●●○○句●
書亥字爲戲。
○●●○●韻

此與"歲歲梅花"詞同，惟後段第七句添一襯字異。
其前後段第六句押韻，照晁詞"心憶春歸"一首填。

又一體

史達祖

雙調一百字，前段八句四仄韻，後段九句五仄韻。

兩袖梅風，謝橋邊、岸痕猶帶殘雪。過了匆匆鐙市，草
●●○○句●○○讀●○○●○●韻●●○○●句●
根青發。燕子春愁未醒，誤幾處、芳音遼絕。煙溪上、
○○韻●●○○●●句●●●讀○○○●韻○○●讀
采綠人歸，定應愁沁花骨。　　非干厚情易歇。奈燕臺
●●○○句●●○●○●韻　　○○●○●●韻●●○
句老，難道離別。小徑吹衣，曾記故園風物。多少驚心
●●句○●○●韻●●○○句○●●○○●韻○●○○
舊事，第一是、侵階羅襪。如今但、柳髮晞春，夜來和
●●句●●●讀○○○●韻○○●讀●●○○句●○○

露梳月。
●○●韻

此亦"十里環溪"詞體,惟前段第二、三句作九字一句,第四句六字,第五句四字異。

又一體

晁補之

雙調一百字,前段九句四仄韻,後段九句五仄韻。

憶昔論心,盡青雲少年,燕趙豪俊。二十遊南,曾上會
●●○○句●○○●○句○●○●韻●●○○句○●●
稽千仞。振袂江中往歲,有騷人、蘭蓀遺韻。嗟管鮑、
○○●韻●●○○●●句●○○讀○○●韻○●●讀
當日貧交,半成翻手難信。　君如未遇元禮,肯抽身
○●○○句●●○●●韻　　○○●●○●句●○○
盛時,尋我幽隱。此事談何容易,驥才方騁。綵舫紅妝
●○句○●○●韻●●○○○●句●○○●韻●●○○
圍定,笑西風、黃花斑鬢。君欲問、投老生涯,醉鄉岐
○●句●○○讀○○○●韻●●讀●●○○句●●○
路偏近。
●○●韻

此亦"十里環溪"詞體,惟後段第四句六字,第五句四字異。此詞換頭句不押韻,與趙師俠平韻詞體同。

又一體

赵孟頫

雙調一百字,前段九句四平韻、一叶韻,後段九句兩平韻、三叶韻。

天上春來。正陽和布澤,斗柄初回。一朵祥雲捧日,萬
○●○○韻●○○●●句●●○○韻●●○○●●句●
象生輝。帝德光昭四表,玉帛盡、梯航來會。彤庭敞、
●○○韻●●○○●●句●●讀○○○●叶●●讀
花覆千官,紫霄鴛鷺徘徊。　　仁風遍滿九垓。望霓旌
○●○○句●○○●○○韻　　○○●●●○韻●○○
緩引,寶扇齊開。喜動龍顏,和氣藹然交泰。九奏簫韶
●●句●●○○韻●●○○句●●○○○●叶●●○○
舜樂,獸尊舉、麒麟香爇。從今數、億萬斯年,聖主福
●●句●○○讀○○○叶○○●讀●●○○句●●
如天大。
○○●叶

　　此詞以灰、賄、隊、佳、蟹、泰三聲叶韻,句讀與無名氏平韻詞同。按:趙孟頫又有"閶闔初開"詞亦三聲叶,與此同,惟後段第三句仄韻,第五句、結句平韻,與此稍異,注明不錄。

燕春臺四體

　　此調始自張先,蓋春宴詞也。因黃裳有夏宴詞,劉涇改名《夏初臨》,舊譜或以《燕春臺》與《夏初臨》兩列者誤。

1185

燕春臺

張　先

雙調九十八字，前段十句五平韻，後段十一句五平韻。

麗日千門，紫煙雙闕，瓊林又報春回。殿閣風微，當時去燕還來。五侯池館屏開。探芳菲、走馬天街。重簾人語，轔轔車轊，遠近輕雷。　　雕鶬霞灧，醉幕雲飛，楚腰舞柳，宮面妝梅。金猊夜暖，羅衣暗裏香煤。洞府人歸，擁笙歌、鐙火樓臺。下蓬萊。猶有花上月，清影徘徊。

此調後段第七句不押韻，第十句五字，凡調名《燕春臺》者俱如此填。按：趙以夫詞二首與此句讀如一。惟前段第八句"此時新事"，"此"字仄聲。後段起句"錦帆開曉"，"錦"字仄聲。第四句"月淡天低"，"月"字仄聲。第十句"金鼎調羹也"，"羹"字平聲。又曹冠詞前段起句"琴拂虞薰"，"琴"字平聲。後段第八句"任玉山、頻醉花前"，"玉"字仄聲。又洪咨夔詞後段第二句"冰粉光中"，"冰"字平聲。第七句"涼入琵琶"，"涼"字平聲。譜內可平可仄據此，餘參所采三詞。

又一體

王之道

雙調九十八字,前段十句五平韻,後段十一句五平韻。

翠竹扶疏,丹葵隱映,綠窗朱戶縈迴。簾卷蝦鬚,清風
●●○○句○○●●句●○○●○○韻○●○○句○○
時自南來。題興好客筵開。儼新妝、深出雲街。歌珠纍
○●○○韻○●●○○韻●○○讀○●○○韻○○
貫,一時傾坐,全勝腰雷。　金猊裊碧,玉兕浮紅,
●句●○○●句○●○○韻　○○●●句●●○○句
令傳三杏,情寄雙梅。樓頭漏促,籠紗暗落花煤。錦里
●○○●句○●○○韻○○●●句○○●●○○韻●●
遺音,憶當年、曾賦春臺。醉蓬萊。歸歟無寐,想餘韻
○○句●○○讀○●○○韻●○○韻○○○●句●○●
徘徊。
○○韻

此和張詞,惟後段第十句四字,結句五字異。

又一體

黃　裳

雙調九十七字,前段十句五平韻,後段十一句六平韻。

夏景舒長,麥天清潤,高低萬木成陰。曉意寒輕,一聲
●●○○句●○○●句○○●●○○韻●●○○句●○
未放蟬吟。但聞鶯友同音。譙華堂、綠水中心。芙蓉都
●●○○韻●○○●○○韻●○○讀●●○○韻○○○

没，紅妝信息，終待重尋。　清泠相照，邂逅俱歡，
●句○○●句○●○○韻　○○○●句●●○○句
翠娥簇擁，芳醖頻斟。笙歌引步，登臨更向遥岑。卧影
●○●●句○●○○韻●○●●句○○●●○○韻●●
沈沈。好風來、與客披襟。縱更深。洞府遲歸，紅燭
○○韻●○○讀●●○○韻●○○韻●●○○句○●
如林。
○○韻

　　此詞後段第七句押韻，第十句四字，凡調名《夏初臨》者俱如此填。按：劉涇、洪咨夔、曹冠詞與此句讀如一，惟前段第九句、後段第十句平仄稍異。

　　此調前段第九句以上，後段第十句以上，其可平可仄與張先詞同。

又一體

曹　冠

　　雙調九十七字，前段十句五平韻，後段十一句五平韻。

翠入煙嵐，緑鋪槐幄，薰風初扇微和。茂樾扶疏，絳榴
●●○○句●○○●句○○●●○○韻●●○○句●○
花映庭柯。瀑泉飛下層坡。問新篁、夾徑青莎。良辰佳
○●○韻●○○●○○韻●○○讀●●○○韻○○○
景，登臨雋遊，清興何多。　流觴高會，不減蘭亭，
●句○○●○句○●○○韻　○○○●句●●○○句
感懷書事，聊寄吟哦。升沈變化，任他造物如何。躡磴
●○○●句○●○○韻●○●●句●○●●○○韻●●

攀蘿。上冲霄、滿飲高歌。醉還醒，重宴畫樓，賞翫
○○韻●○○讀●●○○韻●○○句●●○句●●
金波。
○○韻

　　此與黃詞同，惟後段第九句不押韻異。按：燕喜詞別首"醉
揮毫，知音爲我，發興高歌"與此同。

逍遥樂一體

調見黃庭堅《琴趣外篇》，即賦本意。

逍遥樂

黄庭堅

雙調九十八字，前段十一句六仄韻，後段九句五仄韻。
春意漸歸芳草。故國佳人，千里信沈音杳。雨潤煙光，
○●○○●韻●●○○句●●○○●韻●●○○句
晚景澄明，極目危闌斜照。夢當年少。對尊前、上客鄒
●●○○句●●○○○●韻○○●韻●○○讀●●○
枚，小鬟燕趙。共舞雪歌塵，醉裏談笑。　　花色枝
○句●○●韻●●●○○句●●○●韻　　○●○
枝爭好。鬢絲年年漸老。如今遇風景，空瘦損，向誰
○○●韻●○○○●韻○○●○●句○●●句●○
道。東君幸賜與，天幕翠遮紅繞。休休醉鄉岐路，華胥
●韻○○●●●句○●●○○●韻○○●○●●句○○

蓬島。
○●韻

此調祇此一詞，無別首可校。

八節長歡二體

調見《東堂詞》。

八節長歡

毛滂

雙調九十八字，前段九句五平韻，後段八句五平韻。

名滿人間。記黃金殿，舊試清閒。才高鸚鵡賦，風凜惠
⊙●○○韻●●●句●●○○韻○⊙●句○●●
文冠。波濤何處試蛟鰐，到白頭、猶守溪山。且做龔黃
○○韻○⊙●●○●句⊙●○讀⊙○○韻●●○○
樣度，留與人看。　桃蹊柳曲陰圓。離唱斷、旌旗却
●●句⊙●○○韻　○○●●○○韻⊙●●讀○○●
卷春還。襦袴寄餘溫，雙石畔、惟聞吏膽長寒。詩翁
●○○韻●●●○○句○●●讀⊙○⊙●○○韻○○
去，誰細遶、屈曲闌干。從今後、南來幽夢，應隨月度
●句⊙●●讀●●○○韻⊙○●讀○○⊙●句⊙○●●
雲端。
○○韻

此詞平仄參下毛詞別首，惟前段第八句句法不同，因不參校。

又一體

毛 滂

雙調九十九字,前段九句五平韻,後段八句五平韻。

澤國秋深。繡楹天近,坐久魂清。溪山繞尊酒,雲霧浥
●●○○韻●○○●句●●○○韻○○●●○句○●●
衣襟。餘霞孤雁送鄉愁,寄寒閨、一點離心。杜陵老、
○○韻○○●●●○句●○○讀●●○○韻●○●讀
兩峰秀處,短髮疏巾。　佳人爲折寒英。羅袖濕、真
●○●●句●●○○韻　○○●●○○韻●●讀○
珠露冷鈿金。幽艷爲誰妍,東籬下、却教醉倒淵明。君
○●●●○韻○●●○○句○○●讀●○●●○○韻○
但飲,莫覷他、落日蕪城。從教夜、龍山明月,端的更
●●句●●○讀●●○○韻○○●讀○○○●句○●●
解留人。
●○○韻

此與前詞同,惟前段第八句添一字異。

憶東坡一體

調見《相山居士詞》,蓋憶東坡作也,即以題爲調名。

憶東坡

王之道

雙調九十八字，前後段各九句四仄韻。

雪霽柳舒容，日薄梅搖影。新歲換符來天上，初見頒
●●●○○句●●○○●韻○●●○○●句○●○
桃梗。試問我酬君唱，何如博塞歡娛，百萬呼盧勝。投
○韻●●●○○●句○○●●○○句●●○●●韻○
珠報玉，須放騷人遣春興。　詩成談笑，寫出無窮
○●●句○●○○●●韻　○○●●句●●○○
景。不妨時作顛草，馳騁張芝聖。誰念杜陵野老，心同
●韻●○○●○●句○●○○●韻○●●○●●句○○
流水西東，與物初無競。公侯應有種哉，傾否由天命。
○●○○句●●○○●韻○○●●○○句○●○○●韻

此相山自度曲，無別首可校。

粉蝶兒慢一體

調見《片玉詞》。

粉蝶兒慢

周邦彥

雙調九十八字，前段九句四仄韻，後段九句六仄韻。

宿霧藏春，餘寒帶雨，占得群芳開晚。艷姿初弄秀，倚
●●○○句○○●●句●●○○●韻●○○●●句●
東風嬌懶。隔葉黃鸝傳好音，喚入深叢中探。數枝新，
○○○●韻●●●●●○句●●○○○●韻●○○句
比昨朝、又早紅稀香淺。　　　眷戀。重來倚檻。當韶
●●○讀●●○●○●韻　　●●韻○●●●韻○○
華、未可輕辜雙眼。賞心隨分樂，有清尊檀板。每歲嬉
○讀●●○○○●韻●○○●●句●○○●韻●●○
遊能幾日，莫使一聲歌欠。忍因循、一片花飛，又成
○○●●句●●●○○●韻●○○讀●●○○句●○
春減。
○●韻

　　汲古閣刻前段第四句脱一字，後結脱一字，今從《詞緯》本增入。

　　此調衹此一首，方千里、楊澤民、陳允平皆無和詞，故平仄無可校。

並蒂芙蓉一體

　　《能改齋漫錄》：「政和癸巳，大晟樂成，蔡京以晁端禮薦，詔乘驛赴闕。端禮至都，會禁中嘉蓮生，遂屬詞以進，名《並蒂芙蓉》。」

並蒂芙蓉

晁端禮

雙調九十八字,前後段各九句五仄韻。

太液波澄,向鑑中照影,芙蓉同蒂。千柄綠荷深,並丹
●●○○句●●●●句○○○●韻○●●○○句●○
臉爭媚。天心眷臨聖日,殿宇分明獻嘉瑞。弄香嗅蕊。
●○韻○○●●○○句●●○○●●韻●○●韻
願君王、壽與南山齊比。　池邊屢回翠輦,擁群仙醉
●○○讀●●○○●韻　○○●●○●句●○○●
賞,憑闌凝思。萼綠攬飛瓊,共波上游戲。西風又看露
●句○○○●韻●●●○○句●●●○●韻○○●●
下,更結雙雙新蓮子。鬭妝競美。問鴛鴦、向誰留意。
●句●●○○○●韻●●●●韻●○○讀●○○●韻

此調祇此一詞,無別首可校。

黃河清慢一體

《鐵圍山叢談》云:"宣和初,燕樂初成,八音告備。有曲名《黃河清》,音調極韶美,天下無問遐邇大小,皆爭唱之。"

黃河清慢

晁端禮

雙調九十八字,前段八句五仄韻,後段八句四仄韻。

晴景初升風細細。雲收天淡如洗。望外鳳凰城闕，葱
〇●〇〇●●韻〇〇〇●〇●韻●●·〇〇●句〇
葱佳氣。朝罷香煙滿袖，侍臣報、天顔有喜。夜來連得
〇〇●韻〇●●〇●●句●〇●讀〇〇●●韻●〇〇●
封章，奏大河、徹底清泚。　　君王壽與天齊，馨香
〇〇句●●〇讀●●〇●韻　　〇〇●●〇〇句●〇
動、上穹頻降祥瑞。大晟奏功，六樂初調角徵。合殿薰
●讀●〇〇●〇●韻●●●〇句●●〇〇●●韻●〇
風乍轉，萬花覆、千官盡醉。内家傳詔，重開宴、未央
〇●●句●〇●讀〇〇●●韻●〇〇●句〇〇●讀●〇
宮裏。
〇●韻

　　　此調衹此一詞，無別首可校。

春草碧一體

　　調見《大聲集》，自注中管高宫。按：《唐書·禮樂志》有中管之名，而不詳其義。至宋仁宗《樂髓新經》始云：大呂宫爲高宫，太簇宫爲中管高宫，蓋以太簇宫與大呂宫同字譜，故謂之中管也。俗譜以中管高爲調名者誤。
　　姜夔集有太簇宫《喜遷鶯》詞，自注俗呼中管高宫。

春草碧

万俟詠

雙調九十八字，前段十一句四仄韻，後段十二句五仄韻。

1195

又隨芳渚生，看翠連霽空，愁滿征路。東風裏，誰望斷
●○○●○句●●●●○句○●●●韻○○●句○●●
西塞，恨迷南浦。天涯地角，意不盡、消沈萬古。曾是
○●句●○○●韻○○●●句●●●讀○○●●韻○●
送別，長亭下，細綠暗煙雨。　　何處。亂紅鋪繡茵，
●●句○○●句●●●○●韻　　○●韻●○○●○句
有醉眠蕩子，拾翠遊女。王孫遠，柳外共殘照，斷雲無
●●○●●句●●○●韻○○●句●●●○●句●●○
語。池塘夢生，謝公後、還能繼否。獨上畫樓，春山
●韻○○●●句●○●讀○○●●韻●●●○句○○
暝，雁飛去。
●句●○●韻

此詞即咏春草，亦以題爲調名。宋詞僅見此首，無別首可校。

芰荷香二體

調見《大聲集》，金詞注雙調。

芰荷香

万俟咏

雙調九十八字，前段十句六平韻，後段十句五平韻。

小瀟湘。正天影倒碧，波面容光。水仙朝罷，間列綠蓋
●○○韻●○●●句●○○韻●○○●句●◐●
紅幢。風吹細雨，蕩十頃、浥浥清香。人在水晶中央。
○○韻●◐●●句●●●讀●●○○韻●◐●○○韻

霜綃霧縠，襟袂收涼。款放輕舟鬧紅裏，有蜻蜓點
⊖○●●句⊖●●○○韻⊖⊖○○●●句●⊖○⊖
水、交頸鴛鴦。翠陰密處，曾覓相並青房。晚霞散綺，
●句○●●○○韻⊖○●●句⊖⊖●●○○韻⊖○●●句
泛遠净、一葉鳴榔。擬去儘促雕觴。歌雲未斷，月上
●●●讀⊖●○○韻⊖●●●○○韻⊖○●●句●●
飛梁。
○○韻

　　宋人填此調者句讀悉同，惟換頭句或七字，或六字耳。此詞
換頭句七字，朱敦儒、曹勛、趙以夫詞俱如此填。按：曹詞前段第
五句"暑氣清度薰絃"，"清"字平聲。第六句"母儀萬國"，"母"字
仄聲。趙詞"懷沙人問"，"人"字平聲。趙詞第七句"二千年、猶
帶酸風"，"千"字平聲。朱詞第八句"六朝浪語繁華"，"六"字仄
聲，"朝"字平聲。曹詞"陰化從此俱宣"，"從"字平聲。曹詞第九
句"六宮內壼"，"六"字仄聲。趙詞第十句"雅調惺鬆"，"雅"字仄
聲。朱詞後段第一句"無奈尊前萬里客"，"無"字平聲，"里"字仄
聲。趙詞第四句"新歡往恨"，"新"字平聲。朱詞第五句"怕聽疊
鼓摻撾"，"疊"字仄聲。第六句"江浮醉眼"，"江"字平聲。趙詞
第七句"且留連、休要匆匆"，"留"字平聲。第八句"曲終淚濕琵
琶"，"終"字平聲。譜內可平可仄據此，餘參下詞。

又一體

趙彥端

雙調九十七字，前段十句六平韻，後段十句五平韻。
燕初歸。正春陰暗淡，客意淒迷。玉觴無味，晚花雨褪
●○○韻●○●●●句●●○○韻●○○句●○●●

凝脂。多情細柳，對沈腰、渾不勝衣。垂別忍見離披。
○○韻○○●●句●●○讀○●○○韻○○●●○○韻
江南陌上，強半紅飛。　　樂事從今一夢，縱錦囊空
○○●●句○●○○韻　　●●○○●句●○○
在，金椀誰揮。舞裙歌扇，故應閒鎖幽閨。練江詩就，
●句○●○○韻●○●●句●○○●○○韻●○○●句
算檥舟、寧不相思。腸斷莫訴離杯。青雲路穩，白首
●●○讀○●○○韻○●●●○韻○○●●句●●
心期。
○○韻

　　　　此詞換頭句減一字，與万俟詞異。

繡停鍼一體

　　　　調見《放翁詞》。

繡停鍼

　　　　　　　　　　　　　　　　　陸　游
　　　　雙調九十八字，前段十句五仄韻，後段十句六仄韻。
歎半紀，跨萬里秦吳，頓覺衰謝。回首鴛行，英俊並
●●●句●●○○句●●○●韻○●○○句○●●
遊，咫尺玉堂金馬。氣凌嵩華。負壯略、縱橫王霸。夢
○句●●●○○韻●○○○韻●●●讀○○○韻●
經洛浦梁園，覺來淚流如瀉。　　山林定去也。却自恐
○●●○○句●○●○○●韻　　○○●●韻●●

説著，少年時話。静院焚香，閒倚素屏，今古總成虚
●●句●○○韻●●○○句○●●○句○●●○○
假。趁時婚嫁。幸自有、湖邊茅舍。燕歸應笑，客中又
●韻●○○韻●●●讀○○○●韻●○○●句●○●
還過社。
○●●韻

宋人無填此詞者，惟元《鳴鶴餘音》有于真人詞一首，因詞甚
鄙俚，難以入譜參校，注明不録。

揚州慢三體

宋姜夔自度中呂宫曲。

揚州慢

姜　夔

雙調九十八字，前段十句四平韻，後段九句四平韻。
淮左名都，竹西佳處，解鞍少駐初程。過春風十里，盡
◐●○○句●○◐●句●○◐●○○韻●○○●句●
薺麥青青。自戎馬、窺江去後，廢池喬木，猶厭言兵。
●○○韻●◐●讀○○●●句◐○○●句○●○○韻
漸黄昏、清角吹寒，都在空城。　　杜郎俊賞，算如
●○○讀◐●○○句◐●○○韻　　◐○●●句●○
今、重到須驚。縱豆蔻詞工，青樓夢好，難賦深情。二
○讀◐●○○韻●●●○○句○○●●句◐●○○韻●

十四橋仍在，波心蕩、冷月無聲。念橋邊紅藥，年年知
●○○●句○○●讀●●○○韻●●○○●句●○○
爲誰生。
●○○韻

　　　此調創自姜夔，應以此詞爲正體，趙以夫、李萊老詞俱如此
填。若吳元可、鄭覺齋詞之句讀小異，乃變格也。
　　　按：李詞前段第三句"土花池冷無人"，"池"字平聲。第五句
"傳暮革金城"，"傳"字平聲。第八句"肯墮珠塵"，"肯"字仄聲。
第九句"歎而今、杜郎還見"，"郎"字平聲，"見"字仄聲。後段第
四句"綠屛夢杳"，"綠"字仄聲。譜內可平可仄據此，餘參吳、鄭
二詞。
　　　此詞前段第四、五句例作上一下四句法，如趙詞"看冰花翦
水，擁砌玉成毯"，李詞"聽吹簫月底，傳暮革金城"，皆然。

又一體

吳元可

雙調九十八字，前段十句四平韻，後段九句四平韻。
露葉猶青，巖花初動，幽幽未似秋陰。似梅風、帶潦
●●○○句○○●●句○○●●○○韻●○○讀●●
暑，吹度長林。記當日、西廊共月，小屛輕扇，人語涼
●句○●○○韻●○●讀○○●●句●●○○句○○
深。對清觴、醉笑醒顰，何似如今。　　臨風欲賦，甚
○韻●○○讀●●○○句○●○○韻　　○○●●句●
年來、漸減狂心。爲誰倚多才，難憑易感，早付銷沈。
○○讀●●○○韻●○●○○句○○●●句●●○○韻

解事張郎風致，鱸魚好、歸聽吳音。又夜闌聞笛，故人
●●○○●句○○●讀○●○○韻●●○○●句●○
忽到幽襟。
●●○韻

　　此與姜詞同，惟前段第四、五句作六字一句、四字一句異。

又一體

鄭覺齋

　　雙調九十八字，前段十句四平韻，後段九句四平韻。
弄玉輕盈，飛瓊淡泞，襪塵步下迷樓。試新妝纔了，炷
●●○○句○○●●句●○●○○韻●○○●句●
沈水香毬。記曉翦、春冰馳送，金屏露濕，緹綺新流。
○●○韻●●讀○○●●句○○●●句○●○○韻
甚中天月色，被風吹夢南州。　尊前相見，似羞人、
●○○●●句●○○●○韻　○○●●句●○○讀
蹤跡萍浮。問弄雪飄枝，無雙亭上，何日重遊。我欲腰
○○○韻●●●○○句○○●句○●○○韻●●○
纏騎鶴，煙霄遠、舊事悠悠。但憑闌無語，煙花三月
○●句○○●讀●●○○韻●○○●句○○○●
春愁。
○○韻

　　此與姜詞同，惟前結作五字一句、六字一句異。按：詹正詞前結"付瀟湘漁笛，吟殘今古消沈"，正與此同。

舞楊花一體

宋張端義《貴耳集》云："慈寧殿賞牡丹，時椒房受册，三殿極歡。上洞達音律，自製曲，賜名《舞楊花》。停觴命小臣賦詞，俾貴人歌以侑玉卮爲壽，左右皆呼萬歲。"按：此詞載康與之《樂府》，或與之應制擬作也。

舞楊花

康與之

雙調九十八字，前段八句五平韻，後段九句五平韻。

牡丹半坼初經雨，雕檻翠幕朝陽。困倚東風，羞謝了
●○●●○○●　句○●●●○○韻●●○○句○●●
群芳。洗煙凝露向清曉，步瑶臺、月底霓裳。輕笑淡拂
○○韻●○○●●○句●○○讀●●○○韻○●●●
宮黃，淺擬飛燕新妝。　楊柳啼鴉晝永，正秋千庭
○○韻●●○●○○韻　　○●○○●●句●○○○
館，風絮池塘。三十六宮，簪艷粉濃香。慈寧玉殿慶
●句○●○○韻●●●○句●●●○○韻○○●●●
清賞，占東君、誰比君王。良夜萬燭熒煌。影裏留住
○●句●○○讀○●○○韻○●●●○○韻●●○●
年光。
○○韻

此調止有此詞，無別首可校。

前段第四句、後段第五句作上一下四句法，前段第五句、後段

第六句第五字必用仄聲字,方成拗體,填者辨之。

雙雙燕二體

調見《梅溪集》,詞詠雙燕,即以爲名。

雙雙燕

史達祖

雙調九十八字,前段九句五仄韻,後段十句七仄韻。

過春社了,度簾幕中間,去年塵冷。差池欲住,試入舊
●○●●句●○●○○句●○○●韻○○●●句●●●
巢相並。還相雕梁藻井。又軟語、商量不定。飄然快拂
○○韻○●○●●○韻●●讀○○●●韻○○●●
花梢,翠尾分開紅影。　　芳徑。芹泥雨潤。愛貼地爭
○○句●●○○●韻　　○●韻○○●●韻●●●○
飛,競誇輕俊。紅樓歸晚,看足柳昏花暝。應是棲香
○句●○○●韻●○○●句●●●○○●韻●●○○
正穩。便忘了、天涯芳信。愁損翠黛雙蛾,日日畫闌
●●韻●●●讀○○○●韻○●●●●○句●●●○
獨憑。
●●韻

　　此詞平仄參下吳詞,惟前段第二句、後段第三句句法參差,因不校注。

又一體

吳文英

雙調九十八字,前段九句四仄韻,後段十句七仄韻。

小桃謝後,雙雙燕,飛來幾家庭户。輕煙曉暝,湘水暮
●○●●句○○●句○○●○○●韻○○●●句○●●
雲遥度。簾外餘香未卷,共斜入、紅樓深處。相將占得
○○●韻○●●○●●句●○●讀○○○●韻○○●●
雕梁,似約韶光留住。　　堪舉。翩翩翠羽。楊柳岸,
○○句●●○○○●韻　　○●韻○○●●韻○●●句
泥香半和梅雨。落花風軟,戲逐亂紅飛舞。多少呢喃
○○●○●●韻●○○●句●●●○○●韻○●○○
意緒。盡日向、流鶯分訴。還憐又過短墻,誰會萬千
●●韻●●●讀○○○●韻○○●●●○句○●●○
言語。
○●韻

此與史詞同,惟前段第二句三字,第三句六字,後段第三句三字,第四句六字異。

孤鸞四體

調見朱敦儒《太平樵唱》。

孤鸞

朱敦儒

雙調九十八字，前後段各九句五仄韻。

天然標格。是小萼堆紅，芳姿凝白。淡佇新妝，淺點壽
○○●韻●●○○句○○●韻●●○○句●●●
陽宮額。東君想留厚意，借年年、與傳消息。昨日前村
○○●韻○○●●●●句●○○讀●○○●韻●●○○
雪裏，有一枝先坼。　念故人、何處水雲隔。縱驛使
●●句●●○○●韻　●●○讀●●○○●韻●●●
相逢，難寄春色。試問丹青手，是怎生描得。曉來一
○○句●●○○●韻●●○○●句●●○○●韻●○●
番雨過，更那堪、數聲羌笛。歸來和羹未晚，勸行人
○●●句●○○讀●○○●韻●○●●●句●○○
休摘。
○●韻

此調始見《太平樵唱》，故首編此詞，而以馬詞、趙詞、張詞類列。

此詞前後段結句例作上一下四句法，填者辨之。

按：張榘詞前段第一句"塞鴻來早"，"塞"字仄聲。第五句"一點陽和先到"，"陽"字平聲。後段第一句"算巡簷、索共梅花笑"，"索"字仄聲。第二句"是千古風流"，"千"字平聲。譜內可平可仄據此，餘參後諸詞。

又一體

馬莊父

雙調九十八字,前後段各九句五仄韻。

沙堤香軟。正宿雨初收,落梅飄滿。可奈東風,暗逐馬
○○○●韻●●●○○句●○○●韻●●○○句●●●
蹄輕卷。湖波又還漲綠,粉牆陰、日融煙暖。驀地刺桐
○○●韻○○●●●○句●○○讀●○○●韻●●●○
枝上,有一聲春喚。　任酒帘、飛動畫樓晚。便指數
○●句●●○○●韻　●●○讀●●●○●韻●●●
燒鐙,時節非遠。陌上叫聲,好是賣花行院。玉梅對
○○句○●○●韻●●●○句●●●○○●韻●○●
妝雪柳,鬧蛾兒、象生嬌顫。歸去爭先戴取,倚寶釵
○●●句●○○讀●○○●韻●●○○●●句●●○
雙燕。
○●韻

此與朱詞同,惟前後段第四句四字,第五句五字異。

又一體

趙以夫

雙調九十八字,前後段各九句五仄韻。

江頭春早。問江上寒梅,占春多少。自照疏星冷,祇許
○○○●韻●○●○○句●○○●韻●●○○●句●●
春風到。幽香不知甚處,但迢迢、滿河煙草。回首誰家
○○●韻○○●●●○句●○○讀●○○●韻○●○○

竹外，有一枝斜好。　計當年、曾共花前笑。念玉
●●句●●○○●韻　　●○○讀○●○○●韻●●
襟期，有誰知道。喚起羅浮夢，正參橫月小。淒涼更
○○句●○○●韻●○○●句●○●●韻○○●
吹塞管，漫相思、鬢邊驚老。待覓西湖半曲，待霜天
●●句●○○讀●○○●韻●●○○●●句●○○
清曉。
○●韻

此即馬詞體，惟前後段第四、五句俱作五字兩句異。

又一體

張　榘

雙調九十八字，前段九句五仄韻，後段十句五仄韻。

荊溪清曉。問昨夜南枝，幾分春到。一點幽芳，不待隴
○○○●韻●●●○○句●○○●韻●●○○句●●○
頭音耗。亭亭水邊月下，勝人間、等閒花草。此際風流
○○●韻○○●○●●句●○○讀●○○●韻●●○○
誰似，有孅窩詩老。　且向虛檐，淡然索笑。任雪壓
○●句●●○○●韻　　●●○○句●○●●韻●●
霜欺，精神越好。最喜庭除下，映紫蘭嬌小。孤山好
○○句○○●●韻●●○○●句●●○○●韻○○●
尋舊約，況和羹、用功宜早。移傍玉階深處，趁天香
○●●句●○○讀●○○●韻●●●○○●句●○○
繚繞。
○●韻

此即朱詞體,惟換頭作四字兩句異。

雲仙引一體

馮偉壽自度曲,原注夾鍾商。

雲仙引

馮偉壽

雙調九十八字,前段十句四平韻,後段十一句五平韻。

紫鳳臺旁,紅鸞鏡裹,酣酣幾度秋馨。黃金重,綠雲
●●○○句○○●●句○○●●○○韻○○●句●○
輕。丹砂鬢邊滴粟,翠葉玲瓏煙翦成。含笑出簾,月香
○韻○○○●●句●●○○○●○韻○●●○句●○
滿袖,天霧縈身。　年時花下逢迎。有遊女、翩翩如
●●句○●○○韻　○○○●○○韻●○●讀○○
五雲。亂擲芳英,為簪斜朶,事事關心。長向金風,一
●○韻●●○○句●○●●句●●○○韻●●○○句●
枝在手,嗅蕊悲歌雙黛顰。繞林溪樹,對初弦月,露下
○●●句●●○○●●○韻●○○●句●○○●句●●
更深。
○○韻

此調衹有此詞,無別首可校。

玲瓏玉一體

調見鳳林書院元詞，姚雲文自度曲。

玲瓏玉

姚雲文

雙調九十八字，前段九句五平韻，後段十句四平韻。

開歲春遲，早贏得、一白蕭蕭。風窗淅蔌，夢驚鴛帳春
○●○○句●○●讀●●○○韻○○●句●○○●○
嬌。是處貂裘透暖，任尊前回舞，紅倦柔腰。今朝。虧
○韻●●○○●句●○○●句●○○韻○韻○
陶家、茶鼎寂寥。　　料得東皇戲劇，怕蛾兒街柳，先
○○讀○●●韻　　●●○○●●句●○○●○句○
鬭元宵。宇宙低迷，倩誰分、淺凸深凹。休嗟空花無
●○○韻●●○○句○○讀●●○○韻○○●○
據，便真箇、瓊雕玉琢，總是虛飄。且沈醉，趁樓頭、
●句●○○讀○○●●句●●○○韻●○●句●○○讀
零片未消。
○●●○韻

此調衹有此詞，無別首可校。
一本於"且沈醉"上多疊"虛飄"二字，今從鳳林書院詞訂正。

陌上花一體

《東坡詞話》:"錢塘人好唱《陌上花》、《緩緩曲》,蓋吳越王遺事也。"調名取此。

陌上花

張翥

雙調九十八字,前後段各八句四仄韻。

關山夢裏歸來,還又歲華催晚。馬影雞聲,諳盡倦遊
○○●●○○句○●●○○●韻●●○○句○●●○
荒館。綠箋密寄多情事,一看一回腸斷。待殷勤、寄與
○●韻●●●●○○●句●●●○○●韻●○○讀●●
舊遊鶯燕,水流雲散。　滿羅衫、是酒痕凝處,唾碧
●○○○句●○○●韻　●○○讀●●○○●句●●
啼紅相半。只恐梅花,瘦倚夜寒誰暖。不成便没相
○○○●韻●●○○句●●●○○●韻●○●●○
逢日,重整釵鸞箏雁。但何郎、縱有春風詞筆,高懷
○●句○●○○○●韻●○○讀●●○○○●句○○
渾懶。
○●韻

此調祇此一詞,無別首可校。

福壽千春一體

調見《花草粹編》。

福壽千春

盧　摯

雙調九十八字，前段十句五仄韻，後段十一句五仄韻。

柳暗三眠，蕚翻七荚。稟昂蕭生時叶。信道鳳毛池上
●●○○句○○●●韻●●○○●韻●●○○●
種，却勝河東鶯鷟。篤志典墳經旨，素得歐陽學。妙文
種句●●○○●●韻●●○○○句●●○○●韻●○
章，赴飛黃，姓名即登雁塔。　要成發軔勳業。便先
○句●○○句●●●○●●韻　●○●●○●韻●○
教濟川，整頓舟楫。兆朕於今，須從此超遷，榮膺異
○●○句●●○●韻○○○句○●●○○句○○●
渥。他日趣裝事，待還鄉歡洽。頌椒觴，祝遐算，壽同
●韻○●●○●句●○○○●韻●○○句●○●句●○
龜鶴。
○●韻

此調祇此一詞，無別首可校。
前段第三句"稟昂蕭生"，蓋用蕭何稟昂星之精，坊本以"蕭"字爲"肅"者誤。

夏日燕嚳堂二體

調見《樂府雅詞》。

夏日燕嚳堂

《樂府雅詞》無名氏

雙調九十八字，前後段各十句五平韻。

日初長。正園林換葉，瓜李飄香。簾外雨過，送一霎微
●〇〇韻●⊖〇●●句⊖●〇〇韻〇●●●句●●〇
涼。萍蕪逕曲凝珠顆，襯沙汀、細簇蜂房。被晚風輕
〇韻〇〇●●〇●●句〇〇讀●●〇〇韻●●〇〇
颭，圓荷翻水，潑覺鴛鴦。　　此景最難忘。稱芳尊泛
●句〇〇●●句●●〇〇韻　　●●●〇韻〇〇〇
蟻，筠簟鋪湘。蘭舟棹穩，倚何處垂楊。豈能文字成狂
●句〇●〇〇韻〇〇●●句●⊖●〇〇韻●〇〇●〇〇
飲，更紅裙、閒也何妨。任醉歸明月，蝦鬚簾卷，幾綫
●句●〇〇讀〇●〇〇韻●●〇〇●句〇〇〇●句●●
餘霜。
〇〇韻

此詞平仄參下趙詞。

1212

又一體

趙必瑑

雙調九十九字，前後段各十句五平韻。

赤城中。奏鶴笙一曲，玉佩丁東。蒲節後七日，宴翠閬
●○○韻●●○●●句●○○韻○●●●句●●●
瓊宮。年年王母來稱壽，醉蟠桃、幾度東風。簇花間五
○○韻○○●●●句●○讀●●○○韻●○○
馬，輕裘短帽，霜鬢吟翁。　魁宿耀三雍。曾歸車共
●句○○●●句○●○○韻　●●●○○韻○○●
載，非虎非熊。急流勇退，淵底臥驪龍。山中不用官三
●句○●○○韻●○●●句●●●○○韻○○●○
品，墊角巾、人慕林宗。記亳州舊事，畫鴟夷子，獻與
●句●●○讀○●○○韻●●●●句●○○●句●●
茶公。
○○韻

此與無名氏詞同，惟前段第四句添一字異。

水晶簾一體

調見《翰墨全書》。

水晶簾

《翰墨全書》無名氏

雙調九十八字，前後段各十句五仄韻。

誰道秋期遠。計句浹、雙星相見。雨足西簾，正玉井蓮
〇●〇〇韻●〇●讀〇〇●韻●●〇〇句●●〇
開，几筵初展。塵尾呼風祛暑净，那更著、綸巾羽扇。
〇句●〇〇韻●●〇〇〇●●句●●讀〇〇●●韻
殢清歌，不計杯行，任深任淺。　湖邊小池苑。漸苔
●〇〇句●●〇〇句●〇●韻　〇〇●〇●韻●〇
痕草色，青青如染。瓣橘中荷屋，晚方自占。蝸角虚名
〇●●句〇〇〇●韻●●〇〇句●〇●韻〇●〇〇
身外事，付骰子、紛紛戲選。喜時平，公道開明，話頭
〇●●句●●●讀〇〇●●韻●〇〇句〇〇〇〇句●〇
正轉。
●●韻

此調衹此一詞，無別首可校。

三部樂四體

調見《東坡詞》。按：《唐書·禮樂志》："明皇分樂爲二部：堂下立奏，謂之立部伎；堂上坐奏，謂之坐部伎。又酷愛法曲，選坐部伎子弟三百，教於梨園，爲法曲部。"三部之名，疑出於此。

三部樂

蘇　軾

雙調九十九字，前段十句五仄韻，後段九句六仄韻。

美人如月。乍見掩暮雲，更增妍絕。算應無恨，安用陰
●〇〇●韻●●●●〇句●〇〇●韻●〇〇●句〇●〇
晴圓缺。嬌羞甚、空只成愁，待下牀又懶，未語先咽。
〇〇●韻〇〇●讀〇●〇〇句●●〇〇●句●●〇●韻
數日不來，落盡一庭紅葉。　今朝猛起置酒，問爲誰
●●●〇句●●●〇●韻　〇〇●●●●句●●〇
減動，一分香雪。何事散花却病，維摩無疾。却低眉、
●●句●〇〇●韻〇●●〇●●句〇〇〇●韻●〇〇讀
慘然不答。唱金縷、一聲怨切。堪折便折。且惜取、少
●〇●●韻〇〇●讀●〇●●韻〇●●●韻●●●讀●
年花發。
〇〇●韻

此詞前段起句、後段第八句俱用韻，宋人無如此填者。故譜
內可平可仄，詳注周詞之下，以有方、楊和詞及陳亮、吳文英兩詞
可校也。

又一體

周邦彥

雙調九十九字，前段十句四仄韻，後段九句五仄韻。

浮玉飛瓊，向邃館静軒，倍增清絕。夜窗垂練，何用交
〇●〇〇句●◐●◐〇句●〇〇●韻◐〇〇●句◐●〇

1215

光明月。近聞道、官閣多梅,趁暗香未遠,凍蕊初發。
○○●韻●○●讀○●○○句●●○●●句●●○●韻
倩誰折取,寄贈情人桃葉。　回文近傳錦字,道爲君
●○●●句●●○○●韻　●○●●●句●○○
瘦損,是人都説。祇如染紅著手,膠梳黏髮。轉思量、
●●句●○○●韻●○●●○●句○○○●韻●○○讀
鎮長墮睫。都只爲、情深意切。欲報信息,無一句、堪
●○●●韻●●●讀○○●●韻●●●●句○●●讀
喻愁結。
●○●韻

　　此詞前段起句、後段第八句俱不用韻,宋人俱如此填。
　　按:陳亮詞前段第二句"但三滿三平",兩"三"字俱平聲。第
四句"人中龍虎","人"字平聲。第六句"只合是、端坐王朝",
"合"字仄聲。結句"聊過舊家宮室","聊"字平聲。後段第二句
"把征衫著上","征"字平聲。譜內可平可仄據此,餘參蘇、方、吳
三詞。

又一體

方千里

　　雙調九十九字,前段十句四仄韻,後段九句五仄韻。
簾卷窗明,聽杜宇乍啼,漏聲初絶。亂雲收盡,天際留
○○○○句●●●●○句●○○●韻●○○●句○●○
殘月。奈相送、行客將歸,悵去程漸促,霽色催發。斷
○●韻●○●讀○●○○句●●○●●句●●○●韻●
魂別浦,自上孤舟如葉。　悠悠音信易隔,縱怨懷恨
○●●句●●○○○●韻　○○○●●●句●●○●

語，到見時難説。堪嗟水流急景，霜飛華髮。想家山、
●句●●○○●韻○○●○●●句○○○●韻●○○讀
路窮望睫。空倚杖、魂親夢切。不似嫩朶，猶能替、離
●○○●韻○●讀○●●●韻●●●●句○○●讀○
緒千結。
●○●韻

此和周邦彦詞，惟前段第五句減一字，後段第三句添一字異。
按：楊澤民詞前段第五句"正是蕤賓月"，後段第二、三句"試尋雙
寄意，向麗人低説"，與此同。

又一體

吴文英

雙調九十九字，前段十句四仄韻，後段九句五仄韻。

江鵶初飛，蕩萬里素雲，霽空如沐。詠情吟思，不在秦
○●○○句●●●○句●○○●韻●○○●句●●○
筝金屋。夜潮上、明月蘆花，傍釣蓑夢遠，句清敲玉。
○○●韻●●讀○●○○句●○●●句○○●韻
翠罌汲曉，欸乃一聲秋曲。　　片篷障雨乘風，半竿渭
●○●●句●●●○●韻　　●○●●○○句●○●
水，伴鷺汀幽宿。那知暖袍挾錦，低簾籠燭。鼓春波、
●句●●○○●韻○○●●●●句○○○●韻●○○讀
載花萬斛。帆鬖轉、銀河可掬。風定浪息，蒼茫外、天
●○○●韻●○●讀○○●●韻●●●●句○○●讀○
浸寒緑。
●○●韻

此與周詞同，惟前段第二句四字，第三句五字異。

夢揚州一體

宋秦觀自製詞，取詞中結句爲名。

夢揚州

秦　觀

雙調九十九字，前後段各十句五平韻。

晚雲收。正柳塘花塢，煙雨初休。燕子未歸，惻惻輕寒
●○○韻●●○○●句○●○○韻●●●○句●●○○
如秋。小闌干外東風軟，透繡幃、陰密香稠。江南遠，
○○韻●○○●●○○句●●○讀○●○○韻○○●句
人今何處，鷓鴣啼破春愁。　　長記曾陪燕遊。酬妙舞
○○○●句○○○●○○韻　　●●○○●○韻○●●
清歌，麗錦纏頭。殢酒困花，十載因誰淹留。醉鞭拂面
○○句●●○○韻●●●○句●●○○○○韻●○●●
歸來晚，望翠樓、簾卷金鉤。佳會阻，離情正亂，頻夢
○○●句●●○讀○●○○韻●●●句○○●●句○●
揚州。
○○韻

此調衹此一詞，無別首可校。
汲古閣本起、結皆有脫誤，今依《詞緯》訂正。

1218

詞譜卷二十七

聲聲慢十四體

蔣氏《九宮譜》注仙呂調。晁補之詞名《勝勝慢》。吳文英詞有"人在小樓"句，名《人在樓上》。

此調有平韻、仄韻兩體，平韻者以晁補之、吳文英、王沂孫詞爲正體，仄韻者以高觀國詞爲正體。

聲聲慢

晁補之

雙調九十九字，前段九句四平韻，後段八句四平韻。

朱門深掩，擺蕩春風，無情鎭欲輕飛。斷腸如雪撩
◐○●●句●●○○句○○●●○○韻●○○●○
亂，去點人衣。朝來半和細雨，向誰家、東館西池。算
●句●●○○韻○○●●●●句●○○讀●●○○韻●
未肯、似桃含紅蕊，留待郎歸。　　還記章臺往事，別
●●讀●○○○●句○●○○韻　　○●○○●●句●
後縱、青青似舊時垂。灞岸行人多少，競折柔枝。而今
●●讀○○●●○○韻●●○○○●句●●○○韻○○
恨啼露葉，鎭香街、拋擲因誰。又爭可、妬郎誇春草，
●○●●句●○○讀○●○○韻●○●讀●○○○●句
步步相隨。
●●○○韻

此調采平韻詞八首,以晁、吴、王三詞爲正體,賀詞以下,皆變體也。

此詞前後段結皆七字一句、四字一句①,周密"瓊壺敲月"詞與此同。譜内可平可仄,悉參所采平韻七詞句法同者。

又一體

賀　鑄

雙調九十七字,前段十句四平韻,後段九句四平韻。

園林幕翠,燕寢凝香,華池繚繞飛廊。坐按吴娃清
〇〇●●句●●〇〇句〇〇●●〇〇韻●●〇〇
麗,楚調圓長。歌闌横流美盻,乍疑生、綺席輝光。文
●句●●〇〇韻〇〇〇●●●句●〇〇讀●●〇〇韻〇
園屬意,玉卮交勸,寶瑟高張。　南薰難消幽恨,金
〇●●句●〇〇句●●〇〇韻　〇〇〇〇●句〇
徽上、殷勤彩鳳求凰。便許卷收行雨,不戀高唐。東山
〇●讀〇〇●●〇〇韻●●●〇〇●句●●〇〇韻〇〇
勝遊在眼,待紉蘭擷菊相將。雙棲安穩,五雲溪,是
●●●句●〇〇●●〇〇韻〇〇〇●句●〇〇句●
故鄉。
●〇韻

此即晁詞體,惟前結四字三句,後結四字一句、三字兩句異。曹組"重檐飛峻"詞與此同。

---

① 本詞前後結據實當爲皆八字一句、四字一句。

又一體

曹勛

雙調九十七字,前後段各十句四平韻。

素商吹景,西真賦巧,桂子秋借蟾光。層層翠葆,深隱
●○○●句○○●●句●○○●○○韻○○●●句○
幽艷清香。占得秀巖分種,天教微露染嬌黃。珍庭曉,
○●○○韻●●●○○●句○○○●●●○○韻○○●句
透肌破鼻,細細芬芳。　應是月中倒影,喜餘葉婆
●○●●句●●○○韻　○●●○●●句●●●○
娑,灝色迎涼。移根上苑,雅稱曲檻回廊。趁取蕊珠密
○句●●○○韻○○●●句●●●●○○韻●●●○●
綴,與收花霧著宮裳。簾櫳静,好圍四坐,對賞瑤觴。
●句●○○●●○○韻○○●句●○●●句●●○○韻

此亦晁詞體,惟前段第四、五句作六字一句、四字一句,第七句句法不折腰,前後段第八句俱減一字作三字一句、四字一句,後段第二、三句作五字一句、四字一句異。

又一體

吳文英

雙調九十七字,前段十句四平韻,後段八句四平韻。

檀欒金碧,婀娜蓬萊,遊雲不蘸芳洲。露柳霜蓮,十分
○○○●句●●○○句○○●●○○韻●●○○句●●
點綴殘秋。新彎畫眉未穩,似含羞、低度墻頭。愁送
●●○○韻○○●●●●句●○○讀○●○○韻○●

遠,駐西臺車馬,共惜臨流。知道池亭多宴,掩庭
●句●○○●句●●○○韻　○●○○●句●○
花、長是驚落秦謳。膩粉闌干,猶聞憑袖香留。輸他翠
○讀○●●○○韻●●○○句○○●●○○韻○○●
漣拍甃,瞰新妝、終日凝眸。簾半卷,帶黃花、人在
○●●句○○讀●●○○韻●●句●○○讀○●
小樓。
●○韻

此亦晁詞體,惟後段第七句減五字,第八句添三字異。宋辛棄疾、趙長卿、周密、王沂孫,元伊濟翁,及《梅苑》二詞,俱如此填。

又一體

王沂孫

雙調九十七字,前段十句四平韻,後段九句四平韻。
啼螿門靜,落葉階深,秋聲又入吾廬。一枕新凉,西窗
○○●句●●○○句○○●●○○韻●●○○句○○
晚雨疏疏。舊香舊色換却,但滿川、殘柳荒浦。茂陵
●●○○韻●○○●●句●○○讀○●○○韻●○
遠,任歲華荏苒,老盡相如。昨夜西風初起,想蓴
●句●●○●●句●●○○韻　●●○○●句●○
邊呼棹,橘後思書。短景淒然,殘歌空扣銅壺。當時送
○○●句●●○○韻●●○○句○○●●○○韻○○●
行共約,雁歸時、人賦歸與。雁歸也,問人歸、如雁
○●句●○○讀○●○○韻●○●句●○○讀○●
歸無。
○○韻

1222

此即吳文英詞體,惟後段第二句五字,第三句四字,仍照晁詞體異。宋元人如此填者甚多。

又一體

周　密

雙調九十八字,前段十句四平韻,後段九句四平韻。

妝額黃輕,舞衣紅淺,西風又到人間。小雨新霜,萍池
○●○○句●○○●句○○●●○○韻●●○○句○○
蘚徑生寒。輸他漢宮姊妹,粲星鈿、露佩珊珊。凉意
●●○○韻○○●●○●句●○○讀●●○○韻○●
早,正金盤露潔,翠蓋香殘。　　三十六宮秋色好,看
句●○○●●句●●○○韻　　○●●○○●●句●
扶疏仙影,伴月長閒。寶絡風流,何如細蕊堪餐。幽香
○○●句●●○○韻●●○○句○○●●○○韻○○
未應便減,傲清霜、正是宜看。吟思遠,負東籬、還賦
●○●●句●○○讀●●○○韻○●●句●○○讀○●
小山。
●○韻

此與吳文英詞同,惟換頭句添一字,第二、三句照王詞體異。

又一體

石孝友

雙調九十六字,前段九句四平韻,後段八句四平韻。

花前月下,好景良辰,厮守日許多時。正美之間,何事
○○●●句●●○○句●●●●○○韻●●○○句○●

便有輕離。無端珠淚暗蔌，染征衫、點點紅滋。最苦
●●○○韻○○○●●句●○○讀●●○○韻●●
是、殷勤密約，做就相思。　咿啞櫓聲離岸，魂斷
●讀○○●●句●●○○韻　○○●●○○句○●
處、高城隱隱天涯。萬水千山，一去定失花期。東君鬬
●讀○○●●○○韻●●○○句●●●○○韻○○●
來無賴，散春紅、點破梅枝，病成也，到而今、著箇
○○●句●○○讀●●○○韻●○●句●○○讀●●
甚醫。
●○韻

此與吳文英詞同，惟前段第八句減一字異。

又一體

元好問

雙調九十六字，前後段各九句四平韻。

林間雞犬，江上村墟，扁舟處處經過。袖裏新詩，買斷
○○●●句○●○○句●●●●○○韻●●○○句●●
古木滄波。山中一花一草，也留教、老子婆娑。任人
●●○○韻○○●●●●句●○○讀●●○○韻●○
笑、風雲氣少，兒女情多。　不待求田問舍，被朝吟
●讀○○●●句○○○○韻　●●○○●●句●○○
暮醉，慣得嗟跎。百尺高樓，更問平地如何。朝來斜
●●句●●○○韻●●○○句●●○●○○韻○○○
風細雨，喜紅塵、不到漁蓑。一尊酒，喚元龍、來聽
○●●句●○○讀●●○○韻●○●句●○○讀○●

浩歌。
●○韻

此即石孝友詞體，惟後段第二句五字，第三句四字異。

又一體

高觀國

雙調九十七字，前段十句四仄韻，後段八句四仄韻。

壺天不夜，寶炬生香，光風蕩搖金碧。月灧水痕，花外
○○●●句●●○○句○○●●○●韻●●●○句●●
峭寒無力。歌傳翠簾盡卷，誤驚回、瑤臺仙跡。禁漏
●○○●韻○○●●●●句●○○讀○○○●韻●●
促，拌千金一刻，未酬佳夕。　卷地香塵不斷，最得
●句●○○●●句●○○●韻　●●○○●●句●●
意、輸他五陵狂客。楚柳吳梅，無限眼邊春色。鮫綃暗
●讀○○●○○●韻●●○○句○●●○○●韻○○●
中寄與，待重尋、行雲消息。乍醉醒，怕南樓、吹斷
○●●句●○○讀○○●●韻●●●句●○○讀●●
曉笛。
●●韻

此調采仄韻詞六首，以此詞爲正體，劉涇、李演、蔡松年詞俱照此填，陳詞以下皆變體也。

按：李詞前段第二句"柔展煙堤"，"柔"字平聲。第三句"六年遺賞新續"，"六"字仄聲，"遺"字平聲。第五句"惟有寒沙鷗熟"，"寒"字平聲。蔡詞"憶得伴人良夕"，"憶"字仄聲。劉詞第七句"露荷翻、千點珠滴"，"點"字仄聲。蔡詞第八句"梨花淚"，"梨花"二字俱平聲。李詞結句"暮山自綠"，"自"字仄聲。後段

1225

第三句"漁歌樵曲","漁"字平聲。劉詞第五句"朋儕閒歌白雪","閒"字平聲。譜內可平可仄據此,餘參趙、陳、李三詞。

譜內所采李詞前段第六句"盞"字仄聲,查宋詞此字從無用仄者。又李詞後段第四句"得"字入聲,何詞後段第五句"十"字入聲,是以入作平,概不注可仄。

又一體

趙長卿

雙調九十九字,前後段各十句四仄韻。

金風玉露,綠橘黃橙,商秋爽氣飄逸。南斗騰光,應是
○○●●句●●○○句○○●●○●韻○●○○句○●
間生賢出。照人紫芝眉宇,更仙風、誰能儔匹。細屈
●○○●韻●○●○○●句●○○讀○○○●韻●●
指,到小春時候,恰則三日。　莫論早年富貴,也休
●句●●○○句●●○●韻　●●●○●●句●○
問文章,有如椽筆。堯舜逢君,啟沃定知多術。而今且
●○○句●○○●韻○●○○句●●●○○●韻○○●
張錦幄,麝煤泛、暖香鬱鬱。華堂裏,聽瑤琴輕弄,水
○●●句●○●讀●○○●韻○○●句●○○●●句●
仙新律。
○○●韻

此與高詞同,惟後結添二字異。

又一體

陳合

雙調九十七字,前段十句四仄韻,後段八句五仄韻。

澄空初霽,暑退銀塘,冰壺雁程寂寞。天闕清芬,何事
○○○●句●●○○句●○●●○●韻○●○○句○●
早飄巖壑。花神更裁麗質,漲江波、一匳梳掠。凉影
●○●●韻○○●●○●句●○○讀●○○●韻○●
裏,算素娥仙隊,似曾相約。　　閒把雨花商略。開時
●句●●○○句●○○●韻　　○●●○○●韻○○
候、羞趁觀桃階藥。綠幕黃簾,好頓膽瓶兒著。年年粟
●讀○●●○○●韻●●○○句●●○○○●韻○○●
金萬斛,拒嚴霜、錦絲圍幄。秋富貴,又何妨、與民
○●●句●○○讀●○○●韻○●●句●○○讀●○
同樂。
○●韻

此與高詞同,惟換頭句押韻異。

又一體

張翥

雙調九十七字,前段十句五仄韻,後段八句五仄韻。

西風墜綠。喚起春嬌,嫣然困倚修竹。落帽人來,花艷
○○●●韻●●○○句○○●●○●韻●●○○句○●
乍驚郎目。相思尚帶舊恨,甚淒涼、未忺妝束。吟鬢
●○○●韻○○●●●●句●○○讀●○○●韻○●

底、俾寒香一朶、並簪黃菊。却待金盤華屋。園林
●句●○○●句●○○●韻　●●○○●韻○○
靜、多情怎禁幽獨。蛺蝶應愁，明日落紅難觸。那堪雁
●讀○○●○●韻●●○○句○●●○○●韻○○
霜漸重，怕黃昏、欲睡未足。翠袖冷，且莫辭、花下
○●●句○○讀●●●●韻●●●句●○○讀○●
秉燭。
●●韻

此亦與高詞同，惟前後段兩起句俱用韻異。

又一體

李清照

雙調九十七字，前段九句五仄韻，後段八句五仄韻。

尋尋覓覓。冷冷清清，悽悽慘慘戚戚。乍暖還寒，時候
○○●●韻●●○○句○○●●●●韻●●○○句○
正難將息。三杯兩盞淡酒，怎敵他、晚來風急。雁過
●○○●韻○○●●●●句●●○讀●○○●韻●●
也，正傷心、却是舊時相識。　滿地黃花堆積。憔悴
●句●○○讀●●●○○●韻　●●○○○●韻○●
損、如今有誰忺摘。守著窗兒，獨自怎生得黑。梧桐更
●讀○○●○●●韻●●○○句●●●○●●韻○○●
兼細雨，到黃昏、點點滴滴。這次第，怎一箇、愁字
○●●句●○○讀●●●●韻●●句●●●讀○●
了得。
●●韻

此詞前後段起句亦皆用韻，其前結三字一句、九字一句，又與張詞不同。

又一體

何夢桂

雙調九十五字，前段九句五仄韻，後段八句五仄韻。

人間六月。好是王母瑤池，吹下冰雪。一片清涼，仙界
○○●●韻●●○○○句○●○●韻●●○○句○●
蕊宮珠闕。金猊水沈未冷，看瑤階、九開蕢莢。尚記
●○○●韻○●●○●●句●○○讀●○○●韻●●
得，那年時、手種蟠桃千葉。　庭下阿兄癡絕。爭戲
●句●○○讀●●○○●韻　○●○○●●韻○●
舞、綠袍環玦。笑捧金卮，滿砌蘭芽初茁。七十古來稀
●讀●○○●韻●●○○句●●○○○●韻●●●○○
有，且高歌、萬事休說。天未老，尚看他、兒輩事業。
●句●○○讀●●●●韻○●●句●○○讀○●●●韻

此即李詞體，惟前段第二句六字，第三句四字，後段第二、三句減二字異。

紫玉簫一體

《宋史・樂志》歇指調。

紫玉簫

晁補之

雙調九十九字,前段十一句四平韻,後段十句四平韻。

羅綺圍中,笙歌叢裏,眼狂初認輕盈。無花解比,似一
○●○○句○○○●句●○○●○○韻○○●●句●●
鈎新月,雲際初生。算不虛得,郎占與、第一佳名。輕
○○●句○●●○韻●●○●句○●●讀●●○○韻○
歸去,那知有人,別後牽情。　襄王自是春夢,休漫
○●句○○●●句●●○○韻　○○●●○●句○●
説東墻,事更難憑。誰教慕宋,要題詩、曾倚寶柱低
●○○句●●○○韻○○●●句●○○讀○●●●○
聲。似瑤臺曉,空暗想、衆裏飛瓊。餘香冷,猶在小
○韻●○○●句○●●讀●●○○韻○○●句○●●
窗,一到魂驚。
○句●●○○韻

此調衹此一詞,無別首可校。

無悶一體

調見《書舟詞》,汲古閣本刻《閨怨無悶》者誤。

無悶

程垓

雙調九十九字,前段九句五仄韻,後段十句七仄韻。

天與多才,不合更與,殢柳憐花情分。算總爲才情,惱
○●○○句●●●●句●●○○●韻●●●○○句●
人方寸。早是春殘花褪。也不料、一春都成病。自失
○○●韻●●○○●●韻●●●讀○○○○●韻●●
笑、因甚腰圍半減,淚珠頻搵。　難省。也怨天,也
●讀○●○○●●句●○○韻　○●韻●●○句●
自恨。怎免千般思忖。倩人說與,又却不忍。拌了一生
●●韻●●○○○●韻●●●●句●●●●韻○●●○
愁悶。又只恐、愁多無人問。到這裏、天也憐人,看他
○●韻●●●讀○○○●●韻●●●讀○●○○句●○
穩也不穩。
●●●●韻

《詞律》以此詞與《催雪》類編。按:《催雪》前結四字三句,已自不同,後段句讀押韻,尤爲迥別,特爲分列。

宋人袛此一詞,無別首可校。

月下笛五體

調始周邦彥《片玉詞》,因詞有"涼蟾瑩徹"及"靜倚官橋吹笛"句,取以爲名。

月下笛

周邦彥

雙調九十九字,前段十句五仄韻,後段十句四仄韻。

小雨收塵,涼蟾瑩徹,水光浮碧。誰知怨抑。静倚官橋
●●○○句○○●句○○●韻○○●韻●●○○
吹笛。映宮墻、風葉亂飛,品高調側人未識。想開元舊
○●韻●○○讀●●○句●○○●●○●韻●○○
譜,柯亭遺韻,盡傳胸臆。　闌干空四繞,聽折柳徘
●句○○○●句●○○●韻　○○○●●句●●○○
徊,數聲終拍。寒鐙陋館,最感平陽孤客。夜沈沈、雁
○句●○○●韻○○●●句●●○○○●韻●○○讀●
啼正哀,片雲盡卷清漏滴。黯凝魂,但覺龍吟,萬壑天
○●○句●○●●○●●韻●○○句●●○○句●●○
籟息。
●●韻

此詞前段第四句押韻,後段第四句不押韻,前後段第六句七字折腰,第七句七字不折腰,後結三字一句、四字一句、五字一句。宋人無如此填者,故以張炎詞作譜。

又一體

張　炎

雙調九十九字,前段十句五仄韻,後段十一句七仄韻。

千里行秋,支筇背錦,頓懷清友。殊鄉聚首。愛吟猶自
⊖●○○句⊖○●●句●○○●韻○○●●韻●○○●

詩瘦。山人不解思猨鶴。笑問我、韋孃在否。記長堤畫
○●韻　○●●○○●句●●讀○○●●韻●○○
舫，花柔春鬧，幾番携手。　　別後。都依舊。但靖節
●句○○●●句●●●韻　　●●韻○○●韻●●●
門前，近來無柳。盟鷗尚有。可憐西塞漁叟。斷腸不恨
○○句●●○●韻○○●●韻○●○○○●韻●○●
江南老，恨落葉、飄零最久。倦游處，減羈愁，猶未消
○○●句●●●讀○○●●韻●○●句●○○句○●●
磨是酒。
○●●韻

　　此詞換頭句藏短韻，前後段第四句俱押韻，第七句俱七字不
折腰，第八句俱七字折腰，後結三字兩句、六字一句。宋元人俱如
此填，爲此調正體。

　　按：陶宗儀詞前段第六、七句"阿誰底事頻橫笛，不道是、江
南搖落"，"阿"字仄聲，"搖"字平聲。後段第七、八句"有時巧綴
雙蛾綠，天做就、宮妝綽約"，"天"字平聲。譜內可平可仄據此，
餘參所采諸詞。

又一體

張　炎

雙調一百字，前段十句五仄韻，後段十一句七仄韻。

萬里孤雲，清遊漸遠，故人何處。寒窗夢裏。曾記經行
●●○○句○○●●句●○○●韻○○●●韻○●○○
舊時路。連昌約略無多柳，第一是、難聽夜雨。漫驚回
●○●韻○○●●○○●句●●●讀○○●●韻●○○

凄悄，相看燭影，擁衾誰語。　　張緒。歸何暮。伴零
○●句○○●●句●○○●韻　　○●韻○○●韻●○
落依依，短橋鷗鷺。天涯倦旅。此時心事良苦。只愁重
●○○句●○○●韻○○●●韻●○○●●●韻●○○
灑西州淚，問杜曲、人家在否。恐翠袖，正天寒，猶倚
●○○●句●●●讀○○●●韻●●●句●○○句○●
梅花那樹。
○○●●韻

　　此與"千里行秋"詞同，惟前段第五句添一字異。

又一體

曾允元

　　雙調九十九字，前段十句五仄韻，後段十一句六仄韻。

吹老楊花，浮萍點點，一溪春色。閒尋舊迹。認溪
○●○○句○○●●句●○○●韻○○●●韻●○
頭、浣紗磧。柔條折盡成輕別，向空外、瑤簪一擲。算
○讀●○●韻○○●●○○●句●○●讀○○●●韻●
無情更苦，鶯巢暗葉，啼破幽寂。　　凝立。闌干側。
○○●●句○○●●句○●●韻　　○●韻○○●韻
記露飲東園，聯鑣西陌。容銷鬢減，相逢應是難識。東
●●●○○句○○●●韻○○●●句○○●●○●韻○
風吹得愁如海，漫點染、空階自碧。獨歸晚，解説心中
○○●●○○●句●●●讀○○●●韻●○●句●●○○
事，月下短笛。
●句●●●韻

此亦"千里行秋"詞體，惟前段第五句六字折腰，後段第四句不押韻，結處三字一句、五字一句、四字一句異。

又一體

彭元遜

雙調九十七字，前段十句五仄韻，後段十句四仄韻。

江上行人，竹間茅屋，下臨深窈。春風裊裊。翠鬟窺樹
○●○○句●○○句●○○韻○○●韻●○○●
猶小。遙吟近倚歸還顧，分付橫枝未了。扁舟却去，中
○●韻○○●●○○句●●○○●韻○○●●句○
流回首，驚散飛鳥。　　重蹋新亭屐齒，耿山抱孤城，
○○●句○●○●韻　　●●○○●句●○●○○句
月來華表。雞聲人語，隔江相伴歌笑。壯遊歷歷同高
●○○●韻○○○●句●○○●○●韻●○●●○○
李，未擬詩成草草。長橋外，有醒人吹笛，併在霜曉。
●句●●○○●●韻○○●句●○○●●句●●○●韻

此與曾詞同，惟前段第八句減一字，換頭句添一字，前後段第七句各減一字異。

玲瓏四犯七體

此調創自周邦彥《清真集》，方千里、楊澤民、陳允平俱有和詞。姜夔又有自度黃鍾商曲，與周詞句讀迥別，因詞名同，故亦類列。

玲瓏四犯

周邦彥

雙調九十九字,前後段各九句五仄韻。

穠李夭桃,是舊日潘郎,親試春艷。自別河陽,長負露
房煙臉。憔悴鬢點吳霜,細念想、夢魂飛亂。歎畫闌玉
砌都換。纔始有緣重見。　夜深偷展香羅薦。暗窗
前、醉眠葱蒨。浮花浪蕊都相識,誰更曾擡眼。休問舊
色舊香,但認取、芳心一點。又片時一陣,風雨惡,吹
分散。

　　此詞前段第八句押韻,結處五字一句、三字兩句,方、楊、陳和詞皆然,爲此調正體。若曹、史、高、張、周諸詞,或添字,或減字,皆變體也。

　　前段第八句方詞"悵平生把鑑驚換","平"字平聲。結句史詞"不離淡煙衰草","離"字平聲。其餘參下所采五詞。

又一體

曹邍

雙調一百一字,前段九句四仄韻,後段九句五仄韻。

一架幽芳，自過了梅花，猶占清絕。露葉檀心，香滿萬
●●○○句●○●○○句○●○●韻●●○○句○●●
條晴雪。肌素净洗鉛華，似弄玉、乍離瑤闕。看翠虬白
○○●韻●●●●○○句●●●讀●○●●韻●●●
鳳飛舞，不管暮煙啼鴂。　　酒中風格天然別。記唐
●○●句●●●○○●韻　　●○○●○○●韻●○
宮、賜尊芳冽。玉蕤喚得餘春住，猶醉迷飛蝶。天氣乍
○讀●○○●韻●○●●○○●句○●○○●韻○●●
雨乍晴，長是伴、牡丹時節。夜散瓊樓宴，金鋪深掩，
●●○句○●●讀●○○●韻●●○○●句○○○●句
一庭春月。
●○○●韻

此與周詞同，惟前段第八句不押韻，後結添二字作五字一句、
四字兩句異。

又一體

史達祖

雙調一百一字，前段九句四仄韻，後段八句四仄韻。

雨入愁邊，翠樹晚無人，風葉如翦。竹尾通凉，却怕小
●●○○句●●●○○句●●○●韻●●○○句●●●
簾低卷。孤坐便怯詩慳，念俊賞、舊曾題遍。更暗塵、
○○●韻○●●●○○句●●●讀●○○●韻●●○讀
偷鎖鶯影，心事屢羞團扇。　　賣花門館生秋草，悵弓
○●○●句○●●○○●韻　　●○○●○○●句●○
彎、幾時重見。前歡盡屬風流夢，天共朱樓遠。聞道秀
○讀●○○●韻○○●●○○●句○●○○●韻○●●

骨病多，難自任、從來恩怨。料也和、前度金籠鸚鵡，
●●○句○●●讀○○○●韻●●○讀○●○○○●句
説人情淺。
●○○●韻

此亦與周詞同，惟前段第八句、後段起句俱不押韻，後結添二字作九字一句、四字一句異。按：史詞別首後結"待雁來、先寄新詞歸去，且教知道"，正與此同，或點五字一句、四字兩句者誤。

又一體

高觀國

雙調一百字，前段九句四仄韻，後段八句四仄韻。

水外輕陰，做弄得飛雲，吹斷晴絮。駐馬橋西，還繫舊
●●○○句●●●○○句○●○●韻●●○○句○●●
時芳樹。不見翠陌尋春，問著小桃無語。恨燕鶯、不識
○○●韻●●●○○句●●●○○●韻●●○讀●●
閒情，却隔亂紅飛去。　少年曾失春風意，到如今、
○○句●●●○●韻　　●○●●○○●句●○○讀
怨恨難訴。魂驚冉冉江南遠，煙草愁如許。此意待寫
●●●韻○○●●○○●句○●○○●韻●●●●
翠箋，奈斷腸、都無新句。問甚時、舞鳳歌鸞，花裏再
●○句●●○讀○○○●韻●●○讀●●○○句○●●
看仙侶。
○○●韻

此即史詞體，惟前段第七句減一字，後結作七字一句、六字一句異。

又一體

張　炎

雙調一百字，前後段各九句五仄韻。

流水人家，乍過了斜陽，一片蒼樹。怕聽秋聲，却是舊
○●○○句●●●○○句●●○●韻●●○○句●●●
愁來處。因甚尚客殊鄉，自笑我、被誰留住。問種桃、
○○●韻○●●●○○句●●●讀●○○●韻●●○讀
莫是前度。不擬桃花輕誤。　　少年未識相思苦。最難
●●○●韻●●○○○●韻　　●○●●○○●韻●○
禁、此時情緒。行雲暗與風流散，方信別淚如雨。何況
○讀●○○●韻○○●●○○●句○●●●○●韻○
帳空夜鶴，怎奈向、如今歸去。更可憐閒裏，白了頭，
●○●●句●●●讀○○○●韻●●○○●句●●○句
還知否。
○○●韻

此亦與周詞同，惟後段第四句添一字作六字句異。

又一體

周　密

雙調九十九字，前段九句四仄韻，後段九句五仄韻。

波暖塵香，正嫩日輕陰，搖蕩清晝。幾日新晴，初展綺
○●○○句●●●○○句○●○●韻●●○○句○●●
窗紋繡。年少忍負才華，儘占斷、艷歌芳酒。奈翠簾、
○○●韻○●●●○○句●●讀●○○●韻●●○讀

蝶舞蜂喧，催趁禁煙時候。　杏腮紅透梅鈿皺。燕歸
●●○○句○●●○○●韻　●○○●○●韻●○
時、海棠厮勾。尋芳較晚東風約，還約劉郎歸後。憑問
○讀●○○●韻○○●●○○●句●○○○●韻○●
柳陌情人，比似垂楊誰瘦。倚畫闌無語，春恨遠，頻
●●○○句●●○○○●韻●●○○句○●●句○
回首。
○●韻

　　　此與張詞同，惟前段第八句不押韻，後段第六句減一字異。

又一體

姜　夔

　　　雙調九十九字，前段十句五仄韻，後段九句六仄韻。
疊鼓夜寒，垂鐙春淺，匆匆時事如許。倦遊歡意少，俛
●●●○句○○○●句○○○●○●韻●○○●句●
仰悲今古。江淹又吟恨賦。記當時、送君南浦。萬里乾
●○●韻○○●○●韻●○○讀●○○●韻●●○
坤，百年身世，惟有此情苦。　揚州柳、垂官路。有
○句●○○●句○●●○●韻　○○讀○○●韻●
輕盈換馬，端正窺戶。酒醒明月下，夢逐潮聲去。文章
○○●●句○●○●韻●●○●●句●●○○●韻○○
信美知何用，漫贏得、天涯羈旅。教說與。春來要、尋
●●○○●句●●●讀○○●●韻●●●韻○○●讀○
花伴侶。
○●●韻

此姜夔自度曲，與周詞不同，宋人亦無依此填者。

丁香結一體

調見《清真集》。古詩有"丁香結恨新"，調名本此。

丁香結

周邦彥

雙調九十九字，前段九句五仄韻，後段十句五仄韻。

蒼蘚延階，冷螢粘屋，庭樹望秋先隕。漸雨淒風迅。澹
○●○○句●○○●句○●●○○韻●●○○韻●
暮色、倍覺園林清潤。漢姬紈扇在，重吟玩、棄擲未
●●讀●●○○○●韻●○●●句○○讀●●
忍。登山臨水，此恨自古消磨不盡。　牽引。記醉酒
●韻○○○●句●●●●○○●韻　○●韻●●●
歸時，對月同看雁陣。寶幄香纓，熏鑪象尺，夜寒鐙
○○句●●○○●韻●●○○句○○●●句●○○
暈。誰念留滯故國，舊事勞方寸。惟丹青相伴，那更塵
●韻○●○●●●句●●○○●韻○○○○●句●●○
昏蠹損。
○●●韻

此調祇有此體，吳文英及方千里、楊澤民、陳允平和詞俱如此填。按：方詞前段第三句"爲誰翠消紅隕"，"爲"字仄聲，"誰"字平聲。吳詞第七句"故園夢裏"，"園"字平聲。陳詞後段第三句"幾度柳圍花陣"，"柳"字仄聲，"花"字平聲。吳詞第九句"懷春

情不斷","不"字仄聲。陳詞"念纖腰柔弱","念"字仄聲。結句吳詞"猶帶相思舊字","猶"字平聲。譜內可平可仄據此。

此調前結作四字一句、八字一句。若方詞之"青青榆莢滿地，縱買春光難盡"，陳詞之"蓮塘風露漸入，粉艷紅衣落盡"，句法又與此異，注明不錄。

瑣窗寒五體

一名《鎖寒窗》，調見《片玉集》，蓋寒食詞也。因詞有"靜鎖一庭愁雨"，及"故人翦燭西窗語"句，取以爲名。

瑣窗寒

周邦彥

雙調九十九字，前段十句四仄韻，後段十句六仄韻。

暗柳啼鴉，單衣竚立，小簾朱戶。桐花半畝，靜鎖一庭
●●〇〇句〇〇●●句●〇〇●韻〇〇●●句●●〇〇
愁雨。灑空階、更闌未休，故人翦燭西窗語。似楚江暝
〇●韻●〇〇讀●〇●●句●●〇〇〇〇●韻●●〇〇
宿，風鐙零亂，少年羈旅。　　遲暮。嬉遊處。正店舍
●句〇〇〇●句●〇〇●韻　　〇●韻〇〇●韻●●●
無煙，禁城百五。旗亭喚酒，付與高陽儔侶。想東園、
〇〇句●〇●●韻〇〇●●句●●〇〇〇●韻●〇〇讀
桃李自春，小脣秀靨今在否。到歸時、定有殘英，待客
〇●●〇句●〇●●〇●●韻●〇〇讀●●〇〇句●●

攜尊俎。
○◐●韻

　　此調以此詞及張詞爲正體，若張詞別首及楊詞之添字，程詞之減字，皆變體也。

　　此詞前結五字一句、四字兩句，方千里、楊澤民、陳允平和詞及吳文英、王沂孫、錢抱素詞皆依此填。

　　按：蕭允之詞前段第七句"香消艷歇無音耗"，"香"字平聲。王沂孫詞第八、九、十句"奈柳邊占得，一庭新暝，又還留住"，"一"字仄聲。陳詞"歎十年南北，西湖倦客，曲江行旅"，"南"字平聲。陳詞後段第七、八句"念舊遊、九陌香塵，倡條冶葉還在否"，"九"字仄聲，"香"字平聲。譜內可平可仄據此，餘參所采諸詞。

　　陳詞後段起句"日暮花深處"，"日"字入聲。第五、六句"攜尊共約，詩酒雲朋月侶"，"月"字入聲。此以入作平，不注可仄。蕭詞後段第七句"倚闌干、斜陽又西"，"陽"字平聲。此偶誤，亦不必從。

又一體

張　炎

雙調九十九字，前段九句四仄韻，後段十句六仄韻。

亂雨敲春，深煙帶晚，水窗慵憑。空簾慢卷，數日更無
●●○○句○○●●句●○○●韻○○●●句●●○○
花影。怕依然、舊時歸燕，定應未識江南冷。最憐他、
○●韻●○○讀●○○●句●●●●○○●韻●○○讀
樹底嫣紅，不語背人吹盡。　　清潤。通幽徑。待移鐙
●●○○句●●●○○●韻　　○●韻○○●韻●○○

䔲韭，試香溫鼎。分明醉裏，過了幾番風信。想竹間、
●●句●○○●韻○○●●句●●●○○●韻●●○讀
高閣半開，小車未來猶自等。傍新晴、隔柳呼船。待教
○●●○句●●○○○●●句●○○讀●●○○句●○
潮信穩。
○●●韻

此與周詞同，惟前結作七字一句、六字一句異。按：楊澤民詞前結"似向人、欲說離愁，因念未歸行旅"，蕭允之詞前結"悵佳人、有約難來，綠遍滿庭芳草"，正與此同。

又一體

楊无咎

雙調一百字，前段九句四仄韻，後段十句七仄韻。

柳暗藏鴉，花深見蝶，物華如繡。情多思遠，又是一番
●●○○句○○●●句●○○韻○○●●句●●●○
清瘦。憶前回、庭樹未春，箇人預約同攜手。恨遲留、
○●韻●○○讀○●●句●○●●○○●韻●○○讀
載酒期程，辜負踏青時候。　搔首。雙眉暗鬭。況無
●●○○句○●●○○●韻　○●韻○○●●韻●○
似今年，一春晴晝。風僝雨僽。直得恁時迤逗。想閒
●○○句●○○●韻○●●韻●●●○●●韻●○
窗、鍼綫倦拈，寂寞細撚酴醾嗅。待還家、定是冤人，
○讀●●●○句●●●●○○●韻●○○讀●●○○句
淚粉零襟袖。
●●○●韻

此與周詞同,惟後段起句添一字,第四句多押一韻異。

汲古閣刻換頭句作"忽雙眉暗鬪",脫"搔首"二字,多一"忽"字。第六句"直得迤逗",脫"恁時"二字。今依《詞緯》校正。

後段第五句,"儴"字仄聲,恐是誤用,不注入譜。

又一體

張　炎

雙調一百字,前段十句五仄韻,後段十句七仄韻。

斷碧分山,空簾剩月,故人天外。香留酒殢。蝴蝶一生
●●○○句○○●●句●○○●韻○○●●韻○●●○
花裏,想如今、醉魂未醒,夜臺夢語秋聲碎。自中仙去
○●韻●○○讀●○●●句●○●●○○●韻●○○●
後,詞箋賦筆,便無清致。　都是。淒涼意。悵玉笛
●句○○●●句●○○●韻　○●韻○○●韻●●●
埋雲,錦袍歸水。形容憔悴。料應也、孤吟山鬼。那知
○○句●○○●韻○○●●韻●○●讀○○○●韻●○
人、彈折素絃,黃金鑄出相思淚。但柳枝、門掩枯陰,
○讀●●●○句●○●●○○●韻●●○讀●●○○句
候蛩啼暗葦。
●○○●●韻

此與周詞同,惟前段第四句、後段第五句多押一韻,第六句添一字作上三下四句法異。

又一體

程　先

雙調九十八字，前段十句四仄韻，後段九句五仄韻。

雨洗紅塵，雲迷翠麓，小車難去。淒凉感慨，未有今年
●●○○句○●●●句○○○●韻○○●●句●●○○
春暮。想曲江、水邊麗人，影沈香歇誰爲主。但兔葵燕
○●韻●●○讀●○○●句●○○●○●韻●●●○
麥，風前搖蕩，徑花成土。　空被多情苦。慶會難
●句○○○●句●○○●韻　○●○○●韻●●○
逢，少年幾許。紛紛沸鼎，負了青陽凡五。待何時、重
○句●○●●韻○○●●句●●○○○●韻●○○讀○
享太平，典衣貰酒相爾汝。算蘭亭、有此歡娛，又却悲
●●○句●○●●○●●韻●○○讀●●○○句●●○
今古。
○●韻

此亦周詞體，惟換頭句不藏短韻，第二句減一字異。

大有一體

調見《片玉集》。

大有

潘希白

雙調九十九字,前段八句四仄韻,後段十句五仄韻。

戲馬臺前,采花籬下,問歲華、還是重九。恰歸來、南
●●○○句●○○●句◐●○讀○●●●韻●○○讀○
山翠色依舊。簾櫳昨夜聽風雨,都不是、登臨時候。一
○◐●●韻○○●●●○句◐●●讀◐○○●韻●
片宋玉情懷,十分衛郎清瘦。　　紅萸佩,空對酒。砧
●●●○○句●○◐○◐●韻　　○○●句○●●韻◐
杵動微寒,暗欺羅袖。秋色無多,早是敗荷衰柳。強整
●●○○句●○○●韻○●○○句●●●○○●韻◐●
帽簷欹側,曾經向、天涯搔首。幾回憶、故國蓴鱸,霜
●○○●句○○●讀○○○●韻●○●讀●●○○句○
前雁後。
○●●韻

　　此調始自周邦彥詞,其後段第七句押韻,因詞欠雅馴,故采此
詞作譜。按:周詞前段第三句"見傍人、驚怪消瘦","傍"字平聲。
第五句"都緣薄倖賦情淺","賦"字仄聲。第六句"許多時、不成
歡偶","許"字仄聲,"多時"二字俱平聲,"不"字仄聲。前結"何
須負這心口","何"字平聲,"這"字仄聲。後段第三句"斷了更思
量","斷"字仄聲。第四句"沒心永守","永"字仄聲。譜內可平
可仄據此。

燕山亭一體

"燕"或作"宴",然與山亭宴無涉。

燕山亭

曾覿

雙調九十九字,前段十一句五仄韻,後段十句五仄韻。

河漢風清,庭户夜凉,皓月澄秋時候。冰鑑乍開,跨海
⊙●○○句⊙◐●●句●○○○●韻○●●○句●●
飛來,光掩滿天星斗。四卷珠簾,漸移影、寶階鴛甃。
○○句●●●○○●韻●●○○句●●讀●○○●韻
還又。看歲歲嬋娟,向人依舊。　　朱邸高宴簪纓,正
○●韻●●●○○句●○⊙●韻　　○●○○⊙○句●
歌吹瑤臺,舞翻宮袖。銀管競酬,棣萼相輝,風流古來
○●⊙○句●○○●韻⊙●●○句●●○○句○○●○
誰有。玉笛橫空,更聽徹、霓裳三奏。難偶。拌醉倒、
○●韻●●○○句●○●讀⊙○○●韻○●韻●●●讀
參橫曉漏。
○○◐●韻

此調衹此一體,有宋徽宗、毛幵、王之道、張雨諸詞可校。

前段起句,毛詞"暖靄輝遲","暖"字仄聲。第二句,張詞"蝟肌粟聚","蝟"字、"聚"字俱仄聲,"肌"字平聲。第三句,毛詞"簾外春風徐轉","簾"字平聲。第六句,毛詞"亭亭萬枝開遍",下"亭"字平聲。張詞"脉脉紅泉流齒",上"脉"字仄聲,"紅"字平

聲。第七句，王詞"嬌軟醶釅"，"嬌"字平聲。第八句，毛詞"猶記有、畫圖曾見"，"猶"字平聲，"記"字仄聲。張詞"笑尚帶、儒酸風味"，"儒"字平聲。第十句，王詞"對佳時媚景"，"佳時"二字俱平聲，"媚景"二字俱仄聲。第十一句，毛詞"弄妝日晚"，"日"字仄聲。後段起句，王詞"曾約小桃春宴"，"小"字、"宴"字俱仄聲，"桃"字平聲。張詞"君家幾度尊前"，"家"字平聲。第二句，王詞"有蜂媒蝶使"，"媒"字平聲，"蝶"字、"使"字俱仄聲。第三句，毛詞"貪新雙燕"，"貪"字平聲。第四句，宋徽宗詞"地遠天遙"，"地"字仄聲，"天"字平聲。第五句，王詞"東坡蘇老"，"東坡"二字俱平聲，"老"字仄聲。第六句，王詞"道也道應難盡"，"道也"二字俱仄聲。第七、八句，毛詞"銀燭光中，且更待、夜深重看"，"銀"字平聲，"夜"字仄聲。張詞"珍果同時，惟醉寫、來禽青李"，"惟"字平聲。第十句，毛詞"愁酒醒、緋桃千片"，"千"字平聲。譜內可平可仄據此。

聒龍謠二體

調見朱敦儒《樵歌》詞，因詞有"聒龍嘯"句，取以爲名。

聒龍謠

朱敦儒

雙調九十九字，前後段各十句四仄韻。

肩拍洪崖，手攜子晉，夢裏暫辭塵宇。高步層霄，俯人
⊖●○○句⊖●●句●●○○●韻○●○○句●○
間如許。算蝸戰、多少功名，問蟻聚、幾回今古。度銀
○⊖●韻●句讀⊖●○○句●●讀●○○●韻●○

潢、展盡參旗，桂華淡，月飛去。　天風緊，玉樓
〇讀●●〇〇句●〇●句●〇●韻　⊖〇●句●〇
斜，舞萬女霓袖，光搖金縷。明廷燕閬，倚青冥回顧。
〇句●⊖⊖●●句〇〇〇●韻〇〇●●句●〇〇●韻
過瑤池、重惜雙成，就楚岫、更邀巫女。轉雲車、指點
●●⊖讀⊖●〇〇句●⊖●讀●〇〇●韻●〇〇讀●●
虛無，引蓬萊路。
〇〇句●〇〇●韻

此詞前段第二句不用韻，宋徽宗、汪莘詞與此同。

按：徽宗詞前段第一、二句"紫閣岧嶤，紺宇邃深"，"紫"字、"宇"字俱仄聲，"深"字平聲。汪詞"夢下瑤臺，神飛閬苑"，"神"字平聲。第三句汪詞"自歎塵寰久客"，"塵"字平聲，"久"字仄聲。第五句"望皇居帝宅"，"帝"字仄聲。徽宗詞第七句"玳瑁筵、玉鉤雲卷"，"筵"字平聲。第八句"動深思、清籟蕭蕭"，"清"字平聲。汪詞結句"天垂晚，月生魄"，"天"字平聲。後段第一句"故人少"，"故"字仄聲。第三句"引壺觴自酌"，"壺觴"二字俱平聲，"自"字仄聲。第八句"遇鴻濛、頓超元默"，"鴻"字平聲。徽宗詞第九句"從宸遊、前後争趨"，"前"字平聲。譜內可平可仄據此，餘參下詞。

又一體

朱敦儒

雙調九十九字，前段十句五仄韻，後段十句四仄韻。

憑月携簫，溯空秉羽。夢踏絳綃仙去。花冷街榆，悄中
〇●〇〇句●〇●●韻●●●〇〇韻〇●〇〇句●〇

天風露,並真官、蕊佩芬芳,望帝所、紫雲容與。享鈞
〇〇●韻●〇〇讀●●〇〇句●●讀●〇〇●韻●〇
天、九奏傳觴,聆龍嘯,看鸞舞。　　驚塵世,悔平
〇讀●●〇〇句●〇●句●〇●韻　　〇〇●句●〇
生,歎萬感千恨,誰憐深素。群仙念我,好人間難住。
〇句●●●●句●〇●韻〇〇●●句●〇〇●韻
勸阿母、遍與金桃,教酒星、剩斟瓊醑。醉歸時、手授
●●●讀●●〇〇句〇●〇讀〇〇●韻●〇〇讀●●
丹經,指長生路。
〇〇句●〇〇●韻

此與前詞同,惟前起第二句用韻異。

金菊對芙蓉一體

蔣氏《九宮譜》中呂引子。

金菊對芙蓉

康與之

雙調九十九字,前段十句四平韻,後段十句五平韻。
梧葉飄黃,萬山空翠,斷霞流水爭輝。正金風西起,海
〇●〇〇句●〇〇●句●〇〇●〇〇韻●〇〇●句●
燕東歸。憑闌不見南來雁,望故人、消息遲遲。木犀開
●〇〇韻〇●〇●〇〇●句●〇〇讀●〇〇韻●〇〇
後,不應誤我,好景良時。　　只念獨守孤幃。把枕前
●句〇〇●●句●●〇〇韻　　●●●●〇〇韻●●〇

囑付，一旦分飛。上秦樓遊賞，酒殢花迷。誰知別後相
⊖●句●●○○韻●⊖○○●句●●○○韻⊖○●●○
思苦，悄爲伊、瘦損香肌。花前月下，黄昏院落，珠淚
○●句●●⊖讀●●○○韻●○⊖●句○○⊖●句⊖●
偷垂。
○○韻

　　此調衹此一體，宋詞俱如此填。
　　按：辛棄疾詞前段第一、二句"遠水生光，遥山聳翠"，"遠"
字、"聳"字俱仄聲，"遥"字平聲。第四句"正零瀼玉露"，"玉"字
仄聲。劉清夫詞第六句"素絃瑶軫調新韻"，"素"字仄聲，"瑶"字
平聲。蘇軾詞第七句"瀟灑處、旖旎非常"，"瀟"字平聲，"處"字、
"旖"字俱仄聲。辛詞第八句"重陽佳致"，"重"字平聲。劉詞第
九句"輕挑慢摘"，"輕"字平聲。馮取洽詞"滿懷冰雪"，"冰"字平
聲。馮詞第十句"雲海瀰茫"，"雲"字平聲。劉詞後段起句"泛商
刻羽無窮"，"商"字平聲。第二句"似和鳴鸞鳳"，"和"字、"鸞"字
俱平聲。辛詞"歎少年胸襟"，"襟"字平聲。馮詞第四、五句"聽
小樓哀管，偷弄初凉"，"小"字仄聲，"偷"字平聲。第六句"夜深
歡極忘歸去"，"夜"字仄聲，"歡"字平聲。辛詞第七句"座中擁、
紅粉嬌容"，"中"字、"紅"字俱平聲，"擁"字仄聲。馮詞第八句
"對花無語"，"對"字仄聲，"無"字平聲。劉詞第九句"琴心三
疊"，"三"字平聲。馮詞結句"不似張郎"，"不"字仄聲。譜内可
平可仄據此。

催雪一體

　　此調始自姜夔，本催雪詞也，即以爲名，吳文英、王沂孫俱有

此調詞。與《無悶》調不同,《詞律》類列者誤。

催雪

姜夔

雙調九十九字,前段十句四仄韻,後段九句六仄韻。

風急還收,雲凍未解,海闊無人翦水。算六出工夫,怎
○●○○句○●●●句●●○○●●韻●●●○○句●
教容易。剛被郢歌楚舞,鎮獨向、尊前飄輕細。謝庭吟
○○●韻●●●○○●句●●讀○○○●韻●○
詠,梁園宴賞,未成歡計。　　天意。是則是。怎下得
●句○○●●句●○○●韻　　○●韻●●●韻●●●
控持,柳梢梅蕊。又爭奈、看看漸回春意。好趁東君未
●○句●●○○韻●○●讀○○●○○●韻●●○○●
覺,便先把、園林都裝綴。看是處、玉樹瓊枝,勝却萬
●句●○●讀○○○○●韻●●●讀●●○○句●●
紅千紫。
○○●韻

此調祇有此體,吳文英、王沂孫詞俱如此填。按:王詞前段第二句"寒度雁門","門"字平聲。第三句"西北高樓獨倚","西"字平聲。第六句"欲唤飛瓊起舞","欲"字仄聲,"飛"字平聲。第八句"凍雲一片","一"字仄聲。後段第二句"悄無似","無"字平聲。第三句"有照水南枝","南"字平聲。第五句"誤幾度、憑闌莫愁凝睇","幾"字仄聲。第六句"應是梨花夢好","應"字平聲。第七句"未肯放、東風來人世","肯"字仄聲。吳詞第八句"還怕掩、深院梨花","還"字、"深"字俱平聲。譜內可平可仄據此。

前後段第七句"尊前飄輕"、"園林都裝"八字俱平聲。如吳

詞之"瑶笙飛環"、"重寒侵羅",王詞之"紛紛銀河"、"東風來人",皆然。恐是音律所關,填者當依之。

十月桃三體

調見《樂府雅詞》,賦十月桃,即以爲名。《梅苑》無名氏詞詠十月梅,即名《十月梅》。

十月桃

張元幹

雙調九十九字,前段十句四平韻,後段十句五平韻。

年華催晚,聽尊前偏唱,衝暖欺寒。樂府誰知,分付點
〇〇●句●〇〇句●〇〇韻●●〇〇句●●●
化金丹。中原舊遊何在,頻入夢、老眼空潛。撩人冷
●〇〇韻〇〇●●〇〇句〇〇讀●●〇〇韻〇〇●
蕊,渾似當時,無語低鬟。　有多情多病文園。向雪
●句〇●〇〇句〇●〇〇韻　●〇〇〇●〇〇韻●●
後尋春,醉裏憑闌。獨步群芳。此花風度天然。羅浮淡
●〇〇句●●〇〇韻●●〇〇句●〇〇●〇〇韻〇〇●
妝素質,呼翠鳳、飛舞斕斑。參橫月落,留恨醒來,滿
〇●●句〇●●讀〇●〇〇韻〇〇●●句〇●●〇句●
地香殘。
●〇〇韻

此調祇有《樂府雅詞》及《梅苑》詞可校,故可平可仄悉參二詞。

又一體

《樂府雅詞》無名氏

雙調九十九字，前段十句四平韻，後段九句五平韻。

東籬菊盡，遍園林敗葉，滿地寒荄。露井平明，破香籠
〇〇●●句●〇〇句●●〇〇韻●●〇〇句●〇〇
粉初開。佳人共喜芳意，呵手翦、密插鸞釵。無言有
●〇〇韻〇〇●●〇●讀●●〇〇韻〇〇●
艷，不避繁霜，變作春媒。　問武陵溪上誰栽。分付
●句●●〇〇句●●〇〇韻　●●〇〇●〇〇韻〇●
與、南園舞榭歌臺。恰似凝酥襯玉，點綴裝裁。東君自
●讀〇〇●●〇〇韻●●〇〇●●句●●〇〇韻〇〇●
是爲主，先暖信、律管飛灰。從今雪裏，一番花信，休
●〇●句〇●●讀●●〇〇韻〇〇●●句●〇〇●句〇
話江梅。
●〇〇韻

此與張詞同，惟後段第三句六字，第四句四字異。

又一體

《梅苑》無名氏

雙調九十八字，前段十句四平韻，後段九句五平韻。

千林凋盡，一陽未報，已綻南枝。獨對霜天，冒寒先占
〇〇〇●句●〇●●句●●〇〇韻●●〇〇句●〇〇●
花期。清香映月浮動，臨淺水、疏影斜攲。孤標不似，
〇〇韻〇〇●●〇●句〇●●讀〇●〇〇韻〇〇●●句

綠李夭桃,取次成蹊。　　縱壽陽妝臉偏宜。應未笑、
●●○○句●●○○韻　　●●○○●○○韻○●●讀
天然雅態冰肌。寄語高樓,憑闌羌管休吹。東君自是
○○●●○○韻●●○○韻○○○●○○韻○○●●
爲主,調鼎鼐、終負他時。從今點綴,百草千花,須待
○●句○●●讀○●○○韻○○●●句●●○○句○●
春歸。
○○韻

此亦與張詞同,惟前段第二句減一字異。

蜀溪春一體

調見《松隱集》,詠黃薔薇花。因詞有"蜀景風遲,浣花溪邊","占上苑,留住春"句,取以爲名。

蜀溪春

曹　勛

雙調九十九字,前後段各十一句四平韻。

蜀景風遲,浣花溪邊,誰種芬芳。天與薔薇,露華勻
●●○○句●○○○句○●○○韻○●○○句●○○
臉,繁蕊競拂嬌黃。枝上標韻別,渾不染、鉛粉紅妝。
●句○●●●○○韻○●○●●句○●●讀○●○○韻
念杜陵,曾見時,也爲賦篇章。　　如今盛開禁掖,千
●●○句○●○句●●●●○韻　　○○●○●●句○

萬朶鶯羽，先借朝陽。待得君王，看花明艷，都道赭袍
●●○●句○●○●○韻●●○○句●○○●句○●●○
同光。須趁爲幕席，偏宜帶、疏雨籠香。占上苑，留住
○○韻○●●●句○○讀○●○○韻●●●句○●
春，奉玉觴。
○句●●○韻

此曹勛自度曲，無別詞可校。

秋宵吟一體

宋姜夔自度越調曲。

秋宵吟

姜　夔

雙調九十九字，前段十句六仄韻，後段十句五仄韻。
古簾空，墜月皎。坐久西窗人悄。蛩吟苦、漸漏永丁
●○○句●●●韻●●○○○●韻○○●讀●●●
丁，箭壺催曉。引凉颸，動翠葆。露脚斜飛雲表。因嗟
○句●●○●韻○○句●●●韻●●○○○●韻○○
念、似去國情懷，暮帆煙草。　帶眼消磨，爲近日、
●讀●●●○○句●●○●韻　●●○○句●●●讀
愁多頓老。衛孃何在，宋玉歸來，兩地暗縈繞。搖落江
○○●韻●○○●句●●○○句●●●○●韻○●○
楓早。嫩約無憑，幽夢又杳。但盈盈、淚灑單衣，今夕
○韻●●○○句○●●●韻●○○讀●●○○句○●

1257

何夕恨未了。
○●●●●韻

　　此詞前段十句,後五句與前五句句讀、平仄全同,如《瑞龍吟》調之所謂雙拽頭也,或是此調體例宜然,填者辨之。此詞亦無別首可校。

三姝媚三體

調見《梅溪集》。

三姝媚

史達祖

　　雙調九十九字,前段十一句五仄韻,後段十句五仄韻。
煙光搖縹瓦。望晴簷多風,柳花如灑。錦瑟橫牀,想淚
⊖○●●韻●⊖●○○句●○○●韻●●○○句●⊖
痕塵影,鳳絃長下。倦出犀幃,頻夢見、王孫驕馬。諱
○○●句●○○●韻●●○○句⊖●●讀○○○●韻⊖
道相思,偸理綃裙,自驚腰衩。　　惆悵南樓遙夜。省
●○○句⊖●○○句●○○●韻　　⊖●○○⊖●韻●
翠箔張鐙,枕肩歌罷。又入銅駝,遍舊家門巷,首詢聲
●●○○句●○○●韻●●○○句●●○○●句⊖○○
價。可惜東風,將恨與、閒花俱謝。記取崔徽模樣,歸
●韻●●○○句⊖●●讀○○●●韻●●○○●●句○
來暗寫。
○⊖●韻

此調以史詞爲正體，如吳詞之添字，薛詞之句讀不同，皆變體也。

按：此詞前段第二句"晴檐多風"，四字俱平聲。如吳文英詞之"清波明眸"，及"王孫重來"，與"春衫啼痕"，王沂孫詞之"金鈴枝深"，及"西窗凄凄"等句，皆然。惟張炎詞作"卸却單衣"，及"雪竇高寒"，"卸却"、"雪竇"四字俱仄聲。又後段結句"歸來暗寫"，用去、上二字，宋詞多如此填。惟詹正詞"江南煙雨"，"煙"字平聲。

按：詹詞前段第一句"一篷兒別苦"，"一"字仄聲。王詞第三句"瑤階多少"，"瑤"字平聲。第五句"漫相看華髮"，"相"字平聲。張詞第七、八句"記得小樓，聽一夜、江南春雨"，"小"字仄聲。王詞第九句"何況如今"，"何"字平聲。詹詞第十句"舞袖籠香"，"舞"字仄聲。吳詞後段起句"曲榭芳亭初掃"，"曲"字仄聲。王詞"今夜山高水淺"，"水"字仄聲。詹詞第四、五句"金屋銀屏，被西風將換"，"金"字、"西"字俱平聲。張詞第八句"試與問、酒家何處"，"試"字、"酒"字俱仄聲。第九句"曾醉梢頭雙果"，"曾"字平聲。譜內可平可仄據此，餘參吳、薛二詞。

張炎"芙蓉城畔"詞，前後段第五、六句"細看來，渾似阮郎前度"，"帶笑痕，來伴柳枝嬌舞"，俱作三字、六字句。宋詞如此等句法，往往不拘，故不復分體。

又張炎"蒼潭枯海"詞，後結"待得相逢，却說巴山夜雨"，作四字一句、六字一句，與此不同。因薛詞有此句法，故不復列。

又一體

吳文英

雙調一百一字，前後段各十一句五仄韻。

酹春清鏡裏。照清波明眸，暮雲愁思。半綠垂絲，正
〇〇●●韻●〇〇〇句●〇〇●韻●●〇〇句●

楚腰纖瘦，舞衣初試。燕客飄零，煙樹冷、青驄曾繫。
●○○●句●○○●韻○●○○句○●●讀○○○●韻
畫館朱橋，還把清尊，慰春憔悴。　　離苑幽芳深
●●○○句○●○○句●○○●韻　　○●○○●
閉。恨淺薄東風，裛香銷膩。綵箋翻歌，最賦情偏在，
●韻●●○○句●○○●韻○○○○句●●○○●句
笑紅顰翠。暗拍闌干，看散盡、斜陽船市。付與嬌鶯，
●○○●韻●●○○句●●●讀○○○●韻●●○○句
金衣清曉，花深未起。
○○○●句○○●●韻

此與史詞同，惟後結添二字作四字三句異。

又一體

薛夢桂

雙調九十九字，前段十一句五仄韻，後段十句五仄韻。

薔薇花謝去。更無情，連夜送春風雨。燕子呢喃，似
○○○●●韻●○○句○●●○○●韻●●○○句●
念人憔悴，往來朱戶。漲綠煙深，早零落、點池萍絮。
○○○●句●○○●韻●●○○句●○○讀●○○●韻
暗憶年華，羅帳分釵，又驚春暮。　　芳草淒迷征
●●○○句○●○○句●○○●韻　　○●○○○
路。待去也，還將畫輪留住。縱使重來，怕粉容銷膩，
●韻●●●句○○●○○●韻○●○○句●●○○●句
却羞郎覷。細數盟言猶在，悵青樓何處。綰盡垂楊，
●○○●韻●●○○●句●○○○●韻●●○○句

争似相思寸缕。
○●○○●●韵

此與史詞同，惟後段第七句六字，第八句五字異。至前後段第二句三字，第三句六字，按：詹正詞"是誰家，花天月地兒女"，又"怎知道，人間匆匆今古"，正與此同。

鳳池吟一體

調見《夢窗詞》。

鳳池吟

吳文英

雙調九十九字，前段十一句四平韻，後段十句四平韻。

萬丈巍臺，碧罘罳外，衮衮野馬游塵。舊文書儿閣，
●●○○句●○○句●●●●○○韵●○○●句
昏朝醉暮，覆雨翻雲。忽變清明，紫垣敕使下星辰。
○○●●句●●○○韵●●○○句●○●●●○○韵
經年事靜，公門如水，帝甸陽春。　　長年父老相
○○●●句○○○●句●●○○韵　　○○●●○
語，幾百年見此，獨駕冰輪。又鳳鳴黃幕，玉霄平溯，
●句●●○●●句●●○○韵●●○○●句●○○●句
鵲錦新恩。畫省中書，半紅梅子薦鹽新。歸來晚，待
●●○○韵●●○○句●○○●●○○韵○○●句●
賡吟、殿閣南薰。
○○讀●●○○韵

此調祇此一詞，無別首可校。

新雁過妝樓四體

一名《雁過妝樓》，張炎詞名《瑤臺聚八仙》，陳允平詞名《八寶妝》，《高麗史·樂志》名《百寶妝》。

新雁過妝樓

吳文英

雙調九十九字，前段九句六平韻，後段十句四平韻。

閬苑高寒。金樞動、冰宮桂樹年年。翦秋一半，難破
⊖●○○韻○●讀⊖○●●○○韻●⊖●●句⊖●
萬戶連環。織錦相思樓影下，鈿釵暗約小簾間。共無
●●○○韻●●○○○●●句⊖○●●●○○韻●○
眠。素娥慣得，西墜闌干。　　誰知壺中自樂，正醉
○韻●○●●句○●○○韻　　⊖○●○●●句●●
圍夜玉，淺鬭嬋娟。雁風自勁，雲氣不上涼天。紅牙
○●●句●●○○韻⊖○●●句⊖●●●○○韻○○
潤沾素手，聽一曲清歌雙霧鬟。徐郎老，恨斷腸聲
⊖⊖●●句⊖●●○○⊖●○韻○○●句●●○○
在，離鏡孤鸞。
●句⊖●○○韻

此調以此詞為正體，若吳詞別首，及張詞之少押一韻，無名氏詞之添字，皆變體也。

此詞前段起句、第七句皆用韻，有張炎詞四首可校。

张词前段第二句"千日酒、乐意稍稍渔樵","日"字、"乐"字俱仄声。第三、四句"散迹苔茵,墨晕净洗铅华","茵"字平声,"墨"字仄声。后段起句"三十六梯眺远","六"字仄声。又"竹篱几番倦倚","竹"字仄声。第二句"看垂垂短髪",上"垂"字平声。第七句"又知在、烟波第几桥","第"字仄声。第九句"有天开仙境","天"字平声。谱内可平可仄据此,余参下二词。

谱内所采吴文英词后段结句"月"字入声,张炎词前段起句"不"字入声,后段第九句"不"字入声,及张词别首前段结句"来问寂寥","寂"字入声,后段起句"十"字入声,俱以入作平。查宋词诸字从无用上、去声者,故不注可仄。

又一体

吴文英

双调九十九字,前段九句五平韵,后段十句四平韵。

梦醒芙蓉。风帘近、浑疑佩玉丁东。翠微流水,都是
●○○韵○○●读○○●●○○韵●○○●句○●
惜别行踪。宋玉秋风相比瘦,赋情更苦似秋浓。小黄
●●○○韵●●○○○●●句●○●●●○○韵●○
昏,绀云暮合,不见征鸿。　　宜城当时放客,认燕
○句●●●●句●●○○韵　　○○○○●●句●●
泥旧迹,返照楼空。夜阑心事,镫前败壁寒蛩。江寒
○●●句●●○○韵●○○●句○○●●○○韵○○
夜枫怨落,怕流作、题情肠断红。行云远,料澹蛾人
●○●●句●○●读○○○●●○韵○○●句●●○○

在，秋香月中。
●句○○●○韻

　　此與"閬苑高寒"詞同，惟前段第七句不用韻異。

又一體

　　　　　　　　　　　　張　炎

　　雙調九十九字，前段九句五平韻，後段十句四平韻。

風雨不來，深院悄、秋事正滿東籬。杖藜重到，秋氣
○●●○句○●●讀○●●●○○韻●○○●句○●
冉冉吹衣。瘦碧飄蕭搖露梗，膩黃秀野拂霜枝。憶芳
●●○○韻●●○○○●●句●○●●●○○韻●○
時。翠微喚酒，江雁初飛。　　湘潭無人弔楚，歎落
○韻●○●●句○●○○韻　　○○○○●●句●●
英自采，誰寄相思。淡泊生涯，聊伴老圃斜暉。寒香
○●●句○●○○韻●●○○句○●●●○○韻○○
應遍故里，想鶴怨山空人未歸。歸何晚，問徑松不
○●●●句●●●○○●●○韻○○●句●●○●
語，只有花知。
●句●●○○韻

　　此亦與"閬苑高寒"詞同，惟前段起句不押韻異。

又一體

　　　　　　　《高麗史・樂志》無名氏

　　雙調一百六字，前後段各九句四平韻。

一抹絃器，初宴畫堂，琵琶人抱當頭。髻雲腰素，仍
●●○○句○●●○句○○○●○○韻●○○●句○
占絕風流。輕攏慢撚生情態，翠眉顰、無愁漫似愁。
●●○○韻○●●○○●句●○○讀○○●●○韻
變新聲、自成濩索，還共聽、一奏梁州。　　彈到遍
●○○讀●○●●句○●●讀●●○○韻　　○●●
急敲頻，分明似語，爭知指面纖柔。坐中無語，惟斷
●○○句○○●●句○○●●○○韻●○○●句○●
續金虬。曲終暗會王孫意，轉步蓮，徐徐卸鳳鈎。捧
●○○韻●○●●○○●句●●○句○○●●○韻●
瑤觴、爲喜知音，勸佳人、沈醉遲留。
○○讀●●○○句●○○讀○●○○韻

　　此詞校"閬苑高寒"詞，前後段句法、添減字數頗極參差，
錄備一體，不與吳詞參校。

月華清一體

調見《空同詞》。

月華清

洪瑹

雙調九十九字，前段十句五仄韻，後段十句六仄韻。

花影搖春，蟲聲吟暮，九霄雲幕初卷。誰駕冰蟾，擁
⊖●○○句○○●句●⊖○●句○●韻⊖●○○句●

1265

出桂輪天半。素魄映、青瑣窗前。皓彩散、畫闌干畔。
●●○○●韻●●●讀●●○○句●●●讀●○●●韻
凝眄。見金波滉漾，分輝鵲殿。　　況是風柔夜暖。
〇●韻●○○●●句●○●●韻　　●●○○●●韻
正燕子新來，海棠微綻。不似秋光，只照離人腸斷。
●●●○○句●○○●韻●●○○句●●○○●●韻
恨無奈、利鎖名韁，誰爲喚、舞裙歌扇。吟玩。怕銅壺
●○●讀●●○○句●○●讀●○○●韻●●韻●○○
催曉，玉繩低轉。
〇●句●○●●韻

　　此調衹有一體，宋元人俱照此填，有馬莊父、朱淑真、蔡松年、《高麗史·樂志》詞可校。

　　按：馬詞前段第一句"瑟瑟秋聲"，上"瑟"字仄聲。蔡詞第三句"故國秋光如水"，"國"字仄聲，"光"字平聲。馬詞第四句"數遍丹楓"，"數"字仄聲。第六句"人何處、千里嬋娟"，"人"字、"何"字俱平聲。蔡詞"到而今、桂影尋人"，"桂"字仄聲。朱詞第七句"清夢與、寒雲寂寞"，"清"字、"寒"字俱平聲，"寂"字仄聲。無名氏詞第八句"此際"，"此"字仄聲。蔡詞第九句"望白蘋風裏"，"風"字平聲。馬詞結句"碧空無際"，"碧"字仄聲，"無"字平聲。朱詞後段第一句"長恨曉風飄泊"，"長"字、"飄"字俱平聲，"曉"字仄聲。蔡詞第二、三句"有少年玉人，吟嘯天外"，"年"字、"吟"字俱平聲，"玉"字、"嘯"字俱仄聲。朱詞第四、五句"深杏夭桃，端的爲誰零落"，"深"字、"端"字俱平聲，"爲"字仄聲。馬詞第六句"心裏恨，莫結丁香"，"心"字平聲，"裏"字仄聲。朱詞"況天氣、裝點清明"，"裝"字平聲。蔡詞第七句"空解道、人生適意"，"人"字平聲，"適"字仄聲。朱詞"對美景、不妨行樂"，

"對"字仄聲。馬詞第八句"暗裏","暗"字仄聲。第九句"又悲來老却","老"字仄聲。蔡詞結句"空庭鶴唳","空"字平聲,"鶴"字仄聲。譜内可平可仄據此。

蔡詞前段第四句"常記別來","別"字入聲,以入作平,故不注可仄。

國香二體

周密詞名《國香慢》,自注夷則商。

國香

張　炎

雙調九十九字,前段十句五平韻,後段十句四平韻。

空谷幽人。曳冰簪霧帶,古意生春。結根倦隨蕭艾,
⊖●○韻●⊖○●句⊖●○韻⊖○⊖○●句

獨抱孤貞。自分生涯淡薄,隱蓬蒿、甘老山林。風煙
●●○○韻●⊖○○●句⊖○○讀⊖●○○韻○○

共憔悴,冷落吳宮,草暗花深。　　霽痕消凍雪,向
●⊖●句●⊖○○句●⊖○○韻　　●○○●●句●

厓陰飲露,應是知心。所思何處,愁滿楚水湘雲。肯
○○●●句●●○○韻⊖○⊖●句○●●●○○韻●

信遺芳千古,尚依依、澤畔行吟。香魂已成夢,短操
●⊖○⊖●句●○○讀●●○○韻○⊖●○●句●●

誰彈,月冷瑶琴。
○○句●●○○韻

此調以此詞爲正體，有周密詞及張詞別首可校。若曹詞之句讀參差，乃變體也。

　　按：周詞前段第二句"記曲屛小儿"，"曲"字仄聲。張詞別首"記未吟青子"，"青"字平聲。周詞第四句"經年氾人重見"，"經"字平聲。第六句"雨帶風襟零落"，"零"字平聲。第七句"步雲冷、鵝管吹春"，"冷"字仄聲。結句"仙掌凝塵"，"仙"字平聲。張詞別首後段第三句"一朶雲飛"，"一"字仄聲。第四句"丁香枝上"，"丁"字平聲。第五句"幾度款語深期"，"幾"字仄聲。周詞"應念礬弟梅兄"，"礬"字平聲。周詞第七句"五十絃、愁滿湘雲"，"十"字仄聲，"愁"字平聲。張詞別首結句"猶道休歸"，"猶"字平聲。譜内可平可仄據此，餘參曹詞。

又一體

曹　勛

雙調九十九字，前段十句五平韻，後段十句四平韻。

十月新陽。喜桃李秀發，宮殿春香。寶曆開圖，文母
●●○○韻●○●●○句○○●●韻●○○句○●
協應時康。誕慶欣逢令旦，向花闈、罄列嬪嬙。歡榮
●●○○韻●●●○●●句●○○讀●●○○韻○○
是九五，侍膳芳筵，翠扆龍章。　　天心人共喜，拱
●●●句●●○○句●●○○韻　　○○○●●句●
三釵瑞彩，同捧瑶觴。禁中和氣，都入法部絲簧。一
○○●●句○●○○韻●○○●句○●●●○○韻●
片神仙錦繡，正珠簾、乍卷雲光。遐齡祝億載，永奉
●○○●●句●○○讀●●○○韻○○●●●句●●

慈顏，地久天長。
○○句●●○○韻

　　此與張詞同，惟前段第四句四字，第五句六字異。

飛龍宴一體

調見《花草粹編》，注吳七郡王姬蘇小孃製。

飛龍宴

宋媛蘇氏

雙調九十九字，前段十句五仄韻，後段十句八仄韻。

炎炎暑氣時，流光閃爍，閒肩深院。水閣涼亭，半開
○○●●○句○○●●句○○○●韻●●○○句●○
簾幕遙看。灼灼榴花吐艷。細雨灑、小荷香淺。樹陰
○●○韻●●○○●●韻●●讀●○○●韻●○
竹裏，清涼瀟灑，枕簟搖紈扇。　　堪歎。浮世忙如
●●句○○○●句●●○○韻　　○●韻●●○○
箭。對良辰歡樂，莫辭頻勸。遇酒逢歌，恣情遂意迷
●韻●○○○●句●○○●韻●●○○句●○●●○
戀。須信人生聚散。奈區區、利牽名絆。少年未倦。良
●韻○●○○●●韻●○○讀●○○●韻●○●●韻○
天皓月金尊滿。
○●●○○●韻

　　此調祇此一詞，無別首可校。

1269

詞譜卷二十八

御帶花一體

調見《六一居士詞》。

御帶花

歐陽修

雙調一百字，前段九句四仄韻，後段十句四仄韻。

青春何處風光好，帝里偏愛元夕。萬重繒綵，搆一屏
○○○●○○●句●●○○●韻●○○●句●●○
峰嶺，半空金碧。寶檠銀缸，耀絳幕、龍騰虎擲。沙堤
●●句●○○韻●●○○句●●●讀○○●●韻○○
遠、雕輪繡轂，爭走五侯宅。　雍雍熙熙作晝，會
●讀○○●●句○●●○●韻　○○○○●●句●
樂府神姬，海洞仙客。曳香搖翠，稱執手行歌，錦街
●●○○句●●○●韻●○○●句●●●○○句●○
天陌。月淡寒輕，漸向曉、漏聲寂寂。當年少、狂心未
○●韻●●○○句●●●讀●○●●韻○○●讀○○●
已，不醉怎歸得。
●句●●●○●韻

此調衹有此詞，無別首可校。

定風波慢四體

此調有兩體:一百字者,柳永詞注林鐘商,張翥詞注商角調,有《梅苑》詞可校。一百五字者,柳永詞注夾鐘商,無宋詞可校。

定風波慢

柳　永

雙調一百字,前段十一句六仄韻,後段十一句七仄韻。

自春來、慘綠愁紅,芳心是事可可。日上花梢,鶯穿
●○○讀●●○○句○○●●●韻●●○○句○○
柳帶,猶壓香衾臥。暖酥銷,膩雲嚲。終日厭厭倦梳
●●句○●○○●韻○○句○●●韻●●○○●○
裏。無那。悵薄情一去,音書無箇。　早知恁般麼。
●韻○●韻●●○●●句○○○●韻　●○●●韻
悔當初、不把雕鞍鎖。向雞窗,只與蠻牋象管,拘束
●○○讀●●○○●韻●○○句●●○○●●句○
教吟和。鎮相隨,莫拋躱。鍼綫閒拈伴伊坐。和我。免
○○●韻●○○句●○●韻●●○○●○●韻○●韻●
使少年,光陰虛過。
●●○句○○○●韻

此調創自此詞,張詞及《梅苑》詞俱從此出,故可平可仄悉參二詞。

此《定風波》慢詞,雖押兩短韻,實與《定風波令》不同。

又一體

張翥

雙調九十九字,前段十一句六仄韻,後段十一句七仄韻。

恨行雲、特地高寒,牢籠好夢不定。晼晚年華,凄涼
●○○讀●●○○句○○●●●韻●●○○句○○
客況,泥酒渾成病。畫闌深,碧窗靜。一樹瑤花可憐
●●句●●○○韻●○○句●○●韻●●○○●○
影。低映。怕明月照見,青禽相並。　素衾正冷。又
●韻○●韻●○●●●句○○○●韻　●○●●韻●
寒香、枕上熏愁醒。甚銀牀霜凍,山童未起,誰汲牆
○○讀●●○○●韻●○○○●句○○●●句○●○
陰井。玉簫殘,錦書迥。應是多情道薄倖。爭肯。等閒
○●韻●○○句●○●韻●●○○●●●韻○●韻●○
孤負,西湖春興。
○●句○○○●韻

　　此與柳詞同,惟換頭句減一字,第三句五字,第四句四
字異。

又一體

《梅苑》無名氏

雙調一百一字,前段十一句六仄韻,後段十一句七仄韻。

漏新春、消息前村,數枝楚梅輕綻。正雪艷精神,冰
●○○讀○●○○句○●○○●韻●●●○○句○

膚淡泞，姑射依稀見。冷香凝，金蕊淺。青女饒伊妒
○●●句○●○○●韻●○○句○●●韻○●○○●
無限。堪羨。似壽陽妝閣，初勻粉面。　纖條綠染。
○●韻○●韻●●○○句○○●●韻　○●●韻
異群葩、不似和風扇。向深冬，免使遊蜂舞蝶，撩撥
●○○讀●●○○●韻○○○句●●○○●●句○●
春心亂。水亭邊，山驛畔。立馬行人暗腸斷。吟戀。又
○○●韻●○○句○●●韻●○○●●○●韻○●韻
忍隨羌管，飄零千片。
●○○●句○○○●韻

此亦與柳詞同，惟前段第三句、後段第十句各添一襯字，換頭句亦減一字異。

又一體

柳　永

雙調一百五字，前段九句四仄韻，後段十一句六仄韻。

竚立長亭，澹蕩晚風起。驟雨歇、極目蕭疏，塞柳萬
●●○○句○●●○○●韻●●讀●●○○句●●
株，掩映箭波千里。走舟車向此，人人奔名競利。念
○句●●●○○●韻●○○●●句○○○○●●韻●
蕩子、終日驅馳，爭覺鄉關轉迢遞。　何意。繡閣輕
●●讀●●○○句○●○○●●●韻　○●韻●●○
拋，錦字難逢，等閒度歲。奈泛泛旅迹，厭厭病緒。近
○句●●○○句●○●●韻●●●●●句●○●●韻●
來諳盡、宦遊滋味。此情懷、縱寫香箋，憑誰寄與。算
○○●讀●○○●韻●○○讀●●○○句○○●●韻●

孟光、安得知我,繼日添憔悴。
●○讀○●○●句●●○○●韻

此詞前後段不押短韻,與"自春來"詞宮調不同,其句讀亦別,因調名同,故爲類列。

芳草五體

晁補之詞名《鳳簫吟》。

芳草

韓縝

雙調一百字,前段十句四平韻,後段十句五平韻。

鎖離愁,連綿無際,來時陌上初薰。繡闈人念遠,暗
●○○句○○●●句○●●●○○韻●○○●●句●
垂珠露泣,送征輪。長行長在眼,更重重、遠水孤村。
○○●●句●○○韻●○○●●句●○○讀●●○○韻
但望極、樓高盡日,目斷王孫。　消魂。池塘從別
●●●讀○●●句●●○○韻　○○韻○○●●
後,曾行處、綠妒輕裙。恁時攜素手,亂花飛絮裏,緩
●句○○●讀●●○○韻○○●●句●○○●●句●
步香茵。朱顏空自改,向年年、芳意常新。遍綠野、嬉
●○○韻○○●●句●○○讀●●○○韻●●●讀○
遊醉眼,莫負青春。
○●●句●●○○韻

此調前段起句不用韻者,以韓詞爲正體;前段起句用韻者,

以晁詞爲正體。可平可仄悉參所采諸詞，不復詳注。

又一體

奚　淢

雙調一百字，前段十句四平韻，後段十一句五平韻。

笑湖山，紛紛歌舞，花邊如夢如薰。響煙驚落日，長
●○○句○○●●句○○●○○韻●○○●●句○
橋芳草外，客愁醒。天風吹送遠，向兩山、喚醒癡雲。
○●●句●○○韻○○●●句●●○讀●●○○韻
猶自有、迷林去鳥，不信黃昏。　　銷凝。油車歸後，
○●●讀○○●●句●●○○韻　　○○韻○○●句
一眉新月，獨印湖心。蕊宮相答處，空巖虛谷應，猿
●○○句●●○○韻●○○●●句○○○●●句○
語香林。正酣紅紫夢，便市朝、有耳誰聽。怪玉兔金
●○韻●○○●●句●●○讀●●○○韻●●●○
烏不換，只換遊人。
○●●句●●○○韻

此與韓詞同，惟後段第二、三句俱四字異。

又一體

晁補之

雙調一百一字，前段十句五平韻，後段十一句五平韻。

曉曈曨。風和雨細，南國次第春融。嶺梅猶妒雪，露
●○○韻○□●●句□●●○○韻●○○●●句●

桃雲杏，已綻碧呈紅。一年春正好，助人狂、飛燕遊
○○●句●●●○○韻●○○●句●○○讀○●○
蜂。更吉夢良辰，對花忍負金鍾。　　香濃。博山沈
○韻●●●○○句●○●●○○韻　　○○韻●○○
水，小樓清旦，佳氣葱葱。舊遊應未改，武陵花似錦，
●句●○○●句○●○○韻●○○●句●○○●●句
笑語如逢。蕊宮傳妙訣，小金丹、同換冰容。況共有、
●●○○韻●○○●●句●○○讀○●○○韻●●讀
芝田舊約，歸去雙峰。
○○●●句○●○○韻

　　此詞前段起句用韻，第五句四字，第六句五字，結作五字一
句、六字一句，後段第二、三句作四字兩句，與韓詞異。

又一體

曹　勛

　　雙調一百一字，前段十句五平韻，後段十一句五平韻。
列旂常。中宵天净，郊丘展采圓蒼。肇禋三歲禮，聖
●○○韻○○○●句○○●●○○韻●○○●句●
天子爲民，致福穰穰。凝旒親奠至，粲珠聯、星鬪垂
○●○○句●●○○韻○○○●●句●○○讀●●○
芒。漸月轉燔柴，露重煙斷壇旁。　　歡康。青霞催
○韻●●●○○句●●○●○○韻　　○○韻○○○
曉，六樂均調，響逐新陽。輦回天仗肅，慶千官抃舞，
●句●●○○句●●○○韻●○○●●句●○○●●句
繡錦成行。雞竿雙鳳闕，肆頒宣、恩動榮光。贊永御、
●●○○韻○○○●●句●○○讀○●○○韻●●讀

蘿圖霈澤，常撫殊方。
〇〇●●句〇●〇〇韻

此與晁詞同，惟前段第五句五字，第六句四字異。

又一體

王之道

雙調一百一字，前後段各十句五平韻。

雨溟濛。年年今日，農夫共卜新豐。登高隨處好，銀
●〇〇韻〇〇〇●句〇〇〇●〇〇韻〇〇〇●●句〇
餅突兀，南崎對三公。真珠薄露菊，更芙蓉、照水勻
●●句〇●〇〇韻〇〇〇●●句●〇〇讀●●〇
紅。但華髮衰顏，不堪頻鑑青銅。　相逢。行藏休借
〇韻●〇〇〇句●●〇〇〇韻　〇〇韻〇〇〇●
問，且徘徊、目送飛鴻。十年湖海，千里雲山，幾番殘
●句●〇〇讀●●〇〇韻〇〇〇●句〇●〇〇句●〇〇
照淒風。蟹螯粗似臂，金英碎、琥珀香濃。請細讀離
●〇〇韻●〇〇●●句〇〇●讀●●〇〇韻●●〇
騷，爲君一飲千鍾。
〇句●〇●●〇〇韻

此亦與晁詞同，惟後段第二句五字，第三、四句作七字一句，第五、六句作四字兩句，第七句作六字一句異。

念奴嬌十二體

《碧雞漫志》云大石調，又轉入道調宮，又轉入高宮、大石

調。姜夔詞注雙調,元高拭詞注大石調,又大吕調。蘇軾《赤壁懷古》詞有"大江東去","一尊還酹江月"句,因名《大江東去》,又名《酹江月》,又名《赤壁詞》,又名《酹月》。曾覿詞名《壺中天慢》。戴復古詞有"大江西上"句,名《大江西上曲》。姚述堯詞有"太平無事,歡娱時節"句,名《太平歡》。韓淲詞有"年年眉壽,坐對南枝"句,名《壽南枝》,又名《古梅曲》。姜夔詞名《湘月》,自注即《念奴嬌》鬲指聲。張輯詞有"柳花淮甸春冷",名《淮甸春》。米友仁詞名《白雪詞》。張翥詞名《百字令》,又名《百字謡》。丘長春詞名《無俗念》。游文仲詞名《千秋歲》。《翰墨全書》詞名《慶長春》,又名《杏花天》。

此調有平韻、仄韻二體,凡句讀參差,大同小異者,譜内各以類列。

念奴嬌

蘇 軾

雙調一百字,前後段各十句四仄韻。

憑空眺遠,見長空萬里,雲無留迹。桂魄飛來光射處,冷浸一天秋碧。玉宇瓊樓,乘鸞來去,人在清涼國。江山如畫,望中煙樹歷歷。　我醉拍手狂歌,舉杯邀月,對影成三客。起舞徘徊風露下,今夕不知何夕。便欲乘風,翻然歸去,何用騎鵬翼。水晶宫裏,一聲吹斷横笛。
○○●○●韻

　　此調仄韻詞以此詞爲正體。若蘇詞别首"大江東去"詞、姜夔"五湖舊約"詞句讀參差,姜夔"鬧紅一舸"詞、張炎"行行且止"詞多押一韻,張炎"長流萬里"詞多押兩韻,及張輯、趙長卿詞之添字,皆變體也。

　　此詞前段第二句五字,後段第二句四字,第八句五字,前後段第四句皆七字,宋元人多如此填。按:辛棄疾詞前段第二、三句"問阿誰堪比,太真顔色","阿"字、"太"字俱仄聲。張元幹詞第六句"荷芰波生","荷"字平聲。趙師俠詞後段第四句"回首重城天樣遠","回"字平聲。第五句"獨擁閒衾展轉","獨"字仄聲。譜内可平可仄據此,餘參所采仄韻諸詞。若沈公述詞前段第五句"難托春心脉脉",上"脉"字入聲。黄庭堅詞第八句"駕此一輪玉","一"字入聲。趙師俠詞第九句"蜂閒蝶怨","蝶"字入聲。趙長卿詞後段起句"竹外孤裘一枝","一"字入聲。趙師俠詞第五句"只管聲聲歷歷",上"歷"字入聲。第九句"愁遮不斷","不"字入聲。張詞第十句"翠樓空鎖十二","十"字入聲。及譜内所采張炎詞前段第三句"平分一水","一"字入聲。姜詞前結"畫橈不點清鏡",後結"舊家樂事誰省","不"字、"樂"字俱入聲。此俱以入作平,故不注可仄。又本詞前結中上"歷"字,亦是以入替平,填者勿混用上、去聲字。

又一體

蘇　軾

　　雙調一百字,前段十句四仄韻,後段十句四仄韻。

大江東去,浪淘盡、千古風流人物。故壘西邊,人道
●○○●句●○●讀○●○○●韻●●○○句○●

是、三國周郎赤壁。亂石穿空，驚濤拍岸，卷起千堆
●讀○●○○●●韻●●○○句○○●●句●●○○
雪。江山如畫，一時多少豪傑。　遙想公瑾當年，小
●韻○○●句●○○●○●韻　○●●○○句●
喬初嫁了，雄姿英發。羽扇綸巾，談笑處、檣艣灰飛
○○●●句●○○●韻●●○○句○○●●讀○
煙滅。故國神遊，多情應笑我，早生華髮。人間如寄，
○●韻●●○○句●○●●句●○○●韻○○○●句
一尊還酹江月。
●○○●○●韻

此詞前段第二句三字，第三句六字，後段第二句五字，第三句四字，前後段第四句俱四字，第五句俱九字，與前詞異。宋元人如此填者甚少，故以前詞作譜。

《容齋隨筆》載此詞云："大江東去，浪聲沈、千古風流人物。故壘西邊，人道是、三國孫吳赤壁。亂石崩雲，驚濤掠岸，卷起千堆雪。江山如畫，一時多少豪傑。　遙想公瑾當年，小喬初嫁了，雄姿英發。羽扇綸巾，談笑處、檣艣灰飛煙滅。故國神遊，多情應是，笑我生華髮。人間如夢，一尊還酹江月。"《詞綜》云："他本'浪聲沈'作'浪淘盡'，與調未協。'孫吳'作'周郎'，犯下'公瑾'。'崩雲'作'穿空'，'掠岸'作'拍岸'，又'多情應是，笑我生華髮'，作'多情應笑我，早生華髮'，益非。而'小喬初嫁'宜絕句，以'了'字屬下句乃合。"按：容齋洪邁，南渡詞家，去軾蘇不遠，又本黃魯直手書，必非偽託。《詞綜》所論，最爲諦當。但此詞傳誦已久，采之以備一體。

又一體

姜　夔

雙調一百字，前後段各十句四仄韻。

五湖舊約，問經年底事，長負清景。暝入西山，漸喚
●●●●句●○○●●句●●●●韻●●○○句●●
我、一葉夷猶乘興。倦網都收，歸禽時度，月上汀洲
●讀●●○○●韻●●○○句○○○●句●●○○
冷。中流容與，畫橈不點清鏡。　　誰解喚起湘靈，煙
●韻○○○●句●●●●○韻　　○●●●○○句○
鬟霧鬢，理哀絃鴻陣。玉塵清談，歎坐客、多少風流
○●●句●○○●韻●●○○句●●讀○●○○
名勝。暗柳蕭蕭，飛螢冉冉，夜久知秋信。鱸魚應好，
○●韻●●○○句○○●●句●●○○●韻○○○●句
舊家樂事誰省。
●○●●○●韻

此與"憑空眺遠"詞同，惟前後段第四句四字，第五句九字
異。按：此詞第四、五句讀，即"大江東去"詞體。因姜夔自注
《念奴嬌》之鬲指聲，轉入雙調，采以備體。

又一體

姜　夔

雙調一百字，前段十句四仄韻，後段十一句五仄韻。

鬧紅一舸，記來時，常與鴛鴦爲侶。三十六陂人未
●○●●句●○○句○●○○●●韻○●●○○●

到，水佩風裳無數。翠葉吹涼，玉容消酒，更灑菰蒲
●句●●○○●韻●●○○句○○●句●●○○
雨。嫣然搖動，冷香飛上詩句。　　日暮。青蓋亭亭，
●韻○○●句●○○●●韻　　●●韻○●○○句
情人不見，爭忍凌波去。只恐舞衣容易落，愁入西風
○○●●句○●○○●韻●●●○○●●句○●○○
南浦。高柳垂陰，老魚吹浪，留我花間住。田田多少，
○●韻○●○○句●○○●句○●○○●韻○○○●句
幾回沙際歸路。
●○○●○●韻

　　此亦與"憑空眺遠"詞同，惟前段第二、三句仍照"大江東
去"詞體，及換頭句押短韻異。按：劉克莊"老夫白首"詞後段起
句："嘗試。銓次群芳，梅花差可，伯仲之間耳。"正與此同。

又一體

張　炎

雙調一百字，前段九句五仄韻，後段十句四仄韻。

行行且止。把乾坤、收入篷窗深裏。星散白鷗三四
○○●●韻●○○讀○●○○●韻○●●○○●
點，數筆橫塘清意。岸嘴衝波，籬根受月，野徑通村
●句●●○○○●韻●●○○句○○●●句●●○○
市。疏風迎面，濕衣原是空翠。　　堪歎敲雪門荒，爭
●韻○○●句●○●●○●韻　　○●○●○○句
棋墅冷，苦竹鳴山鬼。縱使如今猶有晋，無復清遊如
○●●句●●○○●韻●●○○○●●句○●○○○

此。落日黃沙，遠天雲淡，弄影蘆花外。幾時歸去，剗
●韻●●○○句●○○●句●●○○●韻●○○●句●
取一半煙水。
●●●●○●韻

　　此亦與"憑空眺遠"詞同，惟前段起句即用韻異。按：劉儗詞："西風何事。爲行人、埽蕩襟煩如洗。"黃機詞："春愁幾許。似春雲藹藹，連空無數。"方岳詞："花風初逗。喜邊亭依舊，春閒鶯柳。"俱與此同。

又一體

張　炎

　　雙調一百字，前段十句五仄韻，後段十一句五仄韻。

長流萬里。與沈沈滄海，平分一水。孤白爭流蟾不
○○●●韻●○○○●句○○●●韻○●○○○●
沒，影落潛蛟騰起。瑩玉懸秋，綠房迎曉，樓觀光凝
●句●●○○●韻●●○○句●○○●句○●○○
洗。紫簫聲裊，四檐吹下清氣。　　遙睇。浪擊空明，
●韻●○○●句●○○●●韻　　○●韻●●○○句
古愁休問，消長盈虛理。風入蘆花歌忽斷，知有漁舟
●○○●句○●○●韻○●○○○●●句○●○○
閒檥。露已沾衣，漚猶栖草，一片瀟湘意。人方酣夢，
○●韻●●○○句○○○●句●●○○●韻○○○●句
長翁元自如此。
○○○●○●韻

　　此亦與"憑空眺遠"詞同，惟前段起句用韻，後段起句藏短韻異。

又一體

張輯

雙調一百一字，前後段各十句四仄韻。

嫩涼生曉，怪得今朝，湖上秋風無迹。古寺桂香山色
●○○●句●●○○句○●○○○●韻●●●○●
外，腸斷幽叢金碧。驟雨俄來，蒼煙不見，苔徑孤吟
●句○●○○○●韻●●○○句○○●●句○○○
屐。繫船高柳，晚蟬嘶破愁寂。　且約攜酒高歌，與
●韻●○○●句●○○●○●韻　●●○○○句●
鷗相好，分坐漁磯石。算只藕花知我意，猶把紅芳留
○○●句○●○○●韻●●●○○●●句○●○○○
客。樓閣空濛，管絃清潤，一水盈盈隔。不如休去，月
●韻○●○○句●●○○句●●○○●韻●○○●句●
懸良夜千尺。
○○●○●韻

此亦與"憑空眺遠"詞同，惟前段第二句添一襯字異。

又一體

趙長卿

雙調一百二字，前後段各十句四仄韻。

銀蟾光滿，弄餘輝、冷浸江梅無力。緩引柔條浮素
○○○●句●○○讀●●○○○●韻●●○○●
蕊，橫在閒窗虛壁。染紙揮毫，粉塗墨暈，不似今端
●句○●○○○●韻●●○○句●●●○句●●○○

的。天然造化，別是一般，清瘦踪跡。今夜翠葆堂
●韻○○●●句●●●○句○●○●韻　○●●○
深，夢回風定，因月才相識。先自離愁，那更被、曉角
○句●○○●句○●○○●韻○●○○句●●●讀●●
殘更催逼。曙色將分，輕陰移盡，過眼難尋覓。江南
○○○●韻●●○○句○●○○句●●○○●韻○○
圖上，畫工應爲描得。
○●句●○○●○●韻

此亦與"憑空眺遠"詞同，惟前段結句添二襯字作四字兩句異。

又一體

陳允平

雙調一百字，前後段各十句四平韻。

漢江露冷，是誰將瑶瑟，彈向雲中。一曲清泠聲漸
●○●●句●●○○●句●◐○○韻◐●○○●
杳，月高人在珠宮。暈額黃輕，塗腮粉艷，羅帶織青
●句◐○○●◐○韻●◐○○句◐●●○句○●●○
葱。天香吹散，環佩猶自丁東。　回首杜若汀洲，金
○韻◐○●●句○●◐●○韻　◐●●○○句○
鈿玉鏡，何日得相逢。獨立飄飄煙浪遠，羅襪羞濺春
○●●句◐●●○○韻●●◐○○●●句○●○●○
紅。渺渺予懷，迢迢良夜，三十六陂風。九嶷何處，斷
○韻●●◐○句◐◐○●句◐●●○○韻◐○◐●句●
雲飛度千峰。
○●●○○韻

此調平韻詞以此詞爲正體，若張詞、葉詞之句讀參差，又換頭句押韻，曹詞之前後段第六句押韻，皆變體也。

此詞有陳詞、葉詞別首可校。按：陳詞別首前段第三句"荻絮初殘"，"荻"字仄聲。第七句"水融沙甃"，"水"字仄聲。第九句"風鐙漸暗"，"漸"字仄聲。葉詞別首"酒闌歌罷"，"酒"字仄聲。後段第四句"間蹋輕撕來薦菊"，"間"字平聲。第五句"半潭新漲微瀾"，"半"字仄聲。第六、七句"紅葉無情，黃花有恨"，"紅"字平聲，"有"字仄聲。第九句"歸心如醉"，"歸"字平聲。譜內可平可仄據此，餘參所採三詞。

又一體

張元幹

雙調一百字，前後段各十句四平韻。

吳淞初冷，記垂虹南望，殘日西沈。秋入青冥三萬
○○●句●○○●句○●○○韻○●○○●
頃，蟾影吞盡湖陰。玉斧爲誰，冰輪如許，宮闕想寒
●句○●●●○韻●●○句○○○●句○●●○
深。人間奇觀，古今豪士悲吟。　　蒼髯丹頰仙翁，淮
○韻○○○●句●○○●○韻　　○○○●○○句○
山風露底，曾賦幽尋。老去專城仍好客，時擁歌吹登
○○●●句○●○○韻●●○○○●●句○●○○○
臨。坐挹龍江，舉杯相屬，桂子落波心。一聲猿嘯，醉
○韻●●○○句●○○●句●●●○韻●○○●句●
來虛籟千林。
○○●○○韻

此與陳詞同，惟後段第二句五字，第三句四字異。

又一體

葉夢得

雙調一百字,前段十句四平韻,後段十句五平韻。

故山漸近，念淵明歸意，蕭然誰論。歸去來兮，秋已
●○●●句●○○○●句○○○○韻○●●○句○●
老、松菊三徑猶存。稚子歡迎，飄飄風袂，依約舊衡
●讀○●●●○○韻●●○○句○○○●句○●○○
門。琴書蕭散，更欣有酒盈尊。　惆悵萍梗無根。天
○韻○○○●句●○●●○○韻　○●○○○韻○
涯行已遍，空負田園。去矣何之，窗户小、容膝聊倚
○○●●句○●○○韻●●○○句○○●讀○●○●
南軒。倦鳥知還，晚雲遥映，山氣欲黄昏。此中真意，
○○韻●●○○句●○○●句○●●○○韻●○○●句
故應欲辨忘言。
●○○●○○韻

此亦與陳詞同,惟後段第二句五字,第三句四字,又前後段第四句四字,第五句九字,換頭句押韻異。

又一體

曹　勛

雙調一百字,前段九句五平韻,後段十句六平韻。

半陰未雨，洞房深、門掩清潤芳辰。古鼎金鑪，煙細
●○●●句●○○讀○●●○○韻●●○○句○●

細、飛起一縷輕雲。羅綺嬌春。争攏翠袖，笑語惹蘭
●讀○●●●○○韻○●○○韻○●●句●●●○
芬。歌筵初罷，最宜鬭帳黄昏。　　樓上念遠佳人。心
○韻○○●句●●●○○韻　○●●○○韻○
隨沈水，學蘭炖俱焚。事與人非，争似此、些子香氣
○○●句●○○韻○●○○句●●●、●○○●
常存。記得臨分。羅巾餘贈，盡日把濃熏。一回開看，
○○韻●●○○韻○○●●句●●●○○韻●○○●句
一回腸斷重聞。
●○○●○○韻

　　此亦與陳詞同，惟前段第二、三句作九字一句。前後段第
四句四字，第五句九字，又前後段第六句及換頭句俱押韻異。

解語花三體

　　王行詞注林鍾羽。

解語花

秦　觀

　　雙調一百字，前段九句六仄韻，後段九句七仄韻。
窗涵月影，瓦冷霜華，深院重門悄。畫樓雪杪。誰家
○○●●句●●○○句○◐○○●韻●○◐●韻○
笛、弄徹梅花新調。寒鐙凝照。見錦帳、雙鸞飛繞。當
◐讀●●○○◐韻◐○○●韻●●讀○○◐韻◐

此時、倚几沈吟,好景都成惱。　　曾過雲山煙島。對
●○讀●●○○句●●○●韻　　⊖⊖⊖⊖●韻●
繡襦甲帳,親逢一笑。人間年少。多情子、惟恨相逢
⊖⊖●●句⊖⊖●●韻●○○●韻○⊖讀●⊖⊖
不早。如今見了。却又惹、許多愁抱。算此情、除是青
●●韻○○●●韻●●讀⊖⊖○●韻●⊖讀●○○
禽,爲我殷勤報。
○句⊖⊖○○●韻

　　此調以此詞爲正體,若施詞之減字,周詞之添字,皆變格
也。周邦彥、楊澤民、吳文英、方千里、張炎、陳允平、王行諸詞
俱如此填,惟王行詞前後段兩結句"折暗香盈袖"、"鎮年年如
舊",俱作上一下四句法,與各家小異。
　　按:周詞前段第五句"纖雲散、耿耿素娥欲下","欲"字仄
聲。王詞第六句"淺黃量柳","淺"字仄聲。周詞第七句"幾曾
放、好春閒子","好"字仄聲。王詞第八句"最愛他、纖指輕
輕","最"字仄聲。後段起句"艷質固應低首","固"字仄聲。
周詞第二句"望千門如畫","如"字平聲。吳詞第七句"應蔪
斷、紅情綠意","綠"字仄聲。第八句"年少時、偏愛輕憐",
"年"字平聲。王詞結句"鎮年年如舊",上"年"字平聲。譜內
可平可仄據此,餘參施詞、周詞。

又一體

施　岳

　　雙調九十八字,前段十一句六仄韻,後段十句七仄韻。
雲容冱雪,暮色添寒,樓臺共登眺。翠叢深窅。無人
○○●●句●●○○句○○●●韻●○○●韻○○

處,數蕊弄春猶小。幽姿漫好。遥相望、含情一笑。花
●句●●○○●韻○○●●韻○○●讀○○●●韻○
解語,因甚無言,心事應難表。　莫待墙陰暗老。稱
●●句○●○○句○●○○●韻　●●○○●●韻●
琴邊月夜,笛裏霜曉。護香須早。東風度,咫尺畫闌
○○●●句●●○○韻●○○●韻○○●句●●●○
瓊沼。歸來夢繞。歌雲墜、依然驚覺。想恁時、小儿銀
○●韻○○●●韻○○●讀○○●●韻●●○讀●○
屏,冷未了。
○句●●●韻

此與秦詞同,惟後段結句減二字異。

又一體

周　密

雙調一百一字,前段九句四仄韻,後段九句五仄韻。

晴絲罥蝶,暖蜜酣蜂,重簾卷春寂寂。雨萼煙梢,壓
○○●●句●●○○句○○●●●韻●●○○句●
闌干、花雨染衣紅濕。金鞍誤約,空極目、天涯草色。
○○讀○●●○○韻○●●句○○讀○○●●韻
閬苑玉簫人去後,惟有鶯知得。　餘寒猶掩翠户,
●●●○○●●句○●○○●韻　○○○●●●句
梁燕乍歸,芳信未端的。淺薄東風,莫因循、輕把杏
○●●○句○●●○●韻●●○○句●○○讀○●●
鈿狼籍。塵侵錦瑟。殘日紅窗春夢窄。睡起折枝無意
○○●韻○○●●韻●●○○○●●韻●●○○○●

緒,斜倚秋千立。
●句○●●○○●韻

　　此亦與秦詞同,惟前後段第三句各添一字,前段第四句、第六句及後段起句、第四句俱不押韻,又前段第八句、後段第七、八句俱不作折腰句法異。

遶佛閣一體

調見《清真樂府》。

遶佛閣

周邦彥

雙調一百字,前段十一句八仄韻,後段九句六仄韻。

暗塵四斂。樓觀迥出,高映孤館。清漏將短。厭聞夜
●○●●韻○●●●句○●○●韻○●◐●韻●○●
久、籤聲動書幔。桂花又滿。閒步露草,偏愛幽遠。花
、讀○○●●韻●○●韻○●●句○●○●韻◐
氣清婉。望中迤邐,城陰渡河岸。　倦客最蕭索,醉
◐●韻●○○●句○●◐○●韻　●●●○◐句◐
倚斜陽穿柳綫。還似汴堤、虹梁橫水面。看綠颺春
●○○○●●韻○●●、讀○○●●韻●●◐○
鐙,舟下如箭。此行重見。歎故友難逢,覊思空亂。兩
○句○◐○●韻○○◐韻●●●○○句○◐○●韻●
眉愁、向誰舒展。
○○讀●○○●韻

此詞衹有此體，吳文英、陳允平詞俱如此填。按：吳詞前段第四句"紅翠萬縷"，"萬"字仄聲。第九句"賦情縹緲"，"賦"字、"縹"字俱仄聲，"情"字平聲。陳詞第十句"重懷執手"，"重"字平聲。吳詞結句"花絮惹衣袂"，"絮"字仄聲。陳詞後段起句"料想鳳樓人"，"人"字平聲。吳詞第二句"人老春深鶯曉處"，"人"字平聲。陳詞第三句"憔悴淚漬、香銷嬌粉面"，"漬"字仄聲。第五句"隙駒流箭"，"駒"字平聲。譜内可平可仄據此。

渡江雲三體

周密詞名《三犯渡江雲》。

此調後段第四句例用仄韻，亦是三聲叶，乃一定之格。宋元人俱如此填，惟陳允平有全押平韻、全押仄韻二體。

渡江雲

周邦彥

雙調一百字，前段十句四平韻，後段九句一叶韻、四平韻。

晴嵐低楚甸，暖回雁翼，陣勢起平沙。驟驚春在眼，
⊙○○●●句●○●●句●●●○○韻●○○●●句
借問何時，委曲到山家。塗香暈色，盛粉飾、爭作妍
●●○○句●●●○○韻○○●●句●●●讀○●○
華。千萬絲、陌頭楊柳，漸漸可藏鴉。　　堪嗟。清江
○韻●●○讀●○○●句●●●○○韻　　○○韻○○
東注，畫舸西流，指長安日下。愁宴蘭、風翻旗尾，潮
⊙●句●●○○句●⊙○●●叶　●●○讀○○●●句○

濺烏紗。今宵正對初弦月，傍水驛、深檥蒹葭。沈恨
●○○韻●○●●○○●句●●●讀●●○○韻○●
處、時時自剔鐙花。
●讀●○●●○○韻

　　此調以此詞爲正體，若陳詞之全押平韻，皆變體也。
　　此詞後段第四句叶仄韻，宋楊澤民、陳允平、吳文英、盧祖皋、張炎、元吳澄、詹正諸詞，皆如此填。按：張詞前段起句"錦香繚繞地"，"錦"字仄聲。詹詞第二句"相量清苦"，"清"字平聲。張詞第三句"空自帶愁歸"，"空"字平聲。第四句"亂水流花外"，"水"字仄聲。第六句"都自可憐時"，"都"字平聲。別首第八句"還記得、前度秦嘉"，"還"字平聲。吳詞第九句"儘夜遊、不妨秉燭"，"儘"字、"秉"字俱仄聲。張詞"猶記得、當年深隱"，"得"字仄聲，"當"字平聲。吳詞後段第二句"一年一度"，兩"一"字俱仄聲。張詞第四句"做不成春意"，"不"字仄聲。第五句"渾未省、誰家芳草"，"省"字仄聲。吳詞第五、六句"但要教、啼鶯語燕，不怨盧郎"，"語"字、"不"字俱仄聲。吳詞第七句"問春春道何曾去"，"問"字仄聲，下"春"字平聲。陳詞第八句"南浦恨、風葦煙葭"，"南"字平聲。張詞"傍清池、足可幽栖"，"清池"二字俱平聲，"足"字仄聲。張詞結句"閒趣好、白鷗尚識天隨"，"白"字仄聲。吳詞"君看取、年年潘令河陽"，"潘"字平聲。譜内可平可仄據此，餘參陳平韻詞。

又一體

陳允平

雙調一百字，前段十句四平韻，後段九句五平韻。
桐花寒食近，青門紫陌，不禁綠楊煙。正長眉仙客，
○○●●句○○●●句●●●○○韻●○○○●句

來向人間，聽鶴語溪泉。清和天氣，爲栽培、種玉心
〇●〇〇句●●〇〇韻〇〇〇●句●〇〇讀●●〇
田。鶯晝長、一尊芳酒，容與看芝山。　　庭間。東風
〇韻〇●〇讀●〇〇●句〇●●〇〇韻　　〇〇韻〇〇
榆莢，夜雨苔痕，滿地欲流錢。愛墻陰、成蹊桃李，春
〇●句●●〇〇句〇●●〇〇韻〇〇●讀〇〇〇●句〇
自無言。殷勤曉鵲憑檐喜，丹鳳下、紅藥階前。蘭砌
●〇〇韻〇〇●●〇〇句●●●讀〇●〇〇韻〇●
繞、香飄舞袖斑斕。
●讀〇●●〇〇韻

此詞全押平韻。

又一體

陳允平

雙調一百字，前段十句四仄韻，後段九句五仄韻。

風流三徑遠，此君澹泊，誰與伴清足。歲寒人自得，
〇〇〇●●句●〇●●句〇●●〇●韻●〇〇●●句
傍石鋤雲，閒裏種蒼玉。琅玕翠立，愛細雨疏煙初
●●〇〇句〇●●〇●韻〇〇●●句●●●〇〇〇
沐。春晝長、秋風不斷，洗紅塵凡俗。　　高獨。虛心
●韻〇●●讀〇〇●●句●〇〇〇●韻　　〇●韻〇〇
共許，淡節相期，幾人間棋局。堪愛處、月明琴院，雪
●●句●●〇〇句●〇〇〇●韻〇●●讀●〇〇●句●
晴書屋。心盟更許青松結，笑四時、梅攀蘭菊。庭砌
〇〇●韻〇〇●●〇〇●句●●〇讀〇〇〇●韻〇●

繞、東風漸添新綠。
●讀○○●○○●韻

　　此詞全押仄韻。

臘梅香二體

　　此調有平韻、仄韻二體：仄韻者有吳、喻兩詞，平韻者止《梅苑》無名氏一詞。

臘梅香

　　　　　　　　　　　　　　吳師益
　　雙調一百字，前段十一句四仄韻，後段十句四仄韻。
錦里陽和，看萬木彫時，早梅獨秀。珍館瓊樓畔，正
●●○○句●●○○句●●●韻●●○○句●
絳跗初吐，穠華將茂。國艷天葩，真淡泞、雪肌清瘦。
●○○●句○○●韻●●○○句○●●讀●○○●韻
似廣寒宮，鉛華未御，自然妝就。　　凝睇倚朱闌，噴
●●○○句○○●●句●○○●韻　　○●●○○句●
清香暗度，易襲襟袖。好與花爲主，宜秉燭、頻觀泛
○○●●句●●○●韻●●○○●句○●●讀○●●
湘酎。莫待南枝，隨樂府、新聲吹後。對賞心人，良辰
○●韻●●○○句○●●讀○○●●韻●●○○句○○
好景，須信難偶。
●●句○●○●韻

　　此詞有喻明仲詞可校。按：喻詞前段第三句"小寒天氣"，

1295

"天"字平聲。第四句"未報春消息","未"字仄聲。第六句"淺苞纖蕊","淺"字仄聲。第八句"天付與、風流標致","風"字平聲。後段第二、三句"倚朱樓凝盼,素英如墜","凝"字、"英"字俱平聲。第五句"度幾聲、羌管惹愁思","度"字仄聲,"聲"字平聲,"管"字仄聲。第八句"且頻歡賞","頻"字平聲,"賞"字仄聲。結句"滿簪同醉","滿"字仄聲,"簪"字平聲。譜內可平可仄據此。

又一體

《梅苑》無名氏

雙調一百一字,前後段各十一句六平韻。

愛日初長。正園林,纔見萬木彫黃。檻外朝來,已見
●●○○韻●○○句○●●●○○韻●●○○句●●
數枝,復欲掩映迴廊。賜與東皇。付芳信、妝點江鄉。
○○句●●●●○○韻●●○○韻●●讀○●○○韻
想玉樓中,誰家艷質,試學新妝。　桃杏苦尋芳。縱
●●○○句○○●●句●●○○韻　○●●○○韻●
成蹊,豈能似恁清香。素艷妖嬈,應是盡夜,曾與明
○○句●○●●●○○韻●●○○句○●●●句○○
月風光。瑞雪濃霜,渾疑是、粉蝶輕狂。待拚吟賞,休
●○○韻●●○○韻○○●讀●●○○韻○○●句○
聽畫閣,橫笛悲傷。
●●句○●○○韻

此與仄韻詞體同,惟前後段第四、五、六句讀異。

大椿一體

調見《松隱集》,蓋應制壽詞也,取《莊子》"大椿"句爲名。

大椿

曹　勛

雙調一百字,前後段各九句四仄韻。

梅擁繁枝,香飄翠簾,鈞奏嚴陳華宴。誠孝感南極,
○●○○句○○●○句●○●○○●韻○●●○●句
正老人星現。垂眷東朝功慶遠,享五福、長樂金殿。
●●○○●韻○●○○○●●句●●●讀○●○●韻
茲時壽協七旬,慶古今來稀見。　　慈顏綠髮看更
○○●●○句●●○○○●韻　　○○●●○●
新,玉色粹温,體力加健。導引冲和氣,覺春生酒面。
○句●●●○句●●○●韻●●○○句●○○●●韻
龍章親獻龜臺祝,與中宮、同誠歡忭。億萬斯年,當
○○○●○○●句●○○讀○○○●韻●●○○句○
蓬萊、海波清淺。
○○讀●○○●韻

此調祇此一詞,無別首可校。

八音諧一體

調見曹勛《松隱集》，自注以八曲聲合成，故名。

八音諧

曹　勛

雙調一百字，前後段各九句四仄韻。

芳景到橫塘，官柳陰低覆，新過疏雨。望處藕花密，
○●●○○句○●○○●句○○○●韻●●●○●句
映煙汀沙渚。波靜翠展琉璃，似竚立、飄飄川上女。
●○○●韻○●●●○○句●●●讀○○○●●韻
弄曉色、正鮮妝照影，幽香潛度。　　水閣薰風對萬
●●●讀●○○●●句○○○●韻　　●●○○●●
姝，共泛泛紅綠，鬧花深處。移棹採初開，嗅金纓留
○句●●○○●句●○○●韻○●●○○句●○○
取。趁時凝賞池邊，預後約、淡雲低護。未飲且憑闌，
●韻○○○●○○句●●讀●○○●韻●●●○○句
更待滿、荷珠露。
●●●讀○○●韻

此調衹此一詞，無別首可校。

絳都春八體

蔣氏《九宮譜》注黃鍾宮。此調有平韻、仄韻兩體,宋詞多填仄韻,其用平韻者,惟陳允平一詞。

絳都春

吳文英

雙調一百字,前段十句六仄韻,後段九句六仄韻。

情黏舞綫。悵駐馬灞橋,天寒人遠。旋翦露痕,移得
○○●●韻●⊙●○○句○○○●韻●⊙●⊙句●⊙
春嬌栽瓊苑。流鶯長語煙中怨。恨三月、飛花零亂。
○○○●韻○○⊙●○○韻●⊙●讀⊙○○●韻
艷陽歸後,紅藏翠掩,小坊幽院。　　誰見。新腔按
●○○●句⊙○●●句●○○●韻　　⊙●韻○○●
徹,背鐙暗、共倚寶屏葱蒨。繡被夢輕,金屋妝深沈
●句●○●讀⊙●⊙○○●韻●●⊙○句○●○○○
香換。梅花重洗春風面。正溪上、參橫月轉。立禽飛
○●韻○○⊙●○○●韻●⊙●讀⊙○●●韻●○○
上金沙,瑞香霧暖。
●○○句●○●●韻

此調以此詞及蔣詞爲正體,若趙詞之後段起句不押短韻,劉詞之前段起句不押韻,《梅苑》詞之換頭句押韻,張、京二詞之減字,皆變體也。

此詞有吳詞別首及翁元龍、朱淑真詞可校。按:翁詞前段

第三句"同醉深院","醉"字仄聲。朱詞第八句"化工不管","不"字仄聲。吳詞別首結句"鏡空不見","不"字仄聲。翁詞後段第四句"霜被睡濃","霜"字平聲。朱詞第七句"更莫待、笛聲吹老","笛"字仄聲。譜內可平可仄據此,餘參所采仄韻詞。

此調前後段第五句例作拗體。如吳詞之別首"玉勒爭馳都門道","飄滿人間閒嬉笑",又一首"分得紅蘭滋吳苑","花底天寬春無限",又一首"啼濕宮黃池塘雨","招得花奴來尊俎",又一首"街馬衝塵東風細","爭擲金錢游人醉",正與此詞同,若各家則有出入矣。譜內校對諸詞,不得不詳注可平可仄,填者能悉如吳詞,始格律謹嚴也。

又一體

趙彥端

雙調一百字,前段九句六仄韻,後段九句五仄韻。

平生相遇。算未有、笑語閩山佳處。舊日文章,如今
○○○●韻●●●讀●●○○●韻●●　○○句○○
風味渾如許。眼前都是蓬萊路。但莫道、有人曾住。
○●○○●韻●○○●○○●韻●●讀●○○●韻
異時天上,種種風流,待君如故。　此是君家舊物,
●○○●句●●○○句●○○●韻　●●○○●●句
看九萬清風,爲君掀舉。舉上青雲,却憶梅花如舊
●●●○○句●○○●韻●●○○句●●○○○●
否。古人衰病今無緒。只種得、梅花盈圃。待君一過
韻●○○●○○●韻●●讀○○○●韻●○●●

山家，共斟露醑。
〇〇句●〇●●韻

此與吳詞同，惟前段第二、三句作九字一句，換頭句不藏短韻，第二句作五字、四字兩句異。

又一體

蔣　捷

雙調一百字，前後段各十句六仄韻。

春愁怎畫。正鶯背帶綠，酴醾花謝。細雨院深，淡月
〇〇●●韻●〇●●句〇〇〇●韻●●〇句●●
廊斜重簾挂。歸時記約燒鐙夜。早拆盡、秋千紅架。
〇〇●韻〇〇●●〇〇●韻●●讀〇〇〇●韻
縱然歸近，風光又是，翠陰初夏。　　婭姹。翦清泫
●〇●●句〇〇●●句●〇〇●韻　　●●韻〇●
白，恨玉佩罷舞，芳塵凝榭。幾擬倩人，付與蘭香秋
●句●●●●句〇〇〇●韻●●〇句●●〇〇
羅帊。知他墮策斜攏馬。在底處、垂楊樓下。無言暗
〇●韻〇〇●●〇〇●韻●●讀〇〇〇●韻〇〇
擁嬌鬟，鳳釵溜也。
●〇〇句●〇●●韻

此亦與吳詞同，惟後段第三句五字，第四句四字異。按：翁元龍詞"怕離柱斷絃，驚破金雁"，正與此同。

又一體

劉　鎮

雙調一百字，前段十句五仄韻，後段九句六仄韻。

和風乍扇，又還是去年，清明重到。喜見燕子，巧說
○○●●句●○○●句○○○●韻●●●●句●●
千般如人道。墻頭陌上青梅小。是處有、閒花芳草。
○○●韻○○●●○○●韻●●讀○○○●韻
偶然思想，前歡醉賞，牡丹時候。　當此三春媚景，
●○○●句○○●●句●○○●韻　○○○●●句
好連宵恣樂，情懷歌酒。縱有珍珠，難買紅顏長年
●○○●●句○○○●韻●●○○句○○○○○
少。從他烏兔茫茫走。更莫待、花殘鶯老。恁時歡笑。
●韻○○○●○○●韻●●讀○○○●韻●○○●韻
休把萬金換了。
○●●○●●韻

此與蔣詞同，惟前段起句不用韻，換頭句不藏短韻，後結四字一句、六字一句，又多押一韻異。

又一體

《梅苑》無名氏

雙調一百字，前段十句六仄韻，後段九句六仄韻。

東君運巧。向枝頭點綴，瓊英雖小。全是一般，風味
○○●●韻●○○●●句○○○●韻○●●句○●

花中最輕妙。橫斜疏影當池沼。似弄粉、初臨鸞照。
○○●○●韻○○○●○○●韻●●●讀○○○●韻
衆芳皆有，深紅淺白，豈能争早。　莫厭金尊頻倒。
●○○●句○○●●句●○○韻　●●○○○●韻
把芳酒賞花，追陪歡笑。有願告天，願天多情休教
●●●○句○●○●韻●●●○句●○○○○●
老。奇花也願休殘了。免樂事、離多歡少。易老難叙
●韻○○●●○○●韻●●●讀○○○●韻●●○○
衷腸，算天怎表。
○○句●○●●韻

此亦與蔣詞同，惟換頭句押韻，不藏短韻異。

又一體

張榘

雙調九十八字，前段十句六仄韻，後段九句六仄韻。

平山老柳。寄多少勝遊，春愁詩瘦。萬疊翠屏，一抹
○○●●韻●○●●○句○○○●韻●●●○句●●
江煙渾如舊。晴空闌檻今何有。寂寞文章身後。喚回
○○○○●韻○○○●○○●韻●●○○○●韻●○
奇事，青油上客，放懷尊酒。　知否。全淮萬里，羽
○●句○○●●句●○○●韻　○●韻○○●●句●
書静、草綠長亭津堠。小隊出郊，花底賡酬閒時候。
○●讀●●○○○●韻●●●○句○●○○○○●韻
和薰篝幕垂春晝。坐看蓉池波皺。主賓同會風雲，盛
○○○●○○●韻●●○○○●韻●○○●○○句●

名可久。
○●●韻

此亦與吳詞同，惟前後段第七句俱六字，各減一字異。

按：毛滂"餘寒尚峭"詞與此正同，但後段第三、四句"種雕菰向熟，碧桃猶小"，句法與此又不同。

又一體

京鏜

雙調九十八字，前後段各十句六仄韻。

昇平似舊。正錦里元夕，輕寒時候。十里輪蹄，萬户
○○●●韻●●○○句○○●韻●●○○句●●
簾帷香風透。火城鐙市争輝照。誰撒滿空星鬬。玉簫
○○○●韻●○○●●○○●韻○●●○○●韻●○
聲裏，金蓮影下，月明如畫。　　知否。良辰美景，豐
○●句○○●●句●○○●韻　　○●韻○○●●句○
歲樂國，從來希有。坐上兩賢，白玉爲山聯翩秀。笙
●●句○○○●韻●●○○句●●○○○●韻○
歌一片圍紅袖。切莫遣、銅壺催漏。杯行且與邦人，
○●●○○●韻●●讀○○○●韻○○●●○○句
共開笑口。
●○●●韻

此亦與吳詞同，惟前段第七句減一字，後段第三句減一字作四字兩句異。

又一體

陳允平

雙調九十八字，前段十句四平韻、一叶韻，後段九句四平韻、一叶韻。

鞦韆倦倚，正海棠半坼，不耐春寒。殢雨弄晴，飛梭
○○●●句●●○●●句●●○○韻●●○句○○
庭院繡簾閒。梅妝欲試芳情懶。翠顰愁入眉彎。霧蟬
○○●○○韻○○●●○○●叶●○○●○○韻●○
香冷，霞綃淚揾，恨襲湘蘭。　悄悄池臺步晚，任紅
○●句○○●●句●●○○韻　●●○○●●句●○
熏杏靨，碧沁苔痕。燕子未來，東風無語又黃昏。琴
○●●句●●○○韻●●●○句○○○●●○○韻○
心不度春雲遠。斷腸難託啼鵑。夜深猶倚，垂楊二十
○●●○○●叶●○○●○○韻●○○●句○○●●
四闌。
●○韻

此平韻體創自陳允平，宋元人無如此填者。

此詞前後段第六句兩仄韻，用本部三聲叶，蓋因仄韻體於此二句例必押韻也，填者宜依之。

琵琶仙一體

姜夔自度黃鍾商曲。

琵琶仙

姜　夔

雙調一百字，前段九句四仄韻，後段八句四仄韻。

雙槳來時，有人似、舊曲桃根桃葉。歌扇輕約飛花，
〇●〇〇句●〇、讀●〇〇〇●韻〇●〇●〇句
蛾眉正奇絶。春漸遠、汀洲自緑，更添了、幾聲啼鴂。
〇〇●〇●韻〇●讀〇〇●●句●〇●讀●〇〇韻
十里揚州，三生杜牧，前事休說。　又還是、宮燭分
●●〇〇句〇〇●●句〇●〇韻　●〇●讀〇●〇
煙，奈愁裏、匆匆換時節。都把一襟芳思，與空階榆
〇句●〇●讀〇〇●〇●韻●●〇〇●句●〇〇
莢。千萬縷、藏鴉細柳，爲玉尊、起舞迴雪。想見西出
●韻〇●●讀〇〇●●句●〇〇讀●●〇韻●●〇
陽關，故人初別。
〇〇句●〇〇●韻

此調衹有此詞，無別首可校。

換巢鸞鳳一體

調見《梅溪詞》，史達祖自製曲，因詞中有"換巢鸞鳳教偕老"句，取以爲名。或云前段用平韻，後段叶仄韻，"換巢"之義，疑出於此。

換巢鸞鳳

史達祖

雙調一百字,前段九句五平韻、一叶韻,後段十一句六叶韻。

人若梅嬌。正愁橫斷塢,夢繞溪橋。倚風融漢粉,坐
○●○○韻●○○●●句●○○●韻●○○●●句●
月怨秦簫。相思因甚到纖腰。定知我今無魂可銷。佳
●●○○韻○○○●●○韻●○●○○●●韻○
期晚,漫幾度、淚痕相照。　人悄。天渺渺。花外語
○●句●●●讀○○●叶　○●叶○●●叶○●●
香,時透郎懷抱。暗握荑苗,乍嘗櫻顆,猶恨侵階芳
○句○●○○●叶●●○○句●○○●句○●○○
草。天念王昌忒多情,換巢鸞鳳教偕老。溫柔鄉,醉
●叶○●○○●○○句○○○●○●叶○○○句●
芙蓉、一帳春曉。
○○讀●●○●叶

此詞前段用平韻,結句叶仄韻,後段全叶仄韻,蓋本部三聲叶也。或以後段第五句"暗握荑苗","苗"字點作平韻,不知此句與"乍嘗櫻顆"句對,無押韻之理。

此調祇有史詞一體,無別首宋詞可校。

東風第一枝四體

蔣氏《九宮譜》注大石調。

東風第一枝

史達祖

雙調一百字,前段九句四仄韻,後段八句五仄韻。

草脚愁蘇,花心夢醒,鞭香拂散牛土。舊歌空憶珠
●●○○句○○●●句○●○●●○●韻●○○○
簾,綵筆倦題繡户。黏雞貼燕,想立斷、東風來處。暗
○句●●●○●●韻○○●●句●●●讀○○○●韻●
惹起、一掬相思,亂若翠盤紅縷。　今夜覓、夢池秀
●●讀●●○○句●●●○○●韻　○●●讀●○●
句。明日動、探花芳緒。寄聲沽酒人家,預約俊遊伴
●韻●●●讀●○○●韻●○●●○○句●●●○●
侣。憐他梅柳,怎忍後、天街酥雨。待過了、一月鐙
●韻○○○●句●●●讀○○○●韻●●●讀●●○
期,日日醉扶歸去。
○句●●●○○●韻

此調以此詞爲正體,若吳詞之多押三韻,《梅苑》詞之少押
一韻,句讀參差,皆變體也。

此詞有史詞別首及高觀國、王之道、張翥、張雨詞可校。王
詞前段第二句"絳跗檀口","絳"字仄聲。高詞第三句"一枝天
地春早","一"字仄聲。王詞第四句"嫣然照雪精神","嫣"字
平聲,"照"字仄聲。張詞第五句"陽梢已含紅萼","陽梢"二字
俱平聲。王詞"消得東君眷與","東"字平聲。張詞第七句"誰
驚起、曉來梳掠","誰"字、"驚"字俱平聲。第九句"霜冷竹間
幽鶴","霜"字平聲。王詞後段第一句"寓心賞、還須吟醉",
"心"字平聲。第二句"赴目成、便衣歌舞","赴"字仄聲,"成"

字平聲。張詞"曾醉墮、無聲膩滑","無"字平聲。王詞第三句"情鍾束素無華","情"字平聲,"束"字仄聲。第四句"意在含愁不語","含"字平聲。張詞"高韻水仙羅襪","羅"字平聲。第六句"誰與贈、湘皋環玦","誰"字平聲。第七句"甚時得、重寫鸞牋","時"字平聲。王詞"折一枝、欲寄相思","枝"字平聲。張詞結句"看舞素鸞回雪","看"字平聲。譜內可平可仄據此,餘參所採諸詞。若譜內所採吳詞,前段第三句"獨"字入聲,第七句"洛"字入聲,後段結句"玉"字入聲,皆以入作平,不注可仄。

又一體

吳文英

雙調一百字,前段九句六仄韻,後段八句六仄韻。

傾國傾城,非花非霧。春風十里獨步。勝如西子妖
○●○○句○○○●韻○○●●●韻●○○●○
嬈,更比太真淡佇。鉛華不御。漫道有、巫山洛浦。似
○句●●●○●●韻○○●●韻●●讀○○●●韻●
恁地、標格無雙,鎮鎖畫樓深處。　曾被風、容易送
●●讀○●○○句●●●○○●韻　○○●讀○●●
去。曾被月、等閒留住。似花翻使花羞,似柳任從柳
●韻○●●讀●○○●韻●○○●○○句●●●○●
妒。不教歌舞。恐化作、綵雲輕舉。信下蔡陽城俱迷,
●韻●○○●韻●●●讀●○○●韻●●●○○●○句
看取宋玉詞賦。
●●●●○●韻

此與史詞同,惟前段第二句、第六句、後段第五句俱押韻異。

又一體

《梅苑》無名氏

雙調一百字,前段九句四仄韻,後段八句四仄韻。

臘雪初凝、東風遞暖,江南梅早先坼。一枝經曉芳
●●○○句○○●●句○○●●○●韻●○○●○
菲,幾處漏春消息。孤根寒艷,料化工、別施恩力。迴
○句●●●○●韻○○○●句●●○讀●○○●韻●
不與、桃李爭妍,自稱壽陽妝飾。　雪爛漫、怨蝶
●●讀○●○○句●●●○○●韻　●●●讀●●
未知,嗟燕過、畫樓綺陌。暗香空寫銀箋,素艷漫傳
●○句○●●讀●○●●韻○○○●○○句●●●○
妙筆。王孫輕顧,便好與、移栽京國。更免逐、羌管彤
●●韻○○○●句●●●讀○○○●韻●●●讀○●○
零,冷落暮山寒驛。
○句●●●○○●韻

此與史詞同,惟後段起句不用韻異。

又一體

《梅苑》無名氏

雙調一百字,前段十句五仄韻,後段八句三仄韻。

溪側風回,前村霧散。寒梅一枝初綻。雪艷凝酥,冰
○●○○句○○●●韻○○●●○●韻●●○○句○
肌瑩玉,嫩條細軟。歌臺舞榭,似萬斛、珠璣飄散。異
○●●句●●●●韻○○●●句●●●讀○○○●韻●

衆芳、獨占東風,第一點裝瓊苑。　　青萼點、絳脣
●○讀●●○○句●●●○○●韻　　○●●讀●○
疏影,瀟灑噴、紫檀龍麝,也知青女嬌羞,壽陽懶勻
○●句○●●讀●○○●句●○○●○句●●○
粉面。江梅臘盡,武陵人、應知春晚。最苦是、皎月臨
●●韻○○●●句●○○讀○○●韻●●讀●●○
風,畫樓一聲羌管。
○句●○●○○●韻

此亦與史詞同,惟前段第四、五句作四字三句,後段第一、二句俱不押韻異。

高陽臺三體

高拭詞注商調。劉鎮詞名《慶春澤慢》,王沂孫詞名《慶春宮》。

高陽臺

劉　鎮

雙調一百字,前後段各十句四平韻。

鐙火烘春,樓臺浸月,良宵一刻千金。錦步承蓮,綵
●●○○句○○●●句○●●●○○韻●●○○句●
雲簇仗難尋。蓬壺影動星毬轉,映兩行、寶珥瑤簪。
○●●○○韻○○●●○○●句●●○讀●●○○韻
恣嬉遊,玉漏聲催,未歇芳心。　　笙歌十里誇張
●○○句●●○○句●●○○韻　　○○●●○○

地,記年時行樂,憔悴而今。客裏情懷,伴人閒笑閒
●句●○●●句●●○○韻●●●○○句●●●○
吟。小桃未盡劉郎老,把相思、細寫瑤琴。怕歸來,紅
○韻●○●●●○○●句●●○讀●●○○韻●○○句●
紫欺風,三徑成陰。
●○○句●●●○○韻

　　此調以此詞爲正體,若蔣詞之換頭句押韻,張炎詞之前後
段第八句押韻,皆變體也。
　　此詞有吳文英、王沂孫、李彭老、李萊老、王億之等詞可
校。按:吳詞前段第二句"雪消蕙草","雪"字仄聲。李彭老
詞第五句"誰念減盡芳雲","念"字仄聲。李萊老詞"流來疑
是行雲","疑"字平聲。張詞第六句"鬒貂飛入平原草",
"鬒"字仄聲,"飛"字平聲。李彭老詞"幺鳳叫晚吹晴雪",
"鳳"字仄聲。吳詞後段起句"壽陽宮裏愁鸞鏡","壽"字仄
聲,"宮"字平聲。第二、三句"解勒回玉輦,霧掩山羞","勒"
字仄聲。李彭老詞第四、五句"環佩無聲,草暗臺榭春深",
"環"字平聲,"暗"字仄聲。第六句"欲倩怨笛傳清譜","倩"
字仄聲。王詞"無端枝上啼鳩喚","枝"字平聲。第七句"便
等閒、孤枕驚回","孤"字平聲。譜内可平可仄據此,餘參
下二詞。

又一體

蔣　捷

雙調一百字,前段十句四平韻,後段十句五平韻。
燕卷晴絲,蜂黏落絮,天教綰住閒愁。閒裏清明,匆
●●○○句○○●●句○○●●○○韻○●○○句○

匆粉濕紅羞。鐙搖縹暈茸窗冷，語未闌、娥影分收。
○●●○○韻○○●●○○句●●○讀○●○○韻
好傷情，春也難留，人也難留。　芳塵滿目悠悠。
●○○句○●○○句○●○○韻　　○○●●○○韻
爲問縈雲佩響，還繞誰樓。別酒纔斟，從前心事都
●●○○●●句○●○○韻●●○○句○○○●○
休。飛鶯縱有風吹轉，奈舊家、苑已成秋。莫思量，楊
○韻○○●●○○句●●○讀●●○○韻●○○句○
柳灣西，且棹吟舟。
●○○句●●○○韻

　　此與劉詞同，惟後段起句減一字又押韻，第二句作六字句異。按：王沂孫詞："篝熏鵲錦熊氈。一任粉融脂浣，猶怯癡寒。"正與此同。

又一體

張　炎

雙調一百字，前後段各十句五平韻。

接葉巢鶯，平波卷絮，斷橋斜日歸船。能幾番遊，看
●●○○句○○●●句●○○○○韻○●○○句●
花又是明年。東風且伴薔薇住，到薔薇、春已堪憐。
○●●○韻○○●●○○句●○○讀○●○○韻
更淒然。萬綠西泠，一抹荒煙。　當年燕子知何
●○○韻○●○○句●●○○韻　　○○●●○○
處，但苔深韋曲，草暗斜川。見說新愁，如今也到鷗
句●○○●句●●○○韻●●○○句○○●●○

邊。無心再續笙歌夢，掩重門、淺醉閒眠。莫開簾。怕
○韻○○●●○○●句●●○○讀●●○○韻●○○韻●
見飛花，怕聽啼鵑。
●○○句●●○○韻

此與劉詞同，惟前後段第八句皆押韻異。按：張詞別首："夜沈沈。不信歸魂，不到花深。""更關情。秋水人家，斜照西泠。"李彭老詞："感彫零。殘縷遺鈿，迤邐成塵。""轉銷凝。點點隨波，望極江亭。"正與此同。

春夏兩相期一體

調見《竹山詞》。

春夏兩相期

蔣　捷

雙調一百字，前段九句五仄韻，後段十句五仄韻。

聽深深、謝家庭館。東風對語雙燕。似說朝來，天上
●○○讀●○○●韻○○●●○●韻●●○○句○●
婺星光現。金裁花誥紫泥香，繡裹藤輿紅茵軟。散蠟
●○○●韻○○●●●○○句●●○○○○●韻●●
宮輝，行鱗廚品，至今人羨。　西湖萬柳如綫。料
○○句○○●句●○○●韻　○○●●○●韻●
月仙當此，小停飆輦。付與長年，教見海心波淺。縈
●○○●句●○○●韻●●○○句●●●○○●韻○

雲玉佩五侯門，洗雪華桐三春苑。慢拍調鶯，急鼓催
○●●●○○句●●○○○●韻●●○○句●●○
鶯，翠陰生院。
○句●○○●韻

<space>此調衹有此詞，無別首可校。

垂楊二體

<space>調見陳允平《日湖漁唱》，本詠垂楊，即以爲名。

垂楊

<space><space><space><space><space><space><space><space>陳允平

<space>雙調一百字，前後段各九句六仄韻。
銀屛夢覺。漸淺黃嫩綠，一聲鶯小。細雨輕塵，建章
○○●●韻●◐○○句◐○○韻●●○○句●○
初閉東風悄。依然千樹長安道。翠雲鎖、玉窗深窈。
○●●○○韻◐○○○○●韻●○●讀●○○●韻
斷橋人、空倚斜陽，帶舊愁多少。　還是清明過
●○○讀○●○○句◐●○●韻　　◐●○○●
了。任煙縷露條，碧纖青裊。恨隔天涯，幾回惆悵蘇
●韻●○●●○句●○○●韻●●○○句●○○●○
堤曉。飛花滿地誰爲埽。甚薄倖、隨波縹緲。縱啼鵑、
○●韻○○●●○○●韻●●●讀○○●●韻●○○讀
不喚春歸，人自老。
●●○○句○●●韻

此調祇有白樸詞可校,故可平可仄即參白詞句法相同者。後段第八句"縱"字,從周密《絕妙好詞》添入。

又一體

白　樸

雙調九十八字,前段九句五仄韻,後段八句五仄韻。

關山杜宇。甚年年喚得,韶光歸去。怕上高城望遠,
○○●●韻●○○●●句○○○●韻●●○○●●句
煙水迷南浦。賣花聲動天街曉,總吹入、東風庭户。
○●○○●韻●○○●○○●句●●●讀○○○●韻
正紗窗、濃睡覺來,驚翠蛾愁聚。　　一夜狂風橫
●○○讀○●●○句○●○●韻　　●●○○●
雨。恨西園媚景,匆匆難駐。試把芳菲點檢,鶯燕渾
●韻●○○●●句○○○●韻●●○○●●句○○○
無語。玉纖空折梨花撚,對寒食、厭厭心緒。問東君、
○●韻●○○●○○●句●○●讀●○○●韻●○○讀
落花誰爲主。
●○○●●韻

此與陳詞同,惟前後段第四句俱六字,第五句俱四字,第六句俱不押韻,後段結句減二字異。

采綠吟一體

宋周密自度曲,取詞中起句二字爲調名。

采緑吟

周密

雙調一百字，前段十句三平韻、一叶韻，後段九句一叶韻、三平韻。

采緑鴛鴦浦，放畫舸、水北雲西。槐薰入扇。柳陰浮
●●○○●句●●●讀●●○○韻○○●●句●○○
檠，花露侵詩。點塵飛不到，冰壺裏、紺霞淺壓玻璃。
●句○●○○韻●○○●●句○○●讀●○●●○○韻
想明璫，凌波遠，依依心事誰寄。　移棹艤空明，
●○○句○○●句○○●●○●叶　○●●○○句
蘋風度、瓊絲霜管清脆。咫尺挹幽香，悵隔岸紅衣。
○○●讀○○○●○●叶●●●○○句●●●○○韻
對滄洲、心與鷗閒，吟情渺、蓬萊共分題。停杯久，涼
●○○讀○●○○句○○●讀○○●○○韻○○●句○
月漸生，煙含翠微。
●●○句○○●○韻

此調祇有此詞，無別首可校。

此詞前結、後起兩仄韻，用古韻本部三聲叶。

長壽仙一體

調見《松雪集》。

長壽仙

趙孟頫

雙調一百字，前段十句四平韻、兩叶韻，後段九句三平韻、三叶韻。

瑞日當天。對絳闕蓬萊，非霧非煙。翠光飛禁苑，正
●●○○韻●●○○句○●○○韻●○○●●句●
淑景芳妍。綵仗和風細轉。御香飄滿黃金殿。萬國會
●●○○韻●●○○●●叶●○○●○○叶●●●
朝，喜千官拜舞，億兆同歡。　　福祉如山如川。應
○句●○○●●句●○○韻　　●●○○○韻●
玉渚流虹，璇樞飛電。八音奏舜韶，度玉燭調元。歲
●●○○句○○●叶●○○●句●●●○○韻●
歲龍輿鳳輦。九重春醉蟠桃宴。天下太平，祝吾皇、
●○○●●叶○○○●○○叶○●●○句●○○讀
壽與天地齊年。
●●○●○○韻

此調祇有此詞，無別首可校。

此平仄韻互叶，元詞也。然遵古韻本部三聲叶，與元曲《中原音韻》不同。

雪夜漁舟一體

調見《虛靖真人詞》，因詞中有"自棹孤舟，順流觀雪"句，取以爲名。

雪夜漁舟

虛靖真人

雙調一百字，前後段各十一句六仄韻。

晚風歇。漫自棹孤舟，順流觀雪。山聳瑤岑，林森玉
●○●韻●●○○句○○●韻○●○○句○○●
樹，高下盡無分別。襟懷澄徹。更没箇、故人堪説。怳
句○●●○○●韻○○●韻●●讀○○●韻
然塵世，如居天上，水晶宮闕。　　萬塵聲影絶。瑩
○○●句○○●句●○○韻　　○○●●韻●
虛空無外，水天相接。一葉身輕，三花頂聚，永夜不
○○●句●○○●韻●●○○句○○●●句●●
愁寒冽。漫憐薄劣。但祇解、附炎趨熱。停橈失笑，知
○○●韻●○●●韻●●讀●○○●韻○○●句○
心都付，野梅江月。
○●●句●○○●韻

此調祇有此詞，無別首可校。

惜寒梅一體

調見《復雅歌詞》，因詞有"喜寒梅、却與雪期霜約"句，取以爲名。

惜寒梅

《復雅歌詞》無名氏

雙調一百字,前段九句五仄韻,後段十句六仄韻。

看盡千花,喜寒梅、却與雪期霜約。雅態香肌,迥有
●●○○句●○○讀●○●○●韻●●○○句●●
天然澹泊。五侯園囿恣遊樂。憑闌處、重開繡幕。秦
○○●●韻●○○●●○●韻○○●讀○○●●韻○
娥妝罷,自遠相從,艷過京洛。　天涯再見素萼。
○○●句●●○○句●○●韻　　○○●●●●韻
似凝愁向人,玉容寂寞。江上飄零,怎把芳心付託。
●○○●○句●○●●韻○●○○句●●○○●●韻
那堪風雨夜來惡。便減動、一分瘦削。直須沈醉,尤
○○○●●○●韻●●●讀●○●●韻●○○●句○
香殢雪,莫待吹落。
○●●句●●○●韻

此調祇有此詞,無別首可校。

惜花春起早慢一體

調見《高麗史·樂志》,即賦題本意。

惜花春起早慢

《高麗史‧樂志》無名氏

雙調一百字，前段八句四仄韻，後段九句四仄韻。

向春來，覷園林、繡出滿檻鮮蕚。流鶯海棠枝上弄
●○○句●○○讀●●●●○韻○○●○○●●
舌，紫燕飛繞池閣。三眠細柳，垂萬條、羅帶柔弱。爲
●句●●●●●韻○○●●句○●○讀○●○●韻●
思量、昨夜去看花，猶自斑駁。　　須拌盡日尊前，
○○讀●●●○○句○●○●韻　　○○●●○○句
當媚景良辰，且恁歡謔。更闌夜深秉燭，對花酌、莫
○●●○○句●●○●韻○○●○●●句●○●讀●
孤輕諾。鄰雞唱曉，驚覺來、連忙梳掠。向西園、惜群
○○●韻○○●●句●●○讀○○●●韻●○○讀●○
葩，恐怕狂風吹落。
○句●●○○●韻

此調祇有此詞，無別首可校。

詞譜卷二十九

鳳歸雲三體

唐教坊曲名，柳永《樂章集》平韻一百一字者注仙呂調，仄韻一百十八字者注林鍾商調。

鳳歸雲

柳　永

雙調一百一字，前段十句四平韻，後段十一句三平韻。

向深秋，雨餘爽氣肅西郊。陌上夜闌，襟袖起涼飆。
●〇〇句●〇●●●〇〇韻●●●〇句〇●●〇〇韻
天末殘星，流電未滅，閃閃隔林梢。又是曉雞聲斷，
〇●〇〇句〇●●●句●●●〇〇韻●●●〇〇●句
陽烏光動，漸分山路迢迢。　　驅驅行役，苒苒光
〇〇〇●句●〇〇●〇〇韻　　〇〇〇●句●●〇
陰，蠅頭利祿，蝸角功名，畢竟成何事、漫相高。拋擲
〇句●〇●●句〇●〇〇句●●〇〇●讀●〇〇韻〇●
林泉，狎翫塵土，壯節等閒銷。幸有五湖煙浪，一船
〇〇句●●〇●句●●●〇〇韻●●●〇〇●句●〇
風月，會須歸老漁樵。
〇●句●〇〇●〇〇韻

此體押平韻者，祇有趙詞可校，譜內可平可仄悉參之。

又一體

趙以夫

雙調一百字，前段十句五平韻，後段十一句三平韻。

正愁予，可堪去馬便騑騑。擬折一枝。堤上萬垂絲。
●○○句●○●●○○韻●●●○韻○●●○○韻
離思無邊，離席易散，落日照清漪。苦是禁城催鼓，
○●○○句●●●●句●●●○○韻●●○○○●句
虛牀難寐，夢魂無路歸飛。　陡寒還熱，急雨隨晴，
○○○●句●○○●○○韻　●○○●句●●○○句
化工無準，將息偏難，更向分攜處、立多時。吟鬢彫
●○○●句●●○●句●●○○●讀●○○韻○●○
霜，世味嚼蠟，病骨怯朝衣。我有一壺風月，荔丹芝
○句●●●●句●●●○○韻●●●○○●句●○○
紫，約君同話心期。
●句●○○●○○韻

此與柳詞同，惟前段第三句多押一韻異。

又一體

柳　永

雙調一百十八字，前段十句四仄韻，後段十一句五仄韻。

戀帝里、金谷園林，平康巷陌，觸處繁華，連日疏狂，
●●●讀○●○○句○○●●句●●○○句○●○○句

未嘗輕負、寸心雙眼。況佳人、盡天外行雲，堂上飛
●○○●讀●○○●韻●○○讀●○●○○句○●○
燕。向玳筵、一一皆妙選。長是因酒沈迷，被花縈絆。
●韻●●○讀●●●皆妙選●○●○○句●○●韻
更可惜、淑景亭臺，暑天枕簟。霜月夜明，雪霰朝
●●●讀●●○○句●●●韻○●●○句●●○
飛，一歲風光，盡堪隨分、俊遊清宴。算浮生事、瞬息
○句●●○○句●○○●讀●○○●韻●○○●讀●●
光陰，錙銖名宦。正歡笑、試恁暫分散。即是恨雨愁
○○句○○●韻●○●讀●●●○●韻●●●●○
雲，地遙天遠。
○句●○○●韻

　　此體押仄韻，與平韻詞句讀不同，宮調亦異，無別首宋詞可校。

　　汲古閣刻《樂章集》"霜月夜明"句，脫一"明"字，今照《花草粹編》增定。起處二十七字始用韻，恐有誤，但無善本可校，姑仍之。

木蘭花慢十二體

宋柳永《樂章集》注高平調。

木蘭花慢

柳　永

雙調一百一字，前段十句五平韻，後段十句七平韻。

圻桐花爛漫，乍疏雨、洗清明。正艷杏燒林，緗桃繡
●○○●●句●●●讀●○○韻●●●○○句○●●
野，芳景如屏。傾城。盡尋勝賞，驟雕鞍紺幰出郊坰。
●句●●○○韻○○韻●○●●句●○○●●●○○韻
風暖繁絃脆管，萬家競奏新聲。　　盈盈。鬭草踏青。
○●○○●●句●○●●○○韻　　○○韻●●●○韻
人艷冶、遞逢迎。向路旁、往往遺簪墜珥，珠翠縱橫。
○●●讀●○○韻●●讀●●○○●●句○●●○韻
歡情。對佳麗地，任金罍罄竭玉山傾。拚却明朝永
○○韻●○●●句●○○●●●○○韻●●○○●
日，畫堂一枕春醒。
●句●○●●○○韻

　　此調押短韻者以柳詞二首爲正體，若蔣詞之句讀小異，曹詞之句讀參差，乃變格也。

　　此詞前段第六句、後段第一句、第七句皆押短韻。張炎詞前後段第八句"怕依然認得米家船"，"好林泉都在臥遊編"，又藏"然"、"泉"二韻於句中，此亦偶然，非定格也。

　　按：李萊老詞前段第一句"向煙霞堆裏"，"堆"字平聲。張炎詞第二句"青未了、路婆娑"，"青"字平聲，"未"字仄聲。柳詞別首第三句"詠人物鮮明"，"人"字平聲。趙孟頫詞第四句"故家喬木"，"故"字仄聲，"喬"字平聲。李彭老詞第七句"滿階榆莢"，"榆"字平聲。李萊老詞第九句"曉色千松逗冷"，"曉"字仄聲。趙詞"拚却眼迷朱碧"，"眼"字仄聲，"朱"字平聲。第十句"慚無筆寫瓊瑰"，"慚"字平聲。張詞後段第二句"歌引巾車"，"歌"字、"巾"字俱平聲。吳文英詞第五句"一杯新詩"，"一"字仄聲。李彭老詞第七句"夢雲飛遠"，"飛"字平聲。吳詞第八句"更軟紅先有探芳人"，"軟"字仄聲，"先"字平

1325

聲。李詞第九句"三十六梯樹杪","六"字仄聲。趙詞"但願朱顏長在","長"字平聲。吳詞結句"落梅煙雨黃昏","煙"字平聲。譜內可平可仄據此,餘參柳詞別首及蔣、曹二詞。

又一體

柳　永

雙調一百一字,前段十句五平韻,後段十一句六平韻。

倚危樓竚立,乍蕭索、晚晴初。漸素景衰殘,風砧
●○○●句●○●讀●○○韻●●○○句○○●
冷,霜葉紅疏。雲衢。見新雁過,奈佳人自別阻音書。
●句○●○○韻○○韻●●○句○●○●●○○韻
空遣悲秋念遠,寸腸萬恨縈紆。　皇都。暗想歡遊,
○●●○●●句●○●●○○韻　○○韻●●○○句
成往事、動欷歔。念對酒當歌,低幃並枕,翻恁輕孤。
○●●讀●○○韻●●○○句○○●●句○●○○韻
歸塗。縱凝望處,但斜陽暮靄滿平蕪。贏得無言悄
○○韻●○●●句●○○●●○○韻○●○○●
悄,憑闌盡日踟躕。
●句○○●●○韻

此與"坼桐花"詞同,惟後段第二句不押韻,第四句攤破作兩句異。

又一體

蔣　捷

雙調一百一字,前段十句五平韻,後段十一句七平韻。

傍池闌倚遍，問山影、是誰偸。但鷺斂瓊絲，鴛藏繡
●○○●●句●○●讀●○○韻●●●○○句○○●
羽，礙浴妨浮。寒流。暗衝片響，似犀椎帶月靜敲秋。
●句●●○○韻○○韻●●●句●○○●●○○韻
因念凉荷院宇，粉丸曾泛金甌。　　妝樓。曉澀翠罍
○○●●○○句●○○●●○○韻　　○○韻●●○
油。倦鬟理還休。更有何意緒，憐他半夜，瓶破梅愁。
○韻●●●○○韻●●○●●句○○●●句○●○○韻
紅裯。淚乾萬點，待穿來寄與薄情收。只恐東風未
○○韻●○●●句●●○●●●○○韻●●○○●
轉，誤人日望歸舟。
●句●○●●○○韻

　　此與前詞同，惟後段第二、三句俱作五字句異。

又一體

曹　勛

　　雙調一百一字，前段十一句五平韻，後段十一句六平韻、一
重韻。

斷虹收霽雨，卷簾幕、與風期。正燕子將雛，鶯兒弄
●○○●●句●○●讀●○○韻●●●○○句○○●
巧，日影遲遲。酴醿。牡丹過也，但遊絲上下網晴暉。
●句●●○○韻○○韻●●●句●○○●●●○○韻
三月韶華，轉頭易失，密蔭勻齊。　　常思。入夏景偏
○●○○句●●●●句●●○○韻　　○○韻●●●○
奇。是梅雨霏微。更乍著輕紗，凉搖素羽，翠點清池。
○韻●○●○○韻●●●○○句○○●●句●●○○韻

還思。　故山舊隱，想蘢蔥翠竹鎖窗扉。獨倚西樓漫
○○重韻●　○●●句●○○●●●○○韻●●○○●
久，此懷冷淡誰知。
久，此懷冷淡誰知。
●句●○●●○○韻

此與蔣詞同，惟前段第九、十句攤破六字兩句作四字三句異。

又一體

程垓

雙調一百一字，前段九句四平韻，後段九句五平韻。

倩嬌鶯姹燕，説不盡、此時情。正小院春闌，芳園晝
⊖⊖○●句●●●讀●○○韻●●○○句⊖⊖
鎖，人去花零。憑高試回望眼，奈遥山遠水隔重雲。
●句●●○○韻⊖⊖●●○●句⊖○⊖●●○○韻
誰遣風狂雨横，便教無計留春。　情知雁杳與鴻
⊖●○○●●句●○○●○○韻　⊖○●●●○
冥。自難寄丁寧。縱竹院鼙深，桃門笑在，知屬何人。
○韻●○●○○韻●●●⊖○句⊖○●●句⊖●○○韻
衣篝幾回忘了，奈殘香猶有舊時熏。空使風頭卷絮，
⊖○⊖○⊖●句●○○⊖●●○○韻⊖●○○●●句
爲他飄蕩花城。
⊖○⊖●○○韻

此調不押短韻者以此詞爲正體，若李詞以下之句韻不同，曾詞以下之添字減字，皆變格也。

黄機詞前段起句"歎鏡中白髮"，"鏡"字仄聲。張榘詞"漸稠紅飛盡"，"飛"字平聲。京鏜詞第二句"皆勝賞、況重陽"，

"皆"字平聲。辛棄疾詞第六句"蜀人從來好事","蜀"字仄聲,"從"字平聲。王炎詞"青鳥杳無消息","鳥"字仄聲。辛詞後段第一句"近來堪入畫圖看","堪"字平聲。黃詞第六句"此事正煩公等","此事"二字俱仄聲。譜內據此,餘參後詞。

又一體

李芸子

雙調一百字,前段九句四平韻,後段十句六平韻。

占西風早處,一番雨、一番秋。記故國斜陽,去年今
●〇〇●●句●〇〇讀●〇〇韻●●●〇〇句●〇〇
日,落葉林幽。悲歌幾回激烈,寄疏狂、酒令與詩籌。
●句●●〇〇韻〇〇●●●●句●〇〇讀●●●〇〇韻
遺恨清商易改,多情紫燕難留。　嗟休。觸緒繭絲
〇●〇〇●●句〇〇●●〇〇韻　〇〇韻●●●〇
抽。舊事續何由。奈予懷渺渺,羈愁鬱鬱,歸夢悠悠。
〇韻●●〇〇韻●〇〇●●句〇〇●●句〇●〇〇韻
生平不如老杜,便如他、飄泊也風流。寄與庭柯徑
〇〇●〇●●句●〇〇讀〇●●〇〇韻●●〇〇●
菊,甚時得棹孤舟。
●句●〇●●〇〇韻

此與程詞同,惟換頭句仍押短韻異。

又一體

嚴仁

雙調一百一字,前段九句四平韻,後段九句五平韻。

東風吹霧雨，更吹起、袂衣寒。正莽莽藜林，潭潭伐
○○○●●句●○●讀●○○韻●●●○○句○●
鼓，鬱鬱焚蘭。闌干曲、多少意，看青煙如篆繞溪灣。
●句●●○○韻○○讀○●●句●○○●●○○韻
桑柘綠陰猶薄，杏桃紅雨初翻。　　飛花片片走潺
○●●○○●句●○○●○○韻　　○○●●●○
湲。問何日西還。歎擾擾人生，紛紛離合，渺渺悲歡。
○韻●○●○○韻●●●○○句○○○●句●●○○韻
想雲輧、何處也，對芳時、應只在人間。惆悵回紋錦
●○○讀○●●句●○○讀●●●○○韻○●○○●
字，斷腸斜日雲山。
●句●○○●○○韻

此亦與程詞同，惟前後段第六句折腰句法異。

又一體

呂渭老

雙調一百一字，前段九句四平韻，後段十句五平韻。

石榴花謝了，正荷葉、蓋平池。試瑪瑙杯深，琅玕簟
●○○●●句●○●讀●○○韻●●●○○句○○●
冷，臨水簾帷。知他故人甚處，晚霞明斷浦、柳枝垂。
●句○●○○韻○○●○●●句●○○●●讀●○韻
惟有松風水月，向人長似當時。　　依依。望斷水窮
○●○○●●句●○○●○○韻　　○○韻●●●○
雲起處，是天涯。奈燕子樓高，江南夢斷，虛費相思。
○●●句●○○韻●●●○○句○○●●句○●○○韻

新愁暗生舊恨，更流螢弄月入紗衣。除却幽花軟草，
○○●○●●句●○○●●●○○韻○●○○●●句
此情未許人知。
●○●●○○韻

　　此與李詞同，惟後段第二句七字，第三句三字異。

又一體

劉應雄

　　雙調一百二字，前段九句四平韻，後段九句五平韻。

梅妝堪點額，覺殘雪、未全消。忽春遞南枝，小窗明
○○○●●句●○●讀●○○韻●○●○○句●○○
透，漸褪寒驕。天公似憐人意，便挽回和氣做元宵。
●句●●○○韻○○●●○○●句●●○○●●○○韻
太守公家事了，何妨銀燭高燒。　旋開鐵鎖粲星
●●○○●●句○○○○○○韻　●○●●●○
橋。快鐙市、客相邀。且同樂時平，唱彈絃索，對舞纖
○韻●○●讀●○○韻●○●○○句●●○●句●○
腰。傳柑記陪佳宴，待説來、須更換金貂。只恐出關
○韻○○●○○●句●○●讀○●●○○韻●●●○
人早，雞鳴又報趨朝。
○●句○○●●○○韻

　　此亦與程詞同，惟後段第二句作六字折腰句法異。

又一體

曾覿

雙調一百一字，前段十句四平韻，後段九句五平韻。

正枝頭荔子，晚紅皺、裊薰風。對碧瓦迷雲，青山似
●○○●●句●○●讀●○韻●●●○○句○○●
浪，返照浮空。高臺稱吟眺處，繁華清勝，兩兩無窮。
●句●●○○韻○○●●●句○○○●句●●○○韻
簾卷榕陰暮合，萬家香靄溟濛。　　年光冉冉逐飛
○●○●●句●○○●○○韻　　○○●●●○
鴻。歎雨跡雲蹤。漸暑退蘭房，涼生象簟，知與誰同。
○韻●●●○○韻●●●○○句○○●●句○●○○韻
臨鸞晚妝初罷，怨清宵好夢不相逢。看即天涯秋也，
○○●○●句●○○●●●○韻●●○○○●句
恨隨一葉梧桐。
●○●●○○韻

此與程詞同，惟前段第七句作四字兩句異。

又一體

盧祖皋

雙調一百字，前段九句四平韻，後段八句五平韻。

汀蓮彫晚艷，又蘋末、起秋風。漫搔首徐吟，微雲河
○○○●●句●●●讀●○○韻●○●○○句○○○
漢，疏雨梧桐。飄零倦尋酒醆，記那回歌管小樓中。
●句○●○○韻○○●●●句●●○●●●○○韻

玉果蛛絲暗卜，鈿釵蟬鬢輕籠。　吳雲別後重重。
●●○○●●句●○○●○○韻　○○●●○○韻
涼宴幾時同。縱人間、信有犀靈鵲喜，密意難通。雙
○●●○○韻●○○讀●●○○●●句●●○○韻○
星分攜最苦，念經年猶有一相逢。寂寞橋邊舊月，可
○○●●句●○○●●●○○韻●●○○●●句●
堪頻照西東。
○○●○○韻

　　此亦與程詞同，惟換頭句六字，第三、四句攤破句法作九字
一句異。

又一體

《梅苑》無名氏

　雙調一百三字，前段九句四平韻，後段九句五平韻。
飽經霜古樹，怕春寒、趁臘引青枝。逗一點陽和，隔
●○○●●句●○○讀●●○○韻●●●○○句●
年信息，遠報佳期。淒葩未容易吐，但凝酥半面點胭
○●●句●●○○韻○●●○○●句●○○●●○
脂。山路相逢駐馬，暗香微染征衣。　風前裊裊含
○韻○●○○●●句●○○●○○韻　○○●●○
情，雖不語、引長思。似怨感芳姿。山高水遠，折贈何
○句○●●讀●○○韻●●●○○韻○○●●句●●
遲。分明為傳驛使，寄一枝春色寫新詞。寄與市橋官
○韻○○●○●●句●●○○●●○○韻●●●○○
柳，此先占了芳菲。
●句●○●●○○韻

此亦程詞體，惟前段第二句添二字，換頭句減一字，第二句作折腰句法異。

彩雲歸一體

《宋史·樂志》仙呂調，《樂章集》注中呂調。

彩雲歸

柳永

雙調一百一字，前段八句五平韻，後段十句五平韻。

蘅皋向晚橪輕航。卸雲帆、水驛魚鄉。當暮天霽色如
〇〇●●〇〇韻●〇〇讀●●〇〇韻〇●〇●●〇
晴晝，江練靜、皎月飛光。那堪聽、遠村羌笛，引離人
〇●句〇●●讀●●●〇〇韻〇●讀〇〇●句〇〇
斷腸。此際恨、浪萍風梗，度歲茫茫。　堪傷。朝歡
●〇韻●●讀●〇〇句●〇〇韻　〇〇韻〇〇
暮散，被多情、賦與淒涼。別來最苦，襟帶依約，尚有
●●句●〇〇讀●●〇〇韻●〇●●句〇●〇●句●●
餘香。算得伊、鴛衾鳳枕，夜永爭不思量。牽情處，惟
〇〇韻●●〇讀〇〇●●句●●〇●〇〇韻〇〇●句〇
有臨岐一句難忘。
●〇〇●●〇〇韻

此調祇此一詞，無他首可校。

汲古閣刻《樂章集》前段第七句脫一"恨"字，今從《花草粹編》增定。

滿朝歡二體

《樂章集》注大石調。

滿朝歡

柳　永

雙調一百一字,前段十一句四仄韻,後段十句四仄韻。

花隔銅壺,露晞金掌,都門十二清曉。帝里風光爛
○●○○句●○○●句○○●●○○韻●●○○●
漫,偏愛春杪。煙輕晝永,引鶯囀上林,魚遊靈沼。巷
●句○●○●韻○○●●句●○●●○句○○○●韻●
陌乍晴,香塵染惹,垂楊芳草。　　因念秦樓彩鳳,楚
●●○句○○●●句○○○●韻　　○●○○●●句●
館朝雲,往昔曾迷歌笑。別來歲久,偶憶歡盟重到。
●○○句●●○○○●韻●○●●句●●○○●●韻
人面桃花,未知何處,但掩朱門悄悄。盡日竚立無
○●○○句●○○●句●○○○●●韻●●●●○
言,贏得凄涼懷抱。
○句○●○○○●韻

　　此體無他詞可校。

又一體

李　劉

雙調一百字,前段九句五仄韻,後段九句六仄韻。

一點箕星，近天邊，光彩輝耀南極。竹馬兒童，盡道
●●○○句●○○句○●●○○●韻●●○○句●●
使君生日。元是鳳池仙客。曾曳履、持荷簪筆。稱觴
●○○●韻○●●○○●韻○●●讀○○○●韻○○
處、晚節花香，月周猶待五夕。　誰道久拘禁掖。任
●讀●●○○句●○○●●韻　○●●○○●韻●
雙旌五馬，暫從遊逸。九棘三槐，都是等閒親植。見
○○●●句●○○●韻●●○○句○●●○○●韻●
說玉皇側席。但早晚、促歸調燮。功成了、笑傲南山，
●●○●●韻●●●讀●○○●韻○○●讀●●○○句
壽如南山松栢。
●○○○●韻

此與柳詞句讀迥別，因調名同，故爲類列，亦無他首宋詞可校。

桂枝香六體

調見《樂府雅詞》。張輯詞有"疏簾淡月"句，又名《疏簾淡月》。

桂枝香

王安石

雙調一百一字，前後段各十句五仄韻。

登臨送目。正故國晚秋，天氣初肅。千里澄江似練，
⊙○●●韻●●⊙●○句⊙●○●韻⊙●⊙○⊙●句
翠峰如簇。征帆去棹殘陽裏，背西風、酒旗斜矗。綵
●○○●韻⊙○⊙●○○●句●⊙○讀⊙○⊙●韻⊙
舟雲淡，星河鷺起，畫圖難足。　念自昔、豪華競
○○●句⊙○⊙●句⊙○○●韻　●⊙●讀○○●
逐。歎門外樓頭，悲恨相續。千古憑高，對此漫嗟榮
●韻●⊙●○○句⊙●○●韻⊙●○○句⊙●⊙○⊙
辱。六朝舊事如流水，但寒煙衰草凝綠。至今商女，
●韻⊙○⊙●○○●句●⊙○⊙●○●韻⊙○⊙●句
時時猶唱，後庭遺曲。
⊙○⊙●句●○⊙●韻

　　此調以此詞及陳詞爲正體，若張輯詞之多押兩韻，張炎詞
之句讀小異，周詞之減字，黃詞之句讀不同，皆變格也。
　　按：詹正詞前段第一句"紫薇花露"，"紫"字仄聲，"花"字
平聲。陳允平詞第四句"寂寞天香院宇"，"寂"字仄聲。詹詞第
十句"依然南浦"，"依"字平聲。王學文詞後段第八句"茶香酒
熟"，"茶"字平聲。李彭老詞第九句"浮沈醉鄉"，"鄉"字平聲。
譜內可平可仄據此，餘參所採諸詞句法同者。

又一體

陳　亮

雙調一百一字，前後段各十句五仄韻。

天高氣肅。正月色分明，秋容新沐。桂子初收，三十
○○●●韻●●○○句○○○●韻●●○○句○
六宮都足。不辭散落人間去，怕群花、自嫌凡俗。向
●○○●韻●○●●○○●句●○○讀●○○●韻●
他秋晚，喚回春意，幾曾幽獨。　　是天公、餘膏剩
○○●句●○○●句●○○●韻　　●○○讀○
馥。怪一樹香風，十里相續。坐對花旁，但見色浮金
●韻●●●○○句●●○●韻●●○○句●●●○○
粟。芙蓉只解添愁思，況東籬、淒涼黃菊。入時太淺，
●韻○○●●○○●句●○○讀○○●韻●○●●句
背時太遠，愛尋高躅。
●○●●句●○○●韻

此即王詞體，惟前後段第四句俱四字，第五句俱六字異。

又一體

張　輯

雙調一百一字，前後段各十句六仄韻。

梧桐雨細。漸滴做秋聲，被風驚碎。潤逼衣篝，綫裊
○○●●韻●●●○○句●○○●韻●●○○句●●
蕙鑪沈水。悠悠歲月天涯醉。一分秋、一分憔悴。紫
●○○●韻○○●●○○●韻●○○讀●○○●韻●

簫吹斷,素箋恨切,夜寒鴻起。又何苦、淒涼客
○○●句●○●●句●○○●韻　　●○●讀○○●
裏。負草堂春綠,竹溪空翠。落葉西風,吹老幾番塵
●韻●●○○句●○○●韻●●○○句●○○○
世。從前諳盡江湖味。聽商歌、興歸千里。露侵宿酒,
●韻○○○●○○●韻○○讀●○○●韻●●●句
疏簾淡月,照人無寐。
○○●●句●○○●韻

此與陳詞同,惟前後段第六句多押一韻異。

又一體

張　炎

雙調一百一字,前段九句五仄韻,後段十句五仄韻。

琴書半室。向桂邊、偶然一見秋色。老樹香遲,清露
○○●●韻●●○讀●○●●○●韻●●○○句○●
綴花凝滴。山翁翻笑如泥醉,笑平生、無此狂逸。晉
●●○○●韻○○○●○○●句●○○讀○●○●韻●
人遊處,幽情付與,酒尊吟筆。　　任蕭散、披襟岸
○○●句○○●●句●○○●韻　　●○●讀○○●
幘。歎千古猶今,休問何夕。髮短霜濃,知恐浩歌消
●韻●○○○○句○●○●韻●●○○句○●●○○
得。明年野客重來此,探枝頭、幾分消息。望西樓遠,
●韻○○●●○○●句●○○讀●○○●韻●○○●句
西湖更遠,也尋梅驛。
○○●●句●○○●韻

此亦與陳詞同，惟前段第二、三句作上三下六九字一句異。

又一體

周密

雙調一百字，前後段各十句五仄韻。

巖飛逗綠。又涼入小山，千樹幽馥。仙影懸霜，粲夜
○○●●韻●○●●○句○●○●韻○●○○句●●
楚宮六六。明霞洞窅珊瑚冷，對清商、吟思堪掬。麝
●○●韻○○●●○○●句●○○讀○●○●韻●
痕微沁，蜂黃淺約，數枝秋足。　別有雕闌翠屋。任
○○●句○○●●句●○○韻　●●○○●●韻●
薄帽珠塵，挨聽香玉。瘦倚西風，惟見露侵肌粟。好
●●○○句○○○●韻●●○○句○●●○○●韻●
秋能幾花前笑，繞涼雲、重喚銀燭。寶屏空曉，孤蟇
○○●●○○●句●○○讀○●○●韻●○○●句○○
怨月，夢回金谷。
●●句●○○●韻

此亦與陳詞同，惟換頭句減一字異。

又一體

黃裳

雙調一百一字，前段十一句五仄韻，後段九句五仄韻。

插雲翠壁。爲送目，入遙空，見山色。金鼎丹成去也，
●○●●韻●●●句○○句●○●韻○●○○●●句

晉朝高客。百花巖下遺孫在，賦何人、離塵風骨。翠
●○○●韻○○●●○○●句●○○讀○○○●韻●
微緣近，希夷志遠，洞天蹤跡。　　近却有、爲龍信
○○●句○○●●句●○○韻　　●●●讀○○●
息。怪潭上靈光，雷電相擊。尤好風波乍霽，鷺汀斜
●韻●○○●○句○●○●韻○●○○●●句●○○
日。倚闌白盡行人髮，但沈沈、群岫凝碧。利名休事
●韻●○●●○○●句●○○讀○●○●韻●○○●
龍頭，飛舠送君南北。
○○句○○●○○●韻

　　此亦王詞體,惟前段第二、三句作三字三句,後段第四句六字,第五句四字,第八、九、十句作六字兩句異。

錦堂春慢五體

　　調見《青箱雜記》,《梅苑》詞名《錦堂春》。

錦堂春慢

司馬光

　　雙調一百一字,前後段各十句四平韻。

紅日遲遲，虛廊影轉，槐陰迤邐西斜。彩筆工夫難
○●○○句○○●●句○○●●○○韻●●○○○
狀，晚景煙霞。蝶尚不知春去，漫繞幽砌尋花。奈猛
●句●●○○韻●●●○○●句●●○●○○韻●●

1341

風過後，縱有殘紅，飛向誰家。始知青春無價，歎
○●●句●●○○句●●○○韻　　●○●●●句●
飄零宦路，荏苒年華。今日笙歌叢裏，特地咨嗟。席
○○●●句●●○○韻●●○○●句●●○○韻●
上青衫濕透，算感舊、何止琵琶。怎不教人易老，多
●○○●●句●●●讀●●○○韻●●○○●句●
少離愁，散在天涯。
●○○句●●○○韻

　　此調始自此詞，宋人減字、添字者俱從此出。但前後段第七句或六字或七字，第八句或五字或六字，當以前後整齊者爲正格。

　　此詞可平可仄悉參所採四詞。

又一體

黃　裳

　　雙調一百一字，前後段各十句四平韻。

天女多情，梨花翦碎，人間贈與多才。漸覺瑤池瀲
○●○○句○○●●句○○●●○○韻●●
灩，粉翅徘徊。回旋不禁風力，背人飛去還來。最是
●句●●○○韻○○●●○●句●○○●○○韻●●
清虛好處，遥度幽香，不掩寒梅。歲華多幸呈瑞，
○○●●句○○○○句●●○○韻　　●○○●○●句
泛寒光一樣，仙子樓臺。雖喜朱顏可照，時更相催。
●○○●●句○●○○韻●●○○●●句○●○○韻
細認沙汀鷺下，靜看煙渚潮回。爲遣青娥趁拍，鬭獻
●●○○●●句●●○●○○韻●●○○●●句●●

輕盈，且更傳杯。
○○句●●○○韻

　　此與司馬詞同，惟前段第八句添一字，後段第七句減一字異。

又一體

《梅苑》無名氏

雙調一百一字，前後段各十句四平韻。

臘雪初晴，冰消凝泮，尋幽閒賞名園。時向長亭登
●●○○句○○●●句○○●●○○韻○●○○
眺，倚遍朱闌。拂面嚴風凍薄，滿階前、霜葉聲乾。見
句●●○○韻●●○○●●句●○○讀○●○○韻●
小臺深處，數葉江梅，漏洩春權。　　百花休恨開晚，
●○○●句●●○○句●●○○韻　　●●○○●●句
奈韶華瞬息，常放教先。非是東君私語，和煦恩偏。
●○○●●句○○●●韻●●○○○●句○●○○韻
欲寄江南音耗，念故人、隔闊雲煙。一枝贈春色，待
●●○○○●句●●○讀●●○○韻○●●○●句●
把金刀，翦倩人傳。
●○○句●●○○韻

　　此亦與司馬詞同，惟前段第七句添一字，後段第八句減一字異。

又一體

葛立方

又調九十九字,前後段各十句四平韻。

氣應三陽,氛澄六幕,翔烏初上雲端。問朝來何事,
●●○○句○○●●句○○●○○韻●○○●句
喜動門闌。田父占來好歲,星家説道宜官。擬更憑高
●●○○韻○●●○●●句○○●●○○韻●●○○
望遠,春在煙波,春在晴巒。　歌管雕堂宴喜,任重
●●句○●○○句○●○○韻　○●○○●●句●○
簾不卷,交護春寒。況金釵整整,玉樹團團。栢葉輕
○●●句○●○○韻●○○●●句●●○○韻●●○
浮重醑,梅枝巧綴新幡。共祝年年如願,壽過松椿,
○○●句○○●●○○韻●●○○○●句●●○○句
壽過彭聃。
●●○○韻

此與黃詞同,惟前後段第四句各減一字異。

又一體

王夢應

雙調九十八字,前後段各十句四平韻。

淺幘分秋,涼尊試月,西風未雁猶蟬。看芙蓉影裏,
●●○○句○○●●句○○●●○○韻●○○●句
綠鬟年年。日上雲帆壓海,塵清玉馬行天。更煙樓鳳
●●○○韻●●○○●●句○○●●○○韻●○○●

舉，風幕麟遊，錦後珠前。　綠陰池館如畫，記春晴
●句○●○○句●●○○韻　●○○●●句●○○
藥徑，雨曉芝田。已辦一年笑語，小聚雲邊。舞稱香
●●句●●○○韻●●○○●●句●○○○韻●●○
圍艷錦，歌遲酒落紅船。早群仙醉去，柳掖花扶，似
○●●句○○●●○○韻●○○●●句●○○●句●
霧非煙。
●○○韻

此與葛詞同，惟前後段第八句各減一字韻。

喜朝天二體

調見張先詞集，送蔡襄還朝作。按：唐教坊有《朝天曲》，《宋史・樂志》有越調《朝天樂》曲，此蓋借舊曲名自翻新聲也。

喜朝天

張　先

雙調一百一字，前段十句五平韻，後段十句四平韻。

曉雲開。睨仙館凌虛，步入蓬萊。玉宇瓊甃，對青林
●○○韻●○●○○句●●○○韻●●○●句●○○
近，歸鳥徘徊。風月從今清暑，帶江山野色助詩才。
●句○●○○韻○●○○○●句●○○●●●○○韻
簫鼓宴、璇題寶字，浮動持杯。　天多送目無際，識
○●●讀⊖○●●句○●○○韻　　○○●●○●句●

渡舟帆小，時見潮回。故國千里，共十萬室，日日春
●○○●句○●●○韻●●○●句●○●●句●●○
臺。睢社朝京未遠，正和羹、民口渴鹽梅。佳景在、吳
○韻⊖●○○●句●○○讀○⊖●○○韻○⊖●讀○
儂還望，分闞重來。
○○●句⊖●●○韻

　　此調創自此詞，應以此詞爲正體，若晁詞之添字，乃變
格也。
　　此詞祗有晁詞可校，譜内可平可仄悉參之。

又一體

晁補之

　　雙調一百三字，前段十句五平韻，後段十句四平韻。
衆芳殘。海棠正輕盈，綠鬢朱顔。碎錦繁繡，更柔柯
●○○韻●○●○○句●●○○韻●●○●句●○○
映碧，纖絚勻殷。誰與將紅間白，采熏籠、仙衣覆斑
●●句○●○○韻○●●○○●句●○○讀○○●○
斕。如有意、淡妝濃抹，斜倚闌干。　　妖嬈向晚春
韻○●●讀●○●●句○●○○韻　　○○●●○
後，慣困馭晴景，愁怕朝寒。縱有狂雨，便離披瘦損，
●句●●●○●句○●○○韻●●○●句●○○●●句
不奈幽閒。素李來禽總俗，漫遮映、終羞格疏頑。誰
●●○○韻●●○○●●句●○●讀○○●○○韻○
來顧、斜風教舞，月下庭間。
○●讀○○●句●●○○韻

此與張詞同,惟前後段第五句各添一字異。

翦牡丹二體

《宋史·樂志》:女弟子舞隊,第四曰佳人翦牡丹隊,調名本此。

翦牡丹

張　先

雙調一百一字,前段十句四仄韻,後段十句七仄韻。

野綠連空,天青垂水,素色溶漾都净。柔柳搖搖,墜
●●〇〇句〇〇〇●句●●〇〇●韻〇●〇〇句●
輕絮無影。汀洲日落人歸,修巾薄袂,擷香拾翠相
〇●〇●韻〇〇●●〇〇句〇〇●●句●●●〇
競。如解凌波,泊煙渚春暝。　綵絛朱索新整。宿繡
●韻〇●〇〇句●〇●〇〇韻　●〇〇●〇●韻●●
屏、畫船風定。金鳳響雙槽,彈出古今幽思誰省。玉
〇讀●〇〇●韻〇●●〇〇句●●●〇〇●●韻●
盤大小亂珠迸。酒上妝面,花艷媚相並。重聽。盡漢
〇●●●〇●韻●●〇●韻〇●●〇●韻〇●韻●●
妃一曲,江空月靜。
〇〇●句〇〇●●韻

此調以此詞爲正體,《花草粹編》李詞後段句讀不同,故不校注平仄。

又一體

李致遠

雙調九十八字,前段十句四仄韻,後段九句四仄韻。

破鏡重圓,分釵合鈿,重尋繡户珠箔。説與從前,不
●●〇〇句〇〇●●句〇〇●●〇●韻●●〇〇句●
是我情薄。都緣利役名牽,飄蓬無定,翻成輕諾。別
●〇〇韻〇〇●●〇〇句〇〇〇●句〇〇〇●韻●
後情懷,有萬千牢落。　經時最苦分携,都爲伊、甘
●〇〇句●●〇〇●韻　〇〇●●〇〇句〇●〇讀〇
心寂寞。縱滿眼、閒花媚柳,終是強歡不樂。待憑鱗
〇●●韻●●●讀〇〇●●句〇●〇〇●●韻●〇〇
羽,説與相思,水遠天長又難托。而今幸已再逢,把
●句●●〇〇句●●〇〇●●韻〇〇●●●〇句●
輕離斷却。
〇〇●●韻

此詞見《花草粹編》,誤刻《碧牡丹》。細爲校對,後段第二句以上俱與張先詞同,的係《翦牡丹》別體,因爲類列。

馬家春慢一體

調見《東山樂府》。

馬家春慢

賀鑄

雙調一百一字，前段九句四仄韻，後段十句五仄韻。

珠箔風輕，繡簾浪卷，乍入人間蓬島。鬭玉蘭干，漸
○●○○句●○●●句●○●○○●韻●●○○句●
庭館簾櫳春曉。天許奇葩貴品，異繁杏夭桃輕巧。命
○●○○●韻○●○●●●句●○●○○○●韻●
化工傾國風流，與一枝纖妙。　尊前五陵年少。縱
●○○●○句●●○○●韻　○○●○○●韻●
丹青異格，難做顏貌。惹露凝煙，困紅嬌額，微顰低
○○●●句○●○●韻●●○○句●○○●句○○○
笑。須信濃香易歇，更莫惜、醉攀吟遶。待舞蝶遊蜂，
●韻○●○○●●句●●●讀●○○●韻●●○○句
細把芳心都告。
●●○○●韻

此調衹此一詞，無他首可校。

梅香慢一體

調見《東山樂府》。

梅香慢

賀　鑄

雙調一百一字,前段十一句四仄韻,後段十一句五仄韻。

高閣寒輕,映萬朶芳梅,亂堆香雪。未待江南信,冠
○○○句●●●○○句●○○●韻●●○○句●
百花先占,一陽佳節。翦綵凝酥,無處學、天然奇絶。
●○○●句○○●韻●●○○句○●讀○○○●韻
便壽陽妝,工夫費盡,艷姿終別。　風裏弄輕盈,掩
●●○○句○○●句●○○●韻　　○●○○句●
珠英明瑩,麝蠟飄烈。莫放芳菲歇。剩永宵歡賞,酒
○○○●句●●○●韻●●○○●韻●●○○句●
酣吟折。倒玉何妨,且聽取、尊前新闋。怕笛聲長,行
○○●韻●●○○句●○●讀○○○●韻●●○○句○
雲散盡,漫悲風月。
○●●句●○○●韻

　　此詞無他首可校。後段第五句,《東山詞》作"剩夜來歡賞",今從《梅苑》本。

玉燭新二體

　　調始《清真樂府》。《爾雅》云:"四時和,謂之玉燭。"取以爲名。

玉燭新

周邦彦

雙調一百一字，前段九句五仄韻，後段九句六仄韻。

溪源新臘後。見數朵江梅，剪裁初就。暈酥砌玉，芳
○○○●●韻●●●○○句●○○●韻●○●●句○
英嫩、故把春心輕漏。前村昨夜，想弄月黃昏時候。
○●讀●●○○○韻○●●句●○○●●韻
孤岸峭、疏影橫斜，濃香暗沾襟袖。　　尊前付與多
○●●讀●○○句○○●○●韻　　○○●●○
才，問嶺外風光，故人知否。壽陽漫鬬。終不似、照水
○句●●●○○句●○○●韻●○●●韻○○●讀●
一枝清瘦。風嬌雨秀。好亂插繁花盈首。須信道、羌
●○○●韻○●●韻●●●○○●韻○●●讀○
笛無情，看看又奏。
●○○句○○●●韻

此調以此詞爲正體，若楊詞之多押兩韻，乃變格也。

按：趙文詞前段第四句"洞房花燭"，"花"字平聲。趙以夫詞第八句"又不是、南國花遲"，"又"字仄聲。趙文詞後段第二句"問堂上萱花"，"堂"字平聲。第四句"功名浪鬬"，"功"字平聲。趙以夫詞第六句"酒尊澹泊"，"酒"字仄聲。譜内可平可仄據此，餘參所採楊詞。

趙以夫詞前段首句"寒空一雁落"，"一"字入聲，此以入作平，故不注可仄。

又一體

楊无咎

雙調一百一字,前段九句七仄韻,後段九句六仄韻。

荒山藏古寺。見傍水梅開,一枝三四。蘭枯蕙死。登
○○○●●韻●●○○句●●○○韻○○●●韻○
臨處、慰我魂消惟此。可堪紅紫。曾不解、和羹結子。
○●讀●●○○●●韻●○○●韻○○●讀○○●●韻
高壓盡、百卉千葩,因君合脩花史。　韶華且莫吹
○●●讀●●○○句○○●○○●韻　○○●●○
殘,待淺揾松煤,寫教形似。此時胸次。凝冰雪、洗盡
○句●●●○○句●○○●韻●○○●韻○○●讀●●
從前塵滓。吟安箇字。拌不寐、勾牽幽思。誰伴我、香
○○○●韻○○●●韻●●●讀●○○●韻○●●讀○
宿蜂媒,光浮月姊。
●○○句○○●●韻

此詞前段第四句、第六句俱押韻,與周詞異。

六花飛一體

調見《松隱集》。

六花飛

曹勛

雙調一百一字，前後段各十句四仄韻。

寅杓乍正，瑞雲開曉，罩紫霄宮殿。聖孝虔恭，率宸
○○●● 句 ●○○● 句 ●●○○● 韻 ●●○○ 句 ●○
廷冠劍。上徽稱、天明地察，奉玉簡，璇曜金輝非常
○○● 韻 ●○○ 讀 ○○●● 句 ●●● 句 ○○○○
典。仰吾君、親被袞龍，當檻俯旒冕。　　中興聖天
● 韻 ●○○ 讀 ○●●○ 句 ○●●○● 韻　　○○●○
子，舜心溫清，示未嘗閒燕。禮無前比，出淵衷深念。
● 句 ●○○● 句 ●●○○● 韻 ●○○● 句 ●○○○● 韻
贊木父金母至樂，萬億載，日月榮光俱歡忭。喜春風
●●●○●● 句 ●●● 句 ●●○○●○● 韻 ●○○
羅綺，管絃開壽宴。
○● 句 ●○○●● 韻

此調衹此一詞，無他作可校。
前後段第三句、第五句例作上一下四句法，填者依之。

清風滿桂樓一體

調見《松隱集》。

清風滿桂樓

曹　勛

雙調一百一字，前段九句五仄韻，後段九句六仄韻。

涼飆霽雨。萬葉吟秋，團團翠深紅聚。芳桂月中來，
○○●●韻●●○○句○○●●○●韻○●●○○句
應是染、仙禽頂砂勻注。晴光助絳色，更都潤、丹霄
●●●讀○○●○●韻○○●●●句●○●讀○○
風露。連朝看、枝間粟粟，巧裁霞縷。　　煙姿照瓊
○●韻○○●讀○○●●句●○○●韻　　○○●○
宇。上苑移時，根連海山佳處。回看碧巖邊，薇露過、
●韻●●○○句○○●○○●韻○○●○○句○●●讀
殘黃韻低塵污。詩人漫自許。道曾向、蟾宮折取。斜
○○●●韻○○●●●韻●○●讀○○●●韻○
枝戴，惟稱瑤池伴侶。
○●句○●○○●●韻

此調衹此一詞，無他作可校。

映山紅慢一體

調見元載詞，詠牡丹作。

映山紅慢

元　載

雙調一百一字，前段九句五仄韻，後段八句五仄韻。

穀雨風前，占淑景、名花獨秀。露國色仙姿，品流第
●●○○句●●讀○○●●韻●●●○○句●○
一，春工成就。羅幃護日金泥皺。映霞腮動檀痕溜。
●句○○○●韻○○●●○○●韻●○○●○○●韻
長記得天上，瑤池閬苑曾有。　千匝繞、紅玉闌干，
○●●○●句○○●●○●韻　○●●讀○●○○句
愁只恐、朝雲難久。須款折、繡囊剩戴，細把蜂鬚頻
○●●讀○○○●韻●●●讀●●●●句●●○○○
嗅。佳人再拜擡嬌面，斂紅巾捧金杯酒。獻千千壽。
●韻○○●●○○●句●○○●○○●韻●○○●韻
願長恁、天香滿袖。
●○●讀○○●●韻

此詞無他作可校。前後段第六句平平仄仄平平仄，第七句仄平平仄平平仄。此元載自度曲，當是音律所寓，填者審之。

真珠簾四體

調見《放翁詞》。

1355

真珠簾

陸　游

雙調一百一字，前段九句六仄韻，後段十句七仄韻。

山村水館參差路。感覊遊、正似殘春風絮。掠地穿
○○●●○○●韻●●讀●●○○○●韻●●○
簾，知是竟歸何處。鏡裏新霜空自憫，問幾時、鸞臺
○句○●●○○●韻●●○○○●●句●●○讀○○
鼇署。遲暮。漫憑高懷遠，書空獨語。　自古。儒冠
○●韻○●韻●○○●●句○○●●韻　●●韻○○
多誤。悔當年、早不扁舟歸去。醉下白蘋洲，看夕陽
○●韻●○○讀●●○○○●韻●●●○○句●●○
鷗鷺。菰菜鱸魚都棄了，只換得、春衫塵土。休顧。早
○●韻○●○○○●●句●●●讀○○○●韻○●韻●
收身江上，一蓑煙雨。
○○○●句●○○●韻

　此調始自此詞，前後段第四、五句例作五言兩句，第五句例作上一下四句法，宋詞俱如此填。此詞前後參差，聊採以備一體，其可平可仄詳見周詞。

又一體

周　密

雙調一百一字，前後段各十句六仄韻。

寶階斜轉春宵曙。雲屏敞，霞卷東風新霽。光照萬星
◐○○●○○●韻○○●句○●○○○●韻●●●○

寒、曳冷雲垂地。暗憶連昌遊冶事，照炫轉熒煌珠
○句●●○○●韻●●○○●●句●○●○○
翠。難比。是鮫人織就，冰綃清淚。　猶記。夢入瑤
●韻○●韻●●○●●句○○○●韻　●●韻●●○
臺，正玲瓏透月，瓊扉十二。細縷逗濃香，接翠蓬雲
○句●○○●●句○●●韻●●●○○句●●○○
氣。縞夜梨花生暖白，浸瀲灧一池春水。乘醉。伴歸
●韻●●○○○●●句●●●●○○●韻○●韻●○
時、人在明河影裏。
○讀○●○●○●韻

　　此即陸詞體，惟換頭第二句不押韻異。
　　前段第四、五句，後段第五、六句，俱作五字兩句，最爲合格，故此調以此詞作譜。
　　按：朱彞孫詞前段第四句"海燕已尋蹤"，"海"字仄聲。第七句"待天氣十分新霽"，"天"字平聲。張翥詞後段第五句"煙雨隔垂虹"，"煙"字平聲。陸游詞結句"待從今、須與好花爲主"，"好"字仄聲，"爲"字平聲。譜內可平可仄據此，餘參陸詞、張詞。
　　吳文英詞前段結句"學得腰小"，"學"字、"得"字俱以入作平，故不注可仄。

又一體

張　炎

　　雙調一百一字，前段九句五仄韻、一疊韻，後段十句四仄韻、一疊韻。

雲深別有深庭宇。小簾櫳、占取芳菲多處。花暗曲房
○○●○○●韻●○○讀●○●○○●韻○●●○
春，潤幾番疏雨。見說蘇堤晴未穩，便懶趁、踏青人
○句●●○○●韻●●○○○●●句●●●讀●○○
去。休去。且料理琴書，夷猶今古。　　誰見静裏閒
●韻○●疊●●●○○句○○○●韻　　○●●●○
心，縱荷衣未葺，雪巢未賦。醉醒一乾坤，任此情何
○句●○○●●句●●●●韻●●●○○句●●○○
許。茂樹石牀同坐久，又却被、清風留住。欲住。奈簾
●韻●●●○○●●句●●●讀○○○●韻●●疊●○
影妝樓，剪鐙人語。
●○○句●○○●韻

　　此與周詞同，惟換頭不藏短韻，前段第七句、後段第八句俱
疊上韻，結句作五字一句、四字一句異。

又一體

張　炎

　　雙調一百一字，前後段各九句五仄韻。

綠房幾夜迎清曉，光搖動，素月溶溶如水。惆悵一株
●○●●○○●句○○●讀●●○○○●韻○●●○
寒，記東闌閒倚。近日花邊無舊雨，便寂寞、何曾吹
○句●○○○●韻●●○○○●●句●●●讀○○○
淚。燭外。漫羞得紅妝，而今猶睡。　　琪樹皎立風
●韻●●疊●○●○○句○○○●韻　　○●●●○
前，萬塵空、獨挹飄然清氣。雅淡不成嬌，擁玲瓏春
○句●○○讀●●○○○●韻●●●○○句●○○○

意。落寞雲深詩夢淺，但一似唐昌宮裏。元是。是分
●韻●●○○●●句●●●○○○●韻○●韻●○
明錯認，當時玉蕊。
○●●句○○●●韻

　　此與"雲深別有"詞同，惟前段起句不押韻，第七句與後段第八句不疊韻異。

曲江秋二體

　　韓玉詞注正宮。

曲江秋

楊无咎

　　雙調一百一字，前段十二句六仄韻，後段十一句六仄韻。

香消爐歇。換沈水重燃，熏鑪猶熱。銀漢墜懷，冰輪
○○●●韻●○○○句○○●韻●●●句○○
轉影，冷光侵毛髮。隨分且宴設。小槽酒，真珠滑。漸
●●句●○○○●韻○●●●韻●○●句○○●韻●
覺夜闌，烏紗露濡，畫簾風揭。　　清絶。輕紈弄月。
●●○句○○●○句●○○●韻　　⊙●韻○○●●韻
緩歌處、眉山怨疊。持杯須我醉，香紅映臉，雙腕凝
●○●讀○○●●韻○○○●●句○○●●句○●○
霜雪。飲散晚歸來，花梢指點流螢滅。睡未穩，東窗
○韻●●●○○句○○●●○○●韻●●●句○○

1359

漸明，遠樹又聞鶗鴂。
⊖○句●●●○○●韻

　　此調始自此詞，應以此詞爲正體，若韓詞之添字，乃變格也。楊詞三首句韻悉同，惟後段結處，其一首"竚望久，空歎無才可賦，厭聽鶗鴂"，句讀與此小異。蓋此十三字一氣貫下，蟬聯不斷，或作三句，或作兩句，俱不妨也，注明不另列體。

　　按：楊詞別首前段第二句"對急雨過雲"，"過"字仄聲。第三句"暗風吹熱"，"暗"字仄聲。第四句"漠漠稻田"，上"漠"字仄聲。第六句"新沐青絲髮"，"新"字平聲，"沐"字仄聲。第七句"樓上素琴設"，"琴"字平聲。第八句"珊瑚瘦"，"珊"字平聲。第十句"深炷龍涎"，"深"字、"龍"字俱平聲。第十一句"濃熏繡幕"，"幕"字仄聲。後段第四句"恍然身在處"，"恍"字仄聲。第五句"渾疑同泛"，"同"字平聲。第八句"人家鐙火漸明滅"，"漸"字仄聲。第九、十句"正携手，無端驚回"，"携"字、"驚"字俱平聲。譜內可平可仄據此，餘參韓詞。

　　韓詞前段第三句"澤"字、後段第六句"十"字，俱以入作平，故譜中不注可仄。

又一體

韓　玉

雙調一百三字，前段十二句六仄韻，後段十句六仄韻。

明軒快目。正雨過湘溪，秋來澤國。波面鑑開，山光
○○●●韻●●●○○句○○●●韻○●●○句○○
潋灩，竹聲搖寒玉。鷗鷺戲晚浴。芰荷動，香紅蔌。千
●●句●○○●韻○●●●韻●○●句○○●韻○
古興亡意，淒涼颶舟，望迷南北。　　髣髴。煙籠霧
●○○句●○●句●●○●韻　　●●韻○●●

簇。認何處、當年繡轂。沈香花蕚事，蕭然傷感，宮殿
●韻●○讀○○●●韻○○○●●句○○○●句○●
三十六。忍聽向晚菱歌，依稀猶似新翻曲。試與問、
○●●韻●○●○○句○○○●●韻●●●讀
如今新蒲細柳，爲誰搖綠。
○○○●●句●○○●韻

此與楊詞同，惟前段第十句添一字，後段第七句添一字，結處句讀亦異。

翠樓吟一體

姜夔自度夾鍾商曲。

翠樓吟

姜　夔

雙調一百一字，前段十一句六仄韻，後段十二句七仄韻。

月冷龍沙，塵清虎落，今年漢酺初賜。新翻胡部曲，
●●○○句○○●●句○○●●○●韻○○●●句
聽氊幕元戎歌吹。層樓高峙。看檻曲縈紅，檐牙飛
●○●○○●韻○○○●韻●●○○句○○○
翠。人姝麗。粉香吹下，夜寒風細。　此地。宜有神
●韻○○●韻●○○●句●○○●韻　●●韻○●○
仙，擁素雲黃鶴，與君游戲。玉梯凝望久，歎芳草萋
○句●●○○●句●○○●韻●○○●●句●○○

萋千里。天涯情味。仗酒祓清愁，花消英氣。西山外。
○○●韻○○○●韻●●●○○句○○○●韻○○●韻
晚來還卷，一簾秋霽。
●○○●句●○○●韻

此調衹此一詞，無他作可校。

霓裳中序第一三體

唐白居易《霓裳羽衣舞歌》云："散序六奏未動衣，陽臺宿雲慵不飛。中序擘騞初入拍，秋竹吹裂春冰坼。"自注云："散序六遍無拍，故不舞。中序始有拍，亦名拍序。"宋沈括《筆談》云："《霓裳曲》凡十二疊，前六疊無拍，至第七疊方謂之疊遍，自此始有拍而舞。"按此知《霓裳曲》十二疊，至七疊中序始舞，故以第七疊爲中序第一，蓋舞曲之第一遍也。

霓裳中序第一

姜　夔

雙調一百一字，前段十句七仄韻，後段十一句八仄韻。
亭皋正望極。亂落紅蓮歸未得。多病怯無氣力。況紈
○○●●韻●●○○○●韻○●●○●韻●●
扇漸疏，羅衣初索。流光過隙。歎杏梁雙燕如客。人
●●○句○○○●韻○○●●韻●●○○●●韻○
何在，一簾淡月，髣髴照顏色。　　幽寂。亂蛩吟壁。
○●句●○●●句●●●○●韻　　○●韻●○○●韻

動庾信清愁似織。沈思年少浪跡。笛裏關山，柳下坊
●○○○●●韻○●○○●●韻●●○○句○●○
陌。墜紅無信息。漫暗水涓涓溜碧。飄零久，而今何
●韻●○○●●韻●●●○○●●韻○○●句○○○
意，醉臥酒壚側。
●句●●●○●韻

　　此調始自此詞，周、尹二詞皆從此添字。填此調者，應以此詞爲正體。

　　按：姜个翁詞前段第三句"草滿舊家行跡"，"草"字仄聲，"行"字平聲。應法孫詞第六句"玉纖勝雪"，"玉"字仄聲。姜詞第九句"飄零如此"，"飄"字平聲。後段第二句"當年第一"，"第"字仄聲。第四句"餘葩選甚顔色"，"選"字仄聲，"顔"字平聲。第五句"羞揿江南"，"羞"字平聲。第八句"翻些入啼鵑夜泣"，"翻"字平聲。譜內可平可仄據此，餘參周、尹二詞。

　　又按：姜个翁詞前段第七句"煞憔悴墻根堪惜"，第八句"可念我"，及詹正詞平仄，與諸家不同，概不校注。

又一體

周　密

雙調一百二字，前段十句七仄韻，後段十一句八仄韻。

湘屛展翠疊。恨入宮溝流怨葉。釭冷金花暗結。又雁
○○●●韻●●○○○●●韻○●○○●●韻●●
影帶霜，蠻音凄月。珠寬腕雪。歎錦箋芳字盈篋。人
●○句○○○●韻○○●●韻●●○●○●●韻○

何在，玉簫舊約，忍對素娥說。　　愁絕。衣砧幽咽。
○●句●○●●句●●●○●韻　　○●韻○○○●韻
任帳底沈煙漸滅。紅蘭誰採贈別。悵洛浦分綃，漢皋
●●●○●●韻○○○●●●韻●●●○句●○
遺玦。舞鸞光半缺。最怕聽、離絃乍闋。憑闌久，一庭
○●韻●○○●●韻●●●讀○○●●韻○●句●○
香露，桂影弄凄蝶。
○●句●●●○●韻

　　此與姜詞同，惟後段第五句添一字異。

又一體

　　　　　　　　　　　　　　　尹　焕

　　雙調一百三字，前段十句七仄韻，後段十一句八仄韻。
青犛粲素靨。海國仙人偏耐熱。早餐盡、風香露屑。
○○●●韻●●○○○●●韻●●●讀○○●●韻
便萬里凌空，肯憑蓮葉。盈盈步月。悄似憐、輕去瑤
●●●○○句●○○●韻○○●●韻●●○讀○○
闕。人何在，憶渠癡小，點點愛清絕。　　愁絕。舊遊
●韻○○●句●○●●句●●●○●韻　　○●韻●○
輕別。忍重看、鎖香金篋。淒涼清夜簫莆。怕杳杳詩
○●韻●○●讀●○○●韻○○○●●●韻●●●○
魂，真化蝴蝶。冷香清到骨。夢十里梅花霽雪。歸來
○句○●○●韻●○○●●韻●●●○○●●韻○○
也，憮憮心事，自共素娥說。
●句○○●●句●●●○●韻

此與周詞同,惟前段第三句添一字異。

坊本前段第三句無"早"字,後段第五句無"怕"字,今從《絕妙好詞》增定。

又換頭短韻即用前結韻,恐係偶誤,原非定體,故不注疊韻。

月當廳一體

調見《梅溪詞》,史達祖自度曲也。

月當廳

史達祖

雙調一百一字,前段十句四平韻,後段九句四平韻。

白璧舊帶秦樓夢,因誰拜下,楊柳樓心。正是夜分,
●●●●○○句○○●●句○○○○韻●●●●句
魚鑰不動香深。時有露螢自照,占風裳、可喜影欹
○●●●○○韻●●●●●●句●○○讀●●●
金。坐來久,都將涼意,盡付沈吟。　殘雲事緒無
○韻●○●句○○●句●●○○韻　○○●●○
人拾,恨匆匆、藥娥歸去難尋。綴取霧窗,曾唱幾拍
○●句●○○讀●○○●○○韻●●●○句○●●●
清音。猶有老來印愁處,冷光應念雪翻簪。空獨對,
○○韻○●●○●○●句●○○●●○○韻●●●句
西風緊,弄一井桐陰。
○○●句●●●○○韻

此調祇此一詞，無他作可校。其句法多作拗體，填者依之。

壽樓春一體

調見《梅溪集》，蓋自度曲也。

壽樓春

史達祖

雙調一百一字，前段十句六平韻，後段十一句六平韻。

裁春衫尋芳。記金刀素手，同在晴窗。幾度因風殘
○○○○韻●○○●句○●○○韻●●○○○
絮，照花斜陽。誰念我、今無裳。自少年、消磨疏狂。
●句●○○○韻○●●讀○○韻●●○讀○○○韻
但聽雨挑鐙，敲牀病酒，多夢睡時妝。　飛花去，
●●●○○句○○●●句○●●○○韻　○○●句
良宵長。有絲闌舊曲，金譜新腔。最恨湘雲人散，楚
○○韻●○○●●句○●○○韻●●○○○●句●
蘭魂傷。身是客，愁爲鄉。算玉簫、猶逢韋郎。近寒食
○○韻○●●句○○韻●●○讀○○○韻●○●
人家，相思未忘蘋藻香。
○○句○○●○○●○韻

此詞無他作可校。前後段多作拗句，皆連用平聲字，當是音律所關，填者審之。

前段第六句或刻作"今無腸"，今從梅溪本集。

秋色橫空一體

調見《天籟集》。

秋色橫空

白　樸

雙調一百一字,前後段各十句六平韻。

搖落秋冬。愛南枝迥絕,暖氣潛通。含章睡起宮妝
○●○○韻●○○●●句●○○韻○○●●○
褪,新妝淡淡丰容。冰蕤瘦,蠟蒂融。便自有、翛然林
●句○○●●○○韻○○●句●●○韻●●讀○○○
下風。肯羨蜂喧蝶鬧,艷紫妖紅。　　何處對花興
●○韻●●○○●●句●●○○韻　　○●●○○
濃。向藏春池館,透月簾櫳。一枝鄭重天涯信,腸斷
○韻●○○●●句●●○○韻○○●●○○●句○●
驛使相逢。關山路,幾萬重。記昨夜、筠筒和淚封。料
●●○○韻○○●句●●○韻●●讀○○○●○韻●
馬首幽香,先到夢中。
●●○○句○●●○韻

此調祇有此詞,無別首可校。

舜韶新一體

宋王應麟《玉海》："政和中，曹柔製徵調《舜韶新》。"

舜韶新

郭子正

雙調一百一字，前段十句四仄韻，後段十一句四仄韻。

香滿西風，催歲晚東籬，黃花爭吐。嫩英細蕊，金艷
〇●〇〇句〇●●〇〇句〇〇〇●韻●〇●●句〇●
繁妝點，高秋偏富。寒地花媒少，算自結、多情煙雨。
〇〇●句〇〇〇●韻〇●〇〇●句●●讀〇〇〇●韻
每年年妝面，謝他拒霜相顧。　　寶馬王孫，休笑孤
●〇〇〇●句〇〇●〇〇●韻　　●●〇〇句〇●〇
芳，陶令因誰，便思歸去。負春何事，此恨惟才子，登
〇句〇●〇〇句●〇〇●韻〇●〇●句●●〇〇●句〇
高能賦。千古風流在，占定泛、重陽芳醑。堪吟看醉
〇〇●韻〇●〇〇●句●●讀〇〇〇●韻〇〇〇●
賞，何須杏園深處。
●句〇〇●〇〇●韻

此調衹有此詞，無別首可校。

詞譜卷三十

西平樂七體

此調有仄韻、平韻兩體：仄韻者始自柳永，《樂章集》注小石調；平韻者始自周邦彥，一名《西平樂慢》。

西平樂

柳　永

雙調一百二字，前段八句四仄韻，後段十三句六仄韻。

盡日憑高寓目，脉脉春情緒。佳景清明漸近，時節輕
●●○○●●句○●●○○●韻●○○●●句○●○
寒乍暖，天氣纔晴又雨。煙光澹蕩，裝點平蕪遠樹。
○●句○●○○●韻○○●●句○●○○●●韻
黯凝竚。　臺榭好，鶯燕語。正是和風麗日，幾許
●○●韻　○●●句○●●韻●●○○●●句●●
繁紅嫩綠，雅稱嬉遊去。奈阻隔、尋芳伴侶。秦樓鳳
○○●●句●●○○●韻●●●讀○○●●韻○○●
吹，楚臺雲約，空悵望，在何處。寂寞韶光暗度。可憐
●句●○○●句○●●句●○●韻●●○○●●韻●○
向晚，村落聲聲杜宇。
●●句○●○○●●韻

此調押仄聲韻者以此詞為正體，若朱詞之減字，晁詞之添

字,皆變格也。

《詞律》疑"雅稱嬉遊去"句脫一字,因晁詞"準擬金尊時舉",作六字句也。若朱詞本和柳韻,其後段第五句"好趁飛瓊去",仍作五字句,則知《樂章集》所載並無訛脫,《詞律》臆說不可從。

此詞可平可仄悉參朱詞、晁詞。

又一體

朱　雍

雙調一百二字,前段八句五仄韻,後段十三句七仄韻。

夜色娟娟皎月,梅玉供春緒。不使鉛華點綴,超出精
●●○○●●句○●●○○韻●●○○●●句○●○
神淡泞。休妒殘英如雨。清香眷戀,只恐隨風滿樹。
○●韻○●●○○●韻○●●●句●●○●●韻
散難竚。　　江亭暮。鳴佩語。正值匆匆乍別,天遠
●○●韻　　○○●韻○●●韻●●○○●●句○●
瑤池縞縠,好趁飛瓊去。忍孤負瑤臺伴侶。瓊肌瘦
○○●●句●●○○●韻●○●○○●●韻○○●
盡,庾嶺零落,空悵望,動情處,畫角哀時暗度。參橫
●句●●○○句●●●句●○●句●●○○●●韻○○
向曉,吹入深沈院宇。
●●句○●○○●●韻

此和柳詞韻,惟前段第四句、後段起句添押兩韻異。

又一體

晁補之

雙調一百三字,前段八句四仄韻,後段十三句七仄韻。

鳳詔傳來絳闕,當宁思賢輔。淮海甘棠惠化,霖雨商
●●○○●●句○○○●●韻○●○○●●句●●○
巖吉夢,熊虎周郊舊卜。千秋盛際,催促朝天歸去。
○●●句○●○○●●韻○○●●句●●○○○●韻
動離緒。　空眷戀,難暫駐。新植雙亭臨水,風月
●○●韻　○●●句○●●韻○●○○○●句○●
佳名未覯。準擬金尊時舉。況樂府、風流一部。妍歌
○○●●韻●●○○○●韻●●讀○○●●韻○○
妙舞,縈雲回雪,親教與,恨難訴。爭欲攀轅借住。功
●●句○○○●句○●●句●○●韻○●○○●●韻○
成繡衮,重與江山作主。
○●●句○●○○●●韻

此亦與柳詞同,惟後段第四句押韻,第五句添一字異。

此調前段第五句例須押韻,此詞"卜"字,按《中原雅音》讀如"補",亦方言也。

又一體

周邦彥

雙調一百三十七字,前段十二句四平韻,後段十五句三平韻。

穉綠蘇晴，故溪歇雨，川迥未覺春賖。駝褐侵寒，正憐初日，輕陰抵死須遮。歎事逐孤鴻盡去，身與塘蒲共晚，爭知向此征途，區區竚立塵沙。追念朱顏翠髮，曾到處、故地使人嗟。　道連三楚，天低四野，喬木依前，臨路敧斜。重慕想、東陵晦跡，彭澤歸來，左右琴書自樂，松菊相依，何況風流鬢未華。多謝故人，親馳鄭驛，時倒融尊，勸此淹留，共過芳時，翻令倦客思家。

此調押平聲韻者以此詞爲正體，若楊、方、陳三詞之或攤破句法，或減字，皆變格也。

按：吳文英詞前段結句"十載事、夢惹綠楊絲"，"十"字入聲。後段第六句"菊井招魂"，"菊"字入聲。俱以入作平，不注可仄。

此詞可平可仄悉參楊、方、陳三詞。

又一體

楊澤民

雙調一百三十五字，前段十三句四平韻，後段十五句三平韻。

園韭畦蔬，嫩雞野臘，鄰醞稚子能賒。羅幕新裁，畫
○●○○句●○●●句○●●○○韻○●○○句●
樓高聳，松梧柳竹交遮。應便作、歸休計去，高揖淵
○○●句○○●●○○韻○○●讀○○●●句○●○
明，下視林逋，到此如何，又走風沙。都爲啼號累我，
○句●●○○句●●○○句●●○○韻○●○○●●句
思量事、未遂即咨嗟。　連年奔逐，旁州外邑，舟
○○●讀●●●○○韻　○○○●句○○●●句○
楫輕颺，鞭帽攲斜。仍冒觸、煙嵐邃險，風雪縱橫，每
●○○句○●○○韻○●●讀○○●●句○●○○句●
值初寒在路，炎暑登車，空向長途度歲華。消減少
●○○●●句○●○○句○●○○●●○韻○●●
年，英豪氣宇，瀟灑襟懷，似此施爲，縱解封侯，寧如
○句○○●●句○●○○句●●○○句●●○○句○○
便早還家。
●●○○韻

　　此和周詞，惟前段第八、九、十句減二字攤破句法作四字四句異。

又一體

方千里

　　雙調一百三十五字，前段十二句四平韻，後段十五句三平韻。

倦踏征塵，厭驅匹馬，凝望故國猶賒。孤館今宵，亂
●●○○句●○●●句○●●○○韻○●○○句●

山何許，平林漠漠煙遮。悵過眼光陰似瞬，回首歡娛
○○●句○○●●○○韻●●●○○●●句○●○○
異昔、流年迅景，霜風敗葦驚沙。無奈輕離易別，千
●●句○○●●句○○●○○韻○●○○●●句○
里意、刷淚獨長嗟。　　綺窗人遠，青門信杳，釵影
●●讀●●●○○韻　　●○○句○○●●句○●
何時，重見雲斜。空怨憶、吹簫韻曲，旋錦回文，想像
○○句○●○○韻●●●讀○○●●句○●○○句●●
宮商蠹損，機杼生塵，誰爲新妝暈素華。那信自憐，
○○●●句○●○○句○○○○●●○韻●●●○句
悠颺夢蝶，浮没書鱗，縱有心情，盡爲相思，争如傍
○○●●句○●○○句●●○○句●●○○句○○●
早歸家。
●○○韻

此和周詞,惟前段第九、十句減二字作四字一句、六字一句異。按:吳文英詞前段第九、十句"當時燕子,無言對立斜暉",正與此同。

又一體

陳允平

雙調一百三十六字,前段十三句四平韻,後段十五句三平韻。

泛梗飄萍，入山登陸，迢遞霧迥煙賒。漠漠蒹葭，依
●●○○句●○○●句○●●●○○韻●●○○句○
依楊柳，天涯總是愁遮。歎寂寞塵埃滿眼，夢逐孤雲
○○●句○○●●○○韻●●●○○●●句●●○○

縹緲，春潮帶雨，鷗迎遠潊，雁別平沙。寒食梨花素
●●句○○●●句○○●●句●●○○韻○●○○●
約，腸斷處、對景暗傷嗟。　　晚鐘煙寺，晨雞月店，
●句○●●讀●●○○韻　　●○○●句○○●●句
征褐蕭疏，破帽敧斜。幾度微吟馬上，長嘯舟中，慣
○●○○句●●○○韻●●○○●●句○○●●句●
踏新豐巷陌，舊酒猶香，憔悴東風自歲華。重憶少
●○○●●句●●○○句○●○○●●○韻○●●
年，櫻桃漸熟，松粉初黃，短楫歡呼，日日江南，煙村
○句○○●●句○●○○句●●○○句●●○○句○○
八九人家。
●●○○韻

　　此亦和周詞，惟前段第九、十句攤破六字兩句作四字三
句，後段第五句減一字異。

山亭宴一體

　　調見張先詞集，有美堂贈彥猷主人作，蓋自度曲也。

山亭宴

張　　先

　　雙調一百二字，前後段各八句五仄韻。
宴堂永晝喧簫鼓。倚青空、畫闌紅柱。玉瑩紫微人，
●○●●○○韻●○○讀●○●韻●●●○○句

藹和氣、春融日煦。故宮池館舊樓臺,約風月、今宵
●○●讀○○●韻●○○●●○○句●○●讀○○
何處。湖水動鮮衣,競拾翠、湖邊路。　　落花蕩漾
○●韻○●●○○句●●●讀○○●韻　　●○●
怨空樹。曉山静、數聲杜宇。天意送芳菲,正黯淡、疏
●○●韻○●讀●○●●韻○●●○○句●●●讀○
煙短雨。新歡寧似舊歡長,此會散、幾時還聚。試爲
○●●韻○○○●●○○句●●●讀●○○●韻●●
挹飛雲,問解寄、相思否。
●○○句●●●讀○○●韻

　　此調衹此一詞,無別首可校,《詞律》以前後段校注平仄
者非。

望春回一體

　　調見《樂府雅詞》。

望春回

李　甲

　　雙調一百二字,前段十句四仄韻,後段十句五仄韻。
霽霞散曉,射水村漸明,漁火方滅。灘露夜潮痕,注
●○●●句●●○●○句○●○●韻●●●○○句●
凍瀨淒咽。征鴻來時應有信,見疏柳、更憶伊同折。
●●●韻○○○●●●●句●○●讀●●○○●韻

異鄉憔悴，那堪更值，歲窮時節。　東風暗回暖
●○○●句●○●句●○○●韻　○○●○●
律。算坼遍江梅，消盡巖雪。惟有這愁腸，恁依舊千
韻●●●○○句○●○●韻○●●○○句●○●
結。私言竊語曾誓約，便眠思夢想無休歇。這些離
●韻○○●●●○●句●○○●●○○●韻○●○
恨，除非對著，說似明月。
●句○○●●句●●○●韻

此調祇此一詞，無他作可校。

此詞前後段第四、五句俱五字，第五句上一下四句法，填者審之。

水龍吟二十五體

姜夔詞注無射商，俗名越調。曾覿詞結句有"是豐年瑞"句，名《豐年瑞》。呂渭老詞名《鼓笛慢》。史達祖詞名《龍吟曲》。楊樵雲詞因秦觀詞起句，更名《小樓連苑》。方味道詞結句有"伴莊椿歲"句，名《莊椿歲》。

水龍吟

蘇　軾

雙調一百二字，前段十一句四仄韻，後段十一句五仄韻。
霜寒煙冷兼葭老，天外征鴻嘹唳。銀河秋晚，長門鐙
⊖○○●●○●句●●○○○●韻⊖○○●句○○⊖

悄，一聲初至。應念瀟湘，岸遥人静，水多菰米。乍望
●句〇〇●韻〇●〇〇句〇〇●句〇〇●韻●〇
極平田，徘徊欲下，依前被、風驚起。　　須信衡陽
〇●●句〇〇●●句〇〇●讀〇〇●韻　●●〇〇
萬里。有誰家、錦書遥寄。萬重雲外，斜行横陣，纔疏
●●韻●〇〇讀〇●〇●韻●〇〇●句〇〇●句〇〇
又綴。仙掌月明，石頭城下，影摇寒水。念征衣未搗，
●●韻●●〇〇句〇〇〇●句●〇〇●韻●〇〇●●句
佳人拂杵，有盈盈淚。
〇〇●●句●〇〇●韻

　　此調句讀最爲參差，今分立二譜。起句七字，第二句六字者，以蘇軾詞爲正格。起句六字，第二句七字者，以秦觀詞爲正格。其餘添字減字，句讀押韻不同者，各以類列。此調之源流正變，盡於此矣。

　　此調前後段第三句至第八句例作四字句，前後段第九句五字，第十句四字，前結六字折腰，後結四字。宋人精於審音，添字減字，攤破句法，悉中律吕。其譜不傳，填者但以蘇詞、秦詞爲式可也。

　　此調前後段第九句以下，如譜内蘇詞則前段五字一句、四字一句、六字一句，後段五字一句、四字兩句，秦詞則前段九字一句、六字一句，後段九字一句、四字一句，均爲合格。

　　此詞可平可仄參下類列八詞。惟趙長卿"酒潮勻頰"詞前段結句"聲"字平聲，秦觀"亂花叢裏"詞後段第二句"玉"字仄聲，宋詞如此填者甚少，故不注可平可仄。

又一體

趙長卿

雙調一百二字,前段十一句五仄韻,後段十句四仄韻。

酒潮勻頰雙眸溜。眉映遠山橫秀。風流俊雅,嬌癡體
●○○●○○●韻○●●○○●韻○○●●句○○●
態,眼前稀有。蓮步彎彎,移歸拍裏,凌波難偶。對仙
●句●○○●韻○●○○句●○○●句○○○●韻●○
源醉眼,玉纖籠巧,撥新聲、魚紋縐。　　我自多愁
○●●句●○○●句●○○讀○○●韻　　●●○○
多病,對人前、只推傷酒。瞞他不得,詩情懶倦,沈腰
○●句●○○讀●○○●韻○○●●句○○●●句○○
消瘦。多謝東君,殷勤知我,曲翻紅豆。拌來朝、又是
○●韻●●○○句○○○●句●○○●韻●○○讀●●
扶頭不起,江樓知否。
○○●●句○○○●韻

此與蘇詞同,惟前段起句押韻,後段起句不押韻,第九、十句作九字一句異。

又一體

楊无咎

雙調一百二字,前後段各十一句五仄韻。

西湖天下應如是。誰喚作、真西子。雲凝山秀,日增
○○○●●○●韻○●●讀○○●韻○○○●句●○

1379

波媚，宜晴宜雨。況是深秋，更當遙夜，月華如水。記
○句○○●韻●●○○句●○○●句●○○●韻●
詞人解道，丹青妙手，應難寫、真奇語。　　往事輸
○○●●句○○●●句○○●讀○○●韻　　●●○
他范蠡。泛扁舟、仍携佳麗。毫端幻出，淡妝濃抹，可
○●韻●○○讀○○●韻●●○○句●○●●句●
人風味。和靖幽居，老坡遺跡，也應堪記。更憑君畫
○○●韻○●○○句●○○●句●○○●韻●○○
我，追隨二老，遊千家寺。
●句○○●●句○○○●韻

此與趙詞同，惟前段第二句作折腰句法，後段起句仍押
韻異。

又一體

趙長卿

雙調一百一字，前段十一句四仄韻，後段十句五仄韻。
天教占得如簧巧，聲乍囀、千嬌媚。金衣襯著，風流
○○●●○○●句●●●讀○○●韻○○●●句○○
模樣，於中可是。紅杏香中，綠楊陰處，多應饒你。向
●●句○○●●韻○●○○句●○○●句○○●●韻●
黃昏苦苦，嬌啼怨別，那堪更、東風起。　　別有詩
○○●●句○○●●句●○●讀○○●韻　　●●○
腸鼓吹。未關他、等閒俗耳。雙柑鬭酒，當時曾是，高
○●●韻●○○讀●○●●韻○○●●句○○○●句○
人留意。南國春歸，上陽花落，正添憔悴。念啼聲欲
○○●韻○●○○句●○○●句●○○●韻●○○●

碎，何人解作留春計。
●句○○●●○○●韻

此與楊无咎"西湖天下"詞同，惟後結兩句減一字作七字一句異。

又一體

姜　夔

雙調一百二字，前段十一句四仄韻，後段十句六仄韻。

夜深客子移舟處，兩兩沙禽驚起。紅衣入槳，青鐙搖
●○●●○○●句●●○○○●韻○○●●句○○
浪，微涼意思。把酒臨風，不忘歸去，有如此水。況茂
●句○○●●韻●●○○句●○○●句●○●●韻●●
陵遊倦，長干望久，芳心事、簫聲裏。　　屈指。歸期
○○●句○○●●句○○●讀○○●韻　　●●韻○○
尚未。鵲南飛、有人應喜。畫闌桂子，留香小待，提攜
●●韻●○○讀○○●●韻●○●●句○○●●句○○
影底。我已情多，十年幽夢，略曾如此。甚謝郎、也恨
●●韻●●○○句●○○●句●○○●韻●●○讀●●
飄零，解道月明千里。
○○句●●●○○●韻

此與蘇詞同，惟換頭句藏短韻，後結攤破句法作七字一句、六字一句異。

趙長卿"暑風吹雨"詞、楊无咎"小軒瀟灑"詞、胡仔"夢寒綃帳"詞，俱與此同。惟趙詞、楊詞前段第二句作折腰句法，胡詞後結作折腰句法，又楊詞、胡詞換頭句俱不藏短韻，注明不另列體。

1381

又一體

晁端禮

雙調一百二字,前段十一句四仄韻,後段十句五仄韻。

夜來深雪前村路,應是早梅先綻。故人贈我,江頭春信,南枝向暖。疏影橫斜,暗香浮動,月明清淺。向庭邊驛畔,行人立馬,頻回首、空腸斷。　　別有玉溪仙館。壽陽人、初勻妝面。天教占了,百花頭上,和羹未晚。最是關情處,高樓上、一聲羌管。仗誰人向道,爭如留取,倚朱闌看。

此與蘇詞同,惟後段第六、七、八句攤破四字三句作五字一句、七字一句異。按:周紫芝"小桃零落"詞後段第六、七句"深院簾垂雨,愁人處、碎紅千片",正與此同。

又一體

趙長卿

雙調一百二字,前段九句五仄韻,後段八句五仄韻。

煙姿玉骨塵埃外,看自有、神仙格。花中越樣風流,

曾是名標清客。月夜香魂，雪天孤艷，可堪憐惜。向
○●○○●韻●●○○句●○○●句●○○●韻●
枝間、且作東風第一。和羮事、期他日。　　聞道春
○○讀●●○○●●韻○○●讀○○●韻　　○●○
歸未識。問伊家、却知消息。當時惱殺林逋，空遶團
○●●韻●○○讀●○○●韻○○●●○○句●●○
圞千百。橫管輕吹處，餘香散、阿誰偏得。壽陽宮、應
○○●韻●●○○●句○○●讀○○●韻●○○讀○
有佳人，待與點、新妝額。
●○○句●●●讀○○●韻

此詞與蘇詞校，前後段第三、四、五句攤破四字三句作六字兩句，第九、十句作九字一句，後段第六、七、八句攤破四字三句作五字一句、八字一句、第九句以下攤破五字一句、四字兩句作八字一句、六字一句異。

又一體

趙長卿

雙調一百四字，前段十句五仄韻，後段九句四仄韻。

韶華迤邐三春暮。飛盡繁紅無數。多情爲與，牡丹長
○○●●○○●韻●●○○●韻○○●●句●○○
約，年年爲主。曉露凝香，柔條千縷，輕盈清素。最堪
●句○○●韻●●○○句○○○●句○○○●韻●○
憐、玉質冰肌婀娜，江梅漫休爭妒。　　翠蔓扶疏掩
○讀●●○○●●句○○●●○●韻　　●●○○●
映，似碧紗、籠罩越溪遊女。從前愛惜嬌姿，終日愁
●句●●○讀○●●○○●韻○○●●○○句○●○

1383

風怕雨。夜月一簾，小樓橫斷，有思量處。恐因循、易
○●●韻●●●○句●○○●句●○○●韻●○○讀●
嫁東風，爛漫暗隨春去。
●○○句●●●○●韻

　　此詞與蘇詞校，前段起句用韻，第九、十句作九字一句，後段第二句多二字，第三、四、五句作六字兩句，第九句以下攤破句法異。

又一體

秦　觀

　　雙調一百六字，前後段各九句四仄韻。
亂花叢裏曾携手，窮艷景、迷歡賞。到如今、誰把雕
●○○●○○●句●●●讀○○●韻●○○讀○●○
鞍鎖定，阻遊人來往。好夢隨春遠，從前事、不堪思
○●●句●○○●韻●●○○句○○●讀●○○
想。念香閨正杳，佳歡未偶，難留戀、空惆悵。　永
●韻●○○●句○○●●句○○●讀○○●韻　●
夜嬋娟未滿，歎玉樓、幾時重上。那堪萬里，却尋歸
●○○●●句●●○讀●○○●韻○○●●句●○○
路，指陽關孤唱。苦恨東流水，桃源路、欲回雙槳。仗
●句●○○○●韻●●○○●句○○●讀●○●●韻●
何人、細與叮嚀問呵，我如今怎向。
○○讀●●○○●○句●○○●●韻

　　此添字《水龍吟》也，又兼攤破句法。前段第三、四、五句添二字攤破四字三句作九字一句、五字一句，第六、七、八句攤破四字三句作五字一句、七字一句，後段第五句

添一字，第六、七、八句亦攤破四字三句作五字一句、七字一句，結句又添一字。若删去添字，便與諸家無異矣，採入以備一體。

以上九詞，皆前段第一句七字、第二句六字者，類列以備參考。

又一體

秦　觀

雙調一百二字，前段十一句四仄韻，後段十句五仄韻。

小樓連苑橫空，下窺繡轂雕鞍驟。疏簾半卷，單衣初
⊙○⊙●○○句●○⊙●○○●韻⊙○⊙●句⊙○⊙
試，清明時候。破暖輕風，弄晴微雨，欲無還有。賣花
●句⊙○⊙●韻●●○○句⊙○⊙●句⊙○⊙●韻●○
聲過盡，垂楊院宇，紅成陣、飛鴛甃。　　玉佩丁東
○⊙●句⊙○⊙●句⊙○●讀○○●韻　　●●○○
別後。悵佳期、參差難又。名韁利鎖，天還知道，和天
⊙●韻●○○讀⊙○⊙●韻⊙○⊙●句⊙○⊙●句⊙○
也瘦。花下重門，柳邊深巷，不堪回首。念多情、但有
⊙●韻⊙●○○句⊙○⊙●句⊙○⊙●韻●○○讀●●
當時皓月，照人依舊。
○○●●句●○○●韻

此詞前段第一句六字，第二句七字，宋詞如此填者最多。後結作九字一句、四字一句，與前諸家異。

此詞可平可仄參下類列十二詞。

又一體

黃機

雙調一百二字,前段十一句四仄韻,後段十句四仄韻。

清江滾滾東流,爲誰流得新愁去。新愁都在,長亭望
○○●●○○句●○○●●○○韻○○○●句○○●
際,扁舟行處。歌罷翻香,夢回呵酒,別來無據。恨酴
●句○○○●韻○●○○句●○○●句●○○●韻●○
醾吹盡,櫻桃過了,便只恁、成孤負。　須信情鍾
○○●句○○●●句●●●讀○○●韻　○●○○
易感,數良辰、佳期應誤。才高自歎,綵雲空詠,凌波
●●句●○○讀○○○●韻○○●●句●○○●句○○
漫賦。團扇塵生,吟箋淚漬,一觴慵舉。但丁寧、雙燕
●●韻○●○○句○○●●句●○○●韻●○○讀○●
明年,還解寄平安否。
○○句○●●○○●韻

此與秦詞同,惟後段起句不押韻,結句七字一句、六字一句異。

又一體

吳文英

雙調一百二字,前段十一句四仄韻,後段十二句六仄韻。

有人獨立空山,翠髾未覺霜顏老。新香秀粒,濃光綠
●○●●○○句●○●●○○●韻○○●●句○○●

浸，千年春小。布影參旗，障空雲蓋，沈沈秋曉。馴蒼
●句○○○●韻●●○○句●○○●句○○○●韻●○
虬萬里，笙吹鳳女，驂飛乘、天風裊。　　般巧。霜斤
○●●句○○●●句○○●讀○○●韻　　○●韻○○
不到。漢遊仙、相從最早。皺鱗細雨，層陰藏月，朱絃
●●韻●○○讀○○●●韻●●●●句●○○●句○○
古調。問訊東橋，故人南嶺，倚天長嘯。待凌霄謝了，
●●韻●●○○句●○○●句●○○●韻●○○●●句
山深歲晚，素心才表。
○○●●句●○○●韻

此與秦詞同，惟換頭句藏一短韻，結處五字一句、四字兩句異。

章楶"燕忙鶯懶"詞第二句"正堤上、柳花飄墜"，作上三下四折腰句法，餘皆同，不另列體。

又一體

程　垓

雙調一百二字，前段十一句四仄韻，後段十句五仄韻。

夜來風雨匆匆，故園定是花無幾。愁多怨極，等閒辜
●○○●○○句●○●●○○●韻○○●●句●●○
負，一年芳意。柳困桃慵，杏青梅小，對人容易。算好
●句●○○●韻●●○○句●○○●句●○○●韻●●
春長在，好花長見，元只是、人憔悴。　　回首池南
○○●句●○○●句○●●讀○○●韻　　○●○○
舊事。恨星星、不堪重記。如今但有，霜花老眼，傷情
●●韻●○○讀●○○●韻○○●●句○○●●句○○

清淚。不怕逢花瘦，只愁怕、老來風味。待繁紅亂處，
〇●韻●●〇〇●句●〇十讀●〇〇●韻●〇〇●●句
留雲借月，也須拌醉。
〇〇●●句●〇〇●韻

　　此與秦詞同,惟後段第六、七、八句攤破四字三句作五字一句、七字一句異。吳文英"望中璇海"詞後段第六、七句"花萼樓高處,連清曉、千秋傳宴",正與此同。

又一體

吳文英

　　雙調一百二字,前段十句四仄韻,後段十一句六仄韻。

望春樓外滄波，舊年照眼青銅鏡。煉成寶月，飛來天
●〇〇●〇〇句●●●●〇〇●韻●〇●●句〇〇〇
上，銀河流影。紺玉鈎簾處，橫犀麈、天香分鼎。記殷
●句〇〇〇●韻●●●〇〇●句〇〇讀〇〇〇●韻●〇
雲殿瑣，裁花翦露，曲江畔、春風勁。　　槐省。紅塵
〇●●句〇〇〇●句●〇●讀〇〇●韻　　〇●韻〇〇
晝静。午朝回、吟生晚興。春霖秀筆，鶯邊清晝，金狻
●●韻●〇〇讀〇〇●●韻〇〇●●句〇〇〇●句〇〇
旋聳。閬苑芝仙貌，生綃對、綠窗深景。弄瓊英數點，
●●韻●●〇〇●句〇〇●讀●〇〇●韻●〇〇●●句
宮梅信早，占年光永。
〇〇●●句●〇〇●韻

　　此亦秦詞體,惟前後段第六、七、八句俱攤破四字三句作五字一句、七字一句,換頭句藏一短韻異。

又一體

劉　過

雙調一百二字,前段十一句四仄韻,後段十句五仄韻。

謫仙狂客何如,看來畢竟歸田好。玉堂無此,三山海
●○○●○○句○○●●叶韻●○○●句○○●
上,虛無縹緲。讀罷離騷,暗香猶在,覺人間小。任菜
●句○○●●韻●●○○句○○●●句●○○●韻●●
花葵麥,劉郎去後,桃開處、知多少。　　一夜雪迷
○○●句○○●●句○○●讀○○●韻　　●●●○
蘭棹。傍寒溪、欲尋安道。而今總有,劉叉冰柱,有知
○●韻●○○讀●○○●韻○○●●句○○●●句●○
音否。想見鸞飛,如椽健筆,檄書親草。算平生、白傅
○●韻●●○○句○○●●句●○○●韻●○○讀●●
風流,未肯向、香山老。
○○句●●●讀○○●韻

此亦秦詞體,惟後結作七字一句、六字一句異。劉鎮"三山臘雪"詞、楊樵雲"多情不在"詞俱與此同,惟換頭句俱不押韻。又李昂英"驛飛穩駕"詞結句六字不折腰,注明不另列體。

又一體

吳文英

雙調一百二字,前段十一句四仄韻,後段九句五仄韻。

夜分溪館漁鐙，巷聲乍寂西風定。河橋送遠，玉簫吹
●○○●○○句●○●○○●韻○○●●句●○○
斷，霜絲舞影。薄絮秋雲，淡蛾山色，宦情歸興。怕煙
●句○○●●韻●●○○句●○○●句●○○●韻●○
江渡後，桃花又泛，宮溝上、春流緊。　新句欲題
○●句○○●●句○○●讀○○●韻　●○●○
還省。透香煤、重箋誤隱。西園已負，林亭移酒，松泉
○●韻●○○讀●○●●韻○○●●句○○●●句○○
薦茗。携手同歸處，玉奴喚、綠窗春近。想驕驄、又踏
●●韻○●○○●句●○●讀●○○●韻●○○讀●●
西湖，二十四番花信。
○○句●●●○○●韻

此與程垓詞同，惟後結七字一句、六字一句異。

又一體

葛立方

雙調一百四字，前段十一句四仄韻，後段十一句五仄韻。

九州雄傑溪山，遂安自古稱佳處。雲迷半嶺，風號淺
●○○●○○句●○●●○○●韻○○●●句○○●
瀨，輕舟斜渡。朱閣橫飛，漁磯無恙，鳥啼林塢。弔高
●句○○○●韻●●○○句○○○●句●○○●韻●○
人陳迹，空瞻遺像，知英烈、雄千古。　憶昔龍飛
○○●句○○●●句○●●讀○○●韻　●●○○
光武。悵當年、故人何許。羊裘自貴，龍章難換，不如
○●韻●○○讀●○○●韻○○●●句○○○●句●○

歸去。七里溪邊，鸂鶒灘畔，一蓑煙雨。歎如今蕩子，
○●韻●●○○句○○○●句●○○●韻●○○●●句
翻將釣手，遮日向、西秦路。
○○●●句○●●讀○○●韻

　　此亦秦詞體，惟後段結句添二字異。按：張孝祥"望九華"詞"悵世緣未了，匆匆又去，空凝佇、煙霄裏"，正與此同。

又一體

張　雨

　　雙調一百六字，前段十二句四仄韻，後段九句四仄韻。
古來宰相神仙，有誰得似東泉老。今朝佳宴，楊枝解
●○●●○○句●○●●○○●韻○○●●句○○●
唱，花枝解笑。鍾鼎山林，同時行輩，故人應少。問功
句○○●●韻○●○○句○○●●句●○○●韻●○
成身退，何須更學，鴟夷子，煙波渺。　　我自深衣
○○●句○○●●句○○●句○○●韻　　●●○○
獨樂，儘從渠、黃塵烏帽。後來官職清高，一品還他
●●句●○○讀○○○●韻●○○●○○句●●○○
三少。不須十載光陰，渭水相逢，又入飛熊夢了。到
○●韻●○●●○○句●●○○句●●○○●韻●
恁時、拂袖逍遙，勝戲十洲三島。
●○讀●●○○句●●●○○●韻

　　此詞後結句讀，與吳文英"夜分溪館"詞同，惟後段起句不押韻，第三、四、五句攤破四字三句作六字兩句，第六句添二字，第八句添二字異。

又一體

曹組

雙調一百二字,前段十一句四仄韻,後段十句四仄韻。

曉天穀雨晴時,翠羅護日輕煙裏。酴醿徑暖,柳花風
●○●●○○句●●●○●○●韻○○●●句●○○
淡,千葩濃麗。三月春光,上林池館,西都花市。看輕
●句○○○●韻●●○○句●○○●句○○○●韻●○
盈隱約,何須解語,凝情處、無窮意。　　金殿筠籠
○●●句○○●●句○○●讀○○●韻　　○●○○
歲貢,最姚黃、一枝嬌貴。東風既與花王,芍藥須爲
●●句●○○讀●○○●韻○○●●○○句●●○○
近侍。歌舞筵中,滿裝歸帽,斜簪雲髻。有高情未已,
●●韻○●○○句●○○●句○○○●韻●○○●●句
齊燒絳蠟,向闌邊醉。
○○●●句●○○●韻

此亦秦詞體,惟後段第三、四、五句攤破四字三句作六字兩句異。

又一體

趙長卿

雙調一百二字,前段十句四仄韻,後段九句四仄韻。

先來天與精神,更因麗景添殊態。拖輕苒苒,纔凝一
○○○●○○句●○●●○○●韻○○●●句○○●

段、還分五綵。畢竟非煙，有時爲雨，惹晴無奈。道無
●句○○●韻●○○句●○○●句●○○●韻●○
心、怎被歌聲遏斷，遲遲向、青天外。　　宜伴先生
○讀●●○○●●句○○●讀○○●韻　　○●○○
醉卧，得饒到、和山須買。也曾惱煞襄王，誰道依前
●●句●○●讀○○○●韻●○●●○○句○●○○
不會。我欲乘歸去，翻恨悵、帝鄉何在。念佳期未展，
●●韻●●○○●句●●●讀●○○●韻●○○●●句
天長暮合，儘空相對。
○○●●句●○○●韻

此與曹組詞同，惟後段第六、七、八句又攤破四字三句作
五字一句、七字一句異。

又一體

趙長卿

雙調一百一字，前段十句四仄韻，後段九句四仄韻。
淡煙輕霧濛濛，望中乍歇凝晴晝。纔驚一霎催花，還
●○○●○○句●○●●○○●韻○○●●○○句○
又隨風過了。清帶梨梢，暈含桃臉，添春多少。向海
●○○●韻○●○○句●○○●句○○○●韻●●
棠點點，香紅染遍，分明是、胭脂透。　　無奈芳心
○●●句○○●●句○○●讀○○●韻　　○●○○
滴碎，阻遊人、踏青携手。檐頭綫斷，空中絲亂，纔晴
●●句●○○讀●○○●韻○○●●句○○○●句○○
却又。簾幕閒垂處，輕風送、一番寒峭。正留君不住，
●●韻○●○○●句○○●讀●○○●韻●○○●●句

瀟瀟更下黃昏後。
○○●●○○●韻

　　此亦秦詞體，惟前段第三、四、五句攤破四字三句作六字兩句，後段第六、七、八句攤破四字三句作五字一句、七字一句，第九、第十句減一字作五字一句、七字一句異。

又一體

　　　　《高麗史・樂志》無名氏

　　雙調一百二字，前後段各十一句四仄韻。

洞天景色常春，嫩紅淺白開輕萼。瓊筵鎮起，金鑪煙
●○●●○○句●○●●○○●韻○○●●句○○○
重，香凝錦幄。窈窕神仙，妙呈歌舞，攀花相約。彩雲
●句○○●●韻●●○○句●○○●句○○○●韻●○
月轉，朱絲網除，任語笑、拋毬樂。　　繡袂風翻鳳
●●句○○●●句●●●、○○●韻　　●●○○●
舉，轉星眸、柳腰柔弱。頭籌得勝，歡聲近地，花光容
句●○○讀●○○●韻○○●●句○○●●句○○○
約。滿座嘉賓，喜聽仙樂，交傳觥爵。龍吟欲罷，彩雲
●韻●●○○句●●○●句○○○●韻○○●●句●○
搖曳，相將去、歸寥廓。
○●句○○●讀○○●韻

　　此見《高麗史・樂志》，名《水龍吟令》，拋毬樂舞隊曲也。亦與秦詞同，惟前後段第九句各減一字，後段結句添二字異。

　　以上詞十三首，皆前段第一句六字，第二句七字者，類列以備參考。

又一體

李之儀

雙調一百二字，前後段各十一句四仄韻。

晚風輕拂，遊雲盡卷，霽色寒相射。銀潢半掩，秋毫
●○○●句○○●●句●●○○●韻○○●●句○○
欲數，分明不夜。玉管傳聲，羽衣催舞，此歡難借。凛
●●句○○●●韻●●○○句●○○●句●○○●韻●
清輝、但覺圓光罩影，冰壺瑩、真無價。　聞道水
○○讀●●○○●●句○○●讀○○●韻　●●
晶宮殿，蕙鑪熏、珠簾高掛。瓊枝半倚，瑤觴更勸，鶯
○○●句●○○讀○○○●韻○○●●句○○●●句○
嬌燕姹。目斷魂飛，翠縈紅繞，空憐小砑。想歸來醉
○●●韻●●○○句●○○●句○○●●韻●○○●
裏，鶯篦鳳朵，待何人卸。
●句○○●●句●○○●韻

此詞前段第一、二句作四字兩句、五字一句。按：曹勛《松隱集》，《水龍吟》詞五首前段起處皆與此同，又《梅苑》無名氏詞亦與此同，則知此體，宋人亦間爲之，採入以備一體。

又一體

辛棄疾

雙調一百二字，前段十句五平韻，後段九句五平韻。

聽兮清佩瓊瑤　些。明兮鏡秋毫　些。君無此去，流昏
●○○●●○　韻●句○○●○○　韻●句○○●●句○○

漲膩、生蓬蒿　些。虎豹甘人，渴而飲汝，寧猿猱
●●讀○○○韻●句●●○○句●○●●句○○○韻
些。大而流江海，覆舟如芥，君無助、狂濤　些。
●句●○○●句●○○●句●○●讀○○韻●句
路險兮山高　些。予塊獨處無聊　些。冬槽春盎，歸來
●●○○○韻●句○●●○○韻●句○○●句○○
為我、制松醪　些。其外芬芳，團龍片鳳，煮雲膏
●●讀●○○韻●句●○○句○○●句●○○韻
些。古人兮既往，嗟予之樂、樂簞瓢　些。
●句●○○●句○○○讀●○○韻●句

　　此詞見《稼軒集》，彷楚詞體，每韻下用一"些"字，採以備體。

　　按：蔣捷《竹山詞》，《水龍吟》調亦有彷此體者，因字句悉同，不另列。

又一體

《高麗史·樂志》無名氏

雙調一百二字，前段八句五仄韻，後段九句四仄韻。

玉皇金闕長春，民仰高天欣戴。年年一度定佳期，風
●○○●○○句●●○○○●韻○○●●●○○句○
情多感慨。綺羅競交會。爭折花枝兩相對。舞袖翩翩
○○●韻●○●○●韻○●○○●○●韻●●○○
歌聲妙，掩粉面、斜窺翠黛。　　錦額門開，綵架毬
○○●句●●●讀○○●●韻　　●●○○句●●○
兒，當先誘、神仙隊。融香拂席舞霓裳，動鏗鏘環
○句○○●讀○○●韻○○●●●○○句●○○○

佩。寶座巍巍五雲密，歡呼争拜退。管絃衆作欲歸
●○●●○○●句○○○●●韻●○●●○
去，願吾皇、萬年恩愛。
去句●○○讀●○○●韻

　　此見《高麗史・樂志》，名《水龍吟慢》，與蘇詞、秦詞句讀全異，採入以備一體。

鬭百草二體

調見《琴趣外篇》。

鬭百草

晁補之

　　雙調一百二字，前段十句四仄韻，後段十句五仄韻。

別日常多，會時常寡天難曉。正喜花開，又愁花謝，
●●○○句●○○●○○●韻●●○○句●○○●句
春也似人易老。慘無言、念舊日朱顔，清歡莫笑。便
○●●○●●韻●○○讀●●●○○句○○●●韻●
冉冉如雲，霏霏似雨，去無音耗。　　追想墻頭梅
●●○○句○○●●句●○○●韻　　○●○○○
下，門裏桃邊，名利爲伊都忘了。血寫香箋，淚封羅
●句○●○○句○●○○○●●韻●●○○句●○○
帕，記三日、離腸浪攪。如今事，十二樓空憑誰到。此
●句●○●讀○○●●韻○○●句●●○○○○●韻●

1397

情悄。擬回船、武陵路杳。
〇●韻●〇〇讀●〇●●韻

此調祇晁詞二首,故可平可仄即參下詞。

又一體

晁補之

雙調一百二字,前段十句三仄韻,後段十句六仄韻。

往事臨邛,舊遊雅態羞重憶。解賦才高,好音情慧,
●●〇〇句●〇●●〇〇●韻●●〇〇句●〇〇●句
琴裏句中暗識。正常年、似閬苑瓊枝,朝朝相倚,便
〇●●●●韻●〇〇讀●●●〇〇句〇〇●●句●
滌器何妨,當壚正好,鎮同比翼。　誰使騫裳佩
●●〇〇句〇〇●●句●〇●●韻　〇●〇●
失。推枕雲歸,惆悵至今遺恨積。雙鯉書來,大刀詩
●韻〇●〇〇句〇●●〇〇●●韻〇●〇〇句●〇〇
意,縱章臺、青青似昔。重尋事,前度劉郎轉愁寂。漫
●句●〇〇讀〇〇●●韻〇〇●句〇●〇〇●〇●韻●
贏得。倚東風、對花歎息。
〇●韻●〇〇讀●〇●●韻

此與前詞同,惟前段第七句少押一韻,後段第一句多押一韻異。

石州慢六體

《宋史·樂志》越調。賀鑄詞有"長亭柳色纔黃"句,名

《柳色黃》。謝懋詞名《石州引》。

石州慢

賀　鑄

雙調一百二字，前段十句四仄韻，後段十一句五仄韻。

薄雨催寒，斜照弄晴，春意空闊。長亭柳色纔黃，遠
●●○○句○●●○句○●○●韻○●○●○○句●
客一枝先折。煙橫水際，映帶幾點歸鴉，東風消盡龍
●●○○●韻○○●●句●●●●○○句○○○●○
沙雪。還記出門時，恰而今時節。　　將發。畫樓芳
○●韻●●●○○句●○○○●韻　　○●韻●○○
酒，紅淚清歌，頓成輕別。已是經年，杳杳音塵都絕。
●句○●○○句●○○●韻●●○○句●●○○○●韻
欲知方寸，共有幾許清愁，芭蕉不展丁香結。枉望斷
●○○●句●●●●○○句○○●●○○●韻●●●
天涯，兩厭厭風月。
○○句●●○○●韻

此調以此詞爲正體，若蔡詞、二張詞之攤破句法，王詞之句讀全異，皆變格也。

此詞前後段兩結句例作上一下四句法，填者辨之。

按：元好問詞前段第七句"而今憔悴登樓"，後段第八句"蕭蕭兩鬢黃塵"，"而"字、上"蕭"字俱平聲。譜內據此，餘參下四詞。

又一體

蔡松年

雙調一百二字,前段十句四仄韻,後段十句五仄韻。

雲海蓬萊,風霧鬖鬖,不假梳掠。仙衣卷盡雲霓,方
○●○○句○●●○句●●○●韻○○●●○○句○
見宮腰纖弱。心期得處,世間言語非真,海犀一點通
●○○●韻○○●●句●○○●○○句●●●●○
寥廓。無物比情濃,覓無情相博。　　離索。曉來一
○●韻○●●○○句●○○●●韻　　○●韻●○●
枕餘香,酒病賴花醫却。灩灩金尊,收拾新愁重酌。
●○○句●●●○○●韻●●○○句○●○○○●韻
片帆雲影,載將無際關山,夢魂應被楊花覺。梅子雨
●○○●句●○○●○○句●○○●○○●韻○●●
絲絲,滿江干樓閣。
○○句●○○●韻

此與賀詞同,惟後段第二、三、四句攤破作六字兩句異。
按:張埜詞後段第二、三句"天涯幾許離情,化作暮雲千縷",
正與此同。又白樸詞"療饑賴有楚萍,暖老尚須燕玉",作一
對聯,文法又小異。

又一體

張元幹

雙調一百二字,前段十句四仄韻,後段十一句五仄韻。

寒水依痕，春意漸回，沙際煙闊。溪梅晴照生香，冷
○●○○句○●●○句●○●韻○○●○○句●
蕊數枝爭發。天涯舊恨，試看幾許消魂，長亭門外山
●○○○●韻○○●●句●●●○○句○○○○
重疊。不盡眼中青，是愁來時節。　　情切。畫樓深
○●韻●●●○○句●○○○●韻　　○●韻●○○
閉，想見東風，暗消肌雪。辜負枕前雲雨，尊前花月。
●句●●○○句●○○●韻○●●○○●句○○○●韻
心期切處，更有多少淒涼，殷勤留與歸時說。到得再
○○●●句●●○●○○句○○○●○○●韻●●●
相逢，恰經年離別。
○○句●○○○●韻

此亦與賀詞同，惟後段第五句六字，第六句四字異。

又一體

張　炎

雙調一百二字，前段十一句四仄韻，後段十一句五仄韻。

野色驚秋，隨意散愁，踏碎黃葉。誰家籬落，閒花似
●●○○句○●●○句●●○●韻○○○●句○○●
語，弄妝羞怯。行行步影，未教背寫腰肢，一枝猶立
句●○○●韻○○●●句●○●●○○句●○○●
門前雪。依約鏡中春，又無端輕別。　　癡絕。漢皋
○○●韻○●●○○句●○○○●韻　　○●韻●○
何處，解佩何人，應須情切。引望東鄰，遺恨丁香空
○●句●●○○句○○○●韻●●○○句○●○○○

結。十年舊恨，尚餘恍惚雲窗，可憐不是當時蝶。深
●韻●○●●句●○●●○○句●○●●○○●韻○
夜醉醒來，悵一庭風月。
●●○○句●○○●韻

此亦與賀詞同，惟前段第四、五句攤破作四字三句異。

此詞後段結句"一"字入聲，以入作平，故賀詞此字不注可仄。

又一體

張　雨

雙調一百二字，前段九句四仄韻，後段十一句五仄韻。

落日空城禾黍，夜深砧杵纔歇。怪他蘿薜綌衣，風露
●●○○○●句●○○●●●韻●○●●●○句○●
潤滋凉浹。清愁多少，只消目送飛鴻，五絃已是心悲
●○○●韻○○●●句●○●●○○句●●●○○
咽。把酒問青天，又中秋時節。　聞說。謫仙去後，
●韻●●●○○句●○○○●韻　○●韻●○●●句
何人敢擬，詩豪酒傑。草草山林，還我舊時明月。書
○○●●句○○●●韻●●○○句○●●○○●韻○
帷冷落，縱教萬事都忘，閒文閒字偏情熱。孤負楮先
○●●句●○●●○○句○○○●○○●韻●●●○
生，有一庭紅葉。
○句●●○○●韻

此亦與賀詞同，惟前段第一、二、三句攤破作六字兩句異。

又一體

王之道

雙調一百二字，前段十二句四仄韻，後段十二句五仄韻。

天迥樓高，日長院靜，琴聲幽咽。昵昵恩情，叨叨言
○●○○句●○●○句○○○●韻●●○○句○○○
語，似傷離別。子期何處，只今漫訝，高山流水，又逐
●句●●○●韻●○○●句●○●●句○○○●句●●
新聲徹。髣髴江州，夜聽琵琶淒切。　　休說。春寒
○○●韻●●○○句●●○○●韻　　○●韻○○
料峭，夜來花柳，弄風搖雪。大錯因誰，算不啻六州
●●句●○○●句●○○●韻●●○○句●●●○○
鐵。波下雙魚，雲中乘雁，嗣音無計，空歎初謀拙。但
●韻○●○○句○○●●句●○○●句○○○●韻●
願相逢，同心再綰重結。
●○○句○○●●○●韻

此詞句讀多與諸家不同，採以備體，不參校入譜。

上林春慢二體

《宋史·樂志》中呂宮。

上林春慢

晁冲之

雙調一百二字，前段十一句四仄韻，後段九句五仄韻。

帽落宮花，衣惹御香，鳳輦晚來初過。鶴降詔飛，龍
◐●○○句○●●○句●●●○○●韻●●○○句○
銜燭戲，端門萬枝鐙火。滿城車馬，對明月、有誰閒
○●●句○○●●○●韻●○●●句●○●讀●○○
坐。任狂遊，更許傍禁街，不扃金鎖。　玉樓人、暗
●韻●○○句●●●○●句●○○●韻　●○○讀●
中擲果。珠簾下、笑著春衫裊娜。素蛾繞釵，輕蟬撲
○●●韻○○●讀●●○○●●韻●○●○句○○●
鬢，垂垂柳絲梅朵。夜闌飲散，但贏得、翠翹雙嚲。醉
●句○○●○○●韻●○●●句●○●讀●○○●韻●
歸來，又重向、曉窗梳裹。
○○句●◐●讀●○○●韻

　　此調兩晁詞俱爲正體，此詞有曾紆詞可校。按：曾詞前段第二句"豪健放樂"，"樂"字仄聲。第四句"靚妝微步"，"微"字平聲。第十句"念流光易失"，"流光"二字俱平聲，"失"字仄聲。第十一句"幽姿堪惜"，"幽"字平聲。後段第三句"舊遊回首"，"回"字平聲，"首"字仄聲。第四句"前歡如夢"，"如"字平聲。第六句"稠紅亂蕊"，"稠"字平聲。譜內可平可仄據此，餘參下詞。

又一體

晁補之

雙調一百二字,前段十一句四仄韻,後段十句五仄韻。

天惜中秋,三夜淡雲,占得今宵明月。孟陬歲好,金
○●○○句●●○句●●○○●韻●○○句○
風氣爽,清時挺生賢哲。相門出相,算鍾慶、自應累
●●句○○●○○●韻●○○句●○●讀●○
葉。乍歸來,暫燕處,共仰赤松高轍。　想人生、會
●韻●○○句●●●句●●●○○●韻　●○○讀●
須自悅。浮雲事、笑裏尊前休說。舊有袞衣,公歸未
○●韻○○●讀●●○○○●韻●●●○句○○●
晚,千歲盛明時節。命圭相印,看重賞、晉公勳業。濟
●句○●●○○●韻●○○●句○●●讀●○○●韻●
生靈,共富貴,海深天闊。
○○句●●●句●○○●韻

此與前詞同,惟前結作三字一句、六字一句異。

宴清都九體①

調始《清真樂府》,程垓詞名《四代好》。

---

① 原目錄云《宴清都》十體,實則只有九體,今從正文。

宴清都

周邦彥

雙調一百二字，前段十句五仄韻，後段十句四仄韻。

地僻無鐘鼓。殘鐙滅，夜長人倦難度。寒吹斷梗，風
○●○○韻　○●●句　●○○●●韻　○○●●句
翻暗雪，灑窗填户。賓鴻漫説傳書，算過盡、千儔萬
○●●句　●○○●韻　○○●●○○句　●●●讀○○●
侣。始信得、庾信愁多，江淹恨極須賦。　　淒涼病
●韻　●●●讀●●○○句　○○●●○韻　　○○●
損文園，徽絃乍拂，音韻先苦。淮山夜月，金城暮草，
●○○句　○○●●句　○●○●韻　○○●●句　○○●●句
夢魂飛去。秋霜半入清鏡，歎帶眼、多移舊處。更久
●○○●韻　○○●●○●句　●●●讀○○●●韻　●●
長、不見文君，歸時認否。
○讀●●○○句　○○●●韻

此調以此詞爲正體，若盧詞之多兩韻，曹詞、吳詞之多押三韻，袁詞、陳詞之減字，皆變格也。

按：前段第三句，趙必瓈詞"賓鴻三兩飛度"，"賓"字平聲。第四句，趙詞"茅檐春小"，"春"字平聲。第五句，趙善扛詞"玉光萬頃"，"玉"字仄聲。第六句，趙必瓈詞"青山當户"，"青"字平聲。第八句，趙詞"渾忘却、耕徒釣侶"，"忘"字平聲。第九句，趙詞"何時尋、闢酒紅鑪"，"何"字、"時"字俱平聲。後段第二句，周密詞"事隨花謝"，"事"字仄聲，"花"字平聲。第三句，趙善扛詞"花晨月午"，"月"字仄聲。第四、五句，趙必瓈詞"秋田二頃，菊松三徑"，"秋"字、"菊"

字俱仄聲。第七句,趙善扛詞"別情未抵遺愛","別"字仄聲。趙必璉詞"山林休勒俗駕","休"字平聲。第八句,趙詞"容我臥、草堂深處","容"字平聲,"草"字仄聲,"深"字平聲。第十句,周密詞"半蟾弄晚","半"字仄聲。譜内可平可仄據此,餘參盧、曹、吳、袁、陳五詞。

　　吳文英詞前段結句"此景此情多感",又一首"天留建章春晚",後段第七句"區區去情何限",又一首"憑誰爲歌長恨",曹勛詞後段結句"常奉舜殿",又一首"俱獻聖壽","景"字仄聲,"情"字、"章"字、"情"字、"歌"字俱平聲,"奉"字、"獻"字俱仄聲。校諸家獨異,故譜内不校注平仄。

　　趙善扛詞前段第三句"渡頭行客欲去","欲"字入聲。趙必璉詞後段第七句"山林休勒俗駕","俗"字入聲。此皆以入作平,亦不注可仄。

又一體

盧祖皋

雙調一百二字,前段十句六仄韻,後段十句五仄韻。

春訊飛瓊管。風日薄,度墻啼鳥聲亂。江城次第,笙
〇●〇●韻〇●句●〇●〇●韻〇〇●●句〇
歌翠合,綺羅香暖。溶溶潤綠冰泮。醉夢裏、年華暗
〇●●句●〇〇●韻〇〇●●〇●韻●●讀〇〇●
換。料黛眉重鎖隋堤,芳心還動梁苑。　　新來雁闊
●韻●●〇〇●〇〇句〇〇〇●〇●韻　　〇〇●●
雲音,鸞分鑑影,無計重見。啼春細雨,籠愁淡月,恁
〇〇句〇〇●●句〇●〇●韻〇〇●●句〇〇●●句●

時庭院。離腸未語先斷。算猶有、憑高望眼。更那堪、
○●○句○○●●○●韻●○●讀○○●●韻●○○讀
芳草連天，飛梅弄晚。
○●○○句○○●●韻

此與周詞同，惟前後段第七句多押兩韻異。

又一體

曹　勛

雙調一百二字，前段十句六仄韻，後段十一句六仄韻。

鳳苑東風軟。春容早，歲端新律初轉。宮雲麗曉，人
●●○○●韻○○●句●○○●●韻○○●●句○
日應鍾，慶符閨範。元妃懿德尊顯。位四聖、晉芳避
●●○句●○○●韻○●●●○●韻●●●讀●○
輦。佐聖主、美化重宣，光被海宇彌遠。　　香滿。帝
●韻●●●讀●●○○句○●●●○●韻　○●韻●
渥恩隆，歌珠舞雪，俱陳絲管。彤闈共悅，天顏有喜，
●○○句○○●●句●○○●韻○○●●句○●●●句
壽觴親勸。今年外家華煥。擁使節、新班侍宴。願萬
●○○●韻○○●○○●韻●●●讀○○●●韻●●
載、永冠椒房，常奉舜殿。
●讀●●○○句○●●●韻

此與盧詞同，惟換頭句押短韻異。

又一體

吳文英

雙調一百二字,前後段各十句六仄韻。

萬里關河眼。愁凝處,渺渺殘照紅斂。天低遠樹,潮
●●○○●韻○○●句●●○○●韻○○●●句○
分斷港,路迴淮甸。吟鞭又指孤店。對玉露金風送
○●●句●○○●韻○○●●○●韻●●○○●
晚。恨自古、佳人才子,此景此情多感。　吳王故
●韻●●●讀○○○●句●●●○○●韻　○○●
苑。別來良朋雅集,空歎蓬轉。揮毫刻燭,飛觴趁月,
韻●○○○●●句○●○●韻○○●●句○○●●句
夢消香斷。區區去情何限。倩片紙、丁寧過雁。寄相
●○○●韻○○●○○●韻●●●讀○○●●韻●○
思、寒雨鐙窗,芙蓉舊院。
○讀○●●○句○○●●韻

此亦與盧詞同,惟後段第一句四字押韻,第二句六字異。

又一體

陳允平

雙調九十九字,前段九句五仄韻,後段十句四仄韻。

聽徹南樓鼓。玉壺冰漏遲度。重溫錦幄,低護青氈,
●●○○●韻●○○●○●韻○○●●句○●○○句
曲通朱户。巡檐細嚼寒梅,歎寂寞、孤山伴侶。更信
●○○●韻○○●●○○句●●●讀○○●●韻●●

有、鐵石心腸，廣平幾度曾賦。　　寒深試擁羊裘，
●讀●●○○句●○●●○●韻　　○○●●○○句
松醪自酌，誰伴吟苦。摩娑醉眼，闌干相拍，白鷗驚
○○●●句○●○●韻○○●●句○○○●句●○○
去。梁園勝賞重約，漸玉樹瓊花處處。怕柳條、未覺
●韻○○●●○●句●●●○○●●韻●●○讀●●
春風，青青在否。
○○句○○●●韻

此亦與周詞同，惟前段減去第二句異。

又一體

袁去華

雙調一百一字，前段十句五仄韻，後段十句四仄韻。
暮雨消煩暑。房櫳頓覺，秋意如許。天高迥杳，山橫
●●○○●韻○○●●句○●○●韻○○●●句○○
紺碧，桂華初吐。空庭靜掩桐陰，便苒苒、流螢暗度。
●●句●○○●韻○○●●○○句●●●讀○○●●韻
記那時、朱户迎風，西廂待月私語。　　佳期易失難
●●○讀○●○○句○○●●○●韻　　○○●●○
重，餘香破鏡，雖在何據。如今要見，除非是夢，幾時
○句○○●●句○●○●韻○○●●句○○●●句●○
重做。人言雁足傳書，待盡寫、相思寄與。又怎生、説
○●韻○○●●○○句●●●讀○○●●韻●●○讀●
得愁腸，千絲萬縷。
●○○句○○●●韻

此與周詞同，惟前段第二、三句俱作四字異。

又一體

何籀

雙調一百二字，前段十二句六仄韻、三疊韻，後段十一句六仄韻。

細草沿階軟。紅日薄，蕙風輕藹微暖。東君靳惜，桃英尚小，柳芽猶短。羅帷繡幕高卷。早已是、歌慵笑懶。憑畫樓、那更天遠。山遠。水遠。人遠。　堪怨。傅粉疏狂，竊香俊雅，無計拘管。青絲絆馬，紅裙勸酒，甚處迷戀。無言淚珠零亂。翠袖盡、重重漬遍。故要得、別後思量，歸時覷見。

此《宴清都》調之變格，前結疊用四韻，自成一體。其可平可仄悉參下程、曹二詞。

又一體

程垓

雙調一百二字，前段十二句六仄韻、三疊韻，後段十一句四仄韻、五疊韻。

翠幕東風早。蘭窗夢，又被鶯聲驚覺。起來空對，平
●●○○●韻○○●句●●○○●韻●○○●句○
階弱絮，滿庭芳草。厭厭未怢懷抱。記柳外、人家曾
○●●句○○○●韻○○●○○●韻●●●讀○○○
到。憑畫闌、那更春好。花好。酒好。人好。　春
●韻○●○讀●●○●●韻○●疊●●疊○●疊　○
好。尚恐闌珊，花好。又怕飄零難保。直饒酒好。酒
●疊●●○○句○●疊●●○○●韻●○●●疊●
好。未抵意中人好。相逢盡拌醉倒。況人與、才情未
●疊●●●○○疊○○●●●韻●○●讀○○●
老。又豈關、春去春來，花愁花惱。
●韻●●○讀○●○○句○○○●韻

　　此與何詞同，惟後段第三、四句，第六、七句各攤破四字兩句，作二字一句、六字一句異。

　　又後段五疊"好"字韻，亦屬游戲之筆，非定格也。

又一體

曹　勛

　　雙調一百二字，前段十二句五仄韻、三疊韻，後段十一句六仄韻。

野水澄空，遠山隨眼，筍輿乘興廬阜。天池最極，雲
●●○○句●●○○●句○○○●●韻○○●●句○
溪最隱，翠迷歸路。三峽兩龍翔翥。盡半月、猶貪杖
○●●句○●○○韻●●●○○●韻●●●讀○●
屨。間引杯、相賞好處。奇處。險處。清處。　凝
●韻●●○讀○●●●韻○●疊●●疊○●疊　○

竚。道友重陪，西山勝跡，玉隆風御。滕閣下臨，晴峰
●韻●●○○句○○●●句●○○●韻○●●○句○○
萬里，水雲千古。飛觴且同豪舉。喜醉客、龍吟曲度。
●●句●○○●韻○○●●●韻●●●讀○○●●韻
待記成佳話，歸時從頭細數。
●●○○●句○○○○●●韻

　　此與何詞同，惟前段第一、二句作四字兩句，後段第十句、第十一句作五字一句、六字一句異。

慶春宮二體

　　一名《慶宮春》。此調有平韻、仄韻兩體：平韻體始自北宋，有周邦彥諸詞；仄韻體始自南宋，有王沂孫諸詞。

慶春宮

周邦彥

　　雙調一百二字，前段十一句四平韻，後段十一句五平韻。
雲接平岡，山圍寒野，路回漸轉孤城。衰柳啼鴉，驚
⊖●○○句○○○●句●●○⊖○○韻●●○○句
風驅雁，動人一片秋聲。倦途休駕，澹煙裏、微茫見
○○●句●○⊖●●○韻●○○●句●○●讀○○●
星。塵埃憔悴，生怕黃昏，離思牽縈。　　華堂舊日
○韻⊖○○●句⊖●○○句○●○○韻　　○○●●
逢迎。花艷參差，香霧飄零。絃管當頭，偏憐嬌鳳，夜
○○韻⊖●⊖○句⊖●○○韻●●○○句⊖○⊖●句●

深簧暖笙清。眼波傳意，恨密約、匆匆未成。許多煩惱，只爲當時，一晌留情。

此調押平韻者祇此一體，宋人俱依此填。

按：前段第一句，方千里詞"宿靄籠晴"，"宿"字仄聲。第二句，張炎詞"鄰分杏酪"，"杏"字仄聲。第三句，張詞"一枝曾伴涼宵"，"曾"字平聲。第四句，張詞"胃索飛仙"，"胃"字仄聲。第五句，張詞"戲船移景"，"戲"字仄聲。又張樞詞"情疏寶扇"，"寶"字仄聲。第六句，張炎詞"濃艷到此都消"，"濃"字平聲，"艷"字仄聲。吳文英詞"翠房人去深扃"，"人"字平聲。第八句，張炎詞"聽隔柳、誰家賣餳"，"隔"字仄聲。第九句，張詞"粟肌微潤"，"粟"字仄聲。第十句，張樞詞"依約遠峰"，"遠"字仄聲。第十一句，吳詞"玉腕誰憑"，"玉"字仄聲。後段第一句，張炎詞"小山舊隱重招"，"小"字仄聲。第二、三句，陳允平詞"最憐堤柳，白露先零"，"最"字、"柳"字俱仄聲，"憐"字平聲。第四、五、六句，張炎詞"被酒長歌，插花短舞，誰在水國吹簫"，"被"字、"插"字、"短"字俱仄聲，"誰"字平聲，"在"字、"水"字俱仄聲。第七句，張詞"餘音何處"，"餘"字平聲。第八句，吳詞"斷雲隔、巫山幾層"，"雲"字平聲。第九句，張炎詞"梨花落盡"，"梨"字平聲，"落"字仄聲。第十句，張樞詞"簾卷翠樓"，"簾"字平聲，"翠"字仄聲。第十一句，吳詞"消瘦雲英"，"消"字平聲。譜內可平可仄據此。

又一體

王沂孫

雙調一百二字，前後段各十一句四仄韻。

明玉擎金，纖羅飄帶，爲君起舞回雪。柔影參差，幽
○●○○句●○○●句●○●●○●韻●●○○句○
香零亂，翠圍腰瘦一捻。歲華相誤，記前度、湘皋怨
○●句●○○●●●韻●○○●句●○●讀○○●
別。哀絃重訴，都是淒涼，未須彈徹。　　國香到此
●韻○○●●句●●○○句●○○●韻　　●○●●
誰憐，煙冷沙昏，頓成愁絕。花惱難禁，酒消欲盡，門
○○句○●○○句●○○●韻○●○○句●○●●句○
外冰澌欲結。試招仙魄，怕今夜、瑤簪凍折。携盤獨
●○○●韻●○○●句●○●讀○○●●韻○○●
出，空想咸陽，故宮落葉。
●句○●○○句●○●●韻

此調押仄韻者亦祇此一體，周密、劉瀾、王易簡諸詞俱如此填。

按：前段第一、二句，劉詞"春蔥綠波，日明金渚"，"綠"字、"日"字俱仄聲。第四、五句，劉詞"喜溢雙蛾，迎風一笑"，"喜"字、"一"字俱仄聲。第六句，周詞"棹歌人語嗚咽"，"嗚"字平聲。第八句，周詞"正百里、冰河乍合"，"百"字仄聲。劉詞"錦袍濕、烏紗攲側"，"攲"字平聲。第九句，周詞"千山換色"，"換"字仄聲。第十、十一句，劉詞"滿目青山，飛下孤白"，"滿"字、"下"字俱仄聲，"飛"字平聲。後段第一句，劉詞"片帆誰上天門"，"誰"字平聲。第二句，周詞"表裏

1415

空明"、"表"字仄聲。第四、五、六句,周詞"高堂在否,登臨休賦,忍見舊時明月","堂"字、"登"字、"休"字、"明"字俱平聲,"在"字、"忍"字、"舊"字俱仄聲。第七句,劉詞"磯頭綠樹","磯"字平聲,"綠"字仄聲。第八句,劉詞"見白馬、書生破敵","白"字仄聲。周詞"怕空負、年芳輕別","輕"字平聲。第九句、十句、十一句,劉詞"百年前事,欲問東風,酒醒長笛","百"字、"欲"字俱仄聲,"前"字、"長"字俱平聲。譜內可平可仄據此。

憶舊遊六體

調始《清真樂府》,一名《憶舊遊慢》。

憶舊遊

周邦彥

雙調一百二字,前段十一句四平韻,後段十一句五平韻。

記愁橫淺黛,淚洗紅鉛,門掩秋宵。墜葉驚離思,聽
●○○●句●●○○句○●○○韻●●○○句●
寒螿夜泣,亂雨蕭蕭。鳳釵半脫雲鬢,窗影燭花搖。
○○●●句●●○○韻●○●●○○句○●●○○韻
漸暗竹敲涼,疏螢照曉,兩地魂消。　　迢迢。問音
●●●○○句○○●●句●●○○韻　　○○韻●○
信,道徑底花陰,時認嗚鑣。也擬臨朱戶,歎因郎憔
●句●●●○○句○●○○韻●●○○●句●○○

悴，羞見郎招。舊巢更有新燕，楊柳拂河橋。但滿眼
●句⊖●○○韻⊖●●●○●句⊖●●●○○韻●⊖●
京塵，東風竟日吹露桃。
○○句⊖○⊖●○●○韻

　　此調以此詞爲正體，方千里、楊澤民、陳允平、趙以夫、張
炎等詞俱依此填。若吳詞之減字，周詞、劉詞之添字，皆變
格也。
　　前段起句例作上一下四句法，彭泰翁詞作"玉環扶殘
醉"，此亦偶誤，不可從。後段結句例作拗體，填者辨之。
　　按：張炎詞前段第四句"休問神仙事"，"休"字平聲。第
五、六句"正綠章封事，飛上層青"，"綠"字仄聲。第七句"忘
了牡丹名字"，"了"字仄聲。第十句"采芳難贈"，"采"字仄
聲。後段第八句"露臺深鎖丹氣"，"深"字平聲。第九句"醉
後醒還驚"，"醉"字仄聲。第十句"縱忘却歸期"，"忘"字平
聲。第十一句"鶴衣散影都是雪"，"鶴"字仄聲。又"陽關西
出無故人"，"西"字平聲。譜内可平可仄據此，餘參所採
諸詞。

又一體

　　　　　　　　　　　　張　炎

　　雙調一百二字，前段十一句四平韻，後段十句四平韻。
記瓊筵卜夜，花檻移春，同惱鶯嬌。暗水流花徑，正
●○○●●句○●●○句●○○韻●●○○句●
無風院落，銀燭遲銷。鬧枝淺壓鬖髺，香臉泛紅潮。
○○●●句○●○○韻●○●●○○句○●●○○韻

甚如此遊情，還將樂事，輕趁冰綃。飄零又成
〇〇●〇〇句〇〇●●句〇●〇〇韻　〇〇●〇
夢，但長歌裊裊，柳色迢迢。一葉江心冷，望美人不
●句●〇〇●●句●〇〇〇韻●●〇〇●句●〇〇●
見，隔浦難招。認得舊時鷗鷺，重見月明橋。溯萬里
●句●●〇〇韻●●〇〇〇●句〇●●〇〇韻●●●
天風，清聲漫憶何處簫。
〇〇句〇〇●●〇〇韻

此與周詞同，惟換頭句不押短韻異。

又一體

吳文英

雙調一百二字，前後段各十句四平韻。

送人猶未苦，苦送春、隨人去天涯。片紅都飛盡，正
●〇〇●●句●●〇讀〇〇●〇〇韻●〇〇〇句●
陰陰潤綠，暗裏啼鴉。賦情頓雪雙鬢，飛夢逐塵沙。
〇〇●●句●●〇〇韻●〇●●〇●句〇●●〇〇韻
歎病渴淒涼，分香瘦減，兩地看花。西湖斷橋
●●●〇〇句〇〇●●句●●〇〇韻　〇〇●〇
路，想繫馬垂楊，依舊敧斜。葵麥迷煙處，問離巢孤
●句●●●〇〇句〇●〇〇韻●●〇〇●句●〇〇〇
燕，飛過誰家。故人爲寫深怨，空壁埽秋蛇。但醉上
●句〇●〇〇韻●〇●●〇●句〇●●〇〇韻●●●
吳臺，殘陽草色歸思賒。
〇〇句〇〇●●〇〇韻

此與周詞同,惟前段第二、三句作上三下五八字一句,換頭句不藏短韻異。

又一體

周密

雙調一百三字,前後段各十一句四平韻。

記移鐙翦雨,換火籠香,去歲今朝。乍見翻疑夢,向
●○○●●句●●○○句●●○○韻●●○○●句●
梅邊攜手,笑挽吟橈。依依故人情味,歌舞試春嬌。
○○○●句●●○○韻○○●●○○句●○●○○韻
對婉娩年芳,飄零身世,酒趁愁消。　天涯未歸
●●●○○句○○●●句●●○○韻　○○●●
客,望錦羽沈沈,翠水迢迢。欹菊荒薇老,負故人猿
●句●●●○○句●●○○韻●●○○●句●●○○
鶴,舊隱難招。疏花漫揾愁思,無句到寒梢。但夢繞
●句●●○○韻○○●●○○句○●●○○韻●●●
西陵,空江冷月,魂斷隨潮。
○○句○○●●句○●○○韻

此亦與周詞同,惟換頭句不藏短韻,後段結句添一字作四字兩句異。

又一體

周密

雙調一百四字,前段十一句四平韻,後段十二句五平韻。

記花陰翦燭，柳影飛梭，庭戶東風。綵筆爭春艷，任
●○○●●句●○○句○●○●韻●●○○●句●
香迷舞袖，醉憶歌叢。畫簾盡卷芳晝，雲翦玉玲瓏。
○○●●句●●○○韻●●●●○●句○●●○○韻
奈恨絕冰絃，塵侵翠譜，別鳳引離鴻。　鴛籠。怨
●●●○○句○○●●句●●●○○韻　○○韻●
春遠，但翠冷閒階，墜粉飄紅。事逐年華換，歎水流
○●句●●●○○句●●○○韻●●○○●句●○○
花謝，燕去樓空。繡鴛暗老薇徑，殘夢繞雕籠。悵寶
○●句●●○○韻●○●●○●句○●●○○韻●●
瑟無聲，愁痕沁碧，江上孤峰。
●○○句○○●●句○●○○韻

此詞前結五字句，後結四字兩句，與周邦彥詞異。

又一體

劉將孫

雙調一百三字，前段十一句四平韻，後段十句五平韻。

正落花時節，憔悴東風，綠滿愁痕。悄客夢、驚呼伴
●●○○●句○●○○句●●○○韻●●●讀○○●
侶，斷鴻有約，回泊歸雲。江空共道惆悵，夜雨隔篷
●句●○●●句○●○○韻○○●●○●句●●●○
聞。儘世外縱橫，人間恩怨，細酌重論。　歎他鄉
○韻●●●○○句○○○●句●●○○韻　●○○
異縣，渺舊雨新知，歷落情真。匆匆那忍別，料當君
●●句●●●○○句●●○○韻○○●●●句●○○

思我，我亦思君。人生自非麋鹿，無計久同群。此去
○●句●●○○韻○○●○○句○●●○○韻●●
重消魂。黃昏細雨深閉門。
●○○韻○○●●○●○韻

　　此亦與周邦彥詞同，惟前段第四句添二字，第五句減一字，後段第九句多押一韻異。

花犯四體

調始《清真樂府》，周密詞名《繡鸞鳳花犯》。

花犯

周邦彥

雙調一百二字，前段十句六仄韻，後段九句四仄韻。
粉牆低，梅花照眼，依然舊風味。露痕輕綴。疑淨洗
●○○句○○●●句○○●○◐韻●○○◐韻◐●
鉛華，無限佳麗。去年勝賞曾孤倚。冰盤同燕喜。更
○○句◐●○○韻●○●●○○韻○○○●韻●
可惜、雪中高樹，香篝熏素被。　　今年對花最匆
●●讀◐○○●句○○○●韻　　○○●○●
匆，相逢似有恨，依依愁領。吟望久，青苔上，旋看飛
○句○○●●●句◐◐○◐韻○●●句○○●讀○○
墜。相將見、脆圓薦酒，人正在、空江煙浪裏。但夢
●韻○○●讀●○●●句○●●讀◐○○●韻●●

想、一枝瀟灑,黃昏斜照水。
●讀⊖○○●句⊖○○●●韻

　　此調以此詞爲正體,宋人皆如此填。若吳文英詞之少押一韻,或多押一韻,周密詞之減字,皆變格也。

　　《詞律》論此調後段第七句"煙浪裏"三字必須平去上,結句"照水"二字必須去上,細校宋詞皆然,填者審之。

　　按:譚宣子詞後段第五句"秋江上、朝雲輕散","朝"字平聲。譜內據此,餘參下詞。

　　方千里詞後段第二句"朱顏迎縞露",第四句"腰支小","迎"字、"支"字俱平聲。查宋詞無用平聲者,故不注可平。又王沂孫詞前段第四句"斷魂十里","十"字入聲。此以入作平,亦不注可仄。

又一體

吳文英

雙調一百二字,前段十句五仄韻,後段九句四仄韻。

翦橫枝,清溪分影,翛然鏡空曉。小窗春到。憐夜冷
●○○句○○○●句○○○●●韻●○○●韻○●●
霜娥,相伴孤照。古苔淚鎖霜千點,蒼華人共老。料
○○句○●○●韻○○●●○○●句○○○●●韻●
淺雪、黃昏驛路,飛香遺冷草。　　行雲夢中認瓊
●●讀○○●●句○○●●韻　　○○●●
孃,冰肌瘦,窈窕風前纖縞。殘醉醒,屛山外、翠禽聲
○句○○●句●●○○○●韻○●●句○○●讀●○○
小。寒泉貯、紺壺漸暖,年事對、青鐙驚換了。但恐
●韻○○●讀●○●●句○●●讀○○○●●韻●●

舞、一簾蝴蝶,玉龍吹又杳。
●讀●○○●句●○○●●韻

此與周詞同,惟前段第七句不押韻,後段第二句三字,第三句六字異。譚宣子詞前段第七句"象牀試錦新翻樣",不押韻,正與此同。

又一體

吴文英

雙調一百二字,前段十句六仄韻,後段九句五仄韻。

小娉婷,青鉛素靨,蜂黄暗偷暈。翠翹欹鬢。昨夜冷
●○○句○○●●句○○●●韻●●●●韻●●
中庭,月下相認。睡濃更苦凄風緊。驚回心未穩。送
○○句●●○●韻●○●●○○●韻○○○●韻●
曉色、一壺葱蒨,纔知花夢準。　　湘娥化作此幽
●●讀●○○●句○○○●韻　　○○●●●○
芳,凌波路,古岸雲沙遺恨。臨砌影,寒香亂、凍梅藏
○句○○●句●●○○●韻○●●句○○●讀●○
韻。熏鑪畔、旋移傍枕。又還見、玉人垂紺鬢。料唤
●韻○○●讀●○●●韻●○●讀●○○●●韻●●
賞、清華池館,臺杯須滿引。
●讀○○○●句○○○●●韻

此亦與周詞同,惟後段第六句多押一韻異。

又一體

周密

雙調一百一字，前段十句六仄韻，後段九句四仄韻。

楚江湄，湘娥乍見，無言灑清淚。淡然春意。空獨倚
●○○句○○●●句○○●●●韻●○○●韻○●●
東風，芳思誰記。凌波露冷秋無際。香雲隨步起。漫
○○句○●●●韻○○●○○●韻○○○●●韻●
記得、漢宮仙掌，亭亭明月底。　　冰絃寫怨更多
●●讀●○○●句○○○●●韻　　○○●●●○
情，騷人恨，枉賦芳蘭幽芷。春思遠，誰賞國香風味。
○句○○●句●●○○●韻○●●句●●●○○●韻
相將共、歲寒伴侶，小窗靜、沈煙熏翠被。幽夢覺、涓
○○●讀●○●●句●○●讀●○○●●韻○●●讀○
涓清露，一枝鐙影裏。
○○●句●○○●●韻

此與吳文英"翦橫枝"詞同，惟後段第五句減一字異。

倒犯三體

調始《清真樂府》，一名《吉了犯》。

倒犯

周邦彦

雙調一百二字,前段九句六仄韻,後段十一句六仄韻。

霽景、對霜蟾乍昇,素煙如埽。千林夜縞。徘徊處、漸
●●讀●○○●句●○○●韻○○●韻○○●讀●
移深窈。何人正弄、孤影蹁躚西窗悄。冒露冷貂裘,
○○●韻○○●●讀○○○●●○○●韻●●●○○句
玉弭邀雲表。共寒光,飲清醥。　淮左舊遊,記送
●●○○●韻●○○句●○●韻　○●●○句●
行人,歸來山路窵。駐馬望素魄,印遥碧,金樞小。愛
○○句○○○●●韻●●●●●句●○●句○○●韻●
秀色、初娟好。念漂浮、綿綿思遠道。料異日宵征,必
●●讀○○●韻●○○讀○○●●●韻●●●○○句●
定還相照。奈何人自老。
●○○●韻●○○●●韻

此調以此詞爲正體,若吳詞、陳詞之句讀或異,皆變格也。

此調前段起句七字,上二字例作一讀。如方千里和詞"盡日、任梧桐自飛,翠階慵埽",悉照此填,不可誤作上三下四句法。

此詞可平可仄悉參吳、陳二詞。

又一體

吳文英

雙調一百二字,前段十句六仄韻,後段十一句六仄韻。

茂苑、共鶯花醉吟,歲寒如許。江湖夜雨。傳書問、雁
●●讀●○○●句●○○●韻○○●●韻○○●讀●
多幽阻。清溪上,慣來往扁舟、輕如羽。到興懶歸來,
○○●韻○○●句○●●○○讀○●韻●●○○句
玉冷耕雲圃。按瓊簫,賦金縷。　　回首詞塲,動地
●●○○●韻●○○句●○●韻　　○●○句●●
聲名,春雷初啟户。枕水臥漱石,數間屋,梅一塢。待
○○句○○○●韻●●●●●句○●●句○●●韻●
共結、良朋侶。載酒尊,隨花迎野步。要未若城南,分
●●讀○○●韻●●○句○○○●韻●●●○○句○
取溪隈住。晝長看柳舞。
●○○●韻●○○●●韻

此與周詞同,惟前段第五、六句作三字一句、八字一句異。

又一體

陳允平

雙調一百二字,前段十句六仄韻,後段十一句六仄韻。

百尺鳳凰樓,碧天暮雲初埽。冰花散縞。雙鸞駕、鏡
●●●○○句●○●○○●韻○○●●韻○○●讀●
懸空窈。婆娑桂影,香滿西風闌干悄。漸玉魄金輝,
○○●韻○○●●句○●○○○○●韻●●●○○句
飛度千山表。餌元霜、醉瓊醥。　　身在九霄,獨步
○●○○●韻●○○讀●○●韻　　○●●○句●●
丹梯,飄飄輕霧寫。縹渺廣寒殿,覺塵世,山河小。愛
○○句○○○●●韻●●●○●句●○●句○○●韻●

十二、瓊樓好。算誰知、消息盈虛道。任地久天長，今
●●讀○○●韻●○○讀○●○○●韻●●●○○句○
古無私照。但仙娥不老。
●○○●韻●○○●●韻

　　此和周詞，惟前段第一句五字，第二句六字異。按：楊澤民詞"畫舫並仙舟，遠窺眉黛新埽"，正與此同。

詞譜卷三十一

瑞鶴仙十六體

元高拭詞注正宮。《夷堅志》云："乾道中，吳興周權知衢州西安縣。一日，令術士沈延年邀紫姑神，賦《瑞鶴仙》牡丹詞，有"覰嬌紅一捻"句，因名《一捻紅》。"

瑞鶴仙

周邦彥

雙調一百二字，前段十一句七仄韻，後段十一句六仄韻。

悄郊園帶郭。行路永，客去車塵漠漠。斜陽映山落。
●○○●●韻●●句●●○○●●韻○○●●●韻
斂餘紅，猶戀孤城闌角。凌波步弱。過短亭、何用素
●○●句○●○○○●韻○○●●韻●●○讀●●●
約。有流鶯勸我，重解雕鞍，緩引春酌。　　不記歸
●韻●○○●●句○●○○句●●○●韻　　●●○
時早暮，上馬誰扶，醒眠朱閣。驚飆動幕。扶殘醉，遶
○●●句●●○○句●○○●韻○○●●韻○○●句●
紅藥。歎西園，已是花深無地，東風何事又惡。任流
○●韻●○○句●●○○○●句○○○●●●韻●○
光過却。猶喜洞天自樂。
○●●韻○●●○●●韻

此調始自北宋，應以周詞爲正體。但南宋人填此調者，悉同史詞。今譜內兩收周詞、史詞，凡與二詞大同小異者，各以類列。

此詞前段第二、三句，第五、六句，皆三字一句、六字一句，前結五字一句、四字兩句，後結五字一句、六字一句，前後段十三韻，定格也。若曾詞、楊詞、毛詞、趙詞及周詞別首之添字減字，押韻句讀不同，皆變格也。

按：方千里、楊澤民、陳允平和詞句讀悉同史詞，故不類列。

此詞可平可仄，悉參曾、楊、毛、趙四詞，及周詞別首之句法同者。

又一體

曾　覿

雙調一百二字，前段十一句七仄韻，後段十二句七仄韻。

陡寒生翠幕。凍雲垂，繽紛飛雪初落。縈風度池閣。
●○○●韻●○○句○○○●●韻○○●○●韻
裊餘妍，時趁舞腰纖弱。江天漠漠。認殘梅、吹散畫
●○○句○●●○○●韻○○●●韻●○○讀○●●
角。正貂裘乍怯，黃昏院宇，入檐飄箔。　　依約。銀
韻●○○●句○○●●句●○○●韻　　○●韻○
河迢遞，種玉群仙，共駿鸞鶴。東君未覺。先春綻，萬
○○●句●●○○句●●○●韻○○●●韻○○●句●
花萼。向尊前，已喜豐年呈瑞，人間何事最樂。擁笙
○●韻●○○句●●○○○●句○○○●●●韻●○
歌繡閣。低帷縱歡細酌。
○●●韻○○●●●韻

此與周詞同，惟換頭句押短韻異。

又一體

楊无咎

雙調一百二字，前段十句七仄韻，後段十二句五仄韻。

聽梅花再弄。殘酒醒，無寐寒輕愁擁。淒涼誰與共。
●○○●●韻○●●句○●○○●●韻○○○●●韻
漫贏得、別恨離懷千種。拂墻樹動。更曉來、雲陰雨
●●●讀●●○○○●韻●○●●韻●●○讀○○●
重。對傷心好景，回首舊遊，恍然如夢。　　歡縱。西
●韻●○○●●句○●●○句●○○●韻　　○●韻○
湖曾返，畫舫爭馳，繡鞍雙控。歸來夜中，要銀燭、銜
○○●句●●○○句●○○●韻○○●○句●○●讀○
金鳳。到而今，誰揀花枝同戴，誰酌酒杯笑捧。但逢
○●韻●○○句○●○○○●句○●●○●●韻●○
花對酒，空祇自歌自送。
○●●句○●●○●●韻

此與曾詞同，惟後段第五句、第十一句不押韻異。

又一體

毛　开

雙調一百二字，前段十一句七仄韻，後段十一句五仄韻。

柳風清晝溽。山櫻晚，一樹高紅爭熟。輕紗睡初足。
●○○●●韻○○●句●●○○○●韻○●●○●韻
悄無人，敧枕虛簷鳴玉。南園秉燭。歎流光、容易過
●○○句●●○○○●韻○○●●韻●○○讀○●●

目。送春歸去,有無數弄禽,滿徑新竹。　閒記追
●韻●○○●句●○○●○句●○○●韻　○●○
歡尋勝,杏棟西廂,粉墻南曲。別長會促。成何計,奈
○○●句●○○句●○○●韻●○●●韻○○●句●
幽獨。縱湘絃難寄,寒香終在,屏山蝶夢難續。對沿
○●韻●○○●句○○○●句○○○●○●韻●○
階、細草萋萋,爲誰自綠。
○讀●●○○句●○●●韻

　　此詞與周詞校,前段第九句四字,第十句五字,後段第七句五字,第八句四字,結句七字一句、四字一句異。

又一體

趙　文

　　雙調一百字,前段十一句七仄韻,後段十句五仄韻。

綠楊深似雨。西湖上,舊日愁絲恨縷。風流似張緒。
●○○●韻○○句●●○○●韻○○●○●韻
羨春風,依舊年年眉嫵。宮腰楚楚。倚畫蘭、曾鬭妙
●○○句○●○○○●韻○○●●韻●●○讀○●●
舞。想如今,似我零落天涯,却悔相妒。　痛絕長
●韻●○○句●●○●○○句●○●韻　●●○
堤別後,楊白華飛,舊腔誰譜。年光暗度。凄凉誰訴。
○●●句○●○○句●○○●韻○○●●韻○○○●韻
記菩提寺路,段家橋水,何時重到夢處。況柔條老
●○○●●句●○○●句○○○●●韻●○○●
去,爭奈繫春不住。
●句○●●○●●韻

此詞與周詞校，前結作三字一句、六字一句、四字一句，後段第五、六句減二字作四字一句異。

又一體

周邦彥

雙調一百三字，前段十一句四仄韻，後段十一句六仄韻。

暖煙籠細柳，弄萬縷千絲，年年春色。晴風蕩無際，
●○○●●句●●○○句○○○●韻○○●○●句
濃於酒，偏醉情人詞客。闌干倚處，度花香、微散酒
○○●句●●○○●韻○○●●句●○○讀○●●
力。對重門半掩，黃昏淡月，院宇深寂。　　愁極。因
●韻●○○●●句○○●●句●●○●韻　○●韻○
思前事，洞房佳宴，正值寒食。尋芳遍賞，金谷里，銅
○○●句●○○●句●●○●韻○○●●句○●●句○
駝陌。到而今、魚雁沈沈無信息。天涯常是淚滴。早
○●韻●○○讀○●○○○●●韻○○○●●●韻●
歸來、雲館深處，那人正憶。
○○讀○●○●句●○●●韻

此詞與"悄郊園帶郭"詞校，前段第二句五字，第三句四字，句讀不同。又前段第一句、第四句、第七句、後段第五句俱不押韻，第八句添一字押韻異。

又一體

史達祖

雙調一百二字，前段十句七仄韻，後段十二句六仄韻。

杏煙嬌濕鬢。過杜若汀洲，楚衣香潤。回頭翠樓近。
⊖○⊖●韻●⊖⊖⊖句⊖⊖●韻⊖○●○韻
指鴛鴦沙上，暗藏春恨。歸鞭隱隱。便不念、芳盟未
⊖⊖⊖●句⊖○●韻⊖○●韻⊖⊖讀⊖⊖
穩。自簫聲、吹落雲東，再數故園花信。　　誰問。聽
●韻●⊖○讀⊖⊖⊖⊖句⊖●⊖⊖韻　　○●韻⊖
歌窗罅，倚月鈎闌，舊家輕俊。芳心一寸。相思後，總
⊖⊖句⊖●⊖⊖句⊖⊖●韻⊖○⊖●韻⊖⊖句⊖
灰燼。奈春風多事，吹花搖柳，也把幽情喚醒。對南
⊖●韻●⊖○⊖●句⊖⊖⊖●句⊖⊖⊖⊖●韻●⊖
溪、桃萼翻紅，又成瘦損。
○讀⊖⊖⊖⊖句●○○●韻

此詞前段第二、三句，第五、六句皆五字一句、四字一句，前結七字一句、六字一句，後結七字一句、四字一句。前後段十三韻，定格也。劉詞、趙詞、張詞、洪詞、白詞、張詞之添字減字，句讀不同，蔣詞、方詞之獨木橋體，皆變格也。

按：史詞別首前段第二句"爲助妝酒暖"，"妝"字平聲，"酒"字仄聲。紫姑神詞"似西子當日"，"西"字平聲。辛棄疾詞第三句"去天咫尺"，"咫"字仄聲。康與之詞第五句"聽幾聲歸雁"，"幾"字仄聲。王千秋詞第七句"起尋芳徑"，"起"字仄聲，"芳"字平聲。張元幹詞第八句"怕韶光、容易過却"，"易"字仄聲。張榘詞"甚探梅、也來相約"，"也"字仄聲，"相"字平聲。歐良詞後段第二、三句"故國雲迷，佳人日暮"，"國"字仄聲，"迷"字平聲，"佳人"二字俱平聲，"日暮"二字俱仄聲。辛詞第五句"轉頭陳迹"，"轉"字仄聲，"陳"字平聲。康詞第七句"花影亂"，"影"字仄聲。張榘詞第八句"向鳳凰池上"，"鳳"字仄聲。紫姑神詞第九、十句"賞心樂

事,莫惜獻酬頻疊",“賞"字、“獻"字俱仄聲,“頻"字平聲。吳文英詞第十一句"看雪飛、蘋底蘆梢",“雪"字仄聲。李昴英詞"聽歌聲、猶是未歸",“未"字仄聲。譜內可平可仄據此,餘參所采六詞之句法同者。

辛棄疾詞換頭句"寂寞",“寂"字入聲,此以入作平,故譜內不注可仄。

又一體

袁去華

雙調一百二字,前段十句七仄韻,後段十二句六仄韻。

郊原初過雨。見敗葉零亂,風定猶舞。斜陽挂深樹。
○○○●韻●●●○句●○●韻○○●●韻
映濃愁淺黛,遥山眉嫵。來時舊路。尚巖花、嬌黃半
●○○●句○○○●韻○○●韻●○○讀○●
吐。到而今、惟有溪邊流水,見人如故。　無語。郵
●韻●○○讀○●○○●句●○○●韻　○●韻○
亭深靜,下馬還尋,舊曾題處。無聊倦旅。傷離恨,最
○●句●●○○句●○○●韻○○●●韻○○●句●
愁苦。縱收香藏鏡,他年重到,人面桃花在否。念沈
○●韻●○○●句○○●句○○○●●韻●○
沈、小閣幽窗,有時夢去。
○讀●●○○句●○●●韻

此與史詞同,惟前結作九字一句、四字一句異。按:趙彥端詞前結"怪歸來、道骨仙風縹緲,迥然非舊",正與此同。

又一體

劉一止

雙調一百二字，前段十一句七仄韻，後段十一句六仄韻。

鴛行舊儔侶。問底事遲回，西州西處。閒居久如許。
○○●○●韻●●○○句○○○●韻○●●○●韻
想鄰公對飲，詩人聯句。夤緣會遇。過高軒、相逢喜
●○○●●句○○○●韻○○●●韻●○○讀○○●
舞。正菊天，景物澄鮮，切莫趣歸言去。　　看取。星
●韻●●○句●●○○句●●●○○韻　　○●韻○
扉月戶，霧閣雲窗，非公孰住。從容笑語。人生易別
○●●句●●○○句○○●●韻○○●●韻○○●●
難聚。恨分違有日，留連無計，滿目離愁忍覷。若他
○●韻●○○●●句○○○●句●●○○●●韻●○
時、魚雁南來，把書寄與。
○讀○●○○句●○●●韻

此與史詞同，惟後段第六、七句作六字一句異。按：《夷堅志》紫姑神詞"雲鬟試插，引動狂蜂浪蝶"，正與此同。

又一體

趙長卿

雙調一百二字，前段十一句四仄韻，後段十二句五仄韻。

敗荷擎沼面，漸葉舞林梢，光陰何速。碧天淨如水，
●○○●●句●●●○○句○○○●韻●○○○●句

金風透簾幕，露清蟬伏。追思往事，念當年、悲傷宋
○○●○●句●○○●韻○●●句●○○讀○○●
玉。漸危樓向晚，魂銷處，倚遍闌干曲。　凝目。一
●韻●○○●●句○○●句●●○○●韻　○●韻●
霎微雨，塞鴻聲斷，酒病相續。無情賞處，金井梧，東
○○●句●○○●句●●○●韻●○●●句○●○句○
籬菊。漸蘭橈歸去，銀蟾滿夜，水村煙渡怎宿。負伊
○●韻●○○●●句○○●●句●○○●●韻●○
家、萬愁千恨，甚時是足。
○讀●○○●句●○●●韻

　　此詞與史詞校，惟前結五字一句、三字一句、五字一句，前
段第一、第四、第七句，後段第五句，俱不押韻異。

又一體

張　樞

　　雙調一百三字，前段十句七仄韻，後段十二句六仄韻。
卷簾人睡起。放燕子歸來，商量春事。風光又能幾。
●○○●韻●●●○○句○○○●韻○○●○●韻
減芳菲，都在賣花聲裏。吟邊眼底。披嫩綠、移紅換
●○○句○●●○○●韻○○●●韻●●●讀○○●
紫。甚等閒、半委東風，半委小溪流水。　還是。苔
韻●●○讀●●○○句●●●○○●韻　○●韻○
痕湔雨，竹影留雲，待晴猶未。蘭舟靜檥。西湖上，多
○●句●●○○句●○○●韻○○●●韻○○●句○
少歌吹。粉蝶兒、守定落花不去，濕重尋香兩翅。怎
●○●韻●●○讀●●●○●●句●●○○●●韻●

知人、一點新愁,寸心萬里。
〇〇讀●●〇〇句●〇●●韻

此詞與史詞校,後段第七句添一字,前段第五、六句作三字一句、六字一句,後段第八、九、十句作三字一句、六字兩句異。

又一體

洪瑹

雙調一百一字,前段十句六仄韻,後段十二句六仄韻。

聽梅花吹動,夜涼何其,明星有爛。相看淚如霰。問
●〇〇〇●句●〇〇〇句〇●●●韻〇〇●〇●韻●
而今去也,何時會面。匆匆聚散。恐便作、秋鴻社燕。
〇〇●●句〇〇●●韻〇〇●●韻●●●讀〇〇●●韻
最傷情、夜來枕上,斷雲零雨何限。　因念。人生
●〇〇讀●〇●●句●〇〇〇●●韻　〇●韻〇〇
萬事,回首悲涼,都成夢幻。芳心繾綣。空惆悵,巫陽
●●句〇●〇〇句〇〇●●韻〇〇●●韻〇〇●句〇〇
館。況船頭一轉,三千餘里,隱隱高城不見。恨無情、
●韻●〇〇●句〇〇●句●●〇〇●●韻●〇〇讀
春水連天,片帆似箭。
〇●〇〇句●〇●●韻

此與史詞同,惟前段第二句減一字異。

又一體

白樸

雙調一百字,前段十句六仄韻,後段十二句六仄韻。

夕陽王謝宅。對草樹荒寒，亭臺攲側。烏衣舊時客。
●○○●●韻●●●○○句○○○●韻○○●○●韻
渺雙飛萬里，水雲寬窄。東風羽翅，也迷當時巷陌。
●○○●●句●○○●韻○○●●句●○○○●韻
向尋常、百姓人家，辜負幾回春色。　　悽惻。人空
●○○讀●●○○句○○●●韻　　○●韻○○
不見，畫棟棲香，繡簾窺額。雲兜霧隔。錦書至，付誰
●●句●●○○句●○○●韻○○●●韻●○●句●○
拆。劉郎只見，金陵興廢，賺得行人鬢白。又争如、復
●韻○○●●句○○●●句●●○○●韻●○○讀●
到元都，兔葵燕麥。
●○○句●○●●韻

此亦與史詞同，惟前後段第七句不押韻，第八句各減一字異。

又一體

張   𦘕

雙調九十字，前段十一句五仄韻，後段九句四仄韻。

盈盈羅襪。移芳步凌波，緩踏明月。清漪照影，玉容
○○○●韻○○●○○句●●○●韻○○●●句●○
凝素，鬢橫金鳳，裙拖翠纈。渺渺澄江半涉。晚風生，
○●句●○○●句○○●●韻●●○○●●韻●○○句
寒料峭，消瘦想愁怯。　　我儕為兄，山攀為弟，也
○●●句○●●○●韻　　●○○○句○○○●句●
同奇絶。餘芬剩馥，尚熏透、霞綃重疊。春心未展，閒
○○●韻○○●●句●○●讀○○○●韻○○●●句○

情在、兩鬢眉葉。便蜂黃褪了,丰韻媚粉頰。
○●讀●●○●韻●○○●●句○●●●●韻

此見元張昪《夢庵詞集》,自注黃鍾商。句讀與諸家迥別,采入以備一體。

又一體

蔣　捷

雙調一百二字,前段十句四平韻、三叶韻,後段十一句三平韻、三叶韻。

玉霜生穗　也。渺洲雲翠痕,雁繩低　也。層簾四垂
●○○●叶●句●●○○●句●○○●韻○句○○●○韻
也。錦堂寒,早近開鑪時　也。香風遞　也。是東籬、
●句●○○句●●○○○韻●句○○●叶●句●○○讀
花深處　也。料此花、伴我仙翁,未肯放秋歸　也。
○○●叶●句●●○讀●●○○句●●●○○韻●句
　嬉　也。繒波穩舫,鏡月危樓,醋瓊酏　也。籠鸚
○韻●句○○●●句●○○○句●○○韻●句○○
睡　也。紅妝旋舞衣　也。待紗鐙客散,紗窗月上,便
●叶●句○○●●○韻●句●○○●●句○○●●句●
是嚴凝序　也。換青氈、小帳圍春,又還醉　也。
●○○●叶●句●○○讀●●○○句●○●叶●句

按:辛棄疾《水龍吟》詞句尾用"些"字,蓋仿《楚詞》體。此詞之用"也"字,亦其體也。韻脚又用平上去三聲叶,雖屬創見,而句讀與史詞如一。

1439

又一體

方　岳

雙調一百字，前段九句一仄韻、六重韻，後段十句六重韻。

一年寒盡也。問秦沙、梅放未也。　幽尋者誰也。有何
●○○●●韻●○○讀○●●重韻○○●○●重●○
郎佳約，歲云除也。南枝暖也。正同雲、商量雪也。喜
○○●句○○○●重○○●重●○○讀○○●●重●
東皇、一轉洪鈞，依舊春風中也。　　香也。騷情釀
○○讀●○○句○●○○●重　　○●重○○●
就，書味熏成，這些情也。玉堂春也。莫道年華歸也。
●句○●○○句●○○●重○○●重●●○○○●重
是循環、三百六旬六日，生意無窮已也。但叮嚀、留
●○○讀○●●句○●○○●重●○○讀○
取微酸，調商鼎也。
●○○句○○●●重

按：方岳《秋崖詞自序》云："以時文體按譜而腔之。"實用宋詞獨木橋體也。《惜香樂府》趙長卿"無言屈指"詞正與此同。

此詞游戲之筆，采以備體，非定格也。

齊天樂八體

周密《天基節樂次》："樂奏夾鍾宮，第一盞，觱篥起《聖壽齊天樂慢》。"姜夔詞注黃鍾宮，俗名正宮。周邦彥詞有"綠蕪彫盡臺城路"句，名《臺城路》。沈端節詞名《五福降中天》。

張輯詞有"如此江山"句，名《如此江山》。

齊天樂

周邦彦

雙調一百二字，前段十句五仄韻，後段十一句五仄韻。

綠蕪彫盡臺城路，殊鄉又逢秋晚。暮雨生寒，鳴蛩勸
⊖○●○○●句○●●○○●韻●●○○句○●●
織，深閣時聞裁翦。雲窗静掩。歎重拂羅裀，頓疏花
●句⊖●○○●韻○○●●韻●○●○○句●○○
簟。尚有練囊，露螢清夜照書卷。　荆江留滯最
●韻●●●○句●○○●●○●韻　　○○○●●
久，故人相望處，離思何限。渭水西風，長安亂葉，空
●句●○○●●句○●○●韻●●○○句○○●●句○
憶詩情宛轉。憑高望遠。正玉液新篘，蟹螯初薦。醉
●○○●●韻○○●●韻●●●○○句●○○●韻●
倒山翁，但愁斜照斂。
●○○句●○○●●韻

此調以此詞爲正體，周詞別首及吳詞、姜詞體，宋人亦間爲之。若方詞、陸詞、呂詞之添字，又攤破句法，皆變格也。

按：張炎詞前段第三句"東壁圖書"，"東"字平聲。方岳詞第四句"半江煙色"，"半"字仄聲，"煙"字平聲。周密詞第五句"漠漠凍雲迷道"，上"漠"字、"凍"字俱仄聲。吳文英詞"西北城高幾許"，"幾"字仄聲。張詞第六句"瀑泉噴薄"，"瀑"字仄聲，"噴"字平聲。高觀國詞第七句"正玉管吹涼"，"玉"字仄聲。吳詞第八句"虹河平溯"，"虹"字平聲。方詞第九、十句"天豈無情，離騷點點送歸客"，"天"字、"離"字俱

平聲。周詞後段第一句"此生此夜此景",上"此"字仄聲。史達祖詞"人間公道惟此","惟"字平聲。周詞第四、五句"枝冷頻移,葉疏猶抱","枝"字平聲,"葉"字仄聲,"猶"字平聲。滕賓詞第七句"渭川雲樹","渭"字仄聲,"雲"字平聲。譜內可平可仄據此,餘參所采諸詞。

　　方千里詞前段第七句"黯西風吹老","風"字平聲,"老"字仄聲。文天祥詞第八句"菊波沁曉","沁"字仄聲。姚雲文詞後段第二句"問舊日平原","舊日"二字俱仄聲,"平原"二字俱平聲。史達祖詞第三句"容易墮去","墮"字仄聲。劉圻父詞第九句"擎天作柱","擎"字平聲,"作"字仄聲。趙必璵詞結句"月在葡萄架","在"字仄聲,"萄"字平聲。文詞"金貂蟬翼小","金"字平聲。細校宋詞,諸家平仄無如此者,故譜內不注可平可仄。

又一體

周邦彥

雙調一百二字,前段十句六仄韻,後段十一句五仄韻。

疏疏幾點黃梅雨。佳節又逢重午。角黍包金,香蒲泛
〇〇●●〇〇●韻〇●●〇〇●韻●●〇〇句〇〇●
玉,風物依然荊楚。形裁艾虎。更釵裊朱符,臂纏紅
●句〇●〇〇〇●韻〇〇●●韻●〇●〇〇句●〇〇
縷。撲粉香綿,喚風綾扇小窗午。　　沈湘人去已
●韻●●〇〇句●〇〇●●〇●韻　　〇〇〇●●
遠,勸君休對景,感時懷古。慢轉鶯喉,輕敲象板,勝
●句●〇〇●●句●〇〇●韻●●〇〇句〇〇●●句●

讀離騷章句。荷香暗度。漸引入醄醄，醉鄉深處。臥
●○○○●韻○○●●韻●●●○○句●○○●韻●
聽江頭，畫船喧疊鼓。
●○○句●○○●●韻

　　此與"綠蕪彫盡"詞同，惟前段起句押韻異。按楊无咎詞："後堂芳樹陰陰見。疏蟬又還催晚。"又周密詞："宮簷融暖晨妝懶。輕霞未勻酥臉。"正與此同。

又一體

吳文英

　　雙調一百二字，前段十句五仄韻，後段十一句六仄韻。
麴塵猶沁傷心水，歌蟬暗驚春換。露藻清啼，煙羅淡
●○○●○○●句○○●●○○韻●●○○句○○●
碧，先結湖山秋怨。波簾翠卷。歎霞薄輕綃，汜人重
●句○●○○○●韻○○●●韻●○●○○句●○○
見。傍柳追涼，暫疏懷袖負紈扇。　　南花清鬭素
●韻●●○○句●○○●●○●韻　　○○○●●
靨。畫船應不載，坡靖詩卷。泛酒芳箐，題名蠹壁，重
●韻●○○●●句○●○●韻●●○○句○○●●句○
集湘鴻江燕。平蕪未翦。怕一夕西風，鏡心紅變。望
●○○○●韻○○●●韻●●●○○句○○○●韻●
眼愁生，暮天菱唱遠。
●●○○句●○○●●韻

　　此與周詞同，惟後段起句押韻異。按：張炎詞："幽情閒苑邃閣。樹涼僧坐夏，翻笑行樂。"又滕賓詞："人生如此奇遇。問碧翁何意，萍蓬散聚。"正與此同。

1443

又一體

陸　游

雙調一百三字，前段十句五仄韻，後段十一句六仄韻。

角殘鐘晚關山路，行人乍依孤店。塞月征塵，鞭絲帽
●○○●○○●句○○●●○●韻●●○○句○○●
影，常把流年虛占。藏鴉柳暗。歎輕負鶯花，漫勞書
●句○●○○○●韻○○●●韻●●●○○句●○○
劍。事往情關，悄然頻動壯遊念。　　孤懷誰與強
●韻●●○○句●○○●●●●韻　　○○○●●
遣。市壚沽酒，酒薄怎當愁釀。倚瑟妍辭，調鉛妙筆，
●韻●○○●句●●●○○●韻●●○○句○○●●句
那寫柔情芳艷。征途自厭。況煙斂蕪痕，雨稀萍點。
●●○○○●韻○○●●韻●○●○○句●○○●韻
最是眠時，枕寒門半掩。
●●○○句●○○●●韻

此與吳詞同，惟後段第二句減一字作四字句，第三句添三字作六字句異。按：陸詞別首"帽檐風軟，且看市樓沽酒"，正與此同。

又一體

姜　夔

雙調一百二字，前段十句六仄韻，後段十一句六仄韻。

庾郎先自吟愁賦。淒淒更聞私語。露濕銅鋪，苔侵石
●○○●○○●韻○○●●○●韻●●○○句○○●

井，都是曾聽伊處。哀音似訴。正思婦無眠，起尋機
●句〇●〇〇●韻〇〇●●韻●〇●〇〇句●〇〇
杼。曲曲屏山，夜涼獨自甚情緒。　　西窗又吹暗
●韻●●〇〇句●●●●●〇●韻　〇〇●〇●
雨。爲誰頻斷續，相和砧杵。候館吟秋，離宮弔月，別
●韻〇〇〇●●句〇●〇●韻●●〇〇句〇〇●●句●
有傷心無數。幽詩漫與。笑籬落呼鐙，世間兒女。寫
●〇〇〇●韻〇〇●●韻●〇●〇〇句●〇〇●韻●
入琴絲，一聲聲更苦。
●〇〇句●〇〇●●韻

　　此與周詞同，惟前後段起句俱押韻異。按：張輯詞："西風揚子江頭路。扁舟雨晴呼渡。""中流笑與客語。把貂裘爲浣，半生塵土。"張炎詞："扁舟忽過蘆花浦。閒情便隨鷗去。""魚龍吹浪自舞。渺然凌萬頃，如聽風雨。"正與此同。

又一體

呂渭老

　　雙調一百三字，前段十句五仄韻，後段十一句五仄韻。
紅香飄沒明春水，寒食萬家遊舫。整整斜斜，疏疏密
〇〇〇●〇〇●句〇●●〇〇●韻●●〇〇句〇〇●
密，簾纈旗紅相望。江波蕩漾。稱彩艦龍舟，繡衣霞
●句〇●〇〇〇●韻〇〇●●韻●●●〇〇句●〇〇
氅。舞楫爭先，笑歌簫鼓亂清唱。　　重來劉郎老，
●韻●●〇〇句●〇〇●●〇●韻　〇〇〇〇●句
對故園、桃紅春晚，盡成惆悵。淚雨難晴，愁眉又結，
●●〇讀〇〇〇●句●〇〇●韻●●〇〇句〇〇●●句

翻覆千年手掌。如今怎向。念舞板歌塵，遠如天上。
○●○○●●韻○○●●韻●●●○○句●○○●韻
斜日回舟，醉魂空舞颺。
○●○○句●○○●●韻

　　此亦周詞體，惟後段第一句減一字作五字句，第二句作七字句異。

又一體

吳文英

　　雙調一百二字，前段十句五仄韻，後段十一句五仄韻。
芙蓉心上三更露，葺香漱泉玉井。自洗銀舟，徐開素
○○○●○○●句○○●○●●韻●●○○句○○●
酌，月落空杯無影。庭陰未暝。度一曲新蟬，秋堪
●句●●○○○●韻○○●●韻●●●○○句○○
聽。瘦骨侵冰，怕驚紋簟夜深冷。　　當時湖上載
●韻●●○○句●○○●●○●韻　　○○○●●
酒，翠雲開處，共雪面波鏡。百感瓊漿，千莖鬢雪，煙
●句●○○●句●●●○●韻●●○○句○○●●句○
鎖藍橋花徑。留連暮景。但閒覓孤歡，強寬秋興。醉
●○○○●韻○○●●韻●○●○○句●○○●韻●
倚修篁，晚風吹半醒。
●○○句●○○●●韻

　　此亦與周詞同，惟後段第二句四字，第三句五字異。劉圻父詞後段第二、三句"幔亭何惜，為曾孫留住"，正與此同。

又一體

方千里

雙調一百四字,前段十句五仄韻,後段十一句五仄韻。

碧紗窗外黃鸝語,聲聲似愁春晚。岸柳飄綿,庭花墮
●○○●●○○句○○●●○○韻●●○○句○○●
雪,惟有平蕪如翦。重門向掩。看風動疏簾,浪鋪湘
●句○●○○●韻○●●韻○○●○句●●○
簟。暗想前歡,舊遊心事寄詩卷。　　鱗鴻音信未
●韻●●○○句●●○●●○●韻　　○○○●●
覩,夢魂尋訪後,關山又隔無限。客館愁思,天涯倦
●句●○○●●句○○●●○●韻●●○○句○○●
跡,幾許良宵展轉。閒情意遠。記密閣深閨,繡衾羅
●句●●○○●韻○○●●韻●●●○○句●○○
薦。睡起無人,料應眉黛斂。
●韻●●○○句●○○●●韻

此與周詞同,惟後段第三句添二字作六字句異。

晝錦堂五體

此調有平韻、仄韻兩體:平韻者見周邦彥《片玉集》,仄韻者見陳允平《日湖漁唱》。

畫錦堂

周邦彥

雙調一百二字,前段十句四平韻,後段十一句五平韻。

雨洗桃花,風飄柳絮,日日飛滿雕檐。懊惱一春幽
●●〇〇句〇〇●●句●〇〇●〇〇韻●●〇〇
恨,盡屬眉尖。愁聞雙飛新燕語,更堪孤枕宿醒忺。
●句●●〇〇韻〇●〇〇〇●句●〇〇●●〇〇韻
雲鬟亂,獨步畫堂,輕風暗觸珠簾。　多厭。靜晝
〇〇●句●●●〇句〇〇●●〇〇韻　〇〇韻●●
永,瓊戶悄,香銷金獸慵添。自與蕭郎別後,事事俱
●句〇●●句〇〇〇●〇〇韻●●〇〇●●句●●〇
嫌。短歌新曲無心理,鳳簫龍管不曾拈。空惆悵,常
〇韻●〇〇●〇〇●句●〇〇●●〇〇韻〇〇●句〇
是每年三月,病酒懕懕。
●●〇●●句●●〇〇韻

此調押平聲韻者以此詞爲正體,吳文英詞悉照此填。若蔣詞之換頭叶仄韻,宋詞、孫詞之句讀異同,皆變體也。

按:吳文英詞前段第四、五句"舊雨殘雲仍在,門巷都非","殘"字、"門"字俱平聲。第六句"愁結春情迷醉眼","結"字仄聲。後段第四句"十年輕負心期","十"字仄聲。第八句"瘦腰折盡六橋絲","折"字仄聲。譜內可平可仄據此,餘參蔣、宋、孫三詞。

又一體

蔣　捷

雙調一百二字，前段十句四平韻，後段十一句兩叶韻、四平韻。

染柳煙消，敲菰雨斷，歷歷猶寄斜陽。掩冉玉妃芳
●●○○句○○●●句●●○○●○韻●●●○○
袂，擁出靈塲。倩他鴛鴦來寄語，駐君舴艋亦何妨。
●句●●○○韻●○○○○●●句●●●●●○○韻
漁榔静，獨奏棹歌，邀妃試酌清觴。　　湖上。雲漸
○○●句●●●○句○○●●○○韻　　○●叶○●
暝，秋浩蕩。鮮風支盡蟬糧。贈我非環非佩，萬斛生
●句○●●叶○○●●○○韻●●○○○●句●●○
香。半蝸茆屋歸炊影，數螺苔石壓波光。鴛鴦笑，何
○韻●○○●○○●句●○○●●○○韻○○●句○
似且留雙楫，翠隱紅藏。
●●○●句●●○○韻

此與周詞同，惟换頭句及第三句用本部三聲叶韻異。

又一體

宋自遜

雙調一百二字，前段十句四平韻，後段十一句五平韻。

荷葉龜遊，庭皋鶴舞，應自秋滿淮涯。昨夜將星明
○●●○句○○●●句○●○●○○韻●●●○○

處，彷瘵峨眉。干戈已凈銀河淡，塵沙不動翠煙微。
●句●●○○韻○○●●●○●●○○韻
邦人道，半月中秋，當歌不飲何爲。　　誰知。心事
○○●句●●○○句○○●●○○韻　　○○韻○●
遠，但感慨登臨，白羽頻揮。恨不明朝出塞，獵獵旌
●句●●○○句●●○○韻●●○○●●句●●○
旗。文南一矢澶淵勁，夔門三箭武關奇。挑鐙看，龍
○韻○○●●○○●句○○○●●○○韻○○●句○
吼傳家舊劍，曾斬吳曦。
●○○●●句○●○○韻

此與周詞同，惟後段第三句五字，第四句四字異。

又一體

孫惟信

雙調一百二字，前段十句四平韻，後段十一句五平韻。

薄袖禁寒，輕妝媚晚，落梅庭院春妍。映戶盈盈，回
●●○○句○○●●句●○○●○○韻●●○○句○
倩笑、整花鈿。柳裁雲翦腰支小，鳳盤鴉聳髻鬟偏。
●●讀●○○韻●○○●○○●句●○○●●○○韻
東風裏，香步翠搖，藍橋那日因緣。　　嬋娟。流慧
○○●句○○●○句○○●●○○韻　　○○韻○●
盼，渾當了，匆匆密愛深憐。夢過闌干，猶認冷月秋
●句○●●句○○●●○○韻●●○○句○●●●○
千。杏梢空閙相思眼，燕翎難繫斷腸箋。銀屏下，爭
○韻●○○●○○●句●○○●●○○韻○○●句○

信有人，真箇病也天天。
●●〇句〇●●●〇〇韻

　　此詞與周詞校，前段第四、五句，後段第五、六句俱作四字一句、六字一句，第十句四字，結句六字異。
　　前段第五句雖作折腰句法，實六字句也，不可誤填三字兩句。

又一體

陳允平

　　雙調一百二字，前段十句五仄韻，後段十一句七仄韻。

上苑寒收，西塍雨散，東風是處花柳。步錦籠沙，依
●●〇〇句〇〇●●句〇〇●●〇●韻●●〇〇句〇
舊五陵臺沼。繡簾珠箔金翠裊，瑣窗雕檻青紅鬭。頻
●●〇〇●韻●〇〇●〇●●句●〇〇●〇〇●韻〇
回首。茶竈酒壚，前度幾番携手。　　知否。人漸老。
〇●韻〇●〇〇句〇●●〇〇●韻　　〇●韻〇●●韻
嗟眼爲花狂，肩爲詩瘦。喚醒鄉心，無奈數聲啼鳥。
〇●●〇〇句〇●〇●韻●●〇〇句〇●●〇〇●韻
秉燭清遊嫌夜短，采香新意輸年少。歸來好。且趁故
●●〇〇〇●●句●〇〇●〇〇●韻〇〇●韻●●●
園池閣，緑陰芳草。
〇〇●句●〇〇●韻

　　此調押仄聲韻者祇此一體，句讀與平韻詞大同小異，無別首宋詞可校。

1451

氐州第一二體

調始《清真樂府》，一名《熙州摘遍》。

氐州第一

周邦彥

雙調一百二字，前段十一句四仄韻，後段九句五仄韻。

波落寒汀，村渡向晚，遙看數點帆小。亂葉翻鴉，驚
○●○○句○●●●句○○●●○●韻●●○○句○
風破雁，天角孤雲縹緲。官柳蕭疏，甚尚挂、微微殘
○●●句○○○●●●韻○●○○句●●讀○○○
照。景物關情，川途換目，頓來催老。　　漸解狂朋
●韻●●○○句○○●●句●○○●韻　　●●○○
歡意少。奈猶被、思牽情繞。座上琴心，機中錦字，覺
○●韻●○●讀○○○●韻●●○○句○○●●句●
最縈懷抱。也知人、懸望久，薔薇謝、歸來一笑。欲夢
●○○●韻●○○讀○●●讀○○●讀○○●●韻●●
高唐，未成眠、霜空已曉。
○○句●○○讀○○●●韻

此調創自此詞，方千里、趙文、邵亨貞詞俱照此填。惟陳詞句讀小異，故另列一體。

按：趙詞前段第六句"當日文星高照"，"高"字平聲。楊詞第九句"情態方濃"，"情"字平聲。方詞後段第一句"倦客自歎情興少"，"自"字仄聲。趙詞第二句"漫獵較、逢塲一

笑","獵"字仄聲,"逢"字平聲。楊詞第六句"但多才、強傅粉","強"字仄聲。譜內可平可仄據此,餘參陳詞。

楊詞前段第三句"佳人就中嬌小",後段起句"閬苑春回花枝小","中"字、"枝"字俱平聲。查宋詞此字無用平聲者,故不注可平。趙詞後段第二句"一"字入聲,以入作平,亦不注可仄。

方詞後段起句"歎"字平聲,不可誤認仄聲。

又一體

陳允平

雙調一百二字,前段十一句四仄韻,後段九句六仄韻。

閒倚江樓，涼生半臂，天高過雁來小。紫茭波寒，青
○●○○句○○●●句○○●●○●韻●●○○句○
蕉煙淡，南浦雲帆縹緲。潮帶離愁去，冉冉夕陽空
○○●句○●○○●●韻○●○○句●●●○○
照。寂寞東籬，白衣人遠，漸黃花老。　　見說西湖
●韻●●○○句●○○●句●○○●韻　　●●○○
鷗鷺少。孤山路、醉魂飛繞。荻蟹初肥，蓴鱸更美，盡
○●韻○○●讀●○○●韻●●○○句○○●●句●
酒懷詩抱。待南枝、春信早。巡檐對、梅花索笑。月落
●○○●韻●○○讀○●●韻○○●讀○○●●韻●●
烏啼，漸霜天、鐘殘夢曉。
○○句●○○讀○○●●韻

此和周詞也,前段第七句五字,第八句六字,後段第七句多押一韻異。

花發狀元紅慢一體

宋葉夢得《避暑録話》："劉几在神宗時，與范蜀公重定大樂。洛陽花品曰'狀元紅'，爲一時之冠。樂工花日新能爲新聲，汴妓部懿以色著，秘監致仕劉伯燾精音律。熙寧中，几携花日新就部懿家賞花歡詠，乃撰此曲，填詞以贈之。"

花發狀元紅慢

劉　几

雙調一百二字，前後段各十一句五仄韻。

三春向暮，萬卉成陰，有嘉艷方坼。嬌姿嫩質。冠群
〇〇●句●●〇〇句●●〇〇●韻〇〇●●韻●〇
品，共賞傾城傾國。上苑晴晝暄，千素萬紅尤奇特。
●句●●〇〇〇韻●●〇〇句〇〇●●〇〇●韻
綺筵開，會詠歌才子，壓倒元白。　　別有芳幽苞
●〇〇句●●〇〇句●●〇●韻　　●●〇〇〇
小，步障華絲，綺軒油壁。與紫鴛鴦，素蛺蝶。自清
●句●●〇〇句●〇〇●韻●●〇〇句●●●韻●〇
旦、往往連夕。巧鶯喧翠管，嬌燕語雕梁留客。武陵
讀●●●〇●韻●〇〇●●句〇●●〇〇●韻●〇
人，念夢役意濃，堪遣情溺。
〇句●●●〇句〇●〇●韻

此調無他詞可校，其平仄宜遵之。

戀芳春慢一體

調見万俟咏《大聲集》。崇寧中，咏充大晟府製撰，依月用律製詞，多應制之作。此詞自注寒食前進，故以"戀芳春"爲名也。

戀芳春慢

万俟咏

雙調一百二字，前段九句四平韻，後段十句四平韻。

蜂蕊分香，燕泥破潤，暫寒天氣清新。帝里繁華，昨
〇〇〇句●〇●●句●〇〇●〇〇韻●●〇〇句●
夜細雨初勻。萬品花藏四苑，望一帶、柳接重津。寒
●●●〇〇韻●●〇●●●句●●讀●●〇〇韻〇
食近、蹴鞠秋千，又是無限遊人。　　紅妝趁戲，綺
●●讀●●〇〇句●●〇●〇〇韻　　〇〇●●句●
羅夾道，青帘賣酒，臺榭侵雲。處處笙歌，不負治世
〇●句〇〇●●句〇〇〇韻●●〇〇句●●●●
良辰。共見西城路好，翠華定、將出嚴宸。誰知道、仁
〇〇韻●●〇〇●●句●〇●讀●●〇〇韻〇〇●讀〇
主祈祥爲民，非事行春。
●〇〇●〇句〇●〇〇韻

此調衹上一詞，無別首可校。

瑤華二體

調見《夢窗詞》，一名《瑤華慢》。

瑤華

周　密

雙調一百二字，前段九句五仄韻，後段九句四仄韻。

朱鈿寶玦。天上飛瓊，比人間春別。江南江北，曾未
○○●●韻●●○○句●●○○●韻○○○●句○●
見、漫擬梨雲梅雪。淮山春晚，問誰識、芳心高潔。消
讀●●○○●韻○○○●句●●●讀○○○●韻○
幾番、花落花開，老了玉關豪傑。　　金壺剪送瓊
●○讀○●○○句●●●○○韻　　○○●●○
枝，看一騎紅塵，香度瑤闕。韶華正好，應自喜、初識
○句●●●○○句○●○●韻○○●●句○●●讀●
長安蜂蝶。杜郎老矣，想舊事、花須能說。記少年、一
○○○●韻●○●●句●●●讀○○○●韻●●○讀●
夢揚州，二十四橋明月。
●○○句●●●○○●韻

此調始自吳文英，因吳詞有訛字，故采此詞作譜。

按：吳詞前段第五句"應笑著、空鎖凌煙高閣"，"空"字平聲。結句"瘦馬青芻南陌"，"青"字平聲。後段第二句"蕩波底蛟腥"，波字平聲。第五句"紅袖暖、十里湖山行樂"，"十"字仄聲。第六句"老仙何處"，"何"字平聲。結句"艷錦東風

成幄"，"東"字平聲。譜內可平可仄據此，餘參張詞。

又一體

張　雨

雙調一百二字，前後段各九句四仄韻。

篩冰爲霧，屑玉成塵，借阿姨風力。千巖競秀，怎一
〇〇●句●●〇〇句●●〇〇韻〇〇●●句●●
夜、換作連城之璧。先生閉户，怪短日、寒催駒隙。想
●讀●●〇〇〇●韻〇●●●句●●●讀〇〇〇●韻●
平沙、鴻爪成行，恰似醉時書跡。　　未隨埋没雙
〇〇讀〇●●〇句●●●〇〇●韻　　●〇〇●●
尖，便淡掃蛾眉，與鬭顏色。裁詩白戰，驢背上、馱取
〇句●●●〇〇句●●〇●韻●〇●●句〇●●讀〇●
灞橋吟客。撚鬚自笑，儘未讓、諸峰頭白。看洗出、宮
●〇〇韻〇〇●●句●●●讀〇〇〇●韻●●讀〇
柳梢頭，已借淡黄塗額。
●〇〇句●●●〇〇●韻

此與周詞同，惟前段起句不用韻異。

按：張雨此詞本和仇遠詞韻。仇作前段第五句"轉眼見、化作方圭圓璧"，本九字句，或因《花草粹編》刻脱一"見"字，另編一體者誤。

湘春夜月一體

黄孝邁自度曲。

湘春夜月

黃孝邁

雙調一百二字,前段十句四平韻,後段十一句四平韻。

近清明,翠禽枝上銷魂。可惜一片清歌,都付與黃
●〇〇句●〇〇●〇〇韻●●〇〇句●●〇〇
昏。欲共柳花低訴,怕柳花輕薄,不解傷春。念楚鄉
〇韻●●●〇〇句●〇〇●句●●〇〇韻●●〇
旅宿,柔情別緒,誰共溫存。　空尊夜泣,青山不
●●句〇〇●●句〇●〇〇韻　〇〇●●句〇〇●
語,殘月當門。翠玉樓前,惟是有、一江湘水,搖蕩湘
●句〇●〇〇韻●●〇〇句〇●●讀●〇〇●句〇●〇
雲。天長夢短,問甚時、重見桃根。這次第,算人間沒
〇韻〇〇●●句●●〇讀●●〇〇韻●●●句●〇〇
箇、并刀翦斷,心上愁痕。
●讀〇〇●●句〇●〇〇韻

此調衹有此一詞,無他作可校。

曲遊春三體

調見《蘋洲漁笛譜》。

曲遊春

周　密

雙調一百二字，前段十句五仄韻，後段十一句七仄韻。

禁苑東風外，颸暖絲晴絮，春思如織。燕約鶯期，惱
●●○○●句●●○○●句○○○●韻●●○○句●
芳情偏在，翠深紅隙。漠漠香塵隔。沸十里、亂絲叢
○○○●句●○○●韻●●○○●韻●●●讀●○○
笛。看畫船、盡入西泠，閑却半湖春色。　柳陌。新
●韻●●○讀●●○○句○●●○○●韻　●●韻○
煙凝碧。映簾底宮眉，堤上遊勒。輕暝籠煙，怕梨雲
○○●韻●○●○○句○●○●韻●●○○句●○○
夢冷，杏香愁羃。歌管酬寒食，奈蝶怨、良宵岑寂。正
●句●○○●韻●●○○●韻●●●讀○○○●韻●
恁醉月搖花，怎生去得。
●●●○○句●○●●韻

此調始自此詞，應以此詞爲正體。若施詞之添字，趙詞之減字，皆變格也。

此詞祇有施、趙二詞可校，故譜內可平可仄悉參二詞。

又一體

施　岳

雙調一百三字，前段十句五仄韻，後段十一句七仄韻。

畫舸西泠路，占柳陰花影，芳意如織。小楫衝波，度
●●○○●句●●○○●句○○○●韻●●○○句●

麹塵扇底，粉香簾隙。岸轉斜陽隔。又過盡、別船簫
●○●●句●○○●韻●●○○●韻●●●讀●○○
笛。傍斷橋、翠繞紅圍，相對半篙晴色。　頃刻。千
●韻●●○讀●●○○句○●●○●韻　●●韻○
山暮碧。向沽酒樓前，猶繫金勒。乘月歸來，正梨花
○●●韻●●○○句○●●韻○●○○句●○○
夜縞，海棠煙罨。院宇明寒食。醉乍醒、一庭春寂。任
●●句○○●韻●●○●韻●●●讀○○●韻●
滿身、露濕東風，欲眠未得。
●○讀●●○○句●○●●韻

此和周詞也，惟後段第十句添一襯字異。

又一體

趙　文

雙調一百一字，前段十句五仄韻，後段十句六仄韻。

千樹玲瓏罩，正蒲風微過，梅雨新霽。客裏幽窗，算
○●○○●句●○○●句○●○●韻●●○○句●
無春可到，和愁都閉。萬種人生計。應不似、午天閒
○○●●句○○○●韻●●○○●韻○●●讀●○○
睡。起來踏碎松陰，蕭蕭欲動疑水。　借問歸舟歸
●韻●○●●○○句○○●●○●韻　●●○○○
未。望柳色煙光，何處明媚。抖擻人間，除離情別恨，
●韻●●●○○句○●○●韻●●○○句○○○●●句
乾坤餘幾。一笑晴鳧起。酒醒後、闌干獨倚。時見雙
○○○●韻●●○○●韻●●●讀○○●●韻○●○

燕飛來,斜陽滿地。
●○○句○○●●韻

　　此亦與周詞同,惟前段第九句減一字,換頭句不押短韻異。

竹馬兒二體

一名《竹馬子》,《樂章集》注仙呂調。

竹馬兒

柳　永

雙調一百三字,前段十二句四仄韻,後段十句五仄韻。

登孤壘荒涼,危亭曠望,靜臨煙渚。對雌霓挂雨,雄
○○●○○句○○●句●○○●韻●○○●句○
風拂檻,微收煩暑。漸覺一葉驚秋,殘蟬噪晚,素商
○●●句○○○●韻●●○○○●句○○●●句●○
時序。覽景想前歡,指神京,非霧非烟深處。　　向
○●韻●●●○○句○○○句○○○○○●韻　　●
此成追感,新愁易積,故人難聚。憑高盡日凝竚。贏
●○○●句○○●●句●○○●韻○○●●○●韻○
得銷魂無語。極目霽靄霏微,暝鴉零亂,蕭索江城
●○○○●韻●●●●○○句●○○●句○●○○
暮。南樓畫角,又逐殘陽去。
●韻○○●●句●●○○●韻

　　此調始自此詞,應爲正體。若葉詞之句讀小異,乃變格也。
　　此調祇有葉詞一首可校,故可平可仄悉參之。

又一體

葉夢得

雙調一百三字，前段十一句四仄韻，後段十句五仄韻。

與君記、平山堂前細柳，幾回同挽。又狂帆夜落，危
●〇●讀〇〇〇●●句●〇〇●韻●〇〇●●句〇
檻依舊，遙臨雲巘。自笑來往匆匆，朱顏漸改，故人
●〇句〇〇〇●韻●●〇〇〇句〇〇●●句●〇
俱遠。橫笛想遺聲，但寒松千丈，傾崖蒼蘚。　世
●韻〇●●〇●句●〇〇〇●句〇〇〇●韻　●
事終何已，田園縱在，歲陰仍晚。嵇康老來仍懶。只
●〇●句〇〇●●句●〇〇●韻〇〇●〇〇●韻●
要蓴羹菰飯。卻欲便買茆廬，短篷輕楫，尊酒猶能
●〇〇●韻●●●●〇〇句●〇〇●句〇●〇〇
辦。君能過我，水雲聊為伴。
●韻〇〇●●句●〇〇〇●韻

此詞與柳詞校，前段第一、二句作九字一句，第十句作五字一句，結句作四字一句異。

長相思慢四體

《樂章集》注商調。

長相思慢

柳　永

雙調一百三字，前段十一句六平韻，後段十句四平韻。

畫鼓喧街，蘭鐙滿市，皎月初照嚴城。清都絳闕夜
●●○○句○○●●句○○●●○○韻○○●●
景，風傳銀箭，露暖金莖。巷陌縱橫。過平康款轡，緩
●句○○●●句●●○○韻●●○○韻●○○●●句●
聽歌聲。鳳燭熒熒。那人家、未掩香屏。　　向羅綺
●○○韻●●○○韻●○○讀●○○韻　　●●
叢中，認得依稀舊日，雅態輕盈。嬌波艷冶，巧笑依
○○句●●○○●●句●●○○韻○○●●句●●○
然，有意相迎。墻頭馬上，漫遲留、難寫深誠。又豈
○句●●○○韻○○●●句●○○讀○●○○韻●●
知、名宦拘檢，年來減盡風情。
○讀○●○○句○○●●○○韻

此調以柳詞、秦詞爲正體，若周詞、袁詞之句讀小異，皆變格也。

此詞與周詞大同小異，故可平可仄悉參周詞。

又一體

周邦彥

雙調一百三字，前段十一句六平韻，後段十一句四平韻。

夜色澄明，天街如水，風力微冷簾旌。幽期再偶，坐
●●○○句○○○●句○●●●○○韻○○●●句●

1463

久相看,纔喜欲歎還驚。醉眼重醒。映雕闌修竹,共
●○○句○●●○○韻●○○韻●○○○●句●
數流螢。細語輕輕。儘銀臺、挂蠟潛聽。　自初識
●○○韻●●○○韻●○○讀●●○○韻　●●
伊家,便惜妖嬈艷質,美盼柔情。桃溪換世,鸞馭凌
○○句●●○○●●句●●○○韻○○●●句●●
空,有願須成。遊絲蕩絮,任輕狂、相逐牽縈。但連環
○句●●○○韻●●●●句●○○讀○●○○韻●○○
不解,流水長東,難負深盟。
●●句○●○○句○●○○韻

此詞與柳詞校,前段第四、五、六句作四字兩句、六字一句,後段第九、十句、結句作五字一句、四字兩句異。

又一體

秦　觀

雙調一百四字,前段十一句六平韻,後段九句五平韻。

鐵甕城高,蒜山渡闊,干雲十二層樓。開尊待月,掩
●●○○句●○●●句○○●●○○韻○○●●句●
箔披風,依然鐙火揚州。綺陌南頭。記歌名宛轉,鄉
●○○句○○●●○○韻●●○○韻●○○●●句○
號溫柔。曲檻俯清流。想花陰、誰繫蘭舟。　念淒
●○○韻●●●○○韻●○○讀○●○○韻　●○
絕秦絃,感深荊賦,相望幾許凝愁。勤勤裁尺素,奈
●○○句●○○●句○●●●○○韻○○○●●句●
雙魚、難渡瓜洲。曉鑑堪羞。潘鬢短、吳霜漸稠。幸于
○○讀●●○○韻●●○○韻○●●句○○●○韻●○

飛、鴛鴦未老，不應同是悲秋。
〇讀〇〇●●句◐〇◐●〇〇韻

此即柳詞體，但前段第十句添一字作五字句，楊无咎"急雨回風"詞悉照此填。

舊刻後結脫四字，今據《花草粹編》增定。

按：楊詞前段第六句"一尊同醉青州"，"一"字仄聲。第八句"記檀槽淒絕"，"淒"字平聲。後段第一句"況得意情懷"，"得"字仄聲。第三句"尋思可奈離愁"，"思"字平聲。第五句"任征帆、只抵蘆洲"，"只"字仄聲。結句"綢繆莫負清秋"，"莫"字仄聲。譜內可平可仄據此，餘參袁詞句法同者。

又一體

袁去華

雙調一百四字，前段十一句六平韻，後段九句四平韻。

葉舞殷紅，水搖瘦碧，隱約天際帆歸。寒鴉影裏，斷
●●〇〇句●〇●●句●●〇●〇〇韻〇〇●●句●
雁聲中，依然殘照輝輝。立馬看梅。試尋香嚼蕊，醉
●〇〇句〇〇●●〇〇韻●●〇〇韻●〇〇●●句●
折繁枝。山翠埽修眉。記人人、蹙黛愁時。　　歡客
●〇〇韻〇●●〇〇韻●〇〇讀●●〇〇韻　　〇●
裏、光陰易失，霜侵短鬢，塵染征衣。陽臺雲歸後，到
●讀〇〇●●句〇〇●●句〇●〇〇韻〇〇〇〇●句●
如今、重見無期。流怨清商，空細寫、琴心向誰。更難
〇〇讀●●〇〇韻〇●〇〇句〇●●讀〇〇●〇韻●〇
將、愁隨夢去，相思惟有天知。
〇讀〇〇●●句〇〇〇●〇〇韻

1465

此詞與秦詞校，後段第一句七字，第二、三句皆四字，第六句不押韻異。

雨霖鈴三體

一名《雨霖鈴慢》，唐教坊曲名。《明皇雜錄》："帝幸蜀，初入斜谷，霖雨彌日，棧道中聞鈴聲，采其聲爲《雨霖鈴》曲。"宋詞蓋借舊曲名，另倚新聲也。調見柳永《樂章集》，屬雙調。

雨霖鈴

柳　永

雙調一百三字，前段十句五仄韻，後段九句五仄韻。
寒蟬凄切。對長亭晚，驟雨初歇。都門帳飲無緒，方
○○○●韻●○○●句●●○●韻○○●●○句○
留戀處，蘭舟催發。執手相看淚眼，竟無語凝咽。念
○●●句○○○●韻●●○○●●句●●●○○●韻●
去去、千里煙波，暮靄沈沈楚天闊。　　多情自古傷
●●讀○●○○句●●○○●○●韻　　○○●●○
離別。更那堪、冷落清秋節。今宵酒醒何處，楊柳岸、
○●韻●○○讀●●○○●韻○○●●○●句○●●讀
曉風殘月。此去經年，應是良辰，好景虛設。便縱有、
●○○●韻●●○○句○●○○句●●○●韻●●●讀
千種風情，更與何人説。
○●○○句●●○○●韻

此調以此詞爲正體，王安石"孜孜矻矻"詞正與此同。若

王詞、黃詞之句讀小異,乃變格也。

按:王安石詞前段第四句"浮名浮利何濟",下"浮"字平聲。譜内據此,其餘可平可仄悉參王、黃二詞。

又一體

王庭珪

雙調一百三字,前後段各九句五仄韻。

瓊樓玉宇。滿人寰、似海邊洲渚。蓬萊又還水淺,鯨
〇〇●●韻●〇〇讀●●〇〇●韻〇〇●〇●●句〇
濤靜見,銀宮如許。紫極鳴簫聲斷,望霓舟何處。待
〇●●句〇〇〇●韻●●〇〇〇●句●〇〇〇●韻●
夜深、重倚層霄,認得瑤池廣寒路。　鄠中舊曲誰
●〇讀〇〇〇〇句●●〇〇●●韻　●●●〇●
能度。恨歌聲、響入青雲去。西湖近時絕唱,總不道、
〇●韻●〇〇讀●●〇〇●韻〇〇●〇●●句●●●讀
月梅鹽絮。暗想當年,賓從毫端,有驚人句。漫説向、
●〇〇●韻●●〇〇句●〇〇〇句●〇〇●韻●●●讀
枚叟鄒生,共作梁園賦。
〇●〇〇句●●〇〇●韻

此與柳詞同,惟前段第二、三句作八字一句異。

又一體

黃　裳

雙調一百三字,前後段各九句五仄韻。

天南遊客。甚而今、却送君南國。西風萬里無限，吟
○○○●韻○○讀●●○○●韻○●●●○●句○
蟬暗續，離情如織。秣馬脂車，去即去、多少人惜。望
○●●句○○○●韻●●○○句●●●讀○●○●韻●
百里、煙慘雲山，送兩程、愁作行色。　　飛帆過浙
●●讀○●○○句●○●讀○●●韻　　○○●●
西封域。到秋深、且橤荷花澤。就船買得鱸鱖，新穀
○○●韻○○讀●●○○●韻○○●●○○句●●
破、雪堆香粒。此興誰同，須記東秦，有客相憶。願聽
●讀●○○●韻●●○○句○●○○句●●○●韻●●
了、一関歌聲，醉倒拌今日。
●讀●●○○句●●●○●韻

此詞與王詞校，前段第六句四字，第七句、第八句、結句俱作上三下四七字句異。

還京樂六體

唐教坊曲名。《唐書》："明皇自潞州還京師，製《還京樂》曲。"宋詞蓋借舊曲名，另翻新聲也。

還京樂

周邦彥

雙調一百三字，前後段各十句五仄韻。

禁煙近，觸處浮香秀色相料理。正泥花時候，奈何客
⊖○●句⊖●○○●●○●韻●○○●句●○

裏,光陰虛費。望箭波無際。迎風漾日黃雲委。任去
●句○○○●韻●●○○●韻○●●○○●韻●●
遠,中有萬點,相思清淚。　　到長淮底。過當時樓
●句○●●句○○○●韻　　●○○●韻●○○○
下,殷勤爲說,春來覊旅況味。堪嗟誤約乖期,向天
●句○○●句○○●●●韻○○●●○○句●○
涯、自看桃李。想如今、應恨墨盈箋,愁妝照水。怎得
○讀●○○●韻●○○讀●●●○○句○○●●韻●●
青鸞翼,飛歸敎見憔悴。
○○●句○●●●○●韻

　　此調始自此詞,應以此詞爲正體。若方、楊、吳、張四詞之句讀異同,皆變格也。
　　譜內可平可仄悉參下詞。
　　此詞句法,多一氣貫下,蟬聯不斷,陳、楊、方和詞皆然,當是音律所寓,填者遵之。

又一體

陳允平

　　雙調一百三字,前段十句五仄韻,後段十句六仄韻。

綵鸞去,適怨清和、錦瑟誰共理。奈春光漸老,萬金
●○●句●●○○讀●●○●●韻●○○●句●○
難買,榆錢空費。岸草煙無際。落花滿地芳塵委。翠
○●句○○○●韻●●○○●韻●○●●○○●韻●
袖裏,紅粉濺濺,東風吹淚。　　任鴛幃底。寶香寒,
●●句○●●●句○○○●韻　　●○○●韻●○○句

金獸慵熏繡被。依依別離意味。瓊釵暗劃心期,倩啼
○●○○●●韻○○●○●●韻○○●●○○句●○
鵑、爲催行李。黯消魂、但夢繞巫山,情牽渭水。待得
○讀●○○●韻●○○讀●●○○句○○●●韻●●
歸來後,鐙前深訴憔悴。
○○●句○○○●○●韻

此詞後段第二句三字,第三、四句皆六字,又多押一韻,與周詞異。

又一體

方千里

雙調一百三字,前段九句五仄韻,後段十句五仄韻。

歲華慣,每到和風麗日歡再理。爲妙歌新調,粲然一
●○●句●●○○●●○●韻●●○○●句●○
曲,千金輕費。記夜闌深際。更衣換酒珠璣委。悵樺
●句○○○●韻●●○○●韻○○●●○○●韻●●
燭搖影,易積銀盤紅淚。　　向笙歌底。問何人、能
●○●句●●○○○●韻　　●○○●韻●○○讀○
道平生,聚合歡娛,離別興味。誰憐露浥煙籠,盡栽
●○○句●●○○句○●●●韻○○●●○○句●○
培、艷桃穠李。漫縈牽、空坐隔千山,情遙萬水。縱有
○讀●○○●韻●○○讀○●●○○句○○●●韻●●
丹青筆,應難摹畫憔悴。
○○●句○○○●○●韻

此亦和周詞也,前結五字一句、六字一句,後段第二句七

字,第三、四句皆四字,與周詞異。

又一體

楊澤民

雙調一百三字,前段九句六仄韻,後段十句五仄韻。

春光至。欲訪清歌妙舞重爲理。念燕輕鶯怯媚容,百
○○●韻●●○○●●○●韻●●○○●●○句●
斛明珠須費。算枕前盟誓。深誠密約堪憑委。意正
●○○○●韻●●○○●韻○●●○○●韻●●
美,嬌眼又灑,梨花春淚。　　記羅帷底。向鴛鴦、鐙
●句○●●句○○○●韻　●○○●韻●○○讀○
畔相偎,共把前回,詞語詠味。無端浪迹萍蓬,奈區
●○○句●●○○句○○●●韻●○●●○○句●○
區、又催行李。忍重看、小岸柳梳風,江梅鑑水。待學
○讀●○○●韻●○讀●●●○○句○○●●韻●●
鶺鴒翼,從他名利榮悴。
○○●句○○○●○●韻

此和周詞也,前段起句用韻,第三句七字,第四句六字,後段第二句七字,第三、四句皆四字,與周詞異。

又一體

吳文英

雙調一百三字,前段十句四仄韻,後段十句五仄韻。

宴蘭淑,促奏絲縈筦裂飛繁響。似漢宮人去,夜深獨
●○●句●●○○●●○○●韻●●○○●句●○●

語，胡沙淒咽。對雁斜玟柱，瓊瓊弄玉臨秋影。鳳吹
●句○○○●韻●●○○句○○●●●韻●●
遠，河漢去槎，天風吹冷。　　泛清商竟。轉銅壺敲
●句○●●句○○○●韻　　●●○○韻●○○
漏，瑶牀二八青娥，環佩再整。菱歌四碧無聲，變須
●句○○●●○○句○●●●韻○○●●○○句○
臾、翠繁紅暝。歎梨園、今調絕音希，愁深未醒。桂楫
○讀●○○●韻●○○讀○●●○○句○○●●韻●●
輕如翼，歸霞時點清鏡。
○○●句○○○●●韻

此亦周詞體，惟前段第七句不押韻，後段第三句六字，第四句四字異。

又一體

張　炎

雙調一百三字，前段九句六仄韻，後段十句四仄韻。

勝遊處。多是琴尊坐石松下語。有筆牀茶竈，瘦筇相
●○●韻○●○○●●●●韻●●○○句●○○
引，逢花須住。正翠陰迷路。年華荏苒成孤旅。待趁
●句○○○●韻●●○●韻○○●●○○●韻●●
燕檣，休忘了、元都前度。　　漸煙波遠，怕五湖淒
●○句○○●讀○○○●韻　　●●○○句●●○○
冷，佳人袖薄，修竹依依日暮。知他甚處重逢，便匆
●句○○●●句○●○○●●韻○○●●○○句●○
匆、帶潮歸去。莫因循、却誤了幽期，還孤舊雨。竚立
○讀●○○●韻●○○讀●●●○○句○○●●韻●

山風晚,月明搖碎江樹。
○○●句●○○●○●韻

　　此詞與周詞校,前段第九句四字,結句七字,又換頭句不押韻異。

雙頭蓮四體

　　此調一百三字者見周邦彥《片玉集》,一百字者見陸游《放翁集》。

雙頭蓮

周邦彥

　　雙調一百三字,前段十三句三仄韻,後段十二句五仄韻。

一抹殘霞,幾行新雁,天染斷紅,雲迷陣影,隱約望
●●○○句●○○句○●●○句○○●●句●●●
中,點破晚空澄碧。助秋色。門掩西風,橋橫斜照,青
○句●●●○○●韻●○●韻●●○○句○○○●句○
翼未來,濃塵自起,咫尺鳳幃,合有人相識。　　歎
●●○句○○●●句●●●○句●●○○●韻　　●
乖隔。知甚時恣與,同攜歡適。度曲傳觴,並轡飛轡,
○●韻○●○○●句○○●韻●●○○句●●○●句
綺陌畫堂連夕。樓頭千里,帳底三更,盡堪淚滴。怎
●●●○○●韻○○○●句●●○○句●○●●韻●
生向,總無聊,但只聽消息。
○●句●○○句●●●○●韻

1473

此詞《清真集》不載，故方千里、楊澤民、陳允平皆無和詞。或疑前段直至第六句始用韻，似有訛脫。不知宋人以韻少者爲慢曲子，韻多者爲急曲子，細玩此詞，文法甚順，决無訛脫，但無他詞援證耳。

又一體

陸　游

雙調一百字，前段十句六仄韻，後段十句五仄韻。

華鬢星星，驚壯志成虛，此身如寄。蕭條病驥。向暗
◐●○○句○●●○○句●○○●韻◐●●韻●
裏、消盡當年豪氣。夢斷故國山川，隔重重煙水。身
讀○●●○○韻●●●○○句●○○○●韻○
萬里。舊社凋零，青門俊遊誰記。　　盡道錦里繁
◐●韻●●○○句○○●○●韻　◐●●●○
華，欷官閒晝永，柴荆添睡。清愁自醉。念此際、付與
○句●○○●句○○○●韻○○●韻●●讀●●
何人心事。縱有楚柁吳檣，知何時東逝。空悵望，鱠
○○○●韻●●●○○句○○○●韻○●●句●
美菰香，秋風又起。
●○○句○○◐○韻

此與周詞句讀迥異，因調名同，故爲類列。
前後段第八句例作上一下四句法，填者辨之。
譜内可平可仄悉參陸詞別首及《梅苑》無名氏詞。

又一體

陸　游

雙調一百字，前段十一句六仄韻，後段十句六仄韻。

風卷征塵，堪歎處，青驄正搖金轡。客襟貯淚。漫萬
○●○○句○●●句○○●○○●韻●○●●韻●●
點如血，憑誰持寄。竚想艷態幽情，壓江南佳麗。春
●○●句○○●●韻●●●●○○句●○○●●韻○
正媚。怎忍長亭，匆匆頓分連理。　　目斷淡日平
●●韻●●○○句○○●○○●韻　　●●●●○
蕪，望煙濃樹遠，微茫如薺。悲歡夢裏。奈倦客、又是
○句●○○●●句○○○●韻○○●●韻●●●讀●●
關河千里。最苦唱徹驪歌，重遲留無計。何限事，待
○○○●韻●●●●○○句○○○○●韻○●●句●
與丁寧，行時已醉。
●○○句○○●●韻

此詞與"華鬢星星"詞校，前段第二句三字，第三句六字，第五句攤破句法作五字一句、四字一句，後段第八句押韻異。

又一體

《梅苑》無名氏

雙調一百字，前後段各十句四仄韻。

觸目庭臺，當歲晚凋殘，恁時方見。瓊英細蕊，似美
●●○○句○●●○○句●○●韻○○●●句●●

玉碾就，輕冰裁翦。暗想蜂蝶不知，有清香爲援。深
●●○句○○○●韻●●○●●○句●○○●韻○
疑是、傅粉酡顔，何殊壽陽妝面。　　惟恐易落難
○讀●●○○句○○●○○●韻　　○●●○
留，仗何人巧把，名詞褒羡。狂風橫雨，枉墜落、細蕊
○句●○○●●句○○○●韻●○●●句●●讀●●
紛紛千片。異日結實成陰，託稱殊非淺。調鼎鼐，試
○○●韻●●●○○句●○○●韻○●●句●
作和羮，佳名方顯。
●○○句○○●韻

　　此詞與陸詞校，前段第四句攤破句法作五字一句、四字一句，前後段第四句俱不押韻異。

憶瑶姬四體

　　此調有仄韻、平韻兩體：仄韻者始自曹組，一名《別素質》；平韻者始自万俟咏，一名《別瑶姬慢》。

憶瑶姬

曹　組

　　雙調一百三字，前段九句五仄韻，後段九句六仄韻。
雨細雲輕，花嬌玉軟，于中好箇情性。爭奈無緣相
●●○○句○○●●句○○●○○●韻●●○○
見，有分孤另。香箋細寫頻相問。我一句句兒都聽。
●句●●○●韻○○●●○○●韻●●●○○●韻

到如今、不得同歡，伏惟與他耐静。　此事憑誰執
●○○讀●●○○句●○●○●●韻　●●○○●
証。有樓前明月，窗外花影。拌了一生煩惱，爲伊成
●韻●○○○●句○●○●韻●●○○●●句○●○
病。祇愁更把風流逞，便因循、誤人無定。恁時節、若
●韻●○●●○○●韻●○○讀●○○●韻●○●讀●
要眼兒厮覷，除非會聖。
●●○○●句○○●●韻

此調押仄韻者祇此一詞，無別首宋詞可校。

又一體

万俟咏

雙調一百五字，前段十一句五平韻，後段十一句四平韻。

可惜香紅。又一番驟雨，幾陣狂風。霎時留不住，便
●●○○韻●○●●句●●○○韻●○○●●句●
夜來和月，飛過簾櫳。離愁未了，酒病相仍，便堪此
●○●句○○○●韻●○●●句●●○○句●○●
恨中。片片隨、流水斜陽去，各自西東。　又還是、
●○韻●●○讀○●○○●句●●○○韻　●○●讀
九十春光，誤雙飛戲蝶，並采遊蜂。人生能幾許，細
●●○○句●○○●●句●●○○韻○○○●●句●
算來何物，得似情濃。沈腰暗減，潘鬢先秋，寸心不
●○○●句●●○○韻○○●●句○●○○句●○●
易供。望暮雲，千里沈沈障翠峰。
●○韻●●○句●●○○●●○韻

此調押平韻者以此詞爲正體,若蔡詞之多押一韻,史詞之添字,又句讀異同,皆變格也。

此詞句讀與蔡詞同,故譜內可平可仄悉參蔡詞。

又一體

蔡　伸

雙調一百五字,前後段各十一句五平韻。

微雨初晴。洗瑶空萬里,月挂冰輪。廣寒宮闕迥,望
○●○○韻●○○●●句●●○○韻●○●●句●
素娥縹緲,丹桂亭亭。金盤露冷,玉樹風輕。倍覺秋
●○●●句○●○○韻○●●●句●●○○句●○
思清。念去年、曾共吹簫侶,同賞蓬瀛。　　奈此夜、
●○韻●●○讀○●○○●句○●○○韻　　●●●讀
旅泊江城。漫花光眩目,綠酒如澠。幽懷終有恨,恨
●●○○韻●○○●●句●●○○韻○○○●●句●
綺窗清影,虛照娉婷,藍橋路杳,楚館雲深,擬憑歸
●○○●句○●○○句○○●●句●●○○句●○
夢輕。彊就枕,無奈孤衾夢易驚。
●○韻●●●句○●○○●●○韻

此與万俟詞同,惟換頭句押韻異。

又一體

史達祖

雙調一百九字,前段十句四平韻,後段十句五平韻。

嬌月籠煙，下楚嶺，香分兩朵湘雲。花房時漸密，弄
〇●〇〇句●●●句〇〇●●〇〇韻〇〇〇●●句●
杏牋初會，歌裏殷勤。沈沈夜久西窗，屢隔蘭鐙幔影
●〇〇●句〇●〇〇韻〇〇●●〇〇句●●〇●●
昏。自綵鸞、飛入芳巢，繡屏羅薦粉光新。　十年
〇韻●●●讀〇●〇〇句●〇〇●●〇〇韻　●〇
未始輕分。念此飛花，可憐柔脆銷春。空餘雙淚眼，
●●〇〇韻●●〇〇句●●〇●〇〇韻〇〇〇●●句
到舊家時節，漫染愁巾。神仙說道凌虛，一夜相思玉
●●〇〇●句●●〇〇韻〇〇●●〇〇句●●〇〇●
樣人。但起來、梅發窗前，哽咽疑是君。
●〇韻●●●讀〇●●〇句●●〇●〇韻

　　此詞前後段第四、五、六句與万俟詞同，餘俱異。

詞譜卷三十二

安平樂慢二體

調見万俟咏《大聲集》。

安平樂慢

万俟咏

雙調一百三字,前段十一句五平韻,後段九句四平韻。

瑞日初遲,緒風乍暖,千花百草爭香。瑤池路穩,閬
●●○○句●○●●句○○●●○○韻○○●●句●
苑春深,雲樹水殿相望。柳曲沙平,看塵隨青蓋,絮
●○○句○⊖●●○⊖韻●●○○句●○○●●句●
惹紅妝。賣酒綠陰傍。無人不醉春光。　有十里笙
●○○韻●●○○韻○○●●○○韻　●●●○
歌,萬家羅綺,身世疑在仙鄉。行樂知無禁,五侯半
○句●○○●句○●○●○○韻●●○○句●○●
隱少年場。舞妙歌妍,空妒得、鶯嬌燕忙。念芳菲、都
●●○○韻●●○○句○⊖●讀○○●⊖韻●○○讀⊖
來幾日,不堪風雨疏狂。
○●●句⊖○○●○○韻

此調袛有万俟詞、曹詞二首,故此詞可平可仄悉參曹詞。

又一體

曹勛

雙調一百四字，前段十一句五平韻，後段十句四平韻。

聖德如堯，聖心似舜，欣逢出震昌期。中興繼體，撫
●●○○句○○●●句○○●●○○韻○○●●句●
有寰瀛，三陽方是炎曦。萬國朝元，奉崇嚴宸扆，咫
●○○句○○●●○○韻●●○○句●○○●●句●
尺天威。瑞色滿三埤。漸嵩呼、均慶彤闈。　正金
●○○韻●●●○○韻●○○讀○●●○○韻　●○
屋妝成，翠紅圍繞，香靄高散狻猊。東朝移琱輦，與
●○○句●○○●句○○○●○○韻○○○●●句●
坤儀、同奉瑤巵。閬殿花明，億萬載、咸歌壽祺。視天
○○讀○●○○韻●●○○句●●●讀○●●○韻●○
民，永祈寶曆，垂衣端拱無為。
○句●○●●句○○○●○○韻

此與万俟詞同，惟前段結句校万俟詞添一字，後段第五句作上三下四句法異。

望南雲慢一體

調見《樂府雅詞》。

望南雲慢

沈公述

雙調一百三字,前段十一句四平韻,後段十二句五平韻。

木葉輕飛,乍雨歇亭皋,簾卷秋光。闌隈砌角,綻拒
●●〇〇句●●●〇〇句〇●●〇韻〇〇●●句●●
霜幾處,深淺紅芳。應恨開時晚,伴翠菊、風前並香。
〇●●句〇●●〇韻〇●●〇句●●●讀〇〇●〇韻
曉來清露,嫩面低凝,似帶啼妝。　　堪傷。記得佳
●〇〇●句●〇〇句●●〇〇韻　　〇〇韻●●〇
人,當時怨別,盈腮粉淚行行。而今最苦,奈千里身
〇句〇〇●●句〇〇●●〇〇韻〇〇●●句●●●〇
心,兩處淒涼。感物成消黯,念舊歡、空勞寸腸。月斜
〇句●●〇〇韻●●〇〇●句●●〇讀〇〇●〇韻●〇
殘漏,夢斷孤幃,一枕思量。
〇●句●●〇〇句●●〇〇韻

此調祇此一詞,無他首可校。

情久長一體

調見《聖求詞》。

情久長

吕渭老

雙調一百三字,前後段各九句四仄韻。

瑣窗夜永,無聊盡作傷心句。甚近日、帶腰移眼,梨
⊖○●句○○●●○●韻●●●讀●○○●句○
臉沾雨。春心償未足,怎忍聽、啼血催歸杜宇。暮帆
●○●韻⊖○○●●句●●●讀○○○●○●韻●○
挂、沈沈暝色,衮衮長江,流不盡、來無據。　點檢
●讀○○●●句●●○○句○●●讀○○●韻　⊖●
風光,歲月今如許。趁此際、浦花汀草,一棹東去。雲
○○句●●○●●韻●●●讀●○○●句●●○●韻○
窗霧閣,洞天曉、同作煙霞伴侶。算誰見、梅簾醉夢,
○●●句●○⊖讀○●○○●●韻●○●讀○○●●句
柳陌晴遊,應未許、春知處。
●●○○句○●●讀○○●韻

此調衹有此體,吕渭老集中二首字句悉同,故此詞可平可
仄悉參"冰梁跨水"詞。

按:吕詞別首前段第一句"冰梁跨水","冰"字平聲。第
五句"夜寒侵短髮","夜"字仄聲。後段第一句"雞咽荒郊",
"雞"字平聲。第四句"清吟無味","清"字、"吟"字俱平聲。
第五句"想伊睡起","想"字仄聲。第六句"又念遠、樓閣橫枝
對倚","念"字仄聲。譜内可平可仄據此。

1483

西江月慢二體

調見《聖求詞》。

西江月慢

呂渭老

雙調一百三字,前段十句四仄韻,後段八句五仄韻。

春風淡淡,清晝永、落英千尺。桃杏散平郊,晴蜂來
○○●●句○●●讀●○○●韻○●●○○句○○○
往,妙香飄擲。傍畫橋、煮酒青帘,綠楊風外,數聲長
●句●○○●韻●●○讀●●○○句●○○●句●○○
笛。記去年、紫陌朱門,花下舊相識。　　向寶杷、裁
●韻●●○讀●●○○句○●●○●韻　　●●●讀○
書憑燕翼。望翠閣、煙林似織。聞道春衣猶未整,過
○○●●韻●●●讀○○●●韻○●○○○●●句●
禁煙寒食。但記取、角枕題情,東窗休誤,這些端的。
●○○●韻●●●讀●●○○句○○○●句●○○●韻
更莫待、青子綠陰春事寂。
●●●讀○●●○○●●韻

此調呂詞外祇有無名氏詞,句讀互異,故不參校平仄。

又一體

《高麗史·樂志》無名氏

雙調一百六字,前段九句四仄韻,後段九句五仄韻。

煙籠細柳、映粉墻、垂絲輕裊。正歲首、暖律風和,裝
○○●●句●●○讀○○○韻●●●讀●●○○句○
點後苑臺沼。見乍開桃若胭脂染,便須信、江南春
●●●○韻●●○○●●○句●○讀○○○
早。又數枝、零亂殘花,飄滿地,未曾埽。　　幸到
●韻●●○讀○●○○句●●句●○韻　　●●
此、芳菲時漸好。恨間阻、佳期尚杳。聽幾聲、雲裏悲
●讀○○○●●韻●●讀○○●●韻●●○讀○●○
鴻,感動怨愁多少。漫目送,層閣天涯遠,甚無人、音
○句●●●●○●韻●●句●●○○●句●○○讀○
書來到。又只恐、別有深情,盟言忘了。
○○●韻●●●讀●●○○句○○○●韻

　　此見《高麗史·樂志》,亦宋詞也。惟前後段起二句與呂詞同,餘俱異。

杏花天慢一體

調見《松隱集》。

杏花天慢

曹　勛

雙調一百三字，前後段各九句五仄韻。

桃蕊初謝，雙燕來後，枝上嫩苞時節。絳萼滋浩露，
○●○●句○●○●句○●○○●韻●●○●●句
照曉景、裁翦冰綃標格。煙傳靚質。似澹拂、妝成香
●●●讀○●●○○●韻○●●●韻●●●讀○○○
頰。看暖日、催吐繁英，占斷上林風月。　壇邊曾
●韻●●●讀○○○句●●●○○●韻　○○○
見數枝，算應是真仙，故留春色。頓覺偏造化，且任
●●○句●○●○○句●○○●韻●●○●●句●●
他、桃李成蹊誰說。晴霽易雪。待等飲、清賞無歇。更
○讀○●○○○●韻●●●●韻●●●讀○○○●韻●
愛惜、留引鵾禽，未須再折。
●●讀○●○○句●○●韻

此詞無他首可校。

探春慢五體

或作《探春》，無"慢"字。

探春慢

姜　夔

雙調一百三字，前後段各十句四仄韻。

衰草愁煙，亂鴉送日，風沙回旋平野。拂雪金鞭，欺寒茸帽，還記章臺走馬。誰念漂零久，漫贏得、幽懷難寫。故人青盼相逢，小窗閒共情話。　　長恨離多會少，重訪問竹西，珠淚盈把。雁磧沙平，漁汀人散，老去不堪遊冶。無奈苕溪月，又喚我、扁舟東下。甚日歸來，梅花零亂春夜。

　　此調以此詞爲正體。若周密詞之換頭多押一韻，陳允平詞之後結句讀小異，猶不失正。若吳文英詞之句讀全異，則變格也。

　　此詞前段第三句、前後段結句例作拗體。若周詞之"客裏暗驚時候"，張詞之"一抹墻腰月淡"，周詞之"畢竟爲誰消瘦"，陳詞之"體取過湖人少"，張詞別首之"恰有梅花一樹"，與調不合，譜內概不校注平仄。

　　按：張炎詞前段第四、五句"投老情懷，薄遊滋味"，"投"字平聲，"薄"字仄聲。趙以夫詞第九句"莫惜沈醉風前"，"惜"字仄聲。張詞後段第二句"休忘了盈盈"，"忘"字平聲。

第五句"柳蛾暗雪","柳"字仄聲。趙詞第六句"得似家山閒暇","家"字平聲。譜内可平可仄據此，餘參下張詞、周詞、陳詞。

張詞前段第三句"摧殘客裏時序"，第八句"早瘦了、梅花一半"，第九句"也知不作花看"，"客"字、"一"字、"不"字俱以入作平，不注可仄。

又一體

張　炎

雙調一百三字，前段十句四仄韻，後段十句五仄韻。

銀浦流雲，綠房迎曉，一抹墻腰月淡。暖玉生香，懸
○●○○句●○○●句●○○●●韻●●○○句○
冰解凍，碎滴瑤階如霰。纔放些晴意，早瘦了、梅花
○●●句●●○○●韻○●○○●句●●讀○○
一半。也知不作花看，東風何事吹散。　　搖落似成
●●韻●○●●○○句○○○●○●韻　　○●●○
秋苑。甚釀得春來，怕教春見。野渡舟回，前村門掩，
○●韻●●●○○句●○○●韻●●○○句○○○●句
應是不勝清怨。次第尋芳去，灞橋外、蕙香波暖。猶
○●●○○●韻●●○○●句●○●讀●○○●韻○
聽檐聲，看鐙人在深院。
●○○句●○○●○●韻

此與姜詞同，惟換頭句用韻異。

又一體

周　密

雙調一百三字，前段十句四仄韻，後段十句五仄韻。

綵勝宜春，翠盤銷夜，客裏暗驚時候。翦燕心情，呼
●●○○句●○○●句●●○○●韻●●○○句○
盧音語，景物總成懷舊。愁鬢妒垂楊，早穉眼、漸濃
○●句●●○○●韻●●○○句●●讀●○
如豆。儘教寬盡春衫，畢竟爲誰消瘦。　　梅浪半空
○●韻●○○●○○句●●○○○●韻　　○○●○
如繡。便管領芳菲，忍辜詩酒。映竹占花，臨窗卜鏡，
○●韻●●●○○句●○○●韻●●●○句○○●●句
還念歲寒宮袖。簫鼓動春城，競點綴、玉梅金柳。厮
○●●○○●韻●●●○○句●●讀●○○●韻○
勾元宵，鐙前共誰携手。
●○○句○○●○○●韻

此與姜詞同，惟後段起句押韻異。

又一體

陳允平

雙調一百三字，前段十句四仄韻，後段十句五仄韻。

上苑烏啼，中洲鷺起，疏鐘纔度雲窈。篆冷香篝，鐙
●●○○句○○●●句○○○●●韻●●○○句○
微塵幌，殘夢猶吟芳草。搔首卷簾看，認何處、六橋
○○●句○●○○○●韻○●●○句●○●讀●○

烟柳。翠橈纜樣西泠,趁取過湖人少。　掠水風花
○●韻●○○●○句●●●○○●韻　●●○○
繚繞。還暗憶年時,旗亭歌酒。隱約春聲,鈿車寶勒,
○●韻○●●○○句○○○●韻●●○○句●●●句
次第鳳城開了。惟有踏青心,縱早起、不嫌寒峭。畫
●●●○○●韻●●●○○句●●讀●○○●韻●
闌閒立東風,舊紅誰埽。
○○●○○句●○○●韻

此與周詞同,惟後結作六字一句、四字一句異。

又一體

吴文英

雙調九十四字,前段十二句四仄韻,後段十一句五仄韻。

苔徑曲深深,不見故人,輕敲幽戶。細草回春,目送
○●●○○句●●●○句○○○●韻●●○○句●●
流光一羽。重雲冷,哀雁斷,翠微空,愁蝶舞。逗鳴
○○●●韻○○●句○●●句●○○句○●●韻●○
鞭,遊蓬小夢,枕殘驚寤。　還識西湖醉路。向柳
○句○○●●句●○○●韻　○●○○●●韻●●
下並鞍,銀袍吹絮。事影難追,那負鐙牀聽雨。冰溪
●○○句○○○●韻●●○○句●●●○○●韻○○
憑誰照影,有明月,乘興去。暗相思,梅孤鶴瘦,共江
○○●●句●○●句○●●韻●○○句○○●●句●○
亭暮。
○●韻

此詞後段第一、二、三句與姜詞同，餘俱異，因詞名同，亦爲類列。

眉嫵三體

姜夔詞注一名《百宜嬌》。

眉嫵

姜　　夔

雙調一百三字，前段十一句五仄韻，後段十一句七仄韻。

看垂楊連苑，杜若吹沙，愁損未歸眼。信馬青樓去，
●○○●句●●○○句○●●○●韻●●○○句
重簾下，娉婷人妙飛燕。翠尊共款。聽艷歌、郎意先
○○●句○○○●○●韻●○●韻●●○讀●●○
感。便携手，月地雲階裏，愛良夜微暖。　　無限。風
●韻●○●句●●○○●句●○●○●韻　○●韻○
流疏散。有暗藏弓履，偸寄香翰。明日聞津鼓，湘江
○○韻●●○○●句○●○●韻○●○○●句○○
上，催人還解春纜。亂紅數點。悵斷魂、煙水遥遠。又
●句○○○●○●韻●○●韻●●○讀○●○●韻●
爭似相携，乘一舸、鎮長見。
○●○○句○●●讀●○●韻

此調以此詞爲正體，若王詞之少押一韻，張詞之多押兩韻，皆變格也。

此詞可平可仄參下王、張二詞。

又一體

王沂孫

雙調一百三字,前段十一句五仄韻,後段十句六仄韻。

漸新痕懸柳,澹彩穿花,依約破初暝。便有團圓意,
●○○●句●○○句○●●○韻●●○○●句
深深拜,相逢誰在香徑。畫眉未穩。料素娥、猶帶離
○○●句○○○●○韻●○●●韻●●○讀○●
恨。最堪愛,一曲銀鈎小,寶簾挂秋冷。　千古盈
●韻●○●句●●○○●句●○●○韻　○○
虧休問。歎漫磨玉斧,猶挂金鏡。太液池猶在,凄凉
○○●韻●●○●●句○●○●韻●●○○●句○○
處,何人重賦清景。故山夜永。試待他、窺戶端正。看
●句○○○●○●韻●○●●韻●●○讀○●○●韻●
雲外山河,還老盡、桂花影。
○●○○句○●●讀●○●韻

此與姜詞同,惟換頭不押短韻異。

又一體

張翥

雙調一百三字,前段十一句六仄韻,後段十一句八仄韻。

又蛛分天巧,鵲誤秋期,銀漢會牛女。薄命猶如此,
●○○●句●●○○句○●●○韻●●○○●句
悲歡事,人間何限夫婦。此情更苦。怎似他、今夜相
○○●句○○○●○●韻●○●●韻●●○讀○●

遇。素娥妒。不肯偏留照,漸涼影催曙。　　私語。釵
●韻●○韻●●○○句○●○●韻　　○●韻○
盟何處。但翠屏天遠,清夢雲去。縱有閒鍼縷。相憐
○○●韻●●○○●句○●○●韻●●○○●韻○○
愛,絲絲空綴愁緒。竊香伴侶。問甚時、重畫眉嫵。漫
●句○○●●○韻●○●韻●●○讀●○●韻●
鉛淚彈風,俱付與、洗車雨。
○●○○句○●●讀●○●韻

此亦與姜詞同,惟前段第九句、後段第五句俱押韻異。

湘江静二體

調見《樂府雅詞》,一名《瀟湘静》。

湘江静

史達祖

雙調一百三字,前段十句五仄韻,後段十一句五仄韻。
春草堆青雲浸浦。記匆匆、倦篙曾駐。漁榔四起,沙
○●○○○●●韻●○○讀●○○●韻○●●句○
鷗未落,怕愁沾詩句。碧袖一聲歌,石城怨、西風隨
○●●句●○○○●韻●●●○○句●○●讀○○○
去。滄波蕩晚,菰蒲弄秋,還重到、斷魂處。　　酒易
●韻○○●●句○○●句○○●讀●○●韻　　●●
醒,思正苦。想空山、桂香懸樹。三年夢冷,孤吟意
○句○●●韻●○○讀●○○●韻○○●●句○○●

短，屢烟鐘津鼓。屐齒厭登臨，移橙後、幾番涼雨。潘
●句●○○●韻⊖●●○○句○○●讀●○○●韻○
郎漸老，風流頓減，閒居未賦。
○●●句○○●●句○○●●韻

此調史詞外祇有無名氏詞，故此詞可平可仄悉參之。但無名氏詞後段第五句"白"字入聲，第七句"莫"字入聲，俱以入作平，不注可仄。

又一體

《雅詞拾遺》無名氏

雙調一百三字，前段十句五仄韻，後段十句四仄韻。

畫簾微卷香風逗。正明月、乍圓時候。金盤露冷，玉
●○○●○○●韻●○●讀●○○●韻○○●●句●
鑪篆燼，漸紅鱗生酒。嬌唱倚繁絃，瓊枝碎、輕回雲
○●●句●○○●韻○●●○○句○○●讀○○○
袖。風臺焰短，銅壺漏永，人欲醉、夜如晝。　因念
●韻○○●●句○○●●句○●●讀●○●韻　○●
流年迅景，被浮名、暗孤歡偶。人生大抵，離多會少，
○○●●句●○○讀●○○●韻○○●●句●●●句
便相將白首。何似猛尋芳，都莫問、積金過鬭。歌闌
●○○●●韻○●●○○句○●●讀●○●●韻○○
宴闋，雲窗鳳枕，釵橫麝透。
●●句○○●●句○○●●韻

此與史詞同，惟換頭作六字一句，又不押韻異。

金盞子五體

此調有平韻、仄韻兩體：仄韻者見《梅溪詞》及《夢窗詞》，平韻者見《高麗史·樂志》。

金盞子

吳文英

雙調一百三字，前段十一句四仄韻，後段十一句六仄韻。

賞月梧園，恨廣寒宮樹，曉風搖落。苺砌埽蛛塵，空
●●○○句●●○○●句●○○●韻○●○○句○
腸斷，熏鑪燼消殘蕚。殿秋尚有餘花，鎖煙窗雲幄。
○句○●●○○●韻●○●●○○句●○○○●韻
新雁又，無端送人江上，短亭初泊。　　籬角。夢依
○●●句○○●○○●句●○○●韻　○●韻●○
約。人一笑，惺忪翠袖薄。悠然醉紅喚醒，幽叢畔，凄
●韻○●●句○○●●●韻○○●○●●句○○●句○
香霧雨漠漠。晚吹乍顫秋聲，早屏空金雀。明朝想、讀
○●●●韻●○●●○○句●○○○●韻○○●、讀
猶有數點蜂黃，伴我斟酌。
●●●○○句●●○●韻

此調押仄韻者以吳詞及史詞為正體，若蔣詞、趙詞之少押一韻，乃變格也。

前段第七句、後段第八句例作上一下四句法，四詞皆然，填者辨之。

此詞可平可仄悉參蔣、史、趙三詞。

又一體

蔣　捷

雙調一百三字，前段十一句四仄韻，後段十一句五仄韻。

練月縈窗，夢乍醒，黃花翠竹庭館。心事夜香消，人
●●○○句●●●句○○●●○○韻○●●○○句○
孤另，雙鸂被他羞看。擬待告訴天公，減秋聲一半。
○●句○○●●○○韻●●●○○句●○○●●韻
無情雁，正用恁時飛來，叫雲尋伴。　　猶記杏櫳
○○●句●●●○○句●○○●韻　　○●●○
暖。銀燭下，纖影卸佩懶。春渦暈紅豆小，鶯衣嫩，珠
●韻○●●句●●●●●韻○○●○●●句○○●句○
痕澹印芳汗。自從信誤青鸞，想籠鸚停喚。風刀快，
○●●○●韻●○●●○○句●○○○●韻○○●句
翦盡畫檐梧桐，怎翦愁斷。
●●●○○句●●○●韻

此與吳詞同，惟前段第二句三字，第三句六字異。

又一體

史達祖

雙調一百一字，前段十一句四仄韻，後段十一句五仄韻。

槳綠催紅，仰一番膏雨，始張春色。未踏畫橋煙，江
●●○○句●●●○●句●○○●韻●●●○○句○

南岸，應是草穠花密。湔裙尚憶蘋溪，覺詩愁相覓。
○句○●●○○●韻○○●●○○句●○○○●韻
光風外，除是倩鶯煩燕，漫通消息。　　梨花夜來
○○●句○●●○○●句●○○●韻　　○○●○
白，相思夢，空闌一株雪。深深柳枝巷陌，難重過，弓
●韻○○●句○●●○●韻○○●○●●句●○●句○
彎兩袖雲碧。見說倦理秦箏，怯春葱無力。空遺恨，
○○●●●韻●●●○○句●○○○●韻○○●句
當時秀句，蒼苔蠧壁。
○○●●句○○●●韻

此亦與吳詞同，惟後段第十句減二字異。

又一體

趙以夫

雙調一百一字，前段十一句四仄韻，後段十句四仄韻。

得水能仙，向漢皋遺佩，碧波涵月。藍玉暖生煙，稱
●●○○句●●○○●句●○○●韻○●●○○句●
縞袂黃冠，素姿芳潔。亭亭獨立風前，照冰壺澄徹。
●●○○句●○○●韻○○●●○○句●○○○●韻
當時事，琴心妙處難傳，頓成愁絕。　　六出自天
○○●句○○●●○○句●○○●韻　　●●●○
然，果一味清香渾似雪。西湖秋菊寒泉，似坡老風
○句●●●○○●●韻○○○●○○句●○●○
流，至今人說。殷勤折伴梅邊，聽玉龍吹裂。丁寧道，
○句●○○●韻○○●●○○句●●○○●韻○○●句

百年兄弟，相看晚節。
●○○●句○○●●韻

　　此詞與史詞校，前段第五句五字，第六句四字，換頭句不押韻，後段第二句作八字一句異。

又一體

《高麗史・樂志》無名氏
　雙調一百二字，前段十一句四平韻，後段十句五平韻。
麗日舒長，正葱葱瑞氣，遍滿神京。九重天上，五雲
●●○○句●○○●●句●●○●韻●○○●句●○
開處，丹樓碧閣崢嶸。盛宴初開，錦帳繡幕交橫。應
○●句○○●●○○韻○○●●句●●●●○○韻●
上元佳節，君臣際會，共樂昇平。　　廣庭羅綺紛
●○○●句○○●●句●●○○韻　　○○○●○
盈。動一部笙歌，盡新聲。蓬萊宮殿神仙景，浩蕩春
○韻●●●○○句●○○韻○○○●○○●句●●○
光，邐迤玉城。煙收雨歇，天色夜更澄清。又千尋、火
○句●●●○韻○○●●句○○●●○○韻●○○讀●
樹鐙山，參差帶月鮮明。
●○○句○○●●○○韻

　　此調押平韻者祇此一詞，其前段第一、二、三句，後段第一、二句，與仄韻詞同，其餘句讀與仄韻詞異。

龍山會二體

《虛齋樂府》注商調。

龍山會

趙以夫

雙調一百三字，前段十句六仄韻，後段九句五仄韻。

九日無風雨。一笑憑高，浩氣橫秋宇。群峰青可數。
⊖●〇●韻●●〇〇句●●〇●韻⊖〇〇●韻
寒城小、一水縈迴如縷。西北最關情，漫遥指、東徐
〇〇●讀●●〇●●韻●●●〇句⊖〇●讀〇〇
南楚。黯銷魂，斜陽冉冉，雁聲悲苦。　　今朝寒菊
⊖●韻●〇〇句⊖〇●●句●〇〇●韻　〇〇〇●
依然，重上南樓，草草成歡聚。詩朋休浪賦。舊題處、
〇〇句●●〇〇句●●〇〇●韻〇〇〇●韻●〇●讀
俛仰已隨塵土。莫放酒行疏，清漏短、凉蟾當午。也
⊖●●〇〇韻●●●〇〇句⊖●●讀〇〇〇●韻⊖
全勝、白衣未至，獨醒凝佇。
⊖●讀●〇●●句●〇〇●韻

此調祇有趙詞兩首及吳文英詞，句讀悉同，所小異者，惟吳詞少押兩韻耳，故此詞可平可仄悉參趙詞別首及吳詞。

按：趙詞別首前段第一句"佳節明朝九"，"佳"字平聲。第六句"碧落杳無邊"，"碧"字仄聲。第七句"但玉削、千峰寒瘦"，"玉"字仄聲。第八句"留連久"，"留"字平聲，"久"字仄

聲。後段第八句"歸去也、東籬好在","歸"字平聲,"去也"二字俱仄聲,"東"字平聲。譜內可平可仄據此,餘參吳詞。

又一體

吳文英

雙調一百三字,前段十句五仄韻,後段九句四仄韻。

石徑幽雲罅。步障深深,艷錦青紅亞。小喬和夢醒,
●●○○●韻●●○○句●●○○●韻●○●●句
環佩杳、煙水茫茫城下。何處不秋陰,問誰借、東風
○●●讀○●○○○●韻○●●○○句○●讀○○
艷冶。最嬌嬈,愁侵醉頰,紅綃淚灑。　搖落翠莽
●●韻●○○句○●●●句○○●●韻　○●●●
平沙,欲挽斜陽,駐短亭車馬。晚妝羞未墮,沈恨起、
○○句●●○○句●●○○●韻●○○●●句○●讀
金谷魂飛深夜。驚雁落清歌,酹花底、舣船快瀉。後
○●○○○●韻●●●○○句●○●讀○○●●韻●
歸來、井梧上有,玉蟾遥挂。
○○讀●●●句●○○●韻

此與趙詞同,惟前後段第四句俱不押韻異。

春雲怨一體

調見馮艾子《雲月詞》,自注黃鍾商。

春雲怨

馮艾子

雙調一百三字，前段十一句五仄韻，後段十句五仄韻。

春風惡劣。把數枝香錦，和鶯吹折。雨重柳腰嬌困，
○○●●韻●●○○●句○○○●韻●●●○○●句
燕子欲扶扶不得。軟日烘煙，乾風收霧，芍藥酴醾弄
●●●○○●●韻●●○○句○○○●句●●○○
顏色。簾幕輕陰，圖書清潤，日永篆香絕。　盈盈
○●韻○●○○句○○○●句●●●○●韻　○○
笑靨宮黃額。試紅鸞小扇，丁香雙結。團鳳眉心倩郎
●●○○●韻●○○●●句○○○●韻○●○○●○
貼。教洗尊罍，共看西堂，醉花新月。曲水成空，麗人
●韻○●○○句●●○○句●○○●韻●●○○句●○
何處，往事暮雲萬葉。
○●句●●●○●●韻

此馮艾子自度曲，平仄當遵之。

昇平樂一體

《宋史·樂志》："教坊都知李德昇，作《萬歲昇平樂曲》。"周密《天基節樂次》："樂奏夾鍾宮，第三盞，笙起《昇平樂慢》。"

昇平樂

吳奕

雙調一百三字，前後段各十一句四平韻。

水閣層臺，竹亭深院，依稀萬水籠陰。飛暑無涯，行
●●○○句●○○●句○○●●○○韻○●○○句○
雲有勢，晚來細雨回晴。庭槐轉影，近紗幰、兩兩蟬
○●●句●○●●○○韻○○●●句●○○讀●●○
鳴。幽夢斷，枕金猊旋熱，蘭炷微熏。　堪命俊才
○韻○●●句●○○●●句○●○○韻　○●●○
儔侶，對華筵坐列，朱履紅裙。檀板輕敲，金尊滿泛，
○●句●○○●●句●●○○韻○●○○句○○●●句
從教畏日西沈。金絲玉管，間歌喉、時奏清音。唐虞
○○●●○○韻○○●●句●○○讀○●○○韻○○
世，儘陶陶沈醉，且樂昇平。
●句●○○●句●●○○韻

此調祇有此詞，無別首宋詞可校。

迎新春一體

《宋史‧樂志》雙角調，《樂章集》注大石調。

迎新春

柳　永

雙調一百四字，前段八句七仄韻，後段十一句六仄韻。

嶰管變青律，帝里陽和新布。晴景回輕煦。慶嘉節、
●●●○●句●●○○●韻○●○○●韻●○●讀
當三五。列華鐙、千門萬戶。遍九陌、羅綺香風微度。
○○●韻●○○讀○○●●韻●●讀○●○○●韻
十里燃絳樹。鼇山聳、喧喧簫鼓。　漸天如水，素
●●○●韻○○●讀○○●韻　●○●句●
月當午。香徑裏，絕纓擲果無數。更闌燭影花陰下，
●○●韻○●●句●○○●●韻○○●●○○●句
少年人、往往奇遇。太平時，朝野多歡民康阜。堪隨
●○○讀●●○●韻●○○句○●○○○○●韻○○
分良聚。對此爭忍，獨醒歸去。
●○●韻●●○●句●○○●韻

《詞律》刻此詞不分段，今照《花草粹編》分。

此調衹此一詞，無別首可校。

歸朝歡二體

《樂章集》注夾鍾商。辛棄疾詞有"菖蒲自照清溪綠"句，名《菖蒲綠》。

歸朝歡

柳　永

雙調一百四字，前後段各九句六仄韻。

別岸扁舟三兩隻。葭葦蕭蕭風淅淅。沙汀宿雁破煙飛，溪邊殘月和霜白。漸漸分曙色。路遥川遠多行役。往來人，隻輪雙槳，盡是利名客。　　一望鄉關煙水隔。轉覺歸心生羽翼。愁雲恨雨兩縈牽，新春殘臘相催迫。歲華都瞬息。浪萍風梗誠何益。問歸期，玉樓深處，有箇人相憶。

此調以此詞爲正體，蘇軾、張先、嚴仁、辛棄疾、馬莊父、詹正諸詞俱如此填，若王詞之多押一韻，乃變格也。

按：張詞前段第一句"聲轉轆轤聞露井"，"聲"字平聲，"轆"字仄聲。辛詞第三句"有時光彩射星躔"，"有"字仄聲，"光"字平聲。第四句"却將此石投閒處"，"此"字仄聲。嚴詞第五句"西風吹夢草"，"西風"二字俱平聲。辛詞第六句"先生拄杖來看汝"，"拄"字仄聲。詹詞第七句"空悵望"，"空"字平聲，"悵望"二字俱仄聲。張詞結句"同作飛梭擲"，"同"字、"飛"字俱平聲。馬詞後段第一句"團團寶月憑纖手"，"團團"二字俱平聲，"寶月"二字俱仄聲，"纖"字平聲。

嚴詞第二句"求劍刻舟應笑汝","求"字平聲,"刻"字仄聲。張詞第三句"有情無物不雙棲","有"字仄聲,"無"字平聲。辛詞第四句"有朋只就芸窗讀","有"字、"只"字俱仄聲。馬詞第六句"萊衣煥爛潘輿穩","煥"字仄聲。詹詞第七、八句"猶記得,顛崖如此","猶"字、"顛"字俱平聲,"記得"二字俱仄聲。張詞結句"簾幕卷花影","簾"字平聲,"卷"字仄聲。譜內可平可仄據此,餘參王詞。

又一體

王之道

雙調一百四字,前段九句六仄韻,後段九句七仄韻。

透隙敲窗聲摵摵。坐見廣庭霜縞白。長安道上正騎
●●○○●●韻●●●○○●●韻○○●●●○
驢,蔡州城裏誰堅壁。表表風塵物。瑤林瓊樹三豪
○句●●○○○●●韻●●○○●韻○○●●○
客。對揮毫,連珠唱玉,慣把詩箋擲。　　草草杯盤
●韻●○○句○●●句●●○○●韻　　●●○○
還促席。痛飲狂歌話胸臆。前村昨夜放梅花,東都休
○●韻●●○○●○●韻○○●●●○○句○○○
把詩顏色。清歡那易得。明朝烏鸞升南極。帶隨車,
●○●韻○○●●韻○○○○○●韻●○○句
黃壚咫尺。莫作山河隔。
○○●●韻●●○○●韻

此與柳詞同,惟後段第八句押韻異。按:嚴仁"五月人間"詞後結:"問滄波,乘槎此去。流到天河否。"多押一韻,正與此同。

雙聲子一體

《樂章集》注林鍾商。

雙聲子

柳　永

雙調一百四字，前段十一句四平韻，後段十句四平韻。

晚天蕭索，斷蓬蹤跡，乘興蘭棹東遊。三吳風景，姑
●○○句●○○●句○●○●○○韻○○○●句○
蘇臺榭，牢落暮靄初收。歎夫差舊國，香徑沒、徒有
○○●句○●●●○○韻●○○●●句○●●讀○●
荒丘。繁華處，悄無覩，惟聞麋鹿呦呦。　想當年，
○○韻○○●句●○●句○○○●○○韻　●○○句
空運籌決戰，圖王取霸無休。江山如畫，雲濤煙浪，
○●○●●句○○●●○○韻○○○●句○○○●句
翻輸范蠡扁舟。驗前經舊史，嗟漫載、當日風流。斜
○○●●○○韻●○○●●句○●●讀○●○○韻○
陽暮草茫茫，盡成萬古遺愁。
○●●○○句●○●●○○韻

此調祇有柳永一詞，其平仄宜遵之。

永遇樂七體

周密《天基節樂次》:"樂奏夾鍾宮,第五盞,觱篥起《永遇樂慢》。"此調有平韻、仄韻兩體:仄韻者始自北宋,《樂章集》注林鍾商,晁補之詞名《消息》,自注越調。平韻者始自南宋,陳允平創爲之。

永遇樂

蘇　軾

雙調一百四字,前後段各十一句四仄韻。

明月如霜,好風如水,清景無限。曲港跳魚,圓荷瀉
○●○○句●○○●句○○●韻●●○○句○○●
露,寂寞無人見。紞如五鼓,錚然一葉,黯黯夢雲驚
句●●○○●韻●○●●句○○●●句●●●○○
斷。夜茫茫、重尋無處,覺來小園行遍。　　天涯倦
●韻●○○讀○○○●句●○●○●韻　　○○●
客,山中歸路,望斷故園心眼。燕子樓空,佳人何在,
句○○○●句●●●○○●韻●●○○句○○○●句
空鎖樓中燕。古今如夢,何曾夢覺,但有舊歡新怨。
○●○○●韻●○○●句○○●●句●●●○○●韻
異時對、南樓夜景,爲余浩歎。
●○●讀○○●●句●○●●韻

此調押仄韻者以此詞爲正體,宋詞俱如此填。若晁詞之前段結句六字折腰,柳詞兩首及張詞、無名氏詞之句讀異同,

皆變格也。

此調前段第一句，如柳詞之"熏風解愠"，無名氏詞之"孤衾不暖"。第二句，如柳詞之"晝景晴和"。第八句，如柳詞之"華渚流虹"，"雲擁雙旌"。第十句，如晁詞之"想沈江、怨魄歸來"，柳詞之"擁朱幡、喜氣歡聲"。後段第八句，如柳詞之"槐府登賢"。第十句，如晁詞之"算何須、楚澤雄風"，柳詞之"祝堯齡、北極齊尊"，"且乘閒、弘閣長開"。平仄與諸家不同，譜內概不校注。

按：周紫芝詞前段第五句"小荷擎雨"，"小"字仄聲。張元幹詞第八句"訪公良夜"，"訪"字仄聲。趙以夫詞第九句"隱隱光華流渚"，"光"字平聲。第十句"妝樓上、青瓜玉果"，"妝"字平聲，"上"字仄聲。周詞第十一句"還對綵縿無語"，"還"字平聲。趙師俠詞後段第一句"綠叢紅蕚"，"紅"字平聲。晁補之詞第二句"紫葳枝上"，"紫"字仄聲。蘇詞別首第九句"夜永霜華侵被"，"霜"字平聲。解昉詞第十句"空贏得、斜陽暮草"，"空"字平聲。譜內可平可仄據此，餘參所採仄韻詞。

蘇軾別詞前段第六句"月隨人千里"，"隨"字平聲。趙以夫詞"清絕無點暑"，"點"字仄聲。張元幹詞前段結句"絡"字，後段第六句"熟"字，俱入聲。楊无咎詞前段第十句"折一枝、釵頭未插"，"一"字入聲。張元幹詞後段第四句"何事十年"，"十"字入聲。無名氏詞第九句"萬種斷也無恨"，"也"字仄聲。趙彥端詞第十句"問少陵、酣歌拓戟"，"少"字仄聲。或以入作平，或與調不協，譜內亦概不校注。

又一體

晁補之

雙調一百四字，前後段各十一句五仄韻。

紅日葵開，映墻遮牖，小齋端午。杯展荷金，簪抽笋
○●○○句●○○●句●●○○韻○●○○句○○●
玉，幽事還堪數。綠窗纖手，朱奩輕縷。爭鬬綵幡艾
●句○●○●●韻●○○●句○○●●韻○●●○●
虎。想沈江、怨魄歸來，空悃悵、對菰黍。　朱顔老
●韻●○○讀●●○○句○●●讀●○●韻　○○●

去。清風好在，未減佳辰歡趣。臘酒深斟，菖葅細糁，
●韻○○●●句●●○○○●韻●●○○句○○●●句
圍坐從兒女。還同子美，江村長夏，閒對燕飛鷗舞。
○●○○●韻○○●●句○○○●句○●●○○●韻
算何須、楚澤雄風，方消畏暑。
●○○讀●●○○句○●●●韻

此與蘇詞同，惟前段結句六字折腰，又前段第八句、後段第一句俱押韻異。

又一體

柳永

雙調一百四字，前段十二句四仄韻，後段十一句四仄韻。

熏風解慍，畫景晴和，新霽時候。火德流光，蘿圖薦
○○●●句●●○○句○●○●韻●●○○句○○●

祉，累慶金枝秀。璇樞繞電，華渚流虹，是日挺生元
●句●●○○●韻○○●●句○●○○句●●○○
后。纘唐虞垂拱，千載應期，萬靈敷佑。　殊方異
●韻●○○○●句○●●○句●○○●韻　○○●
域，爭貢琛賮，架轆航波奔湊。三殿稱觴，九儀就列，
●句○●○●句●○○○●韻○●○○句●○●●句
韶濩鏘金奏。藩侯瞻望彤庭，親攜僚吏，競歌元首。
○●○○韻○○○○○○句○○○●句●○○●韻
祝堯齡、北極齊尊，南山共久。
●○○讀●●○○句○○●●韻

　　此亦與蘇詞同，惟前結作五字一句、四字兩句，後段第七
句六字，第八、九句四字異。

又一體

柳　永

　　雙調一百四字，前後段各十一句四仄韻。
天闕英遊，內朝密侍，當世榮遇。漢守分麾，堯圖請
○●○○句●○●●句○●○●韻●●○○句○○●
瑞，方面憑心膂。風馳千騎，雲擁雙旌，向曉洞開嚴
●句○●○○●韻○○○●句○●○○句●●●○○
署。擁朱幡、喜氣歡聲，處處競歌來暮。　吳王舊
●韻●○○讀●●○○句●●●○○●韻　○○●
國，今古江山秀異，人煙繁富。甘雨車行，仁風扇動，
●句○●○○●●句○○○●韻○●○○句○○●●句
雅稱安黎庶。棠郊成政，槐府登賢，非久定須歸去。
●●○○●韻○○○●句○●○○句○●●○○●韻

且乘閒、弘閣長開,融尊盛舉。
●○○讀○●○○句○○●●韻

此亦與蘇詞同,惟後段第二句六字,第三句四字異。

又一體

張元幹

雙調一百四字,前段十一句四仄韻,後段十一句五仄韻。

月印金盆,江縈羅帶,涼飆天際。摩詰丹青,營丘平
●●○○句○○○●句○○○●韻○●○○句○○○

遠,一望窮千里。白鷗盟在,黃梁夢破,投老此心如
●句●●○●韻●○○●句○○●●句○●●○

水。耿無眠、披衣顧影,乍聞繞階絡緯。　百年倦
●韻●○○讀○○●●句●○●●●韻　●○●

客,三生習氣。今古到頭誰是。夜色蒼茫,浮雲滅沒,
●句○○●●韻○●●○○●韻●●○○句○○●●句

舉世方熟寐。誰人著眼,放神八極,逸想寄、塵寰內。
●●○●●韻○○●●句●○●●句●●●讀○○●韻

獨憑闌、雞鳴日上,海山霧起。
●○○讀○○●●句●○●●韻

此亦蘇詞體,惟後段第二句押韻,第九句六字折腰異。

又一體

《古今詞話》無名氏

雙調一百四字,前後段各十一句四仄韻。

1511

孤衾不暖，静聞銀漏，敲枕難穩。細想多情，多才多
○●●句●○○●句○●○●韻●●○○句○○○
貌，總是多愁本。而今幽會難成，佳期頓阻，只恁縈
●句●●○○●韻○○●○○●句○○●●句●●○
方寸。知他莫是今生，共伊此歡無分。　　尋思斷腸
○●韻○○●●○○句●○●●○○●韻　　○○●○
腸斷，珠淚搵了，依前重搵。終待臨岐，分明說與，我
○●句○●●●句○○●●韻○●○○句○○●●句●
這厭厭悶。得伊知後，教人成病，萬種斷也無恨。只
●○○●韻●○○●句○○○●句●●●●○●韻●
恐他、恁不分曉，漫勞瘦損。
●○讀●●○●句●○●●韻

　　此詞前段第七句以下，至後段第一、二、三句，句讀參差，餘俱與蘇詞同。

又一體

陳允平

　　雙調一百四字，前後段各十一句四平韻。

玉腕籠寒，翠闌憑曉，鶯調新簧。暗水穿苔，遊絲度
●●○○句●○○●句○○○○韻●●○○句○○●
柳，人靜芳晝長。雲南歸雁，樓西飛燕，去來慣認炎
●句○●○●○韻○○○●句○○○●句●○●●○
涼。王孫遠、青青草色，幾回望斷柔腸。　　薔薇舊
○韻○○●讀○○●●句●○●●○○韻　　○○●
約，尊前一笑，等閒辜負年光。鬥草庭空，拋梭架冷，
●句○○●●句●○○●○○韻●●○○句○○●●句

簾外風絮香。傷春情緒，惜花時候，日斜尚未成妝。
○●○●○韻○○○●句●●○○句●○●●○○韻
閒嬉笑、誰家女伴，又還採桑。
○○●讀○○●●句●○●○韻

　　此詞用平韻，其句讀與蘇軾仄韻詞同。
　　此見《日湖漁唱》，自注舊上聲，今移入平聲，蓋是允平創作，其平仄當從之。

二郎神九體

　　唐教坊曲名，《樂章集》注商調。徐伸詞名《轉調二郎神》，吳文英詞名《十二郎》。

二郎神

柳　永

　　雙調一百四字，前段八句五仄韻，後段十句五仄韻。
炎光謝。過暮雨、芳塵輕灑。乍露冷風清庭戶爽，天
⊖○●韻●●●讀○○○●韻●●○○○●●句○
如水、玉鈎遙挂。應是星娥嗟久阻，叙舊約、飆輪欲
⊖●讀●○○韻○●○○○●●句●●●讀○○●
駕。極目處、微雲暗度，耿耿銀河高瀉。　　閒雅。須
●韻●●●讀○○●●句●●○○○●韻　○●韻○
知此景，古今無價。運巧思、穿鍼樓上女，擡粉面、雲
⊖●●句●○○●韻●●●讀○○○●●句○●●讀⊖

鬟相亞。鈿合金釵私語處，算誰在、回廊影下。願天
○○●韻●●○○○●●句◐◐●讀○○●●韻●○
上人間，占得歡娛，年年今夜。
◐○◐句●●○○句○○○●韻

　　　此調有兩體：前段起句三字者名《二郎神》，前段起句四字者名《轉調二郎神》，其前段第三、四句，後段第四、五句，第六、七句及兩結句讀亦不同。《詞律》疏於考證，以轉調爲本調，誤矣。譜內各以類列，庶不蒙混。
　　　此詞可平可仄悉參王、張二詞。
　　　王詞換頭"日"字以入作平，故不注可仄。

又一體

　　　　　　　　　　　　　　　王十朋
　　　雙調一百四字，前段八句七仄韻，後段九句七仄韻。
深深院。夜雨過、簾櫳高卷。正滿檻海棠開欲半。仍
○○●韻●●●讀○○○韻●●●○○●●韻○
朵朵、紅深紅淺。遙認三千宮女面。勻點點、胭脂未
●●讀○○○韻●●○○○●●韻●●讀○○●
遍。更微帶、春醪宿酒，裊娜香肌嬌艷。　日暖。芳
韻●○○讀○○●●句●●○○○●韻　●●韻○
心暗吐，舍羞輕顫。笑繁杏夭桃爭爛漫。愛容易、出
○●●句●○○●韻●○●○○○●●韻●○●讀●
墻臨岸。子美當年游蜀苑。又豈是、無心眷戀。都只
○○●韻●●○○○●●韻●●●讀○○●●韻○●
爲、天生體態，難把詩工裁剪。
●讀○○●●句○●○○●韻

此詞與柳詞校，前段第三句、第五句、後段第四句、第六句俱押韻，又後段第八、九、十句攤破句法作七字一句、六字一句異。

又一體

張安國

雙調一百五字，前段八句五仄韻，後段十句五仄韻。

坐中客。共千里、瀟湘秋色。漸萬寶西成農事了，穭
●○●韻●○●讀○○○●韻●●○○●●句●
稑看、黃雲阡陌。橋口橘洲風浪穩，嶽鎮聳、倚天青
●●讀○○○●韻○●●○○●●句●●●讀●○○
壁。追前事、興亡相續，空與山川陳迹。　南國。都
●韻○○●讀○○○●句○●○○○●韻　○●韻○
會繁盛，依然似昔。聚翠羽明珠三市滿，樓觀湧、參
●○句○○●●韻●●●○○○●●句○●●讀○
差金碧。乞巧處、家家追樂事，爭要做、豐年七夕。願
○○●韻●●●讀○○○●●句○●●讀○○●●韻●
明年強健，百姓歡娛，還如今日。
○○○●句●●○○句○○○●韻

此與柳詞同，惟後段第六句添一襯字異。

又一體

徐　伸

雙調一百五字，前段十句四仄韻。後段十一句五仄韻。

悶來彈鵲，又攪碎、一簾花影。漫試著春衫，還思纖
●○●●句●●●讀●○○●韻●●●○○句●○○

手，熏徹金猊爐冷。動是愁多如何向，但怪得、新來
●句●●○○●韻●●○○○●句●●●讀○○
多病。想舊日沈腰，而今潘鬢，不堪臨鏡。　重省。
○●韻●●●○句○○○●句●○○●韻　○●韻
別來淚滴，羅衣猶凝。料爲我厭厭，日高慵起，長託
●○●●句○○○●韻●●●○○句●○●●句●●
春醒未醒。雁翼不來，馬蹄輕駐，門掩一庭芳景。空
○○●韻●●●○句●○○●句○●●○○●韻○
竚立、盡日闌干倚遍，晝長人靜。
●●讀●●○●●句●○○●韻

此名《轉調二郎神》，與《二郎神》本詞句讀不同。

此詞前段第一句"彈"字、第五句"爐"字、後段第六句"不"字，例用去聲。又後段結句例作仄平平仄，如曹詞之平平仄仄便不合調。

按：吳潛詞前段第四句"繡簾朱戶"，"繡"字仄聲。趙以夫詞"修蟾斧妙"，"斧"字仄聲。趙詞第九句"落花流水"，"落"字仄聲。吳詞後段第二句"問春何事，""何"字平聲。趙詞第四句"任詩酒拋荒"，"詩"字平聲。吳詞第十句"珠淚滴、應把寸腸萬結"，"寸"字仄聲。譜內可平可仄據此，餘參趙、曹、馬、湯四詞。

曹詞前段第二句"薄"字入聲，以入作平，不注可仄。又曹詞前段第二句"寒"字平聲，馬詞第五句"相"字平聲，趙詞第六句"思"字仄聲，細校宋詞，無如此者，譜內亦不校注平仄。

又一體

趙以夫

雙調一百五字,前段十句四仄韻,後段十一句四仄韻。

野塘暗碧,漸點點、翠鈿明鏡。想晝永珠簾,人閒金
●○●●句●●●讀●○○●韻●●●○○句○○○

屋,時倚妝臺照影。睡起闌干凝思處,漫數盡、歸鴉
●句○●○○●●韻●●○○○●●句●●●讀○○

棲暝。知月下鶯黃,雲邊蛾綠,爲誰重整。　曾倩
○韻○●●○○句○○○●句●○○●韻　　○●

雁傳鵲報,心期罕定。奈柳絮浮雲,桃花流水,長是
●○●●句○○●●韻●●○○句○○○●句○●

參差不並。莫怨春歸,莫愁柘老,蠶已三眠將醒。腸
○○●●韻●●○○句●○●●句○●○○●韻○

斷句,枉費丹青,漠漠水遙煙冥。
●●句●●○○句●●●○○●韻

此詞換頭句不押短韻,後結作六字句,與前各詞異。

按:趙詞別首後結"拌酩酊,斷送春歸,恰好聽鳩呼婦",正與此同。

又一體

曹勛

雙調一百三字,前段十句五仄韻,後段十一句五仄韻。

半陰未雨。霽曉寒、輕煙薄暮。乍過了挑青,名園深
●○●●韻●●○讀○○●●韻●●●○○句○○○

院,把酒偏宜細步。滿檻梅花,繞堤溪柳,徑暖遷鶯
●句●●○○●●韻●●○○句●○○句●●○○
相語。春澹澹、漸覺清明,相傍小桃才吐。　凝竚。
○●韻○●●讀●●○○句○●●○○●韻　○●韻
山村水館,難堪羈旅。甚覷著花開,頻驚屈指,漫寫
○○●●句●○●●韻●●●○○句○○●●句●●
奚奴麗句。幸有家山,青鸞應報,為我整齊歌舞。一
○○●●韻●●○○句○○●●句●●○○●韻●
恁待、醉倚群紅,花沾酒污。
●●讀●●○○句○○●●韻

　　此詞與徐詞校,前段起句多押一韻,第六、七句作四字兩句、六字一句,結作七字一句、六字一句,後結減二字作七字一句、四字一句異。

　　按:楊无咎"炎光欲謝"詞正與此同,但楊詞後結叶一平韻耳。

又一體

馬莊父

　　雙調一百三字,前段九句四仄韻,後段十二句五仄韻。

日高睡起,又恰見、柳梢飛絮。倩說與、年年相挽,却
●○●●句●●●讀●○○●韻●●讀○○○●句●
又因他相誤。南北東西何時定,看碧沼、青浮無數。
●○○●韻○●○○○○●句●●●讀○○○●韻
念蜀郡風流,金陵年少,那尋張緒。　應許。雪花
●●●○○句○○○●句●○○●韻　○●韻●○
比並,撲簾堆戶。更羽綴游絲,氈鋪小徑,腸斷鵓鳩
●●句●○○●韻●●●○○句○○●●句○●●○

喚雨。舞態顛狂，恨腰輕怯，散了幾回重聚。空暗想，
●●韻●●○○句●○○●句●●●○○●韻○●●句
昔日長亭別酒，杜鵑催去。
●●○○●●句●○○●韻

此與徐詞同，惟前段第三、四句減二字作七字一句異。

又一體

湯 恢

雙調一百四字，前段十句四仄韻，後段十二句五仄韻。

瑣窗睡起，閒竚立、海棠花影。記翠楫銀塘，紅牙金
●○●●句○●●讀●○○●韻●●●○○句○○○
縷，杯泛梨花冷。燕子銜來相思字，道玉瘦、不禁春
●句○●●○●韻●●○○○●句●●●讀●○○
病。應蝶粉半銷，鴉雲斜墜，暗塵侵鏡。　還省。香
●韻○●●●○句○○○●句●○○●韻　○●韻○
痕碧唾，春衫都凝。悄一似酴醾，玉肌翠帔，消得東
○●●句○○○●韻●●●○○句●○●●句○●○
風喚醒。青杏單衣，楊花小扇，閒却晚春風景。最苦
○●●韻○●○○句○○●●句○●●○○●韻●●
是，蝴蝶盈盈弄晚，一簾風靜。
●句○●○○●●句●○○●韻

此和徐詞，惟前段第五句減一字作五字句異。

又一體

吕渭老

雙調一百字,前後段各九句五仄韻。

西池舊約。燕語柳梢桃萼。向紫陌、秋千影下,同挽
○○●●韻●●●○○●韻●●●讀○○●●句○●
雙雙鳳索。過了鶯花休則問,風共月、一時閒却。知
○○●●韻●●●○○●●句○●●讀●○○●韻○
誰去,喚得秋陰,滿眼敗垣紅葉。　飄泊。江湖載
○●句●○○句●●●○●韻　○●韻○○●
酒,十年行樂。甚近日、傷高念遠,不覺風前淚落。橘
●句●○○●韻●●●讀○○●●句●●○○●●韻
熟橙黃堪一醉,斷未負、晚涼池閣。只愁被、撩撥春
●○○●○●句●●●讀●○○●韻●○●讀○○
心,煩惱怎生安著。
○句○●●○○●韻

此與徐詞校,前段第二句減一字,第三、四句減二字,後段第四、五句減二字,句讀參差,不便校注。

前後段第五句"則"字、"一"字,亦是以入作平。

傾杯樂十體

唐教坊曲名。《樂府雜錄》云:"《傾杯樂》,宣宗喜吹蘆管,自製此曲。"見《宋史·樂志》者二十七宮調,柳永《樂章集》注宮調七。一名《古傾杯》,亦名《傾杯》。

傾杯樂

柳永

雙調一百四字，前段十句四仄韻，後段十一句五仄韻。

樓鎖輕煙，水橫斜照，遥山半隱愁碧。片帆岸遠，行客路杳，簇一天寒色。楚梅映雪數枝艷，報青春消息。年華夢促，音信斷、聲遠飛鴻南北。　算伊別來無緒，翠消紅減，雙帶長拋擲。但淚眼沈迷，看朱成碧，惹閒愁堆積。雨意雲心，酒情花態，辜負高陽客。恨難極。和夢也、多時間隔。

此調柳永《樂章集》中凡七首，自一百四字至一百十六字，各注宮調，然亦有同一宮調而字句參差者。舊譜失傳，不能強爲論定也。

此調《樂章集》屬林鍾商，又注水調。按：《碧雞漫志》："南呂商時號水調，俗呼中管林鍾商。中管者，南呂宮與林鍾宮同字譜，故以南呂爲中管也。"

此詞可平可仄悉參"木落霜洲"詞。

又一體

柳永

雙調一百四字,前段十句四仄韻,後段十二句六仄韻。

木落霜洲,雁橫煙渚,分明畫出秋色。暮雨乍歇,小
●●○○句●●○○●句○○●●○●韻●●●●句●
楫夜泊,宿葦村山驛。何人月下臨風處,起一聲羌
●●●句●○○●韻○○●●○○●句●●○○
笛。離愁萬緒,聞岸草、切切蛩吟如織。　為憶,芳
●韻○○●●句●●●讀●●○○●韻　●●韻○
容別後,水遙山遠,何計憑鱗翼。想繡閣深沈,爭知
○●●句●○○●句○●○○●韻●●●○○句○○
憔悴損,天涯行客。楚峽雲歸,高陽人散,寂寞狂蹤
○●●句○○○●韻●●○○句○○○●句●●○○
跡。望京國。空目斷、遠峰凝碧。
●韻●○●韻○●●讀●○○●韻

此與"樓鎖輕煙"詞句讀同,宮調亦同。惟換頭句藏一短韻,後段第六句五字,第七句四字異。

此詞《樂章集》屬林鍾商,又注散水調。按:《冊府元龜》:"唐改南呂商為散水調,即水調,俗名中管林鍾商也。"

又一體

柳永

雙調一百六字,前段十一句五仄韻,後段七句六仄韻。

禁漏花深，繡工日永，蕙風布暖。變韶景、都門十二，元宵三五，銀蟾光滿。連雲複道凌飛觀。聳皇居麗，佳氣瑞煙蔥蒨。翠華宵幸，是處層城閬苑。　龍鳳燭、交光星漢。對咫尺鰲山、開雉扇。會樂府、兩籍神仙，梨園四部絃管。向曉色、都人未散。盈萬井、山呼鰲抃。願歲歲天仗裏，常瞻鳳輦。

　　此詞《樂章集》注仙呂宮，曾覿、楊无咎詞正與此同。

　　按：楊詞前段第二句"東風解凍"，"東"字平聲。曾詞第四句"望空際、瑤峰微吐"，"微"字平聲。楊詞第五句"柳枝金軟"，"柳"字仄聲。第九句"一夜萬花開遍"，"一"字仄聲。曾詞"依稀管絃臺榭"，"稀"字平聲。曾詞第十一句"一行珠簾不下"，"行"字平聲。楊詞後段第三句"擁襦袴、千里歌謠"，"千"字平聲。譜內可平可仄據此，餘參程詞。

　　楊詞後段第一句"羅綺簇、歡聲一片"，"一"字以入作平，不注可仄。

又一體

程珌

雙調一百六字，前段十一句六仄韻，後段八句六仄韻。

鑾殿秋深、玉堂宵永、千門人静。問天上、西風幾度，
○●○○句●○○●句○○○●韻●○●讀○○●●句
金盤光滿，露濃銀井。碧雲飛下雙鸞影。迤邐笙歌笑
○○○●句●○○●韻●○○●●○●韻○●●●
語，群仙隱隱。更前問訊。墮在紅塵今省。　　漸曙
●句○○●●韻●○●●韻●●○○○●韻
色、曉風清迥。更積靄沈陰、都卷盡。向窗前、引鏡看
●讀●○○●韻●●●○○句●●●韻●○○讀●○
來，尚喜精神炯炯。便折簡、浮丘共飲。奈天也、未教
○句●●○○●●韻●●●讀○○●●韻●○●讀●○
酪酊。來歲却笑群仙，月寒空冷。
●●韻○●●●○○句●○○●韻

　　此與"禁漏花深"詞校，前段第八句六字，第九句四字，第
十句押韻異。

又一體

張　先

　　雙調一百七字，前段十三句四仄韻，後段九句六仄韻。
飛雲過盡，明河淺，天無畔。草色栖螢，霜華侯暑，輕
○○●●句○○●句○○●韻●●○○句○●○●句○
颸弄袂，澄瀾拍岸。宴玉塵譚賓，倚瓊枝、秀挹雕鵷
○●●句○○●●韻●●○○●句●○○讀●●○○
滿。午夜中秋，十分圓月，香槽撥鳳，朱絃軋雁。
●韻●●○○句●○○●句○○●●句○○●●韻
正是欲醒還醉，臨空悵遠。壺更疊換。對東西、數里
●●●○○●句○○●●韻●○●●韻●○○讀●●

回塘、恨零落芙蓉、春不管。籠鐙待散。誰知道、座有
〇〇句⊖●●〇〇讀〇●●韻〇〇●●韻〇〇●讀●●
離人，目斷雙歌伴。煙江艇子歸來晚。
〇〇句⊖●〇〇●韻⊖〇●●〇〇●韻

　　此詞亦名《傾杯》，句韻與柳詞不同。張先集中凡二首，其一首前段第九句"憑闌坐久飛雲遠"，作七字句，當是"憑雕闌、坐久飛雲遠"，脱一字，故不編入。
　　按：張詞別首前段第四句"浮玉無塵"，"浮"字平聲。第五句"五亭争景"，"五"字仄聲。第六句"畫橋對起"，"畫"字仄聲。第八句"愛溪上瓊樓"，"溪"字平聲。第十句"人在虚空"，"人"字平聲。後段第五句"風雨暴千岩、啼鳥怨"，"風"字平聲，"雨"字仄聲。第八句"青子枝頭滿"，"青"字平聲。結句"使君莫放尋春緩"，"使"字仄聲。譜内可平可仄據此。

又一體

柳　永

　　雙調一百八字，前段十一句四仄韻，後段九句五仄韻。
離讌殷勤，蘭舟凝滯，看看送行南浦。情知道世上，
〇●〇〇句〇〇〇句〇〇〇●●韻〇〇●●●句
難使皓月長圓，彩雲鎮聚。算人生、悲莫悲於輕别，
〇●●●〇〇句●〇●●韻●〇〇讀〇●〇〇〇●句
最苦正歡娱，便分鴛侣。淚流瓊臉，梨花一枝春帶
●●●〇〇句●〇〇●韻●〇〇●句〇〇●〇〇●
雨。　　慘黛蛾、盈盈無緒。共黯然消魂，重携纖手，
●韻　　●●〇讀〇〇〇●韻●●〇〇〇句〇〇〇●句

話別臨行，再三問道君須去。頻耳畔低語。知多少、
●●○○句●○●●○○●韻○●●○●韻○○●讀
他日深盟，平生丹素。從今盡托憑鱗羽。
○●○○句○○○●韻○○●●○○●韻

此詞《樂章集》注林鍾商，無他作可校。

又一體

柳　永

雙調一百八字，前段十二句五仄韻，後段十句六仄韻。

凍水消痕，曉風生暖，春滿東郊道。遲遲淑景，煙和
●●○○句●○○●句○●○○●韻○○●●句○○
露潤，遍染長堤芳草。斷鴻隱隱歸飛，江天杳杳。遙
●●句●●○○○●韻●○●●○○句○○●●韻○
山變色，妝眉淡埽。目極千里，閒倚危檣迴眺。
○●●句○○●●韻●●○○句○●○○●●韻
動幾許、傷春懷抱。念何處、韶陽偏早。想帝里看看，
●●●讀○○●韻●○●讀○○●韻●●●○○句
名園芳榭，爛漫鶯花好。追思往昔年少。繼日恁、把
○○○●句●●○○●韻○○●●○●韻●●●讀●
酒聽歌，量金買笑。別後暗負，光陰多少。
●○○句○○●●韻●●●●句○○○●韻

此詞《樂章集》亦注林鍾商，然句韻與前一首又不同。

又一體

柳永

雙調一百八字,前段十句四仄韻,後段十一句五仄韻。

水鄉天氣,灑蒹葭、露結寒生早。客館更堪秋杪。空
●○○●句●○○讀●●○○韻●●○○●韻○
階下、木葉飄零,颯颯聲乾,狂風亂埽。黯無緒、人靜
●●讀●●○○句●●○○句○○●●韻●○●讀○●
酒初醒,天外征鴻,知送誰家歸信,穿雲悲叫。
●○○句○●○○句○●○○○●句○○○●韻

蛩響幽窗,風窺寒硯,一點銀釭閒照。夢枕頻驚,愁
○●○○句○○○●句●●○○●韻●●○○句○
衾半擁,萬里歸心悄悄。往事追思多少。贏得空使方
○●●句●●○○●●韻●●○○●●韻○●○●○
寸攪。斷不成眠,此夜厭厭,就中難曉。
●●韻●●○○句●●○○句●○○●韻

此詞《樂章集》注黃鍾調,無他首可校。

又一體

柳永

雙調一百八字,前段十一句五仄韻,後段九句五仄韻。

金風淡蕩,漸秋光老、清宵永。小院新晴天氣,輕煙
○○●●句●○○●讀○○●韻●●○○○●句○○
乍斂,皓月當軒練淨。對千里寒光,念幽期阻,當殘
●●句●●○○●●韻●○●○○句●○○●句○○

景。早是多愁多病。那堪細把，舊約前歡重省。
●韻●●○○●韻●○●●句●●○○●韻
最苦碧雲信斷，仙鄉路杳，歸鴻難倩。每高歌、強遣
●●●○○●句●○●●句○○○●韻●○○讀●●
離懷，奈慘咽、翻成心耿耿。漏殘露冷。空贏得、悄悄
○○句●●●讀○○○●韻●●●韻○○●讀●●
無言，愁緒終難整。又是立盡梧桐秋影。
○○句○●○○●韻●●●●○○●韻

　　　　此詞《樂章集》注大石調，無他首可校。

又一體

柳　永

　　雙調一百十六字，前段十句六仄韻，後段九句四仄韻。
皓月初圓，暮雲飄散，分明夜色如晴晝。漸消盡、釂
●●○○句●○○●句○○●●○○●韻●○●讀○
釂殘酒。危樓迥、涼生襟袖。追往事、一晌憑闌久。如
○○●韻○○●讀○○○●韻○●●讀●●○○●韻○
何媚容豔態，抵死孤歡偶。朝思暮想，自家空恁添清
○●○●●句●●○○●韻○○●●句●○○●○○
瘦。　算到頭、誰與伸剖。向道我別來，為伊牽繫，
●韻　●●○讀○●●韻●●●●○句●○○●句
度歲經年，偷眼覷、也不忍覷花柳。可惜恁、好景良
●●○○句○●●讀●●●●○●韻●●●讀●●○
宵，未曾略展雙眉暫開口。問甚時與你，深憐痛惜還
○句●○●●○○●●●韻●●○●●句○○●●○

依舊。
○●韻

此詞《樂章集》亦注大石調,然句讀與前一首又不同。

百宜嬌一體

調見《聖求詞》,與《眉嫵》詞別名《百宜嬌》者不同。

百宜嬌

呂渭老

雙調一百四字,前段十句四仄韻,後段十句五仄韻。

隙月垂筦,亂蛩催織,秋晚嫩涼庭戶。燕拂簾旌,鼠
●●○○句●○○●句○●●○○●韻○●○○句●

窺窗網,寂寂飛螢來去。金鋪鎮掩,漫記得、花時南
○○●句●●○○○●韻○○●●句●●●讀○○○

浦。約重陽、萸糝菊英,小樓遙夜歌舞。　銀燭暗、
●韻●○○讀○●●○句●○○●○●韻　○●●讀

佳期細數。簾幕漸西風,午窗秋雨。葉底翻紅,水面
○○●●韻○●●○○句●○○●韻●●○○句●●

皺碧,鐙火裁縫砧杵。登高望極,正霧鎖、官槐歸路。
●●句○●○○○●韻○○●●句●●●讀○○○●韻

定須將、寶馬鈿車,訪吹簫侶。
●○○讀●●○○句●○○●韻

此調衹有此詞,無別首可校。

月中桂三體

調見趙彥端詞集。趙孟頫詞平仄韻互押者,名《月中仙》。

月中桂

趙彥端

雙調一百四字,前段十一句五仄韻,後段十句五仄韻。

露醑無情,送長歌未終,已醉離別。何如暮雨,釀一
●●○○句●○○●○句●○●韻○○●●句●●
襟涼潤,來留佳客。好山侵座碧。勝昨夜、疏星淡月。
○○●句○○○●韻●○●●韻●●○讀○○●●韻
君欲翩然去,人間底許,員嶠問帆席。　詩情病非
●●○○●句○○●●句○●●○韻　○○●●
疇昔。賴親朋對影,且慰良夕。風流雨散,定幾回腸
○●韻●○○●●句●●○●韻○○●●句●●○○
斷,能禁頭白。爲君煩素手,藕碧藕、輕絲細雪。去去
●句○○○●韻●○○●●句●●●讀○○●●韻●●
江南路,猶應水雲秋共色。
○○●句○○●○○●●韻

此調趙詞外祇有無名氏詞,故此詞可平可仄悉參之。

又一體

《鳴鶴餘音》無名氏

雙調一百四字,前段十一句四仄韻,後段十句四仄韻。

日色西沈,上高臺,迥觀天地寥廓。疏星隱現,又一
●●○○句●○○句●○○●●句○●●句●●
輪明月,昭昭無著。皓然三界外,似百鍊、青銅鏡濯。
○○●句○○○●韻●○○●●句●●讀○○●●韻
處處恩光被,家家照臨,庭户起冥漠。　長空萬里
●●○○●句○○●○句○○●○●韻　○○●●
清風,助乾坤蕩搖,雲霧難作。仙宮玉殿,正鍊霞金
○○句●○○●●句○●○●韻○○●●句●○○
碧,相輝參錯。大哉清夜景,鎮萬古、含弘磊落。有志
●句○○●韻●○○●●句●●●讀○○●●韻●●
攀青桂,蟾宮兔邊看搗藥。
○○●句○○●○○●●韻

此詞與趙詞校,前段第二句三字,第三句六字,第七句及換頭句俱不押韻異。

又一體

趙孟頫

雙調一百二字,前段十一句四平韻、兩叶韻,後段十句兩平韻、三叶韻。

春滿皇州。見祥煙擁日,初照龍樓。宮花苑柳,映仙
○●○○韻●○○●●句○●○○韻○○●●句●○

仗雲移，金鼎香浮。寶光生玉斧，聽鳴鳳、簫韶樂奏。
●○○句○●○○韻●○○●句●○●讀○○●●叶
德與和氣游。天生聖人，千載希有。　　祥瑞電繞虹
●●○●○韻○○●○句●●○●叶　　○●●●○
流。有雲成五色，芝生三秀。四海太平，致民物雍熙，
○韻●○○●●句○○○●叶●●○○句●●●○○句
朝野歌謳。千官齊拜舞，玉杯進、長生春酒。願皇慶
○●○○韻○○○●●句●○●讀○○○●叶●○●
萬年，天子與天齊壽。
●○句○●●○○●叶

　　此詞句讀與仄韻詞同，惟前後段結句各減一字。
　　此詞平仄韻互押，亦是本部三聲叶，然遵古韻，與元曲不同。

澡蘭香一體

　　調見吳文英《夢窗甲稿》，因詞有"午鏡澡蘭簾幕"句，取以爲名。

澡蘭香

吳文英

　　雙調一百四字，前後段各十句四仄韻。
盤絲繫腕，巧篆垂簪，玉隱紺紗睡覺。銀餅露井，彩
○○●●句●●○○句●●●●●●韻○●●●句●

箇雲窗，往事少年依約。爲當時、曾寫榴裙，傷心紅
●○○句●●●○○●韻●○○讀○●○○句○○○
綃褪萼。炊黍夢、光陰漸老，汀洲煙蒻。　　莫唱江
○●●韻○●●讀○○●●句○○○●韻　　●●○
南古調，怨抑難招，楚江沈魄。薰風燕乳，暗雨梅黃，
○●●句●●○○句●○○●韻○○●●句●●○○句
午鏡澡蘭簾幕。念秦樓、也擬人歸，應剪菖蒲自酌。
●●○○●韻●○○讀●●○○句○●○○●●韻
但悵望、一縷新蟾，隨人天角。
●●●讀●●○○句○○○●韻

　　此吳文英自度曲，無他作可校，其平仄宜從之。

詞譜卷三十三

宴瓊林二體

唐教坊曲名，《宋史·樂志》雙調。

宴瓊林

黃　裳

雙調一百四字，前段十句四仄韻，後段十句五仄韻。

紅紫趁春闌，獨萬簇瓊英，猶未開罷。問誰共、綠幄
○●●○句●●○○句○●○●韻●○⊖讀●●
宴群真，皓雪肌膚相亞。華堂路，小橋邊，向晴陰一
●○○句●●○○●韻○○句●○○句●○○●
架。爲香清、把作寒梅看，喜風來偏惹。　　莫笑因
●韻●○○讀●●○○●句●○○○●韻　　●●○
緣，見影跨春空，榮稱亭榭。助巧笑、曉妝如畫。有花
○句●●●○○句○○○●韻●●●讀●○○●韻●○
鈿堪借。新醅泛、寒冰幾點，拌今日、醉猶飛斝。翠羅
○⊖●韻○○●讀○○●●句●○●讀●○○●韻●○
幃中，卧蟾光碎，何須待還舍。
○○句●○○●句○○●○●韻

此調惟黃裳詞二首，句讀大同小異，此詞可平可仄即參下詞句讀同者。

1534

又一體

黃　裳

雙調一百三字,前段九句四仄韻,後段八句四仄韻。

霜月和銀鐙,乍送目樓臺,星漢高下。愛東風、已暖
○●○○句●●●○○句○●●○○韻●○○讀●●
綺羅香,競走去來車馬。紅蓮萬斛,開盡處、長安一
●○○句●●●○○韻○○●●句○●●讀○○●
夜。少年郎、兩兩桃花面,有餘光相借。　　因甚靈
●韻●○○讀●●○○句●○○●韻　　○○
山在此,是何人、能運神化。對景便作神仙會,恐雲
○●●句●○○讀○●○●韻●●●●○○●句●○
騈且駕。思曾侍、龍樓俯覽,笑聲遠、洞天飛斝。向來
○●韻○○●讀○○●●句●○●讀●○○●韻●○
猶幸時如故,群芳未開謝。
○●○○句○○●○●韻

此詞前段第六、七句,後段起結處俱與前首不同。

瀟湘逢故人慢二體

調見《花庵詞選》。

瀟湘逢故人慢

王安禮

雙調一百四字，前後段各十句五平韻。

薰風微動，方榴花弄色，萱草成窩。翠帷敞輕羅。試
○○○●句○○●●句○●○○韻●○●○○韻●
冰簟初展，幾尺湘波。疏檐廣廈，稱瀟湘、一枕南柯。
○●●句●●○○韻○○●●句●○○讀●●○○韻
引多少、夢魂歸緒，洞庭雨棹煙蓑。　　驚回處，閒
●○●讀●○○●句●○●●○○韻　　○○●句○
晝永，更時時、燕雛鶯友相過。正綠影婆娑。況庭有
●●句●○○、●○○●○○韻●●●○○韻●○●
幽花，池有新荷。青梅煮酒，幸隨分、贏取高歌。功名
○○句○●○○韻○○●●句●○●、○●○○韻○○
事、到頭終在，歲華忍負清和。
●讀●○●●句●○●●○○韻

此調祇有王詞及錢詞兩體，故此詞可平可仄即參錢詞句法同者。

又一體

錢應金

雙調一百四字，前段十一句四平韻，後段十句五平韻。

深秋村落，誇青菱香熟，素芋甜和。擘紫蟹，蒸黃雀，
○○○●句○○○●句●●○○韻●●●句○○●句

知己團聚，笑語婆娑。濃煙淡雪，翦湘湖、幾尺漁蓑。
○●○●句●○○韻○○●●句●○●讀●●○○韻
縱消受、白蘋紅蓼，生平未免情多。　　空懷古，時
●○●讀●○○●句○○●●○○韻　　○○●句○
悱惻，十年來、可償文債詩魔。歎世路蹉跎。恐心費
●●句●○○讀●●○●○○韻●●●○○韻●○●
參熊，眉費松螺。風期闊絶，喜今夕、重話雲窩。寒潭
○○句○●○○韻○○●●句●○●讀●○○韻○○
月、皎然見底，問君不醉如何。
●讀●○●●句●○●●○○韻

　　此調前段第四句例作五字句，又押韻，第五句作上一下四
句法。此詞第四句作三字兩句，不押韻，第五句作四字一句，
與調不合。因此調宋詞絶少，採以備體。
　　《詞統》有王秋英仄韻詞，句讀與王詞同。因見明人小
說，恐不足據，故不編入。

惜餘歡一體

　　黃庭堅自度腔，因詞有"少延歡洽"句，取以爲名。

惜餘歡

黃庭堅

　　雙調一百四字，前段十一句四仄韻，後段十一句五仄韻。
四時美景，正年少賞心，頻啓東閣。芳酒載盈車，喜
●○●●句●○●●○句○○●韻○●●○○句●

朋侶簪盍。杯觶交飛，勸酬互獻，正酣飲、醉主公陳
○●○●韻○●○○句●●●句●○●讀●●○○
榻。坐來爭奈，玉山未頹，興尋巫峽。　　歌闌旋燒
●韻●○○○句●●●○句○○●●韻　　○○○●
絳蠟。況漏轉銅壺，煙斷香鴨。猶整醉中花，借纖手
●●韻●●●○○句○●○●韻○●●○○句●○●
重插。相將扶上，金鞍驟裹，碾春焙、願少延歡洽。未
○●韻○○○●句○○●●句●○●讀●●○●韻●
須歸去，重尋艷歌，更留時霎。
○○●句○○●○句●○○●韻

　　　此調袛有此詞，無別首可校。
　　　前段第七句，坊本脱一"互"字，與調不合，今爲增定。

拜星月慢四體

一作《拜新月》，唐教坊曲名，《宋史‧樂志》般涉調。

拜星月慢

周邦彦

雙調一百四字，前段十句四仄韻，後段八句六仄韻。

夜色催更，清塵收露，小曲幽坊月暗。竹檻鐙窗，識
●●○○句○○●●句●●○○●韻●●○○句●
秋孃庭院。笑相遇，似覺、瓊枝玉樹相倚，暖日明霞
○○○●韻●○●句●●讀○○●●○句●●○○

光爛。水眝蘭情，總平生稀見。　畫圖中、舊識春
○●韻　●●　○○句●○○○●韻　　●○○讀●●○
風面。誰知道、自到瑤臺畔。眷戀雨潤雲溫，苦驚風
○●韻　○○●讀●●○○●韻　●●●○○句●○○
吹散。念荒寒、寄宿無人館。重門閉、敗壁秋蟲歎。爭
○韻　●○○讀●●○○●韻○○●讀●●○○●韻○
奈向、一縷相思，隔溪山不斷。
●●讀●●○○句●○○●●韻

　　此調始自此詞，應以此詞爲正體，吳文英詞照此填。若周
詞之句讀小異，陳詞、彭詞之減字，皆變格也。
　　此詞前段第七句八字，上二字例作一讀，第八句六字，與
上六字對偶。如吳文英詞之"暫賞、吟花酌露尊俎，冷玉紅香
罍洗"，最爲合格。
　　此詞前段第五句、結句、後段第四句、結句例作上一下四
句法，如吳文英詞之"老扁舟身世"，"古陶洲十里"，"洗湘娥
春膩"，"泣秋檠燭外"，皆然。
　　按：吳文英詞前段第二句"碧霞籠夜"，"碧"字仄聲。第
九句"眼眩意迷"，"意"字仄聲。譜內據此，其餘平仄悉參周、
陳、彭三詞。
　　吳文英詞前段結句"古陶洲十里"，"十"字入聲。後段第
六句"吹不散、繡屋重門閉"，"不"字入聲。俱以入作平，不注
可仄。

又一體

周　密

雙調一百四字，前段十句四仄韻，後段八句六仄韻。

膩葉陰清,孤花香冷,迤邐芳洲春換。薄酒孤吟,悵
●●○○句○○○●句○○○○●韻●○○句●
相如遊倦。想人在、絮幕香簾凝望,誤認幾許,煙檣
○○●韻●○●讀●○○●○○句●●●●句○○
風幔。芳草天涯,負華堂雙燕。　　記簫聲、淡月梨
○●韻○●○○句●○○●韻　　●○○讀●●○
花院。砑紅箋、漫寫東風怨。一夜落紅啼鴂,喚河橋
○●韻●○○讀●●○○●韻●●●○○●句●○○
吟遍。蕩歸心、又過江南岸。清宵夢、遠逐飛花亂。幾
○●韻●○○讀●●○○●韻○○●讀●●○○●韻●
千萬、絲縷垂楊,繫春愁不斷。
○●讀○●○○句●○○●●韻

此與周邦彥詞同,惟前段第六、七、八句作九字一句、四字
兩句異。

又一體

陳允平

雙調一百二字,前段十句四仄韻,後段八句六仄韻。

漏閣閒籤,琴窗倦譜,露濕宵螢欲暗。雁咽涼聲,寂
●●○○句○○●●句●●○○●韻●●○○句●
寞芙蓉院。畫檐外,樹色驚霜漸改,淡碧雲疏星爛。
●○○●韻●○●句●●○○●●句●●○○○●韻
舊約桐陰,問何時重見。　　倚銀屏、更憶秋孃面。
●●○○句●○○○●韻　　●○○讀●●○○●韻
想凌波、共立河橋畔。重念酒污羅襦,漸金篝香散。
●○○讀●●○○●韻○●●●○○句●○○○●韻

剪孤鐙、伴宿西風館。黄花夢、對發凄凉歎。但悵望、
●○○讀●●○○●韻○○讀●●○○韻●●●讀
一水家山，被紅塵隔斷。
●●○○句●○○●●韻

此和周詞也，惟前段第七句減二字異。

此調前段第五句例作上一下四句法，此詞泛作五言，與調不合，故不校注。

又一體

彭泰翁

雙調一百一字，前段九句四仄韻，後段八句六仄韻。

霧滑觚稜，塵侵團扇，恨滿哀彈倦理。控雨籠雲，共
●●○○句○●○○句●●○○●●韻●●○○句●
閒情孤倚。斂蛾黛、怕似流鶯歷歷，惹得玉銷瓊碎。
○○●韻●○○讀●●○○●●句●●●○○●韻
可惜闌干，但苔花沈穗。　算天音、不入人間耳。
●●○○句●○○●●韻　●○○讀●●○○●韻
何人漫、裹損青衫淚。不是舊譜都忘，厭新腔嬌脆。
○○●讀●●○○●韻●●●○○●句●○○○●韻
多生不得丹青意。重來又、花鎖重門閉。到夜永，笙
○○●●○○●韻○○讀○●○○●韻●●●讀○
鶴歸時，月明天似水。
●○○句●○○●●韻

此與陳詞同，惟後段第五句又減一字異。

諸家前後段結句俱作上一下四句法，此詞後結亦與調不合。

1541

綺寮怨三體

調見《片玉詞》。

綺寮怨

周邦彥

雙調一百四字，前段八句四平韻，後段九句七平韻。

上馬人扶殘醉，曉風吹未醒。映水曲、翠瓦朱檐，垂
●●○○●句●○○●○韻●●●讀●●○○句○
楊裏、乍見津亭。當時曾題敗壁，蛛絲罩、淡墨苔暈
○●讀●●○○韻●○○○●●句○○●讀●●○●
青。念去來、歲月如流，徘徊久，歎息愁思盈。　　去
○韻●●○讀●●○○句○○●讀●●○○韻　　●

去倦尋路程。江陵舊事，何曾再問楊瓊。舊曲淒清。
●●○○韻○○●●句○○●●○○韻●●○○韻
斂愁黛、與誰聽。尊前故人如在，想念我、最關情。何
●○●讀●○○韻○○●○○●句●●●讀●○○韻○
須渭城。歌聲未盡處、先淚零。
○●○韻○○●●●讀○●○韻

此調以此詞爲正體，趙文、王學文詞俱依此填。若陳詞之前結減二字，鞠詞之後結減一字，皆變格也。

按：王詞前段第一句"忽忽東風又老"，"又"字仄聲。第三句"疏簾下、茶鼎孤煙"，"疏"字、"簾"字、"茶"字俱平聲。第四句"斷橋外、梅豆千林"，"斷"字仄聲，"梅"字平聲。趙

詞第五句"當時點雲滴雨","點"字仄聲。王詞"江南庾郎憔悴","憔"字平聲。王詞第六句"睡未醒、病酒愁怎禁","睡"字、"未"字俱仄聲。趙詞第七句"算人間、最苦多情","人"字平聲。第八句"争知道、天上情更深","天"字平聲。王詞後段第一句"千曲囊中古琴","千"字、"囊"字俱平聲。第三句"不堪舊事重尋","不"字仄聲。第四句"當日登臨","當"字平聲。第五句"都化作、夢銷沈","化"字仄聲。第六句"元龍丘墳無恙","丘"字平聲。趙詞第七句"吹紫字、澹成林","吹"字平聲。王詞第九句"問何似啼鳥、枝上音","問"字仄聲,"啼"字平聲。譜内可平可仄據此,餘參所採二詞。

又一體

陳允平

雙調一百二字,前段八句四平韻,後段九句四平韻。

滿架酴醾開盡、杜鵑啼夢醒。記曉月、綠水橋邊,東
●●●●●句●●○韻●●讀●○○句○
風又、折柳旗亭。蒙茸輕煙草色,疏簾净、亂織羅帶
○●讀●●○○韻○○○●●●句○○●讀●●○
青。對一尊別酒,征衫上、點滴香淚盈。　幾度恨
○韻●●○●●句○○●讀●●○○韻　●●●
沈斷雲,飛鸞何處,連環尚結雙瓊。一曲琵琶,溢江
○●●句○○○●句○○●●○韻●●○○句●○
上、慣曾聽。依依翠屏香冷,聽夜雨、動離情。春深小
●讀●○○韻○○●●○●句●●●讀●○○韻○○●
樓,無心對錦瑟、空涕零。
○句○○●●●讀○●○韻

1543

此和周詞也,惟前段第七句減二字,又後段第四句、第八句俱不押韻異。

又一體

鞠華翁

雙調一百三字,前段八句四平韻,後段九句七平韻。

又見花陰如水,兩心猶未平。正坐久、客主成三,空
●●○○●句●○○●韻●●讀●●○○句○
無語、影落楸枰。千年人間事業,垂成處、一著容易
○●讀●●○○韻○○○○●句○○●讀●●●
傾。便解圍、小住何妨,機鋒在、瞬息天又明。　甚
○韻●●○韻●●○○句○○●讀●●○●韻　●
似漢吳對營。紛紛不了,孤光照徹連城。又似殘星。
●●●○韻●●●句●○●●○○韻●●○○韻
向零落、有餘情。嫦娥笑人遲暮,念未力、底須爭。從
●○●讀●○韻●○●○○句●●●讀●○韻○
虧又成。何人正、隔屋睡聲。
○●○韻○○●讀●●●●○韻

此亦與周詞同,惟後段結句減一字異。

花心動九體

金詞注小石調,元詞注雙調。曹勛詞名《好心動》,曹冠詞名《桂飄香》,《鳴鶴餘音》詞名《上昇花》,《高麗史・樂志》名《花心動慢》。

花心動

史達祖

雙調一百四字，前段十句四仄韻，後段八句五仄韻。

風約簾波，錦機寒、難遮海棠煙雨。夜酒未蘇，春枕
⊖●○○句●○○讀○○●○○●韻●●●○句○●

猶敧，曾是誤成歌舞。半裹薇帳雲頭散，奈愁味、不
○○句●●●○○●韻●●○●○○●句●○●讀●

隨香去。儘沈靜，文園更渴，有人知否。　　懶記溫
○○●韻●○●句○○●●句●○○●韻　　●●○

柔舊處。偏只怕、臨風見他桃樹。繡戶鎖塵，錦瑟空
○●●韻○●●讀○○●○○●韻●●●○句●●○

絃，無復畫眉心緒。待拈銀管書春恨，被雙燕、替人
○句○●●○○●韻●○○●○○●句●○●讀●○

言語。望不盡、垂楊幾千萬縷。
○●韻●●●讀○○●○○●韻

　　此調始自周邦彥，但周詞後段多押兩韻，宋人照此填者甚少，故以史詞作譜。若吳詞之多押一韻，趙詞之多押兩韻，或添字，劉詞之句讀小異，謝詞之句讀不同，曹詞、無名氏詞之減字，悉爲類列，以備各體。

　　譜內可平可仄參下周、吳、劉、趙四詞。

　　此詞前段第二句例作仄平平、平平仄平平仄。若趙長卿詞之"暗香飄、撲面無限清楚"，與調不合。又前後段第三、四句俱四字句，第二字例用仄聲，第四字例用平聲。若張元幹詞"簟枕乍閒，襟裾初試"，"舊恨未平，幽歡難駐"，與諸家不同，概不校注平仄。

1545

又按:黃子行詞前段第二句"把謫仙、長笛一聲吹裂"，"謫"字入聲，以入作平。張元幹詞前段第八句"夜未闌"，"未"字仄聲，"闌"字平聲。後段結句"南樓畫角自語"，"角"字仄聲。馬古洲詞前段第二句"被年時、桃花杏花占了"，"占"字仄聲。前後段第七句"試濃抹、當塲索笑"，"又何必、拈枝比較"，"索"字、"比"字仄聲。俱與諸家不同。及譜中劉詞後段第三句"一"字入聲，第八句"不"字入聲，俱以入作平。趙詞前段結句"滿"字仄聲，曹詞後段結句"鳳"字仄聲，俱與調不合，亦不校注平仄。

又一體

周邦彥

雙調一百四字，前段十句四仄韻，後段九句七仄韻。

簾卷青樓，東風滿、楊花亂飄晴晝。蘭袂褪香，羅帳
○●○○句○○●讀○○●●○●韻○●●○句○●
寨紅，繡枕旋移相就。海棠花謝春融暖，偎人恁、嬌
○○句●●●○●韻○○○●○○●句○○●讀○
波頻溜。象牀穩，鴛衾漫展，浪翻紅縐。　一夜情濃
○○●韻●○●句○○●●句●○○●韻　●●○○
似酒。香汗漬、鮫綃幾番微透。鶯困鳳慵，婭姹雙眼，
●●韻○●●讀○○●○○●韻○●●○句●●○●句
畫也畫應難就。問伊可煞於人厚。梅萼露、臙脂檀
●●●○○●韻○○●●○○●韻○●●讀○○○
口。從此後。纖腰爲郎管瘦。
●韻○●●韻○○●○●●韻

此與史詞同，惟後段第六句、第八句俱押韻異。

後段第四句"眼"字仄聲,諸家如此填者甚少,故此詞雖始自周詞,亦不校注平仄。

又一體

吳文英

雙調一百四字,前段十句五仄韻,後段九句五仄韻。

十里東風,裊垂楊、長似舞時腰瘦。翠館朱樓,紫陌
●●○○句●○○讀○●●○○●韻●●○○句●●
青門,處處燕鶯晴畫。乍看搖曳金絲縷。青淺映、鵝
○○句●●●○○●韻●●○○○●韻○●●讀○
黃如酒。嫩陰裏,煙滋露染,翠嬌紅溜。　　此際雕
○○●韻●○●句○○●●句●○○●韻　　●●○
鞍去久。空追念、郵亭短枝盈首。海角天涯,寒食清
○●●韻○○●讀○○●○○●韻●●○○句○●○
明,淚點絮花沾袖。年年折贈行人遠,今年恨、依然
○句●●●○○●韻●○●●○○●句○○●讀○○
纖手。斷腸也,羞眉畫應未就。
○●韻●○●句○○●●●韻

此與史詞同,惟前段第七句押韻異。按:張元幹詞:"斷雲却送輕雷去。疏林外、玉鈎微吐。"正與此同。

又一體

劉燾

雙調一百四字,前段十句四仄韻,後段九句五仄韻。

偏憶江梅,有塵表丰儀,世外標格。低傍小橋,斜出
○●○○句●○●○○句●○●韻○●●○句○●
疏籬,似向隴頭曾識。暗香孤韻冰霜裏,初不怕、春
○○句●●○○○●韻●○○○●句○●●讀○
寒要勒。問桃李賢們,怎生向前争得。　　省共蕭孃
○○●韻●○●○○句●○●○●韻　　●●○○
去摘。玉纖映瓊枝,照人一色。淡粉暈酥,多少工夫,
●●韻●○●○○句●○●●韻●●○○句○●○○句
到得壽陽宮額。再三留待東君管,都拌醉、別花不
●●●○○●韻●○○●○○●句○○●讀●●●
惜。但只恐、高樓又三弄笛。
●韻●●●讀○○●○●●韻

此詞亦史詞體,惟前後段第二句作五字一句、四字一句,前結作五字一句、六字一句異。

又一體

趙長卿

雙調一百四字,前段十句五仄韻,後段九句六仄韻。

風軟寒輕,暗香飄、撲面無限清楚。乍淡乍濃,應想
○●○○句●○○讀●●○●○●韻●●●○句○●
前村,定是早梅初吐。馬兒行過坡兒下,危橋外、竹
○○句●●●○○●韻●○○●○○●句○○●讀●
梢疏處。半斜露。花花蕊蕊,燦然滿樹。　　一晌看
○○●韻●○●韻○○●●句●○●●韻　　●●○
花凝竚。因念我、西園玉英真素。最是繫心,婉娩精
○○●韻●●●讀○○●○○●韻●●●○句●●○

神,伴得水雲仙侶。斷腸没奈人千里,無計向、釵頭
○句●●○○●韻●○○●○○●句○●●讀○○
頻覷。淚如雨。那堪又還日暮。
○●韻●○●韻●○●○●●韻

　　此亦史詞體,惟前後段第九句俱押韻異。按:《鶴鳴餘音》吳真人詞:"静無觸。氣財色酒,一齊須逐。""異香簇。祥光燦爛,結成仙曲。"正與此同。

又一體

　　　　　　　　　　　　謝　逸

　　雙調一百四字,前段十句四仄韻,後段十一句五仄韻。

風裏楊花輕薄性,銀燭高燒心熱。香餌懸鈎,魚不輕
○●○○○●●句○●○○○●韻○●○○句○●○
吞,辜負釣兒虛設。桑蠶到老絲長絆,鍼刺眼、淚流
○句●●●○○●韻●○●●○○●句○●●讀●○
成血。思量起,拈枝花朵,果兒難結。　　海樣情深
○●韻○○●句○○○●句●○○●韻　　●●○○
忍撇。似夢裏相逢,不勝歡悦。出水雙蓮,摘取一枝,
●韻●●●○○句●●○●韻●●○○句●●●○句
可惜並頭分折。猛期月滿會姮娥,誰知是,初生新
●●●○○●韻●○●●●○○句○○●句○○○
月。折翼鳥,甚日于飛時節。
●韻●●●句●●○○○●韻

　　此詞前段第一、二句作七字一句,與諸家不同。因宋人傳誦已久,謂其得風人比興遺意,採以備體。

又一體

曹勛

雙調一百字，前段十句四仄韻，後段十句五仄韻。

椒柏稱觴，撫寰瀛良辰，正臨端月。瑞應屢臻，宮籥
●●○○句●○○○○句●○○●韻●●●○句○●
多祥，氣候暖回微冽。聖母七句壽，複無前、天心昭
○○句●●●○○●韻●●●●句●○○讀○○○
格。溥慶處、坤珍效祉，晏開清切。　金殿簫韶備
●韻●●●讀○○●●句●○○●韻　●●●○●
設。鏘鈞奏留雲，舞容回雪。赭袍繡擁，褘翟同城，遞
●韻○○●○○句●○○●韻●●●●句●○○句●
捧玉杯歡悅。願將億萬喜，祝億萬、從茲無缺。太平
●●○○●韻●○●●●句●●●讀○○○●韻●○
主，永隆聖孝鳳闕。
●句●○●●●韻

此亦史詞體，惟前後段第七句各減二字，俱作五字句異。

按：曹詞別首"瑞非蘭麝比，最是關情處"，正與此同。

此詞平仄亦與諸家小異。

又一體

趙長卿

雙調一百五字，前段十一句四仄韻，後段九句六仄韻。

綠水平湖，浸芙蕖爛錦，艷勝傾國。半斂半開，斜立
●●○○句●○○●●句●○○●韻●●●○句○●

斜攲，好是困嬌無力。水仙應赴瑤池宴，醉歸去、美
〇〇句●●〇〇●韻●〇〇●〇〇●句●〇●讀●
人扶策。駐香駕，擁波心，媚容靚妝顔色。　　曾見
〇〇●韻●〇●句●〇〇句●〇●●〇●韻　　〇●
苕川澄碧。勻粉面、溪頭舊時相識。翠被繡裀，彩扇
〇〇〇●韻〇●讀〇〇●〇〇●韻●●●〇句●●
香篝，度歲杳無消息。露痕滴盡風前淚，追往恨、悠
〇〇句●●●〇〇●韻●〇●●〇〇●句〇●●讀〇
悠踪跡。動怨憶。多情自家賦得。
〇〇●韻●●●韻〇〇●●●韻

此詞前結添一字與諸家異，後結多押一韻與周詞同。

又一體

《花草粹編》無名氏

雙調一百一字，前段九句四仄韻，後段十句五仄韻。

忽覷菱花，這一程、減却風流顔色。鄰姬戲問，愧我
●●〇〇句●●〇讀●●〇〇●韻〇〇●●句●●
爲羞，無語低頭寥寂。珠淚紛紛和粉垂，襟袂舊痕乾
〇〇句〇●〇〇●韻〇●〇〇●●〇句〇●●●〇
又濕。但感起愁懷，堆堆積積。　　杜宇催春急。煙
●●韻●●●〇〇句〇〇●●韻　　●●〇〇●韻〇
籠花柳，粉蝶難尋覓。紫燕喃喃，黃鶯恰恰，對景脂
〇〇●句●●〇〇●韻●●〇〇句〇〇●●句●●〇
消香浥。篆煙將盡愁未休，乍得御溝玻璃碧。教紅葉
〇〇●韻●〇〇●〇●●句●●●〇〇〇●韻〇〇●

往來，傳個消息。
●○句○●○●韻

此亦史詞體，惟前結減二字，換頭句減一字異。
此詞前後段第七、八句句讀與諸家不同，平仄亦異。

向湖邊一體

江緯自製曲，因詞有"向湖邊柳外"之句，取以爲名。

向湖邊

江　緯

雙調一百四字，前段十句四仄韻，後段十句六仄韻。

退處鄉關，幽棲林藪，舍宇第須茅蓋。翠巘清泉，啟
●●○○句　○○○●句　●●●○○●韻●●○○句　●
軒窗遥對。遇等閒、鄰里過從，親朋臨顧，草草便成
○○●韻　●●○讀●●●○句　○○○●句　●●●○
歡會。策杖携壺，向湖邊柳外。　　旋買溪魚，便斫
○●韻　●●○○句　●○○●●韻　　●●○○句　●●
銀絲鱠。誰復欲痛飲，如長鯨吞海。共惜醺酣，恐歡
○○●韻　○●●●●句　○○○○●韻　●●○○句　●○
娛難再。矧清風明月非錢買。休追念、金馬玉堂心膽
○○●韻　●○○○●○○●韻　○●讀　●●●○○●
碎。且鬭尊前，有阿誰身在。
●韻　●●○○句　●●○○●韻

此詞前段第五句、結句、後段第四句、第六句、結句，作上

一下四句法,填者辨之。

此調衹有江緯自製詞及張抎和詞一首,故此詞可平可仄悉參張詞。

按:張詞前段第二句"百花風榭","百"字仄聲。第三句"遊女翩翩羽蓋","遊"字、上"翩"字俱平聲,"羽"字仄聲。第六句"矧門外、森立喬松","門"字平聲,"外"字仄聲。第七、八句"日光爭麗,猶若當年文會","日"字仄聲,"猶"字、"當"字俱平聲。第九、十句"廊廟夔龍,暫卜鄰郊外","廊"字平聲,"卜"字仄聲,"郊"字平聲。後段第一句"共講真率","率"字仄聲。第三句"同蕭散寄傲","蕭"字平聲。第四句"尊罍傾北海","北"字仄聲。第五句"佳處難忘","佳"字平聲。第七、八句"況風月不用一錢買。但回首、七虎堂中心欲碎","月"字、"不"字、"一"字、"但"字、"七"字俱仄聲,"堂"字平聲。第九句及結句"千里相思,幸前盟猶在","千"字、"前"字俱平聲。譜內可平可仄據此。

陽春二體

一名《陽春曲》。

陽春

楊无咎

雙調一百四字,前段九句五仄韻,後段八句五仄韻。

蕙風輕,鶯語巧,應喜乍離幽谷。飛過北窗前,迎清
●○○句○●●句○●●○○●韻○●●○○句○○

1553

曉、麗日明透翠幃縠。篆臺芬馥。初睡起、橫斜簪玉。
●讀●●○○●韻○○●韻○●●讀●○○●韻
因甚自覺腰肢瘦，新來又寬裙幅。　　對青鏡無心、
○●●●○○句○○●○●韻　　●●●○○讀
忺梳裹，誰問著、餘酲帶宿。尋思前歡往事，似驚回、
○○●句○○●讀○○●韻○○○●●句●○○讀
好夢難續。花亭遍倚檻曲。厭滿眼、爭春凡木。儘憔
●●○韻○○●●●●韻●●●讀○○○●韻●○
悴、過了清明候，愁紅慘綠。
●讀●●○○●句○○●●韻

此調宋人填者甚少，其可平可仄，惟史達祖一詞可校。

又一體

史達祖

雙調一百四字，前段九句五仄韻，後段八句五仄韻。

杏花煙，梨花月，誰與暈開春色。坊巷曉愔愔，東風
●○○句○○●句○○●●○●韻○●●○○句○○
斷、舊火銷處近寒食。少年踪跡。愁暗隔、水南山北。
●讀●●●●●○●韻●○○●韻○●讀●○○●韻
還是寶絡雕鞍，被鶯聲、喚來香陌。　　記飛蓋西
○●●●○○句●○○讀●○○●韻　　●○●○
園、寒猶凝，驚醉耳、誰家夜笛。鐙前重簾不挂，殢華
○讀○○●句○●●讀○○●●韻○○○○●●句●○
裾、粉淚曾拭。如今故里信息。賴海燕、年時相識。奈
○讀●○○●韻○○●●○●韻●●讀○○○●韻●

芳草、正鎖江南夢，春衫怨碧。
〇●讀●●〇〇●句〇〇●●韻

此與楊詞同，惟前段第八句六字，第九句七字異。

送入我門來一體

調見《草堂詩餘》。宋胡浩然除夕詞有"東風盡力，一齊吹送，入此門來"之句，取以爲名。

送入我門來

胡浩然

雙調一百四字，前後段各十句四平韻。

荼蘽安扉，靈馗挂户，神儺裂竹轟雷。動念流光，四
〇〇〇句〇〇〇句〇〇●●〇〇韻●●〇〇句●
序式週回。須知今歲今宵盡，似頓覺明年明日催。向
●●〇韻〇〇●●〇〇●句●●●〇〇●●〇韻●
今夕，是處迎春送臘，羅綺筵開。　　今古偏同此
〇●句●●〇〇●●句〇●〇〇韻　　〇●〇〇●
夜，賢愚共添一歲，貴賤仍偕。互祝遐齡，山海固難
●句〇〇●〇●●句●●〇〇韻●●〇〇句〇●●〇
摧。石崇富貴籛鏗壽，更潘岳儀容子建才。仗東風盡
〇韻●〇〇●〇〇●句●〇●〇〇●●〇韻●〇〇●
力，一齊吹送，入此門來。
●句●〇〇●句●●〇〇韻

此體創自胡浩然，明人有減字者，恐不中律呂，故不編入。

遶池游慢一體

調見《澗泉詞》，韓淲西湖看荷作。

遶池游慢

韓　淲

雙調一百四字，前後段各十句四平韻。

荷花好處，是紅酣落照，翠靄餘涼。繞郭從前無此
○○●●句●○○●●句●●○○韻●●○○●
樂，空浮動、山影林篁。幾度薰風晚，留望眼、立盡濠
●句○○●讀○●○○韻●●○○●句○●讀●●○
梁。誰知好事，初移畫舫，特地相將。　　驚起雙飛
○韻○○●●句○○●●句●●○○韻　　●●○○
屬玉，縈小楫衝岸，猶帶生香。莫問西湖西畔路，但
●●句○●●○●句○●○○韻●●○○○●●句●
九里、松下侯王。且舉觴寄興，看閒人、來伴吟章。寸
●●讀○●○○韻●●○○●句○○讀○●○○韻●
折柄枝，蓬分蓮實，徒繫柔腸。
●●○句○○●句○●○○韻

此韓淲自度腔，無他首宋詞可校。

索酒一體

調見《松隱集》，自注四時景物須酒之意。

索酒

曹勛

雙調一百四字，前段十句四仄韻，後段九句四仄韻。

乍喜惠風初到，上林紅翠，競開時候。四吹花香撲
●●●○○●句●○○●句●○○●韻●○○●
鼻，露裁煙染，天地如繡。漸覺南薰，總冰綃紗扇避
●句●○○●句○○○●韻●●○○句●○○●●
煩晝。共遊涼亭銷暑，細酌輕謳須酒。　　江楓裝錦
○●韻●○○○●句●●○○○●韻　　○○○●
雁橫秋，正皓月瑩空，翠闌侵鬪。況素商霜曉，對徑
●○○句●●●○○句●○○●韻●●○○●句●○
菊、金玉芙蓉爭秀。萬里同雲，散飛霙、鑪中焰紅獸。
●讀○●○○○●韻●●○○句●○○讀○○●●韻
更須點水傍邊，最宜著酉。
●○●●○○句●○●●韻

此曹勛自製曲，其平仄宜從之。

瑞雲濃慢一體

按：楊无咎《逃禪集》有七十五字《瑞雲濃》，與此不同。

瑞雲濃慢

陳　亮

雙調一百四字，前段十句四仄韻，後段十句五仄韻。

蔗漿酪粉，玉壺冰醑，朝罷更聞宣賜。去天咫尺，下
●○●●句●○○●句○●●○○●韻●○●●句●
拜再三，幸今有母可遺。年年此日，共道是、月入懷
●●○句●○●●●●韻○○●●句●○●讀●○○
中最貴。向暑天、正風雲會遇，有甚嘉瑞。　　鶴冲
○●●韻●●○讀●○○●●句●●○●韻　　●○
霄，魚得水。一超便、直入神仙地。植根江表，開拓兩
○句○●●韻●○○讀●●○○●韻○○○●句○●●
河，做得黑頭公未。騎鯨赤手，問何如、長鞭尺箠。算
○句●●●○○●韻○○●●句●○○讀○○●●韻●
向來、數王謝風流，只今管是。
●○讀●○●○○句●○●●韻

坊本此詞後段脫"算"字、"數"字，今從《龍川集》校正，平仄無他首可校。

霜花腴一體

吳文英自度腔，因詞有"霜飽花腴"句，取以爲名。

霜花腴

吳文英

雙調一百四字，前後段各十句五平韻。

翠微路窄，醉晚風，憑誰爲整欹冠。霜飽花腴，燭銷
●○●●句●○○句○○●●○○韻○●○○句●○
人瘦，秋風做也都難。病懷強寬。恨雁聲、偏落歌前。
○●句○○●●○○韻●○○韻●●讀○●○○韻
記年時、舊宿淒涼，暮煙秋雨野橋寒。　　妝靨鬢英
●○○讀●●○○句●○●●●○○韻　　○●●○
爭艷，度清商一曲，暗墜金蟬。芳節多陰，蘭情稀會，
○●句●○○●●句●●○○韻○●○○句○○○●句
晴暉稱拂吟箋。更移畫船。引佩環、邀下嬋娟。算明
○○●●○○韻●○●●韻●●○讀○●○○韻●○
朝、未了重陽，紫英應耐看。
○讀●●○○句●○○●○韻

此調衹有此詞，無別首可校，其平仄當遵之。

綺羅香三體

調始《梅溪詞》。

綺羅香

史達祖

雙調一百四字，前後段各九句四仄韻。

做冷欺花，將煙困柳，千里偸催春暮。盡日冥迷，愁
○●○○句○○●●句●○○○●韻●●○○句
裏欲飛還住。驚粉重、蝶宿西園，喜泥潤、燕歸南浦。
●●○○●韻○●●讀●●○○句●○●讀●○○●韻
最妨他、佳約風流，鈿車不到杜陵路。　　沈沈江上
●○○讀○●○○句○○●●●○●韻　　○○○●
望極，還被春潮晚急，難尋官渡。隱約遙峰，和淚謝
●●句○●○○●●句○○○●韻●●○○句○●●
孃眉嫵。臨斷岸、新綠生時，是落紅、帶愁流處。記當
○○●韻○●●讀○●○○句●●○讀●○○●韻●○
日、門掩梨花，剪鐙深夜語。
●讀○●○○句●○○●●韻

此調以此詞爲正體，陳允平、王沂孫、張槃、張翥諸詞俱如此填。若張炎詞之多押一韻，或減一字，皆變格也。

按：陳詞前段結句"斷無新句到重九"，"新"字平聲。王詞後段第一句"佳期渾似流水"，"流"字平聲。張槃詞第二句"還被東風無賴"，"無"字平聲。王詞第三句"舞衣吹斷"，

"舞"字仄聲。第七句"怕猶有、寄情芳草","猶"字平聲。陳詞第八句"記畫簾、鐙影沈沈","畫"字仄聲。譜內可平可仄據此,餘參張詞。

張炎"萬里飛霜"詞前段第三句"不"字入聲,此以入作平,故不注可仄。

又一體

張　炎

雙調一百四字,前段九句四仄韻,後段九句五仄韻。

萬里飛霜,千山落木,寒艷不招春妒。楓冷吳江,獨
●●○○句○○●●句○●●○○●韻○●○○句●
客又吟愁句。正船樣、流水孤村,似花繞、斜陽歸路。
●●○○●韻●○○讀○●○○句●○○讀○○○●韻
甚荒溝、一片淒涼,載情不去載愁去。　　長安誰問
●○○讀●●○○句●○●●●○●韻　　○○○●
倦旅。羞見衰顏借酒,飄零如許。漫倚新妝,不入洛
●●韻○●○○●●句○○○●韻●●○○句●●●
陽花譜。爲迴風、起舞尊前,盡化作、斷霞千縷。記陰
○○●韻●○○讀●●○○句●●●讀○○○●韻●○
陰、綠遍江南,夜窗聽暗雨。
○讀●●○○句●○○●●韻

此與史詞同,惟換頭句押韻異。

又一體

張　炎

雙調一百三字，前段九句四仄韻，後段九句五仄韻。

候館深鐙，遼天斷羽，近日音書疑絕。轉眼傷心，慵
●●○○句○○●●句●●○○●韻●●○○句○
看剩歌殘闋。纔忘了、還著思量，待去也、怎禁離別。
●●○○●韻○○讀○●○○句●●讀○○●韻
恨只恨、桃葉空江，殷勤不似謝紅葉。　　良宵誰見
●●讀○●○○句○○●●●○●韻　○○○●
哽咽。對熏鑪象尺，閒伴凄切。獨立西風，猶憶舊家
●●韻●○○●●句○○●韻●●○○句○○●○
時節。隨款步、花密藏春，聽怯語、柳疏嫌月。今休
○●韻○●●讀○●○○句○●●讀●○○●韻○○
問、燕約鶯期，夢遊空趁蝶。
●讀●●○○句●○○●●韻

此與"飛霜萬里"詞同，惟後段第二句減一字異。

玉連環一體

調見《雲月詞》，與《一落索》別名《玉連環》不同。

玉連環

馮艾子

雙調一百四字,前段十一句四仄韻,後段十句四仄韻。

謫仙往矣,問當年、飲中儔侶,於今誰在。歎沈香醉
●○●●句　○○讀　○○●●句　○○○●韻●○○●
夢,邊塵日月,流浪錦袍宮帶。高吟三峽動,舞劍九
句　○○●●句　○●●○●韻　○○○●●句●●●
州隘。玉皇歸覲,半空遺下,詩囊酒佩。　　雲月仰
○●韻●○○●句●○○●句○○●●韻　　　○●●
挹清芬,攬虯鬚、尚友風流千載。算晉宋頹波,羲皇
●○○句　●○○讀　●●○○●韻●●●○○句○○
淳俗,都付尊酒一慨。待相將共躡,向龍肩鯨背。蒼
○●句●●○●●韻●○○●●句●○○○●韻○
茫極目,海山何處,五雲靉靆。
○●●句●○○●句●○●●韻

此馮艾子自度腔,無別首可校,平仄宜從之。

春從天上來四體

調見《中州樂府》,吳激詞。

春從天上來

吳激

雙調一百四字,前段十一句六平韻,後段十一句五平韻。

海角飄零。歎漢苑秦宮,墜露飛螢。夢裏天上,金屋
●●○韻●●●○○句●●○○韻●●○●句●
銀屏。歌吹競舉青冥。問當時遺譜,有絕藝、鼓瑟湘
○○韻●●●●○○韻●○○●句●●●讀●●○
靈。促哀彈,似林鶯嚦嚦,山溜泠泠。　　梨園太平
○韻●○○句●○○●●句○●○○韻　○○●○
樂府,醉幾度春風,鬢變星星。舞徹中原,塵飛滄海,
●●句●●●○○句●●○○韻●●○○句○○●●句
風雪萬里龍庭。寫秋笳幽怨,人憔悴、不似丹青。酒
○●●●○○韻●○○○●句○○●讀●●○○韻●
微醒。對一軒涼月,鐙火青熒。
○○韻●●○○●句○●○○韻

此調以此詞爲正體,若張翥詞之多押一韻,張炎詞之添字,周伯陽詞之減字,皆變格也。

按:王惲詞前段第一句"羅綺深宮","羅"字平聲。第三句"當日昭容","當"字平聲。後段第一句"回頭五雲深處","深"字平聲。第八句"和淚點、彈與孤鴻","淚"字仄聲。譜內可平可仄據此,餘參張翥、周伯陽二詞。

王惲詞前段第七句"正臺門事捷","事"字仄聲。後段第六句"十年一夢無蹤","年"字平聲。第七句"寫杜孃哀怨","杜"字仄聲。俱與諸家不同,譜內不校注平仄。

又一體

張　翥

雙調一百四字，前段十一句七平韻，後段十一句五平韻。

裊裊秋風。聽響徹雲間，彩鳳啼雄。嬴女飛下，玉佩
●●○韻●●●○○句●●○○韻○●○●句●●
玲瓏。腸斷十二臺空。渺霜天如海，寫不盡、客裏情
○○韻●●●●○○韻●○○●句●●●讀●●○
濃。燭銷紅。更鏘金振羽，變徵移宮。　　揚州舊時
○韻●○韻●○○●●句●●○○韻　　○○●○
月色，歎水調如今，誰唱誰工。露葉殘蛾，蟾花遺粉，
●●句●●●○○句○●○○韻●●○○句○○○●句
寂寞瓊樹香中。問坡仙何處，滄江上、鶴夢無蹤。思
●●○●○○韻●○○○●句○○●讀●●○○韻●
難窮。把一襟幽怨，吹與魚龍。
○○韻●●●○●句○●○○韻

此與吳詞同，惟前段第九句押韻異。

又一體

張　炎

雙調一百六字，前段十一句六平韻，後段十二句六平韻。

海上回槎。認舊時鷗鷺，猶戀蒹葭。影散香消，水流
●●○韻●●○○●句○●○○韻●●○○句●○
雲在，疏樹十里寒沙。難問錢塘蘇小，都不見、擘竹
○●句○●●●○○韻○●○○○●句○●●讀●●

分茶。更堪嗟。向荻花江上，誰弄琵琶。　煙霞。自
〇〇韻●〇〇韻●●〇〇●句〇●〇〇韻　　〇〇韻●
延晚照，盡換了西林，窈窕紋紗。蝴蝶飛來，不知是
〇●●句●●●〇〇句●●〇〇韻〇〇〇〇句●●●
夢，猶疑春在鄰家，一掬幽懷難寫，春何處、春已天
●句〇〇〇●〇〇韻●●〇〇●句〇〇●讀〇●〇
涯。減繁華。是山中杜宇，不是楊花。
〇韻●〇〇韻●〇〇●●句●●〇〇韻

　　此亦與吳詞同，惟前後段第五句俱不押韻，又第七句俱添
一字作六字句，換頭句藏一短韻異。
　　此詞平仄與諸家不同，不參校入譜。

又一體

周伯陽

　　雙調一百二字，前段十一句六平韻，後段十一句四平韻。

浩蕩青冥。正涼露如洗，萬里虛明。鼓角悲健，秋入
●●〇〇韻●〇〇●●句●●〇〇韻●●〇●句〇●
重城。髣髴石上三生。指蓬萊雲路，渺何許、月冷風
〇〇韻●●●●〇〇韻●〇〇〇●句●〇●讀●●〇
清。倚南樓，一聲長笛，幾點殘星。　西風舊年有
〇韻●〇〇句●〇〇●句●●〇〇韻　　〇〇●〇●
約，聽候蛩語夜，客裏心驚。紅樹山深，翠苔門掩，想
●句〇●〇●●句●●〇〇韻〇●〇〇句●〇〇●句●
見露草疏螢。便乘風歸去，闌干外、河漢西傾。笑淹
●●●〇〇韻●〇〇〇●句〇〇●讀〇●〇〇韻●〇

留，劃然孤嘯，雲白天青。
〇句●〇〇●句〇●〇〇韻

　　此與吳詞同，惟前後段第九句俱不押韻，第十句俱減一字作四字句異。

　　前後段第二句與調不合，不便參校。

西湖月二體

　　調見鳳林書院元詞，黃子行自度商調曲。

西湖月

黃子行

　　雙調一百四字，前後段各十句四仄韻。

初弦月挂林梢，又一度西園，探梅消息。粉墻朱戶，
〇〇●〇〇句●〇〇句●〇〇●韻●〇◐●句
苔枝露蕊，淡勻輕飾。玉兒應有恨，爲悵望、東昏相
〇〇●●句●〇〇●韻◐〇〇●●句●●●讀〇〇
記憶。便解佩、飛入雲階，長伴此花傾國。　還嗟
●●韻●●●讀〇〇〇句●◐●〇〇●韻　◐〇
瘦損幽人，記立馬攀條，倚闌橫笛。少年風味，拈花
●●〇〇句●〇〇〇句●〇●韻●〇〇●句〇〇
弄蕊，愛香憐色。揚州何遜在，試點染、吟箋留醉墨。
●句●〇〇●韻〇〇〇●句●●●讀〇〇〇●●韻
漫贏得、疏影寒窗，夜深孤寂。
●〇●讀〇●〇〇句●◐〇●韻

此調衹有黃詞二首,故此詞可平可仄悉參"湖光冷浸"詞。

又一體

黃子行

雙調一百三字,前後段各十句四仄韻。

湖光冷浸玻璃,蕩一昫薰風,小舟如葉。藕花十丈,
○○●●○○句●●○○句●○○●韻●○●●句
雲梳霧洗,翠嬌紅怯。壺觴圍坐處,正酒酴吹波、潮
○○●●句●○○●韻●●○○●句●●○○讀○
暈頰。尚記得、玉臂生凉,不放汗香輕浹。　殢人
●●韻●●●讀●●○○句●●●○○●韻　●○
小摘墻榴,爲碎掐猩紅,細認裙褶。舊遊如夢,新愁
●●○○句●●●○○句●●○●韻●●○●句○○
似織,淚珠盈睫。秋孃風味在,怎得對、銀釭生笑靨。
●●句●○○●韻○○○●●句●●●讀○○○●●韻
消瘦沈約詩腰,髣髴堪捻。
○●●○○句●●○●韻

此與"初弦月挂"詞同,惟後段第九句減一字異。

愛月夜眠遲慢一體

調見《高麗史・樂志》,宋詞也,即賦本意。

愛月夜眠遲慢

《高麗史・樂志》無名氏

雙調一百四字,前後段各十句四平韻。

禁鼓初敲,覺六街夜悄,車馬人稀。幕天澄淡,雲收
●●○○句●●●●句○●○○韻●○○●句○○
霧卷,亭亭皎月如珪。冰輪碾出遙空,照臨千里無
●●句○○●●○○韻○●●●○○句●●○●○
私。最堪憐、有清風,送得丹桂香微。　　惟願素魄
○韻●○○讀●○○句●●○●○○韻　　○●●
長圓,把流霞對飲,滿泛觥舡。醉憑闌處,賞翫不忍,
○○句●○○●●句●●○○韻●○○●句●●●●句
辜負好景良時。清歌妙舞連宵,踟躕懶入羅幃。任佳
○●●●○○韻○○●●○○句○○●●○○韻●○
人、儘嗔我,愛月每夜眠遲。
○讀●○●句●●●○○韻

此調祇有此詞,無別首可校。

合歡帶二體

《樂章集》注林鍾商。

合歡帶

柳永

雙調一百五字，前段九句五平韻，後段十句四平韻。

身材兒、早是妖嬈。算風措、實難描。一箇肌膚渾似
○○○讀●●○○韻●○●讀●○○韻●●○○●
玉，更都來、占了千嬌。妍歌艷舞，鶯慚巧舌，柳妒纖
●句●○○讀●●○○韻○○●●句○●●●句●○
腰。自相逢、便覺韓娥價減，飛燕聲銷。桃花零
○韻●○○讀●●○○●●句○●○○韻　○○○
落，溪水潺湲，重尋仙境非遙。莫道千金酬一笑，便
●句○●●○句○○○●○○韻●●○○○●●句●
明珠、萬斛須邀。檀郎幸有，凌雲詞賦，擲果風標。況
○○讀●●○○韻○○●●句○○○●句●●○○韻●
當年、便好相攜，鳳樓深處吹簫。
○○讀●●○○句●○○●○○韻

此調祇有柳詞及杜詞兩體，其平仄亦不甚異同。

又一體

杜安世

雙調一百五字，前後段各九句五平韻。

樓臺高下玲瓏。鬭芳樹、綠陰濃。芍藥孤棲香艷晚，
○○○●○○韻●○●讀●○○韻●●○○○●●句
見櫻桃、萬顆初紅。巢喧乳燕，珠簾縷曳，滿戶香風。
●○○讀●●○○韻○○●●句○○●●句●●○○韻

罩紗幃、象牀屏枕,晝眠才是朦朧。起來無語更
●○○讀●○○●句●○○●○○韻　●○○●●
兼慵。念分明、往事成空。被你厭厭牽繫我,怪纖腰、
○○韻●○○讀●●○○韻●●○○●●句●○○讀
繡帶寬鬆。春來早是,分飛兩處,長恨西東。到如今、
●●○○韻●●●●句○○●●句○○○○韻●○○讀
扇移明月,簟鋪寒浪與誰同。
●○○●句●○○●●○○韻

此詞與柳詞校,前段起句減一字作六字句,結作七字一句、六字一句,後段第一、二句減一字作七字一句押韻,第三句添一字作七字句,結添一字作七字句異。

曲玉管一體

唐教坊曲名,《樂章集》注大石調。

曲玉管

柳　永

雙調一百五字,前段十二句兩叶韻、四平韻,後段十句三平韻。

隴首雲飛,江邊日晚,煙波滿目憑闌久。一望關河蕭
●●○○句○○●●句○○●●○○●叶●●○○○
索,千里清秋。忍凝眸。杳杳神京,盈盈仙子,別來錦
●句○●○○韻●○○韻●●○○句○○○●句●○●

1571

字終難偶。斷雁無憑，冉冉飛下汀洲。思悠悠。
●○○●叶●●○○句●●●●○○韻●○○韻
暗想當初，有多少、幽歡佳會，豈知聚散難期，翻成
●●○○句●○●讀○○○●句●●○○句○○
雨恨雲愁。阻追遊。悔登山臨水，惹起平生心事，一
●●○○韻●○○韻●○○●句●●○○●句●
場銷黯，永日無言，却下層樓。
○○●句●●○○句●●○○韻

　　此詞前段截然兩對，即《瑞龍吟》調所謂雙拽頭也。間叶兩仄韻，亦是本部三聲叶，無別首宋詞可校。

早梅芳慢一體

調見柳永詞，與《早梅芳近》不同。

早梅芳慢

柳　永

　　雙調一百五字，前段十二句四仄韻，後段十二句三仄韻。
海霞紅，山煙翠。故都風景繁華地。譙門畫戟，下臨
●○○句○○●韻●○○●○○●韻○○●●句●○
萬井，金碧樓臺相倚。芰荷浦漵，楊柳汀洲，映虹橋
●●句○●○○○●韻●○●●句○●○○句●○○
倒影，蘭舟飛棹，遊人聚散，一片湖光裏。　漢元
●●句○○○●句○○●●句●●○○●韻　●○

侯，自從破敵征蠻，峻陟樞庭貴。籌帷厭久，盛年晝
○句●○●●○○句●●○○●韻○○●●句●○●
錦，歸來吾鄉我里。黔齋少訟，宴館多歡，未周星，便
●句○○○●●韻○○●●句●●○○句●○○句●
恐皇家，圖任勳賢，又作登庸計。
●○○句○●○○句●●○○●韻

　　　此見《花草粹編》選本，《樂章集》不載，無別首宋詞可校。

尉遲杯七體

　　　此調有平韻、仄韻兩體：仄韻者見柳永《樂章集》，注夾鍾
商；平韻者見晁補之《琴趣外篇》。

尉遲杯

柳　永

　　　雙調一百五字，前段八句六仄韻，後段九句六仄韻。

寵嘉麗。算九衢紅粉皆難比。天然嫩臉修蛾，不假施
●◐●韻●●○○●●◐韻○○●●○○句●●○
朱描翠。盈盈秋水、恣雅態、欲語先嬌媚。每相逢、月
○○●韻○○○●讀●●●讀●●○○●韻●○○讀●
夕花朝，自有憐才深意。　　綢繆鳳枕鴛被。深深
●○○句●●○○○●韻　　○○●●○●韻○○
處、瓊枝玉樹相倚。困極歡餘，芙蓉帳暖，別是惱人
●讀○○●●○●韻●●○○句○○●●句●●●○

情味。風流事、難逢雙美。況已斷、香雲爲盟誓。且相
⊖●韻○○●讀○○●●韻●●●讀○●●●韻●○
將、盡意平生，未肯輕分連理。
○讀●●○○句●●●○●韻

　　此調押仄韻者以此詞及無名氏詞、周詞爲正體，若賀詞之
多作折腰句法，万俟詞之添字，皆變格也。
　　此詞可平可仄悉參譜內所採仄韻諸詞。

又一體

《梅苑》無名氏

　　雙調一百五字，前段八句六仄韻，後段九句五仄韻。
歲雲暮。歎光陰冉冉能幾許。江梅尚怯餘寒，長安信
●○韻●○●●●●韻○○●●○○句○●
音猶阻。東風無據。憑闌久、欲去還凝竚。憶溪邊、月
○○●韻○○●韻○○●讀●●○○●韻●○○讀●
夜徘徊，暗香疏影庭户。　　朝來凍解霜消，南枝
●○○句●○○●○●韻　　○○●●○○句○○
上、香英數點微露。把酒看花，無言有淚，還是那時
●讀○○●●○●韻●●○○句○○●●句○●●○
情緒。花依舊、晨妝何處。漫贏得、花前愁千縷。儘高
○●韻○○●讀○○○●韻●○●讀○○○○●韻●○
樓、畫角頻吹，任教紛紛飛素。
○讀●●○○句●○○○●韻

　　此與柳詞同，惟換頭句不押韻異。按：尹公遠"冰絃語"
詞"何事夢斷湖山，尚九里松聲，八月潮怒"，正與此同。

又一體

賀鑄

雙調一百五字,前段十句六仄韻,後段十句八仄韻。

勝遊地。信東吳絶景饒佳麗。平湖底,見層嵐,涼月
●○●韻●○○●●○○●韻○○●句●○○句○●
下,聞清吹。人如穠李。泛衿袂、香潤蘋風起。喜凌
●句○○●韻○○●韻●○●讀○●○○●韻●○
波、素襪逢迎,領略當歌深意。　鄂君被。雙鴛綺。
○讀●●○○句●●○○●韻　●○●韻○○韻
垂楊蔭、夷猶畫舫相欹。寶瑟絃調,明珠佩委。回首
○○●讀○○●●○韻●●○○句○○●韻○●
碧雲千里。歸鴻後、芳音誰寄。念懷繫、青鬢今無幾。
●○○●韻○○●讀○○○●韻●○●讀○●○○●韻
枉分將、鏡裏華年,付與樓前流水。
●○○讀●●○○句●●○○●韻

此與柳詞同,惟前段第三、四句及換頭攤破句法,俱作三字兩句,換頭句多一押韻異。

又一體

周邦彥

雙調一百五字,前段八句五仄韻,後段八句四仄韻。

隋堤路。漸日晚、密靄生深樹。陰陰淡月籠沙,還宿
○○●韻●●●讀●●○○●韻○○●●○○句○●

河橋深處。無情畫舸，都不管、煙波隔前浦。等行人、
○○○●韻○○●●句○●●讀○○●○●韻●○○讀
醉擁重衾，載將離恨歸去。　　因思舊客京華，長偎
●●○○句●●○○●韻　　　○○●●○○句○○
傍、疏林小檻歡聚。冶葉倡條俱相識，仍慣見、珠歌
●讀○○●○●韻●●○○●●●句○●●讀○○
翠舞。如今向、漁村水驛，夜如歲、焚香獨自語。有何
●●韻○○●讀○○●●句●○讀○○●●●韻●○
人、念我無聊，夢魂凝想鴛侶。
○讀●●○○句●○○●●韻

此與柳詞同，惟前後段第五句俱不押韻，又後段第三、四、五句攤破句法作七字兩句異。按：吳文英"垂楊徑"詞正與此同。

又一體

万俟詠

雙調一百六字，前段八句六仄韻，後段十句六仄韻。

碎雲薄。向碧玉枝上、綴萬萼。如將汞粉勻開，疑使
●○韻●●●○●讀●●韻○○●●○○句○●
柏麝熏却。雪魄未應若。況天賦、標艷仍綽約。當暄
●●○●韻●●●○●韻●○●讀○●○●●韻○○
風皎日佳處，戲蝶遊蜂粘著。　　重重繡帘珠箔。障
○●●○●句●●○○○●韻　　○○●○○●韻●
濃艷霏霏，異香漠漠。見說徐妃，當年嫁了，信任玉
○●○○句●○●●韻●●○○句○○●●句●●●

鈿零落。無言自啼露蕭索。夜深待、月上闌干角。廣
○○●句○○●○○●●韻●○●讀●●○○韻●
寒宮、要與姮娥，素妝一夜相覺。
○○讀●●○○句●○●●●○●韻

此亦與柳詞同，惟前段第五句添一字作五字句，前後段第七句不作折腰句法異。按：蔡松年"紫雲暖"詞第五、六句"紅潮照玉盌"，正與此同。

又一體

陳允平

雙調一百四字，前段八句五仄韻，後段九句四仄韻。

長亭路。望渭北、漠漠春天樹。殷勤別酒重斟，明日
○○●韻●●●讀●●○○韻●●●●○○句○●
相思何處。晴絲颺暖，芳草外、斜陽自南浦。望孤帆、
○○●韻○○●●句○●●讀○○●○●韻●○○讀
影接天涯，一江潮帶愁去。　回首杜若汀洲，欸泛
●●○○句●○○●●●韻　○●●●○○句●●
梗飄萍，乍散還聚。滿徑殘紅春歸後，猶有楊花亂
●○○句●●○●韻●●○○○○●句○●○○●
舞。悵金徽、梁塵暗鎖，算誰是、知音堪共語。盡天
●韻●○○讀○○●●句●○●讀○○○●●韻●○
涯、夢斷東風，綵雲鸞鳳無侶。
○讀●●○○句●○○●○●韻

此和周詞也，惟後段第二句作五字一句、四字一句，第五句減一字異。

又一體

晁補之

雙調一百六字,前段八句五平韻,後段九句五平韻。

去年時。正愁絕、過却紅杏飛。沈吟杏子青時,追悔
●○○韻●○●讀●●●○○韻○●●●○○句○●
負好花枝。今年又春到,傍小闌、日日數花期。花有
●●○○韻○○●●句●●○讀●●●○○韻○●
信、人却無憑,故教芳意遲遲。　　及至待得融怡。
●讀○●○○句●○○●○○韻　　●●●●○○韻
未攀條拈蕊,又歎春歸。怎得春如天不老,更教花與
●○○●○○句●●○○韻●●○○○●●句●○○●
月相隨。都將命、拚與酬花,似峴山、落日客猶迷。儘
●○○韻○○●讀●●○○句●○●讀●●●○○韻●
歸路、拍手攔街,笑人沈醉如泥。
○●讀●●○○句●○○●○○韻

此調押平韻者祇此一體,無別首宋詞可校。

此詞前段第五句五字,與万俟詞同;後段第四、五句七字,與周詞同。

花發沁園春二體

此調有平韻、仄韻兩體,俱見花庵《絕妙詞選》,與《沁園春》不同。

花發沁園春

劉圻父

雙調一百五字,前段十句五仄韻,後段十句六仄韻。

換譜伊凉,選歌燕趙,一番樂事重起。花新笑靨,柳
●●○○句●○○●句○●●○●韻○○●●句
軟纖腰,齊楚衆芳園裏。年年佳會。長是傍、清明天
●○○句○●●○○●韻○○●●韻○●●讀○○
氣。正魏紫衣染天香,蜀紅妝破春睡。　一簇猩羅
●韻●●●○○○句●○○●○●韻　●●○○
鳳翠。遍東園西城,點檢芳宇。銓齋吏散,晝館人稀,
●●韻●○○○●句●●○●韻●○●●句●○○句
幾関管絃清脆。人生適意。流轉共、風光遊戲。到遇
●●○○●韻○○●●韻○●●讀○○●韻●●
景、取次成歡,怎教良夜休醉。
●讀●●○○句●○○●○●韻

此調押仄韻者祇有此詞及黃昇詞,故此詞可平可仄悉參黃詞。

按:黃詞前段第五句"楊柳吹綿","楊"字平聲。第七句"翻階傍砌","傍"字仄聲。第十句"猩紅輕透羅袂","猩"字平聲。後段第八句"人正在、翠紅圍裏","翠"字仄聲。第九句"問誰是、第一風流","誰"字平聲。譜內可平可仄據此。

又一體

王詵

雙調一百五字，前後段各十句四平韻。

帝里春歸，早先妝點，皇家池館園林。雛鶯未遷，燕
●●○○句●●○○●句○○○●○○韻○○●○句●
子乍歸，時節戲弄晴陰。瓊樓朱閣，恰正在、柳曲花
●●○句○●●●○○韻○○○●句●●●讀●●○
心。翠袖豔、依憑闌干，慣聞絃管新音。　此際相
○韻●●讀○●○句●○●●○○韻　●●○
攜宴賞，縱行樂隨處，芳樹遙岑。桃腮杏臉，嫩英萬
○●●句●○●○●句○○○○韻○○●●句●●●
葉，千枝綠淺紅深。輕風終日，泛暗香、長滿衣襟。洞
●句○○●●○○韻○○○●句●●讀○●○○韻●
戶醉、歸訪笙歌，晚來雲海沈沈。
●●讀○●○○句●○○●○○韻

此調押平韻者祇有此詞，無別首宋元詞可校。

賞南枝一體

調見《梅苑詞》，曾覿自度曲。

賞南枝

曾　覿

雙調一百五字，前段九句五平韻，後段九句六平韻。

暮冬天氣閉，正柔木凍折，瑞雪飄飛。對景見南山，
●○○●●句●○●●●句●●○○韻●●●○○句
嶺梅露、幾點清雅容姿。丹染萼、玉綴枝。又豈是、一
●○●讀●●○●○○韻○●●讀●●○韻●●●讀●
陽有私。大抵化工獨許，使占却先時。　霜威莫苦
○●○韻●●●○●●句●●●○○韻　　○○●●
凌持。此花根性，想群卉爭知。貴用在和羹，三春裏、
○○韻●○○●句●○●○○韻●●●○○句○○●讀
不管綠是紅非。攀賞處、宜酒巵。醉撚嗅、幽香更奇。
●●●●○○韻○●●讀○●○韻●●●讀○○●●韻
倚闌仗何人去，囑羌管休吹。
●○●○○●句●○●○○韻

此調祇有此詞，無他首可校。

南浦五體

按：唐《教坊記》有《南浦子》曲，宋詞蓋借舊曲名，另倚新聲也。

此調有仄韻、平韻兩體，宋人多填仄韻詞，其平韻惟魯詞一體。

南浦

程垓

雙調一百五字，前後段各十句五仄韻。

金鴨懶熏香，向晚來，春醒一枕無緒。濃緑漲瑶窗，
○●●○○句●●○句○○●●○●韻○●●○○句
東風外、吹盡亂紅飛絮。無言竚立，斷腸惟有流鶯
○○●讀●●●○●韻○○●●句●○●●○○
語。碧雲欲暮。空惆悵韶華，一時虛度。　　追思舊
●韻●○●●韻○○●○○句●○○●韻　　○○●
日心情，記題葉西樓，吹花南浦。老去覺歡疏，傷春
●○○句●○●○○句○○○●韻●●●○○句○○
恨、都付斷雲殘雨。黄昏院落，問誰猶在憑闌處。可
●讀○●●○○●韻○○●●句●○○●○○●韻●
堪杜宇。空只解聲聲，催他春去。
○●●韻○●●○○句○○○●韻

此調程詞及周詞、史詞三體，宋元人填者甚少，惟張炎詞體，填者頗多，故此詞以張詞作譜。

此詞前後段第八句俱押韻。

又一體

周邦彦

雙調一百五字，前段十句四仄韻，後段九句四仄韻。

淺帶一帆風，向晚來，扁舟穩下南浦。迢遞阻瀟湘，
●●●○○句●●○句○○●●○●韻○●●○○句

衡皋迥、斜橈蕙蘭汀渚。危檣影裏，斷雲黯黯遥天
○○● 讀○●●○○● 韻○○●● 句●○●●○○
暮。菡萏裛風斜，偷送清香，時時微度。　　吾家舊
● 韻●●●○○ 句○●○○ 句○○○● 韻　　○○●
有簪纓，甚頓作、天涯經歲羈旅。羌管怎知情，煙波
●○○ 句●●● 讀○○○○●● 韻●●●○○ 句○○
上、黃昏萬斛愁緒。無言對月，皓彩千里人何處。恨
● 讀○○●●○● 韻○○●● 句●●○●○○● 韻●
身無鳳翼，只待而今，飛將歸去。
○○●● 句●●○○ 句○○○● 韻

此與程詞同，惟前後段第八句俱作五字不押韻，第九句作
四字，後段第二、三句作九字一句異。

又一體

史達祖

雙調一百五字，前後段各十句四仄韻。

玉樹曉飛香，待倩他，和愁點破妝鏡。輕嫩一天春，
●●●○○ 句●●○ 句○○●●○● 韻○●●○○ 句
平白地、都護雨昏煙冥。幽花露濕，定應獨把闌干
○●● 讀○●●●○○ 韻○○●● 句●○●●○○
憑。謝屐未蠟，安排共文鴛，重遊芳徑。　　年來夢
● 韻●●●● 句○○●○○ 句○○○● 韻　　○○●
裏揚州，怕事隨歌殘，情趁雲冷。嬌眄隔東風，無人
●○○ 句●●○○○ 句○●○● 韻○●●○○ 句○○
會、鶯燕暗中心性。深盟縱約，盡同晴雨全無定。海
● 讀○●●○○● 韻○○●● 句●○●●○○● 韻●

棠夢在，相思過西園，秋千紅影。
〇●●句〇〇●〇〇句〇〇〇●韻

此與程詞同，惟前後段第八句俱不押韻異。

又一體

張　炎

雙調一百五字，前段九句四仄韻，後段八句五仄韻。

波暖綠粼粼，燕飛來，好是蘇堤纔曉。魚沒浪痕圓，
〇●●〇〇句●〇〇句●●〇〇●韻〇●●〇〇句

流紅去、翻笑東風難埽。荒橋斷浦，柳陰撑出扁舟
〇〇●讀〇〇〇〇●韻〇〇●●句●〇●●〇〇

小。回首池塘青欲遍，絶似夢中芳草。　和雲流出
●韻〇●〇〇〇●●句●●●〇〇●韻　〇〇〇●

空山，甚年年、净洗花香不了。新綠乍生時，孤村路、
〇〇句●〇〇讀●●〇〇●●韻●●●〇〇句〇〇●讀

猶憶那回曾到。餘情渺渺。茂林觴咏如今悄。前度劉
〇●●〇〇●韻●〇〇●韻●〇〇●●〇●韻〇●〇

郎歸去後，溪上碧桃多少。
〇〇●●句〇●●〇〇●韻

此與程詞同，惟前後段第八、九、十句攤破句法，作七字一句、六字一句異。按：王沂孫、張翥、陶宗儀俱如此填。

王詞前段第五句"巴山路、蛾眉乍窺清鏡"，"眉"字平聲。第六句"綠痕無際"，"綠"字仄聲。陶詞第七句"鷗邊常是尋盟去"，"鷗"字平聲。張詞結句"秋滿鶴汀鳧渚"，"秋"字平聲。陶詞後段第二句"蕩晴暉、另有越中真趣"，"越"字仄聲。王詞第四句"蘋花岸、漠漠雨昏煙冥"，上"漠"字仄聲。陶詞

第五句"水渶搖晚","水"字仄聲。第七句"欲問漁郎無恙否","欲"字仄聲。譜內可平可仄據此，餘參上三詞。

王詞前後兩結句"弄波素襪至甚處，空把落紅流盡"，"只愁雙燕銜春去，拂破藍光千頃"，又一首"再來漲綠迷舊處，添却殘紅幾片"，"采香幽徑鴛鴦睡，誰道湔裙人遠"，與調不合，故不參校入譜。

又一體

魯逸仲

雙調一百二字，前段九句四平韻，後段八句四平韻。

風悲畫角，聽單于、三弄落譙門。投宿駸駸征騎，飛
○○●●句●○○讀●●○○韻○●●●句○
雪滿孤村。酒市漸闌鐙火，正敲窗、亂葉舞紛紛。送
●●○○韻●●●○○句●○○讀●●●○○韻●
數聲驚雁，乍離煙水，嘹唳度寒雲。　好在半朧淡
●○○●句●○○●句○●●○○韻　●●●○●
月，到如今、無處不銷魂。故園梅花歸夢，愁損綠羅
●句●○○讀○●●○○韻●○○○○●句○●●○
裙。爲問暗香閒艷，也相思、萬點付啼痕。算翠屏應
○韻●●●○○●句●○○讀●●●○○韻●●●○
是，兩眉餘恨倚黃昏。
●句●○○●●○○韻

此調押平聲韻者秖此一詞，無別首宋詞可校。

詞譜卷三十四

西河六體

《碧雞漫志》："大石調《西河慢》，聲犯正平。"張炎詞名《西湖》。

西河

周邦彥

三段一百五字，前段六句四仄韻，中段七句四仄韻，後段六句四仄韻。

佳麗地。南朝盛事誰記。山圍故國繞清江，髻鬟對
○●● 韻○○●●○● 韻○○●●●○○ 句●○●
起。怒濤寂寞打孤城，風檣遙度天際。　　斷崖樹，
● 韻●○●●●○○ 句○○○●○● 韻　　●○●句
猶倒倚。莫愁艇子曾繫。空餘舊迹鬱蒼蒼，霧沈半
○●● 韻●○●●○● 韻○○●●●○○ 句●○●
壘。夜深月過女牆來，傷心東望淮水。　　酒旗戲鼓
● 韻●○●●●○○ 句○○○●○● 韻　　●○●●
甚處市。想依稀、王謝鄰里。燕子不知何世。入尋常、
●●● 韻●○○讀○●○● 韻●●●○○● 韻●○○讀
巷陌人家，相對如說興亡，斜陽裏。
●●○○ 句○●○●○○ 句○○● 韻

此調以此詞爲正體，若辛詞之少押一韻，陳詞之句讀小異，周詞別首之少押一韻，又句讀參差，劉詞之添字，王詞之減字，皆變格也。

此詞第二段起例作三字兩句，譜內辛詞、周詞、劉詞、王詞亦然。

按：張炎詞前段第三句"鬧紅深處小秦箏"，"鬧"字仄聲。吳文英詞後段第二句"殘寒退、初卸羅綺"，"殘"字平聲，"退"字仄聲。譜內可平可仄據此，餘參所採五詞。

前段第二句、中段第三句例作平平仄仄平仄，或仄平平仄平仄。周詞別首平仄與諸家不同，辛詞正照此填，當自成一體，不可參校。

後段起句連用五仄聲字，陳允平和詞亦然。若周詞別首及辛詞俱作折腰句法，與諸家異，即黃昇詞之"大江東去日西墜"亦未合格，譜內概不校注平仄。

又一體

辛棄疾

三段一百五字，前段六句四仄韻，中段七句四仄韻，後段五句四仄韻。

西江水。道是西江人淚。無情却解送行人，月明千
○○●韻●●○○○●韻○○●●○○句●○○
里。從今日日倚高樓，傷心煙樹如薺。　會君難，
●韻○○●●●○○句○○○●○●韻　●○○句
別君易。草草不如人意。十年著破繡衣茸，種成桃
●○●韻●●●○○●韻●○●●●○○句●○○
李。問君可是厭承明，東方鼓吹千騎。　對梅花、
●韻●○●●●○○句○○●●○●韻　●○○讀

更消一醉。看明年、調鼎風味。老大自憐憔悴。過吾
●○●韻●○○讀○●○●韻●●●●○●韻●○
廬、定有幽人相問,歲晚淵明歸來未。
○讀●●●○○○●句●●○●○○●韻

　　　此與周詞同,惟後段結句作九字一句、七字一句異。
　　　此詞後段起句七字作上三下四句法,與周詞別首同。

又一體

　　　　　　　　　　　周邦彥

　　　三段一百五字,前段六句三仄韻,中段七句五仄韻,後段
　　六句四仄韻。

長安道,瀟灑西風時起。塵埃車馬晚遊行,灞陵煙
○○●句○●○○●韻○●○●●○○句●○○
水。亂鴉棲鳥夕陽中,參差霜樹相倚。　　到此際、
●韻●○○●●○○句○○○●○●韻　●●●
愁如薺。冷落關河千里。追思唐漢昔繁華,斷碑殘
○○●韻●●○○○●韻○○○●●○○句●○○
記。未央宮闕已成灰,終南依舊濃翠。　　對此景、
●韻●○○●●○○句○○○●○●韻　●●●讀
無限愁思。遠天涯、秋蟾如水。轉使客情如醉。算當
○●○●韻●○○讀○○○●韻●●●○○●韻●○
時、萬古雄名,盡是作、後來人,凄凉事。
○讀●●○○句●●讀●○○句○○●韻

　　　此與"佳麗地"詞同,惟前段起句不用韻,中段換頭多押
　　一韻異。

又一體

陳允平

三段一百五字，每段各六句四仄韻。

形勝地。西陵往事重記。溶溶王氣滿東南，英雄間
○●●韻○○●●○●韻○○○●●○○句○○●
起。鳳遊何處古臺空，長江縹緲無際。　石頭城上
●韻●○○●●○○句○○●●○●韻　●○○
試倚。吳襟楚帶如縶。烏衣巷陌幾斜陽，燕閒舊壘。
●●韻○○●●○●韻○○●●●○○句●○●●韻
後庭玉樹委歌塵，凄涼遺恨流水。　買花問酒錦繡
●○●●●○○句○○○●○●韻　●○●●●●
市。醉新亭、芳草千里。夢醒覺非今世。對三山、半落
●韻●○○讀○●○●韻●●●○○●韻●○○讀●●
青天，數點白鷺飛來，西風裏。
○○句●●●●○○句○○●韻

此和周詞也，惟中段第一、二句作六字一句異。

又一體

劉一止

三段一百十一字，前段六句三仄韻，中段九句五仄韻，後段五句五仄韻。

山驛晚，行人乍停征轡。白沙翠竹鎖柴門，亂峰相
○●●句○○●○○●韻●○●●●○○句●○○

倚。一番急雨洗天回，掃雲風定還起。　斷岸樹，愁
●韻●○●●○○句●○○●○●韻　●●句○
無際。念悽斷，誰與寄。雙魚尺素難委。遙知洞戶隔
○韻●○句○●●韻●○●●○●韻○○●●
煙窗，簟橫秋水。淡花明玉不勝寒，綠尊初試冰蟻
○○句●○○●韻●○○●●○○句●○○●●韻
　　小歡細酌任敧醉。撲流螢、應卜心事。誰記天涯
　　●○●●●○●韻●○○讀●●○●韻○●○○
憔悴。對今宵、皓月明河千里。夢越空城疏烟裏。
○●韻●○○讀●●○○○●韻●●○○○○●韻

此亦周"佳麗地"詞體，惟中段添三字兩句異。

又一體

王　彧

　　三段一百四字，前段六句四仄韻，中段七句四仄韻，後段
　五句五仄韻。

天下事。問天怎忍如此。陵圖誰把獻君王，結愁未
○●●韻●○●●○●韻●○○●●○○句●○●
已。少豪氣概總成塵，空餘白骨黃葦。　千古恨，
●韻●○●●●○○句○○●●○●韻　○●●句
吾老矣。東遊曾弔淮水。繡春臺上一回登，一回搵
○●●韻○○○●○●韻●○○●●○○句●○●
淚。醉歸撫劍倚西風，江濤猶壯人意。　只今袖手
●韻●○●●●○○句○○○●○●韻　●○●●
野色裏。望長淮、猶二千里。總有英心誰寄。近新來、
●●韻●○○讀○●○●韻●●○○○●韻●○○讀

又報烽煙起。絕域張騫歸來未。
●●○○●韻●●○○○○●韻

　　此亦與周"佳麗地"詞同,惟後段結減一字,作八字一句、七字一句異。

夢橫塘一體

調見《苕溪詞》。

夢橫塘

劉一止

雙調一百五字,前段十一句四仄韻,後段十句四仄韻。

浪痕經雨,林影吹寒,晚來無限蕭瑟。野色分橋,蔚
●○○●句○●○○句●○●●●韻●●○○句●
不斷、前溪風物。船繫朱藤,路迷煙寺,遠鷗浮沒。聽
●●讀○○○●韻○●○○句●○○●句●○●●韻●
疏鐘斷鼓,似近還遙,驚心事、傷羈客。　　新醅旋
○○●●句●●○○句○○●讀○○●韻　　○○●
壓鵝黃,拌清愁在眼,酒病縈骨。繡閣嬌慵,爭解說、
●○○句●○○●●句●●○●韻●●○○句○●●讀
短書傳憶。念誰伴、塗妝綰髻,嚼蕊吹花弄秋色。恨
●○○●韻●○●讀○●●●句●●○○●●韻●
對南雲,此時淒斷,有何人知得。
●○○句●○○●句●○○○●韻

　　此調祇有此詞,無別首可校。

西吴曲一體

調見《龍洲集》。

西吴曲

劉　過

雙調一百五字，前段八句五仄韻，後段十一句四仄韻。
説襄陽、舊事重省。記銅駝巷陌、醉還醒。笑鶯花別
●○○讀●●○●韻●○○●●讀●○●韻●○○●
後，劉郎憔悴萍梗。倦客天涯，還買箇、西風輕艇。便
句○○○●●韻●●○○句○●●讀○○○●韻●
欲訪、騎馬山翁，問峴首、那時風景。　楚王城裏，
●●讀○●○○句●●●讀○○●韻　●○○●句
知幾度經過，摩挲故宫柳瘦。慢弔景。冷煙衰草凄
○●●○○句○○●●○●韻●●●韻●○○●○
迷，傷心興廢，賴有陽春古郢。乾坤誰望，六百里路
○句○○●●句●●○○●●韻○○○●句●●●●
中原，空老盡英雄，腸斷劍鋒冷。
○○句○●●○○句○●●○●韻

此調僅見此詞，無他作可校。

秋霽四體

一名《春霽》。按：此詞始自胡浩然，賦春晴詞即名《春霽》，賦秋晴詞即名《秋霽》。

秋霽

史達祖

雙調一百五字，前段十句六仄韻，後段十一句四仄韻。

江水蒼蒼，望倦柳殘荷，共感秋色。廢閣先涼，古簾
⊖●○○句●●○○句●●○●韻⊖●○○句●○
空暮，雁程最嫌風力。故園信息。愛渠入眼南山碧。
⊖●句⊖○●⊖○●韻●○●●韻●○●●○○●韻
念上國。誰是、膾鱸江漢未歸客。　還又歲晚，瘦
●●●韻○●讀●○⊖●●○●韻　○⊖●句●
骨臨風，夜聞秋聲，吹動岑寂。露蛩悲、清鐙冷屋，繙
●○○句●○○●句⊖●⊖●韻●○⊖讀○○●●句○
書愁上鬢毛白。年少俊遊渾斷得。但可憐處，無奈苒
○⊖●●○●韻○●●○○●●韻●●○●句○●●
苒魂驚，採香南浦，翦梅煙驛。
●○○句●⊖○●句●○○●韻

此調以此詞爲正體，胡浩然詞二首，正與此同。若吳詞之多押一韻，陳詞之少押一韻，曾詞之減字，皆變格也。

此詞前段第二句上一下四句法，例作仄仄仄平平，周密詞"記芳園載酒"，與諸家不同。又第六句例作仄平仄平平仄，

胡詞"妝點上林春色","遠狀水鄉秋色",亦與諸家不同。又後段第六句例作平平平仄仄平仄,曾詞"惟有殘英共寂寞",亦與諸家不同。第十句例作仄平平仄,曾詞"弄粉吹花",亦與諸家不同。譜内概不校注平仄。

按:周詞前段第六句"依依似舊相識","舊"字仄聲。第七句"年華易失","年"字平聲。後段第三、四句"轉眼西風,又成陳跡","眼"字、"又"字俱仄聲,"成"字平聲。譜内可平可仄據此,餘參吳、陳、曾三詞。吳詞後段結句"水宮六六",上"六"字入聲,此以入作平,故不注可仄。

又一體

吳文英

雙調一百五字,前段十一句六仄韻,後段十一句五仄韻。

一水盈盈,漢影隔游塵,净洗寒綠。秋沐平煙,日回西照,乍驚飲虹天北。綵蘭翠馥。錦雲直下花成屋。試縱目。空際醉來,風露跨黄鵠。　　追想縹緲,釣雪松江,恍然煙蓑,秋夢重續。問何如、臨池鱠玉。扁舟空檥洞庭宿。也勝飲湘然楚竹。夜久人悄,玉妃唤月歸來,挂笙聲裏,水宮六六。

此與史詞同，惟前結作四字一句、五字一句，後段第五句押韻異。

又一體

陳允平

雙調一百五字，前段十一句五仄韻，後段十一句四仄韻。

千頃琉璃，送滿目斜陽，漸下林閒。題葉人歸，採菱
〇●〇〇句●●●〇〇句●●〇●韻〇●〇〇句●〇
舟散，望中水天一色。碾空桂魄。玉繩低轉雲無跡。
〇●句●〇●〇〇●韻〇〇●●韻●〇〇●〇〇●韻
有素鷗，閒伴夜深，呼棹過環碧。　相思萬里，頓隔
●●〇句〇●●〇句〇●●〇●韻　〇〇●●句●●
嬋媛，幾回瑤臺，同駐鸞翼。對西風、憑誰問取，人間
〇〇句●〇〇〇句〇●〇●韻●〇〇讀〇〇●●句〇〇
那得有今夕。應笑廣寒宮殿窄。露冷煙淡，還看數點
●●●〇●韻〇●●〇〇●●韻●●〇●句〇〇●●
殘星，兩行新雁，倚樓橫笛。
〇〇句●〇●句●●〇●韻

此亦與史詞同，惟前段第九句不押韻，結句作四字一句、五字一句異。

前段第六句"一"字以入作平，譜內不注可仄。

又一體

曾紆

雙調一百三字，前段十句六仄韻，後段十句四仄韻。

木落山明，暮江碧，樓倚太虛寥廓。素手飛觴，釵頭
●●○○句●○●句○●●○○●韻●●○○句○○
笑取，金英滿浮桑落。鬢雲漫約。酒紅拂破香腮薄。
●●句○○●●●韻○●●韻●○●●○○●韻
細細酌。簾外任教、月轉畫闌角。　當年快意登
●●●韻○●●●讀●●●○●韻　○○●●○
臨，異鄉節物，難禁離索。故人遠、凌波何在，惟有殘
○句●●●●句○○○●韻●○●讀○○○●句○○
英共寂寞。愁到斷腸無處著。寄寒香與，憑渠問訊佳
○●●韻○●●○○●●韻●○○●句○○●●○
時，弄粉吹花，為誰梳掠。
○句●●○○句●○○●韻

　　此亦與史詞同，惟前段第二句三字，第三句六字，又後段第一、二句減二字作六字句異。

清風八詠樓一體

　　沈隱侯守東陽，建八詠樓，其地又有雙溪之勝，故曰"明月雙溪水，清風八詠樓"，調名取此。王行詞注林鍾商曲。《清風八詠樓》者，南宋詞林所製也。

清風八詠樓

王　行

　　雙調一百五字，前後段各十句五仄韻。

遠興引遊蹤，漫遍踏天涯，萋萋芳草。偏愛雙溪好。
●●○○句●●○○句○○○●韻○●○○●韻
有隱侯舊跡，層樓雲表。碧崖丹嶂，看縹緲、憑闌吟
●●○○句○○○●韻●○○●句○●讀○○○
嘯。偶佳遇、留擣元霜，歲星旋又周了。　　歸期誰
●韻●○●讀○○○句●○○●○●韻　　○○○
道無據，幾回首興懷，故林猿鳥。擬待春空杳。與駕
●○●句●○○●句●○○●韻●●○○●韻●
儔鴻侶，共還池島。川途迢遞，縱南翔、仍訴幽抱。莫
○○●句●○○●韻○○○●句●○○讀○●●韻●
輕負、今日相看，但得翠尊同倒。
○●讀●●○○句●●●○○●韻

此調祇有此詞，無別首可校。

暗香疏影一體

張鎡自度曲，以《暗香》調前段、《疏影》調後段合而爲一，自注夾鍾宮。

暗香疏影

張　鎡

雙調一百五字，前段九句五仄韻，後段九句四仄韻。
冰肌瑩潔。更暗香零亂，淡籠晴雪。清瘦輕盈，悄悄
○○●●韻●●○○●句●○○●韻○●○○句●●

嫩寒猶自怯。一枕羅浮夢醒，閒縱步、風搖瓊玦。向
●○○●●韻●●○○●句○●●讀○○○●韻●
記得、此際相逢，臨水半痕月。　妖艷不同桃李，
●●讀●●○○句○●●●韻　○●●○○句
凌寒又不與、衆芳同歇。古驛人遙，東閣吟殘，忍與
○○●●讀○●●韻●○○句○●○○句●●
何郎輕別。粉痕輕點宮妝巧，怕葉底、青圓時節。問
○○●韻●○●●○●句●●讀○○○●韻●
誰人、黃鶴樓頭，玉笛莫教吹徹。
○○讀○●○○句●●●○○韻

按：姜夔《暗香》《疏影》二曲入仙呂宮，此詞入夾鍾宮，雖同屬宮聲，而聲之高下清濁畢竟不同，故不校注平仄。

真珠髻一體

調見《梅苑》詞。

真珠髻

《梅苑》無名氏

雙調一百五字，前段十句四仄韻，後段十句五仄韻。

重重山外，苒苒流光，又是殘冬時節。小園幽徑，池
○○○●句●●○○句●●○○○●韻●○○●句○
邊樓畔，翠木嫩條春別。纖蕊輕苞，粉萼染、猩猩紅
○○●句●●●○○●韻○●○○句●●●讀○○

血。乍幾日、好景和風，次第一齊催發。天然香
●韻●●讀●●○○句●●●○○●韻　　○○●
艷殊絕。比雙成皎皎，倍增芳潔。去年因遇，東歸驛
●○●韻●○○●句●○○●韻○○●句○○●
使，贈遠憶曾攀折。豈謂浮雲，終不放、滿枝明月。但
●句●●●○●韻●●○○句○○●讀●○○●韻●
歎息、時飲金鍾，更遶蘴蘴繁雪。
●●讀○●○○句●●○○●韻

此調祇有此詞，無別首可校。
《花草粹編》此詞後段第三句脫"增"字，第四、五、六句作"去年因遇東歸使，指遠恨意曾攀折"，今從《梅苑》詞訂正。

征部樂一體

柳永《樂章集》注夾鍾商。

征部樂

柳永

雙調一百六字，前段九句六仄韻，後段十句五仄韻。

雅歡幽會，良夜可惜虛拋擲。每追念、狂蹤舊跡。長
●○○●句○●●○○●韻●○讀○○●●韻○
祇恁、愁悶朝夕。憑誰去，花衢覓。細說與、此中端
●●讀○○○●韻○○●句○○●韻●●讀●○○
的。道向我、轉覺厭厭，夢役魂勞苦相憶。　　須知
●韻●●讀●○○句●○○●●韻　　○○

最有，風前月下，心事始終難得。但願我、蟲蟲心下，
●●句○○●●句○●●○○●韻●●讀○○○●句
把人看待，長似初相識。況漸逢春色。便是有、舉觴
●○○●句○●○○●韻●●●○●韻●●讀●○
消息。待這回、好好憐伊，更不輕離拆。
○●韻●●○讀●●○○句●●○○●韻

　　汲古閣刻此詞前段第三句脱"每"字，後段第七句脱"漸"字，結句脱"離"字，今從《花草粹編》校正。

解連環三體

　　此調始自柳永，以詞有"信早梅、偏占陽和"及"時有香來，望明艷、遙知非雪"句，名《望梅》。後因周邦彦詞有"妙手能解連環"句，更名《解連環》。張輯詞有"把千種舊愁，付與杏梁語燕"句，又名《杏梁燕》。

解連環

柳　永

　　雙調一百六字，前段十一句五仄韻，後段十句五仄韻。
小寒時節。正同雲暮慘，勁風朝冽。信早梅、偏占陽
●○○●韻●○○●●句○○○●韻●●○讀○●○
和，向日處，凌晨數枝爭發。時有香來，望明艷、遙知
○句●●●句○○●●○韻○●○○句●●●讀○○
非雪。想玲瓏嫩蕊，弄粉素英，旖旎清絕。　　仙姿
○韻●○○●●句●●●○句●●○●韻　　○○

更誰並列。有幽光映水，疏影籠月。且大家、留倚闌
●〇●●韻●〇〇●●句〇●〇●韻●●〇讀〇●〇
干，對綠醑飛觥，錦箋吟閱。桃李繁華，奈彼此、芬芳
〇句●●●〇〇句●〇〇●韻〇●〇〇句●●●讀〇〇
俱別。等和羹待用，休把翠條漫折。
〇●韻●〇〇●●句〇●●●●韻

　　此調始於此詞，但宋元人多填周邦彥體，故此調可平可仄詳註周詞之下。
　　張輯詞後結"把千種舊愁，付與杏梁語燕"，句讀正與此同。但前段第五、六句"更細與品題，屬呵冰硯"，仍照周詞填。

又一體

周邦彥

　　雙調一百六字，前段十一句五仄韻，後段十句五仄韻。

怨懷無託。嗟情人斷絕，信音遼邈。縱妙手、能解連
●〇〇韻〇〇〇●●句●〇〇●韻●●●讀〇●〇
環，似風散雨收，霧輕雲薄。燕子樓空，暗塵鎖、一牀
〇句●〇●●〇句●〇〇●韻●〇〇〇句●〇●讀●〇
弦索。想移根換葉，盡是舊時，手種紅藥。　　汀洲
〇●韻●〇〇●●句●●●〇句〇●〇●韻　　〇〇
漸生杜若。料舟依岸曲，人在天角。漫記得、當日音
●〇●●韻●〇〇●●句〇●〇●韻●●●讀〇●〇
書，把閒語閒言，待總燒却。水驛春迴，望寄我、江南
〇句●〇●〇〇句●●〇●韻●●〇〇句●●●讀〇〇
梅萼。拚今生、對花對酒，爲伊淚落。
〇●韻〇〇〇讀●〇●●句●〇●●韻

此與柳詞同,惟後結作七字一句、四字一句異,宋元詞俱如此填。

按:高觀國詞前段第八句"眉黛淺、三眠初歇","眉"字平聲。吳文英詞第九句"想練帷倦入","練"字仄聲。高詞第十句"縈絆遊蜂","縈"字、"遊"字俱平聲。結句"絮飛晴雪","飛"字平聲。張輯詞"移盡更籌","移"字平聲。張炎詞後段第三句"錦筝彈怨","錦"字仄聲,"筝"字平聲。高詞第八句"恨閒損、春風時節","閒"字平聲。張詞"算惟有、畫闌曾見","畫"字仄聲。姜夔詞第九句"念惟有、夜來皓月","有"字仄聲。譜內可平可仄據此,餘參柳詞、楊詞。

又按:張炎詞前段第十句"殘氈擁雪",後段第九句"未羞他、雙燕歸來",平仄與諸家不同,譜內不與參校。又張炎詞前段第四句"歎貞元、朝士無多","貞"字平聲。黃水邨詞前段起句"鳳樓倚倦","倚"字仄聲。蔣捷詞後段起句"天漢霽虹似昨","漢"字仄聲。吳文英詞第二句"歎梧桐未秋","秋"字平聲。黃詞第四句"漫記得、栩栩多情",上"栩"字仄聲。吳文英詞第五句"向別枕倦醒","倦"字仄聲。姜夔詞第八句"又見在、曲屛近底","近"字仄聲。高觀國詞結句"浸愁千斛","千"字平聲。遍校宋詞,無如此者,譜內亦不參注平仄。

又一體

楊无咎

雙調一百六字,前後段各十句五仄韻。

素書誰託。嗟鱗沈雁斷,水遥山邈。問別來、幾許離
●○○●韻○○○●句●○○●韻●●○讀●●○
愁,但只覺衣寬,不禁消薄。歲歲年年,又豈是、春光
○句●●●○○句●○○●韻●●○○句●●讀○○

蕭索。自無心、強陪醉笑，負他滿庭花藥。　援琴
○韻●○○讀●○●●句●○●○●韻　　○○
試彈賀若。儘清于別鶴，悲甚霜角。怎得去、斜擁檀
●○●●韻●○○●句○●○●韻●●讀○●
槽，看小品吟商，玉纖推却。旋暖熏鑪，更自炷、龍津
○句●●●○○句●○○●韻●●○○句●●讀○○
雙萼。正懷思、又還夜永，燭花自落。
○●韻●○○讀●○●●句●○●●韻

　　此和周詞也，惟前結作七字一句、六字一句異。

內家嬌一體

《樂章集》注林鍾商。

內家嬌

柳　永

　　雙調一百六字，前段十句四仄韻，後段十句七仄韻。
煦景朝升，煙光晝斂，疏雨夜來新霽。垂楊艷杏，絲
●●○○句○○●●句○●●○○●韻○○●●句○
軟霞輕，繡出芳郊明媚。處處踏青鬭草，人人偎紅倚
●○○句●●○○○●韻●●●○●●句○○○○●
翠。奈少年、自有新愁舊恨，消遣無計。　帝里。風
●韻●●○讀●●○○●●句○●○●韻　●●韻○
光當此際，正好恁攜佳麗。阻歸程迢遞。奈何好景難
○○●●句●●●○○●韻●○○○●韻●○●●○

留、舊歡頻棄。早是傷春情緒。那堪困人天氣。但贏
〇句●〇〇●韻●●〇〇〇韻〇〇●〇〇●韻●〇
得、獨立高原，斷腸一餉凝睇。
●讀●●〇〇句●〇●●〇●韻

　　　此調僅見此詞，無他作可校。

夜飛鵲慢二體

　　調見《片玉詞》，一名《夜飛鵲》。

夜飛鵲慢

周邦彥

　　雙調一百六字，前段十句五平韻，後段十句四平韻。

河橋送人處，良夜何其。斜月遠墮餘輝。銅盤燭淚已
〇〇●〇●句●●〇〇韻〇●●〇〇韻〇〇●●
流盡，霏霏涼露沾衣。相將散離會，探風前津鼓，樹杪
●●句〇〇〇●〇〇韻〇〇●〇●句●〇〇〇●句●●
參旗。華驄會意，縱揚鞭、亦自行遲。　　迢遞路回清
〇〇韻〇〇●●句●〇〇讀●●〇〇韻　　〇●●〇〇
野，人語漸無聞，空帶愁歸。何意重經前地，遺鈿不
●句〇●●〇〇句〇●〇〇韻〇●〇〇〇●句〇〇●
見，斜徑多迷。兔葵燕麥，向殘陽、影與人齊。但徘徊
●句〇●〇〇韻●〇●●句●〇〇讀●●〇〇韻●〇〇
班草、欷歔酹酒，極望天西。
〇●讀〇〇●●句●●〇〇韻

此調以此詞爲正體，盧祖皋、吳文英、陳允平、張炎詞俱如此填。若趙詞之句讀小異，乃變格也。
　　按：張詞前段第三句"都緣水國秋清"，"緣"字平聲。吳詞第四句"天街曾醉美人畔"，"曾"字平聲。張詞"綠房一夜迎向曉"，"綠"字、"向"字俱仄聲，"迎"字平聲。盧詞第五句"最憐香霭霏霏"，"最"字仄聲。陳詞"砧聲幾處寒衣"，"幾"字仄聲。張詞結句"料相逢、依舊光陰"，"依"字平聲。盧詞後段第四句"一自秋孃迢遞"，"一"字仄聲。張詞第五句"頡頏萬里"，"頡"字仄聲。盧詞第七句"新來院落"，"新"字平聲。第八句"雁難尋、簾幕長垂"，"簾"字平聲。結句"應也顰眉"，"應"字平聲。譜內可平可仄據此，餘參趙詞。
　　趙詞前段第四句"蛾眉乞得天孫巧"，不作拗體，與調不協，譜內不與參校。又吳詞前段結句"寄橫竹、吹裂哀雲"，陳詞後段第八句"漸落霞、孤鶩飛齊"，"竹"字、"落"字俱以入作平，亦不注可仄。

又一體

趙以夫

雙調一百六字，前段十句五平韻，後段十一句四平韻。

凝雲拂斜月，萬籟聲沈。凉露暗墜桐陰。蛾眉乞得天
○○●●●句●●○○韻○●●●○韻○○●●○
孫巧，惜惜樓上穿鍼。佳期鵲橋誤，到年時此夕，歡
○●句●●○○○●韻○○●●句●○○●●句○
淺愁深。人間兒女，說風流、直至如今。　　河漢幾
●○韻○○●●句●○○讀●●○○韻　　○●●
曾風浪，因景物牽情，自是人心。長記秋庭往事，鈿
○○●句○●●○○句●●○○韻○●○○●●句○

花翦翠，釵股分金。道人無著，正蕭然、竹枕疏衾。夢
〇●●句〇●〇〇韻●〇〇●句●〇〇讀●●〇〇韻●
回時，天淡星稀，閒弄一曲瑤琴。
〇〇句〇●〇〇句〇●●●〇〇韻

　　此與周詞同，惟後結作三字一句、四字一句、六字一句異。

泛清波摘遍一體

　　按：《宋史·樂志》有林鍾商《泛清波》大曲。沈括《筆談》："凡曲每解有數疊者，裁截用之，謂之摘遍。"此蓋摘《泛清波》曲之一遍也。

泛清波摘遍

晏幾道

　　雙調一百六字，前段十一句五仄韻，後段十句六仄韻。
催花雨小，著柳風柔，却似去年時候好。露紅煙綠，
〇〇●●句●●〇〇句●●●〇〇●韻●〇〇●句
儘有狂情鬭春早。長安道。秋千影裏，絲管聲中，誰
●●〇〇●〇●韻〇〇韻〇〇●●句●●〇〇句〇
放艷陽輕過了。倦客登臨，暗惜光陰恨多少。　　楚
●●〇〇●韻●●〇〇句●●〇〇●〇●韻　　●
天渺。歸思正如亂雲，短夢未成芳草。空把吳霜點鬢
〇●韻〇●●〇●〇句●●●〇〇●韻〇●〇〇●●
華，自悲清曉。帝城杳。雙鳳舊約漸虛，孤鴻後期難
〇句●〇〇●韻●〇●韻●●●●●〇句〇〇●〇〇

1606

到。且趁朝花夜月，翠尊頻倒。
●韻●●○○●●句●○○●韻

此調祇有此詞，其平仄宜從之。

望明河一體

調見《苕溪集》。

望明河

劉一止

雙調一百六字，前段九句四仄韻，後段九句五仄韻。

華旄耀日，報天上使星，初辭金闕。許國精忠，試此
○○●●句●○●○○句○○●●韻●●○○句●●
日傳巖、濟川舟楫。向來雞林外，況傳詠、篇章誇雄
●●○讀●○○●韻●○○●句●○●讀○○○
絕。問人地、真是唐朝第一，未論勳業。　鯨波霽
●韻●○●讀○○○●●句●●○●韻　○○●
雲千疊。望仙馭縹緲，神山明滅。萬里勤勞，也等是
○○●韻●○●●○句○○○●韻●●○○句●●●
壯年、繡衣持節。丈夫功名事，未肯向、尊前傷輕別。
●○讀●○●●韻●○○○●句●●●讀○○○●韻
看飛棹、歸侍宸遊，宴賞太平風月。
●○●讀○●○○句●●●○●韻

此調祇有此詞，無他首可校。

楚宮春慢二體

調見《寶月詞》。

楚宮春慢

僧　揮

雙調一百六字，前段十句五仄韻，後段九句四仄韻。

輕盈絳雪。乍團聚同心，千點珠結。畫館繡幃，低舞
〇〇●●韻●〇●〇〇句〇●〇●韻●●●〇句〇●
融融香徹。笑裏精神放縱，斷未許、年華偷歇。信任
〇〇〇●韻●●〇〇●●句●●●讀〇〇〇●韻●●
芳春，都不管、淅淅南薰，別是一家風月。　　扁舟
〇〇句●●●讀●●〇〇句●●〇〇〇●韻　　〇〇
去後，回望處、娃宮凄涼凝咽。身似斷雲，零落深心
●●句〇●●讀〇〇〇〇〇●韻〇●●〇句〇●〇〇
難説。不與雕闌寸地，忍覷著、漂流離缺。盡日懨懨、
〇●韻●●〇〇●●句●●●讀〇〇〇●韻●●〇〇讀
總無語，不及高唐，夢裏相逢時節。
●〇●句●●〇〇句●●〇〇〇●韻

此調自此詞外，祇有周密添字詞，故可平可仄悉參周詞。

又一體

周密

雙調一百八字,前段十句五仄韻,後段九句五仄韻。

香迎曉日。看烟佩霞綃,美女金谷。倦倚畫闌,無語
○○●●韻●○●○○句●●○●韻●●●○句○●
情深嬌足。雲擁瑤房帳暖,翠幕卷、東風傾國。半捻
○○○●韻○●○○●●句●●●讀○○○●韻●●
愁紅,念舊遊、凝竚蘭翹,瑞鸞低舞庭綠。　　猶想
○○句●●○讀○●○○句●○○●●韻　　○●
沈香亭北。人醉裏、芳筆曾題私曲。輕裛露痕,移取
○○○●韻○●●讀○●○○○●韻○●●○句○●
春歸華屋。綠幨銀屏靜掩,悄未許、鶯窺燕宿。絳蠟
○○○●韻●○○○●●句●●●讀○○●●韻●●
良宵、酒半闌,重遶鴛機,醉靨爭妍紅玉。
○○讀●●○句○●○○句●●○○●韻

此與僧揮詞同,惟換頭句添二字,又押韻異。

望海潮三體

柳永《樂章集》注仙呂調。

望海潮

柳　永

雙調一百七字,前段十一句五平韻,後段十一句六平韻。

東南形勝,江湖都會,錢塘自古繁華。煙柳畫橋,風簾翠幕,參差十萬人家。雲樹繞堤沙。怒濤卷霜雪,天塹無涯。市列珠璣,戶盈羅綺競豪奢。　　重湖疊巘清佳。有三秋桂子,十里荷花。羌管弄晴,菱歌泛夜,嬉嬉釣叟蓮娃。千騎擁高牙。乘醉聽簫鼓,吟賞煙霞。異日圖將好景,歸去鳳池誇。

此調以此詞爲正體,秦觀、張元幹、史嵩之、石孝友、趙可、折元禮諸詞俱照此填。若秦詞別首之句讀小異,鄧詞之換頭押短韻,皆變格也。

此詞前結"市列珠璣,戶盈羅綺",例作對偶,宋元人如此填者甚多。

按:折詞前段第一句"地雄河岳","地"字仄聲。張詞第三句"玉簪羅帶綢繆","玉"字仄聲,"羅"字平聲。折詞第六句"野煙縈帶滄洲","野"字仄聲,"縈"字平聲。第七句"虎旆擁貔貅","虎"字仄聲。趙詞第九句"似隔盈盈","似"字仄聲。劉一止詞第十句"雙闕連雲","雙"字平聲。史詞第十一句"駒留空谷接英游","駒"字平聲。吕渭老詞"半篙緑水漫斜橋","緑"字仄聲。張詞後段第一句"使君冠世風流","使"字仄聲。晁補之詞"年年高會江陽","高"字平聲。石詞第二句"奈碧雲暗斷","碧"字仄聲。折詞第六句"賀蘭烽火新收","賀"字仄聲,"烽"字平聲。張詞第七句"逸興醉無休","逸"字仄聲。石詞第八句"但烏啼渡口","烏"字平聲。張翥詞第九句"釃酒長瀾","釃"字仄聲。石詞第十句、十一句"擬把無窮幽恨,萬疊寫霜綃","幽"字平聲,"萬"字仄聲。譜内可平可仄據此,餘參秦、鄧二詞。

前後段第四、五句例作平仄仄平,平平仄仄。若石詞之前後段第四句"柳色搖金,春草生池","搖"字、"生"字俱平聲。趙詞之前段第五句"百街高選",石詞之後段第五句"芳塵凝榭","高"字、"凝"字俱平聲,及鄧詞之前段第四句"錯"字仄聲。俱與調不合,譜内不校注平仄。

又一體

秦　觀

雙調一百七字,前段十一句五平韻,後段十一句六平韻。

梅英疏淡,冰澌溶洩,東風暗換年華。金谷俊遊,銅
○○○●句○○○●句○○●●○○韻○●●○句○
駝巷陌,新晴細履平沙。長記誤隨車。正絮翻蝶舞,
○●●句○○●●○○韻○●●○○韻○●○●●句
芳思交加。柳下桃蹊,亂分春色到人家。　西園夜
○●○○韻●●○○句●○○●●○○韻　○○●
飲鳴笳。有華鐙礙月,飛蓋妨花。蘭苑未空,行人漸
●○○韻●○○●●句○●○○韻○●●○句○○●

老，重來事事堪嗟。煙暝酒旗斜。但倚樓極目，時見
●句○○●●○○韻○●●○○韻●●○●句○●
棲鴉。無奈歸心，暗隨流水到天涯。
○○韻○●○○句●○○●●○○韻

　　此與柳詞同，惟後結作四字一句、七字一句異。
　　按：晁補之、呂渭老、劉一止、張翥、沈公述詞俱與此同，唯沈詞前段第八、九句"少年人，一一錦帶吳鉤"，句讀與此小異，注明不另列。

又一體

鄧千江

　　雙調一百七字，前段十一句五平韻，後段十二句七平韻。
雲雷天塹，金湯地險，名藩自古皋蘭。營屯繡錯，山
○○○●句○○●●句○○●●○○韻○●●●句○
形米聚，襟喉百二秦關。鏖戰血猶殷。見陣雲冷落，
○●●句○○●●○○韻○●●○○韻●○●●句
時有鵰盤。靜塞樓頭，曉月依舊玉弓彎。　看看。
○●○○韻●●○○句●●○○●○○韻　○○韻
定遠西還。有元戎閫命，上將齋壇。甌脫晝空，兜鍪
●●○○韻●○○●●句●●○○韻○●●○句○○
夕解，甘泉又報平安。吹笛虎牙間。且宴陪朱履，歌
●●句○○●●○○韻○●●○○韻●●○○●句○
按雲鬟。招取英靈毅魄，長繞賀蘭山。
●○○韻○●○○●●句○●●○○韻

　　此與柳詞同，惟換頭藏短韻異。

望湘人一體

調見《東山樂府》。

望湘人

賀　鑄

雙調一百七字,前段十一句五仄韻,後段十句六仄韻。

厭鶯聲到枕,花氣動簾,醉魂愁夢相半。被惜餘熏,
●○○●句○●●○句●○○●●韻●●○○句
帶驚剩眼。幾許傷春春晚。淚竹痕鮮,佩蘭香老,湘
●○●韻●●○○●韻●●○○句●○○●句○
天濃暖。記小江、風月佳時,屢約非煙游伴。　須
○○●韻●●○讀○●○○句●●○○●韻　○
信鸞弦易斷。奈雲和再鼓,曲終人遠。認羅襪無蹤,
●○○●韻●○○●●句●○○●韻●○●○○句
舊處弄波清淺。青翰棹,櫬白蘋洲畔。儘目臨皋飛
●●●○○韻○●●句●●○○●韻●●○○○
觀。不解寄、一字相思,幸有歸來雙燕。
●韻●●●讀●●○○句●●○○●韻

此調衹有此詞,無他作可校。

青門飲三體

調見《淮海詞》。黃裳詞亦名《青門引》,然與《青門引》令詞不同。

青門飲

秦　觀

雙調一百七字,前段十二句四仄韻,後段十一句五仄韻。

風起雲間,雁橫天末,嚴城畫角,梅花三奏。塞草西
○●○○句●○○●句○○●●句○○●▲句●●○

風,凍雲籠月,窗外曉寒輕透。人去香猶在,孤衾擁
○句●○○●句○○●○○▲句○●○○●句○○●

、長閒餘繡。恨與宵長,一夜熏鑪,添盡香獸。　　前
讀○○○▲句●●○○句●●○○句○●○▲句　　○

事空勞回首。雖夢斷春歸,相思依舊。湘瑟聲沈,庾
●○○●▲句○●●○○句○○○▲句○●○○句●

梅信斷,誰念畫眉人瘦。一句難忘處,怎忍辜
○○●句○●●○○▲句●●○○●句●●○

、耳邊輕咒。任人攀折,可憐又學,章臺楊柳。
讀○○○▲句●○○●句●○●●句○○○●▲

此調以此詞爲正體,黃裳詞正與此同。若曹詞、無名氏詞之減字,皆變格也。

按:黃詞後段第六句"且看翠圍紅繞","且"字仄聲。第十句"丹臺夢覺","丹"字平聲。譜內可平可仄據此,餘參所採二詞。

又一體

曹組

雙調一百五字，前段十二句五仄韻，後段十句四仄韻。

山静煙沈，岸空潮去。晴天萬里，飛鴻南渡。冉冉黄
○●○○句●○○●韻○○●●句○○○●韻●●○
花，翠翹金鈿，還是倚風凝露。歲歲青門飲，盡龍山
○句●○○●句○○●○○●韻●●○○●句●○○
高陽儔侶。舊賞成空，回首舊遊，人在何處。　此
○○○●韻●●○○句○●●○句○●○●韻　●
際誰憐萍泛，空自感光陰，暗傷羈旅。醉裹悲歌，夜
●○○●●句○●●○○句●○○●韻●●○○句●
深驚夢，無奈覺來情緒。孤館昏還曉，厭時聞、南樓
○○●句○●●○○●韻○●○○●句●○○讀○○
鐘鼓。淚眼臨風，腸斷望中歸路。
○●韻●●○○句○●●○○●韻

此與秦詞同，惟前段第二句押韻，換頭句不押韻，後結減二字作四字一句、六字一句異。

又一體

《花草粹編》無名氏

雙調一百六字，前段十二句四仄韻，後段十一句五仄韻。

邊馬嘶風，漢旗翻雪，彤雲又吐，一竿殘照。古木連
○●○○句●○○●句○○●●句●○○●韻●●○

空，亂山無數，行盡暮沙衰草。星鬭橫幽館，夜無眠、
〇句●〇〇●句〇●●〇〇●韻〇●〇〇●句●〇〇讀
鐙花空老。霧濃香鴨，冰凝淚燭、霜天難曉。　　長
〇〇〇●韻●〇〇句〇●●●句〇〇〇●韻　　〇
記小妝纔了。一杯未盡，離懷多少。醉裏秋波，夢中
●●〇〇●韻●〇●●句〇〇〇●韻●●〇〇句●〇
朝雨，都是醒時煩惱。料有牽情處，忍思量，耳邊曾
〇●句〇●〇〇〇●韻●●〇〇●句●〇〇句●〇〇
道。甚時躍馬歸來，認得迎門輕笑。
●韻●〇●●〇〇句●●〇〇〇●韻

　　　　　　此亦秦詞體，惟後段第二句減一字，結作六字兩句異。

落梅二體

《梅苑》無名氏詞名《落梅慢》。

落梅

王　詵

雙調一百七字，前段十二句四仄韻，後段十句五仄韻。

壽陽妝晚，慵勻素臉，經宵醉痕堪惜。前村雪裏，幾
●〇〇●句〇〇●●句〇〇●●〇●韻〇〇●●句●
枝初綻，正冰姿仙格。忍被東風，亂飄滿地，殘英堆
〇〇●句●〇〇〇●韻●●〇〇句●〇●●句〇〇〇
積。可堪江上起離愁，憑誰説寄，腸斷未歸客。
●韻●〇〇●●〇〇句〇〇●●句〇●●〇●韻

流恨聲傳羌笛。感行人、水亭山驛。越溪信阻，仙鄉
○●○○●韻●○○讀●○○●韻○●●句○○
路杳，但風流塵跡。香艷濃時，未多吟賞，已成輕擲。
●●句●○○●韻○○○句●○○句●○○●韻
願身長健且憑闌，明年還放春消息。
●○○●●○句○○○●●○●韻

此與《梅苑》無名氏詞句讀不同，故不參校平仄。

又一體

《梅苑》無名氏

雙調一百六字，前段九句四仄韻，後段九句五仄韻。

帶煙和雪，繁枝淡泞，誰將粉融酥滴。疏枝冷蕊壓群
●○○●句○●●句○○●○○●韻○○●●●○
芳，年年長占春色。江路溪橋漫倒，裊裊風中無力。
○句○○●●○●韻○●○○●●句●●○○○●韻
暗香浮動冰姿，明月裏、想無花比高格。　　爭奈光
●○○●○○句○●●讀●○○●○●韻　　○○
陰瞬息。動幽怨、潛生羌笛。新花鬭巧，有天然閒態，
○●韻●○●讀○○○●韻○○●●句●○○○●句
倚闌堪惜。零亂殘英片片，飛上舞筵歌席。斷腸忍淚
●○●韻○●○○●●句○●●○○●韻●○●●
念前期，經歲還有芳容隔。
●○○句○●○●○○●韻

此詞前起三句、後起三句、後結二句與王詞同，餘則攤破
句法，自成一格。

飛雪滿群山二體

調見《友古詞》。因詞有"長記得、扁舟尋舊約"句,更名《扁舟尋舊約》。張榘詞名《飛雪滿堆山》。

飛雪滿群山

蔡　伸

雙調一百七字,前段十一句四平韻,後段十句四平韻。

冰結金壺,寒生羅幕,夜闌霜月侵門。翠筇敲韻,疏
〇●〇〇句〇〇〇●句●〇〇●〇〇韻●〇●●句〇
梅弄影,數聲雁過南雲。酒醒欹粲枕,愴猶有、殘妝
〇●●句●〇●●〇〇韻●〇〇●●句〇〇●讀〇〇
淚痕。繡衾孤擁,餘香未減,猶是那時熏。　　長記
●〇韻●〇〇●句〇〇●●句〇●●〇〇韻　　〇●
得、扁舟尋舊約,聽小窗風雨,鐙火昏昏。錦茵縐展,
●讀〇〇〇●●句●●〇〇●句〇●〇〇韻●〇●●句
瓊籤報曙,寶釵又是輕分。黯然攜手處,倚朱箔、愁
〇〇●●句●〇●●〇〇韻●〇〇●●句●〇●讀〇
凝黛顰。夢回雲散,山遙水遠空斷魂。
〇●〇韻●〇●句〇〇●●〇●〇韻

此調自此詞外祇有張詞可校。

後段結句例作拗句,張詞亦然,填者辨之。

又一體

張榘

雙調一百六字,前段十一句四平韻,後段十句四平韻。

愛日烘晴,梅梢春動,曉窗客夢方還。江天萬里,高
●●○○句○○●句●○●●○○韻○○●●句○
低煙樹,四望猶擁螺鬟。是誰邀勝六,釀薄暮、同雲
○○●句●●○●○○韻●○○●●句●●讀○○
沍寒。却原來是,鈴閣雲蒸,俄忽老青山。　都盡
●○韻●○●●句○●○○句●●●○○韻　○●
道、來年須更好,無緣農事,雨澀風悭。鵝池夜半,銜
●讀○○○●●句○○●●句●●○○韻○○●●句○
枚飛渡,看尊俎折衝間。儘青油談笑,瓊花露、杯深
○○●句●○●●○○韻●○○○●句●○●讀○○
量寬。功名做了,雲臺寫作圖畫看。
●○韻○○●●句○○●●●○韻

此與蔡詞同,惟後段第二句減一字異。
前後段第七句俱作上一下四句法,與蔡詞亦不同。

角招一體

調見趙以夫《虛齋集》,自注:"姜夔製《角招》、《徵招》二曲。余以《角招》賦梅,古樂府有大、小《梅花》,皆角聲也。"

角招

趙以夫

雙調一百七字,前段十一句八仄韻,後段十二句九仄韻。

曉寒薄。苔枝上,翦成萬點冰萼。暗香無處著。立馬
●○●韻○○●句●○●●○○●韻○○●●韻●●
斷魂,晴雪籬落。溪橫略彴。恨寄驛、音書遼邈。夢遶
●○句○●●韻○○●●韻●●●讀○○○●韻●●
揚州東閣。風流舊日何郎,想依然林壑。　離索。
○○○●韻○○●●○○句●○○○●韻　○●韻
引杯自酌。相看冷淡,一笑人如削。水雲寒漠漠。底
●○●●韻○○●●句●●○○●韻●○○●●韻●
處群仙,飛來霜鶴。芳姿綽約。正月滿、瑤臺珠箔。徙
●○○句○○○●韻○○●●韻●●●讀○○○●韻●
倚闌干寂寞。盡分付、許多愁,城頭角。
●○○●●韻●○●讀●○○句○○●韻

此調祇有此詞,無別首可校。

一寸金五體

調見柳永詞。

一寸金

柳　永

雙調一百八字,前段十句四仄韻,後段十一句四仄韻。

井絡天開,劍嶺橫雲控西夏。地勝異、錦里風光,蠶市繁華,簇簇歌臺舞榭。雅俗多遊賞,輕裘俊、靓妝艷冶。當春晝,摸石池邊,浣花溪上景如畫。　　夢應三刀,橋名萬里,中和政多暇。仗漢節、攬轡澄清,高掩武侯勳業,文翁風化。台鼎思賢久,方鎮静、又還命駕。空遺愛,西蜀山川,異日成佳話。

此調始於此詞,但後段句讀參差,且宋詞多照周邦彦詞體填,故可平可仄俱注周詞之下。

前段結句,平仄與諸家不同,不參校入譜。

又一體

周邦彦

雙調一百八字,前段十句四仄韻,後段十一句四仄韻。

州夾蒼崖,下枕江山是城郭。望海霞接日,紅翻水

面，晴風吹草，青搖山脚。波暖鳧鷺泳，沙痕退、夜潮
●句○○●句○○●韻●●○○●句○●●讀●○
正落。疏林外、一點炊煙，渡口參差正寥廓。　　自
●●韻○○●讀●●○○句●●○○●●韻　　○
歎勞生，經年何事，京華信漂泊。念渚蒲汀柳，空歸
歎●○句○○●●句○○●●韻●●○○句○○
閒夢，風輪雨楫，終辜前約。情景牽心眼，流連處、利
●●句○○●●句○○●韻○○○●句○○●讀●
名易薄。回頭謝、冶葉倡條，便入漁釣樂。
○●●韻○○●讀●●○○句●●○●●韻

　　此調以此詞爲正體，吳文英、陳允平詞俱如此塡。若李詞之多押兩韻，曹詞之句讀參差，無名氏詞之減字，皆變格也。

　　此詞前段第二句及結句例作仄仄平平仄平仄，譜內諸詞皆然。後段結句例作仄仄平仄仄。若李、曹、無名氏三詞，則照柳詞塡，自成一體，譜內不校注平仄。

　　前段第三句例作仄仄平仄仄，或作仄仄平平仄，後段第四句例作仄仄平平仄。譜內李詞平仄與諸家不同，亦不校注。

　　按：吳詞前段第三句"見駭毛飛雪"，"飛"字平聲。第五句"朧腰束縞"，"束"字仄聲。第八句"紅錦透、尚欺暗燭"，"錦"字仄聲。後段起句"頑老情懷"，"頑"字平聲。第五句"折釵錦字"，"折"字、"錦"字俱仄聲。第六句"點髯掀舞"，"掀"字平聲。譜內可平可仄據此，餘參所採四詞。

　　吳詞前段第六句"湯沐疏邑"，"沐"字以入作平，不注可仄。

又一體

李彌遜

雙調一百八字,前後段各十一句五仄韻。

仙李盤根,自有天潢藹芳裔。更溜雨霜皮,臨風玉
○●○○句●●○○●●韻●●●○○句○○○
樹,紫髯丹頰,長生久視。鶴帳琅書至。長庚夢、當年
●句●○○●句○○●●韻○○●●韻○○●讀○○
暗記。邀歡處,回首西風,漸喜秋英弄霜蕊。　暫
●●韻○○●句○●○○句●●○○●●韻　●
卷雙旌,鳴金吹竹,高堂伴新戲。對璧月流光,屏山
●○○句○○●●句○○●●韻●●●○○句○○
供翠,碧雲乍合,飛觴如綴。早晚巖廊侍。終不負、黃
○●句●○●●句○○●●韻●●○○●韻○●讀○
樓一醉。丹青手、先與翻階,萬葉增春媚。
○●●韻○○●讀○●○○句●●○○●韻

此與周詞同,惟前段第七句、後段第八句各押韻異。

又一體

曹勛

雙調一百八字,前段十句四仄韻,後段十一句四仄韻。

霜落鴛鴦,繡隱芙蓉小春節。應運看、月魄分輝,坤
○●○○句●●○○●○●韻●●●讀●○○句○
順同符,文母徽音芳烈。誕育乾坤主,均慈愛、練裙
●○○句○●○○○●韻●●○○●句○○●讀●

豈別。經沙塞，涉履煙塵，瑞色怡然更英發。　　上
●●韻〇〇●句●●〇〇句●●〇〇●●韻　　●
聖中興，嚴恭問寢，宮庭正和悅。看壽筵高啟，龍香
●〇〇句〇〇●●句〇〇●●韻●〇〇●句〇〇
低轉，聲入霓裳，檀槽新撥。翠袞同行樂，鈞韶奏、喜
〇●句〇〇●〇句〇〇●●韻●●〇〇●句〇〇●讀●
盈絳闕。傾心願、億載慈寧，醉賞閒風月。
〇●●韻〇〇●讀●●〇〇句●●〇〇●韻

此詞前段與柳詞同，後段與周詞同。

又一體

《鳴鶴餘音》無名氏

雙調一百五字，前段十一句四仄韻，後段十二句四仄韻。
堪歎群迷，夢空花，幾人悟。更假饒、錦帳銅山，朱履
〇●〇〇句●〇〇句●〇●韻●●〇讀●●〇〇句〇●
玉簪，畢竟於身何故。未若紅塵外，幽隱竹籬蓬戶。
●〇句●●〇〇〇●韻●●〇〇●句〇●●〇〇●韻
青松下，一曲高歌，笑傲年華換今古。　　紫府春
〇〇●句●●〇〇句●●〇〇●〇●韻　　●●〇
光，清都雅會，時妙有真趣。看自然天樂，星樓月殿，
〇句〇〇●●句〇●●〇●韻●●〇〇●句〇〇●●句
鸞飛鳳舞，白雲深處。壺內神仙景，誰肯少年迴顧。
〇〇●●句●〇〇●韻〇●〇〇●句〇●●〇〇●韻
逍遙界，獨我歸來，復入寥陽去。
〇〇●句●●〇〇句●●〇〇●韻

此詞前段亦與柳詞同，惟第二句減一字作三字兩句，又第八句減一字作六字句異。後段亦與周詞同，惟第九句減一字作六字句異。

擊梧桐三體

此調有兩體：一百八字者見《樂章集》，注中呂調；一百十字者見《樂府雅詞》。

擊梧桐

柳　永

雙調一百八字，前段十句四仄韻，後段九句四仄韻。

香靨深深，姿姿媚媚，雅格奇容天與。自識伊來，好好
⊖●〇〇句〇〇●●句●●〇〇●韻●●〇〇句●●
看承，會得妖嬈心素。臨期再約同歡，定是都把平生
〇〇句●●〇〇●韻〇〇●●〇〇句●●〇〇〇〇
相許。又恐恩情、易破難成，未免千般思慮。　近日
〇●韻●●〇〇讀●●〇〇句●●〇〇●韻　●●
書來，寒暄而已，苦没忉忉言語。便認得、聽人教當，
〇〇句〇〇〇●句●●〇〇●韻●●●讀〇〇●●句
擬把前言輕負。見說蘭臺宋玉，多才多藝善詞賦。試
⊖●〇〇〇●韻●●〇〇●●句〇〇〇●●〇●韻●
與問、朝朝暮暮，行雲何處去。
⊖●讀〇〇●●句⊖〇〇●●韻

此詞祇有《梅苑》無名氏詞可校，故譜內可平可仄悉參無

名氏詞。

又一體

《梅苑》無名氏

雙調一百八字,前段十一句四仄韻,後段九句四仄韻。

雪葉紅彫,煙林翠減,獨有寒梅難並。瑞雪香肌,碎
●●○○句○○●●句●●○○●韻●●○○句●
玉奇姿,迴得佳人風韻。清標暗折芳心,又是輕泄江
●○○句●●○○●韻○○●●○○句●●○○○
南春信。最好山前水畔,幽閒自有,橫斜疏影。　盡
○○●韻●●○○●●句○○●●句○○○●韻　●
日憑闌,尋思無語,可惜飄瑤飛粉。但悵望、王孫未
●○○句○○○●句●●○○●韻●●●讀○○●
賞,空使清香成陣。怎得移根帝苑,開時不許衆芳
●句○●○○○●韻●●○○●●句○○●●●○
近。免教向、深巖暗谷,結成千萬恨。
●韻●○●讀○○●●句●○○●●韻

此與柳詞同,惟前結作六字一句、四字兩句異。

又一體

李　甲

雙調一百十字,前段十句五仄韻,後段十句四仄韻。

杳杳春江闊。收細雨、風蹙波聲無歇。雁去汀洲暖,
◐●○○●韻○●●讀○●○○○●韻●●○○句

岸蕪静、翠染遥山一抹。群鷗聚散，征航來去，隔水
●〇　讀●〇〇●　韻〇●●　句〇〇●　句〇●
相望楚越。對此、凝情久，念往歲上國，嬉遊時節。
〇〇●●韻●●讀〇〇●　句●●●〇●　句〇〇●●韻
鬭草園林，賣花巷陌，觸處風光奇絶。正恁濃歡
●●〇〇句●〇●●句●●〇〇〇●韻●●〇〇
裏，悄不意、頓有天涯離別。看即梅生翠實，柳飄狂
●句●●讀●●〇〇〇●韻●●〇〇●●句●〇〇
絮，没箇人共折。把而今、愁煩滋味，教向誰説。
●句●●〇●●韻●〇〇讀〇〇〇●句〇●〇●韻

　　此詞祇有李珏詞可校。按：李珏詞前段起句"楓葉濃於
染"，"楓"字平聲。第六句"朝生暮落"，"暮"字仄聲。第七
句"人似吳潮展轉"，"人"字平聲。後段第一、二句"雙屐行
春,扁舟嘯晚"，"雙"字、"扁"字俱平聲。第六句"悵望明朝
何處"，"何"字平聲。譜內可平可仄據此。

折紅梅二體

調見《壽域詞》。

折紅梅

杜安世

　　雙調一百八字，前段十句五仄韻，後段十句六仄韻。
覰南翔征雁，疏林敗葉，彤霜零亂。獨紅梅、自守歲
●〇〇●句〇●●句〇〇〇●韻●〇〇讀●●●

1627

寒，天教最後開綻。盈盈水畔。疏影蘸、橫斜清淺。化
○句○○●●○●韻○○●●韻○●●讀○○○韻●
工似把、深色臙脂，怪姑射冰姿，剩與紅間。　誰人
○●●讀●●○○句●●○○句●●○●韻　○○
寵眷。待金鎖不開，憑闌先看。曾飛落、壽陽粉額，妝
●●韻●○●●句○○○●韻○○●讀●○●●句○
成漢宮傳遍。江南風暖。春信喜、一枝清遠。對酒便
○●○○●韻○○○●韻○●●讀●○○●韻●●●
好、折取奇葩，撚清香重嗅，舉杯重勸。
●讀●●○○句●○○●句●○●韻

　　此杜自度曲。集中仄韻詞四首，句讀悉同，惟平仄各異，若概爲參校，恐滋蒙混。譜内採仄韻詞二首，填者擇一體宗之可也。

　　此詞前後段第六句押韻。按：杜詞別首："盈盈素面。剛強點、胭脂深淺。""笛聲休怨。怕恐使、群芳零亂。"正與此同。

又一體

杜安世

　　雙調一百八字，前段十句四仄韻，後段十句六仄韻。

喜輕澌初泮，微和漸入，郊原時節。春消息、夜來陡
●○○○●句○○●●句○○○●韻○○●讀●●●
覺，紅梅數枝爭發。玉溪仙館，不似箇、尋常標格。化
●句○○●○○●韻●○○●句●●●讀○○○●韻●
工別與、一種風情，似勻點臙脂，染成香雪。　重
○●●讀●●○○句●○○○句●○○●韻　　○

吟細閲。比繁杏夭桃，品流終別。只愁共、彩雲易散，
○●●韻●○●○○句●○○●韻●○●讀●○●●句
冷落謝池風月。憑誰向説。三弄處、龍吟休咽。大家
●●●○○●韻○○●●韻○●●讀○○○●韻●○
留取、時倚闌干，聞有花堪折，勸君須折。
○●讀○●○○句○●○○●句●○○●韻

此與"觏南翔征雁"詞同，惟前後段第六句不押韻異。

詞譜卷三十五

泛清苕一體

調見張先詞，吳興泛舟作，即賦題本意也。一名《感皇恩慢》。

泛清苕

張　先

雙調一百八字，前後段各十二句五平韻。

緑浄無痕。過曉霽清苕，鏡裏遊人。紅妝巧，綵船穩，
●●○○韻●●●○○句●●○○韻○○●句●○●句
當筵主，秘館詞臣。吳娃勸飲韓娥唱，競艶容、左右
○○●句●●○○韻○○●●○○●句●●○讀●●
皆春。學爲行雨，傍畫槳，從敎水濺羅裙。　煙溪
○○韻●○○●句●●●句○○●●○○韻　○○
混月黄昏。漸樓臺上下，火影星分。飛檻倚，鬬牛近，
●●○○韻●○○●●句●●○○韻●●●句●○●句
響簫鼓，遠破重雲。歸軒未至千家待，掩半妝、翠箔
●○●句●●○○韻○○●●○○●句●●○讀●●
朱門。衣香拂面，扶醉卸簪花，滿袖餘薰。
○○韻○○●●句○●●○○句●●○○韻

此張先自度曲，無別詞可校。

1630

薄倖三體

調見《東山樂府》。

薄倖

賀　鑄

雙調一百八字,前段九句五仄韻,後段十句五仄韻。

淡妝多態。更的的、頻回眄睞。便認得、琴心先許,與
●○○●韻●◐●讀○○●●韻●●●讀○○●句●
綰合歡雙帶。記畫堂、風月逢迎,輕顰淺笑嬌無奈。
●○○●韻●●●讀○○○●句○◐●●○●韻
向睡鴨鑪邊,翔鴛屏裏,羞把香羅偸解。　　自過
●●●○○句○○●●句○●○○○●韻　　●●
了、收鐙後,都不見、踏青挑菜。幾回憑雙燕,丁寧深
●讀○○●句●●●讀○○○●韻◐○●○●句○○○
意,往來翻恨重簾礙。約何時再。正春濃酒暖,人閒
●句◐○○●○○●韻●○○●韻●○○●句○○
晝永無聊賴。懨懨睡起,猶有花梢日在。
●●○○●韻○○●●句○●○○●●韻

此調以此詞爲正體,毛开詞正與此同。若沈詞之多押一韻,又句讀小異,韓詞之減字,皆變格也。

按:吕渭老詞前段第五句"記年時、偸擲春心","年"字平聲。第八句"寶釵貰酒","寶"字仄聲。毛詞結句"小立釵橫鬢亂","小"字、"鬢"字俱仄聲。吕詞後段第一、二句"怎忘

得、回廊下,攜手處、花明月滿",“忘”字平聲,“月”字仄聲。第三句“如今但暮雨”,“但”字仄聲。第四句“蜂愁蝶恨”,“蝶”字仄聲。譜內可平可仄據此,餘參所採二詞。

又一體

沈端節

雙調一百八字,前段九句五仄韻,後段十句六仄韻。

桂輪香滿。送寒色、輕風翦翦。又還是、幽窗人靜,梅
●〇〇●韻●〇讀〇〇●●韻●〇讀〇〇〇●句〇
影參差初轉。念少年、孤負芳音,多時不見文君面。
●〇〇●韻●〇讀〇●〇〇句〇〇●●〇〇●韻
漫快瀉瓊舟,濃熏寶鴨,終是心情羞懶。　漫就
●●●〇〇句〇〇●●句〇●〇〇●韻　●●
枕、渾無寐,但聽徹、天邊飛雁。閒愁縈萬縷,如何消
●讀〇〇●句●●讀〇〇〇●韻〇〇〇●●句〇〇〇
遣。繡衾空憶鴛鴦暖。細思量遍。倚屏山、挑盡琴心,
●韻〇〇●●〇〇●韻●〇〇●韻●〇〇讀〇●〇〇句
誰識相思怨。休文瘦損,陡覺頻移帶眼。
〇●〇〇●韻〇〇●●句●●〇〇●●韻

此與賀詞同,惟後段第四句押韻,第七、八句作七字一句、五字一句異。

又一體

韓元吉

雙調一百七字,前段九句五仄韻,後段十句五仄韻。

送君南浦。對煙柳、青青萬縷。更滿眼、殘紅吹盡,葉
●○○●韻●○●讀○○●●韻●●●讀○○○句●
底黃鸝自語。甚動人、多少離情,樓頭水閣山無數。
●○○●●韻●●○讀○○○句○○●○○●韻
記竹裏題詩,花邊載酒,魂斷江干春暮。　都莫
●●●○○句○○●●句○●○○●韻　○●
問、功名事,白髮星星如許。任雞鳴起舞,鄉關何在,
●讀○○●句●●○○○●韻●○○●句○○○●句
憑高目盡孤鴻去。漫留君住。趁醁醾香暖,持杯且醉
○○●●○○●韻●○○●韻●●○○●句○○●●
瑤臺路。相思記取,愁絕西窗夜雨。
○○●韻○○●●句○●○○●●韻

　　　此與賀詞同,惟後段第二句減一字異。

倚闌人一體

調見《松隱集》,曹勛自度曲。

倚闌人

曹　勛

　　　雙調一百八字,前段十一句四仄韻,後段十句五仄韻。
清明池館,芳菲漸晚,晴香滿架籠永晝。翠擁柔條,
○○●句○○●●句○○●●○●●韻●●○○句
玉鋪繁蕊,裊裊舞低襟袖。秀蓓凝浩露,疑挂六銖衣
●○○●句●●●○○●韻●●○●●句○●●○○

1633

絪。檀點芳心，體熏清馥，粉容宜撚春風手。　肯
●韻○●○○句●○○●句●○○●○○●韻　●
與芝蘭共嗅。洞户花、別是素芳依舊。翦取長梢，青
●○○●韻●●○讀●●●○○●韻●●○○句○
蛟噴雪，挽住曉雲争秀。樓上人未去，常恐風欺雨
○●●句●●●○○●韻○●●●句○○○●
瘦。紅綃收取，舉觴猶喜，窨得醺醺酒。
●韻○○●句●○○●句●●○○●韻

　　此調祇有此詞，無他作可校。

惜黃花慢三體

　　此調有仄韻、平韻兩體：韻仄者見《逃禪詞》，平韻者見
《夢窗詞》，與《惜黃花》令詞不同。

惜黃花慢

楊无咎

　　雙調一百八字，前段十一句六仄韻，後段九句五仄韻。
霽空如水。襯落木墜紅，遙山堆翠。獨立閒階，數聲
●○○●韻●●●○○句○○○●韻●●○○句●○
笛度風前，幾點雁横雲際。已涼天氣未寒時，問好
●●○○句●●●●○○●韻●○○●●○○句●●
處、一年誰記。笑聲裏。摘得半釵，金蕊來至。　橫
●讀●○○●韻●○●韻●●○句○○●韻　○

斜爲插烏紗，更揉碎、泛入金尊瓊蟻。滿酌霞觴，願
○●●○○句●○●讀●●○○●韻●●○○句●
教人壽百年，可奈此時情味。牛山何必獨沾衣，對佳
○○●●○句●●●○○●韻○●○●●○○句●●
節、惟應歡醉。看睡起。曉蝶也愁花悴。
●、○○●韻○○●韻●●●○○●韻

　　此調押仄韻者祇有此詞及趙詞，故可平可仄悉參趙詞。

又一體

趙以夫

　　雙調一百八字，前段十句七仄韻，後段九句六仄韻。
衆芳凋謝。堪愛處、老圃寒花幽野。照眼如畫。爛然
●○○●韻○●●讀●●○○○●韻●●○●韻●○
滿地金錢，買斷金天無價。古香逸韻似高人，更野服
●●○○句●●○○○●韻●○●●●○○句●●●
黃冠瀟灑。向霜夜。冷笑暖春，桃李夭冶。　　襟期
○○○●韻●○●韻●●●○句○●●●韻　　○○
問與誰同，記往昔、獨自徘徊籬下。采采盈把。此時
●●○○句●●●讀●●○○○●韻●●○●韻●○
一段風流，賴得白衣陶寫。而今爲米負初心，且細
●●○○句●●●○○●韻○○●●●○○句●●
摘、輕浮三雅。沈醉也。夢落故園茅舍。
●、○○○●韻○●●韻●●●○○●韻

　　此與楊詞同，惟前後段第二句俱作九字一句，第三句俱押
韻異。

又一體

吳文英

雙調一百八字,前段十二句六平韻,後段十一句六平韻。

送客吳皋。正試霜夜冷,楓落長橋。望天不盡,背城漸杳,離亭黯黯,恨水迢迢。翠香零落紅衣老,暮愁鎖、殘柳眉梢。念瘦腰,沈郎舊日,曾繫蘭橈。　仙人鳳咽瓊簫。悵斷魂送遠,九辯難招。醉鬟留盼,小窗翦燭,歌雲載恨,飛上銀霄。素秋不解隨塵去,敗紅趁、一葉寒濤。夢翠翹,怨紅料過南譙。

此調押平韻者祇有此詞及吳詞別首,故此詞可平可仄悉參"粉壓金裳"詞。

按:吳詞別首"粉壓金裳"詞前段第三句"舊日蕭孃","舊"字仄聲。第四句"翠微高處","高"字平聲。第六句"一年最好","一"字仄聲。第七句"偏是重陽","偏"字平聲。第八句"避春祇怕春不遠","祇"字仄聲。後段第三句"深染蜂黃","深"字平聲。第七句"百感幽香","百"字仄聲。第九句"滿城但、風雨淒涼","風"字平聲。譜內可平可仄據此,惟後段第八句"不"字以入作平,不注可仄。

一萼紅四體

此調有平韻、仄韻兩體：平韻者見姜夔詞，仄韻者見《樂府雅詞》。因詞有"未教一萼，紅開鮮蕊"句，取以爲名。

一萼紅

姜　夔

雙調一百八字，前段十一句五平韻，後段十句四平韻。

古城陰。有官梅幾許，紅萼未宜簪。池面冰膠，墻腰
●○韻●○○●句○●●○○韻●●○○句○
雪老，雲意還又沈沈。翠藤共、閒穿徑竹，漸笑語、驚
⊖●句⊖●○●○○韻●⊖●讀⊖○●●句●●⊖讀○
起卧沙禽。野老林泉，故王臺榭，呼喚登臨。　　南
●●○○韻●●○○句●○⊖●句○●○○韻　　⊖
去北來何事，蕩湘雲楚水，目極傷心。朱户黏雞，金
●●○○●句●○○●●句●●○○韻●●○○句○
盤簇燕，空歎時序侵尋。記曾共、西樓雅集，想垂柳、
○●●句○●○●○○韻●○●讀○○●●句●○●讀
還裊萬絲金。待得歸鞍到時，只怕春深。
⊖●●○○韻●●○○●●句●●○○韻

此調押平聲韻者以此詞爲正體，王沂孫詞五首、張炎詞三首及周密、詹正詞俱如此填。若李詞之減字，劉詞之少押一韻，句讀小異，皆變格也。

按：張炎詞前段第三句"雅志可閒時"，"雅"字仄聲。周

1637

密詞第五句"茂陵煙草"，"茂"字仄聲，"烟"字平聲。張詞第六句"忽見倒影凌空"，"倒"字仄聲。尹濟翁詞第七句"草草又、一番春夢"，下"草"字、"一"字俱仄聲，"春"字平聲。張詞第八句"想時將、漁笛靜中吹"，"將"字平聲。後段第一句"樹挂珊瑚冷月"，"樹"字仄聲。第二、三句"歎玉奴妝褪，仙椽詩慳"，"玉"字仄聲，"仙"字平聲。周詞第五句"故園心眼"，"故"字仄聲，"心"字平聲。尹詞第六句"物華冉冉都休"，"物"字、上"冉"字俱仄聲。周詞第七句"最負他、秦鬟妝鏡"，"負"字仄聲，"妝"字平聲。張詞第八句"聚萬景、只在此山中"，"萬"字、"只"字俱仄聲。又"好襟懷、初不要人知"，"懷"字平聲。第九句"長日一簾芳草"，"長"字平聲，"一"字仄聲，"芳"字平聲。譜內可平可仄據此，餘參李、劉二詞。

又一體

李彭老

雙調一百七字，前段十一句五平韻，後段十句四平韻。

過薔薇。正風暄雲淡，春去未多時。古岸停橈，單衣
●○○韻●○○●句●●●○韻●●○○句○○
試酒，滿眼芳草斜暉。故人老、經年賦別，鐙暈裏、相
●●句●●○●○○韻●○●讀○○●●句○●●讀○
對夜何其。泛剡清愁，買花芳事，一卷新詩。　　流
●●●○○韻●●○○句●○○●句●●○○韻　　○
水孤帆漸遠，想家山猿鶴，喜見重歸。北阜尋幽，青
●○○●●句●○○○●句●●○○韻●●○○句○

津問釣，多情楊柳依依。最難忘、吟邊舊雨，數菖蒲
〇●句〇〇●〇●韻●〇〇讀〇〇●●句●〇〇
老是來期。幾夕相思夢蝶，飛繞蘋溪。
●●〇〇韻●●〇〇●●句〇●〇〇韻

此與姜詞同，惟後段第八句減一字異。

又一體

劉天迪

雙調一百八字，前段十一句四平韻，後段十句四平韻。

擁孤衾，正朔風淒緊，氈帳夜驚寒。春夢無憑，秋期
●〇〇句●●〇〇●句〇●●〇〇韻〇●〇〇句〇〇
又誤，迢遞煙水雲山。斷腸處、黃茅瘴雨，恨驄馬、憔
●●句〇●●〇〇韻●〇●讀〇〇●●句●〇●讀〇
悴只空還，揉翠盟孤，啼紅怨切，暗老朱顏。　　堪
●●〇〇韻〇〇〇句〇〇●●句●●〇〇韻　　〇
歎揚州十載，甚倡條冶葉，不省春殘。蔡琰悲笳，昭
●〇〇●●句●●〇●●句●●〇〇韻●●〇〇句〇
君怨曲，何預當日悲歡。漫贏得、西鄰倦客，空惆悵、
〇●●句〇●〇●〇〇韻●〇●讀〇〇●●句〇〇●讀
今古上眉端。夢破梅花，角聲又報更闌。
〇●●〇〇韻●●〇〇句●〇●●〇〇韻

此亦與姜詞同，惟前段起句不用韻，後段結句作四字一句、六字一句異。

又一體

《樂府雅詞》無名氏

雙調一百八字，前段十一句四仄韻，後段十句五仄韻。

斷雲漏日，青陽布，漸入融和天氣。糝綴夭桃，金妝
●○●●句○○●句●●○○●韻●●○○句○○
垂柳，妝點亭臺佳致。曉露染、風裁雨量，是絕艷、偏
○●句○●○○●韻●●讀○○●●句●●讀○
稱化工美。向此際會，未教一萼，紅開鮮蕊。　迤
●●○●韻●●●●句●●●●句○○○●韻　○
邐漸成春意。放妖容秀色，天真難比。香上蜂鬚，粉
●●○○●韻●○○●●句○○○●韻●●○○句
沾蝶翅，忍把芳心縈碎。爭似便、移歸深院，將綠蓋
○●●句●●○○○●韻○●●讀○○○●句○●●
青幢護風裏。恁時節，占斷與、偎紅倚翠。
○○●○●韻●○●句●●讀○○●●韻

此調押仄聲韻者祇有此詞，見《雅詞拾遺》，系北宋人作，與姜詞押平韻者不同，采入以備一體。

奪錦標三體

調見《古山詞》，白樸詞名《清溪怨》。

奪錦標

張埜

雙調一百八字,前段十句四仄韻,後段十句五仄韻。

涼月橫舟,銀潢浸練,萬里秋容如拭。冉冉鸞驂鶴
●●○○句○○●●句●○○●韻●●○○
馭,橋倚高寒,鵲飛空碧。問歡情幾許,早收拾、新愁
●句○●○○句●○○●韻●○○●句●○●讀○○
重織。恨人間、會少離多,萬古千秋今夕。　　誰念
○●韻●○○讀●●○○句●●○○○●韻　　○●
文園病客。夜色沈沈,獨抱一天岑寂。忍記穿鍼亭
○○●●韻●●○○句●●●○○●韻●●○○○
榭,金鴨香寒,玉徽塵積。憑新涼半枕,又依約、行雲
●句○●○○句●○○●韻○○○●●句●○●讀○○
消息。聽窗前、淚雨浪浪,夢裏檐聲猶滴。
○●韻●○○讀●●○○句●●○○○●韻

此調以此詞爲正體,若白詞之少押一韻,滕詞之減字,皆變格也。

按:王惲詞前段第二句"會稽旁帶","會"字仄聲,"旁"字平聲。第四句"碧草莫傷春浦","莫"字仄聲,"春"字平聲。第八句"望雲霓、苦思休息","苦"字仄聲。後段第三句"儘慰元郎行色","元"字平聲。第四句"鏡水綠通朱閣","綠"字仄聲。譜內可平可仄據此,餘參所采二詞。

又一體

白樸

雙調一百八字，前後段各十句四仄韻。

孤影長嗟，憑高眺遠，落日新亭西北。幸有山河在
○●○○句○○●●句●●○○○●韻●●○○●
眼，風景留人，楚囚何泣。儘紛華蝸角，算都輸、林泉
●句○●○○句●○○●韻●○○○●句●○○讀○○
閒適。澹悠悠、流水行雲，任我平生踪跡。誰念
○●韻●○○讀○●○○句●●○○○●韻　○●
江州司馬，淪落天涯，青衫未免沾濕。夢裏封龍舊
○○○●句○●○○句○○●●○●韻●●○○●
隱，經卷琴囊，酒尊詩筆。對中天凉月，且高歌、徘徊
●句○●○○句●○○●韻●○○○●句●○○讀○○
今夕。隴頭人、應也相思，萬里梅花消息。
○●韻●○○讀●●○○句●●○○○●韻

此與張詞同，惟換頭句不押韻異。

又一體

滕應賓

雙調一百六字，前段十句五仄韻，後段十句四仄韻。

老氣盤空，才名蓋世，萬里西風行色。人物中朝第一。
●●○○句○○●●句●●○○○●韻○●○○●●韻
司馬題橋，班超投筆。記承流宣化，早威聲、先馳殊
○●○○句○○●●韻●○○○●句●○○讀○○

域。看吟鞭、笑指關河，歷歷當年曾識。　自古人心
●韻●○○讀●●○○句●●○○●韻　　●●○○
忠義，百水朝東，衆星拱極。銅柱無端隔斷，瘴雨蠻
○●句●●○○句●●●●韻●●○○●●句●●○
煙，天南天北。莫迴瞻丹闕，捧紅雲、金泥香屑。願明
○句○○○●韻●○○○●句●○○讀○○○●韻●○
年、歸對大廷，細説安邊良策。
○讀○●●○句●●○○○●韻

　　此亦與張詞同，惟前段第四句押韻，後段第三句減二
字異。

菩薩蠻慢一體

　　調見鳳林書院元詞。一名《菩薩蠻引》，與《菩薩蠻》令詞
不同。

菩薩蠻慢

羅志仁

　　雙調一百八字，前後段各十一句五仄韻。
曉鶯催起。問當年秀色，爲誰料理。悵別後、屏掩吳
●○○●韻●○○●●句●○●韻●●●讀○●○
山，便樓燕月寒，鬢蟬雲委。錦字無憑，付銀燭、盡燒
○句●●●●○句●○○●韻●●○○句●○●讀●○
千紙。對寒泓净碧，又把去鴻，往恨多洗。　桃花
○●韻●○○●●句●●●○句●●○●韻　　○○

1643

自貪結子。道東風有意，吹送流水。漫記得當年，心
●●●韻●○●●句○●○●韻●●●○○句○
嫁卿卿，是日暮天寒，翠袖堪倚。扇月乘鸞，儘夢隔、
●○○句●●○○句●●○●韻●●○○句●●讀
嬋娟千里。倒嗔人、從今不信，畫檐鵲喜。
○○○●韻●○○讀○○●●句●○●●韻

此詞句讀、押韻與《解連環》調同，所異者惟後段第四句多二字耳。因《解連環》無添字之例，故不類列。

杜韋娘二體

唐《教坊記》有《杜韋娘》曲，劉禹錫詩"春風一曲杜韋娘"是也。宋人借舊曲名，另翻慢詞。

杜韋娘

杜安世

雙調一百九字，前段九句四仄韻，後段十句五仄韻。
暮春天氣，鶯兒燕子忙如織。問嫩葉、枝亞青梅小，
⊖○○●句○○●●●○●韻●●●讀○●○○●句
乍遍水、新萍圓碧。初牡丹謝了，秋千搭起，垂楊暗
●●●讀○○○●韻⊖●○●句○○●●句○○●
鎖深深陌。暖風輕，盡日閒把、榆錢亂擲。　恨寂
●○○●韻○○句●●○●讀○○●●韻　⊖●
寂。芳容衰減，頓敧珓枕困無力。爲少年、狂蕩恩情
●韻○○○●句●○●●●○●韻●●⊖讀○●○○

薄，尚未有、歸來消息。想當初鳳侶鴛儔，喚作平生，
●句●●●讀○○○●韻●○○●●○○句●●○○句
更不輕離拆。倚朱扉，淚眼滴損、紅綃數尺。
●●○○●韻●○○句●●●●讀○○●●韻

　　此調祇有杜詞及無名氏詞兩體，故可平可仄悉參無名氏詞句讀同者。

又一體

《樂府雅詞》無名氏

　　雙調一百九字，前後段各十句五仄韻。

華堂深院，霜籠月彩生寒暈。度翠幰、風觸梅香噴。
○○○●句○○●●●○○韻●●●讀○○●○●韻
漸歲晚、春光將近。惹離恨萬種，多情易感，歡難聚
●●●讀○○●●韻●○●●句○○●●句○○●
少愁成陣。擁紅鑪，鳳枕慵欹、銀鐙挑盡。　當此
●○○●韻●○○句●●○○句○○○●韻　○●
際，爭忍前期後約，度歲無憑準。對好景、空積相思
●句○●○○●●句●●○○●韻●●●讀○●○○
恨。但自覺、懨懨方寸。擬蠻箋象管、丹青妙手，寫出
●韻●●●讀○○●韻●○○●●讀○○●●句●●
寄與教伊信。儘千工萬巧，惟有心期難問。
●●○●韻●○○●●句○●○○●韻

　　此詞與杜詞校，押韻不同，後段句法互異，采入以備一體。

無愁可解二體

調見《東坡詞》。自序云："花①日新作越調《解愁》，洛陽劉几伯壽聞而悅之，爲作俚語詩，天下傳詠，以爲幾於達者。龍丘子笑之，此雖免乎愁，猶有所解也者。夫游於自然，而托於不得已，人樂亦樂，人愁亦愁，彼且烏乎解哉！乃反其詞，作《無愁可解》。"

無愁可解

蘇　軾

雙調一百九字，前後段各十句六仄韻。

光景百年，看便一世。生來不識愁味。問愁何處來，
● ● ● ○ 句 ○ ● ● ● 韻 ● ● ● ○ ● 韻 ● ○ ○ ● ● 句
更開解箇甚底。萬事從來風過耳。又何用、著在心
● ○ ● ● ● 韻 ● ● ○ ○ ○ ● ● 韻 ● ○ ● 讀 ● ● ○
裏。你喚做、展却眉頭，便是達者，也則恐未。　此
● 韻 ● ● ● 讀 ● ● ○ ○ 句 ● ● ● ● 句 ● ● ● 韻　●
理。本不通言，何曾道、歡遊勝如名利。道則渾是錯，
● 韻 ● ● ○ ○ 句 ○ ● ● 讀 ○ ○ ● ○ ○ 韻 ● ● ○ ● 句
不道如何即是。這裏元無我與你。甚喚做、物情之
● ● ○ ○ ● ● 韻 ● ● ○ ○ ● ● ● 韻 ● ● ● 讀 ● ○ ○

---

① 花：《東坡樂府》本詞序作"范"。

外。若須待醉了,方開解時,問無酒、怎生醉。
●韻●○●●韻○○●○句●○●讀●○●韻

此調蘇詞外祇有無名氏詞可校。

又一體

《鳴鶴餘音》無名氏

雙調一百十二字,前後段各十句五仄韻。

返照人間,忙忙劫劫。晝夜辛苦無歇。大都能幾許,
●●○○句○○●●韻●●○○●韻●○○●●句

這百年、又如春雪。可惜天眞逐愛慾,似傀儡、被他
●●○讀●●○○韻●●○○●●●句●●●讀○

牽拽。暗悲嗟、苦海浮生,改頭換面,看何時徹。
○●韻●○○讀●●○○句●○●●句○○○●韻

聽說。古往今來名利客,今只有、兔蹤狐穴。六朝并
●●韻●●○○○●●句○●●讀●○○●韻●○○

五霸,盡輸他、雲水英傑。一味眞慵爲伴侶,養浩然、
●●句○○○讀○●○●韻●●○○●●●句●●○讀

歲寒清節。這些兒、冷淡生涯,與誰共賞,有松窗月。
●○○●韻●○○讀●●○○句●○●●句●○○●韻

此詞與蘇詞校,前後段第五句各添一字,俱不押韻,又後段第二、三句添一字攤破句法作七字兩句,第八、九、十句作四字三句異。

過秦樓一體

調見《樂府雅詞》，李甲作。因詞有"曾過秦樓"句，取以為名。

過秦樓

李　甲

雙調一百九字，前段十一句五平韻，後段十一句四平韻。

賣酒壚邊，尋芳原上，亂花飛絮悠悠。已蝶稀鶯散，
●●○○句○○○●句●●○●○○韻●●○○●句
便擬把長繩，繫日無由。漫道莫忘憂。也徒將、酒解
●●●○○句●●○○韻●●●○○韻●○○讀●●
閒愁。正江南春盡，行人千里，蘋滿汀洲。　　有翠
○○韻●○○○●句○○○●句○●○○韻　　●●
紅徑裏、盈盈侶，簇芳茵禊飲，時笑時謳。當暖風遲
○●●讀○○●句●○○●●句○●○○韻●●○○
景，任相將永日，爛漫狂遊。誰信盛狂中，有離情、忽
●句●○○●●句●●○○韻○●●○○句●○○讀●
到心頭。向尊前擬問，雙燕來時，曾過秦樓。
●○○韻●○○●●句○●○○句○●○○韻

此調押平韻者衹有此詞，無別首宋詞可校。

《片玉集》以周邦彥《選官子》詞刻作《過秦樓》，各譜遂名周詞為《仄韻過秦樓》。不知《選官子》調，其體不一，應以周詞編入《選官子》調內，不得以《仄韻過秦樓》另分一體。

江城子慢二體

調見呂渭老集。蔡松年詞名《江神子慢》，與《江城子》令詞不同。

江城子慢

呂渭老

雙調一百九字，前段九句七仄韻，後段九句六仄韻。

新枝媚斜日。花徑霽、晚碧泛紅滴。近寒食。蜂蝶亂、
◐○●○韻○●●讀⊖●◐○●韻●○●韻○●●讀
點檢一城春色。倦遊客。門外昏鴉啼夢破，春心似、
●●⊖○○●韻●○●韻⊖○○●○○句○○●讀
遊絲飛遠碧。燕子又語斜檐，行雲自沒消息。　當
○○○●●韻●●●●○○句○○●●○●韻　○
時烏絲夜語，約桃花時候，同醉瑤瑟。甚端的。看看
○○○●●句●○○○●句○●○●韻●○●韻○○
是、榆莢楊花飛擲。怎忘得。斜倚紅樓回淚眼，天如
●讀⊖●○○○●韻●○●韻○●○○○●●句○○
水、沈沈連翠壁。想伊不整啼妝影簾側。
●讀○○○●●韻●○⊖○○●○●韻

此調祇有蔡松年詞可校。

又一體

蔡松年

雙調一百十字,前後段各九句七仄韻。

紫雲點楓葉。崖樹小、婆娑歲寒節。占高潔。纖苞暖、
●○○○●韻○●●讀○○●●韻●○●韻○○●讀
釀出梅魂蘭魄。照濃碧。茗盌添春花氣重,芸窗晚、
●●○○○●韻●○●韻●○○○●●句○○●讀
濛濛浮霽月。小眠鼻觀先通,廬山舊夢清絕。　　蕭
○○○●●韻●○●●○○句○○●●○●韻　　○
閒平生淡泊。獨芳溫一念,猶未衰歇。種種陳迹。而
○○○●●韻●○○●●句○●○●韻●●○●韻○
今老、但覓茶煙禪榻。寄閒寂。風外天花無夢也,鴛
○●讀●●○○○●韻●○●韻○●○○○●●句○
鴦債、從渠千萬劫。夜寒回施幽香與愁客。
○●讀○○○●●韻●○○●○○●○●韻

此與蔡詞同,惟換頭句押韻,第四句添一字異。

江南春慢一體

吳文英自度曲,注小石調。

江南春慢

吴文英

雙調一百九字,前段十句五仄韻,後段十一句六仄韻。

風響牙籤,雲寒古硯,芳銘猶在堂笏。秋牀聽雨,妙
○●○○句○○●●句○○○○○●韻○○●●句●
謝庭、春草吟筆。城市喧鳴轍。清溪上、小山秀潔。便
●○讀○●○●韻○●○○●韻○○讀●○●●韻●
向此、搜松訪石,葺屋營花,紅塵遠避風月。　　瞿
●●讀○○●●句●●○○句○○●●○●韻　　○
塘路,隨漢節。記羽扇綸巾,氣凌諸葛。青天萬里,料
○●句○●●韻●●●○○句●○○●韻○○●●句●
漫憶、蓴絲鱸雪。車馬從休歇。榮華夢、醉歌耳熱。真
●●讀○○○●韻○●●○●韻○○讀●○●●韻○
箇是、天與此翁,芳芷嘉名,紉蘭佩兮瓊玦。
●●讀○●●句○●○○句○○●○○●韻

此系夢窗自度腔,無別詞可校。

罥馬索一體

調見《梅苑》。

罥馬索

《梅苑》無名氏

雙調一百九字,前段九句四仄韻,後段十一句五仄韻。

曉窗明,庭外寒梅向殘月。吳溪庾嶺,一枝偷把陽和
●○○句○●●○●○●韻○○●●句●○○●○○
洩。冰姿素艷,自然天賦,品格真香殊常別。奈北人、
●韻○○●●句●○○●句●●○○○●韻●○○讀
不識南枝,喚作臘前杏先發。　　奇絕。照溪臨水,
●●○○句●●○○●韻　　○●韻●○○●句
素禽飛下,玉羽瓊芳鬬清潔。懊恨春來何晚,傷心鄰
●○○●句●●○○●韻●●○○○●句○○○
婦爭先折。多情立馬,待得黃昏,疏影斜斜微酸結。
●○○●韻○○●●句●●○○句○●○○○○●韻
恨馬融、一聲羌笛起處,紛紛落如雪。
●●○讀●○○●●句○○●○●韻

《花草粹編》載此詞,後段第五、六句作"懊恨春工來何晚,傷憐媚眉先折",今從《梅苑》本訂正。其平仄無他詞可校。

八寶妝二體

仇遠詞名《八寶玉交枝》,與《新雁過妝樓》別名《八寶妝》者不同。

八寶妝

李甲

雙調一百十字，前段十句四仄韻，後段九句五仄韻。

門掩黃昏，畫堂人寂，暮雨乍收殘暑。簾卷疏星庭戶
〇●〇〇句●〇〇句●●〇〇●韻〇●〇〇〇
悄，隱隱嚴城鐘鼓。空階煙暝，半開斜月朦朧，銀河
●句●●〇〇〇●韻〇〇〇●句●◐〇●〇〇句〇〇
澄淡風淒楚。還是鳳樓人遠，桃源無路。惆悵夜
〇●〇〇●韻〇●●〇〇●句〇〇〇●韻◐◐●
久星繁，碧雲望斷，玉簫聲在何處。念誰伴、茜裙翠
●◐〇句●〇●●句●〇〇●〇●韻●〇●讀●〇◐
袖，共攜手、瑤臺歸去。對修竹、森森院宇。曲屏香暖
●句●〇●讀〇〇〇●韻●〇●讀〇〇●●韻●〇〇●
凝沈炷。問對酒當歌，情懷記得劉郎否。
〇〇●韻●●●〇〇句〇〇●●〇〇●韻

此調衹有仇遠詞可校。

又一體

仇　遠

雙調一百十字，前段十句五仄韻，後段九句七仄韻。

滄島雲連，綠瀛秋入，暮景却沈洲嶼。無浪無風天地
〇●〇〇句●〇〇句●●●〇〇●韻〇●〇〇〇●
白，聽得潮生人語。擎空孤柱。翠倚高閣憑虛，中流
句●●〇〇〇●韻〇〇〇●韻●●〇●〇〇句〇〇

蒼碧迷煙霧。惟見廣寒門外，青無重數。　不知是
〇●〇〇●韻〇●●〇〇句〇〇〇●韻　●〇●
水是山，不知是樹。漫漫知是何處。倩誰問、凌波輕
●●〇句●〇〇●韻〇〇〇〇●韻●〇●讀〇〇〇
步。漫凝睇、乘鸞秦女。想庭曲、霓裳正舞。莫須長笛
●韻●〇●讀〇〇〇●韻●〇●讀〇〇〇●韻●〇〇●
吹愁去。怕喚起魚龍，三更噴作前山雨。
〇〇●韻●●●〇〇句〇〇●●〇〇●韻

　　此與李詞同，惟前段第六句、後段第二句、第四句俱押
韻異。

疏影五體

　　姜夔自度仙呂宮曲。張炎詞咏荷葉，易名《綠意》。彭元
遜詞有"遺佩環、浮沈灃浦"句，名《解佩環》。

疏影

姜　夔

　　雙調一百十字，前段十句五仄韻，後段十句四仄韻。
苔枝綴玉。有翠禽小小，枝上同宿。客裏相逢，籬角
〇〇〇●韻●●〇●●句〇●〇●韻●●〇〇句〇●
黃昏，無言自倚修竹。昭君不慣龍沙遠，但暗憶、江
〇〇句●〇●●〇●韻〇〇●●〇〇●句●●●讀〇
南江北。想佩環、月夜歸來，化作此花幽獨。　猶
〇〇●韻●●〇讀●●〇〇句●●●〇〇●韻　〇

記深宮舊事，那人正睡裏，飛近蛾緑。莫似春風，不
●○○●句●○●●●句○●○●韻●●○○句⊖
管盈盈，早與安排金屋。還教一片隨波去，又却怨、
●○○句⊖●●○○●韻⊖○●●○○●句●●●讀
玉龍哀曲。等恁時、重覓幽香，已入小窗橫幅。
●○○●韻●●○⊖讀⊖●○○句●●●○○●韻

此調以此詞爲正體，若陳允平、張炎、張翥詞之押韻不同，句讀互異，皆變格也。

按周密詞前段第三句"一花初發"，"一"字仄聲。趙以夫詞第七句"玉仙緩轡江城路"，"玉"字仄聲。王沂孫詞"離魂分破東風恨"，"分"字平聲。趙以夫詞第八句"全不羨、揚州東閣"，"全"字平聲。第九句"似天教、瑤佩瓊裾"，"天"字平聲。趙文詞第十句"寂歷如聞幽咽"，"如"字平聲。吳文英詞後段第五句"圖入凌煙"，"圖"字平聲。第七句"相將初試紅鹽味"，"初"字平聲。趙以夫詞第九句"醉歸來、夢斷西窗"，"歸"字平聲。王沂孫詞"早又是、翠陰蒙茸"，"是"字仄聲。譜內可平可仄據此，餘參所采四詞。

張詞前段第三句"千峰獨立"，"獨"字入聲。又一首後段第三句"獨抱孤潔"，"獨"字入聲。此皆以入作平，不注可仄。

彭元遜詞後段起句"日晏山深聞笛"，"日"字以入作平，"聞"字平聲，與諸家不同，譜內不注可平可仄。

又一體

張　炎

雙調一百十字，前段九句五仄韻，後段十句四仄韻。

柳黄未結。放嫩晴、銷盡斷橋殘雪。隔水人家，渾是
●○●●韻●●○讀○●●○○●韻●●○○句○●

1655

花陰,曾醉好春時節。輕車幾度新堤曉,想如今、燕
○○句○●●○○●韻○○●●○○●句●○○讀●
鶯猶説。縱艷遊、得似當年,早是舊情都別。　　重
○○●韻●●○讀●●○○句●●●○●韻　　○
到翻疑夢醒,弄泉試照影,驚見華髮。却笑歸來,石
●○○●●句●○●●●句○●○●韻●●○○句●
老雲荒,身世飄然一葉。閉門約住青山色,自容與、
●○○句○●○○●●韻●○●●○○●句●○●讀
吟窗清絶。怕夜寒吹到梅花,休卷半簾明月。
○○○●韻●●○○●○○句○●●○○●韻

　　此與姜詞同,惟前段第二、三句作九字一句異。又一首後
段第二句"怕飛去、漫縐留仙裙摺",亦作九字句,注明不
另列。

又一體

陳允平

　　雙調一百十字,前後段各十句四仄韻。

千峰玉立,送孤雲伴我,羅村清宿。拂曉憑虛,春碧
○○●●句●○○●●句○○○●韻●●○○句○●
生寒,夜單瘦倚筇竹。東風不解吹愁醒,但芳草、溪
○○句●○●●○●韻○○●●○○●句●○●讀○
成南北。認霧鬢、遙鎖修顰,眉嫵爲誰愁獨。　　江
○○●韻●●●讀○●○○句○●○○○●韻　　○
上輕鷗似識,背昭亭兩兩,飛破晴綠。一片蒼煙,隔
●○○●●句●○○●●句○●○●韻●●○○句●

斷家山，夢繞石窗蘿屋。相看不厭朝還暮，算幾度、
●○○句●●●○○●韻○○●●○○●句●●讀
赤闌干曲。待倩詩、收拾歸來，寫作卧遊屏幅。
●○○●韻●●讀○●○○句●●●○○●韻

此亦與姜詞同，惟首句不押韻異。

又一體

張　炎

雙調一百十字，前段十句四仄韻，後段十句五仄韻。

雪空四野，照歸心萬里，千峰獨立。身與天游，一洗
●○●●句●○○●●句○○●●韻○●○○句●●
襟懷，海鏡倒湧秋白。相逢懶問盈虧事，但脉脉、此
○○句●●●●○●韻○○●●○○●句●●讀●
情何極。是幾番、飛蓋追隨，桂底露衣香濕。　　閒
○○●韻●●○讀○●○○句●●●○○●韻　　○
款樓臺夜色。料水光未許，人世先得。影裏分明，認
●○○●韻●●○●句○●○●韻●●○○句●
得山河，一笑亂山橫碧。乾坤許大須容我，渾忘了、
●○○句●●●○○●韻○○●●○○●句○○●讀
醉鄉猶客。待倩誰、招下清風，共結歲寒三益。
●○○●韻●●○讀○●○○句●●●○○●韻

此與陳詞同，惟換頭句押韻異。按：張詞別首換頭："窺
鏡蛾眉淡抹。爲容不在貌，獨抱孤潔。"多押一韻，正與此同。

又一體

張　翥

雙調一百十字，前段十一句五仄韻，後段十句四仄韻。

山陰賦客。怪幾番睡起，窗影生白。縹緲仙姝，飛下
○○●●韻●●○●●句○●○●韻●●○○句○●
瑤臺，淡泞東風顏色。微霜恰護朦朧月，更想像、暝
○○句●●●○○●韻○○●●○○●句●●●讀●
煙低隔。恨翠禽啼處，驚殘一夜，夢雲無跡。　　惟
○○●韻●●○○●句○○●●句●○○●韻　　○
有龍煤解染，數枝入畫裏，如印溪碧。老樹枯苔，玉
●○○●●句●○●●●句○●○●韻●●○○句●
暈冰圍，滿幅寒香狼籍。墨池雪嶺春長好，悄不管、
●○○句●●○○○●韻●○●●○○●句●●●讀
小樓橫笛。怕有人、誤認寒花，欲點曉來妝額。
●○○●韻●●○讀●●○○句●●●○●韻

此亦姜詞體，惟前結攤破句法作五字一句、四字兩句異。按：南曲黃鍾宮《疏影》調正照此填。

大聖樂三體

《宋史·樂志》道調宮。此調有平韻、仄韻兩體：平韻者見《順齋樂府》，仄韻者見《蘋洲漁笛譜》。

大聖樂

康與之

雙調一百十字，前段十一句一叶韻、三平韻，後段十一句四平韻。

千朶奇峰，半軒微雨，曉來初過。漸燕子、引教雛飛，
○●○○句●○○●句●○○●叶●●●讀●○○句
菡萏暗熏芳草，池面凉多。淺斟瓊卮浮綠蟻，展湘
●●●○○●句○●○○韻●○○○○●●句●○
簟、雙紋生細波。輕紈舉，動團圞素月，仙桂婆娑。
●讀○○○●韻○○●句●○○●●句○●○○韻

臨風對月恣樂，便好把、千金邀艷娥。幸太平無
○○●●●●句●●●讀○○○●○韻●●○○
事，擊壤鼓腹，携酒高歌。富貴安居，功名天賦，爭奈
●句●●●●句○●○○韻●●○○句○○○●句○●
皆由時命呵。休眉鎖，問朱顏去了，還更來麼。
○○○●○韻○○●句●○○●●句○●○○韻

此調押平聲韻者祇有此詞，前段第三句叶一仄韻，以下皆押平韻。如蔣捷詞"笙月凉邊，翠翹雙舞，壽仙曲破"，亦叶仄韻，正與此同。

按：蔣詞後段第二句"記曾趁、雷聲飛快梭"，"曾"字平聲。第四句"撫松采菊"，"松"字平聲。第八句"淡處還他滋味多"，"淡"字仄聲。譜內可平可仄據此。惟前段第八句"展一笑、微微紅透渦"，"一"字入聲。後段第十句"有碧荷貯酒"，"碧"字入聲。此皆以入作平，不注可仄。

又一體

周 密

雙調一百八字,前段十一句四仄韻,後段九句五仄韻。

虹雨霓風,翠縈蘋浦,錦翻葵徑。正小亭曲沼幽深,
◐●○○句●○○●句●○○●韻●○◐●○○句
冰簟沁肌,催覺綠窗人静。暗憶蘭湯初洗罷,襯碧
◐●●○句●●○○●韻●●○○○●●句●●
霧、籠綃垂蕙領。輕妝了,裊花侵絳縷,香滿鸞鏡。
●讀○○○●韻○○●句●○○●●句○●○●韻

人間午遲漏永。看雙燕、將雛穿藻井。喜玉壺無
○○●○●●韻●○●讀○○○●●韻●●○○
暑,涼涵荷氣,波摇簾影。畫舫西湖渾如舊,又菰冷
●句○○○●句○○○●韻●●○○○○●句●○●
蒲香驚夢醒。歸舟晚,聽誰家、紫簫聲近。
○○○●●韻○○●句●○○讀●○○●韻

此調押仄聲韻者祇有周詞及張詞,故可平可仄悉參張詞。此詞校平韻詞減二字,句讀亦小異。

又一體

張 炎

雙調一百十字,前段十一句五仄韻,後段九句六仄韻。

隱市山林,傍家池館,頓成佳趣。是幾番、臨水看雲,
●●○○句●○○●句●○○●韻●●○讀○●○○句

就樹攬香，詩滿闌干橫處。翠徑小車行花影，聽一
●●●○句○●○○○●韻●●●○○●句●●
片、春聲人笑語。深亭宇。對清晝漸長，閒教鸚鵡。
●讀○○○●●韻○○韻●○●○句○●○●韻
芳情緩尋細數。愛碧草如煙花自雨。任燕來鶯
○○●○●●韻●●●●○○●●韻●○○○
去，香凝翠暖，歌酒清時鐘鼓。二十四簾冰壺裏，有
●句○○●●句○●○○○●韻●●●●○●●句●
誰在、簫臺猶醉舞。吹笙侶。倚高寒、半天風露。
○●讀○○○●●韻○○●韻●○○讀●○○●韻

此詞與周詞校，前段第九句、後段第八句俱押韻，後段第
五句添二字作六字句異。

高山流水一體

調見《夢窗詞》，吳文英自度曲，贈丁基仲妾作也。妾善
琴，故以"高山流水"爲調名。

高山流水

吳文英

雙調一百十字，前段十句六平韻，後段十一句六平韻。
素絃一一起秋風。寫柔情、多在春葱。徽外斷腸聲，
●○●●●○○韻●○○讀○●○○韻●●●○句
霜霄暗落驚鴻。低鬟處、剪綠裁紅。仙郎伴，新製還
○○●●○○韻○○●讀●●○○韻○○●句●○

賡舊曲，映月簾櫳。似名花並蒂，日日醉春濃。
○●●句●●○○韻●○○●●句●●●○○韻
吳中。空傳有西子，應不解、換徵移宮。蘭蕙滿襟懷，
○○韻○○●●句●●讀●●○○韻○●●○○句
唾碧總噴花茸。後堂深、想費春工。客愁重，時聽蕉
●●●○○韻●○○讀●○○韻●○●句○●○
寒雨碎，淚濕瓊鍾。恁風流也，稱金屋、貯嬌慵。
○●●句●●○○韻●○○句●○●讀●○○韻

　　　　此調文英自製，無別首宋詞可校，其平仄當從之。

慢卷綢二體

柳永《樂章集》注夾鍾商。

慢卷綢

柳　永

雙調一百十一字，前段十三句四仄韻，後段十一句五仄韻。

閒窗燭暗，孤幃夜永，敲枕難成寐。細屈指尋思，舊
⊖●●●句○○●●句⊖●○○●韻●●●○○句●
事前歡，都來未盡，平生深意。到得如今，萬般追悔，
●○○句⊖○●●句○○○●韻●●○○句●○○●句
空祇添憔悴。對好景良宵，皺著眉兒，成甚滋味。
⊖●○●韻●●○○句●●○○句○●○●韻

紅茵翠被。當時事、一一堪垂淚。怎生得依前，
○○●●韻○○●讀⊖●○○●韻●⊖●○○句
似恁偎香倚暖，抱著日高猶睡。算得伊家，也應隨
●●○○●●句●●○○●●韻●●○○句●○○
分，煩惱心兒裏。又爭似從前，澹澹相看，免恁縈繫。
句⊖●○○●韻●⊖●○○句●●○○句⊖●○○韻

此調柳詞外秖有李甲詞可校。

又一體

李　甲

雙調一百十字，前段十二句四仄韻，後段十二句五仄韻。
絕羽沈鱗，埋香葬玉，杳杳悲前事。對一盞寒鐙，數
●●○○句○○●●句●●○○韻●●○○句●
點流螢，悄悄畫屏，巫山十二。蘚臉星眸，蕙情蘭性，
●○○句●●●○句○○●●韻●●○○句●●○●句
一旦成流水。縱有甘泉妙手，鴻都方士何濟。　香
●●○○●韻●●○○●●句○○○●○●韻　○
閨寶砌。臨妝處、迤邐苔痕翠。更不忍看伊，繡殘鴛
○●●韻○○●讀⊖●○○●韻●●●○○句●●○
侶，而今尚有，啼紅粉漬。好夢不來，斷雲飛去，黯黯
●句○○●●句○○●●韻●●●○句●○○●句●●
情無際。漫飲盡香醪，奈向愁腸，消遣無計。
○○●韻●●●○○句●●○○句○●○●韻

此詞與柳詞校，前結減一字攤破句法作六字兩句，後段第四、五句攤破句法作四字三句異。

選冠子十六體

一名《選官子》，曹勛詞名《轉調選冠子》，魯逸仲詞名《惜餘春慢》，侯寘詞名《蘇武慢》，一名《仄韻過秦樓》。

選冠子

周邦彥

雙調一百十一字，前段十二句四仄韻，後段十一句四仄韻。

水浴清蟾，葉喧凉吹，巷陌雨聲初斷。閒依露井，笑
◐●○○句●○○●句●●●○○韻○○●●句
撲流螢，惹破畫羅輕扇。人静夜久憑闌，愁不歸眠，
●○○句●●●○○韻○●●●○○句○●○○句
立殘更箭。歎年華一瞬，人今千里，夢沈書遠。
◐○○●韻●○○●●句○○○●句●○○●韻
空見説、鬢怯瓊梳，容銷金鏡，漸懶趁時勻染。梅風
◐●●讀●●○○句○○○●句●●●○○●韻○○
地溽，虹雨苔滋，一架舞紅都變。誰信無聊，爲伊才
●●句○●○○句●●●○○●韻○●○○句●○○
減江淹，情傷荀倩。但明河影下，還看疏星幾點。
●○○句○○●●韻●○○●●句○○○○●●韻

　　此調以此詞爲正體，方、楊、陳俱有和詞，其餘或句讀小異，或添字，或減字，皆變格也。

　　此詞可平可仄悉參譜内所采諸詞，或有以入作平及平仄

與諸家不同者,注明各詞之下,概不校注平仄。

又一體

蔡　伸

雙調一百十一字,前段十二句四仄韻,後段十一句四仄韻。

雁落平沙,煙籠寒水,古壘鳴笳聲斷。青山隱隱,敗
●●○○句○●○○句●●○○●韻○○●●句●
葉蕭蕭,天際暝鴉零亂。樓上黃昏,片帆千里歸程,
●○○句○●●○○●韻○●○○句●○○●○○句
年華將晚。望碧雲空暮,佳人何處,夢魂俱遠。
○○○●韻●●○○●句○○○●句●○●●韻
憶舊遊、邃館朱扉,小園香徑,尚想桃花人面。書盈
●●○讀●●○○句●○○●句●●○○○●韻○○
錦軸,恨滿金徽,難寫寸心幽怨。兩地離愁,一尊芳
●●句●●○○句○●●○○●韻●●○○句●○○
酒淒涼,危闌倚遍。儘遲留、憑仗西風,吹乾淚眼。
●○○句○○●●韻●○○讀○●○○句○○●●韻

此詞與周詞校,前後段第七句作四字句,第八句作六字句,又後結作七字一句、四字一句異。

又一體

吳文英

雙調一百十一字,前段十二句四仄韻,後段十一句四仄韻。

藻國淒迷，麴瀾澄映，怨入粉煙藍霧。香籠麝水，膩
●●○○句●○○●句●○○●○○韻○○●●句●
漲紅波，一鏡萬妝争妒。湘女歸魂，佩環玉冷無聲，
●○○句●●●○○●韻○●○○句●○●●○○句
凝情誰訴。又江空月墜，凌波塵起，繡鴛愁舞。
○○●●韻●○○●句○○○●句●○○●韻
還暗憶、鈿合蘭膏，絲牽瓊腕，見芍更憐心苦。玲瓏
○●●讀●●○○句○○●●句●●●○○●韻○○
翠幄，輕薄冰綃，穩倩錦雲留住。生怕哀蛩，早驚秋
●●句○●○○句●●●○○●韻○●○○句●○○
破紅衰，淚珠零露。耐西風老盡，羞趁東風嫁與。
●○○句●○○●韻●○○●●句○●○○●●韻

此與蔡詞同，惟後結五字一句、六字一句，仍照周詞填。

又一體

曹　勛

雙調一百十一字，前段十二句四仄韻，後段十一句四仄韻。

細柳排空，高榆擁岸，乍覺楚天秋意。凉隨夜雨，望
●●○○句○○●●句●●○○●韻○○●●句●
極長淮，孤館漫成留滯。天淨無雲，浪痕清影，窗戶
●○○句○●●○○●韻○○○○句●○○●句○●
閒臨煙水。歎驅馳塵事，殊喜蕭散，暫來閒適。
○○○●韻●○○○●句○●○●句●○○●韻
常念想、聖主垂衣，臨朝北顧，泛遣聊寬憂寄。輶軒
○●●讀●●○○句○○●●句●●○○●韻○○

載攬,虎節嚴持,談笑挂帆千里。憑仗皇威,濫陪樞
●●句○●○○句○●●○○●韻○●○○句●○○
筦,一語折衝遐裔。待歸來、瞻對天顔,須知有喜。
●句●●●○○●韻●○○讀○●○○句○●●●韻

　　此與蔡詞同,惟前後段第八、九句攤破句法作四字一句、六字一句異。

　　後段第二句"北"字以入作平,不注可仄。

又一體

魯逸仲

　　雙調一百十三字,前後段各十二句四仄韻。

弄月餘花,團風輕絮,露濕池塘春草。鶯鶯戀友,燕
●●○○句○○○●句●●○○○●韻○○●●句●
燕將雛,惆悵睡殘春曉。還是初相見時,携手旗亭,
●○○句○●●○○●韻○●○○●○句○●○○句
酒香梅小。向登臨長是,傷春滋味,淚彈多少。
●○○●韻●○○●●句○○○●句●○●●韻
因甚却、輕許風流,終非長久,又説分飛煩惱。羅衣
○●●讀○●○○句○○○●句●○○○●韻○○
瘦損、繡被香消,那更亂紅如掃。門外無窮路岐,天
●●句●●○○句●●●○○●韻○●○○●○句○
若有情,和天須老。念高唐歸夢,淒涼何處,水流
●●○句○○○●韻●○○○●句○○○●句●○
雲繞。
○●韻

此與周詞同，惟後結添二字作四字兩句異。

又一體

張景修

雙調一百十三字，前段十一句四仄韻，後段十二句四仄韻。

嫩水拖藍，遥堤影翠，半雨半煙橋畔。鳴禽弄舌，夢
●●○○句○○●●句●○●○○●韻○○●●句●
草縈心，偏稱謝家池館。紅粉牆頭，步摇金縷，纖柔
●○○句○●●○○●韻○●○○句●○○●句○○
舞腰低軟。被和風、搭在闌干，終日畫簾高卷。　春
●○○●韻●○○讀●○○句○●●○○●韻　○
易老、細葉舒眉，輕花吐絮，漸覺綠陰成幔。章臺繫
●●讀●●○○句○○●●句●●●○○●韻○○●
馬，灞水維舟，誰念鳳城人遠。悵恨故國陽關，杯酒
●句●●○○句○●●○○●韻●●●●○○句○●
飄零，惹人腸斷。恨青青客舍，江頭風笛，亂雲空晚。
○○句●○○●韻●○○●●句○○○●句●○○●韻

此詞與魯詞校，前段第七句作四字句，第九句作六字句，又結作七字一句、六字一句異。

又一體

《梅苑》無名氏

雙調一百十三字，前後段各十一句四仄韻。

憔悴江山，淒涼古道，寒日淡煙殘雪。行人立馬，手
○●○○句○○●●句○●●○●韻○○●●句●
折江梅，紅萼素英初發。月下瑤臺，弄玉飛瓊，不老
●○○句○●●○○●韻●●○○句●●○○句●●
年年春色。被東君、喚遣嬌紅，高韻且饒清白。　因
○○○●韻●○○讀●●●○句○●●○○●韻　○
動感、野水溪橋，竹籬茅舍，何似玉堂金闕。天教占
●●讀●●○○句●●○●句○●●○○●韻○○●
了，第一枝春，何處不宜風月。休問庾嶺止渴，金鼎
●句●●○○句○●●○●韻○●●●●●句○●
調羹，有誰如得。傲冰霜、雅態清香，花裏自稱三絕。
○○句●○○●韻●○○讀●●○○句○●●○○●韻

　　此詞與魯詞校，前段第四句作六字句，第六句作四字句，第七
句作四字句，第九句作六字句，兩結俱作七字一句、六字一句異。又
一首"庾嶺煙光"詞正與此同。

　　此詞及陳詞、曹詞後段第七句平仄與諸家不同，不參校入譜。

又一體

陸　游

　　雙調一百十三字，前後段各十二句四仄韻。

澹靄空濛，輕陰清潤，綺陌細塵初靜。平橋繫馬，畫
●●○○句○○○●句●●●○○●韻○○●●句●
閣移舟，湖水倒空如鏡。掠岸飛花，傍檐新燕，都是
●○○句○●●○○●韻●●○○句●○○●句○●
學人無定。歎連年戎帳，經春邊壘，暗彫顏鬢。
●○○●韻●○○●○句○○○●句●○○●韻

空記憶、杜曲池臺，新豐歌管，怎得故人音信。羈懷
○●●讀●●○○句○○○●句●●●○●韻○○
易感，老伴無多，談塵久閒犀柄。惟有翛然，筆牀茶
●●句●●○○句●○●●○●韻○○●句●●○
竈，自適筍輿煙艇。待綠荷遮岸，紅蕖浮水，更乘
●句●●●○○●韻●●○●句○○○●句●○
幽興。
○●韻

　　　此與張詞同，惟前後段兩結俱作五字一句、四字兩句異。
　　　按：侯寘"暗雨收梅"詞"況吟煙嘯月，彈絲吹竹，太平歌
詠"，"看飛雲丹詔，行沙金勒，待公歸覲"，兩結正與此同。
《鳴鶴餘音》馮尊師詞二十首，名《蘇武慢》，俱如此填。

又一體

　　　　　　　　　　　　　　　　　　　　虞　集
　　　雙調一百十三字，前段十二句四仄韻，後段十一句四
仄韻。

歸去來兮，昨非今是，惆悵獨悲奚語。迷途未遠，晨
○●○○句●●○●句○○●○○●韻○○●●句○
景熹微，乃命僕夫先路。風飄舟輕，候門童稚，此日
●○○句●●●○○●韻○○○○句●○○●句●●
再瞻衡宇。酒盈尊，三徑雖荒，松菊宛然如故。
●○●●韻●○○句○●○○句○●●○○●韻
聊寄傲、與世相違，舊交俱息，更復駕言焉取。琴書
○●●讀●●○○句●○●●句●●●○○●韻○○

情話,尋壑經丘,倦鳥岫雲容與。農人告我,有事西
○●句○●○○句●●●○○●韻○○●●句●●○
疇,孤棹賦詩春雨。但樂夫、天命何疑,乘化任渠
○句○●●○○韻●●○讀○●○○句○●●○
留去。
○●韻

此與陸詞同,惟前後段兩結俱作七字一句、六字一句異。

又一體

陳允平

雙調一百十三字,前後段各十二句四仄韻。

穀雨收寒,茶煙颺曉,又是牡丹時候。浮龜碧水,聽
●●○○句○○●●句●●●○○●韻○○●●句●
鶴丹山,綵屋幔亭依舊。和氣縹緲人間,滿谷紅雲,
●○○句●●●○○●韻●●●○○句●●○○句
德星呈秀。向東風種就,一庭蘭茁,玉香初茂。
●○○●韻●○○●●句●○○●句●○○●韻
還遥想、曲度嬌鶯,舞低輕燕,二十四簾芳晝。清溪
○○●讀●●○○句●○○●句●●●○○●韻○○
九曲,上巳風光,觴詠似山陰否。翠閣凝清,正宜瀹
●●句●●○○句○●●○○●韻●●○○句●○●
茗銀罌,熨香金鬭。又雙鸞飛下,長生殿裏,賜薔
●○○句●○○●韻●○○●●句○○●●句●○
薇酒。
○●韻

此詞與陸詞校，前段第七句添二字作六字句，第九句減二字作四字句，後段第八句添二字作六字句，第九句減二字作四字句異。

又一體

陳允平

雙調一百十三字，前後段各十二句四仄韻。

倦聽蛩砧，初拋鸞扇，隔浦亂鐘催晚。湘蒲簟冷，楚
●●○○句○○●句●●○○●韻○○●●句●
竹簾稀，窗下乍聞裁翦。倦柳拖煙，枯蓮蘸水，芙蓉
●○○句●○●○○●韻●●○○句○●●●句○○
翠深紅淺。對半牀鐙火，虛堂淒寂，近書思遍。
●○○●韻●●○○●句○○○●句●○○●韻
夜漏永、玉宇塵收，銀河光爛，夢斷楚天空遠。婆娑
●●讀●●○○句○○○●句●●●○○●韻○○
月樹，縹緲仙香，身在廣寒宮殿。無奈離愁亂織，藉
●●句●●○○句○●●○○●韻○●○○●●句●
酒消磨，倩花排遣。漸江空霜曉，黃蘆漠漠，一聲
●○○句●○●●韻●○○○●句○○●●句●○
來雁。
○●韻

此與陸詞同，惟後段第七句添二字作六字句，第九句減二字作四字句異。

又一體

虞　集

　　雙調一百十四字，前段十一句四仄韻，後段十二句四仄韻。

雲淡風輕，傍花隨柳，將謂少年行樂。高閣林間，小
○●○○句●○○●句○●○○●韻○●○○句●
車城裏，千古太平西洛。瞻彼泱泱，言思君子，流水
○○●句○○●●○●韻●●○○句○○●●句○●
儼然如昨。但清遊、天際輕陰，未便暮愁離索。
●○○韻●○○讀○●○○句●●●○○●韻
長記得、童冠相隨，浴沂歸去，吟詠鳶飛魚躍。逝者
○●●讀○●○○句●○○●句○●○○○●韻●●
如斯，吾衰甚矣，調理自存斟酌。清廟朱絲，舊堂金
○○句○○●●句○●●○○●韻○●○○句●○○
石，隱几似聞更作。農人告我，有事西疇，窈窕挂書
●句●●●○○●韻○○●●句●●○○句●●●○
牛角。
○●韻

　　此與"歸去來兮"詞同，惟後段第十句添一字作四字兩句異。

　　此詞前後段第四、五句，第七、八句平仄與諸家不同，張雨詞亦然。

又一體

張　雨

雙調一百十三字，前段十一句四仄韻，後段十二句五仄韻。

清露晨流，新桐初引，消受北窗凉曉。經卷熏鑪，筆
○●○○句○○○●句○●●○○●韻○●●○句●
牀茶具，長物任他圍繞。老子無情，年光有限，只似
○○●句●●●○○●韻●●○○句○○●●句●●
木人花鳥。擬凝雲、數朶奇峰，曾見漢唐池沼。
●○○●韻一○○讀●●○○句○●●○○●韻
還自笑。老學蟫魚，金題玉躞，書裏也容身了。阿對
○●●韻●●○○句○○●●句○●●○○●韻○●
泉頭，布衣無恙，占斷雨苔風篠。獨鶴歸來，西山缺
○○句●○○●句●●●○○●韻●●○○句○○●
處，掠過亂鴉林表。撫琴心、三疊胎仙，坐到月高
●句●●●○○●韻●○○讀○●○○句●●●○
山小。
○●韻

此與虞詞同，惟換頭句藏短韻異。

又一體

呂渭老

雙調一百七字，前段十二句四仄韻，後段十一句四仄韻。

雨濕花房，風斜燕子，池閣晝長春晚。檀盤戰象，寶
●●○○句○○●●句○●●○○●韻○○●●句●

局鋪棋，籌畫未分還懶。誰念少年，齒怯梅酸，病疏
●○○句○●●○○●韻○●●○句●●○○句●○
霞盞。正青錢遮路，綠絲明水，倦尋歌扇。　　空記
○韻●○○●●句●○○●句●○○●韻　　○●
得、小閣題名，紅箋親製，鐙火夜深裁翦。明眸似水，
●讀●●○○句○○●●句○●●○○●韻○○●●句
妙語如絃，不覺曉霜雞喚。聞道近來，箏譜慵看，金
●●○○句●●●○○●韻○●●○句○●○○句○
鋪長掩。瘦一枝梅影，回首江南路遠。
○○●韻●●○○●句○●○○●韻

此與周詞同，惟前後段第七句各減二字作四字句異。
後段第十句"一"字以入作平，不注可仄。

又一體

張　　　肎

雙調一百九字，前後段各十二句四仄韻。

裊裊芙葉，平鋪斷港，路入錦雲處。香浮綠水，浪卷
●●○●句○○●●句●●●○●韻○○●●句●●
晴舟，宛在翠紅香裏。湘妃餘酣未醒，擁蓋藏羞，含
○○句●●●○○●韻○○○○●●句●●○○句○
嬌欲語。想凌波塵遠，遙鳴佩，風飄艷綺。　　望中
○●韻●○○○●句○○●句○○●●韻　　●○
宛似若耶溪，隔水只欠，小艇采蓮女。最憐芳意，佳
●●●○○句●●●●句●●●○●韻●○○●句○
藕難尋，腸斷寸絲千縷。葉老房空，漫嗟此際，一點
●○○句○●●○○●韻●●○○句○○●●句●●

春心更苦。且休歌水調，恐驚起，文鴛雙侶。
○○●●韻●○○●●句●○●句○○○●韻

　　此即一百十三字魯詞體，前後段第三句、第十一句各減一字異。

　　換頭句不作上三下四折腰句法，後段第七、八句俱四字，第九句六字，亦與魯詞不同。

　　前段第七句，後段第四句，第八、九句平仄與諸家不同，譜內亦不校注。

又一體

曹　勛

　　雙調一百十三字，前段十二句四仄韻，後段十一句四仄韻。

秀木撐空，凝雲藏岫，處處群山橫翠。霜風冽面，酒
●●○○句○○●●句●●○○○●韻○○●●句●
力潛銷，征轡暫指天際。紅葉黃花，水光山色，常愛
●○○句○○●●○○●韻○●○○句●○○●句○●
曉雲晴霽。念塵埃眯眼，年華易老，覺遠行非易。
●○○●韻●○○●●句○○●●句●●○○●韻
常自感、羽客難尋，蓬萊難到，強作林泉活計。魚依
○●●讀●●○○句○○○●句●●○○●●韻○○
密藻，雁過煙空，家信漸遙千里。還是關河冷落，斜
●●句●●○○句○●●●○●韻○●○○●●句○
陽衰草，葦村山驛。又雞聲茅店，鴉啼露井重喚起。
○○●句●○○●韻●○○○●句○○●●○●●韻

　　此見《松隱集》，別名《轉調選冠子》，采以備體，不參校入譜。

霜葉飛七體

調見《片玉集》，因詞有"素娥青女鬬嬋娟"句，更名《鬬嬋娟》。

霜葉飛

周邦彥

雙調一百十一字，前段十句六仄韻，後段十句五仄韻。

露迷衰草。疏星挂，凉蟾低下林表。素娥青女鬬嬋
◐○○●韻○○●句○○○●●韻●○◐●●○
娟，正倍添悽悄。漸颯颯、丹楓撼曉。橫天雲浪魚鱗
○句◐●○○●韻◐●●讀○○●●韻○○○○
小。見皓月相看，又透入、清輝半晌，特地留照。
●韻●●●○○句●●●讀○○●●句●●○●韻

迢遞望極關山，波穿千里，度日如歲難到。鳳樓今夜
◐●●●○○句◐○○●句●●○●○●韻●○○●
聽西風，奈五更愁抱。想玉匣哀絃閉了。無心重理相
●○○句●●○○●韻●●●○○●●韻○○◐●○
思調。念故人、牽離恨，屏掩孤顰，淚流多少。
○●韻●●○讀○○●句●●○○句●○○●韻

此調以此詞爲正體，若方詞、張詞之減字，張詞別首之句讀小異，沈詞二首及黃詞之攤破句法，皆變格也。

前段起句，方、楊、陳和詞俱不押韻，吳文英詞"斷煙離緒"，"緒"字押韻，南宋人俱如此填。

前段第八句例作仄仄仄平平，方、楊、陳和詞皆然。惟譜

內張炎二詞及沈詞獨異,故不校注入譜。

　　此詞可平可仄悉參譜內所采諸詞。惟沈詞後段第二句"一"字入聲,張詞後段結句"一"字入聲,此皆以入作平,不注可仄。

又一體

方千里

雙調一百九字,前後段各十仄韻。

寒雲垂地,堤煙重,燕鴻數度江表。露荷風柳向人
○○●句○○●句○○●●●韻●○○○○
疏,臺榭還清悄。恨脉脉、離情怨曉。相思魂夢銀屏
○句○●○○●韻●●●讀○○●●韻○○○○
小。奈倦客征衣,自遍拂塵埃,玉鏡羞照。　　無限
●韻●●●○○句●●●○○句●○○●韻　　○●
靜陌幽坊,追歡尋賞,未落人後先到。少年心事轉頭
●●○○句○○○●句●●○●○韻●○○●●○
空,況近春懷抱。儘落葉紅英過了。離聲慵整當時
○句●●○○●韻●●●○○●韻○○○●○○
調。問麗質、從憔悴,消減腰圍,似郎多少。
●韻●●●讀○○●句○●○○句●○○●韻

　　此和周詞,惟前段第一句不押韻,第九句減二字異。按:楊澤民和詞前起"朔風嚴緊,長空布,同雲低黯天表",亦不押韻。前結"聽美人都驚,忽老盡群山,遠近相照",亦減二字,正與此同。

又一體

張　炎

雙調一百十一字，前段十句七仄韻，後段十句五仄韻。

舊家池沼。尋芳處，從教飛燕頻繞。一灣柳護水房春，看鏡鸞窺曉。暈宿酒、雙蛾淡掃。羅襦飄帶腰圍小。盡醉方歸去，又暗約、明朝鬭草。誰解先到。

心緒亂若晴絲，那回遊處，墜紅爭戀殘照。近來心事漸無多，尚被鶯聲惱。便白髮如今縱少。情懷不似前時好。漫竚立、東風外，愁極還醒，背花一笑。

此與周詞同，惟前段第九句押韻異。

又一體

張　炎

雙調一百十字，前段十句六仄韻，後段十句五仄韻。

故園空杳。霜風勁，南塘吹斷瑤草。已無清氣礙雲山，奈此時懷抱。尚記得、修門賦曉。杜陵花竹歸來早。傍雅亭幽榭，慣款語英遊，好懷無限歡笑。
●韻●●○○●句●●○○句●○○●●韻
不見換羽移商，杏梁塵遠，可憐都付殘照。坐中泣下
●●●●○○句●○○●句●○○●●韻●○●●
最誰多，歎賞音人少。悵一夜、梅花頓老。今年因甚
●○○句●●○○●韻●●讀○○●●韻○○○●
無詩到。待喚起清魂，說與淒涼，定應愁了。
○○●韻●●●○○句●●○○句●○○●韻

　　　此與周詞同，惟後段第八句減一字，不作六字折腰句法異。

又一體

沈　唐

　　雙調一百十一字，前後段各十一句五仄韻。

霜林凋晚，危樓迥，登臨無限秋思。望中閒想，洞庭
○○○●句○○●句○○●●○韻●○○●句●○
波面，亂紅初墜。更蕭索、風吹渭水。長安飛舞千門
○●句●○○●韻●○●讀○○●●韻○○○●○○
裏。變景摧芳榭，唯剩有、蘭衰暮叢，菊殘餘蕊。
●韻●●○○●句○●●讀○○●●句●○○●韻
回念花滿華堂，美人一去，鎮掩香閨經歲。又觀珠
○●○●○○句●○●●句●●○○○●韻●●○
露，碎點蒼苔，敗梧飄砌。漫贏得、相思眼淚。東君早
●句●●○○句●○○●韻●○●讀○○●●韻○○●
作歸來計。便莫惜、丹青手，重與芳菲，萬紅千翠。
●○○●韻●●●讀○○●句○●○○句●○○●韻

此詞與周詞校，前後段第四、五句攤破句法作四字三句，前段起句不押韻異。

又前段第十句平仄與諸家不同，不參校入譜。

又一體

沈　唐

雙調一百十一字，前後段各十一句五仄韻。

故宮秋晚，餘芳盡，輕陰閒淡池閣。鳳泥銀暗，玳紋
●○○●句　○○●句　○○○●●韻　●○○●句　●○
花卷，斷腸簾幕。漸砌菊、遺金謝却。芙蓉纔共清霜
○●句　●○○●韻　●●讀　○○●●韻　○○○●○○
約。半弄蕊澄波，淺拂臙脂，翠瓊連並彫萼。　應
●韻　●●●○○句　●●○○句　●○○●●韻　　○
是曾倚東君，縱艷姿輕盈，映損丹杏紅藥。旋成深
●○●○○句　●●○○○句　●●○●○●韻　●○○
妒，判與西風，任從開落。況衰晚淵明意薄。重陽羞
●句　●●○○句　●○○●韻　●○●○○●●韻　○○○
對花吟酌。待說與江梅，早傅粉勻香，慰伊蕭索。
●○○●韻　●●●○○句　●●●○○句　●○○●韻

此與"霜林凋晚"詞同，惟後段第二句添一字，兩結句讀亦小異。

又一體

黃　裳

雙調一百十二字，前段十句七仄韻，後段十一句六仄韻。

誰能留得年華住。韶華今在何處。萬林飛盡，但驚天
○○●○○●韻○○●○○●韻●○○●句●○○
籟，半空無數。望消息、霜催雁過。佳人愁起雲垂暮。
●句●○○韻●○讀●○●●韻○○●○○●韻
就繡幕、紅鑪去。金鴨時飄異香，柳腰人舞。　　休
●●●讀○○●韻○●○○●句●○○●韻　　○
道行且分飛，還共樂一歲，見景長是歡聚。大來芳
●○○○句○●●○句●●○●●韻●○○
意，既與名園，是花爲主。翠娥並、尊前笑語。來年管
●句●●○○句●○○●韻●○讀○○●●韻○○●
取人如故。向寂寞、中先喜。俄頃飛瓊，化成寰宇。
●○○●韻●●●讀○○●韻○●○○句●○○●韻

　　此詞與"霜林凋晚"詞校，前段第一、二句作七字一句，不押韻，兩結各多押一韻，句讀亦小異。

五綵結同心二體

　　此調有平韻、仄韻兩體：平韻者見趙彥端《介菴詞》，仄韻者見《樂府雅詞》。

五綵結同心

趙彥端

　　雙調一百十一字，前後段各九句四平韻。
人間塵斷，雨外風回，涼波自泛仙槎。非郭還非野，
○○●句●●○○句○○●●○○韻○●○○句

閒鶯燕、時傍笑語清佳。銅壺花漏長如綫，金鋪碎、
○○●讀○●●○○韻○○○●○○句○○●讀
香暖檐牙。誰知道、東園五畝，種成國艷天葩。
○●○○韻○○●讀●○●●句●○●○○韻
主人漢家龍種，正翩翩迥立，雪紵烏紗。歌舞承平
●○●○○●句○○○●●句●●○○韻○●○○
舊，圍紅袖、詩興自寫春華。未知三闕朝天去，定何
●句○○●讀○●●●○○韻●○○●○○句●○
似、鴻寶丹砂。且一醉、朱顏相慶，共看玉井浮花。
●讀○●○○韻●●讀○○○●句●●●●○○韻

此調押平韻者祇有此詞，無別首可校。

又一體

《樂府雅詞》無名氏

雙調一百十一字，前段九句五仄韻，後段九句六仄韻。

珠簾垂戶。金索懸窗，家接浣紗溪路。相見桐陰下，
○○○●韻○●○○句○●●○○韻○●○○句
一鈎月、恰在鳳凰棲處。素瓊碾就宮腰小，花枝裊、
●○●讀●●●○○韻●○●●○○●句○○●讀
盈盈嬌步。新妝淺、滿腮紅雪，綽約片雲欲度。
○○○●韻○○●讀●○○●句●●●○●●韻
塵寰豈能留住。唯只愁化作，綵雲飛去。蟬翼衫兒
○○●○○●韻○●○●●句●○○●韻○●○○
薄，冰肌瑩、輕罩一團香霧。彩箋巧綴相思苦。脉脉
●句○○●讀○●●○○●韻●○●●○○●●

動、憐才心緒。好作箇、秦樓活計，要待吹簫伴侶。
●讀○○○●韻●●●讀○○●●句●●○○●●韻

此調押仄韻者亦祇有此詞，無別首可校。

透碧霄三體

柳永《樂章集》注南呂調。

透碧霄

柳　永

雙調一百十二字，前段十二句六平韻，後段十二句五平韻。

月華邊。萬年芳樹起祥煙。帝居壯麗，皇家熙盛，寶
●○○韻●○○●●○○韻●●○○句○○○●句●
運當千。端門清晝，觚稜照日，雙闕中天。太平時、朝
●○○韻○○○●句○○⊙●句⊙●○○韻○○讀○
野多歡。遍錦街香陌，鈞天歌吹，閬苑神仙。　　昔
●○○韻●⊙○○●句○○○●句●●○○韻　　●
觀光得意，狂遊風景，再覩更精妍。傍柳陰、尋花徑，
○○●●句○○○●句●●●○○韻●●○讀○○●句
空恁彈轡垂鞭。樂遊雅戲，平康艷質，應也依然。仗
○●○○○韻●○●●句○○●●句⊙●○○韻●
何人、多謝嬋娟。道宦途蹤跡，歌酒情懷，不似當年。
⊖○讀○●○○韻●●○○●句○●○○句●●○○韻

此調始於此詞，應以此爲定格。若查詞之句法小異，曹詞

之句讀不同，皆變體也。

此詞可平可仄參校查詞，若曹詞自成一體，即不校注。

又一體

查 荎

雙調一百十二字，前段十二句六平韻，後段十二句五平韻。

檥蘭舟。十分端是載離愁。練波送遠，屏山遮斷，此
●○○韻●○○●●○○韻●○○●句○○○●句●
去難留。相從爭奈，心期久要，屢變霜秋。歎人生、杳
●○○韻●○○●句○○●●句●●○○韻●○○讀●
似萍浮。又翻成輕別，都將深恨，付與東流。　　想
●○○韻●○○●●句○○○●句●●○○韻　　●
斜陽影裏，寒煙明處，雙槳去悠悠。愛渚梅、幽香動，
○○●●句○○○●句●●●○○韻●●○讀○○●句
須采掇、倩纖柔。艷歌縈發，誰傳餘韻，來說仙遊。念
●●●讀●○○韻●●○●句○○○●句○●○○韻●
故人、留此遄州。但春風老後，秋月圓時，獨倚江樓。
●○讀○●○○韻●○○●●句○●○○句●●○○韻

此與柳詞同，惟後段第五句作折腰句法異。

又一體

曹 勛

雙調一百十七字，前段十句六平韻，後段十三句六平韻。

閬苑喜新晴。正桂華、飄下太清。寶篆凉秋，夢祥明
●●●○○韻●○○讀○●●○韻●●○○句●○○
月，天開輔盈成。宮闈女職遵慈訓，見海宇儀型。奉
●句○○●○○韻○○●○○●句●●●○○韻●
東朝、晨夕趨承。化内外、咸知柔順，已看彤管賦和
○○讀○●○●韻●●●讀○○○句●●●●●
平。　　宴坤寧。香騰金猊，煙暖秘殿綵衣輕。六樂
○韻　　●○○韻○○○句●●●●○○韻●●
絲竹，繞雲縈水，總按新聲。天臨帝幄，親頒壽酒，恩
○●句●○○●句●●○○韻○○●句○○●●句○
意兼勤。雁行綴、宰府殊榮。願萬億斯年，南山並永，
●○○韻●○●讀●●○○韻●●○○句○○●●句
坤厚贊堯明。
○●●○○韻

　　此詞校柳詞添五字，句讀小異。《松隱集》中祗有此詞，
無別首可校。

詞譜卷三十六

玉山枕一體

柳永《樂章集》注仙呂調。

玉山枕

柳　永

雙調一百十三字,前後段各十一句五仄韻。

驟雨新霽。蕩原野、清如洗。斷霞散彩,殘陽倒影,天
●●○●韻●○●讀○○●韻●○●●句○○●●句○
外雲峰,數朵相倚。露莎煙芰滿池塘,見次第、幾番
●○○句●●○●韻●○○●●○○句●●●讀●○
紅翠。當是時、河朔飛觴,避炎蒸,想風流堪繼。
○●韻○●○讀○●○○句●○○句●○○●●韻

晚來高樹清風起。動簾幕、生秋氣。畫樓晝寂,蘭堂
●○○●○○●韻●○●讀○○●韻●○●●句○○
夜靜,舞艷歌姝,漸任羅綺。訟閒時泰足風情,便爭
●●句●●○○句●●○●韻●○○●●○○句●○
奈、雅歡都廢。省教成、幾闋新歌,盡新聲,好尊前
●讀●○●●韻●○○讀●●○○句●○○句●○○
重理。
○●韻

此調衹有此詞,無別首宋詞可校。

此詞前後段結句俱作上一下四句法,填者辨之。

期夜月一體

《花草粹編》原注:"樂部中,惟杖鼓鮮有能工之者。京師官妓楊素娥最工,劉潛酷愛之,作《期夜月》詞,素娥以此名動京師。"

期夜月

劉　潛

雙調一百十三字,前段十三句八仄韻,後段十二句六仄韻。

金鈎花綬繫雙月。腰肢軟低折。揎皓腕,縈繡結。輕
〇〇〇●●〇韻〇〇●●韻〇●句〇●●韻〇
盈宛轉,妙若鳳鸞飛越。無別。香檀急扣轉清切。翻
〇●●句●●〇〇〇●韻〇韻〇〇●●●〇●韻〇
纖手飄瞥。催畫鼓,追脆管,鏘洋雅奏,尚與衆音爲
〇〇●韻●●●句〇●●句〇〇●●句●●〇〇〇
節。　　當時妙選舞袖,慧性雅質,名爲殊絕。滿座傾
●韻　　〇〇●●●●句●●●●句〇〇〇●韻●●〇
心注目,不甚窺回雪。纖怯。逡巡一曲霓裳徹。汗透
〇●●句●●〇〇●韻〇●韻〇〇●●〇〇●韻●●
鮫綃濕。教人與,傅香粉,媚容秀發,宛降蕊珠宮闕。
〇〇●韻〇〇●句●〇●句〇〇●●句●●●〇〇●韻

《花草粹編》載此詞，後段脫第六句及結句，又第八句"汗透鮫綃濕"作"汗透鮫綃肌潤"，第九、第十句"教人與，傅香粉"作"教人傅香粉"一句，今照《詞緯》本校正。

此調衹有此詞，無別首宋詞可校。

輪臺子二體

柳永《樂章集》注中呂調。

輪臺子

柳　永

雙調一百十四字，前段八句四仄韻，後段十一句六仄韻。

一枕清宵好夢，可惜被、鄰雞喚覺。匆匆策馬登途，
●●○○●句　●●●　讀○○●韻○○●●○○句
滿目淡煙衰草。前驅風觸鳴珂，過霜林、漸覺驚棲
●●●○○韻　○○○●○○句●○○　讀●●○○
鳥。冒征塵遠況，自古淒涼長安道。　　行行又歷孤
●韻●○○●●句●●○○○●韻　　　○○●●○
村，楚天闊、望中未曉。念勞生、惜芳年壯歲，離多歡
○句●○●　讀●○●●韻●○○　讀●○○●●句○○○
少。歎斷梗難停，暮雲漸杳。但黯黯銷魂，寸腸憑誰
●韻●●●○○句●○●●韻●●●○○句●○○○
表。恁驅馳、何時是了。又爭似、却返瑤京，重買千
●韻●○○　讀○○●●韻●○●　讀●●○○句●●○

金笑。
○●韻

此詞見《樂章集》,宋人無填此體者,其平仄無可參校。

又一體

柳　永

雙調一百四十字,前後段各十三句八仄韻。

霧斂澄江,煙鎖藍光碧。彤霞襯遙天,掩映斷續,半
●●○○句○●○●韻○○●○句●●●●句●
空殘璧。孤村望處人寂寞。聞釣叟、甚處一聲羌笛。
○○●韻○○●●○●●韻○●●讀●●○○●韻
九疑山畔纔雨過,斑竹作、血痕添色。感行客。翻思
●○○●○●●句○●●讀●○○●韻●○●韻○○
故鄉,恨因循阻隔。路久沈消息。　　正老松古柏青
●○句●○○●●韻●●○○●韻　　●●○●●○
如織。聞野猿啼、愁聽得。見釣舟初出,芙蓉渡頭,鴛
○●韻○●○○讀○●●韻●●○○句○○●○句○
鴦灘側。干名利祿終無益。念歲歲間阻,迢迢紫陌。
○○●韻○○●●○○●韻●●●○●句○○●●韻
翠娥嬌艷,從別經今,花開柳坼傷魂魄。利名牽役。
●○○●句○●○○句○○●●○○●韻●○○●韻
又爭忍、把光景拋擲。
●○●讀●○●●韻

此詞《樂章集》不載,見《花草粹編》。與"一枕清宵"詞句讀不同,亦無別首宋詞可校。

沁園春七體

金詞注般涉調，蔣氏十三調注中呂調。張輯詞結句有"號我東仙"句，名《東仙》。李劉詞名《壽星明》。秦觀減字詞名《洞庭春色》。

沁園春

蘇　軾

雙調一百十四字，前段十三句四平韻，後段十二句五平韻。

孤館鐙青，野店雞號，旅枕夢殘。漸月華收練，晨霜
⊖●○○句⊖●●○句●●●○韻●○○●句○●
耿耿，雲山摛錦，朝露漙漙。世路無窮，勞生有限，似
⊖●句⊖○⊖●句⊖●○○韻●●○○句○○●●句⊖
此區區長鮮歡。微吟罷，憑征鞍無語，往事千端。
●○○●○韻○○●句⊖○○⊖●句●●○○韻

當時共客長安。似二陸、初來俱少年。有筆頭千
⊖○●●○○韻●●●讀⊖○⊖●○韻●●○○
字，胸中萬卷，致君堯舜，此事何難。用舍由時，行藏
●句○○●●句●○○●句⊖●○○韻●●○○句○○
在我，袖手何妨閒處看。身長健，但優游卒歲，且鬭
⊖●句●●○○⊖●○韻○⊖●句●○○●●句⊖●
尊前。
○○韻

此調以此詞及賀詞爲正體,若葛詞、林詞之添字,張詞之襯字,李詞之減字,皆變格也。

此調前段第十一句、後段第十句例作平平仄。如李昴英詞之"又何須",何夢桂詞之"奇絶處",趙以夫詞之"太平也",劉過詞之"誰羨汝",及類列林詞之"動星象",李詞之"願此去",皆與調不合,譜内不校注平仄。

按:辛棄疾詞後段起句"更憑歌舞爲媒","更"字仄聲,"歌"字平聲。黃機詞第二句"爲小駐、壽君金叵羅","壽"字仄聲。張榘詞第三、四句"算支撐厦屋,正資梁棟","厦"字仄聲,"梁"字平聲。辛詞第五句"疏籬護竹","護"字仄聲。陸游詞第十一句"有灞橋煙柳","灞"字仄聲。譜内可平可仄據此,餘參類列四詞。

劉過詞前段第十句"濃抹淡妝臨鏡臺","淡"字仄聲。後段起句"白雲天竺去來","去"字仄聲。第七句"逋曰不然","不"字仄聲。俱與諸家不同,譜内亦不校注。

又一體

賀　鑄

雙調一百十四字,前段十三句四平韻,後段十三句六平韻。

宮燭分煙,禁池開鑰,鳳城暮春。向落花香裏,澄波
○●○○句●○●●句●○●○韻●●○○●●句○○
影外,笙歌遲日,羅綺芳塵。載酒追遊,聯鑣歸晚,鐙
●●句○○●●句○●○○韻●●○○句○○○●句○
火平康尋夢雲。逢迎處,最多才自負,巧笑相親。
●○○○●○韻○○●句●○○●●句●●○○韻

離群。客宦漳濱。但驚見、來鴻歸燕頻。念日邊
〇〇韻●●〇〇韻●〇●讀〇〇●〇〇韻●〇
消耗，天涯悵望，樓臺清曉，簾幕黃昏。無限悲涼，不
〇●句〇〇●●句〇〇●●句〇●〇〇韻〇〇〇句●
勝憔悴，斷盡危腸銷盡魂。方年少，恨浮名誤我，樂
〇〇●句●●〇〇〇●〇韻〇〇●句●〇〇●●句●
事輸人。
●〇〇韻

此與蘇詞同，惟換頭句押短韻異。南北宋詞如此填者亦多。

又一體

葛長庚

雙調一百十六字，前段十三句四平韻，後段十三句六平韻。

黃鶴樓前，吹笛之時，先生朗吟。想劍光飛過，朝遊
〇●〇〇句〇●〇〇句〇〇●〇韻●●〇〇●句〇〇
南嶽，墨藍放下，夜醉東鄰。鐺煮山川，粟藏世界，有
〇●句●〇●●句●●〇〇韻〇●〇〇句●●●●句●
明月清風知此音。還應笑，笑釀成白酒，散盡黃金。
〇●〇〇〇●〇韻〇〇●句●●〇●●句●●〇〇韻
知音。自有相尋。休踏破葫蘆折斷琴。唱白蘋紅
〇〇韻●●〇〇韻●●●〇〇●●〇韻●●〇〇
蓼，廬山日暮，西風黃葉，渭水秋深。三入岳陽，再遊
●句〇〇●●句〇〇〇●句●●〇〇韻●●〇〇句●〇

溢浦，自一去悠悠直至今。桃源路，儘不妨來往，時
○句●●○○●●○韻○○●句●●○○●句○
共登臨。
●○○韻

　　此與賀詞同，惟前後段第十句各添一字異。按：葛詞別首
前段第十句"上更有朱仙朝闘壇"，後段第十句"有桃李時新
飣幾盤"，正與此同。

　　又張先"心膂良臣"詞前段第十句添一字，後段第十句仍
作七字句，與此詞又異，注明不另録。

又一體

林正大

　　雙調一百十六字，前段十三句四平韻，後段十二句五
平韻。

子陵先生，故人光武，以道相忘。幸炎符再握，六龍
●○○○句●○○●句●●○○韻●○○●句●○
在御，看臣來億兆，陽德方剛。自是先生，獨全高節，
●●句●○○●●句○●○○韻●●○○句●●○●句
歸去江湖樂未央。動星象，披羊裘傲睨，人世軒裳。
○●○○●●○韻●○●句○○●●句○●○○韻
　　高哉不事侯王。愛此地、山高水更長。蓋先生心
○○●●○○韻●●●讀○○●●○韻●○○○
地，超乎日月，又誰如光武，器量包荒。立懦廉頑，有
●句○○●●句●○○○●句●●○○韻●●○○句●
功名教，萬世清風更激揚。無今古，想雲山鬱鬱，江
○○●句●●○○●●○韻○○●句●○○●●句○

水泱泱。
●○○韻

　　此亦與蘇詞同，惟前段第六句、後段第五句各添一字異。林詞三首皆然。

又一體

李　劉

　　雙調一百十二字，前段十三句四平韻，後段十二句五平韻。

玉露迎寒，金鳳薦冷，正蘭桂香。覺秋光過半，日臨
●●○○句○●●●句●○○韻●○○●●句●○
三九，葱葱佳氣，靄靄琴堂。見說當年，申生穀旦，夢
○●句○○●●句●●○○韻●●○○句○○●●句●
叶長庚天降祥。文章伯，英聲早著，騰踏飛黄。
●○○●○韻○○●句○○●●句○●○○韻
雙凫暫駐東陽。已種得、春陰千樹棠。有無邊風月，
○○●●○○韻●●●讀○○●○○韻●○○●●句
幾多事業，安排青瑣，入與平章。百里民歌，一尊春
●○●●句○○○●句●●○○韻●●○○句●○○
酒，爭勸殷勤稱壽觴。願此去，龜齡難老，長侍君王。
●句○●○○●●○韻●●●句○○●●句○●○○韻

　　此與蘇詞同，惟前段第十二句、後段第十一句各減一字異。按：韓玉"壯歲耽書"詞兩結"凄涼否，缾中匱粟，指下忘琴"，"掀髯笑，一杯有味，無事無心"，各減一字，正與此同。

1695

又一體

秦　觀

雙調一百十五字，前後段各十二句四平韻。

宿靄迷空，膩雲籠日，晝景漸長。正蘭泥膏潤，誰家
●●○句●○○●句●●○○韻●○○●句○○

燕喜，蜜脾香少，觸處蜂忙。盡日無人簾幕挂，更風
●●句●○○●句●●○○韻●●○○○●●句●○

遞游絲時過墻。微雨後，有桃愁杏怨，紅淚淋浪。
●●○○●○韻○●●句●○○●●句○●○○韻

風流寸心易感，但依依竚立，迴盡柔腸。念小奩
○○●○●●句●○○●●句●●○○韻●●○

瑤鑑，重勻絳蠟，玉籠金鬬，時熨沈香。柳下相將遊
○●句○○●●句●○○●句○●○○韻●●○○○

冶處，便回首青樓成異鄉。相憶事，縱鸞箋萬疊，難
●●句●○●○○○●○韻○●●句●○○●●句○

寫微茫。
●○○韻

此亦《沁園春》調之一體，因秦觀、程垓、陸游、京鏜及《梅苑》無名氏詞俱名《洞庭春色》，故另作一譜。

按：京鏜詞前段起句"命駕訪稽"，"訪"字仄聲。無名氏詞第三句"一枝乍芳"，"枝"字平聲。第四句"向籬邊竹外"，"竹"字仄聲。陸游詞第六句"難如人意"，"難"字平聲。無名氏詞第八句"惹露和煙凝酥艷"，"酥"字平聲。第九句"似瀟灑玉人初試妝"，"玉"字仄聲。京詞第十一句"任春來桃李"，"桃"字平聲。無名氏詞後段第一句"倚樓最難忘處"，

"倚"字仄聲,"忘"字平聲。京詞第四句"歎里門密邇","密"字仄聲。陸詞第五句"筆牀茶竈","筆"字仄聲,"茶"字平聲。第六、七句"閒聽荷雨,一洗衣塵","閒"字平聲,"一"字仄聲。無名氏詞第八句"休怪東君先留意","留"字平聲。京詞第九句"念此地徘徊誰似君","此"字仄聲。譜内可平可仄據此,餘參程詞。

又一體

程垓

雙調一百十三字,前段十二句四平韻,後段十一句四平韻。

錦字親裁,淚巾偷裹,細說舊時。記笑桃門巷,妝窺
●●○○句●●○○句●●●○韻●●○○句○○
寶靨,弄花庭榭,香濕羅衣。幾度相隨遊冶去,任月
●●句●○○●句○●○○韻●●○○○●●句●●
細風尖猶未歸。多少事,有垂楊眼見,紅燭心知。
●○○●○韻●●●句●○○●●句○●○○韻

如今事都過也,但贏得雙鬢成絲。歎半妝紅豆,相思
○○●○●●句●○●●●○○韻●●○○●句○○
有分,兩分青鏡,重合難期。惆悵一春飛絮盡,夢悠
●●句●○○●句○●○○韻○●●○○●●句●○
揚、教人分付誰。銷魂處,又梨花雨暗,半掩重扉。
○讀○○○●○韻○○●句●○○●●句●●○○韻

此與秦詞同,惟後段第二句減二字異。按:《梅苑》無名氏詞換頭"倚樓最難忘處,正皓月千里流光",又陸游詞"人間定無可意,怎換得玉膾絲蓴",京鎧詞"因嗟錦城四載,漫贏得齒豁頭童",正與此同。

丹鳳吟三體

調見《清真樂府》。

丹鳳吟

周邦彦

雙調一百十四字，前段十二句四仄韻，後段十一句五仄韻。

迤邐春光無賴，翠藻翻池，黃蜂遊閣。朝來風暴，飛
◐●○○●句●●○○句○○○●韻○○◐●句○
絮亂投簾幕。生憎暮景，倚墻臨岸，杏靨夭斜，榆錢
●●○○●韻○○●●句●○○●句●●○○句○○
輕薄。晝永惟思傍枕，睡起無聊，殘照猶在庭角。
○●韻●●○○●●句●●○○句○●○●○●韻

況是別離氣味，坐來便覺心緒惡。痛飲澆愁酒，
●●●○◐●句●○●●○●●韻●●○○●句
奈愁濃如酒，無計銷鑠。那堪昏暝，蔌蔌半檐花落。
●○○○●句○●○●韻○○○●句●●●○○●韻
弄粉調朱柔素手，問何時重握。此時此意，長怕人
●●○○○●●句●○○○●韻●○●●句○●○
道著。
●●韻

此調以此詞爲正體，方、楊、陳俱有和詞。若吳詞之句讀小異，乃變格也。

張翥詞句讀不同，自成一體，譜內不校注平仄。

按：陳允平詞前段第七句"還思年少"，"還"字平聲。後段起句"過了幾番花信"，"花"字平聲。楊澤民詞第三句"雖有丁寧語"，"雖"字平聲。陳詞第四句"把夭桃艷杏"，"艷"字仄聲。方千里詞第七句"匆匆坐驚搖落"，"匆匆"二字俱平聲。譜內可平可仄據此，餘參吳詞。

吳詞前段第三句"結"字入聲，第七句"刻"字入聲，第九句"索"字入聲，此皆以入作平，不注可仄。

又一體

吳文英

雙調一百十四字，前段十二句四仄韻，後段十一句五仄韻。

麗錦長安人海，避影繁華，結廬深寂。鐙窗雪戶，光
●●○○●句●●○○句○○●韻○○●●句○
映夜寒東壁。心彫鬢改，鏤冰刻水，縹簡離離，風籤
●●○○●韻○○●●句●●●●句○○○○句○○
索索。怕遣花蟲蠹粉，自採秋芸熏架，香泛纖碧。
●●韻●●○○●●句●●○○○●句○●○●韻

更上新梯窈窕，暮山淡著城外色。舊雨江湖遠，
●●○○●●句●○●●○●●韻●●○○●句
問梧陰門巷，燕曾相識。吟壺天小，不覺翠連雲隔。
●○○○●句●○○●韻○○○●句●●●○○●韻
桂斧月宮三萬手，記元和通籍。軟紅滿路，誰聘幽
●●●○○●●句●○●○●韻●○●●句○●○
素客。
●●韻

此與周詞同，惟前結作六字兩句、四字一句異。

又一體

張翥

雙調一百字，前段十句五仄韻，後段九句五仄韻。

蓬萊花鳥。計並宿苔枝，雙雙嬌小。海上仙姝，喚起
〇〇〇●韻●●〇〇句〇〇〇●韻●●〇〇句●●
綠衣歌笑。芳叢有時遣探，聽東風、數聲啼曉。月下
●〇〇●韻〇〇●●●〇句●〇〇讀●〇〇●韻●●
人歸，凄涼夢醒，悵別多歡少。　念故巢、猶在瘴
〇〇句〇●●●句●●〇〇●韻　●●〇讀〇●●
雲杪。甚閉入雕籠，庭院深悄。信斷鸞栖遠，鎮怨情
〇●韻●●●〇〇句〇●〇●韻●●〇〇●句●●〇
縈繞。翠襟近來漸短，看梅花、又還開了。縱解收香
〇●韻●〇●〇●●句●〇〇讀●〇〇●韻●●〇〇
寄與，奈羅浮春杳。
●●句●〇〇〇●韻

此與周詞句讀不同，因詞名同，故爲類列。

此詞前後段兩結句及後段第五句例作上一下四句法，填者辨之。

紫萸香慢一體

調見鳳林書院元詞，姚雲文自度腔。因詞有"紫萸一枝傳賜"句，取以爲名。

紫萸香慢

姚雲文

雙調一百十四字，前段十句四平韻，後段十二句七平韻。

近重陽、偏多風雨，絶憐此日暄明。問秋香濃未，待
●○○讀○○○●句●●●○○韻●○○○●句●
携客，出西城。正自羈懷多感，怕荒臺高處，更不勝
○●句●○○韻●●○○●句●○○○●句●●○
情。向尊前、又憶漉酒插花人，只坐上、已無老兵。
○韻●○○讀●○○●○○句●●讀●○○韻

淒清。淺醉還醒。愁不肯、與詩平。記長楸走馬，
○○韻●●○韻○●●讀○○韻●○○●●句
雕弓笮柳，前事休評。紫萸一枝傳賜，夢誰到、漢家
○○●●句●●○○韻●○○○●句●○●讀●○
陵。儘烏紗、便隨風去，要天知道，華髮如此星星。歌
○韻●○○讀●○○●句●○○●句●●○○○韻○
罷涕零。
●●○韻

此姚自製詞，無他詞可校。

瑤臺月三體

調見《梅苑》，《鳴鶴餘音》無名氏詞名《瑤池月》。

瑶臺月

《梅苑》無名氏

雙調一百十四字，前段十三句六仄韻，後段十二句七仄韻。

嚴風凛冽，萬木凍，園林蕭静如洗。寒梅占早，争先
〇〇●●句●●●句〇〇〇●〇●韻〇〇●●句〇〇
暗吐香蕊。逞素容、探暖欺寒，偏妝點、亭臺佳致。通
●●〇●韻●●〇讀●●〇〇句●●●讀〇〇〇●韻〇
一氣，超群卉。值臘後，雪清麗。開筵共賞，南枝宴
●●句〇〇●韻●●●句●〇●韻〇〇●●句〇〇●
會。　　好折贈、東君驛使。把隴頭信息遠寄。遇詩
●韻　　●●●讀〇〇●●韻●〇〇●●●●韻●〇
朋酒侣，尊前吟綴。且優游、對景歡娱，更莫厭、陶陶
〇●●句〇〇〇●韻●〇〇讀●●〇〇句●●●讀〇〇
沈醉。羌管怨，瓊花墜。結子用，調鼎餌。將軍止渴，
〇●韻〇●●句〇〇●韻●●●句〇●●韻〇〇●●句
思得此味。
〇●●●韻

此調以此詞爲正體，若葛詞及無名氏詞之各添短韻，皆變格也。

此詞可平可仄即參所採二詞句法同者。

又一體

葛長庚

雙調一百二十字，前段十四句八仄韻，後段十三句七仄韻。

煙霄凝碧。問紫府清都，今夕何夕。桐陰下，幽情遠
○○○●韻　○●●○○句　○●●●韻　○○句　○○●
與秋無極。念陳迹、虎殿蚪宮，記往事、龍簫鳳笛。露
●○○韻　●○●讀●●○○句　●●●讀○●●●韻　●
華冷，蟾光白。雲影静，天籟息。知得。是蓬萊不遠，
○●句　○○●韻　○●●句　○●●韻　○●韻　●○○●●句
身無羽翼。　廣寒宮、舞徹霓裳，白玉臺、歌罷瑤
○○●●韻　　●○○讀●●○○句　●●○讀○●○
席。爭不思下界，有人岑寂。羡博望、兩泛仙槎，與曼
●韻　○●○●●句　●○○●韻　●●●讀●●○○句　●●
倩、三偷桃實。把丹鼎，暗融液。乘雲氣，醉麾斥。嗟
●讀○○○●韻　●○●句　●○●韻　○○●句　●○●韻　○
惜。但城南老樹，人誰我識。
●韻●○○●●句　○○●●韻

此詞與《梅苑》詞校，前段第二、三句作五字一句、四字一句，第四、五句作三字一句、七字一句，換頭句不押韻，又兩結各添短韻，前段第十三句、後段第十二句俱各添一字異。

又一體

《鳴鶴餘音》無名氏

雙調一百十八字，前段十四句八仄韻，後段十三句八仄韻。

1703

扁舟寓興。江湖上，無人知道名姓。忘機對景，咫尺
○○●●韻○○●句○○○●○●韻○○●●句●●
群鷗相認。煙雨急、一片篷聲，倚醉眼、看山還醒。晴
○○○●韻○●●讀●●○○句●●●讀○○○●韻○
雲斷，狂風信。寒潭倒，遠峰影。誰聽。橫琴數曲，瑤
○●句○○●韻○○●句●●●韻○●韻○○●●句○
池夜冷。　　這些子、名利休問。況是物、都歸幻境。
○●●韻　　●○●讀○●●○●韻○●●讀○○●●韻
須臾百年夢，去來無定。向嬋娟、留住青春，笑世上、
○○●○●句●○○●韻○○○讀○●○○句●●●讀
風流多病。蒹葭渚，芙蓉徑。放侯印，趁漁艇。爭甚。
○○○●韻○○●句○○●韻●○●句●○●韻○●韻
須知九鼎，金砂如瑩。
○○●●韻○○○●韻

此與《梅苑》詞同，惟前後兩結各添二字短韻異。

宣清一體

柳永《樂章集》注林鍾商。

宣清

柳　永

雙調一百十五字，前段十一句四仄韻，後段十二句五仄韻。
殘月朦朧，小宴闌珊，歸來輕寒凜凜。背銀釭、孤館
○●○○句●●○○句○○○○●●韻●○○讀○●

乍眠、擁重衾、醉魂猶噤。永漏頻傳，前歡已去，離愁
●○句●○○讀●○○韻●●○○句○○●●句○○
一枕。暗尋思，舊追遊，神京風物如錦。　念擲果
●●韻●○○句●○○句●○○●○●韻　●●●
朋儕，絶纓宴會，當時曾痛飲。命舞燕翩翻，歌珠貫
○○句●○○●句○○●●韻●●●○句○○●
串，向玳筵前，盡是神仙流品。至更闌、疏狂轉甚。更
●句●○○句●●○○●韻●○○讀○○●韻●
相將、鳳幃鴛寢。玉釵橫處，任散盡高陽，這歡娛、甚
○○讀●○●韻●○●句●●●○○句●○○讀●
時重恁。
○○●韻

　　汲古閣刻此詞後段脱"歌珠貫串"至"更相將"二十四字，今從《花草粹編》增定。
　　此調祗有此詞，無别詞可校。

八歸二體

　　此調有仄韻、平韻兩體：仄韻者見《白石詞》，姜夔自度夾鍾商曲；平韻者見《竹屋癡語》，高觀國自度曲。

八歸

姜　夔

　　雙調一百十五字，前段十句四仄韻，後段十一句四仄韻。

芳蓮墜粉，疏桐吹緑，庭院暗雨乍歇。無端抱影銷魂
○○●●句○○○●句○●●●○●韻○○●●○○
處，還見篠墻螢暗，蘚階蛩切。送客重尋西去路，問
●句○●○○○●句●○○●韻●●○○○●●句●
水面琵琶誰撥。最可惜、一片江山，總付與啼鴂。
●●○○○●韻●●●讀●●○○句●●●○●韻
　　長恨相從未款，而今何事，又對西風離別。渚寒
　　○●○○●●韻○○○●句●●○○○●韻●○
煙淡，棹移人遠，縹緲行舟如葉。想文君望久，倚竹
○●句●○○●句●●○○○●韻●○○●●句●●
愁生步羅襪。歸來後、翠尊雙飲，下了珠簾，玲瓏閒
○○●○●韻○○●讀●○○●句●●○○句○○○
看月。
●●韻

　　　此調押仄聲韻者祇有此詞及史達祖詞，故可平可仄悉校史詞。
　　　按：史詞前段第三句"人看畫閣愁獨"，"愁"字平聲。第六句"秀句難續"，"句"字仄聲。第七句"冷眼盡歸圖畫上"，"盡"字仄聲。第九句"想半屬、漁市樵村"，"漁"字平聲。譜內可平可仄據此。

又一體

　　　　　　　　　　　高觀國

　　　雙調一百十三字，前段十句五平韻，後段十一句五平韻。

楚峰翠冷，吳波煙遠，吹袂萬里西風。關河迥隔新愁
●○●●句○○○●句○●●●○○韻○○●●○○

外，遥憐倦客音塵，未見征鴻。雨帽風巾歸夢杳，想
●句○○●●○○句●●○○韻●●○○●●句●
吟思、吹入飛蓬。料恨滿、幽苑離宮。正愁黯文通。
○●讀○●○○韻●●讀○○○●韻●○●○○韻
秋濃。新霜初試，重陽催近，醉紅偷染江楓。瘦筇
○○韻○○●句○○●●句●○○●○○韻●○
相伴，舊遊回首，吹帽知與誰同。想萸囊酒釅，暫時
○●句●○○●句○●○○韻●○○●●句●○
冷落菊花叢。兩凝竚、壯懷無奈，立盡微雲斜照中。
●●●○○韻●○●讀●○○●句●●○○●○韻

此調押平聲者祇有此詞，無別首可校。

摸魚兒九體

一名《摸魚子》，唐教坊曲名。晁補之詞有"買陂塘，旋栽
楊柳"句，更名《買陂塘》，又名《陂塘柳》，或名《邁陂塘》。辛
棄疾賦怪石詞名《山鬼謠》。李冶賦並蒂荷詞有"請君試聽雙
蕖怨"句，名《雙蕖怨》。

摸魚兒

晁補之

雙調一百十六字，前段十句六仄韻，後段十一句七仄韻。
買陂塘、旋栽楊柳，依稀淮岸湘浦。東皋雨足輕痕
●○○讀◐○○●句◐○◐●○●韻◐○●●○○

漲，沙嘴鷺來鷗聚。堪愛處。最好是、一川夜月光流
●句　●●○○●韻○●●韻●●●讀●○●●○○
渚。無人自舞。任翠幕張天，柔茵藉地，酒盡未能去。
●韻●○●韻●●●○○句●●○●句●●●○●韻
青綾被，休憶金閨故步。儒冠曾把身誤。弓刀千
○○●句●●○○●韻○○○●○●韻●○○
騎成何事，荒了邵平瓜圃。君試覰。滿青鏡、星星鬢
●○○●句●●●○○●韻○●●韻●○●讀●○
影今如許。功名浪語。便做得班超，封侯萬里，歸計
●○○●韻●○●●韻●●●○○句●○●●句●●
恐遲暮。
●○●韻

　　此調當以晁、辛、張三詞爲正體，餘多變格。至若歐陽修、
《梅苑》無名氏詞，又自成一體也。

　　按：程垓詞前段起句、第二句"掩淒涼、黃昏庭院，角聲何處
嗚咽"，"黃"字平聲，"角"字仄聲。第七句"倚闌愁絕"，"愁"字
平聲。唐珏詞後段第三句"故人應動高興"，"故"字仄聲。程
詞第八句"不堪重説"，"不"字仄聲。李昂英詞第十句"後期長
在"，"後"字仄聲。譜內可平可仄據此，餘參下七詞。

　　何夢桂詞前段第四句"折不盡、長亭柳"，李彭老詞後段
第五句"一葉又、秋風起"，俱作折腰句法，與諸家不同。

　　姜夔詞前段第五、六句"閒記省。又還是、斜河舊約今再
整"，後段第六、七句"雲路迥。漫説道、年年野鵲曾並影"，
"再"字、"並"字俱仄聲，亦與諸家不同。

　　何夢桂詞前段第四句"空操離鸞烈女"，"烈"字仄聲。第
五句"試回首"，"試"字仄聲，"回"字平聲。後段起句"還自
笑"，"自"字仄聲。第三句"忘却兒童迎候"，"却"字仄聲，

"童"字平聲。第五句"一曲啼紅滿袖","滿"字仄聲。第六句"眉休皺","休"字平聲。又李俊民詞前段起句"這光景，能消幾度","景"字、"幾"字俱仄聲。張炎詞後段起句"景如許","景"字仄聲。俱與調不合，譜內亦不校注平仄。

又一體

辛棄疾

雙調一百十六字，前段十句七仄韻，後段十一句七仄韻。

更能消、幾番風雨。匆匆春又歸去。惜春長怕花開
●○○讀●○○●韻○○○●●韻●○○●○
早，何況落紅無數。春且住。見說道、天涯芳草無歸
●句○●●○●韻○●●韻●●讀○○○○○
路。怨春不語。算只有殷勤，畫檐蛛網，盡日惹飛絮。
●韻●○●●韻●●●○○句●○○句●●●●韻
　　長門事，準擬佳期又誤。蛾眉曾有人妒。千金縱
　　○○●句●●○○●韻○○○●○●韻○○●
買相如賦，脉脉此情誰訴。君莫舞。君不見、玉環飛
●○○●句●●●○○●韻○●●韻○●●讀●○○
燕皆塵土。閒愁最苦。休去倚危闌，斜陽正在，煙柳
●○○●韻○○●●韻○●●○○句○○●●句○
斷腸處。
●○●韻

此與晁詞同，惟前段起句押韻異。

又一體

李　演

雙調一百十六字，前段十一句六仄韻，後段十二句八仄韻。

又西風、四橋疏柳，驚蟬相對秋語。瓊荷萬笠花雲
●○○讀●○○●句○○○●●韻○●●○○
重，裊裊紅衣如舞。鴻北去。渺岸芷汀芳，幾點斜陽
●句●●○○●韻○●●韻●●●○○句●●○○
雨。吳亭舊樹。又繫我扁舟，漁鄉釣里，秋色澹歸鷺。
●韻○○●韻●●●○○句○○●●句○●●○●韻
　　長干路。蔓草疏煙斷墅。商歌如寫羈旅。丹溪翠
　　○○●韻●●○○●●韻○○○●○●韻○○●
岫登臨事，苔屐尚黏蒼土。鷗且住。怕月冷吟魂，婉
●○○●句○●●○○●韻○●●韻●●●○○句●
冉空江暮。明鐙暗浦。更短笛銜風，長雲弄晚，天際
●○○●韻○○●●韻●●●○○句○○●●句○●
畫秋句。
●○●韻

此詞與晁詞校，前段第六、七句，後段第七、八句，俱作五字兩句，又換頭句押韻異。

又一體

張　炎

雙調一百十六字，前段十一句七仄韻，後段十二句八仄韻。

愛吾廬、傍湖千頃。蒼茫一片清潤。晴嵐暖翠融融
●○○讀●○○●韻○○●○●韻○○●●○○
處，花影倒窺天鏡。沙浦迴。看野水涵波，隔柳橫孤
●句○●●○○●韻○●●韻●●●○○句●●○○
艇。眠鷗未醒。甚占得蓴鄉，都無人見，斜照起春暝。
●韻○○●●韻●●●○○句○○●●句○●●○●韻

　　還重省。豈料山中秦晉。桃源今度難認。林間却
　　○○韻●●○○○●韻○○○●○●韻○○●
是長生路，一笑元非捷徑。深更靜。待散髮吹簫，跨
●○○●句●●○○●韻○●●韻●●●○○句●
鶴天風冷。憑高露飲。正碧落塵空，光搖半壁，月在
●○○●韻○○●●韻●●●○○句○○●●句●●
萬松頂。
●○●韻

　　　　此與晁詞同，惟前後段起句俱押韻異。

又一體

　　　　　　　　　　　　　　　　白　樸

　　　　雙調一百十六字，前段十一句八仄韻，後段十二句九
　　仄韻。

問雙星、有情幾許。消磨不盡今古。年年此夕風流
●○○讀●○●韻○○●●○●韻○○●●○○
會，香暖月窗雲戶。聽笑語。知幾處。彩樓瓜果祈牛
●句○●●○○●韻○●●韻○●●韻●○○●○○
女。蛛絲暗度。似拋擲金梭，縈回錦字，織就舊時句。
●韻○○●●韻●○●○○句○○●●句●●●○●韻

愁雲暮。漠漠蒼煙挂樹。人間心更誰訴。擘釵分
○○●韻●●○○●●韻○○○●●韻●○○
鈿蓬山遠，一樣絳河銀浦。烏鵲渡。離別苦。啼妝灑
●○○●句○●●○○●●韻○●●韻○●●韻○○●
盡新秋雨。雲屏且住。算猶勝姮娥，倉皇奔月，只有
●○○韻○○●韻●○●○○句○○●●句●●
去時路。
●○●韻

　　此與張詞同，惟前段第六句、後段第七句各藏短韻異。
按：元好問詞前段："歡樂趣。離別苦。就中更有癡兒女。"後
段："天也妒。未信與。鶯兒燕子俱黃土。"正與此同。

又一體

趙從橐

　　雙調一百十四字，前段十一句七仄韻，後段十二句七
仄韻。

指庭前、翠雲合雨。霏霏香滿仙宇。一清透徹渾秋
●○○讀●●●●韻○○○●●韻●○●●○○
水，灌注百川流處。君試數。此樣襟懷，頓得乾坤住。
●句●●●○○●韻○●●韻●●○○句●●○○●韻
閒情半許。聽萬物氤氳，從來形色，每向靜中覷。
○○●●韻●●●○○句○○○●句●●●○●韻
琪花落，相接西池壽母。年年弦月時序。荷衣菊
○○●句○●○○●●韻○○○●○●韻○○●
佩尋常事，分付兩山容與。天證取。此老平生，可向
●○○●句○●●○○●韻○●●韻●●○○句●●

青天語。瑤卮緩舉。要見我何心，西湖萬頃，來去自
○○●韻○○●●韻●●●○○句○○●●句○●●
鷗鷺。
○●韻

此與辛詞同，惟前段第六句、後段第七句各減一字異。

又一體

徐一初

雙調一百十四字，前後段各十一句七仄異。

對茱萸、一年一度。龍山今在何處。參軍莫道無勳
●○○讀●○●●韻○○●●●韻○●●●○○
業，消得從容尊俎。君看取。便破帽飄零，也得傳千
●句○●○○○●韻○●●韻●●●○○句●●○
古。當年幕府。知多少時流，等閒收拾，有個客如許。
●韻○○●●韻○●●○○句●○○●句●●●○●韻
　追往事，滿目山河晋土。征鴻又遞邊羽。登臨莫
　○●●句●●○○●●韻○○●●○●韻○○●
上高層望，怕見故宮禾黍。觴綠醑。澆萬斛牢愁，淚
●○○●句●●●○○●韻○●●韻○●●○○句●
閣新亭雨。黃花無語，畢竟是、西風披拂，猶憶舊
●○○●韻○○○●句●●●讀○○●●句○●●
遊侶。
○●韻

此亦與辛詞同，惟後段第十句減二字異。

又一體

歐陽修

雙調一百十七字,前段十一句六仄韻,後段十二句五仄韻。
卷繡簾、梧桐秋院落,一霎雨添新綠。對小池、閒理
●●○讀○○○●●句●●○○●韻●●○讀○●
殘妝淺,向晚水紋如縠。凝遠目。恨人去寂寂,鳳枕
○○●句●●●○○●韻○○●韻●○●●●句●●
孤難宿。倚闌不足。看燕拂風檐,蝶翻露草,兩兩長
○○●韻●○●●韻○●●○○句●○●●句●●○
相逐。　　雙眉促。可惜年華腕晚,西風初弄庭菊。
○●韻　　○○●韻●●○○●●句○○○●○●韻
況伊家年少,多情未已難拘束。那堪更、趁涼景追
●○○○●句○○●●○○●韻●○●讀●○●○
尋,甚處垂楊曲。佳期過盡,但不説歸來,多應忘了,
○句●●○○●韻○○●●句●●●○○句○○●●句
雲屏去時囑。
○○●○●韻

此詞前段起句及第三句多一襯字,又後段第四、五句句讀
不同,疑有訛誤,因相傳已久,採入以備參考。

又一體

《梅苑》無名氏

雙調一百十六字,前段十一句三叶韻、四仄韻,後段十二
句兩叶韻、五仄韻。

歲華向晚，遙天布同雲，霰雪輕飛。前村昨夜漏春
●○●句○○●○○句●●○○叶○●●○
光，楚梅先放南枝。歎東君，運巧思。栽瓊鏤玉妝繁
○句●○○●○○叶○○句●●●韻○○●●○
蕊。花中偏異。解向嚴冬逗芳菲。免使遊蜂粉蝶戲。
●韻○○●韻○●○○●○○叶●●○○●●韻
　梁臺上，漢宮裏。殷勤仗高樓，羌管休吹。何妨
　○○●句●○●韻○○●○○句○●○○叶○○
留取憑闌干，大家吟翫歡醉。待明年，念芳草王孫，
○●●○○句●○○●○●韻●○○句●○●○○句
萬里歸得未。仙源應是。又被花開向天涯。淚灑東風
●●○●韻○○●韻●●○○●○○叶●●○○
對桃李。
●○●韻

　　此詞用本部三聲叶，句法多與本調不同。因見《梅苑》詞，係北宋人作，採以備體。

賀新郎十一體

　　葉夢得詞有"唱金縷"句，名《金縷歌》，又名《金縷曲》，又名《金縷詞》。蘇軾詞有"乳燕飛華屋"句，名《乳燕飛》；有"晚涼新浴"句，名《賀新涼》；有"風敲竹"句，名《風敲竹》。張輯詞有"把貂裘、換酒長安市"句，名《貂裘換酒》。

賀新郎

葉夢得

雙調一百十六字，前後段各十句六仄韻。

睡起流鶯語。掩蒼苔、房櫳向曉，亂紅無數。吹盡殘花無人問，惟有垂楊自舞。漸暖靄、初回輕暑。寶扇重尋明月影，暗塵侵、上有乘鸞女。驚舊恨，鎮如許。

江南夢斷衡皋渚。浪黏天、蒲萄漲綠，半空煙雨。無限樓前滄波意，誰採蘋花寄取。但悵望、蘭舟容與。萬里雲帆何時到，送孤鴻、目斷千山阻。誰爲我，唱金縷。

此調始自蘇軾，因蘇詞後段"花前對酒"句少一字，且格調未諧，故以此詞作譜。

按：前後段第四句，惟此詞及蘇詞俱作拗體，餘各不同，若校注入譜，恐易混淆，填者任擇一體宗之可也。又王邁詞之前後兩結句"數賢者，一不肖"，"清獻後，又有趙"，又一首詞後結"看卿等，上霄漢"，及譜中類列《豹隱紀談》詞之前後段第二句"荷東君、著意看承"，"怕仙槎、輕轉旌旗"，呂詞之前段第五句"桃花面皮似熱"，後段第四句"春山子規更切"，俱與調不合,概不校注平仄。

按:辛棄疾詞前段第二句"染胭脂、苧蘿山下","山"字平聲。李玉詞第六句"漸玉枕、騰騰夢醒","夢"字仄聲。劉克莊詞第七句"閣老鳳樓修造手","鳳"字仄聲。辛詞第八句"轉越江、剗地迷歸路","越"字仄聲。後段第六句"爲豁散、蠻煙瘴雨","瘴"字仄聲。第八句"怕壯懷、激烈須歌者","壯"字仄聲。譜內可平可仄據此,餘參所採諸詞。

宋自遜詞前段起句"步自雪堂去","雪"字入聲。辛詞第三句"清泉一勺","一"字入聲。此皆以入作平,譜內亦不校注平仄。

又一體

辛棄疾

雙調一百十六字,前後段各十句八仄韻。

瑞氣籠清曉。卷珠簾、次第笙歌,一時齊奏。無限神
●●○○●韻●○○讀●●○○句●○○●韻○●○
仙離蓬島。鳳駕輦車初到。見擁個、仙娥窈窕。玉佩
○○○●韻●●●○○●韻●●●讀○○●●韻●●
丁當風縹緲。正嬌姿、一似垂楊裊。天上有,人間少。
○○○●韻●○○讀●●○○●韻○●●句○○●韻

劉郎正是當年少。更那堪、天教付與,最多才
○○●●○○●韻●○○讀○○●●句●○○
貌。玉樹瓊枝相映耀。誰與安排忒好。有多少、風流
●韻●●○○○●●韻○●○○●●韻●○●讀○○
歡笑。直待來春成名了。馬如龍、綠綬欺芳草。同富
○●韻●●○○○○●韻●○○讀●●○○●韻○●

貴，又偕老。
●句●○●韻

　　此與葉詞同，惟前後段第四句、第七句俱押韻異。
　　此詞前段第二句平仄與調不合。

又一體

　　　　　　　　　蘇　軾

　　雙調一百十五字，前後段各十句六仄韻。

乳燕飛華屋。悄無人、槐陰轉午，晚凉新浴。手弄生
●●○○●韻●○○讀○○●●句●○●韻●●○
綃白團扇，扇手一時似玉。漸困倚、孤眠清熟。簾外
○●●○句●●●○○●韻●●●讀○○○●韻○●
誰來推繡户，枉教人、夢斷瑶臺曲。又却是，風敲竹。
○○○●●句●○○讀●●○○●韻●●●句○○●韻

石榴半吐紅巾蹙。待浮花浪蕊都盡，伴君幽獨。
●○●●○○●韻●○○●●○●句●○○●韻
秾艷一枝細看取，芳意千重似束。又恐被、秋風驚
○●●○●●●句○●○○●●韻●●●讀○○○
綠。若待得君來向此，花前對酒不忍觸。共粉淚，兩
●韻●●●○○●●句○○●●●●●韻●●●句●
蔌蔌。
●●韻

　　此與葉詞同，惟後段第八句減一字異。按：韓淲詞"一身
閒處誰能縛"，又一首"撒鹽起絮分才劣"，正與此合。
　　此詞平仄多與諸家不同，結句上"蔌"字以入作平。

又一體

辛棄疾

雙調一百十七字,前後段各十句七仄韻。

柳暗凌波路。送春歸、一番新綠,猛風暴雨。千里瀟
●●○○●韻●○○讀●○○●句●●●●韻○○
湘葡萄漲,人解扁舟欲去。又檣燕、留人相語。艇子
○○●句○●○○●●韻●○●讀○○○●韻●●
飛來生塵步。唾花寒、唱我新翻句。波似箭,催鳴艣。
○○○●韻●○○讀●●○○韻●●●句○○●韻

黃陵祠下山無數。聽湘娥、泠泠曲罷,爲誰情
○○○●○●韻●○○讀●●●●句●○○
苦。行到東吳春已暮。正江闊、潮平穩渡。望金雀、觚
●韻○●○○○●韻●○●讀○○●●韻●○●讀○
稜翔舞。前度劉郎今重到,問元都、千樹花存否。愁
○●韻●●○○○●韻●○○讀○●○○●韻○
爲倩,幺絃訴。
●●句○○●韻

此亦與葉詞同,惟後段第五句添一襯字異。按:韓淲詞"覽德已、而歌鳳去",正與此同。

此詞前段第七句作拗體,多與諸家異,故不校注入譜。

又一體

《豹隱紀談》平江妓

雙調一百十七字,前後段各十句七仄韻。

春色元無主。荷東君、著意看承，等閒分付。多少無
○●○○●韻●○○讀●●○○句●○○●韻○●○
情風與浪，又那更、蝶欺蜂妒。算燕雀、眼前無數。縱
○○●●句●●●讀●○○●韻●●讀○○○●韻●
使簾櫳能愛護。到如今、已是成遲暮。芳草碧，遮歸
●●○○●●韻●○○讀●●○○●韻○●●句○○
路。　　看看做到難言處。怕仙槎、輕轉旌旗，易歌
●韻　　○○●●○○●韻●○○讀○●○○句●○
襦袴。月滿西樓絃索静，雲蔽崑城閬府。便恁地、一
●韻●●○○●●句○●○○●●韻●●●讀●
帆輕舉。獨倚闌干愁拍破。慘玉容、淚眼如紅雨。去
○○●韻●●○○○●●韻●●○讀●●○○●韻●
與住，兩難訴。
●●句●○●韻

　　　此亦與葉詞同，惟前段第五句添一字異。

又一體

　　　　　　　　　　　　　　史達祖

　　　雙調一百十六字，前後段各十句六仄韻。
西子相思切。委蕭蕭、風裳水佩，照人清越。山染蛾
○●○○●韻●○○讀○○●●句●○○●韻○●○
眉波曼睩，聊可與之娛悅。便莫賦、湘妃羅襪。怕見
○○●●句○●●○○●韻●●●讀○○○●韻●●
綠荷相倚恨，恨白鷗、占了涼波闊。揀涼處，放船歇。
●○○●●句●●○讀●●○○●韻○●句●○●韻

道人不是塵埃物。總狂吟落魄，吹亂一巾涼髮。
●○●○○●韻●○○●句●●○●韻
不覺引杯澆肺渴，正要清歌駭發。更坐上、其人冰
●●●○○●句●●○○●韻●●讀○○○
雪。截取斷虹堪作釣，待玉匳、今夜來時節。也勝釣，
韻●●●○○●句●●讀○○○●韻●●句
石城月。
●○●韻

此亦與葉詞同，惟後段第二、三句攤破句法作五字一句、六字一句異。按：李昴英詞四首並與此同。

此詞前段第九句亦與調不合。

又一體

史達祖

雙調一百十六字，前後段各十句六仄韻。

綠障南城樹。有高樓銜城，樓下芰荷無數。客自倚闌
●●○○●韻●○○○●句○●●○●韻●●●○
魚亦避，恐是持竿伴侶。對前浦、扁舟容與。楊柳影
○●●句●●○○●●韻●○○讀○○●韻○●●
間風不到，倩詩情、飛過鴛鴦浦。人正在，斷腸處。
○○●●句●○○讀●●○○●韻○●●句●○●韻

兩山帶著冥冥雨。想低簾短額，誰見恨時眉嫵。
●○●●○○●韻●○○●●句○●●○○●韻
別爲青尊眠錦瑟，怕被歌留愁住。便欲趁、採蓮歸
●●○○○●●句●●○○○●韻●●●讀●○○

去。前度劉郎雖老矣，奈年來、猶道多情句。應笑煞，
●韻○●●○○●●句●○○讀○●○○●韻○●●句
舊鷗鷺。
●○●韻

　　此與"西子相思"詞同，惟前段第二、三句俱作五字一句、六字一句異，史詞四首皆然。又楊炎詞："夢裏驂鸞馭。望蓬萊不遠，翩然被風吹去。"亦與此同。

又一體

李南金

　　雙調一百十六字，前後段各十句六仄韻。

流落今如許。我亦三生杜牧，爲秋孃著句。先自多愁
○●○○●韻●●○○●●句●○○●韻○●○○
多感慨，更值江南春暮。君看取、落花飛絮。也有吹
○●●句●●○○○●韻○○●讀●○○●韻○●○
來穿繡幌，有因風、飄墮隨塵土。人世事，總無據。
○○●●句●○○讀○●○○●韻○●●句●○●韻
　　佳人命薄君休訴。若說與、英雄心事，一生更
○○●●○○●韻●●●讀○○○●句●○●
苦。且盡尊前今日意，休記綠窗眉嫵。但春到、兒家
●韻●●○○○●●句●●●○○●韻●○●讀○○
庭户。幽恨一簾煙月曉，恐明朝、雁亦無尋處。渾欲
○●韻○●●○○●●句●○○讀●●○○●韻○●
倩，鶯留住。
●句○○●韻

此亦葉詞體,惟前段第二句減一字作六字句,第三句添一字作五字句異。

又一體

馬莊父

雙調一百十五字,前後段各十句八仄韻。

客裏傷春淺。問今年梅蕊,因甚化工不管。陌上芳塵
●●○○●韻●○○●句○●●○○韻●●○○
行處滿。可計天涯近遠。見說道、迷樓左畔。一似江
○●韻●●●○○●韻●●●讀○○●●韻●○
南先得暖。向何郎、庭下都尋遍。辜負了,看花眼。
○○●韻●○○讀○●○○●韻○●●句●○●韻

古來好物難爲伴。只瓊花一種,傳來仙苑。獨許
●○●●○○●韻●○○●●句○○○●韻●●
揚州作珍產。須勝了,千千萬萬。又却待、東風吹綻。
○○●○●韻○●●讀○○●●韻●●●讀○○○●韻
自昔聞名今見面。數歸期、屈指家山晚。歸去說,也
●●○○○●●韻●○○讀●●○○●韻○●●句●
希罕。
○●韻

此亦葉詞體,惟後段第二句減二字,第五句添一字異。

又一體

呂渭老

雙調一百十三字,前後段各十句六仄韻。

1723

斜日封殘雪。記別時、檀槽按舞，霓裳初徹。唱煞陽
○●○○●韻●●○讀○○●●句○○○●韻●●○
關留不住，桃花面皮似熱。漸點點、珍珠承睫。門外
○○●●句○○●○●●韻●●●讀○○○●韻○●
潮平風席正，指佳期、共約花同折。情未忍，帶雙結
○○○●●句●○○讀●●○○●韻●●●句●○●
釵金未斷腸先結。下扁舟、更有暮山千疊。別後
○○●●○○●韻●○○讀●●●○○●韻●●
武陵無好夢，春山子規更切。但孤坐、一簾明月。蠶
●○○●●句○○●○●●韻●○●讀●○○●韻○
共繭，花同蒂，甚人生見底多離別。誰念我，淚如血。
●●句○○●句●●●●○○●韻○●●句●○●韻

此亦葉詞體，惟後段第二、三句減二字作九字一句，第八
句減一字作三字兩句異。

此詞前段第二句"別"字亦以入作平。

又一體

周紫芝

雙調一百十五字，前段十句六仄韻，後段十一句六仄韻。

白首歸何晚。笑一椽、天教付與，楚江南岸。門外春
●●○○●韻●●○讀○○●●句●○○●韻○○
山晚無數，只有匡廬似染。但想像、紅妝不見。誰念
○●○●句●●○○●●韻●●●讀○○●●韻○●
青山當日事，漫青衫、淚濕人誰管。歌舊曲，空淒怨。
○○○●●句●○○讀●●○○●韻●●●句○○●韻

將軍未老身歸漢。算功名過了，惟有古祠塵滿。
〇〇●●〇〇●韻●〇〇●●句〇●●〇〇●韻
誰似淵明拌得老，飽看雲山萬點。況此老、斜川不
〇●〇〇●●句●〇〇●●韻●●讀〇〇●
遠。終待我他年，自剪黃花，一酹重陽醱。君爲我，休
●韻〇●●〇〇句●●〇〇句●●〇〇●韻〇●●句〇
辭勸。
〇●韻

　　此亦葉詞體，惟後段第二、三句攤破句法作五字一句、六字一句，第七、八句減一字攤破句法作五字一句、四字一句、五字一句異。

　　前段第二句"一"字亦以入作平。

子夜歌一體

　　調見鳳林書院元詞，與《菩薩蠻》令詞別名《子夜歌》者不同。

子夜歌

彭元遜

　　雙調一百十七字，前段十句四仄韻，後段十二句五仄韻。
視春衫、篋中半在，浥浥酒痕花露。恨桃李、如風過
●〇〇讀●〇●●句●●〇〇●韻●〇●讀〇〇●
盡，夢裏故人如霧。臨潁美人，秦川公子，晚共何人
●句〇●●〇〇韻〇●〇〇句〇〇〇●句●●〇〇

語。對人家、花柳池臺，回首故園，咫尺未成歸去。
●韻●○○讀○●○○句○●●○句●●●○●韻
　　　昨宵聽、危絃急管，酒醒不知何處。漂泊情多，
　　　●○●讀○○●●句●●●○●韻○○○句
哀遲感易，無限堪憐許。似尊前眼底，紅顏消幾寒
○○●●句○●○○●韻●○○●句○○○●○
暑。年少風流，未諳春事，追與東風賦。待他年、君老
●韻○●○○句●○○●句○●○○●韻●○○讀○●
巴山，共君聽雨。
○○句●○○●韻

　　　此調衹有此詞，無別首可校。

弔嚴陵一體

　　　調見《樂府雅詞》，李甲作。因詞有"嚴光釣址空遺蹟"及
"離鷁弔古寓目"句，取以為名；又結句有"回首暮雲千古碧"
句，名《暮雲碧》。

弔嚴陵

李　甲

　　　雙調一百十九字，前段十四句七仄韻，後段十句六仄韻。
蕙蘭香泛，孤嶼潮平，驚鷗散雪。迤邐點破，澄江秋
●○○●句○●○○句○○●●韻○●●●句○○○
色。暝靄向斂，疏雨乍收，染出藍峰千尺。漁舍孤煙
●韻●●●●句○●●○句●●○○○●韻○●○○

鎖寒磧。畫鷁翠帆旋解，輕樣晴霞岸側。正念往悲
●○●韻●●●○●●句○●○○●●韻●●●○
酸，懷鄉慘切。何處引羌笛。　　追惜。當時富春佳
○句○○●●韻○●●○●韻　　○●韻○○●○
地，嚴陵釣址空遺蹟。華星沈後，扁舟泛去，瀟灑閒
●句○○●●○○●韻○○●●句○○●●句○●○
名圖籍。離觴弔古寓目。意斷魂銷淚滴。漸洞天曉，
○○●韻○○●●●韻●●○●●韻●●○●句
回首暮雲千古碧。
○●●○●●韻

此調衹有此詞，無別詞可校。

金明池二體

調見《淮海詞》，賦東京金明池，即以調爲題也。李彌遜詞名《昆明池》，僧揮詞名《夏雲峰》。

金明池

秦　觀

雙調一百二十字，前段十句四仄韻，後段十一句五仄韻。
瓊苑金池，青門紫陌，似雪楊花滿路。雲日淡、天低
⊖●○○句○○●●句●●○○●●韻⊖●●讀○○
晝永，過三點兩點細雨。好花枝、半出墻頭，似悵望、
●●句○⊖●●●韻●○○讀●●○○句⊖●●讀

芳草王孫何處。更水繞人家，橋當門巷，燕燕鶯鶯飛
⊖●○○●韻●⊖●○○句⊖○●句●⊖○○
舞。　　怎得東君長為主。把綠鬢朱顏，一時留住。
●韻　　●●⊖○⊖●韻●●●○○句⊖○⊖●韻
佳人唱、金衣莫惜，才子倒、玉山休訴。況春來、倍覺
○○●讀○⊖●●句●●●讀⊖○⊖●韻●○○讀●●
傷心，念故國情多，新年愁苦。縱寶馬嘶風，紅塵拂
○○句●●●○○句○○○●韻●●●○○句○○●
面，也只尋芳歸去。
●句●●○○●韻

此調始於秦觀，有李彌遜詞可校。

按：李詞前段第一、二句"帳錦籠庭，囊香飄榭"，"帳"字仄聲，"飄"字平聲。第四、五句"覓殘紅、蜂鬚趁日，占新綠鶯喉詫暖"，"覓"字仄聲，"紅"字平聲，"占"字仄聲。第七句"春去也、把酒南山誰伴"，"春"字平聲，"把"字仄聲。第八、九句"更簾幕垂垂，惱人飛絮"，"簾"字平聲，"惱"字仄聲。後段第四、五句"臨黃菊，曾吹紗帽，訝綵縷、催頒紈扇"，"紗"字平聲，"訝"字仄聲。第六句"算功名、於我如雲"，"於"字平聲。第八句"滿簪霜換"，"滿"字仄聲。第十句"鵁鴒原上"，"鵁"字仄聲，"原"字平聲。譜內可平可仄據此，餘參僧揮詞。

又一體

僧　揮

雙調一百二十字，前段十一句四仄韻，後段十一句五仄韻。

天闊雲高，溪橫水遠，晚日寒生輕暈。閒階静、楊花
○●○○句○○●●句●●○○○●韻○○●讀○○
漸少，朱門掩、鶯聲猶嫩。悔匆匆、過却清明，旋占得
●●句○○●讀○○●●韻●○○讀●●○○句●●
餘芳，已成幽恨。却幾日沈陰，連宵慵困，起見韶華
○○句●○○●韻●●●○○句○○○●句●○○
都盡。　　怨入雙眉閒鬭損。乍品得情懷，看承全
○●韻　　●●○○○●韻●●●○○句○○
近。深深態、無非自許，厭厭意、終羞人問。争知道、
●韻○○●讀○○●●句○○●讀○○○●韻○○●讀
夢裏蓬萊，待忘了餘香，時傳音信。縱留得鶯花，東
●●○○句●●●○○句○○○●韻●○●○○句○
風不住，也只眼前愁悶。
○●●句●●●○○●韻

此與秦詞同，惟前段第七句作五字一句、四字一句異。

送征衣一體

柳永《樂章集》注中呂宫。

送征衣

柳　永

雙調一百二十一字，前段十二句七平韻，後段十一句六平韻。

過昭陽。璿樞電繞，華渚虹流，運應千載會昌。馨寰
●○○韻○○●●句○●○○句●●○●●○韻●○
宇、薦殊祥。吾皇。誕彌月、瑤圖纘慶，玉葉騰芳。並
●讀●○○韻○○韻●●讀○○●●句●●○○韻●
景貺、三靈眷祐，挺英哲、掩前王。遇年年、嘉節清
●●讀○○●●句●●讀○○韻●○○讀●●○
和，頒率土稱觴。　　無間要荒華夏，盡萬里、走梯
○句●●●○韻　　●○●●○句●●●讀○
航。彤庭舜張大樂，禹會群方。鴛行。趨上國、山呼鼇
○韻○○●○●句●●○○韻○○韻●●●讀○○○
抃，遙爇鑪香。競就日瞻雲獻壽，指南山、等無疆。願
●句○○○韻●●●○○●●句●○○讀●○韻●
巍巍、寶曆鴻基，齊天地遙長。
○○讀●●○○句○○●●○韻

　　　此調衹有此詞，無別詞可校。
　　　前段第六句、後段第五句俱押二字短韻，兩結句俱作上一
下四句法，填者辨之。

笛家二體

一名《笛家弄慢》，柳永《樂章集》注仙呂宮。

笛家

柳　永

　　　雙調一百二十一字，前段十四句四仄韻，後段十四句五

仄韻。
花發西園,草薰南陌,韶光明媚,乍晴輕暖清明後。
○●○○句●○○●句○○○●句●○○●○○●韻
水嬉舟動,禊飲筵開,銀塘似染,金堤如繡。是處王
●○○●句○●○○句○○●●句○○○●韻●●○
孫,幾多遊妓,往往携纖手。遣離人,對嘉景,觸目盡
○句●○○●句●●○○●韻●○○句●○●句●●●
成感舊。　別久。帝城當日,蘭堂夜燭,百萬呼盧,
○●韻　●●韻●○○●句○○●●句●●○○句
畫閣春風,十千沽酒。未省、宴處能忘絃管,醉裏不
●●○○句●○○●韻●●讀●●○○●●句●●●
尋花柳。豈知秦樓,玉簫聲斷,前事難重偶。空遺恨,
○○●韻●○○○句●○○●句○●○○●韻○○●句
望仙鄉,一晌淚沾襟袖。
●○○句●●●○○●韻

此調祇有朱雍和詞可校。

又一體

朱　雍

雙調一百二十一字,前後段各十四句五仄韻。
瓌質仙姿,縞袂清格,天然疏秀。靜軒煙鎖黃昏後。
○●○○句●●○○句○○○●句●○○●○○●韻
影瘦零亂,艷冷瓏璁,雪肌瑩暖,冰枝縈繡。更賦風
●●○●句●●○○句●○○●句○○○●韻●●○
流,幾番攀贈,細撚香盈手。與東君,叙睽遠,脉脉兩
○句●○○●句●●○○●韻●○○句●○●句●●●

情有舊。　　立久。閬苑凝夕，瑤窗淡月，百琲尊芳，
○●●韻　　●●韻●●○●句○○●●句●●○○句
醉玉譚群，千鍾酬酒。向此、是處難忘攀蕊，送遠何
●●○○句○○○●韻●●讀●●○○○●句●●○
勞隨柳。空聽高樓，笛聲悽斷，樂事人非偶。空餘恨，
○○●韻○●○○句●○○●句●●○○●韻○○●句
惹幽香不滅，尚沾春袖。
●○○●●句●○○●韻

　　此與柳詞同，惟前段第三句押韻，後結作五字一句、四字一句異。

秋思耗一體

　　調見《夢窗詞》，吳文英自度腔。因詞有"偏稱畫屏秋色"句，更名《畫屏秋色》。

秋思耗

吳文英

　　雙調一百二十三字，前段十一句六仄韻，後段十二句九仄韻。

堆枕香鬟側。驟夜聲、偏稱畫屏秋色。風碎串珠，潤
○●○●韻●●○讀○●●○●韻○●○句●
侵歌板，愁壓眉窄。動羅箑清商、寸心低訴叙怨抑。
○○●句○●○●韻●○●○○讀●○○●●●韻

映夢窗、零亂碧。待漲綠春深，落花香泛，料有斷紅
●●○讀○●●韻●●●○○句●○○句●●●○
流處，暗題相憶。　　歡夕。檐花細滴。送故人、粉黛
○●句●○○●韻　　○●韻○○●韻●●○讀●●
重飾。漏侵瓊瑟。丁冬敲斷，弄晴月白。悄一曲霓裳
○●韻●○○●韻○○○●句●●●●韻●●●○○
未終，催去驂鳳翼。歎謝客、猶未識。漫瘦却東陽，鐙
●○句○●●○●韻●●讀○●●韻●●●○○句○
前無夢到得，路隔重雲雁北。
○○●●●韻●●○●●●韻

　　　　此調祇有此詞，無別首宋詞可校。

春風嫋娜一體

　　　　調見《雲月詞》，馮艾子自度腔，注黃鍾羽，即般涉調。

春風嫋娜

馮艾子

　　　　雙調一百二十五字，前段十二句五平韻，後段十五句五平韻。
被梁間雙燕，話盡春愁。朝粉謝，午花柔。倚紅闌、故
●○○●●句●●○韻○●●句●○○韻●○○讀●
與蝶圍蜂繞，柳綿無數，飛上搔頭。鳳管聲圓，蠶房
●●○●●句●○○●句●●○韻●●○○句○○
香暖，笑攬羅衫須少留。隔院蘭馨趁風遠，鄰墻桃影
○●句●●○○○●韻●●○○●○●句○○○●

伴煙收。　些子風情未減，眉頭眼尾，萬千事、欲
●○○韻　　○●○●●句○○●●句●○●讀●
說還休。薔薇露，牡丹毬。殷勤記省，前度綢繆。夢裏
○○韻○●●句●○○韻●●●●句○●○○韻●
飛紅，覺來無覓，望中新綠，別後空稠。相思難偶，歎
○○句●○○●句●○○●句●●○○韻○○●句●
無情明月，今年已是，三度如鈎。
○○○●句○○●●句○●○○韻

此調祇有此詞，無別首宋詞可校。

春雪間早梅一體

調見《梅苑》詞，檃括韓愈"春雪間早梅"長律詩，即以題爲調名。

春雪間早梅

《梅苑》無名氏

雙調一百二十五字，前段十句六平韻，後段十一句五平韻。
梅將雪共春。彩艷灼灼不相因。逐吹霏霏能爭密，排
○○●●○韻●●●●○○韻●●○○○●句○
枝碎碎巧妝新。誰令香生滿座，獨使淨斂無塵。芳意
○●●●●○韻○●○○●●句●●●●○○韻●●
饒呈瑞，寒光助照人。玲瓏次第開已遍，點綴坐來
○○●句○○●●○韻○○●●○●●句●●●○

頻。那是俱懷疑似,須知造化,兩各逼天真。熒
○韻　　○●○○●句○○●●句●●●○○韻○
煌清影初亂眼,浩蕩逸氣忽迷神。未許瓊花比並,將
○○○●●句●●●●●○○韻●●○○●●句○
從玉樹相親。先期迎獻歲,更同歌酒占茲辰。六花蠟
○●●○○韻○○○●●句○○○●●○○韻●○●
蒂相輝映,輕盈敢自珍。
●○○●句○○●●○韻

　　此詞採之《梅苑》,與劉伯壽《梅花曲》檃括王安石詩者同一體制,編入以備一體。

白苧二體

　　按:古樂府有《白苧曲》,宋人蓋借舊曲名別倚新聲也。王灼《頤堂集》云:"《白苧》詞傳者至少,其正宮一闋,世以爲紫姑神作。"今從《花草粹編》,爲柳永詞。

白苧

柳　永

　　雙調一百二十五字,前段十二句七仄韻,後段十五句六仄韻。
繡簾垂,畫堂悄,寒風淅瀝。遙天萬里,黯淡同雲羃
●○○句●○●句○○●●韻○○●●句●●○○●
羃。漸紛紛、六花零亂散空碧。姑射。宴瑤池,把碎玉
●韻●○○讀●○○●●○●韻○●韻●○○句●●●

零珠拋擲。林巒望中，高下瓊瑤一色。嚴子陵、釣臺
〇〇〇●韻〇〇◐⊖句〇●〇〇●●韻〇◐〇讀●〇
歸路迷蹤跡。　　追惜。燕然畫角，寶嶠珊瑚，是時
〇●〇〇●韻　　⊖●韻〇〇●●句●●〇〇句●〇
丞相，虛作銀城換得。當此際偏宜，訪袁安宅。釅釅
〇●句〇●〇〇●●韻⊖●●〇〇句●〇〇●韻●●
醉了，任金釵舞困，玉壺頻側。又是東君，暗遣花神，
●●句〇〇〇●●句●〇〇●韻●●〇〇句●●〇〇句
先報南國。昨夜江梅，漏洩春消息。
〇●〇●韻●●〇〇句●●〇〇●韻

　　　　此調祇有蔣捷詞可校。

又一體

　　　　　　　　　　　　蔣　捷

　　　雙調一百二十一字，前段十二句七仄韻，後段十四句六仄韻。

正春晴，又春冷，雲低欲落。瓊苞未剖，早是東風作
●〇〇句●〇〇句〇〇●●韻〇〇●●句●●〇〇●
惡。旋安排、一雙銀蒜鎮羅幕。幽壑。水生漪，皺嫩
韻●〇〇讀●〇〇●●〇●韻〇韻●〇〇句●●
綠、潛鱗初躍。惜惜門巷，桃樹紅纔約略。知甚時、霽
●讀〇〇〇●韻●●〇●句〇●〇〇●●韻〇●〇讀
華烘破青青萼。　　憶昨。引蝶花邊，近來重見，身
〇〇●●〇〇●韻　　●●韻●●〇〇句●〇〇●句〇
學垂楊瘦削。問小翠眉山，為誰攢却。斜陽院宇，任
●〇〇●●韻●●●〇〇句●〇〇●韻〇〇●●句●

蛛絲罥遍，玉箏絃索。戶外惟聞，放翦刀聲，深在妝
○○●●句●○○●韻●●○○句●●○○句○●○
閣。料想裁縫，白苧春衫薄。
●韻●●○○句●●○○●韻

此與柳詞同，惟換頭短韻下減四字一句異。

詞譜卷三十七

翠羽吟一體

調見蔣捷《竹山詞》。自序云："王君本示予越調《小梅花引》，俾以飛仙步虛之意爲其辭。余謂泛泛言仙，似乎寡味，越調之曲與梅花宜，羅浮梅花真仙事也，演以成章，名《翠羽吟》。"

翠羽吟

蔣　捷

雙調一百二十六字，前段九句六平韻，後段十五句八平韻。

紺露濃。映素空。樓觀悄玲瓏。粉凍霙英，冷光搖蕩
●●○韻●●○韻●●●○○韻●●○○　●○○●
古青松。半規黃昏淡月，梅氣山影溟濛。有麗人、步
●○○韻●○○○●●　○●○○○韻●●○　●
依修竹，翩然態若游龍。　綃袂微皺水溶溶。仙莖
○○●　○○●●○○韻　○●○○●○○韻○○
清瀅，净洗斜紅。勸我浮香桂酒，環佩暗解，聲飛芳
○●句●●○○韻●●○○●●　○●●●　○○○
靄中。弄春弱柳垂絲，慢按翠舞嬌童。醉不知何處，
●○韻●○●●○○句●●●●○○韻●●○○●句
驚蔪蔪、淒緊霜風。夢醒尋痕訪蹤。但留殘月挂遙
○●●　○●○○韻●●○●●○韻●○○●●○

穹。梅花未老,翠羽雙吟,一片曉峰。
○韻○○●●句●●○○句●●●○韻

　　此調衹有此詞,無別首宋詞可校。
　　汲古閣刻《竹山詞》後段第十二句脫二字,今從《詞緯》抄本訂定。

六州一體

　　《文獻通考》:"本朝歌吹,止有四曲:《十二時》、《導引》、《降仙臺》,并《六州》爲四。每大禮宿齋或行幸,遇夜每更三奏,名爲'警塲'。政和七年,詔《六州》改名《崇明祀》,然天下仍謂之《六州》,其稱謂已熟也。"

六州

《宋史‧樂志》無名氏

　　雙調一百二十九字,前段十四句七平韻,後段十五句八平韻。

良夜永,玉漏正遲遲。丹禁肅,周廬列,羽衛繞皇幬。
○●●句●●●○○韻○○●句○○●句●●●○○韻
嚴鼓動、畫角聲齊。金管飄雅韻,遠逐輕颸。薦嘉玉、
○●●讀●●○○韻○●○●●句●●○○韻●○●讀
躬祀神祇。祈福爲黔黎。升中盛禮,增高益厚,登封
○●○○韻○●●○○韻○○●●句○○●●句○○
檢玉,時邁合周詩。　　元文錫,慶雲五色相隨。甘
●●句○●●○○韻　　○○●句●●●●○○韻○

露降，醴泉湧，三秀發靈芝。皇猷播、史册光輝。受鴻
●●句●○●句○●●○○韻○○●讀●●○○韻●○
禧。萬年永固丕基。吾君德，蕩蕩巍巍。邁堯舜文思。
○韻●○●●●○韻○○●句●●○○韻●●●○○韻
從今寰宇，休牛放馬，耕田鑿井，鼓腹樂昌期。
○○○●句○●●●句○○●●句●●●○○韻

　　　此調衹有此詞，無別首可校。

十二時慢四體

　　宋鼓吹四曲之一，《花草粹編》無"慢"字。
　　此詞有仄韻、平韻兩體。

十二時慢

柳　永

　　三段一百三十字，前段十一句五仄韻，中段八句三仄韻，
　後段八句四仄韻。

晚晴初，淡煙籠月，風透蟾光如洗。覺翠帳、凉生秋
●○○句●●○●句○●○○○●韻●●●讀○○○
思。漸入微寒天氣。敗葉敲窗，西風滿院，睡不成還
●韻●●○○○韻●●○○句○○●●句●●○○
起。更漏咽、滴破憂心，萬感並生，都在離人愁耳。
●韻○●●讀●●○○句●●●○句○●○○○●韻
　　天怎知，當時一句，做得十分縈繫。夜永有時，
　　○●○句○○●句●●●○○韻●●●○句

分明枕上，覷著孜孜地。燭暗時酒醒，元來又是夢
⊖○●●句⊖●●○●韻●●○⊖●●句⊖○●●
裏。　　睡覺來，披衣獨坐，萬種無憀情意。怎得伊
●韻　　●⊖○句⊖○⊖●句●●○○⊖●韻●●○
來，重諧連理。再整餘香被。祝告天發願，從今永無
○句⊖○⊖●韻●●○○●韻●●○⊖●句⊖○●○
拋棄。
○●韻

此調押仄韻者應以此詞為正體，葛詞句讀多與之同，故平
仄悉參之。若朱詞之少一段，恐係脫誤，不校注入譜。
後段第五句，《花草粹編》作"重諧雲雨"，"雨"字不押韻。

又一體

朱　雍

雙調九十一字，前段十句四仄韻，後段六句三仄韻。

粉痕輕，謝池泛玉，波浸琉璃初暖。覷靚芳、塵冥春
●○○句●○●●句○●○○○●韻●●○讀○○○
浦，水曲漣漪遥岸。麝氣柔、雲容影淡，正日邊寒淺。
●句●●○○●韻●●○讀○○●●句●●○○●韻
閒院寂、幽管聲中，萬感併生，心事曾陪瓊宴。
○●●讀○●○○句●●⊖○句○●○○⊖●韻
春暗南枝依舊，但得當初繾綣。晝永亂英繽紛，解佩
○●○○○●句●●○○●●韻●●●○○○句●●
映人輕盈面。香暗酒醒處，年年共副良願。
●○○○●韻○●●○●句○○●●○●韻

此詞校柳詞少一段，前段第六句七字，與柳詞異，後段惟結處句法相似，餘俱不同。疑有脫誤，姑仍原本存之。

又一體

葛長庚

三段一百四十一字，前段十一句七仄韻，中段八句四仄韻，後段十句四仄韻。

素馨花，在枝無幾。秋入闌干十二。那茉莉、如今已
●〇〇句●●〇韻〇〇●●●韻●●●讀〇●
矣。只有蘭英菊蕊。霜蟹年時，香橙天氣。總是悲秋
●韻●●〇〇●●韻〇●〇〇句〇〇〇●韻〇〇
意。問宋玉、當日如何，對此淒涼，風月怎生存濟。
●韻●●●讀〇●〇〇句●●〇〇句〇●●〇●韻

還未知，幽人心事。望得眼穿心碎。青鳥不來，
〇●〇句〇〇〇●韻●●●〇〇●韻〇●●〇句
彩鸞何處，雲鎖三山翠。是碧霄有路，要歸歸又無
●〇〇●句〇●〇〇●韻●●〇●●句●〇〇●〇
計。　奈何他，水長天遠，身又何曾生翅。手撚芙
●韻　　●〇〇句●〇〇●句〇●〇〇〇●韻●●〇
蓉，耳聽鴻雁，怕有丹書至。縱人間富貴，一歲復一
〇句●●〇●句●●〇〇●韻●〇〇●●句〇●●〇
歲。此心終日繞香盤，在篆畦兒裏。
●韻●〇〇●●〇〇句●●〇●韻

此詞與柳詞校，前段第二句、第七句、中段第二句俱押韻，後段第五句不押韻，第八句減一字，下又添七字一句、五字一句異。

又一體

《宋史·樂志》無名氏

雙調一百二十五字，前段十四句十一平韻，後段十四句九平韻。

聖明代，海縣澄清。惠化洽寰瀛。時康歲足，治定武
●○●句●●○○韻●●●○○韻○●●句●●
成。遐邇賀昇平。嘉壇上、昭事神靈。薦明誠。報本禪
○韻○●●○○韻○●●讀●●○○韻●○韻●●
云亭。俎豆列犧牲。宸心蠲潔，明德薦惟馨。紀鴻名。
○○韻●●●○○韻○○●句●●●○○韻●○○韻
千載播天聲。　燔柴畢，雲馭回仙仗，慶鸞輅還
○●●○○韻　○○●句○○●●句●○●○
京。八神扈蹕，四隩來庭。嘉氣覆重城。殊常禮、曠古
○韻●○●●句●●○○韻○○●○○韻○○●讀●●
難行。遇文明。仁恩蘇品彙，沛澤被簪纓。祥符錫祚，
○○韻●○○韻○○○●●句●●●○○韻○○●●句
武庫永銷兵。育群生。景運保千齡。
●●●○○韻●○○韻●●●○○韻

此詞兩段全用平韻，與前三體異，而前後句法相同，於體最為完整，惜無別首可校。

蘭陵王五體

唐教坊曲名。《碧雞漫志》：「《北齊史》及《隨唐嘉話》

稱,齊文襄之長子長恭封蘭陵王,與周師戰,嘗著假面對敵,擊周師金墉城下,勇冠三軍,武士共歌謠之,曰《蘭陵王入陣曲》。今越調《蘭陵王》,凡三段二十四拍,或曰遺聲也。此曲聲犯正宮,管色用大凡字、大一字、勾字,故一名《大犯》。"

蘭陵王

秦　觀

三段一百三十一字,前段十句六仄韻,中段八句五仄韻,後段九句六仄韻。

雨初歇。簾卷一鈎淡月。望河漢,幾點疏星,冉冉纖
●○●韻○●●○●●韻●○●句●●○○句●●
雲度林樾。此景清更絕。誰念溫柔蘊結。孤鐙暗,獨
○●○●韻●●○●●韻○●○○●●韻○○●句●
步華堂,蟋蟀莎階弄時節。　　沈思恨難説。憶花底
●○○句●●○○●○●韻　　○○●○●韻●○●
相逢,親贈羅纈。春鴻秋雁輕離別。擬尋箇錦鱗,寄
○○句○●○●韻○○○●○○●韻●○●●○句●
將尺素,又悲煙波路隔越。歌殘唾壺缺。　凄咽。
○●●句●○○○●●●韻○○●○●韻　○●韻
意空切。但醉損瓊卮,望斷瑤闕。御溝曾記流紅葉。
●○●韻●●●○○句●●○●韻●○○●○○●韻
待何時重見,霓裳聽徹。綵樓天遠,夜夜襟袖染
●○○●●句○○●●韻●○○●句●●●●●
啼血。
○●韻

此調始於此詞,應以此詞爲定格。但後段結句作七

字句，宋人無如此填者，故以周詞作譜，仍采此詞以溯其源。

又一體

周邦彥

　　三段一百三十字，前段十一句七仄韻，中段八句五仄韻，後段十句六仄韻。

柳陰直。煙裏絲絲弄碧。隋堤上，曾見幾番，拂水飄
●○●韻●●○○●●韻○○●句○○●句●●○
綿送行色。登臨望故國。誰惜、京華倦客。長亭路，年
○●●韻○○●●●韻○●句○○●●韻○○●句○
去歲來，應折柔條過千尺。　　閒尋舊蹤跡。又酒趁
●●○句●●○○●○●韻　　○○●○●韻●●●
哀絃，鐙照離席。梨花榆火催寒食。愁一箭風快，半
○○句●●○●韻○○○●○○●韻○●●○●句●
篙波暖，回首迢遞便數驛。望人在天北。　　悽惻。
○○●句○●○●●●●韻●○●○●韻　　○●韻
恨堆積。漸別浦縈回，津堠岑寂。斜陽冉冉春無極。
●○●韻●●●○○句○●○●韻○○●●○○●韻
念月榭携手，露橋吹笛。沈思前事，似夢裏，淚暗滴。
●●●○●句●○○●韻○○○●句●●●句●●●韻

　　此調以此詞爲正體，宋元人俱如此填。若辛詞、劉詞之添韻，陳詞之句讀小異，皆變格也。

　　按：此詞有葛郯、張元幹、曹冠詞及譜中陳詞可校。趙必璵詞平仄不同者多至二十四字，譜內劉詞中段起句添用一韻，辛詞後結用疊韻，另爲一體，俱不參校。

1745

前段起句,彭履道詞"章臺路","章"字平聲。第四句,彭詞"花氣分明","分"字平聲。第五句,楊澤民詞"芳草侵階映紅藥","芳"字平聲。袁去華詞"一目千里總佳色","里"字仄聲。第六句,李昴英詞"別來情緒惡","別"字仄聲。第十句,高觀國詞"欲去又留","欲"字仄聲。中段起句,高詞"十年迴淒絕","十"字仄聲。第二句,張元幹詞"想蛾綠輕暈","暈"字仄聲。第三句,曹冠詞"綵筆題石","綵"字仄聲。第四句,史達祖詞"涉江幾度和愁摘","涉"字、"幾"字俱仄聲。第五句,彭詞"喚鳴箏掩面","喚"字仄聲,"鳴箏"二字俱平聲,"掩"字仄聲。第六句,葛郯詞"烏啼雲起","烏"字平聲。袁詞"古墻竹影","竹"字仄聲。第七句,史詞"分開綠蓋素袂濕","綠"字仄聲。第八句,曹詞"感往事陳迹","往"字仄聲。袁詞"甚良宵閒却","宵"字平聲。後段第三句,曹詞"帥旗鼓文塲","旗"字平聲。第四句,李詞"寶軫慵學","寶"字仄聲。高詞"沈沈春酌",下"沈"字平聲。第五句,高詞"只愁入夜東風惡","只"字仄聲。方千里詞"天涯何處相思極","何"字平聲。第六句,高詞"整新歡羅帶","歡"字平聲。曹詞"有陶令秫酒","秫"字仄聲。葛詞"要百柁傾珠","珠"字平聲。第七句,彭詞"瓜洲難渡","瓜"字平聲。方詞"恨隨塞笛","塞"字仄聲。第八句,李詞"猛拍闌干","猛"字、"拍"字俱仄聲,"干"字平聲。第九句,葛詞"又空腹","空"字平聲。第十句,高詞"更何說","何"字平聲。譜內可平可仄據此,餘參下陳詞。

又一體

辛棄疾

三段一百三十字,前段十句六仄韻,中段八句五仄韻,後段十句四仄韻、一疊韻。

一丘壑。老子風流占却。茅檐上，松月挂雲，脉脉石
●○●韻●●○○●●韻○○●句○●●○句●●●
泉透山脚。尋思前事錯。惱殺晨猿夜鶴。終須是，鄧
○●○●韻○○●●韻○○●●韻○○●句●
禹輩人，錦繡麻輗坐黄閣。　　　長歌自深酌。看天闊
●●○句●●○○●●○●韻　　○○●○●韻○○●
鳶飛，淵静魚躍。西風黄菊香噴薄。悵日暮雲合，佳
○○句○●○●韻○○○●○●●韻●●●○句○
人何處，紉蘭結佩帶杜若。入江海會約。　　遇合，
○○●句○○●●●●●韻●○●●●韻　　●●句
事難托。莫擘磬門前，荷蕢人過，仰天大笑冠簪落。
●○●韻●●●○○句○●○●句●○●●○○●韻
待説與窮達，不須疑著。古來賢者，進亦樂。退亦樂。
●●●○●句●○○●韻●○○●句●●●韻●●●疊

此詞與周詞校，後段第四句不押韻，第九句押韻，第十句疊韻異。

中段第五句"雲合"，"合"字非韻。

又一體

陳允平

三段一百三十字，前段十句六仄韻，中段八句五仄韻，後段十句六仄韻。

古堤直。隔水輕盈颺碧。東風路，還是舞煙眠露，年
●○●韻●●○○●●韻○○●句○●●○○●句○

年自春色。紅塵遍京國。留滯高陽醉客。斜陽外，千
〇●〇●韻〇〇●〇●韻〇●〇〇●韻〇〇●句〇
縷翠條，髣髴流鶯度金尺。　　　長亭半陳迹。記曾繫
●●〇句●●〇〇●〇●韻　　〇〇●〇●韻●〇●
征鞍，頻護歌席。匆匆江上又寒食。回首處，應念舊
〇〇句〇●〇●韻〇〇〇●●〇●韻〇●●句〇●●
曾攀折，依然離恨遍西驛。倦遊尚南北。　　惻惻。
〇〇●句〇〇〇●●〇●韻●〇●〇●韻　　●●韻
怨懷積。漸楚榭寒收，隋苑春寂。顰眉不盡相思極。
●〇●韻●●●〇〇句〇●〇●韻〇〇●●〇〇●韻
想人在何處，倚闌橫笛。閒情似絮，更那聽，夜雨滴。
●〇●〇●句●〇〇●韻〇〇●●句●〇●句●●●韻

此和周詞也，前段第四、五句作六字一句、四[①]字一句，楊
澤民和詞"幾度嘯日迎風，怡怡釣秋色"，與此同。又中段第
五、六句作三字一句、六字一句，亦與周詞小異。

又一體

劉辰翁

三段一百三十字，前段十句六仄韻，中段九句七仄韻，後
段十句六仄韻。

送春去。春去人間無路。秋千外，芳草連天，誰遣風
●〇韻〇●〇〇〇●韻〇〇●句〇●〇〇句〇●〇
沙暗南浦。依依甚意緒。漫意海門飛絮。亂鴉過，鬭
〇●〇●韻〇〇●●●韻●●●〇〇●韻●〇●句●

[①] 四：據譜當作"五"，此處所引楊澤民和詞"怡怡釣秋色"，亦五字。

轉城荒，不見來時試鐙處。　春去。最誰苦。但箭
●○○句●●○○●○●韻　○●韻●○●韻●●
雁沈邊，梁燕無主。杜鵑聲裏長門暮。想玉樹彫霜，
●○○句○●○●韻●○○●○○●韻●●●○○句
淚盤如露。咸陽送客屢回顧。斜日未能渡。　春去。
●○○●韻○○●●●○●韻○●●○●韻　○●韻
尚來否。正江令恨別，庚信愁賦。蘇堤盡日風和雨
●○●韻●○●●●句○●○●韻○○●●○○●韻
歎神遊故國，花記前度。人生流落，顧孺子，共夜語。
●○○●●句○●○●韻○○○●句●●●句●●●韻

此校周詞添押二韻，故另列一體。

大酺二體

調見《清真樂府》。按：唐教坊曲有《大酺樂》，《羯鼓錄》
亦有太簇商《大酺樂》，宋詞蓋借舊曲名，自製新聲也。

大酺

周邦彥

雙調一百三十三字，前段十五句五仄韻，後段十一句七
仄韻。

對宿煙收，春禽靜，飛雨時鳴高屋。墻頭青玉旆，洗
●●○○句○○●句○●○○●韻○○○●●句●
鉛霜都盡，嫩梢相觸。潤逼琴絲，寒侵枕障，蟲網吹
○○○●句●○○●韻●●○○句○○●●句○●○

1749

粘簾竹。郵亭無人處，聽檐聲不斷，困眠初熟。奈愁
○○●韻○◐●○●句●○◐●●句●○○●韻●
極頻驚，夢輕難記，自憐幽獨。　　行人歸意速。最
●○○句●◐●●句●○○●韻　　◐○◐●韻●
先念、流潦妨車轂。怎奈向、蘭成憔悴，衛玠清羸，等
○●讀○◐◐○●韻◐●●讀○○◐●句●●○○句●
閒時、易傷心目。未怪平陽客，雙淚落、笛中哀曲。況
○○讀●○○●韻●●○○●句○●●讀●○○●韻●
蕭索、青蕪國。紅糝鋪地，門外荆桃如菽。夜遊共誰
○●讀○○●韻○●○●句○●○○○●韻●●◐○
秉燭。
●●韻

此調始自此詞，有方千里、楊澤民、陳允平和詞可校。
此詞後段第六句疑亦是韻，查楊和韻詞"遇雙魚客"可證。
此調有劉辰翁詞一首，與此詞平仄多不同。《詞律》云劉用字每多出入，不足爲法，故不參校入譜。
按：前段第三句，吳文英詞"林沼半銷紅碧"，"半"字仄聲。第五句，楊澤民詞"引遊蜂戲蝶"，"戲"字仄聲。第六句，陳允平詞"飛紅翻觸"，"飛"字平聲。第七句，顏奎詞"公子狐裘"，"公"字平聲。第九句，顏詞"怎見此時情否"，"怎"字、"此"字俱仄聲。第十句，顏詞"天上知音杳"，"上"字仄聲。第十三、四句，顏詞"記畫扇題詩，單衣試酒"，"畫"字仄聲，"單"字平聲，"試"字仄聲。後段起句，楊詞"仙郎去又速"，"去"字仄聲。第二句，楊詞"料今在、何許竚雙轂"，"竚"字仄聲。第三句，陳詞"漫辜負"，"辜"字平聲。第四句，吳文英詞"逋塚梅荒"，"逋"字平

聲。第七句，吳詞"集楚裳、西風催著"，"裳"字、"西"字俱平聲。第八句，陳詞"夢不到、華胥國"，"不"字仄聲。第十一句，趙以夫詞"極目水雲漠漠"，"目"字仄聲。楊詞"寸心天上可燭"，"天"字平聲，"上"字仄聲。譜內據此，餘校下周密詞。

又一體

周　密

雙調一百三十三字，前段十五句五仄韻，後段十一句七仄韻。

又子規啼，酴醾謝，寂寞春陰池閣。羅窗人病酒，奈
●●○○句○○●句●●○○●●韻○○●●●句●
牡丹初放，晚風還惡。燕燕歸遲，鶯鶯聲懶，閒罥秋
●○○●句●○○●韻○○○●句○○○●句○○○
千紅索。三分春過半，早朱桁塵凝，翠衣香薄。傍鴛
○●韻○○○●●句●○○○○句●○○●韻○○
徑鶯籠，一池萍碎，半檐花落。　冉冉春夢弱。楚
●○○句●○○●句●○○●韻　●●○●●韻●
臺遠、負雨期雲約。漫念想、清歌錦瑟，翠管瑤尊，幾
○●讀●●○○●韻●●讀○○●●句●●○○句●
回重醉東園酌。但兔葵燕麥，倩誰訪、畫闌紅藥。況
○○●○○●韻●●○●●句●○●讀●○○●韻●
多病、腰如削。相如老去，賦筆吟簪閒卻。此情更誰
○●讀○○●韻○○●●句●●○○●韻●○●○
問著。
●●韻

此即周詞體,惟後段第六句不押韻異。按:方千里詞"老去疏狂減",陳允平詞"冷透金篝濕",正與此同。

破陣樂二體

唐教坊曲名,《宋史·樂志》正宮,柳永《樂章集》注林鍾商。

破陣樂

柳　永

雙調一百三十三字,前段十四句五仄韻,後段十六句五仄韻。

露花倒影、煙蕪蘸碧,靈沼波暖。金柳搖風樹樹,繫
●○●●句○○●●句○●○●韻○●○○●●句●
彩舫龍舟遙岸。千步虹橋,參差雁齒,直趨水殿。繞
●●○○●韻○●○○句○○●●句●○●●韻●
金堤、曼衍魚龍戲,簇春嬌羅綺,喧天絲管。霽色榮
○○讀●●○○●句●○○○●句○○○●韻●●○
光,望中似睹,蓬萊清淺。　　時見。鳳輦宸遊,鶯觴
句,●○●●句○○○●韻　　○韻●●○○句○○
禊飲,臨翠水、開鎬宴。兩兩輕舠飛畫楫,競奪錦標
●●句○●●句○●●韻●●○○○●●句●●●○
霞爛。聲歡娛,歌魚藻,徘徊宛轉。別有盈盈遊女,各
○韻●○○句○○●句○○●●韻●●○○○●句●

委明珠，爭收翠羽，相將歸去，漸覺雲海沈沈，洞天
●〇〇句〇〇●●句〇〇〇●句●●〇●〇〇句●〇
日晚。
●●韻

　　此詞載《樂章集》，頗有脫誤。後段第七句"聲歡娛"，"聲"字或係"罄"字之訛。第十句"各"字下刻本脫一字，今從《詞緯》抄本校正。

　　可平可仄參下張詞。

又一體

張　先

　　雙調一百三十三字，前段十四句四仄韻，後段十六句五仄韻。

四堂互映，雙門並麗，龍閣開府。郡美東南第一，望
●〇●●句〇〇●●句〇●〇●韻●●〇〇●●句●
故園樓閣霏霧。垂柳池塘，流泉巷陌，吳歌處處。近
●〇〇〇●韻〇●〇〇句〇〇●●句〇〇●●韻●
黃昏、漸更宜良夜，簇繁星鐙燭，長衢如畫，暝色韶
〇〇讀●●〇●句●〇〇●●句〇〇〇●句●●〇
光，幾簾粉面，飛甍朱户。　　歡聚。雁齒橋紅，裙腰
〇句●〇●●句〇〇〇●韻　●●韻●●〇〇句〇〇
草綠，雲際寺，林下路。酒熟梨花賓客醉，但覺滿山
●●句〇●●句〇●●韻●●〇〇〇●●句●●●〇
簫鼓。盡朋遊，因民樂，芳菲有主。自此歸從泥詔，去
〇●韻●〇〇句〇〇●句〇〇●●韻●●〇〇●●句●

指沙堤，南屏水石，西湖風月，好作千騎行春，畫圖
●○○句○○●●句○○○句●○○●○○句●○
寫取。
●●韻

此即柳詞體，惟前段第十一句不押韻異。

瑞龍吟四體

黃昇云："此調前兩段雙拽頭，屬正平調，後一段犯大石調，'歸騎晚'以下仍屬正平調也。"

瑞龍吟

周邦彥

三段一百三十三字，前兩段各六句三仄韻，後一段十七句九仄韻。

章臺路。還是褪粉梅梢，試花桃樹。愔愔坊曲人家，
⊖○●韻○●●●○○句●○○●韻○○●●○句
定巢燕子，歸來舊處。　　黯凝佇。因念箇人癡小，
⊖○●●句○○●●韻　　●○●韻○●●○○●句
乍窺門戶。侵晨淺約宮黃，障風映袖，盈盈笑語。
●○○●韻○○●●○句⊖○●●句○○●●韻

前度劉郎重到，訪鄰尋里，同時歌舞。唯有舊家
○●○○●●句●○○●句○○○●韻○●●○
秋娘，聲價如故。吟箋賦筆，猶記燕臺句。知誰伴、名
○○句⊖●○●韻○○●●句⊖●●○●韻○○●讀○

園露飲，東城閒步。事與孤鴻去。探春盡是，傷離意
○●●句○○⊖●韻●●○○●韻●○●●句○○●
緒。官柳低金縷。歸騎晚，纖纖池塘飛雨。斷腸院落，
●韻⊖●○○●韻○●●句○⊖○○⊖●韻⊖○●●句
一簾風絮。
⊖○⊖●韻

　　此調以此詞爲正體，方千里、楊澤民、陳允平俱有和詞，吳文英別首及張翥詞俱照此填。若翁詞之後段第四句、第十五句不作拗體，另爲一格，不參校入譜。
　　前段第三句，吳詞別首"住船繫柳"，"繫"字仄聲。中段第二句，"筆底麗情多少"，"筆"字仄聲。第五句，方詞"消凝悵望"，"消"字平聲。吳詞"露黃迷漫"，"迷"字平聲。後段第三句，"一宵歌酒"，"一"字仄聲。第四句，楊詞"可謂望風知心"，"可"字仄聲。第六句，"猶殢香玉"，"殢"字仄聲，"香"字平聲。第七句，張詞"總是關心句"，"總"字仄聲。第十三句，吳詞"莫唱朱櫻口"，"莫"字仄聲。譜內可平可仄據此，餘校下吳、陳二詞。
　　按：此詞後段第十一句"探春盡是"，"探"字有平仄兩音，歷查宋元諸家，此處俱用仄聲字填，不可誤作平聲。

又一體

吳文英

　　三段一百三十三字，前兩段各六句三仄韻，後一段十八句九仄韻。

大溪面。遙望繡羽衝煙，錦梭飛練。桃花三十六陂，
●○●韻○●●●○○句●○○●韻○○○●●○句

鮫宮睡起，嬌雷乍轉。去如箭。催趁戲旗遊鼓，
○○●●句○○●●韻　●○●韻○●●○○●句
素瀾雪濺。東風冷濕蛟腥，澹陰送晝，輕霏弄晚。
●○●韻○○●●○○句●○●●句○○●●韻
洲上青蘋生處，鬭春不管，懷沙人遠。殘日半
○●○○○●句●○●●句○○○●韻○●●
開，一川花影零亂。山屏醉纈，連棹東西岸。闌干倒，
○句●○○●○●韻○○●●句○●○○●韻○○●句
千紅妝屧。鉛香不斷。傍冥疏簾卷。翠漣皺淨，笙歌
○○○●韻○○●●韻●○○○●韻●○○●句○○
未散。簪柳嬌桃嫩，猶自有玉龍，黃昏吹怨。重雲暗
●●韻○●○○●句○●●●○句○○○●韻○○●
閣，春霏一片。
●句○○●●韻

　　此即周詞體，惟後段第四句四字，第五句六字，第十五句五字，第十六句四字異。或謂周詞亦可以"惟有舊家"四字作一句，"秋孃聲價如故"六字作一句。查方千里和詞"追想向來歡娛，懷抱非故"，楊澤民和詞"可謂望風知心，傾蓋如故"，句法皆與周詞同，故知此詞當另列一體也。

又一體

陳允平

　　三段一百三十三字，前兩段各六句三仄韻，後一段十八句九仄韻。

長安路。還是燕乳鶯嬌，度簾遷樹。層樓十二闌干，
○○●韻○●●○○句●○●韻○○●●○○句

繡簾半卷，相思處處。　　漫憑竚。因念彩雲初到，
●○●●句○○●●韻　　●○●韻○●●○○句
鎖窗瓊戶。梨花猶怯春寒，翠羞粉怨，尊前解語。
●○○●韻○○●○○句●○●●句○○●●韻
　　空有章臺煙柳，瘦纖仍似，宮腰飛舞。憔悴暗覺
　　○●○○●●句●○○●句○○○●韻○●●●
文園，雙鬢非故。閒拈斷葉，重托殷勤句。頻回首，河
○○句●●○●韻○○●●句○●○○●韻○○●句○
橋素約，津亭歸步。恨逐芳塵去。眩醉眼，盡游絲亂
○●●句○○○●韻●●○○●韻●●●句●○○●
緒。腸結愁千縷。深院靜，東風落紅如雨。畫屏夢繞，
●韻○●○○●韻○●●句○○●○○●韻●○●●句
一簪香絮。
●○○●韻

　　此亦周詞體，惟後段第十二句三字，第十三句五字異。

又一體

翁元龍

　　三段一百三十二字，前兩段各六句三仄韻，後一段十七句
九仄韻。

清明近。還是遞趲東風，做成花訊。芳時一刻千金，
○○●韻●●●●○○句●○○●韻○○●●○○句
半晴半雨，酬春未準。　　雁歸盡。數字向人慵寫，
●○●●句○○●●韻　　●○●韻●●●○○●句
暗雲難認。西園猛憶逢迎，翠紈障面，花間笑隱。
●○○●韻○○●●○○句●○●●句○○●●韻

1757

曲徑池蓮平砌，絳裙曾與，濯香湔粉。無奈燕幕
●●○○●句●○○●句●○○●韻○●●●
鶯簾，輕負嬌俊。青榆巷陌，蹋馬紅成寸。十年夢，秋
○○句●●○●韻○○●●句●●○●韻●○●句○
千弔影，襪羅塵裛。事往憑誰問。晝長病酒添新恨。
○●●句●○○●韻●●○○●韻●○●●○○●韻
煙冷斜陽暝。山黛遠，曲曲闌干憑損。柳絲萬尺，半
○●○○●韻○●●句●●○○○●韻●○●●句●
堤風緊。
○○●韻

此詞後段第九句用韻，與吳文英詞同；第十二句減一字作七字句，與各體異。

浪淘沙慢四體

柳永《樂章集》注歇指調。

浪淘沙慢

柳　永

雙調一百三十三字，前段九句四仄韻，後段十六句五仄韻。
夢覺、透窗風一綫，寒鐙吹息。那堪初醒，又聞空階，
●●讀●○○●句○○●韻○○●●句●○○句
夜雨頻滴。嗟因循久作天涯客。負佳人、幾許盟言，
●●韻○○●●●○○●韻●○○讀●●○句

更忍把、從前歡會，陡頓翻成憂戚。　愁極。再三
●●●讀○○○●句●●○○●韻　○●韻●○
追思，洞房深處，幾度飲散歌闌，香暖鴛鴦被，豈暫
○○句●○●●句●●○○○句○○●●句●●
時疏散，費伊心力。殢雨尤雲，有萬般千種相憐惜。
○○●句●○○●韻●●○○句●●○○○○●韻
到如今、天長漏永，無端自家疏隔。知何時、却擁秦
●○○讀○○●●句●○●○○●韻○○○讀●●○
雲態，願低幃昵枕，輕輕細說與，江鄉夜夜，數寒更
○●句●○●●●句○○●●句○○●●句●●○
思憶。
○●韻

　　　此詞平仄無別首可校。
　　　後段第九句，《花草粹編》作"相憐相惜"，今從汲古閣本。

又一體

周邦彥

　　　雙調一百三十三字，前段八句五仄韻，後段十五句九仄韻。

萬葉戰、秋深露結，雁度沙磧。細草和煙尚綠，遙山
●●●讀○○●●句●●○●韻●●○○●句○○
向晚更碧。見隱隱雲邊新月白。映落照、千家簾幕，
●●●韻●●●○○○●韻●●●讀○○○●句
聽數聲、何處倚樓笛。妝點盡秋色。　脉脉、旅情
●●○讀○●●○●韻○●●○●韻　●●韻●○
暗自消釋。念珠玉、臨水猶悲感，何況天涯客。憶少
●●○●韻●○●讀○●○○●句○●○○●韻●●

年歌酒，當時蹤跡。歲華易老，衣帶寬，懊惱心腸終
〇〇●句〇〇〇●韻●〇●句〇●〇句●●〇〇
窄。飛散後、風流人阻，藍橋約、悵恨路隔。馬蹄過、
●韻〇●●讀〇〇〇●句〇〇讀●●●●韻●〇〇讀
猶嘶舊巷陌。歎往事、一一堪傷，曠望極。凝思又把
〇〇●●●韻●●●讀●●〇〇句●●韻〇〇●●
闌干拍。
〇〇●韻

　　　按：《清真集》二詞句韻互有不同。此詞方千里、楊澤民、
陳允平俱無和韻之作，填者當以"曉陰重"一詞爲正體。

又一體

周邦彥

　　　雙調一百三十三字，前段九句六仄韻，後段十五句十仄韻。
曉陰重，霜彫岸草，霧隱城堞。南陌脂車待發。東門
●〇〇句〇〇●●句●●〇●韻●〇〇●●韻〇〇
帳飲乍闋。正拂面垂楊堪攬結。掩紅淚、玉手親折。
●●●韻●●●〇〇●●韻●〇●讀●●〇●韻
念漢浦離鴻去何許，經時信音絕。　　情切。望中地
●●●〇〇●〇●句〇〇●〇●韻　　〇●韻●〇●
遠天闊。向露冷風清，無人處、耿耿寒漏咽。嗟萬事
●〇●韻●●●〇〇句〇〇●讀●●〇●●韻〇●●
難忘，唯是輕別。翠尊未竭。憑斷雲留取，西樓殘月。
〇〇句〇●〇●韻●〇●●韻〇●〇〇●句〇〇〇●韻
羅帶花綃紋衾疊。連環解、舊香頓歇。怨歌永、瓊壺
●●〇〇〇〇●韻〇〇●讀●〇●●韻●〇●讀〇〇

敲盡缺。恨春去、不與人期，弄夜色，空餘滿地梨
○●●韻◐◐●讀●●○○句●●●句○○●●○
花雪。
○●韻

　　此詞後段句讀與"萬葉戰"詞不同，方千里、楊澤民、吳文英、陳允平俱有和詞，故以此詞作譜。
　　前段第六句，楊詞"情緒似丁香千百結"，"情"字平聲。第七句，吳詞"有新燕、畫簾低說"，"簾"字平聲。後段第一句，吳詞"曲折"，"曲"字仄聲。第四句，"樓閣畔、縹緲鴻去絕"，"閣"字仄聲。第五句，楊詞"聞西度陽關"，"西"字平聲。第十一句，"那更第、四聲未歇"，"那更"二字俱仄聲。第十二句，吳詞"料池柳、不攀春送別"，"不"字仄聲。第十三句，吳詞"倩玉兔、別搗秋香"，"玉"字仄聲。餘參下陳詞。

又一體

陳允平

　　雙調一百三十二字，前段九句六仄韻，後段十六句十仄韻。

暮煙愁，鴉歸古樹，雁過空堞。南浦牙檣漸發。陽關
●○○句○○●●句●●○●韻○●○●●●韻○○
歌盡半闋。恨入迴腸千萬結。長亭柳、寸寸攀折。望
○●●●韻●●●○○●●韻○○●讀●●○●韻●
日下長安近，莫遣鱗鴻成間絕。　　淒切。去帆浪遠
●●○○句●●○○○●●韻　　○●韻●○●●
江闊。悵頓解連環，西窗下、對燭頻哽咽。歎百歲光
○●韻●●●○○句○○●讀●●○●韻●●●○

陰，幾度離別。翠消粉竭。信乍圓易散，綵雲明月。浙
○句●●○韻●○●●韻●●○●●句●○●韻●
水吳山重重疊。流蘇帳、陽臺夢歇。暗塵鎖、孤鸞秦
●○○○●●韻○○●讀○○●●韻●○讀○○○
鏡缺。羞人問，怕說相思，正滿院，楊花落盡東風雪。
●●韻○○●句○○●●句●●●句○○●●○●韻

　　此詞前段第六句校周詞少一字，或係刻本脫落。第八、九句作六字一句、七字一句，與周詞異。

歌頭一體

《尊前集》注大石調。

歌頭

　　　　　　　　　　　　　　　　唐莊宗

　　雙調一百三十六字，前段十四句八仄韻，後段十九句五仄韻。

賞芳春、暖風飄箔。鶯啼綠樹，輕煙籠晚閣。杏桃紅，
●○○讀●●○●韻●○●●句○○●●韻●○○句
開繁萼。靈和殿、禁柳千行，斜金絲絡。夏雲多、奇峰
○○●韻○○●讀●●○○句○○●●韻●○○讀○○
如削。紈扇動微涼，輕綃薄。梅雨霽，火雲爍。臨水
○●韻●●●○○句○○●韻●●●句●○●韻○●
檻、永日逃煩暑，泛觥酌。　　露華濃，冷高梧，彫萬
●讀●●○○●句●○●韻　　●○○句●○○句○●

葉。一霎晚風，蟬聲新雨歇。暗惜此光陰，如流水，東
●韻●●○句○○○●●韻●●○○句○○●句○
籬菊殘時，歎蕭索。繁陰積，歲時暮，景難留，不覺朱
○●○○句●○●韻●○●句●○●句●○○句●○
顏失却。好容光，旦旦須呼賓友，西園長宵，譙雲謠，
○●●韻●○○句●●○○●句○○●○句●○○句
歌皓齒，且行樂。
○●●句●○●韻

　　　此詞無別首可校。

多麗九體

一名《鴨頭綠》，周格非詞名《隴頭泉》。
此調有平韻、仄韻兩體。

多麗

晁補之

雙調一百三十九字，前段十三句六平韻，後段十一句五
平韻。
新秋近，晉公別館開筵。喜清時、銜杯樂聖，未饒綠
○○●句●○●○○韻●○○讀○●●句●○●
野堂邊。繡屏深、麗人乍出，坐中雷雨起鷗絃。花暖
●○○韻●○○讀○○●句●○○●●○○韻○●
間關，水凝幽咽，寶釵搖動墜金鈿。未彈了、昭君遺
○○句●○○●句●○○●●○○韻●○●讀○○

1763

怨，四坐已淒然。西風裏、香街駐馬，嬉笑微傳。
●句●●○○韻○○●讀○○●●句●○○韻
算從來、司空見慣，斷腸初對雲鬟。夜將闌、井梧下
●○○讀○○●●句●○○韻●○○讀●●
葉，砌蛩收響悄林蟬。賴得多愁，潯陽司馬，當時不
●句●●○○韻○○●句○○●●句○●●
在綺筵前。競歡賞、檀槽倚困，沈醉倒觥船。芳春調、
●●○○韻●●讀○○●●句○●●○○韻○○讀
紅英翠萼，重變新妍。
○○●●句○○○韻

此詞與"晚雲收"詞句法小異，查宋元人少有填此體者，故以下詞作譜。

又一體

晁端禮

雙調一百三十九字，前段十四句六平韻，後段十二句五平韻。

晚雲收，淡天一片琉璃。爛銀盤、來從海底，皓色千
●○○句●◐●○○韻●○○讀◐○●●句●◐
里澄輝。瑩無塵、素娥淡佇，静可數、丹桂參差。玉露
●○○韻◐○○讀●○●●句◐●●讀○●○○韻●●
初零，金風未凜，一年無似此佳時。向坐久、疏星時
○○句○○●●句●○○●●○○韻●●●讀○○○
度，烏鵲正南飛。瑤臺冷，闌干憑暖，欲下遲遲。
●句○●●○○韻○○●句○○◐●句●●○○韻

念佳人、音塵隔後，對此應解相思。最關情、漏聲正
●○○讀●○●●句●○●○●○○韻●○○讀●○●
永，暗斷腸，花影潛移。料得來宵，清光未減，陰晴天
●句●●○讀○●○○韻●●○○句○○●●句○○○
氣又爭知。共凝戀、如今別後，還是隔年期。人總健，
●●○○韻●○●讀○○●●句○●●○○韻○●●句
清尊素月，長願相隨。
○○●●句●●○○韻

　　此調押平韻者以此詞爲正體，前段第五、六句，後段第三、四句，俱作上三下四句法，宋元人多依此填。若李詞以下之句讀、押韻、字數不同，皆變格也。

　　前段第三句，葛立方詞"未回窮臘"，"未"字仄聲，"窮"字平聲。第四句，楊无咎詞"碧溪萬里澄波"，"萬"字仄聲。第五句，李清照詞"也不似、貴妃醉臉"，"不似"二字俱仄聲。第八句，張元幹詞"一雙白璧"，"一"字仄聲。第九句，王安中詞"圜扉鈴索鎭常閒"，"圜"字平聲。李清照詞"莫將比擬未新奇"，"比"字仄聲。第十二句，張元幹詞"三十載"，"十"字仄聲。第十三句，晁詞別首"依稀向人"，"向"字仄聲，"人"字平聲。後段第一句，張元幹詞"念向來、浩歌獨往"，"向"字、"浩"字俱仄聲。葛立方詞"算何人、爲伊消斷"，"消"字平聲。第三句，張綱詞"蒔七松、便爲小隱"，"七"字仄聲。楊无咎詞"且高歌、細敲檀板"，"檀"字平聲。第四句，張綱詞"開三徑、且樂餘年"，"且"字仄聲。張元幹詞"望爽氣、西山忘言"，"山"字平聲。第七句，王安中詞"琵琶數轉語綿蠻"，"數"字仄聲。第八句，張綱詞"君試聽、陽春佳闋"，"君"字平聲。第九句，葛立方詞"又是隔年長"，"又"字仄聲。第十句至結句，晁詞別首"拚沈醉，身世恍然，一夢游仙"，"世"字

仄聲，"然"字平聲。譜內據此，餘參後張翥詞。

又一體

李漳

雙調一百三十七字，前段十五句七平韻，後段十二句五平韻。

好人人。去來欲見無因。記當時、竊香倚暖，豈期蝶
●○○韻●○●○○韻●○○讀●○●●句●○●
散鶼分。到而今、漫勞夢想，歎後會、慘啼痕。繡閣銀
●○○韻●○○讀●○●●句●●讀●○○韻●○
屏，知他何處，一重山盡一重雲。暮天杳，梗蹤萍跡，
○句○○○●句●○○●●○○韻●○●句○○○●句
還是寄孤村。寂寥月，今宵爲誰，虛照黃昏。　　細
○●●○○韻●○●句○○●○句○●○○韻　　●
追思、深誠密愛，黯然一晌銷魂。仗游魚、漫傳尺素，
○○讀○○●●句●○●●○○韻●○○讀●○●●句
望塞鴻、空咽迴文。帳衾寒，香消塵滿，博山沈水更
●●○讀○●○○韻●○○句○○○●句●○○●●
誰熏。斷腸也、無聊情味，惟是殢芳尊。沈吟久，移鐙
○○韻●○●讀○○○●句○●●○○韻○○●句○○
向壁，掩上重門。
●●句●●○○韻

此詞前段起句用韻，第六句減一字作六字句，後段第五句減一字作三字句，與晁詞異。

又一體

張孝祥

雙調一百三十九字，前段十三句六平韻，後段十二句五平韻。

景蕭疏，楚江那更高秋。遠連天、茫茫都是，敗蘆枯
●○○句●●○○○韻●○○讀○○○●句●○○
蓼汀洲。認炊煙、幾家蝸舍，映夕照、一簇漁舟。去國
●○○韻●○○讀●○○●句●●●讀●●○○韻●●
雖遙，寧親漸近，數峰青處是吾州。便乘取、波平風
○○句○●●●句●○○●●○○韻●○●讀○○○
靜，莖棹且夷猶。關情有、冥冥去雁，拍拍輕鷗。
●句○●●○○韻○○●讀○○●●句●●○○韻

忽追思、當年往事，惹起無限羈愁。拄笏朝來多爽
●○○讀○○●●句●●○●○○韻●●○○○●
氣，秉燭夜永足清遊。翠袖香寒，朱絃韻悄，無情江
●句●●●●●○○韻●●○○句○○●●句○○○
水只東流。舵樓晚、清商哀怨，還聽隔船謳。無言久，
●●○○韻●○●讀○○○●句○○●○○韻○○●句
餘霞散綺，煙際帆收。
○○●●句○●○○韻

此詞前段第十二句七字，後段第三、四句俱不作折腰句法，與晁詞異。

又一體

張 燾

雙調一百三十九字,前段十四句七平韻,後段十二句五平韻。

晚山青。一川雲樹冥冥。正參差、煙凝紫翠,斜陽畫
●○○韻●○○○●韻●○○讀○○●●句○○●
出南屏。館娃歸、吳臺遊鹿,銅仙去、漢苑飛螢。懷古
●○○韻●○○讀○○●句○○●讀●●○○韻●●
情多,憑高望極,且將尊酒慰飄零。自湖上、愛梅仙
○○句○●●●句●○○●●○○韻●○●讀●○○
遠,鶴夢幾時醒。空留得,六橋疏柳,孤嶼危亭。
●句●●●○○韻○○●句●●○○句○●○○韻

待蘇堤、歌聲散盡,更須攜妓西泠。藕花深、雨凉翡
●○○讀○○●●句●○○○●韻●○○讀●○●
翠,菰蒲軟、風弄蜻蜓。澄碧生秋,鬧紅駐景,採菱新
●句○○●讀○●○○韻○●○○句●○●●句●○○
唱最堪聽。見一片、水天無際,漁火兩三星。多情月,
●●○○韻●●●讀●○○●句○●●○○韻○○●
爲人留照,未過前汀。
●○○●句●●○○韻

此詞字句悉與晁詞同,惟首句用韻異。

又一體

傅按察

雙調一百三十九字，前段十四句七平韻，後段十三句六平韻。

静中看。循環興廢無端。記昔日、淮山隱隱，宛若虎
●○○韻○○●●○○韻●●讀○○●●句●●
踞龍蟠。下樊襄、指揮湘漢，鞭雲騎、圍繞江干。勢不
●○○韻●○○讀●○○句○○讀●●○○韻●●
成三，時當混一，過唐之數不爲難。誰知道、倉皇南
○○句○○●●句●○○●●○○韻○○●讀○○
渡，半壁幾何間。陳橋驛，孤兒寡婦，久假當還。
●句●●●○○韻○○●句○○●●句●●○○韻
挂征帆。龍舟催發，紫宸初卷朝班。禁庭空、土花暈
●○○韻○○●●句●○○●○○韻●○○讀●○●
碧，輦路悄、呼喝聲乾。縱餘得、西湖風景，花柳亦彫
●句●●●讀○○○●韻●○●讀○○○●句○●●○
殘。去國三千，遊仙一夢，依然天淡夕陽閒。昨宵也，
○韻●●○○句○○●●句○○○●●○○韻●○●句
一輪明月，還照臨安。
●○○●句○○●○韻

此體前後段起句俱用韻，後段第六、七、八、九、十句句法亦與各體異。

又一體

葛立方

雙調一百三十九字，前段十三句六平韻，後段十二句五平韻。

破波光如鏡，雙翼輕舟。對雨餘、重巖疊嶂，何妨影
●○○●句　●●○○韻　●●○　○○●●句　○○●
墮清流。望芙蕖、渺然如海，張雲錦、掩映汀洲。出水
●○○韻　●○○讀　●○○●句　○○●讀　●●○○韻　●●
奇姿，凌波艷態，眼看一葉弄新秋。恍疑是、金沙池
○○句　○○●●句　●●●●●○○韻　●○●讀　○○○
內，玉井認峰頭。花深處、田田葉底，魚戲龜遊。
●句　●●●○○韻　○○●讀　○○●●句　○●○○韻

正微涼，西風初度，一彎斜月如鉤。想天津、鵲橋將
●○○句　○○○●句　●○○●○○韻　●○○讀　●○○
駕，看寶奩、蛛網初抽。曬腹何堪，穿鍼無緒，不如溪
●句　●●○讀　○●○○韻　●●○○句　○○○●句　●○○
上少淹留。競笑語追尋，惟有沈醉可忘憂。憑清唱、
●●●○○韻　●●●○○句　○●○●●○○韻　○○●讀
一聲檀板，驚起沙鷗。
●○○●句　○●○○韻

　　此詞前段起句五字，第二句四字，後段第八句五字，第九句七字，與晁詞異。

又一體

聶冠卿

雙調一百四十字,前段十四句六仄韻,後段十二句五仄韻。

想人生,美景良辰堪惜。向其間、賞心樂事,古來難
●〇〇句●●〇〇●韻●〇〇讀●●〇●句●〇〇
是并得。況東城、鳳臺沁苑,泛清波、殘照金碧。露洗
●●●韻〇〇〇讀●〇〇句●〇〇讀〇●〇●韻●●
華桐,煙菲絲柳,綠陰搖曳,蕩春一色。畫堂迴、玉簪
〇〇句〇〇〇句●〇〇●句●〇●●韻〇〇讀●〇
瓊佩,高會盡詞客。清歌久、重燃絳蠟,別就瑤席。
〇●句●●●〇●韻〇〇讀〇〇●●句●●〇●韻
有翩若驚鴻體態,暮爲行雨標格。逞朱脣、緩歌
●〇●〇〇●●句●〇〇●〇●韻●〇〇讀●〇
妖麗,似聽流鶯亂花隔。慢舞縈回,嬌鬟低嚲,腰肢
〇●句●●〇〇●〇●韻●●〇〇句〇〇〇●句〇〇
纖細困無力。忍分散、彩雲歸後,何處更尋覓。休辭
〇●●〇●韻●〇●讀●〇〇●句〇●●〇●韻〇〇
醉,明月好花,莫漫輕擲。
●句〇●●〇句●●〇●韻

　　此詞與曹詞俱用仄韻,爲此調之變格。然句讀互異,未可參校作譜。

又一體

曹 勛

雙調一百四十字,前段十六句七仄韻,後段十三句六仄韻。

喜雨薰泛景,翠雲低柳。正涼生殿閣,梅潤曉天,暑
●●○●●句　●○○●韻　●○○●●句　○●●○句　●
風時候。應乘乾、彩虹流渚,驚電繞、璇霄樞闢。大業
○○●韻　●○○讀　●○○●句　○●●讀　○○○韻　●●
輝光,益建火德,梯航四海盡奔走。六府煥修,多方
○○句　●●●●句　○○●●●○●韻　●●●○句　○○
平定,寰宇歌元首。凝九有。三辰拱北,萬邦孚佑。
○●句　○●○○●韻　○●●韻　○○●●句　●○○●韻

對祥煙霽色清和,鳳韶九成儀晝。聽山聲、響傳
●○○●●○○句　●○●○○●韻　○○讀　●○
呼舞,騰紫府、香濃金獸。禁籞昇平,慈闈燕適,褘衣
○●句　○●●讀　○○○●韻　●●○○句　○○●●句　○○
共上玉觴酒。齊奉舜圖,南山同永,合殿備奏。祝聖
●●●○●韻　○●●○句　○○○●句　●●●●韻　●●
壽。聖壽無疆,兩儀並久。
●韻　●●○○句　●○●●韻

此詞添押兩韻,前後段句讀亦多與聶詞不同。

詞譜卷三十八

玉女搖仙佩二體

柳永《樂章集》注正宮。

玉女搖仙佩

柳　永

雙調一百三十九字，前段十四句六仄韻，後段十三句七仄韻。

飛瓊伴侶，偶別珠宮，未返神仙行綴。取次梳妝，尋
○○●●句●●○○句●●○○●●韻●●○○句○
常言語，有得幾多姝麗。擬把名花比。恐旁人笑我，
○○●句●●●○○●韻●●○○●韻●○○●●句
談何容易。細思算、奇葩艷卉，惟是深紅淺白而已。
○○○●韻●○○讀○○●●句○○○○●●○●韻
爭如這多情，占得人間，千嬌百媚。　　須信畫堂繡
○○●○○句●●○○句○○●●韻　　○●●○●
閣，皓月清風，忍把光陰輕棄。自古及今，佳人才子，
●句●●○○句●●○○○●韻●●●○句○○○●句
少得當年雙美。且恁相偎倚。未消得、憐我多才多
●●○○○●韻●●○●●韻●○●讀○●○○○
藝。但願取、蘭心蕙性，枕前言下，表余深意。爲盟
●韻●●●讀○○●●句●○○●句●○○●韻○○

誓。從今斷不辜鴛被。
●韻○○●●○○●韻

　　　此詞平仄校下朱詞句法同者。

又一體

　　　　　　　　　　　朱　雍

　　　雙調一百三十九字,前段十四句七仄韻,後段十三句七仄韻。
灰飛嶰谷，佩解江干，庾嶺寒輕梅瘦。水面吞蟾，山
○○●●句●●○○句●●○○●韻●●○○句○
光暗鬭。物色盈枝依舊。憑暖危闌久。有清香旖旎，
●●韻●●○○●●韻●●○○韻●○○●●句
却沾襟袖。賦多情、窺人艷冷，更是殷勤，忍重回首。
●○○●韻●○○讀○○●●句●●○○句●○○●韻
誰知道、春歸院落，繽紛雪飛鴛甃。　　須謝花神愛
○○●讀○○●●句○○●○○●韻　　○●○○●
惜，碎璧鋪酥，肯把蜚英俜儚。念念瑤珂，乘飆煙浦，
●句●●○○句●●○○●韻●●○○句○○○●句
送別猶携纖手。馥郁盈芳酒。臨妝罷、一點眉峰傷
●●○○●韻●●○○●韻○○●讀●●○○○
皺。又只恐、收夢斷筇，凄風怨曉，早催銀漏。殘金
●韻●●●讀○○●○句○○●●句●○○●韻○○
獸。參橫墮月歸時候。
●韻○○●●○○●韻

　　　此詞前段第五句押韻,結句作七字一句、六字一句,與前
體異。

六醜三體

調見《清真樂府》。

六醜

周邦彥

雙調一百四十字，前段十四句八仄韻，後段十三句九仄韻。

正單衣試酒，悵客裏、光陰虛擲。願春暫留，春歸如
●〇●●句●●讀〇〇●韻●〇●◐句〇〇〇
過翼。一去無迹。爲問家何在，夜來風雨，葬楚宮傾
●●韻●●〇●韻●●〇〇句◐〇●●句●〇〇
國。釵鈿墮處遺香澤。亂點桃蹊，輕翻柳陌。多情更
●韻〇〇●●〇〇●韻●●〇〇句〇〇●●韻〇〇●
誰追惜。但蜂媒蝶使，時叩窗槅。　東園岑寂。漸
〇〇●韻●〇〇●●句〇●〇●韻　〇〇〇●韻●
朦朧暗碧。靜繞珍叢底，成歎息。長條故惹行客。似
〇〇●●韻●●〇〇●句〇●●韻〇〇●●〇●韻●
牽衣待話，別情無極。殘英小、強簪巾幘。終不似、一
〇〇●●句●〇〇●韻〇〇●讀◐〇〇●韻〇●●讀●
朶釵頭顫裊，向人敧側。漂流處、莫趁潮汐。恐斷鴻、
●〇〇●●句●〇〇●韻〇〇●讀◐●〇●韻●●〇讀
尚有相思字，何由見得。
●●〇〇●句◐〇●●韻

此調以此詞爲正體，方千里、楊澤民、陳允平俱有和詞。若吳詞、詹詞之句讀不同，皆變格也。

按：陳詞前段第七句"飛蜂似雨"，"飛"字平聲。楊詞第八句"又留連京國"，"留"字平聲。譜内據之，餘參下二詞。

此詞平仄異同處，遍校諸家，不過數字，可見古人聲律之嚴。

又一體

吳文英

雙調一百四十字，前段十四句八仄韻，後段十三句九仄韻。

漸新鵝映柳，茂苑鎖、東風初掣。館娃舊遊，羅襪香
●○○●句　●●●讀○○●韻●○●句○○○
未滅。玉夜花節。記向留連處，看街臨晚，放小簾低
●●韻●●○●韻●●○○●句●○○●句●●○○
揭。星河瀲灩春雲熱。笑靨敲梅，仙衣舞纈。澄澄素
●韻○○●●○○●韻●●○○句○○●●韻○○●
娥宮闕。醉西樓十二，銅漏催徹。　　紅消翠歇。欹
○○●韻●○○●●句○○○●韻　　○○●●韻●
霜簪練髪。過眼年光，舊情盡別。泥深厭聽啼鴃。恨
○○●●韻●●○○句●○●●韻○○●●○●韻●
愁霏潤沁，陌頭塵襪。青鸞杳、鈿車音絕。却因甚、不
○○●●句●○○●韻○○●讀●○○●韻●○●讀●
把歡期，付與少年花月。殘梅瘦、飛趁風雪。丙夜永、
●○○句●●●○○●韻○○●讀○●○●韻●●●讀
更説長安夢，鐙花正結。
●●○○●句○○●●韻

此與周詞同,惟後段第三、四句作四字兩句,第九句作七字,第十句作六字異。按:陳允平和詞後段第九、十句"驚回處、斷雨殘雲,倦倚畫闌干側",正與此同。

又一體

詹　正

雙調一百四十字,前段十四句八仄韻,後段十四句九仄韻。

似東風老大,那復有、當時風氣。有情不定,江山身
●○○●●句●●●讀○○○●韻●○●●句○○○
是寄。浩蕩何世。但憶臨官道,暫來不住,便出門千
●韻●●○●韻●●○○●句●○●●句●●○○
里。癡心指望迴風墜。扇底相逢,釵頭微綴。他家萬
●韻○○●●○○●韻●●○○句○○○●韻○○●
條千縷。解遮亭障驛,不隔江水。　瓜洲曾樣。等
○○●韻●○○●●句●○●韻　○○○●韻●
行人歲歲。日下長秋,城烏夜起。帳廬好在春睡。共
○○●●韻●●○○句○○●●韻●○●●○●韻●
飛歸湖上,草青無地。愔愔雨、春心如膩。欲待化、豐
○○○●句●○○●韻○○●讀○○○●韻●●●讀○
樂樓前,帳飲青門都廢。何人念、流落無際。幾點搏
●○○句●●○○○●韻○○●讀○○○●韻●●○
作,雪綿鬆潤,為君裛淚。
●句●○○●句●○●●韻

此與吳詞同,惟後段第十二句、第十三句作四字三句異。

玉抱肚一體

調見《逃禪詞》。

玉抱肚

楊无咎

雙調一百四十一字,前段九句六仄韻,後段十五句九仄韻。

同行同坐。同攜同臥。正朝朝暮暮同歡,怎知終有拋
〇〇〇●韻〇〇〇●韻〇〇〇〇〇〇句●〇〇●〇
嚲。記江皐惜別,那堪被、流水無情送輕舸。有愁萬
●韻●〇〇●●句〇〇●讀〇〇〇●●〇韻●〇
種,恨未說破。知重見、甚時可。　見也渾閒,堪嗟
●句●●●●韻〇〇●讀●〇●韻　●●〇〇句〇〇
處,山遙水遠,音書也無箇。這眉頭、強展依前鎖。這
●句〇〇●●句〇〇●〇韻●〇〇讀●●〇〇韻●
淚珠、強拭依前墮。我平生、不識相思,爲伊煩惱忒
●〇讀●●〇〇韻●〇〇讀●●〇〇句〇〇〇●●
大。你還知麼。你知後、我也甘心受摧挫。又只恐你,
韻●〇〇〇韻●〇●讀●●〇〇●〇韻●●●●句
背盟誓、如風過。共別人、忘著我。把揚瀾左蠡、都卷
●〇〇讀〇〇韻●〇〇讀●●●韻●〇〇●●讀〇
盡,也殺不得、這心頭火。
●句●●●●讀●〇〇●韻

此調衹有此詞，無別首可校。

按：元曲有商調《玉抱肚》，與此不同。

汲古閣本此詞後段第六句"強拭"作"強收"，第十二句"如風過"作"似風過"，第十四句"左"字下脱一字，第十五句"也"字作"與"字，今從潛采堂抄本訂正。

六州歌頭九體

程大昌《演繁露》："《六州歌頭》本鼓吹曲也，近世好事者倚其聲爲弔古詞，音調悲壯，又以古興亡事實文之，聞其歌使人慷慨，良不與艷詞同科，誠可喜也。"

六州歌頭

賀　鑄

雙調一百四十三字，前段十九句八平韻、八叶韻，後段二十句八平韻、十叶韻。

少年俠氣，交結五都雄。肝膽洞。毛髮聳。立談中。死
●〇〇句〇●●韻〇〇叶〇●叶●〇〇韻●
生同。一諾千金重。推翹勇。矜豪縱。輕蓋擁。聯飛
〇〇韻●●〇〇叶〇〇叶〇〇叶〇〇叶〇〇
鞚。鬭城東。轟飲酒壚，春色浮寒甕。吸海垂虹。間呼
叶●〇〇韻〇〇●〇句〇●〇〇叶●●〇〇韻〇
鷹嗾犬，白羽摘雕弓。狡穴俄空。樂匆匆。　　似黄
〇●●句●●●〇韻●●〇〇韻●〇〇韻　　●〇

梁夢。辭丹鳳。明月共。漾孤篷。官冗從。懷佺偬。落
○●叶○○●叶○●●叶●○○韻○●●叶○●●叶●
塵籠。簿書叢。鶡弁如雲衆。供鹿用。忽奇功。笳鼓
○○韻○○韻●○●○○韻●●●叶●○○叶○●
動。漁陽弄。思悲翁。不請長纓，繫取天驕種。劍吼西
●叶○○●叶○○韻●●○○句●●○○叶●●○
風。恨登山臨水，手寄七絃桐。目送歸鴻。
○韻●○○○●句●●●○○韻●●○○韻

　　此調平仄互叶，當以此詞爲定體。平用東、冬，叶用董、
腫、宋、送，不雜他韻。按：賀鑄北宋人，其用韻校諸家不同，蓋
當日倚聲，必有所本也。後惟汪元量一詞遵之，而體又不同，
故不校注平仄。

又一體

汪元量

　　雙調一百三十三字，前段十六句八平韻、六叶韻，後段十
九句八平韻、八叶韻、一疊韻。

綠蕪城上，懷古恨依依。淮山碎。江波逝。昔人非。令
●○○●句○●●○○韻○○叶○○叶●○○韻○
人悲。惆悵隋天子。錦帆裏。環珠履。叢香綺。展旌
○○韻○●●○○叶●○●叶○○●叶○○●叶●○
旗。瀅漣漪。擊鼓摑金吹玉，擁瓊璈、恣意遊嬉。斜日
○叶●○○韻●●●○○句●○讀●●○○韻○●
暉暉。亂鶯啼。　銷魂此際。君臣醉。貔貅敝。事如
○○韻●○○韻　○○●叶○○叶○○叶●○

飛。山河墜。煙塵起。風凄凄。雨霏霏。草木皆垂淚。
○韻○○●叶○○●叶○○韻●○○韻●●○○●叶
家園棄。竟忘歸。笙歌地。歡娛地。盡荒畦。惟有當時
○○●叶●○○韻●○○叶●○○疊●○○韻○●○○
皓月，依然挂、楊柳青枝。聽堤邊漁叟，一笛醉中吹。
●●句○○●讀○○○韻●○○句●●●○○韻
興廢誰知。
○●○○韻

　　此詞用三聲叶韻，與賀詞同。惟"遊嬉"句下"斜日"句上少五字兩句，前段十三、十四兩句，後段十五、十六兩句句法亦與賀詞異。

又一體

韓元吉

　　雙調一百四十三字，前段十九句八平韻、兩叶韻、五仄韻，後段二十句八平韻、七仄韻。

東風著意，先上小桃枝。　紅粉膩。嬌如醉。倚朱
○○●●句●●●○○平韻　●●叶○○●叶●○
扉。　記年時。隱映新妝面。　臨水岸。春將半。雲
○平韻　●○○韻●●○○●換仄韻　○●●韻○○●韻○
日暖。斜陽轉。夾城西。　草軟沙平，跛馬垂楊渡，玉
●●韻○○●韻●○○平韻　●●○○句●●○○●句●
勒爭嘶。認蛾眉凝笑，臉薄拂胭脂。繡戶曾窺。恨依
●○○韻●○○○●句●●●○○平韻●●○○韻●○
依。　昔攜手處。香如霧。紅隨步。怨春遲。
○韻　●○●●換仄韻○○●韻○○●韻●○○平韻

消瘦損。　憑誰問。只花知。　淚空垂。舊日堂前
○●●　換仄韻○○●　韻●○○平韻●○○韻●○○
燕，和煙雨，又雙飛。人自老。　春長好。夢佳
●句○○●句●○○韻○　○換仄韻○○●韻○
期。　前度劉郎，幾許風流地，到也應悲。但茫茫暮
○平韻○●○○句●●○○●句●●○○韻●○○●
靄，目斷武陵溪。往事難追。
●句●●○○韻●●○○韻

　　此調平韻用支、微、齊韻，而仄韻不專用紙、尾、寘、未諸韻相叶，凡換五仄韻，又自成一格也。

又一體

李　冠

　　雙調一百四十三字，前段十九句八平韻、六仄韻，後段二十句八平韻、六仄韻。

秦亡草昧，劉項起吞并。　驅龍虎。　鞭寰宇。斬長
○○●●句○●●○○平韻○○●仄韻○○●韻●○
鯨。　埽欃槍。血染彭門戰。　視餘耳，皆鷹犬。平
○平韻●○○韻●●○○●換仄韻●○●句○○●韻○
禍亂。歸炎漢。勢奔傾。　兵散月明風急，旌旗亂，刁
●韻○○●韻●○○平韻　○●●○○●句○○●句○
鬭三更。共虞姬相對，泣聽楚歌聲。玉帳魂驚。淚盈
●○○韻●○○○●句●●●○○韻●●○○韻●○
盈。　恨花無主。　凝愁緒。揮雪刃，掩泉扃。
○韻　●○○●換仄韻○○●韻○●●句●○○平韻

時不利。雖不逝。困陰陵。叱追兵。喑嗚摧天
〇●●換仄韻〇●●韻●〇〇平韻●〇〇韻〇〇〇
地,望歸路,忍偸生。功蓋世。　成閒紀。見遺
●句〇●〇句〇〇韻〇●換仄韻〇●韻●〇
靈。江靜水寒煙冷,波紋細,古木彫零。遣行人到
〇平韻〇●〇〇〇●句〇〇●句●●〇〇韻〇〇●
此,追念益傷情。勝負難憑。
●句〇●●〇韻●●〇〇韻

　　此詞即程大昌所稱音節悲壯者也。前段第八句、後段第
三句俱不押韻,又前段第十三句六字,第十四句三字,後段第
十五句六字,第十六句三字,與前詞異。
　　以上四體,俱平仄間押者。

又一體

劉　褒

　　雙調一百四十三字,前段十九句八平韻,後段十九句七
平韻。

憑深負阻,蜂午肆奔騰。龍江上,妖氛漲,鯨海外,白
〇〇●句●●●〇〇韻〇〇●句〇〇●句〇●●句●
波驚。羽檄交飛急,玉帳靜,金韜閟,恢遠馭,振長
〇〇韻●●〇〇●句●●●句〇〇●句〇●●句●〇
纓。密分兵。細草黃沙渺渺,西關路,風梟高旌。聽飛
〇韻●〇〇韻●●〇〇●●句〇〇●句〇〇〇〇韻〇〇
霜令肅,堅壁夜無聲。鼓角何神,地中鳴。　看追
〇●●句〇●●〇〇韻●●〇〇韻●〇〇韻　●〇

風騎，攢雲槊，殷雷轂，徹天鉦。飛箭集，旌頭墜，長
○●句○●●句●●●句●●○○韻○●●句○●●句○
圍掩，郭東傾。振旅觀旋凱，箈鼓競，繡旗明。刀換
○●句●○○韻●●○○●句○●●句●○○韻○●
犢，戈藏革，士休營。黃色赤雲交映，論功何止蔡州
●句○●●句●○○韻●●●○○●句○○○●●○
平。想環城蒼玉，深刻入青冥。永詔來今。
○韻●○○●●句○●●○○韻●●○○韻

此詞全押平韻，句讀亦與平仄間押體小異。
可平可仄悉參袁、盧二詞。

又一體

袁去華

雙調一百四十三字，前段十八句七平韻，後段二十一句八
平韻。

柴桑高隱，丘壑歲寒姿。北窗下，羲黃上，古人期。俗
○○○●句○●●○○韻●○句○○●句●○○韻●
人疑。束帶真難事，賦歸去，吾廬好，斜川路，攜筇
○○韻●●○○●句●○●句○○●句○○●句○○
杖，看雲飛。六翮冥冥高舉，青霄外，繒繳何施。且流
●句●○○韻●●○○○●句○○●句○●○○韻●
行坎止，人世任相違。采菊東籬。　　正悠然，見南
○●●句○●●○○韻●●○○韻　　●○○句●○
山處，無窮景，與心會，有誰知。琴中趣，杯中物，醉
○●句○○●句●○●句●○○韻○○●句○○●句●

中詩。可忘饑。一笑騎鯨去，向千載，賞音稀。嗟倦
〇〇韻●〇〇韻●●〇〇句●〇●句●〇〇韻〇●
翼，瞻遺像，是吾師。門外空餘衰柳，搖疏翠，斜日暉
●句〇〇●句●〇〇韻●●〇〇●句〇〇●句●〇●
暉。遣行人到此，感歎不勝悲。物是人非。
〇韻●〇〇●●句●●●〇〇韻●●〇〇韻

　　此即劉詞體，惟後段第十六句攤破作三字一句、四字一句異。又此調前段結句三字押韻，此詞移作後段第一句，又不叶韻，與諸家異。

　　按：譜中韓詞前段結句"恨依依"三字，刻本亦有屬下段者，今從《詞律》本訂定。若此詞，則斷然屬下無疑，以其有押韻不押韻之辨也。

又一體

劉　過

　　雙調一百四十三字，前段十九句七平韻，後段十九句八平韻。

鎮長淮，一都會，古揚州。昇平日，珠簾十里，春風小
●〇〇句●〇句●〇〇韻●〇句〇〇●●句〇〇●
紅樓。誰知艱難去，邊塵暗，胡馬擾，笙歌散，衣冠
〇〇韻〇〇〇〇●句〇〇●句〇●●句〇〇●句〇〇
渡，使人愁。屈指細思，血戰成何事，萬戶封侯。但瓊
●句●〇〇韻●●●〇句●●〇〇●句●●〇〇韻●〇
花無恙，開落幾經秋。故壘荒丘。似含羞。　　悵望
〇〇●句〇●●〇〇韻●●〇〇韻●〇〇韻　　●●

金陵宅，丹陽郡，山不斷綢繆。興亡夢，榮枯淚，水東
○○●句○○●句○●●○○韻○○●句○○●句●○
流。甚時休。野竈炊煙裏，依然是，宿貔貅。歎鐙火，
○韻●○○韻●●○○●句○○●句●○○韻●○●句
今蕭索，尚淹留。莫上醉翁亭看，濛濛雨，楊柳絲柔。
○○●句●●○韻●●●○○●句○○●句○○○○韻
笑書生無用，富貴拙身謀。騎鶴來遊。
●○○○●句●●●○○韻○●○○韻

　　此詞前段起作三字三句，第四、五、六句作三字一句、四字
一句、五字一句，後段起作五字一名、三字一句，又五字一句，
與諸詞異。

又一體

程　珌

　　雙調一百四十一字，前段十八句六平韻，後段十八句七
平韻。

向來抵掌，未必總談空。難遍舉，質三事，試從公。記
●○●●句●●●○○韻○●●句●●●句●○○韻●
當年，賦得一丘一壑，天鳶闊，淵魚靜，莫擊磬，但酌
○○句●●●○●●句○○●句○○●句●●●句●●
酒，儘從容。一水西來他日，會從公、曳杖其中。問前
●句●○○韻●●○○○●句●○○讀●●○○韻●○
回歸去，笑白髮成蓬。不識如今，幾西風。　　蒙莊
○○●句●●●○○韻●●○○句●○○韻　　○○
多事，論螱豕，推羊蟻，未辭終。又驟說，魚得計，孰
○●句●●●句○○●句●○○韻●●●句○●●句●

能通。歎如雲網罟,龍伯唊,渺難窮。凡三惑,誰使
○○韻●○●●句○●●句●○○韻○●●句○●
我,釋然融。豈是匏瓜繫者,把行藏、悉付鴻濛。且從
●句●○○韻●●○○●●句●○○讀●●○○韻●○
頭檢校,想見共迎公。湖上千松。
○●●句●●●○○韻○●○○韻

此亦劉詞體,惟前段第七句添一字,後段第六句下少三字一句異。以其押韻參差,故不校注入譜。

按:詞中凡三用"公"字,前段第五句是韻,第十四句是讀,後段第十八句押重,或係"翁"字之誤。

又一體

盧 摯

雙調一百四十四字,前段十九句八平韻,後段二十句八平韻。

詩成雪嶺,畫裏見岷峨。浮錦水,歷瀲澦,滅坡陀。雁
○○●●句●●●○○韻○●●句●●●句●○○韻●
江沱。喚醒高唐殘夢,動奇思,聞巴唱,觀楚舞,邀宋
○○韻○●○○○●句●○○句○●●句○●●句○
玉,訪巫娥。擬賦離騷九辯,空目斷,雲樹煙蘿。渺湘
●句●○○韻●●○○●●句○●●句○●○○韻●○
靈不見,木落洞庭波。撫卷長哦。重摩挲。　問南
○●●句●●●○○韻●●○○韻○○○韻　　●○
樓月,癡老子,興不淺,夜如何。千載後,多少恨,付
○●句●●●句●●●句●○○韻○●●句○●●句●

漁蓑。醉時歌。日暮天門遠，愁欲滴，兩青蛾。曾一
〇〇韻●〇〇韻●●〇〇●句〇●●句●〇〇韻〇●
舸，奇絕處，半經過。萬古金焦偉觀，鯨鼇背，儘意婆
●句〇●●句●〇〇韻●●〇〇●●句〇〇●句●〇
娑。更乘槎欲就，織女看飛梭。直到銀河。
〇韻●〇〇●●句●●〇〇韻●●〇〇韻

　　此與劉褒詞同，惟前段第七句作六字句，又前段第五句押韻，第十一句不押韻，後段第七句押韻異。

夜半樂二體

　　唐教坊曲名。柳永《樂章集》注中呂調,蓋借舊曲名另倚新聲也。《碧雞漫志》:"《唐史》,明皇自潞州還京師,夜半舉兵誅韋后,製《夜半樂》、《還京樂》二曲。今黃鍾宮有《三臺夜半樂》,中呂調,有慢,有近拍,有序。"

夜半樂

柳　　永

　　三段一百四十四字，前段十句五仄韻，中段九句四仄韻，後段七句五仄韻。

凍雲黯淡天氣，扁舟一葉，乘興離江渚。渡萬壑千
●〇●●〇●句〇〇●●句〇〇●〇●韻●●●〇
巖，越溪深處。怒濤漸息，樵風乍起。更聞商旅相呼，
〇句●〇〇●韻●〇●●句〇〇●●韻●〇〇●〇〇句

片帆高舉。泛畫鷁、翩翩過南浦。望中酒斾閃
●○○●韻●●●讀○○●○●韻　●○●●
閃,一簇煙村,數行霜樹。殘日下、漁人鳴榔歸去。敗
●句●●○○句●○○●韻○●●讀○○○○●韻●
荷零落,衰楊掩映,岸邊兩兩三三,浣紗遊女。避行
○○●句○●●●句●○●●○○句●○○●韻●○
客、含羞笑相語。　　到此因念,繡閣輕抛,浪萍難
●讀○○●○●韻　　●●○●句●●○○句●○○
駐。歎後約、丁寧竟何據。慘離懷、空恨歲晚歸期阻。
●韻●●●讀○○●○●韻●○○讀○●●●○○●韻
凝淚眼、杳杳神京路。斷鴻聲遠長天暮。
○●●讀●●○○●韻●○○●●○●韻

　　此調衹有柳詞二首,其句讀亦大同小異,無別首宋詞
可校。

又一體

柳　永

　　三段一百四十五字,前兩段各十句四仄韻,後一段七句五
仄韻。

艷陽天氣,煙細風暖,芳草郊汀閒凝竚。漸妝點亭
●○○●句○●○●句○●○○○○●韻●○●○
臺,參差佳樹。舞腰困力,垂楊綠映,淺桃穠李,小白
○句○○○●韻●○●●句○○●●句●○○●句●●
嫩紅無數。度綺燕流鶯鬬雙語。　　翠娥南陌簇簇,
●○○●韻●●●○○●●○韻　　●○○●●●句

躡影紅陰，緩移嬌步。擅粉面，韶容花光相妒。絳綃
●●○○句　○●○●韻　○●●句　○○○○●韻　●○
袖舉，雲鬟風顫，半遮檀口含羞，背人偷顧。競鬭草、
●●句　○○●●句　●●○○○○句　●○●韻　●●讀
金釵笑爭賭。　　對此佳景，頓覺銷凝，惹成愁緒。
○○●●韻　　　●●○●句　●●○○句　●○○●韻
念解佩輕盈在何處。忍良時、辜負少年等閒度。空望
●●●○○●○●韻　●○讀　○●●○●●韻　○●
極、回首斜陽暮。歎浪萍風梗如何去。
●讀　○●○○●韻　●●○○○●●韻

此詞前段起處四字二句、七字一句，與前體異；後段結處
八字一句，亦與前體異。

按：汲古閣刻本前段第三句作"芳草郊鐙明閒凝竚"，多
一字，文義又不可解。第九句"小白"作"夭夭"，"無數"作
"光數"，次段結句"金釵"作"金斂"，皆訛也。

寶鼎現八體

調見《順庵樂府》。李彌遜詞名《三段子》，陳合詞名《寶
鼎兒》。

寶鼎現

康與之

三段一百五十七字，前一段九句四仄韻，後兩段各八句五
仄韻。

夕陽西下，暮靄紅隘，香風羅綺。乘夜景、華鐙争放，
◐○●●句●●○●句○○○●韻○●●讀○○○●句
濃燄燒空連錦砌。覷皓月、浸嚴城如畫，花影寒籠絳
○○○○○●韻●●●讀○●○○●句○●○○●
蕊。漸掩映、芙蕖萬頃，迤邐齊開秋水。　　太守無
韻●●●讀○○●●句●●○○●韻　●●○
限行歌意。擁麾幢、光動金翠。傾萬井、歌臺舞榭，瞻
●○○韻●○○讀●●○●韻○●●讀○○●●句○
望朱輪駢鼓吹。控寶馬、耀貔貅千騎，銀燭交光數
●○○●●韻●●●讀○○○●句○●○○●
里。似爛簇、寒星萬點，引入蓬壺影裏。　　來伴宴
●韻●●●讀○○●●句●●○○●●韻　○○●
閣多才，環艷粉、瑤簪珠履。恐看看、丹詔歸春，宸遊
●○○句○●●讀○○○●韻●○○讀○●○○句○○
燕侍。便趁早、占通宵醉。莫放笙歌起。任畫角、吹徹
●●韻●●●讀●○○●韻●●○○●韻●●●讀○●
寒梅，月落西樓十二。
○○句●●○○●●韻

　　此調以此詞爲正體，其餘或添字，或減字，押韻句讀不同，皆變格也。
　　譜中惟趙詞與此詞大同小異，故可平可仄悉參之。其後段第一句"綺席成行"，減六字爲四字，或係傳寫之訛，不可爲法。
　　按：此詞後段第三、四句七字一句、四字一句，查各家俱作上五下六句法，疑此有誤。又汲古閣本及《詞律》第四句作"催奉宸遊燕侍"，未知所本，今姑仍舊，亦闕疑之義也。

1791

又一體

趙長卿

三段一百五十五字,前段九句五仄韻,中段八句五仄韻,後段九句六仄韻。

囂塵盡埽,碧落輝騰,元宵三五。更漏永、遲遲停鼓。
○○●●句●●○○句○○●●韻○●●讀○○○●韻
天上人間當此遇。正年少、盡香車寶馬,次第追隨士
○●○○○●韻●○●讀●○○●●句●●○●
女。看往來、巷陌連甍,簇起星毬無數。政簡物
●韻●●●讀●●○○句●●○○●韻　　●●●
阜清閒處。聽笙歌、鼎沸頻舉。鐙焰暖、庭帷高下,紅
●○○●韻●○○讀●●○●韻●●●讀○○○●句○
影相交知幾戶。恣歡笑、道今宵景色,勝却前時幾
●○○○●韻●○●讀●○○●●句●●○○●
度。細算來、皇都此夕,消得喧傳今古。綺席成
●韻●●○讀○○●●句○●○○○●韻　　●●○
行,鑪噴篆、沈檀輕縷。覩遨遊綵仗,疑是神仙伴侶。
○句●●●讀●○○●韻●○○●●句○●○○●●韻
欲飛去、恨難留住。漸到蓬瀛步。願永逢、恁時恁節,
●○●讀●○○●韻●●○○●韻●●○讀●○●●句
且與風光爲主。
●●○○●韻

此即康詞體,惟前段第五句用韻,後段起句四字,第三句五字,第四句六字異。

又一體

《梅苑》無名氏

三段一百五十七字,前段十一句四仄韻,中段九句五仄韻,後段八句四仄韻。

東君著意,化工恩被,灼灼妖艷。裊嫩梢輕蓓,縈風
○○●●句●○○●句●●○○韻●●○○句○○
惹露,偏早香英綻。似向人、故矜誇標致,倚闌全如
●●句○●○○韻●●○讀●○○○●句●○○○
顧盼。尚困怯餘寒,柔情弱態,天真無限。　　斷橋
●●韻●●●○○句○○●●句○○○●韻　　●○
壓柳時非淺。先百花、風光獨占。當送臘初歸,迎春
●●○○●韻○●○讀○○●●韻○●○○○句○○
欲至,芳姿偏婉孌。料碎蒻就、繒紈輝麗,更把胭脂
●●句○○○●●韻●●●●讀○○○●句●●○○
重染。自賦得、一般容冶,宛勝神仙妝臉。　　折送
○●韻●●●讀●○○●句●●○○○●韻　　●●
小閣幽窗,酷愛處、令親儿硯。儘孜孜觀賞,不枉人
●●○○句●●●讀●○○●韻●○○○●句●●○
稱妙選。待密付、如膏雨澤,金玉仍妝點。任擾擾、百
○●●韻●●●讀○○●●句○●○○●韻●●●讀●
卉千花,掩迹一時羞見。
●○○句●●●○○●韻

此詞前段第四句五字,第五句四字,第六、第九句俱五字,第十、第十一句俱四字,中段第三句五字,第四句四字,第五句

五字,後段第三句五字,第四句六字,又少押一韻,與康詞異。

又一體

李彌遜

三段一百五十七字,前段十句五仄韻,中段八句六仄韻,後段八句五仄韻。

層林煙霽,巨壁天半,鴻飛無路。雲斷處、兩山之間,
○○○●句●●○○句○○○●韻○●●讀●○○○句
十萬琅玕環翠羽。轉秀谷、枕蘋花汀溆。短柳疏籬向
●●○○○●韻●●●讀●○○○●韻●●○○●
暮。看外壟牛歸,橫舟人去,平蕪鷗鷺。　並遊不
●韻●●●○○句○○○●句○○○●韻　●●●
見鞭鷺侶。只僧前、松子隨步。回徑險、凌風遐想,小
●○●韻●○○讀●●○●韻○●●讀○○●●句●
憩清泉依茂樹。正筍蕨、過如酥新雨。磯下遊魚可
●○○○●●韻●●●讀●○○○●韻○●○○●
數。縱窈窕、雲關長啟,寂寂誰爭子所。　世上丹
●韻●●●讀○○○●句●●○○●韻　●●○
轂朱纓,春夢覺、南柯何許。況榮枯無定,中有歡離
●○○句○●●讀○○○●韻●○○○●句○●○○
愁緒。儘笑我、詑盤谷趣。爲讀昌黎賦。會有人、秣馬
○●韻●●●讀●○○●韻●●○○●韻●●○讀●●
膏車,相屬一尊清醑。
○○句○●●○○●韻

此詞前段第八句五字,第九、十句俱四字,後段第三句五

字,第四句六字,又多押兩韻,與康詞異。

後段第七句,"膏"字去聲。

又一體

張元幹

三段一百五十八字,前一段十句四仄韻,後兩段各九句五仄韻。

山莊圖畫,錦囊吟咏,胸中丘壑。年少日、如虹豪氣,
○○○●句●○○●句○○○●韻○●●讀○○●●句
吐鳳詞華渾忘却。便袖手、向巖前溪畔,種滿煙梢露
●●○○○●韻●●●讀○○○●句●●○○●
籜。想別墅平泉,當時草木,風流如昨。　瘦藤閒
●韻●●●○○句○○●●句○○○●韻　●○○
倚看鋤藥。雙芒鞵、雨後常著。目送處、飛鴻滅沒,誰
●●○●韻○○○讀●●○●韻●●●讀○○●●句○
問蓬蒿争燕雀。乍霽月、望松雲南渡,短艇敲沙夜
●○○●●韻●●●讀●○○○●句●●○○●
泊。正萬里青冥,千林虛籟,從渠矰繳。　携幼尚
●韻●●●○○句○○●●句○○○●韻　○●●
有筠丁,誰會得、人生行樂。岸幘綸巾歸去,深户香
●○○句○●●讀○○○●韻●●○○○●句○●○
迷翠幕。恐未免、上凌煙閣。好在秋天鶚。念小山叢
○●●韻●●●讀●○○●韻●●○○●韻●●○○
桂,今宵狂客,不勝杯勺。
●句○○○●句●○○●韻

此詞三段結俱作五字一句、四字兩句,又後段第三句添一字作六字句,與諸家異。

又一體

陳　合

三段一百五十七字,前段十一句五仄韻,中段十句五仄韻,後段九句四仄韻。

虞絃清暑。佳氣葱鬱,非煙非霧。人正在、東闈堂上,
○○○●韻●●○●句○○●●韻○●●讀○○○●句
分瑞祥輝騰翠渚。奉玉斝,總歡呼稱頌,爭羨神光葆
○●○○●●韻●●句●○○●●句○●○●●
聚。慶誕節,彌生二佛,接踵瑤池仙母。　　最好英
●韻●●句○○●●句●○○○●韻　　●●○
慧由天賦。有仁慈寬厚襟宇。每留念、修身誠意,博
●○○●韻●○○○●●韻●○●讀○○○●句●
問謙勤親保傅。染寶翰,鎮規隨宸畫,心授家傳有
●○○○●●韻●●句●○○○●句○●○○●
素。更吟咏,形容雅頌,隱隱廣歌風度。　　恩重漢
●韻●○●句○○●●句●●○○●韻　　○●●
殿傳觴,宣付祝、恭承天語。對南薰初試,宮院笙簫
●○○句○●●讀○○○●韻●○○○●句○●○○
競舉。但長願、際昇平世,萬載皇基鞏固。問寢日,俟
●●韻●○●讀●○○●句●●○○●●韻●●句●
雞鳴舞拜,龍樓深處。
○○●●句○○○●韻

此詞前段起句即用韻,後段第三句五字,第四、第六句俱六字,第七句三字,第八句五字,第九句四字,與康詞異。

又一體

陳允平

三段一百五十八字,前段九句五仄韻,中段八句六仄韻,後段八句五仄韻。

六鼇初駕,縹緲蓬閬,移來州島。還又似、梅飄冰泮,
●○○●句●○○●句○○●韻○●●讀○○●●句
一夜青陽回海表。漸媚景、傍元宵時候。花底餘寒料
●●○○○●●韻●●●讀○○○●韻○●○●●
峭。更喜報、三邊晏靜,人樂清平宇宙。　畫鼓簇
●韻●●●讀○○●句○●○○●韻　　●●●
隊行春早。擁煙花、粉黛繚繞。開洞府、桃源路杳。戟
●○○●韻●○○讀●●○●韻○●●讀○○●●韻●
外東風吹岸柳。正翠靄、映星橋月榭,十里紅蓮綻
●○○●●韻●●●讀●○○●●句●●○○●
了。慶萬家、珠簾半卷,綽約歌裙舞袖。　重錦繡
●韻●●○讀○○●●句●●○○●●韻　　●●●
幄圍香,閬鳳管鸞絲環奏。望非煙非霧,春在壺天易
●○○句●●●○○●韻●○○○●句○●○○●
曉。早隱隱、半空星鬥。看取收鐙後。趁鳳書、催入黃
●韻●●●讀●○○●韻●●○○●韻●●○讀●●○
扉,立馬金門待玉漏。
○句●●○○●●●韻

此詞後段結句七字，校諸詞獨異。

又一體

劉辰翁

三段一百五十八字，前段九句六仄韻，中段八句八仄韻，後段八句五仄韻。

紅妝春騎。踏月呼影，千旗穿市。望不見、璚樓歌舞，
○○○●韻●●○句○○○●韻●●讀○○○●句
習習香塵蓮步底。簫聲斷、約彩鸞歸去，未怕金吾呵
●●○○○●韻●○讀●●○●句●●○○○
醉。甚輦路、喧闐且止。聽得念奴歌起。　父老猶
●韻●●●讀○○●●韻●●●○○●韻　●●○
記宣和事。抱銅仙、清淚如水。還轉盼、沙河多麗。滉
●○○●韻●○○讀○●○●韻○●●讀○○○●韻●
漾明光連邸第。簾影動、散紅光成綺。月浸蒲桃十
●●○○○●韻●●●讀●○○○●韻●●○○●
里。看往來、神仙才子。肯把菱花撲碎。　腸斷竹
●韻●●○讀○○○●韻●●○○●●韻　○●●
馬兒童，空見說、三千樂指。等多時、春不歸來，到春
●○○句○●●讀○○●●韻●○○讀○●○○句●○
時欲睡。又說向、鐙前擁髻。暗滴鮫珠墜。便當日、親
○●韻●●●讀○○●●韻●●○○●韻●●●讀○
見霓裳，天上人間夢裏。
●○○句○●○○●●韻

此詞後段第四句作五字一句，又多押五韻，與康詞異。

箇儂一體

調見廖瑩中詞，即用起句爲名。

箇儂

廖瑩中

雙調一百五十九字，前段十六句六仄韻，後段十六句八仄韻。

恨箇儂無賴，賣嬌眼、春心偸擲。沙軟芳堤，苔平蒼
●●○○●句●○●讀○○○●韻○●○○句○○○
徑，却印下、幾弓纖跡。花不知名，香纔聞氣，似月下
●句●●●讀○○○●韻○●○○句○○○●句●●●
箜篌，蔣山傾國。半解羅襟，蕙熏微度，鎭宿粉、棲香
○○句●○○●韻●●○○句●○○●句●●●讀○○
雙蝶。語態眠情，感多時、輕留細閱。休問望宋牆高，
○●韻●●○○句●○○讀○○●●韻●●●●○○句
窺韓路隔。　尋尋覓覓。又暮雨、遥峰凝碧。花徑
○○●●韻　　○○●●韻●●●讀○○○●韻○●
橫煙，竹扉映月，儘一刻、千金堪値。卸襪熏籠，藏鐙
○○句●○●●句●●●讀○○○●韻●●○○句○○
衣桁，任裏臂金斜，搔頭玉滑。更怪檀郎，惡憐深惜。
○●句●●●○○句○○●●韻●●○○句●○○●韻
幾顫裊、周旋傾側。碾玉香鈎，甚無端、鳳珠微脱。多
●●●讀○○○●韻●●○○句○○○讀●○○●韻○

少怕曉聽鐘，瓊釵暗擘。
●●●○○句○○●●韻

此調衹此一詞，無別首可校。

解紅慢一體

調見《鳴鶴餘音》。

解紅慢

《鳴鶴餘音》無名氏

雙調一百六十字，前段十七句八仄韻、一叶韻，後段十八句五仄韻、四叶韻。

杖藜徐步。過小橋，逍遙遊南浦。韶華暗改，俄然又
●○○●韻●●○句○○○●韻●●●句○○●
翠密紅疏。東郊雨霽，何處綿蠻黃鸝語。見雲山掩
●●○○叶○○●●句○●○○○●韻●○○●
映，煙溪外，斜陽暮。晚涼趁，竹風清，荷香度。這閒
●句○○●句○○●韻●○●句●○○句○●●韻●○
裏、光陰向誰訴。塵寰百歲能幾許。似浮漚出沒，迷
●讀○○●○●韻○○●●○●●韻●○○●●句○
者難悟。　　歸去來，恐田園荒蕪。東籬畔，坦蕩笑
●○●韻　　○●○句●○○○○叶○○●句●●●
傲琴書。青松影裏，茅檐下，保養殘軀。一任世間，物
●○○叶○○●●句○○●句●●○○叶●●●○句●

態翻騰催今古。爭如我、懶散生涯，貧與素。興時歌，
●○○○●韻○○●讀●●○○句○●●韻●○○句
困時眠，狂時舞。把萬事、紛紛總不顧。從他人笑真
●○○句○○●韻●●●讀○○●●●韻○○○●○
愚魯。伴清風皓月，幽隱蓬壺。
○●韻●○○●●句○●○○叶

　　此元詞也，用魚虞、語麌、御遇本部三聲叶，與《中原音韻》北曲不同。
　　此調衹有此詞，無別首可校。

詞譜卷三十九

穆護砂一體

唐人張祐有五言絕句一首，題曰《穆護砂》，調名本此，蓋因舊曲名，另倚新聲也。

穆護砂

宋 褧

雙調一百六十九字，前段十五句七仄韻、一叶韻，後段十四句六仄韻、兩叶韻。

底事蘭心苦。便淒然，泣下如雨。倚金臺獨立，搵香
●●○○韻●○○讀●●○韻●○○●●句●○
無主，斷腸封家相妒。亂撲蕨、驪珠愁有許。向午夜、
○●句●○○○●韻●●讀○○○●韻●●讀
銅盤傾注。便不是、紅冰綴頰，也濕透、仙人煙樹。羅
○○○●韻●●●讀○○●●句●●讀○○○●韻○
綺筵中，海棠花下，淫淫常怕鳳脂枯。比雏陽年少，
●○○句●○○●句○○○●●○○叶●○○●句
江州司馬，多少定誰似。　照破別離心緒。學人
○○○●句○●●○●韻　●●●○○韻●○
生、有情酸楚。想洞房佳會，而今寥落，誰能暗收玉
○讀●○○●韻●●○○●句○○○●句○○●●

筋。算只有、金釵曾巧補。輕拭了、粉痕如故。愁思
●韻●●●讀○○○●韻○●●讀●○○●韻○●
減、舞腰纖細，清血盡、媚臉敷腴。又恐嬌羞，絳紗籠
●讀●○○●句●●讀●●○○叶●○○句●○
却，緑窗伴我撿詩書。更休教、鄰壁偷窺，幽蘭啼
●句○●●●○○叶●○○讀○●○○句○○○
曉露。
●●韻

　　此調衹有此詞，無別首可校。
　　此詞語、麌仄韻中間入枯、腴、書三平韻，蓋用三聲叶也。

三臺一體

　　見唐《教坊記》。《唐音統籤》云："唐曲有《三臺》：《急三臺》、《宮中三臺》、《上皇三臺》、《怨陵三臺》、《突厥三臺》，《三臺》爲大曲。"馮鑑《續事始》曰："漢蔡邕三日之間，周歷三臺，樂府以邕曉音律，爲製此曲。"劉禹錫《嘉話錄》曰："鄴中有曹公銅雀、金虎、冰井三臺，北齊高洋毀之，更築金鳳、聖應、崇光三臺，宮人拍手呼上臺送酒，因名其曲爲《三臺》。"李氏《資暇錄》曰："《三臺》，三十拍促曲名。昔鄴中有三臺，石季龍常爲宴遊之所，而造此曲以促飲。"《樂苑》云："唐《三臺》，羽調曲。"

三臺

万俟咏

三段一百七十一字，前一段九句五仄韻，後兩段各八句五仄韻。

見梨花初帶夜月，海棠半含朝雨。內苑春、不禁過青門，御溝漲、潛通南浦。東風靜，細柳垂金縷。望鳳闕、非煙非霧。好時代、朝野多歡，遍九陌、太平簫鼓。　　乍鶯兒百囀斷續，燕子飛來飛去。近綠水、臺榭映秋千，鬭草聚、雙雙遊女。餳香更、酒冷踏青路。曾暗識、夭桃朱戶。向晚驟、寶馬雕鞍，醉襟惹、亂花飛絮。　　正輕寒輕暖漏永，半陰半晴雲暮。禁火天、已是試新妝，歲華到、三分佳處。清明看、漢宮傳蠟炬。散翠煙、飛入槐府。斂兵衛、閶闔門開，住傳宣、又還休務。

此調衹此一詞,無他首可校。

按:舊刻亦有作雙調者,《詞律》改爲三疊,今從之。

哨遍九體

《蘇軾集》注般涉調。或作《稍遍》。

哨遍

蘇　軾

雙調二百三字,前段十七句五仄韻、四叶韻,後段二十句五叶韻、七仄韻。

爲米折腰,因酒棄家,口體交相累。歸去來,誰不遣
●●○句○●●○句○●○●●韻●○●句○●●
君歸。覺從前皆非今是。露未晞。征夫指予歸路,門
○○叶●○○●○●韻●●○叶○○●●○●句○
前笑語喧童稚。嗟舊菊都荒,新松暗老,吾年今已如
○●●○○韻○●●○○句○○●●句○○○●○
此。但小窗容膝閉柴扉。策杖看孤雲暮鴻飛。雲出無
●韻●●○○●●○○叶●●●○○●○○叶○●○
心,鳥倦知還,本非有意。　噫。歸去來兮。我今忘
○句●●○○句●○●●韻　○叶○●○○叶●○●
我兼忘世。親戚無浪語,琴書中有真味。步翠麓崎
●○●韻○●○●●句○○○●○●韻●●●○
嶇,泛溪窈窕,涓涓暗谷流春水。觀草木欣榮,幽人
○句●○●●句○○●●○○●韻○●●○○句○○

自感，吾生行且休矣。念寓形宇内復幾時。不自覺皇
●●句●○○●○韻●○○●●●○叶●●●●
皇欲何之。委吾心、去留誰計。神仙知在何處，富貴
○●○○叶●●●讀●●○●韻○○○●○●句●●
非吾願，但知臨水登山嘯詠，自引壺觴自醉。此生天
○○●句●○○●○○●●句●●○○●●韻●○○
命更何疑。且乘流、遇坎還止。
●●○○叶●●○讀●●○●韻

此調用三聲叶韻，各家俱如此填，惟汪詞獨異。

《詞律》云："此詞長而多訛，又其體頗近散文，平仄往往不拘。"今以諸詞中體調相近、句法相同者參校入譜，其餘概不濫采，亦寧過於嚴之意也。

前段第四句，吳潛詞"集衆賢"，"集"字仄聲。第六句，方岳詞"有乾坤便應有爾"，下"有"字仄聲。第七句，吳詞"暢幽情"，"幽"字平聲。第十二句，吳詞"此娛信可樂只"，"信"字、"樂"字俱仄聲。第十三句，方詞"凡三千五百廿年餘"，"凡"字平聲，"五"字仄聲。第十四句，吳詞"或一室晤言襟抱開"，"襟"字平聲，"抱"字仄聲。第十六句，吳詞"當其可欣"，"當其"二字俱平聲。方詞"癡蟆吞吐"，"吐"字仄聲。後段第五句，吳詞"往往俱成陳矣"，"往往"二字俱仄聲，"成"字平聲。方詞"寒光不減些兒"，"不"字仄聲。第六句，吳詞"約境遇變遷"，"變"字仄聲。第十一句，吳詞"痛哉莫大生死"，"痛"字仄聲。第十四句，方詞"但見今、冰輪如洗"，"見"字仄聲。餘參下蘇、王、曹、劉詞句法同者。

又一體

蘇　軾

雙調二百三字,前段十八句五仄韻、兩叶韻,後段十九句九仄韻、兩叶韻。

睡起畫堂,銀蒜押簾,珠幕雲垂地。初雨歇,洗出碧
●●〇句　〇●●●句　〇●〇〇●韻〇●●句　●●●
羅天,正溶溶養花天氣。一霎時,風迴芳草,榮光浮
〇〇句　●〇〇●〇〇●韻●●〇句　〇〇〇●句　〇〇〇
動,卷皺銀塘水。方杏靨勻酥,花鬚吐繡,園林紅翠
●句　●●〇〇●韻〇●●〇〇句　〇〇●●句　〇〇〇●
排比。見乳燕捎蝶過繁枝。忽一綫鑪香惹遊絲。晝永
〇●韻●●●〇●●〇〇叶●●●〇〇●〇〇叶●●
人間,獨立斜陽,晚來情味。　　便携將佳麗。乘興
〇〇句　●●〇〇句　●〇〇●韻　　●〇〇〇●韻〇●
深入芳菲裏。撥胡琴語,輕攏慢撚總伶俐。看緊約羅
〇●〇〇●韻●〇〇●句　〇〇●●●〇●韻●●●〇
裙,急趨檀板,霓裳入破驚鴻起。正鬢月臨眉,醉霞
〇句　●〇〇●句　〇〇●●〇〇●韻●●●〇〇句　●〇
横臉,歌聲悠揚雲際。任滿頭紅雨落花飛。漸鴉鵲樓
〇●句　〇〇〇〇〇●韻●●〇〇●●〇〇叶●〇●〇
西玉蟾低。尚徘徊、未盡歡意。君看今古悠悠,浮幻
〇〇〇叶〇〇〇讀●●〇●韻〇〇〇●〇〇句　〇●
人間世。這些百歲光陰幾日,三萬六千而已。醉鄉路
〇〇●韻●〇●●〇〇●●句　〇●●〇〇●韻●〇●

穩不妨行，但人生、要適情耳。
●●○○句●○○讀●●○●韻

　　此詞較前詞減三韻，前段第八、九、十句，後段第三、四句，句法亦異。

　　前段第七句，《詞律》作"一霎晴風迴"，汲古閣刻本作"一霎暖風迴"，非是。

又一體

王安中

　　雙調二百三字，前段十六句五仄韻、三叶韻，後段二十句八仄韻、兩叶韻。

世有達人，瀟灑出塵，招飲青霄際。終始迨、遊覽老
●●○○句○●●○句○●○○●韻○●●讀●●
山棲。貌千金、輕脫如屣。彼假容江皋，濫巾雲岳，攪
○○叶●○○讀●●○●韻●○○○句●○○●句●
情好爵欺松桂。觀向釋譚空，尋真講道，巢由何足相
○●●○○●韻●●●○○句○○●●句○○○●○
擬。待詔書來起便驥馳。席次早焚裂芰荷衣。敲扑喧
●韻●●○○●●●○叶●●●○●●○○叶●●○
喧，牒訴忽忽，抗顏自喜。　嗟明月高霞，石徑幽絕
○句●●●○句●○●●韻　○○●○○句●●○●
誰回睇。空悵猿驚處，淒凉孤鶴嘹唳。任列壑爭譏，
○○●韻○●○○●句○○○●○●韻●●●○○句
衆峰竦誚，林慚澗愧移星歲。方浪栧神京，騰裝魏
●○●●句○○●●○○●韻○●●○○句○●●

闕，徘徊經過留憩。致草堂靈怒蔣侯廛。肩岫幌驅煙
●句〇〇〇●〇韻●●〇〇〇〇叶〇●●〇
勒新移。忍丹崖碧嶺重淬。鳴湍聲斷幽谷，逋客歸何
●〇叶〇〇●●〇〇韻〇〇〇●〇句●〇〇
計。信知一逐浮榮，便喪所守，身成俗士。伯鸞家有
●韻●〇●●〇〇句●●〇句〇〇●●韻●〇〇●
孟光妻，豈逡巡、眷戀名利。
●〇〇句●〇〇讀●●〇●韻

　　此詞較蘇詞減三韻，前段第六、七句，後段第十六、十七、
十八句，句法亦異。

又一體

<small>曹　冠</small>

　　雙調二百三字，前段十五句五仄韻、三叶韻，後段二十二
句八仄韻、兩叶韻。

壬戌孟秋，蘇子夜遊，赤壁舟輕漾。觀水光瀰渺接遙
〇●●〇句〇●●〇句〇〇〇●韻〇●〇●●〇
天，月出於東山之上。與客同、清歡扣舷歌詠，開懷
〇句●●〇〇〇●韻●●讀〇〇●〇〇●句〇〇
飲酒情酣暢。如羽化登仙，乘風獨立，飄然遺世高
●●〇〇韻〇●●〇〇句〇〇●●句〇〇●●〇
尚。客吹簫、音韻遠悠颺。怨慕舞潛蛟、動淒涼。自古
韻●〇〇讀〇●●〇叶●●●〇〇讀●〇〇叶●●
英雄，孟德周郎。舊蹤可想。　噫，水與月兮，逝者
〇〇句●●〇〇叶●●●韻　〇句●●〇句●●

如斯曷嘗往。變化如一瞬，盈虛兮莫消長。自不變而
〇〇●〇●韻●●〇●●句〇〇〇●●韻●●〇
觀，物我無盡，何須感物興悲悵。夫天地之間，物各
〇句●●〇〇句〇〇●●〇〇韻〇〇〇●句●●
有主，唯同風月清賞。念江山美景豈可量。吾與子樂
●●句〇〇〇●〇韻〇〇〇●●●〇叶〇●●
之興相徉。聽江渚、樵歌漁唱。侶魚鰕，友麋鹿，舉匏
〇●〇叶●〇〇讀〇〇〇●韻●〇〇句●〇〇句〇
尊相向。人生堪笑，蜉蝣一夢，且縱扁舟放浪。戲將
〇〇●韻〇〇〇句〇〇●●句●●〇〇●●韻●〇
坡賦度新聲，寫高懷、自娛閒曠。
〇●●〇〇句●〇〇讀●〇〇●韻

此詞較蘇詞減三韻，前段第四、第六句，後段第十五、六
句，第十八、九句，句法亦異。

按：此詞"怨慕舞潛蛟、動淒凉"句，疑有訛字。

又一體

劉克莊

雙調二百四字，前段十八句六仄韻、四叶韻，後段二十三
句七仄韻、四叶韻。

勝處可宮，平處可田，泉土尤甘美。深復深，路絕住人
●●〇句〇〇〇句〇●〇〇●韻〇〇〇句●●●〇
稀。有人兮，盤旋於此。送子歸。是他隱居求志。是要
〇叶●〇〇句〇〇〇●韻〇叶●〇〇句〇〇●〇
明主媒當世。嗟此意誰論，其言甚壯，孔顏猶有遺旨。
〇●〇〇●韻〇●●〇〇句〇〇●●句●〇〇●〇韻

大丈夫之被遇於時。便入坐廟朝出旗麾。列屋名姬，
●●○○●○○叶●●○○●○○叶●●○○句
夾道武夫，滿前才子。　噫。有命存焉，吾非惡此而
●●●○句●○○●韻　○叶●●○○句○○●●而
逃之。富貴人所欲，如之何、幸而致。向茂樹堪休，清
○○叶●●○●●句○○○讀●○韻●●○○句○
泉可濯，谷中別有閒天地。更鱠細於絲，蕨甜似蜜，采
○●●句●○●●●○●韻●●●○○句●●●●句●
於山，釣於水。大丈夫不遇時之所爲。唐處士、依稀是
○○句●○●韻●●○●●○○●叶●●讀○○●
吾師。覺山林、尊如朝市。五侯門下，賓客擾擾趨形
○○叶●○○讀○○○●韻●○○●句●●●●○○
勢。嗟盤之樂，誰爭子所，占斷千秋萬歲。呼僮秣馬更
●韻○○○●句○●●●句●●○○●●韻○○●●●
膏車，便與君，從此逝矣。
○○句●●○句○●●●韻

　　此詞前段較蘇詞添一韻，後段較蘇詞減一韻，前段第六、
七句，後段第十一、十二、十三句，第十六、十七、十八、十九句，
句法亦異。
　　詞中"大丈夫不遇時之所爲"句，《詞律》謂"時"字乃羨
文，或然。

又一體

辛棄疾

　　雙調二百二字，前段十八句九仄韻、一叶韻，後段二十二
句六仄韻、六叶韻。

池上主人，人適忘魚，魚適還忘水。洋洋乎，翠藻青
〇●●〇句〇●〇〇句〇●〇〇●韻〇〇〇句〇
萍裏。相魚分，無便於此。嘗試思，莊周談兩事。一明
〇●韻●〇●句●〇〇●韻〇●〇句〇〇〇●韻●〇
豕蝨一羊蟻。說蟻慕於羶，於蟻棄知。又說於羊棄
●●●〇●韻●●●〇〇句〇●●〇韻●●〇〇●
意。甚蝨焚於豕獨忘之。却驟說於魚爲得計。千古遺
●韻●●〇〇●〇〇叶●●●〇〇●●韻〇●〇
文，我不知言，以我非子。　噫。子固非魚，魚之爲
〇句●●〇〇句●●〇韻　〇叶●●〇〇句〇〇
計子焉知。河水深且廣，風濤萬頃堪依。有網罟如
●●〇〇叶●●〇●●句〇〇●●〇〇叶●●●〇
雲，鵜鶘成陣，過而留泣計應非。其外海茫茫，下有
〇句〇〇〇●句●〇〇●●〇〇叶●●●〇〇句●
龍伯，饑時一啖千里。更任公五十犗爲餌。使海上人
〇●句〇〇●●〇●韻●〇〇●●●〇●韻●●●〇
人厭腥味。似鷗鵬，變化有幾。東遊入海，此計直以
〇●〇●韻●〇〇句●●●●韻〇〇●●句●●●●
命爲嬉。古來謬算狂圖，五鼎烹死，栢爲平地。嗟魚
●〇〇叶●〇〇●〇〇句●●〇●句●〇〇●韻〇〇
欲事遠遊時。請三思而行可矣。
●●●〇〇叶●〇〇〇●●韻

　　此詞後段第十五句以下句讀與蘇詞不同。又全篇純用散文體，平仄不足爲據，故不參校入譜。

又一體

辛棄疾

雙調二百三字,前段十七句六仄韻、四叶韻,後段二十一句九仄韻、五叶韻。

一壑自專,五柳笑人,晚乃歸田里。問誰知、幾者動之微。望飛鴻,冥冥天際。論妙理。濁醪正堪長醉。從今自釀躬耕米。嗟美惡難齊,盈虛如代,天邪何必人知。試回頭五十九年非。似夢裏歡娛覺來悲。夔乃憐蚿,穀亦亡羊,算來何異。 嘻。物諱窮時。豐狐文豹罪因皮。富貴非吾願,遑遑乎欲何之。正萬籟都沈,月明中夜,心彌萬里清如水。却自覺神遊,歸來坐對,依稀淮岸江涘。看一時魚鳥忘情喜。會我已忘機更忘己。又何曾物我相視。非魚濠上遺意。要是吾非子。但教河伯,休慚海若,大小均爲水耳。世間喜愠更何其。笑先生三仕三已。
●●○○叶●○○－●○●韵

　　此词较苏词添三韵，前段第五、六句，后段第十七、十八句，句法异。

　　此调句读韵叶参差不一，惟此词有辛词别首和韵词可校，故又取为谱。

　　辛词别首前段第一句"蜗角鬬争"，"蜗"字平声。第四句"君试思、方寸此心微"，"君"字平声，"试"字仄声。第八句"何言泰山毫末"，"何"字平声。第九句"从来天地一粰米"，"天"字平声，"一"字仄声。第十一句"鸠鹏自乐"，"自"字仄声。第十二句"之二虫又何知"，"二"字仄声。第十三、四句"记跖行仁义孔丘非，更殇乐长年老彭悲"，"跖"字仄声，"仁"字、"殇"字俱平声。第十五、六句"火鼠论寒，冰蚕语热"，"火"字、"语"字、"热"字俱仄声，"冰蚕"二字俱平声。后段第四句"谁与齐万物"，"谁"字平声，"万"字仄声。第五句"庄周吾梦见之"，"见"字仄声。第六、七句"正商略遗篇，翛然顾笑"，"商"字、"翛"字俱平声，"顾"字仄声。第十句、十一句"百川灌雨，泾流不辨涯涘"，"百"字、"不"字俱仄声。第十二句、十三句"于是焉河伯欣然喜，以天下之美尽在己"，"于"字、"天"字俱平声，"美"字、"在"字俱仄声。第十四句、十五句"渺沧溟望洋东视，逡巡向若惊欸"，"洋"字平声，"向"字仄声。第二十句、二十一句"此堂之水几何其，但清溪一曲而已"，"之"字平声，"一"字仄声。谱内可平可仄据此。

又一体

汪莘

　　双调二百字，前段十七句四仄韵、三平韵，后段二十二句十仄韻、三平韻。

近臘景和，故山可過，足下聽余述。　便自往山中，憩
●●○句●○●●句●●●○●仄韻●●●○○句●
精藍，與僧飯訖。北涉灞川，明月華映郭，夜登華子
○○句●○●●韻●●●○句○●●●句●○○
岡頭立。嗟輞水淪漣，與月上下，寒山遠火朦朧。　聽
○○●韻○●●○○句●●●句○○●●○○平韻●
林外犬纇豹聲雄。更村落誰家鳴夜舂。疏鐘相間，獨
○●●●●○○韻●○●○○○●●韻○○○●句●
坐此時，多思往日。　　噫，記與君同。　清流仄徑
●●○句○○●●仄韻　　○句●●○○平韻○●●
玉玪琮。携手賦佳什。　往來蘿月松風。　只待仲春
●●○韻●●●○●仄韻●○○●○○平韻●●●○
天，春山可望，山中卉木垂蘿密。　見出水輕鰷，點溪
○句○○●●句○○●●○○●仄韻●●●○○句●○
白鷺，青皋零露方濕。雉朝飛，麥隴鳴儔匹。念此去
●●句○○○●○●韻●○句●●○○●韻●●●
非遙莫相失。儻能從我敢相必。天機非子清者，此事
○○●○●韻●○○●●○●韻○○○●○●句●●
非所亟。是中有趣殊深，願子無忽。不能一一。偶因
○●●韻●○●●○○句●●○●韻●○●●韻●○
駞黃附吾書，是山人王維摩詰。
○●●○句●○○○○●韻

此詞平仄各韻，不用三聲叶，又較各體少三字，錄以備體，不參校入譜。

又一體

《花草粹編》無名氏

雙調一百六十字，前段十六句五仄韻、一叶韻，後段十四句五仄韻、兩叶韻。

太暉司春，春工著意，和氣生暘谷。十里芳菲，儘東
●●○○句○○●●句○●○●韻●●○○句●○
風、絲絲柳搓金縷。漸次第、桃紅杏淺，水綠山青，春
○讀○○●○○●韻●●讀○○●●句●○○句○
漲生煙渚。九十光陰能幾，早鳴鳩呼婦，乳燕携雛
●○○●韻●●○○●句●○○●句●●○○叶
亂紅滿地任風吹，飛絮濛空有誰主。春色三分，半入
●○●●●○○句○●○○●○●韻○●○○句●●
池塘，半隨塵土。　滿地榆錢，算來難買春光住。
○○句●○○●韻　●●○○句●○○●○○●韻
初夏永、薰風池館，有藤牀冰簟紗櫥。日轉午。脫巾
○●●讀○○○●句●○○●●○○叶●●●韻○
散髮，沈李浮瓜，寶扇摇紈素。著甚消磨永日，有埽
●●句●●○○句●●○○●韻●●○○●●句●●
愁竹葉，侍寢青奴。雲時微雨送新涼，些少金風退殘
○●●句●●○○叶○○○●●○○句●●○○●○
暑。韶華早、暗中歸去。
●韻○○●讀●○○●韻

此詞句讀與前八體不同，蓋元人曲也。因《花草粹編》收入詩餘，故錄之以備一體。

前段第三句起韻"谷"讀如"古",見周德清《中原音韻》。

戚氏三體

柳永《樂章集》注中呂調。丘處機詞名《夢遊仙》。

戚氏

柳　永

三段二百十二字,前段十五句九平韻,中段十二句六平韻,後段十六句六平韻、兩叶韻。

晚秋天。一霎微雨灑庭軒。檻菊蕭疏,井梧零亂惹殘
●○○韻●●○○●○○韻●●○○句●○●●●○
煙。凄然。望江關。飛雲黯淡夕陽間。當時宋玉悲感,
○韻○○韻●○○韻●○●●●○○韻○○●●○●句
向此臨水與登山。遠道迢遞,行人凄楚,倦聽隴水潺
●●○●●○○韻●●○●句○○○●句●●●●○
湲。正蟬鳴敗葉,蛩響衰草,相應聲喧。　孤館度
○韻●○○●●句○●○●句○●○○韻　○●●
日如年。風露漸變,悄悄至更闌。長天靜、絳河清淺,
●○○韻○●●●句●●●○○韻○○●讀●○○●句
皓月嬋娟。思綿綿。夜永對景,那堪屈指,暗想從前。
●●○○韻○○○韻●●●●句●○●●句●●○○韻
未名未祿,綺陌紅樓,往往經歲遷延。　帝里風光
●○●●句●●○○句●●○●○○韻　●●○○

好，當年少日，暮宴朝歡。況有狂朋怪侶，遇當歌對
●句○●●句●●○○韻●●○●●句●○●
酒競留連。別來迅景如梭，舊遊似夢，煙水程何限。
●○○韻○●●句○●●句○○●●叶
念利名、憔悴長縈絆。追往事、空慘愁顏。漏箭移，稍
●●○讀○●○●叶●●讀○●○韻●●句
覺輕寒。聽嗚咽、畫角數聲殘。對閒窗畔，停鐙向曉，
●○○韻●●讀●●●○韻●○●句○○●句
抱影無眠。
●●○○韻

此調宋人作者甚少，可平可仄俱參後蘇、丘二詞。
後段兩仄韻，亦用三聲叶。

又一體

蘇　軾

三段二百十三字，前段十五句九平韻，中段十一句七平
韻，後段十五句七平韻、兩叶韻。

玉龜山。東皇靈姥統群仙。絳闕岩嶢，翠房深迥倚霏
●○○韻○○●●○○韻●●○○句●○○●
煙。幽閒。志蕭然。金城千里鎖嬋娟。當時穆滿巡狩，
○韻○○韻●○○韻○○○●●○○韻●○●●○○句
翠華曾到海西邊。風露明霽，鮫波極目，勢浮輿蓋方
●○○●●○○韻○●○●句○○●●句●○○●○
圓。正迢迢麗日，元圃清寂，瓊草芊綿。　爭解繡
○韻●○○●●句○●○●句○●○○韻　○●●

勒香轊。鸞輅駐蹕，八馬戲芝田。瑤池近、畫樓隱隱，
●○○韻○●●●句●●●○○韻○○●讀●○●●句
翠鳥翩翩。肆華筵。問作脆管鳴絃。宛若帝所鈞天。
●●○○韻●○○韻●●●○○韻●●●●○○韻
稚顏皓齒，綠髮方瞳，圓極恬淡高妍。　　盡倒瓊壺
●○●●句●●○○句○●○●○○韻　　●●○○
酒，獻金鼎藥，固大椿年。縹緲飛瓊妙舞，命雙成奏
●句●○●●句●●○○韻●●○○●●句●○○●
曲醉留連。雲璈韻響瀉寒泉。浩歌暢飲，斜月低河
●●○○韻●○○●●○○韻●○●●句○●○○
漢。漸綺霞、天際紅深淺。動歸思、迴首塵寰。爛漫
●叶●●○讀○●○○●叶●○○讀●●○○韻●●
遊、玉輦東還。杏花風、數里響鳴鞭。望長安路，依稀
○讀●●○○韻●○○讀●●●○○韻●○○●句○○
柳色，翠點春妍。
●●句●●○○韻

　　此詞中段第七、八句俱六字，後段第六句用韻，又多一字，
與柳詞異。

　　舊本中段第七句脱一"脆"字，後段第九句重一"漸"字，
今俱改正。

又一體

丘處機

　　三段二百十字，前段十五句九平韻，中段十二句六平韻，
後段十六句七平韻、兩叶韻。

夢遊仙。分明曾過九重天。浩氣清英，素雲縹緲貫無
●○○韻○○●○○●●○○韻●●○○句●●●●●○
邊。森然。似朝元。金童玉女下傳宣。當時萬聖齊會，
○韻○○韻●○○韻●○●●●○○韻○○●●○○句
大光明罩紫金蓮。群仙謠唱，諸天歡樂，盡皆得意忘
●○○●●○○韻○○●●句○○●●句●○●●○
言。流霞泛飲，蟠桃賜宴，次第留連。　皆秉道德威
○韻○○●●句○○●●句●●○○韻　○●●●○
權。神通自在，劫劫未能遷。冲虛妙，昊天罔極，象地
○韻○○●●句●●●○○韻○○●句●○○●句●●
之先。透重元，命駕恍惚神遊，擲火萬里迴旋。四維
○○韻●○○韻●●●●○○句●●●●○○韻●○
上下，八表縱橫，鸞鶴不用揮鞭。　應念隨時到，
●●句●●○○句○●●●○○韻　●●○○●句
了無障礙，自有根源。看盡清都絳闕，邁瀛洲，紫府
●○●●句●●○○韻○●○○●●句●○○句●●
筆難傳。瑤臺閬苑花前。瑞雲掩映，百和香風散。四
●○○韻○○●●○○韻●○●●句●●○○●韻●
時不夜長春暖。處處覺、閒想因緣。是一點程滿功
○●●○○●叶●●●讀○●○○韻●●●○●●○
圓。混太虛、浩劫永綿綿。任閻浮地，山摧洞府，海變
○韻●●○讀●●●○○韻●○○●句○○●●句●●
桑田。
○○韻

　　此調前段第十三句少一字，中段第八、九句俱六字，後段第七
句多押一韻，第十句少一字，第十二句七字，與柳、蘇詞異。

勝州令一體

調見《花草粹編》。

勝州令

鄭意娘

四段二百十五字,第一段十一句七仄韻,第二段十一句六仄韻,第三段十句五仄韻,第四段九句四仄韻。

杏花正噴火。朦朦微雨,曉來初過。夢回聽、乳鶯調舌,紫燕競穿簾幕。垂楊陰裏,粉墻影出秋千索。對媚景,贏得雙眉鎖。翠鬟信任嚲。誰更忺梳掠。

追思向日,共箇人、同携手,略無暫時拋躲。到今似、海角天涯,無由得見則箇。番思往事上心,向他誰行訴。却會舊歡,淚滴真珠顆。意中人未睹。覺鳳幃冷落。 都是俺嗦錯。被他閒言伏語啜做。到此近、四五千里,爲水遠山遙闊。當初曾言,盡老更不重

婚，却甚鎮日，共人同歡樂。傅粉在那裏，肯念人寂
〇句●●●●句●〇〇〇●韻●●●〇●●句●●〇●
寞。　　終待把、雲箋細寫，把衷腸、盡總說破。問伊
●韻　　〇●讀〇●●●句●〇〇讀●●●●韻●〇
怎下得，憐新棄舊，頓乖盟約。可憐命掩黃泉，細尋
●●●句〇〇●●句●〇●●韻●〇●●〇〇句●〇
思，都爲他一箇。你忒煞虧我。
〇句〇●〇●●韻●●●〇●韻

此詞用韻太雜，無別首可校，姑錄以備一體。

鶯啼序五體

一名《豐樂樓》，見《夢窗乙稿》。

鶯啼序

吳文英

四段二百四十字，第一段八句四仄韻，第二段十句四仄韻，第三段十四句四仄韻，第四段十四句五仄韻。

殘寒正欺病酒，掩沈香繡戶。燕來晚、飛入西城，似
〇〇●●●●句●〇〇●●韻●〇●讀●●〇〇句●
說春事遲暮。畫船載、清明過却，晴煙冉冉吳宮樹。
●〇●〇●韻●〇●讀〇〇●●句〇〇●●〇〇●韻
念羈情遊蕩，隨風化爲輕絮。　　十載西湖，傍柳繫
●〇〇〇●句〇〇●〇〇●韻　　●●〇〇句●●●

馬，趁嬌塵軟露。溯紅漸、招入仙溪，錦兒偷寄幽素。
●句●○○●韻●●●讀●●○○句◐○◐●●韻
倚銀屏、春寬夢窄，斷紅濕、歌紈金縷。暝堤空，輕把
◐○○讀⊖○●●句●●●讀○○●韻●◐○句●
斜陽，總還鷗鷺。　幽蘭旋老，杜若還生，水鄉尚
⊖○句●○○●韻　　⊖○●句●●○句●○●
寄旅。別後訪、六橋無信，事往花萎，瘞玉埋香，幾番
●●韻●●讀●●○句●●○○句●●○○句◐○
風雨。長波妒盼，遙山羞黛，漁鐙分影春江宿，記當
○●韻⊖○●●句⊖○○●句○○○●○○●句●○
時、短楫桃根渡。青樓髣髴，臨分敗壁題詩，淚墨慘
○讀●●○○●韻○○●●句○○●●○○句●●●
淡塵土。　危亭望極，草色天涯，欺鬢侵半苧。暗
●○●韻　　⊖○●句●●○○句○●◐●●韻●
點檢、離痕歡唾，尚染鮫綃，彈鳳迷歸，破鸞慵舞。殷
●●讀⊖○○●韻●●○○句⊖●○○句●○○●韻○
勤待寫，書中長恨，藍霞遼海沈過雁，漫相思、彈入
○●●句○○○●句○○○●○●●句●○○讀◐●
哀箏柱。傷心千里江南，怨曲重招，斷魂在否。
○○●韻⊖○○●○○句●●○○句●○◐●韻

此調以此詞爲正體，吳文英三首皆然。其餘因調長韻雜，每參錯不合，今分各體，類列於後。

按：吳詞別首第二段第四句"面屏障、一一鶯花"，上"一"字仄聲。第三段第四句"翁笑起、離席而語"，"席"字仄聲。第五句"敢詫京兆"，"兆"字仄聲。第四段第六句"永晝低睡"，"睡"字仄聲。第七句"繡簾十二"，"十"字仄聲。餘參後諸詞。

又一體

吳文英

　　四段二百四十字,第一段八句五仄韻,第二段十三句四仄韻,第三段十五句四仄韻,第四段十五句六仄韻。

橫塘棹穿艷錦,引鴛鴦弄水。斷霞晚、笑折花歸,紺
○○●○●●句●○○●●韻●○●讀●●○○句●
紗低護鐙蕊。潤玉瘦冰輕倦浴,斜拖鳳股盤雲墜。聽
○○●●韻●●●○○●●句○○●●○○韻●
銀牀聲細。梧桐漸覺涼思。　　窗隙流光,過如迅
○○○●韻○○●●○●韻　　○●○○句●○●
羽,愨空梁燕子。誤驚起,風竹敲門,故人還又不至。
●句●○○●●韻●○●句○●○○句●○○●●●韻
記琅玕,新詩細搯,早陳迹,香痕纖指。怕因循,羅扇
●○○句○○●○句●○●句○○○●韻●○○句○●
恩疏,又生秋意。　　西湖舊日,畫舸頻移,歎幾縈
○○句●○○●韻　　○○●●句●●○○句●●○
夢寐。霞佩冷,疊瀾不定,麝靄飛雨,乍濕鮫綃,暗盛
●●韻○●●句●○●●句●●○●句●●○○句●●
紅淚。練單夜共,波心宿處,瓊簫吹月霓裳舞,向明
○●韻●○●●句○○●●句○○○●○○●句●○
朝、未覺花容悴。嫣香易落,回頭澹碧銷煙,鏡空畫
○讀●●○○●韻○○●●句○○●●○○句●○●
羅屏裏。殘蟬度曲,唱徹西園,也感紅怨翠。念
○○●韻　　○○●●句●●○○句●●○●●韻●

省慣吳宮幽憩。暗柳追凉，曉岸參斜，露零鷗起。絲
●●○○○●韻●●○○句●●○○句●○○●韻○
縈寸藕，留連歡事。桃笙頻展湘浪影，有昭華、濃李
○●●句○○○●韻○○○●○○●句●○○句○●
冰相倚。如今鬢點淒霜，半篋秋詞，恨盈蠹紙。
○○●韻○○●●○○句●●○○句●○●●韻

　　此即前詞體，惟第一段第八句"細"字用韻，第四段第九句"事"字用韻，與前詞異。

　　按：此詞起韻用紙、尾、寘、未，無通語、麌者。或疑第三段第九句"處"字是韻，則第二段之"羽"字、第三段之"雨"字、"舞"字皆可作韻矣。一調增入四韻，恐未然也。

又一體

　　　　　　　黃公紹

　　四段二百四十字，第一段八句五仄韻，第二段十句四仄韻，第三段十四句四仄韻，第四段十四句五仄韻。

銀雲卷晴縹緲，卧長龍一帶。柳絲蘸、幾簇柔煙，兩
○○●○○●句●●○●●韻●○●讀●●○○句●
市簾棟如畫。芳草岸、灣環半玉，鱗鱗曲港雙流會。
●○●○●韻○●●讀○○●●句○○●●○○●韻
看碧天連水。翻成箭樣風快。　白露橫江，一葦萬
●●○○●韻○○●●○●韻　●●○○句●●●
頃，問靈槎何在。空翠濕、衣不勝寒，日華金掌沉瀣。
●句●○○○●韻○●●讀○●○○句●○○●○●韻
毿花平、綠紋襯步，瓊田湧出神仙界。黛眉修，依約
○○○讀●○●●句○○●●○○●韻●○○句○●

1825

霧鬟，在秋波外。　　閣噓青蜃，檐啄彩虹，飛蓋蹴
●〇句●〇〇●韻　　　●〇〇句〇●〇句〇●
鼇背。鐙火暮、相輪倒景，偷睇別浦，片片歸帆，遠自
〇●韻〇●●讀●〇〇●句〇●●●句●●〇句●〇
天際。舞蛟幽壑，棲鴉古木，有人蒭取松江水，憶細
〇●韻●〇〇●句〇〇●●句●〇〇●〇〇●句●●
鱗巨口魚堪膾。波涵笠澤，時見靜影浮光，霽陰萬貌
〇●●〇●韻〇〇●●句〇●●●〇〇句●●●●
千態。　　蒹葭深處，應有閒鷗，寄語休見怪。倩洗
〇●韻　　〇〇〇●句〇●〇〇句●●〇●韻●●
却、香紅塵面，買箇扁舟，身世飄萍，名利微芥。闌干
●讀〇〇●句●●〇〇句〇●〇〇句〇●●韻〇〇
拍遍，除東曹掾，與天隨子是我輩。儘胸中、著得乾
●●句〇〇〇●句●〇〇●●●●韻〇〇〇讀●●〇
坤大。亭前無限驚濤，總把遙岑，月明滿載。
〇●韻〇〇〇●〇〇句●●〇〇句●〇●●韻

此亦吳詞體，但第四段第四句，吳詞二首俱用韻，此詞不用韻，第十句吳詞二首俱不用韻，此詞用韻異。

按：此詞兩用"水"字於斷句處，第一段第七句，吳詞一首用韻，一首不用韻，第三段第十句，吳詞二首俱不用韻，則知前"水"字猶可作韻，後"水"字不可作韻也。

又一體

趙　文

四段二百四十字，第一段八句四仄韻，第二段九句四仄韻，第三、第四段各十四句四仄韻。

初荷一番濯雨,錦雲紅尚卷。隘華屋、賦客吟仙,候
望南極天遠。還報道、飄然紫氣,山奇水勝都行遍。
却歸來領客,水晶庭院開宴。　　窗戶青紅,正似京
洛,按笙歌一片。似別有、金屋佳人,桃根桃葉清婉。
倚薰風、虯鬚正綠,人似玉、手捘紈扇。算風流、只有
蓬瀛,畫圖曾見。　　誰知老子,正自蕭然,於此興
頗淺。只擬問、金砂玉蕊,兔髓烏肝,偃月鑪中,七還
九轉。今來古往,悠悠史傳,神仙本是英雄做,笑英
雄、到此多留戀。看著破曉耕龍,跨海騎鯨,千年依
舊丹臉。　　便教乞與,萬里封侯,奈朔風如箭。又
何似、六山一任,種竹栽花,棋局思量,墨池揮染。天
還記得,生賢初意,乾坤正要人撐拄,便公能安隱天
寧肯。待看佐漢功成,伴赤松遊,恁時未晚。

此亦吳詞體,惟第三段第十二句六字,第十三句四字,句法異。

第四段第十一句,"肯"字係古韻。

又一體

汪元量

四段二百三十六字,第一、第二段各九句四仄韻,第三段十三句五仄韻,第四段十四句七仄韻。

金陵故都最好,有朱樓迢遞。嗟倦客又此憑高,檻外
○○●○●●句●○○●●韻●●●○○句●●
已少佳致。更落盡梨花,飛盡楊花,春色成憔悴。問
●●○韻●●●○○句●●○○句○●○○●韻●
青山、三國英雄,六朝奇偉。　麥甸葵丘,荒臺敗
○○讀○●○○句●○○●韻　●●○○句○○●
壘,鹿豕銜枯薺。正潮打孤城,寂寞斜陽影裏。聽樓
●句●●○○●韻●○●○○句●●○○●●韻○
頭、哀笳怨角,未把酒、愁心先醉。漸夜深、月滿秦
○讀○○●●句●●●讀○○○●韻●●○讀●●○
淮,煙籠寒水。　凄凄慘慘,冷冷清清,鐙火渡頭
○句○○○●韻　○○●●句●●○○句○●●○
市。慨商女、不知興廢,隔江猶唱庭花,餘音亹亹。傷
●韻●○●讀●○○●句●○○●○○句○○●●韻○
心千古,淚痕如洗。烏衣巷口青蕪路,認依稀、王謝
○○●句●○○●韻○○●●○○●句●○○讀○●
舊鄰里。臨春結綺,可憐紅粉成灰,蕭索白楊風起。
●○●韻○○●●句●○○●○○句○●●○○●韻

因思疇昔，鐵索千尋，漫沈江底。揮羽扇，障西
〇〇〇●句●●〇〇句●〇〇●韻〇●●句●〇
塵，便好角巾私第。清談到底成何事。回首新亭，風
〇句●●〇〇●韻〇〇●●〇〇●韻〇●〇〇句〇
景今如此。楚囚對泣何時已。歎人間今古真兒戲。東
●〇〇●韻●〇〇●〇〇●韻●〇〇●〇〇●韻〇
風歲歲還來，吹入鍾山，幾重蒼翠。
〇●〇〇句〇●〇〇句●〇〇●韻

此詞較吳詞減四字，句法亦多與諸家不同，在此調最爲變格。

詞譜卷四十附編

　　唐之大小曲名見《教坊記》，宋之大小曲名見《宋史・樂志》。如《竹枝》、《柳枝》、《浪淘沙》等調，唐之小曲也，編入第一卷中。《清平調》、《水調》、《涼州》、《伊州》諸調，唐之大曲也，多至十餘遍，必須全載，今另輯一卷，附於卷末。至宋之大曲，傳者甚少，僅得《薄媚》一調，《調笑令》、《九張機》亦爲附載。若元人套數樂府，與詞同源異流，此譜專爲詞作，例不採入。

清平調辭三首

李　白

　　《碧雞漫志》云："《清平調辭》，乃於清調、平調製詞也。"
　　《松窗雜記》云："每遍將換，明皇自倚玉笛和之。"

雲想衣裳花想容。春風拂檻露華濃。若非群玉山頭
○●○○●○韻○○●●●○韻○○●●○○
見，會向瑤臺月下逢。
●句○●○○●●○韻

一枝紅艷露凝香。雲雨巫山枉斷腸。借問漢宮誰得
●○○●●○韻○●○○●●○韻●●●○○●
似，可憐飛燕倚新妝。
●句●○○●●○韻

名花傾國兩相歡。常得君王帶笑看。解釋春風無限
〇〇●●〇〇韻〇●〇〇〇●●〇韻●●〇〇〇●
恨，沈香亭北倚闌干。
●句〇〇〇●●〇〇韻

水調歌十一首

無名氏

《樂府詩集》云："商調曲也。"《理道要訣》："南呂商，時號《水調》。"《碧雞漫志》："《水調》多遍，似是大曲。"

按：唐曲凡十一疊，前五疊爲歌，後六疊爲入破。其歌第五疊五言，調聲最爲怨切。故白居易詩云："五言一遍最殷勤，調少情多似有因。不會當時翻曲意，此聲腸斷爲何人。"蓋指此也。

第一

平沙落日大荒西。隴上明星高復低。孤山幾處看烽
〇〇●●●〇〇韻●●〇〇〇●〇韻〇〇●●〇〇
火，壯士連營候鼓鼙。
●句●●〇〇●●〇韻

第二

猛將關西意氣多。能騎駿馬弄琱戈。金鞍寶鉸精神
●●○○●●韻○○●●●○○韻○●●○○
出,笛倚新翻水調歌。
●句●●○○●●韻

第三

王孫別上綠朱輪。不羨名公樂此身。户外碧潭春洗
○○●●●○韻●●○○●●韻●●●○○
馬,樓前紅燭夜迎人。
●句○○○●●○○韻

第四

隴頭一段氣長秋。舉目蕭條總是愁。祇爲征人多下
●○●●●○韻●●○○●●韻●●○○●
淚,年年添作斷腸流。
●句○○○●●○○韻

第五

交帶仍分影,同心巧結香。不應須換彩,意欲媚
○●○○●句○○●●○韻●○○●●句●●●

濃妝。
○○韻

入破第一

《碧雞漫志》:"曲遍聲繁,名入破。"
白草河邊一雁飛。黃龍關裏挂戎衣。爲受明王恩寵
●●○●●○韻○○○●●○韻●●○○○●
渥,從事經年不復歸。
●句○●○○●●○韻

第二

滿城絲管日紛紛。半入江風半入雲。此曲只應天上
●○●●●○○韻●●○○●●○韻●●●○○●
有,人間能得幾回聞。
●句○○○●●○韻

第三

昨夜遙歡出建章。今朝綴賞度昭陽。傳聲莫閉黃金
●●○○●●○韻○○●●●○韻○○●●○
屋,爲報先開白玉堂。
●句●●○○●●○韻

第四

日晚笳聲咽戍樓。隴雲漫漫水東流。行人萬里向西
●●○●●○韻○●●○○韻○●●●○
去,滿目關山空恨愁。
●句●●○○●○韻

第五

十年一遇聖明朝。願對君王舞細腰。乍可當熊任生
●○●●●○韻●●○○●●○韻●○○●○
死,誰能伴鳳上雲霄。
●句○○●●●○○韻

第六徹

閨燭無人影,羅屏有夢魂。近來音耗絕,終日望君門。
○●○●句○○●●○韻●○○●句○●●○○韻

涼州歌五首

無名氏

《碧雞漫志》:"《涼州》見於世者,凡七宮曲:黃鍾宮、道調宮、無射宮、中呂宮、南呂宮、仙呂宮、高宮。"

第一

漢家宮裏柳如絲。上苑桃花連碧池。聖壽已傳千歲
●○○●●○○韻●●○○●●○韻●●●○○●
酒,天文更賞百僚詩。
●句○○●●●○○韻

第二

朔風吹葉雁門秋。萬里煙塵昏戍樓。征馬長思青海
●○○●●○○韻●●○○●●○韻○●○○○●●
北,胡笳夜聽隴山頭。
●句○○●●●○○韻

第三

開篋淚霑濡。見君前日書。夜臺空寂寞,猶是子雲居。
○●●○○韻●○○●○韻●○○●●句○●●○○韻

排遍第一

三秋陌上早霜飛。羽獵平田淺草齊。錦背蒼鷹初出
○○●●●○○韻●●○○●●○韻●●○○○●
按,五花驄馬餵來肥。
●句●○○●●○○韻

第二

鴛鴦殿裏笙歌起,翡翠樓前出舞人。喚上紫微三五
○○●●○○句●●○○●●○韻●●●○○
夕,聖明方壽一千春。
●句●○○●●○○韻

伊州歌十首

無名氏

《碧雞漫志》:"《伊州》見於世者,凡七商曲:大石調、高大石調、雙調、小石調、歇指調、林鍾商、越調。"

第一

秋風明月獨離居。蕩子從戎十載餘。征人去日殷勤
○○●●●○○韻●●○○●●○韻○●●●○○
囑,歸雁來時數寄書。
●句○●○○●●○韻

第二

彤闈曉闢萬鞍回。玉露春遊薄晚開。渭北清光搖草
○○●●●○○韻●●○○●●○韻●●○○○●

樹，州南嘉景入樓臺。
●句○○○●●○○韻

第三

聞道黃花戍，頻年不解兵。可憐閨裏月，偏照漢家營。
○●○○●句○○●●○韻●○○●●句○●●○○韻

第四

千里東歸客，無心憶舊遊。挂帆游白水，高枕到青州。
○●○○●句○○●●○韻●○○●●句○●●○○韻

第五

桂殿江烏對，彤屏海燕重。祇應多釀酒，醉罷樂高鍾。
●●○○●句○○●●○韻●○○●●句●●●○○韻

入破第一

千門今夜曉初晴。萬里天河徹帝京。璨璨繁星駕秋色，稜稜霜氣韻鐘聲。
○○○●●○○韻●●○○●●○韻●●○○●●○句○○●●●○○韻

第二

長安二月柳依依。西出流沙路漸微。閼氏山上春光
○○●●●○○韻○●○○●●○韻○○○○○○
少,相府庭邊驛使稀。
●句●●○○●●○韻

第三

三秋大漠冷溪山。八月嚴霜變草顏。卷斾風行宵渡
○○●●●○○韻●●○○●●○韻●●○○○●
磧,銜枚電埽曉應還。
●句○○●●●○○韻

第四

行樂三陽早,芳菲二月春。閨中紅粉態,陌上看花人。
○●○○●句○○●●○韻○○○●●句●●●○○韻

第五

君住孤山下,煙深夜徑長。轘門渡綠水,遊苑繞垂楊。
○●○○●句○○●●○韻○○●●●句○●●○○韻

陸州歌七首

無名氏

第一

分野中峰變，陰晴眾壑殊。欲投人處宿，隔浦問樵夫。
○●○●●句○○●●○韻●○○●●句●●●○○韻

第二

共得煙霞徑，東歸山水遊。蕭蕭望林夜，寂寂坐中秋。
●●○○●句○○●●○韻○○●○●句●●●○○韻

第三

香氣傳空滿，妝花映薄紅。歌聲天仗外，舞態御樓中。
○●○○●句○○●●○韻○○○●●句●●●○○韻

排遍第一

樹發花如錦，鶯啼柳若絲。更逢歡宴地，愁見別離時。
●●○○●句○○●●○韻●○○●●句○●●○○韻

第二

明月照秋葉，西風響夜砧。强言徒自亂，往事不堪尋。
○●○●句○○●●○韻●○○●●句●●●○○韻

第三

坐對銀釭曉，停留玉筯痕。君門常不見，無處謝前恩。
●●○○●句○○●●○韻●○○●●句●●●○○韻

第四

曙月當窗滿，征人出塞遊。畫樓終日閉，清管爲誰調。
●●○○●句○○●●○韻●○○●●句○●●○○韻

調笑令十首

毛 滂

竊以綠雲之音，不羞春燕；結風之袖，若翩秋鴻。勿謂花月之無情，長寄綺羅之遺恨。試爲調笑，戲追風流。少延重客之餘歡，聊發清尊之雅興。

崔徽

珠樹陰中翡翠兒，莫論生小被雞欺。鸛鵲樓高蕩春思，秋鈃盼碧雙琉璃。御酥寫肌花作骨，燕釵橫玉雲堆髮。使梁年少斷腸人，凌波襪冷重城月。

城月。冷羅襪。郎睡不知鸞帳揭。香淒翠被鐙明滅。
〇●韻●〇●韻〇●〇●●韻〇〇●●〇〇●韻
花困釵橫時節。河橋楊柳催行色。愁黛有人描得。
〇●〇〇〇●韻〇〇〇●〇〇●韻〇●〇〇〇●韻

泰孃

隼旗佩馬昌門西，泰孃紺幰爲追隨。河橋春風弄鬢影，桃花髻暖黃蜂飛。繡茵錦薦承回雪，水犀梳斜抱明月。銅駝夢斷江水長，雲中月墮寒香歇。

香歇。袂紅蘸。記立河橋花自折。隼旗紺幰城西闕。
〇●韻●〇●韻〇●〇〇〇●韻●〇●●〇〇●韻
教妾驚鴻回雪。銅駝春夢空愁絕。雲破碧江流月。
〇●〇〇〇●韻〇〇〇●〇〇●韻〇●●〇〇●韻

盼盼

武寧節度客最賢，後車摘藻爭春妍。曲眉豐頰亦能賦，惠中秀外誰取憐。花嬌葉困春相逼，燕子樓頭作寒食。月明空照合歡牀，霓裳罷舞猶無力。

無力。倚瑤瑟。罷舞霓裳今幾日。樓空雨小春寒逼。
〇●韻●〇●韻●●〇〇〇●●韻〇〇●●〇〇●韻

1841

鈿暈羅衫煙色。簾前歸燕看人立。却趁落花飛入。
○●○○○●韻○○●○○●韻●●●○○●韻

美人賦

臨邛重客蜀相如,被服容冶人閒都。上宮煙娥笑迎客,繡屏六曲紅氍毹。霰珠穿簾洞房晚,歌倚瑤琴半羞懶。天寒日暮可奈何,挂客冠纓玉釵冷。

釵冷。鬢雲晚。羅袖拂人花氣暖。風流公子來應遠。
○●韻○○●韻○●●○○●●韻○○●●○○●韻
半倚瑤琴羞懶。雲寒日暮天微霰。無處不堪腸斷。
●●○○○●韻○○●●○○●韻○●●○○●韻

灼灼

寒雲夜卷霜倒飛,一聲水調凝秋悲。錦靴玉帶舞回雪,丞相筵前看柘枝。河東詞客今何地,密寄軟綃三尺淚。錦城春色隔瞿塘,故華灼灼今憔悴。

憔悴。何郎地。密寄軟綃三尺淚。傳心語眼郎應記。
○●韻○○●韻●●●○○●●韻○○●●○○●韻
翠袖猶芳仙桂。願郎學做蝴蝶子。去去來來花裏。
●●○○○●韻●○○●○●●韻●●○○○●韻

鶯鶯

春風户外花蕭蕭,綠窗繡屏阿母嬌。白玉郎君恃恩力,尊前心醉雙翠翹。西廂月冷濛花霧,落霞零亂墻東樹。此夜靈犀已暗通,玉環寄恨人何處。

何處。長安路。不記墻東花拂樹。瑤琴理罷霓裳譜。
○●　○○●韻●○○○●●韻○○●●○○●韻
依舊月窗風户。薄情年少如飛絮。夢逐玉環西去。
○●○○○●韻○○○●○○●韻●●●○○●韻

茗子

白蘋溪邊張水嬉,紅蓮上客心在誰。丹山鸞雛雜鷗鷺,暮雲晚浪相逶迤。十年東風未應老,鬭量明珠結里媼。花房著子青春深,朱輪來時但芳草。

芳草。恨春老。自是尋春來不早。落花風起紅多少。
○●　●○●韻●●○○○●●韻●○○●○○●韻
記得一枝春小。綠陰青子空相惱。此恨平生懷抱。
●●●○○●韻●○○●○○●韻●●○○○●韻

張好好

半天高閣倚晴江,使君燕客羅紈香。一聲離鳳破凝碧,洞房十三春未央。沙暖鴛鴦堤下上,煙輕楊柳絲飄蕩。佩瑤棄置洛城東,風流雲散空相望。

相望。楚江上。縈水縹雲聞妙唱。龍沙醉眼看花浪。
○●韻●○●韻○○●●○○●韻○○●●●○●韻
正要風將月傍。雲車瑤佩成惆悵。衰柳白鬚相向。
●●○○●●韻○○○●○○●韻○○●●○●韻

破子

酒美。從酒貴。濯錦江邊花滿地。鸂鶒換得文君醉。
●●韻○●●韻●●○○○●●韻○○●●○○●韻
暖和一團春意。怕將醒眼看浮世。不換雲芽雪水。
●●●○○●韻●○●●○○●韻●●○○●●韻

又

花好。怕花老。暖日和風將養到。東君須願長年少。
○●韻●○●韻●●○○○●●韻○○○●○○●韻
圖不看花草草。西園一點紅猶小。早被蜂兒知道。
○●●○○●●韻○○●●○○●韻●●○○○●韻

遣隊

歌長漸落杏梁塵,舞罷香風卷繡裀。更擬綠雲弄清切,尊前恐有斷腸人。

又一體八首

《樂府雅詞》無名氏

一名《調笑集句》,《樂府雅詞》注:"宣和中,自九重傳出。"

蓋聞行樂須及良辰,鍾情正在吾輩。飛觴舉白,目斷巫山之暮雲;綴玉聯珠,韻勝池塘之春草。集古人之妙句,助今日之餘歡。

珠流璧合暗連文,月入千江體不分。此曲只應天上有,歌聲豈合世間聞。

巫山

巫山高高十二峰,雲想衣裳花想容。欲往從之不憚遠,丹峰碧障深重重。樓閣玲瓏五雲起,美人娟娟隔秋水。江天一望楚天長,滿懷明月人千里。

千里。楚江水。明月樓高愁獨倚。井梧宮殿生秋意。
○●韻●○○韻○●●○○●●韻●○○●○○●韻
望斷巫山十二。雪肌花貌參差是。朱閣五雲仙子。
●●○○●●韻○○●●○○●韻○●●○○●韻

桃源

　　漁舟容易入春山,別有天地非人間。玉顏亭亭花下立,鬢亂釵橫特地寒。留君不住君須去,不知此地歸何處。春來遍是桃花水,流水落花空相誤。

相誤。桃源路。萬里蒼蒼煙水暮。留君不住君須去。
○●韻○○●韻●●○○○●韻○●●○○●韻
秋月春風閒度。桃花零亂如紅雨。人面不知何處。
○●○○●韻○○●●○●韻○●●○○●韻

洛浦

　　艷陽灼灼河洛神,態濃意遠淑且真。入眼平生未曾有,緩步佯羞行玉塵。凌波不過橫塘路,風吹仙袂飄飄舉。來如春夢不多時,夭非花艷輕非霧。

非霧。花無語。還似朝雲何處去。凌波不過橫塘路。
○●韻○○●韻○●○○○●韻○●●○○●韻
燕燕鶯鶯飛舞。風吹仙袂飄飄舉。擬倩遊絲惹住。
●●○○○●韻○●●○○●韻●●○○●韻

明妃

　　明妃初出漢宮時,青春繡服正相宜。無端又被東風誤,故著尋常淡薄衣。上馬即知無返日,寒山一帶傷心碧。人生憔悴生理難,好在氊城莫相憶。

相憶。無消息。目斷遥天雲自白。寒山一帶傷心碧。
○●韻○○●韻●●○○●●韻○○●●○○●韻
風土蕭疏胡國。長安不見浮雲隔。縱使君來争得。
○●●○○●韻●○●●○○●韻●●○○○●韻

班女

九重春色醉仙桃,春嬌滿眼睡紅綃。同輦隨君侍君側,雲鬟花冠金步摇。一霎秋風驚畫扇,庭院蒼苔紅葉遍。蕊珠宫裏舊承恩,回首何時復來見。

來見。蕊宫殿。記得隨班迎鳳輦。餘花落盡蒼苔院。
○●韻●○●韻●●○○○●●韻○○●●○○●韻
斜掩金鋪一片。千金買笑無方便。和淚盈盈嬌眼。
○●○○●●韻○○●●○○●韻○●○○○●韻

文君

錦城絲管日紛紛,金釵半醉坐添春。相如正應居客右,當軒下馬入錦裀。斜倚綠窗鴛鑑女,琴彈秋思明心素。心有靈犀一點通,感君綢繆逐君去。

君去。逐鴛侶。斜倚綠窗鴛鑑女。琴彈秋思明心素。
○●韻●○●韻●●●○○●●韻○○○●○○●韻

一寸還成千縷。錦城春色知何許。那似遠山眉嫵。
●●○○●韻○○○●○○●韻●●●○○●韻

吳娘

素枝瓊樹一枝春,丹青難寫是精神。偷啼自搵殘妝粉,不忍重看舊寫真。佩玉鳴鸞罷歌舞,錦瑟華年誰與度。暮雨瀟瀟郎不歸,含情欲說獨無處。

無處。難輕訴。錦瑟華年誰與度。黄昏更下瀟瀟雨。
○●韻○○●韻●○○●○○●韻○○●●○○●韻
況是青春將暮。花雖無語鶯能語。來道曾逢郎否。
●●○○○●韻○○○●○○●韻○●○○○●韻

琵琶

十三學得琵琶成,翡翠簾開雲母屏。暮去朝來顏色故,夜半月高弦索鳴。江水江花豈終極,上下花間聲轉急。此恨綿綿無絕期,江州司馬青衫濕。

衫濕。情何極。上下花間聲轉急。滿船明月蘆花白。
○●韻○○●韻●●○○○●●韻●○○●○○●韻
秋水長天一色。芳年未老時難得。目斷遠空凝碧。
○●○○●●韻○○●●○○●韻●●●○○●韻

又一體十二首

鄭　僅

一名《調笑轉踏》。

良辰易失,信四者之難并;佳客相逢,實一時之盛事。用陳妙曲,上助清歡。女伴相將,調笑入隊。

秦樓有女字羅敷,二十未滿十五餘。金鐶約腕携籠去,攀枝摘葉城南隅。使君春思如飛絮,五馬徘徊芳草路。東風吹鬢不可親,日晚鼺饑欲歸去。

歸去。携籠女。南陌柔桑三月暮。使君春思如飛絮。
〇●韻〇〇●韻〇●〇〇●●韻●〇〇●〇〇●韻
五馬徘徊頻駐。鼺饑日晚空留顧。笑指秦樓歸去。
●●〇〇〇●韻〇〇●●〇〇●韻●●〇〇〇●韻

石城女子名莫愁,家住石城西渡頭。拾翠每尋芳草路,採蓮時過綠蘋洲。五陵豪客青樓上,醉倒金壺待清唱。風高江闊白浪飛,急催艇子操雙槳。

雙槳。小舟蕩。喚取莫愁迎疊浪。五陵豪客青樓上。
〇●韻●〇●韻●●●〇〇●●韻〇〇●●〇〇●韻
不道風高江廣。千金難買傾城樣。那聽繞梁清唱。
●●〇〇〇●韻〇〇●●〇〇●韻●●●〇〇●韻

1849

繡户朱簾翠幕張，主人置酒宴華堂。相如年少多才調，消得文君暗斷腸。斷腸初認琴心挑，幺弦暗寫相思調。從來萬曲不關心，此度傷心何草草。

草草。最年少。繡户銀屏人窈窕。瑤琴暗寫相思調。
●●韻●○●韻○○○●●韻○○●●○○●韻
一曲關心多少。臨邛客舍成都道。苦恨相逢不早。
●●○○●韻○○●●○○●韻●●○○●●韻

湲湲流水武陵溪，洞裏春長日月遲。紅英滿地無人埽，此度劉郎去後迷。行行漸入清流淺，香風引到神仙館。瓊漿一飲覺身輕，玉砌雲房瑞煙暖。

煙暖。武陵晚。洞裏春長花爛漫。紅英滿地溪流淺。
○●韻●○●韻●○○●●○○●韻○○●●○○●韻
漸聽雲中雞犬。劉郎迷路香風遠。誤到蓬萊仙館。
●●○○○●韻○○●●○○●韻●●○○○●韻

少年錦帶佩吳鈎，鐵馬追風塞草秋。憑仗匣中三尺劍，埽平驕虜取封侯。紅顔少婦桃花臉，笑倚銀屏施寶厴。明眸妙齒起相迎，青樓獨占陽春艷。

春艷。桃花臉。笑倚銀屏施寶厴。良人少有平戎膽。
○●韻○○●韻●●○○○●●韻○○●●○○●韻

歸路光生弓劍。青樓春永香幨掩。獨把韶華都占。
○●○○●●韻○○●○○●韻●●○○●韻

　　翠蓋銀鞍馮子都，尋芳調笑酒家徒。吳姬十五夭桃色，巧笑春風當酒壚。玉壺絲絡臨朱户，結就羅裙表情素。紅裙不惜裂香羅，區區私愛徒相慕。

相慕。酒家女。巧笑明眸年十五。當壚春永尋芳去。
○●韻●○●韻●●○○○●韻○○○●○○●韻
門外落花飛絮。銀鞍白馬金吾子。多謝結裙情素。
○●●○○韻○○●●○○●韻○●●○○●韻

　　樓上青簾映綠楊，江波千里對微茫。潮平越賈催船發，酒熟吳姬喚客嘗。吳姬綽約開金盞，的的嬌波流美盼。秋風一曲採菱歌，行雲不度人腸斷。

腸斷。浙江岸。樓上青帘新酒軟。吳姬綽約開金盞。
○●韻●○●韻○●○●○●韻○○●●○○●韻
的的嬌波流盼。採菱歌罷行雲散。望斷儂家心眼。
●●○○○韻●○○●○○韻●●○○○●韻

　　花陰轉午漏頻移，寶鴨飄簾繡暮垂。眉山斂黛雲堆髻，醉倚春風不自持。偷眼劉郎年最少，雲情雨態知多少。花前月下惱人腸，不獨錢塘有蘇小。

1851

蘇小。最嬌妙。幾度尊前曾調笑。雲情雨態知多少。
○●韻●○●韻●●○○○●韻○○●●○○●韻
悔恨相逢不早。劉郎襟韻正年少。風月今宵偏好。
●●○○●韻○○○○○●韻○●○○○●韻

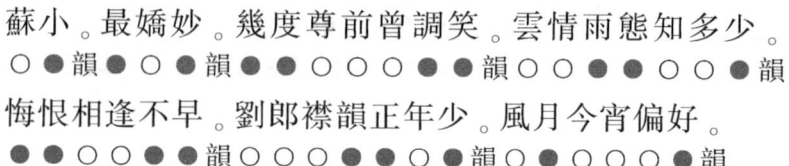

金翹斜嚲淡梳妝，綽約天葩自在芳。幾番欲奏陽關曲，泪濕春風眼尾長。落花飛絮青門道，濃愁不散連芳草。驂鸞乘鶴上蓬萊，應笑行雲空夢悄。

夢悄。翠屏曉。帳裏熏鑪殘蠟照。賞心樂事能多少。
●●韻●○●韻●●○○○●韻●○●●○○●韻
忍聽陽關聲調。明朝門外長安道。悵望王孫芳草。
●●○○○●韻○○●●○○●韻●●○○○●韻

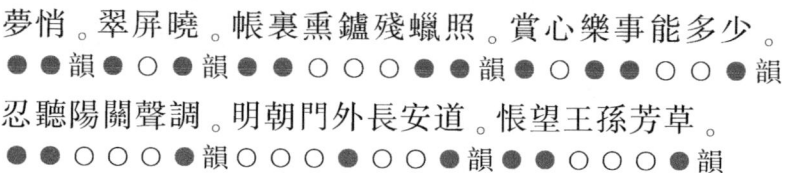

綽約妍姿號太真，肌膚冰雪怯輕塵。霞衣乍舉紅搖影，按出霓裳曲最新。舞斜釵嚲烏雲髮，一點春心幽恨切。蓬萊雖説浪風輕，翻恨明皇此時節。

時節。白雲闕。洞裏春情百和爇。蘭心底事多悲切。
○●韻●○●韻●●○○●●韻○○●●○○●韻
消盡一團冰雪。明皇恩愛雲山絶。誰道蓬萊安悅。
○●●○○●韻○○○●○○●韻○●○○○●韻

江上新晴暮靄飛，碧蘆紅蓼夕陽微。富貴不牽漁父目，塵勞難染釣人衣。白鳥孤飛煙柳杪，採蓮越女清歌妙。腕呈金釧棹鳴榔，驚起鴛鴦歸調笑。

調笑。楚江渺。粉面修眉花鬪好。擎荷折柳爭相調。
●●韻●○○韻●●○○○●韻○○●●○○●韻
驚起鴛鴦多少。漁歌齊唱催殘照。一葉歸舟輕小。
○●○○●韻○○●●○○●韻●●○○●韻

千里潮平小渡邊，帘歌白紵絮飛天。蘇蘇不怕梅風軟，空遣春心著意憐。燕釵玉股橫青髮，怨託琵琶恨難說。擬將幽恨訴新愁，新愁未盡絲聲切。

聲切。恨難說。千里潮平春浪闊。梅風不解相思結。
○●韻●○●韻○○○●○○●韻○○●●○○●韻
忍送落花飛雪。多才一去芳音絕。更對珠簾新月。
●●●○○●韻○○●●○○●韻●●○○○●韻

放隊

新詞宛轉遞相傳，振袖傾鬟風露前。月落烏啼雲雨散，游童陌上拾花鈿。

九張機十一首

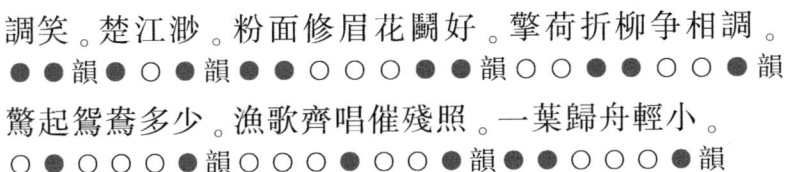

《樂府雅詞》無名氏

醉留客者，樂府之舊名；九張機者，才子之新調。憑戛玉之清歌，寫擲梭之春怨。章章寄恨，句句言情。

恭對華筵,敢陳口號。

一擲梭心一縷絲,連連織就九張機。從來巧思知多少,苦恨春風久不歸。

一張機。織梭光景去如飛。蘭房夜永愁無寐。嘔嘔軋
●○○韻●○○●○○韻○○●●○○叶○○●
軋,織成春恨,留著待郎歸。
●句●○○●句○●●○○韻

兩張機。月明人靜漏聲稀。千絲萬縷相縈繫。織成一
●○○韻●○○●○○韻○○●●○○叶○○●
段,迴文錦字,將去寄呈伊。
●句○○●●句○●●○○韻

三張機。中心有朵耍花兒。嬌紅嫩綠春明媚。君須早
○○○韻●○●●●○○韻○○●●○○叶○○●
折,一枝濃艷,莫待過芳菲。
●句●○○●句○●●○○韻

四張機。鴛鴦織就欲雙飛。可憐未老頭先白。春波碧
●○○韻○○●●●○○韻●○●●○○叶○○●
草,曉寒深處,相對浴紅衣。
●句●○○●句○●●○○韻

五張機。芳心密與巧心期。合歡樹上枝連理。雙頭花
●○○韻○○●●●○○韻●○●●○○●叶○○○

下，兩同心處，一對化生兒。
●句●○○●句●●●○○韻

六張機。雕花鋪錦半離披。蘭房別有留春計。鑪添小
●○○韻○○●●●○○韻○○●●○○●叶○○●
篆，日長一綫，相對繡工遲。
●句●○●●句○○●●○○韻

七張機。春蠶吐盡一生絲。莫教容易裁羅綺。無端翦
●○○韻○○●●●○○韻●●○○○○●叶○○●
破，仙鸞彩鳳，分作兩般衣。
●句○○●●句○○●●○韻

八張機。纖纖玉手住無時。蜀江濯盡春波媚。香遺囊
●○○韻○○●●●○○韻●●●●○○●叶○○●
麝，花房繡被，歸去意遲遲。
●句○○●●句○○●●○韻

九張機。一心長在百花枝。百花共作紅堆被。都將春
●○○韻●○○●●○○韻●○●●○○●叶○○○
色，藏頭裏面，不怕睡多時。
●句○○●●句●●●○○韻

輕絲。象牀玉手出新奇。千花萬草光凝碧。裁縫衣
○○韻●○●●●○○韻○○●●○○●叶○○○
著，春天歌舞，飛蝶語黃鸝。
●句○○●●句○●●○○韻

春衣。素絲染就已堪悲。塵昏汗汙無顏色。應同秋
○○韻●○●●●○○韻○○●●○○●叶○○○
扇，從茲永棄，無復奉君時。
●句○○●●句○●●○○韻

歌聲飛落畫梁塵，舞罷香風卷繡茵。更欲縷陳機上恨，尊前恐有斷腸人。斂袂而歸，相將好去。

又一體九首

《樂府雅詞》無名氏

無前後口號。

一張機。採桑陌上試春衣。風晴日暖慵無力，桃花枝
●○○韻●○●●●○○韻○○●●○○●句○○○
上，啼鶯言語，不肯放人歸。
●句○○○●句●●●○○韻

兩張機。行人立馬意遲遲。深心未忍輕分付，回頭一
●○○韻○○●●●○○韻○○●●○○●句○○○
笑，花間歸去，只恐被花知。
●句○○●●句●●●○○韻

三張機。吳蠶已老燕雛飛。東風宴罷長洲苑，輕綃催
○○○韻○○●●●○○韻○○●●○○●句○○○

趁,館娃宮女,要換舞時衣。
●句○○○●句●●●○○韻

四張機。咿啞聲裏暗顰眉。回梭織朶垂蓮子,盤花易
●○○韻●○○●○○韻○○●●●○○句○○●
綰,愁心難整,脉脉亂如絲。
●句○○○●句●●●○○韻

五張機。橫紋織就沈郎詩。中心一句無人會,不言愁
●○○韻○○●●●○○韻○○●●●○○句●○○
恨,不言憔悴,只恁寄相思。
●句●○○●句●●●○○韻

六張機。行行都是耍花兒。花間更有雙蝴蝶,停梭一
●○○韻○○○●●○○韻○○●●●○○句○○●
晌,閒窗影裏,獨自看多時。
●句○○●●句●○○○○韻

七張機。鴛鴦織就又遲疑。只恐被人輕裁翦,分飛兩
●○○韻○○●●●○○韻●●●○●○○句○○●
處,一場離恨,何計再相隨。
●句●○○●句○●●○○韻

八張機。回紋知是阿誰詩。織成一片淒凉意,行行讀
●○○韻○○●●●○○韻●●●●●○○句○○●
遍,厭厭無語,不忍更尋思。
●句○○○●句●●●○○韻

九張機。雙花雙葉又雙枝。薄情自古多離別，從頭到
●○○韻○○●○○●韻●○○●●○●句○○●
底，將心縈繫，穿過一條絲。
●句○○○●句○●○○韻

梅花曲三首

劉　几

以王安石三詩度曲。

梅花曲

漢宮嬌額半塗黃，粉色凌寒透薄妝。好借月魂來映燭，恐隨春夢去飛揚。風亭把盞酬孤艷，雪徑回輿認暗香。不爲調羹應結子，直須留此占年芳。

漢宮中侍女，嬌額半塗黃。盈盈粉色凌時，寒玉體，
●○○●●句○●●○○韻○○●●○○句○●●句
先透薄妝。好借月魂來，娉婷畫燭旁。惟恐隨，陽春
○●●○韻●●●○○句○○●●○韻○○○句○○
好夢去，所思飛揚。　　宜向風亭把盞，酬孤艷，醉
●●●句●○○○韻　　○●○○●●句○○●句●
永夕何妨。雪徑蕊，真凝密，降回輿，認暗香。不爲藉
●●○○韻●●●句○○●句●○○句●●○韻●●●

我作和羹,肯放結子花狂。向上林,留此占年芳。
●●○○句●●●●○○韻●●○句○●●●○○韻

又

結子非貪鼎鼐嘗,偶先紅杏占年芳。從教臘雪埋藏得,却怕春風漏洩香。不御鉛華知國色,祇裁雲縷想仙妝。少陵爲爾牽詩興,可是無心賦海棠。

結子非貪,有香不俗,宜當鼎鼐嘗。偶先紅紫,度韶
●●○○句●○●句○○●●○韻●○○●句●○
華、玉笛占年芳。衆花雜色滿上林,未能教,臘雪埋
○讀●●●○○韻衆花雜色滿上林句未能教句●●○
藏。却怕春風漏洩,一一盡天香。　不須更御鉛
○韻●●○○●●句●●●○○韻　　●○●●○
黃。知國色禀自,天真殊常。祇裁雲縷,奈芳滑,玉體
○韻○●●●●句○○○○韻●○○●句●○●句●●
想仙妝。少陵爲爾東閣,美艷激詩腸。當已陰未雨春
●○○韻●○●○●●句●●●○○韻○●○●●○
光。無心賦海棠。
○韻○○●●○韻

又

淺淺池塘短短墻,年年爲爾惜流芳。向人自有無言意,傾國天教抵死香。鬚裊黃金危欲墮,蒂團紅蠟

巧能妝。嬋娟一種如冰雪，依倚春風笑野棠。

淺淺池塘，深深庭院，復出短短垣墻。年年爲爾，若
●●○○句○○●●句●●●●○○韻○●●句●
九眞巡會，寶惜流芳，向人自有，綿渺無言，深意深
●○○●句●●○○句●○●●句○○○○句○○
藏。傾國傾城，天教與，抵死芳香。　　裊鬢金色，輕
○韻○●○○句○○●句●●○○韻　　●○●句○
危欲壓，綽約冠中央。蒂團紅蠟，蘭肌粉艷巧能妝。
○●●句●●●○○韻●○○●句○○●●●○○韻
嬋娟一種風流，如雪如冰衣霓裳。永日依倚，春風笑
○○●●○○句○●○○○●○韻●●○○句○○●
野棠。
●○韻

薄媚十首

董　穎

唐教坊大曲名，《樂府雅詞》注道宫。

排遍第八

怒潮卷雪，巍岫布雲，越襟吴帶如斯。有客經游，月
●○●●句○●●○句●●●●○○韻●●○○句●
伴風隨。直盛世。觀此江山美。合放懷、何事却興悲。
●○○韻●●●叶○●○●●叶○●讀○●●○○韻

不爲回頭，舊谷天涯。爲想前君事。越王嫁禍獻西
●●○○句●●○○韻●●○●叶●●●●●○
施。吳即中深機。　闔廬死。有遺誓。句踐必誅夷。
○韻○●●○○韻　●○●叶○●叶●●●○○韻
吳未干戈出境，倉卒越兵，投怒夫差。鼎沸鯨鯢。越
○●○○●●句●●●○句●●○○韻●●○○韻●
遭勍敵，可憐無計脱重圍。歸路茫然，城郭丘墟，飄
○○●句●●○●●○○韻○○●句○●○○句○
泊稽山裏，旅魂暗逐戰塵飛。天日慘無輝。
●○○●叶●○●●●○○韻○●●○○韻

排遍第九

自念平生，英氣凌雲，凛然萬里宣威。那知此際。熊
●●○○句●●○○句●○●●○○韻●○●●叶○
虎塗窮，來伴麋鹿卑棲。既甘臣妾猶不許，何爲計。
●●○句●●○●○○韻●○○●○●●句○○●叶
争若都燔寶器。盡誅吾妻子。徑將死戰決雄雌。天意
○●○○●●叶○○○○●叶●○●●●○○韻○●
恐憐之。　偶聞太宰，正擅權、貪賂市恩私。因將
●○○韻　●○●●句●●○讀○●●○○韻○○
寶玩獻誠，雖脱霜戈，石室囚繋。憂嗟又經時。恨不
●●●○句○●○○句●●○○叶○○●○○韻●●
如巢燕自由歸。殘月朦朧，寒雨蕭蕭，有血都成淚。
○○●●○○韻○●○○句○●○○句●●○○叶
備嘗險厄返邦畿。冤憤刻肝脾。
●○●●●○○韻○●●○○韻

第十攧

種陳謀、謂吳兵正熾。越勇難施。破吳策,惟妖姬。有
●○○讀●○○●叶●●○○韻●○●句○○○韻●
傾城妙麗。名字西子。歲方笄。算夫差惑此。須致顛
○○●叶○●○○叶●○○韻●○○●叶○●○
危。范蠡微行,珠貝爲香餌。苧蘿不釣釣深閨。吞餌
○韻●●○○句●●○○●叶○○●●●○○韻●
果殊姿。　　素肌纖弱,不勝羅綺。鸞鏡畔、粉面淡
●○○韻　　●●○○句●○○●叶●●●讀●●●
勻,梨花一朵瓊壺裏。嫣然意態嬌春,寸眸剪水。斜
○句○○●●○○●叶○○●●○○句●○●●叶○
鬢鬆翠。人無雙、宜名動君王,繡履容易。來登玉陛。
○●叶○○●讀○○●○○句●●○○叶○○●●叶

入破第一

窣湘裙,搖漢佩。步步香風起。斂雙蛾,論時事。蘭心
●○○句○●●叶○○○●叶○○句○●●叶○○
巧會君意。殊珍異寶,猶自朝臣未與。妾何人、被此
●●○●叶○○●●句○●○○●叶●○○讀●●
隆恩,雖令效死。奉嚴旨。　　隱約龍姿欣悅,重把
○○句○●●叶○○●叶　　●●○○○●句○●
甘言說,辭俊雅,質娉婷,天教汝、眾美兼備。聞吳重
○○●句○●●句●○○句○○●讀●●○●叶○○

色,憑汝和親,應爲靖邊陲。將別金門,俄揮粉淚。靚
●句○●○○句○●●○韻○●○○句○○●●叶●
妝洗。
○●叶

第二虛催

飛雲駛。香車故國難回睇。芳心漸搖,迤邐吳都繁
○○●叶○○●○○●●叶○○●句○●○○○
麗。忠臣子胥,預知道,爲邦崇諫言先啟。願勿容其
●叶○○●句●●●句○○○●●叶○●○○
至。周亡褒姒。商傾妲己。　吳王却嫌胥逆耳。纔
●叶○○●叶○○●●叶　○○●○○●葉○
經眼、便深恩愛,東風暗綻嬌蕊。綵鸞翻妒伊。得取
○●讀●○○●句○○●●○●叶○○○●韻●●
次、于飛共戲。金屋看承,他宮盡廢。
●讀○○●叶○●○○句○○●叶

第三袞遍

華宴夕,鐙搖醉。粉菡萏,籠蟾桂。揚翠袖,含風舞,
○●●句○○●叶○●●句○○●叶○●●句○○●句
輕妙處,驚鴻態。分明是。瑤臺瓊榭,閬苑蓬壺,景盡
○●●句○○●叶○○●叶○○●●句○●○○句●●
移此地。花繞仙步,鶯隨管吹。　寶帳暖留春,百
○●叶○●○●句○○●●韻　●●●○○句●

和馥郁融鴛被。銀漏永，楚雲濃，三竿日、猶褪霞衣。
●○○●叶○●●句○○句○○●讀○●○○韻
宿醒輕涴，嗅宮花，雙帶繫。合同心時。波下比目，深
●○○●句●○○句○●●叶●○○韻○●●句○
憐到底。
○●●叶

第四催拍

耳盈絲竹，眼搖珠翠。迷樂事。宮闈內。爭知。漸國勢
●○○●句●○○●叶○●●叶○●叶○○韻●●
陵夷。奸臣獻佞，轉恣奢淫，天譴歲屢饑。從此萬姓
○○韻○○●●句●●○○句○●●○韻○●●●
離心解體。　越遣使。陰窺虛實，蚤夜營邊備，兵
○○●●叶　　●●●叶　●○○●句●●○○●句○
未動，子胥存，雖堪伐，尚畏忠義。斯人既戮，又且嚴
●●句○○句○○●句●●○●叶○○●●句●●○
兵卷土，赴黃池觀釁，種蠡方云可矣。
○●●句●○○●句●●○○●叶

第五袞遍

機有神，征鼙一鼓，萬馬襟喉地。庭喋血，誅留守，憐
○●○句○●●●句●●○○●叶○●●句○○●句○
屈服，斂兵還，危如此。當除禍本，重結人心，爭奈竟
●●句●○○句○○●叶○○●●句○●○○句○●●

荒迷。戰骨方埋，靈旗又指。　勢連敗，柔荑携泣，不
○○韻●●○○句○○●●叶　●○●句○○●句●
忍相拋棄。身在兮、心先死。宵奔兮、兵已前圍。謀窮
●○○●叶○●●○讀○○●叶○○●讀○●○○韻○○
計盡，唳鶴啼猿，聞處分外悲。丹穴縱近，誰容再歸。
●●句●○○句●●○○韻○●●句○○●●韻

第六歇拍

哀誠屢吐，甬東分賜。垂暮日，置荒隅，心知愧。寶鍔
○○●●句●○○●叶●●句○○句○○●叶●●
紅委。鸞存鳳去，辜負恩憐，情不似虞姬。尚望論功，
○●叶○○●●句○●○○句○●●○○韻●●○○句
榮還故里。　降令曰，吳亡赦汝，越與吳何異。吳
○○●●叶　●●●句○○●●句●●○○●叶○
正怨，越方疑。從公論合去妖類。蛾眉宛轉，竟殞鮫
●●句○○○韻○○●●●○韻○○●●句●●○
綃，香骨委塵泥。渺渺姑蘇，荒蕪鹿戲。
○句○●●○○韻●●○○句○○●●叶

第七煞袞

王公子。青春更才美。風流慕連理。耶溪一日，悠悠
○○●叶○○●○●叶○○●○●叶○○●句○○
回首凝思。雲鬟煙鬢，玉佩霞裙，依約露妍姿。送目
○●○○韻○○○●句●●○○句○●●○○韻●●

驚喜。俄迂玉趾。　同仙騎。洞府歸去，簾櫳窈窕
○●叶○○●●叶　○○●叶●●○●句○○●●
戲魚水。正一點犀通，遽別恨何已。媚魄千載，教人
●○●叶●●○○句●●○●叶●●○●句○○
屬意。況當時。金殿裏。
●●叶●○○韻○●●叶

詞名索引

冀 勤 編

一、本索引以《詞譜》所收詞名（包括目錄和正文中對詞名闡釋時提及之別名）爲條目。

二、本索引以四角號碼檢字法編排，以本書所用字體爲準，首先列出各條目首字的四角號碼，如"望江南"，先列"望"的四角號碼"0710_4"，再列第二字"江"的上兩角"31"，排在該條目之前。如果第二字上兩角相同，則暗取第三字上兩角，如"望江南"與"望江梅"，第二字均爲"江"，其上兩角皆爲"31"，則暗取第三字"南"上兩角爲"40"、"梅"上兩角爲"48"，則"望江梅"排在"望江南"之後。其他依此類推。

三、條目下所列數碼，表示本條目見於本書第幾卷、第幾頁，如：

亭前柳※　　12/557
齊天樂⑧　　31/1440—1447

※表示該詞是某詞之別名，⑧表示該詞有多少體，斜線前表示該詞見於本書之卷數，斜線後表示頁數。

四、爲便利讀者檢索，後附詞名首字拼音注音與四角號碼對照表和詞名首字筆劃與四角號碼對照表。

五、附帶說明：因部分字采用新筆形，故相應地在個別字上與舊四角號碼有所不同。

1

四角號碼檢字法

一、筆畫分爲十種，用0到9十個號碼代表：

號碼	筆名	筆形	舉例	說明	注意
0	頭	亠	言主广疒	點和橫相結合	123都是單筆，0456789都由二以上的單筆合爲一複筆。凡能成爲複筆的，切勿誤作單筆；如亠應作0不作3，寸應作4不作2，厂應用7不作2，丷應用8不用3、2，⺌應用9不用3、3。
1	橫	一㇀乚	天土地江元風	橫、挑和右鉤	
2	垂	丨丿亅	山月千則	直、撇和左鉤	
3	點	丶㇏	心和小之衣	點和捺	
4	叉	廾乂	草吞皮刈大對	兩筆交叉	
5	插	扌	丰戈申史	一筆穿通兩筆以上	
6	方	囗	國鳴目四甲由	四角齊整的方形	
7	角	㇆厂丁乚丨一	羽門厭陰雪衣學罕	橫和豎相接的角	
8	八	八丷人𠆢	分頁羊余天災尕足午大	八字形和它的變形	
9	小	小⺌忄个忄	光絲辨果惟泰	小字形和它的變形	

二、每字只取四角的筆形，順序如下：
(一) 左上角 (二) 右上角 (三) 左下角 (四) 右下角

例：

（一）左上角 ┄┄┄┄ （二）右上角
　　　　　　端　　　　　　　　＝ 0212
（三）左下角 ┄┄┄┄ （四）右下角

查索時照四角的筆形和順序，每字得四碼。

例：顏 = 0128　截 = 4325　烙 = 9786

三、字的上部或下部，只有一筆或一複筆時，無論在何位置，都作左角，它的右角作 0，

例：宣　直　首　冬　軍　宗　母

每筆用過後，如再充他角，也作 0。

例：干　之　持　掛　大　十　車　時

四、由整個口門門行所成的字，其下角改取內部的筆形，但上下左右有其他筆形時，不在此例。

例：囚 = 6080　閉 = 7724　鬪 = 7712　衡 = 2180
　　茵 = 4460　瀾 = 3712　荇 = 4422

附　則

一、字體寫法都照楷書如下表：

正	一 佳 巳 反 示 戶 安 心 卜 斤 刃 业 亦 草 眞 埶 偶 衣
誤	一 佳 巳 反 示 戶 安 心 卜 斤 及 业 亦 草 眞 埶 偶 衣

二、取筆形時應注意的幾點：

1. 山戶等字，凡點下的橫，右方和他筆相連的，都作 3，不作 0。
2. 尸皿門等字，方形的筆頭延長在外的，都作 7，不用 6。
3. 角筆起落的兩頭，不用 7，如 刀。
4. 筆形"八"雖與他筆有交叉，仍用 8，如 虞 天。
5. 业 中有二筆，氺 旁有二筆，都不作小形。

三、取角時應注意的幾點：

1. 獨立或平行的筆，不問高低，一律以最左或最右的筆形作角。

例：　非　肯　疾　浦　帝

2. 最左或最右的筆形，有他筆蓋在上面或托在下面時，取蓋在上面的一筆作上角，托在下面的一筆作下角。

例：　宗　幸　寧　共

3. 有兩複筆可取時，在上角應取較高的複筆，在下角應取較低的複筆。

例：　功　盛　頗　鴨　奄

4. 撇爲下面他筆所托時,取他筆作下角。

例： 春 奎 碎 衣 辟 石

5. 左上的撇作左角,它的右角取作右筆。

例： 勾 鈎 伴 鳴

四、四角同碼字較多時,以右下角上方最貼近的一筆作附角,如該筆已經用過,便將附角作0。

例： 苦$^4_7{}^4_1$=4471　元$^1_1$　拼$^1_3$　是$^2_1$　疒$^2_3$　畜$^3_1$　殘$^3_3$　儀$^3_5$　難$^5_3$　達$^5_5$　毯$^5_3$　禧$^5_3$　繕$^6_6$　蠻$^6_3$　軍$^6_3$　覽$^7_3$　功$^7_3$　郭$^7_3$　疫$^7_3$　癡$^8_3$　愁$^8_3$　金$^9_3$　逮$^9_3$　仁$^0_3$　見$^0_3$

附角仍有同碼字時,再照各該字所含橫筆(即第一種筆形,包括橫、挑和右鈎)的數目順序排列。

例如:"市""帝"二字的四角和附角都相同,但"市"字含有二橫,"帝"字含有三橫,所以市字在前,帝字在後。

詞名索引

0020₁ 亭
80 亭前柳※　　12/557

0021₅ 離
00 離亭宴②　　18/811—812
62 ~別難②　　21/943—945

0022₃ 齊
10 齊天樂⑧　　31/1440—1447

0022₇ 高
10 高平探芳新①　　23/1023
22 ~山流水①　　35/1661
32 ~溪梅令※　　7/319
76 ~陽臺③　　28/1311—1314

市
42 市橋柳①　　12/560

帝
40 帝臺春①　　25/1144

0023₁ 應
10 應天長⑫　　8/340—348
　~天長令※　　8/340
　~天長慢※　　8/340
60 ~景樂①　　19/834

廳
80 廳前柳③　　12/557—559

0024₁ 庭
73 庭院深深※　　10/454

0024₇ 慶
10 慶靈椿※　　14/635
20 ~千秋①　　24/1111
30 ~宣和①　　1/13
　~宮春※　　28/1311
　　　　　　　30/1413
35 ~清廟④　　25/1140—1143
　~清朝慢※　　25/1140
50 ~春宮②　　30/1413—1416
　~春澤③　　14/654—656
　~春澤慢※　　28/1311
　~春時①　　7/305
71 ~長春※　　28/1278
77 ~同天①　　11/486
80 ~金枝③　　7/298—299
　~金枝令※　　7/298

夜
12 夜飛鵲※　　34/1604
　~飛鵲慢②　　34/1604—1606

21 夜行船①	11/517—523	0212_7 端	
38 ~遊宫②	12/564—565	10 端正好②	10/468—469
80 ~合花⑤	25/1134—1139	0264_1 訴	
90 ~半樂②	38/1788—1790	00 訴衷情⑤	2/80—83
0026_5 唐		~衷情近③	17/765—767
27 唐多令③	13/608—610	~衷情令③	5/207—208
0028_6 廣		0266_4 話	
30 廣寒秋※	12/543	47 話桐鄉※	24/1067
~寒枝※	4/181	0292_1 新	
0033_6 意		30 新安路※	2/62
40 意難忘①	22/996	44 ~荷葉④	19/869—872
0040_6 章		71 ~雁過妝樓④	27/1262—1265
40 章臺柳②	1/37	80 ~念別※	12/564
0080_0 六		0364_0 試	
16 六醜③	38/1775—1777	20 試香羅※	4/182
20 ~幺花十八※	15/689	0460_0 謝	
~幺令③	23/1038—1041	02 謝新恩※	10/454
32 ~州①	37/1739	29 ~秋孃※	1/34
~州歌頭⑨	38/1779—1788	34 ~池春③	15/670—672
44 ~花飛①	29/1352	~池春慢①	22/971
0121_1 龍		0463_1 譙	
22 龍山會②	32/1499—1500	12 譙瑤池※	25/1119
68 ~吟曲※	30/1377	0662_7 謁	
		80 謁金門④	5/219—222

0668_4 誤
42 誤桃源① 3/116

0668_6 韻
80 韻令① 18/796

0710_4 望
10 望雲涯引① 20/916
~雲間① 25/1115
22 ~仙樓※ 7/294
~仙門① 6/249
31 ~江怨① 2/103
~江南※ 1/34
~江梅 1/34
~江東① 9/426
34 ~遠行⑦ 11/505—509
~漢月※ 8/361
36 ~湘人① 34/1613
38 ~海潮③ 34/1609—1612
40 ~南雲慢① 32/1481
44 ~蓬萊※ 1/34
48 ~梅※ 34/1600
~梅花⑤ 3/116—120
~梅花令 3/116
50 ~夫歌※ 1/11
~秦川※ 1/14
~春回① 30/1376
67 ~明河① 34/1607

77 望月婆羅門引※ 18/789

0722_7 鷓
47 鷓鴣詞※ 12/533
~鴣天① 11/524

0742_7 郭
37 郭郎兒近拍① 17/747

0762_0 調
88 (調笑)又一體⑧
   40/1845—1848
 (~笑)又一體⑫
   40/1849—1853
~笑集句※ 40/1845
~笑轉踏※ 40/1849
~笑令⑩ 40/1840—1844

0823_3 於
50 於中好※ 10/468

1000_0 一
22 一絲風※ 5/207
24 ~斛夜明珠※ 12/561
~斛珠③ 12/561—564
27 ~絡索※ 5/214
31 ~江春水※ 12/528
32 ~叢花① 18/813
40 ~寸金⑤ 34/1620—1625
~七令④ 11/484—486

8

44 一萼紅④	35/1637—1640	31 五福降中天※	31/1440
~落索⑧	5/214—218	~福降中天①	21/942
~葉落①	2/69	~福降中天慢※	21/942
~枝花※	20/877	56 ~拍※	12/533
~枝春②	23/1048—1050		
58 ~捻紅※	31/1428	1010_3 玉	
80 ~翦梅⑦	13/599—604	00 玉京瑤①	25/1152
88 ~籠金※	13/589	~京秋①	24/1079
		~交枝※	6/254
1010_0 二		11 ~瓏璁①	10/475
27 二色宮桃①	12/559	~珥墜金環※	7/300
~色蓮①	23/1053	12 ~水明沙※	7/332
37 ~郎神⑨	32/1513—1520	22 ~山枕①	36/1687
		35 ~連環※	5/214
1010_1 三		~連環①	33/1562
07 三部樂④	26/1214—1217	37 ~漏遲⑦	23/1026—1031
12 ~登樂②	16/731—732	40 ~壺冰※	12/528
30 ~字令②	7/288—289	~女迎春慢①	24/1081
40 ~臺②	1/23—24	~女搖仙佩①	38/1773—1774
~臺①	39/1803		
~臺令※	2/73	44 ~樹後庭花※	5/204
45 ~姝媚③	27/1258—1261	~蓮花※	15/670
47 ~犯渡江雲※	28/1292	45 ~樓春④	12/537—540
~犯錦園春※	23/1020	~樓春令※	12/537
77 ~段子※	38/1790	~樓人①	10/480
80 ~奠子①	15/689	48 ~梅香慢①	24/1082
		~梅令①	15/673
1010_2 五		52 ~蠟梅枝※	8/349
22 五綵結同心②	35/1682—1684		

9

57 玉蝴蝶⑦	4/157—162		1017₇ 雪	
～蝴蝶慢※	4/157		00 雪夜漁舟①	28/1318
～抱肚①	38/1778		41 ～獅兒②	21/964—966
60 ～團兒①	10/439		44 ～花飛①	4/185
64 ～蝶躞※	17/770		48 ～梅香②	23/1037—1038
77 ～闌干①	12/548		67 ～明鴂鵲夜①	23/1025
～關遙①	16/710		77 ～月交光※	25/1127
80 ～人歌①	21/957		1020₀ 丁	
88 ～簟秋※	13/599		20 丁香結①	27/1241
～簟涼①	25/1161		1021₂ 兀	
90 ～堂春①	13/616		80 兀令①	21/927
96 ～燭新②	29/1350		元	
1010₄ 王			80 元會曲※	23/1056
12 王孫信※	10/442		霓	
1010₈ 巫			90 霓裳中序第一③	
22 巫山一段雲③				29/1362—1365
	6/246—248		1022₇ 雨	
豆			10 雨霖鈴③	31/1466—1468
44 豆葉黃※	2/69		～霖鈴慢※	31/1466
1011₂ 疏			34 ～洗元宵※	7/332
62 疏影⑤	35/1654—1658		50 ～中花令⑫	9/406—413
88 ～簾淡月※	29/1336		～中花慢⑬	
1016₄ 露				26/1167—1176
44 露華②	22/999—1001		鬲	
～華慢※	22/999		32 鬲溪梅令①	7/319

兩

77 兩同心⑥　　16/703—707

1023₀ 下

12 下水船④　　17/767—770

1024₇ 夏

10 夏雲峰⑤　　22/981—984
　～雲峰※　　36/1727
32 ～州※　　19/836
37 ～初臨※　　26/1185
60 ～日燕饗堂②
　　　　26/1212—1213

1040₀ 于

12 于飛樂③　　16/736—738

1040₉ 平

37 平湖樂③　　4/175—177

1044₁ 弄

44 弄花雨※　　13/587

1050₃ 戛

80 戛金釵②　　14/643—644

1050₆ 更

37 更漏子⑧　　6/242—246

1060₀ 石

32 石州引※　　30/1399
　～州慢※　　30/1398—1403
37 ～湖仙①　　21/966

百

30 百字謠※　　28/1278
　～字令※　　28/1278
　～寶妝※　　27/1262
　～宜嬌①　　32/1529
　～宜嬌　　32/1491
47 ～媚娘①　　17/752
77 ～尺樓　　5/210

西

08 西施②　　16/717—718
10 ～平樂⑦　　30/1369—1375
　～平樂慢※　　30/1369
　～平曲※　　18/821
17 ～子妝①　　25/1151
　～子妝慢　　25/1151
31 ～江月⑤　　8/363—366
　～江月慢
　　　　32/1484—1485
31 ～河⑥　　34/1586—1591
　～河慢※　　34/1586
32 ～溪子②　　2/83—84
37 ～湖※　　34/1586
　～湖春※　　22/976
　～湖曲※　　12/537
　～湖路※　　15/674
　～湖明月引※　　21/945
　～湖月②　　33/1567—1568

11

44	西地錦③	6/252—254	68	醉吟商①	2/58
45	~樓子※	3/109	80	~公子④	3/152—154
	~樓月※	1/45		~翁操①	22/985
60	~吳曲①	34/1592			

1073_1 雲

22	雲仙引①	26/1208
39	~淡秋空※	7/332

1064_8 醉

00	醉高歌①	8/386
	~高春※	19/847

1080_4 天

10	天下樂①	10/471
	~下樂※	12/533
	~下樂令※	5/209
20	~香⑧	24/1087—1094
	~香引※	10/450
22	~仙子⑤	2/85—88
32	~净沙⑥	1/55—56
77	~門謠①	5/226

12	~瑤瑟※	10/466
20	~垂鞭①	4/184
21	~紅妝①	9/423
24	~妝詞①	1/12
27	~鄉春①	7/337
40	~太平③	3/120—122
	~木犀※	4/181
42	~桃源※	6/273
	~桃園※	7/296
44	~落魄※	12/561
	~蓬萊②	25/1127—1129
	~落拓※	12/561
	~花春※	5/219
	~花間③	4/171—173
	~花陰①	9/425
48	~梅花※	11/524
50	~春風①	14/642
	~東風※	5/233
60	~思仙④	21/954—957
	~思凡※	3/120

1090_0 不

60	不見※	2/77
96	~怕醉※	5/219

1096_1 霜

10	霜天曉角⑨	4/191—196
44	~葉飛⑦	35/1677—1682
	~菊黃※	4/181
	~花腴①	33/1559

1120_7 琴

07	琴調相思引※	6/254

1171_2　琵

11　琵琶仙① 　　28/1305

1212_7　瑞

01　瑞龍吟④ 　　31/1754—1758

07　~鷓鴣⑥ 　　12/532—537

10　~雲濃① 　　17/779

　　~雲濃慢① 　　33/1558

46　~鶴仙⑯ 　　31/1428—1440

　　~鶴仙影※ 　　23/1016

1217_2　瑤

34　瑤池宴※ 　　9/402

　　~池宴令※ 　　9/402

　　~池月※ 　　36—1701

40　~臺聚八仙※ 　　27/1262

　　~臺月③ 　　36/1701—1704

　　~臺第一層③

　　　　　 25/1145—1147

44　~華② 　　31/1456—1457

　　~華慢※ 　　31/1456

72　~階草① 　　19/828

1220_0　引

46　引駕行④ 　　10/436—439

1241_3　飛

01　飛龍宴① 　　27/1269

10　~雪滿群山②

　　　　　 34/1618—1619

10　飛雪滿堆山※ 　　34/1618

1243_0　孤

22　孤鶯④ 　　26/1204—1207

71　~雁兒※ 　　18/792

83　~館深沉① 　　8/380

1246_4　珥

01　珥龍謠② 　　27/1249—1251

1264_2　酹

31　酹江月※ 　　28/1278

77　~月※ 　　28/1278

1290_0　水

01　水龍吟㉕ 　　30/1377—1397

07　~調歌① 　　40/1831—1834

　　~調歌頭⑧

　　　　　 23/1056—1063

22　~仙子② 　　4/190—191

60　~晶簾① 　　26/1213

　　~晶簾※ 　　1/14

1314_0　武

44　武林春※ 　　7/314

74　~陵春③ 　　7/314—315

1422_7　嬌

80　嬌人嬌⑤ 　　15/699—702

1464_7　破

30　破字令① 　　8/387

13

75 破陣子①　　　14/626
　～陣樂②　　　37/1752—1754
　　　　1466₁ 酷
46 酷相思　　　　15/663
　　　　1519₀ 珠
88 珠簾卷①　　　6/282
　　　　1610₄ 聖
80 聖無憂※　　　6/270
　　　　1660₁ 碧
10 碧雲深※　　　5/235
24 ～牡丹②　　　17/750—751
30 ～窗夢※　　　1/14
42 ～桃春※　　　6/273
44 ～芙蓉※　　　23/1031
　　　　1661₃ 醜
47 醜奴兒※　　　5/202
　～奴兒近※　　22/972
　～奴兒令※　　　5/202
　～奴兒慢※　　22/972
　　　　1712₀ 羽
22 羽仙歌※　　　20/887
　　　　1734₆ 尋
12 尋瑤草※　　　4/173
44 ～芳草①　　　10/442
48 ～梅②　　　13/604—605

　　　　1740₇ 子
00 子夜歌①　　　36—1725
　～夜歌※　　　　5/200
　　　　1740₈ 翠
17 翠羽吟①　　　37/1738
44 ～華引※　　　1/23
45 ～樓吟①　　　29/1361
60 ～圓枝①　　　5/224
　　　　1752₇ 弔
66 弔嚴陵①　　　36/1726
　　　　1760₇ 君
50 君來路※　　　10/466
　　　　1768₂ 歌
11 歌頭①　　　37/1762
　　　　1812₂ 珍
15 珍珠令①　　　10/444
　　　　1813₂ 玲
11 玲瓏玉①　　　26/1209
　～瓏四犯⑦
　　　　　　　27/1235—1241
　　　　1918₆ 瑣
30 瑣窗寒⑤　　27/1242—1246
　　　　2010₅ 垂
22 垂絲釣④　　　15/667—669

46 垂楊②	28/1315—1316	44 雙蕖怨※	36/1707
~楊碧※	5/219	~荷葉※	5/235
		47 ~聲子①	32/1506
重		71 ~雁兒①	10/441
60 重疊金※	5/200		
		受	
2024_4 **愛**		60 受恩深①	21/939
60 愛恩深※	21/939		
77 ~月夜眠遲慢①	33/1568	2060_5 **看**	
		44 看花回⑧	15/693—699
2025_2 **舜**			
07 舜韶新①	29/1368	2060_9 **番**	
		48 番槍子①	17/780
2040_0 **千**			
29 千秋歲⑧	16/721—726	2090_4 **采**	
~秋歲※	28/1278	17 采桑子③	5/202—204
~秋歲引④	19/863—866	~桑子慢⑤	22/972—976
~秋歲令※	19/863	27 ~綠吟①	28/1316
~秋萬歲※	19/863	44 ~蓮子①	1/50
~秋節※	16/721		
80 ~年調②	17/777—778	2090_5 **集**	
		77 集賢賓※	13/581
2040_7 **雙**			
06 雙韻子①	7/330	2110_0 **上**	
11 ~頭蓮④	31/1473—1476	10 上西平※	18/821
~頭蓮令※	7/321	~平西※	18/821
12 ~瑞蓮①	24/1078	~平南※	18/821
20 ~雙燕②	26/1202—1203	~西樓※	3/109
37 ~鸂鶒※	7/319	21 ~行杯③	3/122—124
44 ~燕子※	10/441	44 ~林春令①	10/448
		~林春慢②	
			30/1403—1405

60 上昇花※　　　33/1544
76 ～陽春※　　　19/854
　　　　2120_1 步
21 步虛詞※　　　8/363
　　～虛子令①　　12/571
　　～虛聲※　　　1/34
57 ～蟾宮⑤　　　13/583—586
77 ～月②　　　　25/1116—1118
　　　　2121_1 征
07 征部樂①　　　34/1599
　　　　2122_0 何
34 何滿子※　　　3/11
　　　　2122_1 行
20 行香子⑧　　　14/657—662
　　～香子慢①　　24/1109
　　　　2128_4 虞
80 虞美人⑦　　　12/528—532
　　～美人影※　　7/296
　　～美人令※　　12/528
　　　　2128_6 傾
41 傾杯※　　　　32/1520
　　　　　　　　　32/1525
　　～杯樂⑩　　　32/1520—1529
　　～杯近①　　　21/936
　　～杯令①　　　10/440

　　　　2140_6 卓
26 卓牌子③　　　12/554—556
　　～牌子近①　　16/730
　　～牌子令※　　12/554
　　～牌子慢※　　12/554
　　　　2155_0 拜
02 拜新月①　　　1/10
　　～新月※　　　33/1538
60 ～星月慢④　　
　　　　　　　　　33/1538—1541
　　　　2160_0 占
50 占春芳①　　　11/249
　　　　2160_8 睿
60 睿恩新①　　　11/512
　　　　2172_7 師
21 師師令①　　　17/743
　　　　2191_2 紅
30 紅窗聽①　　　10/447
　　～窗迥②　　　10/448—449
　　～窗睡①　　　10/447
40 ～孃子※　　　16/708
44 ～芍藥①　　　22/987
　　～林檎近①　　18/819
60 ～羅襖①　　　10/450
95 ～情※　　　　25/1147

2210_8 豐

22 豐樂樓※　　39/1822
80 ~年瑞※　　30/1377

2220_0 倒

20 倒垂柳②　　19/848—849
47 ~犯③　　　30/1424—1427

側

47 側犯④　　　18/807—810

2221_5 催

10 催雪①　　　27/1252

2224_7 後

00 後庭宴①　　13/611
　~庭花④　　　5/204—206
　~庭花破子②　2/75—77

2233_9 戀

20 戀香衾①　　22/1003
25 ~繡衾⑤　　10/472—475
44 ~芳春慢①　　31/1455
95 ~情深①　　　4/179

2241_0 乳

44 乳燕飛※　　36/1715

2271_0 比

48 比梅※　　　2/77

2277_0 山

00 山亭宴①　　30/1375
00 山亭柳②　　18/816—817
26 ~鬼謠※　　36/1707
32 ~漸青　　　2/104
44 ~花子①　　7/289

2277_2 出

30 出塞※　　　5/219

2290_3 紫

10 紫玉簫①　　27/1229
44 ~萸香慢①　　36/1700

2290_4 樂

44 樂世※　　　23/1038

2292_2 彩

10 彩雲歸①　　29/1334
22 ~鸞歸令①　　5/231
77 ~鳳飛①　　19/849
　~鳳舞※　　19/849

2300_0 卜

88 卜算子⑦　　5/210—214
　~算子慢②　　21/962—964

2328_4 獻

00 獻衷心②　　14/640—647
10 ~天壽①　　6/287
　~天壽令①　　10/445
22 ~仙音①　　22/987
80 ~金杯※　　14/654

2421_4 佳
80 佳人醉① 16/716
2422_1 倚
10 倚西樓① 13/580
77 ~闌人① 35/1633
　~闌令※ 3/127
2424_1 侍
20 侍香金童③ 14/644—646
2480_6 贊
33 贊浦子① 4/181
73 ~成功① 14/620
80 ~普子※ 4/181
2491_1 繞
34 繞池遊① 16/741
2492_1 綺
30 綺寮怨③ 33/1542—1544
60 ~羅香③ 33/1560—1562
2510_0 生
40 生查子⑤ 3/145—148
2520_6 使
25 使牛子① 8/382
2524_3 傳
00 傳言玉女③ 17/755—758
2592_7 繡
20 繡停鍼① 26/1198

22 繡鸞鳳花犯※ 30/1421
44 ~帶兒※ 5/228
2600_0 白
10 白雪① 24/1073
　~雪詞※ 28/1278
44 ~苧② 36/1735—1737
　~蘋香※ 8/363
2628_1 促
56 促拍醜奴兒※ 8/381
　~拍采桑子① 8/381
　~拍滿路花① 20/877—886
2629_4 保
40 保壽樂① 23/1041
2671_4 皂
60 皂羅特髻① 19/839
2690_0 細
10 細雨吹池沼※ 13/589
2692_2 穆
04 穆護砂① 39/1802
2711_0 凱
17 凱歌※ 23/1056
2712_7 歸
10 歸平遥※ 4/178
26 ~自谣① 2/96
30 ~字谣① 1/7

18

30 歸塞北※　　1/34
40 ～去難※　　20/877
　　～去來②　　7/327—328
　　～去曲※　　7/300
47 ～朝歡②　　32/1503—1505
　　～朝歡令※　12/537
60 ～田樂⑤　　8/374—377
　　～田樂引※　8/374
　　～國遙③　　4/178—179

2720_7　伊

22 伊川令※　　9/415
32 ～州三臺①　7/320
　　～州歌⑩　　40/1836—1838
　　～州令①　　9/415

多

11 多麗⑨　　37/1763—1772

2722_0　向

37 向湖邊①　　33/1552

御

21 御街行⑥　　18/792—796
44 ～帶花①　　28/1270

2722_7　角

57 角招①　　34/1619

2725_2　解

01 解語花③　　28/1288—1291
21 ～紅①　　1/38

21 解紅慢①　　38/1800
27 ～佩環※　　35/1654
　　～佩令⑤　　15/663—666
35 ～連環③　　34/1600—1603
64 ～蝶躞⑥　　17/770—774

2726_2　貂

43 貂裘換酒※　36/1715

2732_7　烏

00 烏夜啼③　　6/270—272
　　～夜啼※　　3/109

鴛

50 鴛鴦怨曲※　16/736

2733_1　怨

10 怨三三①　　8/387
　　～王孫※　　2/69
　　　　　　　　11/486
50 ～春風※　　12/561
　　～東風※　　14/642
60 ～回紇②　　3/144—145
　　～啼鵑※　　4/182

2733_6　魚

12 魚水同歡※　13/589
38 ～游春水②　21/961—962

2762_0　翻

20 翻香令①　　12/550

19

2788_2　欸

17 欸乃曲① 　1/49

2790_1　祭

10 祭天神② 　21/922—924

2793_2　綠

00 綠意※ 　35/1654
44 ~蓋舞風輕① 　25/1154
71 ~腰※ 　23/1038

2795_4　絳

47 絳都春⑧ 　28/1299—1305

2798_4　緱

22 緱山月① 　14/646

2820_0　似

40 似孃兒※ 　14/635

2822_1　偷

47 偷聲木蘭花① 　8/357

2822_7　傷

50 傷春怨 　4/198
95 ~情怨※ 　4/196

2824_0　徵

57 徵招③ 　24/1074—1077
　 ~招調中腔① 　11/526

2891_7　紇

17 紇那曲① 　1/19

2921_2　倦

17 倦尋芳② 　24/1104—1106
　 倦尋芳慢※ 　24/1104

2933_8　愁

24 愁倚闌※ 　3/127
　 ~倚闌令※ 　3/127
50 ~春未醒※ 　22/972

2992_0　紗

30 紗窗恨② 　4/170—171

2992_7　稍

33 稍遍※ 　39/1805

2998_0　秋

00 秋夜雨① 　9/414
　 ~夜月② 　21/921—922
　 ~夜月※ 　3/109
10 ~霽④ 　34/1593—1596
27 ~色橫空① 　29/1367
　 ~色橫空※ 　7/300
30 ~宵吟※ 　27/1257
34 ~波媚※ 　7/306
44 ~蘭香① 　24/1107
　 ~蕊香③ 　7/291—294
　 ~蕊香引① 　13/592
60 ~思耗① 　36/1732
77 ~風引※ 　2/62

20

77 秋風清③　　2/62—64
　~風第一枝※　　10/450
90 ~光滿目※　　11/487

　　　3010₂　宜
60 宜男草②　　13/577—579
　　　　　　空
46 空相憶※　　5/219
　　　3010₄　塞
12 塞孤②　　23/1054—1056
21 ~上秋※　　1/55
41 ~垣春④　　25/1112—1115
44 ~姑①　　1/25
80 ~翁吟①　　22/994
　　　3010₆　宣
35 宣清①　　36/1704
　　　3011₅　淮
27 淮甸春※　　28/1278
　　　3012₇　滴
30 滴滴金④　　8/358—360
　　　3014₇　渡
31 渡江雲③　　28/1292—1295
　　　3019₆　凉
32 凉州歌⑤　　40/1834—1836
　~州令※　　8/370

　　　3022₇　扁
27 扁舟尋舊約※　　34/1618
　　　3023₂　家
22 家山好①　　12/570
　　　3030₃　寒
80 寒食詞※　　18/799
　　　3040₄　安
10 安平樂慢②
　　　　　　32/1480—1481
76 ~陽好※　　1/34
80 ~公子⑥　　19/829—834
　　　　　　宴
10 宴西園※　　3/154
12 ~瑤池※　　9/402
17 ~瓊林②　　33/1534—1535
35 ~清都⑨　　30/1405—1413
42 ~桃源※　　2/77
　　　　　　6/273
　　　3040₇　字
30 字字雙①　　1/54
　　　3060₆　宮
50 宮中調笑※　　2/73
　　　3073₂　寰
38 寰海清①　　21/952

21

3080_1 定
10 定西番⑤　　2/97—100
77 ～風流※　　14/620
　　～風波⑧　　14/620—626
　　～風波令※　　6/254
　　　　　　　　14/620
　　～風波慢④
　　　　　　28/1271—1274

3080_6 寶
22 寶鼎現⑧　　38/1790—1798
　　～鼎兒※　　38/1790
87 ～釵分※　　18/799

3090_2 永
36 永遇樂⑦　　32/1507—1513

3111_2 江
00 江亭怨①　　6/257
35 ～神子※　　2/100
　　～神子慢※　　35/1649
40 ～南好※　　1/34
　　　　　　　　24/1067
　　～南春※　　2/62
　　～南春慢①　　35/1650
43 ～城子⑤　　2/100—103
　　～城子慢②
　　　　　　35/1649—1650
　　～城梅花引⑧
　　　　　　21/945—951

77 江月晃重山①　　10/481
　　～月令※　　8/363

3112_0 河
25 河傳㉗　　11/486—504
34 ～滿子⑤　　3/111—114
　　～瀆神②　　7/326—327

3116_0 酒
26 酒泉子㉒　　3/132—144

3126_6 福
40 福壽千春①　　26/1211

3133_2 憑
77 憑闌人②　　1/26—27

3213_0 冰
10 冰玉風月※　　25/1127

3213_2 泛
35 泛清波摘遍①　　34/1606
44 ～蘭舟①　　20/917
　　～蘭舟※　　19/869
50 ～春苕①　　35/1630

3213_3 添
30 添字浣溪沙※　　7/289
　　～字少年心※　　13/596
47 ～聲楊柳枝③
　　　　　　　3/149—151
50 ～春色※　　7/337

3230_2	透	32 梁州令叠韻※	8/370
16 透碧霄③	35/1684—1686	3412_7	滿
3230_7	遥	00 滿庭霜※	24/1067
10 遥天奉翠華引①	22/980	～庭芳⑦	24/1067—1073
3311_0	沁	～庭花※	24/1067
60 沁園春⑦	36/1691—1697	30 ～宮花②	8/348—349
3311_1	浣	31 ～江紅⑭	22/1004—1015
32 浣溪紗慢※	23/1019	47 ～朝歡②	29/1335—1336
～溪沙⑤	4/181—184	60 ～園花	20/877
～溪沙慢①	23/1019	67 ～路花	20/877
3313_2	浪	73 ～院春※	4/181
37 浪淘沙①	1/51		瀟
～淘沙令⑥	10/462—466	36 瀟湘夜雨※	24/1067
～淘沙慢④		～湘神①	1/36
	37/1758—1762	～湘逢故人慢②	
3315_0	減		33/1535—1537
30 減字浣溪沙※	4/181	～湘静	32/1493
～字木蘭花①	5/209	3413_1	法
44 ～蘭※	5/209	46 法駕導引①	2/67
3318_4	淚	55 ～曲獻仙音⑥	
15 淚珠彈※	10/472		22/987—992
3330_2	遍	3414_7	凌
44 遍地錦①	12/549	34 凌波曲※	3/120
3390_4	梁	3418_5	漢
32 梁州令④	8/370—373	30 漢宮春⑩	24/1095—1104
		～宮春慢※	24/1100

23

3424_7 被
44 被花惱① 25/1153

3430_1 遶
25 遶佛閣① 28/1291
34 ~池遊慢① 33/1556

3430_2 邁
74 邁陂塘※ 36/1707

3430_3 遠
22 遠山橫※ 17/753
47 ~朝歸① 22/998

3440_4 婆
60 婆羅門※ 18/789
　~羅門引④ 18/789—792
　~羅門令① 21/940

3512_7 清
00 清商怨③ 4/196—198
　~商怨※ 10/475
10 ~平調辭③ 40/1830—1831
　~平樂③ 5/233—235
　~平樂令※ 5/233
　　　　　 6/257
26 ~和風※ 4/182
31 ~江曲① 12/556
32 ~溪怨※ 35/1640
34 ~波引② 21/937—938

77 清風滿桂樓① 29/1353
　~風八詠樓① 34/1596

3514_4 淒
30 淒涼犯③ 23/1016—1018

3530_0 連
16 連理枝② 16/708—709

3610_0 湘
31 湘江靜② 32/1493—1494
50 ~春夜月① 31/1457
77 ~月※ 28/1278

3613_3 濕
60 濕羅衣※ 4/168

3619_4 澡
44 澡蘭香① 32/1532

3621_2 祝
44 祝英臺近⑧ 18/799—805

3630_3 還
00 還京樂⑥ 31/1469—1473

3711_5 濯
26 濯纓曲※ 6/273

3712_0 洞
00 洞庭春色※ 36/1691
10 ~天春① 7/305
22 ~仙詞※ 20/887
　~仙歌㊵ 20/887—916

22 洞仙歌令※　　20/887
　~仙歌慢※　　20/912
50 ~中仙※　　　20/887

3713_6 漁
17 漁歌子⑥　　1/31—34
30 ~家傲④　　14/630—633
80 ~父※　　　 1/31
　~父引①　　 1/7
　~父樂※　　 1/31
　~父家風※　 5/207

3716_4 洛
47 洛妃怨※　　3/154
76 ~陽春※　　5/214

3719_4 深
73 深院月※　　1/44

3730_2 過
01 過龍門※　　10/462
37 ~澗歇③　　19/826—828
50 ~秦樓①　　35/1648

迎
02 迎新春①　　32/1502
50 ~春樂⑦　　9/416—420

3730_4 遐
00 遐方怨②　　2/74—75

3730_8 選
27 選冠子⑯　　35/1664—1676
30 ~官子※　　35/1664

3815_7 海
90 海棠花※　　7/312
　~棠春③　　7/312—313
　~棠春令※　7/312

3830_8 送
21 送征衣①　　36/1729
22 ~將歸※　　9/406
80 ~入我門來①　33/1555

3834_3 導
12 導引⑤　　9/390—393

3912_0 沙
11 沙頭雨※　　4/173
15 ~磧子※　　4/186
30 ~塞子④　　4/186—188

3912_7 消
26 消息※　　32/1507

3918_0 淡
44 淡黃柳③　　14/649—651

3930_2 逍
32 逍遙樂①　　26/1189

3930_9 迷
22 迷仙引②　　20/875—877

35 迷神引② 　　25/1124—1126

4000_0 十

00 十六字令※ 　　1/7
10 ～二郎※ 　　32/1513
　　～二時※ 　　6/251
　　～二時慢④
　　　　　　37/1740—1743
20 ～愛詞※ 　　1/14
48 ～樣花② 　　1/54—55
56 ～拍子※ 　　14/626
77 ～月桃③ 　　27/1254—1256
　　～月梅※ 　　27/1254
80 ～八香※ 　　4/173

4001_7 九

11 九張機① 　　40/1853—1856
　　（～張機）又一體⑨
　　　　　　40/1856—1858

4010_2 壺

22 壺山好※ 　　1/34
50 ～中天慢※ 　　28/1278

4010_4 臺

43 臺城路※ 　　31/1440

4022_7 南

00 南唐浣溪沙※ 　　7/289
17 ～歌子⑦ 　　1/14—18

27 南鄉一翦梅① 　　10/481
　　～鄉子⑨ 　　1/39—43
32 ～州春色① 　　19/872
33 ～浦⑤ 　　33/1581—185
　　～浦月※ 　　4/173
41 ～柯子※ 　　1/14
45 ～樓令※ 　　13/608

内

30 内家嬌① 　　34/1603

有

40 有有令※ 　　19/850

4033_1 赤

50 赤棗子① 　　1/38
70 ～壁詞※ 　　28/1278

4034_1 奪

86 奪錦標③ 　　35/1640—1643

4040_0 女

37 女冠子⑦ 　　4/162—168
　　～冠子慢※ 　　4/162

4040_7 麥

20 麥秀兩岐① 　　14/639

4060_0 古

07 古記※ 　　2/77
　　～調笑① 　　2/73
20 ～香慢① 　　23/1046

21	古傾杯※	32/1520	45	壽樓春①	29/1366
36	~祝英臺※	16/733	60	~星明※	36/1691
48	~梅曲※	28/1278	76	~陽曲③	1/47—48
76	~陽關※	18/812			

4071₀ 七

43 七娘子③　　13/597—599

4060₁ 吉

17 吉了犯※　　30/1424

4080₀ 大

13	大酺②	37/1749—1752
16	~聖樂③	35/1658—1661
31	~江西上曲※	28/1278
	~江東去※	28/1278
40	~有①	27/1246
45	~椿①	28/1297

喜

31	喜遷鶯⑦	6/258—270
	~遷鶯令※	6/258
47	~朝天②	29/1345—1347
	~朝天※	13/575
50	~春來④	2/60—61
60	~團圓②	7/310—311
71	~長新①	6/286

太

10	太平樂※	12/533
	~平歡※	28/1278
	~平時※	3/149
	~平年①	5/232
35	~清引①	7/337
90	~常引②	7/337—339

4060₉ 杏

33	杏梁燕※	34/1600
44	~花天③	10/469—471
	~花天※	28/1278
	~花天慢①	32/1485
	~花風※	7/296
		10/469
60	~園芳①	5/223

4080₁ 真

15 真珠髻①　　34/1598
　　~珠簾④　　29/1355—1358

4080₆ 賣

44 賣花聲※　　10/462
　　　　　　　15/670

4064₁ 壽

12	壽延長破字令①	10/445
22	~山曲①	13/592
40	~南枝※	28/1278

4090_0　木

44 木蘭香※　　5/209
　~蘭花令③　　11/509—511
　~蘭花慢⑫
　　　　　　29/1324—1334
88 ~筳①　　9/415

4090_3　索

31 索酒①　　33/1557

4191_4　極

46 極相思①　　7/329
　~相思令※　　7/329

4196_0　柘

44 柘枝引①　　1/24

4196_1　梧

44 梧葉兒⑤　　1/28—30
47 ~桐影①　　1/10

4240_0　荊

32 荊州亭※　　6/257

4291_3　桃

44 桃花水※　　2/80
　~花落※　　12/532
　~花曲※　　6/251
60 ~園憶故人※　　7/296
　~園憶故人②
　　　　　　7/296—297

4315_0　城

11 城頭月①　　8/384

4380_5　越

31 越江吟②　　9/402—403
32 ~溪春①　　17/763
40 ~女鏡心※　　22/988

4414_2　薄

24 薄倖③　　35/1631—1633
47 ~媚⑩　　40/1860—1866
　~媚摘遍①　　22/1002
80 ~命女※　　3/126

4414_7　鼓

88 鼓笛令①　　11/525
　~笛慢※　　30/1377

4416_4　落

48 落梅②　　34/1616—1617
　~梅風①　　6/256
　~梅風※　　1/47
　~梅慢※　　34/1616

4420_7　夢

10 夢玉人引⑤　　21/931—934
21 ~行雲①　　15/689
22 ~仙郎①　　9/420
　~仙遊※　　1/34
31 ~江南※　　1/34
　~江口※　　1/34

36 夢還京①	18/817		4422₂ 茅	
38 ～遊仙※	39/1817		22 茅山逢故人①	7/322
44 ～芙蓉①	25/1150		4422₇ 萬	
～橫塘	34/1591		21 萬歲昇平樂曲※	32/1501
56 ～揚州①	26/1218		42 ～斯年※	2/85

4421₄ 花

11 花非花① 1/27
12 ～發狀元紅慢① 31/1454
　～發沁園春② 33/1578—1580
21 ～上月令① 13/579
26 ～自落※ 5/219
32 ～溪碧※ 5/200
33 ～心動⑨ 33/1544—1552
　～心動慢 33/1544
37 ～深深※ 5/235
47 ～犯④ 30/1421—1424
77 ～間意※ 5/200
80 ～前飲① 8/388

莊

45 莊椿歲※ 30/1377

4422₁ 荷

44 荷葉杯③ 1/18—20
　～葉鋪水面① 12/569
　～華媚① 13/595

60 ～里春 5/230
80 ～年枝 6/258
　～年歡① 26/1177—1185
　～年歡慢※ 26/1177

芳

44 芳草渡⑤ 11/513—516
　～草渡 13/617
　～華⑤ 28/1274—1277

蕭

44 蕭蕭雨※ 25/1119

蘭

74 蘭陵王⑤ 37/1743—1749

勸

80 勸金船② 21/952—954

4430₅ 蓬

44 蓬萊閣※ 5/235

4432₇ 驀

22 驀山溪⑬ 19/854—863

4433₁ 燕

22 燕山亭① 27/1248

29

27 燕歸梁④　　9/403—406
　~歸來※　　6/258
50 ~春臺④　　26/1185—1189
99 ~鶯語※　　18/799
　　　4433_3 蕊
15 蕊珠閒①　　17/778
　　　蕙
44 蕙蘭芳※　　21/935
　~蘭芳引①　　21/935
　　　4439_4 蘇
13 蘇武慢※　　35/1664
　　　　　　　35/1670
44 ~幕遮①　　14/633
　　　4440_7 荾
44 荾荷香②　　26/1196—1198
　　　4442_7 荔
17 荔子丹①　　10/453
44 ~枝香⑩　　18/782—789
　~枝香近※　　18/782
　　　4450_4 華
17 華胥引①　　21/941
35 ~清引①　　5/225
　　　4460_1 菩
44 菩薩蠻③　　5/200—202
　~薩蠻慢①　　35/1643

44 菩薩鬘※　　5/200
　　　4460_6 菖
44 菖蒲綠※　　32/1503
　　　4460_7 蒼
41 蒼梧謠①　　1/7
　　　4460_8 暮
10 暮雲碧※　　36/1726
　　　4460_9 蕃
40 蕃女怨①　　2/68
　　　4471_7 芭
44 芭蕉雨①　　14/648
　　　4477_0 甘
10 甘露歌①　　16/733
　~露滴喬松①　　24/1110
32 ~州※　　25/1119
　~州子※　　2/57
　~州遍①　　14/638
　~州曲②　　2/57—58
　~州令①　　18/815
44 ~草子②　　6/281—282
　　　4480_1 楚
10 楚天遙※　　5/210
10 楚雲深※　　3/145
30 ~宮春慢②　　34/1608—1609

	4480_4 莫	
60	莫思歸※	2/64
	4480_5 芙	
44	芙蓉曲※	7/302
	～蓉月①	23/1047
	4480_6 黃	
31	黃河清慢①	26/1194
47	～鶴引①	20/886
	～鶴洞仙①	8/387
80	～金縷②	13/589
82	～鍾樂①	14/641
99	～鶯繞碧樹①	25/1143
	～鶯兒③	24/1085—1087
	4490_0 村	
00	村意遠※	2/100
	4490_4 茶	
81	茶瓶兒③	12/551—553
	4491_0 杜	
40	杜韋娘②	35/1644—1645
	4491_2 枕	
77	枕屏兒①	17/758
	4491_4 桂	
20	桂香飄※	33/1544
44	～枝香⑥	29/1336—1341
	～華明※	8/385
77	桂殿秋①	1/46
	4492_7 菊	
44	菊花新②	9/422—423
	4622_7 獨	
77	獨脚令※	2/69
	4640_0 如	
00	如意令※	2/77
22	～此江山※	31/1441
27	～魚水①	23/1051
44	～夢令⑥	2/77—80
	4651_4 鞓	
21	鞓紅①	13/612
	4680_6 賀	
02	賀新涼※	36/1715
	～新郎①	36/1715—1725
16	～聖朝①	6/275—281
	～聖朝影※	3/149
77	～熙朝②	13/612—613
	4690_0 相	
60	相思引③	6/254—256
	～見歡⑤	3/109—111
	～思兒令①	6/273
	～思令※	2/104
		6/273
	～思會※	17/777

31

　　　　　4594₄ 樓　　　　　　62 鵲踏枝※　　13/589
21 樓上曲①　　12/556
　　　　　4692₇ 楊　　　　　　　　　4782₀ 期
47 楊柳枝①　　1/52　　　　　00 期夜月①　　36/1688
　　　　　4722₇ 鶴　　　　　　　　　4792₀ 柳
35 鶴冲天③　　21/924—926　　27 柳色新※　　13/572
　～冲天※　　6/258　　　　　　～色黃※　　30/1399
　　　　　4740₁ 聲　　　　　37 ～初新②　　19/835—836
47 聲聲令※　　15/672　　　　49 ～梢青⑧　　7/332—336
　～聲慢⑭　　27/1219—1229　52 ～搖金①　　12/553
　　　　　4742₀ 朝　　　　　71 ～長春※　　13/575
10 朝天子①　　6/250　　　　　～腰輕　　　19/852
　～玉階①　　13/594　　　　80 ～含烟①　　5/222
50 ～中措④　　7/302—304
　　　　　4744₇ 好　　　　　　　　　4796₁ 檐
33 好心動※　　33/1544　　　80 檐前鐵①　　16/733
40 ～女兒③　　5/228—230
50 ～事近②　　5/224—225　　　　　　4824₀ 散
64 ～時光①　　5/218　　　　10 散天花①　　13/595
　　　　　　　　　　　　　　88 ～餘霞　　　5/227
　　　　　4762₀ 胡　　　　　　　　　4841₇ 乾
56 胡搗練③　　7/294—296　　44 乾荷葉②　　2/59
　～搗練※　　7/296
　　　　　　　　　　　　　　　　　　4893₂ 松
　　　　　4762₇ 鵲　　　　　49 松梢月①　　25/1156
42 鵲橋仙⑦　　12/543—547　　　　　4895₇ 梅
　～橋仙令※　　12/543　　　10 梅弄影　　　7/321
　　　　　　　　　　　　　　17 ～子黃時雨①　23/1050

32

20 梅香慢$_①$	29/1349		畫	
26 ～和柳※	3/145	43 畫娥眉※	2/69	
44 ～花引$_④$	12/565—569	77 ～屏秋色※	36/1732	
～花引※	21/945	～屏春※	10/454	
～花句※	5/200	90 ～堂春$_⑤$	6/283—285	
～花曲$_③$	40/1858—1860		5022_7 青	
77 ～月圓※	7/302	10 青玉案$_⑬$	15/674—683	
		22 ～山遠※	5/231	
5000_6 中		～山相送迎※	2/104	
77 中興樂$_③$	4/168—170	32 ～衫濕※	7/308	
5001_2 轆		40 ～杏兒※	14/635	
51 轆轤金井※	23/1020	77 ～門引$_①$	9/421	
5001_5 攤		～門飲$_③$	34/1614—1616	
14 攤破采桑子$_①$	13/610		5044_7 冉	
～破江城子※	21/945	50 冉冉雲$_②$	13/587—588	
～破浣溪沙※	7/289		5060_3 春	
～破南鄉子$_②$	14/635—636	10 春霽※	34/1593	
5002_7 摘		～夏兩相期$_①$	28/1314	
26 摘得新$_①$	1/28	～雲怨$_①$	32/1500	
5004_4 接		～雪間早梅$_①$	36/1734	
77 接賢賓$_②$	13/581—583	28 ～從天上來$_④$		
5010_6 晝			33/1563—1567	
00 晝夜樂$_②$	26/1165—1167	30 ～宵曲※	1/14	
86 ～錦堂$_⑤$	31/1447—1451	40 ～去也※	1/34	
		44 ～草碧$_①$	26/1195	
		～草碧※	17/780	
		47 ～聲碎$_①$	18/797	

33

60 春早湖山※	5/219		5204_7 撥	
64 ~曉曲②	1/45—46		41 撥棹子③	13/614—616
77 ~風孃娜①	36/1733		5208_5 撲	
90 ~光好⑧	3/126—132		57 撲蝴蝶④	17/774—776
~光好※	6/258		~蝴蝶近※	17/774

5090_4 秦

45 秦樓月※　　5/235

5090_6 東

22 東仙※	36/1691		5209_4 採	
44 ~坡引⑤	7/316—319		44 採蓮詞※	4/176
77 ~風齊著力①	22/997		~蓮令①	22/984
~風寒※	4/181		67 ~明珠	25/1139
	7/306		5303_5 撼	
~風吹酒面	5/219		00 撼庭秋①	7/297
~風第一枝④			~庭竹	16/738—740
	28/1307—1311		5320_0 戚	

5108_6 擷

44 擷芳詞⑤	10/475—479		72 戚氏③	39/1817—1820

5202_1 折

5333_0 感

02 折新荷引※	19/869		00 感庭秋※	7/297
21 ~紅英※	10/475		26 ~皇恩⑦	15/683—688
~紅梅②	34/1627—1629		~皇恩慢※	35/1630
44 ~花令①	10/446		44 ~黃鸝※	22/967
~桂令②	10/450—453		60 ~恩多②	3/124—125
77 ~丹桂①	8/383		~恩多令※	7/289
~丹桂※	13/583		5401_2 拋	
			23 拋毬樂④	2/64—67
			5408_4 摸	
			27 摸魚兒⑨	36/1707—1715

5419_4 蝶
22 蝶戀花③　　13/589—592

5502_7 拂
10 拂霓裳②　　19/851—852

5504_3 轉
00 轉應曲※　　2/73
07 ～調二郎神※　　32/1513
　～調滿庭芳※　　24/1067
　～調選冠子※　　35/1664
　　　　　　　　35/1676
　～調賀聖朝※　　6/275
　～調蝶戀花※　　13/589
　～調踏莎行※　　13/575

5560_0 曲
10 曲玉管①　　33/1571
31 ～江秋②　　29/1359—1361
38 ～遊春③　　31/1458—1461
80 ～入冥※　　10/462

5601_2 輥
25 輥繡毬①　　14/651

5602_7 揚
32 揚州慢③　　26/1199—1201
44 ～花落※　　5/219

5701_4 握
80 握金釵②　　14/643—644

5702_7 搗
25 搗練子②　　1/44—45
　～練子令※　　1/44

掃
00 掃市舞※　　13/580
44 ～花遊※　　24/1064
　～地遊③　　24/1064—1067
　～地舞①　　13/580

5708_4 換
22 換巢鸞鳳①　　28/1306

5709_4 探
44 探芳信④　　22/976—980
50 ～春※　　32/1486
　～春令⑬　　9/395—402
　～春慢⑤　　32/1486—1491

5712_0 蝴
54 蝴蝶兒①　　3/148

5716_1 蟾
30 蟾宮曲※　　10/450

5750_2 擊
41 擊梧桐③　　34/1625—1627

5790_3 繫
37 繫裙腰③　　13/617—619

5802_7 輪
40 輪臺子②　　36/1689—1690

35

5806_1 拾

17 拾翠羽① 16/707

44 ~菜孃※ 12/533

5844_0 數

44 數花風※ 15/690

6006_1 暗

20 暗香② 25/1147—1149

~香疏影① 34/1597

6010_7 疊

44 疊蘿花※ 15/683

50 ~青錢※ 22/972

6012_7 蜀

32 蜀溪青① 27/1256

6014_7 最

00 最高樓① 19/840—847

6015_3 國

20 國香② 27/1267—1269

~香慢※ 27/1267

6021_0 四

23 四代好※ 30/1405

26 ~和春※ 8/385

30 ~字令※ 3/120

47 ~犯令① 8/385

47 四犯翦梅花③ 23/1020—1022

48 ~檻花① 25/1157

57 ~換頭※ 3/152

60 ~園竹③ 18/805—807

88 ~笑江梅引※ 21/945

6022_7 胃

71 胃馬索① 35/1651

6033_0 思

00 思帝鄉③ 2/106—108

24 ~佳客※ 2/96

11/524

27 ~歸樂① 12/548

34 ~遠人① 9/424

43 ~越人① 9/393

~越人※ 6/250

11/524

6033_1 黑

34 黑漆弩※ 10/482

6040_0 早

48 早梅香① 25/1118

~梅芳③ 19/866—869

~梅芳※ 6/258

~梅芳近※ 19/866

~梅芳慢① 33/1572

50 早春怨※　　7/332

　　　　　6044_0　昇

10 昇平樂①　　32/1501

　　　　　6060_0　回

34 回波樂②　　1/20—21

　　　　　6066_0　品

80 品令⑫　　9/427—435

　　　　　6071_2　昆

67 昆明池※　　36/1727

　　　　　6080_4　吳

22 吳山青※　　2/104

　　　　　6080_6　買

74 買陂塘※　　36/1707

　　　　　6090_6　景

01 景龍燈　　9/395

　　　　　6091_5　羅

58 羅敷媚※　　5/202

　～敷媚歌※　　5/202

　　　　　6136_0　點

27 點絳唇③　　4/173—175

46 ～櫻桃※　　4/173

　　　　　6216_3　踏

10 踏雪行※　　13/575

17 ～歌②　　20/918—920

17 踏歌詞①　　2/62

44 ～莎行③　　13/575—577

50 ～青遊④　　21/928—931

77 ～月※　　4/191

　　　　　6220_0　剔

87 剔銀燈⑤　　17/759—762

　～銀燈引※　　17/759

　　　　　6240_0　別

12 別瑤姬慢　　31/1476

27 ～怨①　　14/638

50 ～素質　　31/1476

　　　　　6502_7　晴

23 晴偏好①　　1/25

27 ～色入青山※　　3/145

　　　　　6508_0　映

22 映山紅慢①　　29/1354

　　　　　6601_5　囉

61 囉嗊曲③　　1/11—12

　　　　　6602_7　喝

71 喝馬一枝花※　　20/877

90 ～火令①　　14/647

　　　　　6701_2　晚

10 晚雲烘日　　5/200

　　　　　6702_0　明

77 明月引※　　21/945

37

77 明月生南浦※　　13/589
　~月逐人來①　　14/637
　~月棹孤舟※　　11/517
　~月斜※　　1/10
　　　6703_2　眼
77 眼兒媚③　　7/306—308
　　　6706_2　昭
17 昭君怨③　　3/154—156
　　　6733_6　照
31 照江梅※　　7/302
　　　6742_7　鸚
17 鸚鵡曲①　　10/482
　　　6752_7　鴨
11 鴨頭綠※　　37/1763
　　　6902_7　哨
33 哨遍⑨　　39/1805—1816
　　　7031_4　駐
71 駐馬聽①　　23/1036
　　　7121_1　隴
11 隴頭泉※　　37/1763
　~頭月※　　7/332
80 ~首山※　　6/251
　　　7121_2　阮
37 阮郎歸②　　6/273—275

　　　7121_5　雁
22 雁後歸※　　10/454
37 ~過妝樓※　　27/1262
　　　7122_7　隔
33 隔浦蓮※　　17/744
　~浦蓮近※　　17/744
　~浦蓮近拍⑤　　17/744—747
88 ~簾聽①　　17/762
　　　7126_0　陌
21 陌上花①　　26/1210
　　　7128_0　仄
06 仄韻過秦樓※　　35/1648
　　　　　　　　　35/1664
　　　7128_4　厭
80 厭金杯①　　14/654
　　　7131_2　驪
17 驪歌一疊※　　11/524
　　　7132_7　馬
30 馬家春慢①　　29/1348
　　　7173_2　長
00 長亭怨※　　25/1158
　~亭怨慢④　　25/1158—1161
25 ~生樂②　　17/764—765
40 ~壽仙①　　28/1317
　~壽樂②　　20/874—875

42 長橋月※	4/191
46 ～相思⑤	2/104—106
～相思令※	2/104
～相思慢④	31/1462—1465
50 ～春※	10/436
80 ～命女①	3/126

7221_2 臘

48 臘梅香※	13/599
～梅香②	28/1295—1296
80 ～前梅※	7/338

7223_0 爪

| 44 爪茉莉① | 19/853 |

7274_0 氏

| 32 氏州第一② | 31/1452—1453 |

7280_6 鬢

| 10 鬢雲松令※ | 14/633 |
| 36 ～邊華① | 10/479 |

7420_0 尉

| 37 尉遲杯⑦ | 33/1573—1578 |

7421_4 陸

| 32 陸州歌⑦ | 40/1839—1840 |

7424_7 陂

| 40 陂塘柳※ | 36/1707 |

7622_7 陽

40 陽臺夢②	7/323—324
40 陽臺路①	24/1084
50 ～春②	33/1553—1555
～春曲※	2/60
	33/1553
77 ～關引①	18/812
～關曲①	1/48

7710_0 且

| 88 且坐令① | 16/715 |

7712_1 鬬

10 鬬百花③	19/836—839
～百草②	30/1397—1398
46 ～嬋娟※	35/1677

7721_0 鳳

12 鳳孤飛①	7/331
21 ～銜杯④	12/540—543
22 ～將雛①	4/188
～鸞雙舞①	24/1108
27 ～歸雲③	29/1322—1324
34 ～池吟①	27/1261
45 ～棲梧※	13/589
～樓春①	18/798
50 ～來朝①	9/413
77 ～凰臺上憶吹簫⑥	
	25/1129—1134
～鳳閣③	15/690—692
88 ～簫吟※	28/1274

風

01 風敲竹※　　36/1715
30 ～流子⑨　　2/88—95
50 ～中柳※　　15/670
　　～中柳令※　15/670
54 ～蝶令※　　1/14
80 ～入松④　　17/752—755
　　～入松慢※　17/753
90 ～光子※　　2/96
　　～光好①　　3/115

7721_5 尾

47 尾犯⑤　　23/1031—1036

7721_6 閱

80 閱金經※　　2/71

7722_0 月

00 月底修簫譜※　18/799
10 ～下笛⑤　　27/1231—1235
21 ～上海棠⑤　16/710—713
　　～上海棠慢※　16/710
　　～上瓜州　　3/109
30 ～宮春②　　7/324—326
36 ～邊嬌①　　25/1155
43 ～城春※　　23/1020
44 ～華清①　　27/1265
50 ～中行※　　7/324
　　～中仙※　　32/1530
　　～中桂③　　32/1530—1532

67 月照梨花※　11/486
90 ～當窗※　　4/191
　　～當廳①　　29/1365

7722_7 閒

50 閒中好②　　1/8—9
77 ～閒令※　　14/635

7724_7 殿

80 殿前歡②　　4/188—190

7726_7 眉

27 眉峰碧※　　5/210
48 ～嫵③　　　32/1491—1493

7733_1 熙

32 熙州摘遍※　31/1452
　　～州慢①　　24/1094

7733_2 驟

10 驟雨打新荷※　24/1080

7740_7 學

40 學士吟※　　10/482

7744_0 丹

77 丹鳳吟③　　36/1698—1700

7744_1 開

10 開元樂※　　1/23

7760_2 留

30 留客住②　　26/1163—1164
50 ～春令④　　8/368—370

7777_2 關

31 關河令※　　4/196

7780_1 與

60 與團圓※　　7/310

7790_6 闌

10 闌干萬里心※　　2/69

7810_7 鹽

27 鹽角兒①　　8/373

7876_6 臨

31 臨江仙①　　10/454—461
　～江仙引②　　17/748—749
　～江仙慢①　　23/1024

7922_7 勝

32 勝州令①　　39/1821
79 ～勝令②　　15/672—673
　～勝慢※　　27/1219

8000_0 八

00 八音諧①　　28/1298
　～六子⑥　　22/967—971
27 ～歸②　　36/1705—1707
30 ～寶妝①　　35/1652—1654
　～寶妝※　　27/1262
　～寶玉交枝※　　35/1652
47 ～聲甘州⑦　　25/1119—1124
56 ～拍蠻②　　1/52—53

88 八節長歡②　　26/1190—1191

入

30 入塞④　　9/427

人

40 人在樓上※　　27/1219
77 ～月圓③　　7/308—310

8010_2 並

44 並蒂芙蓉①　　26/1193

8010_9 金

25 金縷詞※　　36/1715
　～縷歌※　　36/1715
　～縷曲※　　36/1715
30 ～字經③　　2/71—73
32 ～浮圖　　24/1083
44 ～蓮繞鳳樓①　　11/511
　～菊對芙蓉①　　27/1251
　～蕉葉④　　14/627—630
53 ～盞子⑤　　32/1495—1498
　～盞子令①6/286
　～盞倒垂蓮③
　　　　　　22/992—994
67 ～明池②　　36/1727—1729
77 ～風玉露相逢曲※
　　　　　　12/543
　～鳳鈎②　　11/523—524
80 ～人捧露盤⑤　　18/821—825

84 金錯刀③　　10/466—467

8011_2 鏡
50 鏡中人※　　6/254

8022_7 翦
24 翦牡丹②　　29/1347—1348
47 ～朝霞※　　11/524

8025_1 舞
46 舞楊花①　　26/1202
50 ～春風※　　12/532
71 ～馬詞②　　1/22—23

8033_1 無
28 無俗念※　　28/1278
29 ～愁可解②　　35/1646—1647
44 ～夢令※　　2/77
77 ～悶①　　27/1230

8033_2 念
47 念奴嬌⑫　　28/1277—1288

8060_1 合
47 合歡帶②　　33/1569—1571

8076_7 餳
27 餳多令※　　13/608

8080_6 貧
44 貧也樂※　　12/566

8280_0 劍
66 劍器近①　　24/1106

8418_1 鎮
10 鎮西※　　16/718

8578_0 缺
77 缺月挂疏桐※　　5/210

8610_0 鈿
44 鈿帶長中月空①　　15/688

8612_7 錦
20 錦纏頭※　　14/652
　～纏絆※　　14/652
　～纏道③　　14/652—654
41 ～帳春④　　13/605—608
60 ～園春①　　5/231
　～園春※　　23/1020
90 ～堂春※　　6/270
　　　　　　29/1341
　～堂春慢⑤　　29/1341—1345

8712_0 釣
27 釣船笛※　　5/224
40 ～臺詞※　　13/583

銅
80 銅人捧露盤※　　18/821

8713_2 錄
10 錄要※　　23/1038

8714_0 釵
11 釵頭鳳※　　10/475

8716_4 鋸
27 鋸解令① 10/441
8778_2 飲
71 飲馬歌① 2/97
8810_2 箜
88 箜篌曲※ 13/608
8822_0 竹
20 竹香子① 8/384
44 ~枝③ 1/5—6
71 ~馬子※ 31/1461
　~馬兒② 31/1461—1462
8828_4 簇
12 簇水① 21/938
8860_3 箇
25 箇儂① 38/1799

笛
30 笛家② 36/1730—1732
　~家弄慢※ 36/1730
8918_6 鎖
30 鎖寒窗※ 27/1242
76 ~陽臺※ 24/1067

9000_0 小
00 小庭花※ 4/181

16 小聖樂① 24/1080
20 ~重山④ 13/572—574
　~重山令※ 13/572
35 ~冲山※ 13/572
42 ~桃红※ 4/175
　　　　　 16/708
45 ~樓連苑 30/1377
48 ~梅花※ 12/566
77 ~闌干※ 7/306
　　　　　 8/349
84 ~鎮西 16/718
　~鎮西犯③ 16/718—720

9003_6 憶
00 憶帝京② 16/734—736
10 ~王孫③ 2/69—71
12 ~瑤姬④ 31/1476—1479
17 ~君王※ 2/69
22 ~仙姿※ 2/77
31 ~江南③ 1/34—36
34 ~漢月④ 8/361—363
40 ~真妃※ 3/109
44 ~舊遊⑥ 30/1416—1421
　~舊遊慢※ 30/1416
　~黄梅① 18/818
　~蘿月※ 5/233
47 ~柳曲※ 12/528
48 ~故人※ 7/300

43

50 憶秦娥$①$	5/235—241
~東坡$①$	26/1191
67 ~吹簫$※$	25/1130
77 ~悶令$①$	5/227
80 ~人人$※$	12/543
88 ~餘杭$②$	7/290—291
90 ~少年$②$	6/251—252

9020_0 少

80 少年心$①$	13/596
~年遊$⑤$	8/349—357
~年遊慢$①$	21/926

9071_2 卷

| 15 卷珠簾$※$ | 13/589 |

9080_6 賞

| 40 賞南枝$①$ | 33/1580 |
| 48 ~松菊$①$ | 23/1052 |

9406_1 惜

17 惜瓊花$①$	13/593
20 ~雙雙$※$	8/377
~雙雙令$※$	8/377
21 ~紅衣$④$	21/958—960
29 ~秋華$⑤$	23/1042—1046
30 ~寒梅$①$	28/1319
44 ~芳菲$※$	8/377
~黃花$②$	16/714—715
~黃花慢$③$	35/1634—1636

44 惜花春起早慢$①$	28/1320
47 ~奴嬌$⑤$	16/726—730
50 ~春容$※$	12/537
~春郎$①$	7/329
~春令$②$	8/366—367
80 ~分飛$⑤$	8/377—380
~分釵$※$	10/475
88 ~餘歡$①$	33/1537
~餘春慢$※$	35/1664

9488_1 烘

| 50 烘春桃李$※$ | 6/258 |

9502_7 情

| 27 情久長$①$ | 32/1482 |

9508_0 快

| 32 快活年近拍$①$ | 18/820 |

9589_6 煉

| 77 煉丹砂$※$ | 10/462 |

9604_7 慢

| 90 慢卷綢$②$ | 35/1662—1663 |

9682_7 燭

| 62 燭影搖紅$③$ | 7/300—302 |

9703_2 恨

47 恨歡遲$※$	10/443
50 ~來遲$②$	10/443—444
~春遲$①$	13/586

9782_0 灼

97 灼灼花※　　16/708

9892_1 粉

54 粉蝶兒② 　16/740—741

54 粉蝶兒慢① 　26/1192

9932_7 鶯

60 鶯啼序⑤ 　39/1822—1829

詞名首字拼音注音與四角號碼對照表

（依拼音順序排列）

A

ǎi	ㄞˇ	欸	2788_2
ài	ㄞˋ	愛	2024_7
ān	ㄢ	安	3040_4
àn	ㄢˋ	暗	6006_1

B

bā	ㄅㄚ	八	8000_0
		芭	4471_7
bái	ㄅㄞˊ	白	2600_0
bǎi	ㄅㄞˇ	百	1060_0
bài	ㄅㄞˋ	拜	2155_0
báo	ㄅㄠˊ	薄	4414_2
bǎo	ㄅㄠˇ	保	2629_4
		寶	3080_6
bēi	ㄅㄟ	陂	7424_7
bèi	ㄅㄟˋ	被	3424_7
bǐ	ㄅㄧˇ	比	2271_0
bì	ㄅㄧˋ	碧	1660_1
biàn	ㄅㄧㄢˋ	遍	3330_2
bié	ㄅㄧㄝˊ	別	6240_0
bìn	ㄅㄧㄣˋ	鬢	7280_6
bīng	ㄅㄧㄥ	冰	3213_0
bìng	ㄅㄧㄥˋ	並	8010_2
bō	ㄅㄛ	撥	5204_7
bǔ	ㄅㄨˇ	卜	2300_0
bù	ㄅㄨˋ	不	1090_0
		步	2120_1

C

cǎi	ㄘㄞˇ	采	2090_4
		彩	2292_2
		採	5209_4

căi	ㄘㄞ	綵	2299_4		cūn	ㄘㄨㄣ	村	4490_0
cāng	ㄘㄤ	蒼	4460_7					
cè	ㄘㄜ	側	2220_0		**D**			
chá	ㄔㄚ	茶	4490_4		dà	ㄉㄚ	大	4080_0
chāi	ㄔㄞ	釵	8714_0		dān	ㄉㄢ	丹	7744_0
chán	ㄔㄢ	蟾	5716_1		dàn	ㄉㄢ	淡	3918_0
chāng	ㄔㄤ	菖	4460_6		dǎo	ㄉㄠ	搗	5702_7
cháng	ㄔㄤ	長	7173_2				導	3834_3
cháo	ㄔㄠ	朝	4742_0		dào	ㄉㄠ	倒	2220_0
chéng	ㄔㄥ	城	4315_0		dī	ㄉㄧ	氐	7274_0
chì	ㄔ	赤	4033_1				滴	3012_7
chóng	ㄔㄨㄥ	重	2010_5		dí	ㄉㄧ	笛	8860_3
chóu	ㄔㄡ	愁	2933_8		dì	ㄉㄧ	帝	0022_7
chǒu	ㄔㄡ	醜	1661_3		diǎn	ㄉㄧㄢ	點	6136_0
chū	ㄔㄨ	出	2277_2		diàn	ㄉㄧㄢ	鈿	8610_0
chǔ	ㄔㄨ	楚	4480_1				殿	7724_7
chuán	ㄔㄨㄢ	傳	2524_3		diāo	ㄉㄧㄠ	貂	2726_2
chuí	ㄔㄨㄟ	垂	2010_5		diào	ㄉㄧㄠ	弔	1752_7
chūn	ㄔㄨㄣ	春	5060_3				釣	8712_0
cù	ㄘㄨ	促	2628_1		dié	ㄉㄧㄝ	蝶	5419_4
		簇	8828_4				疊	6010_7
cuī	ㄘㄨㄟ	催	2221_5		dīng	ㄉㄧㄥ	丁	1020_0
cuì	ㄘㄨㄟ	翠	1740_8		dìng	ㄉㄧㄥ	定	3080_1
					dōng	ㄉㄨㄥ	東	5090_6

dòng	ㄉㄨㄥˋ	洞	3712_0
dòu	ㄉㄡˋ	豆	1010_8
		鬥	7712_1
dú	ㄉㄨˊ	獨	4622_7
dù	ㄉㄨˋ	杜	4491_0
		渡	3014_7
duān	ㄉㄨㄢ	端	0212_7
duō	ㄉㄨㄛ	多	2720_7
duó	ㄉㄨㄛˊ	奪	4034_1

E

èr	ㄦˋ	二	1010_0

F

fǎ	ㄈㄚˇ	法	3413_1
fān	ㄈㄢ	番	2060_9
		蕃	4460_9
		翻	2762_0
fàn	ㄈㄢˋ	泛	3213_2
fāng	ㄈㄤ	芳	4422_7
fēi	ㄈㄟ	飛	1241_3
fěn	ㄈㄣˇ	粉	9892_7
fēng	ㄈㄥ	風	7721_0
		豐	2210_8
fèng	ㄈㄥˋ	鳳	7721_0

fú	ㄈㄨˊ	芙	4480_5
		拂	5502_7
		福	3126_6

G

gān	ㄍㄢ	甘	4477_0
		乾	4841_7
gǎn	ㄍㄢˇ	感	5333_0
gāo	ㄍㄠ	高	0022_7
gē	ㄍㄜ	歌	1768_2
gé	ㄍㄜˊ	鬲	1022_7
		隔	7122_7
gè	ㄍㄜˋ	箇	8860_3
gēng	ㄍㄥ	更	1050_6
gōng	ㄍㄨㄥ	宮	3060_6
gōu	ㄍㄡ	緱	2798_4
gū	ㄍㄨ	孤	1243_0
gǔ	ㄍㄨˇ	古	4060_0
		鼓	4414_7
guān	ㄍㄨㄢ	關	7777_2
guǎng	ㄍㄨㄤˇ	廣	0028_6
guī	ㄍㄨㄟ	歸	2712_7
guì	ㄍㄨㄟˋ	桂	4491_4
gǔn	ㄍㄨㄣˇ	輥	5601_2
guō	ㄍㄨㄛ	郭	0742_7

guō	ㄍㄨㄛ	聒	1246_4	hú	ㄏㄨ	胡	4762_0
guó	ㄍㄨㄛ	國	6015_3			壺	4010_2
guò	ㄍㄨㄛ	過	3730_2			蝴	5712_0
				huā	ㄏㄨㄚ	花	4421_4
						華	4450_4
		H		huà	ㄏㄨㄚˋ	畫	5010_6
hǎi	ㄏㄞ	海	3815_7			話	0266_4
hán	ㄏㄢ	寒	3030_3	huái	ㄏㄨㄞ	淮	3011_5
hàn	ㄏㄢ	漢	3418_5	huán	ㄏㄨㄢ	寰	3073_2
		撼	5303_5			還	3630_3
hǎo	ㄏㄠ	好	4744_7	huàn	ㄏㄨㄢ	浣	3311_1
hē	ㄏㄜ	喝	6602_7			換	5708_4
hé	ㄏㄜ	合	8060_1	huáng	ㄏㄨㄤ	黃	4480_6
		何	2122_0	huí	ㄏㄨㄟ	回	6060_0
		河	3112_0	huì	ㄏㄨㄟ	蕙	4433_3
		荷	4422_1				
		紇	2891_7			J	
hè	ㄏㄜ	賀	4680_6	jī	ㄐㄧ	擊	5750_2
		鶴	4722_7	jí	ㄐㄧ	吉	4060_1
hēi	ㄏㄟ	黑	6033_1			集	2090_5
hèn	ㄏㄣ	恨	9703_2			極	4191_4
hōng	ㄏㄨㄥ	烘	9488_1	jì	ㄐㄧ	芰	4440_7
hóng	ㄏㄨㄥ	紅	2191_2			祭	2790_1
hòu	ㄏㄡ	後	2224_7			繫	5790_3
				jiā	ㄐㄧㄚ	佳	2421_4

pinyin	zhuyin	char	code
jiā	ㄐㄧㄚ	家	3023_2
jiá	ㄐㄧㄚˊ	戛	1050_3
jiǎn	ㄐㄧㄢˇ	減	3315_0
		翦	8022_7
jiàn	ㄐㄧㄢˋ	劍	8280_0
jiāng	ㄐㄧㄤ	江	3111_2
jiàng	ㄐㄧㄤˋ	絳	2795_4
jiē	ㄐㄧㄝ	接	5004_4
jiě	ㄐㄧㄝˇ	解	2725_2
jīn	ㄐㄧㄣ	金	8010_9
jǐn	ㄐㄧㄣˇ	錦	8612_7
jīng	ㄐㄧㄥ	荊	4240_0
jǐng	ㄐㄧㄥˇ	景	6090_6
jìng	ㄐㄧㄥˋ	鏡	8011_2
jiǔ	ㄐㄧㄡˇ	九	4001_7
		酒	3116_0
jú	ㄐㄩˊ	菊	4492_7
jù	ㄐㄩˋ	鋸	8716_4
juǎn	ㄐㄩㄢˇ	卷	9071_2
juàn	ㄐㄩㄢˋ	倦	2921_2
		罥	6022_7
jué	ㄐㄩㄝˊ	角	2722_7
jūn	ㄐㄩㄣ	君	1760_7

K

pinyin	zhuyin	char	code
kāi	ㄎㄞ	開	7744_1
kǎi	ㄎㄞˇ	凱	2711_0
kàn	ㄎㄢˋ	看	2060_5
kōng	ㄎㄨㄥ	空	3010_2
		箜	8810_2
kù	ㄎㄨˋ	酷	1466_1
kuài	ㄎㄨㄞˋ	快	9508_0
kūn	ㄎㄨㄣ	昆	6071_2

L

pinyin	zhuyin	char	code
là	ㄌㄚˋ	臘	7221_2
lán	ㄌㄢˊ	蘭	7790_6
		蘭	4422_7
làng	ㄌㄤˋ	浪	3318_2
lèi	ㄌㄟˋ	淚	3318_4
		酹	1264_2
lí	ㄌㄧˊ	離	0021_5
		驪	7131_2
lì	ㄌㄧˋ	荔	4442_7
lián	ㄌㄧㄢˊ	連	3530_0
liàn	ㄌㄧㄢˋ	煉	9589_6
		鍊	8519_6
		戀	2233_9

liáng	ㄌㄧㄤ	涼	3019_6
		梁	3390_4
liǎng	ㄌㄧㄤ	兩	1022_7
lín	ㄌㄧㄣ	臨	7876_6
líng	ㄌㄧㄥ	玲	1813_2
		凌	3414_7
liú	ㄌㄧㄡ	留	7760_2
liǔ	ㄌㄧㄡ	柳	4792_0
liù	ㄌㄧㄡ	六	0080_0
lóng	ㄌㄨㄥ	龍	0121_1
lǒng	ㄌㄨㄥ	隴	7121_1
lóu	ㄌㄡ	樓	4594_4
lù	ㄌㄨ	陸	7421_4
		錄	8713_2
		轆	5001_2
		露	1016_4
lù	ㄌㄩ	綠	2793_2
lún	ㄌㄨㄣ	輪	5802_7
luō	ㄌㄨㄛ	囉	6601_5
luó	ㄌㄨㄛ	羅	6091_5
luò	ㄌㄨㄛ	洛	3716_4
		落	4416_4

M

mǎ	ㄇㄚ	馬	7132_7
mǎi	ㄇㄞ	買	6080_6
mài	ㄇㄞ	麥	4040_7
		賣	4080_6
		邁	3430_2
mǎn	ㄇㄢ	滿	3412_7
màn	ㄇㄢ	慢	9604_7
máo	ㄇㄠ	茅	4422_2
méi	ㄇㄟ	眉	7726_7
		梅	4895_7
mèng	ㄇㄥ	夢	4420_7
mí	ㄇㄧ	迷	3930_9
míng	ㄇㄧㄥ	明	6702_0
mō	ㄇㄛ	摸	5408_4
mò	ㄇㄛ	陌	7126_0
		莫	4480_4
		驀	4432_7
mù	ㄇㄨ	木	4090_0
		暮	4460_8
		穆	2692_2

N

| nán | ㄋㄢ | 南 | 4022_7 |

nèi	ㄋㄟ	内	4022₇		qī	ㄑㄧ	淒	3514₄
ní	ㄋㄧ	霓	1021₇		qí	ㄑㄧ	齊	0022₃
niàn	ㄋㄧㄢ	念	8033₂		qǐ	ㄑㄧ	綺	2492₁
niǎo	ㄋㄧㄠ	鳥	2732₇		qì	ㄑㄧ	戚	5320₀
nòng	ㄋㄨㄥ	弄	1044₁		qiān	ㄑㄧㄢ	千	2040₀
nǚ	ㄋㄩ	女	4040₀		qiě	ㄑㄧㄝ	且	7710₀
					qín	ㄑㄧㄣ	秦	5090₄
		P					琴	1120₇
pāo	ㄆㄠ	拋	5401₂		qìn	ㄑㄧㄣ	沁	3311₀
péng	ㄆㄥ	蓬	4430₅		qīng	ㄑㄧㄥ	青	5022₇
pí	ㄆㄧ	琵	1171₂				清	3512₇
piān	ㄆㄧㄢ	扁	3022₇				傾	2128₆
pín	ㄆㄧㄣ	貧	8080₆		qíng	ㄑㄧㄥ	情	9502₇
pǐn	ㄆㄧㄣ	品	6066₀				晴	6502₇
píng	ㄆㄧㄥ	平	1040₉		qìng	ㄑㄧㄥ	慶	0024₇
		憑	2221₇		qiū	ㄑㄧㄡ	秋	2998₀
pó	ㄆㄛ	婆	3440₄		qū	ㄑㄩ	曲	5560₀
pò	ㄆㄛ	破	1464₇		quàn	ㄑㄩㄢ	勸	4422₇
pū	ㄆㄨ	撲	5208₅		quē	ㄑㄩㄝ	缺	8578₀
pú	ㄆㄨ	菩	4460₁		què	ㄑㄩㄝ	鵲	4762₇
		Q					**R**	
qī	ㄑㄧ	七	4071₀		rǎn	ㄖㄢ	冉	5044₇
		期	4782₀		rào	ㄖㄠ	遶	3430₁

ruò	ㄖㄠ	繞	2491_1
rén	ㄖㄣ	人	8000_0
rú	ㄖㄨ	如	4640_0
rǔ	ㄖㄨ	乳	2241_0
rù	ㄖㄨ	入	8000_0
ruǎn	ㄖㄨㄢ	阮	7121_2
ruǐ	ㄖㄨㄟ	蕊	4433_3
ruì	ㄖㄨㄟ	瑞	1212_7
		睿	2160_8

S

sài	ㄙㄞ	塞	3010_4
sān	ㄙㄢ	三	1010_1
sàn	ㄙㄢ	散	4824_0
sǎo	ㄙㄠ	掃	5702_7
shā	ㄕㄚ	沙	3912_0
		紗	2992_0
shān	ㄕㄢ	山	2277_0
shāng	ㄕㄤ	傷	2822_7
shǎng	ㄕㄤ	賞	9080_6
shàng	ㄕㄤ	上	2110_0
shāo	ㄕㄠ	稍	2992_7
shào	ㄕㄠ	少	9020_0
		哨	6902_7
shēn	ㄕㄣ	深	3719_4
shēng	ㄕㄥ	生	2510_0
		昇	6044_0
		聲	4740_1
shèng	ㄕㄥ	勝	7922_7
		聖	1610_4
shī	ㄕ	師	2172_7
		濕	3613_3
shí	ㄕ	十	4000_0
		石	1060_0
		拾	5806_1
shǐ	ㄕ	使	2520_6
shì	ㄕ	市	0022_7
		侍	2424_1
		試	0364_0
shòu	ㄕㄡ	受	2040_7
		壽	4064_1
shū	ㄕㄨ	疏	1011_2
shǔ	ㄕㄨ	蜀	6012_7
		數	5844_0
shuāng	ㄕㄨㄤ	霜	1096_1
		雙	2040_7
shuǐ	ㄕㄨㄟ	水	1290_0
shùn	ㄕㄨㄣ	舜	2025_2
sī	ㄙ	思	6033_0

拼音	注音	字	编号
sì	ㄙˋ	四	6021_0
		似	2822_0
sōng	ㄙㄨㄥ	松	4893_2
sòng	ㄙㄨㄥˋ	送	3830_8
sū	ㄙㄨ	蘇	4439_4
sù	ㄙㄨˋ	訴	0264_1
suǒ	ㄙㄨㄛˇ	索	4090_3
		瑣	1918_6
		鎖	8918_6

T

拼音	注音	字	编号
tà	ㄊㄚˋ	踏	6216_3
tái	ㄊㄞˊ	臺	4010_4
tài	ㄊㄞˋ	太	4080_0
tān	ㄊㄢ	攤	5001_5
tàn	ㄊㄢˋ	探	5709_4
táng	ㄊㄤˊ	唐	0026_5
		餹	8076_7
táo	ㄊㄠˊ	桃	4291_3
tī	ㄊㄧ	剔	6220_0
tì	ㄊㄧˋ	殢	1422_7
tiān	ㄊㄧㄢ	天	1080_4
		添	3213_3
tiáo	ㄊㄧㄠˊ	調	0762_0
tīng	ㄊㄧㄥ	鞓	4651_4
tīng	ㄊㄧㄥ	廳	0023_1
tíng	ㄊㄧㄥˊ	亭	0020_1
		庭	0024_1
tóng	ㄊㄨㄥˊ	銅	8712_0
tōu	ㄊㄡ	偷	2822_1
tòu	ㄊㄡˋ	透	3230_2

W

拼音	注音	字	编号
wǎn	ㄨㄢˇ	晚	6701_2
wàn	ㄨㄢˋ	萬	4422_7
wáng	ㄨㄤˊ	王	1010_4
wàng	ㄨㄤˋ	望	0710_4
wěi	ㄨㄟˇ	尾	7721_5
wèi	ㄨㄟˋ	渭	3612_7
wò	ㄨㄛˋ	握	5701_4
wū	ㄨ	巫	1010_8
		烏	2732_7
wú	ㄨˊ	吳	6080_4
		梧	4196_1
		無	8033_1
wǔ	ㄨˇ	五	1010_2
		武	1314_0
		舞	8025_1
wù	ㄨˋ	兀	1021_2

pinyin	zhuyin	字	號碼
wù	ㄨ	誤	0668_4

X

pinyin	zhuyin	字	號碼
xī	ㄒㄧ	西	1060_0
		惜	9406_1
		熙	7733_1
xǐ	ㄒㄧˇ	喜	4060_5
xì	ㄒㄧˋ	細	2690_0
xiá	ㄒㄧㄚˊ	遐	3730_4
xià	ㄒㄧㄚˋ	下	1023_0
		夏	1024_7
xián	ㄒㄧㄢˊ	閒	7722_7
xiàn	ㄒㄧㄢˋ	獻	2328_4
xiāng	ㄒㄧㄤ	相	4690_0
		湘	3610_0
xiàng	ㄒㄧㄤˋ	向	2722_0
xiāo	ㄒㄧㄠ	消	3912_7
		逍	3930_2
		蕭	4422_7
		瀟	3412_7
xiǎo	ㄒㄧㄠˇ	小	9000_0
xié	ㄒㄧㄝˊ	擷	5108_6
xiè	ㄒㄧㄝˋ	謝	0460_0
xīn	ㄒㄧㄣ	新	0292_1
xíng	ㄒㄧㄥˊ	行	2122_1
xìng	ㄒㄧㄥˋ	杏	4060_9
xiù	ㄒㄧㄡˋ	繡	2592_7
xuān	ㄒㄩㄢ	宣	3010_6
xuǎn	ㄒㄩㄢˇ	選	3730_8
xué	ㄒㄩㄝˊ	學	7740_7
xuě	ㄒㄩㄝˇ	雪	1017_7
xún	ㄒㄩㄣˊ	尋	1734_6

Y

pinyin	zhuyin	字	號碼
yā	ㄧㄚ	鴨	6752_7
yán	ㄧㄢˊ	檐	4796_1
		鹽	7810_7
yǎn	ㄧㄢˇ	眼	6703_2
yàn	ㄧㄢˋ	宴	3040_4
		雁	7121_5
		厭	7128_4
		燕	4433_1
		讌	0463_1
yáng	ㄧㄤˊ	陽	7622_7
		揚	5602_7
		楊	4692_7
yáo	ㄧㄠˊ	瑶	1217_2
		遥	3230_7

yè	ㄧㄝ	夜	0024₇		yù	ㄩ	玉	1010₃
		謁	0662₇				尉	7420₀
yī	ㄧ	一	1000₀				御	2722₀
		伊	2720₇		yuān	ㄩㄢ	鴛	2732₇
yí	ㄧˊ	宜	3010₂		yuán	ㄩㄢˊ	元	1021₂
yǐ	ㄧˇ	倚	2422₁		yuǎn	ㄩㄢˇ	遠	3430₃
yì	ㄧˋ	意	0033₆		yuàn	ㄩㄢˋ	怨	2733₁
		憶	9003₆		yuè	ㄩㄝˋ	越	4380₅
yǐn	ㄧㄣˇ	引	1220₀				月	7722₀
		飲	8778₂				樂	2290₄
yīng	ㄧㄥ	鶯	9932₇				閱	7721₆
		鸚	6742₇		yún	ㄩㄣˊ	雲	1073₁
yíng	ㄧㄥˊ	迎	3730₂		yùn	ㄩㄣˋ	韻	0668₆
yìng	ㄧㄥˋ	映	6508₀					
		應	0023₁		**Z**			
yǒng	ㄩㄥˇ	永	3090₂		zàn	ㄗㄢˋ	贊	2480₆
yǒu	ㄧㄡˇ	有	4022₇		zǎo	ㄗㄠˇ	早	6040₀
yú	ㄩˊ	于	1040₀				澡	3619₄
		於	0823₃		zào	ㄗㄠˋ	皁	2640₀
		魚	2733₆		zè	ㄗㄜˋ	仄	7128₀
		虞	2128₄		zhāi	ㄓㄞ	摘	5002₇
		漁	3713₆		zhàn	ㄓㄢˋ	占	2160₀
yǔ	ㄩˇ	羽	1712₀		zhāng	ㄓㄤ	章	0040₆
		雨	1022₇		zhāo	ㄓㄠ	昭	6706₂
		與	7780₁					

zhǎo	ㄓㄠˇ	爪	7223_0
zhào	ㄓㄠˋ	照	6733_6
zhé	ㄓㄜˊ	折	5202_1
zhè	ㄓㄜˋ	柘	4196_0
		鷓	0722_7
zhēn	ㄓㄣ	珍	1812_2
		真	4080_1
zhěn	ㄓㄣˇ	枕	4491_2
zhèn	ㄓㄣˋ	鎮	8418_1
zhēng	ㄓㄥ	征	2121_1
		徵	2824_0
zhōng	ㄓㄨㄥ	中	5000_6
zhòu	ㄓㄡˋ	晝	5010_6
		驟	7733_2
zhū	ㄓㄨ	珠	1519_0
zhú	ㄓㄨˊ	竹	8822_0
		燭	9682_7
zhù	ㄓㄨˋ	祝	3621_2
		駐	7031_4
zhuǎn	ㄓㄨㄢˇ	轉	5504_3
zhuāng	ㄓㄨㄤ	莊	4421_4
zhuō	ㄓㄨㄛ	卓	2140_6
zhuó	ㄓㄨㄛˊ	灼	9782_0
		濯	3711_5
zǐ	ㄗˇ	子	1740_7
		紫	2290_3
zì	ㄗˋ	字	3040_7
zuì	ㄗㄨㄟˋ	最	6014_7
		醉	1064_8

調名首字筆劃與四角號碼對照表

（筆劃相同者以起筆一丨、丿順序排列）

一畫

一　　　　1000_0

二畫

二　　　　1010_0
丁　　　　1020_0
七　　　　4071_0
十　　　　4000_0
卜　　　　2300_0
人　　　　8000_0
入　　　　8000_0
八　　　　8000_0
九　　　　4001_7

三畫

三　　　　1010_1
下　　　　1023_0
于　　　　1040_0
兀　　　　1021_2
大　　　　4080_0
上　　　　2110_0

小　　　　9000_0
山　　　　2277_0
千　　　　2040_0
女　　　　4040_0
子　　　　1740_7

四畫

不　　　　1090_0
五　　　　1010_2
仄　　　　7128_0
元　　　　1021_2
太　　　　4080_0
天　　　　1080_4
木　　　　4090_0
王　　　　1010_4
中　　　　5000_6
內　　　　4022_7
少　　　　9020_0
水　　　　1290_0
比　　　　2271_0
六　　　　0080_0

丹	7744$_0$		早	6040$_0$
月	7722$_0$		曲	5560$_0$
爪	7223$_0$		冰	3213$_0$
弔	1752$_7$		字	3040$_7$
引	1220$_0$		安	3040$_4$
			江	3111$_2$

五畫

古	4060$_0$		伊	2720$_7$
平	1040$_9$		合	8060$_1$
玉	1010$_3$		向	2722$_0$
甘	4477$_0$		多	2720$_7$
石	1060$_0$		好	4744$_7$
且	7710$_0$		如	4640$_0$
冉	5044$_7$		有	4022$_7$
出	2277$_2$		竹	8822$_0$
占	2160$_0$		行	2122$_1$
四	6021$_0$		羽	1712$_0$
市	0022$_7$			
永	3090$_2$		**七畫**	
氏	7274$_0$		巫	1010$_8$
生	2510$_0$		弄	1044$_1$
白	2600$_0$		更	1050$_6$
			豆	1010$_8$

六畫

吉	4060$_1$		赤	4033$_1$
百	1060$_0$		杏	4060$_9$
西	1060$_0$		村	4490$_0$
回	6060$_0$		杜	4491$_0$
			折	5202$_1$
			別	6240$_0$

吳	6080_4		明	6702_0
步	2120_1		芭	4471_7
快	9508_0		苤	4440_7
沁	3311_0		花	4421_4
沙	3912_0		芳	4422_7
灼	9782_0		芙	4480_5
似	2820_0		並	8010_2
何	2122_0		卷	9071_2
卓	2640_0		夜	0024_7
角	2722_7		定	3080_1
君	1760_7		宜	3010_2
尾	7721_5		於	0823_3
阮	7121_2		空	3010_2

八畫

兩	1022_7		河	3112_0
雨	1022_7		法	3413_1
青	5022_7		泛	3213_2
長	7173_2		迎	3730_2
東	5090_6		乳	2241_0
松	4893_2		佳	2421_4
枕	4491_2		使	2520_6
武	1314_0		侍	2424_1
拂	5502_7		憑	2221_7
拋	5401_2		征	2121_1
卓	2140_6		受	2040_7
昆	6071_2		垂	2010_5
昇	6044_0		念	8033_2
			采	2090_4
			金	8010_9

孤	1243_0		後	2224_7
陂	7424_7		怨	2733_1
			拜	2155_0
九畫			看	2060_5
南	4022_7		秋	2998_0
春	5060_3		紅	2191_2
玲	1813_2		紇	2891_7
珍	1812_2		重	2010_5
相	4690_0		風	7721_0
柘	4196_0		眉	7726_7
柳	4792_0		陌	7126_0
拾	5806_1			
胡	4762_0		**十畫**	
飛	1241_3		夏	1024_7
品	6066_0		鬲	1022_7
思	6033_0		馬	7132_7
映	6508_0		索	4090_3
昭	6706_2		城	4315_0
茅	4422_2		珠	1519_0
亭	0020_1		真	4080_1
宣	3010_6		破	1464_7
帝	0022_7		秦	5090_4
恨	9703_2		桂	4491_4
扁	3022_7		桃	4291_3
洛	3716_4		剔	6220_0
洞	3712_0		哨	6902_7
促	2628_1		荔	4442_7
保	2629_4		茶	4490_4

荊	4240_0		麥	4040_7
高	0022_7		乾	4841_7
唐	0026_5		戚	5320_0
宮	3060_6		戛	1050_3
宴	3040_4		梅	4895_7
家	3023_2		梧	4196_1
庭	0024_1		掃	5702_7
祝	3621_2		探	5709_4
粉	9892_7		接	5004_4
酒	3116_0		採	5209_4
浣	3311_1		連	3530_0
浪	3313_2		國	6015_3
海	3815_7		晚	6701_2
消	3912_7		眼	6703_2
迷	3930_9		紫	2290_3
送	3830_8		荷	4422_1
烘	9488_1		莊	4421_4
倒	2220_0		莫	4480_4
倚	2422_1		逍	3930_2
倦	2921_2		婆	3440_4
師	2172_7		情	9502_7
烏	2732_7		惜	9406_1
留	7760_2		望	0710_4
紗	2992_0		梁	3390_4
缺	8578_0		淒	3514_4
			淚	3318_4
十一畫			凌	3414_7
雪	1017_7		涼	3019_6

淡	3918_9		雲	1073_1
淮	3011_5		黃	4480_6
深	3719_4		雁	7121_5
清	3512_7		喜	4060_5
添	3213_3		壺	4010_2
章	0040_6		聒	1246_4
被	3424_7		越	4380_5
郭	0742_7		散	4824_0
側	2220_0		揚	5602_7
偷	2822_1		換	5708_4
彩	2292_2		握	5701_4
御	2722_0		朝	4742_0
欸	2788_2		期	4782_0
祭	2790_1		凱	2711_0
笛	8860_3		喝	6602_7
細	2690_0		景	6090_6
貧	8080_6		晴	6502_7
透	3230_2		最	6014_7
魚	2733_6		胃	6022_7
釣	8712_0		買	6080_6
釵	8714_0		黑	6033_1
尉	7420_0		菊	4492_7
畫	5010_6		菖	4460_6
陸	7421_4		菩	4460_1
			華	4450_4
十二畫			寒	3030_3
琴	1120_7		訴	0264_1
琶	1171_2		遍	3330_2

減	3315_0	搗	5702_7
渡	3014_7	熙	7733_1
渭	3612_7	暗	6006_1
湘	3610_0	照	6733_6
勝	7922_7	蜀	6012_7
無	8033_1	虞	2128_4
番	2060_9	萬	4422_7
集	2090_5	落	4416_4
舜	2025_2	過	3730_2
稍	2992_7	塞	3010_4
絳	2795_4	意	0033_6
貂	2726_2	新	0292_1
尋	1734_6	試	0364_0
畫	5010_6	話	0266_4
疏	1011_2	煉	9589_6
賀	4680_6	催	2221_5
開	7744_1	傳	2524_3
閒	7722_7	傷	2822_7
陽	7622_7	傾	2128_6
		愁	2933_8
十三畫		愛	2024_7
鼓	4414_7	與	7780_1
瑞	1212_7	解	2725_2
聖	1610_4	鈿	8610_0
感	5333_0	飲	8778_2
楚	4480_1	殿	7724_0
極	4191_4	遐	3730_4
楊	4692_7	隔	7122_7

十四畫

瑣	1918_6
瑤	1217_2
碧	1660_1
臺	4010_4
厭	7128_4
壽	4064_1
奪	4034_1
歌	1768_2
摘	5002_7
摸	5408_4
酷	1466_1
酹	1264_2
遠	3430_3
睿	2160_8
夢	4420_7
蒼	4460_7
蓬	4430_5
慢	9604_7
福	3126_6
端	0212_7
誤	0668_4
齊	0022_3
滴	3012_7
滿	3412_7
漁	3713_6
漢	3418_5

箇	8860_3
箜	8810_2
綠	2793_2
綵	2299_4
綺	2492_1
舞	8025_1
銅	8712_0
鳳	7721_0
遙	3230_7
翠	1740_8

十五畫

賣	4080_6
輥	5601_2
輪	5802_7
醉	1064_8
駐	7031_4
樓	4594_4
撥	5204_7
撲	5208_5
殢	1422_7
數	5844_0
暮	4460_8
蝴	5712_0
蝶	5419_4
踏	6216_3
賞	9080_6
廣	0028_6

慶	0024_7		鋸	8716_4
蕲	8012_7		錄	8713_2
調	0762_0		錦	8612_7
劍	8280_0		鴛	2732_7
徵	2824_0		選	3730_8
樂	2290_4			
緵	2798_4			十七畫
閱	7721_6		霜	1096_1
			醜	1661_3
	十六畫		臨	7876_6
霓	1021_7		聲	4740_1
鞕	4651_4		檐	4796_1
燕	4433_1		擊	5750_2
撼	5303_5		點	6136_0
遶	3430_1		薄	4414_2
蕃	4460_9		邁	3430_2
蕊	4433_3		還	3630_3
鴨	6752_7		應	0023_1
蕙	4433_3		謝	0460_0
憶	9003_6		濕	3613_3
寰	3073_2		濯	3711_5
澡	3619_4		燭	9682_7
謁	0662_7		簇	8828_4
龍	0121_1		鍊	8519_6
導	3834_3		闌	7790_6
學	7740_7			
獨	4622_7			十八畫
穆	2692_2		擷	5108_6

轆	5001_2		獻	2328_4
轉	5504_3		蘇	4439_4
豐	2210_8		寶	3080_6
蕭	4422_7		繡	2592_7
歸	2712_7			
翻	2762_0		二十一畫	
鎖	8918_6		露	1016_4
鎮	8418_1		蘭	4422_7
雙	2040_7		驀	4432_7
繞	2491_1		鶴	4722_7
			鶯	9932_7

十九畫

鵲	4762_7		二十二畫	
繫	5790_3		攤	5001_5
羅	6091_5		疊	6010_7
蟾	5716_1		囉	6601_5
瀟	3412_7		鷗	0722_7
離	0021_5			
韻	0668_6		二十三畫	
臘	7221_2		戀	2233_9
贊	2480_6		讌	0463_1
鏡	8011_2			
鏘	8076_7		二十四畫	
隴	7121_1		驟	7733_2
關	7777_2		鬢	7280_6
			鬭	7712_1

二十畫

勸	4422_7		鹽	7810_7

二十五畫以上
廳　　0023$_1$

鸚　　6742$_7$
驪　　7131$_2$